Knobbe-Keuk · Bilanz- und Unternehmenssteuerrecht

Bilanz- und Unternehmenssteuerrecht

von

Dr. Brigitte Knobbe-Keuk
o. Professor an der Universität Bonn

7., völlig überarbeitete und erweiterte Auflage

Verlag Dr. Otto Schmidt KG · Köln

CIP-Titelaufnahme der Deutschen Bibliothek

Knobbe-Keuk, Brigitte:

Bilanz- und Unternehmenssteuerrecht / von Brigitte Knobbe-Keuk. – 7., völlig überarb. u. erw. Aufl. – Köln: O. Schmidt, 1989.

ISBN 3-504-20063-4 brosch.

ISBN 3-504-20062-6 geb.

Gesamtherstellung: Bercker, Graphischer Betrieb GmbH, Kevelaer

Vorwort zur siebten Auflage

Auch bei den Arbeiten zur siebten Auflage war vielfältigen Veränderungen des Rechtszustandes durch Gesetzgebung, Rechtsprechung und Verwaltung Rechnung zu tragen.

Aus der Rechtsprechung sind hervorzuheben der grundlegende Beschluß des Großen Senats des Bundesfinanzhofs zur Frage der Einlagefähigkeit von Nutzungen, die Entscheidungen zur Betriebsaufspaltung „in der Selbstauflösung" und nunmehr – knappe 10 Jahre nach der gesetzgeberischen „Mißgeburt" des § 15 a EStG die höchstrichterliche Klärung, daß das negative Sonderbetriebsvermögen des Kommanditisten nicht das Verlustausgleichsvolumen mindert.

Der Gesetzgeber hat inzwischen die sogenannte Große Steuerreform verabschiedet. *Die* große Tat des Steuerreformgesetzes 1990 ist die – von einer allgemeinen Tarifsenkung begleitete – Veränderung der Struktur des Einkommensteuertarifs. Im übrigen hat das Steuerreformgesetz ein großes „Potpourri" von punktuellen Einzeländerungen beschert, unter ihnen auch die Nichtanwendungsgesetze betreffend die Rechtsprechung zu den Jubiläumsrückstellungen und zum Verlustabzug beim Mantelkauf. Nicht gebracht hat die sogenannte Große Steuerreform das, was sich die mit der Steuerrechtsanwendung in allen Bereichen Befaßten, Steuerpflichtige und ihre Berater, Verwaltung und Gerichte, von einer Steuerreform erwarten: gebracht hat sie keine Verbesserung des desolaten Zustandes des Steuer*rechts.* Das groß angekündigte Ziel der Vereinfachung ist nicht erreicht; ganz im Gegenteil ist die Befürchtung begründet, daß die Dinge noch verschlimmert worden sind. Die durch das Steuerreformgesetz geänderten Gesetze sind alsbald durch weitere Gesetze, insbesondere durch das Haushaltsbegleitgesetz 1989, erneut geändert worden. Nach der im Februar 1989 vom Institut der Wirtschaftsprüfer herausgegebenen, zweiten aktualisierten Auflage der Textausgabe des Steuerreformgesetzes 1990 wurden die gesamten Änderungen zu siebzehn verschiedenen Zeitpunkten wirksam. Aber auch die aktualisierte Fassung ist schon wieder überholt. Denn inzwischen hat die „Steuerkonterreform" stattgefunden. Während Konterrevolutionen von den Gegnern der Revolution auszugehen pflegen, ist die „Steuerkonterreform" – und das ist immerhin bemerkenswert – von den Reformern selbst ins Werk gesetzt worden. Auch mit der „Steuerkonterreform" ist das Kapitel „Große Steuerreform" noch nicht erledigt. Es steht noch aus das sogenannte Restantengesetz, mit Themen wie Umgekehrte Maßgeblichkeit, Gesellschafter-Fremdfinanzierung u.ä.

Schon bevor das Steuerreformgesetz 1990 verabschiedet worden war, ist für die nächste Legislaturperiode eine weitere Reform, die der Unternehmensbesteuerung, in Aussicht gestellt worden. Die Prognose, daß dieses Vorhaben, wenn es überhaupt realisiert werden sollte, nicht eine Reform des Unternehmenssteuer*rechts,* sondern die übliche unsystematische, punktuelle gesetzgeberische „Herumstocherei" bringen wird, ist nicht gewagt.

Meinen wiss. Mitarbeitern, den Herren Assessor Bodo Schaar, Referendar Arnd Sieling, Rainer Hüttemann und Martin Jaschke, sowie Herrn Referendar Dirk Siegers danke ich für ihren tatkräftigen Einsatz bei der Überprüfung des Textes und den Korrekturen sowie bei der Anfertigung der Register. Mein besonderer Dank gilt Herrn Wiss. Assistenten Dr. Wolfgang Schön, unter dessen engagierter Leitung diese Arbeiten zügig und umsichtig durchgeführt wurden.

Bonn, im August 1989 Brigitte Knobbe-Keuk

Vorwort zur ersten Auflage

Die hiermit vorgelegte Darstellung des Bilanz- und Unternehmenssteuerrechts ist auf der Grundlage meiner steuerrechtlichen Vorlesungen und Veröffentlichungen der letzten Jahre entstanden. Eine systematische Darstellung entspricht vor allem wegen des desolaten Zustandes dieses Rechtsgebiets einem dringenden Bedürfnis. Dem geltenden Unternehmenssteuerrecht liegt eine einheitliche Konzeption nicht zugrunde. Es ist durch mangelnde Rechtsformneutralität und durch das Nebeneinander mehrerer den Gewinn und das Kapital belastender Steuern geprägt. Hinzu kommt, daß die in den Steuergesetzen selbst angelegte Schwierigkeit und Unübersichtlichkeit der Materie nicht ohne Einfluß auf die gesellschaftsrechtliche Wirklichkeit geblieben ist und zu einer Komplizierung der Gestaltungsformen geführt hat. So wendet sich das Buch zum einen an die Vielzahl der steuerlichen Berater, die – auf der Grundlage ihrer Kenntnis des Bilanzrechts und des Bilanzsteuerrechts – um eine Durchdringung der übrigen Teile des Unternehmenssteuerrechts, insbesondere des Rechts der Besteuerung der Gesellschaften, bemüht sind. Zum anderen soll das Buch von Nutzen für diejenigen sein, die bei ihrer vertragsanwaltschaftlichen Tätigkeit neben den zivil- und gesellschaftsrechtlichen Aspekten auch die steuerrechtlichen und bilanziellen Auswirkungen zu beachten haben. Nur bei hinlänglicher Kenntnis auch der steuerrechtlichen und bilanziellen Zusammenhänge ist eine effektive Beratung möglich.

Wenn in dem Buch auch – wegen der besonderen praktischen Bedeutung – eine Vielzahl von Einzelfragen behandelt ist, so ist Vollständigkeit in Details freilich nicht beabsichtigt. Die Gesamtzusammenhänge aufzuzeigen und den Blick für problematische Entwicklungen des Rechtszustandes zu schärfen, ist vordringliches Anliegen dieser systematischen Darstellung. Ich hoffe, daß das Buch so auch demjenigen Gewinn bringt, der sich in das Bilanz- und Unternehmenssteuerrecht erst einarbeiten möchte, daß insbesondere auch den mit dem Wahlfach Steuerrecht befaßten Studenten der Rechtswissenschaft der Zugang zu diesem für die Rechts- und Wirtschaftspraxis wichtigsten Bereich des Steuerrechts erleichtert wird.

Die Rechtsprechung wurde – ihrer Bedeutung für den Rechtszustand des Steuerrechts gemäß – möglichst umfassend berücksichtigt. Hinsichtlich des Schrifttums ist Vollständigkeit nicht beabsichtigt. Das Buch befindet sich im wesentlichen auf dem Stand von April 1977, in besonderen Einzelfällen sind auch spätere Publikationen angemerkt.

Mein besonderer Dank gilt meinem Mann für zahlreiche klärende Diskussionen und wichtige Anregungen, die er mir aufgrund seiner umfänglichen anwaltschaftlichen, wirtschaftsprüfenden und steuerberatenden Tätigkeit geben konnte. Sie haben dazu beigetragen, daß bei der Darstellung die Bedürfnisse der Praxis nie aus den Augen verloren wurden. Den Herren Assessor Michael Pott, Referendar Jochen Ströfer, stud. jur. Heinrich und stud. jur. Sander habe ich für vielfältige Unterstützung bei den Korrekturen und Frau Barbara Gribbe für das Schreiben des Manuskripts zu danken.

Göttingen, im September 1977 — Brigitte Knobbe-Keuk

Inhaltsübersicht

1. Kapitel: Die steuerliche Gewinnermittlung

2. Kapitel: Die Besteuerung des Gewinns der Personengesellschaft und der Sondervergütungen der Gesellschafter

Inhaltsverzeichnis

2. Kapitel: Die Besteuerung des Gewinns der Personengesellschaft und der Sondervergütungen der Gesellschafter

4. Kapitel: Die Steuer nach dem Gewerbeertrag

5. Kapitel: Gewinne aus der Veräußerung, Liquidation und rechtlichen Umstrukturierung des Betriebs

6. Kapitel: Die Belastung des Betriebsvermögens mit den ertragsunabhängigen Steuern

Abkürzungsverzeichnis

a.A.	anderer Ansicht
aaO	am angegebenen Orte
ADHGB	Allgemeines Deutsches Handelsgesetzbuch von 1861
a.E.	am Ende
a.F.	alte Fassung
AfA/Afa	Absetzung für Abnutzung
AfaA	Absetzung für außergewöhnliche technische und wirtschaftliche Abnutzung
AfS	Absetzung für Substanzverringerung
AG	Aktiengesellschaft; Die Aktiengesellschaft
AktG	Aktiengesetz
a.M.	anderer Meinung
Anm.	Anmerkung
AO	Abgabenordnung 1977 vom 16. 3. 1976
Art.	Artikel
AStG	Außensteuergesetz vom 8. 9. 1972
Aufl.	Auflage
AuslInvG	Auslandsinvestitionsgesetz vom 18. 8. 1969
BB	Der Betriebsberater
BayObLG	Bayerisches Oberstes Landesgericht
Bd.	Band
BdF	Bundesminister der Finanzen
Begr.	Begründung
BerlinFG	Berlinförderungsgesetz i.d.F. vom 10. 12. 1986
BetrAVG	Gesetz zur Verbesserung der betrieblichen Altersversorgung vom 19. 12. 1974 BGBl I 1974, 3610 = BStBl I 1975, 22
BewG	Bewertungsgesetz i.d.F. vom 30. 5. 1985
BFA	Bankenfachausschuß des Instituts der Wirtschaftsprüfer
BFH	Bundesfinanzhof
BFHE	Sammlung der Entscheidungen und Gutachten des Bundesfinanzhofs
BFH-NV	Sammlung amtlich nicht veröffentlichter Entscheidungen des Bundesfinanzhofes
BGB	Bürgerliches Gesetzbuch
BGBl	Bundesgesetzblatt
BGH	Bundesgerichtshof

BGHZ	Entscheidungen des Bundesgerichtshofs in Zivilsachen
BiRiLiG	Bilanzrichtlinien-Gesetz vom 19. 12. 1985 BGBl I 1985, 2355
BMF/BFM/BdF	Bundesminister der Finanzen
BMfAS	Bundesminister für Arbeit und Sozialordnung
BMfW	Bundesministerium für Wirtschaft
BMJ	Bundesminster der Justiz
BMWF	Bundesminister für Wirtschaft und Finanzen
BR-Dr.	Bundesrats-Drucksache
BStBl	Bundessteuerblatt
BT-Dr.	Bundestags-Drucksache
BVerfG	Bundesverfassungsgericht
BVerwG	Bundesverwaltungsgericht
bzw.	beziehungsweise
DB	Der Betrieb
DBA	Doppelbesteuerungsabkommen
DBW	Die Betriebswirtschaft
d.h.	das heißt
DJT/Verh.DJT	Verhandlungen des Deutschen Juristentages
DM	Deutsche Mark
DNotZ	Deutsche Notarzeitschrift
DR	Deutsches Recht
DStBl	Deutsches Steuerblatt
DStR	Deutsches Steuerrecht
DStZ	Deutsche Steuerzeitung
DV	Durchführungsverordnung
EFG	Entscheidungen der Finanzgerichte
EGHGB	Einführungsgesetz zum Handelsgesetzbuch
EG-Richtlinie	Vierte Richtlinie des Rates der Europäischen Gemeinschaft über den Jahresabschluß von Gesellschaften bestimmter Rechtsformen (EG-Bilanzrichtlinie) vom 25. 7. 1978, Amtsblatt der Europäischen Gemeinschaften Nr. L 222 vom 14. 8. 1978 S. 11 ff.
EK	Verwendbares Eigenkapital i.S. von § 30 KStG
EntwLStG	Entwicklungsländersteuergesetz i.d.F. vom 21. 5. 1979
ErbStG	Erbschaftsteuer- und Schenkungsteuergesetz vom 17. 4. 1974
ESt	Einkommensteuer
EStÄndG	Einkommensteuer-Änderungsgesetz vom 20. 4. 1976
EStDV	Einkommensteuer-Durchführungsverordnung i.d.F. vom 24. 7. 1986
EStR	Einkommensteuer-Richtlinien 1987 i.d.F. vom 24. 2. 1988

EStG	Einkommensteuergesetz i.d.F. vom 27. 2. 1987 mit weiteren Änderungen
EWiR	Entscheidungen zum Wirtschaftsrecht
EWIV	Europäische Wirtschaftliche Interessenvereinigung
FG	Finanzgericht
Fifo	first in – first out
FinArchiv	Finanzarchiv
FinMin	Finanzministerium
FR	Finanz-Rundschau
GenG	Gesetz, betreffend die Erwerbs- und Wirtschaftsgenossenschaften i.d.F. der Bekanntmachung vom 20. 5. 1898
GewSt	Gewerbesteuer
GewStDV	Gewerbesteuer-Durchführungsverordnung i.d.F. vom 24. 11. 1986
GewStG	Gewerbesteuergesetz i.d.F. vom 14. 5. 1984
GewStR	Gewerbesteuer-Richtlinien 1984 i.d.F. vom 18. 12. 1984
GG	Grundgesetz
GmbH	Gesellschaft mit beschränkter Haftung
GmbHG	Gesetz betreffend die Gesellschaft mit beschränkter Haftung vom 20. 4. 1892
GmbHR	GmbH-Rundschau
GoB	Grundsätze ordnungsgemäßer Buchführung
GrS	Großer Senat des BFH
Haushaltsbegleitgesetz 1983	Gesetz zur Wiederbelebung der Wirtschaft und Beschäftigung und zur Entlastung des Bundeshaushalts v. 20. 12. 1982, BGBl I 1982, 1857; BStBl I 1982, 972 (Auszug)
2. Haushaltsstrukturgesetz	Zweites Gesetz zur Vereinbarung der Haushaltsstruktur v. 22. 12. 1981 BGBl I 1981, 1523; BStBl I 1982, 235 (Auszug)
HdJ	Handbuch des Jahresabschlusses in Einzeldarstellungen (Hrsg.: v. Wysocki und Schulze-Osterloh), Loseblatt
HFA	Hauptfachausschuß des Instituts der Wirtschaftsprüfer
HFR	Höchstrichterliche Finanzrechtsprechung
HGB	Handelsgesetzbuch vom 10. 5. 1897
HGB-E	Regierungsentwurf Bilanzrichtliniegesetz BT-Dr. 10/317
HGB-EU	Entwurf einer geänderten Konzeption von Vorschriften des Bilanzrichtliniegesetzes des Unterausschusses des Rechtsausschusses des Deutschen Bundestages vom 29. 3. 1985 i.d.F. vom 1. 8. 1985

Hifo	highest in – first out
h.M.	herrschende Meinung
HWbStR	Handwörterbuch des Steuerrechts
i.a.	im allgemeinen
i.d.F.	in der Fassung
i.d.R.	in der Regel
IdW	Institut der Wirtschaftsprüfer
i.e.	im einzelnen
i.e.S.	im engeren Sinne
Inf.	Die Information der Steuer und Wirtschaft für Industrie, Handel, Handwerk und Gewerbe
InvZulG	Investitionszulagengesetz 1982 i.d.F. vom 28. 1. 1986
i.S.	im Sinne
i.ü.	im übrigen
JbFStR	Jahrbuch der Fachanwälte für Steuerrecht
JDStJG	Jahrbuch der Deutschen Steuerjuristischen Gesellschaft
JDStJG 1978	Tipke (Hrsg.), Übertragung von Einkunftsquellen im Steuerrecht
JDStJG 1979	Kruse (Hrsg.), Die Grundprobleme der Personengesellschaft im Steuerrecht
JDStJG 1980	Söhn (Hrsg.), Die Abgrenzung der Betriebs- oder Berufssphäre von der Privatsphäre im Einkommensteuerrecht
JDStJG 1981	Ruppe (Hrsg.), Gewinnrealisierung im Steuerrecht
JDStJG 1982	Tipke (Hrsg.), Grenzen der Rechtsfortbildung durch Rechtsprechung und Verwaltungsvorschriften im Steuerrecht
JDStJG 1984	Raupach (Hrsg.), Werte und Wertermittlung im Steuerrecht
JDStJG 1987	Schulze-Osterloh (Hrsg.), Rechtsnachfolge im Steuerrecht
JDStJG 1989	Friauf (Hrsg.), Steuerrecht und Verfassungsrecht
KartStV	VO über Körperschaftsteuer, Vermögensteuer und Gewerbesteuer der Kartelle und Syndikate
Kfz	Kraftfahrzeug
KG	Kommanditgesellschaft
KGJ	Jahrbuch für Entscheidungen des Kammergerichts in Sachen der freiwilligen Gerichtsbarkeit, in Kosten-, Stempel- und Strafsachen

KO	Konkursordnung i.d.F. vom 10. 2. 1877
KöSDi	Kölner Steuer-Dialog
KSt	Körperschaftsteuer
KStDV	Körperschaftsteuer-Durchführungsverordnung 1984 i.d.F. vom 31. 7. 1984 / a.F. i.d.F. vom 26. 3. 1969
KStG	Körperschaftsteuergesetz 1984 vom 10. 2. 1984 / a.F. i.d.F. vom 18. 7. 1975
KStR	Körperschaftsteuer-Richtlinien 1985 vom 30. 12. 1985
KWG	Kreditwesengesetz
LAG	Gesetz über den Lastenausgleich i.d.F. vom 1. 10. 1969
Lifo	last in – first out
Lit.	Literatur
LS	Ludwig Schmidt in DStR
l. Sp.	linke Spalte
NB	Neue Betriebswirtschaft
NJW	Neue Juristische Wochenschrift
o.ä.	oder ähnliches
OFD	Oberfinanzdirektion
OFH	Oberster Finanzgerichtshof
OHG	Offene Handelsgesellschaft
OLG	Oberlandesgericht
ÖStZ	Österreichische Steuer-Zeitung
OVGSt	siehe Pr.OVGSt
ÖVerwGH	Österreichischer Verwaltungsgerichtshof
Pr.EStG	Preußisches Einkommensteuergesetz
Pr.OVG	Preußisches Oberverwaltungsgericht
Pr.OVGSt	Entscheidungen des preußischen Oberverwaltungsgerichtes in Steuersachen
RAO	Reichsabgabenordnung
RBewG	Reichsbewertungsgesetz
Rz.	Randziffer
Reg.Entw.	Regierungsentwurf
RFGG	Gesetz über die Angelegenheiten der freiwilligen Gerichtsbarkeit i.d.F. vom 20. 5. 1898
RFH	Reichsfinanzhof

RFHE	Sammlung der Entscheidungen und Gutachten des Reichsfinanzhofs
RG	Reichsgericht
RGZ	Entscheidungen des Reichsgerichts in Zivilsachen
RIW/AWD	Recht der Internationalen Wirtschaft
rk.	rechtskräftig
ROHG	Reichsoberhandelsgericht
Rspr.	Rechtsprechung
r. Sp.	rechte Spalte
RStBl	Reichssteuerblatt
S.	Seite
Sächs.EStG	Sächsisches Einkommensteuergesetz
Sp.	Spalte
StÄndG	Gesetz über die Gewährung von Investitionszulagen und zur Änderung steuerrechtlicher und prämienrechtlicher Vorschriften i.d.F. vom 18. 8. 1969
StAnpG	Steueranpassungsgesetz i.d.F. vom 16. 10. 1934
StbJb	Steuerberater-Jahrbuch
StBp	Die steuerliche Betriebsprüfung
Steuerbereinigungsgesetz 1985	vom 14. 12. 1984 BStBl I 1984, 659 = BGBl I 1984, 1493 – Regierungsvorlage BT-Dr. 10/1636; Bericht des Finanzausschusses des Deutschen Bundestages BT-Dr. 10/2370
StEntlG 1984	Gesetz zur Stärkung der Wettbewerbsfähigkeit der Wirtschaft und zur Einschränkung von steuerlichen Vorteilen v. 22. 12. 1983 BStBl I 1984, 14 = BGBl I 1983, 1583
Steuerreformgesetz 1990	vom 25. 7. 1988 BStBl I 1988, 224 = BGBl I 1988, 1093
StRK	Steuerrechtsprechung in Karteiform, Mrozek – Kartei
StuW	Steuer und Wirtschaft
StVj	Steuerliche Vierteljahresschrift
Tz.	Textziffer
u.ä.	und ähnliche
u.a.m.	und anderes mehr
UmwG	Gesetz über die Umwandlung von Kapitalgesellschaften i.d.F. vom 6. 11. 1969
UmwStG	Gesetz über die steuerlichen Maßnahmen bei Änderung der Unternehmensform vom 6. 9. 1976
UStG	Umsatzsteuergesetz vom 26. 11. 1979
UStR	Umsatzsteuer-Richtlinien 1988 i.d.F. vom 30. 7. 1987

VerwArchiv	Verwaltungsarchiv
VJStFR	Vierteljahresschrift für Steuer- und Finanzrecht
VO	Verordnung
VOB	Verdingungsordnung für Bauleistungen
VStG	Vermögensteuergesetz i.d.F. vom 14. 3. 1985
VStR	Vermögensteuer-Richtlinien 1989 i.d.F. vom 9. 3. 1989
WPg	Die Wirtschaftsprüfung
WT	Der Wirtschaftstreuhänder
ZfB	Zeitschrift für Betriebswirtschaft
ZfbF	Zeitschrift für betriebswirtschaftliche Forschung
ZGR	Zeitschrift für Unternehmens- und Gesellschaftsrecht
ZHR	Zeitschrift für das gesamte Handelsrecht und Wirtschaftsrecht, begründet 1858 von L. Goldschmidt
ZIP	Zeitschrift für Wirtschaftsrecht
zit.	zitiert
ZonenRFG	Zonenrandförderungsgesetz vom 5. 8. 1971

Verzeichnis der abgekürzt zitierten Literatur

Adler/Düring/Schmaltz	Rechnungslegung und Prüfung der Unternehmen 5. Aufl. (Loseblatt)
Baumbach/Duden/Hopt	Handelsgesetzbuch mit Nebengesetzen ohne Seerecht, 27. Aufl., 1987
Baumbach/Hueck	Kurzkommentar zum Aktiengesetz 13. Aufl., 1968–70
Baumbach/Hueck	Kommentar zum GmbH-Gesetz 15. Aufl., 1988
Beck'scher Bilanzkommentar	Der Jahresabschluß nach Handels- und Steuerrecht, bearbeitet von Budde, Clemm, Pankow, Sarx, 1986
Beck'sches Handbuch	Beck'sches Handbuch der Rechnungslegung, hrsg. von Castan u. a. (Loseblatt)
Biener/Berneke	Bilanzrichtlinien-Gesetz, 1986
Biergans	Einkommensteuer und Steuerbilanz, 4. Aufl., 1988
Blümich	Einkommensteuergesetz, Körperschaftsteuergesetz, Gewerbesteuergesetz 13. Aufl. (Loseblatt)
Bonner Handbuch	Bonner Handbuch der Rechnungslegung, hrsg. von Hofbauer und Kupsch (Loseblatt)
Bühler/Scherpf	Bilanz und Steuer, 7. Aufl., 1971
Dötsch/Eversberg/Jost/Witt	Kommentar zum Körperschaftsteuergesetz (Loseblatt)
Düringer/Hachenburg	Das Handelsgesetzbuch, erläutert von Bing, Breit, Flechtheim, Geiler, Hoeniger, J. Lehmann, Werner, Bd. I–IV, 3. Aufl., 1930–1935
Evers	Kommentar zum Körperschaftsteuergesetz 1920/22, 1923; zum KStG 1925, 2. Aufl., 1927

Falterbaum/Beckmann	Buchführung und Bilanz, 13. Aufl., 1989
Federmann	Bilanzierung nach Handelsrecht und Steuerrecht, 6. unveränderte Aufl., 1987
Felix/Streck	Kommentar zum Körperschaftsteuergesetz, 2. Aufl., 1984
Flume	Allgemeiner Teil des Bürgerlichen Rechts I, 1, Die Personengesellschaft, 1977
Geßler/Hefermehl/Eckardt/Kropff	Kommentar zum Aktiengesetz, 1973/89
Glade	Rechnungslegung und Prüfung nach dem Bilanzrichtliniengesetz, 1986
Glanegger/Güroff	Gewerbesteuergesetz, 1988
Großkommentar zum AktG	von Barz, Fischer, Klug, Mellerowicz, Meyer-Landrut, Schilling, W. Schmidt, 3. Aufl., 1970 ff
Gürsching/Stenger	Kommentar zum Bewertungsgesetz und Vermögensteuergesetz, 8. Aufl. (Loseblatt)
Gutachten der Steuerreformkommission	Schriftenreihe des Bundesministeriums der Finanzen, Heft 17, 1971
Hachenburg/Barz/Behrens/Goerdeler/Klug/Mertens/Schilling/Ulmer	Kommentar zum GmbH-Gesetz, 7. Aufl., 1975 ff
Handwörterbuch	Handwörterbuch unbestimmter Rechtsbegriffe im Bilanzrecht, hrsg. von Leffson, Rückle, Großfeld, 1986
HdJ	Handbuch des Jahresabschlusses in Einzeldarstellungen, hrsg. von v. Wysocki und Schulze-Osterloh (Loseblatt)
Herrmann/Heuer/Raupach	Kommentar zum Einkommensteuergesetz und Körperschaftsteuergesetz einschließlich Nebengesetzen, 19. Aufl. (Loseblatt)
Hübschmann/Hepp/Spitaler	Kommentar zur Abgabenordnung und Finanzgerichtsordnung, 9. Aufl. (Loseblatt)

Kapp	Kommentar zum Erbschaftsteuer- und Schenkungsteuergesetz, 10. Aufl. (Loseblatt)
Kennerknecht	Kommentar zum Körperschaftsteuergesetz 1925
Keuk	Besteuerung des Gewinns der Personengesellschaften und der Sondervergütungen der Gesellschafter, 1974
Kirchhof/Söhn	Einkommensteuergesetz-Kommentar (Loseblatt)
Klein/Orlopp	Abgabenordnung, 4. Aufl., 1989
Knobbe-Keuk	Das Steuerrecht – eine unerwünschte Rechtsquelle des Gesellschaftsrechts?, 1986
Kölner Kommentar	Kölner Kommentar zum Aktiengesetz, hrsg. von Zöllner, Bd. 1–3, 1984/85
Kruse	Grundsätze ordnungsmäßiger Buchführung, Rechtsnatur und Bestimmung, 3. Aufl., 1978
Küting/Weber	Handbuch der Rechnungslegung, 1986
Leffson	Die Grundsätze ordnungsmäßiger Buchführung, 7. Aufl., 1987
Lenski/Steinberg	Kommentar zum Gewerbesteuergesetz, 6. Aufl. (Loseblatt)
Lion	Das Bilanzsteuerrecht, 2. Aufl., 1923
Littmann/Bitz/Meincke	Das Einkommensteuerrecht, 15. Aufl. (Loseblatt)
Meincke/Michel	Erbschaftsteuer- und Schenkungsteuergesetz, 8. Aufl., 1987
Meyer-Scharenberg/Popp/Woring	Gewerbesteuer-Kommentar, 1989
Moench	Erbschaftsteuer- und Schenkungsteuergesetz (Loseblatt)
Moxter	Bilanzlehre, Bd. I, Einführung in die Bilanztheorie, 3. Aufl., 1984

Pezzer	Die verdeckte Gewinnausschüttung im Körperschaftsteuerrecht, 1986
Rose	Betrieb und Steuer, Grundlagen zur Betriebswirtschaftlichen Steuerlehre Bd. I Die Ertragsteuern, 10. Aufl., 1988; Bd. II Die Substanzsteuern, 7. Aufl., 1988
Rössler/Troll	Kommentar zum Bewertungsgesetz und zum Vermögensteuergesetz, 14. Aufl., 1987
Schmidt, Karsten	Gesellschaftsrecht, 1986
Schmidt, Ludwig	Kommentar zum Einkommensteuergesetz, 8. Aufl., 1988
Schmidt/Steppert	Die Organschaft im Körperschaft-, Gewerbe- und Umsatzsteuerrecht, 3. Aufl., 1978
Strutz	Kommentar zum Einkommensteuergesetz, 1925, Bd. I 1927, Bd. II 1929, Erg.Bd. 1930
Tipke/Kruse	Abgabenordnung–Finanzgerichtsordnung, 13. Aufl. (Loseblatt)
Tipke/Lang	Steuerrecht, 12. Aufl., 1989
Troll	Erbschaftsteuer- und Schenkungsteuergesetz, 3. Aufl. (Loseblatt)
Ulmer	Die Gesellschaft bürgerlichen Rechts, Sonderdruck aus Münchener Kommentar, 2. Aufl., 1986
v. Wallis/Heinicke	Besteuerung der Personen- und Kapitalgesellschaften, 3. Aufl., 1978
Westermann u.a.	Handbuch der Personengesellschaften, 3. Aufl. (Loseblatt)
Widmann/Mayer	Umwandlungsrecht, 2. Aufl. (Loseblatt)
Wöhe	Betriebswirtschaftliche Steuerlehre, Bd. 1, Teilband 2, 6. Aufl.1987
WP-Handbuch	Wirtschaftsprüfer-Handbuch 1985/86, 9. Aufl., 1985
Würdinger	Aktienrecht und das Recht der verbundenen Unternehmen, 4. Aufl., 1981
Ziemer/Birkholz	Finanzgerichtsordnung, 3. Aufl., 1978

Einleitung

1. Es ist eine Crux des geltenden deutschen Steuerrechts, daß die gewinnabhängigen Steuern, die im Rahmen der gesamten Steuerbelastung für das Unternehmen von besonderer Bedeutung sind, nicht einheitlich auf den Tatbestand des Unternehmens bezogen sind. Für die Erfassung der in einem Unternehmen erwirtschafteten Gewinne wird vielmehr das äußere Rechtskleid des Unternehmens zum Anlaß genommen, daran eine völlig verschiedene steuerliche Behandlung zu knüpfen.

Auf Grund dieser Lage ist seit eh und je die Wahl der Rechtsform für das Unternehmen maßgeblich von steuerlichen Zweckmäßigkeitserwägungen abhängig.[1] Je nach der gerade geltenden Ausgestaltung der Einkommen- und der Körperschaftsteuer, insbesondere der Tarife, wurde im Laufe der Jahrzehnte die Form des Personenunternehmens oder die der Kapitalgesellschaft favorisiert. Die mangelnde Rechtsformneutralität der Gewinnbesteuerung ist auch eine der wesentlichen Ursachen für die weitverbreitete Bewegung zur zweigleisigen Gestaltung: Durch die Kombination von Personenunternehmen und Kapitalgesellschaft (z. B. GmbH & Co. KG, Betriebsaufspaltung) suchte man die Vorteile der einen Rechtsform zu sichern, ohne ihre Nachteile in Kauf nehmen zu müssen.

Schon im Jahre 1924 hatte der 33. Deutsche Juristentag in seinen Leitsätzen zur Reform der steuerlichen Behandlung der Unternehmensgewinne die grundsätzliche Forderung aufgestellt: „Die Einkommen- und Körperschaftsteuer ist so zu gestalten, daß die Gewerbetreibenden nicht genötigt werden, der Einkommens- oder Körperschaftsteuer wegen bestimmte Rechtsformen zu wählen oder von einer Rechtsform zur anderen überzugehen.“[2] Bis auf den heutigen Tag aber ist das Problem der differenzierenden steuerlichen Behandlung der verschiedenen Unternehmen je nach der äußeren Rechtsform nicht gelöst worden.

Der Gesetzgeber hat sich bislang nicht – und insoweit ist auch auf absehbare Zukunft eine Änderung nicht in Sicht[3] – zu einer rechtsformunabhängigen Gewinnbesteuerung durchringen können. Er hat sich über die Jahrzehnte hinweg damit begnügt, der jeweiligen Strömung durch punktuelle Änderun-

1 Vgl. den Überblick über die Entwicklung seit den zwanziger Jahren bei Bühler, Der Einfluß des Steuerrechts auf die Gesellschaftsformen, Zeitschrift für handelswissenschaftliche Forschung, Bd. 35 (1941), S. 81 ff.

2 Teil B I der Leitsätze, aufgestellt von E. Becker und Lion.

3 Vgl. zu der aktuellen Diskussion um eine Reform der Unternehmensbesteuerung Knobbe-Keuk, DB 1989, 1303 ff.

gen zu begegnen. So war z. B. die Einführung der Begünstigung des nicht entnommenen Gewinns für Personenunternehmen in § 58 a EStG 1931[4] eine Reaktion darauf, daß in den Jahren zuvor wegen des gegenüber dem Einkommensteuertarif wesentlich günstigeren Körperschaftsteuertarifs auch bei kleineren und mittleren Unternehmen die Flucht in die Kapitalgesellschaft zu verzeichnen war. Derartige und ähnliche punktuelle Änderungen der Steuergesetze und insbesondere der Tarife sind im Laufe der Zeit zu Hauf' erfolgt. In grundsätzlicher Weise aber ist die Problematik der Unternehmensbesteuerung vom Gesetzgeber zu keiner Zeit in Angriff genommen worden.[5] Es ist bis heute dabei geblieben, daß zwei Unternehmen mit gleicher wirtschaftlicher Leistungsfähigkeit eine unterschiedliche Steuerlast zu tragen haben, je nachdem ob sie die Form des Personenunternehmens oder die der Kapitalgesellschaft gewählt haben. Die rechtsformbedingten Besteuerungsunterschiede, insbesondere die Diskriminierung der Personenunternehmen in der Frage der Altersvorsorge durch Pensionsrückstellungen und bei der Gewerbesteuer[6] leuchten niemandem ein, jedenfalls niemandem, der ganz naiv meint, durch die Unternehmensbesteuerung sei die finanzielle Leistungsfähigkeit des Unternehmens zu erfassen. Die Steuerpflichtigen und ihre Berater greifen deshalb zur Selbsthilfe und suchen aus den uneinsichtigen und diffusen steuergesetzlichen Vorgaben für ihren Betrieb das Beste zu machen. Darauf beruht dann letztlich die verwirrende Kasuistik der Rechtsprechung der Finanzgerichte zu den Themen: Wer ist Mitunter-

---

4 Der Steuersatz für in Rücklagen gestellte Gewinne wurde auf 20 %, also auf die Höhe des damaligen Körperschaftsteuersatzes, beschränkt.

5 In der Literatur ist die Problematik seit langem diskutiert worden. Vgl. z. B. Findeisen, Die Unternehmensform als Rentabilitätsfaktor, 1924 S. 45 und passim; Terhalle, Steuerumbau als Aufgabe für morgen, FinArchiv 9, 191 ff; Schmölders, Steuerumbau als Aufgabe für heute, FinArchiv 9, 246 ff und dazu Terhalle, FinArchiv 9, 604 ff; Fischer, Um ein Unternehmungs-Steuerrecht, StuW 1942, 601 ff; Bühler, Steuer und Gesellschaftsform, StuW 1943, 81 ff; Boettcher, Vorschlag eines Betriebssteuerrechts, StuW 1947, 67 ff; Bericht und Gesetzentwürfe zur Betriebsteuer, vorgelegt vom Betriebsteuerausschuß der Verwaltung für Finanzen, StuW 1949, 931 ff (weitere Literaturangaben dort Sp. 1065 f). Aus neuerer Zeit vgl. Flume, Die Betriebsertragsteuer als Möglichkeit der Steuerreform, DB 1971, 692 ff; StbJb 1971/72, 31 ff, 37 ff, 50 ff; StbJb 1973/74, 53 ff, 67 ff. Aus jüngerer Zeit: Schipporeit, Grundsätze und Möglichkeiten einer Unternehmungssteuer, 1979; StuW 1980, 190 f. Aus der österreichischen Diskussion vgl. das engagierte Plädoyer für die Betriebsteuer von Heidinger, Betriebssteuer und vollsynthetische Einkommensteuer, 1983; vgl. auch Heidinger, StuW 1982, 268 ff; vgl. demgegenüber die kritische Auseinandersetzung bei Elschen, StuW 1983, 318 ff; zum Diskussionsstand vgl. Heidinger, StuW 1985, 67 ff, 72 ff. Das Konzept einer einheitlichen Betriebssteuer wird verteidigt von Knobbe-Keuk, DB 1989, 1303 ff.
Die Arbeit von Kopp, Rechtsformabhängige Belastungsdifferenzen als Ansatzpunkt einer Reform der Unternehmensbesteuerung, 1983, will durch punktuelle steuerpolitische Reformansätze zur Rechtsformneutralität der Unternehmensbesteuerung führen.

6 Vgl. die Zusammenstellung am „Schluß" dieses Buches.

nehmer, wie steht es mit der Betriebsaufspaltung, was gibt es Neues zur GmbH & Co. KG, zur doppelstöckigen Gesellschaft, zum Geprägegesetz usw. In diesem für die mittelständischen Unternehmen – angesichts der mangelnden Rechtsformneutralität der Unternehmensbesteuerung – unverzichtbaren Gestaltungsbereich ist eine erhebliche Verkomplizierung und eine beträchtliche Rechtsunsicherheit zu konstatieren.

Hinzu kommt: Nicht nur die laufende Behandlung einer durchgeführten Gestaltungsmaßnahme ist vielfach mit Risiken, sondern auch der Weg in die neue Form, die Umstrukturierungsmaßnahme selbst, ist mit Problemen und Unsicherheiten belastet.

2. In der Reformdiskussion seit Mitte der sechziger Jahre war die unterschiedliche Behandlung der Personenunternehmen und der Kapitalgesellschaften vornehmlich unter dem Gesichtspunkt der Doppelbelastung des von Kapitalgesellschaften ausgeschütteten Gewinns kritisiert worden, und das Reformziel war denn von vornherein auch auf die Beseitigung dieser Doppelbelastung beschränkt. Eine für die Unternehmen aller Rechtsformen einheitliche Besteuerung hat die Körperschaftsteuerreform nicht gebracht.[7] Mit der Einführung des Körperschaftsteueranrechnungsverfahrens ist nur erreicht worden, daß der Teil des Unternehmensgewinns, der nicht im Unternehmen verbleibt, sondern entnommen bzw. ausgeschüttet wird, nunmehr bei den „hinter dem Unternehmen stehenden" Personen unabhängig von der Rechtsform des Unternehmens in gleicher Weise besteuert wird. Nicht mehr, nicht weniger. Nicht in die Betrachtung einbezogen hatten die Reformer hingegen die für Gedeih und Existenz des Unternehmens ganz entscheidende Frage der sachgerechten Behandlung des thesaurierten Gewinns und der nicht abzugsfähigen Ausgaben sowie die grundlegenden Strukturunterschiede in der Ermittlung des Gewinns und des Gewerbeertrages.

Im Gegensatz zu den Steuerrechtsordnungen der relevanten Industriestaaten, in denen der Körperschaftsteuersatz für einbehaltene Gewinne wesent-

7 Vgl. dazu näher Knobbe-Keuk, Bilanz der Körperschaftsteuerreform 1977 – Was ist erreicht, was bleibt zu tun?, GmbHR 1987, 125 ff. Die steuerrechtliche Abteilung des 53. DJT hat sich 1980 mit dem Thema befaßt: „Empfiehlt sich eine rechtsformunabhängige Besteuerung der Unternehmen". Vgl. i.e. das Gutachten von Walz und die Referate von Knobbe-Keuk und Littmann in: Verhandlungen des 53. DJT, 1981. In den Beschlüssen der steuerrechtlichen Abteilung wurde einer rechtsformunabhängigen Unternehmensbesteuerung eine eindeutige Absage erteilt; man beschränkte sich darauf, auf der Grundlage des bestehenden dualistischen Einkommen-Körperschaftsteuer-Systems einige Vorschläge zur Einebnung der gravierendsten Unterschiede zu machen (vgl. die Beschlüsse der steuerrechtlichen Abteilung in NJW 1980, 2513 f). Die steuerrechtliche Abteilung des 57. DJT Mainz 1988 hat beschlossen: „Der Gesetzgeber wird aufgefordert zu prüfen, ob Personenunternehmen einer der Körperschaftsteuer vergleichbaren Betriebssteuer unterworfen werden sollen", vgl. Verhandlungen des 57. DJT, Bd. II, 1988, N 212.

lich niedriger ist als die Belastung des ausgeschütteten Gewinns, erfährt der im Unternehmen verbleibende Gewinn in den deutschen Steuergesetzen keine gegenüber dem privaten Einkommen gesonderte Behandlung. Der Tarif für den in Kapitalgesellschaften thesaurierten Gewinn ist bislang an dem Einkommensteuerspitzensatz orientiert gewesen; nach dem Steuerreformgesetz 1990 wird er allerdings 3 Punkte unter dem Einkommensteuerspitzensatz liegen. Vollends auf eine Stufe mit dem Einkommen von Privatpersonen ist der gesamte Gewinn von Personenunternehmen gestellt; selbst dann, wenn die Gesellschafter von Personenunternehmen gesellschaftsvertraglich den Gewinn gar nicht entnehmen können, wird er bei ihnen nach dem Einkommensteuertarif versteuert.

Der Gewinn von Personenunternehmen wird zu einem wesentlichen Teil nach betriebsfremden Gesichtspunkten besteuert. Da der Gewinn bei dem Inhaber des Gewerbebetriebs als eine der Komponenten des Gesamteinkommens steuerlich erfaßt wird, schlagen auf die Besteuerung des Unternehmensgewinns alle die persönlichen Momente durch, die bei der Einkommensteuer als einer an der persönlichen Leistungsfähigkeit der Einzelperson orientierten Steuer zu berücksichtigen sind, nämlich der Familienstand, außergewöhnliche Belastungen, Sonderausgaben und vor allem andere mit dem Betrieb nicht zusammenhängende positive oder negative Einkünfte. In noch verstärktem Maße wird der innere Zusammenhang der Besteuerung des Unternehmensgewinns mit dem Unternehmen selbst und dessen Ertragsfähigkeit bei den Betrieben von Personengesellschaften verdunkelt. Das zivilrechtlich und wirtschaftlich als geschlossene Einheit bestehende und arbeitende Unternehmen der Personengesellschaft wird steuerrechtlich zerrissen, indem der Gewinn des Unternehmens den „hinter dem Unternehmen stehenden“ Gesellschaftern anteilig zugeordnet und bei diesen als Teil des jeweiligen Gesamteinkommens steuerlich erfaßt wird.

Bei Personenunternehmen erfolgt also insbesondere infolge der Zusammenrechnung des Unternehmensgewinns mit anderen Einkünften in Verbindung mit dem progressiven Einkommensteuertarif keine wirkliche Besteuerung des Unternehmensgewinns. Der gleich hohe Gewinn vergleichbarer Personenunternehmen wird ganz unterschiedlich besteuert, je nach den persönlichen Verhältnissen und den anderen Einkünften der „hinter dem Unternehmen stehenden“ Personen. Es kann sein, daß der Unternehmensgewinn überhaupt nicht besteuert wird, weil der Inhaber des Betriebs oder sein Ehegatte andere negative Einkünfte haben; es kann aber auch sein, daß der Unternehmensgewinn viel zu hoch besteuert wird, weil der verhältnismäßig geringe Gewinn mit anderen hohen Einkünften des Betriebsinhabers zusammengerechnet wird.

Grundprinzip des Einkommensteuerrechts ist die Erfassung der persönlichen Leistungsfähigkeit des Steuerpflichtigen. Daraus rechtfertigen sich die Berücksichtigung der persönlichen Verhältnisse und vor allem auch der progressive Tarif. Diese Ausgestaltung des Einkommensteuerrechts ist an dem Einkommen, das dem Individuum zur freien Disposition steht, orientiert und für die Besteuerung des privaten Einkommens auch sachgerecht. Für den Unternehmensgewinn hingegen, der im Unternehmen verbleibt, ist diese Ausgestaltung der Besteuerung nicht passend. Es ist nicht zu sehen, welche Aufgabe etwa die Berücksichtigung des Familienstandes oder von persönlichen Unterhaltspflichten oder der progressive Tarif bei einer sachbezogenen Unternehmensgewinnbesteuerung erfüllen soll.

3. Unerläßliche Vorbedingung für die Ausgestaltung einer sachgerechten Unternehmensbesteuerung ist die scharfe und grundsätzliche Trennung zwischen Privateinkommen und Unternehmensgewinn,[8] zwischen persönlicher Leistungsfähigkeit des Individuums und Belastbarkeit des Unternehmens. Die Besteuerung des Unternehmensgewinns muß darauf ausgerichtet sein, die Unternehmen – im Interesse der Erhaltung der Unternehmen und der Arbeitsplätze und damit im Interesse der gesamten Volkswirtschaft – in ihrer Leistungsfähigkeit, in ihrer Rentabilität, in ihrer Investitionskraft und Wettbewerbsfähigkeit zu konsolidieren und zu stärken. Sie muß die Notwendigkeit der Eigenkapitalbildung respektieren und darf das Gewinnstreben als Motor unternehmerischer Betätigung nicht behindern.

Eine besondere Behandlung des Unternehmensgewinns würde nur der Realität Rechnung tragen, daß das Unternehmen – trotz seiner privatrechtlichen Zuordnung an den Unternehmer – als Gebilde des Wirtschaftsprozesses gegenüber dem Unternehmer verselbständigt ist, und daß der Unternehmensgewinn – abgesehen von dem Unternehmerlohn – nicht der Gewinn des Unternehmers, sondern der des Unternehmens ist.[9]

Die Besonderheiten des Unternehmensgewinns gegenüber dem für private Zwecke verfügbaren Einkommen können angemessen nur berücksichtigt werden, wenn der Gewinn des Unternehmens bei dem Unternehmen selbst durch eine Objektsteuer steuerlich erfaßbar wird. Konkrete detaillierte Vorschläge in dieser Richtung sind wiederholt gemacht worden.[10] Das Konzept einer rechtsformunabhängigen Betriebssteuer zielt in erster Linie auf eine Beseitigung der Diskriminierung der Personenunternehmen bei der Gewinnbesteuerung gegenüber den in der Rechtsform der Kapitalgesellschaft geführten Unternehmen. Über das Ziel der Herstellung der Rechtsformneutralität hinaus eröffnet die Unternehmenssteuer, Betriebssteuer die Mög-

---

8 Von dieser Forderung gehen auch die oben (Anm. 5) zit. Verfechter einer Betriebssteuer aus. Anders hingegen der Vorschlag von Lang, Reform der Unternehmensbesteuerung, Schriftenreihe der Wirtschafts- und Sozialwissenschaftlichen Gesellschaft Trier, 1988 und StuW 1989, 3 ff, der die Grenze letztlich zwischen konsumiertem und erspartem Einkommen ziehen und also auch private Kapitalanlagen in eine „Betriebssteuer" einbeziehen will, dies vor dem Hintergrund der üblichen Einwände (Diskriminierung der anderen Einkunftsarten, Fehlallokation von Kapitalströmen usw.) gegen die Betriebssteuer (vgl. gegen diese Einwände Knobbe-Keuk, DB 1989, 1303 ff).

9 Vgl. z. B. Flume aaO (Anm. 5); Knobbe-Keuk, DB 1989, 1303 ff.

10 Vgl. die Vorschläge von Fischer, Boettcher, des Betriebssteuerausschusses, von Flume, Schipporeit (alle aaO, Anm. 5).

lichkeit, bei allen Unternehmen den im Unternehmen verbleibenden Gewinn niedriger zu besteuern als den ausgeschütteten bzw. entnommenen Gewinn.

Der Umstand, daß eine einheitliche Betriebssteuer die Möglichkeit eröffnet, den im Unternehmen verbleibenden Gewinn anders als das dem Individuum zur privaten Disposition stehende Einkommen zu behandeln, macht das Konzept einer Betriebssteuer vielen unheimlich. Die insbesondere von Politikern und Wirtschaftswissenschaftlern gebetsmühlenartig heruntergeleierten Einwände gegen eine Betriebssteuer konzentrieren sich denn auch auf diesen Aspekt.[11]

Man malt das Gespenst der kalten Sozialisierung an die Wand. Wer den politischen Willen hat, das Gespenst in die Wirklichkeit zu führen, bedarf dazu freilich – wie ausländische Vorgänge hinreichend belegen – nicht der Einführung erst einer Betriebssteuer. Die Gleichsetzung des Privateinkommens des Individuums und des Unternehmensgewinns geht an der Realität unserer Wirtschafts- und Sozialordnung vorbei. Denn in dieser steht unternehmerisches Vermögen im Vergleich zu jeder anderen Vermögensart in einer wesentlich stärkeren Sozialbindung, die durch vielfältige drückende arbeits- und sozialrechtliche Vorschriften konkretisiert ist. Die Unternehmen sind es, die unserer „Gefälligkeitsdemokratie“ ihr florierendes Leben überhaupt ermöglichen. In ihnen wird – sieht man nur auf Steuern und Abgaben – nicht nur das Steueraufkommen auf Unternehmensgewinne erwirtschaftet, sondern das gesamte Aufkommen der Lohnsteuer, der Umsatzsteuer usw.

Gegen die mit der Betriebssteuer sich eröffnende Möglichkeit einer andersartigen Behandlung des im Unternehmen verbleibenden Gewinns wird weiter eingewandt, sie begünstige Kapitalfehlallokationen. Dieser Einwand geht an der Wirklichkeit bundesdeutscher Kapitalmärkte vorbei. Im übrigen wird die sogenannte Fehlallokation im Ausland denn auch wesentlich realistischer als von bundesdeutschen Politikern und Wirtschaftswissenschaftlern gesehen. So wenig ein internationaler isolierter Steuersatzvergleich ohne Berücksichtigung anderer Faktoren wie der Steuerbemessungsgrundlage, aber auch der unterschiedlichen Steuermoral und der unterschiedlichen Durchschlagskraft der Finanzverwaltungen sinnvoll ist, so ist *ein* Faktum jedenfalls nicht zu zerreden: In allen relevanten Steuerrechtsordnungen klaffen Einkommensteuerspitzensatz und Steuersatz für nicht ausgeschüttete Gewinne wesentlich weiter auseinander als bei uns.

Das erste Ziel einer Betriebssteuer aber, die Herstellung von Rechtsformneutralität wird von den Gegnern regelmäßig ignoriert und totgeschwiegen. Dies beruht auf folgendem: Die mangelnde Rechtsformneutralität der Unternehmensbesteuerung ist ein Problem nur der Unternehmen, für die überhaupt die Alternative Personenunternehmen – Kapitalgesellschaft besteht, das sind die personenbezogenen Unternehmen des weiten mittelständischen

11 Gegen diese Einwände ideologischer und ordnungspolitischer Natur im einzelnen Knobbe-Keuk, DB 1989, 1303 ff.

Bereichs, also die Unternehmen, die unsere Wirtschaftsordnung tragen und in den letzten Jahren die höchste Zahl neuer Arbeitsplätze geschaffen haben. Im Zentrum des Interesses von Politikern, Spitzenverbandsvertretern, Wirtschaftsforschungsinstituten aber stehen nicht diese, sondern die ganz Großen und die ganz Kleinen. Dabei wird das Problem der mangelnden Rechtsformneutralität der Unternehmensbesteuerung, das eben weder ein Problem der Publikumskapitalgesellschaften noch ein Problem des Tante-Emma-Ladens ist, zugeschüttet.

4. Die Aussichten, daß im Anschluß an die sogenannte Große Steuerreform 1990 die angekündigte Unternehmenssteuerreform die gebotene Neuordnung des Unternehmenssteuerrechts bringen könnte, sind schlecht. Wir werden vorerst weiter mit einem Unternehmenssteuerrecht leben, dem eine einheitliche Linie fehlt, das insbesondere durch die Anknüpfung der Besteuerung an die Rechtsform des Unternehmens und durch das Nebeneinander mehrerer den Gewinn und das Kapital belastender Steuern geprägt ist. Der Gang der folgenden Darstellung ist damit vorgezeichnet: Die Behandlung der Belastung des Betriebs mit den ertragsabhängigen Steuern (Kap. 1–4) beginnt mit dem Bereich, in dem im Prinzip und weitgehend immerhin eine einheitliche Regelung für die Unternehmen aller Rechtsformen gilt, nämlich mit den Grundsätzen der betrieblichen Gewinnermittlung (Kap. 1). Es schließen sich die Besonderheiten der Gewinnbesteuerung an, die für Personengesellschaften (Kap. 2) und für Kapitalgesellschaften (Kap. 3) bestehen. Sodann folgt in Kap. 4 die Darstellung der Belastung mit der – für die Betriebe aller Rechtsformen im Grundsatz einheitlichen – Steuer nach dem Gewerbeertrag, die aber auf Grund der Rechtsprechung zu einer Diskriminierung der Personenunternehmen führt. Das 5. Kap. über die Besteuerung der Gewinne aus der Veräußerung, Liquidation und rechtlichen Umstrukturierung des Betriebs würde sich bei einer eigenständigen – rechtsformneutralen – Unternehmensbesteuerung zu weiten Teilen erübrigen. Kap. 6 behandelt die Belastung des Betriebs mit den ertragsunabhängigen Steuern.

5. Solange die Grundentscheidung des Gesetzgebers für eine rechtsformbezogene Unternehmensbesteuerung fortbesteht und die Besteuerung wirtschaftlich vergleichbarer Unternehmen unterschiedlich ist, je nachdem ob das Unternehmen in der Rechtsform des Personenunternehmens oder der der Kapitalgesellschaft geführt wird, besteht für niemanden eine Legitimation, diese durch „Auslegung" einzelner Bestimmungen punktuell zu Lasten der Steuerpflichtigen zu korrigieren und sich über die privatautonome Gestaltung hinwegzusetzen.

Die Rechtsprechung sollte sich an den großartigen Ausführungen Hensels[12] orientieren:

„... es wird dem Richter in vielen Fällen wertvoller erscheinen, den Gesetzgeber auf die Mängel des Gesetzes durch Abweisung des Steueranspruches hinzuweisen als

12 Hensel in Bonner Festgabe für Zitelmann, 1923, S. 230 f.

durch dessen Bejahung die Rechtsunsicherheit zu verstärken und den Fehler zu sanktionieren."

Der frühere RFH[13] hat in diesem Sinne judiziert. Zunächst die immer noch aktuelle Situationsbeschreibung aus einer Entscheidung des Jahres 1924:

„Der derzeitige Ausbau der Einkommen- und Körperschaftsteuer bringt es mit sich, daß die Beteiligten zu bestimmten Rechtsformen lediglich aus steuerlichen Gründen gedrängt werden und daß sie auch wegen der Steuer von der einen zur anderen Rechtsform übergehen, ohne im betriebswirtschaftlichen Aufbau ihres Unternehmens etwas zu ändern oder auch nur ändern zu wollen. Das ist vom Standpunkt der Volkswirtschaft und damit letzten Endes auch vom Standpunkt des Steuerfiskus aus ein ungesunder Zustand."

Die bündige Konsequenz des RFH:

„Da diese unerwünschten Folgeerscheinungen indes ihren Grund im bestehenden Rechte haben, lassen sie sich nur durch eine Änderung der Gesetzgebung beseitigen."

13 RFH vom 3. 12. 1924 VI eA 188/24 RFHE 16,15 ff, 19.

1. Kapitel
Die steuerliche Gewinnermittlung

§ 1
Der steuerrechtliche Gewinnbegriff

Für die laufende Besteuerung der Unternehmen aller Rechtsformen ist der Gewinn die zentrale Größe. Der Gewinnbegriff und die Gewinnermittlungsvorschriften des EStG sind nicht nur bei Personenunternehmen, sondern auch bei Kapitalgesellschaften die Grundlage für die Ermittlung des steuerpflichtigen Einkommens. Darüber hinaus ist der Gewinn auch die Ausgangsgröße für die Ermittlung des Gewerbeertrages bei der Gewerbesteuer.

Der Gewinn als die steuerliche Größe „Einkünfte aus Gewerbebetrieb“[1] ist nach den §§ 4 bis 7g EStG zu ermitteln (§ 2 Abs. 2 Nr. 1 EStG).[2] In den §§ 4 ff EStG sind drei Gewinnermittlungsarten geregelt:

1. die Rechnung nach dem Überschuß der Betriebseinnahmen über die Betriebsausgaben (§ 4 Abs. 3 EStG),[3]
2. der Betriebsvermögensvergleich (§ 4 Abs. 1 EStG),
3. der Betriebsvermögensvergleich nach den handelsrechtlichen Grundsätzen ordnungsmäßiger Buchführung (§ 5 EStG).

Der Betriebsvermögensvergleich nach § 4 Abs. 1 EStG kommt für die Ermittlung der Einkünfte aus Gewerbebetrieb nicht in Betracht. Diese Gewinnermittlungsart gilt für Land- und Forstwirte, wenn sie nach § 141 AO verpflichtet sind, Bücher zu führen, und für Land- und Forstwirte sowie die Angehörigen freier Berufe, die freiwillig Bücher führen und regelmäßig Abschlüsse machen. Für Gewerbetreibende ist § 4 Abs. 1 EStG insofern von

1 Zum Begriff des Gewerbebetriebs vgl. i.e. unten § 9 II 1.

2 Zu der Spaltung des Einkünftebegriffs durch das EStG in Gewinneinkünfte und Überschußeinkünfte vgl. kritisch Tipke/Lang, § 9 F I 2 S. 233 ff und Tipke, Festschrift Paulick, 1973, S. 391 ff. Vgl. ferner Merkenich, Die unterschiedlichen Arten der Einkünfteermittlung im deutschen Einkommensteuerrecht, 1982; sowie die Verhandlungen und Beschlüsse der Steuerrechtlichen Abteilung des 57. Deutschen Juristentages in: Verhandlungen des 57. DJT, Bd. II, 1988, N 6 ff.

3 Vgl. dazu Groh, Zur Struktur der betrieblichen Überschußrechnung, FR 1986, 293 ff.

Bedeutung, als er die grundsätzliche Formulierung des Gewinnbegriffs auf der Grundlage des Betriebsvermögensvergleichs enthält.[4]

Die Überschußrechnung nach § 4 Abs. 3 EStG kommt für Gewerbetreibende nur in Betracht, wenn sie nicht auf Grund gesetzlicher Vorschriften verpflichtet sind, Bücher zu führen und regelmäßig Abschlüsse zu machen, und wenn sie dies auch nicht freiwillig tun.

Die Verpflichtung zur Buchführung kann sich schon aus außersteuerlichen Vorschriften ergeben. Die wichtigste Bestimmung ist § 238 HGB, in dem die Buchführungspflicht für Kaufleute statuiert ist. Seit einigen Jahren besteht auch für Unternehmer, die nach § 2 HGB verpflichtet sind, die Eintragung ihres Unternehmens in das Handelsregister herbeizuführen, die handelsrechtliche Buchführungsverpflichtung (§ 262 HGB).

§ 140 AO macht die außersteuerlichen Buchführungsvorschriften für das Steuerrecht nutzbar, indem diese auch zu steuerlichen Pflichten erklärt werden.

Soweit eine außersteuerliche Verpflichtung zur Buchführung nicht besteht, ist eine originäre steuerliche Buchführungsverpflichtung in § 141 AO für den Fall angeordnet, daß bestimmte Buchführungsgrenzen (Umsatz 500 000 oder Betriebsvermögen 125 000 oder Gewinn aus Gewerbebetrieb 36 000)[5] überschritten sind.

Für alle zur Buchführung verpflichteten Gewerbetreibenden und für die Gewerbetreibenden, die freiwillig Bücher führen, ist die Gewinnermittlung nach § 5 EStG vorzunehmen, d.h. der Vermögensvergleich hat auf der Grundlage einer Bilanz, die nach den handelsrechtlichen Grundsätzen ordnungsmäßiger Buchführung erstellt ist, zu erfolgen.

In § 5 EStG ist der Grundsatz der Maßgeblichkeit der Handelsbilanz für die steuerliche Gewinnermittlung verankert.[6] Der Maßgeblichkeitsgrundsatz ist nur insoweit eingeschränkt, als nach § 5 Abs. 6 EStG die Vorschriften über Entnahmen und Einlagen, über die Zulässigkeit der Bilanzänderung, über die Betriebsausgaben, über die Bewertung und über die Absetzungen für Abnutzung oder Substanzverringerung zu beachten sind.

Wird der Gewinn durch den Vermögensvergleich auf der Grundlage der Bilanzen ermittelt, so hängt die Höhe des Gewinns ganz entscheidend von der Beantwortung der beiden Fragen ab:

1. Was ist zu aktivieren und zu passivieren (zu bilanzieren)?
2. Wie sind die Aktiva und Passiva zu bewerten?

Die Entscheidung darüber, was zu bilanzieren und wie zu bewerten ist, kann je nach der der Bilanz zugeordneten Funktion unterschiedlich ausfal-

---

4 Zur historischen Entwicklung der beiden Betriebsvermögensvergleiche und zu den Unterschieden zwischen der Gewinnermittlung nach § 4 Abs. 1 und § 5 EStG vgl. Herrmann/Heuer/Raupach, Vor §§ 4, 5 EStG Anm. 20 ff; für die Vereinigung der beiden Betriebsvermögensvergleiche de lege ferenda vgl. Lang, JDStJG 1981, 60 ff.

5 Bei Personengesellschaften bezieht sich der Betrag auf den Steuerbilanzgewinn zweiter Stufe, vgl. unten § 11 Anm. 5.

6 Vgl. dazu näher § 2.

len, und damit kann sich bei gleichem Sachverhalt je nach Bilanzzweck auch ein unterschiedlicher Gewinn ergeben.

In der betriebswirtschaftlichen Literatur ist ein breites Spektrum von bilanztheoretischen Meinungen vertreten.[7] Hier wird die Bemerkung Lions[8] nur verstärkt bestätigt, daß „es kaum ein Gebiet (gebe), in dem man sich durch mehr Gestrüpp und verwirrendes Dickicht hindurcharbeiten muß, um zu einer bescheidenen Lichtung zu kommen, als das der Bilanz". Allen Auffassungen gemein ist praktisch nur das formale Moment, daß es sich bei der Bilanz um ein Rechenwerk handelt, dessen zwei Seiten sich zahlenmäßig ausgleichen.

Die betriebswirtschaftlichen Bilanzauffassungen sind hier nicht näher zu behandeln, denn Gegenstand der steuerlichen Gewinnermittlung ist eine rechtlich kodifizierte Bilanzierung. Im Mittelpunkt der bilanztheoretischen Bemühungen steht hingegen nicht die Auslegung und Anwendung des geltenden Bilanzrechts. Vielmehr nehmen die meisten Bilanztheoretiker innerbetriebliche Zweckbestimmungen zum Ausgangspunkt ihrer Theorien, oder es geht ihnen um die Reform des geltenden Bilanzrechts.

Bilanztheoretische Auffassungen sind für das Bilanz- und das Bilanzsteuerrecht nur insoweit von Interesse, als sie im Gesetz einen Niederschlag gefunden haben oder als Grundsätze ordnungsmäßiger Buchführung akzeptiert sind. Zum besseren Verständnis des Gegensatzes zwischen dem Bilanz*recht* und der Bilanzierung als Gegenstand betriebswirtschaftlicher Betrachtung sollen nur die beiden Richtungen von Bilanztheorien gegenübergestellt werden, in deren Spannungsfeld zeitweise das Bilanzsteuerrecht geraten ist, nämlich die statische und die dynamische Bilanzauffassung.

Die statische Auffassung versteht die Bilanz als Zustandsbild, als Status. Die Aufgabe der Bilanz wird darin gesehen, die Vermögenslage einer Unternehmung zu einem bestimmten Zeitpunkt darzustellen.

Die ältere[9] – juristisch geprägte – Ausformung der sog. statischen Bilanzauffassung besagt nicht mehr als sich aus dem Inhalt und der Zielsetzung der gesetzlichen Regelung ergibt. Die handelsrechtlichen Buchführungsvorschriften sind in erster Linie auf den Schutz der Gläubiger ausgerichtet. Von hierher steht als Aufgabe der Bilanz die Darstellung der Vermögenslage im Vordergrund. Nur ist in der Darstellung der Vermögenslage in der juristischen Betrachtung nie die ausschließliche Aufgabe der Bilanz gesehen worden, vielmehr war die Bilanz immer zugleich auch die Grundlage für die Erfolgsermittlung:

---

7 Vgl. den Überblick bei Heinen, Handelsbilanzen, S. 36 ff und die Darstellung bei Moxter, Bilanzlehre, S. 5 ff; vgl auch Engels, Bemerkungen zu den Bilanztheorien von Moxter und Stützel, Festschrift Leffson, 1976, S. 31 ff.

8 Lion, Das Bilanzsteuerrecht, 2. Aufl. 1925, S. 1.

9 Vgl. vor allem Simon, Die Bilanz der Aktiengesellschaften und der Kommanditgesellschaften auf Aktien, 1. Aufl. 1886; 3. Aufl. 1899; Rehm, Die Bilanzen der Aktiengesellschaften, 1. Aufl. 1903; Rudolf Fischer, Die Bilanzwerte, was sie sind und was sie nicht sind, 2 Teile, 1905 und 1908.

„Die kaufmännische Bilanz hat den Zweck, die Übersicht und Feststellung des Vermögensbestandes in einem bestimmten Zeitpunkte und damit zugleich, vermittelst der Vergleichung der für verschiedene Zeiten aufgenommenen Bilanzen, auch des Resultates der Geschäftsführung während der dazwischen liegenden Perioden zu bewirken."[10]

In der betriebswirtschaftlichen Betrachtung wird mit einer statischen Bilanzauffassung weitgehend nur der vermögensorientierte Aspekt verbunden. Auf dieser Grundlage steht insbesondere die Bilanzlehre von Le Coutre.[11] Als nominelle Kapitalbestandsrechnung vermittelt sie die Übersicht über die Kapitalherkunft auf der Passivseite und über die Kapitalverwendung auf der Aktivseite; sie soll helfen, die finanzielle Konstitution und Situation der Unternehmung zu überwachen und das eingesetzte Kapital zu erhalten.

Im Gegensatz zu den rein vermögensorientierten statischen Bilanzauffassungen stehen die dynamischen Bilanzauffassungen. Als dynamische Bilanz pflegt man die Bilanz zu bezeichnen, die die Aufgabe hat, die im Betriebe sich abspielenden Bewegungen darzustellen.

Nach dynamischer Bilanzauffassung ist die Erfolgsermittlung Hauptzweck des kaufmännischen Rechnungswesens. Dabei steht nicht die Bilanz, sondern die Gewinn- und Verlustrechnung im Vordergrund. Gewinn ist der Unterschied zwischen Ertrag und Aufwand einer Rechnungsperiode. Die Bilanz steht letztlich nur im Dienste der auf der Grundlage der Gewinn- und Verlustrechnung vorgenommenen Erfolgsrechnung. Die dynamische Bilanz leistet Hilfe, die sich im Betriebe abspielenden Bewegungen, die als Aufwendungen und Erträge in der Gewinn- und Verlustrechnung ausgewiesen werden, periodengerecht abzugrenzen und kenntlich zu machen. Die dynamische Bilanzauffassung ist insbesondere von Schmalenbach[12] entwikkelt worden.[13] Die Bilanz ist danach ein Speicher, in dem Einnahmen und Ausgaben bis zu dem Zeitpunkt festgehalten werden, in dem sie zu Aufwendungen und Erträgen werden.

Ausgangspunkt ist die Erkenntnis, daß der richtige Erfolg eines Unternehmens nur am Ende seiner Lebensdauer in einer Gesamtrechnung als Differenz zwischen Einnahmen und Ausgaben ermittelt werden kann. Erträge

---

10 ROHG 12, 17.

11 Le Coutre, Grundzüge der Bilanzkunde – Eine totale Bilanzlehre, Teil 1, 4. Aufl. 1949.

12 Schmalenbach, Zeitschrift für handelsw. Forschung, Bd. 13 (1919), S. 1 ff, 65 ff; Dynamische Bilanz, 13. Aufl. 1962, bearbeitet von Bauer; aus dem umfangreichen Schrifttum zu Schmalenbach vgl. z. B. Münstermann, Bilanztheorien, dynamische, in: Handwörterbuch des Rechnungswesens, 1970; Muscheid, Schmalenbachs Dynamische Bilanz, Darstellung, Kritik, Antikritik, 1957.

13 Zu den Bilanzen mit dynamischem Charakter zählen auch die finanzwirtschaftliche Bilanz von Walb (Finanzwirtschaftliche Bilanz, 2. Aufl. 1947), die eudynamische Bilanz von Sommerfeld (Handwörterbuch der Betriebswirtschaft, 1. Bd. 1926, Sp. 1340 ff) und die pagatorische Bilanz von Kosiol (Bilanzreform und Einheitsbilanz, 2. Aufl. 1949).

(Leistungen) und Aufwendungen sind hierbei gleich Einnahmen und Ausgaben. Sobald aber die Notwendigkeit besteht, die Gesamtrechnung in Periodenrechnungen zu zerlegen, können Erträge und Aufwendungen, die Kategorien der Erfolgsrechnung, einerseits und Einnahmen und Ausgaben, die Kategorien der Geldrechnung, andererseits zeitlich auseinanderfallen. Die Gewinn- und Verlustrechnung übernimmt alle Ausgaben und Einnahmen, die in der Rechnungsperiode verbraucht oder ertragswirksam geworden sind. Die über die Rechnungsperiode hinausreichenden Posten werden zur periodengerechten Erfolgsabgrenzung in der Bilanz gespeichert. Aufwendungen und Erträge sollen der Periode zugerechnet werden, in der sie verursacht worden sind. Ist eine Ausgabe erst Aufwand einer späteren Periode, so ist sie zu aktivieren, auch wenn sie das Vermögen schon vor Ablauf der Periode effektiv gemindert hat. Ist eine Einnahme erst Ertrag einer späteren Periode, so ist sie zu passivieren, auch wenn sie das Vermögen schon vor Ablauf der Periode effektiv erhöht hat. Diese Art der Gewinnermittlung soll die Unternehmensentwicklung beeinflussen helfen. Zweck der Gewinnermittlung ist die „Betriebssteuerung".

Die dynamische Bilanz im Sinne Schmalenbachs ist hier dargestellt worden als Beispiel einer rein betriebswirtschaftlichen Bilanz, einer Bilanz also, die grundsätzlich nur für den Kaufmann selbst bestimmt ist (interne Bilanz). Die Erstellung einer solchen Bilanz erfordert nur die Festlegung der jeweils relevanten Bilanzaufgabe; hat der Kaufmann diese Wahl getroffen, wird der Bilanzinhalt – wie Moxter[14] formuliert – durch die Logik bestimmt; eine Bindung an rechtliche Normen besteht nicht.

Im Gegensatz zu den internen betriebswirtschaftlichen Bilanzen steht die *Bilanz im Rechtssinne* (Handelsbilanz und Steuerbilanz). Der Inhalt der Bilanz im Rechtssinne bestimmt sich nach gesetzlichen oder gesellschaftsvertraglichen Bestimmungen. Für die *rechtliche Betrachtungsweise* ist davon auszugehen, daß § 242 Abs. 1 HGB die Bilanz als einen das Verhältnis des Vermögens und der Schulden darstellenden Abschluß kennzeichnet. Die Bilanz als rechtliche Institution stellt das Reinvermögen eines Unternehmens zu einem bestimmten Zeitpunkt dar, und zwar durch Gegenüberstellung der Aktivwerte auf der einen Seite, der Passivwerte auf der anderen Seite und des Unterschieds zwischen beiden (des Saldos) auf der kleineren dieser beiden Seiten.

Durch die Gegenüberstellung der für zwei verschiedene Zeitpunkte erstellten Vermögensbilanzen wird der Gewinn im Rechtssinne ermittelt. Gewinn im Rechtssinne ist der für Ausschüttungen und für die Beteiligung des Fiskus zur Verfügung stehende Vermögenszuwachs.

Ist Inhalt der Bilanz im Rechtssinne die Darstellung des Vermögensstandes, so kann man diese Bilanz im Prinzip durchaus als eine statische bezeichnen. Für das Handelsbilanzrecht ist der im Grundsatz statische Charakter auch nie ernstlich bezweifelt worden.

---

14 Moxter, Bilanzlehre, S. 149.

Bei der Vermögensermittlung ist allerdings nicht von der Zerschlagungsfiktion auszugehen. Vielmehr heißt statische Vermögensermittlung – seit den grundlegenden Untersuchungen von Hermann Veit Simons[15] – eine an der Unternehmensfortführung orientierte Vermögensermittlung (Fortführungsstatik).[16]

In der Steuerrechtsprechung hingegen hat die dynamische Bilanzauffassung zeitweise eine gewichtige Rolle gespielt. So hat die Rechtsprechung in manchen Fällen unter Berufung auf die dynamische Bilanzauffassung mittels einer dessen Grenzen sprengenden Auslegung des Wirtschaftsgutsbegriffs die Aktivierung von Aufwendungen verlangt, ohne daß ein Vermögensgegenstand vorhanden gewesen wäre,[17] oder auch die Bildung von Rückstellungen zugelassen, ohne daß eine Verbindlichkeit vorgelegen hätte.[18]

Inzwischen hat sich jedoch – im Anschluß an die Aktienrechtsreform 1965 – die Erkenntnis durchgesetzt, daß auch für das Steuerrecht die rechtliche Betrachtungsweise die maßgebende ist[19] und daß betriebswirtschaftlich geprägte bilanztheoretische Vorstellungen nur zu berücksichtigen sind, soweit sie im Gesetz ihren Niederschlag gefunden haben.[20]

Dynamische Anklänge haben im Gesetz ihren Niederschlag z. B. in den Vorschriften über Rechnungsabgrenzungsposten[21], Bilanzierungshilfen[22] und – neuerdings – Aufwandsrückstellungen[23] gefunden.

Der Steuergesetzgeber hat sich dafür entschieden, auch den steuerlichen Gewinn und dessen periodengerechte Abgrenzung auf der Grundlage des Vergleichs zweier Vermögensstände zu ermitteln und dazu in § 5 EStG als Ausgangspunkt die Darstellung der Vermögensstände in der Handelsbilanz genommen.[24]

Steuerlicher Gewinn bzw. Verlust ist der Unterschied zwischen dem Be-

---

15 Vgl. aaO, (Anm. 9), 3. Aufl., S. 290 ff.

16 Moxter, StuW 1983, 302.

17 Vgl. dazu unten § 4 IV.

18 Vgl. dazu unten § 4 V 5.

19 Vgl. demgegenüber aber die Position von D. Schneider, BB 1980, 1225; ders., StbJb 1981/82, 175 ff – insbesondere gegen Beisse, BB 1980, 637 und dazu die grundlegende Abhandlung von Beisse zum Verhältnis von Bilanzrecht und Betriebswirtschaftslehre, StuW 1984, 1 ff. Vgl. gegen D. Schneider auch Moxter, StuW 1983, 300 ff, 306 f.

20 Dies ist vor allem den Arbeiten von Beisse, JbFStR 1978/79, 186 ff; BB 1980, 637; StuW 1984, 1 ff; Döllerer, BB 1959, 1217 ff; BB 1969, 501 ff; JbFStR 1979/80, 195 ff; Groh, StbJb 1979/80, 121 ff und – von betriebswirtschaftlicher Seite – Moxter, StuW 1983, 300 ff; Bilanzlehre, S. 156 ff; Festschrift Döllerer 1988, S. 447 ff; Mellwig, BB 1983, 1603 zu verdanken.

21 Vgl. dazu näher unten § 4 VI.

22 Vgl. dazu näher unten § 4 IV 1.

23 Vgl. dazu näher unten § 4 V.

24 Zum betriebswirtschaftlichen Gewinnbegriff vgl. Hax, Der Gewinnbegriff in der Betriebswirtschaftslehre, 1926; Moxter, Betriebswirtschaftliche Gewinnermittlung, 1982 und den Überblick bei Wöhe, Betriebswirtschaftliche Steuerlehre I/2, S. 11 ff mit Nachweisen.

triebsvermögen am Ende des Wirtschaftsjahres und dem am Ende des vorausgegangenen Wirtschaftsjahres.

Bei positivem Betriebsvermögen spricht man von Reinvermögen. Reinvermögen bedeutet: Überschuß der Aktivwerte über die Passiva. Bilanztechnisch braucht das Reinvermögen nicht in einem einheitlichen Posten dargestellt zu werden. Meist wird denn auch – aus Praktikabilitätserwägungen oder bei den Kapitalgesellschaften ohnehin mit Rücksicht auf die gesetzlichen Vorschriften – eine Zerlegung in mehrere Posten vorgenommen: Kapitalkonto, Rücklagen, Gewinn. Materiell bleibt der Überschuß der Aktiva über die Passiva eine Einheit auch dann, wenn er so zerlegt wird.

§ 2
Der Maßgeblichkeitsgrundsatz

I. Die Steuerbilanz als eine aus der Handelsbilanz abgeleitete Bilanz

1. Soll durch die Besteuerung der Gewinn eines Unternehmens erfaßt werden, so kann das Steuerrecht zu der Handelsbilanz eine unterschiedliche Stellung einnehmen. Folgende Möglichkeiten kommen in Betracht: Es wird für die Besteuerung von der Handelsbilanz völlig abgesehen, das Steuerrecht schreibt selbständig vor, wie der Gewinn zu ermitteln ist;[1] oder man läßt die Handelsbilanz, so wie sie ist, gelten.[2] Schließlich besteht die Möglichkeit, daß zwar im Grundsatz die Handelsbilanz für die Besteuerung übernommen wird, daneben aber eine Reihe von Regeln aufgestellt wird, wie diese Bilanz für Besteuerungszwecke auszusehen hat. Für diesen Weg hat sich der Gesetzgeber des EStG entschieden.[3]

In § 5 Abs. 1 EStG ist der sog. Maßgeblichkeitsgrundsatz verankert: Ist die Handelsbilanz nach den Grundsätzen ordnungsmäßiger Buchführung erstellt und verstößt sie nicht gegen zwingende handelsrechtliche Vorschrif-

1 Zu der Diskussion der letzten Jahre um eine eigenständige Steuerbilanz vgl. unten IV. Im übrigen ist schon in der Zeit nach dem 1. Weltkrieg die Frage erörtert worden, ob die Steuerbilanz wirklich von der Handelsbilanz abhängig oder ob sie eine selbständige Bilanz sei (vgl. z.B. Lion, Bilanzsteuerrecht, 2. Aufl. 1923, S. 12 f; Helpenstein, Festgabe für Ziegler, 1933, S. 813 f).

2 Zu der Entwicklung von den Anfängen der Verweisung des Steuerrechts auf die Handelsbilanz im Sächs. EStG vom 22. 12. 1874 und im Preuß. EStG von 1891 vgl. Barth, Die Entwicklung des deutschen Bilanzrechts, Bd. II, 1. Halbband, 1955 und den Überblick bei Bühler/Scherpf, S. 4 ff; eine ausführliche Darstellung findet sich auch bei Mathiak in Kirchhof/Söhn, § 5 EStG Rz. A 85 ff.

3 Im März 1988 hat die EG-Kommission einen Vorentwurf für eine EG-Richtlinie über die Harmonisierung der steuerlichen Gewinnermittlungsvorschriften vorgelegt, abgedruckt in Beilage 18 zu DB Heft 45/1988 mit kurzen Bemerkungen von Kreile; vgl. auch Zeitler/Jüptner Beilage 17 zu BB Heft 32/1988; Haase, DB 1989, 1205 ff.

ten, so bildet sie die Grundlage auch für die steuerliche Gewinnermittlung. Dieser Maßgeblichkeitsgrundsatz wird insoweit eingeschränkt, als nach § 5 Abs. 6 EStG die steuerlichen Vorschriften über Entnahmen und Einlagen, über die Zulässigkeit der Bilanzänderung, über die Betriebsausgaben, über die Bewertung und über die Absetzungen für Abnutzung oder Substanzverringerung zu beachten sind. Das Maßgeblichkeitsprinzip gilt damit nicht, wenn die Bilanzansätze in der Handelsbilanz gegen die genannten steuerrechtlichen Vorschriften verstoßen.

Der Gesetzgeber hat sich also den auf Grund der Handelsbilanzen angestellten Vermögensvergleich zunutze gemacht, indem er für die steuerliche Gewinnermittlung zunächst daran anknüpft, daß die Betriebsvermögensvermehrung in der Handelsbilanz für den Kaufmann das ausweist, was er im abgelaufenen Wirtschaftsjahr „verdient" hat. Auf der anderen Seite konnte der Gesetzgeber die Handelsbilanz wegen der andersartigen Zwecksetzung der handelsrechtlichen Bilanzierungs- und Bewertungsbestimmungen nicht unbesehen und unkorrigiert für die Zwecke der Besteuerung übernehmen.

Die handelsrechtlichen Bilanzierungs- und Bewertungsvorschriften zielen vor allem auf die am Schicksal des Unternehmens in irgendeiner Form Beteiligten. Die Handelsbilanz interessiert die Gläubiger, die die Informationen der Bilanz als Grundlage ihrer Entscheidung über Gewährung, Verlängerung und Kündigung von Krediten benötigen. Sie interessiert vor allen Dingen die am Unternehmen Beteiligten in Hinsicht auf den entnahmefähigen Gewinn. Unter diesen Aspekten geht es in der Handelsbilanz um die Ermittlung des unbedenklich ausschüttbaren Vermögenszuwachses. Von hierher waren die früheren handelsrechtlichen Bilanzierungs- und Bewertungsvorschriften darauf angelegt, vor allem den Ausweis eines zu hohen Gewinns zu verhindern. Demgegenüber war ihre Stoßrichtung nicht dahin gegangen zu verhindern, daß der Kaufmann seine Vermögenslage ungünstiger darstellt, als sie tatsächlich ist; so war es dem Kaufmann etwa unbenommen, Aktivposten geringer, Passivposten höher zu bewerten, als es selbst ein vorsichtiger Unternehmer tut.

Der Steuergesetzgeber aber hatte von Anfang an darauf sehen müssen, daß durch die unbesehene Übernahme der Handelsbilanz nicht ein zu geringer Gewinn der Besteuerung zugrunde gelegt wurde. Denn durch die Besteuerung soll im Interesse des Fiskus und in Hinsicht auf den Grundsatz der Gleichmäßigkeit der Besteuerung – zumindest der Intention nach – der wirkliche Gewinn des Unternehmens erfaßt werden.

An den Unterschieden zwischen handelsrechtlicher und steuerrechtlicher Bewertung hatte sich freilich schon durch das AktG 1965 einiges geändert. Durch die zum Schutz der Aktionäre und zugleich auch zum Schutz der Gläubiger erfolgte Umgestaltung der aktienrechtlichen Bewertungsbestimmungen von Höchstwertbestimmungen zu festen Wertbestimmungen ist die willkürliche Bildung von stillen Reserven durch Unterbewertung von Aktivposten und Überbewertung von Passivposten eingeschränkt worden. Insoweit hatten die aktienrechtlichen Bewertungsbestimmungen zu einer weitgehenden Annäherung an die steuerrechtlichen Bewertungsbestimmungen geführt. Der Gesetzgeber des Bilanzrichtliniengesetzes ist dem gefolgt. Allerdings hat er es den Nicht-Kapitalgesellschaften expressis verbis ermöglicht, stille Reserven im Rahmen vernünftiger kaufmännischer Beurteilung zu bilden (vgl. § 253 Abs. 4 HGB).[4]

2. Das geltende Recht kennt den Begriff der selbständigen Steuerbilanz nicht. Wenn von einer Steuerbilanz die Rede ist,[5] so ist es die Handelsbilanz mit den Veränderungen, die das Steuerrecht verlangt.

Zur Ermittlung des Gewinns ist der in der Handelsbilanz ausgewiesene Erfolg um die Beträge zu vermehren oder zu vermindern, die sich aus der Anwendung der oben genannten steuerrechtlichen Vorschriften ergeben. In welcher Form dies geschieht, ist dem Steuerpflichtigen überlassen (vgl. dazu § 60 Abs. 2 u. 3 EStDV). Je nach Größe und Rechtsform des Unternehmens haben sich verschiedene Verfahren zum Ausweis des steuerlichen Gewinns herausgebildet: Die Handelsbilanz wird von vornherein unter Berücksichtigung der steuerlichen Vorschriften aufgestellt und ist damit zugleich „Steuerbilanz".[6] So wird überwiegend von Einzelkaufleuten und Personengesellschaften und vielfach auch von mittleren und kleineren Unternehmen in der Form der GmbH verfahren.[7] Oder es wird eine Handelsbilanz ohne Berücksichtigung der steuerlichen Vorschriften erstellt. Die durch die steuerlichen Vorschriften gebotenen Korrekturen werden als Zusätze oder Anlagen zur Handelsbilanz vorgenommen. Regelmäßig werden die Abweichungen zwischen den Positionen der Handelsbilanz und einer fiktiven Steuerbilanz in einer sog. Mehr- oder Weniger-Rechnung[8] dargestellt und dem in der Handelsbilanz ausgewiesenen Ergebnis hinzugefügt.

Je größer die Zahl der Korrekturen ist, um so zweckmäßiger ist allerdings die Erstellung einer gesonderten Steuerbilanz neben der Handelsbilanz. Insbesondere die Publikumskapitalgesellschaften stellen eine gesonderte Steuerbilanz auf.

Der Grundsatz der Maßgeblichkeit der Handelsbilanz für die Steuerbilanz bezieht sich nicht nur auf das Gesamtergebnis der Bilanz, sondern auch auf die einzelnen Bilanzpositionen. Sofern eine Position der Handelsbilanz handelsrechtlich zutreffend angesetzt ist und keiner steuerlich vorgeschriebenen Korrektur unterliegt, muß dieser Ansatz in die Steuerbilanz übernommen werden. Man kann also nicht etwa die Höherbewertung einer Bilanzposi-

---

4 Vgl. dazu i. e. unten § 3 I 2, § 5 I.

5 Zum Sprachgebrauch vgl. Mathiak, DStZ/A 1975, 315 ff sowie ders. in Kirchhof/Söhn, § 5 EStG Rz. A 28 ff.

6 Vgl. aber BayObLG vom 5. 11. 1987 BReg 3 Z 41/87, BB 1988, 34 = DB 1988, 171: Der Gesellschaftsvertrag einer GmbH kann den Geschäftsführer nicht verpflichten, die anläßlich des Jahresabschlusses 1987 und später erforderliche Bilanz ausschließlich nach steuerlichen Vorschriften aufzustellen.

7 Döllerer in Baetge (Hrsg.), Der Jahresabschluß im Widerstreit der Interessen, 1983, S. 159 ff, schätzt auf der Grundlage von Angaben aus Betriebsprüferkreisen, daß rund 90 vom Hundert aller Bilanzierungspflichtigen eine Einheitsbilanz aufstellen.

8 Vgl. dazu näher Bühler/Scherpf, § 11.

tion der Steuerbilanz gegenüber der Handelsbilanz dadurch kompensieren, daß man eine andere Position niedriger bewertet.[9]

„Der Grundsatz der Abhängigkeit der Steuerbilanz von der Handelsbilanz bedeutet nicht etwa, daß die Steuerpflichtigen nur das Ergebnis der Steuerbilanz in Übereinstimmung mit dem Ergebnis der Handelsbilanz bringen müssen. Die Abhängigkeit ist vielmehr dahin zu verstehen, daß die einzelnen Bilanzposten der Steuerbilanz keine Abweichungen von den entsprechenden rechtsgültigen Ansätzen der Handelsbilanz aufweisen dürfen."[10]

Aufgrund des Umstandes, daß die Handelsbilanz Ausgangspunkt für die steuerliche Gewinnermittlung ist, liegt die Pflege des Handelsbilanzrechtes in den Händen der Steuergerichte, insbesondere des BFH.[11]

II. Inhalt und Reichweite des Maßgeblichkeitsgrundsatzes[12]

Hinsichtlich des Inhalts und Umfangs des Maßgeblichkeitsgrundsatzes ist zu unterscheiden zwischen der Frage der Bilanzierung als solcher (Ansatz eines Aktiv- oder Passivpostens dem Grunde nach) und der Bewertung einer bilanzierten Position (Ansatz der Höhe nach).

1. Die Bilanzierung dem Grunde nach

a) Handelsrechtliche Aktivierungs- und Passivierungsgebote

Was handelsrechtlich aktiviert werden muß, ist auch steuerrechtlich zu aktivieren (Aktivierungsgebot). Was handelsrechtlich passiviert werden muß, ist auch in der Steuerbilanz auszuweisen (Passivierungsgebot).

Dieser Gleichklang wird seit dem Haushaltsbegleitgesetz 1983 durch die steuerrechtliche Vorschrift des § 5 Abs. 3 EStG zur Begrenzung der Rückstellungsbildung bei Verletzung fremder Patent-, Urheber- und ähnlicher Rechte tangiert.[13] Die von der Finanzverwaltung initiierte – im Laufe des Gesetzgebungsverfahrens aber wesentlich entschärfte – Begrenzung der Rückstellungsbildung sollte das Urteil des BFH[14] vom 11. 11. 1981 konterkarieren – „zur Vermeidung erheblicher Steuerausfälle".[15]

Eine weitere fiskalisch bedingte Abweichung hat das Steuerreformgesetz 1990 mit der Regelung der §§ 5 Abs. 4, 52 Abs. 6 EStG zu den Jubiläumsrückstellungen gebracht.[16]

9 Bühler/Scherpf, § 6 III; Wöhe, Betriebswirtschaftliche Steuerlehre I/2, S. 59 f.

10 RFH vom 28. 4. 1936 I A 138/35 RStBl 1936, 757.

11 Vgl. dazu den instruktiven Aufsatz von Beisse, Handelsbilanzrecht in der Rechtsprechung des BFH, BB 1980, 637 ff.

12 Vgl. dazu die Kommentierungen zu § 5 Abs. 1 EStG; Döllerer, Beilage 12 zu BB Heft 16/1987; Mathiak, StbJb 1986/87, 79 ff; Krieger, Festschrift Döllerer, 1988, S. 327 ff; Schildbach, BB 1989, 1443 ff.

13 Zu der Regelung i. e. vgl. unten § 4 V 5 d, bb.

14 BFH vom 11. 11. 1981 I R 157/79 BStBl II 1982, 748.

15 Vgl. BT-Drs. 9/1956, S. 38, 40.

16 Vgl. § 4 V 4 d, cc; § 4 VII 4 c.

b) Handelsrechtliche Aktivierungs- und Passivierungsverbote

Auch an handelsrechtliche Aktivierungsverbote und Passivierungsverbote sind Steuerpflichtige mit Gewinnermittlung nach § 5 EStG gebunden.

Beispiele: Ein Gewerbetreibender hat eine Erfindung gemacht. Handelsrechtlich ist die Aktivierung verboten. Das handelsrechtliche Aktivierungsverbot, nunmehr § 248 Abs. 2 HGB[17], gilt schon kraft des Maßgeblichkeitsgrundsatzes auch steuerlich. Das ist zur Klarstellung in § 5 Abs. 2 EStG übernommen worden.

Ein Unternehmen hat einen selbstgeschaffenen *Geschäfts- oder Firmenwert.* Handelsrechtlich ist eine Aktivierung nicht zulässig.[18] Das Aktivierungsverbot[19] gilt auch für die Steuerbilanz.

c) Handelsrechtliche Bilanzierungswahlrechte

Es gibt Fälle, in denen das Handelsrecht ein Wahlrecht für den Ansatz eines Aktiv- oder Passivpostens einräumt. Hier ist streitig, ob und inwieweit die Ausübung des Wahlrechts in der Handelsbilanz auch steuerlich zu beachten ist.

Die Steuerrechtsprechung hat seit eh und je bei handelsrechtlichen Aktivierungswahlrechten für einen aktivierungsfähigen Vermögensgegenstand steuerrechtlich eine Aktivierungspflicht angenommen.[20] Man hat die Aktivierungspflicht aus der Bewertungsbestimmung des § 6 EStG und aus dem Wirtschaftsgutsbegriff hergeleitet.[21] Auch die ständige Rechtsprechung[22] verfährt in dieser Weise. Sie steht auf dem Standpunkt, daß der Maßgeblichkeitsgrundsatz nicht nur durch die nach § 5 Abs. 6 EStG zu beachtenden steuerlichen Sondervorschriften eingeschränkt sei, sondern auch durch „allgemeine steuerliche Grundsätze über die Gewinnermittlung“:

„Da es dem Sinn und Zweck der steuerrechtlichen Gewinnermittlung entspricht, den vollen Gewinn zu erfassen, kann es nicht im Belieben des Kaufmanns stehen, sich durch Nichtaktivierung von Wirtschaftsgütern, die handelsrechtlich aktiviert werden dürfen, oder durch den Ansatz eines Passivpostens, der handelsrechtlich nicht geboten ist, ärmer zu machen als er ist.“[22]

Demnach muß in der Steuerbilanz aktiviert werden, was handelsrechtlich aktiviert werden darf (aber nicht muß) und darf in der Steuerbilanz nicht

17 Vgl. näher dazu unten § 4 IV 3 a.
18 Vgl. näher dazu unten § 4 IV 3 b.
19 BFH vom 9. 10. 1962 I 167/62 U BStBl III 1963, 7; BFH vom 27. 3. 1968 I 224/64 BStBl II 1968, 520.
20 So schon RFH vom 27. 3. 1928 I A 470/27 StuW 1928 Nr. 417 = RStBl 1928, 260.
21 Vgl. den Überblick bei Herrmann/Heuer/Raupach, § 5 EStG Anm. 49 g.
22 BFH vom 3. 2. 1969 GrS 2/68 BStBl II 1969, 291, 293; vgl. weitere Nachweise bei Schmidt, § 5 EStG Anm. 12 a.

passiviert werden, was handelsrechtlich nicht passiviert werden muß oder darf.

Diese Rechtsprechung ist im Schrifttum zu Recht heftig kritisiert worden.[23] Der BFH geht davon aus, daß bei einem handelsrechtlichen Aktivierungswahlrecht nur dann, wenn der Steuerpflichtige sich für die Aktivierung entscheidet, der „richtige“ Gewinn ausgewiesen werde. Derartiges anzunehmen, ist aber gerade ausgeschlossen, wenn man bedenkt, daß das ehemalige handelsrechtliche Aktivierungswahlrecht für selbstgeschaffene immaterielle Vermögenswerte nicht deshalb bestand, damit der Unternehmer sich nach seinem Gusto „ärmer“ oder „reicher“ machen kann als er ist, damit er nach seinem Belieben den „vollen“ Gewinn ausweisen oder es auch lassen kann. Das Aktivierungswahlrecht bestand gerade deshalb, weil man in diesen Fällen mit Sicherheit nicht sagen kann, welches der „volle“ Gewinn ist, weil man nicht weiß, ob der Steuerpflichtige „arm“ oder „reich“ ist.[24]

Der Streit, ob der BFH bei handelsrechtlichen Bilanzierungswahlrechten zu Unrecht oder zu Recht den Maßgeblichkeitsgrundsatz durchbricht, hatte jedoch schon viel an Brisanz und Bedeutung verloren, nachdem das Steueränderungsgesetz für die wichtigsten handelsrechtlichen Bilanzierungswahlrechte, nämlich für die entgeltlich erworbenen immateriellen Wirtschaftsgüter und für die Rechnungsabgrenzungsposten, die steuerrechtliche Bilanzierungspflicht statuiert hatte (vgl. § 5 Abs. 2, 5 EStG). Nach dem Bilanzrichtliniengesetz besteht nunmehr in diesen Fällen auch handelsrechtlich Bilanzierungspflicht.

Der bedeutsamste Fall, in dem bislang von der herrschenden Meinung ein handelsrechtliches Passivierungswahlrecht angenommen wurde, der aber mit dem Inkrafttreten des Bilanzrichtliniengesetzes entfallen ist, nämlich das Wahlrecht für die Bildung von Pensionsrückstellungen,[25] lief ohnehin außer Konkurrenz. Denn hier besteht – unter den Voraussetzungen des § 6 a EStG – kraft ausdrücklicher gesetzlicher Bestimmung auch steuerrechtlich ein Passivierungswahlrecht. Aufgrund des Maßgeblichkeitsprinzips setzte der Ansatz einer Rückstellung in der Steuerbilanz voraus, daß sich der Steuerpflichtige auch in der Handelsbilanz für die Passivierung entschieden hatte.[26]

Die Problematik der steuerrechtlichen Relevanz handelsrechtlicher Bilanzierungswahlrechte reduziert sich auf einige wenige Fälle, insbesondere bei Bilanzierungshilfen und im Bereich der Rückstellungen. Insoweit ist im einzelnen auf die – im Anschluß an die Darstellung der einzelnen Bilanzpositionen folgenden – Ausführungen unten in § 4 VIII zu verweisen.

---

23 Insbesondere von Thiel, FR 1969, 166; ders., StbJb 1969/70, 255; Maaßen, DB 1976, 1285 ff; Mutze, AG 1970, 7; Kluge, StuW 1970, 685 ff; Wöhe, Betriebswirtschaftliche Steuerlehre I/2, S. 62; Herrmann/Heuer/Raupach, § 5 EStG Anm. 49 g [6], vgl. dort auch weitere Literaturnachweise; vgl. des weiteren die Kritik bei Kruse, StbJb 1976/77, 113 ff; Brezing, FR 1984, 305.

24 Vgl. dazu auch Lang, JDStJG 1981, 75.

25 Vgl. dazu unten § 4 V 5 cc.

26 Zur Frage der verfassungsrechtlichen Begrenzung dieses Wahlrechts vgl. Mathiak in Kirchhof/Söhn, § 5 EStG Rz. A 183.

2. Die Bewertung der Bilanzpositionen[27]

Der Maßgeblichkeitsgrundsatz gilt grundsätzlich auch für die Bewertung der einzelnen Bilanzpositionen. Hier besteht freilich der steuerrechtliche Bewertungsvorbehalt des § 5 Abs. 6 EStG. Die handelsrechtlichen Bewertungsvorschriften gelten also nur insoweit auch steuerlich, als die §§ 6, 7 EStG keine andere Bewertung vorschreiben. Im einzelnen bedeutet dies:

Besteht *handelsrechtlich* ein Bewertungswahlrecht, so können die Wertansätze der Handelsbilanz nur dann in die Steuerbilanz übernommen werden, wenn sie den steuerlichen Bewertungsvorschriften der §§ 6, 7 EStG entsprechen.

Besteht *steuerlich* ein Bewertungswahlrecht, so ist der – zulässigerweise – in der Handelsbilanz gewählte konkrete Wertansatz maßgeblich.

Soll z. B. die Abschreibung auf den niedrigeren Teilwert beim Anlagevermögen (vgl. § 6 Abs. 1 Nr. 1 S. 2 EStG) steuerlich Berücksichtigung finden, so muß die Abschreibung in der Handelsbilanz erfolgt sein. Ist die Abschreibung in der Handelsbilanz unterlassen, kann sie nach dem Maßgeblichkeitsgrundsatz auch steuerlich nicht berücksichtigt werden. Denn weder im Handelsrecht noch im Steuerrecht ist die Teilwertabschreibung zwingend vorgeschrieben.

3. Keine Geltung des Maßgeblichkeitsprinzips bei Steuervergünstigungen

Wie zu § 6a EStG und zu den steuerrechtlichen Bewertungswahlrechten dargestellt, hat bei steuerrechtlichen Bilanzierungs- und Bewertungswahlrechten der Maßgeblichkeitsgrundsatz zur Folge, daß der konkrete Ansatz des Steuerpflichtigen in seiner Handelsbilanz auch steuerlich maßgeblich ist. Eine solche Bindung an den konkreten Ansatz in der Handelsbilanz besteht u. E. freilich nicht im Bereich der steuerlichen Bilanzierungs- und Bewertungswahlrechte, die Steuervergünstigungen vermitteln.[28]

Räumt eine steuerrechtliche Vorschrift dem Steuerpflichtigen aus irgendwelchen wirtschaftspolitischen Gründen die Möglichkeit ein, eine steuerfreie Rücklage zu bilden oder Sonderabschreibungen o. ä. vorzunehmen, so soll auf diese Weise – zur Verfolgung der wirtschaftspolitischen Ziele – Einfluß auf die steuerliche Bemessungsgrundlage Gewinn genommen werden; es soll gerade ein anderer Gewinn als der, der sich nach den Grundsätzen ordnungsmäßiger Buchführung unter Berücksichtigung der Bewertungsbestimmungen der §§ 6, 7 EStG ergibt, der Besteuerung zugrundegelegt werden. Aus dem Grundsatz der Maßgeblichkeit einer den Grundsätzen ordnungsmäßiger Buchführung entsprechenden Bilanz kann die Maßgeblichkeit des konkreten Ansatzes in der Handelsbilanz als Voraussetzung der In-

---

27 Vgl. dazu näher unten § 5.

28 Vgl. dazu auch das bemerkenswerte Urteil des BFH vom 24. 4. 1985 I R 65/80 BStBl II 1986, 324 = FR 1985, 441 mit Anm. L. Schmidt aaO, S. 443.

anspruchnahme von Steuervergünstigungen nicht geknüpft werden.[29] Allerdings kann der Steuergesetzgeber in die jeweilige Steuervergünstigungsnorm als Voraussetzung die entsprechende Bilanzierung in der Handelsbilanz vorschreiben.

Ob er es tun und damit die Handelsbilanz deformieren sollte, ist freilich eine andere Frage.[30]

Das Handelsbilanzrecht trägt derartigen steuergesetzlichen Regelungen denn auch durch die Vorschriften des § 247 Abs. 3 HGB und des § 254 HGB Rechnung.[31] Ein Ansatz in der Handelsbilanz nach diesen Vorschriften steht aber außerhalb der Bilanzierung nach den Grundsätzen ordnungsmäßiger Buchführung.

III. Die Umkehrung des Maßgeblichkeitsprinzips

1. Wegen der rechtlichen Abhängigkeit der Steuerbilanz von der Handelsbilanz ist der Unternehmer vielfach gezwungen, die steuerlich zweckmäßigen Ansätze in die Handelsbilanz aufzunehmen. Das gilt zum einen bei der Ausübung eines steuerlichen Bewertungswahlrechts: Der steuerlich gewünschte Ansatz ist nur möglich, wenn in der Handelsbilanz entsprechend bewertet worden ist.

Vor allem aber in dem Bereich der Inanspruchnahme von Steuervergünstigungen, die außerfiskalische Zwecke verfolgen, ist die Handelsbilanz in Abhängigkeit von der Steuerbilanz geraten. Steuervergünstigungen werden vielfach in der Form gewährt,[32] daß für gewisse Wirtschaftsgüter durch Sonderabschreibungen geringere Ansätze als nach den Grundsätzen ordnungsmäßiger Bilanzierung und den allgemeinen steuerrechtlichen Bewertungs-

---

29 A. A. Schmidt, § 5 EStG Anm. 12 mit Nachweisen. Nach Schmidt spricht gegen die hier vertretene Auffassung schon, daß das Gesetz den Begriff einer subventionellen Steuervergünstigung nicht kennt und für die Zuordnung einzelner Normen (z. B. § 6 Abs. 2 EStG) kaum überzeugende Kriterien zur Verfügung stünden.
U. E. ist das kein Problem. Man muß sich nur darauf besinnen, daß es bei dem Maßgeblichkeitsgrundsatz um die Bindung des Steuerrechts an eine den *Grundsätzen ordnungsmäßiger Buchführung* entsprechende Bilanz geht. In allen Fällen, in denen der Ansatz aufgrund der Inanspruchnahme eines steuerrechtlichen Bilanzierungs- oder Bewertungswahlrechts in der Handelsbilanz nicht aus den Grundsätzen ordnungsmäßiger Buchführung folgt, sondern erst durch die Konzessionen der §§ 247 Abs. 3, 254 HGB an das Steuerrecht ermöglicht wird, besteht kein Grund für die Anwendung des Maßgeblichkeitsprinzips.
Was die Vorschrift des § 6 Abs. 2 EStG anbetrifft, so handelt es sich nicht um eine Steuervergünstigung. Sie ist aus Vereinfachungsgründen eingeführt worden und wird als Vereinfachungsregelung und nicht als spezifisch steuerrechtliche Regelung verstanden (vgl. z. B. E. Schmidt, DB 1979, 1249; Hoffmann, Beilage zu BB Heft 5/1983, S. 4; Harms/Küting, DB 1984, 1997 f).

30 Vgl. dazu unten § 2 III.

31 Vgl. dazu unten § 2 III.

32 Vgl. dazu unten § 5 IV 4.

vorschriften geboten für zulässig erklärt werden, oder daß die Bildung von steuerfreien Rücklagen[33] ermöglicht wird.

Auf diese Weise wird der Gewinn der betreffenden Periode verfälscht, es wird ein geringerer Gewinn ausgewiesen als nach den Grundsätzen ordnungsmäßiger Buchführung und den allgemeinen steuerrechtlichen Bewertungsvorschriften auszuweisen wäre, und damit entsteht eine geringere Steuerschuld.

Bei einer Reihe derartiger Steuervergünstigungen ist gesetzlich angeordnet, daß der Steuerpflichtige sie nur in Anspruch nehmen darf, soweit er von ihnen auch in der Handelsbilanz Gebrauch gemacht hat (z.B. § 6b Abs. 3 Satz 6). In weiteren Fällen macht die Finanzverwaltung ohne gesetzliche Grundlage die Inanspruchnahme von einer entsprechenden Bilanzierung in der Handelsbilanz abhängig.

Diesem Befund hatte der Gesetzgeber des AktG 1965 Rechnung getragen, indem er in § 154 Abs. 2 Nr. 2 und § 155 Abs. 3 Nr. 2 den Ansatz des niedrigeren Wertes, „der für Zwecke der Steuern vom Einkommen und vom Ertrag für zulässig gehalten wird", ermöglicht hatte. Es sollte durch diese Regelung der Gefahr begegnet werden, daß die Unternehmen wegen der Anknüpfung der Steuergesetze an die Handelsbilanz durch die aktienrechtlichen Bewertungsvorschriften gehindert würden, steuerliche Sonderabschreibungen auszunutzen.[34] Auch den Fällen, in denen Steuervergünstigungen nicht den niedrigeren Ansatz eines Aktivpostens, sondern die Bildung eines Passivpostens vorsahen, trug das AktG 1965 Rechnung. Das aktienrechtliche Gliederungsschema stellte dafür einen als „Sonderposten mit Rücklageanteil" bezeichneten Ansatz (§ 152 Abs. 5 AktG) zur Verfügung.

Die Konzessionen des Aktiengesetzes 1965 an die Regelungen des Steuergesetzgebers sind vom Gesetzgeber des Bilanzrichtliniengesetzes übernommen worden:

1. § 247 Abs. 3 S. 1 und 2 HGB: „Passivposten, die für Zwecke der Steuer vom Einkommen und vom Ertrag zulässig sind, dürfen in der Bilanz gebildet werden. Sie sind als Sonderposten mit Rücklageanteil auszuweisen und nach Maßgabe des Steuerrechts aufzulösen."[35]
2. Nach § 254 HGB können Abschreibungen auch vorgenommen werden, um Vermögensgegenstände des Anlage- oder Umlaufvermögens mit dem niedrigeren Wert anzusetzen, der auf einer nur steuerrechtlich zulässigen Abschreibung beruht.

Bei Kapitalgesellschaften dürfen sowohl der Sonderposten mit Rücklageanteil als auch die Abschreibungen[36] in der Handelsbilanz *nur insoweit vorgenommen werden,* als das Steuerrecht ihre Anerkennung bei der steuerrechtlichen Gewinnermittlung davon abhängig macht, daß sie sich aus der Bilanz ergeben (§ 273 HGB, § 279 Abs. 2 HGB). Diese Einschränkung für Kapitalgesellschaften beruht auf dem Bestreben der

33 Vgl. dazu unten § 4 V 2.

34 Vgl. Geßler/Hefermehl/Eckardt/Kropff, § 154 AktG Anm. 37.

35 Zum Sonderposten mit Rücklageanteil vgl. unten § 4 V 2.

36 Für Kapitalgesellschaften gibt § 281 Abs. 1 HGB auch die Möglichkeit, den Unterschiedsbetrag zwischen den normalen handelsrechtlichen Abschreibungen und den nach § 254 HGB zulässigen Abschreibungen in den Sonderposten mit Rücklageanteil einzustellen.

4. Richtlinie, den Einfluß steuerrechtlicher Vorschriften auf die Handelsbilanz möglichst zurückzudrängen, damit der Jahresabschluß das in § 264 Abs. 2 Satz 1 HGB geforderte, den tatsächlichen Verhältnissen entsprechende Bild der Vermögens-, Finanz- und Ertragslage vermitteln kann.[37]

Diese Konzessionen des Handelsrechts an die steuerrechtlichen Forderungen beeinträchtigen die Aussagefähigkeit der Handelsbilanz und auch die Ausschüttungsmöglichkeiten. In der Literatur wird deshalb seit Jahren die Frage diskutiert, ob die Inanspruchnahme von Steuervergünstigungen tatsächlich den gleichen Ansatz in der Handelsbilanz und in der Steuerbilanz voraussetze, ob nicht die „Deformierung" der Handelsbilanz überflüssig sei.[38] Bedenkt man, daß bei Steuervergünstigungen aus wirtschaftspolitischen Gründen die Vergünstigung in der Regel darin besteht, daß eine von den Grundsätzen ordnungsmäßiger Buchführung abweichende Bilanzierung ermöglicht wird, so ist es weder erforderlich noch sinnvoll, die Steuervergünstigung davon abhängig zu machen, daß auch in der Handelsbilanz, die gerade den Grundsätzen ordnungsmäßiger Buchführung entsprechen soll, entsprechend bilanziert wird.

2. Der derzeitige Stand zur Umkehrung des Maßgeblichkeitsprinzips[39] ist wesentlich durch das bemerkenswerte Urteil des I. Senats des BFH vom 24. 4. 1985[40] beeinflußt worden. In diesem Urteil hatte der I. Senat treffend herausgestellt, „Inhalt und Grenzen der Maßgeblichkeit des Steuerrechts für das Handelsrecht" (sog. umgekehrte Maßgeblichkeit) könnten sich nur aus den Normen des Steuerrechts ergeben.

Eine Kapitalgesellschaft hatte die Steuervergünstigung nach § 6b EStG in Anspruch genommen und zunächst auch in der Handelsbilanz die Reinvestitionsobjekte mit den niedrigeren Werten angesetzt, aber diese Ansätze in späteren Jahren durch Zuschreibungen[41] wieder erhöht. Die Finanzverwaltung wollte wegen dieser Zuschreibungen in der Handelsbilanz der Kapitalgesellschaft die Vergünstigung nachträglich wieder entziehen. Der BFH hat klargestellt, daß die Inanspruchnahme des § 6b nicht voraus-

37 Vgl. Art. 35 Abs. 1 d und Art. 39 Abs. 1 e der 4. Richtlinie (ABl. EG Nr. L 222 vom 14. 8. 78, S. 11 ff). Der Sonderposten mit Rücklageanteil kommt freilich in der 4. Richtlinie nicht vor. Deshalb bezweifelt Schulze-Osterloh, FR 1986, 546 die Vereinbarkeit dieses Postens mit der EG-Richtlinie.

38 Vgl. die Kritik bei Pankow, BB 1967, 112; Karsten, BB 1967, 425; Saage, Die stillen Reserven im Rahmen der aktienrechtlichen Pflichtprüfung, S. 132; Woerner, BB 1976, 1569; JbFStR 1978/79, 231; Merkert/Koths, BB 1985, 1765 ff; Wingert, DB 1985, 2167 ff. Vgl. demgegenüber aber die Verteidigung der umgekehrten Maßgeblichkeit aus handelsrechtlicher Sicht bei Krieger, Festschrift Döllerer, 1988, S. 327 ff, 337 ff.

39 Vgl. die Kommentierungen zu § 6 Abs. 3 EStG; Schmitz, DB 1986, 14; Dziadkowski, BB 1986, 329 ff; Bordewin, FR 1986, 281 ff; Schulze-Osterloh, FR 1986, 545; Niehus, BB 1987, 1353 ff; Wittstock/Klein, WPg 1987, 385 ff; Söffing, DB 1988, 241 ff, 297 ff.

40 BFH vom 24. 4. 1985 I R 65/80, BStBl II 1986, 324. Im Bundessteuerblatt wurde das Urteil erst einige Monate nach seiner Exekution durch den Gesetzgeber (§ 6 Abs. 3 EStG) veröffentlicht.

41 Zu den Zuschreibungen vgl. unten § 5 V.

setze, daß der niedrigere Wert in der Handelsbilanz beibehalten wird; weder aus dem Wortlaut noch aus dem Zweck des § 6b EStG ergebe sich derartiges.

Auf Grund dieses Urteils war davon auszugehen, daß der I. Senat auch bei anderen Sonderabschreibungen und Bewertungsfreiheiten nicht die Beibehaltung des niedrigeren Wertansatzes in der Handelsbilanz verlangen würde und daß er darüber hinaus auch – soweit sich aus der einzelnen steuerrechtlichen Norm nicht etwas anderes ergibt – die Inanspruchnahme von Steuervergünstigungen von vornherein nicht von einer entsprechenden Bilanzierung in der Handelsbilanz abhängig machen würde.[42]

Dies hätte zur Folge gehabt, daß insbesondere die in Berlin oder in Zonenrandgebieten investierenden Kapitalgesellschaften, darunter große Publikums-Kapitalgesellschaften, in Hinsicht auf die durch die 4. Richtlinie bedingten Vorschriften der §§ 273 HGB, 279 Abs. 2 HGB in der Handelsbilanz die steuerlichen Sonderabschreibungen nicht mehr hätten vornehmen bzw. nicht mehr hätten beibehalten können, so daß auch nach Berücksichtigung der dann gebotenen Steuerrückstellung (§ 274 Abs. 1, § 249 Abs. 1 HGB) ein erheblich höheres Ausschüttungsvolumen zur Verfügung gestanden hätte.

Wie von uns vorhergesagt,[43] hat der Gesetzgeber auf das Urteil des I. Senats mit einem Nichtanwendungsgesetz reagiert.

Anfang November 1985, also in den letzten Tagen, in denen der Rechtsausschuß des Deutschen Bundestages mit dem Bilanzrichtliniengesetz beschäftigt war, hat der Rechtsausschuß einen aus dem BFM stammenden Vorschlag eines neuen § 6 Abs. 3 EStG übernommen, der die Inanspruchnahme bestimmter steuerlicher Vergünstigungen (nicht aller!) von einer entsprechenden Bilanzierung in der Handelsbilanz abhängig macht. Die aus dem BFM übernommene Begründung des Rechtsausschusses[44] läßt jede Auseinandersetzung mit der jahrelangen Kritik an der „Deformierung“ der Handelsbilanz vermissen. Es wird auch kein sachlicher Grund angeführt, der es rechtfertigen würde, die Inanspruchnahme von Steuervergünstigungen von einer entsprechenden Bilanzierung in der Handelsbilanz abhängig zu machen.[45]

Daß darüber hinaus die mit Steuervergünstigungen beabsichtigte wirtschaftspolitische Zielsetzung des Steuergesetzgebers in manchem Fall auch nur beeinträchtigt wird,

---

42 Vgl. auch die Einschätzung der Bedeutung der Entscheidung bei L. Schmidt, FR 1985, 443.

43 Vgl. 5. Aufl., § 2 III, S. 23.

44 Vgl. BT-Drs. 10/4268, S. 146.

45 Der von der Finanzverwaltung (in dem dem Urteil des I. Senats vom 24. 4. 1985 zugrunde liegenden Verfahren und in der vom Rechtsausschuß übernommenen Begründung zu § 6 Abs. 3 EStG, BT-Drs. 10/4268, S. 146) angeführte Gesichtspunkt der „Ausschüttungssperre“ ist wenig überzeugend; vgl. dazu die Ausführungen des I. Senats: „Es wäre mit dem Grundsatz der gleichmäßigen Besteuerung nicht vereinbar, die Gewährung des § 6b EStG von einer Ausschüttungssperre abhängig zu machen, die nur bei in bestimmter Rechtsform betriebenen Unternehmen wirksam wäre.“ Im übrigen hätte es allenfalls einen Sinn, eine Ausschüttungssperre für das Jahr der Inanspruchnahme der Steuervergünstigung zu statuieren. Nach Vornahme der Investitionen ist schließlich der Förderungszweck erreicht (vgl. näher Dziadkowski, BB 1986, 329 ff, 335).

weil nicht jeder Steuerpflichtige sich eine verfälschte Handelsbilanz erlauben kann, hat auch nicht interessiert.

Der Effekt der steuergesetzlichen Verankerung des umgekehrten Maßgeblichkeitsgrundsatzes in § 6 Abs. 3 EStG – und das ist sogleich die Motivation[46] für die überstürzte, durch einen Seiteneinstieg außerhalb des regulären Gesetzgebungsverfahrens und unter Ausschluß der Öffentlichkeit erfolgte Reaktion des Gesetzgebers auf das Urteil des I. Senats des BFH vom 24. 4. 1985: Den Unternehmen, die von der Bilanzrichtlinie erfaßt werden, bleibt weiterhin die Möglichkeit erhalten, in der Handelsbilanz entgegen den handelsrechtlichen Vorschriften stille Reserven zu bilden und beizubehalten. Daß der neue § 6 Abs. 3 EStG zumindest nicht als besonders loyale Maßnahme im Rahmen der Transformierung der Bilanzrichtlinie in das deutsche Recht einzuordnen ist, ist evident.

3. Die gesetzliche Verankerung der umgekehrten Maßgeblichkeit in § 6 Abs. 3 EStG betrifft nur erhöhte Absetzungen, Sonderabschreibungen, die Bewertungsfreiheit nach § 6 Abs. 2 EStG, den Abzug von Veräußerungsgewinnen nach § 6b Abs. 1, Abs. 3 Satz 2 EStG von den Anschaffungs- und Herstellungskosten begünstigter Reinvestitionsobjekte sowie den Importwarenabschlag nach § 51 Abs. 1 Nr. 2 Buchst. m EStG, § 80 EStDV und die Bewertung bestimmter Edelmetalle nach der lifo-Methode (§ 51 Abs. 1 Nr. 2 Buchst. z EStG, § 74a EStDV). Die Inanspruchnahme der genannten Steuervergünstigungen[47] setzt eine entsprechende Bilanzierung in der Handelsbilanz voraus; werden derartige Bewertungen später durch Zuschreibungen[48] rückgängig gemacht, unterliegt der Zuschreibungsbetrag der Besteuerung (§ 6 Abs. 3 Satz 2 EStG).

Daß auch die Inanspruchnahme von Steuervergünstigungen durch Ansatz einer *steuerfreien Rücklage* einen entsprechenden Ansatz in der Handelsbilanz voraussetzt, ergibt sich aus § 6 Abs. 3 EStG nicht.

Der Referentenentwurf des Steuerreformgesetzes hatte eine „Nachbesserung“ mit dem Ziel einer umfassenden Verankerung der umgekehrten Maßgeblichkeit vorgesehen.[49] Sie ist bislang nicht Gesetz geworden.

---

46 Vgl. die Begründung BT-Drs. 10/4268, S. 146; vgl. in diesem Sinne auch Krieger, Festschrift Döllerer, 1988, S. 327 ff, 346.

47 Nicht durch § 6 Abs. 3 EStG erfaßt sind Teilwertabschreibungen. Bei einer späteren Zuschreibung in der Handelsbilanz bleibt es bei dem steuerrechtlichen Zuschreibungsverbot beim abnutzbaren Anlagevermögen (§ 6 Abs. 1 Nr. 1 Satz 4 EStG); vgl. Schmidt/Glanegger, § 6 EStG Anm. 111a.

48 Zu den Zuschreibungen vgl. § 5 V.

49 Vgl. aus dem Schrifttum zu dem beabsichtigten § 5 Abs. 1 S. 2 EStG Mathiak, DStR 1988, 274 ff; Bordewin, DStR 1988, 668 ff; Dziadkowski, WPg 1988, 409 ff; DB 1989, 437 ff; Wahl, DStR 1988, 375 ff; Sarrazin in Mellwig u. a. (Hrsg.), Handelsbilanz und Steuerbilanz, 1989, S. 145 ff.

Damit gilt bei steuerfreien Rücklagen nicht die umgekehrte Maßgeblichkeit. Dies ist auch die neuere Auffassung der Finanzverwaltung.[50]

Somit gibt es weiterhin keinen allgemeinen Grundsatz der umgekehrten Maßgeblichkeit. Vielmehr können sich, wie der I. Senat in dem Urteil vom 24. 4. 1985[51] herausgestellt hat, „Inhalt und Grenzen der Maßgeblichkeit des Steuerrechts für das Handelsrecht" nur aus den Normen des Steuerrechts ergeben. Solche Normen sind § 6b Abs. 3 Satz 6 und § 6d Abs. 3 Nr. 3 EStG und § 6 Abs. 3 EStG. Auch aus dem Maßgeblichkeitsgrundsatz der Handelsbilanz für die Steuerbilanz selbst ergibt sich nicht die umgekehrte Maßgeblichkeit. Denn der Maßgeblichkeitsgrundsatz, d. h. die Bindung des Steuerrechts an die konkrete Bilanzierung des Steuerpflichtigen in der Handelsbilanz, erstreckt sich nicht auf solche Ansätze in der Handelsbilanz, die gerade nicht auf den Grundsätzen ordnungsmäßiger Buchführung beruhen, sondern handelsrechtlich nur nach den §§ 247 Abs. 3, 254 HGB überhaupt erst ermöglicht werden.[52]

IV. Die Diskussion um den Maßgeblichkeitsgrundsatz

In den letzten Jahren ist der Maßgeblichkeitsgrundsatz in das Kreuzfeuer der Kritik geraten. Die Diskussion ist insbesondere durch die Tatsache ausgelöst worden, daß die Steuerbilanz nicht mehr nur die Aufgabe hat, den periodengerechten Gewinn zu ermitteln, der ausgewiesene Gewinn vielmehr sehr häufig nicht mehr ist als der Betrag, der nach Inanspruchnahme aller Steuervergünstigungen aus wirtschafts-, konjunkturpolitischen und anderen Gründen verbleibt.

Damit ist auch – weil die Inanspruchnahme der Steuervergünstigungen von

---

50 Begründung des Gesetzentwurfes des Steuerreformgesetzes 1990, BT-Drs. 11/2157, S. 139 f (vgl. zuvor schon Kieschke, WPg 1986, 692; Sarrazin, DB 1987, 1597). Vgl. auch schon Abschn. 228 Abs. 5 EStR (keine umgekehrte Maßgeblichkeit für die Preissteigerungsrücklage nach § 74 EStDV).

51 BFH vom 24. 4. 1985 I R 65/80 BStBl II 1986, 324. Von den Anhängern der allgemeinen Geltung der umgekehrten Maßgeblichkeit wird gerne hervorgehoben, die Rechtsprechung des BFH sei nicht eindeutig, und zum Beleg dem Urteil des I. Senats das des IV. Senats vom 25. 4. 1985 (BFH IV R 83/83 BStBl II 1986, 350) gegenübergestellt (so z. B. Bordewin FR 1986, 283; Schmidt/Glanegger, § 6 EStG Anm. 112).
Bei der Bewertung beider Urteile ist freilich zu berücksichtigen, daß die nicht näher reflektierte Anlehnung des IV. Senats an die umgekehrte Maßgeblichkeit ein obiter dictum darstellt; zu entscheiden war nämlich über die Inanspruchnahme des § 6b EStG in einer steuerlichen Ergänzungsbilanz eines Gesellschafters, ein Fall also, in dem die Bilanzierung in der Handelsbilanz gar nicht zur Debatte stand. Hingegen beruht die fundierte Entscheidung des I. Senats auf einer eingehenden Auseinandersetzung mit der Problematik und die Absage des I. Senats an die allgemeine Geltung der umgekehrten Maßgeblichkeit war entscheidungserheblich.

52 Vgl. oben § 2 II 3.

einer entsprechenden Bilanzierung in der Handelsbilanz abhängig ist – die Handelsbilanz selbst in vielen Fällen zu einer Bilanz geworden, die wegen der steuerlich veranlaßten Unterbewertung materiell nicht mehr den Grundsätzen ordnungsmäßiger Buchführung entspricht. Insbesondere dieser Befund war Anlaß zu der Forderung nach einer eigenständigen, von der Handelsbilanz unabhängigen Steuerbilanz.

Auch die Steuerreformkommission 1971 – und ihr folgend der überholte Referentenentwurf eines EStG 1974 vom 10. 12. 1971 – hat den Vorschlag einer eigenständigen, von der Handelsbilanz losgelösten Steuerbilanz vorgelegt.[53] Bis auf Einzelfragen lehnt sich der ausführliche Vorschlag der Steuerreformkommission zur Gewinnermittlung in der Sache aber an die handelsrechtlichen Aktivierungs- und Passivierungsvorschriften an. Die Trennung von Handelsbilanz und Steuerbilanz ist nach diesem Vorschlag eine fast nur formale. Ein Vorteil gegenüber dem bisherigen Stand besteht im wesentlichen nur insofern, als die Handelsbilanz nicht mehr durch Bilanzierungen, die auf Gründe der Steuerersparnis zurückzuführen sind, deformiert wird. Dies kann man – wie oben gezeigt – aber auch erreichen, ohne daß der Maßgeblichkeitsgrundsatz, d. h. die Maßgeblichkeit einer Bilanz, die nach den Grundsätzen ordnungsmäßiger Buchführung aufgestellt ist, aufgegeben wird. Der Vorschlag einer eigenständigen Steuerbilanz ist denn auch überwiegend auf Kritik gestoßen.[54]

§ 3

Allgemeine Grundsätze der Bilanzerstellung

I. Die Neuordnung des Handelsbilanzrechts durch das Bilanzrichtliniengesetz[1]

1. Zur Entstehungsgeschichte des Gesetzes

Im bislang geltenden Recht war die handelsrechtliche Bilanzierung nur im Aktiengesetz 1965 näher geregelt. Für die Bilanzierung von Unternehmen anderer Rechtsformen war man bislang auf die Ausfüllung der rudimentären Vorschriften der §§ 38 ff HGB a. F. durch die Grundsätze ordnungsmäßiger Buchführung angewiesen. Dabei konnte man sich dann im Einzelfall darüber streiten, ob

53 Gutachten, 1971, Rz. 428, 435.

54 Vgl. insbesondere Döllerer, BB 1971, 1333 ff; D. Schneider, StuW 1971, 326 ff; Thiel, ZfbF 1971, 534 ff. Weitere Literaturnachweise bei Herrmann/Heuer/Raupach, § 5 EStG Anm. 49b [3]. Vgl. gegen den Maßgeblichkeitsgrundsatz D. Schneider, BB 1978, 1577 ff; vgl. auch Mathiak in Kirchhof/Söhn, § 5 EStG Rz. A 33.

1 Zu den gemeinsamen historischen Grundlagen des Bilanzrechts vgl. den hübschen Aufsatz von Großfeld/Diekmann, WPg 1988, 419 ff.

diese oder jene Regelung des Aktiengesetzes 1965 nur einen ohnehin geltenden Grundsatz ordnungsmäßiger Buchführung kodifiziert habe und insofern auch für Unternehmen anderer Rechtsformen maßgeblich war.

Das am 19. 12. 1985 verkündete[2] Gesetz zur Durchführung der Vierten, Siebten und Achten Richtlinie des Rates der Europäischen Gemeinschaften zur Koordinierung des Gesellschaftsrechts (Bilanzrichtliniengesetz) hat eine grundlegende Neuordnung des Handelsbilanzrechts gebracht. Die handelsrechtliche Bilanzierung ist nunmehr für alle Unternehmensformen im III. Buch des HGB (§§ 238 ff) geregelt.

Anlaß für die Neuordnung des Handelsbilanzrechts war die Notwendigkeit der Anpassung des deutschen Rechts an die vom Rat der Europäischen Gemeinschaften am 25. 7. 1978 mit einer Mehrheitsentscheidung gemäß Art. 54 Abs. 2 EWG-Vertrag verabschiedeten Vierten gesellschaftsrechtlichen Richtlinie (Bilanzrichtlinie),[3] deren Gegenstand die Rechnungslegung, Publizität und Prüfung der Kapitalgesellschaften ist. Grundsätzliches Anliegen der Richtlinie ist die Koordinierung der diesbezüglichen einzelstaatlichen Vorschriften bei der Aktiengesellschaft und bei der GmbH im Hinblick auf den Schutz der Gesellschafter wie Dritter. Nach Art. 55 Abs. 1 der EG-Richtlinie waren die Mitgliedstaaten verpflichtet, das nationale Recht bis zum 1. 8. 1980 anzugleichen.

Die Anpassung war in Deutschland – sowohl was die grundsätzliche Konzeption als auch was die Details anbetraf – seit Jahren Gegenstand intensiver Diskussionen.

Im Februar 1980 war aus dem Justizministerium ein erster Referentenentwurf vorgelegt worden.[4] Der Regierungsentwurf eines Bilanzrichtliniengesetzes vom Juni 1983[5] entsprach im Grundsatz dem bereits in der 9. Wahlperiode vorgelegten früheren Regierungsentwurf.[6]

Allerdings war in dem neuen Entwurf infolge des Regierungswechsels die Kapitalgesellschaft u. Co., also insbesondere die GmbH u. Co. KG, hinsichtlich der Publizität und Prüfungspflichten nicht mehr den Kapitalgesellschaften gleichgestellt.[7]

Dieses Entwurfs hat sich ein Unterausschuß des Rechtsausschusses des Deutschen Bundestages unter dem Vorsitz des Abgeordneten Helmrich angenommen und im

---

2 BGBl. I 1985, 2355.

3 Abl. EG Nr. L 222 vom 14. 8. 1978, S. 11 ff.
Eine synoptische Darstellung der Entwicklung der Richtlinie vom Vorentwurf aus dem Jahre 1968 über den Vorschlag und den geänderten Vorschlag bis zur endgültigen Fassung bringt Schruff, Rechnungslegung und Prüfung der AG und GmbH nach neuem Recht, 1978, Teil II. Vgl. dort auch in Teil II, S. 125 Sp. 4 die Erklärung, mit der Belgien der Annahme der Richtlinie widersprochen hat.

4 Vgl. dazu den Bericht von Knobbe-Keuk, StuW 1980, 172 ff.

5 BR-Drs. 257/83 = BT-Drs. 10/317.

6 BR-Drs. 61/82 = BT-Drs. 9/1878.

7 Vgl. dagegen die treffenden Ausführungen von Lutter/Mertens/Ulmer, BB 1983, 1737 ff.
Zu den EG-Bemühungen um die Einbeziehung der GmbH u. Co. KG in die Prüfungs- und Publizitätspflicht vgl. Barth, BB 1987, 1045 ff.

März 1985 seinerseits den Entwurf einer geänderten Konzeption von Vorschriften des Bilanzrichtliniengesetzes vorgelegt (letzter Stand: Fassung vom 1. 8. 1985). Auf der Grundlage dieses Entwurfs ist schließlich das Bilanzrichtliniengesetz verabschiedet worden.[8]

Die lange Dauer der gesetzgeberischen Bemühungen um eine Anpassung des deutschen Rechts an die EG-Richtlinie hatte viele Ursachen. Es ist sicher nicht zu verkennen, daß der deutsche Gesetzgeber, der durch die Richtlinie gezwungen war, eine Reihe von Vorschriften zu ändern und bei anderen Vorschriften angesichts der in der Richtlinie den Mitgliedstaaten eingeräumten einundvierzig nationalen Wahlrechte zumindest Überlegungen anstellen mußte, ob eine Änderung der bisherigen Lage diskutabel ist, damit vor einer ungleich schwierigeren und delikateren Aufgabe als die Gesetzgeber der anderen Mitgliedstaaten stand. Dies beruht auf dem dem deutschen Recht eigentümlichen Prinzip der Maßgeblichkeit der Handelsbilanz für das Steuerrecht. Dieser Grundsatz führt dazu, daß die Änderung einer handelsrechtlichen Bilanzierungsvorschrift oder -regel auf die Besteuerung durchschlägt. Politische Vorgabe für die Anpassung war, daß der Maßgeblichkeitsgrundsatz nicht in Frage gestellt werden dürfe und gleichwohl die Anpassung des Handelsbilanzrechts an die EG-Richtlinie steuerneutral geschehen müsse.

Trotz der hiermit verbundenen Probleme wäre die Anpassung des deutschen Rechts sicher schneller zu bewerkstelligen gewesen, wenn man sich von vornherein auf die durch die Richtlinie gebotenen Änderungen beschränkt hätte. Das aber haben die Verfasser der Regierungsentwürfe nicht getan. Sie standen unter dem Eindruck der vielfach laut gewordenen, insbesondere von der Kommission Rechnungswesen im Verband der Hochschullehrer für Betriebswirtschaft[9] nachdrücklich vorgetragenen Forderung nach Vorlage eines einheitlichen rechtsformunabhängigen Rechnungslegungsgesetzes. Wenn auch Referentenentwurf und Regierungsentwürfe als solche eines Bilanzrichtliniengesetzes deklariert waren, so handelte es sich materiell doch um Entwürfe zu einem – wenn auch unvollständigen und höchst unvollkommenen – allgemeinen Rechnungslegungsgesetz: Für die Unternehmen aller Rechtsformen war ein schwer lesbares compositum mixtum aus unverändert oder modifiziert übernommenen Vorschriften des Aktiengesetzes, der Bilanzrichtlinie, der Einkommensteuerrichtlinien, neuer Begriffsbestimmungen usw. vorgesehen. Dies hatte mannigfache heftige Kritik, insbesondere von seiten der Wirtschaft, hervorgerufen.[10]

Der Entwurf des Unterausschusses des Rechtsausschusses des Deutschen Bundestages, der im Grundsatz und insbesondere wegen seiner Orientierung am traditionellen deutschen Bilanzrecht allgemeinen Beifall gefunden hat,[11] hat der Neuordnung des Bilanzrechts eine geänderte Konzeption zu-

---

8 Vgl. zur Umsetzungsgeschichte auch Mathiak in Kirchhof/Söhn, § 5 EStG Rz. A 196.

9 Vgl. DB 1978, 1291 Vorschlag Nr. 1.

10 Vgl. nur die Stellungnahme der Spitzenverbände zum Regierungsentwurf, BR-Drs. 257/83 in Beilage Nr. 7 zu DB Heft 9/1984.

11 Vor allem im Rahmen des ersten Anhörungsverfahrens vor dem Unterausschuß des Rechtsausschusses des Deutschen Bundestages vom 9. 5. 1985; vgl. auch Moxter, DB 1985, 1101 ff; vgl. demgegenüber aber die kritische Würdigung bei Göllert/Ringling, BB 1985, 966 ff, 976 ff.
Ein weiteres Anhörungsverfahren hat am 23./24. 9. 1985 stattgefunden. Die maschinenschriftlichen Protokolle der Anhörungen sind vervielfältigt.

grunde gelegt. Auf dieser Grundlage enthält der 1. Abschnitt des III. Buches des HGB (§§ 238 ff) die für alle Kaufleute geltenden Rechnungslegungsvorschriften und bringt der 2. Abschnitt (§§ 264 ff) die ergänzenden Vorschriften für die von der 4. Richtlinie betroffenen Kapitalgesellschaften.

Ob durch das Bilanzrichtliniengesetz alle Bestimmungen der 4. Richtlinie korrekt transformiert worden sind, ist zweifelhaft.[12]

In Zusammenhang mit der Umsetzung der 4. Richtlinie ist zugleich auch die am 13. 6. 1983 erlassene 7. Richtlinie über den konsolidierten Abschluß[13] und die am 10. 4. 1984 erlassene 8. Richtlinie über die Zulassung der mit der Pflichtprüfung der Rechnungsunterlagen beauftragten Personen[14] durch das Bilanzrichtliniengesetz in das deutsche Recht transformiert worden.[15]

2. Überblick[16]

a) Der erste Abschnitt des III. Buches des HGB (§§ 238–263) enthält die für alle Kaufleute geltenden Rechnungslegungsvorschriften. Die bisherigen rudimentären Vorschriften der §§ 38–47 b HGB a. F. sind um eine Anzahl von Regelungen erweitert worden, die auch bislang schon für die Bilanzierung als Grundsätze ordnungsmäßiger Buchführung galten und zum Teil schon durch das Aktiengesetz 1965 kodifiziert waren. Neben den Ansatz- und Bewertungsgrundsätzen haben nunmehr auch Fundamentalprinzipien[17] ordnungsmäßiger Buchführung ihre ausdrückliche gesetzliche Erwähnung gefunden.

Im Vergleich zum bisherigen Stand des Bilanzrechts sind folgende Regelungen hervorzuheben:

1. § 242 Abs. 2 HGB schreibt zwingend – neben der Verpflichtung zur Aufstellung der Jahresbilanz (§ 242 Abs. 1 HGB) – die Aufstellung einer Gewinn- und Verlustrechnung vor.[18]
2. Das praktizierte Wahlrecht hinsichtlich der Pensionsrückstellungen ist beseitigt worden.[19] Für entgeltlich erworbene immaterielle Vermögensgegenstände besteht nunmehr Aktivierungspflicht,[20] nicht mehr nur – wie verbreitet angenommen worden war – ein Aktivierungswahlrecht. Mit diesen beiden Regelungen sind Streitfragen des bisherigen Rechts in dem

---

12 Vgl. dazu Schulze-Osterloh, ZHR 1986, 403 ff, 429 ff; Scholtissek, RiW 1986, 966 ff, 968; Bleckmann, RiW 1987, 929 ff, 931; Hartung, RiW 1988, 52 ff.

13 Abl. EG Nr. L 193 vom 18. 7. 1983, S. 1 ff.

14 Abl. EG Nr. L 126 vom 12. 5. 1984, S. 20 ff.

15 Zum Inkrafttreten des Bilanzrichtliniengesetzes und zum Anwendungszeitraum für die einzelnen Regelungsmaterien vgl. den Überblick bei Schulze-Osterloh, ZHR 1986, 406 ff.

16 Vgl. die Abhandlungen von Schulze-Osterloh, ZHR 1986, 403 ff; 532 ff.

17 Vgl. dazu unten § 3 III.

18 Zum bisherigen Stand vgl. Schulze-Osterloh, ZHR 1986, 409 mit Anm. 32 und 33.

19 Vgl. dazu unten § 4 V 5 c, dd.

20 Vgl. dazu unten § 4 IV 3 a.

Sinne entschieden worden, wie sie auch bislang schon nach den Grundsätzen ordnungsmäßiger Buchführung entschieden werden mußten.

3. Sehr unterschiedlich wird eine neue „Errungenschaft", nämlich die Zulassung von Aufwandsrückstellungen bewertet.[21]

4. Ein im Gesetzgebungsverfahren besonders umstrittenes Problem war die Frage, ob für Personenunternehmen über den sich aus der Anwendung der Bewertungsvorschriften ergebenden Umfang hinaus die Bildung stiller Reserven zugelassen werden sollte. Eine derartige Regelung war – mit wechselnden Formulierungen – in den verschiedenen Entwürfen vorgesehen.[22] Sie war in den Anhörungen Gegenstand eingehender und kontroverser Erörterungen.[23] Im Gesetz ist die Bildung stiller Reserven schließlich für die Aktivseite ermöglicht worden: Abschreibungen sind auch im Rahmen vernünftiger kaufmännischer Beurteilung zulässig (§ 253 Abs. 4 HGB).[24] Die Regelung ist auf Personenunternehmen beschränkt (§ 279 Abs. 1 S. 1 HGB).

Die bei der Umsetzung der Bilanzrichtlinie angewandte Technik des deutschen Gesetzgebers, in dem ersten Abschnitt des III. Buches des HGB die für alle Unternehmen geltenden Rechnungslegungsbestimmungen einheitlich zu regeln, hat das folgende Problem gebracht:[25] Die Bestimmungen entsprechen in großem Umfange Vorschriften der Bilanzrichtlinie und waren vom nationalen Gesetzgeber förmlich zu transformieren. Soweit sie Bestandteil der gemeinschaftsrechtlichen Umsetzungsmasse sind, sind sie für Kapitalgesellschaften richtlinienkonform auszulegen. In Bezug auf Personenunternehmen handelt es sich durchweg um die schlichte nationale Kodifizierung von Grundsätzen ordnungsmäßiger Buchführung. Zu welchen Auswirkungen dieser Doppelcharakter der für alle Unternehmen einheitlich geltenden Vorschriften des 1. Abschnittes des III. Buches des HGB führen wird, bleibt abzuwarten. Immerhin ist nicht auszuschließen, daß bilanzrechtliche Interpretation und Entwicklung durch den EuGH bei den Kapitalgesellschaften auf Dauer auch auf die rein nationalen Bilanzierungsregeln für Personenunternehmen durchschlagen werden. Eine gespaltene Interpretation der für alle Unternehmen geltenden Vorschriften des ersten Abschnitts des III. Buches des HGB – einerseits gemeinschaftsrechtlich (für Kapitalgesellschaften), andererseits national (für Personenunternehmen) – ist schwer vorstellbar.

b) Der erste Unterabschnitt des zweiten Abschnitts des III. Buches des HGB (§§ 264–289) bringt ergänzende Rechnungslegungsvorschriften für Kapitalgesellschaften.

---

21 Vgl. dazu unten § 4 V 5b.

22 Vgl. dazu näher Schulze-Osterloh, ZHR 1986, 416.

23 Vgl. Stenographisches Protokoll der 17. Sitzung vom 9. 5. 1985, S. 105 ff und der 18. Sitzung vom 23. 9. 1985, S. 41 ff.

24 Vgl. dazu näher unten § 5 I und § 3 III 4a.

25 Das Problem hat vor allem Beisse (z. B. Festschrift Döllerer, 1988, S. 25 ff) in das allgemeine Bewußtsein gerückt.

Entscheidend geändert hat sich die gesetzliche Lage für die GmbH: Es gelten nicht mehr die rudimentären Bestimmungen der §§ 41 bis 42a GmbHG a. F. und §§ 38 ff HGB a. F.; die GmbH ist hinsichtlich des Jahresabschlusses, der Abschlußprüfung und der Publizität der AG gleichgestellt worden.

Entsprechend den Vorgaben der 4. Richtlinie werden die Kapitalgesellschaften in kleine, mittelgroße und große unterschieden (vgl. § 267 HGB). Den kleinen und mittelgroßen Kapitalgesellschaften werden für einzelne Regelungsbereiche abgestufte Erleichterungen eingeräumt.[26]

Kapitalgesellschaften haben den Jahresabschluß um einen *Anhang* zu erweitern, der mit der Bilanz und der Gewinn- und Verlustrechnung eine Einheit bildet (§ 264 Abs. 1 S. 1 HGB). Der Anhang gibt Erläuterungen der Bilanz und der Gewinn- und Verlustrechnung und bringt sonstige die Gesellschaft betreffende Angaben (vgl. in erster Linie die §§ 284 ff HGB sowie die diesbezüglichen Bestimmungen über die Bilanz und Gewinn- und Verlustrechnung.[27] Zusätzlich ist ein Lagebericht aufzustellen (§ 264 Abs. 1 S. 1 HGB). Sein Inhalt ist in § 289 HGB geregelt.

Die für den Jahresabschluß von Kapitalgesellschaften maßgebende Generalnorm ist in Anpassung an die 4. Richtlinie (Art. 2 Abs. 3) – gegenüber der bisherigen des § 149 AktG 1965 – neugefaßt worden.[28]

Im Vergleich zu den Bilanzierungsvorschriften des Aktiengesetzes sind folgende Neuerungen des Bilanzrichtliniengesetzes hervorzuheben:

1. Der Ausweis des Eigenkapitals in § 266 Abs. 3 (A) HGB, insbesondere mit der Unterscheidung zwischen Kapitalrücklagen und Gewinnrücklagen.[29]

2. Der Ausweis latenter Steuern (§ 274 HGB).[30]

3. Das Wertaufholungsgebot (§ 280 HGB).[31]

---

26 Vgl. die Zusammenstellung bei Glade, § 267 HGB Anm. 8.

27 Vgl. den Überblick bei Janz/Schülen, WPg 1986, 59 ff; Schulze-Osterloh, ZHR 1986, 560 sowie die Zusammenstellung bei Clemm/Ellrott in Beck'scher Bilanzkommentar, § 284 HGB Anm. 13 ff.

28 Vgl. unten § 3 II 2.

29 Vgl. unten § 4 V 1 b.

30 Vgl. unten § 4 V 5 c, ee.

31 Vgl. unten § 5 V 1.

II. Die Generalnormen für den Jahresabschluß

1. Der Begriff der Grundsätze ordnungsmäßiger Buchführung

Der Jahresabschluß ist nach den Grundsätzen ordnungsmäßiger Buchführung aufzustellen (§ 243 Abs. 1 HGB). Bei den Grundsätzen ordnungsmäßiger Buchführung geht es um bestimmte formale und materielle Regeln über die Art und Weise der Rechnungslegung, und zwar der gesamten Rechnungslegung. Mit den Grundsätzen ordnungsmäßiger Buchführung wird also nicht nur die eigentliche Führung der Handelsbücher[32] angesprochen (Grundsätze ordnungsmäßiger Buchführung im engeren Sinne), sondern auch die Inventur und die Bilanzierung.

Die Grundsätze ordnungsmäßiger Buchführung werden überwiegend in folgendem Sinne umschrieben: „Regeln, nach denen ein auf fachgerechte, ordnungsmäßige Rechnungslegung bedachter Kaufmann zu verfahren pflegt, verfahren kann oder verfahren darf, um jederzeitige Übersicht über seine Handelsgeschäfte und die Lage seines Vermögens zu behalten und ihre Gewinnung einem sachkundigen Außenstehenden ohne Schwierigkeiten zu ermöglichen."[33]

Zu einem wesentlichen Teil sind die Grundsätze ordnungsmäßiger Buchführung durch das Bilanzrichtliniengesetz kodifiziert worden. Damit ist die – umstrittene – Problematik der Rechtsnatur dieser Regelungen und die ihrer Herleitung in weitestem Umfang entschärft worden. Allerdings wird es auch in Zukunft noch erforderlich sein, zu Einzelfragen die Grundsätze ordnungsmäßiger Buchführung zu ermitteln.

Die Palette der zur Rechtsnatur der Grundsätze ordnungsmäßiger Buchführung vertretenen Meinungen[34] reicht von Rechtsnormen, Handelsbrauch, Verkehrsanschauungen bis zu außerrechtlichen, auf der Grundlage der betriebswirtschaftlichen Erkenntnisse beruhenden Fachnormen. Die traditionelle und wohl auch noch herrschende Lehre sieht in den Grundsätzen ordnungsmäßiger Buchführung Handels-

---

32 Die Technik der Buchführung, Gewinn- und Verlustrechnung und Inventur werden hier nicht behandelt.
Zur Einführung in die Buchführungssysteme und in die Buchführungstechnik sei verwiesen auf Groemer, Die doppelte Buchführung, 1956; Hennig, Doppelte Buchführung, 5. Aufl. 1970; Willenbrink, Von der Anfangs- zur Schlußbilanz, 5. Aufl. 1973; Engelhardt/Raffée, Grundzüge der doppelten Buchhaltung, 2. Aufl. 1971; Schöttler/Spulak/Baur, Technik des betrieblichen Rechnungswesens, 3. Aufl. 1986; Falterbaum/Beckmann, Buchführung und Bilanz, 12. Aufl. 1987; Eisele, Technik des betrieblichen Rechnungswesens, 3. Aufl. 1988.

33 Brüggemann/Würdinger, HGB-Großkommentar, § 38 Anm. 2.

34 Vgl. den historischen Überblick bei Steinbach, Die Rechnungslegungsvorschriften des AktG, 1973, S. 24 ff. Vgl. im übrigen die eingehende Untersuchung von Kruse, Grundsätze ordnungsmäßiger Buchführung, 3. Aufl. 1978 mit weiteren Nachweisen; Takeshi Yoshiba in Festschrift Leffson, 1976, S. 49 ff; Lang in: Handwörterbuch, S. 221 ff; Baetge, Beilage Nr. 26 zu DB Heft 45/1986.

bräuche.[35] Im Einzelfall kann ein Grundsatz ordnungsmäßiger Buchführung zu Gewohnheitsrecht geworden sein. Im übrigen beinhalteten auch viele Vorschriften des AktG 1965 nur Grundsätze ordnungsmäßiger Buchführung.[36]

Mit der Frage nach der Rechtsnatur hängt eng die Frage zusammen, wie ein Grundsatz ordnungsmäßiger Buchführung im Einzelfall zu ermitteln ist. Während die herkömmliche Auffassung sich im wesentlichen auf die tatsächliche Übung ordentlicher Kaufleute stützt, sind nach der insbesondere in der betriebswirtschaftlichen Literatur vertretenen Auffassung die Grundsätze ordnungsmäßiger Buchführung deduktiv aus den Zwecken der Rechnungslegung abzuleiten. Dabei soll den Erkenntnissen der Betriebswirtschaftslehre die maßgebende Bedeutung zukommen.[37]

Ungeachtet des Meinungsstreits über die Rechtsnatur der Grundsätze ordnungsmäßiger Buchführung ist die Praxis mit der gesetzlichen Verweisung auf diese Grundsätze im ganzen recht gut fertig geworden. Als unbestimmter Rechtsbegriff bedarf der Begriff der Grundsätze ordnungsmäßiger Buchführung der Ausfüllung durch denjenigen, der ihn anwendet. Damit hat letztlich der Richter das entscheidende Wort. Bei der Ausfüllung des Begriffs wird sich der Richter zunächst an das halten, was sich der Gesetzgeber bei der Verweisung vorgestellt hat: „Nach den Gepflogenheiten sorgfältiger Kaufleute ist zu beurteilen, wie die Bücher geführt werden müssen",[38] und folglich ermitteln, ob zu der betreffenden Frage ein bestimmter Handelsbrauch oder in Ermangelung eines solchen eine bestimmte Verkehrsauffassung besteht.

Das tatsächliche Buchführungs- und Bilanzierungsverhalten der Mehrheit in einer bestimmten Frage muß selbstverständlich nicht ohne weiteres als Grundsatz ordnungsmäßiger Buchführung akzeptiert werden, sondern es kann ggf. durchaus daraufhin überprüft werden, ob auf diese Weise eine Buchführung gewährleistet ist, die ihrem Zweck entspricht. Denn indem der Gesetzgeber sich auf die Gepflogenheiten „sorgfältiger" Kaufleute bezogen hat, hat er zugleich eine dem Zweck der Buchführung entsprechende Ausfüllung des Begriffs der Grundsätze ordnungsmäßiger Buchführung vorausgesetzt.

Von vornherein deduktiv, aus den Zwecken der Rechnungslegung, ist dann zu entscheiden, wenn neue Fragen auftauchen, zu denen sich ein Handelsbrauch oder eine Verkehrsanschauung noch nicht gebildet hat.[39] Bei der Ableitung eines Grundsatzes ordnungsmäßiger Buchführung aus den Zwecken der Rechnungslegung wird der

---

35 Z.B. Düringer/Hachenburg/Lehmann, HGB, § 38 Anm. 15; Brüggemann/Würdinger, § 38 Anm. 2.

36 Umgekehrt hat natürlich die Kodifizierung der aktienrechtlichen Bilanzierungsvorschriften im Aktiengesetz 1965 auch Einfluß auf die GoB gehabt, und ebenso werden auch manche der neuen Bilanzierungsvorschriften für Kapitalgesellschaften im Bilanzrichtliniengesetz auf Dauer nicht ohne Einfluß auf die Bilanzierung von Personenunternehmen bleiben (vgl. auch die Erwartung bei Groh, DB 1985, 1849).

37 Vgl. hierzu vor allem Leffson, S. 143 ff; D. Schneider, DB 1970, 1697; weitere Nachweise bei Kruse aaO, (Anm. 34), S. 74; vgl. auch Herrmann, ZGR 1976, 203 ff.

38 Denkschrift zum Entwurf eines HGB, 1896, S. 45.

39 Gegen die deduktive Methode, die wohl im Bilanzrecht als auch in der Betriebswirtschaftslehre heute überwiegend vertreten wird, vgl. D. Schneider, BB 1980, 1225, StuW 1983, 157 ff. Gegen Schneider vgl. treffend Beisse, StuW 1984, 3, 8. Für eine hermeneutische Gewinnung der GoB vgl. Baetge in Küting/Weber, Teil II Rz. 72 ff.

Richter als Entscheidungshilfe z.B. heranziehen: Fachgutachten des Instituts der Wirtschaftsprüfer, des Deutschen Industrie- und Handelstages, der Industrie- und Handelskammern sowie gesicherte Erkenntnisse der Betriebswirtschaftslehre.

2. Die Generalnorm für den Jahresabschluß von Kapitalgesellschaften

An die Stelle des § 149 AktG ist nunmehr für alle Kapitalgesellschaften die neue Generalnorm des § 264 Abs. 2 S. 1 HGB getreten:

„Der Jahresabschluß der Kapitalgesellschaft hat unter Beachtung der Grundsätze ordnungsmäßiger Buchführung ein den tatsächlichen Verhältnissen entsprechendes Bild der Vermögens-, Finanz- und Ertragslage der Kapitalgesellschaft zu vermitteln."

§ 264 Abs. 2 HGB bringt die durch die EG-Richtlinie gebotene Transformierung des das englische Bilanzrecht bestimmenden „true-and-fair-view"-Prinzips.[40] Die Notwendigkeit der Übernahme des „true and fair view" in das deutsche Recht hatte eine intensive Erörterung über dessen Tragweite ausgelöst. Inzwischen hat sich die Lage aber beruhigt. Insbesondere die Untersuchungen von Tubbesing[41] und Niehus[42] haben gezeigt, daß alle Versuche, „true and fair view" vom Inhalt her zu bestimmen, zum Scheitern verurteilt sind – zumal die von Großbritannien geforderte Übernahme des „true and fair view" als bilanzrechtlichen Prinzips in die Richtlinie abgelehnt worden war.[43]

Klarheit hat die grundlegende Analyse des Verhältnisses des § 243 Abs. 1 HGB zu § 264 Abs. 2 HGB durch Beisse[44] gebracht: § 243 Abs. 1 HGB ist die für *alle Unternehmen* geltende *bilanzrechtliche* Generalnorm. Das für Kapitalgesellschaften ergänzend geltende Gebot des „true and fair view" gestattet – wie sich schon aus der Formulierung des § 264 Abs. 2 HGB ergibt – für die Bilanzierung keine Abweichung von den gesetzlichen bilanzrechtlichen Vorschriften und von den Grundsätzen ordnungsmäßiger Buchführung. Seine Wirkung entfaltet das Gebot des „true and fair view" für den Jahresabschluß von Kapitalgesellschaften in dem – einen rechtlichen Bestandteil des Jahresabschlusses bildenden – Anhang.[45] Sollten Kapitalgesellschaften der Meinung sein, daß die nach den gesetzlichen Vorschriften und den Grundsätzen ordnungsmäßiger Buchführung vorgenommene Bilanzie-

40 Vgl. Mathiak in Kirchhof/Söhn, § 5 EStG Rz. A 189.

41 Tubbesing, AG 1979, 91.

42 Niehus, DB 1979, 221.

43 Vgl. Beisse, Festschrift Döllerer, 1988, S. 25 ff, 26. Gleichwohl hat Großbritannien die Richtlinienbestimmung nicht im Sinne der Jahresabschlußklausel, sondern als bilanzrechtliche Klausel in das nationale Recht umgesetzt, vgl. Nachweise bei Beisse aaO.

44 Beisse, Festschrift Döllerer, 1988, S. 25 ff.

45 Zu der Problematik des § 264 Abs. 2 HGB vgl. im übrigen die Kommentierungen zu § 264 Abs. 2 HGB und Schulze-Osterloh, ZHR 1986, 541 ff mit weiteren Nachweisen.
Hartung, RIW 1988, 52 ff mit weiteren Nachweisen bezweifelt, ob § 264 Abs. 2 HGB eine richtlinienkonforme Umsetzung der Bilanzrichtlinie darstellt.

rung nicht zu einem den tatsächlichen Verhältnissen entsprechenden Bild der Vermögens-, Finanz- und Ertragslage führt, sind lediglich im Anhang zusätzliche Angaben zu machen (§ 264 Abs. 2 S. 2 HGB).

III. Die Fundamentalprinzipien einer ordnungsmäßigen Bilanzerstellung[46]

1. Der Grundsatz der sogenannten Bilanzwahrheit[47]

a) Als eines der Fundamentalprinzipien der Bilanzerstellung gilt allgemein das Prinzip der sog. Bilanzwahrheit. Die Vorstellungen über den Inhalt dieses Prinzips sind weder einheitlich noch eindeutig.[48] Jedenfalls ist nach dem heutigen Stand unter dem Grundsatz der Bilanzwahrheit nicht das zu verstehen, was das ROHG in einer Entscheidung aus dem Jahre 1873[49] ausgesprochen hat, daß nämlich die Bilanz der objektiven Wahrheit, der wirklichen Vermögenslage entsprechen solle, und dies wird sich auch durch die Übernahme des „true and fair view" in das deutsche Recht (§ 264 Abs. 2 S. 1 HGB) nicht ändern.[50]

Nach dem heutigen Stand ist zum Grundsatz der Bilanzwahrheit folgendes festzuhalten: Grundlage der Bilanzwahrheit ist die materiell richtige Buchführung, die sämtliche Geschäftsvorfälle *vollständig* erfaßt.

Nach § 239 Abs. 2 HGB muß die Buchführung nicht nur formell (dokumentationstechnisch), sondern auch materiell (inhaltlich) richtig sein.

Die Bilanz muß sachlich richtig sein,[51] sie darf nichts Falsches enthalten. Aktiva und Passiva müssen *vollständig* erfaßt sein (vgl. § 246 Abs. 1 HGB). Kein Vermögensgegenstand, keine Verbindlichkeit darf völlig außer Ansatz bleiben.[52] Selbst bei vollständiger Abschreibung müssen die Aktiva mit einem Erinnerungswert in die Bilanz eingesetzt werden. Es dürfen keine Vermögensgegenstände und Schulden hinzuerfunden, „fingiert" werden.

Was die *Bewertung* der einzelnen Vermögensgegenstände anbetrifft, so beinhaltet das Postulat der Bilanz„wahrheit" lediglich, daß diese innerhalb des Rahmens der Bewertungsvorschriften und -grundsätze vorgenommen werden muß, daß erforderliche Schätzungen nicht willkürlich erfolgen dürfen.

---

46 Aus der umfangreichen Literatur vgl. insbesondere die Monographie von Leffson; Moxter, Festschrift Leffson, 1976, S. 87 ff. Lang in: Handwörterbuch, S. 240 ff.

47 Vgl. hierzu Leffson, S. 193 ff; ders. in HdJ I/2 Rz. 21 ff; Bühler/Scherpf, § 2 III 1; Wöhe, Betriebswirtschaftliche Steuerlehre I/2, S. 81 ff.

48 Vgl. die Darstellung des Meinungsstandes bei Leffson, S. 174 ff.

49 ROHG 12, 15 ff.

50 Vgl. dazu oben § 3 II 2.

51 Vgl. die Konkretisierung des Grundsatzes der Bilanzwahrheit in der Forderung nach sachlicher Richtigkeit im Hinblick auf die gesetzlichen Bestimmungen und die Forderungen nach Wahrhaftigkeit des Bilanzierenden bei Leffson, S. 200 ff, 202 ff; so auch Glade, Teil I Rz. 271 ff.

52 RG vom 23. 1. 1931 II 250/30 RGZ 131, 192.

2. Der Grundsatz der Bilanzklarheit[53]

Dieser Grundsatz ist nunmehr in § 243 Abs. 2 HGB verankert: Der Jahresabschluß „muß klar und übersichtlich sein". In Buchführung und Jahresabschluß müssen die einzelnen Posten – Geschäftsvorfälle, Bilanzgegenstände und Erfolgsbestandteile – der Art nach eindeutig bezeichnet und so geordnet sein, daß die Bilanz und die Abschlüsse verständlich[54] und übersichtlich sind.[55] Für Kapitalgesellschaften enthält § 266 HGB Mindestgliederungsvorschriften, die zwingend einzuhalten sind, soweit nicht der Geschäftszweig eine abweichende Gliederung erfordert.[56] Für Nichtkapitalgesellschaften bestehen keine ausdrücklichen Gliederungsvorschriften. Aber auch für diese Unternehmen ist nach den Grundsätzen ordnungsmäßiger Buchführung die Bilanz zumindest in ihrer Grundform an den Gliederungsvorschriften des § 266 HGB auszurichten.

Grundgebot der Klarheit ist insbesondere das in § 246 Abs. 2 HGB kodifizierte Saldierungsverbot: Posten der Aktivseite dürfen nicht mit Posten der Passivseite, Grundstücksrechte nicht mit Grundstückslasten verrechnet werden. Ebenso ist z. B. die Saldierung von Werterhöhungen einzelner Wirtschaftsgüter mit Wertminderungen anderer Wirtschaftsgüter unzulässig.

3. Der Grundsatz der Bilanzkontinuität[57]

Der Grundsatz der Bilanzkontinuität betrifft das Verhältnis der Schlußbilanz eines Wirtschaftsjahres zur Anfangs- und Schlußbilanz des folgenden Wirtschaftsjahres. Bei einer nur auf statische Ziele, auf die Darstellung des jeweiligen Vermögensstandes beschränkten Bilanz ist die Bilanzkontinuität nicht wesentlich. Sie ist aber wesentliches Element einer jeden Bilanz, die auf Erfolgsausweis gerichtet ist.

Unter dem Grundsatz der Bilanzkontinuität werden folgende Bilanzierungsgrundsätze zusammengefaßt:

a) Grundsatz der Bilanzidentität

Die Anfangsbilanz eines Jahres muß mit der Schlußbilanz des vorangegangenen Wirtschaftsjahres übereinstimmen (vgl. jetzt auch die gesetzliche Festschreibung in § 252 Abs. 1 Nr. 1 HGB). Die Übereinstimmung muß sich auf alle Einzelpositionen beziehen. Aus diesem Grundsatz folgt die sog. Zweischneidigkeit der Bilanz: Höhere oder niedrigere Wertansätze im Rahmen der gesetzlich zulässigen Bewertungen in dem einen Wirtschaftsjahr

53 Vgl. i.e. Leffson, S. 207 ff und die Kommentierungen zu § 243 Abs. 2 HGB.

54 Zu der Frage, für wen der Abschluß verständlich sein muß, vgl. i.e. Leffson, S. 208 ff.

55 Leffson, S. 208.

56 Die Bilanzgliederung ist auf Industrie- und Handelsunternehmen bezogen.

57 Vgl. Wöhe, Betriebswirtschaftliche Steuerlehre I/2, S. 97 ff; Bühler/Scherpf, § 7.

wirken sich in dem folgenden oder in den folgenden Wirtschaftsjahren entgegengesetzt aus.

Wird z. B. bei einem Wirtschaftsgut in dem einen Jahr über die reguläre AfA hinaus eine Absetzung für außergewöhnliche Abnutzung oder eine Teilwertabschreibung vorgenommen, so kann in den Folgejahren entsprechend weniger abgesetzt werden. Der Gewinn der Folgejahre ist damit höher.

Lassen Bewertungsvorschriften bei den Wertansätzen Ermessensspielräume zu, so sind zwar Gewinnverlagerungen auf spätere Perioden möglich, der Gesamtgewinn wird aber nicht beeinträchtigt. Mit dem Grundsatz der Bilanzidentität wird also die richtige Erfassung des Gesamtgewinns erstrebt. Für die steuerliche Gewinnermittlung ist der Grundsatz in § 4 Abs. 1 EStG ausdrücklich festgelegt.[58]

b) Grundsatz der Stetigkeit[59]

Dieser Grundsatz besagt, daß die Abschlußgrundsätze und -methoden von Geschäftsjahr zu Geschäftsjahr, soweit möglich und sinnvoll, in formaler wie in materieller Beziehung unverändert anzuwenden sind. Aus betriebswirtschaftlicher Sicht ist die Beachtung im Interesse der Vergleichbarkeit der Jahresabschlüsse gefordert. Davon abgesehen ist der Grundsatz der Stetigkeit in besonderem Maße geeignet, eine willkürliche Gestaltung der Jahresabschlüsse einzuschränken, und wirkt also objektivierend.

In formaler Hinsicht erfordert der Stetigkeitsgrundsatz die Beibehaltung der Bilanzgliederung, der gleichen inhaltlichen Abgrenzung und Benennung entsprechender Bilanzpositionen.

In materieller Hinsicht ist durch den Stetigkeitsgrundsatz zunächst die Grundsatzstetigkeit gefordert: Gleiche Tatbestände sind in aufeinanderfolgenden Jahresabschlüssen gleich zu behandeln.

Beispiel: Bei Rückstellungen ist sicherzustellen, daß dieselben Rückstellungsgründe immer in gleicher Weise berücksichtigt werden.

Hinzu tritt das Gebot der Bewertungsstetigkeit. Die Werte dürfen nicht willkürlich herab- oder heraufgesetzt werden. Die Bewertungsmethoden sollen beibehalten werden. Dies ist nunmehr ausdrücklich in § 252 Abs. 1 Nr. 6 HGB bestimmt. Wie Moxter aber zu Recht klargestellt hat,[60] ist das Stetigkeitsprinzip dem Vorsichtsprinzip nachgeordnet.

---

58 Zur Frage der Bilanzberichtigung vgl. unten V.

59 Vgl. dazu näher Leffson, S. 432 ff; Kupsch, DB 1987, 1101 ff; 1157 ff; Müller, BB 1987, 1629 ff; Söffing, DB 1987, 2598 ff; Schneeloch, WPg 1987, 405 ff; Claussen/Korth, DB 1988, 921 ff; vgl. zum Gebot der Stetigkeit im europäischen Bilanzrecht Leffson, WPg 1988, 441 ff.

60 Moxter, BB 1985, 1102; vgl. auch unten § 5 II 1.

4. Der Grundsatz der Vorsicht

a) Der Grundsatz besagt, daß der Kaufmann sein Vermögen und seinen Gewinn in der Bilanz im Zweifel eher zu niedrig als zu hoch ausweisen darf. Der Grundsatz vorsichtiger Bewertung und Gewinnermittlung soll zum einen den Kaufmann vor einer zu optimistischen Einschätzung seiner Geschäftslage schützen. Daneben hat von Anfang an vor allem der Gedanke des Gläubigerschutzes eine ganz wesentliche Rolle gespielt: Um überhöhte Gewinnentnahmen und -ausschüttungen zu vermeiden und so die Haftungssubstanz zu erhalten, darf der Kaufmann seinen Bestand an Reinvermögen (Rohvermögen – Schulden) nicht günstiger ausweisen, als er tatsächlich ist.

Das Vorsichtsprinzip hatte die fast unbeschränkte Möglichkeit der Bildung stiller Reserven mit sich gebracht, die erst durch die Bewertungsvorschriften des AktG 1965 eingeschränkt wurde. Man kann jedoch nicht sagen, daß mit der Einschränkung der Reservenbildung durch das AktG 1965 zugleich auch der Gläubigerschutz – zugunsten des Aktionärsschutzes – eingeschränkt wurde;[61] denn die willkürliche Bildung stiller Reserven ist gerade auch unter dem Gesichtspunkt des Gläubigerschutzes nicht unbedenklich. Eine nicht sachgerechte Unterbewertung wird vielfach die wirkliche Gewinnentwicklung verschleiern. Die Auflösung stiller Reserven in ertragsschwachen oder gewinnlosen Jahren verschleiert unter Umständen eine tatsächliche Verlustentwicklung und ist somit nur geeignet, die Gläubiger zu gefährden.[62]

In Hinsicht darauf war im Anschluß an das Aktiengesetz 1965 die Auffassung vertreten worden, daß auch Unternehmen anderer Rechtsform nicht mehr gestattet sein solle, nach Belieben stille Reserven zu bilden, sondern die dagegen gerichteten Bewertungsbestimmungen des Aktiengesetzes 1965 Ausdruck der Grundsätze ordnungsmäßiger Buchführung darstellen.[63] Diese Diskussion ist durch die allgemeine Bewertungsbestimmung des § 253 Abs. 4 HGB abgeschnitten. Danach ist es Nichtkapitalgesellschaften nunmehr von Gesetzes wegen gestattet, stille Reserven in der Handelsbilanz „im Rahmen vernünftiger kaufmännischer Beurteilung“ zu bilden.[64]

Das Vorsichtsprinzip zielt auf einen möglichst weitgehenden Ausschluß von Risiken bei Bilanzansätzen und Wertbemessungen. Bei der Neuordnung des Bilanzrechts durch das Bilanzrichtliniengesetz hat es in vielfacher Beziehung auch seinen gesetzlichen Niederschlag gefunden.

b) Für den Bilanzansatz dem Grunde nach, für die Frage der Bilanzierungsfähigkeit folgt aus dem Vorsichtsprinzip, daß nur das bilanziert werden darf, was sich im Gegenständlichen konkretisiert, im Rechtsverkehr einen feststehenden Inhalt und im Handelsverkehr einen bestimmten Wert hat.[65] Das folgt zunächst daraus, daß grundsätzlich nur *Vermögensgegenstände* und Schulden in der Bilanz anzusetzen sind.

Ausprägungen des Vorsichtsprinzips sind die Aktivierungsverbote für nicht entgeltlich erworbene immaterielle Vermögensgegenstände des Anlagever-

61 Vgl. Döllerer, BB 1966, 663.
62 Vgl. z. B. Heinen, Handelsbilanzen, S. 333.
63 Vgl. dazu die 4. Aufl. § 5 I und dort die Nachweise in Anm. 7.
64 Vgl. dazu § 3 I 2a und § 5 I.
65 Federmann, S. 126; vgl. i. e. dazu unten § 4 IV 2.

mögens (§ 248 Abs. 2 HGB), für den Ansatz des originären Geschäftswerts, für Gründungs- und Kapitalbeschaffungskosten (§ 248 Abs. 1 HGB) sowie die Beschränkung für den Ansatz von Rechnungsabgrenzungsposten (§ 250 HGB).

Seine besondere Wirkung entfaltet das Vorsichtsprinzip bei der Bewertung. Für diese ist es in § 252 Abs. 1 Nr. 4 HGB gesetzlich festgeschrieben: Es ist vorsichtig zu bewerten, namentlich sind alle vorhersehbaren Risiken und Verluste, die bis zum Abschlußstichtag entstanden sind, zu berücksichtigen.

Die Hauptschwierigkeit bei der Bewertung beruht darauf, daß die Zukunft ungewiß ist und also Schätzungen und Prognosen über die künftige Entwicklung erforderlich werden.[66] In diesen Fällen verlangt das Vorsichtsprinzip, bei Aktivposten die untere Grenze, bei Passivposten den oberen Wert des Schätzungsrahmens als Wertansatz zu wählen.

c) Seine nähere Konkretisierung hat das Vorsichtsprinzip in den Sekundärprinzipien *Realisationsprinzip* und *Imparitätsprinzip* gefunden.

Das *Realisationsprinzip* bedeutet, daß ein Gewinn erst dann ausgewiesen werden darf, wenn er durch Umsatz (Veräußerung oder einen sonstigen Leistungsaustausch) verwirklicht ist (vgl. nunmehr ausdrücklich § 252 Abs. 1 Nr. 4 HGB).[67] Nicht realisierte Gewinne (z. B. Wertsteigerungen eines Gegenstandes) dürfen nicht ausgewiesen werden und werden damit auch steuerlich nicht erfaßt.[68]

Verluste hingegen werden berücksichtigt, sobald sie entstanden, d. h. verursacht sind. Ihre Erfassung hängt also nicht davon ab, daß sie auch schon realisiert sind. Diese unterschiedliche Behandlung der nichtrealisierten Gewinne und der nichtrealisierten Verluste wird als *Imparitätsprinzip*[69] bezeichnet.

Daß nicht realisierte Gewinne nicht als Gewinn in Erscheinung treten können, wird gewährleistet durch die Bewertungsbestimmung des § 253 Abs. 1 HGB, nach der ein höherer Wert als die Anschaffungs- oder Herstellungskosten nicht angesetzt werden darf.

Beispiel: Der Bilanzierende hat Waren zum Preise von 100 angeschafft. Bis zum Bilanzstichtag steigen die Preise, der Wiederbeschaffungspreis des Bilanzierenden beläuft sich nunmehr auf 150, sein Verkaufspreis auf 200. Trotzdem muß der Bilanzierende die Waren mit den Anschaffungskosten von 100 ansetzen (§ 253 Abs. 1 HGB,

---

66 Zum Thema Vorsichtsprinzip und Schätzung vgl. näher Leffson, S. 465 ff.

67 Vgl. Moxter, Das Realisationsprinzip – 1884 und heute, BB 1984, 1780 ff. Zu dem Realisationsprinzip und dem Folgeprinzip der periodengerechten Gewinnermittlung vgl. Moxter, Festschrift Döllerer, 1988, S. 45 ff.

68 Vgl. Dieter Schneider, Realisatonsprinzip und Einkommensbegriff, Festschrift Leffson, 1976, S. 101 ff.

69 Zum Imparitätsprinzip i. e. vgl. Leffson, S. 339 ff; Döllerer, StbJb 1977/78, 129 ff. Kritisch zu diesem Prinzip Heibel, Handelsrechtliche Bilanzierungsgrundsätze und Besteuerung, 1981. Vgl. zum Imparitätsprinzip im neuen Bilanzrecht Weilbach, BB 1985, 1503.

§ 6 Abs. 1 Nr. 2 EStG). Durch die Bewertungsbestimmung über die Anschaffungs- oder Herstellungskosten als dem höchstzulässigen Wertansatz wird erreicht, daß nicht realisierte Gewinne nicht ausgewiesen werden. Ein Gewinn tritt in der Bilanz erst in Erscheinung, wenn er realisiert ist. Hätte der Bilanzierende die Waren vor dem Bilanzstichtag noch zum Preise von 200 veräußert, so wäre der realisierte Gewinn von 100 in der Bilanz ausgewiesen. Denn die Ware mit dem Ansatz von 100 wäre auf der Aktivseite der Bilanz nicht mehr in Erscheinung getreten, statt dessen aber die Kaufpreisforderung in Höhe von 200.

Demgegenüber können bzw. müssen Wertminderungen schon vor ihrer Realisation berücksichtigt werden. Dies hat in dem sogenannten *Niederstwertprinzip* seinen Niederschlag gefunden.

Das strenge Niederstwertprinzip gilt bei der Bewertung des Umlaufvermögens und ist in § 253 Abs. 3 HGB normiert:

„Bei Vermögensgegenständen des Umlaufvermögens sind Abschreibungen vorzunehmen, um diese mit einem niedrigeren Wert anzusetzen, der sich aus einem Börsen- oder Marktpreis am Abschlußstichtag ergibt. Ist ein Börsen- oder Marktpreis nicht festzustellen und übersteigen die Anschaffungs- oder Herstellungskosten den Wert, der den Vermögensgegenständen am Abschlußstichtag beizulegen ist, so ist auf diesen Wert abzuschreiben."

Der Bilanzierende muß hiernach also unter mehreren möglichen Wertansätzen den niedrigeren ansetzen. Das bedeutet: Sind die Preise gegenüber den Anschaffungs- oder Herstellungskosten gesunken, so wird infolge der Bewertung mit dem niedrigeren Wert ein noch nicht realisierter Verlust ausgewiesen. Dieser Verlust ist auch steuerlich beachtlich. Zwar bringt die Bewertungsbestimmung des § 6 Abs. 1 Nr. 2 EStG für das Umlaufvermögen für den Steuerpflichtigen keine Pflicht zum Ansatz des niedrigeren Wertes, sondern eröffnet ihm nur die Möglichkeit dazu. Das Niederstwertprinzip des § 253 Abs. 3 HGB gilt aber kraft des Grundsatzes der Maßgeblichkeit der Handelsbilanz für die Steuerbilanz auch für das Steuerrecht.

In eingeschränkter Form gilt das Niederstwertprinzip auch für Gegenstände des Anlagevermögens (§ 253 Abs. 2 S. 3 HGB). In diesem Fall besteht keine Pflicht, sondern ein Wahlrecht zum Ansatz des niedrigeren Wertes. Bei einer voraussichtlich dauernden Wertminderung besteht aber die Pflicht zum Ansatz des niedrigeren Wertes. Die Steuerbilanz folgt auch hier dem tatsächlichen Ansatz in der Handelsbilanz.

Weitere Ausprägung des Imparitätsprinzips ist die Bildung von Rückstellungen für drohende Verluste aus schwebenden Geschäften (§ 249 Abs. 1 S. 1 HGB).[70] Durch die Bildung der Rückstellung wird ein noch nicht realisierter künftiger Verlust ausgewiesen.

Das Imparitätsprinzip hat keine weitere Tragweite, als sie in den beiden Ausprägungen des Niederstwertprinzips und der Verlustrückstellung zum Ausdruck kommt. Es betrifft nur den negativen Erfolgsbeitrag konkreter einzelner Geschäfte. Nur Einzelverluste aus eingeleiteten Geschäften, nicht

70 Vgl. dazu unten § 4 VII 2.

aber Verluste aus irgendwelchen anderen Unternehmensentscheidungen sind zu berücksichtigen.[71]

IV. Das Stichtagsprinzip

1. Die Bilanzaufstellung und die Bewertung haben auf der Grundlage der tatsächlichen Verhältnisse zu erfolgen, wie sie am Bilanzstichtag bestehen. Für die laufende Bilanzierung ist Bilanzstichtag das Ende des Geschäftsjahres.

Das Geschäftsjahr darf zwölf Monate nicht überschreiten (§ 240 Abs. 2 S. 2 HGB). In der Regel wird das Kalenderjahr als Geschäftsjahr gewählt. Das Geschäftsjahr kann aber auch kürzer als zwölf Monate sein. Ein sog. Rumpfgeschäftsjahr kommt z. B. vor, wenn das bisherige, nicht mit dem Kalenderjahr übereinstimmende Geschäftsjahr an das Kalenderjahr angepaßt wird.

Für die steuerliche Gewinnermittlung ist maßgebend das Wirtschaftsjahr. Das Wirtschaftsjahr entspricht bei Gewerbetreibenden, deren Firma im Handelsregister eingetragen ist, dem handelsrechtlichen Geschäftsjahr; die Umstellung des Wirtschaftsjahres auf einen vom Kalenderjahr abweichenden Zeitraum ist steuerlich nur wirksam, wenn sie im Einvernehmen mit dem Finanzamt vorgenommen wird (vgl. § 4 a Abs. 1 Nr. 2 EStG, § 5 Abs. 2 S. 3 KStG). Bei Gewerbetreibenden, deren Firma nicht im Handelsregister eingetragen ist, ist Wirtschaftsjahr das Kalenderjahr (§ 4 a Abs. 1 Nr. 3 EStG).

Der Gewinn des Wirtschaftsjahres gilt als in dem Kalenderjahr bezogen, in dem das Wirtschaftsjahr endet (§ 4 a Abs. 2 Nr. 2 EStG).

Das Stichtagsprinzip bedeutet, daß die tatsächlichen Verhältnisse früherer oder späterer Zeitpunkte als des Bilanzstichtages für die Bilanzierung und Bewertung grundsätzlich nicht zu berücksichtigen sind.

Als *Ausnahme von dem Stichtagsprinzip* kann § 253 Abs. 3 S. 3 HGB verstanden werden: Beim Umlaufvermögen dürfen Abschreibungen vorgenommen werden, soweit sie nach vernünftiger kaufmännischer Beurteilung notwendig sind, um zu verhindern, daß in der nächsten Zukunft der Wertansatz dieser Gegenstände aufgrund von Wertschwankungen geändert werden muß. Dieses Abwertungswahlrecht ist ein besonderer Ausfluß des Vorsichtsprinzips: Es kann über die Stichtagsbewertung hinaus künftigen Verlusten, deren Ursachen in Ereignissen erst nach dem Bilanzstichtag liegen, Rechnung getragen werden.[72]

Infolge des Bewertungsvorbehalts in § 5 Abs. 6 EStG ist diese handelsrechtliche Bewertungsbestimmung steuerlich nicht bindend. Um Zufallsergebnisse auszuschalten, darf aber auch steuerlich bei Waren, deren Preise stark schwanken, die Preisentwicklung an den internationalen Märkten etwa vier bis sechs Wochen vor und nach dem Bilanzstichtag berücksichtigt werden.[73]

71 Vgl. dazu näher Groh, StuW 1976, 32 ff.

72 Zu den Einzelheiten vgl. Adler/Düring/Schmaltz, § 253 HGB Anm. 494 ff.

73 Vgl. z. B. BFH vom 21. 1. 1964 VII 76/61 S BStBl III 1964, 226.

Die Praktizierung des Stichtagsprinzips böte keine Schwierigkeiten, wenn die Bilanzaufstellung an einem Tag, nämlich am Bilanzstichtag, erledigt werden könnte. Tatsächlich aber bedarf es für die Arbeiten zur Bilanzaufstellung eines Zeitraums von Wochen und Monaten.[74]

Nach § 243 Abs. 3 HGB ist der Abschluß innerhalb einer einem ordnungsmäßigen Geschäftsgang entsprechenden Zeit aufzustellen. Es bleibt – entgegen den Vorstellungen des Regierungsentwurfs[75] – also bei der unbestimmten Frist des § 39 Abs. 2 HGB a. F.

Teilweise wird in der Literatur[76] der Zeitraum von 6 Monaten als äußerste Grenze angesehen, die nur in besonderen Ausnahmefällen überschritten werden darf. Der BFH[77] hat zuletzt angenommen, daß jedenfalls nicht länger als 1 Jahr verstrichen sein dürfe.

Kapitalgesellschaften – mit Ausnahme der kleinen im Sinne des § 267 Abs. 1 HGB[78] – haben Jahresabschluß und Lagebericht in den ersten drei Monaten des Geschäftsjahres für das vergangene Geschäftsjahr aufzustellen (§ 264 Abs. 1 S. 2 HGB).

Die Überschreitung der Frist für die Aufstellung des Jahresabschlusses war früher steuerrechtlich insofern von Bedeutung, als die Inanspruchnahme des Verlustabzugs nach § 10 d EStG und auch vielfach Steuervergünstigungen von dem Vorliegen einer ordnungsmäßigen Buchführung abhängig waren.[79] Nachdem dieses Erfordernis entfallen ist, ist die Fristüberschreitung insbesondere für die Strafbarkeit nach § 283 ff StGB relevant. Hier wird die Fragwürdigkeit der unbestimmten Frist – in Hinsicht auf das verfassungsrechtliche Bestimmtheitsgebot[80] – besonders deutlich.

Dem Zeitpunkt, bis zu dem der Abschluß aufgestellt sein muß, kommt des weiteren eine eigene bilanzrechtliche Bedeutung zu. Er fixiert in zeitlicher Hinsicht die neueren, besseren Erkenntnisse, die noch bei der Aufstellung des Jahresabschlusses auf den Stichtag zu berücksichtigen sind.

---

74 Zu den verschiedenen Phasen der Arbeiten vgl. Rose, DB 1974, 1031 ff.

75 In § 39 Abs. 3 S. 2 HGB-E war noch eine Abschlußfrist von fünf Monaten vorgesehen.

76 Vgl. z. B. Hildebrandt in Schlegelberger, Kommentar zum HGB, 5. Aufl., § 39 Anm. 7 b; weitergehend (für eine Frist von 9–12 Monaten) Baetge/Fey/Fey in Küting/Weber, § 243 HGB Rz. 87; Budde/Kunz in Beck'scher Bilanzkommentar, § 243 HGB Anm. 92 f.

77 BFH vom 6. 12. 1983 VIII R 110/79 BStBl II 1984, 227.

78 Nach der Entscheidung des BayObLG vom 5. 3. 1987 3 Z 29/87, AG 1988, 18 müssen aber auch kleine Kapitalgesellschaften den Jahresabschluß nach Möglichkeit innerhalb von 3 Monaten aufstellen; die Frist kann durch Satzung nicht generell auf 6 Monate verlängert werden.

79 Nach BFH vom 6. 12. 1983 aaO, (Anm. 77) ist das Finanzamt auch nicht berechtigt, wegen verspäteter Bilanzaufstellung eine Schätzung vorzunehmen; a. A. FG Schleswig-Holstein vom 15. 3. 1983 V 11/83 EFG 1984 Nr. 17.

80 Vgl. dazu die Monographie von Blumers, Bilanzierungstatbestände und Bilanzierungsfristen im Handelsrecht und Steuerrecht, 1983 und dazu Meilicke, BB 1984, 893; Blumers, DB 1986, 2033.

2. Aufgrund des Umstandes, daß die Bilanz für einen bestimmten Stichtag erst Wochen und Monate später aufgestellt werden kann, ergibt sich das Problem, inwieweit neuere, bessere Kenntnisse über die zu bilanzierenden Vorgänge, die der Unternehmer nach dem Bilanzstichtag erlangt hat, Berücksichtigung finden können und müssen.[81]

Erlangt der Unternehmer nach dem Bilanzstichtag Kenntnis von ansatz- oder wertändernden Umständen, so ist diese Kenntnis bei der Bilanzaufstellung insoweit zu berücksichtigen, als die später erkannten Tatsachen schon am Bilanzstichtag vorgelegen haben. Man spricht hier von „wertaufhellenden Tatsachen".

Beispiel:[82] Der Unternehmer hat am 31. 12. eine Forderung gegenüber einem Holzhändler. Dessen Holzlager ist vor dem 31. 12. abgebrannt. Mangels Versicherung kommt es zum Konkurs und zum Ausfall der Forderung. Auch wenn der Unternehmer erst nach dem 31. 12. von dem Brand und der daraus resultierenden Zahlungsunfähigkeit Kenntnis erlangt, hat er bei der Bewertung der Forderung auf den 31. 12. die nach dem Bilanzstichtag erlangten Kenntnisse zu berücksichtigen.

„Wertaufhellende Tatsachen" zeigen lediglich an, wie sich die Verhältnisse am Bilanzstichtag tatsächlich dargestellt haben. Sie sind – gleich in welcher Richtung sie auf den Gewinn von Einfluß sind – zu berücksichtigen, weil die Bilanz die objektiven Verhältnisse am Bilanzstichtag darstellen soll.

§ 252 Abs. 1 Nr. 4 HGB schreibt im Rahmen des Prinzips vorsichtiger Bewertung die Berücksichtigung von Risiken und Verlusten vor, „selbst wenn diese erst zwischen dem Abschlußstichtag und dem Tag der Aufstellung des Jahresabschlusses bekanntgeworden sind".

Soweit sich die bessere Kenntnis auf Vorgänge bezieht, die sich nach dem Bilanzstichtag überhaupt erst ereignet und Tatsachen geschaffen haben, die am Bilanzstichtag noch nicht gegeben waren und auch nicht erwartet werden konnten, ist diese Kenntnis bei der Bilanzaufstellung nicht zu verwerten.

Beispiel: In dem obigen Fall ist der Brand des Holzlagers erst am 20. 1. geschehen. Die dadurch hervorgerufene Zahlungsunfähigkeit des Schuldners bleibt bei der Bewertung der Forderung auf den 31. 12. unberücksichtigt.

Tatsachen, die dem Unternehmer zwar bis zur Bilanzaufstellung bekannt werden, aber erst nach dem Bilanzstichtag eingetreten sind, erhellen nicht die Verhältnisse am Bilanzstichtag, sie lassen keinen Rückschluß auf die Wertverhältnisse in diesem Zeitpunkt zu. Sie haben vielmehr die objektive Situation, wie sie am Bilanzstichtag bestanden hat, verändert; es hat sich nach dem Bilanzstichtag ein Vorgang ereignet, der ein Geschäftsvorfall des neuen Jahres ist. Daß der Unternehmer bis zur Aufstellung der Bilanz von diesem Vorgang Kenntnis erlangt hat, ändert an den tatsächlichen Verhältnissen des Bilanzstichtages nichts.

---

81 Vgl. dazu aus der Literatur Niemann, StbJb 1974/75, 272 ff; Herrmann/Heuer/Raupach, § 6 EStG Anm. 174 ff mit weiteren Nachweisen.

82 Übernommen von Falterbaum/Beckmann, S. 378.

Man spricht hier von „wertbeeinflussenden Tatsachen" – im Gegensatz zu den zu verwertenden „wertaufhellenden Tatsachen". Diese Terminologie ist auch vom BFH übernommen worden.[83] Sie ist u. E. nicht besonders glücklich. Insbesondere verhindert sie die klare Grenzziehung zwischen den nachträglich erlangten Kenntnissen, die noch zu verwerten sind, und den Kenntnissen, die außer Betracht zu bleiben haben.

So nimmt man z. B. „wertaufhellende Tatsachen" auch in solchen Fällen an, in denen sich nach dem Bilanzstichtag neue Verhältnisse ergeben haben. Von praktischer Relevanz ist dies insbesondere bei den Bilanzposten, deren Ansatz und Bewertung von einer Schätzung abhängig ist, insbesondere bei der Bildung von Rückstellungen.[84]

Beispiel: Ein Unternehmer hat von seinem Schuldner mehrere Wechsel entgegengenommen und an seine Bank weitergeleitet. Wegen des Wechselobligos bildet er eine Rückstellung. Die Bilanz wird sechs Monate nach dem Bilanzstichtag aufgestellt. Bis dahin sind die Wechsel von dem Bezogenen eingelöst worden.

Die Rechtsprechung des BFH hält hier den Ansatz einer Rückstellung für das Wechselobligo nicht für zulässig,[85] da die Entwicklung bis zur Bilanzaufstellung gezeigt habe, daß die Notwendigkeit zur Bildung einer Rückstellung nicht bestanden habe. Tatsächlich berücksichtigt der BFH hier bei der Darstellung der Verhältnisse des Bilanzstichtages Tatsachen, die erst nach dem Bilanzstichtag eingetreten sind und nachträglich die Verhältnisse des Bilanzstichtages verändert haben. Denn die Rückstellung ist zu bilden wegen der Gefahr der Inanspruchnahme aus den Wechseln, wie sie auf Grund der Verhältnisse des Bilanzstichtages besteht. Wenn die Wechsel nach dem Bilanzstichtag vom Bezogenen eingelöst werden, so bedeutet dies nicht, daß die Gefahr der Inanspruchnahme am Bilanzstichtag nicht bestanden hätte, sondern nur, daß die Gefahr in Zukunft nicht mehr besteht.

Es stellt u. E. eine Verletzung des Stichtagsprinzips dar, wenn die Bilanzierung und Bewertung durch Vorgänge beeinflußt wird, die erst nach dem Bilanzstichtag eintreten und am Bilanzstichtag nicht vorherzusehen waren.[86]

---

83 Vgl. BFH vom 4. 4. 1973 I R 130/71 BStBl II 1973, 485.

84 Zu den Rückstellungen vgl. unten § 4 V 5.

85 BFH vom 27. 4. 1965 I 324/62 S BStBl III 1965, 409; BFH vom 4. 4. 1973 aaO, (Anm. 83).

86 Ebenso insbesondere Niemann, StbJb 1974/75, 272 ff; vgl. auch Herrmann/Heuer/Raupach, § 6 EStG Anm. 183 m. w. N.

V. Nichtigkeit, Berichtigung und Änderung der Bilanz

1. Als Ausgangsgröße für die steuerliche Gewinnermittlung kommt nur eine wirksame Handelsbilanz in Frage. Die Handelsbilanz muß zunächst *formell* wirksam sein. Es muß also den Formvorschriften Genüge getan sein, die das Handelsrecht vorschreibt (§§ 245 HGB, 316 HGB; § 46 Nr. 1 GmbHG, §§ 172, 173 AktG).

Die Bilanz kann, auch wenn sie formell wirksam ist, dennoch nichtig sein, wenn sie gegen zwingende materielle handelsrechtliche Vorschriften verstößt. Im Einzelfall kommt es freilich auf das Gewicht des Verstoßes an. So ist die Bilanz – vom Sonderfall der Bilanz der Aktiengesellschaft abgesehen – nicht schon in jedem Fall der Überschreitung der Höchstbewertungsvorschriften nichtig. Insbesondere dann, wenn die Bewertung in irgendeiner Weise von einer Schätzung (z. B. Bemessung der Nutzungsdauer des Wirtschaftsgutes bei Abschreibungen usw.) abhängt, führt das Vergreifen in der Schätzung nicht automatisch zur Nichtigkeit der Bilanz, sondern nur dann, wenn die Bilanz als eine – wie es das Reichsgericht[87] formuliert hat – willkürliche erscheint, wenn die Überbewertung mit den Worten Brodmanns[88] „geradezu phantastisch" wird.[89] Später hat das Reichsgericht formuliert, Nichtigkeit der Bilanz liege vor, „wenn die Aktiven in kaufmännisch nicht zu rechtfertigender Weise erheblich überbewertet"[90] sind, wenn die Aktivposten willkürlich oder „nach kaufmännischen Grundsätzen nicht mehr vertretbar überbewertet sind".[91]

Die Nichtigkeit des Jahresabschlusses von Aktiengesellschaften ist in § 256 AktG eingehend geregelt. Hervorzuheben sind die Nichtigkeitsgründe nach Abs. 1 Nr. 1 und nach Abs. 5: Der Jahresabschluß ist nichtig, wenn er durch seinen Inhalt Vorschriften verletzt, die ausschließlich oder überwiegend zum Schutz der Gläubiger der Gesellschaft oder sonst im öffentlichen Interesse gegeben sind (§ 256 Abs. 1 Nr. 1 AktG). Das ist insbesondere bei der Verletzung des § 57 AktG der Fall.[92]

Nach § 256 Abs. 5 AktG ist der Jahresabschluß der AG wegen Verstoßes gegen Bewertungsvorschriften nur nichtig, wenn

a) Posten überbewertet oder

b) Posten unterbewertet sind und dadurch die Vermögens- und Ertragslage der Gesellschaft vorsätzlich unrichtig wiedergegeben oder verschleiert wird.

---

87 RG vom 15. 10. 1909 II 717/08 RGZ 72, 33 ff, 38.

88 Brodmann, Aktienrecht, 1928, § 261 HGB Anm. 2c.

89 Dem RG und Brodmann folgend: RFH vom 11. 2. 1930 I A 807/28 StuW 1930 Nr. 557; vgl. des weiteren RFH vom 28. 7. 1936 I A 216/35 StuW 1936 Nr. 426.

90 RG vom 9. 1. 1931 II 158/30 RGZ 131, 141 ff, 143.

91 RG vom 25. 1. 1939 II 94/38 RGZ 159, 321 ff, 336.

92 Verdeckte Gewinnausschüttungen einer Aktiengesellschaft können also zur Nichtigkeit der Bilanz führen, wenn der Rückgewähranspruch nicht aktiviert wird. Zur Aktivierung des Rückgewähranspruchs vgl. unten § 19 I 3e, cc.

Zu beachten ist allerdings, daß die nach § 256 Abs. 1 Nr. 1 und Abs. 5 AktG begründete Nichtigkeit nicht mehr geltend gemacht werden kann, wenn seit der Bekanntmachung des Jahresabschlusses im Bundesanzeiger drei Jahre verstrichen sind (§ 256 Abs. 6 AktG). Ist die Nichtigkeit der Bilanz geheilt, so kann die Bilanz dann auch der Besteuerung zugrunde gelegt werden.[93]

Ist die Handelsbilanz nichtig, so kommt sie insgesamt als Ausgangsgröße für die steuerliche Gewinnermittlung nicht in Frage. Es ist nicht möglich, daß das Finanzamt etwa nur den Posten ignoriert, der zur Nichtigkeit geführt hat, und im übrigen den Rest der *nichtigen* Bilanz der Besteuerung zugrunde legt.[94] Der Steuerpflichtige hat vielmehr eine neue gültige Bilanz zu erstellen.[95]

2. Hinsichtlich der Frage, inwieweit eine dem Finanzamt eingereichte gültige Bilanz noch geändert werden kann, sind die Fälle der *Bilanzberichtigung* und der *Bilanzänderung* zu unterscheiden:

Die *Bilanzberichtigung* besteht in der Beseitigung eines unrichtigen Bilanzansatzes. Die Unrichtigkeit kann auf einem Verstoß gegen die handelsrechtlichen Grundsätze ordnungsmäßiger Buchführung oder gegen die steuerrechtlichen Bestimmungen beruhen. Die Bilanzberichtigung ist nach § 4 Abs. 2 S. 1 EStG auch nach der Einreichung der Bilanz beim Finanzamt möglich, darüber hinaus auch geboten. Im übrigen hat das Finanzamt von Amts wegen die Berichtigung durchzuführen (vgl. § 88 AO).

Vielfach wird der Fehler erst einige Zeit nach der Aufstellung der Bilanz aufgedeckt. Der Fehler kann dann schon – wegen des Grundsatzes der Identität von Schlußbilanz und Anfangsbilanz des Folgejahres[96] – die Bilanzen der späteren Jahre beeinflußt haben, mit der Konsequenz, daß auch diese unrichtig sind und der Berichtigung bedürfen. Daraus ergeben sich gewisse Schwierigkeiten und Probleme.

Nach der Rechtsprechung des BFH[97] sind der Berichtigung der im Zeitpunkt der Aufdeckung des Fehlers schon vorliegenden Bilanzen Schranken gesetzt: Die Berichtigung eines unrichtigen Bilanzansatzes in einer Anfangsbilanz ist nicht zulässig, wenn diese als Schlußbilanz der Veranlagung eines früheren Jahres zugrunde gelegen hat, die nicht mehr berichtigt werden

93 Zu der Frage, ob die Frist zur Heilung durch Satzung verlängert werden kann, und zu den Konsequenzen, vgl. die 2. Aufl. § 20a III 3.

94 Vgl. allerdings zu der Praxis des RFH den Überblick bei Bühler/Scherpf, § 8 V 1.

95 Bei Erstellung der neuen Bilanz ist der Unternehmer nicht an die Ansätze in der alten nichtigen Bilanz gebunden.

96 Vgl. oben § 3 III 3a.

97 BFH vom 29. 11. 1965 GrS 1/65 S BStBl III 1966, 142; BFH vom 21. 6. 1972 I R 189/69 BStBl II 1972, 874; BFH vom 23. 7. 1975 I R 210/73 BStBl II 1976, 180; BFH vom 21. 10. 1976 IV R 222/72 BStBl II 1977, 148; vgl. zur Rechtsprechung näher Woerner, DStR 1976, 624 ff und Mathiak in Kirchhof/Söhn, § 5 EStG Rz. A 227 ff. Abschn. 15 Abs. 1 EStR folgt der BFH-Rechtsprechung.

darf, oder wenn der sich bei einer Berichtigung dieser Bilanz ergebende höhere Steueranspruch verjährt wäre. Die Anfangsbilanz eines Jahres soll danach mit der vorausgehenden Schlußbilanz in der Gestalt, in der diese der – nicht mehr änderbaren – Veranlagung des Vorjahres zugrunde gelegen hat („Veranlagungsbilanz"), identisch sein müssen (sog. *formeller Bilanzzusammenhang*). Der unrichtige Bilanzansatz ist dann grundsätzlich in der Schlußbilanz des ersten Jahres, dessen Veranlagung geändert werden kann, erfolgswirksam zu berichtigen. Die Rechtsprechung wirkt sich, je nachdem, ob eine Minderung oder eine Erhöhung des Gewinns nachgeholt wird, für oder gegen den Steuerpflichtigen aus.

Beispiel: In Jahr 1 ist eine Forderung von 20 000 DM zu Unrecht nicht aktiviert worden. Die Änderung der Veranlagung für Jahr 1 ist nicht mehr möglich. In Jahr 3 wird der Fehler aufgedeckt. Die Bilanzen von der Schlußbilanz des Jahres 1 bis zur Anfangsbilanz des Jahres 3 sind unrichtig. Nach dem BFH ist eine Berichtigung aber erst in der Schlußbilanz von Jahr 2 möglich, da die Anfangsbilanz von Jahr 2 mit der der – nicht änderbaren – Veranlagung von Jahr 1 zugrunde liegenden Schlußbilanz von Jahr 1 identisch sein soll.

Der Auffassung des BFH vom formellen Bilanzzusammenhang ist nicht zu folgen.[98] In dem Beispielsfall wird in Jahr 2 ein Gewinn besteuert, der in diesem Jahr nicht entstanden ist. Der Fehler aus Jahr 1 wird – indem für Jahr 2 von einer unrichtigen Anfangsbilanz ausgegangen wird – durch einen entgegengesetzten Fehler in Jahr 2 „ausgeglichen". Dieses Verfahren verstößt gegen die Abschnittsbesteuerung und setzt sich über die Bestandskraft der Veranlagung von Jahr 1 oder über die Verjährung von Steueransprüchen hinweg. U. E. ist der Fehler immer an der Fehlerquelle, im Beispielsfall also in der Schlußbilanz von Jahr 1, zu berichtigen – mit den entsprechenden Richtigstellungen in den Folgebilanzen (materieller Bilanzzusammenhang).

Die Rechtsprechung ist auch insofern nicht überzeugend, als sie Durchbrechungen des formellen Bilanzzusammenhangs zuläßt, nämlich für den Fall, daß der Steuerpflichtige mit seiner unrichtigen Bilanzierung gegen Treu und Glauben verstoßen, z. B. in Verlustjahren bewußt Abschreibungen unterlassen hat, um sie in späteren Gewinnjahren nachholen zu können. Hier kann auch nach der Rechtsprechung die Anfangsbilanz des ersten Jahres berichtigt werden, in dem sich die Berichtigung auf die Veranlagung auswirken kann.[99]

---

98 Gegen die Rechtsprechung vgl. z. B. Littmann, DB 1961, 1271, DB 1962, 813; Niemann, FR 1963, 579; Söffing, DB 1969, 185; Charlier, StbJb 1977/78, 387 ff; Stadie, StuW 1985, 101 ff mit weiteren Nachweisen. Vgl. ferner Institut Finanzen und Steuern, Brief Nr. 237, 1984 mit zahlreichen Nachweisen: Nach Ansicht des Instituts verstößt die Lehre vom Bilanzzusammenhang gegen Art. 3 GG. Sie bewirke, daß bei bilanzierenden Steuerpflichtigen zeitlich unbeschränkt Steuernachforderungen möglich sind.
Der Rechtsprechung folgen dagegen z. B. Herrmann/Heuer/Raupach, § 4 EStG Anm. 77 c; Schmidt/Heinicke, § 4 EStG Anm. 139 c.

99 RFH vom 19. 12. 1939 I 54/39 RStBl 1940, 603; BFH vom 3. 7. 1956 BStBl III 1956, 250.

Für den Sonderfall, daß in Jahr 1 die *Entnahme* eines Wirtschaftsguts erfolgt und gleichwohl das Wirtschaftsgut in der Schlußbilanz noch ausgewiesen ist, hält die Rechtsprechung[100] an dem formellen Bilanzzusammenhang fest. Sie kommt aber aufgrund des Stornierungsgedankens dazu, daß das entnommene Wirtschaftsgut in der Schlußbilanz des ersten Jahres, für das noch keine bestandskräftige Veranlagung vorliegt, erfolgsneutral auszubuchen ist. Das ist genau das Ergebnis, das sich bei Befolgung des materiellen Bilanzzusammenhangs von selbst versteht.

3. Bei der *Bilanzänderung* geht es um den Ersatz eines gewählten zulässigen Bilanzansatzes durch einen anderen. Die Bilanzänderung setzt voraus, daß sowohl handelsrechtlich als auch steuerrechtlich ein Spielraum für den Bilanzansatz besteht, also z. B. Bilanzierungs- oder Bewertungswahlrechte bestehen. Die Bilanzänderung ist nach Einreichung der Bilanz beim Finanzamt nur mit Zustimmung des Finanzamtes zulässig (§ 4 Abs. 2 S. 2 EStG). Der Antrag auf Bilanzänderung kann so lange gestellt werden, wie der Steuerbescheid nicht rechtskräftig ist. Auch im Rechtsmittelverfahren ist heute das Finanzamt für die Erteilung dieser Zustimmung zuständig.

Der Wunsch des Steuerpflichtigen nach Vornahme einer Bilanzänderung kann darauf beruhen, daß die vorgenommene Bewertung eines Wirtschaftsguts, auch wenn sie nicht den Grundsätzen ordnungsmäßiger Buchführung widerspricht, auf eine wirtschaftliche Fehleinschätzung zurückzuführen ist, daß sich die Geschäftslage von der Liquidität zur Kreditbedürftigkeit verschoben hat, daß der Gewinn, von dem das Finanzamt ausgehen will, gegenüber dem der Steuererklärung wesentlich höher liegt.[101]

Beispiel:[102] Bei der Aufstellung des Jahresabschlusses ergibt sich ein vorläufiger Gewinn von 20 000. Der Steuerpflichtige entschließt sich deshalb, von der Möglichkeit der sofortigen Absetzung der geringwertigen Wirtschaftsgüter (§ 6 Abs. 2 EStG) mit einem Anschaffungswert von 30 000 keinen Gebrauch zu machen. Bei der später durchgeführten Betriebsprüfung ergibt sich ein Mehrgewinn von 100 000. Der Steuerpflichtige möchte nunmehr von der Möglichkeit der sofortigen Absetzung der geringwertigen Wirtschaftsgüter Gebrauch machen.

Die Bilanzänderung bezieht sich nur auf die Bilanzansätze. Es können auf diese Weise nicht auch Geschäftsvorgänge rückgängig gemacht werden.[103]

Beispiel:[104] Der Steuerpflichtige hat zum Preis von 10 000 Wertpapiere angeschafft und sie als Betriebsvermögen in der Bilanz ausgewiesen. Nachdem der Kurswert der Papiere erheblich gestiegen ist, beantragt der Steuerpflichtige, sie von Anfang an als Privatvermögen zu behandeln und den Ansatz in der Bilanz zu streichen. Das ist nicht

---

100 BFH vom 21. 6. 1972; BFH vom 23. 7. 1975; BFH vom 21. 10. 1976 (alle aaO, Anm. 97); vgl. dazu Woerner aaO, (Anm. 97). Wie die Rechtsprechung: Abschn. 15 Abs. 1 S. 9 EStR.

101 Vgl. BFH vom 29. 1. 1952 I 103/51 BStBl III 1952, 57. Vgl. dazu näher Ludewig, DB 1986, 133.

102 Übernommen von Falterbaum/Beckmann, S. 678.

103 BFH vom 5. 11. 1953 IV 38/53 U BStBl III 1954, 4.

104 Beispiel aus Falterbaum/Beckmann, S. 677.

möglich. Die Wertpapiere können nicht rückwirkend als Privatvermögen angesehen werden, sondern nur durch eine – mit dem höheren Teilwert zu bewertende – Entnahme in das Privatvermögen überführt werden.

Eine Rückgängigmachung von Geschäftsvorfällen mit steuerlicher Wirkung wird von der Rechtsprechung nur ausnahmsweise zugelassen: Es muß der Zusammenhang der geschäftlichen Maßnahme mit einem Irrtum über die steuerlichen Folgen klar nachgewiesen und jede Manipulation ausgeschlossen sein; auch darf sich die Maßnahme steuerlich nicht bereits anderweitig ausgewirkt haben.[105]

Die Entscheidung über die Zustimmung zur Bilanzänderung ist in das pflichtgemäße Ermessen des Finanzamtes gestellt.

Aufgrund des Maßgeblichkeitsgrundsatzes wird die Bilanzänderung steuerlich nur unter der Voraussetzung beachtet, daß auch die Handelsbilanz entsprechend geändert wird. Bei Einzelgewerbetreibenden und Personengesellschaften ist dies nicht weiter problematisch, zumal hier vielfach nur eine Einheitsbilanz aufgestellt wird.[106] Bei den Kapitalgesellschaften hingegen kann die Änderung der Handelsbilanz Schwierigkeiten machen, weil auch bei einer Bilanzänderung die für die Aufstellung und Feststellung der Handelsbilanz maßgeblichen Vorschriften beachtet werden müssen.[107]

4. Besonders gelagert ist der Fall, daß der Kaufmann „subjektiv-richtig" bilanziert, sich also an die Grundsätze ordnungsmäßiger Buchführung gehalten hat, und gleichwohl der Bilanzansatz objektiv unrichtig ist. Hier besteht nach herrschender Meinung keine Möglichkeit der Bilanzberichtigung.[108] Auch eine Bilanzänderung soll nicht in Frage kommen, weil kein Bilanzierungswahlrecht bestanden habe. Dem ist nicht zu folgen. Der Steuerpflichtige kann nicht gehindert werden, eine neue Bilanz aufzustellen, die die objektive Unrichtigkeit der alten Bilanz korrigiert. Wenn man dafür überhaupt die Zustimmung des Finanzamtes für erforderlich hält, so hat das Finanzamt sie jedenfalls in Ausübung des pflichtgemäßen Ermessens regelmäßig zu erteilen.[109]

105 BFH vom 22. 6. 1967 I 192/64 BStBl II 1968, 4.

106 Vgl. dazu oben § 2 I.

107 Vgl. zu den Fällen, in denen ausnahmsweise eine Änderung der Steuerbilanz auch ohne Änderung der Handelsbilanz zugelassen wurde, Bühler/Scherpf, § 8 IV 3.

108 Vgl. BFH vom 11. 10. 1960 I 56/60 U, BStBl III 1961, 3.

109 Vgl. i.e. Flume, DB 1981, 2505 f.

§ 4
Die Positionen der Bilanz

I. Überblick über die Aktiv- und Passivseite der Bilanz

Auf der Aktivseite der Bilanz werden zunächst die bilanzierbaren Vermögensgegenstände des Unternehmens ausgewiesen. Die Aktivseite der Bilanz zeigt, in welcher konkreten Form die dem Unternehmer zur Verfügung stehenden Mittel, die als Eigen- oder Fremdkapital auf der Passivseite bilanziert werden, angelegt worden sind.

Auf der Aktivseite sind das Anlagevermögen und das Umlaufvermögen gesondert auszuweisen (§ 247 Abs. 1 HGB). Die Unterscheidung ist insbesondere in Hinsicht auf die Unterschiedlichkeit der Bewertung wichtig. Zu dem Anlagevermögen gehören die Vermögensgegenstände, die dem Betrieb auf eine längere Dauer zu dienen bestimmt sind. Das Umlaufvermögen besteht aus den Vermögensgegenständen, die zur Be- und Verarbeitung sowie zum Umsatz bestimmt sind.

Das *Anlagevermögen* läßt sich in drei Gruppen untergliedern:[1]

1. Sachanlagen; dazu gehören insbesondere Grund und Boden, Gebäude, Maschinen, Betriebs- und Geschäftsausstattung,
2. immaterielles Anlagevermögen (Konzessionen, gewerbliche Schutzrechte und ähnliche Rechte sowie Lizenzen an solchen Rechten),
3. Finanzanlagevermögen.

Das *Umlaufvermögen* besteht aus folgenden Gruppen von Bilanzpositionen:

1. Vorräte (Roh-, Hilfs- und Betriebsstoffe; unfertige Erzeugnisse, fertige Erzeugnisse, Waren),
2. Zahlungsmittel (Kasse, Bank- und Postscheckguthaben),
3. Forderungen und sonstige Vermögensgegenstände,
4. Wertpapiere, die nicht zum Anlagevermögen gehören, sondern nur kurzfristig als Liquiditätsreserve gehalten werden.

Neben den Vermögensgegenständen werden auf der Aktivseite die folgenden

---

1 In Anlehnung an die Gliederungsvorschriften für die Bilanz von Kapitalgesellschaften in § 266 HGB. Die gesetzlichen Gliederungsvorschriften sind zwar für die in einer anderen Rechtsform geführten Unternehmen nicht in jedem Detail verbindlich, enthalten jedoch die allgemeinen Gliederungsprinzipien für jede Bilanz, die dem Grundsatz der Bilanzklarheit entsprechen soll. Nach der ursprünglichen Konzeption des BiRiLiG-E (vgl. dazu und zur Änderung oben § 3 I 1.) war die Grundstruktur der Bilanz denn auch in dem für alle Unternehmen vorgesehenen § 239 Abs. 2 HGB-E enthalten.
Zur Abgrenzung von Anlagevermögen und Umlaufvermögen vgl. i. e. Herrmann/Heuer/Raupach, § 5 EStG Anm. 56d; Richter in HdJ II/1 Rz. 4 ff.

Posten ausgewiesen, die keine Vermögensgegenstände verkörpern: Bilanzierungshilfen, aktive Rechnungsabgrenzungsposten und schließlich der Verlust als Saldo zum Ausgleich der Bilanzsumme von Aktiv- und Passivseite.

Auf der Passivseite wird das Kapital, das ist die Summe aller vom Unternehmer bzw. von den Gesellschaftern und Dritten dem Unternehmen zur Verfügung gestellten Mittel, ausgewiesen. Herkömmlicherweise wird das Kapital in das Eigenkapital und in das Fremdkapital unterteilt. Als Eigenkapital bezeichnet man denjenigen Teil des Gesamtkapitals, der dem Unternehmer bzw. den Gesellschaftern zusteht und in den Bilanzpositionen Kapital und Rücklagen ausgewiesen wird. Unter dem Begriff Fremdkapital werden die Verbindlichkeiten und Rückstellungen zusammengefaßt. Materiell ist Fremdkapital die Summe aller im Konkurs des Unternehmers oder der Gesellschaft zu berücksichtigenden Vermögensansprüche.[2]

Des weiteren weist die Passivseite den steuerlich veranlaßten Sonderposten mit Rücklageanteil (§ 247 Abs. 3, § 273 HGB), die der Periodenabgrenzung dienenden passiven Rechnungsabgrenzungsposten und die formale Position „Bilanzgewinn" aus. Kapital, Rücklagen und Bilanzgewinn stellen das Reinvermögen dar. Sie sind reine Rechnungsposten, die sich aus der Bilanzgleichung Aktiva – Schulden = Reinvermögen ergeben.

II. Betriebsvermögen – Privatvermögen

1. Ursprünglich hatte der Kaufmann in der Handelsbilanz sein gesamtes Vermögen auszuweisen.[3] Die Entwicklung ist darüber hinweggegangen. Auch in die Handelsbilanz wird heute üblicherweise nur das Geschäftsvermögen des Kaufmanns aufgenommen.[4] Für Personenunternehmen, die dem Publizitätsgesetz unterliegen, bringt § 5 Abs. 4 Publizitätsgesetz ein Verbot des Ausweises des Privatvermögens.[5]

Für die steuerliche Gewinnermittlung ist nur das *Betriebsvermögen* zu berücksichtigen. In dem für steuerliche Zwecke erforderlichen Inventar und in der Bilanz darf also das Privatvermögen des Unternehmers nicht erscheinen.

Die Abgrenzung von Betriebsvermögen und Privatvermögen ist für die Einkommensbesteuerung von grundlegender Bedeutung. Infolge der unterschiedlichen Ermittlung der Einkünfte bei den einzelnen Einkunftsarten[6] sind realisierte und

---

2 Zu den Konsequenzen dieses materiellen Inhaltes des Fremdkapitals auf den bilanzmäßigen Ausweis von Verbindlichkeiten, die im Konkurs nicht zu berücksichtigen sind, vgl. Knobbe-Keuk, ZIP 1983, 127 ff und unten § 4 V 3.

3 Vgl. i. e. den Überblick bei Staub, Kommentar zum HGB, 12. u. 13. Aufl. 1926, § 38 Anm. 5a und Brezing in HdJ I/4 Rz. 39 ff mit weiteren Nachweisen.

4 Vgl. Großfeld, Bilanzrecht, 1978, S. 55.

5 Dazu Biener, WPg 1972, 1 ff.

6 Vgl. dazu kritisch Tipke/Lang, § 9 F I 2 S. 233 ff und Tipke, Festschrift Paulick,

nicht realisierte Wertveränderungen im Bereich des Privatvermögens einkommensteuerrechtlich[7] grundsätzlich irrelevant. Gehört ein Wirtschaftsgut hingegen zum Betriebsvermögen, so sind realisierte und nicht realisierte[8] Wertverluste und realisierte[9] Wertsteigerungen steuerlich zu berücksichtigen. Im übrigen setzen auch vielfach steuerliche Vergünstigungen, z. B. in Form von Sonderabschreibungen, sowie die Gewährung von Investitionszulagen die Zugehörigkeit des Wirtschaftsguts zu einem Betriebsvermögen voraus.[10]

2. Zum Betriebsvermögen gehören alle Vermögensgegenstände, die dem Betrieb zu dienen bestimmt sind. Herkömmlicherweise unterscheidet man zwischen dem notwendigen Betriebsvermögen und dem gewillkürten Betriebsvermögen.[11] Notwendiges und gewillkürtes Betriebsvermögen werden dem notwendigen Privatvermögen gegenübergestellt.[12]

Zum *notwendigen Betriebsvermögen* gehören die Wirtschaftsgüter, „die dem Betrieb dergestalt unmittelbar dienen, daß sie objektiv erkennbar zum unmittelbaren Einsatz im Betrieb selbst bestimmt sind".[13]

Notwendiges Privatvermögen sind die Gegenstände, die in keiner Beziehung zum Betrieb stehen können, sondern privaten Zwecken, d. h. der privaten Lebensführung des Steuerpflichtigen oder seiner Angehörigen, dienen.[14]

Wirtschaftsgüter, die weder notwendiges Betriebsvermögen noch notwendiges Privatvermögen sind, können durch den Widmungsakt des Ausweises in den Büchern Betriebsvermögen werden (*gewillkürtes Betriebsvermögen*). Es geht zum einen um solche Wirtschaftsgüter, deren endgültiger Einsatz im Betrieb noch fraglich ist.[15]

1973, S. 391 ff, Die dualistische Einkünfteermittlung nach dem Einkommensteuergesetz, Entstehung, Motivation und Berechtigung.

7 Ausnahmsweise werden Veräußerungsgewinne, die im Bereich des Privatvermögens erzielt worden sind, unter den Voraussetzungen der §§ 17, 23 EStG erfaßt.

8 Zum Imparitätsprinzip vgl. oben § 3 III 4 c.

9 Zu den gesetzlichen Ersatzrealisierungstatbeständen vgl. unten § 7 II.

10 Es ist freilich sehr die Frage, ob es sinnvoll ist, Förderungsmaßnahmen überhaupt an eine bestimmte Einkunftsart anzuknüpfen.

11 Zum Betriebsvermögen bei Personengesellschaften und ihren Gesellschaftern vgl. unten § 10 I; § 11 II.

12 Zu der Abgrenzung als solcher und zu Einzelfragen vgl. die Abhandlungen von Woerner, StbJb 1974/75, 321 ff; BB 1976, 220 ff; StbJb 1978/79, 201 ff. Zum Stand der neueren Diskussion vgl. weiter unten im Text.

13 Z. B. BFH vom 23. 7. 1975 I R 6/73 BStBl II 1976, 179. In der Entscheidung vom 11. 11. 1987 (I R 7/84 BStBl II 1988, 424) hat der BFH angenommen, daß ein zur Rettung einer betrieblichen Forderung ersteigertes Grundstück auch dann Betriebsvermögen werde, wenn es nicht zum Einsatz im Betrieb bestimmt ist. Die Entscheidung ist zweifelhaft.

14 Vgl. die umfangreiche Kasuistik bei Plückebaum in Kirchhof/Söhn, § 4 EStG Rz. B 100 ff und bei Nieland in Littmann/Bitz/Meincke, §§ 4, 5 EStG Rz. 186.

15 Woerner, StbJb 1974/75, 321 (330).

Beispiel: Ein unbebautes Grundstück. Das Grundstück kann eines Tages zur Erweiterung des Betriebs benötigt werden; es kann auch lediglich Gegenstand der Vermögensanlage sein.[16]

Zum anderen können auch Wirtschaftsgüter mit neutraler Zweckbestimmung (z. B. Mietwohngrundstücke) durch den Ausweis in den Büchern (gewillkürtes) Betriebsvermögen werden.

Beim notwendigen Betriebsvermögen ergibt sich die Pflicht zum Ausweis des Vermögensgegenstandes aus dessen Funktion im Betrieb. Beim gewillkürten Betriebsvermögen wird nach der bisherigen Sicht durch den Ausweis in den Büchern die Eigenschaft als Betriebsvermögen überhaupt erst begründet.

Ob und unter welchen Voraussetzungen der *Bildung gewillkürten Betriebsvermögens* Schranken gesetzt sind, ist in den letzten Jahren eingehend diskutiert worden. Die verbreitete Skepsis gegenüber der völligen Freigabe der Bildung gewillkürten Betriebsvermögens beruht auf der Furcht, die Steuerpflichtigen könnten auf diese Weise Verluste im Privatvermögen beliebig in das Betriebsvermögen verlagern und auf diese Weise steuerlich zur Geltung bringen.[17] Um dieser Gefahr zu begegnen, hat die Rechtsprechung die Bildung gewillkürten Betriebsvermögens bislang an die Voraussetzung geknüpft, daß die betreffenden Wirtschaftsgüter in einem gewissen objektiven Zusammenhang mit dem Betrieb stehen und diesen objektiv zu fördern geeignet sein müssen.

Jedoch hat der BFH[18] selbst Zweifel anklingen lassen, ob dem Merkmal des „gewissen objektiven Zusammenhangs" ein Nutzwert beikommt, und Woerner[19] hat die Frage aufgeworfen, ob dieses Merkmal nicht eine bloße Leerformel sei, auf die man besser verzichten sollte.

3. In der neueren Diskussion ist die bisherige Unterteilung des Betriebsvermögens in notwendiges und gewillkürtes Betriebsvermögen zu Recht verworfen worden.[20] Dem Gesetz ist diese Differenzierung fremd; nach dem Gesetz ist nur zwischen Betriebsvermögen und Privatvermögen zu unterscheiden. Die Zugehörigkeit eines Wirtschaftsguts zum Betriebsvermögen ist keine Frage, wenn es unmittelbar im Betrieb eingesetzt wird oder zum unmittelbaren Einsatz im Betrieb bestimmt ist. In diesen Fällen ist evident, daß das Wirtschaftsgut dem Betrieb zu dienen bestimmt ist. Im übrigen ist für die Entscheidung über die Zugehörigkeit eines Wirtschaftsguts zum Betriebsvermögen – entsprechend der Abgrenzung der Betriebsausgaben (§ 4 Abs. 4 EStG) – maßgebend, ob die Einlage, Anschaffung oder Herstellung

16 Vgl. den Fall aus BFH vom 30. 4. 1975 I R 111/73 BStBl II 1975, 582.

17 Diesen Befürchtungen kann durch die Anwendung insbesondere der Bewertungsbestimmungen für Einlagen und der Entnahmeregeln hinreichend begegnet werden (vgl. die Beispiele bei Keuk-Knobbe, StuW 1976, 211 ff, 212).

18 Siehe Anm. 16.

19 Woerner, StbJb 1974/75, 321 ff, 338 f; BB 1976, 221.

20 Vgl. zuerst Wassermeyer, JDStJG 1979, 315 ff; zustimmend Uelner, Steuerberaterkongreßreport 1981, 47, 54 ff; Schmidt/Heinicke, § 4 EStG Anm. 26.

des Wirtschaftsguts *betrieblich veranlaßt* ist.[21] Das bedeutet: Das auslösende Moment für die Einlage, Anschaffung oder Herstellung des Wirtschaftsguts muß im Betrieb liegen; es muß ein wirtschaftlicher Zusammenhang zwischen dem Wirtschaftsgut und dem betrieblichen Organismus bestehen.[22] Allein die Entscheidung des Betriebsinhabers kann die Eigenschaft eines Wirtschaftsguts als Betriebsvermögen nicht begründen. Dem Ausweis eines Wirtschaftsguts in der Bilanz kommt keine konstitutive Bedeutung zu, sondern nur die eines – im Rahmen einer umfassenden Sachverhaltswürdigung zu berücksichtigenden – Indizes für die betriebliche Veranlassung.[23]

Auch nach der Aufgabe der bisherigen Unterscheidung zwischen notwendigem und gewillkürtem Betriebsvermögen und der vor allem Wassermeyer zu verdankenden theoretischen Klärung wird in der praktischen Anwendung natürlich die Problematik der Abgrenzung zwischen dem (bisherigen gewillkürten) Betriebsvermögen und dem Privatvermögen nicht völlig vom Tisch sein.[24] Nicht zum Betriebsvermögen jedenfalls gehören die Wirtschaftsgüter, die der privaten Lebensführung oder sonstigen nichtbetrieblichen Zwekken zu dienen bestimmt sind.

4. Dient ein Wirtschaftsgut *sowohl privaten als auch betrieblichen Zwecken* (z.B. Geschäftswagen, der auch privat genutzt wird), so kann das Wirtschaftsgut selbst grundsätzlich nicht in einen privaten und einen betrieblichen Teil zerlegt werden, sondern wird einheitlich entweder als Betriebsvermögen oder als Privatvermögen behandelt.[25] Wird das Wirtschaftsgut zu mehr als 50% betrieblich genutzt, wird es in vollem Umfang zum (notwendigen) Betriebsvermögen gerechnet.[26] Überwiegt die private Nutzung, kann das Wirtschaftsgut durch die Widmung des Unternehmers (gewillkürtes) Betriebsvermögen werden, vorausgesetzt, daß die betriebliche Nutzung *nicht unbedeutend* ist. Ist die betriebliche Nutzung unbedeutend, so wird das Wirtschaftsgut zum Privatvermögen gerechnet. Das nimmt man bei einer betrieblichen Nutzung von weniger als 10% an.[27] Gehört das Wirtschaftsgut zum Betriebsvermögen, so sind allerdings die laufenden Aufwendungen einschließlich der AfA, soweit sie der privaten Nutzung zuzurechnen sind, als

21 Wassermeyer aaO, (Anm. 20), 321 ff. Auch der BFH hat die Betriebsvermögenseigenschaft bisweilen mit Veranlassungsgesichtspunkten begründet, vgl. BFH vom 23. 7. 1975 I R 6/73 BStBl II 1976, 179; BFH vom 11. 3. 1976 IV R 185/71 BStBl II 1976, 380; BFH vom 3. 8. 1977 I R 41/76 BStBl II 1978, 53.

22 Wassermeyer aaO, 322 ff; Uelner aaO, 55 (beide Anm. 20).

23 Plückebaum in Kirchhof/Söhn, § 4 EStG Rz. B 18 ff, B 90 ff erhebt sowohl gegenüber dem Veranlassungsprinzip als auch gegenüber der Betonung des Willensaktes bei der Begründung von Betriebsvermögen Bedenken. Insbesondere unter Berufung auf § 18 Abs. 3 EStG will er den Umfang des Betriebsvermögens nach dem „final/funktionalen Dienen“ festlegen.

24 Vgl. dazu i.e. Schmidt/Heinicke, § 4 EStG Anm. 22 ff mit Nachweisen.

25 Vgl. dazu i.e. – auch kritisch – und mit Nachweisen Schmidt/Heinicke, § 4 EStG Anm. 39.

26 EStR Abschn. 14a Abs. 1 S. 5.

27 EStR Abschn. 14a Abs. 1 S. 6.

Kosten der privaten Lebensführung nicht abzugsfähig. Der Anteil der betrieblichen und der privaten Nutzung ist ggf. im Wege der Schätzung zu ermitteln.

Im Gegensatz zu der grundsätzlich einheitlichen Behandlung eines Wirtschaftsgutes als Betriebsvermögen oder als Privatvermögen wird bei *Grundstücken,* die teilweise betrieblich und teilweise privat genutzt werden, eine Aufteilung zugelassen. Das beruht darauf, daß hier die Aufteilung nach der Art der Nutzung leicht möglich ist. Im einzelnen ist auf die eingehenden Anweisungen in Abschn. 14 EStR zu verweisen, die von der Rechtsprechung gebilligt werden.[28]

Danach gehören Grundstücke und Grundstücksteile, die ausschließlich und unmittelbar für Zwecke des eigenen Betriebs genutzt werden (eigenbetriebliche Nutzung), regelmäßig zum notwendigen Betriebsvermögen. Das gilt dann nicht, wenn der Wert des eigenbetrieblich genutzten Grundstücksteils im Verhältnis zum Wert des ganzen Grundstücks von untergeordneter Bedeutung ist. Das ist anzunehmen, wenn der Wert des eigenbetrieblich genutzten Grundstücksteils weder mehr als ein Fünftel des ganzen Grundstücks noch mehr als 20 000 DM beträgt (Abschn. 14 Abs. 2 EStR).

Grundstücke und Grundstücksteile, die weder eigenbetrieblich genutzt werden, noch eigenen Wohnzwecken des Unternehmens dienen, können durch Widmung zum (gewillkürten) Betriebsvermögen werden (vgl. i. e. Abschn. 14 Abs. 3 EStR).

5. Die Zuordnung einer *Verbindlichkeit* zum Betriebs- oder Privatvermögen hängt von dem Anlaß ihrer Entstehung ab. Eine Verbindlichkeit ist Betriebsschuld, wenn sie durch einen betrieblichen Vorgang begründet ist. „Gewillkürte" Betriebsschulden gibt es nach h. M. nicht.[29] Praktisch liegen die Dinge freilich anders.

Der BFH[30] akzeptiert die „Umwandlung" einer Privatschuld in eine Betriebsschuld, indem der Steuerpflichtige seinem Betrieb die durch Einnahmen erzielten Mittel – zur Tilgung der privaten Schuld – entnimmt und dafür alle im Betrieb anfallenden Aufwendungen durch Darlehen finanziert. Die Finanzverwaltung[31] folgt insoweit dem BFH. Im übrigen beanstandet die Finanzverwaltung es im Grundsatz nicht, daß über betriebliche Kontokorrentkonten auch private Zahlungen abgewickelt werden.[32]

Diese für die bilanzierenden Steuerpflichtigen durchaus angenehme Lage ist freilich in Hinsicht auf den Grundsatz der Gleichmäßigkeit der Besteuerung problematisch.[33] Inzwischen hat der IV. Senat[34] dem Großen Senat die Fra-

---

28 Vgl. Schmidt/Heinicke, § 4 EStG Anm. 38 mit Nachweisen.

29 Vgl. Schmidt/Heinicke, § 4 EStG Anm. 42 m.w.N.

30 BFH vom 5. 6. 1985 I R 289/81 BStBl II 1985, 619 m.w.N.

31 BdF vom 27. 7. 1987 BStBl I 1987, 508. Allerdings reicht es dem BdF entgegen dem BFH für die Anerkennung einer privaten Schuld als Betriebsschuld nicht schon aus, daß im Betrieb *entnahmefähige* Mittel vorhanden sind.

32 Vgl. näher Abschnitt 14a Abs. 3 EStR und BdF vom 27. 7. 1987 aaO (Anm. 31).

33 Vgl. Beater, Die Umwandlung von Privatschulden in Betriebsschulden im Zusammenhang mit dem Schuldzinsenabzug, Diss. 1988; ders., StuW 1989, 170 ff.

34 BFH vom 8. 9. 1988 IV R 97/82 und IV R 66/87 BStBl II 1989, 27 ff.

ge vorgelegt, ob auch bei der Überschußrechnung nach § 4 Abs. 3 EStG eine Kontokorrentverbindlichkeit, die sowohl durch betriebliche als auch durch private Anweisungs- und Zahlungsvorgänge entstanden ist, in vollem Umfang Betriebsschuld sein kann mit der Folge, daß die Zinsaufwendungen Betriebsausgaben sind.

Die Problematik der Gleichmäßigkeit der Besteuerung reicht freilich weiter. Zu bedenken ist, daß bei den Überschußeinkünften, insbes. bei den Einkünften aus nichtselbständiger Arbeit nicht die Möglichkeit besteht, Schuldzinsen für private Verbindlichkeiten steuerlich zu berücksichtigen.[35] Eine saubere, praktikable Lösung des Gesamtkomplexes ist u. E. nur durch die Wiedereinführung des 1973 aus stabilitätspolitischen Gründen abgeschafften privaten Schuldzinsenabzugs möglich.[36]

6. Was das *Vermögen von Personen- und Kapitalgesellschaften* anbetrifft, so spielt bei diesen die Abgrenzung Betriebsvermögen – Privatvermögen keine Rolle. Steuerpflichtige Kapitalgesellschaften haben kein Privatvermögen, sondern ihr gesamtes Vermögen ist Betriebsvermögen.[37] Nicht anders ist die Lage hinsichtlich des Vermögens der Personengesellschaften. Das Gesamthandsvermögen ist Betriebsvermögen.[38] Eine andere Frage betrifft die Behandlung der Vermögensgegenstände, die zwar dem Betrieb der Personengesellschaft dienen, aber nicht zum Gesamthandsvermögen, sondern zum Vermögen eines der Gesellschafter gehören.[39]

III. Die Vermögenszugehörigkeit

1. Die wirtschaftliche Vermögenszugehörigkeit

Die Aufnahme eines Vermögensgegenstandes in die Bilanz setzt dessen Zugehörigkeit zum Vermögen des Unternehmers voraus. Vermögensgegenstände, die nicht zum Vermögen des Unternehmers gehören, dürfen in der Bilanz nicht ausgewiesen werden.

Nutzt der Gewerbetreibende in seinem Betrieb ein Wirtschaftsgut, z. B. ein Grundstück, hinsichtlich dessen er nur Miteigentümer ist, so ist sein Eigentumsanteil in der Bilanz auszuweisen.[40]

Ob ein Vermögensgegenstand zum Vermögen des bilanzierenden Unternehmens gehört, richtet sich grundsätzlich nach der zivilrechtlichen Zuordnung. Denn der zivilrechtlich Berechtigte ist es, der über den Vermögensgegenstand unumschränkt verfügen, ihn veräußern, nutzen, als Kreditunterlage einsetzen kann.

35 Deshalb tritt Beater aaO, (Anm. 33) für eine Beschränkung des Abzuges entnahmebedingter Schuldzinsen bei den Gewinneinkünften ein.
36 Vgl. den Beschluß des DJT Mainz 1988, Verhandlungen des 57. DJT, Bd. II, 1988, N 212.
37 Ebenso Wassermeyer, DB 1987, 1113 (1114); vgl. näher unten § 19 I 1.
38 Vgl. dazu unten § 10 I.
39 Zu dieser Frage vgl. unten § 11 I, II.
40 Vgl. BFH vom 26. 1. 1978 IV R 160/73 BStBl II 1978, 299.

Von dem Grundsatz, daß es für die Bilanzierung auf die zivilrechtliche Berechtigung ankommt, hat die kaufmännische Praxis im Laufe der Jahre einige Ausnahmen akzeptiert. Es sind dies die Fälle, daß Vermögensgegenstände

a) treuhänderisch oder

b) sicherungshalber auf einen Dritten übertragen sind,

c) der Käufer die Verfügungsmacht in Gestalt des unmittelbaren oder mittelbaren Besitzes erlangt hat[41], insbesondere beim Eigentumsvorbehaltskauf,

d) beim Grundstückserwerb zwar noch nicht die Eigentumsveränderung im Grundbuch eingetragen, das Grundstück aber schon aufgelassen ist, alle erforderlichen Bescheinigungen und Genehmigungen vorliegen und der Antrag auf Eintragung ins Grundbuch gestellt ist.

Diese Fälle[42] sind der Anlaß für die übliche Formulierung, daß für die handelsrechtliche Bilanzierung die *wirtschaftliche Vermögenszugehörigkeit* entscheidend sei. Über diesen Befund darf freilich nicht vernachlässigt werden, daß in der Regel die wirtschaftliche Vermögenszugehörigkeit mit dem zivilrechtlichen Eigentum bzw. mit der zivilrechtlichen Zuordnung, wie sie für andere Güter als Sachen durch die Rechtsordnung bestimmt ist, zusammenfällt. Wenn in den genannten Fällen der Kaufmann ausnahmsweise Vermögensgegenstände, hinsichtlich derer er nicht oder noch nicht der zivilrechtlich Berechtigte ist, in seiner Bilanz auszuweisen hat, so erklärt sich dies daraus, daß in diesen Fällen auch zivil-haftungsrechtlich die formale Eigentümerposition nicht entscheidend ist (der Treugeber und der Sicherungsgeber haben z. B. im Konkurs des Treuhänders bzw. Sicherungsnehmers ein Aussonderungsrecht gemäß § 43 KO), oder daß der Eigentumserwerbsvorgang zwar noch nicht abgeschlossen ist, aber bereits ein Stadium erreicht hat, in dem der endgültige Erwerb nicht mehr gegen den Willen des Unternehmers verhindert werden kann.

---

41 BFH vom 3. 8. 1988 I R 157/84 BStBl II 1989, 21.

42 Für den Problemfall der echten Pensionsgeschäfte hat es der Große Senat in dem Beschluß vom 29. 11. 1982 GrS 1/81 BStBl II 1983, 272 dahinstehen lassen, ob die Wertpapiere während der Pensionszeit dem Pensionsgeber oder dem Pensionsnehmer wirtschaftlich zuzurechnen sind, und wer sie demgemäß in der Bilanz zu aktivieren hat. Es ging um die Frage, ob der Pensionsnehmer die Steuerfreiheit für die Zinsen nach § 3a EStG in Anspruch nehmen konnte. Für diese Frage soll es nach dem Großen Senat allein auf die zivilrechtliche Zuordnung der Wertpapiere ankommen. Dieser Ausgangspunkt ist nicht recht verständlich. Denn *wenn* rechtliche und wirtschaftliche Zuordnung auseinanderfallen, ist für die Handels- und Steuerbilanz (und für die Besteuerung außerhalb der Bilanz nach § 39 AO) die wirtschaftliche Zuordnung entscheidend. Zu dem Beschluß des Großen Senats vgl. die Kritik bei Schmidt, 2. Aufl., § 5 EStG Anm. 31.
Nach dem Schreiben des BdF vom 28. 6. 1984 (BStBl I 1984, 394; vgl. auch Bordewin, FR 1984, 255) werden Pensionsgeschäfte zwischen nahen Angehörigen als Ersatz für den Zuwendungsnießbrauch an Wertpapieren (vgl. dazu BdF vom 23. 11. 1983 BStBl I 1983, 508 Abschn. III) nicht akzeptiert.

Beim *Factoring* ist für die Frage, in wessen Bilanz die Forderung auszuweisen ist, zu unterscheiden: Beim *echten Factoring* handelt es sich um einen Forderungskauf. Der Faktor (Bank) übernimmt das Forderungsrisiko. Die abgetretene Forderung ist in der Bilanz des Faktors auszuweisen. Anders ist die Lage beim unechten Factoring. Hier liegt regelmäßig kein Forderungskauf vor, sondern ein Kreditgeschäft mit Abtretung der Forderung erfüllungshalber. Das Forderungsrisiko bleibt beim Zedenten. Bis zur Tilgung der Forderung aus dem Kreditvertrag hat die Bank hinsichtlich der abgetretenen Forderung des Kreditnehmers eine treuhänderische Stellung.[43]

Wird ein Vermögensgegenstand, z. B. ein Grundstück *quoad sortem* (dem Werte nach) in eine Gesellschaft eingebracht, so ist der Gegenstand als solcher nicht in der Bilanz der Gesellschaft auszuweisen.

Der Gegenstand als solcher ist nicht Bestandteil des Gesellschaftsvermögens. Die Gesellschaft hat nur einen Anspruch gegen den Gesellschafter, daß dieser den Gegenstand zu ihrer Verfügung hält und im Auseinandersetzungsfall den Wert zur Verfügung stellt.[44] *Dieser Anspruch* ist ein Aktivum des Gesellschaftsvermögens. Hinsichtlich des Gegenstandes selbst bleibt der Gesellschafter weiter verfügungsberechtigt, kann etwa das Grundstück weiter belasten und steht das Grundstück seinen Gläubigern zur Verfügung. Die Gesellschaft selbst hat nur eine Gläubigerposition.

Mit dieser bilanzrechtlichen Klarstellung, daß der quoad sortem eingelegte Gegenstand nicht in die Bilanz der Gesellschaft gehört, ist freilich zu der steuerrechtlichen Zuordnung der Gewinne aus diesem Gegenstand, auch der Gewinne aus der Veräußerung dieses Gegenstandes noch nichts gesagt. Dies ist eine Frage der Gewinnverteilung in der Gesellschaft. Die Beteiligung eines Gesellschafters am Gewinn der Gesellschaft setzt aber – wie das Beispiel des atypischen stillen Gesellschafters[45] plastisch belegt – nicht voraus, daß der Gesellschafter auch dinglich beteiligt ist, wenn er auf Grund des Gesellschaftsverhältnisses im Innenverhältnis nur so gestellt ist, als sei er dinglich beteiligt. Das aber ist auch bei der Einlage quoad sortem für die übrigen Gesellschafter der Fall.[46]

---

43 Vgl. zu Recht Ettwein in Beck'sches Handbuch, B 215 Rz. 28; Döllerer, ZGR 1988, 390. Die h. M. unterscheidet nicht zwischen echtem und unechtem Factoring, sondern will die Forderung bei der Bank ausweisen: Baumbach/Duden/Hopt, § 255 HGB Anm. 1 E, § 242 HGB Anm. 4 B; WP-Handbuch Bd. I, 543; Budde/Karig in Beck'scher Bilanzkommentar, § 246 HGB Anm. 39.

44 Huber, Vermögensanteil, Kapitalanteil und Gesellschaftsanteil an Personengesellschaften des Handelsrechts, 1970, S. 196.

45 Vgl. dazu § 9 II 4 b.

46 Zur gesellschaftsteuerlichen Problematik vgl. BFH vom 20. 1. 1988/R 395/83 BStBl II 1988, 453.

2. Das Verhältnis der handelsbilanzrechtlichen wirtschaftlichen Vermögenszugehörigkeit zu § 39 AO

Die Entscheidung, daß nach den dargestellten handelsrechtlichen Grundsätzen ein Vermögensgegenstand in der Bilanz des Unternehmers auszuweisen ist oder nicht ausgewiesen werden darf, gilt aufgrund des Maßgeblichkeitsprinzips gemäß § 5 Abs. 1 EStG auch für die Steuerbilanz.

Die Frage ist, wie sich dies zu der Vorschrift des § 39 AO verhält.

a) § 39 Abs. 2 AO als sedes materiae des wirtschaftlichen Eigentums

Unter der Überschrift „Zurechnung“ bestimmt § 39 AO in seinem Absatz 1, daß Wirtschaftsgüter dem Eigentümer zuzurechnen sind. In Absatz 2 sind dann Ausnahmen von diesem Grundsatz kodifiziert.

Für die Fälle, in denen ein Wirtschaftsgut ausnahmsweise einer anderen Person als der nach dem Zivilrecht berechtigten steuerlich zugerechnet wird, hat sich der – wenig glückliche – Terminus „wirtschaftliches Eigentum“ eingebürgert.

Der – im Gesetz selbst nicht in Erscheinung tretende – Begriff als solcher ist schon in der Rechtsprechung des Preuß. OVG in Staatssteuersachen[47] verwendet worden, ehe in § 80 RAO 1919, § 98 RAO 1931, in § 11 Steueranpassungsgesetz und schließlich in § 39 Abs. 2 Nr. 1 AO 1977 die Merkmale festgelegt wurden, bei deren Vorliegen für steuerliche Zwecke von der durch das Privatrecht vorgegebenen Regelzurechnung abzuweichen ist.

Die „Definition“[48] des wirtschaftlichen Eigentums in § 39 Abs. 2 Nr. 1 S. 1 AO 1977: „Übt ein anderer als der Eigentümer die tatsächliche Herrschaft über ein Wirtschaftsgut in der Weise aus, daß er den Eigentümer im Regelfall für die gewöhnliche Nutzungsdauer ausschließen kann“, folgt dem Leasing-Urteil des BFH.[49] Dabei ist der BFH seinerseits der bekannten Definition Seeligers[50] gefolgt.

Der allgemeinen Umschreibung der Merkmale des „wirtschaftlichen Eigentums“ in § 39 Abs. 2 Nr. 1 S. 1 AO folgt in S. 2 die Hervorhebung der wichtigsten Anwendungsfälle: Bei Treuhandverhältnissen sind die Wirtschaftsgüter dem Treugeber, beim Sicherungseigentum dem Sicherungsgeber und beim Eigenbesitz dem Eigenbesitzer zuzurechnen.[51]

---

47 Vgl. z.B. Preuß. OVG in Staatssteuersachen 5, 143; 5, 222; 16, 366; vgl. den ausführlichen Überblick über die Entwicklung bei Walter Stelling, Das wirtschaftliche Eigentum im Steuerrecht, Vierteljahresschrift für Steuer- und Finanzrecht, 1933, 164 ff.

48 Vgl. Ausschußbericht BT-Drs. 7/4292, S. 19; Einführungserlaß des Bundesministers der Finanzen zur AO 1977, BStBl I 1976, 576.

49 BFH vom 26. 1. 1970 IV R 144/66 BStBl II 1970, 264 ff, 272.

50 Vgl. Seeliger, Der Begriff des wirtschaftlichen Eigentums im Steuerrecht, 1962, S. 89.

51 Der unmittelbare Vorläufer des § 39 Abs. 2 AO, nämlich § 11 StAnpG, war anders strukturiert. § 11 StAnpG hatte sich auf die Aufzählung der nunmehr in § 39 Abs. 2 Nr. 1 S. 2 AO genannten Fälle beschränkt, hingegen eine allgemeine Be-

b) Keine Identität der Begriffe des „wirtschaftlichen Eigentums" i. S. des § 39 AO und der wirtschaftlichen Vermögenszugehörigkeit des Bilanzrechts[52]

Die Hauptanwendungsfälle des „wirtschaftlichen Eigentums" i. S. des § 39 AO, nämlich die Fälle des Sicherungseigentums, des Eigentumsvorbehalts und des Treuhandverhältnisses decken sich mit handelsrechtlichen Bilanzierungsgrundsätzen. Dies darf jedoch nicht zu der Annahme verleiten, daß sich auch die Figur des wirtschaftlichen Eigentums mit dem bilanzrechtlichen Begriff der wirtschaftlichen Vermögenszugehörigkeit deckt.

Es gibt durchaus Fälle, in denen hinsichtlich der persönlichen Zurechnung eines Wirtschaftsguts die Beurteilung aufgrund der handelsrechtlichen Grundsätze ordnungsmäßiger Buchführung und diejenige nach § 39 Abs. 2 AO auseinanderfallen. Es ist also denkbar, daß man einen Gegenstand einer Person als wirtschaftliches Eigentum nach § 39 Abs. 2 AO zurechnen mag, der Ausweis in der Bilanz aber nach den Grundsätzen ordnungsmäßiger Buchführung nicht in Frage kommt. Evident ist dies im Fall des unberechtigten bösgläubigen Eigenbesitzers. Steuerrechtlich ist der Eigenbesitz ein gesetzlich expressis verbis erwähnter Anwendungsfall des wirtschaftlichen Eigentums (vgl. § 39 Abs. 2 Nr. 1 S. 2 AO 1977, zuvor § 11 Nr. 5 Steueranpassungsgesetz). Es ist denn auch ganz einsichtig, daß derjenige, der für ein Wirtschaftsgut die Zugehörigkeit zu seinem Vermögen in Anspruch nimmt, auch die steuerlichen Lasten für den in Anspruch genommenen Vermögensgegenstand tragen soll. In diesem Fall wirtschaftlichen Eigentums ist das Wirtschaftsgut – entsprechend dem Vorsichtsprinzip – aber nicht in der Handelsbilanz des steuerrechtlich wirtschaftlichen Eigentümers auszuweisen.[53]

Der unberechtigte Eigenbesitz ist der unmittelbar einsichtigste Fall, in dem wirtschaftliches Eigentum des Steuerrechts und handelsrechtliche Bilanzierung auseinanderfallen. Weitere Divergenzfälle sind um so eher möglich, nachdem die Figur des wirtschaftlichen Eigentums in § 39 Abs. 2 Nr. 1 S. 1 AO 1977 vom Gesetzgeber, wie geschehen, allgemein beschrieben worden ist. Während nach § 39 Abs. 2 Nr. 1 S. 1 AO das negative Moment, nämlich die Möglichkeit, den rechtlichen Eigentümer von der Einwirkung auf das Wirtschaftsgut auszuschließen, entscheidend ist, ist handelsrechtlich immer

---

schreibung der Merkmale des wirtschaftlichen Eigentums nicht enthalten. Gleichwohl hatten Rechtsprechung, Praxis und Literatur die Aufzählung in § 11 StAnpG als Anwendungsfälle eines allgemeineren Prinzips verstanden und auf dieser Grundlage zu der allgemeinen Figur des wirtschaftlichen Eigentums und zu deren Umschreibung in der Richtung gefunden, wie sie nunmehr in § 39 Abs. 2 Nr. 1 S. 1 AO in das Gesetz aufgenommen worden ist.

52 Beisse, BB 1980, 637 ff, 640 ordnet § 39 AO als handelsrechtliches Gewohnheitsrecht ein. Nach Brezing in HdJ I/4 Rz. 75 beinhaltet § 39 Abs. 1 und 2 Nr. 1 AO nur eine Wiederholung des in § 5 Abs. 1 EStG Bestimmten. Auch für den im Text hervorgehobenen Fall des bösgläubigen unberechtigten Eigenbesitzers ergeben sich nach Brezing keine Unterschiede.

53 A. A. Brezing aaO, (Anm. 52); Kußmaul in Küting/Weber, Teil II Rz. 175.

noch die *positive* Machtmöglichkeit entscheidend. Aus dieser unterschiedlichen Akzentuierung können durchaus auch unterschiedliche Ergebnisse folgen. Als Beispiel für eine Divergenz der Ergebnisse auf der Grundlage des § 39 Abs. 2 AO einerseits und nach den Grundsätzen ordnungsmäßiger Buchführung andererseits mag etwa die Lage bei den Substanzausbeuteverträgen angeführt werden. Ist der Substanzausbeutevertrag als Pachtvertrag – sei es über das Grundstück, sei es über ein selbständiges Mineralgewinnungsrecht – gestaltet, so ist nach der steuerrechtlichen Rechtsprechung wirtschaftliches Eigentum des ausbeuteberechtigten Pächters anzunehmen, „wenn dem Pächter durch langfristigen und bedingungsfreien Vertrag unter Ausschaltung der Verfügung des Verpächters die Befugnis der vollen Ausbeute der vorhandenen abbaufähigen Mineralien übertragen ist".[54]

Trotz einer auf § 39 Abs. 2 AO gegründeten Annahme wirtschaftlichen Eigentums des Pächters kann die bilanzrechtliche Beurteilung sich ganz anders darstellen. Bilanzrechtlich ist die Frage, ob der Verpächter nunmehr das Mineralgewinnungsrecht nicht mehr auszuweisen hat und statt dessen der Gegenwartswert der Forderungen aus dem Substanzausbeutevertrag zu aktivieren ist, nach dem Realisationsprinzip und den Grundsätzen ordnungsmäßiger Buchführung zur Behandlung von Dauerschuldverhältnissen zu beantworten.[55]

c) Vorrang des § 5 EStG vor § 39 AO

Besteht im Einzelfall im Ergebnis ein Unterschied, je nachdem, ob § 5 EStG und damit die bilanzrechtliche Beurteilung oder § 39 AO zur Anwendung kommt, so bedarf das Verhältnis der beiden Vorschriften zueinander der Klärung.[56]

Da die Vorschrift des § 5 EStG, die den Grundsatz der Maßgeblichkeit der Handelsbilanz für die steuerliche Gewinnermittlung statuiert, eine *steuerrechtliche* Norm ist, kann die logisch und methodisch richtige Fragestellung nur sein, ob die *steuerrechtliche* Norm des § 5 EStG durch eine andere steuerrechtliche Norm, in concreto durch § 39 Abs. 2 AO, eingeschränkt ist.

Die Zurechnungsvorschrift des § 39 AO gilt auf Grund ihres systematischen Standorts im zweiten Teil „Steuerschuldrecht" unter dem zweiten Abschnitt „Steuerschuldverhältnis" grundsätzlich für alle Steuern. Der Vorläufer der

54 BFH vom 20. 12. 1967 III 221/64 BStBl II 1968, 303; dort und bei Gürsching/Stenger, Bd II § 100 BewG Anm. 48 weitere Nachweise. Im Ergebnis ist wirtschaftliches Eigentum des Pächters in folgenden Fällen angenommen worden: RFH vom 20. 12. 1933 III A 200/32 RStBl 1934, 184; BFH vom 13. 1. 1961 III 301/59 S BStBl III 1961, 122; BFH vom 20. 12. 1967 aaO; BFH vom 11. 2. 1972 III R 129/70 BStBl II 1972, 448.

55 Vgl. dazu unten § 6 I 5.

56 Vgl. die Nachweise zum Meinungsstand bei Schmidt, § 5 EStG Anm. 19 und Plückebaum in Kirchhof/Söhn, § 4 EStG Rz. B 36.

Vorschrift des heutigen § 39 Abs. 2 Nr. 1 AO, nämlich § 11 Steueranpassungsgesetz, hatte noch die sogenannte Subsidiaritätsklausel: „Für die Zurechnung bei der Besteuerung gelten, *soweit nichts anderes bestimmt ist,* die folgenden Vorschriften..." enthalten. Diese Subsidiaritätsklausel hat § 39 AO nicht übernommen. Es besteht jedoch Einigkeit, daß der Anwendungsbereich des § 39 AO wie der Anwendungsbereich jeder gesetzlichen Vorschrift durch eine andere gesetzliche Vorschrift eingeschränkt sein kann.[57] Dies kann die andere Vorschrift ausdrücklich bestimmen; es kann der anderen Vorschrift aber auch im Wege der Auslegung zu entnehmen sein. Im übrigen sind die Grundsätze der Methodenlehre, insbesondere diejenigen zur Auflösung von Gesetzeskonkurrenz, zu beachten.

In der Literatur wird vor allem von Runge[58] die Auffassung vertreten, § 39 Abs. 2 AO stelle eine lex specialis zu § 5 EStG dar, mit anderen Worten: die Verweisung des § 5 EStG reiche nur soweit, „wie sich aus den steuerrechtlichen Regelungen nichts anderes ergibt". Zum Beweis beruft sich Runge darauf, daß dies für die Regelung des § 6 EStG allgemein anerkannt sei. Es ist sicher keine Frage, daß die steuerrechtlichen Bewertungsvorschriften des § 6 EStG den handelsrechtlichen Bewertungsbestimmungen vorgehen. Nur ergibt sich dies aus der ausdrücklichen gesetzlichen Einschränkung des Maßgeblichkeitsprinzips in § 5 Abs. 6 EStG. Soweit sich nicht aus der Bestimmung des § 5 Abs. 6 EStG etwas anderes ergibt, bleibt es bei der Grundnorm des § 5 Abs. 1 EStG über die steuerliche Gewinnermittlung auf der Grundlage der Handelsbilanz.

§ 39 Abs. 2 AO ist keine steuerliche Gewinnermittlungsvorschrift und insbesondere keine Gewinnrealisierungsvorschrift. In § 39 AO geht es um die steuerrechtliche Zurechnung von Wirtschaftsgütern. Die Zurechnung im steuerlichen Sinne bestimmt, wer Steueransprüche zu erfüllen hat, die aus der Herrschaft über einzelne Wirtschaftsgüter hergeleitet werden.[59] Es war nie der Sinn und ist nicht der Sinn des § 39 AO, eine Regelung über die Ansätze in der für die steuerliche Gewinnermittlung maßgebenden Bilanz zu treffen.[60] Deshalb ist es zu Recht auch herrschende Meinung in der Literatur, daß § 5 Abs. 1 EStG eine lex specialis gegenüber § 39 Abs. 2 AO darstellt.[61] Was die Rechtsprechung des BFH anbetrifft, so hat der BFH wenig Gelegenheit gehabt, sich mit dem Verhältnis des § 39 Abs. 2 AO zu den Ge-

57 Vgl. Tipke/Kruse, § 39 AO Anm. 2; Klein/Orlopp, § 39 AO Anm. 1; Hübschmann/Hepp/Spitaler, § 39 AO Anm. 9.

58 In Runge/Bremser/Zöller, Leasing, 1978, S. 262; vgl. auch Ruppel, DStR 1979, 69 ff.

59 Vgl. BVerfG vom 16. 12. 1970 1 BvR 210/68 BStBl II 1971, 381; Hübschmann/Hepp/Spitaler, § 39 AO Anm. 2.

60 Vgl. im einzelnen die eingehende Darstellung der Anfänge und Entwicklungsgeschichte des „wirtschaftlichen Eigentums" im Steuerrecht bei Stelling, Vierteljahresschrift für Steuer- und Finanzrecht, 1933, 164 ff.

61 Vgl. Hübschmann/Hepp/Spitaler, § 39 AO Anm. 10; Tipke/Kruse, § 39 AO Anm. 4, 7; Herrmann/Heuer/Raupach, § 5 EStG Anm. 53; Döllerer, BB 1971, 535; Barske, NWB Fach 2 S. 3506 „Wirtschaftliches Eigentum"; Grimm, DStZ/A 1978, 283 ff, 288; Ruppe, JDStJG 1979, 7 ff (14).

winnermittlungsvorschriften des EStG im Grundsätzlichen zu befassen – weil sich in der Masse der Fälle „wirtschaftliches Eigentum“ und „wirtschaftliche Vermögenszugehörigkeit“ regelmäßig decken. Der BFH geht aber stillschweigend davon aus, daß § 5 EStG gegenüber § 39 AO vorrangig sei.[62] Zu § 39 Abs. 2 Nr. 2 AO liegt die ausdrückliche Feststellung des BFH vor, daß gegenüber dieser Vorschrift § 15 Abs. 1 Nr. 2 EStG in Verbindung mit den allgemeinen Gewinnermittlungsvorschriften vorrangig sei.[63] Das Ergebnis, daß beim Zusammentreffen von § 5 EStG und § 39 AO der § 5 EStG vorrangig ist, folgt im übrigen zwangsläufig aus den Regeln, die die Methodenlehre zur Auflösung von Gesetzeskonkurrenzen entwickelt hat. Stehen die beiden fraglichen Normen im Verhältnis der Spezialität und schließen sich die Rechtsfolgen aus, so führt das logische Verhältnis der Spezialität notwendig zur Verdrängung der allgemeineren Norm.[64]

3. Leasing-Verträge

Nicht unumstritten ist die bilanzielle Behandlung der *Leasingverträge,*[65] insbesondere der in Deutschland bedeutendsten Leasing-Form[66] des Finanzierungs-Leasings. Beim Finanzierungs-Leasing finanziert der Leasing-Geber eine Investition in der Weise, daß er ein Investitionsgut erwirbt und es dem Leasing-Nehmer für eine fest bestimmte Grundmietzeit unkündbar zum Gebrauch und zur Nutzung überläßt. Die Grundmietzeit entspricht maximal der betriebsgewöhnlichen Nutzungsdauer, ist aber in der Regel kürzer, allerdings meist länger als die Hälfte der in den AfA-Tabellen angegebenen betriebsgewöhnlichen Nutzungsdauer. Das pro rata temporis zu zahlende Entgelt ist so bemessen, daß der Leasing-Geber durch die während der Vertragsdauer vom Leasing-Nehmer für die Gebrauchsüberlassung zu zahlenden Entgelte den Anschaffungspreis des Investitionsguts nebst Zinsen, Kosten und einem Geschäftsgewinn erhält.

---

62 Vgl. z.B. BFH vom 8. 10. 1970 IV R 111/69 BStBl II 1971, 133.

63 BFH vom 10. 7. 1980 IV R 136/77 BStBl II 1981, 84, 87.

64 Vgl. Larenz, Methodenlehre der Rechtswissenschaft, 5. Aufl. 1983, S. 255 ff.

65 Havermann, Leasing 1965; Hagenmüller, Leasing-Handbuch, 5. Aufl. 1988; Döllerer, BB 1971, 535 ff; Knapp, DB 1971, 685 ff; DB 1972, 542 ff; Flume, Leasing, 1972; DB 1973, 1661 ff; Wöhe, HWbStR Bd II, Stichwort Leasing, S. 721 ff; Groh, FR 1973, 415 ff; Forster, WPg 1973, 81 ff; Gerold Stoll, Leasing, 1973; Leffson, DB 1976, 641 ff; 685 ff; Wertpapier 1978, 387 ff; Baetge/Ballwieser, Die Betriebswirtschaft 1978, 3 ff; Felix, BB 1966, 96 ff; Mellerowicz, Festschrift Barz, 1974, S. 409 ff; Schleuder, BB 1988, 229 ff; Graf v. Westphalen, BB 1988, 1829 ff; Bordewin, Leasing im Steuerrecht, 3. Aufl. 1989; weitere Nachweise aus dem umfangreichen Schrifttum vgl. bei Herrmann/Heuer/Raupach, § 5 EStG Vor Anm. 1100; Schmidt, § 5 EStG Anm. 72.

66 Vgl. zu den einzelnen Leasing-Formen den kurzen Überblick bei Herrmann/Heuer/Raupach, § 5 EStG Anm. 69. Vgl. die Beschreibung der „Wesensmerkmale“ des Finanzierungs-Leasings in dem Leasing-Urteil des BFH vom 26. 1. 1970 IV R 144/66 BStBl II 1970, 264.

a) Die zivilrechtliche Einordnung des Finanzierungsleasings ist umstritten.[67] Die Verständigung wird auch dadurch erschwert, daß die einzelnen Leasing-Verträge die unterschiedlichste Ausgestaltung haben. Da der Leasing-Gegenstand nicht in das Vermögen des Leasing-Nehmers übergehen soll, dieser vielmehr nur die Gebrauchsberechtigung an dem Gegenstand erhält und dafür ein zeitbezogenes Entgelt bezahlt, ist der Finanzierungsleasing-Vertrag in der Regel als normaler Mietvertrag einzuordnen.[68] Vielfach ist dem Leasing-Nehmer für die Zeit nach Ablauf der Grundmietzeit eine Kaufoption eingeräumt. Die Kaufoption als solche hindert nicht die Einordnung des Leasing-Verhältnisses als Mietverhältnis. Wird die Kaufoption ausgeübt, so handelt es sich um zwei aufeinanderfolgende unterschiedliche Rechtsverhältnisse, um Leasing und um einen nachfolgenden Kauf. Sind freilich die Zahlungen des Leasing-Nehmers vor der Ausübung der Kaufoption nicht das Entgelt nur für die Gebrauchsüberlassung, stellen sie vielmehr auch schon Vorauszahlungen auf den Kaufpreis dar, so handelt es sich von vornherein um einen Kauf und nicht um Miete, weil der gesamte Vertragsinhalt auf den *Erwerb* des Leasing-Gegenstandes und nicht nur auf die Gebrauchsüberlassung gegen ein zeitbezogenes Entgelt zielt. Desgleichen handelt es sich nicht mehr um Miete, wenn der Leasing-Nehmer ein Optionsrecht auf Verlängerung des Nutzungsverhältnisses hat und die dann zu leistenden Zahlungen wegen ihrer Geringfügigkeit nicht mehr den Charakter eines Entgeltes für die Nutzung haben.

Die *handelsrechtliche* Bilanzierung richtet sich danach, ob das konkrete Leasing-Verhältnis als Mietverhältnis zu qualifizieren ist oder nicht. Nur dann, wenn das Leasing-Verhältnis nach den obigen Ausführungen wegen der besonderen Vertragsbestimmungen nicht mehr als Mietverhältnis zu beurteilen ist, hat der Leasing-Nehmer den Leasing-Gegenstand als seinem Vermögen zugehörig zu aktivieren.

Mit der Frage der handelsrechtlichen Bilanzierung von Leasing-Verhältnissen hat sich der Hauptfachausschuß des Instituts der Wirtschaftsprüfer mehrfach befaßt. Eine Stellungnahme aus dem Jahre 1973[69] kommt zu dem Ergebnis, daß Finanzierungsleasing beim Leasing-Nehmer „wirtschaftliches Eigentum" und damit die Bilanzierungspflicht begründen könne. Diese Feststellung versteht sich von selbst. Die Frage – mit der sich die Stellungnahme allerdings nicht befaßt – ist nur, unter welchen Voraussetzungen vom „wirtschaftlichen Eigentum" des Leasing-Nehmers ausgegangen werden kann. Nach dem Hauptfachausschuß soll es aber auch in den Fällen, in denen der Leasing-Nehmer kein „wirtschaftliches Eigentum" am Leasing-Gegenstand hat, erforderlich sein, „in Fortentwicklung der Grundsätze ordnungsmäßiger Bilanzierung"

67 Vgl. aus neuerer Zeit die Kritik an der h. M. von Lieb, DB 1988, 946 ff und die Erwiderung von Graf v. Westphalen, BB 1988, 1829 ff, beide mit weiteren Nachweisen.

68 Vgl. i.e. Flume aaO, (Anm. 65), S. 15 ff; Graf von Westphalen, Der Leasingvertrag, 3. Aufl. 1987, S. 22 ff, 33. Zur BGH-Judikatur zum Teilamortisations-Leasingvertrag vgl. insbesondere Graf von Westphalen, ZIP 1983, 1021 ff.

69 WPg 1973, 101 ff; vgl. die kritische Auseinandersetzung mit dieser Stellungnahme bei Flume, DB 1973, 1661 f.

„Finanzierungs-Leasing-Verträge, die in ihrer Gesamtheit von Bedeutung sind ... in der Jahresbilanz zu berücksichtigen." Soweit dies durch eine Aktivierung der Leasing-Gegenstände und Passivierung der entsprechenden Verbindlichkeiten geschehen soll, ist dem nicht zu folgen.

Soweit der Leasing-Vertrag als normaler Mietvertrag einzuordnen ist, gehören Leasing-Gegenstände nicht auf die Aktivseite der Bilanz des Leasing-Nehmers.[70] Der Kaufmann darf nicht als sein Vermögen ausweisen, was weder zivilrechtlich noch wirtschaftlich seinem Vermögen zuzurechnen ist. Es ist freilich nicht zu übersehen, daß bei relevanten Leasing-Verhältnissen die Bilanz, die von dem Leasing-Verhältnis keine Notiz nimmt, unter Umständen die Vermögenslage des Kaufmanns nicht richtig wiedergibt, weil nämlich die langfristige Bindung des Leasing-Nehmers an die Leasing-Raten in der Bilanz keinen Ausdruck findet.[71]

b) Für die *steuerliche* Zurechnung des Leasing-Gegenstandes geht die Praxis von den Regelungen aus, die der Mobilien-Leasing-Erlaß des Bundesministers der Finanzen vom 19. 4. 1971[72] und der Immobilien-Leasing-Erlaß vom 21. 3. 1972[73] getroffen haben.[74] Nach dem Mobilien-Erlaß ist der Leasing-Gegenstand dem Leasing-Nehmer stets zuzurechnen,

1. wenn die Grundmietzeit mehr als 90 % oder weniger als 40 % der betriebsgewöhnlichen Nutzungsdauer des Leasing-Gegenstandes beträgt.

Was die 90 %-Grenze anbetrifft, so ist in der Literatur[75] zu Recht kritisiert worden, daß aus der Tatsache allein, daß sich die Mietzeit über mehr als 90 % der betriebsgewöhnlichen Nutzungsdauer erstreckt, auf das wirtschaftliche Eigentum des Leasing-Nehmers geschlossen wird, denn auch nach Ablauf der betriebsgewöhnlichen Nutzungsdauer hat der Leasing-Gegenstand noch einen Nutzungs- oder zumindest einen Schrottwert. Da der Leasing-Nehmer aber zur Rückgabe verpflichtet ist, hat er nicht „Substanz und Ertrag der Sache vollständig und auf Dauer", so daß er nicht als wirtschaftlicher Eigentümer angesehen werden kann.

Die 40 %-Grenze beruht auf dem Zweifel, ob sich ein wirtschaftlich denkender Leasing-Nehmer, ohne daß ihm sonstige Vorteile eingeräumt werden, mit einer so kurzen Mietdauer einverstanden erklärt, obwohl er in dieser Zeit die gesamten Anschaffungs- und Herstellungskosten mit seinen Raten aufzubringen hat. Es ist davon auszugehen, daß in solchen Fällen regelmäßig ein Optionsrecht besteht, das dem Leasing-Nehmer die weitere Nutzung oder den Erwerb zu einem Preis er-

---

70 Vgl. insbesondere die Kritik bei Flume, DB 1973, 1666.

71 Vgl. Flume aaO, (Anm. 65), S. 51 f.

72 BdF vom 19. 4. 1971 IV B/2 – S 2170 31/170 BStBl I 1971, 264.

73 BdF vom 21. 3. 1972 BStBl I 1972, 188. Vgl. ergänzend hierzu BdF vom 9. 6. 1987 BStBl I 1987, 440: Für die Anwendung des Immobilienerlasses ist bei Wirtschaftsgebäuden nach § 7 Abs. 4 Nr. 1 oder Abs. 5 S. 1 Nr. 1 EStG (in der Fassung des Gesetzes zur Verbesserung der Abschreibungsbedingungen für Wirtschaftsgebäude und für moderne Heizungs- und Warmwasseranlagen vom 19. 12. 1985, BStBl I 1985, 705) ein Absetzungszeitraum von 25 Jahren zugrundezulegen.

74 Vgl. zuvor das Leasing-Urteil des BFH vom 26. 1. 1970 IV R 144/66 BStBl II 1970, 264.

75 Döllerer, BB 1971, 537; Flume, DB 1973, 1664.

möglicht, der kein wirkliches Entgelt mehr darstellt.[76] Das Schrifttum stimmt im Grundsatz der 40 %-Grenze überwiegend zu.[77]

2. wenn die Grundmietzeit zwischen 40 und 90 % der betriebsgewöhnlichen Nutzungsdauer beträgt, sofern
   a) eine Kaufoption besteht und der Kaufpreis niedriger ist als der unter Anwendung der linearen AfA ermittelte Buchwert oder der niedrigere gemeine Wert im Zeitpunkt der Veräußerung; oder sofern
   b) bei Mietverlängerungsoptionen die Anschlußmiete so bemessen ist, daß sie den Wertverzehr nicht deckt, der sich auf der Basis des wie beim Kauf ermittelten Buchwertes oder des niedrigeren gemeinen Wertes und der Restnutzungsdauer laut AfA-Tabelle ergibt; oder sofern
   c) zwar keine Mietverlängerungsoption vereinbart wurde, der Leasing-Vertrag sich aber automatisch verlängert, sofern er nicht gekündigt wird, unter denselben Voraussetzungen wie bei Verträgen mit Mietverlängerungsoption.

In den unter 2. angeführten Fällen geht es um die Abgrenzung, ob der Vertrag auf den Erwerb oder auf die Nutzung des Leasing-Gegenstandes durch den Leasing-Nehmer gegen ein zeitbezogenes Entgelt ausgerichtet ist.[78] Die Art und Weise der Abgrenzung durch den Erlaß ist zumindest praktikabel.[79]

Ist der Leasing-Vertrag in casu als Miet- oder Pachtvertrag zu beurteilen und der Leasing-Gegenstand also nicht beim Leasing-Nehmer, sondern beim Leasing-Geber zu aktivieren[80], so setzt der Leasing-Nehmer die Mietraten als Betriebsausgaben ab.[81] Die Leasing-Raten sind – ist die Mietzeit

---

76 Vgl. Flume aaO, (Anm. 65), S. 60.

77 Herrmann/Heuer/Raupach, § 5 EStG Anm. 83 mit weiteren Nachweisen.

78 Hierzu gehört auch der Fall aus BFH vom 30. 5. 1984 I R 146/81 BStBl II 1984, 825. Der Leitsatz: Bei einem Immobilien-Leasing in der Form des Full-pay-out-Leasings (sogenannter Vollamortisationsvertrag) ist der Leasinggegenstand dem Leasingnehmer steuerlich zuzurechnen, wenn zu erwarten ist, daß nach Ablauf der Grundmietzeit das bürgerlich-rechtliche Eigentum an dem Leasinggegenstand ohne Zahlung eines zusätzlichen Entgelts oder gegen Zahlung nur eines geringen Entgeltes auf den Leasingnehmer übergeht.

79 Zu der Frage, welche Bedeutung die Beteiligung des Leasingnehmers am Veräußerungserlös des Leasinggegenstandes für die Zurechnung des wirtschaftlichen Eigentums hat, vgl. FinMin. Niedersachsen, DB 1976, 76.

80 Der Leasinggeber kann für die Verpflichtung, bei Beendigung des Mietvertrages den Leasingnehmer am Verwertungserlös zu beteiligen, während der Laufzeit des Vertrages weder eine Rückstellung noch einen passiven Rechnungsabgrenzungsposten ansetzen, vgl. BFH vom 8. 10. 1987 IV R 18/86 BStBl II 1988, 57; vgl. dazu näher Mathiak, StuW 1988, 291 ff.

81 Zur bilanzsteuerrechtlichen Behandlung degressiver Leasingraten vgl. BFH vom 12. 8. 1982 IV R 184/79 BStBl II 1982, 696; BMF-Schreiben vom 10. 10. 1983, BStBl I 1983, 431; Bordewin aaO, (Anm. 65), S. 89 ff m. w. N.; Forster, Festschrift Döllerer, 1988, S. 147 ff.

kürzer als die betriebsgewöhnliche Nutzungsdauer – höher als die Absetzungen für Abnutzung, die der Leasing-Nehmer geltend machen könnte, wenn er selbst den Leasing-Gegenstand angeschafft hätte. Auf diese Weise wird eine Vorverlagerung von steuerlichen Abzugsbeträgen und damit eine Gewinnminderung erzielt. Es ergibt sich durch die Steuerverschiebung zunächst ein liquiditäts- und rentabilitätsmäßiger Vorteil. Ob sich der Steueraufschub aber auch insgesamt als vorteilhaft erweist, ist eine andere Frage.

Wird der Leasing-Gegenstand dem Leasing-Nehmer als wirtschaftliches Eigentum zugerechnet, so hat er ihn mit seinen Anschaffungskosten zu aktivieren und über die betriebsgewöhnliche Nutzungsdauer abzuschreiben. Als Anschaffungskosten des Leasing-Nehmers gelten nach dem Mobilien-Erlaß des Bundesministers der Finanzen die Anschaffungs- oder Herstellungskosten des Leasing-Gebers, die der Berechnung der Leasing-Raten zugrunde gelegt worden sind. In entsprechender Höhe soll der Leasing-Nehmer eine Verbindlichkeit gegenüber dem Leasing-Geber zu passivieren haben.[82] Die einzelnen Leasing-Raten sind in einem Zins- und Kostenanteil sowie einen Tilgungsanteil aufzuteilen.[83] Der Zins- und Kostenanteil mindert den Gewinn des Leasing-Nehmers, der Tilgungsanteil wird mit der Verbindlichkeit erfolgsneutral verrechnet.

4. Die Vermögenszugehörigkeit am Bilanzstichtag

Nach wirtschaftlichen Gesichtspunkten ist auch zu entscheiden, ob ein Vermögensgegenstand oder eine Verbindlichkeit am Bilanzstichtag *schon existent* ist. Es kommt also für die Bilanzierung nicht auf die formalrechtliche Entstehung eines Rechts oder einer Verbindlichkeit an, sondern darauf, ob wirtschaftlich durch die Zugehörigkeit eines Vermögensgegenstandes eine Vermögensmehrung oder durch die Belastung mit einer Verbindlichkeit eine Vermögensminderung eingetreten ist.[84]

Von besonderer praktischer Bedeutung ist dies bei den *Verbindlichkeiten.* Auch eine Verbindlichkeit, die rechtlich noch nicht entstanden ist, mit deren Entstehen aber am Bilanzstichtag zu rechnen ist und die bis zum Bilanzstichtag wirtschaftlich verursacht ist, ist zu passivieren; es ist eine Rückstellung zu bilden.

Auch auf der Aktivseite kann eine Bilanzierung in Frage kommen, wenn ein *Vermögensgegenstand* zwar rechtlich noch nicht existent ist, sein Entstehen aber mit Sicherheit am Bilanzstichtag zu erwarten ist. Hauptanwendungsfall dieses Grundsatzes sind Forderungen, die am Bilanzstichtag rechtlich noch

---

82 Nach den Grundsätzen ordnungsmäßiger Buchführung sind freilich Verbindlichkeiten, auch unverzinsliche, mit dem Rückzahlungsbetrag anzusetzen! Vgl. § 5 VIII 1.

83 Zur Aufteilung vgl. Biergans, S. 204 f; Groh, StBp 1973, 97; Bordewin aaO, (Anm. 65), S. 103 ff und Herrmann/Heuer/Raupach, § 5 EStG Anm. 1192.

84 Vgl. für die h. M. Adler/Düring/Schmaltz, 4. Aufl., § 149 AktG Anm. 34.

nicht entstanden sind, deren rechtliches Entstehen aber nur noch von dem Willen oder von einem Antrag des Bilanzierenden abhängig ist.

Beispiel: Eine Investitionszulage wird nach § 5 Abs. 3 Investitionszulagengesetz auf Antrag nach Ablauf des Kalenderjahres, in dem das Wirtschaftsjahr der Anschaffung oder Herstellung usw. endet, gewährt. Hier ist zwar am Bilanzstichtag eine Forderung rechtlich noch nicht entstanden. Bei wirtschaftlicher Betrachtung ist die Forderung jedoch schon als dem Vermögen des Bilanzierenden zugehörig anzusehen, da die entscheidenden materiellen Voraussetzungen, nämlich die Anschaffung oder Herstellung von bestimmten Wirtschaftsgütern, schon am Bilanzstichtag vorliegen und davon auszugehen ist, daß der Bilanzierende den erforderlichen Antrag stellen wird.[85]

Insgesamt ist freilich wegen des Vorsichtsprinzips bei der Bilanzierung auf der Aktivseite eine größere Zurückhaltung mit der Annahme geboten, ein Vermögensgegenstand sei zwar, wenn auch noch nicht rechtlich, so doch schon wirtschaftlich existent. Nur wenn das Entstehen der Forderung am Bilanzstichtag tatsächlich gesichert ist, liegt ein aktivierbarer Vermögensgegenstand vor.[86] Das ist u. E. bei aufschiebend bedingten Forderungen – wegen des Unsicherheitsmoments – grundsätzlich nicht der Fall.[87] Hier besteht am Bilanzstichtag – abgesehen vom Fall der Potestativbedingung – nur eine unsichere und noch nicht hinreichend konkretisierte Anwartschaft. Der Gewinnanspruch des Gesellschafters einer Kapitalgesellschaft entsteht erst, wenn die Bilanz festgestellt und der Beschluß über die Verwendung des Bilanzgewinns gefaßt ist. Erst in diesem Zeitpunkt kann der Gewinnanspruch des Gesellschafters ausgewiesen werden.

Ausnahmsweise läßt der BGH in der Entscheidung vom 3. 11. 1975[88] die Aktivierung des das abgelaufene Geschäftsjahr betreffenden Gewinnanspruchs in bestimmten Fällen zu, obwohl am Bilanzstichtag ein Gewinnverwendungsbeschluß der Kapitalgesellschaft noch nicht vorliegt und der Gewinnanspruch also noch nicht entstanden ist. Der Leitsatz der Entscheidung lautet:

---

85 Vgl. z. B. auch BFH vom 28. 9. 1967 IV 291/65 BStBl III 1967, 763 für den Anspruch auf Ausfuhr- oder Ausfuhrhändlervergütung nach § 16 UStG 1953. Vgl. des weiteren BFH vom 9. 2. 1978 IV R 201/74 BStBl II 1978, 370 zur Aktivierung erwarteter Umsatzprämien, die Lieferanten regelmäßig, wenn auch ohne Rechtsanspruch gewähren; BFH vom 6. 12. 1978 I R 35/78 BStBl II 1979, 262 zum Anspruch auf verbilligten Nachbezug von Rohstoffen; BFH vom 12. 4. 1984 IV R 112/81 BStBl II 1984, 554 zur Aktivierung eines Anspruchs auf Warenrückvergütung.

86 Vgl. im einzelnen zum Prinzip des „quasi-sicheren" Anspruchs in der Rechtsprechung des BFH: Moxter, Bilanzrechtsprechung, 2. Aufl. 1985, S. 10 ff.

87 Vgl. auch Herrmann/Heuer/Raupach, § 6 EStG Anm. 906: Es bestehe nur eine Anwartschaft, zu aktivieren seien nur etwa zum Erwerb dieser Anwartschaft vorgenommene Aufwendungen; vgl. aber BFH vom 15. 1. 1963 I 259/61 S BStBl III 1963, 250: Auch ein aufschiebend bedingter Anspruch soll ein aktivierungspflichtiges Wirtschaftsgut sein, sofern er als solches im Einzelfall hinreichend konkretisiert erscheint.

88 II ZR 67/73 BGHZ 65, 230 = NJW 1976, 241 ff.

„Eine Konzern- oder Holdinggesellschaft, die mit Mehrheit an einer anderen Kapitalgesellschaft beteiligt ist, kann den bei der Tochtergesellschaft erzielten und zur Ausschüttung vorgesehenen Gewinn noch für das gleiche Geschäftsjahr in ihrer Bilanz unter ‚Forderungen an verbundene Unternehmen' und in der Gewinn- und Verlustrechnung unter ‚Erträge aus Beteiligungen' ausweisen, *wenn der Jahresabschluß der Tochtergesellschaft noch vor Abschluß der Prüfung bei der Muttergesellschaft festgestellt worden ist und mindestens ein entsprechender Gewinnverwendungsvorschlag vorliegt.*"

Der BGH hält die Aktivierung des künftigen Gewinnanspruchs für zulässig, weil das Entstehen der Forderung bei Vorliegen der von ihm genannten Voraussetzungen im Zeitpunkt der Aufstellung des Jahresabschlusses „tatsächlich gesichert erscheint". Der BFH ist dem BGH gefolgt.[89]

Eine Aktivierung kommt freilich nicht in Frage, wenn im Zeitpunkt der Aufstellung des Jahresabschlusses die Beteiligung an einen Dritten veräußert ist. Denn in diesem Fall ist das Entstehen des Gewinnanspruchs bei der Muttergesellschaft weder rechtlich noch tatsächlich gesichert.

Umgekehrt ist auch eine formalrechtlich schon entstandene Forderung nicht ohne weiteres zu bilanzieren, vielmehr muß sie sich schon zu einem greifbaren wirtschaftlichen Vermögenswert konkretisiert haben. Das setzt die Kenntnis des Unternehmers von dem Entstehen der Forderung voraus und den Willen, sie auch geltend zu machen. Eine Rolle spielt dieser Aspekt insbesondere bei der Aktivierung von Rückgewähransprüchen aufgrund verdeckter Gewinnausschüttungen.[90]

---

89 BFH vom 2. 4. 1980 I R 75/76 BStBl II 1980, 702; BFH vom 3. 12. 1980 I R 125/77 BStBl II 1981, 184.
Zu den Entscheidungen des BGH und des BFH als Sonderbilanzrecht für verbundene Unternehmen vgl. unten § 5 VI 2. In BFH vom 21. 5. 1986 I R 190/81 BStBl II 1986, 815 und BFH vom 21. 5. 1986 I R 199/84 BStBl II 1986, 794 wird kurzerhand als weitere Voraussetzung für die Aktivierung aufgestellt, daß die Mehrheitsbeteiligung während des gesamten Geschäftsjahres, dessen Ergebnis ausgeschüttet wird, bestanden hat. Dem ist nicht zu folgen. Hinter dieser Einschränkung des I. Senats steht wohl die Befürchtung, es könne sonst im Veräußerungsfall zu einer zweimaligen Anrechnung der Körperschaftsteuer auf die Gewinnanteile kommen, einmal beim Erwerber nach Ausschüttung und zum anderen beim Veräußerer, wenn dieser den Gewinnanspruch zuvor schon aktiviert hat. Diese Gefahr besteht nicht. Denn der Veräußerer der Beteiligung kann nicht mehr aktivieren, weil wegen der Veräußerung das Entstehen des Gewinnanspruchs bei ihm weder rechtlich noch tatsächlich gesichert ist. Vgl. auch Wassermeyer, Festschrift Döllerer, 1988, S. 705 ff.
Die zu Konzerngesellschaften entwickelten Grundsätze werden vom BFH (vom 8. 3. 1989 X R 9/86 BB 1989, 1246) auch auf die Fälle übertragen, in denen der Mehrheitsgesellschafter ein Einzelunternehmer und die beherrschte Kapitalgesellschaft eine GmbH sind (Gewinnansprüche des Besitzunternehmens bei der Betriebsaufspaltung).

90 BFH vom 23. 5. 1984 I R 266/81 BStBl II 1984, 723 und dazu unten § 19 I 3e, cc.

IV. Die Aktivierbarkeit[91]

1. Einleitung

Die Aktivierung eines Postens setzt voraus, daß dieser aktivierungsfähig ist und daß kein Aktivierungsverbot besteht.

a) In der Handelsbilanz sind grundsätzlich nur Vermögensgegenstände *aktivierungsfähig.*

Ausnahmen sind die folgenden Posten:

1. Bilanzverlust. Dieser Posten hat nur formalen Charakter. Er ergibt sich als Saldo zum Ausgleich der Bilanzsumme von Aktiv- und Passivseite.
2. Rechnungsabgrenzungsposten.[92]
3. Bilanzierungshilfen.[93] Sie ermöglichen, einmalige Aufwendungen, die nicht für einzelne aktivierungsfähige Vermögensgegenstände oder für Rechnungsabgrenzungsposten angefallen sind, zu aktivieren und in den Folgejahren als Aufwand zu verrechnen. Ihr Zweck ist es, ein relativ besseres Ergebnis auszuweisen, insbesondere einen hohen Verlustausweis in dem Jahr, in dem die einmalige Aufwendung anfällt, vermeiden zu helfen.

   Zu ihrer Rechtfertigung kann angeführt werden, daß die Aufwendungen die Grundlage für die zukünftige Ertragsfähigkeit des Unternehmens darstellen.

   Das deutsche[94] Handelsbilanzrecht kennt nur einige wenige Bilanzierungshilfen:

(1) Kapitalgesellschaften dürfen nach § 269 HGB die Aufwendungen für die Ingangsetzung des Geschäftsbetriebs und dessen Erweiterung, auch soweit sie nicht zu einem Vermögensgegenstand/Wirtschaftsgut geführt haben, als Bilanzierungshilfe aktivieren. Gliederungsmäßig ist diese Bilanzierungshilfe in der Bilanz *vor* dem Posten „Anlagevermögen" auszuweisen und von Unternehmen, die ihren Jahresabschluß offenzulegen haben, im Anhang zu erläutern.

Die bisherige Regelung des § 153 Abs. 4 S. 2 AktG a. F. für die Ingangsetzungskosten ist damit gegenständlich auf die Aufwendungen zur *Erweiterung* des Geschäftsbetriebs ausgedehnt worden.[95]

---

91 Vgl. hierzu die Monographie von Freericks, Bilanzierungsfähigkeit und Bilanzierungspflicht in Handels- und Steuerbilanz, 1976; Moxter, Bilanzrechtsprechung, 2. Aufl. 1985, §§ 1–4.

92 Vgl. dazu unten § 4 VI.

93 Vgl. dazu i. e. Richter in HdJ II/9.

94 Die Möglichkeit der Aktivierung von Forschungs- und Entwicklungskosten ist trotz des nationalen Wahlrechts in Art. 9, Aktiva, C I 1 und 2 b der Bilanzrichtlinie auch im neuen Bilanzrecht nicht vorgesehen.

95 Die Vorschrift beruht auf der Ausübung des Mitgliedstaatenwahlrechts gemäß Art. 9, Aktiva, Buchstabe B der Bilanzrichtlinie. Vgl. zu der Regelung Harms/Küting, BB 1982, 841 ff; Veit, WPg 1984, 65 ff; Selchert, DB 1986, 977 ff. In dem

Macht die Kapitalgesellschaft von dem in § 269 HGB statuierten Aktivierungswahlrecht Gebrauch, so dürfen Gewinne nur ausgeschüttet werden, wenn die nach der Ausschüttung verbleibenden jederzeit auflösbaren Gewinnrücklagen zuzüglich eines Gewinnvortrags und abzüglich eines Verlustvortrags dem angesetzten Betrag mindestens entsprechen (§ 269 S. 2 HGB).

Der aktivierte Betrag ist beschleunigt – in jedem folgenden Geschäftsjahr zu mindestens einem Viertel[96] – abzuschreiben (§ 282 HGB).[97]

(2) Der entgeltlich erworbene Geschäftswert darf angesetzt werden (§ 255 Abs. 4 HGB).[98] Eine Sonderregelung zu dem Unterschiedsbetrag nach § 255 Abs. 4 HGB enthält § 348 Abs. 2 AktG für den Verschmelzungsmehrwert.[99]

(3) Kapitalgesellschaften wird in § 274 Abs. 2 HGB die Möglichkeit eingeräumt, für aktive Steuern einen Abgrenzungsposten als Bilanzierungshilfe zu bilden.

4. Die *Aktivierungsverbote* sind in § 248 HGB geregelt.

– Das Aktivierungsverbot für nicht entgeltlich erworbene immaterielle Vermögensgegenstände des Anlagevermögens entspricht dem bisherigen § 153 Abs. 3 AktG 1965, der auch bislang schon als Grundsatz ord-

---

Regierungsentwurf war diese Bilanzierungshilfe für alle Unternehmen vorgesehen (vgl. § 241 Abs. 3 HGB-E). Da nach der Begründung des Entwurfs (BR-Drs. 257/83 S. 80) der Sinn dieser Bilanzierungshilfe darin besteht, eine in der Anlauf- oder Erweiterungsphase eines Unternehmens sonst eventuell eintretende Überschuldung zu vermeiden, war die Erstreckung der Bilanzierungshilfe auch auf Unternehmen, bei denen die Überschuldung kein Konkursgrund ist, nicht gerade plausibel. Im übrigen ist die Frage, ob eine Überschuldung i. S. des Insolvenzrechts vorliegt, ohnehin nicht auf Grund der regulären Jahresbilanz, sondern auf Grund des besonderen Überschuldungsstatus zu prüfen, vgl. dazu Commandeur, DB 1988, 661 ff m. w. N. Zur Problematik dieser Bilanzierungshilfe und insbesondere der Ausdehnung auf Erweiterungsaufwendungen (Stichwort Manipulationsgefahr) vgl. die Stellungnahme der Kommission Rechnungswesen im Verband der Hochschullehrer für Betriebswirtschaft e. V., DBW 1983, 8; Hofbauer, Sonderbeilage zu DStR Heft 15/1982; vgl. gegen eine Erweiterung der bisherigen Regelung der Ingangsetzungskosten auch die Stellungnahme des IDW, WPg 1984, 129 ff. Für eine restriktive Auslegung des Begriffs der Betriebserweiterung vgl. z. B. Veit, WPg 1984, 66 ff.

96 Die im Regierungsentwurf vorgesehene Abschreibungsfrist von 5 Jahren (§ 267 Abs. 1 HGB-E) ist vom Unterausschuß des Rechtsausschusses des Deutschen Bundestages an Art. 34 Abs. 1 der EG-Richtlinie angepaßt worden.

97 Zur Frage der steuerlichen Relevanz der Bilanzierungshilfen vgl. unten § 4 VIII 1 b.

98 Zur bilanzrechtlichen Einordnung des Geschäftswertes vgl. unten § 4 IV 3 b.

99 Zum Verschmelzungsmehrwert vgl. Treiber in Beck'sches Handbuch, B 211 Rz. 57–60 sowie Adler/Düring/Schmaltz, 4. Aufl., § 153 AktG Anm. 139–154.

nungsmäßiger Buchführung für Unternehmen anderer Rechtsform gegolten hat.[100]

– § 248 Abs. 1 HGB verbietet die Aktivierung der Gründungs- und Eigenkapital-Beschaffungsaufwendungen[101] (z.B. Rechtsanwalt- und Notargebühren, Gerichtskosten, Maklerprovisionen, Kosten der Gründungsprüfung, des Aktiendrucks, Kapitalverkehrsteuer usw.).

  Da diese Aufwendungen nicht zu Vermögensgegenständen/Wirtschaftsgütern führen, versteht sich das Aktivierungsverbot ohnehin. Die Vorschrift hat also nur klarstellenden Charakter.[102]

2. Vermögensgegenstand/Wirtschaftsgut

a) Es ist heute gesichert, daß der Begriff des Vermögensgegenstandes über den des bürgerlich-rechtlichen „Gegenstandes" (Sachen und Rechte) hinausgeht und auch Güter umfaßt, die nicht mit einem Recht verbunden sind (z.B. ungeschützte Erfindungen). Da alle körperlichen Güter ohnehin Gegenstände sind, besteht die Problematik der Aktivierungsfähigkeit vor allem bei den immateriellen Gütern.

Im Steuerrecht wird der Gegenstand der Aktivierung als Wirtschaftsgut bezeichnet. Dieser Begriff ist von der Rechtsprechung des RFH[103] entwickelt und 1934 in das EStG übernommen worden.[104] Der Begriff war dann – trotz seines ursprünglich statischen Charakters – in starkem Maße dynamisch interpretiert worden. Ziel war es, eine Ausgabe, die Nutzen für den Betrieb auch in späteren Jahren verspricht, nicht im Jahre der Zahlung als Betriebsausgabe mit gewinn- und damit steuermindernder Wirkung voll zum Abzug zuzulassen, sondern durch die Aktivierung der Ausgabe diese in dem betreffenden Wirtschaftsjahr erfolgsunwirksam zu machen und auf die Jahre der Nutzung zu verteilen.

Unter dem Begriff des Wirtschaftsguts waren nach der bisherigen steuerlichen Rechtsprechung nicht nur Sachen und Rechte, sondern auch tatsächliche Zustände, konkrete Möglichkeiten und Vorteile für den Betrieb zu verstehen, deren Erlangung der

---

100 Zu diesem Aktivierungsverbot vgl. näher unten § 4 IV 3a.

101 Im Anschluß an die bislang geltenden Regelungen der §§ 153 Abs. 4 S. 1 AktG a.F.; 42 Nr. 2 GmbHG a.F.; 3c Nr. 3 GenG.

102 Vgl. Begründung des Reg. Entwurfs des Bilanzrichtliniengesetzes BR-Drs. 257/83 S. 80. Die Klarstellung wurde wohl in Hinsicht auf die Bilanzierungshilfe für Ingangsetzungs- und Erweiterungsaufwendungen in § 241 Abs. 3 HGB-E für geboten erachtet; so auch Veit, WPg 1984, 69. Vgl. dort auch zur Frage nach den Gründen für die unterschiedliche Behandlung der Gründungsaufwendungen und der Ingangsetzungs- und Erweiterungsaufwendungen.

103 Er wird – soweit zu sehen ist – erstmals in der Entscheidung des RFH vom 27. 3. 1928 I A 470/27 RStBl 1928, 260 verwandt.

104 Das EStG 1925 hatte das Bewertungsobjekt mit dem Begriff „Gegenstand" umschrieben und in Anlehnung an das Bürgerliche Recht nur Sachen, Rechte und Schulden als bilanzierungsfähig angesehen.

Kaufmann sich etwas kosten läßt.[105] In der praktischen Anwendung hatte der Begriff des Wirtschaftsgutes damit jede Kontur verloren. Sobald der Steuerpflichtige nur eine Ausgabe getätigt hatte, die auch in späteren Jahren für den Betrieb von Nutzen war oder auch nur hätte sein können, nahm die Steuerrechtsprechung ein Wirtschaftsgut und damit die Aktivierungspflicht dieser Ausgabe an.

Ob eine über das Handelsrecht hinausgehende Aktivierungspflicht tatsächlich auf § 6 EStG a.F. zu stützen war, mag dahinstehen.[106] Aus der seit 1969 geltenden Fassung des § 6 EStG ist jedenfalls die Aktivierungsfähigkeit und Aktivierungspflicht nicht mehr abzuleiten. § 6 EStG spricht von der Bewertung der einzelnen Wirtschaftsgüter, „die nach § 4 Abs. 1 oder nach § 5 als Betriebsvermögen anzusetzen sind". Durch die Neufassung sollte klargestellt werden, daß § 6 EStG keine eigenständige steuerrechtliche Bilanzierungsvorschrift darstellt, sondern lediglich die Bewertung der nach § 4 Abs. 1 oder nach § 5 EStG anzusetzenden Wirtschaftsgüter regelt.[107]

Was zu bilanzieren ist, d.h. ob ein bilanzierungsfähiges Wirtschaftsgut vorhanden ist, richtet sich damit allein nach den handelsrechtlichen Grundsätzen ordnungsmäßiger Buchführung. Damit hat sich das Verständnis des im Steuerrecht verwandten Begriffs des Wirtschaftsgutes an dem Verständnis des „Vermögensgegenstandes" im Sinne des Handelsrechts zu orientieren. Das ist inzwischen im Grundsatz auch allgemein anerkannt.[108] Damit ist das dynamische Verständnis des Begriffs des Wirtschaftsguts zugunsten der gegenstandsbezogenen Betrachtung – zumindest in der Theorie – überholt. Daß freilich in der praktischen Anwendung die Abkehr des Steuerrechts von dem dynamisch orientierten Wirtschaftsgutsbegriff vollzogen und das Bekenntnis zur Identität des Wirtschaftsgutsbegriffs mit dem des Vermögensgegenstandes tatsächlich mehr als ein Lippenbekenntnis ist, kann mit Sicherheit noch nicht konstatiert werden. Die Gefahr, daß die Steuerrechtspraxis einfach in den handelsrechtlichen Begriff des Vermögensgegenstandes Anklänge an den dynamisch orientierten Wirtschaftsgutsbegriff hineinträgt, ist nicht ganz von der Hand zu weisen.[109]

---

105 Vgl. z.B. BFH vom 24. 8. 1971 VIII R 17/66 BFHE 103, 416 = DB 1972, 121.

106 U.E. setzten aber auch schon der Bewertungsvorbehalt und § 6 EStG a.F. nur „bewertungsrechtliche Grenzpfähle" (Birkholz, JbFStR 1968/69, 41 ff, 55). Vgl. zu dem Anliegen des Gesetzgebers des EStG 1934 bei der Aufnahme des Bewertungsvorbehalts Döllerer, BB 1967, 1261.

107 Ebenso die Begründung des EStÄndG 1969 BT-Drs. 5/3187.

108 So auch BFH vom 26. 2. 1975 I R 32/73 BStBl II 1975, 443; Uelner, Steuerkongreßreport 1975, 95 ff, 99; Crezelius JbFStR 1986/87, 395 f; Schmidt, § 5 EStG Anm. 16a.

109 Ein Beispiel bieten etwa Ausführungen in dem Urteil des IV. Senats vom 10. 8. 1978 IV R 54/74 BStBl II 1979, 74. Es ging um die Beurteilung einer Abfindung, die der Inhaber eines Handelsgeschäftes an einen (atypisch) stillen Gesellschafter bei vorzeitiger einvernehmlicher Aufhebung des Gesellschaftsverhältnisses zahlte. Der BFH hat den Abzug als Betriebsausgabe abgelehnt und die Aktivierungspflicht bejaht: Der Geschäftsinhaber erlangte „mit dieser Abfindungszahlung einen *betrieblichen Vorteil* (Befreiung von einer befristeten Verpflichtung zur Abführung von Teilen des laufenden Gewinns an einen Dritten), der als abnutzba-

Vor diesem Hintergrund war das Vorhaben der Verfasser des Regierungsentwurfs des Bilanzrichtliniengesetzes, an die Stelle des handelsrechtlichen Begriffes Vermögensgegenstand den Begriff Wirtschaftsgut zu setzen,[110] nur als „Schnapsidee“ einzuordnen. Es ist sehr zu begrüßen, daß der Unterausschuß des Rechtsausschusses des Deutschen Bundestages dieses Vorhaben ad acta gelegt hat.

b) Das handelsrechtliche Schrifttum nimmt einen „Vermögensgegenstand“ nur an, wenn er selbständig bewertet werden kann und selbständig verkehrsfähig ist.[111] Diese Auslegung hat ihren Grund in dem Aspekt des Gläubigerschutzes.

Das Merkmal der selbständigen Verkehrsfähigkeit liegt u. E. vor, wenn die (abstrakte) Möglichkeit besteht, den immateriellen Wert zu übertragen, falls der Wert *seiner Natur nach* übertragbar ist. Auch das Warenzeichenrecht, dessen Einzelübertragung kraft positivistischer Anordnung in § 8 WZG ausgeschlossen ist, ist ein Vermögensgegenstand.

In der Entscheidung vom 26. 2. 1975[112] hat der BFH offen gelassen, ob der Ausschluß der Abtretung einer Forderung nach § 399 BGB „allgemein geeignet ist, der Forderung die Eigenschaft eines Vermögensgegenstandes zu nehmen“. „Allgemein“ wird man in der Tat nicht annehmen können, daß der Abtretungsausschluß einer beliebigen schlichten Geldforderung die Eigenschaft als Vermögensgegenstand nimmt. Allerdings ist die Forderung dann, wenn der Abtretungsausschluß gerade den Sinn hat, die persönliche Versorgung des Forderungsinhabers (z. B. bei Pensionsansprüchen) sicherzustellen, ihrer Natur nach nicht mehr verkehrsfähig und kein aktivierungsfähiger Vermögensgegenstand.[113]

Ebenso wird regelmäßig – ist dem Betriebsinhaber ein Nutzungsrecht von einem Angehörigen oder der Gesellschaft von einem Gesellschafter eingeräumt – ein Vermögensgegenstand nicht vorliegen, weil die Übertragbarkeit auch für den Fall der Veräußerung des Betriebes ausgeschlossen ist.[114]

Demgegenüber steht der BFH auf dem Standpunkt, der handelsrechtliche Begriff des Vermögensgegenstandes werde zu eng verstanden, wenn auch

---

rer Vermögensgegenstand im handelsrechtlichen Sinne und abnutzbares Wirtschaftsgut im einkommensteuerrechtlichen Sinne zu beurteilen . . . ist.“!!

110 Offensichtlich hatten die Verfasser überhaupt kein Gespür dafür, welche Gefahren die Übernahme des steuerlichen Begriffes des Wirtschaftsguts mit seiner wechselvollen Geschichte und ungewissen Zukunft für das Handelsbilanzrecht hätte bringen können. Vgl. schon die Bemerkungen zu § 244 HGB des im Februar 1980 vom BMJ vorgelegten Vorentwurfs bei Knobbe-Keuk, StuW 1980, 172 ff, 175.

111 Vgl. Geßler/Hefermehl/Eckardt/Kropff, § 149 AktG Anm. 47; vgl. des weiteren Freericks aaO, (Anm. 91), S. 334; Schneider, WPg 1971, 607 ff, 608; Moxter, BB 1978, 821 ff, 823; Pfeiffer, StuW 1984, 332 ff, 335; vgl. auch IdW-Stellungnahme in WPg 1967, 666; Kommission Rechnungswesen, Reformvorschläge zur handelsrechtlichen Rechnungslegung, DBW 1979, 12 Anm. 83; Pankow/Lienau in Beck'scher Bilanzkommentar, § 247 HGB Anm. 10 ff.

112 BFH vom 26. 2. 1975 I R 72/73 BStBl II 1976, 13.

113 Im Ergebnis lehnt denn auch BFH vom 14. 12. 1988 I R 44/83 BStBl II 1989, 323 die Aktivierung einer unverfallbaren Pensionsanwartschaft nach § 17 Abs. 1 S. 2 BetrAVG ab.

114 Vgl. Groh, DB 1988, 514 ff.

das Merkmal der selbständigen Verkehrsfähigkeit gefordert werde. Für die Qualifizierung eines Vermögensvorteils als Vermögensgegenstand ist also nach dem BFH die Einzelveräußerbarkeit nicht erforderlich, wohl aber, daß der Vorteil „seiner Art nach" zusammen mit dem Betrieb übertragen werden kann.[115] Entscheidende Voraussetzung der Einordnung eines Vermögensvorteils als Vermögensgegenstand/Wirtschaftsgut ist für den BFH, daß der Vorteil einer *„selbständigen Bewertung fähig"* ist[116] oder – in anderer Formulierung –, daß er „nach der Verkehrsauffassung einer besonderen Bewertung zugänglich" ist.[117] Vermögensgegenstand bzw. Wirtschaftsgut kann nach der Rechtsprechung des BFH nur ein Vermögensvorteil sein, der sich hinreichend *objektiviert* erfassen läßt, der – in der Terminologie des BFH – „greifbar" ist.[118] „Die Greifbarkeit erst erweist das Wirtschaftsgut."[119]

Die selbständige Bewertbarkeit bzw. Greifbarkeit des Vermögensvorteils ist also nach der Rechtsprechung des BFH die Voraussetzung für einen Vermögensgegenstand/Wirtschaftsgut, mit der der BFH dem – vor allem in Hinsicht auf den Gläubigerschutz bedeutsamen – Fundamentalprinzip ordnungsmäßiger Buchführung, nämlich dem Vorsichtsprinzip Rechnung trägt. Die Probe auf's Exempel bietet der Fall der Veräußerung des Betriebs: Jedenfalls bei einer (gedachten) Veräußerung des Betriebs muß der Vermögensvorteil „greifbar" sein, „als werterhöhende Einzelheit (Einzelposten) ins Gewicht" fallen.[120] Der Erwerber muß, vorausgesetzt, daß das Unternehmen in gleicher Weise wie bisher betrieben wird, den Vorteil „als Vermögenswert bei der Kaufpreisbemessung berücksichtigen".[121] Für den Vermögensvorteil muß auch beim Erwerber eine wirtschaftliche Verwendung sein.[122]

Aber nicht nur der Vermögensvorteil selbst muß „greifbar" sein, es müssen auch „greifbare" Anschaffungs- oder Herstellungskosten gegeben sein.[123] Beides zusammen erst begründet die selbständige Bewertbarkeit. Der Aufwand des Inhabers des Vermögensvorteils für diesen muß „klar abgrenzbar, mit einiger Sicherheit errechenbar sein".[124]

---

115 Vgl. BFH vom 26. 2. 1975 aaO, (Anm. 112); Schmidt, § 5 EStG Anm. 16b.

116 BFH vom 9. 2. 1978 IV R 201/74 BStBl II 1978, 370.

117 Z.B. BFH vom 26. 2. 1975 aaO, (Anm. 112); vgl. diese Formulierung auch schon in RFH vom 27. 3. 1928 I A 470/27 StuW 1928, 705 = RStBl 1928, 260.

118 Vgl. dazu im einzelnen die Analyse der Rechtsprechung des BFH bei Moxter, Bilanzrechtsprechung, 2. Aufl. 1985, S. 22 ff und BB 1987, 1846 ff.

119 BFH vom 18. 6. 1975 I R 24/73 BStBl II 1975, 809.

120 BFH vom 28. 5. 1979 I R 1/76 BStBl II 1979, 734 ff., 737; vgl. ebenso schon RFH vom 21. 10. 1931 VI A 2002/29 RStBl 1932, 305.

121 BFH vom 18. 6. 1975 I R 24/73 BStBl II 1975, 809 ff., 811.

122 BFH vom 28. 5. 1979 aaO, (Anm. 120).

123 Vgl. die Analyse der Rechtsprechung des BFH bei Moxter, Bilanzrechtsprechung, 2. Aufl. 1985, S. 28 ff.; Pfeiffer, StuW 1984, S. 332 f.

124 BFH vom 28. 5. 1979 aaO, (Anm. 120).

3. Immaterielle Anlagewerte und Geschäftswert

a) Immaterielle Anlagewerte

aa) Immaterielle Anlagewerte/Wirtschaftsgüter[125] dürfen nur aktiviert werden, wenn sie entgeltlich erworben worden sind. Das Aktivierungsverbot des § 248 Abs. 2 HGB[126] – und dem folgend des § 5 Abs. 2 EStG – beruht insbesondere auf dem Vorsichtsprinzip.[127] Immaterielle Anlagewerte sind ohnehin schon ihrer Art nach besonders unsichere Werte. Ob und wie lange sie genutzt werden können, ist häufig nicht zu übersehen. Ein Patent z.B kann von heute auf morgen durch eine neue Erfindung o. ä. wertlos werden. In besonderem Maße fragwürdig aber ist die Bewertung selbsterstellter immaterieller Anlagewerte. Hier fehlt es an einem zwischen Veräußerer und Erwerber ausgehandelten Preis.[128] Deshalb ist die Aktivierung von immateriellen Anlagewerten nur zulässig, wenn der immaterielle Anlagewert entgeltlich erworben ist, wenn er also den Markt passiert hat und man in einem ausgehandelten Preis einen objektiven Wertmaßstab hat. Nach der Rechtsprechung des BFH gilt das Aktivierungsverbot des § 248 Abs. 2 HGB, § 5 Abs. 2 EStG nicht bei Einlagen.[129]

Das Aktivierungsverbot des § 248 Abs. 2 HGB gilt nach seinem Wortlaut nur für selbstgeschaffene immaterielle Werte des *Anlagevermögens*. In der Regel sind denn auch immaterielle Werte dem Anlagevermögen zuzuordnen. Zum Umlaufvermögen gehören immaterielle Werte aber dann, wenn sie z. B. nicht für die Produktion eines Erzeugnisses verwertet werden sollen, sondern Entwicklungen, Entwürfe, Planungen usw. zum Zwecke der Veräußerung oder in Auftragsforschung durchgeführt werden. In einem solchen Fall besteht keine Notwendigkeit einer sinngemäßen Anwendung des § 248 Abs. 2 HGB.[130] Denn die Risikolage ist hier eine andere als bei selbstgeschaffenen immateriellen Wirtschaftsgütern des Anlagevermögens: Das

---

125 Zu diesen „Sorgenkindern des Bilanzrechts" (Moxter) vgl. die umfangreichen Literaturnachweise bei Herrmann/Heuer/Raupach, § 5 EStG Vor Anm. 1700; Richter in HdJ II/2 und insbesondere die zahlreichen Arbeiten von Moxter, etwa BB 1978, 821 ff, BB 1979, 1102 ff, Immaterielle Vermögensgegenstände des Anlagevermögens in: Handwörterbuch, S. 247 ff; ferner die auf einer Dissertation beruhende Abhandlung von Pfeiffer, Begriffsbestimmung und Bilanzfähigkeit des immateriellen Wirtschaftsguts, StuW 1984, 326 ff; Ley, Der Begriff Wirtschaftsgut und seine Bedeutung für die Aktivierung, 2. Aufl. 1987; alle mit weiteren Nachweisen.

126 Vgl. aber Art. 9 der Vierten EG-Richtlinie, Aktiva C I. Diese Bestimmung steht allerdings – glücklicherweise – unter dem Vorbehalt des nationalen Rechts.

127 Kritisch dazu Biergans, S. 184 ff.

128 Vgl. Geßler/Hefermehl/Eckardt/Kropff, § 153 AktG Anm. 41; dort auch weitere Gesichtspunkte, die für das Aktivierungsverbot sprechen.

129 Vgl. dazu unten § 5 III 6.

130 Vgl. ebenso Budde/Karig in Beck'scher Bilanzkommentar, § 248 HGB Anm. 8; Geßler/Hefermehl/Eckardt/Kropff, § 153 AktG Anm. 56; Herrmann/Heuer/Raupach, § 5 EStG Anm. 1754; Brezing in HdJ I/4 Rz. 89.

vereinbarte oder zu erwartende Entgelt gibt eine ausreichende Bewertungsgrundlage.

Die Aktivierbarkeit von immateriellen Anlagewerten/Wirtschaftsgütern setzt zum einen das Vorliegen eines immateriellen Vermögensgegenstandes und zum anderen den entgeltlichen Erwerb voraus. Liegen diese Voraussetzungen vor, so besteht – dies folgt aus dem Vollständigkeitsgebot – Aktivierungspflicht.[131] Für das Steuerrecht ist dies in § 5 Abs. 2 EStG eigens bestimmt.

bb) Entgeltlicher Erwerb ist der von einem Dritten abgeleitete Erwerb.[132] Die Aufwendungen müssen als Gegenleistung dafür erbracht werden, daß der immaterielle Anlagewert aus dem Vermögen des Vertragspartners in das Vermögen des Erwerbers übergeht.[133]

Interne Aufwendungen im Betrieb führen nicht – wie vielfach angenommen wird – zu einem entgeltlichen Erwerb. So können z. B. selbstentwickelte Patente auch nicht mit den Kosten des Patentanwalts oder den Patentgebühren für die Erlangung des Patents aktiviert werden.

Der Begriff des immateriellen Anlagewertes/Wirtschaftsguts ist Gegenstand intensiver Erörterungen.[134] Als gesichert kann zumindest angesehen werden, daß der immaterielle Anlagewert sich von den materiellen Anlagewerten, den Sacheinlagen, durch seine Unkörperlichkeit[135] abhebt[136] und daß es sich

131 Zur Frage, ob vor dem Inkrafttreten des Bilanzrichtliniengesetzes – angesichts der Formulierung in § 153 Abs. 5 S. 2 AktG a. F., „‚darf' angegesetzt werden", ein Wahlrecht bestand, vgl. die 4. Auflage § 4 IV 2 mit Nachweisen.

132 So z. B. BFH vom 13. 12. 1984 VIII R 249/80 BStBl II 1985, 289. Vgl. dazu auch unten Anm. 146.

133 H. M.: Vgl. BFH vom 13. 12. 1984 aaO, (Anm. 132); Budde/Karig in Beck'scher Bilanzkommentar, § 248 HGB Anm. 9; Herrmann/Heuer/Raupach, § 5 EStG Anm. 1730; Geßler/Hefermehl/Eckardt/Kropff, § 153 AktG Anm. 43.

134 Vgl. die Literaturhinweise in Anm. 125. Freilich gehören auch körperliche Vermögensgegenstände, bei denen der geistige Gehalt im Vordergrund steht, zu den immateriellen Vermögensgegenständen (vgl. z. B. BFH vom 9. 12. 1983 III R 6/76 BStBl II 1984, 191 betr. Tonträger).

135 Zu den immateriellen Anlagewerten gehören freilich nicht die Finanzanlagen, die nach dem bilanzrechtlichen Sprachgebrauch neben den Sachanlagen und den immateriellen Anlagewerten die dritte Gruppe des Anlagevermögens darstellen; vgl. Herrmann/Heuer/Raupach, § 5 EStG Anm. 1716 mit weiteren Nachweisen.

136 Die Abgrenzung zwischen körperlichen und unkörperlichen Vermögensgegenständen ist ein Thema für sich. Durch technische und wirtschaftliche Entwicklungen können eines Tages bislang als immateriell eingestufte Vermögensgegenstände zu materiellen werden (vgl. dazu und insbesondere zur Einordnung von Computer-Programmen: Herrmann/Heuer/Raupach, § 5 EStG Anm. 1716; Richter in HdJ II/2 Rz. 8 mit Nachweisen zum Diskussionsstand). Vgl. des weiteren den präzisen und instruktiven Aufsatz von Knepper, Software in Handelsbilanz und Steuerbilanz, Festschrift Döllerer, 1988, S. 299 ff; das Ergebnis überzeugt: Insbesondere auch unter Berücksichtigung der zivilrechtlichen Lage handelt es sich bei der Software um ein immaterielles Wirtschaftsgut. Ebenso jetzt BFH vom 3. 7. 1987 III 7/86 BStBl II 1987, 1028 auch für Anwender-Standard-

um einen Vermögensgegenstand handeln muß. Damit müssen alle für die Annahme eines Vermögensgegenstandes geforderten Voraussetzungen, also insbesondere auch die – abstrakte – selbständige Verkehrs- und Bewertungsfähigkeit, vorliegen. Nur tatsächliche Positionen und Beziehungen oder schlichte betriebliche Vorteile[137] reichen nicht aus.[138]

Hier muß sich die steuerrechtliche Rechtsprechung neu orientieren. In vielen Fällen, in denen sie früher unter Zugrundelegung des eigenständigen steuerrechtlichen Wirtschaftsgutsbegriffs die Aktivierung von Ausgaben bejaht hat, liegt ein entgeltlich erworbener Vermögensgegenstand nicht vor.

So ist man früher z. B. von der Aktivierungspflicht der Ausgaben für einen einmaligen Werbefeldzug ausgegangen.[139] Zum einen liegt ein Vermögensgegenstand nicht vor. Zum anderen hat der Unternehmer die aus der Maßnahme erwarteten Vorteile selbst geschaffen.

Oder: In dem Fall der Entscheidung vom 26. 2. 1957[140] hat der BFH die Aktivierungspflicht eines an einen Arbeitnehmer gezahlten Wohnungsbauzuschusses bejaht. Das Wirtschaftsgut sollte darin bestehen, daß der Arbeitnehmer sich an den Betrieb gebunden fühle, sich ihm verpflichtet fühle. Schon die umständliche Beschreibung des Wirtschaftsguts zeigt an, daß in Wirklichkeit ein Wirtschaftsgut nicht vorliegt.

Zu begrüßen ist, daß die Tendenz der neueren Rechtsprechung des BFH dahingeht, nicht mehr Aufwendungen für jedweden betrieblichen Vorteil für aktivierungspflichtig zu erklären. So hat der BFH in dem Urteil vom 5. 2. 1987[141] ausdrücklich Abschied von einem Wirtschaftsgut „Bindung des Arbeitnehmers an den Betrieb“ genommen.[142]

---

software (zu § 19 BerlFG); BFH vom 2. 9. 1988 III R 38/84 BStBl II 1989, 160 (zu § 19 BerlFG).

137 Vgl. aber die oben in Anm. 109 angeführte Formulierung in BFH vom 10. 8. 1978. Glücklicherweise hat der Unterausschuß des Rechtsausschusses des Deutschen Bundestages in seinen Entwurf nicht die im Regierungsentwurf § 244 Abs. 2 HGB-E vorgesehene Erläuterung des Begriffs des immateriellen Wirtschaftsguts übernommen. Insbesondere die Aussage in § 244 Abs. 2 S. 2 HGB-E, daß als „immaterielle Wirtschaftsgüter“ auch „sonstige Vorteile“ in Betracht kommen, hätte den Gegenstand handelsrechtlicher Aktivierung jeder Kontur beraubt und einen erheblichen Rückschritt bedeutet. Die Anleihe bei der – hoffentlich inzwischen überholten – steuerrechtlichen Terminologie legte die Vermutung „made in BFM“ nahe!

138 Vgl. dazu Moxter, BB 1978, 821 ff; DB 1978, 1804 ff.

139 Vgl. z.B. BFH vom 9. 10. 1962 I 167/62 U BStBl III 1963, 7.

140 BFH vom 26. 2. 1957 I 196/56 U BStBl III 1957, 160.

141 BFH vom 5. 2. 1987 IV R 81/84 BStBl II 1987, 845.

142 BFH vom 13. 5. 1987 (I B 179/86 BStBl II 1987, 777) äußert ernstliche Zweifel an der Verwaltungsauffassung, daß mit der Zahlung der Transfer-Entschädigung bei dem Wechsel eines Spielers von einem Verein der Fußball-Bundesliga zu einem anderen Verein ein immaterielles Wirtschaftsgut entgeltlich erworben wird. Immerhin erwirbt der zahlende Verein aber das Recht, den Spieler in den Spielen einzusetzen. Ob das ganze Transfersystem anstößig ist oder nicht, spielt für die Bilanzierung keine Rolle (vgl. a.A. aber Ströfer, BB 1982, 1087 ff).

Des weiteren wurde der sofortige Abzug von Aufwendungen als Betriebsausgaben zugelassen:

- bei einer Kostenbeteiligung des Unternehmers an dem – wegen der starken Benutzung durch seine Fahrzeuge erforderlichen – Ausbau einer zum Betriebsgrundstück führenden öffentlichen Straße,[143]
- bei der Beteiligung an den Mehrkosten einer städtischen Kläranlage, welche durch betriebsbedingte besondere Abwasserzuführungen veranlaßt sind,[144]
- bei freiwilligen Zuschüssen zur Errichtung einer Fußgängerzone, die nicht grundstücks-, sondern betriebsbezogen sind,[145]
- durch einen Beitrag zu den Aufwendungen eines Elektrizitätswerks für die Durchführung von Anschlußarbeiten, den ein Unternehmen anläßlich der Umstellung der Stromversorgung leistet.[146]

Allerdings ist der BFH peinlichst bemüht, in derartigen Fällen des Zuschusses zu fremden Herstellungskosten von Sachanlagen eine Stellungnahme zu der Frage zu vermeiden, ob beim Zuschußgeber überhaupt ein – immaterieller – Vermögensgegenstand vorliegt; er läßt die Frage des Vermögensgegenstandes dahinstehen.

U. E. gibt es keinen Vermögensgegenstand „gesicherte Stromversorgung", „verbesserten Verkehrsanschluß", „verbesserten Zugang zum Publikum" o. ä.[147] Vielmehr tätigt der Zuschußgeber schlicht Aufwendungen, deren Nutzen sich erst in Zukunft erweisen und – vielleicht – in den künftigen Ergebnissen niederschlagen wird.

Die Aktivierbarkeit des Zuschusses scheitert in diesen Fällen nach dem BFH jedenfalls daran, daß ein entgeltlicher – abgeleiteter – Erwerb eines Vermögensgegenstandes nicht vorliegt.

Nach Brezing[148] steht diese Rechtsprechung im „krassen Widerspruch" zu einer langen Reihe früherer Urteile, in denen durch Einräumung neu geschaffene Bezugsrechte, Belieferungsrechte, Wettbewerbsverbote als „erworben" angesehen wurden.[149] Aus der Begründung der neueren Urteile, daß es bei den Zuschüssen um Ausgaben für eine ursprüngliche Schaffung, nicht aber für einen abgeleiteten Erwerb eines Nutzungsvorteils gehe, folgert Brezing, dem BFH werde es nicht erspart bleiben können, seine frühere Rechtsprechung zur Aktivierung neu eingeräumter Rechte, insbesondere auf den Gebieten der Bezugs- und Belieferungsrechte und Wettbewerbsverbote ausdrücklich für Makulatur zu erklären.[150]

---

143 BFH vom 26. 2. 1980 VIII R 80/77 BStBl II 1980, 687.

144 BFH vom 25. 8. 1982 I R 130/78 BStBl II 1983, 38.

145 BFH vom 12. 4. 1984 IV R 137/80 BStBl II 1984, 489 mit Anm. Söffing, FR 1984, 480. Die Beiträge nach den Kommunalabgabengesetzen zum Umbau einer Straße in eine Fußgängerzone stellen hingegen Aufwand auf den Grund und Boden dar (vgl. BFH vom 16. 12. 1982 VIII R 167/78 BStBl II 1983, 111; BFH vom 26. 1. 1984 IV R 30/80 BStBl II 1984, 480).

146 BFH vom 13. 12. 1984 VIII R 249/80 BStBl II 1985, 289; vgl. zu dem Urteil die Anmerkungen von Mathiak, StuW 1985, 274 f und Brezing, FR 1985, 385.

147 A.A. Brezing, FR 1985, 385.

148 Vgl. Brezing, FR 1985, 385.

149 Vgl. i.e. die Nachweise bei Brezing in HdJ I/4 Rz. 25, 26.

150 Brezing, FR 1985, 386; vgl. auch Brezing in HdJ I/4 Rz. 92 ff.

U. E. kann man durchaus nicht nur die Übertragung eines schon existenten Vermögensgegenstandes, sondern auch die entgeltliche Begründung durch die Vertragspartner als „entgeltlich erworben" betrachten. Die Rechtsposition des Erwerbers muß nur zu Lasten derjenigen des Vertragspartners gehen. Insofern besteht durchaus auch in der Frage des entgeltlichen Erwerbs ein Unterschied zwischen dem Zuschuß zu den Anschlußkosten des Elektrizitätswerks in der Entscheidung des BFH vom 13. 12. 1984 und zu dem Zuschuß, den Brauereien Gaststätteninhabern gegen Einräumung eines Bierlieferungsrechts leisten[151] – ganz davon abgesehen, daß das Bierlieferungsrecht ein Vermögensgegenstand ist und die „gesicherte Stromversorgung" nicht.[152]

Vielfach werden freilich auch entgeltlich erworbene – eindeutige – Vermögensgegenstände gleichwohl nicht aktiviert, freilich nicht aus dem Grunde, daß sie nicht entgeltlich erworben worden wären, sondern weil auch bei dinglichen Nutzungsverhältnissen die Bilanzierungsgrundsätze für schwebende Verträge, speziell für Dauerschuldverhältnisse,[153] Anwendung finden.

Beispiel: Entgeltlich erworbene Lizenzen. Sind als Entgelt laufende Lizenzgebühren zu entrichten, so wird der Vorgang nicht anders als ein schuldrechtliches Nutzungsverhältnis behandelt. Wird eine einmalige Lizenzgebühr gezahlt, so ist der Betrag beim Lizenznehmer zu aktivieren, freilich nicht als Vermögensgegenstand, sondern als Rechnungsabgrenzungsposten für vorausgezahlte Nutzungsentgelte.[154] Es wäre eine Untersuchung wert, ob nicht die bilanzielle Gleichbehandlung dinglicher Nutzungsverhältnisse mit den obligatorischen auch für andere Fälle, in denen nicht ein schon existenter Vermögensgegenstand übertragen, sondern für den Zahlenden erst begründet wird, nutzbar gemacht werden kann.

b) Geschäftswert[155]

aa) Der Gesamtwert eines Unternehmens liegt in der Regel über der Summe der Zeitwerte des bilanzierten Vermögens. Er hängt entscheidend von den erwarteten künftigen Erträgen ab. Diese werden maßgeblich durch nicht greifbare Faktoren, wie z. B. den Ruf der Firma, den Kundenstamm,

151 BFH vom 26. 2. 1975 I R 72/73 BStBl II 1976, 13.

152 Vgl. auch neuerdings BFH vom 18. 1. 1989 X R 10/86, BB 1989, 881: Löst ein Handelsvertreter durch Vereinbarung mit dem Geschäftsherrn den Ausgleichsanspruch (§ 89 HGB) seines Vorgängers in einer bestimmten Höhe ab, erwirbt er damit entgeltlich ein immaterielles Wirtschaftsgut „Vertreterrecht". Dieses ist auch dann zu aktivieren, wenn das Entgelt durch Verrechnung mit einem prozentualen Anteil an den erzielten Provisionen entrichtet wird.

153 Vgl. dazu unten § 4 VII 4.

154 Vgl. Döllerer, BB 1984, 2038.

155 Der Geschäftswert ist in den letzten Jahren Gegenstand eingehender wissenschaftlicher Erörterungen gewesen, vgl. insbesondere Doralt, Der Firmenwert in der Handels- und Steuerbilanz, 1976; Moxter, Die Geschäftswertbilanzierung in der Rechtsprechung des BFH und nach EG-Bilanzrecht, BB 1979, 741; Wöhe, Zur Bilanzierung und Bewertung des Firmenwertes, StuW 1980, 89 ff; Müller-Dahl, Die Bilanzierung des Goodwill – betriebswirtschaftlich sowie handels- und steuerrechtlich unter Berücksichtigung des Vorentwurfs eines Bilanzrichtliniengesetzes, BB 1981, 274 ff. Vgl. des weiteren die in Anm. 157 Zitierten sowie Söffing, Festschrift Döllerer, 1988, S. 593 ff und Zeitler, DStR 1988, 303 ff.

die Organisationsstruktur, bestimmte Produktions- und Absatzverfahren, Standortbedingungen, technische und kaufmännische Erfahrung, Qualität der Belegschaft, erschlossener Absatzmarkt usw., beeinflußt. Diese Faktoren machen in ihrer Gesamtheit den Geschäfts- oder Firmenwert aus.[156] Er ist die Differenz zwischen dem Gesamtwert des Unternehmens und der Summe der Zeitwerte des bilanzierten Nettovermögens. Die Höhe wird wesentlich durch die Methode der Unternehmensbewertung und der Ermittlung der Zeitwerte der Vermögensgegenstände bestimmt.

Die bilanzrechtliche Einordnung des Geschäftswerts ist streitig. Nach der handelsrechtlich herrschenden Meinung handelt es sich nicht um einen Vermögensgegenstand.[157] Es fehlt an der – abstrakten – selbständigen Verkehrsfähigkeit, des weiteren – wie die rein gegriffenen Abschreibungsfristen zeigen – an der selbständigen Bewertungsfähigkeit.[158] Gegen die handelsrechtliche Meinung steht die Steuerrechtsprechung, die den Geschäftswert als Vermögensgegenstand ansieht.[159]

Im Regierungsentwurf des Bilanzrichtliniengesetzes (§ 244 Abs. 2 HGB-E) war – offensichtlich unter steuerrechtlichen Einflüssen – der Geschäfts- oder Firmenwert als Beispiel für einen immateriellen Anlagewert angeführt. Damit hätte für den entgeltlich erworbenen Geschäftswert eine Aktivierungs*pflicht* bestanden. Hier hat der Unterausschuß des Rechtsausschusses des Deutschen Bundestages eine Änderung vorgenommen: Zwar hat der Unterausschuß sich nicht zu der ausdrücklichen Einordnung des Aktivpostens für den entgeltlich erworbenen Geschäftswert als Bilanzierungshilfe durchringen können.[160] Er hat aber in der Bestimmung des § 255 HGB über die Anschaffungs- und Herstellungskosten in Abs. 4 S. 1 formuliert:

---

156 Beim Erwerb eines Unternehmens geht die Neigung der Steuerpflichtigen aus Abschreibungsgründen naturgemäß dahin, den Geschäftswert in einzelne immaterielle „Wirtschaftsgüter“, wie Arbeitsverhältnisse, Absatzmarkt usw. zu zerlegen. Zur Unterscheidung zwischen (selbständigen) immateriellen Einzelwirtschaftsgütern und (unselbständigen) Geschäftswert bildenden Faktoren vgl. BFH vom 7. 11. 1986 IV R 7/83 BStBl II 1986, 176.

157 Vgl. schon Lion, StuW 1925, 734 ff; VJStFR 1927, 550 ff. Ebenso die in Anm. 155 Zitierten; Freericks aaO, (Anm. 91), S. 144, 834; Dziadkowski, BB 1980, 1518; Wöhe, StuW 1980, 107; Pfeiffer, StuW 1984, 337; Richter in HdJ II/9, Rz. 7 ff; 3.

158 Ähnlich Söffing aaO, (Anm. 155): Der Geschäftswert ist einer Einzelbewertung nicht zugänglich, weil er letztlich die Summe von nicht einzeln bewertbaren Vorteilen ist.

159 Vgl. BFH vom 25. 11. 1981 I R 54/77 BStBl II 1982, 189 und dazu Mathiak, StuW 1982, 306. Zur steuerrechtlichen Behandlung des Geschäftswerts nach dem Inkrafttreten des Bilanzrichtliniengesetzes vgl. § 5 X.

160 Er meinte, es müsse dann auch, wie bei der Bilanzierungshilfe für die Ingangsetzungs- und Betriebserweiterungskosten, eine Ausschüttungssperre vorgesehen werden (vgl. Begründung zu § 255 Abs. 4 HGB-EU). Allerdings sah er sich nicht gehindert, die Abschreibungsfrist für den Geschäftswert (§ 255 Abs. 4 HGB-EU) an die für den als Ingangsetzungs- und Erweiterungskosten angesetzten Posten geltende Abschreibungsfrist (§ 282 HGB-EU) anzupassen.

„Als Geschäfts- oder Firmenwert darf der Unterschiedsbetrag angesetzt werden, um den die für die Übernahme eines Unternehmens bewirkte Gegenleistung den Wert der einzelnen Vermögensgegenstände des Unternehmens abzüglich der Schulden im Zeitpunkt der Übernahme übersteigt."

Es besteht also auch in Zukunft für den entgeltlich erworbenen Geschäftswert keine Aktivierungspflicht. Dies zeigt an, daß es sich jedenfalls nicht um einen reinen Vermögensgegenstand handelt. Wird der Posten Geschäftswert angesetzt, so hat der Posten zumindest zu einem wesentlichen Teil den Charakter einer Bilanzierungshilfe[161] – die freilich nicht von einer Ausschüttungssperre flankiert wird. Der angesetzte Betrag ist in jedem folgenden Geschäftsjahr zu mindestens einem Viertel durch Abschreibungen zu tilgen. Kurz vor Toresschluß zum Bilanzrichtliniengesetz ist dann aber auch die Möglichkeit der planmäßigen Verteilung auf die Geschäftsjahre eingefügt worden, in denen der Geschäfts- oder Firmenwert voraussichtlich genutzt wird. Die beiden nunmehr gesetzlich vorgesehenen Abschreibungsverfahren – wie auch schon das Aktivierungswahlrecht – belegen die Unsicherheit auch des Gesetzgebers hinsichtlich der Einordnung des Geschäftswerts:[162] Die Tilgung des Postens zu mindestens jährlich einem Viertel paßt nicht zu einem Vermögensgegenstand,[163] wohl aber die planmäßige Abschreibung auf die voraussichtliche Nutzungsdauer.

Für den *originären* Geschäftswert besteht ein Aktivierungsverbot. Dieses – bislang in § 153 Abs. 5 S. 1 AktG 1965 ausgesprochene – Aktivierungsverbot ist als Grundsatz ordnungsmäßiger Buchführung anerkannt und gilt auch steuerlich.

Wer den Geschäftswert als Vermögensgegenstand ansieht, kann für das Aktivierungsverbot positivistisch auf das Aktivierungsverbot für immaterielle Vermögensgegenstände in § 248 Abs. 2 HGB verweisen.

Das Aktivierungsverbot beruht auf dem Prinzip vorsichtiger kaufmännischer Bilanzierung und Bewertung. Denn der Ruf eines Unternehmens und sein technischer Stand sind flüchtig.[164] Sie hängen, da der Geschäftswert nicht selbständig Gegenstand des Rechtsverkehrs sein kann, stark von subjektiven Einschätzungen ab. Das Verbot, einen Geschäftswert zu aktivieren, gilt auch für die einzelnen Faktoren des Geschäftswertes. Daher darf z. B. auch ein Kundenstamm oder Marktanteil nicht aktiviert werden.[165]

bb) Liegt der Kaufpreis für einen Betrieb wegen schlechter Ertragslage unter den Zeitwerten der erworbenen Vermögensgegenstände, so ist nach

161 Zur steuerrechtlichen Behandlung des Geschäftswerts vgl. unten § 5 X.

162 Zu dem heterogenen Charakter des Geschäftswerts (teils Darstellung der Vermögenswertkomponenten, teils Bilanzierungshilfe) vgl. Küppers, DB 1986, 1633 ff.

163 Vgl. Moxter, BB 1985, 1101.

164 Geßler/Hefermehl/Eckardt/Kropff, § 153 AktG Anm. 63.

165 Geßler/Hefermehl/Eckardt/Kropff, § 153 AktG Anm. 64.

h. M. nicht ein *negativer Geschäftswert* zu bilanzieren.[166] Vielmehr sind die einzelnen Wirtschaftsgüter entsprechend niedriger anzusetzen.

4. Sonderfragen

a) Herstellungsaufwand als Gegenstand der Aktivierung

Neben der Aktivierung von neu zugegangenen Vermögensgegenständen kommt handels- und steuerrechtlich eine Aktivierung auch in Frage, wenn Aufwendungen auf einen bereits vorhandenen und aktivierten Vermögensgegenstand gemacht werden. Freilich ist nicht jedweder Aufwand auf einen schon vorhandenen Vermögensgegenstand zu aktivieren. Vielmehr ist zwischen *Erhaltungsaufwand* und *Herstellungsaufwand* zu unterscheiden.

Erhaltungsaufwand dient lediglich der laufenden Instandsetzung und Reparatur. Er ist nicht zu aktivieren, sondern sofort als Aufwand bzw. Betriebsausgabe abzugsfähig. Würde man Erhaltungsaufwand, z. B. die Kosten für die Erneuerung des Daches eines Gebäudes aktivieren, so würde dies dazu führen, daß der erneuerte Teil des Wirtschaftsgutes zweimal aktiviert wäre, nämlich zum einen mit dem in dem Buchwert des Wirtschaftsgutes enthaltenen Teil der ursprünglichen Anschaffungs- oder Herstellungskosten und zum anderen mit dem Aufwand für die Erneuerung. Das Vermögen des Unternehmens wäre also zu hoch ausgewiesen. Deshalb verbietet sich die Aktivierung von Erhaltungsaufwand.

Hingegen ist *Herstellungsaufwand* auf einen vorhandenen Vermögensgegenstand zu aktivieren. Die Abgrenzung des Erhaltungsaufwandes vom Herstellungsaufwand bereitet weniger theoretisch als praktisch beträchtliche Schwierigkeiten. Letztlich wird es immer auf die Verkehrsanschauung zu den Verhältnissen des Einzelfalles ankommen. Die mit diesen Fragen ständig befaßte Steuerrechtsprechung hat eine Reihe von Grundsätzen entwikkelt, an denen sich auch das Handelsrecht orientiert.[167]

Danach liegt Erhaltungsaufwand in der Regel vor,[168] wenn die Aufwendungen dazu dienen, einen Vermögensgegenstand

1. in ordnungsgemäßem Zustand zu erhalten, sofern

---

166 Pankow/Reichmann in Beck'scher Bilanzkommentar § 247 HGB Anm. 585; Pankow/Schmidt-Wendt in Beck'scher Bilanzkommentar § 255 HGB Anm. 944; Glade, § 253 HGB Rz. 111; Söffing, Festschrift Döllerer, 1988, S. 593 ff, 596; BFH vom 19. 2. 1981 IV R 41/78 BStBl II 1981, 730; zweifelnd Zeitler, DStR 1988, 308 f.

167 Vgl. § 255 Abs. 2 S. 1 HGB und dazu Adler/Düring/Schmaltz, § 255 Anm. 148 ff.

168 Vgl. die Zusammenfassung der Rechtsprechung in Abschn. 157 EStR und die Nachweise bei Herrmann/Heuer/Raupach, § 6 EStG Anm. 470 ff, 481 ff; Schmidt/Glanegger, § 6 EStG Anm. 43.

2. es sich um regelmäßig in gewissen Zeitabständen notwendige Ausbesserungen handelt, durch die
3. die Wesensart des Vermögensgegenstandes nicht verändert wird.

Umgekehrt ist zu aktivierender Herstellungsaufwand anzunehmen, wenn eine der folgenden Voraussetzungen erfüllt ist:

1. Ein Vermögensgegenstand ist durch die Aufwendungen in seiner Substanz vermehrt worden (z. B. Anbau oder Erweiterungen von Gebäuden).
2. Die Gebrauchs- oder Verwendungsfähigkeit eines Vermögensgegenstandes ist so verändert worden, daß hierin eine Veränderung der Wesensart des Vermögensgegenstandes zu erblicken ist.
3. Die Lebensdauer des Vermögensgegenstandes ist durch die Aufwendungen nicht nur unerheblich verlängert worden.

Herstellungsaufwand ist bei dem betreffenden Wirtschaftsgut zu aktivieren und verteilt auf die Restnutzungsdauer des Wirtschaftsguts abzuschreiben.[169]

b) Die Problematik der Aktivierung von Bauten auf fremden Grundstücken und von Mieterein- und -umbauten

Grund und Boden einerseits und aufstehende Gebäude andererseits werden bilanzrechtlich als zwei verschiedene Wirtschaftsgüter betrachtet.[170] Sie sind getrennt zu bewerten.[171]

aa) Nicht mehr besonders auszuweisen sind nach dem Gliederungsschema für Kapitalgesellschaften in § 266 Abs. 2 A II. Nr. 1 HGB *Bauten auf fremden Grundstücken.* Ebenso wie vor Inkrafttreten des Aktiengesetzes 1965 sind Bauten auf fremden Grundstücken nunmehr bei den bebauten Grundstücken auszuweisen. Damit stellt sich die Frage, wann es sich bei dem betreffendem Bau überhaupt um einen Vermögensgegenstand handelt, der im rechtlichen oder „wirtschaftlichen" Eigentum des Bilanzierenden steht.

Diese Voraussetzung ist erfüllt bei

1. Bauten, die aufgrund eines dinglichen Rechts an einem fremden Grundstück auf diesem errichtet sind. Sie stehen im Eigentum des Bauenden (vgl. § 95 Abs. 1 S. 2 BGB);
2. Bauten, die im Rahmen eines Miet- oder Pachtverhältnisses errichtet und mit dem Grund und Boden nicht fest oder nur zu einem vorübergehenden Zweck verbunden sind. Auch in diesem Fall ist der Bauende Eigentümer (§ 95 Abs. 1 S. 1 BGB).

Gemeinhin werden bei den unter § 266 Abs. 2 A II Nr. 1 HGB aufzunehmenden Bauten aber auch solche genannt, die im Rahmen eines Miet- oder Pachtverhältnisses errichtet und mit dem Grund und Boden nicht nur vorübergehend fest verbunden sind. Die Aktivierung dieser im Eigentum des

169 Zur Abschreibung vgl. unten § 5 IV.
170 Vgl. BFH vom 16. 7. 1968 GrS 7/67 BStBl II 1969, 108 ff.
171 Vgl. dazu unten § 5 III 3.

Grundstückseigentümers (§ 94 BGB) stehenden Bauten ist äußerst problematisch.[172] Denn ob und in welcher Höhe dieser Aktivierungsposten einen Vermögenswert darstellt, ist sehr ungewiß. U. E. ist die Aktivierung nur vertretbar, wenn dem Mieter oder Pächter bei – auch vorzeitiger – Beendigung des Miet- oder Pachtverhältnisses gegen den Verpächter ein Anspruch auf Ersatz seiner Verwendungen zusteht. Dann verkörpert der Aktivposten „Bauten auf fremden Grundstücken" diese Forderung.

Eine entsprechende Problematik besteht in den Fällen, in denen etwa ein Ehegatte ein Grundstück, das beiden Ehegatten als Miteigentümern oder dem anderen Ehegatten allein gehört, mit eigenen Mitteln bebaut, um es für seinen Betrieb zu nutzen. Nach dem BFH[173] sind die Herstellungskosten des Gebäudes wie Herstellungskosten eines materiellen Wirtschaftsguts zu aktivieren. Demgegenüber steht die Finanzverwaltung auf dem Standpunkt, daß sich die ertragsteuerliche Behandlung dieser Nutzungsrechte im betrieblichen Bereich nach den für Gebäude geltenden Vorschriften richte.[174]

Bei Beendigung des Nutzungsverhältnisses soll dann eine Gewinnrealisierung in Höhe der Differenz zwischen dem Restbuchwert des aktivierten Nutzungsrechts und der Ausgleichsforderung des Hersteller-Ehegatten nach § 951 BGB eintreten.[175] Das Ganze ist reichlich verquer, und dies beruht darauf, daß das „Nutzungsrecht" dazwischen geschoben wird. Werden die Herstellungskosten in der Bilanz des nutzenden Ehegatten aktiviert, so weist der Hersteller weder ein materielles Wirtschaftsgut „Gebäude" noch ein „Nutzungsrecht", sondern seinen Ausgleichsanspruch nach § 951 BGB gegen den Eigentümer aus.[176] Dieser Anspruch mindert sich entsprechend dem Wertverzehr des Grundstücks. Da die Forderung wirtschaftlich den Bau verkörpert, ist es gerechtfertigt, von dieser Forderung wegen des Wertverzehrs des Baus Afa vorzunehmen, die sich nach den für Gebäude maßgebenden Vorschriften richten.[177]

bb) Noch problematischer als die Aktivierung von Bauten auf fremden Grundstücken ist die Frage der Aktivierung von *Mietereinbauten und -umbauten.*

Nach der Rechtsprechung des BFH setzt die Aktivierung zunächst voraus, daß durch die Ein- oder Umbauten ein – gegenüber dem Gebäude – selbständiges Wirtschaftsgut entstanden ist. Das ist nicht der Fall, wenn nur Erhaltungsaufwand des Mieters vorliegt.[178] Ein selbständiges materielles Wirtschaftsgut nimmt der BFH an, wenn die Gebäudebestandteile „unmittelbar

---

172 Vgl. auch die Bedenken bei Knapp, DB 1971, 1125, 1126.

173 BFH vom 13. 7. 1977 I R 217/75 BStBl II 1978, 6; BFH vom 31. 10. 1978 VIII R 182/75 BStBl II 1979, 399; BFH vom 11. 12. 1987 III R 188/81 BStBl II 1988, 493.

174 Vgl. BdF vom 3. 5. 1985 BStBl I 1985, 188; vgl. auch Knobbe-Keuk, StuW 1979, 306 ff.

175 BFH vom 11. 12. 1987 III R 188/81 BStBl II 1988, 493.

176 In der Sache sieht der BFH letztlich auch den Anspruch nach § 951 BGB als Gegenstand der Aktivierung, operiert daneben aber doch wieder mit dem Nutzungsrecht und seiner Abschreibung.

177 Vgl. auch BdF vom 3. 5. 1985, aaO (Anm. 174).

178 Vgl. BFH vom 21. 2. 1978 VIII R 148/73 BStBl II 1978, 345.

besonderen Zwecken dienen und in diesem Sinne in einem von der eigentlichen Gebäudenutzung verschiedenen Funktionszusammenhang stehen".[179] U. E. ist diese Formel, die dem Beschluß des Großen Senats des BFH vom 26. 11. 1973[180] zur Frage der gesonderten Abschreibung von Gebäudebestandteilen entnommen ist, nicht geeignet, die Frage der Aktivierung von Mietereinbauten oder -umbauten zu klären. Denn ob man dem Eigentümer des Gebäudes gestattet, bei Ein- und Umbauten eine gesonderte AfA vorzunehmen oder ob man den Mieter verpflichtet, einen bestimmten Betrag als *seinen* Vermögenswert auszuweisen, macht einen Unterschied.

Einbauten (z. B. bei Lebensmittelgeschäften) werden in der Regel freilich wegen der nur vorübergehenden Verbindung im Eigentum des Mieters bleiben. Insoweit steht die Aktivierungspflicht nicht in Frage. Der Ausweis erfolgt unter dem Posten „Betriebs- und Geschäftsausstattung". Soweit aber Einbauten in das Eigentum des Vermieters übergehen und insbesondere bei Umbauten ist die Frage, welches Wirtschaftsgut für den Mieter eigentlich entstanden sein soll. Der BFH[181] hat bei dem Umbau eines Lagers in Büroräume mit einem Kostenaufwand von DM 8000 ein Wirtschaftsgut angenommen – ohne dieses freilich mit einem Namen versehen zu können.[182]

U. E. ist die Aktivierung von Umbaukosten des Mieters nur möglich, wenn dem Mieter bei Beendigung des Mietverhältnisses – und vor allem auch bei vorzeitiger Beendigung – ein Anspruch gegen den Vermieter auf Ersatz seiner Verwendungen zusteht.

Der Aktivposten verkörpert dann diese Forderung und nicht etwa das wirtschaftliche Eigentum an einem „Wirtschaftsgut".[183]

In allen übrigen Fällen würde in der Bilanz des Mieters ein reiner Luftposten ausgewiesen.

In einer bewertungsrechtlichen Entscheidung vom 24. 8. 1984[184] hat der BFH den vom Mieter für die Modernisierung einer Schaufensteranlage getragenen Aufwand als immaterielles Wirtschaftsgut (Nutzungsvorteil) eingeordnet.[185] U. E. ist dem nicht zu folgen. Der „Nutzungsvorteil" ist kein Vermögensgegenstand/Wirtschaftsgut. In der Bilanz wäre der Nutzungsvorteil, selbst wenn man ihn als immateriellen Vermögensgegenstand einordnen

179 BFH vom 26. 2. 1975 I R 32/73 BStBl II 1975, 443.
180 BFH vom 26. 11. 1973 GrS 5/71 BStBl II 1974, 132.
181 BFH vom 26. 2. 1975 I R 184/73 BStBl II 1975, 443.
182 Vgl. kritisch zur Rechtsprechung des BFH vor allem Knapp, BB 1975, 1103 ff; Piltz, DB 1975, 2054 ff; Curtius-Hartung, StbJb 1975/76, 349 ff; Herrmann/Heuer/Raupach, § 5 EStG Anm. 1256 a; einverstanden mit dem BFH z. B. Uelner, StbJb 1975/76, 326 ff; Bordewin, JbFStR 1975/76, 246 ff; BdF vom 15. 1. 1976 BStBl I 1976, 66.
183 Ebenso mit Einschränkungen Plückebaum in Kirchhof/Söhn, § 4 EStG Rz. B 40.
184 BFH vom 24. 8. 1984 III R 33/81 BStBl II 1985, 40.
185 Ebenso nimmt Brezing in HdJ I/4 Rz. 22 bei Mieterein- und -umbauten ein immaterielles Wirtschaftsgut an. Zur Problematik vgl. auch Schmidt, § 5 EStG Anm. 31 mit Nachweisen.

würde, jedenfalls wegen des Aktivierungsverbots für selbst geschaffene immaterielle Vermögensgegenstände nicht anzusetzen.

V. Die Passivseite

1. Eigenkapital[186]

a) Der Ausweis des *Eigenkapitals* erfolgt bei *Personenunternehmen*[187] durch die Bilanzierung einer Kapitalposition für den Unternehmer bzw. je für die Gesellschafter, der Gewinnanteile und Einlagen zugeschrieben werden und die um Verlustanteile und Entnahmen gekürzt wird.

Bei *Personengesellschaften* werden vielfach für jeden Gesellschafter zwei Kapitalpositionen geführt, eine feste, auf der die im Gesellschaftsvertrag festgelegte Einlage ausgewiesen wird und die insbesondere für die Gewinn- und Verlustverteilung, ggf. auch für das Stimmrecht maßgebend ist, und eine veränderliche, auf der Gewinn- und Verlustanteile sowie Privatentnahmen und -einlagen verrechnet werden. Neben den Kapitalkonten der Gesellschafter werden verbreitet auch aus Gewinn gebildete Rücklagenkonten geführt.[188]

b) Bei *Kapitalgesellschaften*[189] wird der Eigenkapitalausweis durch die Position „Gezeichnetes Kapital" eröffnet (§ 266 Abs. 3 A I. HGB). Gezeichnetes Kapital ist das Kapital, „auf das die Haftung der Gesellschafter für die Verbindlichkei-

---

186 Die auf der Passivseite ausgewiesenen Positionen des Eigenkapitals sagen naturgemäß zu dem Wert des im Unternehmen gebundenen Eigenkapitals nichts aus. Durch die Bildung stiller Rücklagen (stiller Reserven) kann weiteres Eigenkapital an den Betrieb gebunden sein. Wie der Name sagt, sind stille Rücklagen weder auf der Aktiv- noch auf der Passivseite der Bilanz erkennbar. Sie ergeben sich aus dem Unterschied zwischen dem einzelnen Bilanzansatz und dem wirklichen Wert. Sie entstehen insbesondere durch Unterbewertungen und durch die Befolgung der Höchstwertvorschriften bei Wertsteigerungen.
Für Personenunternehmen läßt § 253 Abs. 4 HGB ausdrücklich Unterbewertungen im Rahmen vernünftiger kaufmännischer Beurteilung zu. Vgl. dazu unten § 5 I.

187 Vgl. zur Darstellung des Eigenkapitals bei Personenunternehmen näher Sarx in Beck'scher Bilanzkommentar, § 247 HGB Anm. 304 ff; zu Kapitalkonten und Gesellschafterdarlehen vgl. Schopp, BB 1987, 851; zu Gesellschafterkonten in der Personengesellschaft vgl. Huber, ZGR 1988, 1 ff; sowie Huber/Gassner, JbFStR 1988/89, 301 ff.

188 Vgl. Westermann in Handbuch der Personengesellschaften I, 297 ff; Huber aaO (Anm. 187), S. 47 ff.

189 Vgl. zur Ermittlung und zum Ausweis des Eigenkapitals nach dem Bilanzrichtliniengesetz i. e. Harms/Küting, DB 1983, 1449 ff; Heller, Bilanzierung der Rücklagen und des Bilanzergebnisses, DB 1987, 645; zur Darstellung des Eigenkapitals bei der GmbH nach dem Bilanzrichtliniengesetz vgl. Küting/Weber, GmbHR 1984, 165 und die Kommentierungen zu § 272 HGB.

ten der Kapitalgesellschaft gegenüber den Gläubigern beschränkt ist" (§ 272 Abs. 1 S. 1 HGB[190]); es ist zum Nennbetrag anzusetzen (§ 283 HGB).

Die Position „gezeichnetes Kapital" tritt an die Stelle des bislang üblichen in der Satzung festgesetzten Nominalkapitals (Grundkapital der AG, Stammkapital der GmbH). Die Lesbarkeit der Jahresabschlüsse, insbesondere für Ausländer, soll dadurch erhöht werden, daß nunmehr bereits durch die Bezeichnung klargestellt ist, daß es sich nicht notwendig um das eingezahlte Kapital handelt.[191]

Weiteres Eigenkapital wird in den Rücklagepositionen ausgewiesen. Das Gesetz unterscheidet nunmehr zwischen *Kapitalrücklagen* und *Gewinnrücklagen.*

Bei den *Kapitalrücklagen* geht es um Vermögensmehrungen der Kapitalgesellschaft, die in Zusammenhang mit der Beschaffung von Kapital stehen. Als Kapitalrücklage sind auszuweisen:

1. der Betrag, der bei der Ausgabe von Anteilen einschließlich von Bezugsanteilen über den Nennbetrag hinaus erzielt wird;
2. der Betrag, der bei der Ausgabe von Schuldverschreibungen für Wandlungsrechte und Optionsrechte zum Erwerb von Anteilen erzielt wird;
3. der Betrag von Zuzahlungen, die Gesellschafter gegen Gewährung eines Vorzugs für ihre Anteile leisten;
4. der Betrag von anderen Zuzahlungen, die Gesellschafter in das Eigenkapital leisten.

Die nach Nr. 1–3 in die Kapitalrücklage eingestellten Beträge unterliegen bei der Aktiengesellschaft den Vorschriften zur Bildung der gesetzlichen Rücklage nach § 150 AktG.

Grund für die Einstellung des bei der Ausgabe von Optionsrechten[192] erzielten Betrages in die Kapitalrücklage nach § 272 Abs. 2 Nr. 2 HGB ist, daß es sich *nicht* um *echten betrieblichen Gewinn,* sondern um Kapitalzufuhr handelt.[193] Der der Kapitalrücklage zugeführte Betrag kann nur unter den Voraussetzungen des § 150 Abs. 3, 4 AktG dieser wieder entnommen werden; er ist also in der Kapitalrücklage auch dann zu belassen, wenn das Optionsrecht später nicht ausgeübt wird.[194]

---

190 Diese Begriffsbestimmung ist inkorrekt. Bei Kapitalgesellschaften gibt es keine Haftung der Gesellschafter für die Verbindlichkeiten!

191 Vgl. Begründung zu § 248 Abs. 2 S. 1 HGB-E BR-Drs. 257/83, S. 82. Für die nicht eingeforderten ausstehenden Einlagen gibt § 272 Abs. 1 HGB ein Wahlrecht. Sie können entweder auf der Aktivseite vor dem Anlagevermögen gesondert ausgewiesen oder – soweit sie noch nicht eingefordert sind – auf der Passivseite von dem Posten „Gezeichnetes Kapital" offen abgesetzt werden. Die zweite Darstellungsform ist für das deutsche Recht neu.

192 Bei niedrig verzinslichen zu pari emittierten Optionsrechten ist der Betrag, der dem Zinsvorteil entspricht, in die Kapitalrücklage einzustellen.
Zur bilanzrechtlichen und handelsrechtlichen Lage bei Optionsanleihen vgl. Kropff, ZGR 1987, 285 ff.

193 Vgl. Amtl. Begründung zu § 150 AktG 1965, abgedruckt bei Kropff, AktG 1965 zu § 150.

194 So zu Recht die überwiegende handelsrechtliche Auffassung; für diese vgl.

Dieses gilt auch steuerlich. Es entsteht also weder bei der Ausgabe der Optionsrechte noch, wenn das Optionsrecht nicht ausgeübt wird, ein steuerlicher Gewinn; die Vermögensvermehrung beruht auf steuerlichen Einlagen.[195]

In die Kapitalrücklage ist auch der Betrag von *anderen* Zuzahlungen (d.h. ohne Gewährung von Vorzügen seitens der Gesellschaft), die Gesellschafter *in das Eigenkapital* leisten, einzustellen (§ 272 Abs. 2 Nr. 4 HGB).

Diese nach § 272 Abs. 2 Nr. 4 HGB in die Kapitalrücklage eingestellten Beträge sind nicht in die Bindung der gesetzlichen Rücklage nach § 150 AktG einbezogen. Die Einstellung von Zuschüssen usw. in die Kapitalrücklage setzt voraus, daß die Leistung des Gesellschafters *in das Eigenkapital* gewollt ist.[196] Es fallen also nicht ohne weiteres alle Leistungen, die man im Steuerrecht unter verdeckter Einlage[197] verstehen mag, unter § 272 Abs. 2 Nr. 4 HGB.[198]

Als *Gewinnrücklagen* dürfen nur Beträge ausgewiesen werden, die im Geschäftsjahr oder in einem früheren Geschäftsjahr aus dem Ergebnis gebildet worden sind (§ 272 Abs. 3 HGB). In § 272 Abs. 4 HGB gesondert geregelt ist die Rücklage für eigene Anteile.

c) Eigenkapital kann auch auf der Zufuhr von *Genußrechtskapital* beruhen.

Wird gegen die Gewährung von Genußrechten dem Unternehmen Kapital zugeführt, so ist – um einen ausschüttungsfähigen Gewinn zu verhindern – in jedem Fall ein Passivposten in Höhe des zugeführten Aktivums auszuweisen.[199]

Die bislang h.M. nimmt nur ein Passivierungswahlrecht an.[200] Der Empfang von Kapital zur Nutzung – gleichgültig ob bis zur Kündigung, Fälligkeit oder Liquidation –

Kropff, ZGR 1987, 287 ff mit Nachweisen; a.A. Biener/Berneke, § 272 HGB Anm. 3b. Vgl. dagegen treffend Kropff aaO.

195 Vgl. dazu näher Knobbe-Keuk, Steuerrechtliche Fragen der Optionsanleihen, ZGR 1987, 312 ff; ebenso Döllerer, AG 1986, 237 ff; Koch/Vogel, Beilage 10 zu BB Heft 24/1986; Holzheimer, WM 1986, 1169 ff; Loos, BB 1988, 369 ff; Arndt/Muhler, DB 1988, 2167 ff; a.A. Dötsch/Eversberg/Jost/Witt, § 8 KStG Anm. 37a–37d; Uelner, JbFStR 1986/87, 19 ff.

196 Bericht des Rechtsausschusses BT-Drs. 10/4268, S. 107, abgedruckt bei Helmrich, Bilanzrichtlinien-Gesetz, S. 124; Döllerer, BB 1986, 1862.

197 Vgl. dazu unten § 16 II 1 a.

198 Vgl. zum Verhältnis der steuerrechtlichen verdeckten Einlage zur Kapitalrücklage nach § 272 Abs. 2 Nr. 4 HGB im einzelnen Döllerer, BB 1986, 1858 ff. Zu Erscheinungsformen der „anderen Zuzahlungen" des § 272 Abs. 2 Nr. 4 HGB vgl. eingehend Küting/Kessler, BB 1989, 25 ff, 30 ff. Zur Bedeutung des § 272 Abs. 2 Nr. 4 HGB für das Schütt-Aus-Hol-Zurück-Verfahren vgl. § 17 V Anm. 66.

199 Köhler, WT 1936, 267; Wipper, WT 1936, 106; Seuffert, StuW 1941, 79; Ernst, AG 1977, 79; Knobbe-Keuk, ZIP 1983, 127; Emde, BB 1988, 1214 m.w.N.; Adler/Düring/Schmaltz, § 266 HGB Anm. 189 (soweit es sich nicht um Sanierungsmaßnahmen handelt).

200 Z.B. Lutter in Kölner Kommentar, § 221 AktG Anm. 74; Schilling in Großkommentar AktG, § 221 Anm. 13; Adler/Düring/Schmaltz, 4. Aufl., § 151 AktG Anm. 234; Haarmann, JbFStR 1985/86, 407 ff.

kann aber niemals Ertrag sein, sondern stellt einen erfolgsneutralen Finanzierungsvorgang dar. Eine andere Sicht würde zu einer der Agiotage vergleichbaren Wirkung führen, daß nämlich durch Genußrechtsemissionen künstlich immer neue Gewinne zur Entstehung gebracht werden könnten.

Unter welcher Position das Genußrechtskapital auszuweisen ist, hängt von der inhaltlichen Ausgestaltung der Genußrechte ab.

Genußrechtskapital stellt bilanziell Eigenkapital dar, wenn das hingegebene Kapital *nur* aus dem Liquidationserlös zu tilgen und im Konkursfall verloren ist.[201] Es ist dann in der Gliederung des Eigenkapitals als besonderer Posten nach dem gezeichneten Kapital auszuweisen.[202]

Ist es hingegen denkbar, daß das Genußrechtskapital im Konkursfall dem Gläubiger nicht mehr zur Verfügung steht, weil eine nur beschränkte Laufzeit vereinbart ist oder für eine Seite ein Kündigungsrecht besteht, so kommt ein Ausweis als Eigenkapital nicht in Frage.

2. Steuerfreie Rücklagen

Die normalen handelsrechtlichen offenen Rücklagen werden aus Beträgen gebildet, die der Steuer schon unterlegen haben. Die Zuführungen von Teilen des Gewinns in die Rücklage stellt nur eine Verwendung des steuerpflichtigen Gewinns dar. Der Steuergesetzgeber läßt aber in einer Reihe von Fällen die Bildung von Rücklagen zu Lasten des steuerpflichtigen Gewinns zu (sog. steuerfreie Rücklagen). Durch die Bildung einer steuerfreien Rücklage wird der steuerpflichtige Gewinn gemindert. In der Regel sind derartige steuerfreie Rücklagen in späteren Jahren gewinnerhöhend aufzulösen. Auf diese Weise tritt durch die Bildung der steuerfreien Rücklagen keine endgültige Steuerersparnis ein. Sie bringt aber eine zinslose Steuerverschiebung und damit einen Zins- und Liquiditätsvorteil.[203]

Es sind zwei Gruppen zu unterscheiden:

1. Der Steuerpflichtige kann unter bestimmten Voraussetzungen offene Rücklagen von vornherein steuerfrei bilden.

   Zu diesen steuerfreien Rücklagen gehören z. B. die alte Preissteigerungsrücklage (§ 74 EStDV) – die für die Zukunft durch die steuerrechtliche Anerkennung des Lifo-Verfahrens abgelöst werden wird – und die Zuschußrücklage (Abschn. 34 Abs. 3 EStR).

   Mit der Zulassung der Bildung derartiger steuerfreier Rücklagen ist vielfach eine wirtschaftspolitisch bedingte Steuervergünstigung durch Beeinflussung der Bemessungsgrundlage „Gewinn" verbunden. Die Palette dieser wirtschaftspolitisch bedingten Rücklagen ist einem ständigen Wandel unterworfen.

201 Vgl. Clemm/Nonnenmacher in Beck'scher Bilanzkommentar, § 247 HGB Anm. 368 m. w. N.

202 Vgl. Sarx in Beck'scher Bilanzkommentar, § 272 HGB Anm. 2; Adler/Düring/Schmaltz, § 266 HGB Anm. 189.

203 Vgl. dazu i. e. unten § 4 VIII 2.

Eine solche „Errungenschaft“ in diesem Bereich ist auch die durch das Haushaltsbegleitgesetz 1983 eingeführte befristete steuerfreie Rücklage bei Erwerb von Betrieben, deren Fortbestand gefährdet ist (§ 6 d EStG).[204]

In Funktion, Wirkung und Problematik stehen diese steuerfreien Rücklagen den Sonderabschreibungen gleich.[205]

2. Der Steuerpflichtige kann eine aufgedeckte stille Rücklage (Reserve) steuerneutral auf ein anderes Wirtschaftsgut übertragen, oder – wenn eine solche Übertragung bis zum Schluß des Wirtschaftsjahres, in dem die stille Reserve aufgedeckt worden ist, nicht möglich oder nicht zulässig war – die aufgedeckte stille Rücklage als offene Rücklage weiterführen.

Zu dieser Gruppe von steuerfreien Rücklagen gehören die Rücklagen für Ersatzbeschaffung,[206] die Reinvestitionsrücklage nach § 6 b EStG[207] und die Rücklage nach § 30 des Gesetzes zur Förderung der Rationalisierung im Steinkohlenbergbau.

Die steuerfreien Rücklagen stehen dem Betrieb nicht in voller Höhe als Eigenkapital zur Verfügung. Vielmehr beinhalten sie zum Teil eine Steuer„rückstellung“. Denn die Auflösung in späteren Jahren führt zu einer Erhöhung des steuerpflichtigen Gewinns. Nur über die Verwendung des nach Abzug der Steuern verbleibenden Teils der steuerfreien Rücklage kann dann beschlossen werden, entweder daß eine Ausschüttung oder die Zuführung zu den normalen handelsrechtlichen Rücklagen erfolgt. Werden steuerfreie Rücklagen gebildet, so dürfen sie also, weil sie nicht in voller Höhe Eigenkapital darstellen, nicht unter den normalen offenen Rücklagen ausgewiesen werden. Der Tatsache, daß die Inanspruchnahme von Steuervergünstigungen durch Bildung steuerlicher Rücklagen vielfach eine entsprechende Bilanzierung in der Handelsbilanz voraussetzt,[208] trägt § 247 Abs. 3 HGB in Anlehnung an § 152 Abs. 5 AktG a. F. Rechnung.

Soweit die Bildung einer steuerlichen Rücklage nicht von einer entsprechenden Bilanzierung in der Handelsbilanz abhängig ist (z. B. Preissteigerungsrücklage nach § 74 EStDV a. F.), kommt die Bildung eines Sonderpostens mit Rücklageanteil bei Kapitalgesellschaften nicht in Betracht (§ 273 HGB). Es ist dann die Steuerrückstellung nach § 274 Abs. 1, § 249 HGB zu bilden[209], weil der zu versteuernde Gewinn niedriger ist als das handelsrechtli-

204 Vgl. die Darstellung der Einzelheiten dieser aus 570 Worten bestehenden Vorschrift bei Bordewin, FR 1983, 65 ff; Dankmeyer/Klöckner, DB 1983, 304 ff. Vgl. des weiteren die eingehende Behandlung bei Rick, Insolvenzrechtsreform und Sanierungsrücklage nach § 6 d EStG, DB 1985, 2261 ff, 2309 ff. Zur Sanierungsrücklage und Mehrmütter-Herrschaft vgl. BVerwG vom 14. 12. 1987 7 B 240.87, BB 1988, 810.

205 Vgl. dazu unten § 5 IV 4.

206 Vgl. dazu unten § 6 II 2 b.

207 Vgl. dazu unten § 6 II 3 b.

208 Zu der sogenannten umgekehrten Maßgeblichkeit und ihren Grenzen vgl. oben § 2 III.

209 Vgl. dazu unten § 4 V 5 c, ee.

che Ergebnis. Darüber hinaus bleibt die Möglichkeit, eine entsprechende Rücklage im Rahmen der Gewinnverwendung zu bilden.[210]

3. Haftendes (Fremd-)Kapital[211]

Traditionellerweise folgt im Anschluß an die Eigenkapital-Positionen und die steuerfreien Rücklagen der Ausweis des Fremdkapitals mit den Positionen Rückstellungen und Verbindlichkeiten. Dabei orientiert die bisherige Bilanzierungspraxis im allgemeinen die Einordnung als Fremdkapital an dem formalen Moment des Vorliegens von schuldrechtlichen Ansprüchen Dritter (einschließlich derjenigen von Gesellschaftern gegen die Gesellschaft).

Die derart vorgenommene schlichte – grobe – Unterteilung der Passivposten in Eigenkapital und Fremdkapital ist freilich für eine aussagekräftige Darstellung der Kapitalsituation des Unternehmens nicht ausreichend. Es wird die materielle Bedeutung des Fremdkapitals, daß dieses nämlich die Summe aller im Konkurs des Unternehmers oder der Gesellschaft zu berücksichtigenden Vermögensansprüche darstellen soll, vernachlässigt. Bei einer rein formalen Anknüpfung des Fremdkapitals werden als Fremdkapital in einzelnen Fällen Beträge ausgewiesen, die in Wirklichkeit dem Unternehmen als haftendes Kapital zur Verfügung stehen.

Fleck[212] bezweifelt die Notwendigkeit und Zulässigkeit eines Postens, der die traditionelle Folge Eigenkapital – Fremdkapital unterbricht.

Fleck verweist auf § 265 Abs. 5 S. 2 HGB, der die Hinzufügung neuer Posten erlaubt, wenn ihr Inhalt nicht von einem vorgeschriebenen Posten gedeckt ist. Dies ist nach Meinung von Fleck insbesondere bei kapitalersetzenden Gesellschafterdarlehen[213] nicht der Fall. Nach Fleck sind diese gemäß § 42 Abs. 3 GmbHG als Verbindlichkeiten gegenüber Gesellschaftern auszuweisen, im übrigen genüge es in der Regel, Finanzierungs- und Kreditschwierigkeiten im Lagebericht deutlich zu machen und im Ernstfall die Bindung der Gesellschafterdarlehen in der Bilanz zu vermerken.

In der Tat ist für die eigenkapitalersetzenden Gesellschafterdarlehen ein besonderer Posten „nachrangiges" Haftkapital oder „Quasieigenkapital" oder „haftendes (Fremd-)Kapital" nicht unproblematisch. Dies vor allem deshalb, weil in der Beurteilung des Gesellschafterdarlehens als eigenkapitalersetzend beträchtliche Unsicherhei-

---

210 Nach § 248 Abs. 4 S. 3 und 4 HGB-E sollte in diesen Fällen die Aufnahme des Eigenkapital-Anteils unter die „anderen" Gewinnrücklagen möglich sein. Der Unterausschuß des Rechtsausschusses des Deutschen Bundestages hat von diesem Vorhaben Abstand genommen (vgl. Begründung S. 43).

211 Vgl. dazu näher Knobbe-Keuk, Stille Beteiligung und Verbindlichkeiten mit Rangrücktrittsvereinbarung im Überschuldungsstatus und in der Handelsbilanz des Geschäftsinhabers, ZIP 1983, 127 ff. Dem folgend K. Schmidt, Festschrift Goerdeler, 1987, S. 487 ff.

212 Fleck, Festschrift Döllerer, 1988, S. 109 ff.

213 Für einen Ausweis jedenfalls vor dem Fremdkapital vgl. z. B. Hadding/Uwe H. Schneider, Sparkasse 1977, 390; Lutter/Hommelhoff, ZGR 1979, 31 ff, 52 ff; Baumbach/Hueck, § 42 GmbHG Anm. 215. Hommelhoff, WPg 1984, 629 ff, 632. Vgl. weitere Nachweise zum Meinungsstand bei Fleck aaO, (Anm. 212).

ten bestehen – letztlich weiß es regelmäßig nach vielen Jahren erst der BGH, wenn das Kind in den Brunnen gefallen ist – und weil sich der Charakter eines Gesellschafterdarlehens je nach wirtschaftlicher Lage des Unternehmens häufiger ändern kann. Ein ständiges Hin- und Her-Plazieren des Gesellschafterdarlehens wird dem Petitum nach formeller und bilanzieller Bilanzkontinuität wenig gerecht.

Es gibt aber Fälle, in denen einserseits völlig klar ist, daß das der Gesellschaft aufgrund eines Fremdkapitaltitels zur Verfügung stehende Kapital haftendes Kapital ist, und dieses andererseits nicht von einem vorgeschriebenen Posten gedeckt ist (§ 265 Abs. 5 S. 2 HGB). Es geht um folgende Fälle:

a) Verbindlichkeiten mit Rangrücktrittsvereinbarung

Sollen Rangrücktrittsvereinbarung – sei es von Seiten eines Gesellschafters, sei es von Seiten eines Dritten – die beabsichtigte Wirkung der Vermeidung oder Beseitigung der Überschuldung entfalten, so haben sie zum Inhalt, daß die Forderung nur aus künftigen Jahresüberschüssen, aus dem Liquidationsüberschuß oder aus weiterem, die sonstigen Schulden der Gesellschaft übersteigendem Vermögen getilgt werden soll.[214] Forderungen, die aber nur aus künftigen Jahresüberschüssen oder Liquidationsüberschüssen zu tilgen sind, sind in der Bilanz des Schuldners nicht mehr als Verbindlichkeit auszuweisen.[215] Die Kapitalsituation würde aber unkorrekt dargestellt, wenn der Betrag der bisherigen Verbindlichkeit aus der Bilanz verschwinden und statt dessen ein Gewinn ausgewiesen würde.

Mit dem Abschluß einer Rangrücktrittserklärung hat der Gläubiger jedoch eine Verfügung über seine Forderung vorgenommen, die das Forderungsrecht inhaltlich verändert. Aus der Gläubigerforderung ist im Verhältnis zu den übrigen Gläubigern haftendes Kapital geworden. Dieses haftende Gläubigerkapital ist für die übrigen Gläubiger so gut wie Eigenkapital. Wie im Ernstfall der schuldende Unternehmer hinter sie zurücktritt, tut dies auch der Gläubiger, der eine Rangrücktrittsvereinbarung abgeschlossen hat.

b) Einlagen stiller Gesellschafter mit voller Verlustbeteiligung

Auch die Verbindlichkeit des Geschäftsinhabers gegenüber dem Stillen ist formal Fremdkapital. Bei der stillen Gesellschaft mit Verlustbeteiligung des Stillen hat der Stille von vornherein eine Position, die noch schwächer ist als diejenige eines Gläubigers auf Grund einer Rangrücktrittsvereinbarung. Seine Einlage ist nicht nur – wie bei den Gläubigern, die eine Rangrücktrittsvereinbarung beschlossen haben – im Verhältnis zu den übrigen Gläubigern

---

214 Vgl. Knobbe-Keuk, ZIP 1983, 127 ff, 128; Zilias, WPg 1977, 449; Priester, DB 1977, 2429 ff; Lutter/Hommelhoff/Timm, BB 1980, 737 ff; Serick, ZIP 1980, 9 ff.

215 Vgl. schon RG vom 26. 11. 1912 Rep. II 359/12 RGZ 81, 17 ff, 22 und weitere Nachweise für die h. M. § 4 V 4 Anm. 226.

haftendes Kapital, sondern auch im Verhältnis zu dem Eigenkapital der Gesellschafter; er geht also nicht nur im Rang den übrigen Gläubigern nach, sondern rangiert auf der gleichen Stufe wie die Gesellschafter mit dem Eigenkapital.[216]

c) Genußrechtskapital, das nicht bilanzielles Eigenkapital darstellt[217]

Ist für das Genußrechtskapital eine nur beschränkte Laufzeit vereinbart oder besteht für eine Seite ein Kündigungsrecht, so ist es nicht ausschließlich aus dem Liquidationserlös zu tilgen und stellt nicht bilanzielles Eigenkapital dar. Nimmt das Genußrechtskapital aber auch an den Verlusten teil oder/und ist es vereinbarungsgemäß gegenüber den anderen Gläubigern nachrangig, so ist es von dem übrigen Fremdkapital gesondert als haftendes Kapital auszuweisen.

d) Zusammenfassung

Einem klaren und sicheren Einblick in die Vermögenslage ist es förderlich, wenn man auf der Passivseite der Bilanz über die traditionelle Folge Eigenkapital – Fremdkapital hinaus auch die in materieller Hinsicht entscheidende Differenzierung zwischen haftendem und nicht haftendem Kapital kenntlich machen würde. Dazu bietet sich an, zwischen den Eigenkapitalpositionen und dem normalen Fremdkapital das Fremdkapital gesondert auszuweisen, welches als haftendes Kapital zur Verfügung steht. Über die Eigenschaft als haftendes Kapital muß allerdings Klarheit bestehen – wie sie in den drei behandelten Fallgruppen gegeben ist. Diese Fälle sind auch nicht durch den vorhandenen Posten Verbindlichkeiten gedeckt, weil feststeht, daß es nicht um Vermögensansprüche geht, die im Konkurs als Fremdkapital zu bedienen sind. Das haftende Kapital ist zu unterteilen

a) in dasjenige, welches sowohl im Verhältnis zu den übrigen Gläubigern als auch im Verhältnis zum Inhaber des Unternehmens so gut wie Eigenkapital ist (Paradigma: stille Beteiligung mit Verlustbeteiligung) und

b) in dasjenige, welches – in Hinsicht auf die Rückzahlung – zwar vor dem Eigenkapital rangiert, im Verhältnis zu den übrigen Gläubigern aber nachrangig ist. Das sind insbesondere solche Verbindlichkeiten – ob gegenüber fremden Dritten oder gegenüber Gesellschaftern –, hinsichtlich deren eine Rangrücktrittsvereinbarung besteht.

Soweit Sonderposten mit Rücklageanteil nach § 273 HGB vorhanden sind, empfiehlt sich der Ausweis der dargestellten Haftungskapitalpositionen vor

216 Vgl. dazu näher Knobbe-Keuk, ZIP 1983, 127 ff. Vgl. im Ergebnis ebenso Glade, § 266 HGB Rz. 582; Paulick/Blaurock, Handbuch der stillen Gesellschaft, 4. Aufl. 1988, S. 253 f; Westerfelhaus, DB 1988, 1173 ff, 1177.

217 Zum Ausweis als Eigenkapital oben § 4 V 1 c; zur steuerlichen Behandlung der Ausschüttungen auf Genußrechte vgl. unten § 16 IV.

diesen, da der Sonderposten mit Rücklageanteil sowohl Eigenkapital als auch Fremdkapital darstellt.[218]

4. Verbindlichkeiten[219]

Das Fremdkapital wird in den Posten Verbindlichkeiten und Rückstellungen ausgewiesen. Der Ansatz eines solchen Postens mindert, der Wegfall erhöht handels- und steuerrechtlich den Gewinn. Es sind grundsätzlich sämtliche Verbindlichkeiten auszuweisen (§ 246 Abs. 1 HGB).

Eine Ausnahme bringt § 88 Abs. 3 des 2. Wohnungsbaugesetzes: Der Bauherr von Wohnungen im sozialen Wohnungsbau ist nicht verpflichtet, sog. Aufwendungsdarlehen in seiner Handelsbilanz auszuweisen. Durch diese Bilanzierungshilfe soll aus wohnungsbaupolitischen Gründen der Ausweis einer Überschuldung vermieden werden.[220]

Die Finanzverwaltung geht von der steuerlichen Passivierungspflicht aus.[221]

Eine Verbindlichkeit ist anzusetzen, wenn am Bilanzstichtag die Verpflichtung zu einer auch der Höhe nach bestimmten Leistung gegenüber einem Dritten besteht. Die Passivierung von Verbindlichkeiten für eine Gegenleistung bestimmt sich nach den Grundsätzen zur Bilanzierung schwebender Geschäfte.[222] Steht die Höhe der Verbindlichkeit am Bilanzstichtag nicht fest, so ist die Verbindlichkeit nicht unter den Verbindlichkeiten, sondern unter den Rückstellungen anzusetzen. Der Ansatz einer Verbindlichkeit setzt nicht voraus, daß der Anspruch des Dritten auch schon fällig ist.

Besteht gegenüber dem Anspruch die Möglichkeit einer peremptorischen Einrede, so hängt der Ansatz als Verbindlichkeit davon ab, ob der Unternehmer die Einrede geltend machen wird. Ist davon auszugehen, daß er sie geltend machen wird, so kommt der Ansatz einer Verbindlichkeit nicht mehr in Frage. Da der Unternehmer bei Geltendmachung der Einrede nicht mehr zur Erfüllung gezwungen werden kann, ist der Anspruch wirtschaftlich nicht existent. Beabsichtigt der Unternehmer aber, den Anspruch trotz Bestehens der Einredemöglichkeit zu erfüllen, also z. B. die Einrede der Verjährung nicht zu erheben, so ist die Verbindlichkeit anzusetzen.[223]

---

218 Vgl. auch Glade, § 266 HGB Rz. 582.

219 Vgl. hierzu Hüttemann, Grundsätze ordnungsmäßiger Bilanzierung für Verbindlichkeiten, 1970 und in HdJ III/8 mit weiteren Nachweisen.

220 Vgl. Gesetzesbegründung BT-Drs. VI/2117.

221 Vgl. dazu näher Bordewin, JbFStR 1975/76, 246 ff.

222 Vgl. dazu unten § 4 VII.

223 Vgl. auch BFH vom 17. 11. 1987 VIII R 348/82 BStBl II 1988, 430: Ein Kaufmann, der mit dem anderen Vertragsteil über die Änderung oder Aufhebung eines geschlossenen Vertrags verhandelt, darf nach dem Grundsatz vorsichtiger Bilanzierung von dem Ansatz einer Rückstellung oder einer Verbindlichkeit, die sich aus dem bestehenden Vertrag ergibt, erst dann absehen, wenn der Vertrag geändert oder aufgehoben ist. Vgl. ferner BFH vom 22. 11. 1988 VIII R 62/85 BStBl II 1989, 359: Verbindlichkeiten, die mit an Sicherheit grenzender Wahr-

Aufschiebend bedingte Verbindlichkeiten sind grundsätzlich erst im Zeitpunkt des Eintritts der Bedingung als Verbindlichkeit auszuweisen. Nur wenn der Eintritt der Bedingung am Bilanzstichtag sicher ist, kommt der Ansatz als Verbindlichkeit in Frage.[224]

Als aufschiebend bedingte Verbindlichkeiten sind insbesondere die sog. Eventualverbindlichkeiten,[225] Verpflichtungen aus einer Bürgschaftsübernahme, die wechselrechtliche Rückgriffshaftung usw. zu behandeln. Regelmäßig erfolgt, da eine Verpflichtung noch nicht besteht und die Inanspruchnahme nicht wahrscheinlich ist, keine Passivierung. Ist die Inanspruchnahme des Unternehmens aber sicher, dann kommt der Ansatz als Verbindlichkeit in Frage, ist sie wahrscheinlich, ist eine Rückstellung zu bilden.

Sind derartige aufschiebend bedingte Verbindlichkeiten nicht zu passivieren, so sind die Haftungsverhältnisse unter der Bilanz zu vermerken (§ 251 HGB). Das gilt für

1. Verbindlichkeiten aus der Begebung und Übertragung von Wechseln,
2. Verbindlichkeiten aus Bürgschaften, Wechsel- und Scheckbürgschaften,
3. Verbindlichkeiten aus Gewährleistungsverträgen,
4. Haftung aus der Bestellung von Sicherheiten für fremde Verbindlichkeiten.

Um eine aufschiebend bedingte Verbindlichkeit handelt es sich auch, wenn sie erst aus künftigen Gewinnen oder Liquidationsüberschüssen zu tilgen ist. Ein Ansatz unter den Verbindlichkeiten scheidet aus.[226] Erst mit dem Eintritt der Bedingung – Gewinnerzielung oder Liquidationsüberschuß – wird der Tatbestand erfüllt, der eine wirtschaftliche Belastung und damit eine bilanzrechtliche Schuld begründet.[227] Der Grundsatz, daß Verbindlich-

---

scheinlichkeit nicht erfüllt werden müssen, dürfen weder in der Handels- noch in der Steuerbilanz passiviert werden.

224 Nach Adler/Düring/Schmaltz, 4. Aufl., § 149 AktG Anm. 38 und Glade, § 266 HGB Rz. 758 soll die aufschiebend bedingte Verbindlichkeit schon dann ausgewiesen werden, wenn mit dem Eintritt der Bedingung „zu rechnen ist". Richtiger erscheint uns in einem solchen Fall der Ansatz einer Rückstellung; vgl. wie hier Clemm/Nonnenmacher in Beck'scher Bilanzkommentar, § 247 HGB Anm. 366; Hüttemann in HdJ III/8 Rz. 66.

225 Zu den Eventualverbindlichkeiten vgl. i.e. Bordt in HdJ III/9 mit weiteren Nachweisen.

226 H.M.: Vgl. RG v. 26. 11. 1912 Rep. II 359/12 RGZ 81, 17 ff, 22; Adler/Düring/Schmaltz, 4. Aufl., § 149 AktG Anm. 46; Hüttemann, Grundsätze ordnungsmäßiger Bilanzierung für Verbindlichkeiten, 1970, 127 f; ders. in HdJ III/8 Rz. 57; Priester, DB 1977, 2429 ff; Siegel, FR 1981, 134 ff; WP-Handbuch, Bd. I, S. 645; Glade, § 266 HGB Rz. 758.

227 Auch der Ansatz einer Rückstellung kommt erst in dem Jahre in Frage, in dem Gewinne entstehen, aus denen die Verbindlichkeit zu tilgen ist (vgl. BFH vom 18. 6. 1980 I R 72/76 BStBl II 1980, 741; BFH vom 10. 11. 1980 GrS 1/79 BStBl II 1981, 164; Abschn. 31 a Abs. 8 EStR); vgl. auch die in Anm. 226 Zitierten.

keiten, die nur aus künftigen Gewinnen oder Liquidationsüberschüssen zu erfüllen sind, nicht unter den Verbindlichkeiten auszuweisen sind, wird insbesondere für die Fälle der Genußrechte und Besserungsscheine dargestellt. Ein wichtiger weiterer Anwendungsfall des Grundsatzes sind auch die Verbindlichkeiten mit Rangrücktrittsvereinbarung.[228]

Sind Verbindlichkeiten, die nur aus künftigen Gewinnen oder Liquidationsüberschüssen zu tilgen sind, nicht unter den Verbindlichkeiten auszuweisen, so ist damit freilich noch nicht entschieden, daß der Ansatz eines Passivpostens überhaupt ausscheidet. Die Entstehung derartiger Verbindlichkeiten hat ihre Ursache regelmäßig darin, daß dem Unternehmen Kapital zur Verfügung gestellt wird und als Gegenleistung die Verbindlichkeit eingegangen wird. Der Empfang von Kapital kann aber niemals Ertrag sein, sondern stellt einen erfolgsneutralen Finanzierungsvorgang dar. Je nach der Ausgestaltung sind deshalb z. B. Verpflichtungen aufgrund des Zugangs von Genußrechtskapital als Eigenkapital oder als haftendes Fremdkapital auszuweisen.[229] Darlehensverpflichtungen, für die eine Rangrücktrittsvereinbarung eingegangen wird, sind erfolgsneutral fortan nicht mehr unter den Verbindlichkeiten, sondern als haftendes Kapital auszuweisen.

Wird eine Verpflichtung, die nur aus künftigen Gewinnen zu tilgen ist, für den Erwerb eines auf der Aktivseite auszuweisenden Vermögensgegenstandes eingegangen, so ist der Zugang auf der Aktivseite ebenfalls durch den entsprechenden Ansatz als haftendes Fremdkapital zu neutralisieren. Allerdings ist in derartigen Fällen, insbesondere bei Erwerb eines immateriellen Vermögensgegenstandes, bei der Entscheidung, ob und in welcher Höhe dem Unternehmen überhaupt Kapital zugeführt worden ist, Vorsicht geboten.

5. Rückstellungen[230]

a) Die allgemeine Problematik und die Entwicklung des Rückstellungsbegriffes

Rückstellungen sind Passivposten, die die Aufgabe haben, Aufwendungen, die erst in einer späteren Periode zu einer in ihrer Höhe und ihrem genauen Fälligkeitstermin am Bilanzstichtag noch nicht feststehenden Ausgabe führen, der Periode ihrer Verursachung zuzurechnen.

228 Vgl. dazu oben § 4 V 3a.

229 Vgl. dazu § 4 V 1c; § 4 V 3c.

230 Vgl. aus der Literatur neben den Kommentierungen zu § 249 HGB und § 5 EStG z. B. Albach, StbJb 1967/68, 305 ff; Niemann, StbJb 1974/75, 259 ff; Döllerer, DStZ/A 1975, 291; Thomas, BB 1976, 1165; Ludewig, DB 1988, 765 ff; Kupsch, DB 1989, 53 ff; Hartung, BB 1989, 736 ff.

Der Begriff der Rückstellung wird je nach der Vorstellung über die Zielsetzung der Bilanz unterschiedlich gefaßt werden.[231] Soll in erster Linie der Bestand an Vermögen und Kapital an einem Stichtag festgestellt werden, so kommt der Bildung der Rückstellung die Aufgabe zu, die Schulden des Unternehmers richtig und vollständig darzustellen, indem auch diejenigen Verbindlichkeiten erfaßt werden, die wegen der Ungewißheit ihres Bestehens oder ihrer Höhe noch nicht endgültig als Verbindlichkeiten gebucht worden sind. Entscheidend ist danach also, daß am Bilanzstichtag bereits eine Verbindlichkeit gegenüber einem Dritten bestanden hat oder daß zumindest nach den Grundsätzen einer vorsichtigen Bilanzierung von dem Bestehen einer Verbindlichkeit ausgegangen werden muß. Dabei ist eine Schuld in diesem Sinne dann anzunehmen, wenn sie wirtschaftlich begründet ist, ohne daß dem Gläubiger bereits ein Anspruch zustehen muß.

Wird der Bilanz dagegen in erster Linie die Aufgabe beigelegt, den in einer Periode erzielten Erfolg auszuweisen, werden die Rückstellungen also unter dem Gesichtspunkt der Vergleichbarkeit der Erfolgsermittlung betrachtet, so erhält der Rückstellungsbegriff einen weiteren Umfang. Rückstellungen wären dann allgemein für Aufwendungen zu bilden, die ihren wirtschaftlichen Grund in dem abgelaufenen Geschäftsjahr haben, aber erst in einer späteren Periode zu Ausgaben oder zu Mindereinnahmen führen.[232] Dieser dynamische Rückstellungsbegriff ist also weiter als der der statischen Bilanzauffassung. Er erfaßt nicht nur die Fälle, in denen am Bilanzstichtag von einer Schuld gegenüber Dritten auszugehen ist, sondern auch die im Abstand mehrerer Perioden regelmäßig anfallenden Ausgaben (z. B. Großreparaturen oder erfahrungsgemäß in längeren Zeitabschnitten mehr oder weniger regelmäßig auftretende Schadensfälle). Hier hat die Rückstellung die Aufgabe der Verteilung des Aufwandes auf mehrere Perioden.

Für das Handelsrecht hatte das Aktiengesetz 1937 in dem Gliederungsschema zwischen den Wertberichtigungen und den Verbindlichkeiten die Position „Rückstellungen für ungewisse Schulden“ gebracht. Dadurch wurde der Schuldcharakter der Rückstellungen stärker als zuvor[233] betont und zum Ausdruck gebracht, daß Rückstellungen, die lediglich der Periodisierung von stoßweise anfallenden Ausgaben dienten, ausgeschlossen sein sollten.

Die Steuerrechtsprechung hatte die Rückstellungsbildung allerdings nicht nur für ungewisse Verbindlichkeiten und für drohende Verluste aus schwebenden Verträgen, sondern auch für „selbständig bewertbare wirtschaftliche Lasten“, insbesondere auch für unterlassenen Instandhaltungsaufwand und Gewährleistungen, die ohne rechtliche Verpflichtung erbracht werden (Kulanzgewährleistungen), zugelassen.[234]

Das Aktiengesetz 1965 hatte in § 152 Abs. 7 abschließend bestimmt,[235] für welche Zwecke in der Handelsbilanz Rückstellungen gebildet werden dürfen. Entgegen der ursprünglichen Absicht der Verfasser des Regierungsentwurfs war im Gesetz die Rückstellungsbildung über die klassischen Fälle der

---

231 Vgl. dazu Adler/Düring/Schmaltz, 4. Aufl., § 152 AktG Anm. 94 ff; Wöhe, HWbStR, Stichwort „Rückstellungen“, S. 1158 ff; Naumann, Die Bewertung von Rückstellungen, 1989, S. 17 ff.

232 Wöhe aaO, (Anm. 231).

233 Vgl. zu der Lage zuvor Adler/Düring/Schmaltz, 4. Aufl., § 152 AktG Anm. 98.

234 Vgl. den Überblick bei Herrmann/Heuer/Raupach, § 5 EStG Anm. 60 r (14).

235 Zu der Frage, ob § 152 Abs. 7 AktG auch für andere Unternehmen galt, vgl. die 4. Aufl. § 4 V 4 S. 74 mit Nachweisen.

ungewissen Verbindlichkeiten hinaus auf im Geschäftsjahr unterlassene Aufwendungen für Instandhaltung oder Abraumbeseitigung, die im folgenden Geschäftsjahr nachgeholt werden, ausgedehnt worden.[236]

Nach dem Regierungsentwurf des Aktiengesetzes 1965[237] sollten Rückstellungen für unterlassenen Betriebsaufwand nicht zugelassen werden, da „es sich hier der Sache nach meist um Wertberichtigungen wegen unterlassener Reparaturen oder aber um echte Rücklagen für zukünftige Betriebsausgaben anderer Art handelt".

Diese Aufwandsrückstellungen sind nur mit Rücksicht darauf schließlich vom Gesetzgeber des Aktiengesetzes 1965 akzeptiert worden, daß sie steuerlich anerkannt waren und ihre handelsrechtliche Versagung zu ihrer steuerlichen Ablehnung geführt hätte.[238]

Der Gesetzgeber des Aktiengesetzes 1965 war hier also der steuerrechtlichen Rechtsprechung gefolgt. Der weitergehende Vorschlag, auch Rückstellungen für anderen im Geschäftsjahr entstandenen Aufwand, der erst in einem der folgenden Geschäftsjahre zu einer Ausgabe führt, zuzulassen, war freilich abgelehnt worden.[239]

b) Überblick über die gesetzliche Regelung

Nach dem Bilanzrichtliniengesetz (§ 249 HGB)[240] ist die *Passivierungspflicht* vorgeschrieben bei Rückstellungen für

1. ungewisse Verbindlichkeiten,
2. drohende Verluste aus schwebenden Geschäften[241],
3. Gewährleistungen, die ohne rechtliche Verpflichtung erbracht werden,
4. im Geschäftsjahr unterlassene Aufwendungen für Instandhaltung (inner-

---

236 Des weiteren ist die Rückstellung für Gewährleistungen, die ohne rechtliche Verpflichtung erbracht werden, aufgenommen worden. Döllerer (BB 1965, 1410) hat zu Recht darauf hingewiesen, daß es einer besonderen gesetzlichen Bestimmung in diesem Fall nicht bedurft hätte, daß es sich also gar nicht um eine Ausnahme von der Zulässigkeit von Rückstellungen für ungewisse Verbindlichkeiten handele. Denn unter den Begriff „Rückstellungen für ungewisse Verbindlichkeiten" fallen auch Rückstellungen für Verbindlichkeiten, die bürgerlich-rechtlich keinen Bestand haben, wenn nur ernstliche Erfüllungsbereitschaft besteht.

237 Vgl. die Begründung bei Kropff, AktG 1965, S. 236.

238 Vgl. Kropff, AktG 1965, S. 237.

239 Vgl. Kropff, AktG 1965, S. 237.

240 Mit dieser für alle Unternehmen geltenden Bestimmung ist der Streit, inwieweit die einzelnen Bestimmungen des § 152 Abs. 7 AktG als Grundsätze ordnungsmäßiger Buchführung auch für Unternehmen anderer Rechtsform gelten, erledigt. (Vgl. zu dem Streit die 4. Aufl. § 4 V 5 a S. 74 mit Nachweisen.)

241 Art. 20 Abs. 1 Bilanzrichtlinie sieht zwingend die Passivierung von „ihrer Eigenart nach genau umschriebenen Verlusten" vor, enthält also nicht die Beschränkung auf Verluste *aus schwebenden Geschäften* (vgl. Biener, ZGR-Sonderheft 2/1980, 320: Die Vertreter der anderen Staaten waren von der Notwendigkeit dieser Worte nicht zu überzeugen). Die Richtlinienkonformität des § 249 HGB ist insoweit zweifelhaft; vgl. dazu Hartung, RIW 1988, 53 m. w. N.

halb von drei Monaten) und Abraumbeseitigung, die im folgenden Geschäftsjahr nachgeholt werden.[242]

Für die ersten drei Fälle, nämlich für die Rückstellungen mit Schuldcharakter, bestand ohnehin auch bislang schon nach den Grundsätzen ordnungsmäßiger Buchführung Passivierungspflicht.[243]

Neu ist die Passivierungspflicht für die Rückstellung für unterlassene Aufwendungen für Instandhaltung (innerhalb von drei Monaten) und Abraumbeseitigung, die im folgenden Geschäftsjahr nachgeholt werden. Es handelt sich um eine durch steuerliche Rücksichtnahmen veranlaßte Ausnahmeregelung.

In der Regierungsbegründung zu § 250 Abs 1 S. 2 HGB-E[244] heißt es: Das bisherige Wahlrecht wird beseitigt, „um die steuerrechtliche Anerkennung nicht zu gefährden".[245] Diese Rückstellungspflicht wird von Siegel[246] der von Döllerer kreierten Kategorie der „Grundsätze ordnungswidriger Bilanzierung" zugewiesen.

Ein Rückstellungs*wahlrecht* wird eingeräumt für

1. im Geschäftsjahr unterlassene Aufwendungen für Instandhaltung, die zwar nicht innerhalb von drei Monaten, aber bis zum Ablauf des folgenden Geschäftsjahres nachgeholt werden.

Die unterschiedliche Behandlung der Aufwendungen unterlassener Instandhaltung je nachdem, innerhalb welchen Monats des nachfolgenden Geschäftsjahres die Nachholung erfolgt, ist handelsbilanzrechtlich nicht plausibel zu machen. Die Maßgeblichkeit der Dreimonatsfrist, deren Ablauf über Passivierungspflicht oder Passivierungswahlrecht entscheidet, beruht auf dem Schielen der Verfasser des Entwurfs auf Abschn. 31 a Abs. 6 EStR.

2. ihrer Eigenart nach genau umschriebene, dem Geschäftsjahr oder einem früheren Geschäftsjahr zuzuordnende Aufwendungen, die am Abschlußstichtag wahrscheinlich oder sicher, aber hinsichtlich ihrer Höhe oder des Zeitpunkts ihres Eintritts unbestimmt sind (§ 249 Abs. 2 HGB).[247]

---

242 Vgl. dazu Borstell, Aufwandsrückstellungen nach neuem Bilanzrecht, 1988.

243 Vgl. dazu die Nachweise in der 4. Aufl. aaO, S. 73.

244 Vgl. Begründung zu § 250 des Regierungsentwurfs BR-Drs. 257/83, S. 83.

245 Wie sich schon früher abgezeichnet hatte, hat der BFH denn auch in der Zwischenzeit im Urteil vom 23. 11. 1983 (I R 216/78 BStBl II 1984, 277 = FR 1984, 148 ff mit Anm. L. Schmidt; vgl. insbesondere die kritischen Bemerkungen von Brezing, FR 1984, 349 ff, dort auch ein Überblick über die Entwicklung der Rechtsprechung) entschieden, daß er Rückstellungen für unterlassene Instandhaltung – in Hinsicht auf die bisherige bloß handelsrechtliche Passivierungsmöglichkeit – steuerlich nicht mehr akzeptiert. Angesichts dieser Lage kann in Hinsicht auf die Regelung des § 249 Abs. 1 S. 2 Nr. 1 HGB von einer „steuerneutralen" Durchführung der Vierten Richtlinie keine Rede sein (vgl. D. Schneider, BB 1983, 2089; L. Schmidt, FR 1984, 150).

246 Siegel, WPg 1985, 15 ff; vgl. auch Döllerer, DStR 1987, 72. Anders die Sicht bei Dziadkowski/Runge, WPg 1984, 544 ff.

247 Die Fassung des Entwurfs des Unterausschusses des Rechtsausschusses des Deutschen Bundestages unterschied sich wesentlich von der des Regierungsentwurfs in § 250 Abs. 2 HGB-E.

Praktische Bedeutung hat § 249 Abs. 2 HGB insbesondere für Großreparaturen. Diese Erweiterung der Aufwandsrückstellungen beruht auf der Ausübung des Mitgliedstaatenwahlrechts nach Art. 20 Abs. 2 der Vierten Richtlinie. Sie ist äußerst umstritten.[248]

Wie Döllerer[249] hervorhebt, verwässert diese Art von Rückstellung den Unterschied zwischen Rechnungslegung und Finanzierung. Die Gesellschaften können in großem Umfang Selbstfinanzierung betreiben, ohne die Gesellschafter zu fragen. Die Bildung einer Aufwandsrückstellung ist Vorsorge für die Zukunft. Das systemgerechte Mittel ist die Einstellung in die Rücklage und nicht die Bildung einer Rückstellung.[250]

Für andere Zwecke dürfen Rückstellungen nicht gebildet werden (§ 249 Abs. 3 S. 1 HGB). Über die im Gesetz beschriebenen Aufwandsrückstellungen hinaus sind also Rückstellungen zur Erfassung von Aufwendungen, die erst in Zukunft zu Ausgaben führen, nicht möglich – es sei denn, es bestehe am Bilanzstichtag schon eine Verpflichtung gegenüber einem Dritten.

Für Kapitalgesellschaften ist in § 274 Abs. 1 HGB die passivische *Steuerabgrenzung* durch Bildung einer Rückstellung vorgesehen.[251]

c) Zu den Rückstellungen mit Schuldcharakter[252]

aa) Die Rückstellung für *ungewisse Verbindlichkeiten* setzt Schuldcharakter, Ungewißheit über Bestehen, Entstehen oder Höhe der Verbindlichkeit voraus.

Die Forderung nach dem Schuldcharakter der Verbindlichkeit ist im Gegensatz zur sog. „innerbetrieblichen Verpflichtung", für die eine Rückstellung nicht gebildet werden darf, zu sehen. Es muß also um eine Verpflichtung gegenüber einem Dritten gehen.

Auch wenn eine Verpflichtung gegenüber einem Dritten vorliegt, kann eine Rückstellung allerdings nicht gebildet werden, wenn dies den Grundsätzen über die Bilanzierung eines schwebenden Vertrages[253] widersprechen würde. Beispiel: Der Vermieter von Wohnungen kann keine Rückstellung für zukünftige Instandhaltungsaufwendungen bilden.[254]

---

248 Vgl. aus der umfangreichen Literatur insbesondere die kritischen Stellungnahmen von Selchert, DB 1985, 1541 ff; Schulze-Osterloh, ZHR 1986, 423 ff mit umfangreichem Literaturnachweis in Anm. 120; Döllerer, Beilage 12 zu BB Heft 16/1987, S. 6. Vgl. demgegenüber die Verteidigung der Aufwandsrückstellungen bei Krieger, Festschrift Döllerer, 1988, S. 327 ff, 342.

249 Döllerer aaO, (Anm. 248).

250 Schulze-Osterloh aaO, (Anm. 248).

251 Vgl. dazu unten § 4 V 5c, ee.

252 Vgl. hierzu Döllerer, DStR 1987, 67 ff.

253 Vgl. zur bilanzrechtlichen Behandlung schwebender Verträge unten § 4 VII.

254 BFH vom 26. 5. 1976 I R 80/74 BStBl II 1976, 622; vgl. auch BFH vom 24. 11. 1983 I R 150/77 BStBl II 1984, 299: Handelsvertreter dürfen steuerlich keine Rückstellungen für künftigen Aufwand bei der Kundenbetreuung bilden, die sie aufgrund des Handelsvertreter-Vertrages auch im Interesse des Unternehmens zu leisten verpflichtet sind.

Nicht vorausgesetzt ist, daß die Verpflichtung auch einklagbar ist. Es genügt eine „sittliche“ Verpflichtung oder eine Verpflichtung, der ein Kaufmann aus geschäftlichen Erwägungen heraus nachkommt, ohne daß ein Anspruch bestehen mag, der vor den Gerichten mit Erfolg geltend gemacht werden kann.[255] Deshalb sind die im Gesetz eigens genannten Rückstellungen für Gewährleistungen ohne rechtliche Verpflichtung nur ein Anwendungsfall der Rückstellung für ungewisse Verbindlichkeiten.[256] Ebensowenig spielt es eine Rolle, ob das Rechtsgeschäft, aufgrund dessen die Rückstellung gebildet wird, anfechtbar oder nichtig ist, sofern es nur von den Beteiligten als gültig behandelt wird.[257]

Bei der Verpflichtung kann es sich auch um eine öffentlich-rechtlich begründete handeln. Sie muß aber nach Inhalt und Entstehungszeitpunkt hinreichend konkretisiert sein.[258]

Nicht erforderlich ist, daß die zuständige Behörde schon durch einen Verwaltungsakt die Leistung verlangt hat; es genügt, daß das Gesetz ein inhaltlich bestimmtes Handeln innerhalb eines durch die Sachlage bestimmten Zeitpunktes vorschreibt.[259] Beispiel: Entsorgung von Kernkraftwerken.

bb) Die Verbindlichkeit muß nicht schon am Bilanzstichtag entstanden sein, es ist ausreichend, daß sie auf rechtlichen oder wirtschaftlichen Umständen beruht, die vor dem Bilanzstichtag liegen. Die Verpflichtung muß bis zum Bilanzstichtag *wirtschaftlich verursacht* sein.[260]

Beispiel: Zusage einer Gewinnbeteiligung an Arbeitnehmer, die erst im folgenden Jahr auszuzahlen ist. Der wirtschaftliche Grund für das Entstehen der Verpflichtung liegt, da es sich um ein Entgelt für die im abgelaufenen Wirtschaftsjahr geleisteten Dienste des Arbeitnehmers handelt, vor dem Bilanzstichtag.

Anders ist es z. B. in folgendem Fall: Ein Fußballbundesligaverein hat seinen Spielern und dem Trainer Sonderprämien für den Fall zugesagt, daß der Verein Deutscher Meister wird. Läuft das Wirtschaftsjahr des Vereins vom 1. 1.–31. 12., so kann keine Rückstellung gebildet werden,[261] da die Zusage in Hinsicht auf Leistungen und Ereignisse erfolgt ist, die erst nach dem Bilanzstichtag liegen.

Über die Frage, ob eine Verpflichtung bis zum Bilanzstichtag „*wirtschaftlich verursacht*“ ist, kann im Einzelfall trefflich gestritten werden. Der BFH bedient sich folgender Formeln:

---

255 BFH vom 29. 5. 1956 I 224/55 U BStBl III 1956, 212.

256 Vgl. Döllerer, BB 1965, 1410 und auch oben Anm. 236.

257 Vgl. Herrmann/Heuer/Raupach, § 5 EStG Anm. 60r [11] mit Nachweisen; Döllerer, DStZ/A 1975, 291.

258 Vgl. die Nachweise aus der Rechtsprechung des BFH bei Schmidt, § 5 EStG Anm. 39b. Danach ist eine Rückstellung für die sich aus der Übernahme der Baulast ergebende öffentlich-rechtliche Verpflichtung nicht möglich (vgl. BFH vom 3. 5. 1983 VIII R 100/81 BStBl II 1983, 572). Vgl. zu Rückstellungen für Aufwendungen zur Errichtung von Umweltschutzanlagen Stoll in Loitlsberger/Egger/Lechner, Rechnungslegung und Gewinnermittlung, S. 371 ff.

259 Vgl. Döllerer, DStR 1987, 67 m. w. N.

260 Vgl. dazu Woerner, JbFStR 1978/79, 233 ff. Vgl. i. ü. zur Bedeutung von Imparitätsprinzip und wirtschaftlicher Betrachtungsweise Kammann, DStR 1980, 400 ff.

261 Vgl. Erlaß des Finanzministeriums NRW vom 26. 7. 1974, DB 1974, 2085.

„Eine wirtschaftliche Verursachung im abgelaufenen Geschäftsjahr erfordert, ... daß der Tatbestand, an den das Gesetz oder ein Vertrag zivilrechtlich das Entstehen der Verpflichtung knüpft, im wesentlichen bereits verwirklicht ist und die künftigen Ereignisse, die zum Entstehen der Verpflichtung führen, wirtschaftlich dem abgelaufenen Geschäftsjahr zuzurechnen sind ...“[262]

Das Merkmal der wirtschaftlichen Verursachung ist erfüllt, wenn „die wirtschaftlich wesentlichen Tatbestandsmerkmale erfüllt sind und das Entstehen der Verbindlichkeit nur noch von wirtschaftlich unwesentlichen Tatbestandsmerkmalen abhängt“.[263] „Voraussetzung für die Passivierung einer öffentlich-rechtlichen Verbindlichkeit ist jedoch, daß sie ... zu diesem Zeitpunkt entweder dem Grunde nach entstanden oder, sofern es sich um eine künftig entstehende Verbindlichkeit handelt, wirtschaftlich im abgelaufenen oder in den vorangegangenen Wirtschaftsjahren verursacht worden ist.“[264]

Die Formulierungen sind nicht besonders präzise. Darauf beruht denn auch eine umfangreiche Kasuistik.[265] Die Unsicherheiten in der Entscheidung über den Rückstellungsansatz werden z. B.[266] in den Schwankungen der Rechtsprechung zu der Rückstellungsfähigkeit der Aufstellung und Prüfung des Jahresabschlusses deutlich. Hinsichtlich der gesetzlichen Verpflichtung zur Aufstellung[267] und zur Prüfung[268] des

---

262 BFH vom 20. 1. 1983 IV R 168/81 BStBl II 1983, 375.

263 BFH vom 1. 8. 1984 I R 88/80 BStBl II 1985, 44; vgl. näher Döllerer, DStZ/A 1975, 294.

264 BFH vom 19. 5. 1987 VIII R 327/83 BStBl II 1987, 848. Der BFH versagt eine Rückstellung für die Verpflichtung zur Überholung von Luftfahrgeräten vor Ablauf der zulässigen Flugstunden, weil das wesentliche Merkmal der Überholungsverpflichtung die Erreichung der zulässigen Betriebszeit sei, dieses aber am Bilanzstichtag noch nicht verwirklicht sei. Vgl. dazu kritisch Kupsch, DB 1989, 53 ff, 55.

265 Vgl. den Überblick bei Schmidt, § 5 EStG Anm. 41; Herrmann/Heuer/Raupach § 5 EStG Anm. 60 r (17).

266 Problematisch ist insbesondere auch die Bildung von Rückstellungen für Ausgleichsverbindlichkeiten gegenüber einem Handelsvertreter nach § 89 b. Der BGH (vom 11. 7. 1966, NJW 1966, 2055) hält die Rückstellungen für zulässig, der BFH erkennt sie nicht an (vgl. zuletzt BFH vom 20. 1. 1983 IV R 168/81 BStBl II 1983, 375). Zur Kritik der Auffassung des BFH vgl. Herrmann/Heuer/Raupach, § 5 EStG Anm. 1556 ff; vgl. auch Brezing, StbJb 1977/78, 377; Helpensteller, DB 1977, 2385; Slomma, BB 1978, 492 anläßlich der Neufassung des § 89 b Abs. 1 Nr. 3 HGB; vgl. auch Mayer-Wegelin, DStZ 1981, 262; Körner, WPg 1984, 43 sowie Knobbe-Keuk, 5. Aufl., § 4 V 5 c; vgl. auch unten § 4 VIII 1 a, bb; Clemm/Nonnenmacher in Beck'scher Bilanzkommentar, § 249 HGB Anm. 100. Dem BFH folgt Moxter, Bilanzrechtsprechung, 2. Aufl. 1985, S. 51 ff.

267 BFH vom 20. 3. 1980 IV R 89/79 BStBl II 1980, 297; dazu kritisch Mathiak, StuW 1981, 77; zum früheren Stand vgl. die 2. Aufl. § 4 V Anm. 116–117 a.

268 BFH vom 23. 7. 1980 I R 28/77 BStBl II 1981, 62. Nach BdF (Schreiben vom 19. 11. 1982, BB 1982, 2087 f) sind bei der Bemessung der zu bildenden Rückstellung für Jahresabschlußkosten die im Unternehmen selbst anfallenden Kosten des Jahresabschlusses (interne Jahresabschlußkosten) mit zu berücksichtigen. Nach BdF (Schreiben vom 16. 1. 1981, BB 1982, 2088) kann für die Kosten einer im Gesellschaftsvertrag vorgesehenen, aber nicht öffentlich-rechtlich vorge-

Jahresabschlusses ist der BFH nunmehr der Meinung, daß sie in dem Geschäftsjahr wirtschaftlich verursacht ist, für das der Jahresabschluß zu erstellen ist; es sind also in diesem Jahr Rückstellungen für die Kosten der Aufstellung und gegebenenfalls der Prüfung und Veröffentlichung sowie die Erstellung des Geschäftsberichts zu bilden.[269] Das Gleiche gilt für die Verpflichtung zur Erstellung der Steuererklärungen für die Betriebssteuern des betreffenden Jahres.[270] Moxter[271] hat die Rechtsprechung des BFH eingehend analysiert und meint, daß der BFH sich in der Sache – wenn auch nicht ausnahmslos – am Realisationsprinzip, das die Passivierung solcher künftigen Ausgaben gebiete, die vergangene Umsätze alimentiert haben, orientiere.

cc) Neben dem Schuldcharakter setzt die Rückstellung für ungewisse Verbindlichkeiten die *Ungewißheit hinsichtlich der Inanspruchnahme* voraus. Die Ungewißheit kann sich auf den Grund oder die Höhe der Verbindlichkeit beziehen. Schon dem Grunde nach ungewiß ist etwa die Pflicht zur Tragung der Kosten eines Zivilprozesses,[272] der Höhe nach ungewiß z. B. die Schadensersatzverpflichtung wegen einer Patentverletzung[273] oder aus der Produzentenhaftung[274].

Für die Bildung einer Rückstellung genügt nicht die bloße Möglichkeit einer Inanspruchnahme; diese muß vielmehr mit hinreichender Wahrscheinlichkeit zu erwarten sein. Die Beurteilung erfolgt nach kaufmännischem Ermessen. Maßgebend sind die tatsächlichen Verhältnisse des Bilanzstichtages. Bei der Bilanzierung sind aber auch solche Umstände zu berücksichtigen, die z. Z. der Bilanzaufstellung die Verhältnisse am Bilanzstichtag „aufhellen".

---

schriebenen Prüfung des Jahresabschlusses keine Rückstellung gebildet werden; dazu kritisch Herrmann/Heuer/Raupach, § 5 EStG Anm. 662 m. w. N.

269 Vgl. aber BFH vom 25. 11. 1983 III R 25/82 BStBl II 1984, 51: Bei der Einheitsbewertung des Betriebsvermögens darf für die Kosten der gesetzlichen Pflichtprüfung des Jahresabschlusses eine Rückstellung nicht gebildet werden. Vgl. auch BFH vom 24. 11. 1983 IV R 22/81 BStBl II 1984, 301: Nicht rückstellungsfähig ist die Verpflichtung zur Erstellung der Erklärung für die gesonderte und einheitliche Feststellung des gewerblichen Gewinns einer Personengesellschaft; auch für die Verpflichtung zur Abgabe der Erklärungsfeststellung des Einheitswerts des Betriebsvermögens ist in der Regel keine Rückstellung zu bilden. Nach Ansicht des BFH fehlt es in beiden Fällen an einer betrieblichen Veranlassung.

270 BFH vom 23. 7. 1980 I R 30/78 BStBl II 1981, 63. Eine Rückstellung für die Verpflichtung zur Abhaltung der Hauptversammlung ist allerdings nicht möglich, dazu BFH vom 23. 7. 1980 I R 28/77 aaO (Anm. 268).

271 Moxter, Bilanzrechtsprechung, 2. Aufl. 1985, S. 50 ff.

272 Einzelheiten mit weiteren Nachweisen bei Herrmann/Heuer/Raupach, § 5 EStG Anm. 710–722.

273 Einzelheiten mit weiteren Nachweisen bei Herrmann/Heuer/Raupach, § 5 EStG Anm. 1800–1840. Vgl. i. ü. unten V 5 d, bb.

274 Zur Rückstellung wegen drohender Inanspruchnahme aus der Produzentenhaftung vgl. Popp, DB 1976, 455; Graf von Westphalen, WM 1981, 1154; FG Nürnberg vom 1. 7. 1981 BB 1982, 225 (Berücksichtigung der Haftpflichtversicherung). Vgl. zur Rechtsprechung des BFH zur Rückstellung wegen Produkthaftung Scharpf, DStR 1985, 171 ff; zur Zulässigkeit von Pauschalrückstellungen Vollmer/Nick, DB 1985, 53 ff.

Grundsätzlich ist jede einzelne Forderung und jedes einzelne Risiko für sich zu bewerten. Die Rechtsprechung erkennt aber auch pauschal berechnete Rückstellungen an, wenn es sich um eine Zusammenfassung gleichwertiger Wirtschaftsgüter oder Risiken handelt und die individuelle Behandlung mit Schwierigkeiten verbunden oder unzumutbar ist.[275]

dd) Besondere Bedeutung unter den Rückstellungen für ungewisse Verbindlichkeiten haben die *Pensionsrückstellungen.* Pensionsverbindlichkeiten entstehen durch rechtsverbindliche Zusage eines Ruhegeldes seitens des Arbeitgebers für die Zeit nach dem Ausscheiden aus dem aktiven Dienst. Der Anspruch des Arbeitnehmers ist aufschiebend bedingt durch den Eintritt des Ruhestandes oder der Arbeitsunfähigkeit. Die Tatsache, daß die Pensionsverpflichtung ungewiß ist und die Wahrscheinlichkeit der Inanspruchnahme nur geschätzt werden kann, betrifft nur die Frage der Höhe, nimmt der Pensionsverpflichtung aber nicht den Charakter einer ungewissen Verbindlichkeit. Ohne den Ansatz einer Rückstellung würde das Betriebsvermögen des Unternehmens zu hoch ausgewiesen. Im übrigen würde auch der Ertragsausweis verzerrt.

Denn in der Regel kann nicht davon ausgegangen werden, daß durch die laufenden Pensionszahlungen ein Ausgleich zwischen Zugang und Abgang der Belastung erfolgt. Im Normalfall ist der jährliche Zuwachs der Belastung größer als die laufende jährliche Zahlung; ohne die Bildung von Pensionsrückstellungen wird der Gewinn zu hoch ausgewiesen und damit die Entnahme von Gewinn ermöglicht, der für die künftigen Zahlungen reserviert werden müßte.

Gleichwohl ist in der Vergangenheit in beachtlichem Umfang die gebotene Bildung von Pensionsrückstellungen unterlassen worden. Ursache ist ein Urteil des BGH aus dem Jahre 1961[276], das für Pensionsanwartschaften und laufende Pensionen keine Passivierungspflicht, sondern nur ein Passivierungswahlrecht angenommen hatte, sowie die Tatsache, daß der Gesetzgeber des Aktiengesetzes 1965 der wiederholt vorgetragenen Forderung, die Passivierung von Pensionsrückstellungen verbindlich vorzuschreiben, nicht gefolgt war.

Man befürchtete vor allem, daß eine Passivierungspflicht von den Unternehmen nicht ohne große Schwierigkeiten befolgt werden könnte und damit die Unternehmen von Pensionszusagen abhalten würde. Dieser Gesichtspunkt hat auch in der Folge immer wieder eine Rolle gespielt. Dazu ist nur festzustellen: Wer den bilanziellen Ausweis eingegangener Verbindlichkeiten nicht verkraften kann, möge bitte keine derartigen Verbindlichkeiten eingehen! Denn geschädigt werden durch derartiges nur – wie der

---

275 Vgl. BFH vom 9. 5. 1961 I 128/60 S BStBl III 1961, 336 (Pauschalrückstellung für Bürgschaftsverpflichtungen); BFH vom 18. 10. 1960 I 198/60 U BStBl III 1960, 495; BFH vom 7. 10. 1982 IV R 39/80 BStBl II 1983, 104 (Pauschalrückstellungen für Garantieleistungen); BFH vom 30. 6. 1983 IV R 41/81 BStBl II 1984, 263 (Pauschalierungsverbot für Rückstellungen wegen Haftpflichtverbindlichkeiten); vgl. dazu Vollmer/Nick, DB 1985, 53 ff m. w. N.

276 BGH vom 3. 12. 1961 BGHZ 34, 324 ff und die Kritik insbesondere bei Adler/Forster, AG 1961, 301; Havermann, DB 1961, 985; Mutze, FR 1961, 406 ff; Richter, WPg 1963, 537 ff; Sieben, WPg 1963, 29 ff.

AEG-Fall hinreichend deutlich gemacht hat – andere, und zwar seit 1975 gerade auch die anderen Unternehmen über die Beiträge zum Pensionssicherungsverein.[277]

Auch noch nach der Einführung der Unverfallbarkeit von Pensionsanwartschaften durch das BetrAVG 1974 ging der Gesetzgeber bei den Arbeiten zur Neufassung des § 6a EStG durch das EStG 1975 von einem handelsrechtlichen Passivierungswahlrecht aus.[278] Dem standen die – über diesen „Grundsatz ordnungswidriger Buchführung" (Döllerer) entsetzte – allgemeine Meinung in der Literatur und auch die mehrfachen Stellungnahmen des IDW gegenüber.[279]

Die Verfasser des Regierungsentwurfs des Bilanzrichtliniengesetzes hatten vorgesehen, diesen Grundsatz ordnungswidriger Buchführung auch noch gesetzlich festzuschreiben (§ 250 Abs. 3. S. 1 HGB-E)!

Der Unterausschuß des Rechtsausschusses des Deutschen Bundestages hat sich nach der Anhörung am 9. 5. 1985 der einhelligen Meinung der Spitzenverbände und der Sachverständigen angeschlossen, daß Pensionsrückstellungen künftig zwingend zu bilden sind.[280]

Nunmehr besteht auf Grund der allgemeinen Rückstellungsbestimmung des § 249 Abs. 1 S. 1 HGB in Verbindung mit dem Vollständigkeitsgebot (§ 246 Abs. 1 HGB) Passivierungspflicht.[281]

Aufgrund der Übergangsregelung des Art. 28 Abs. 1 S. 1 EGHGB ergreift die gesetzliche Passivierungspflicht allerdings nur Pensionsansprüche, die nach dem 31. 12. 1986 begründet oder erhöht werden. Rückstellungen, die auf Grund des Wahlrechts für Altzusagen gebildet worden sind, dürfen nicht einfach wieder aufgelöst werden (§ 249 Abs. 3 S. 2 HGB).[282]

Für *mittelbare Pensionsverpflichtungen,* insbesondere für Einstandspflichten eines Unternehmens für eine unterdotierte Unterstützungskasse bringt Art. 28 Abs. 1 S. 2 EGHGB ein Passivierungswahlrecht; dieses soll auch für ähnliche unmittelbare und mittelbare Verpflichtungen gelten. Diese in einer Übergangsvorschrift getarnte *Dauerregelung* trägt den Stempel „Made in BFM".

---

277 Es ist u. E. ein Ding der Unmöglichkeit, bei den Prämien für den Pensionssicherungsverein nicht zwischen Unternehmen, die Vorsorge durch Rückstellungsbildung getroffen haben und den anderen zu differenzieren.

278 Vgl. Begründung zu § 6a EStG in BT-Drs. 7/1281, S. 37.

279 Vgl. Institut der Wirtschaftsprüfer, WPg 1953, 356; WPg 1954, 237; WPg 1961, 439; WPg 1975, 174; WPg 1983, 20; Adler/Düring/Schmaltz, 4. Aufl., § 152 AktG Anm. 161, § 159 Anm. 1; Heubeck, BB 1956, 303; Döllerer, WPg 1959, 653; Herrmann/Heuer/Raupach, § 6a EStG Anm. 158, 160 m. w. N.

280 Vgl. dazu den Bericht des Rechtsausschusess BT-Drs. 10/4268, S. 98; Begründung des Entwurfs des Unterausschusses vom 11. 8. 1985, S. 29.

281 Vgl. zu den Einzelheiten die Stellungnahme HFA 2/1988 des IdW, WPg 1988, 403 ff und dazu Höfer, WPg 1988, 549 ff.

282 Vgl. Bericht des Rechtsausschusses BT-Drs. 10/4268, S. 98 f. Das – bislang angenommene – Wahlrecht ist mit dem Ansatz der Rückstellung verbraucht. Vgl. dazu schon näher 5. Aufl., § 4 V 5 (S. 92) mit weiteren Nachweisen zum bisherigen Stand.

Ein handelsrechtliches Passivierungswahlrecht hätte zur Folge, daß die in der Handelsbilanz gebildete Rückstellung steuerrechtlich nicht anerkannt würde.[283]

Die Regelung wird zu Recht heftig kritisiert.[284] Unternehmen, die Pensionsverpflichtungen aus Neuzusagen nicht passivieren wollen, können auf die Einrichtung einer Unterstützungskasse ausweichen!

Art. 28 Abs. 1 S. 2 EGHGB ist *nicht* richtlinienkonform.[285]

Für Vorruhestandsverpflichtungen vertritt die Finanzverwaltung die Auffassung, diese seien Pensionsverpflichtungen vergleichbar und Altzusagen entsprechend Art. 28 Abs. 1 S. 1 EGHGB und ansonsten nach § 249 Abs. 1 S. 1 HGB, § 6a EStG zu behandeln.[286]

Dem ist nicht zu folgen. Die Rechtsnatur der Vorruhestandsverpflichtungen ist grundverschieden gegenüber der der Pensionsverpflichtungen. Pensionen stellen ein zusätzliches Entgelt für die während der Betriebszugehörigkeit geleisteten Dienste dar; Vorruhestandsgeld ist aus arbeitsmarktpolitischen Gründen für ein vorzeitiges Verlassen des Betriebs zu zahlen.[287]

Vorruhestandsverpflichtungen aufgrund von Einzelvereinbarungen und ausgeübten Optionen bei Kollektivvereinbarungen stehen dem Grunde und der Höhe nach fest und sind als Verbindlichkeiten anzusetzen. Steht am Bilanzstichtag die Option noch aus, besteht eine ungewisse Verbindlichkeit, die als Rückstellung auszuweisen ist.[288]

Nicht zu den mittelbaren Verpflichtungen im Sinne von Art. 28 Abs. 1 S. 2 EGHGB zählen insbesondere die künftigen Beitragsverpflichtungen gegenüber einem Pensionssicherungsverein.[289]

ee) § 274 Abs. 1 HGB[290] sieht für Kapitalgesellschaften die *passivische* Steu-

---

283 So denn in der Tat auch BdF vom 13. 3. 1987 BStBl I 1987, 365.

284 Vgl. z.B. Schulze-Osterloh, ZHR 1986, 411 ff.

285 Vgl. Siegel, DB 1985, 1033 f; Schulze-Osterloh, IdW-Fachtagung 1986, 114 ff; Hartung RIW 1988, 54.
Nach der Prokollerklärung des Rates zu Art. 43 Abs. 1 Nr. 7 der Richtlinie kommt ein Wahlrecht zwischen Passivierung und Angabe im Anhang nur für unmittelbare Pensionsverpflichtungen in Frage (abgedruckt bei Schruff, Rechnungslegung und Prüfung der AG und GmbH nach neuem Recht, 1978, S. II/93.

286 BdF vom 13. 3. 1987 BStBl I 1987, 365 und vom 25. 7. 1988, BB 1988, 2073 – im Anschluß an BdF vom 16. 10. 1984, BStBl I 1984, 518.

287 Vgl. HFA WPg 1984, 332; Schülen, WPg 1985, 270; Döllerer, Beilage 12 zu BB Heft 16/1987, S. 6; Adler/Düring/Schmaltz, Art. 28 EGHGB Anm. 24 m. w. N.

288 Vgl. ebenso Clemm/Nonnenmacher in Beck'scher Bilanzkommentar, § 249 HGB Anm. 100 „Vorruhestandsgeld" mit näheren Ausführungen zur Bewertung.

289 Vgl. Höfer/Reiners, DB 1989, 589 ff; Bode/Grabner, DB 1987, 593 ff; a.A.: BdF vom 13. 3. 1987 BStBl I 1987, 365 unter 2c; FG Bad.-Württ. vom 7. 7. 1988 BB 1989, 118 lehnt eine Rückstellungsbildung ab, da es an der rechtlichen und wirtschaftlichen Verursachung im jeweiligen Wirtschaftsjahr fehle; vgl. dazu ablehnend Stuhrmann, BB 1989, 879 ff.

290 Zur Problematik der „latenten" Steuern liegt ein umfangreiches Schrifttum vor, vgl. aus diesem insbes. Harms/Küting, ZfB 1979, 891 ff; BB 1982, 837 ff; Lan-

erabgrenzung durch Bildung einer Rückstellung nach § 249 Abs. 1 S. 1 HGB vor. Es geht um die Fälle, in denen der dem Geschäftsjahr und früheren Geschäftsjahren zuzurechnende Steueraufwand zu niedrig ist, weil der nach den steuerrechtlichen Vorschriften ermittelte Gewinn niedriger als das handelsrechtliche Ergebnis ist und infolgedessen in späteren Geschäftsjahren mit einer entsprechend höheren Steuerbelastung zu rechnen ist. Wegen des Maßgeblichkeitsgrundsatzes und vor allem wegen der Umkehrung des Maßgeblichkeitsgrundsatzes sind solche Fälle relativ selten. Musterbeispiel[291] ist der Fall, daß in der Steuerbilanz eine Preissteigerungsrücklage nach § 74 EStDV gebildet wird, in der Handelsbilanz aber nicht. Die spätere Auflösung der Rücklage führt zu einer Erhöhung des steuerrechtlichen Gewinns, der handelsrechtliche Gewinn wird nicht tangiert.

In diesem Fall sind die allgemeinen Voraussetzungen für die Bildung einer Rückstellung erfüllt: Es handelt sich um eine ungewisse Verpflichtung, Steuern zu zahlen, die rechtlich erst in Zukunft entsteht, wirtschaftlich aber bereits in dem Geschäftsjahr verursacht ist, in dem der durch die Preissteigerungsrücklage geminderte Gewinn erzielt ist. Auch ohne § 274 Abs. 1 HGB ist die Rückstellung hier nach § 249 HGB für *Unternehmen aller Rechtsformen* geboten. So heißt es in der Begründung des Regierungsentwurfs[292] denn auch:

> „Der Pflicht, in den umschriebenen Fällen Rückstellungen zu bilden, kommt daher *nur klarstellende* Bedeutung zu."

Von hierher ist die Auffassung naheliegend, daß die Vorschrift des § 274 HGB über die Steuerabgrenzung auf der Passivseite keine eigenständige Bedeutung hat.[293] Die Gegenmeinung setzt sich unter dem Gesichtspunkt, daß durch die 4. Richtlinie eine periodengerechte Steuerabgrenzung gefordert sei, für ein weiteres Verständnis des § 274 Abs. 1 HGB ein: § 274 Abs. 1 HGB soll demnach die Rückstellungsbildung auch dann ermöglichen, wenn die allgemeinen Rückstellungsvoraussetzungen nach § 249 HGB nicht vorliegen,[294] wenn also eine ungewisse Verbindlichkeit gar nicht in Rede steht.

---

ger, WPg 1983, 399 ff; Siegel, BB 1984, 1909 ff; BB 1985, 1373 ff; Bareis, BB 1985, 1235 ff; Hartung, BB 1985, 1239 ff; Hetzel, DB 1985, 289 ff; BB 1985, 1173 ff; Gräfer, BB 1986, 2092 ff; Schulze-Osterloh, ZHR 1986, 555 f; Schneeloch, WPg 1986, 517 ff; Runge, BB 1987, 27 ff; Knief, DB 1987, 697 ff; Döllerer, Beilage 12 zu BB Heft 16/1987, S. 5 ff; Berlage, BB 1987, 867 ff; Rau/Schmidt, BB 1988, 170 ff; Runge, BB 1988, 440 ff; Kupsch/Eder, WPg 1988, 521 ff.

291 Vgl. weitere Beispiele bei Pankow/Kilgert/Lienau in Beck'scher Bilanzkommentar, § 274 HGB Anm. 10 ff.

292 BT-Drs. 10/317 zu § 251 HGB-E.

293 So Döllerer, Beilage 12 zu BB Heft 16/1987, S. 5; vgl. auch Siegel, BB 1984, 1909 ff; BB 1985, 495 ff; Bareis, BB 1985, 1235 ff.

294 Pankow/Kilgert/Lienau in Beck'scher Bilanzkommentar, § 274 HGB Anm. 18; Harms/Küting, BB 1985, 94 ff; 98 ff; Hartung, BB 1985, 635; BB 1985, 1239.
Nach Schulze-Osterloh, ZHR 1986, 553 f fallen überhaupt nur die Fälle, in de-

Musterbeispiel ist die Inanspruchnahme der Bilanzierungshilfe des § 269 HGB, die die Aktivierung von Ingangsetzungskosten ermöglicht. Trotz der Aktivierung handelt es sich steuerrechtlich um sofort abziehbare Betriebsausgaben. Durch die späteren – steuerlich unbeachtlichen – Abschreibungen (§ 282 HGB) gleicht sich das handelsrechtliche Ergebnis dem steuerrechtlichen wieder an. Hierdurch erhöht sich aber der spätere Steueraufwand nicht. Die Voraussetzungen für eine Rückstellungsbildung nach § 249 HGB liegen nicht vor. Damit kommt nach der sich an die Entstehungsgeschichte des § 274 Abs. 1 HGB haltenden Auffassung der Ansatz eines Passivpostens nicht in Frage. Die Gegenmeinung kann zur Folge haben, daß die Wirkung der Bilanzierungshilfe durch den Ansatz des Passivpostens teil-entwertet wird.[295]

Bei der *aktivischen* Steuerabgrenzung nach § 274 Abs. 2 HGB geht es um die Fälle, in denen das Ergebnis der Handelsbilanz niedriger ist als das steuerliche Ergebnis, der Steueraufwand angesichts des handelsrechtlichen Ergebnisses zu hoch ist, dies sich aber später ausgleichen wird.

Beispiele: niedrigere Bewertung auf der Aktivseite und höhere Bewertung auf der Passivseite in der Handelsbilanz.[296]

§ 274 Abs. 2 HGB beinhaltet für diese Fälle eine – mit einer Ausschüttungssperre verbundene – Bilanzierungshilfe. Für die Bemessung des Aktivpostens sollen nach verbreiteter Meinung nicht die einzelnen Bilanzposten isoliert betrachtet werden, sondern das zu versteuernde *Gesamtergebnis* mit dem handelsrechtlichen *Gesamtergebnis* zu vergleichen sein. Es soll also die Verrechnung (Saldierung) der Steuerabgrenzungsposten auf der Aktiv- und der Passivseite vorzunehmen sein.[297] Diese Auffassung beruft sich auf den Wortlaut des § 274 Abs. 2 S. 1 HGB („der dem Geschäftsjahr und früheren Geschäftsjahren zuzurechnende Steueraufwand“). Wie Döllerer[298] dargelegt hat, ist der Wortlaut aber keineswegs eindeutig; die Formulierung kann sich sowohl auf alle Geschäftsvorfälle wie auf den einzelnen Geschäftsvorfall beziehen. Bei dieser Lage aber kann man sich nur an den Grundsatz der Einzelbewertung und das Saldierungsverbot halten. Es ist ein Unding, einen Aktivposten, der keinen Vermögensgegenstand verkörpert, sondern nur aufgrund einer Bilanzierungshilfe gebildet worden ist, mit einer Schuld zu saldieren.[299]

---

nen eine Rückstellung nach § 249 HGB nicht in Frage kommt, unter § 274 Abs. 1 HGB. Dem steht die Gesetzesbegründung (vgl. oben Anm. 292) entgegen.

295 Vgl. zum Diskussionsstand Schildbach, DB 1988, 57 ff m.w.N.

296 Vgl. Beispiele i.e. bei Pankow/Kilgert/Lienau in Beck'scher Bilanzkommentar, § 274 HGB Anm. 28 ff.

297 Pankow/Kilgert/Lienau in Beck'scher Bilanzkommentar, § 274 HGB Anm. 46 ff.

298 Döllerer, Beilage 12 zu BB Heft 16/1987, S. 5.

299 Vgl. näher Döllerer aaO, (Anm. 298) und Schulze-Osterloh, ZHR 1986, 555 f, der die Verrechnungsmöglichkeit auf solche nach § 274 Abs. 1 HGB gebildeten Passivposten beschränkt, die nicht Schuldcharakter haben und nach seiner Meinung ohnehin nicht durch § 274 Abs. 1 HGB, sondern unmittelbar durch § 249 HGB erfaßt werden; vgl. auch Biener in Mellwig u.a. (Hrsg.), Handelsbilanz und Steuerbilanz, 1989, S. 157 ff, 171 ff.

ff) Die Rückstellung für *drohende Verluste aus schwebenden Geschäften* ist ein Anwendungsfall der Rückstellungen für ungewisse Verbindlichkeiten; sie wird für den Betrag gebildet, um den die Verbindlichkeit des Unternehmers aus dem schwebenden Vertrag seine eigene Forderung übersteigt. Die besondere gesetzliche Erwähnung dieser Rückstellung ist gerechtfertigt, weil sie eine sonst unzulässige Saldierung voraussetzt.[300] Zu dieser Rückstellung ist im einzelnen auf die Ausführungen unten in § 4 VII 2 zu verweisen.

d) Besondere Regelungen des Steuergesetzgebers

aa) Die Pensionsrückstellungen haben in § 6a EStG ihre besondere steuerliche Regelung erfahren. Nach § 6a EStG darf eine Rückstellung gebildet werden, wenn

1. der Pensionsberechtigte einen Anspruch auf einmalige oder laufende Pensionsleistungen hat,
2. die Pensionszusage keinen Vorbehalt enthält, daß die Pensionsanwartschaft oder die Pensionsleistung gemindert oder entzogen werden kann, oder ein solcher Vorbehalt sich nur auf Tatbestände erstreckt, bei deren Vorliegen nach allgemeinen Rechtsgrundsätzen unter Beachtung billigen Ermessens eine Minderung oder ein Entzug der Pensionsanwartschaft oder der Pensionsleistung zulässig ist und
3. die Pensionszusage schriftlich erteilt ist.

Aufgrund des Maßgeblichkeitsgrundsatzes setzt die Bildung der Pensionsrückstellung in der Steuerbilanz voraus, daß sie auch in der Handelsbilanz gebildet wird. Mit der Beseitigung des handelsrechtlichen Passivierungswahlrechts durch das Bilanzrichtliniengesetz wird für Verpflichtungen aus Pensionsneuzusagen auch steuerrechtlich Passivierungspflicht bestehen.

Das bisher der Bilanzierungspraxis zugrundegelegte handelsrechtliche Passivierungswahlrecht hat nur dazu geführt, daß der Fiskus von den Unternehmen, die für bestehende Verbindlichkeiten keinen Passivposten ausgewiesen haben, zuviel Steuern kassiert hat. Es hat sozusagen eine Art von Umverteilung stattgefunden: Der Fiskus hat zum einen zu Lasten des aus der Pensionszusage verpflichteten Unternehmens kassiert. Zum anderen ist die „Zeche“ von den anderen Unternehmen in Form der höheren Beiträge usw. zum Pensionssicherungsverein gezahlt worden.

bb) Die Voraussetzungen für die steuerliche Zulässigkeit von Rückstellungen wegen Verletzung fremder Patente, Urheber- oder ähnlicher Schutzrechte sind seit dem Haushaltsbegleitgesetz 1983 in § 5 Abs. 3 EStG gesetzlich geregelt.[301] Danach dürfen Rückstellungen wegen Verletzung fremder Patent-, Urheber- oder ähnlicher Schutzrechte erst gebildet werden, wenn

1. der Rechtsinhaber Ansprüche wegen der Rechtsverletzung geltend gemacht hat oder
2. mit einer Inanspruchnahme wegen der Rechtsverletzung ernsthaft zu rechnen ist.

---

300 Groh, StuW 1976, 39 ff.

301 Vgl. im einzelnen die Kommentierung bei Schmidt, § 5 EStG Anm. 42.

Anlaß für diese steuergesetzliche Regelung einer bilanziellen Detailfrage, deren Behandlung sich eigentlich nach den Grundsätzen ordnungsmäßiger Buchführung richten sollte, war das Urteil des BFH vom 11. 11. 1981.[302]

Weil die Finanzverwaltung aufgrund dieses Urteils eine Ausweitung der Rückstellungsbildung fürchtete und weil man damit möglicherweise verbundene erhebliche Steuervorteile verhindern wollte,[303] hat der Gesetzgeber reagiert. Nach der ursprünglichen Konzeption des Regierungsentwurfs sollte die Rückstellungsbildung nur im Falle der Nr. 1 möglich sein. Das hätte eine schwerwiegende – und u. U. folgenreiche – Durchbrechung des Maßgeblichkeitsgrundsatzes bedeutet. Auf Vorschlag des Finanzausschusses des Bundestages ist die Regelung dann um die Fallgruppe 2 erweitert worden.[304]

Damit steht im Gesetz u. E. nichts anderes als sich nach den Grundsätzen ordnungsmäßiger Buchführung versteht.

§ 5 Abs. 3 S. 2 EStG bringt ein Auflösungsgebot für eine nach S. 1 Nr. 2 gebildete Rückstellung: Sie ist spätestens in der Bilanz des dritten auf ihre erstmalige Bildung folgenden Wirtschaftsjahres gewinnerhöhend aufzulösen, wenn Ansprüche nicht geltend gemacht worden sind. Auch das Auflösungsgebot ergibt sich u. E. schon bei einer sachgerechten Anwendung der Grundsätze ordnungsmäßiger Buchführung.[305]

cc) Eine besondere Regelung haben die handelsrechtlich gebotenen[306] Jubiläumsrückstellungen in dem Steuer„reform"gesetz 1990 erfahren: Nach § 5 Abs. 4 EStG dürfen solche nur gebildet werden, wenn das Dienstverhältnis mindestens zehn Jahre bestanden hat, das Dienstjubiläum das Bestehen eines Dienstverhältnisses von mindestens fünfzehn Jahren voraussetzt und die Zusage schriftlich erteilt ist. Auch diese gegenüber dem handelsrechtlichen Rückstellungsgebot zurückbleibende Regelung[307] soll nach § 52 Abs. 6 EStG aber nur für die Fälle gelten, in denen der Zuwendungsberechtigte seine Anwartschaft nach dem 31. 12. 1992 erwirbt.

Die Regelungen zu den Jubiläumsrückstellungen im Steuer„reform"gesetz dienen der Beseitigung des systematisch wohl fundierten Urteils des BFH vom 5. 2. 1987[308] – zum Zwecke des Ausgleichs des durch die Steuerreform bestehenden Haushaltsdefizits.

---

302 BFH I R 157/79 BStBl II 1982, 748. Vgl. zu dem Urteil kritisch Mathiak, StuW 1982, 307.

303 Vgl. die Begründung des Reg. Entw. BT-Drs. 9/2074, S. 64 f; Bordewin, FR 1983, 55 ff; Dankmeyer/Klöckner, DB 1983, 303 ff, 358 ff.

304 Vgl. dazu auch Kreile, StbJb 1984/85, 45 ff. Zu der allgemeinen Problematik der ständigen Exekution von Entscheidungen des BFH durch die Exekutive vgl. Knobbe-Keuk, BB 1985, 941 ff.

305 A.A. aber BFH aaO, (Anm. 302) und kritisch dazu Mathiak, StuW 1982, 307.

306 Vgl. § 4 VII 4 b.

307 Vgl. dazu Bode/Grabner, DB 1988, 2061 ff; Küting/Weber, BB 1988, 2280 ff. Die Regelung der §§ 5 Abs. 4, 52 Abs. 6 EStG halten mit guten Gründen für verfassungswidrig Höfer/Reiners, BB 1988, 2064 ff. Vgl. auch Söffing, StbJb 1988/89, 121 ff, 130 ff, der die Regelungen des Steuerreformgesetzes wegen Verletzung des Nettoprinzips für verfassungsrechtlich nicht zulässig ansieht.

308 BFH vom 5. 2. 1987 IV R 81/84 BStBl II 1987, 845. Vgl. dazu § 4 VII 4 b.

Der Gesetzentwurf hatte die Streichung der bilanziellen Verpflichtung vorgesehen und sie als Maßnahme zum „Abbau von Steuersubventionen und Sonderregelungen für ein gerechteres und einfacheres Steuersystem“[309] zu verkaufen gesucht![310] Die massive Kritik an dem Entwurf hat immerhin zu der jetzt Gesetz gewordenen Änderung der ursprünglichen Absicht geführt. Diese Änderung ist natürlich systematisch auch nicht einzuordnen. Sie ist nur durch das Bemühen zu erklären, das Konzept des Bundesministers der Finanzen zur Finanzierung der Steuerreform nicht durcheinanderzubringen. Daß das Recht durcheinandergebracht wird, interessiert Politiker leider wenig.

Zur Finanzierung soll beitragen, daß

1. die grundsätzliche steuerrechtliche Anerkennung handelsrechtlich gebotener Jubiläumsrückstellungen erst für den Erwerb von Anwartschaften ab 1993 gelten soll,
2. die nach § 5 Abs. 4 EStG möglichen Rückstellungen vermögensteuerlich nicht zu berücksichtigen sein sollen,
3. bereits gebildete Rückstellungen in den Bilanzen des nach dem 30. Dezember endenden Wirtschaftsjahres und der beiden folgenden Wirtschaftsjahre mit mindestens je einem Drittel aufzulösen sind (§ 52 Abs. 6 S. 2 EStG).

Alle drei Regelungen sind unter sachlichen Gesichtspunkten willkürlich und verstoßen gegen das vom Gesetz selbst der Gewinn- und Vermögensbesteuerung zugrundegelegte Ordnungsprinzip. Hinzu kommt, daß das Gebot, bislang gebildete Rückstellungen aufzulösen, eine unzulässige Rückwirkung beinhaltet.

Der Umstand, daß handelsrechtlich auch vor 1993 die Bildung von Jubiläumsrückstellungen geboten ist und auch die nach § 5 Abs. 4 EStG geltende Regelung hinter dem handelsrechtlichen Rückstellungsgebot zurückbleibt, führt zu einer enormen Belastung der Unternehmen. Es werden Beträge der Besteuerung unterworfen, die für das Unternehmen und die am Gewinn beteiligten Privaten nicht zur Disposition stehen.

---

309 Nach der Subventionsstreichliste BT-Drs. 11/2157, S. 126 sollte die Maßnahme ab 1990 600 Mio jährlich bringen.

310 Vgl. die massive Kritik an dem Entwurf bei Döllerer, Steuerbilanz- und Beutesymbol, BB 1988, 238 f; Knobbe-Keuk, Zum Verfall der Steuergesetzgebung – am Beispiel der Jubiläumsrückstellungen, BB 1988, 1086 ff.

VI. Rechnungsabgrenzungsposten

1. Die transitorischen Rechnungsabgrenzungsposten i. e. Sinne

Rechnungsabgrenzungsposten erscheinen auf der Aktiv- und auf der Passivseite. Sie stellen keine Vermögensgegenstände oder Schulden dar, sondern haben die Aufgabe, zu einer periodengerechten Erfolgsermittlung beizutragen. Die bloße statische Gegenüberstellung von Aktivvermögen und Verbindlichkeiten ermittelt den Gewinn nicht zutreffend, wenn das Unternehmen Zahlungen vor dem Bilanzstichtag geleistet und damit sein Vermögen gemindert hat, die wirtschaftlich eine Zeit nach dem Abschlußstichtag betreffen, oder wenn umgekehrt das Unternehmen solche Zahlungen empfangen hat. Aufgabe der Rechnungsabgrenzungsposten ist es, derartige Zahlungsvorgänge dem Geschäftsjahr, auf das sie wirtschaftlich entfallen, zuzuordnen.

Beispiel: Im Dezember werden Mieten, Zinsen, Löhne für das folgende Jahr bezahlt. Da diese Ausgaben vor dem Bilanzstichtag Aufwand für die Zeit nach dem Bilanzstichtag darstellen, ist auf der *Aktivseite* der Bilanz ein Rechnungsabgrenzungsposten zu bilden. Die Ausgaben mindern also nicht den Gewinn dieses Jahres.

Erhält umgekehrt das Unternehmen im Dezember Miet- oder Zinszahlungen für das folgende Jahr, so ist auf der *Passivseite* ein Rechnungsabgrenzungsposten zu bilden. Denn es handelt sich um Einnahmen, die Ertrag für die Zeit nach dem Bilanzstichtag darstellen. Die Bildung des Rechnungsabgrenzungspostens auf der Passivseite verhindert, daß schon im Jahr der Einnahme ein entsprechender Gewinn in Erscheinung tritt.[311]

---

311 Aus der Rechtsprechung des BFH vgl. z. B. BFH vom 22. 7. 1982 IV R 111/79 BStBl II 1982, 655: Für die mit einer Abfindung nach dem Mühlenstrukturgesetz vom 22. 12. 1971 (BGBl I, 2098) verbundene Verpflichtung, die Mühle stillzulegen und für 30 Jahre den Mühlenbetrieb nicht wieder aufzunehmen, ist ein passiver Rechnungsabgrenzungsposten zu bilden. Vgl. auch BFH vom 5. 4. 1984 IV 96/82 BStBl II 1984, 552: Ein Rechnungsabgrenzungsposten ist für die anläßlich des Empfangs eines Ausbildungsplatzzuschusses eingegangene Verpflichtung, diesen Platz für mindestens zwei aufeinander folgende Ausbildungsverhältnisse zu besetzen, zu bilden.
Wie die Entscheidungen zeigen, ist das Gebot, passive Rechnungsabgrenzungsposten zu bilden, nicht auf den Empfang von Vorleistungen im Rahmen eines gegenseitigen Vertrages beschränkt; die Verpflichtung kann auch im öffentlichen Recht begründet sein. Weitere Nachweise aus der Rechtsprechung bei Schmidt, § 5 EStG Anm. 28 (zu aktiven Rechnungsabgrenzungsposten) und Anm. 51 (zu passiven Rechnungsabgrenzungsposten).
In dem Leasingratenurteil vom 12. 8. 1982 IV R 184/79 BStBl II 1982, 696 hat der BFH bei Vereinbarung jährlich fallender Leasingraten angenommen, daß die Summe der während der vertraglichen Laufzeit geschuldeten Leasingraten in jährlich gleichbleibende Beträge auf die Laufzeit zu verteilen seien; die in den ersten Jahren über den jährlichen Durchschnittsbetrag hinausgehenden Beträge sollen als Rechnungsabgrenzungsposten oder Anschaffungskosten für ein Nutzungsrecht zu aktivieren und in den späteren Jahren, in denen die Leasingraten niedriger als der jährliche Durchschnittsbetrag sind, gewinnmindernd aufzulösen sein. Das Urteil ist auf heftige Kritik gestoßen (vgl. die Nachweise bei Schmidt,

Handelsrechtlich sind die Rechnungsabgrenzungsposten auf die sogenannten transitorischen Posten im engeren Sinne beschränkt.

Als Rechnungsabgrenzungsposten sind auszuweisen

1. auf der Aktivseite Ausgaben vor dem Abschlußstichtag, soweit sie Aufwand für eine bestimmte Zeit nach diesem Tage darstellen (§ 250 Abs. 1 S. 1 HGB)
2. auf der Passivseite Einnahmen vor dem Abschlußstichtag, soweit sie Ertrag für eine bestimmte Zeit nach diesem Tage darstellen (§ 250 Abs. 2 HGB).

Damit dürfen zum einen die sog. transitorischen Posten i. w. S. nicht als Rechnungsabgrenzungsposten ausgewiesen werden. Dazu gehören z. B. Reklamekosten, Entwicklungskosten, also Ausgaben des abgelaufenen Jahres, die irgendeinen künftigen Nutzen versprechen. Der Ausweis derartiger Beträge in der Bilanz ist nur möglich, wenn sie unter einen anderen bilanzierungsfähigen Posten fallen. Das wird regelmäßig nicht der Fall sein.[312]

Zum anderen scheidet der Ansatz sogenannter antizipativer Posten als Rechnungsabgrenzungsposten aus. Darunter versteht man Zahlungsvorgänge des folgenden Jahres, die aber als Aufwand oder Ertrag des abgelaufenen Jahres anzusehen sind.

Beispiel: Noch nicht eingegangene Mietzinszahlungen für das abgelaufene Jahr (antizipatorisches Aktivum). Umgekehrt: Noch nicht bezahlter Mietzins für das abgelaufene Jahr (antizipatorisches Passivum).

Derartige Posten sind nicht als Rechnungsabgrenzungsposten, sondern – falls die Voraussetzungen vorliegen – als Forderungen bzw. Verbindlichkeiten auszuweisen.[313]

Für Rechnungsabgrenzungsposten besteht nach § 250 HGB Bilanzierungspflicht. Auch vor Inkrafttreten des Bilanzrichtliniengesetzes ist die herrschende Meinung von der Bilanzierungspflicht ausgegangen.[314] Steuerrechtlich besteht ohnehin Aktivierungspflicht nach § 5 Abs. 5 EStG.

Der Ansatz von Rechnungsabgrenzungsposten ist also nicht in das Belieben

---

§ 5 EStG Anm. 72c und Bordewin, Leasing im Steuerrecht, 3. Aufl. 1989, S. 89); vgl. auch Forster, Festschrift Döllerer, 1988, S. 147 ff.

312 Vgl. z. B. das instruktive Beispiel der Biersteuer auf Niederlagenbeständen: der Ansatz eines Rechnungsabgrenzungspostens scheidet aus, da es sich nicht um Aufwand einer bestimmten Zeit nach dem Bilanzstichtag handelt. Die Biersteuer gehört aber auch nicht zu den Herstellungskosten des Bieres; ebensowenig kann die Biersteuer etwa als „forderungsähnliches Wirtschaftsgut" aktiviert werden (vgl. dazu i. e. BFH vom 26. 2. 1975 I R 72/73 BStBl II 1976, 13). Vgl. aber die Reaktion des Steuergesetzgebers auf diese bilanzrechtliche Lage in § 5 Abs. 3 S. 2 Nr. 1 EStG und dazu unten § 4 VI 3.

313 Von dem Wahlrecht in Art. 18, 21 der Richtlinie, auch antizipative Posten als Rechnungsabgrenzungsposten auszuweisen, ist vom Gesetzgeber des Bilanzrichtliniengesetzes kein Gebrauch gemacht worden.

314 Döllerer, BB 1965, 1409; Adler/Düring/Schmaltz, 4. Aufl., § 152 AktG Anm. 184; Geßler/Hefermehl/Eckardt/Kropff, § 152 AktG Anm. 106.

des Unternehmens gestellt. Freilich wird man auch weiterhin auf den Ansatz von Rechnungsabgrenzungsposten dort verzichten können, wo wegen der Geringfügigkeit der in Betracht kommenden Beträge eine Beeinträchtigung des Einblicks in die Vermögens- und Ertragslage nicht zu befürchten ist.[315]

Die für die Anwendung des § 250 HGB und § 5 Abs. 5 EStG wichtigste Frage ist, ob es sich um Aufwand bzw. Ertrag für eine „bestimmte Zeit" nach dem Abschlußstichtag handelt. Früher ging man davon aus, daß unter einer bestimmten Zeit grundsätzlich ein kalendermäßig festgelegter oder doch berechenbarer Zeitraum zu verstehen sei, nicht hingegen ein nur durch Schätzung bestimmbarer.[316] Es hat sich inzwischen aber in Literatur und in der Rechtsprechung des BFH die Erkenntnis durchgesetzt, daß diese Auslegung des Begriffes „bestimmte Zeit" zu eng ist. Nach dieser Auslegung könnte z. B. beim Empfang eines einmaligen Entgeltes für eine zeitlich unbefristete (ewige) Leistung, z. B. eine Duldungspflicht, kein passiver Rechnungsabgrenzungsposten gebildet werden. Daß dies nicht richtig sein kann, ergibt sich aus folgender Überlegung: Wenn es zulässig ist, beim Empfang eines einmaligen Entgelts für eine z. B. auf fünf Jahre befristete Leistung einen passiven Rechnungsabgrenzungsposten zu bilden, so muß es erst recht zulässig sein, bei einer längeren, aber zeitlich unbestimmten Leistung, einen Rechnungsabgrenzungsposten zu bilden.[317] Es würde auch sonst der in der Regelung der Rechnungsabgrenzungsposten zum Ausdruck kommende Grundsatz zeitraumrichtiger Periodenabgrenzung über Gebühr eingeengt werden. Aus diesen Gründen wird der Begriff „bestimmte Zeit" heute dahin verstanden, daß ein – auch nur schätzungsweise – bestimmbarer Zeitraum ausreicht.[318] Auch die Rechtsprechung des IV. Senats des BFH hat sich dem nicht verschlossen.[319]

Schon in dem Urteil vom 17. 10. 1968[320] hatte der BFH die Bildung eines passiven Rechnungsabgrenzungsposten für eine einmalige Zahlung als Gegenleistung für eine *dauernde,* also kalendermäßig nicht bestimmte Pflicht zur Duldung der Benutzung eines Grundstücks gebilligt. Aus der Folgezeit ist das Urteil vom 17. 7. 1980[321] hervorzuheben. Hier war eine einmalige Entschädigung für die Übernahme einer dauernden Unterlassungsverpflichtung gewährt worden. Obwohl die Verpflichtung nicht kalen-

---

315 Adler/Düring/Schmaltz aaO, (Anm. 314); BFH vom 15. 4. 1958 I 27/57 U BStBl III 1958, 260; BGH vom 15. 11. 1960 I 189/60 U BStBl III 1961, 48.

316 Vgl. insbesondere Herrmann/Heuer/Raupach, § 4 EStG Anm. 28 f.

317 So Schmidt, § 5 EStG Anm. 25 m. w. N. Dagegen Woerner, StbJb 1984/85, 190 f.

318 So: Littmann/Bitz/Meincke, §§ 4, 5 EStG Rz. 816 ff; Schmidt aaO, (Anm. 317); Hüttemann in HdJ II/8, Rz. 23.

319 Die Rechtsprechung des IV. Senats hat Zustimmung (z. B. Rose, StbJb 1983/84, 141 ff, 166), aber auch Ablehnung (z. B. Bordewin, DStZ/A 1982, 463; BdF vom 12. 10. 1982 BStBl I 1982, 810; Mathiak, StuW 1983, 74; Döllerer, ZGR 1983, 410; Federmann, BB 1984, 246 ff, 250; Woerner, StbJb 1984/85, 190 ff) gefunden.

320 BFH IV 84/65 BStBl II 1969, 180.

321 BFH IV R 10/76 BStBl II 1981, 669.

dermäßig befristet war, hat der BFH die Entschädigung als Ertrag für eine „bestimmte“ Zeit nach dem Bilanzstichtag angesehen, und zwar unter der Voraussetzung, daß die Vereinbarung der Vertragsparteien über die Entschädigungszahlung es zuläßt, rechnerisch einen (Mindest-)Zeitraum zu bestimmen, dem die Entschädigung als Ertrag zuzuordnen ist.[322]

Des weiteren ist das Urteil des BFH vom 24. 3. 1982[323] zu nennen: Einmalvergütung für immerwährende Nutzung kann abgegrenzt werden.

2. Damnum (Disagio)[324]

Unter den Rechnungsabgrenzungsposten besonders hervorgehoben ist das Damnum oder Disagio (§ 250 Abs. 3 HGB). Dies ist der Betrag, um den der Rückzahlungsbetrag einer Verbindlichkeit höher ist als der Auszahlungsbetrag. Insbesondere nach der steuerrechtlichen Rechtsprechung ist das Damnum wirtschaftlich nichts anderes als eine zusätzlich geleistete „Vergütung für die Kapitalüberlassung“.[325] Rechtlich besteht zwischen dem Damnum und vorausgezahlten Zinsen freilich der Unterschied, daß das Damnum geschuldet bleibt, auch wenn die Darlehenszeit verkürzt wird, vorausgezahlter Zins aber zurückzuzahlen ist.[326] Nach der Neufassung der Vorschriften über die Rechnungsabgrenzungsposten kann kein Zweifel mehr bestehen, daß handelsrechtlich für das Damnum ein Aktivierungswahlrecht besteht.[327] Steuerrechtlich ist immer Aktivierungspflicht angenommen worden.[328]

Diese Divergenz zwischen handelsrechtlicher und steuerrechtlicher Auffassung löst sich aber in vielen Fällen auf, wenn man beachtet, daß in dem Rückzahlungsbetrag einer Verbindlichkeit ein Zinsanteil enthalten sein

---

322 Vgl. in diesem Sinne auch wieder BFH vom 5. 4. 1984 IV R 96/82 BStBl II 1984, 553.

323 BFH IV R 96/78 BStBl II 1982, 643; vgl aber das Nichtanwendungsschreiben des BdF vom 12. 10. 1982 BStBl I 1982, 810.

324 Vgl. Rodin, Disagio, Diskont und Damnum im Einkommensteuerrecht, 1988; zum Damnum als Bilanzierungshilfe vgl. Veit, BB 1989, 524 ff.

325 Z. B. BFH vom 12. 7. 1984 IV R 76/82 BStBl II 1984, 713. Vgl. auch Geßler/Hefermehl/Eckardt/Kropff, § 156 AktG Anm. 21; a. A. Mathiak, StuW 1985, 83.

326 Vgl. Döllerer, Beilage 12 zu BB Heft 16/1987, S. 11.

327 Vgl. den geänderten Wortlaut und die Begründung zu § 247 HGB-E BR-Drs. 257/83, S. 82.

328 Für die h. M. BFH vom 29. 6. 1967 IV 133/63 BStBl III 1967, 670; BFH vom 21. 4. 1988 IV R 47/85, BB 1988, 2298; Herrmann/Heuer/Raupach, § 4 EStG Anm. 62, Stichwort „Damnum“ mit weiteren Nachweisen. Wird das Darlehen anläßlich der Betriebsaufgabe vorfristig zurückgezahlt, so ist nach BFH vom 12. 7. 1984 IV R 76/82 BStBl II 1984, 713 das aktivierte Damnum zu Lasten des laufenden Gewinns und nicht des Aufgabegewinns zu buchen; vgl. zu dem Urteil Mathiak, StuW 1985, 83 ff. Zur Behandlung des Damnums im Privatvermögen vgl. BFH vom 13. 10. 1987 VIII R 156/84 BStBl II 1988, 252: Disagio, Damnum gehört grundsätzlich zu den Einnahmen aus Kapitalvermögen; der Unterschiedsbetrag fließt bei Rückgabe der Schuldverschreibung zu. Vgl. zum Disagio als Kapitalertrag Döllerer, BB 1988, 863.

kann. Ist dies der Fall, so ist der vorausgezahlte Zins als ordentlicher aktiver Rechnungsabgrenzungsposten nach § 250 Abs. 1 HGB auszuweisen und unterliegt nicht der Regelung über das Damnum nach § 250 Abs. 3 HGB.[329]

3. Fiskalisch veranlaßte Regelungen des Steuergesetzgebers

Nach § 250 Abs. 1 S. 2 HGB *dürfen* als Rechnungsabgrenzungsposten auf der Aktivseite ausgewiesen werden:

1. als Aufwand berücksichtige Zölle und Verbrauchsteuern, soweit sie auf am Abschlußstichtag auszuweisende Vermögensgegenstände des Vorratsvermögens entfallen,
2. als Aufwand berücksichtigte Umsatzsteuer auf am Abschlußstichtag auszuweisende oder von den Vorräten offen abgesetzte Anzahlungen.

Bis auf das handelsrechtlich eingeräumte Wahlrecht entspricht die Bestimmung dem § 5 Abs. 5 S. 2 EStG.

In beiden Fällen kommt die Aktivierung weder unter dem Gesichtspunkt des Vermögensgegenstandes noch als transitorischer Rechnungsabgrenzungsposten im engeren Sinne in Frage. Der BFH hatte dieser bilanzrechtlichen Lage Rechnung getragen. Dem Steuergesetzgeber ging es bei der Statuierung der Aktivierungspflicht dieser Posten um die Verhinderung von Steuerausfällen. Die Regelung der Nr. 1 war die Reaktion auf das „Biersteuerurteil" des BFH.[330] Anlaß für die Einfügung der Nr. 2 war das Urteil des BFH vom 26. 6. 1979.[331] Danach darf der Empfänger einer Anzahlung die in ihr enthaltene Umsatzsteuer nicht aktivieren, muß aber als Passivposten die erhaltene Anzahlung einschließlich der Umsatzsteuer ansetzen.

Dieses Urteil hatte vor der Neufassung des Umsatzsteuergesetzes keine allzu große Bedeutung, weil es auf die Fälle der Versteuerung nach vereinnahmten Entgelten (Ist-Versteuerung) bei der Umsatzsteuer beschränkt war. Seit dem Inkrafttreten des Umsatzsteuergesetzes 1980 unterliegen aber auch bei der Versteuerung nach vereinbarten Entgelten (Soll-Versteuerung) empfangene Anzahlungen der Umsatzsteuer, wenn die einzelne Anzahlung 10 000 DM oder mehr beträgt (§ 13 Abs. 1 Nr. 1 a Sätze 4 und 5 UStG). Nach den Grundsätzen des BFH-Urteils würde also in diesen Fällen beim Anzahlungsempfänger im Jahre der Vereinnahmung der Anzahlung ein Verlust in Höhe der in der Anzahlung enthaltenen Umsatzsteuer entstehen, der erst im Jahr der Lieferung des angezahlten Wirtschaftsguts durch einen entsprechend höheren Gewinn ausgeglichen würde. Dies sollte durch § 5 Abs. 5 S. 2 Nr. 2 EStG verhindert werden: die Umsatzsteuer auf empfangene Anzahlungen wird auf diese Weise erfolgsneutral behandelt.[332]

Der Gesetzgeber des Bilanzrichtliniengesetzes läßt in § 250 Abs. 1 S. 2 HGB den Ansatz der fraglichen Posten „in Abweichung von dem Grundsatz, daß antizipative Posten allenfalls als Forderungen oder Verbindlichkeiten ausge-

329 Vgl. näher unten § 5 VIII 1 a.
330 Vgl. Anm. 312.
331 BFH vom 26. 6. 1979 VIII R 145/78 BStBl II 1979, 625.
332 Vgl. in diesem Sinne auch Stellungnahme des Hauptfachausschusses des Instituts der Wirtschaftsprüfer, WPg 1980, 80.

wiesen werden dürfen" „im Interesse der Einheitlichkeit von Handels- und Steuerbilanz" zu.[333] Soweit es sich um Kapitalgesellschaften handelt, ist darauf hinzuweisen, daß die Bilanzrichtlinie *nicht* richtlinienkonform umgesetzt ist.[334]

Davon abgesehen sollten rein fiskalisch begründete Eingriffe und Aktionen des Steuergesetzgebers kein Grund für eine Änderung des Handelsbilanzrechts sein. Es müßte gerade Aufgabe des BMJ und des Rechtsausschusses des Deutschen Bundestages sein, darüber zu wachen, daß nicht immer dann, wenn der Finanzverwaltung eine bilanzrechtliche Entscheidung des BFH mißfällt, Gesetzesänderungen wegen „zu erwartender Steuerausfälle" sang- und klanglos das Gesetzgebungsverfahren passieren.[335]

VII. Die Bilanzierung schwebender Geschäfte[336]

1. Grundsatz: Kein Ausweis in der Bilanz

Schwebende Geschäfte sind zweiseitig verpflichtende Verträge, die auf Leistungsaustausch gerichtet sind, und bei denen der zur Lieferung oder Leistung Verpflichtete noch nicht voll erfüllt hat.[337] Sie sind nicht zu bilanzieren. Ist z. B. ein Kaufvertrag abgeschlossen, aber noch von keiner Seite erfüllt, so bleibt bei dem Verkäufer weiterhin das veräußerte Wirtschaftsgut bilanziert; der Verkäufer setzt also nicht etwa auf der Aktivseite schon die Kaufpreisforderung unter gleichzeitiger Passivierung der Lieferungsverpflichtung an.

Wie Woerner[338] zu Recht herausgestellt hat, ist zur Erklärung dieses Befundes der Hinweis, die Aufnahme der Forderungen und Verbindlichkeiten würde, da bei schwebenden Geschäften Forderungen und Schulden sich ohnehin gleichwertig gegenüberständen, zu einer unnötigen Aufblähung der Bilanz führen, nicht ausreichend. Der entscheidende – materielle – Grund für den Nichtausweis schwebender Geschäfte liegt vielmehr im Vorsichtsprinzip. Würde man nämlich Forderungen und Verbindlichkeiten aus einem schwebenden Vertrag ansetzen, so könnten diese nicht einfach ohne weiteres jeweils in gleicher Höhe ausgewiesen werden, sondern es wäre zu berücksichtigen, daß der Wert der vom Sachleistungsverpflichteten zu erbringenden Gegenleistung in den Fällen, in denen er sich von dem Geschäft

333 Begründung des Regierungsentwurfs zu § 247 HGB-E BR-Drs. 257/83, S. 82.

334 Vgl. Glade, § 250 HGB Rz. 17, Teil I Rz. 724; Hartung, RIW 1988, 52 ff.

335 Kritisch auch Mathiak in Kirchhof/Söhn, § 5 EStG Rz. A 16 ff.

336 Aus der monographischen Literatur vgl. Vellguth, Grundsätze ordnungsmäßiger Bilanzierung für schwebende Geschäfte, 1938; H. Friedrich, Grundsätze ordnungsmäßiger Bilanzierung für schwebende Geschäfte, 2. Aufl. 1976; Bauer, Schwebende Geschäfte im Steuerrecht, (Diss.) 1981; Lüders, Der Zeitpunkt der Gewinnrealisierung im Handels- und Steuerbilanzrecht, 1987; vgl. des weiteren Woerner, FR 1984, 489 ff; Woerner, BB 1988, 769 ff; Crezelius, Festschrift Döllerer, 1988, S. 81 ff.

337 So die Definition bei Woerner, FR 1984, 496.

338 Woerner, aaO (Anm. 337).

einen Gewinn verspricht, hinter dem Wert der Forderung auf die Gegenleistung zurückbleibt. Eine derartige Bilanzierung aber würde einen Verstoß gegen das Verbot des Ausweises nicht realisierter Gewinne darstellen. Durch den Nichtausweis schwebender Geschäfte in der Bilanz wird also dem Vorsichtsprinzip Geltung verschafft. Solange der Sach- oder Dienstleistungsverpflichtete seine Leistung nicht tatsächlich erbracht hat, ist der Anspruch auf die Gegenleistung mit vielfältigen Risiken behaftet[339] und der Erfolg aus dem Geschäft ungewiß.

2. Rückstellungen wegen drohender Verluste[340]

Auf Grund des Imparitätsprinzips sind allerdings drohende Verluste aus schwebenden Geschäften auszuweisen. Der Ausweis drohender Verluste erfolgt durch Bildung einer Rückstellung (§ 249 Abs. 1 S. 1 HGB). Auf diese Weise werden künftige Verluste vorweggenommen. Die Verlustrückstellung wird herkömmlicherweise als Unterfall der Rückstellungen für ungewisse Verbindlichkeiten angesehen[341]: Es wird der Mehrwert der Verbindlichkeit gegenüber der eigenen Forderung erfaßt.[342]

Für drohende Verluste aus schwebenden Geschäften besteht handels- und steuerrechtlich Passivierungspflicht. Das folgt aus dem Vollständigkeitsgrundsatz.[343]

Die Rückstellung kann grundsätzlich nur für *bestimmte* schwebende Geschäfte, nicht pauschal für alle schwebenden Geschäfte gebildet werden. Ausnahmsweise sind pauschal berechnete Rückstellungen zulässig, „wenn es sich um eine Zusammenfassung gleichartiger Wirtschaftsgüter oder Risiken handelt und die individuelle Behandlung mit Risiken verbunden oder unzumutbar ist".[344] Für die Rückstellung nicht ausreichend sind allgemeine Risiken (Exportrisiko, Geschäftsrisiko). Vielmehr müssen bestimmte Tatsachen vorliegen, aufgrund derer bei vernünftiger kaufmännischer Beurteilung der Verlust aus einem konkreten schwebenden Geschäft wahrscheinlich ist.

Bei schwebenden *Beschaffungsgeschäften* nimmt man einen drohenden Verlust, der in der Bilanz durch die Bildung einer Rückstellung zu berücksichtigen ist, an, wenn der Teilwert[345] (Beschaffungspreis)[346] der angeschafften, aber noch

339 Vgl. dazu Leffson, S. 260 ff; Döllerer, BB 1974, 1541 ff; BB 1980, 1333 ff; Woerner, FR 1984, 492.

340 Zu den Besonderheiten bei Dauerschuldverhältnissen vgl. unten § 4 VII 4.

341 H.M., vgl. Groh, StuW 1976, 39 mit Nachweisen; ders., DB 1988, 27 ff.

342 In diesem Fall wird also eine Ausnahme von dem Verbot der Saldierung zwischen ungleichartigen Ansprüchen gemacht.

343 Vgl. dazu oben § 3 III 1.

344 BFH vom 9. 5. 1961 I 128/60 BStBl III 1961, 336. Vgl. auch oben § 4 V c cc.

345 Vgl. dazu unten § 5 III 4.

346 Bei der Ermittlung der Verlustrückstellung kann die Forderung auf die Ware nicht anders bewertet werden, als die Ware selbst, BFH vom 25. 2. 1986 VIII R 377/83 BStBl II 1986, 465.

nicht erhaltenen Wirtschaftsgüter am Bilanzstichtag niedriger ist als die Kaufpreisschuld.[347] Die Bildung einer Rückstellung ist hier also von den gleichen Voraussetzungen abhängig, die bei der Abschreibung von Vorräten auf den niedrigeren Zeitwert bzw. Teilwert vorliegen müssen. Handelt es sich um ein schwebendes Geschäft über Waren, so ist folglich dem Bilanzierenden ein gewisser Ermessensspielraum für die Bildung der Rückstellung eingeräumt, da bei der Ermittlung des niedrigeren Zeitwerts sowohl die Verhältnisse des Beschaffungs- als auch des Absatzmarktes berücksichtigt werden können.[348]

Beispiel: Es sind Waren zum Preise von 100 eingekauft und schon vor Lieferung zu 120 weiterveräußert. Sind die Wiederbeschaffungspreise am Bilanzstichtag auf 90 gesunken, so kann der Bilanzierende in Höhe von 10 eine Rückstellung bilden. Er kann darauf aber auch verzichten, wenn der erwartete Erlös von 120 unter Berücksichtigung aller nach dem Bilanzstichtag noch anfallenden Kosten seinen Einstandspreis von 100 deckt.

Bei schwebenden *Absatzgeschäften* (sei es Veräußerungen, sei es sonstigen Leistungen) ist als drohender Verlust der Unterschied zwischen dem Wert der eigenen Leistung (Selbstkosten) und dem Anspruch auf die Gegenleistung anzusetzen. In dieser Rechnung ist der Anspruch auf die Gegenleistung nach allgemeiner Meinung mit dem Nennbetrag anzusetzen.[349] Hingegen sind die Einzelheiten der Berechnung des Wertes der eigenen Leistung umstritten. Der Wert der eigenen Leistung wird durch den am Bilanzstichtag schon aktivierten Bestand (z. B. Herstellungskosten der unfertigen Arbeiten) zuzüglich der künftigen Selbstkosten bestimmt. Dabei ist Hauptstreitpunkt die Frage, ob bei den anzusetzenden künftigen Selbstkosten der Leistungserstellung von den sogenannten Vollkosten (d. h. einschließlich der anteiligen Fixkosten) oder nur von den Teilkosten (variablen Kosten)[350] auszugehen ist. Die überwiegende Meinung legt – um eine möglichst vollständige Verlustantizipation zu erreichen – die künftigen Vollkosten zugrunde.[351]

Gegen diese umfassende Verlustantizipation wird vorgebracht, es sei nicht angängig, auch die ungedeckten Fixkostenanteile zu antizipieren, da Fixkosten zeitraumbezogen und sie nicht durch die abgeschlossenen Verträge verursacht seien; bei einem Unternehmen, das wegen Auftragsmangels noch schlechter dastehe als ein Unternehmen

347 Z. B. BFH vom 3. 7. 1956 I 118/55 U BStBl III 1956, 248. Zu den Einzelheiten vgl. Herrmann/Heuer/Raupach, § 5 EStG Anm. 49y [6]; Groh, StuW 1976, 32 ff, 40.

348 Vgl. § 5 IV 3 a.

349 Vgl. z. B. Schmidt, § 5 EStG Anm. 45 f.

350 Zur Abgrenzung von Gemein- und Einzelkosten bei der Berechnung von Drohverlustrückstellungen vgl. BFH vom 11. 2. 1988 IV R 191/85, BStBl II 1988, 661.

351 Vgl. BFH vom 25. 2. 1986 VIII R 134/80 BStBl II 1986, 788 (790); vgl. aus der umfangreichen Literatur Falkenroth, StuW 1950, 456; Tubbesing, WPg 1965, 617; Ludewig, DB 1974, 101; Döllerer, DB 1974, 1541; Bordewin, BB 1974, 973 f; Groh, StuW 1976, 40; Strobl, JDStJG 1984, 195 ff, 203 f; Crezelius, Festschrift Döllerer, 1988, S. 90.

mit schlechten Aufträgen, könnten schließlich auch keine Fixkostenanteile antizipiert werden.[352]

Des weiteren ist streitig, ob erwartete künftige Kostensteigerungen zu berücksichtigen sind. Hier steht die h. M. auf dem Standpunkt, aus dem Stichtagsprinzip folge die Maßgeblichkeit der Preisverhältnisse am Bilanzstichtag.[353]

U. E. ist dem nicht zu folgen. Berücksichtigt man, daß es bei der Rückstellung wegen drohender Verluste aus einem schwebenden Geschäft um die Vorwegnahme des sich bei der Abwicklung des Geschäfts ergebenden negativen Erfolgsbeitrages geht und daß der Verlust in dem Saldo zwischen dem Wert der eigenen Leistung und der erwarteten Gegenleistung besteht, so kann man bei der Berechnung nicht zwei unvergleichbare Größen, nämlich den Wert der Gegenleistung im späteren Zeitpunkt der Erfüllung und den Wert der eigenen Leistung nach den Verhältnissen am jetzigen Bilanzstichtag, einander gegenüberstellen. Die Berechnung der Verlustrückstellung erfordert vielmehr eine auf den Abwicklungszeitpunkt des Geschäftes bezogene Prognose. Das Stichtagsprinzip kann in diesem Zusammenhang nur bedeuten, daß die Prognose auf Grund der *Erkenntnisse* (nicht der Verhältnisse) am Bilanzstichtag zu erfolgen hat.[354]

Eine Rückstellung für drohende Verluste aus schwebenden Geschäften ist auch dann zu bilden, wenn das Geschäft von Anfang an als Verlustgeschäft abgeschlossen worden ist, die Verluste also *„geplant"* worden sind, – etwa um eine fortlaufende Beschäftigung der Arbeitnehmer zu erreichen, um Kunden zu erhalten oder am Markt zu bleiben.[355]

Dauerschuldverhältnisse[356] bleiben auch nach teilweiser Erfüllung schwebende Geschäfte, wenn in Zukunft weiterhin Leistungen von beiden Seiten zu erbringen sind. Hier kann für das Restgeschäft[357] die Bildung einer

---

352 So insbesondere Leffson, S. 389 ff; gegen die h. M. auch Vellguth, Grundsätze ordnungsmäßiger Bilanzierung für schwebende Geschäfte, 1938, S. 104; Albach, StbJb 1967/68, 355 ff; vgl. auch die differenzierte Position Forsters, WPg 1971, 393 ff.

353 Vgl. z. B. Bordewin, BB 1974, 976; Döllerer, StbJb 1977/78, 129 ff, 151 f; Schmidt, § 5 EStG Anm. 45 f. Auch nach der Rechtsprechung des BFH sind für die Bemessung von Rückstellungen die Preisverhältnisse am Bilanzstichtag maßgebend, vgl. z. B. BFH vom 19. 2. 1975 I R 28/73 BStBl II 1975, 480 (betr. Rückstellung für Rekultivierungs- und Abbruchverpflichtung); BFH vom 5. 3. 1981 IV R 94/78 BStBl II 1981, 658 (Verluste aus Goldtermingeschäften); BFH vom 7. 10. 1982 IV R 39/80 BStBl II 1983, 104 (betr. Garantierückstellung bei mehrjähriger Garantiefrist).

354 Gegen die h. M. auch Forster, WPg 1971, 396; Gassner/Lempenau, DStZ/A 1974, 139; Clemm, JDStJG 1981, 132; Strobl, JDStJG 1984, 195 ff, 205; Crezelius, Festschrift Döllerer, 1988, S. 90.

355 Die drohenden Verluste aus dem Geschäft sind nicht etwa mit den allgemeinen betrieblichen Vorteilen, die der Unternehmer sich durch das Verlustgeschäft erhoffen mag, zu verrechnen. So auch Herrmann/Heuer/Raupach, § 5 EStG Anm. 49 y [4]; Döllerer, DStR 1987, 68; a. A. Groh, StuW 1976, 41.

356 Zur Gewinnrealisierung bei Dauerschuldverhältnissen vgl. unten § 6 I 5.

357 Es kommt also nicht darauf an, ob das Dauerschuldverhältnis in seiner Gesamtlaufzeit einschließlich der schon erbrachten Leistungen ausgeglichen ist. So zu

Rückstellung in Frage kommen. Für die Berechnung sind der Wert der noch zu erbringenden Leistungen und der Wert des Anspruchs auf die Gegenleistungen einander gegenüberzustellen.[358]

3. Einseitig erfüllte Geschäfte[359]

Sobald ein schwebendes Geschäft von einer Seite erfüllt ist, ist die eingetretene Vermögensumschichtung auszuweisen:

a) Vorleistung von Sachgütern und sonstigen Leistungen

Ist die Leistung vom Leistungsverpflichteten erbracht und – soweit erforderlich – vom Leistungsempfänger abgenommen worden, so bucht der *Leistungsverpflichtete* den Abgang von Wirtschaftsgütern aus und aktiviert den Anspruch auf die Gegenleistung. Damit wird der Gewinn oder Verlust, der durch die Leistung verwirklicht worden ist, ausgewiesen.[360]

Erst wenn der zur Sachleistung Verpflichtete seine Leistung im wesentlichen erbracht und der Empfänger sie – soweit erforderlich – abgenommen hat, tritt hinsichtlich dieses Geschäftes die Gewinnrealisierung ein, da erst in diesem Zeitpunkt die Forderung auf die Gegenleistung zu aktivieren ist.

Bei nur *teilweiser Leistungsbewirkung* kann der zur Sachleistung Verpflichtete noch nicht den Anspruch auf die volle Gegenleistung einbuchen. Er aktiviert nur in einem Posten „halbfertige Arbeiten“ oder „in Arbeit befindliche Aufträge“ o. ä. die angefallenen Herstellungskosten. Anders ist es, wenn es sich um eine selbständig abgrenzbare und abrechenbare Teilleistung handelt. Dies ist insbesondere bei Bauleistungen von Bedeutung (vgl. z. B. § 12 Ziff. 2 der VOB, Teil B). Hier aktiviert der zur Sachleistung Verpflichtete den Anspruch auf die Gegenleistung für die Teilleistung; insoweit erfolgt eine Gewinnrealisierung.

Der *Empfänger* der Sachleistung passiviert nunmehr seine Verpflichtung zur Gegenleistung und aktiviert die empfangenen Wirtschaftsgüter. Bei Teilleistungen, insbesondere bei im Bau befindlichen Anlagen, ist die empfangene Teilleistung mit den Teilherstellungskosten anzusetzen.[361]

Recht Groh, StuW 1976, 40; Mathiak, StuW 1984, 275; Woerner, StbJb 1984/85, 196 f; Schmidt, § 5 EStG Anm. 45 c mit Nachweisen. Der BFH hat diese Frage offengelassen in BFH vom 11. 2. 1988 IV R 191/85 BStBl II 1988 661 mit weiteren Nachweisen zur Rechtsprechung. Vgl. auch unten § 4 VII 4 c.

358 Vgl. zur Verlustrückstellung bei Dauerschuldverhältnissen näher unten § 4 VII 4 c.

359 Einzelheiten vgl. bei Herrmann/Heuer/Raupach, § 5 EStG Anm. 49 x mit Nachweisen; vgl. auch Döllerer, BB 1975, 1073 ff.

360 Zum Realisationszeitpunkt vgl. näher unten § 6 I 2.

361 Herrmann/Heuer/Raupach, § 5 EStG Anm. 49 x (7); vgl. zu den Einzelheiten der Bilanzierung von Bauleistungen Herrmann/Heuer/Raupach, § 5 EStG

b) Vorleistung von Zahlungen

Der Zahlende aktiviert den Anspruch auf Lieferung oder Leistung unter dem Posten „geleistete Anzahlungen".[362]

Der Anspruch auf Lieferung oder Leistung ist mit den Anschaffungskosten zu aktivieren, d.h. mit dem Nennbetrag der Zahlung. Dies gilt – da die Anschaffungskosten nicht überschritten werden dürfen – auch dann, wenn der Teilwert des Anspruchs am Bilanzstichtag höher ist.[363] Liegt der Teilwert des Anspruchs auf Lieferung oder Leistung am Bilanzstichtag unter dem Nennbetrag der Zahlung (weil z. B. die Preise der bestellten Ware inzwischen gesunken sind), so ist der Anspruch entsprechend niedriger anzusetzen.

Der Empfänger der Zahlung passiviert nunmehr die Verpflichtung zur Lieferung oder Leistung in Höhe des empfangenen Betrages unter „erhaltene Anzahlungen". Der Empfang der Zahlung führt also beim Empfänger nicht zur Gewinnrealisierung.[364]

4. Verbindlichkeiten und Rückstellungen bei Dauerschuldverhältnissen[365, 366]

In den letzten Jahren haben insbesondere aufgrund einer eingehenden Diskussion um die Passivierungsfähigkeit von künftigen Aufwendungen im Personalbereich die bilanziellen Besonderheiten bei Dauerschuldverhältnissen eine verstärkte Beachtung gefunden.

Eine Passivierung im Zusammenhang mit noch nicht voll abgewickelten Dauerschuldverhältnissen kommt unter den folgenden Aspekten in Betracht:[367]

Anm. 49z Stichwort „Bauleistungen"; vgl. ferner Littmann/Bitz/Meincke, §§ 4, 5 EStG Rz. 837 Stichwort „unfertige Erzeugnisse", „unfertige Leistungen".

362 BFH vom 4. 11. 1986 VIII R 322/83 BStBl II 1987, 333 stellt den Begriff der Anzahlungen klar: Es handelt sich um Vorleistungen eines Vertragsteils auf schwebende Geschäfte, bei denen die von dem anderen Vertragspartner zu erbringende Leistung noch aussteht. Anzahlungen auf öffentlich-rechtliche Beiträge, die an Gemeinden zu leisten sind, gehören daher ebenso wenig zu den Anzahlungen wie Vorauszahlungen auf Betriebsteuern.

363 Vgl. unten § 6 I 2b.

364 Ist in der Anzahlung Umsatzsteuer enthalten und diese als Aufwand berücksichtigt, so ist nach § 5 Abs. 4 S. 2 Nr. 2 EStG ein entsprechender Aktivposten anzusetzen, vgl. oben § 4 VI 3.

365 Vgl. dazu Woerner, StbJb 1984/85, 181 ff; Herzig/Esser, DB 1985, 1301 ff; Biener, Festschrift Döllerer, 1988, S. 45 ff; Hartung, BB 1988, 2138 ff.

366 Zur Gewinnrealisierung bei Dauerschuldverhältnissen vgl. unten § 6 I 5.

367 Unter allen drei Aspekten wird in BFH vom 8. 10. 1987 IV 18/86 BStBl II 1988, 57 die Rückstellung des Leasinggebers für die Verpflichtung, den Leasingnehmer am Verwertungserlös zu beteiligen, abgelehnt; vgl. zu dem Urteil die instruktive Besprechung von Mathiak, StuW 1988, 291 ff.

a) Selbständige Verpflichtung,
b) Erfüllungsrückstand,
c) Verluste aus schwebenden Geschäften.

a) Selbständige Verpflichtung

Der Ausweis einer selbständigen Verbindlichkeit bzw. Rückstellung im Zusammenhang mit einem schwebenden Vertrage kommt in Frage, wenn es sich um eine außerhalb des Synallagmas des gegenseitigen Vertrages stehende Verbindlichkeit handelt.

Beispiele: Wiederauffüllungsverpflichtung bei Kiesausbeuteverträgen,[368] Verpflichtung zur Rekultivierung,[369] Verpflichtung des Pächters zur Erneuerung unbrauchbar gewordener Teile.[370]

Anders ist die Lage bei der Instandsetzungsverpflichtung des Vermieters oder Verpächters. Denn diese gehört zu den Pflichten des Vermieters, für deren Erfüllung der Mietzins geschuldet wird.[371] Auch die Verpflichtung des Leasinggebers, nach Ablauf der Mietzeit den Leasingnehmer am Verwertungserlös zu beteiligen, kann nicht aus dem Synallagma herausgelöst werden.[372]

Im Zusammenhang mit Arbeitsverhältnissen sind solche Verbindlichkeiten selbständig zu passivieren, die erst nach Beendigung des Schwebezustandes, nämlich nach Erbringung der gesamten Arbeitsleistung des Arbeitnehmers geschuldet werden:

Beispiele: Künftige Verbindlichkeiten aus Pensionszusagen, Verbindlichkeiten nach dem Vorruhestandsgesetz.[373]

Inwieweit andere selbständige künftige Verbindlichkeiten im Zusammenhang mit Arbeitsverhältnissen rückstellungsfähig sind, ist abschließend noch nicht geklärt. Um-

---

368 BFH vom 16. 9. 1970 I R 184/67 BStBl II 1971, 85.

369 BFH vom 19. 2. 1975 I R 28/73 BStBl II 1975, 480.

370 BFH vom 2. 11. 1965 I 51/61 S BStBl III 1966, 61.

371 BFH vom 26. 5. 1976 I R 80/74 BStBl II 1976, 622; vgl. des weiteren BFH vom 24. 11. 1983 I R 150/77 BStBl II 1984, 299: Handesvertreter dürfen keine Rückstellung für künftigen Aufwand bei der Kundenbetreuung bilden, die sie aufgrund des Handelsvertretervertrages auch im Interesse des Unternehmers zu leisten verpflichtet sind.

372 Im Ergebnis ebenso BFH vom 8. 10. 1987 IV R 18/86 BStBl II 1988, 57; vgl. auch Mathiak, StuW 1988, 291 ff, 293.

373 Gesetz vom 13. 4. 1984 (BGBl 1984, 601 ff). Nach dem Schreiben des BdF vom 16. 10. 1984 BStBl I 1984, 518 soll wie bei den Pensionsrückstellungen aufgrund von Altzusagen ein Passivierungswahlrecht bestehen (vgl. auch BdF vom 13. 3. 1987 BStBl I 1987, 365: Passivierungspflicht nur bei Neuzusagen). Dem ist nicht zu folgen. Gegen das Passivierungswahlrecht auch HFA des IdW, WPg 1984, 331; Förschle/Kropp, Zur Behandlung von Ansprüchen und Verpflichtungen auf Grund des Vorruhestandsgesetzes nach handelsrechtlichen Rechnungslegungsvorschriften Beilage 23 zu DB Heft 45/1984; vgl. auch Schülen, WPg 1985, 269 ff; vgl. auch oben § 4 V c dd.
Zur Bewertung der Rückstellung vgl. unten § 5 VIII 2.

stritten sind insbesondere Rückstellungen für Sozialverpflichtungen,[374] für Beiträge zum Pensionssicherungsverein![375]

b) Erfüllungsrückstand

Mit der Floskel vom Erfüllungsrückstand wird bei Dauerschuldverhältnissen die Situation beschrieben, daß der eine Teil für einen bestimmten Leistungszeitraum die Leistung des Vertragspartners erhalten, seinerseits aber die Gegenleistung noch nicht oder noch nicht voll erbracht hat, das schwebende Geschäft also für den abgelaufenen Zeitraum beendet ist, für die Zukunft aber fortbesteht. Hier ist dem Erfüllungsrückstand durch Ansatz einer Verbindlichkeit oder Rückstellung Rechnung zu tragen.

Beispiel: Das Unternehmen hat den für das abgelaufene Jahr geschuldeten Mietzins noch nicht bezahlt.

Bei *Arbeitsverhältnissen* kommen unter dem Aspekt des Erfüllungsrückstandes Rückstellungen insbesondere für noch nicht erfüllte Ansprüche der Arbeitnehmer auf Zahlung von Urlaubs- und Weihnachtsgeldern für das abgelaufene Wirtschaftsjahr in Frage.[376] U. E. ist es nicht erforderlich, daß die Verbindlichkeit, die auf einem Erfüllungsrückstand beruht, am Bilanzstichtag auch fällig ist. Ausreichend ist vielmehr die wirtschaftliche Verursachung im abgelaufenen Wirtschaftsjahr, und diese ist gegeben, wenn der noch nicht erfüllte Anspruch noch Gegenleistung oder Teil der Gegenleistung für die Leistung des Vertragspartners, z. B. des Arbeitnehmers, im abgelaufenen Jahr ist.

Beispiel: Zusage einer Gewinnbeteiligung an Arbeitnehmer, die erst im folgenden Jahr auszuzahlen ist. Der wirtschaftliche Grund für das Entstehen der Verpflichtung liegt, da es sich um ein Entgelt für die im abgelaufenen Wirtschaftsjahr geleisteten Dienste handelt, vor dem Bilanzstichtag.

Hat der Arbeitnehmer bei Gleitzeitarbeit am Bilanzstichtag vorgearbeitet, so kommt insoweit der Ansatz einer Rückstellung in Frage. Wegen des Grundsatzes der Einzelbewertung scheidet eine Saldierung mit einem Gleitzeitminus anderer Arbeitnehmer aus. Allerdings ist insoweit bei dem Arbeitgeber die Aktivierung einer Forderung auf Erbringung der noch ausstehenden Arbeitnehmerleistung vorzunehmen.

Unter dem Gesichtspunkt des Erfüllungsrückstandes ist auch die Rückstellung für künftige Arbeitsjubiläums-Zahlungen geboten. Wenn auch Jubiläumszuwendungen erst nach einer bestimmten Dauer der Betriebszugehörigkeit des Arbeitnehmers – rechtlich oder tatsächlich – geschuldet werden, so stellt ihre Zahlung gleichwohl ein zusätzliches Entgelt für die Tätigkeit in den abgelaufenen Jahren dar und ist also in den abgelaufenen Jahren antei-

---

374 Vgl. dazu Herzig, StbJb 1985/86, 61 ff, 105 f.

375 Vgl. z. B. Bode/Grabner, DB 1987, 593 ff; Hartung, BB 1987, 795 ff; sowie oben Anm. 289.

376 Vgl. BFH vom 26. 6. 1980 IV R 35/74 BStBl II 1980, 506.

lig wirtschaftlich verursacht. In diesem Sinne hat denn auch der BFH mit Urteil vom 5. 2. 1987[377] entschieden.

Das Steuerreformgesetz 1990 hat diese systematisch wohl fundierte Entscheidung beseitigt – zum Zwecke des Ausgleichs des durch die Steuerreform entstehenden Haushaltsdefizits.[378] Handelsrechtlich bleibt die Bildung von Jubiläumsrückstellungen freilich weiterhin geboten.

c) Rückstellungen wegen drohender Verluste aus Dauerschuldverhältnissen[379]

Eine derartige Rückstellung scheidet bei Dauerschuldverhältnissen nicht deshalb von vornherein aus, weil das Geschäft über seine Gesamtlaufzeit ausgeglichen wäre. Für die Frage, ob am jeweiligen Bilanzstichtag eine Rückstellung wegen drohender Verluste in Frage kommt, ist der Blick auf die in der Vergangenheit schon abgewickelten Abschnitte des Dauerschuldverhältnisses ohne Interesse, sondern der Blick in die Zukunft gefordert. Es sind die Werte der in Zukunft zu erbringenden Leistungen und Gegenleistungen gegenüberzustellen. Der sogenannten Gesamtheitsbetrachtung – unter Einbeziehung der schon abgewickelten Abschnitte des Dauerschuldverhältnisses – ist nicht zu folgen.[380]

Beim *Vermieter* ist die Rückstellung für drohende Verluste in der Weise zu ermitteln, daß dem Anspruch des Vermieters auf die Mietzinsen für die Restlaufzeit des Vertrages seine Aufwendungen gegenübergestellt werden, und zwar die Vollkosten (Einzelkosten und Gemeinkosten), also auch die AfA.[381] Wie bei Absatzgeschäften sind auch

---

377 BFH vom 5. 2. 1987 IV R 81/84 BStBl II 1987, 845. Die Entscheidung war überfällig.

378 Vgl. die massive Kritik an dem Entwurf von Döllerer, Steuerbilanz und Beutesymbol, BB 1988, 238 ff; Knobbe-Keuk, Zum Verfall der Steuergesetzgebung, BB 1988, 1086 ff; zu der Gesetz gewordenen Regelung vgl. § 4 V 5 d.

379 Biener (in Biener/Berneke, S. 78 f und in Festschrift Döllerer, 1988, S. 45 ff) vertritt insbesondere unter Berufung auf die Entwicklungsgeschichte der Rückstellung für drohende Verluste aus schwebenden Geschäften die Auffassung, diese kämen bei Dauerschuldverhältnissen überhaupt nicht in Betracht, sondern nur bei Absatz- und Beschaffungsgeschäften. Vgl. gegen Biener Döllerer, DStR 1987, 68; Crezelius, Festschrift Döllerer, 1988, S. 91 m. w. N.; Mathiak, StuW 1988, 295. Vgl. auch Institut Finanzen und Steuern, Brief Nr. 258, Rückstellungen für drohende Verluste aus schwebenden Geschäften mit Dauerschuldcharakter, 1986.

380 Vgl. gegen die Ganzheitsbetrachtung eingehend Groh, StuW 1976, 32 ff, 40 f; Schmidt, § 5 EStG Anm. 45 c mit Nachweisen; Mathiak, StuW 1984, 275; Woerner, StbJb 1984/85, 196 f; Abschnitt 38 Abs. 5 S. 1 EStR; Crezelius, Festschrift Döllerer 1988, S. 91; Kupsch, DB 1989, 53 ff, 58.

381 Döllerer DStR 1987, 68. Zu den Einzelheiten der Bewertung vgl. Strobl, JDStJG 1984, 195 ff, 215 ff; BFH vom 19. 7. 1983 VIII R 160/79 BStBl II 1984, 56 und dazu Mathiak, StuW 1984, 274 ff. BFH vom 8. 10. 1987 IV R 18/86 BStBl II 1988, 57 akzeptiert keine Rückstellung für die Verpflichtung des Leasinggebers, den Leasingnehmer bei Beendigung des Mietverhältnisses am Verwertungserlös zu beteiligen, vgl. dazu Mathiak, StuW 1988, 291 ff.

hier die drohenden Verluste nicht mit etwaigen betrieblichen Vorteilen, die das Dauerschuldverhältnis dem Unternehmen ansonsten bringen mag, zu verrechnen.[382]

Die Bildung der Rückstellung beim *Mieter* ist problematischer, weil sich der Wert des Gebrauchs der gemieteten Sache – der der Mietzinsverpflichtung gegenüberzustellen ist – einer genauen Bestimmung entzieht. Da der Wert des Anspruchs des Leasingnehmers (Beitrag des Objekts am Erfolg oder Mißerfolg des Gesamtunternehmens) im allgemeinen nicht feststellbar ist, lehnt der BFH die Verlustrückstellung beim Leasingnehmer ab.[383] Ist ein Gebrauchswert für das Unternehmen so gut wie nicht mehr vorhanden, so ist die Rückstellung geboten. Fraglich ist aber, ob die Rückstellungsbildung auch dann in Frage kommt, wenn der übliche Miet- oder Pachtzins für derartige Objekte gesunken ist. Eine entsprechende Problematik besteht für Darlehensverträge bei nachhaltigem Absinken des Kapitalmarktzinses.[384]

Eine besondere Problematik besteht hinsichtlich der *Ausbildungs- und Arbeitsverträge.* Die Problematik ergibt sich daraus, daß der Wert der Arbeitsleistung eines Menschen schwer zu quantifizieren ist und eine Quantifizierung auch unter dem Aspekt der Menschenwürde problematisch wäre.

In dem Urteil vom 25. 1. 1984[385] hat der BFH die Verlustrückstellung bei Ausbildungsverhältnissen abgelehnt.

Der BFH geht davon aus, daß – sind die Vertragsbedingungen üblich – der Wert der Gegenleistung in Form der zugesagten Dienste der Vergütung und den sonstigen zu erbringenden Leistungen entspricht. Speziell auf die Ausbildungsverhältnisse bezogen hat der BFH ausgeführt, daß der Wert der Gegenleistung des Auszubildenden auch durch die damit verbundenen Vorteile beeinflußt werde, nämlich auch durch den Vorteil, daß das Unternehmen aus einem Bestand im eigenen Haus ausgebildeter Fachkräfte auswählen könne, insoweit handele es sich um einen Vorteil, „der sich unmittelbar aus dem Ausbildungsverhältnis und nicht erst aus dem später mit dem Auszubildenden abgeschlossenen Arbeitsvertrag ergibt". Wie Woerner[386] hervorgehoben hat, ist damit nicht einer Saldierung von Nachteilen aus bestehenden Verträgen mit Vorteilen aus späteren Geschäften das Wort geredet, sondern lediglich einer Saldierung der Werte von Anspruch und Verbindlichkeit innerhalb eines Vertragsverhältnisses.

Noch offen ist, wie die Fälle zu beurteilen sind, in denen der Arbeitgeber mehr Ausbildungsverhältnisse als nach der betrieblichen Lage geboten eingegangen ist, also aus sozialer Verpflichtung Appellen von Politikern und Verbänden gefolgt ist, „junge Leute von der Straße zu holen" und auf diese Weise sich ein Überbestand ergibt.

U. E. ist in diesen Fällen eine Rückstellung wegen drohender Verluste aus schwebenden Geschäften geboten.

382 Vgl. oben Anm. 355 m. w. N.

383 BFH vom 27. 7. 1988 I R 133/84 BStBl II 1988, 999.

384 Gegen die Verlustrückstellung in diesen Fällen Döllerer, DStR 1987, 69 f.

385 BFH vom 25. 1. 1984 I R 7/80 BStBl II 1984, 344. Vgl. dazu die Äußerungen von Bordewin, Lempenau, Streim in FR 1984, 461 ff.

386 Woerner, StbJb 1984/85, 194 f.

Bei Arbeitsverhältnissen werden Rückstellungen für drohende Verluste diskutiert z. B. für folgende Situationen:[387]

- zunehmende Krankheit, nachlassende Arbeitsleistung des Arbeitnehmers
- Umsetzung des Arbeitnehmers auf einen tariflich geringer bewerteten Arbeitsplatz unter Weiterzahlung des bisherigen Entgelts (Verdienstsicherungsklausel)[388]
- Lohnfortzahlung[389]
- Arbeitsverhältnisse mit Schwerbehinderten
- Arbeitsverhältnisse mit Frauen wegen höheren Krankheitsrisikos und möglicher Schwangerschaften
- Freistellung eines Arbeitnehmers z. B. wegen Übernahme der Funktion als Betriebsratsmitglied
- wahrscheinlicher Arbeitskampf

usw.

Die Annahme, daß Arbeitsverhältnisse mit Personen aus sogenannten Randgruppen oder Arbeitsverhältnisse von einem bestimmten Zeitpunkt an verlustbringende Geschäfte sind, würde die Feststellung voraussetzen, daß der Wert der Arbeitsleistung eines unbeeinträchtigten Arbeitnehmers genau dem normalen Tariflohn entspricht. Diese Feststellung ist u. E. nicht möglich. Bei dem Abschluß des Arbeitsvertrages sind dem Arbeitgeber die arbeits- und sozialrechtlichen Folgelasten eines Arbeitsverhältnisses bekannt. Er schließt den Arbeitsvertrag mit dem Arbeitnehmer zu bestimmten Bedingungen in dem Bewußtsein, daß auf ihn später Belastungen aus diesem Arbeitsverhältnis zukommen können: Er bringt damit zum Ausdruck, daß die Arbeitsleistung des Arbeitnehmers nicht nur den zu zahlenden Tariflohn wert

---

387 Vgl. schon Meilicke, Der Verpflichtungsüberschuß aus Arbeitsverträgen, DB 1978, 2481 ff und aus neuerer Zeit die Monographie von Hartung, Verpflichtungen im Personalbereich in Handels- und Steuerbilanz sowie in der Vermögensaufstellung, 1987, sowie BB 1988, 2138 ff.

388 In den Urteilen vom 25. 2. 1986 VIII R 377/83 BStBl II 1986, 465 (vgl. dazu Mathiak, StuW 1986, 290 ff; Döllerer, DStR 1987, 69) und vom 16. 12. 1987 R 68/87 BStBl II 1988, 338 (vgl. dazu Mathiak, StuW 1988, 295 f) hat der BFH die Verlustrückstellung nicht zugelassen. Ausschlaggebend war, daß der Wert der Arbeitsleistung als Beitrag zum Erfolg oder Mißerfolg des Unternehmens sich praktisch nicht messen läßt. Eine Ausnahme sieht der BFH, wenn der Arbeitnehmer mangels Beschäftigungsmöglichkeit von der Arbeit völlig freigestellt wird oder nur sein „Gnadenbrot“ (Döllerer aaO) erhält, also keinen oder keinen ins Gewicht fallenden Erfolgsbeitrag mehr leistet.

389 Vom BFH vom 7. 6. 1988 VIII R 296/82 BStBl II 1988, 886 wird die Rückstellung für die Verpflichtung zur Lohnfortzahlung abgelehnt: Auch bei Arbeitsverträgen gilt die Vermutung der Ausgeglichenheit von Leistung und Gegenleistung. Zum Kreis der in die Gleichwertigkeitsvermutung einzubeziehenden Aufwendungen gehören alle Leistungen, die erbracht werden müssen, um die Gegenleistung der anderen Partei zu erhalten.

ist, sondern mehr, zumindest so viel mehr, daß er spätere Folgelasten in Kauf nehmen kann; eine zahlenmäßige Quantifizierung ist nicht möglich, da sich die Arbeitskraft eines Menschen einer solchen entzieht.

Soweit der Arbeitgeber also bei dem Abschluß eines Arbeitsvertrages mit arbeits- und sozialrechtlichen Folgelasten rechnen mußte, ist u. E. eine Rückstellung wegen drohender Verluste aus Dauerschuldverhältnissen nicht möglich. Dem entspricht denn auch die neuere Rechtsprechung des BFH.[390]

VIII. Bilanzierungswahlrechte in der Handels- und Steuerbilanz

1. Bilanzierungswahlrechte und Maßgeblichkeitsgrundsatz

Die Steuerrechtsprechung neigt dazu, bei handelsrechtlichen Bilanzierungswahlrechten den Grundsatz der Maßgeblichkeit der Handelsbilanz für die Steuerbilanz zu durchbrechen, indem sie teilweise bei handelsrechtlichen Aktivierungswahlrechten eine steuerliche Aktivierungspflicht und bei handelsrechtlichen Passivierungswahlrechten ein steuerliches Passivierungsverbot annimmt. Grundlage ist der – umstrittene – Beschluß des Großen Senats vom 3. 2. 1969,[391] in dem ausgeführt ist:

„Da es dem Sinn und Zweck der steuerrechtlichen Gewinnermittlung entspricht, den vollen Gewinn zu erfassen, kann es nicht im Belieben des Kaufmanns stehen, sich durch Nichtaktivierung von Wirtschaftsgütern, die handelsrechtlich aktiviert werden dürfen, oder durch den Ansatz eines Passivpostens, der handelsrechtlich nicht geboten ist, ärmer zu machen als er ist."

Die folgende Bestandsaufnahme zeigt, daß die Problematik im Laufe der Jahre wesentlich an praktischer Relevanz verloren hat.

a) Vermögensgegenstände und Schulden

aa) Die Fälle, in denen man in Bilanzierungspraxis oder Literatur bislang für bestimmte Vermögensgegenstände und Schulden von einem handelsrechtlichen Bilanzierungswahlrecht ausgegangen ist, sind durch das Bilanzrichtliniengesetz erledigt.

Ein handelsrechtliches *Aktivierungswahlrecht* wurde von der h. M. bislang für entgeltlich erworbene immaterielle Anlagewerte angenommen. Seit 1969 ist für das Steuerrecht ohnehin die Aktivierungspflicht in § 5 Abs. 2 EStG statuiert, so daß seitdem der Maßgeblichkeitsgrundsatz insoweit kraft dieser ausdrücklichen Bestimmung nicht galt. Entgeltlich erworbene immaterielle Anlagewerte sind nun auch in der Handelsbilanz zu aktivieren.[392]

Das bislang praktizierte handelsrechtliche Passivierungswahlrecht für Pensionsrück-

390 Vgl. Anm. 388 und 389.
391 BFH vom 3. 2. 1969 GrS 2/68 BStBl. II 1969, 291 und dazu oben § 2 II 1.
392 Vgl. oben § 4 IV 3 a.

stellungen[393] ist entfallen. In diesem Bereich hat freilich die Gleichsetzung handelsrechtliches Passivierungswahlrecht = steuerliches Passivierungsverbot angesichts der Bestimmung des § 6a EStG nicht gegolten.

Im Bereich der Bilanzposten Vermögensgegenstände und Schulden (Verbindlichkeiten und Rückstellungen mit Schuldcharakter) gibt es u.E. die Situation, von der der Große Senat in seinem Beschluß vom 3. 2. 1969 ausgeht, nicht mehr. Handelsrechtlich sind alle Vermögensgegenstände und alle Schulden anzusetzen. Es gibt insoweit keine handelsrechtlichen Bilanzierungswahlrechte.[394]

bb) Möglich ist allerdings auch weiterhin, daß die Vorstellungen der Beteiligten in der Frage auseinandergehen, ob ein Vermögensgegenstand oder eine Schuld überhaupt vorliegt. So kann man im Einzelfall sicher darüber streiten, ob etwa am Bilanzstichtag ein Vermögensgegenstand (z.B. eine Forderung), der rechtlich noch nicht existent ist, gleichwohl wirtschaftlich schon eine Vermögensmehrung bedeutet,[395] vorliegt. Oder man kann darüber streiten, ob eine künftige Verbindlichkeit im abgelaufenen Geschäftsjahr wirtschaftlich verursacht ist, so daß eine Rückstellung geboten ist. Als Beispiel sei der Streit um die Rückstellungen für den Ausgleichsanspruch des Handelsvertreters nach § 89b HGB angeführt.[396] Der BFH ist von einem handelsrechtlichen Passivierungswahlrecht ausgegangen und hat daraus ein steuerliches Passivierungsverbot gefolgert. Von einem handelsrechtlichen Passivierungswahlrecht kann keine Rede sein. Entweder ist die Verbindlichkeit im abgelaufenen Geschäftsjahr – wie der BGH annimmt – wirtschaftlich verursacht, – dann besteht handelsrechtlich Passivierungspflicht – oder sie ist es – wie der BFH annimmt – nicht, – dann gibt es auch handelsrechtlich nichts zu passivieren.

Bei der Frage, ob die Verbindlichkeit in dem abgelaufenen Geschäftsjahr wirtschaftlich verursacht ist oder ob eine rechtlich noch nicht existente Forderung wirtschaftlich schon als Vermögensgegenstand anzusehen ist, handelt es sich um eine Wertungsfrage. Bei der erforderlichen Wertung ist allerdings auch dem Spielraum Rechnung zu tragen, den das Handelsbilanzrecht dem Unternehmer einräumt. Im Zweifel entspricht gerade die dem Vorsichtsprinzip Rechnung tragende konkrete Wertung und Bilanzierung den Grundsätzen ordnungsmäßiger Buchführung und ist dann auch aufgrund des Maßgeblichkeitsgrundsatzes steuerlich zu akzeptieren.

---

393 Vgl. dazu oben § 4 V 5c, dd.

394 Zu dem Sonderfall der Aktivierung künftiger Gewinnansprüche bei verbundenen Unternehmen vgl. unten § 5 VI 2a.

395 Vgl. dazu oben § 4 III 4.

396 Vgl. dazu oben § 4 V 5c (Anm. 266).

b) Bilanzierungshilfen, Aufwandsrückstellungen und Rechnungsabgrenzungsposten

aa) Handelsrechtliche *Bilanzierungshilfen* geben dem Unternehmen die Möglichkeit, ein relativ besseres Ergebnis auszuweisen, insbesondere einen Verlustausweis zu vermeiden.[397]

Hinsichtlich des entgeltlich erworbenen Geschäftswerts[398] wird steuerlich schon immer – in Anbetracht der Tatsache, daß der Geschäftswert bis zum Bilanzrichtliniengesetz in § 6 Abs. 1 Nr. 2 EStG als nicht abnutzbares Wirtschaftsgut eingeordnet war – Aktivierungspflicht angenommen.

Die Ingangsetzungs- und Erweiterungskosten, für die § 269 HGB den Kapitalgesellschaften eine Bilanzierungshilfe einräumt, sind in ihrem Grundcharakter den Aufwendungen für den Geschäftswert recht ähnlich. In beiden Fällen geht es darum, daß der Unternehmer neu oder Neues anfängt und Aufwendungen gemacht hat, die sich nicht in konkreten Vermögensgegenständen niedergeschlagen haben.

Bei den Ingangsetzungskosten wird aus der handelsrechtlichen Aktivierungsfähigkeit zu Recht nicht der Schluß auf eine steuerrechtliche Aktivierungspflicht gezogen. Nicht geklärt ist aber die steuerrechtliche Relevanz der Inanspruchnahme der handelsrechtlichen Bilanzierungshilfe in der Handelsbilanz. Die Besteuerungspraxis[399] und ein Teil der Literatur[400] lehnen die steuerliche Aktivierungsfähigkeit der sogenannten „Anlaufkosten" bislang ab. Dieser Auffassung liegt vor allem zugrunde, daß die bisherige Vorschrift des § 153 Abs. 4 S. 2 AktG 1965 nicht als – für Unternehmen in jeder Rechtsform verbindlicher – Grundsatz ordnungsmäßiger Buchführung verstanden wurde und bei der GmbH das Verbot bestand, die Organisationskosten als Aktiva anzusetzen (§ 42 Nr. 2 GmbHG a.F.).

Auch nach dem neuen Bilanzrecht ist diese Bilanzierungshilfe gesetzlich nur für Kapitalgesellschaften – zugleich mit einer Ausschüttungssperre verbunden – vorgesehen. Es ist aber nicht zu bestreiten, daß die Bilanz des Unternehmens, das in handelsrechtlich zulässiger Weise sich für die Inanspruchnahme der Bilanzierungshilfe entschieden hat, den Grundsätzen ordnungsmäßiger Buchführung entspricht. Von daher ist sie u.E. auch aufgrund des Maßgeblichkeitsgrundsatzes zugrunde zu legen. Der Unternehmer macht sich – in der Terminologie der Entscheidung des Großen Senats vom 3. 2. 1969 – hier auch gerade nicht „ärmer" als er ist.

397 Die Heranziehung des immer angeführten Gesichtspunktes „zur Vermeidung der Überschuldung" ist nicht korrekt. Für die Überschuldung kommt es ohnehin nicht auf die Jahresbilanz, sondern auf den – nach ganz anderen Gesichtspunkten zu erstellenden – Überschuldungsstatus an. Vgl. dazu auch Commandeur, DB 1988, 661 ff.

398 Zur bilanzrechtlichen Einordnung des Geschäftswerts vgl. oben § 4 IV 3b.

399 Vgl. BFH vom 28. 1. 1954 IV 255/530 U BStBl III 1954, 109; BFH vom 14. 6. 1955 I 154/54 BStBl III 1955, 221; Schreiben des BdF vom 27. 4. 1970 BB 1970, 652.

400 Vgl. Nachweise i.e. bei Schmidt, § 5 EStG Anm. 31 „Ingangsetzungskosten".

Die Maßgeblichkeit einer auf der Aktivseite angesetzten Bilanzierungshilfe für das Steuerrecht wird zuweilen mit dem Argument bestritten, es handele sich nicht um einen Vermögensgegenstand und steuerrechtlich sei nur Betriebsvermögen auszuweisen.[401] Dies ist nicht überzeugend. In die steuerliche Gewinnermittlung sind, wie der Hinweis auf die Rechnungsabgrenzungsposten hinreichend deutlich macht, durchaus nicht nur Vermögensgegenstände und Schulden einzubeziehen.

Im übrigen akzeptiert das Steuerrecht auch handelsrechtliche Bilanzierungshilfen, die in der Weise ausgestaltet sind, daß dem Unternehmer gestattet wird, auf der Passivseite eine Verbindlichkeit nicht anzusetzen. Paradigma einer solchen Bilanzierungshilfe ist das in der Vergangenheit praktizierte Passivierungswahlrecht für Pensionsrückstellungen.[402]

Bei handelsrechtlichen Bilanzierungs*hilfen,* die dem Unternehmen gerade zu dem Ausweis eines besseren Ergebnisses „verhelfen“ sollen, ist kein Grund ersichtlich, nicht auch für das Steuerrecht die in der Handelsbilanz tatsächlich gewählte Bilanzierung zugrunde zu legen.[403]

Steuerlich wäre die Inanspruchnahme der Bilanzierungshilfe für die Anlauf- und Erweiterungskosten insofern von Bedeutung als sich durch die Aktivierung die Zeitspanne verlängern würde, in der insbesondere die Anlaufverluste nach § 10 d EStG[404] abgezogen werden können.[405]

Hingegen ist der aufgrund der Bilanzierungshilfe des § 274 Abs. 2 HGB zur aktiven Steuerabgrenzung gebildete Posten[406] für die Steuerbilanz nicht zu übernehmen. Dieser Posten stellt einen im Verhältnis zum Handelsbilanzer-

401 Z. B. Döllerer, Beilage 12 zu BB Heft 16/1987, S. 13; Schneeloch, WPg 1986, 526; Bordewin, DStZ 86, 86.

402 Von der Bilanzierungshilfe, die § 88 des 2. Wohnungsbaugesetzes Bauherren von Wohnungen im sozialen Wohnungsbau einräumt, nimmt das Steuerrecht zu Recht ohnehin keine Notiz (vgl. dazu näher Bordewin, JbFStR 1975/76, 246 ff). Selbst wenn die Passivierung unterlassen wird, ist – damit nicht die wohnungsbaupolitische Zielsetzung gefährdet wird – für die steuerliche Gewinnermittlung die Passivierung zugrunde zu legen. Geradezu absurd wäre es, wenn man hier aus dem für die Handelsbilanz eingeräumten Passivierungswahlrecht ein steuerliches Passivierungsverbot folgern würde.

403 Für eine steuerliche Anerkennung der Ingangsetzungskosten auch Herrmann/Heuer/Raupach, § 5 EStG Anm. 2200 Stichwort „Anlaufkosten“ m. w. N.

404 Vgl. zu § 10 d unten § 8 III.

405 Daß – wird die Bilanzierungshilfe bei positivem Ergebnis in Anspruch genommen – eine Steuerbelastung eintritt und auf diese Weise die Inanspruchnahme der Bilanzierungshilfe vielleicht bilanzpolitisch uninteressant wird, ist kein Argument gegen die hier vertretene Auffassung. Denn auch wenn es bei der bisherigen steuerlichen Sicht bleibt, wird die Inanspruchnahme der Bilanzierungshilfe wegen der Notwendigkeit der Steuerabgrenzung nach § 274 Abs. 1 HGB weniger bedeutsam als bislang (vgl. zu § 274 HGB aber oben § 4 V 5 c, ee).

406 Vgl. dazu oben § 4 V 5 c, ee.

gebnis zu hohen Steueraufwand dar, und es wäre geradezu widersinnig, auf diesen Betrag wiederum noch Steuern zu erheben.[407]

bb) Einen ganz anderen Sinn hat das in § 249 Abs. 1 S. 3 und Abs. 2 HGB eingeräumte Wahlrecht für die Bildung von Aufwandsrückstellungen. Hier geht es – gerade bei der Rückstellung für Großreparaturen – in der Sache um die Berücksichtigung der Wertminderung von Vermögensgegenständen. Von daher ist es in Hinsicht auf den steuerrechtlichen Bewertungsvorbehalt durchaus angebracht, daß das Steuerrecht der Bildung dieser Rückstellung nicht ohne weiteres folgt. Steuerrechtlich ist die Bildung einer Aufwandsrückstellung nur unter dem Gesichtspunkt zu beurteilen, ob die Voraussetzungen einer Teilwertabschreibung vorliegen.

cc) Handelsrechtlich besteht für das in der Bestimmung über die Rechnungsabgrenzungsposten geregelte Damnum[408] ein Wahlrecht. Die steuerrechtliche Auffassung nimmt Aktivierungspflicht an.

Das handelsrechtliche Bilanzierungswahlrecht für jährlich wiederkehrende Posten der Rechnungsabgrenzung *in geringer Höhe* wird auch steuerlich akzeptiert.[409]

2. Die Bedeutung von Wahlrechten

Macht das Unternehmen von einem Aktivierungswahlrecht Gebrauch und setzt es einen Aktivposten an, so wird auf diese Weise ein relativ besseres Ergebnis für das betreffende Wirtschaftsjahr ausgewiesen. Zugleich hat der Ansatz für die Folgejahre – wegen der gebotenen Abschreibung – eine relative Verschlechterung zur Konsequenz.

Entsprechendes gilt für Passivierungswahlrechte. Wurden z. B. Pensionsrückstellungen gebildet, so wurde zwar im Zeitpunkt der Bildung der Rückstellung der Gewinn gemindert, zugleich war damit aber als Folge verbunden, daß die Pensionszahlungen nach Eintritt des Pensionsfalles mit der Rückstellung verrechnet wurden und folglich den Gewinn nicht minderten.

Bildet der Unternehmer keine Pensionsrückstellungen, so wird im Augenblick der Gewinn nicht gemindert. Die Gewinnminderung tritt dann im Zeitpunkt der Pensionszahlung ein.

Handelsrechtliche Bilanzierungswahlrechte geben dem Unternehmen also die Möglichkeit, Einfluß auf die für die Gewinnausschüttung[410] und die

---

407 Im Ergebnis ebenso Schneeloch, WPg 1986, 526.

408 Vgl. dazu oben § 4 VI 2.

409 Vgl. dazu oben § 4 VI 1.

410 Das gilt freilich nicht, sofern mit der Aktivierung aufgrund der Inanspruchnahme einer Bilanzierungshilfe eine Ausschüttungssperre verbunden ist (wie in § 269 HGB für die Ingangsetzungs- und Erweiterungskosten).
Zu der Frage, ob – bei positiver Ertragslage – die Aktivierung von Ingangsetzungs- und Erweiterungskosten in Hinsicht auf die Notwendigkeit der Steuerabgrenzung nach § 274 Abs. 1 HGB bilanzpolitisch sinnvoll ist, vgl. Harms/Küting, BB 1984, 648.

Entnahmerechte der Gesellschafter maßgebliche Größe Gewinn zu nehmen.

Die Einflußnahme auf den Gewinn als die für die Steuern maßgebliche Größe ist allerdings nur möglich, soweit das Steuerrecht die handelsrechtlichen Ansätze aufgrund der Inanspruchnahme handelsrechtlicher Wahlrechte akzeptiert, also insbesondere handelsrechtliche Bewertungswahlrechte nach § 6 EStG auch steuerlich gelten. Der Spielraum für die Steuerbilanzpolitik[411] des Unternehmens wird wesentlich erweitert durch die breite Palette der besonderen steuerlichen Bilanzierungs- (Ansatz einer steuerfreien Rücklage) und Bewertungswahlrechte (Sonderabschreibungen usw.). Durch ihre Inanspruchnahme kann der Unternehmer auf Grund der damit verbundenen Steuerverlagerung auf spätere Jahre wesentliche Liquiditäts-, Finanzierungs- und Zinsvorteile erzielen.

§ 5
Die Bewertung der Bilanzpositionen

I. Überblick über die Entwicklung der handelsrechtlichen Bewertungsbestimmungen

Ist entschieden, daß ein Vermögensgegenstand in der Bilanz angesetzt wird, so stellt sich die weitere Frage, mit welchem Wert der Ansatz zu erfolgen hat. Die Hauptschwierigkeit liegt im Schätzungscharakter der Bewertung.[1] Vor allem die Ungewißheit über die zukünftige Entwicklung, die Nutzungsdauer eines Wirtschaftsgutes, die Preisentwicklung usw. bedingen die Notwendigkeit von Schätzungen. Der Schätzungsspielraum ist jedoch durch die gesetzlichen Bewertungsbestimmungen beschränkt. Die Bewertungsbestimmungen sind an den Zielsetzungen der Bilanz orientiert. Damit ergeben sich gewisse Unterschiede in der handels- und steuerrechtlichen Bewertung.

Im HGB selbst befanden sich früher nur einige ganz rudimentäre Vorschriften zur Bewertung. Nach § 40 Abs. 2 HGB a.F. waren bei der Aufstellung des Inventars und der Bilanz sämtliche Vermögensgegenstände und Schulden „nach dem Werte anzusetzen, der ihnen in dem Zeitpunkt beizulegen ist, für welchen die Aufstellung stattfindet". Diese Bestimmung war aus dem ADHGB von 1861 (Art. 31 Abs. 1) übernom-

411 Dazu z.B. Dieckmann, Steuerbilanzpolitik, 1970; Kottke, Bilanzstrategie und Steuertaktik, 3. Aufl. 1978; Marettek, Steuerbilanz- und Unternehmenspolitik, 1971; Müller-Kröncke, Entscheidungsmodelle für die Steuerbilanzpolitik, 1974; Eisenach, Entscheidungsorientierte Steuerplanung, 1974. Vgl. auch Rose, StbJb 1979/80, 49 ff; Wöhe, Bilanzierung und Bilanzpolitik, 7. Aufl. 1987.

1 Vgl. Leffson, S. 470 ff.

men worden. Die Nürnberger Kommission von 1857 hatte mit diesem Wert den „Zeitwert" und nicht etwa den Einkaufspreis oder einen sonstigen früheren Wert gemeint. Als Zeitwert wurde der gemeine Wert, d. h. der Verkaufswert, verstanden.[2] Bei der Beratung war allerdings auch als allgemeine Meinung zu verzeichnen, daß die bestehenden Handelsbräuche zu respektieren seien.

Die kaufmännische Praxis hat sich über die Wertbestimmung des Art. 31 ADHGB denn auch schnell hinweggesetzt. Sie nahm im allgemeinen keine Verkaufs-/Zeitwerte in die Bilanz auf.[3] Denn für den Kaufmann war neben dem Vermögensausweis vor allem der Gewinn einer bestimmten Periode von Interesse, der Betrag nämlich, über den der Kaufmann disponieren kann, entweder in der Weise, daß er ihn thesauriert oder aus dem Geschäft herausnimmt. In besonderem Maße galt dies natürlich für den Fall, daß der Betrieb nicht von einem Einzelkaufmann, sondern von einer Gesellschaft geführt wurde. Unter diesem Gesichtspunkt aber war der Ansatz von gemeinen Werten, Zeitwerten nicht geeignet. Denn durch den Ansatz dieser Werte wären zum Teil noch nicht realisierte Gewinne in der Bilanz ausgewiesen worden. Hinzu kommt, daß der Ansatz des gemeinen Wertes vor allem der periodischen Abgrenzung und dem Zusammenhang der Jahresbilanzen hinderlich gewesen wäre.

In der tatsächlichen kaufmännischen Übung waren daher schon immer die *Anschaffungswerte* maßgebend, von denen beim abnutzbaren Anlagevermögen jährliche Abschreibungen vorgenommen, beim Umlaufvermögen Abschläge gemacht wurden, wenn der Markt- oder Börsenpreis gesunken war. Als das HGB dann zwar den Zeitwert aus dem ADHGB übernahm, gegenüber dem ADHGB aber immerhin in § 38 den ausdrücklichen Zusatz brachte, daß der Kaufmann in seinen Büchern die Handelsgeschäfte und die Lage seines Vermögens nach den „Grundsätzen ordnungsmäßiger Buchführung" ersichtlich zu machen habe, war der Weg endgültig für die Durchsetzung eines Systems von Bewertungsregeln frei, das der tatsächlichen Übung ordentlicher Kaufleute entsprach.[4] Dieses System wurde auch für Einzelkaufleute und Personengesellschaften dadurch vollends verbindlich, daß die Bewertungsregeln des AktG 1937 auch für andere Unternehmen allgemeine Geltung erlangten. Die Bewertungsvorschriften des § 133 AktG 1937 galten bis zum Erlaß des AktG 1965 als Grundsätze ordnungsmäßiger Buchführung.[5] § 133 AktG 1937 enthielt für Vermögensgegenstände Höchstwertvorschriften: Es waren höchstens die Anschaffungs- oder Herstellungskosten bzw. der niedrigere Börsen- oder Marktpreis anzusetzen. Eine Beschränkung der Bewertung nach unten war nicht vorgesehen, es konnten also beliebig stille Reserven gebildet werden.

Die Änderung der Bewertungsvorschriften durch das AktG 1965 war vor allem gegen die fast uneingeschränkt mögliche Bildung stiller Reserven gerichtet.

„Die Möglichkeit, durch Bildung und Auflösung stiller Rücklagen den Gewinnausweis zu beeinflussen, ist mit der Natur des aktienrechtlichen Jahresabschlusses, durch

---

2 Puchelt, Kommentar zum ADHGB, 3. Aufl. 1882, Art. 31 Anm. 1; Anschütz/Volderndorf, Kommentar zum ADHGB, 1868, Art. 31 Anm. 7.

3 Vgl. dazu Bühler/Scherpf, § 2 IV.

4 Bühler/Scherpf, § 2 IV.

5 Vgl. für die allgemeine Meinung Geßler, DB 1966, 219; Adler/Düring/Schmaltz, 4. Aufl., § 149 AktG Anm. 98.

den die Verwaltung gegenüber den Beteiligten, namentlich den Aktionären, Rechnung legt, nicht zu vereinbaren."[6]

Durch Umgestaltung der Bewertungsvorschriften von Höchstwertvorschriften zu Normen, die einen zwingend einzuhaltenden Bewertungsrahmen nach unten und nach oben setzen, wurde die Möglichkeit der Bildung stiller Reserven eingeschränkt. Das Aktiengesetz 1965 brachte also Mindestwertvorschriften für die Bewertung der Aktivposten und Höchstwertvorschriften für die Passivposten.

Umstritten war, ob die Bewertungsbestimmungen des Aktiengesetzes als kodifizierte Grundsätze ordnungsmäßiger Buchführung auch für in anderer Rechtsform geführte Unternehmen galten[7] oder ob diesen Unternehmen weiterhin gestattet sein sollte, nach Belieben stille Reserven durch Unterbewertung von Aktiva und Höherbewertung von Passiva zu bilden. Dieser Streit ist nun – leider – erledigt.

§ 253 Abs. 4 HGB gestattet es Personenunternehmen ausdrücklich, auf der Aktivseite durch Abschreibungen „im Rahmen vernünftiger kaufmännischer Beurteilung" stille Reserven zu bilden. Die Vorschrift ist bei Kapitalgesellschaften nicht anzuwenden (§ 279 Abs. 1 S. 1 HGB).[8]

Die Regelung war während des Gesetzgebungsverfahrens in den Anhörungen vor dem Unterausschuß des Rechtsausschusses Gegenstand eingehender und kontroverser Diskussionen.[9] Gegen die Zulassung stiller Reserven über den sich aus den allgemeinen Bewertungsbestimmungen ergebenden Umfang hinaus ist anzuführen, daß sie insbesondere hinsichtlich der Ertragslage die Informationsfunktion des Jahresabschlusses beeinträchtigen.[10] Still gebildete Reserven können auch still wieder aufgelöst werden. Damit besteht die Möglichkeit, in schlechten Jahren Verluste nicht in Erscheinung treten zu lassen, indem an sich gebotene Abwertungen bis zur Höhe der schon vorhandenen stillen Reserven nicht vorgenommen werden oder die stillen Reserven anders realisiert werden.[11]

---

6 Vgl. Wilhelmi-Bericht, Zur Grundkonzeption der neuen Bewertungsvorschriften, zu BT-Drs. 4/3296, S. 30 f.

7 Vgl. dazu die 4. Aufl. § 5 I und dort die Nachweise in Anm. 7.

8 § 253 Abs. 4 HGB gilt nicht nur für normale Personenhandelsgesellschaften, sondern auch für solche, die wegen ihrer Größe unter das Publizitätsgesetz fallen und für Publikums-Personengesellschaften, ferner für eingetragene Genossenschaften. Vgl. dazu kritisch Schulze-Osterloh, ZHR 1986, 418 m.w.N.

9 Vgl. stenographisches Protokoll der 17. Sitzung am 9. 5. 1985, S. 105 ff und der 18. Sitzung am 23. 9. 1985, S. 41 ff; nachdrücklicher Kritiker der Regelung war Döllerer. Vgl. im übrigen den eingehenden Bericht bei Schulze-Osterloh, ZHR 1986, 417.

10 Vgl. i.e. die Kritik bei Schulze-Osterloh, ZHR 1986, 417 ff m.w.N.; Döllerer, Handelsbilanz und Steuerbilanz in Beilage 12 zu BB Heft 16/1987, S. 9 f.

11 Die Regelung wird hingegen z.B. von Moxter, BB 1985, 1103 unter Hinweis auf den Aspekt der Konkursvorsorge nachdrücklich verteidigt. Vgl. auch Moxter, Der Stand der Bilanztheorie, Grazer Universitätsreden, 1985, S. 20 ff.

Durch die Formulierung „im Rahmen vernünftiger kaufmännischer Beurteilung“ soll die willkürliche Bildung von stillen Reserven verhindert werden.[12]

Anzumerken ist im übrigen, daß für die Bildung von stillen Reserven bei Personengesellschaften gesellschaftsrechtliche Schranken bestehen.[13]

Die *steuerrechtlichen* Bewertungsvorschriften müssen jedenfalls so ausgestaltet sein, daß der in einer Periode erzielte Gewinn auch in dieser Periode zum Ausweis kommt und besteuert wird. Es ist zu verhindern, daß durch die Bewertung eine Verschiebung von Gewinnen und damit eine Verschiebung von Steuerzahlungen in spätere Perioden möglich wird. Das erfordern die Grundsätze der Besteuerung nach der Leistungsfähigkeit und der Gleichmäßigkeit der Besteuerung. Für die steuerliche Bewertung sind also Mindestwertvorschriften für die Aktiva und Höchstwertvorschriften für die Passiva unverzichtbar.

Nach dem Maßgeblichkeitsprinzip des § 5 Abs. 1 EStG ist zwar grundsätzlich auch für die Bewertung von der Handelsbilanz auszugehen. Es besteht jedoch der steuerrechtliche Bewertungsvorbehalt in § 5 Abs. 6 EStG. Damit sind die handelsrechtlichen Bewertungsvorschriften für die Besteuerung nur von Bedeutung, soweit keine ausdrücklichen steuerlichen Bewertungsvorschriften bestehen.

II. Überblick über Grundsätze und Methoden der Wertfeststellung

1. Allgemeine Bewertungsprinzipien

Den Bewertungsvorschriften vorangestellt sind in § 252 HGB die „allgemeinen Bewertungsgrundsätze“. Im Grundsatz werden in dieser Bestimmung die bereits heute als allgemeingültige Grundsätze ordnungsmäßiger Buchführung anerkannten Bewertungsgrundsätze kodifiziert:[14]

- Identität der Wertansätze in Anfangs- und Schlußbilanz des vorangegangenen Wirtschaftsjahres
- Going-concern-Prinzip:[15] Bei der Bewertung ist von der Fortführung der Unternehmenstätigkeit auszugehen, sofern dem nicht tatsächliche oder rechtliche Gegebenheiten entgegenstehen.
- Einzelbewertungsprinzip
- Stichtagsprinzip
- Vorsichtsprinzip (Imparitätsprinzip, Realisationsprinzip)

12 Bericht des Rechtsausschusses des Bundestags, BT-Drs. 10/4268, S. 100; vgl. zur Auslegung des § 253 Abs. 4 HGB näher Schulze-Osterloh, ZHR 1986, 418 ff; Schulze zur Wiesch, WPg 1987, 149 ff.

13 Vgl. dazu näher Schulze-Osterloh, ZHR 1986, 421; Döllerer aaO, (Anm. 10), S. 10.

14 Zur Rangordnung der allgemeinen Bewertungsgrundsätze vgl. Müller, Festschrift Goerdeler, 1987, S. 397 ff.

15 Zum going-concern-Prinzip vgl. näher Lutter in Handwörterbuch, S. 185 ff.

- Abgrenzungsprinzip: Aufwendungen und Erträge des Geschäftsjahres sind unabhängig von den Zeitpunkten der entsprechenden Zahlungen im Jahresabschluß zu berücksichtigen.

Abschließend wird in § 252 Abs. 1 Nr. 6 HGB das im traditionellen deutschen Bilanzrecht nicht als Grundsatz ordnungsmäßiger Buchführung verstandene Stetigkeitsgebot[16] angeführt – in dem Entwurf des Unterausschusses des Deutschen Bundestages als Soll-Vorschrift und im Gegensatz zum Regierungsentwurf nicht als erstgenanntes, sondern als letztgenanntes Bewertungsprinzip. Damit ist das Verhältnis des Stetigkeitsprinzips zu den anderen Bewertungsprinzipien klargestellt: Es hat insbesondere hinter dem Vorsichtsprinzip zurückzutreten.[17]

2. Der Grundsatz der Einzelbewertung und seine Ausnahmen

a) Der Grundsatz

Der Grundsatz der Einzelbewertung, wie er nunmehr in § 252 Abs. 1 Nr. 3 HGB angeführt ist, entspricht dem Vorsichtsprinzip. Er soll verhindern, daß durch Zusammenfassung von Vermögensgegenständen Wertminderungen und Werterhöhungen miteinander saldiert werden. Auch für das Steuerrecht gilt, wie sich aus § 6 EStG ergibt, dieser Grundsatz der Einzelbewertung.

Die Einzelbewertung findet ihre Grenze allerdings dort, wo der damit verbundene Arbeitsaufwand, insbesondere bei der Inventur, durch den Zweck einer möglichst großen Bewertungsgenauigkeit nicht mehr gerechtfertigt ist. Dem tragen die Vorschriften über die *Sammel-* oder *Gruppenbewertung* und die *Festbewertung* in Anlehnung an eine jahrzehntelange kaufmännische Übung Rechnung. Die Regeln sind auch steuerlich anerkannt (vgl. Abschn. 36 Abs. 3, Abschn. 31 Abs. 5 EStR).

b) Die Gruppen- oder Sammelbewertung

Nach § 240 Abs. 4 HGB können gleichartige Vermögensgegenstände des Vorratsvermögens sowie andere gleichartige oder annähernd gleichwertige bewegliche Vermögensgegenstände jeweils zu einer Gruppe zusammengefaßt und mit dem gewogenen Durchschnittswert angesetzt werden. Die Voraussetzungen für die Gruppenbildung und Gruppenbewertung sind im Handels- und Steuerrecht gleich. Im einzelnen ist auf Abschn. 36 Abs. 3 EStR zu verweisen.

---

16 Vgl. dazu Leffson, S. 432 ff; Selchert, DB 1984, 1889 ff; Kupsch, DB 1987, 1101 ff, 1157 ff; Schneeloch, WPg 1987, 405 ff; Müller, BB 1987, 1629 ff; Söffing, DB 87, 2598 ff; Leffson, WPg 1988, 441 ff.

17 Mit der neuen Fassung ist dem Anliegen Moxters, BB 1985, 1102, Rechnung getragen.

c) Die Festbewertung[18]

Die Festbewertung hat ihre gesetzliche Grundlage nunmehr in § 240 Abs. 3 HGB: Gegenstände des Sachanlagevermögens sowie Roh-, Hilfs- und Betriebsstoffe des Vorratsvermögens können, wenn sie regelmäßig ersetzt werden und ihr Gesamtwert für das Unternehmen von nachrangiger Bedeutung ist, mit einer gleichbleibenden Menge und einem gleichbleibenden Wert angesetzt werden, sofern ihr Bestand in seiner Größe, seinem Wert und seiner Zusammensetzung nur geringen Veränderungen unterliegt. Die Festbewertung wird auch vom Steuerrecht anerkannt.

Weisen die Gütermengen ihrer Zahl, ihrem Maß, ihrem Gewicht nach nur geringe Veränderungen auf, so wird unterstellt, daß sich die Mengen- und Wertschwankungen von Bilanzstichtag zu Bilanzstichtag ausgleichen oder zumindest so geringfügig sind, daß es einer besonderen Kenntlichmachung in der Bilanz nicht bedarf. Die Besonderheit des Festwertansatzes besteht darin, daß die einmal festgestellten Wertansätze grundsätzlich konstant bleiben, also keine Abgänge gebucht und keine Abschreibungen bzw. AfA auf den Festwert vorgenommen werden. Dafür werden die Aufwendungen für Erstbeschaffungen sofort als Aufwand bzw. Betriebsausgabe verrechnet. Allerdings ist nach § 240 Abs. 3 S. 2 HGB (vgl. auch Abschn. 31 Abs. 5 EStR) i. d. R. alle drei Jahre eine körperliche Bestandsaufnahme durchzuführen. Übersteigt der dann ermittelte Wert den bisherigen Festwert um mehr als 10%, so ist der ermittelte Wert als neuer Festwert maßgebend. Bis er erreicht ist, sind die nach dem Bilanzstichtag des vorangegangenen Wirtschaftsjahres entstandenen Anschaffungskosten der Neuanschaffungen nicht gewinnmindernd zu buchen, sondern ist der Festwert um diese aufzustocken (vgl. Abschn. 31 Abs. 5 EStR). Ist der ermittelte Wert niedriger als der bisherige Festwert, so kann der Steuerpflichtige den ermittelten Wert als neuen Festwert ansetzen; übersteigt der ermittelte Wert den bisherigen Festwert um nicht mehr als 10%, so kann der bisherige Festwert beibehalten werden (Abschn. 31 Abs. 5 EStR).

Der Unternehmer hat – aus Vereinfachungsgründen – nach § 240 Abs. 3 HGB zwar das Recht, nicht aber auch die Pflicht zur Bildung von Festwerten. Soweit die Gegenstände selbständig nutzungsfähig und die Voraussetzungen des § 6 Abs. 2 EStG gegeben sind,[19] ist die Bildung von Festwerten nicht besonders interessant, denn dann hat der Bilanzierende die Möglichkeit, die Anschaffungskosten jeweils in voller Höhe als Aufwand zu buchen.

---

18 Vgl. i. e. Herrmann/Heuer/Raupach, § 6 EStG Anm. 124 ff. Zu § 240 Abs. 3 HGB vgl. kritisch Groh, DB 1985, 1849.

19 Vgl. dazu unten § 5 IX.

d) Schätzungsverfahren für vertretbare Gegenstände bei schwankenden Preisen

Enthält das Vorratsvermögen am Bilanzstichtag Wirtschaftsgüter, die im Verkehr nach Maß, Zahl oder Gewicht bestimmt werden und bei denen die Anschaffungs- oder Herstellungskosten wegen Schwankungen der Einstandspreise im Laufe des Wirtschaftsjahres i.e. nicht mehr einwandfrei feststellbar sind, so bereitet die individuelle Wertermittlung bei gemeinsamer Lagerhaltung erhebliche praktische Schwierigkeiten.

Beispiel: In einer Maschinenfabrik haben die Anschaffungskosten für eine bestimmte Sorte Flacheisen im Laufe des Jahres geschwankt. Am Jahresende läßt sich nicht feststellen, aus welchen Einkäufen die noch vorhandenen Flacheisenmengen stammen und welches somit die tatsächlichen Anschaffungkosten sind.

Der Wert dieser Wirtschaftsgüter ist notgedrungen im Schätzungswege zu ermitteln. Für die Schätzung bieten sich insbesondere zwei Verfahren an: Zum einen die Durchschnittsbewertung und zum anderen die Bewertung nach einer fiktiven Verbrauchs- oder Veräußerungsfolge.

aa) Durchschnittsbewertung

Nach allseits anerkannter kaufmännischer Übung kann der Durchschnittsanschaffungspreis als gewogenes arithmetisches Mittel aus allen Einkäufen einer Waren- oder Rohstoffart zur Bewertung des Endstandes herangezogen werden.[20] Dieses Schätzungsverfahren wird auch steuerlich von jeher anerkannt.[21]

Bei der Methode der Durchschnittsbewertung wird unterstellt, daß der zu bewertende Bestand sich aus Teilen des Anschaffungsbestandes und der im Laufe des Wirtschaftsjahres vorgenommenen Anschaffungen, und zwar entsprechend dem Verhältnis des Anfangsbestandes und der einzelnen Anschaffungen zueinander, zusammensetzt.

Beispiel:[22] Bestand am Anfang des Jahres: 4 Einheiten im Wert von je 3. In der Folge werden angeschafft: 3 Einheiten zu 5; 4 Einheiten zu 4; 3 Einheiten zu 5,67: Anfangsbestand und Zugang insgesamt 14 Einheiten. Im Laufe des Jahres sind 12 Einheiten verbraucht bzw. veräußert worden. Es ist der Endbestand von 2 Einheiten zu bewerten:

20 Vgl. i.e. Wöhe, Betriebswirtschaftliche Steuerlehre I/2, S. 292 ff.

21 Vgl. schon RFH vom 30. 3. 1927 VI A 108/27 RStBl 1927, 161; ebenso Abschnitt 36 Abs. 2 EStR.

22 Nach Herrmann/Heuer/Raupach, § 6 EStG Anm. 150.

Einheiten	Preis je Einheit	Gesamtpreis
4	3	12
3	5	15
4	4	16
3	5,67	17
14	∅ 4,29	60

Der Endbestand ist mit dem sich danach ergebenden Durchschnittspreis von 4,29 je Einheit zu bewerten.

Genauer als die oben dargestellte Durchschnittsbewertung wird die Rechnung, wenn sie in kürzeren Abständen als jährlich (z. B. halbjährlich, monatlich, wöchentlich) durchgeführt wird.

Beispiel: Nach 4 Monaten

	Menge	Preis je Einheit	Gesamtpreis	Durchschnitt
Alter Bestand Zugang	4 4	3 4	12 16	– –
Summe Verbrauch	8 –2	– 3,5	28 – 7	3,5 –
Nach 4 Mon. Bestand Zugang	 6 +3	 3,5 5	 21 +15	 3,5 –
Summe Verbrauch	9 –7	– 4	36 –28	4 –
Nach 8 Mon. Bestand Zugang	 2 3	 4 5,67	 8 17	 4 –
Summe Verbrauch	5 3	– 5	25 15	5 –
Nach 12 Mon. Bestand	 2	 5	 10	 5

Gegenüber der ersten Rechnung ergibt sich für die verbleibenden 2 Einheiten ein Durchschnittspreis von 5 statt 4,29. Auch hier haben sich noch die niedrigeren Anschaffungskosten des Anfangsbestandes und der ersten Zugänge in der Bewertung des Endbestandes ausgedrückt. Es ist jedoch durch die laufende Berücksichtigung des Verbrauches dem Umstand Rechnung getragen, daß die älteren Bestände allmählich ausgewechselt worden sind.

Zu beachten ist, daß die Durchschnittsbewertung lediglich ein zulässiges *Schätzungsverfahren* darstellt. Sie darf daher nur insoweit angewendet werden, als die gesetzlich an sich vorgeschriebene Einzelbewertung nicht möglich ist. Des weiteren muß die derart vorgenommene Schätzung der Wirklichkeit möglichst nahe kommen. Sie kann nicht angewendet werden, wenn ihr bekannte Tatsachen entgegenstehen. So ist die Durchschnittsbewertung in der oben dargestellten Form dann nicht anwendbar, wenn der Bestand im Laufe des Wirtschaftsjahres ausnahmsweise auf 0 Einheiten sinken sollte. Denn in diesem Falle steht fest, daß die älteren Bestände voll verbraucht sind. Die Anschaffungskosten dieser älteren Bestände, von denen feststeht, daß sie ausgeschieden sind, dürfen auf den Wertansatz der vorhanden Bestände nicht mehr von Einfluß sein. Die Durchschnittsbewertung kann dann nur auf die später angeschafften Bestände angewendet werden.

Das Durchschnittsverfahren ist nur bei konstanten oder steigenden Preisen geeignet. Sinken die Anschaffungskosten im Laufe des Wirtschaftsjahres, so liegen – weil die höheren Anschaffungskosten zu Beginn des Jahres von Einfluß auf die durchschnittlichen Anschaffungskosten sind – die durchschnittlichen Anschaffungskosten über den Tageswerten (den für den betreffenden Unternehmer erforderlichen Anschaffungskosten) am Bilanzstichtag. Der Ansatz der Durchschnittswerte würde hier dem Niederstwertprinzip[23] widersprechen. Es muß in diesem Falle der niedrigere Tageswert (steuerliche Teilwert) angesetzt werden.

bb) Schätzungsverfahren nach einer fiktiven Verbrauchs- oder Veräußerungsfolge[24]

1. Soweit es den Grundsätzen ordnungsmäßiger Buchführung entspricht, ist neben dem Ansatz von Durchschnittswerten auch der Ansatz des nach der Verbrauchs- oder Veräußerungsfolge ermittelten Wertes handelsrechtlich zulässig. Diese handelsrechtlich schon immer anerkannten Verfahren sind nunmehr unter den allgemeingültigen Bewertungsbestimmungen in § 256 HGB geregelt.

Nach § 256 HGB kann, soweit es den Grundsätzen ordnungsmäßiger Buchführung entspricht, für den Wertansatz gleichartiger Gegenstände des Vorratsvermögens unterstellt werden, daß

a) die *zuerst* angeschafften oder hergestellten Gegenstände *zuerst* verbraucht oder veräußert werden (Fifo-Verfahren = first in – first out),

b) die *zuletzt* angeschafften oder hergestellten Gegenstände *zuerst* verbraucht oder veräußert werden (Lifo-Verfahren[25] = last in – first out) oder

23 Vgl. dazu unten § 5 IV 3 a cc.

24 Vgl. dazu den Überblick bei Wöhe, Betriebswirtschaftliche Steuerlehre I/2, S. 290 ff und i.e. die Darstellung bei Adler/Düring/Schmaltz, § 256 HGB Anm. 1 ff, 27 ff.

25 Vgl. Mayer-Wegelin, DB 1989, 937 ff.

c) *die angeschafften oder hergestellten Gegenstände in einer sonstigen bestimmten Folge* verbraucht oder veräußert werden (z. B. Hifo-Verfahren[26] = highest in – first out).

Bei Anwendung des Fifo-Verfahrens erfolgt die Bewertung zu den letzten Anschaffungs- und Herstellungskosten, also grundsätzlich gegenwartsnah. Die *Vermögenslage* wird auf diese Weise korrekt dargestellt. Das Fifo-Verfahren kann jedoch zu Lasten des *Einblicks in die Ertragslage* gehen. Bei sinkenden Preisen wird der Gewinn niedriger ausgewiesen, als wenn die hohen Anschaffungs- bzw. Herstellungskosten von früher für den Endbestand ausgewiesen würden. Umgekehrt erscheint bei steigenden Preisen ein höherer Gewinn.

Da bei dem Lifo-Verfahren die verbrauchten und veräußerten Gegenstände zu möglichst gegenwartsnahen Preisen verrechnet werden, gewährt dieses Verfahren vielfach insofern einen besseren Einblick in die Ertragslage, als die Vergleichbarkeit der Ergebnisse aufeinanderfolgender Jahre gefördert wird.

Bei steigenden Preisen kann das Lifo-Verfahren zur Ausschaltung des Ausweises von Scheingewinnen führen.[27] Denn da der Endbestand mit den niedrigen Anschaffungskosten der zeitlich am weitesten zurückliegenden Anschaffungen bewertet wird, wird der ausgewiesene Gewinn gemindert.

Die *Hifo-Methode* unterstellt, daß die am teuersten eingekauften oder hergestellten Gegenstände zuerst verbraucht oder veräußert werden. Diese von der Hifo-Methode unterstellte Verhaltensweise entspricht insbesondere bei ständigen Schwankungen der Preise kaufmännischer Vorsicht, da auf diese Weise die mit einer späteren Verwertung ggf. verbundenen Risiken vermieden werden.

Auch ein nach dem Verbrauchs- und Veräußerungsverfahren ermittelter Wertansatz unterliegt jedoch dem Niederstwertprinzip, d. h. er darf nicht angesetzt werden, wenn der Stichtagswert (Börsen-, Marktpreis, beizulegender Wert) niedriger ist.[28]

Die Verbrauchs- und Veräußerungsfolgeverfahren haben in der Vergangenheit keine größere praktische Bedeutung erlangt, da sie steuerlich grundsätzlich nicht anerkannt wurden.[29]

Nach einigen zaghaften Anfängen in den letzten Jahren[30] hat das Steuerreformgesetz 1990 nunmehr allgemein das Lifo-Verfahren zugelassen. Es soll auf diese Weise die Problematik der Scheingewinnbesteuerung entschärft

26 Vgl. Sarx in Beck'scher Bilanzkommentar, § 256 HGB Anm. 19. Zum bisherigen Recht hielten insbesondere Geßler/Hefermehl/Eckardt/Kropff, § 155 AktG Anm. 32 (m. w. N.) die Hifo-Methode und die weitere am Beschaffungspreis orientierte Lofo-Methode (lowest in – first out) nicht für zulässig.

27 Vgl. dazu Hax, Die Substanzerhaltung, 1957, S. 139 ff.

28 Adler/Düring/Schmaltz, § 256 HGB Anm. 52.

29 Auf der Grundlage des Gutachtens des OFH vom 3. 6. 1949 I D 2/49 StuW 1949 Nr. 50.

30 Vgl. dazu 6. Aufl. § 5 II 2d, bb.

werden; die Preissteigerungsrücklage erweist sich damit für den Gesetzgeber als entbehrlich.[31]

III. Die Ausgangswerte

1. Die Anschaffungskosten

Ausgangsgröße für den Wertansatz aller erworbenen Wirtschaftsgüter sind die Anschaffungskosten und bei den im eigenen Betrieb hergestellten Wirtschaftsgütern die Herstellungskosten. Beide Begriffe waren bislang weder im Handels- noch im Steuerrecht gesetzlich bestimmt. Die Ausfüllung der Begriffe war damit den Grundsätzen ordnungsmäßiger Buchführung überlassen. Die Begriffe sind im Handels- und im Steuerrecht im Prinzip inhaltsgleich.[32]

Die Anschaffungs- und Herstellungskosten sind im übrigen nicht nur für die Bewertung der einzelnen Wirtschaftsgüter von Bedeutung. Nach ihnen richtet sich z. B. die Höhe einer zu gewährenden Investitionszulage. Des weiteren hängt von der Höhe der Anschaffungs- und Herstellungskosten etwa die Anwendung der Bewertungsfreiheit für geringwertige Wirtschaftsgüter nach § 6 Abs. 2 EStG[33]ab.

a) Der Inhalt des Begriffs

Anschaffungskosten sind die Aufwendungen, die geleistet werden, um einen Vermögensgegenstand zu erwerben[34] und ihn in einen betriebsbereiten Zustand zu versetzen, soweit sie dem Vermögensgegenstand einzeln zugeordnet werden können (§ 255 Abs. 1 S. 1 HGB). Zu den Anschaffungskosten gehören auch die Nebenkosten sowie die nachträglichen Anschaffungskosten (Satz 2).

Auszugehen ist von dem Rechnungsbetrag.[35] *Nicht* zu den Anschaffungskosten gehört die nach § 15 Abs. 1 UStG verrechenbare *Vorsteuer* (§ 9b EStG). Denn es handelt sich um einen Betrag, der das Vermögen des Unternehmers nicht vermindert.[36]

---

31 Vgl. Begründung des Steuerreformgesetzes BT-Drs. 11/2157, S. 140.

32 Zu Einzelunterschieden bei der Bemessung der Anschaffungskosten vgl. unten unter c.

33 Vgl. dazu unten § 5 IX.

34 Zu den Anschaffungskosten in der Zwangsversteigerung vgl. BFH vom 11. 11. 1987 I R 7/84 BStBl II 1988, 424; zu Anschaffungskosten von Erdgas durch ein Gasversorgungsunternehmen gehört neben dem Mengenpreis auch das Entgelt für die Lieferbereitschaft (vgl. BFH vom 13. 4. 1988 I R 104/88 BStBl II 1988, 892).

35 Zur Ermittlung der Anschaffungskosten von Aktien und Bezugsrechten vgl. Mellwig, DB 1986, 1417 ff.

36 Vgl. Stellungnahme HFA 1/1985, WPg 1985, 257 f; Adler/Düring/Schmaltz, § 255 HGB Anm. 33.

Anschaffungspreisminderungen sind abzusetzen (§ 255 Abs. 1 S. 3 HGB).

Rabatte, die dem Steuerpflichtigen vom Lieferanten gewährt worden sind oder die der Steuerpflichtige sicher zu erwarten hat, mindern die Anschaffungskosten.[37]

In Anspruch genommene Skonti mindern die Anschaffungskosten des betreffenden Wirtschaftsguts. Soweit die vor dem Bilanzstichtag eingekauften Waren aber noch nicht bezahlt sind, darf nach dem BFH[38] ein Skontoabzug nicht vorgenommen werden, sondern sind die Warenposten mit dem Bruttoeinkaufspreis in der Bilanz anzusetzen. Skonti können vielfach nur mit erheblichen Schwierigkeiten und Aufwand für jeden einzelnen Vermögensgegenstand erfaßt werden. Es bestehen dann keine Bedenken, die Abzugsbeträge zu pauschalieren.[39]

Boni, die der Erwerber vom Lieferanten erhält, sind von den Anschaffungskosten derjenigen Waren abzusetzen, für deren Anschaffung sie gewährt worden sind, soweit die Waren im Zeitpunkt der buchmäßigen Berücksichtigung des Bonus (Aktivierung des Bonusanspruchs oder Eingang oder Gutschrift des Bonus) noch vorhanden sind.

Zuschüsse und Zulagen mindern die Anschaffungskosten nicht.[40] Der Umfang der Anschaffungskosten ist unabhängig davon, aus welchen Quellen die finanziellen Mittel für die Investition kommen,[41] ob sie aus Eigenmitteln, aus Darlehen, aus einem Lotteriegewinn, aus einer Schenkung oder aus öffentlichen Investitionszuschüssen oder -zulagen stammen. Bei dem Begriff der Anschaffungskosten handelt es sich um eine aus dem Beschaffungsmarkt abgeleitete Wertkategorie, deren Umfang durch die vertraglichen Leistungsverpflichtungen des Unternehmers bestimmt wird.

Der Ausweis der tatsächlich am Markt getätigten Ausgaben – unabhängig von der Herkunft der Mittel – ist zur Gewährleistung eines zutreffenden Einblicks in die Ver-

37 Zur Abgrenzung von Rabatten und Zuschüssen bei Preisnachlässen durch den Vermittler vgl. BFH vom 22. 4. 1988 III R 54/83 BStBl II 1988, 901.

38 BFH vom 3. 12. 1970 IV R 216/67 BStBl II 1971, 323.

39 Vgl. dazu näher Curtius-Hartung, StbJb 1971/72, 375 ff.

40 So die neuere herrschende bilanzrechtliche Auffassung, vgl. Dahl, Die Aktivierung der Sachanlagegüter in Handels- und Steuerbilanz, 1959, S. 60; Husemann, Grundsätze ordnungsmäßiger Bilanzierung für Anlagegegenstände, 2. Aufl. 1976, S. 100; Zwehl, Zuschüsse im Jahresabschluß, WPg 1970, 5; Knobbe-Keuk, StuW 1978, 231; Kupsch, DB 1979, 367; a.A. Adler/Düring/Schmaltz, 4. Aufl., § 153 AktG Anm. 20. Vgl. auch BFH vom 29. 4. 1982 IV R 177/78 BStBl II 1982, 591: Die Leistung aus einer Betriebsunterbrechungs-Versicherung ist nicht als „Zuschuß" bei der Bewertung von Anlagevermögen zu berücksichtigen. Vgl. allgemein zu Bilanzierungsfragen bei Zuwendungen der öffentlichen Hand: Stellungnahme des HFA des IdW I/1984 WPg 1984, 612 ff; Kupsch, WPg 1984, 369 ff; Tjaden, WPg 1985, 33 ff; Bauer, BB 1985, 161; Pankow/Gutike in Beck'scher Bilanzkommentar, § 255 HGB Anm. 125 ff; Groh, BB 1988, 2417 ff.

41 Ebenso Pankow/Schmidt-Wendt in Beck'scher Bilanzkommentar, § 255 HGB Anm. 129; Kupsch, WPg 1984, 369 ff.

mögens- und Ertragslage geboten. Mit der Feststellung, daß Zulagen und Zuschüsse Dritter die Anschaffungskosten nicht mindern, ist selbstverständlich die grundsätzliche Frage, ob derartige Beträge erfolgsneutral oder erfolgswirksam zu verrechnen sind, nicht entschieden.[42] Was den steuerlichen Gewinn anbetrifft, so sind die steuerlichen Investitionszulagen kraft ausdrücklicher gesetzlicher Vorschrift steuerfrei (vgl. § 5 Abs. 2 InvZulG; § 19 BerlFG; § 32 KohleG). Für andere Zulagen und Zuschüsse soll nach Abschn. 34 Abs. 1 EStR ein steuerliches Wahlrecht bestehen:[43] Entweder Behandlung als Betriebseinnahme und damit sofortige steuerliche Erfolgswirksamkeit oder Verrechnung mit den Anschaffungskosten und damit Minderung der Abschreibungsbasis. Die Minderung der Anschaffungskosten kommt u. E. nach den obigen Ausführungen nicht in Frage.[44] Soweit sich infolge der Vereinnahmung der Zuschüsse oder Zulagen tatsächlich eine Vermögensvermehrung ergibt, ist diese u. E. – wie eine auf einer Schenkung beruhende Vermögensvermehrung – steuerfrei zu lassen, weil sie nicht im Betrieb erwirtschaftet ist.[45] Allerdings sind dann auch Abschreibungen in dieser Höhe nach § 3 c EStG nicht möglich, so daß der Zuschuß erfolgsneutral gehandelt wird.

Hinsichtlich der *Anschaffungsnebenkosten* ist zu beachten, daß als solche regelmäßig nur die Einzelkosten – im Gegensatz zu den Gemeinkosten – in Betracht kommen, also Kosten, die sich eindeutig und konkret der Anschaffung des betreffenden Wirtschaftsgutes zuordnen lassen (vgl. § 255 Abs. 1 S. 1, 2. HS HGB).[46]

Aufwendungen, die mit der *Beschaffung* des Wirtschaftsgutes zusammenhängen, sind z. B. die Beurkundungs-, Transportkosten, Provisionen, bestimmte Steuern und Abgaben (z. B. Grunderwerbsteuer, Börsenumsatzsteuer, Branntweinsteuer[47]).

Zur Anschaffung wird aber nicht nur der eigentliche Beschaffungsvorgang gerechnet, sondern auch die Maßnahmen, die dazu bestimmt sind, die be-

---

42 Vgl. i. e. Kupsch, DB 1979, 365 ff mit Nachweisen.

43 Im Anschluß an BFH vom 4. 11. 1965 IV 228/63 U BStBl III 1966, 167. Auch handelsrechtlich geht man weitgehend von einem Wahlrecht aus (vgl. Pankow/Schmidt-Wendt in Beck'scher Bilanzkommentar, § 255 HGB Anm. 127 m. w. N.).

44 Umgekehrt hält Groh, DB 1988, 2417 ff von dem Wahlrecht nichts, weil seiner Meinung nach nur die Minderung der Anschaffungskosten um den Zuschuß in Frage kommt; vgl. für die Minderung der Anschaffungskosten auch BFH vom 14. 7. 1988 IV R 78/75 BStBl II 1989, 189.

45 Vgl. dazu näher Knobbe-Keuk, StuW 1978, 226 ff. Die Rechtsprechung des BFH geht freilich davon aus, daß öffentliche Zuschüsse bei der steuerlichen Gewinnermittlung zu erfassen sind, wenn nicht besondere Vorschriften, die Befreiung von der Steuer vorsehen. Vgl. BFH vom 17. 9. 1987 III R 225/83 BStBl II 1988, 324 und – der Ansicht der Rechtsprechung folgend – Institut Finanzen und Steuern, Brief Nr. 273, Die ertragsteuerliche und bewertungsrechtliche Behandlung öffentlicher Zuschüsse, 1987, mit zahlreichen Nachweisen zum Streitstand.

46 Vgl. näher zu den Anschaffungsnebenkosten Adler/Düring/Schmaltz, § 255 HGB Anm. 34 ff; vgl. BFH vom 31. 7. 1967 I 219/63 BStBl II 1968, 22 zu der Behandlung der Transportkosten bei Beförderung mit betriebseigenen Transportmitteln.

47 Vgl. BFH vom 5. 5. 1983 IV R 18/80 BStBl II 1983, 559.

triebliche Nutzung des Wirtschaftsgutes zu ermöglichen.[48] Auch dies ist in der oben angeführten Definition der Anschaffungskosten in § 255 Abs. 1 S. 1 HGB verarbeitet.

Beispiele: Aufwendungen für die Fundamentierung oder sonstige Befestigung des erworbenen Wirtschaftsgutes, Abbruch und Wiederaufbau von Wänden, um ein Wirtschaftsgut an seinen Einsatzort im Betrieb schaffen zu können.[49]

Gebrauchterworbene Gegenstände können häufig nicht in ihrer bisherigen Form, sondern erst nach einer entsprechenden Umrüstung im Unternehmen des Erwerbers eingesetzt werden. Die Umrüstungskosten sind dann als Kosten der erstmaligen Inbetriebnahme Anschaffungskosten.[50]

Finanzierungskosten, insbesondere Fremdkapitalzinsen, gehören grundsätzlich nicht zu den Anschaffungskosten des Wirtschaftsgutes. Sie sind also nicht zu aktivieren, sondern als Betriebsausgabe abzugsfähig.

Eine Einschränkung ist für die Fälle zu machen, in denen die Kredite dazu dienen, die Anschaffung von Neuanlagen mit langer Bauzeit durch Anzahlungen oder Vorauszahlungen zu finanzieren. Hier ersetzen die Kredite andernfalls zu verzinsendes Kapital des Lieferanten und führen damit indirekt zu einer Verminderung der sich sonst ergebenden höheren Anschaffungskosten.[51] Die Aktivierung der Fremdkapitalzinsen durch Einbeziehung in die Anschaffungskosten ist insofern gerechtfertigt, als es im Ergebnis gleich ist, ob der Erwerber den Bau der Anlage über Vorschüsse oder den Hersteller, der dann einen höheren Preis verlangt, finanziert. Es ist aber nicht Aktivierungspflicht, sondern nur ein Aktivierungswahlrecht anzunehmen[52] – wie es in § 255 Abs. 3 HGB auch für den Bereich der Herstellungskosten vorgesehen ist.[53] Soweit der Steuerpflichtige sich für die Aktivierung in der Handelsbilanz entscheidet, sollte dies auch steuerlich akzeptiert werden. Für die Frage der Einbeziehung der Fremdkapitalzinsen in die Herstellungskosten eines Wirtschaftsgutes, dessen Herstellung sich über einen längeren Zeitraum erstreckt, hat sich der BdF[54] in diesem Sinne geäußert.

b) Retrograde Ermittlung der Anschaffungskosten

In Einzelhandelsunternehmen ist es vielfach nur unter erheblichen Schwierigkeiten möglich, die Anschaffungskosten der Waren aus den Unterlagen festzustellen, weil die Waren schon beim Einkauf mit den Verkaufspreisen ausgezeichnet werden. Hier ist es verbreitet, zur Feststellung der Anschaffungskosten vom Verkaufspreis auszugehen. Da dieser regelmäßig durch Zuschläge auf die Anschaffungskosten zustandekommt, lassen sich durch

---

48 Z. B. BFH vom 24. 5. 1968 VI R 6/67 BStBl II 1968, 574.

49 RFH vom 14. 4. 1931 VI A 976/29 RStBl 1931, 504.

50 Vgl. BFH vom 14. 11. 1985 IV R 170/83 BStBl II 1986, 60.

51 Adler/Düring/Schmaltz, § 255 HGB Anm. 89 ff.

52 So auch Adler/Düring/Schmaltz, § 255 HGB Anm. 91; a. A. Küting/Weber, § 255 HGB Rz. 28.

53 Döllerer, Beilage 12 zu BB Heft 16/1987, S. 8 schließt aus der Regelung für die Herstellungskosten, daß Fremdkapitalzinsen *niemals* Anschaffungskosten sein können.

54 BdF v. 24. 2. 1975 BStBl I 1975, 212.

Rückrechnung dieser Zuschläge die durchschnittlichen Anschaffungskosten ermitteln.[55] Dieses Verfahren wird auch steuerlich akzeptiert.[56]

c) Anschaffungskosten beim Tausch

Beim *Tausch* gehen die handelsrechtliche und die herrschende steuerrechtliche Auffassung auseinander.

Handelsrechtlich sah man früher im Tausch keinen Umsatz, sondern nur einen Wechsel des aktivierten Gegenstandes. Infolgedessen war als Anschaffungskosten des eingetauschten Gegenstandes grundsätzlich der Buchwert des hingegebenen Gegenstandes anzusetzen.[57]

Die *steuerrechtliche Rechtsprechung* hingegen stellte sich schon früh auf den Standpunkt, daß der eingetauschte Gegenstand mit dem gemeinen Wert des hingegebenen Gegenstandes als dem Aufwand für den Erwerb des eingetauschten Gegenstandes anzusetzen sei.[58]

Die handelsrechtliche Auffassung hat sich unter dem Einfluß der steuerrechtlichen Sicht gewandelt. Zum Teil wird inzwischen auch für das Handelsrecht vertreten, daß im Tausch eine Gewinnrealisierung liege und der eingetauschte Gegenstand mit dem gemeinen Wert des hingegebenen Gegenstandes angesetzt werden müsse.[59] Die zur Zeit wohl herrschende vermittelnde handelsrechtliche Auffassung gibt dem Bilanzierenden die Möglichkeit der Wahl zwischen dem Ansatz des Buchwertes und des gemeinen Wertes.[60] Entscheidet sich der Steuerpflichtige grundsätzlich für die Fortführung des Buchwertes des hingegebenen Gegenstandes, so kann er aber insoweit einen „Tauschgewinn“ ausweisen, als dieser zur Abdeckung der mit dem Tausch verbundenen steuerlichen Belastung nötig ist.

---

55 Vgl. Adler/Düring/Schmaltz, § 255 HGB Anm. 124.

56 BFH vom 29. 11. 1960 I 137/59 U BStBl III 1961, 154. Zur retrograden Ermittlung bei im Preis reduzierter Ware vgl. BFH vom 27. 10. 1983 IV R 143/80 BStBl II 1984, 35; Kallweit, BB 1985, 370 ff; vgl. insbesondere auch die Abhandlung von Groh über Wertabschläge im Warenlager, DB 1985, 1245 ff.

57 So neuerdings auch wieder Lüders, Der Zeitpunkt der Gewinnrealisierung im Handels- und Steuerbilanzrecht, 1987, S. 127 ff.

58 Schon RFH vom 11. 10. 1933 VI A 1796/31 StuW 1934 Nr. 92. Vgl. i.ü. aus der Rechtsprechung des BFH insbesondere das Tauschgutachten BFH vom 16. 12. 1958 I D 1/57 S BStBl III 1959, 30; weitere Rechtsprechungsnachweise bei Herrmann/Heuer/Raupach, § 6 EStG Anm. 324 ff. Gegen die Auffassung Lang's, JDStJG 1981, 89, es müsse der Teilwert des eingetauschten Gegenstandes angesetzt werden, vgl. unten § 6 II 3 a. Zur Rechtsprechung der Gewinnverwirklichung beim Tausch vgl. Wassermeyer, JDStJG 1984, 169 f.

59 Döllerer, BB 1966, 1405; Husemann, Grundsätze ordnungsmäßiger Bilanzierung für Anlagegegenstände, S. 104.

60 Vgl. Geßler/Hefermehl/Eckardt/Kropff, § 153 AktG Anm. 22 ff; Adler/Düring/Schmaltz, § 255 HGB Anm. 102 ff; Pankow/Schmidt-Wendt in Beck'scher Bilanzkommentar, § 255 HGB Anm. 141; Hofbauer in Bonner Handbuch, § 255 HGB Rz. 12 ff; Küting/Weber, § 255 HGB Rz. 83; vgl. demgegenüber aber Lüders aaO, (Anm. 57).

Steuerrechtlich gilt – bis auf Ausnahmen[61] – grundsätzlich der gemeine Wert des hingegebenen Gegenstandes als Anschaffungskosten des eingetauschten.

2. Die Herstellungskosten[62]

a) Handelsrecht

Das Bilanzrichtliniengesetz hat in § 255 Abs. 2 HGB eine Begriffsbestimmung der Herstellungskosten gebracht. Sie lehnt sich an die detaillierte Aufzählung der einzelnen Aufwendungen in Abschn. 33 EStR an. Während die Anschaffungskosten immerhin durch den Preis im wesentlichen festgelegt sind und allenfalls über die Einbeziehung von Nebenkosten gestritten werden kann, bereitet die Frage, welche Aufwendungen einem Wirtschaftsgut als Herstellungskosten zuzuordnen sind, erhebliche Abgrenzungsschwierigkeiten.

Herstellungskosten sind nicht die Kosten im betriebswirtschaftlichen Sinn. Unter den bilanziellen Herstellungskosten sind vielmehr die *Aufwendungen* zu verstehen, die durch den Verbrauch von Gütern und die Inanspruchnahme von Diensten für die Herstellung eines Vermögensgegenstandes, seine Erweiterung oder für eine über seinen ursprünglichen Zustand hinausgehende wesentliche Verbesserung entstehen (§ 255 Abs. 2 S. 1 HGB). Sicher ist damit einerseits, daß kalkulatorische Kostenbestandteile (z. B. Eigenkapitalzinsen, Unternehmerlohn o. ä.) nicht zu den Herstellungskosten gehören. Andererseits sind die dem Erzeugnis direkt zurechenbaren Aufwendungen, nämlich das Fertigungsmaterial, die Fertigungslohnkosten und Sondereinzelkosten der Fertigung (z. B. Spezialwerkzeuge) zweifellos zu den Herstellungskosten zu rechnen.

Problematisch ist der Ansatz der dem Erzeugnis nicht direkt zurechenbaren Gemeinkosten. Man unterscheidet, je nachdem, in welchem Bereich die Gemeinkosten anfallen:

- *Materialgemeinkosten*
  (z. B. Lagerhaltung, Materialprüfung),
- *Fertigungsgemeinkosten*
  (z. B. technische Betriebsleitung, Lohnbüro, Unfallschutz, Wertminderungen der Fertigungsanlagen; Steuern [Gewerbekapitalsteuer, Grundsteuer, Kfz-Steuer, Vermögensteuer]; Fremdkapitalzinsen),

---

61 Vgl. dazu unten § 6 II 3 a und die Einzelheiten bei Herrmann/Heuer/Raupach, § 6 EStG Anm. 324 ff; Schmidt/Glanegger, § 6 EStG Anm. 32.

62 Vgl. die Kommentierungen zu § 255 HGB mit Nachweisen; aus der Zeit vor dem Bilanzrichtliniengesetz Pieper, Steuerliche Herstellungskosten, 1975; Döllerer, JbFStR 1976/77, 202 ff; Seeger, StbJb 1987/88, 91 ff. Aus jüngster Zeit ist die eingehende Analyse bei Moxter, BB 1988, 937 ff hervorzuheben. Vgl. des weiteren Schneeloch, DB 1989, 285 ff; Küting, BB 1989, 587 ff.

- *Verwaltungskosten*
  (z. B. Gehälter und Löhne im Verwaltungsbereich; Kosten des Betriebsrats; Telefonkosten, Werkschutz, Rechnungswesen usw.),
- *Aufwendungen für soziale Einrichtungen des Betriebs,*
- *Vertriebskosten*
  (z. B. Vertriebsorganisationen, Werbung, Marktforschung).

Nach § 255 Abs. 2 S. 3 HGB dürfen angemessene[63] Teile der notwendigen Materialgemeinkosten, der notwendigen Fertigungsgemeinkosten und des Wertverzehrs des Anlagevermögens, soweit er durch die Fertigung veranlaßt ist, eingerechnet werden. Immerhin sind sie dem einzelnen Erzeugnis noch mittelbar zuzuordnen. Nicht einbezogen werden müssen die Kosten der allgemeinen Verwaltung sowie Aufwendungen für soziale Einrichtungen des Betriebs, für freiwillige soziale Leistungen und für betriebliche Altersversorgung (§ 255 Abs. 2 S. 4 HGB). Wie Moxter[64] herausgearbeitet hat, sind diese Kosten sinnvoll überhaupt nicht dem einzelnen Erzeugnis zuzuordnen, allenfalls willkürlich. Sie sind ihrer Natur nach keine Herstellungskosten. Werden sie angesetzt, so handelt es sich um eine zulässige Bewertungshilfe.

Ob und in welcher Höhe der Kaufmann Gemeinkosten in die Herstellungskosten einbezieht, ist demnach – bis auf die Vertriebskosten – handelsrechtlich weitgehend seinem Ermessen überlassen.

Vertriebskosten dürfen nicht in die Herstellungskosten einbezogen werden.

Zwischen Gemeinkosten und Einzelkosten wird hier nicht unterschieden. Zu den Einzelkosten des Vertriebs gehören auch die Kosten der Auftragserlangung (z. B. Provisionen, Schmiergelder); sie sind nicht Bestandteil der Herstellungskosten.[65]

Zinsen für Fremdkapital gehören nicht zu den Herstellungskosten (§ 255 Abs. 3 S. 1 HGB). S. 2 gestattet jedoch als Bewertungshilfe den Ansatz bei den Herstellungskosten, soweit sie auf den Zeitraum der Herstellung entfallen.

---

63 Döllerer (Beilage zu BB Heft 16/1987, S. 8) hat dargelegt, daß mit der Verwendung des Wortes „notwendig" keine zusätzliche Eigenschaft der zurechenbaren Gemeinkosten gefordert wird. Entscheidend ist die „Angemessenheit".

64 Moxter, BB 1988, 937 ff.

65 Döllerer, Beilage zu BB Heft 16/1987, S. 8; vgl. auch BFH vom 19. 6. 1973 I R 206/71 BStBl II 1973, 774; BFH vom 26. 2. 1975 I R 72/73 BStBl II 1976, 13.
Vgl. aber die Bemühungen, die Kosten der Auftragserlangung in die Herstellungskosten einzubeziehen, bei Selchert, BB 1986, 2298, 2304 f; Weber, Die Einordnung der Sondereinzelkosten des Betriebs bei langfristiger Auftragslieferung nach neuem Recht, DB 1987, 393 ff.
Auch schon bislang hat die Praxis entgegen den Bestimmungen der §§ 153 Abs. 2, 155 Abs. 1 Satz 2 AktG a. F. ein Aktivierungswahlrecht für Sondereinzelkosten des Vertriebs bei langfristiger Auftragsfertigung angenommen, vgl. Brandl, BB 1977, 886 ff; Clemm, JbFStR 1979/80, 173 ff (187 f). Vgl. zu der Problematik auch unten § 6 I 4.

b) Steuerrecht[66]

Auf Grund des Maßgeblichkeitsprinzips ist der Herstellungskostenbegriff des § 255 Abs. 2 HGB auch für das Steuerrecht maßgeblich. Allerdings ist die Frage, ob sich wegen des handelsrechtlichen *Wahlrechts* für bestimmte Kostenbestandteile Unterschiede ergeben.

Der wesentliche Unterschied zwischen handels- und steuerrechtlicher Bewertung besteht bei den Material- und Fertigungsgemeinkosten: Aus dem handelsrechtlichen Wahlrecht zur Einbeziehung wird steuerlich die Einbeziehungspflicht.[67]

Hingegen ist aus der handelsrechtlichen Möglichkeit, Kosten der allgemeinen Verwaltung sowie Aufwendungen für soziale Einrichtungen, für freiwillige soziale Leistungen und für die betriebliche Altersversorgung einzubeziehen (§ 255 Abs. 2 S. 4 HGB), nicht auf steuerrechtliche Aktivierungspflicht zu schließen, da es sich um eine Bewertungshilfe handelt.[68] Macht der Unternehmer von der Bewertungshilfe Gebrauch, so gilt dies auf Grund des Maßgeblichkeitsprinzips auch steuerlich. Entsprechendes gilt für die Fremdkapitalzinsen.

Abschn. 33 Abs. 6 S. 2 EStR gibt dem Unternehmer ein Wahlrecht hinsichtlich der Einbeziehung der Gewerbeertragsteuer in die Herstellungskosten. Nachdem nunmehr der handelsrechtliche Herstellungskostenbegriff auch steuerrechtlich maßgeblich ist, ist die Einbeziehung einer gewinnabhängigen Steuer in die Herstellungskosten nicht mehr zu halten. Da der Gewinn erst bei der Veräußerung des Wirtschaftsguts entsteht, bedeutet die Berücksichtigung der Gewerbeertragsteuer bei den Herstellungskosten eine unzulässige Aktivierung nicht realisierter Gewinne.[69]

3. Anschaffungs- und Herstellungskosten bei Grundstücken[70]

Grund und Boden einerseits und aufstehende Gebäude andererseits werden als zwei verschiedene Wirtschaftsgüter betrachtet.[71] Sie sind getrennt zu bewerten. Es sind also für jedes Wirtschaftsgut die Anschaffungs- bzw. Herstellungskosten getrennt festzustellen.

---

66 Zur steuerlichen Behandlung verlorener Vorauszahlungen auf nicht erbrachte Bauleistungen bei den Überschußeinkünften – Herstellungskosten oder Werbungskosten – vgl. den Vorlagebeschluß des IV. Senats, BFH vom 26. 1. 1989 IV R 300/84 BStBl II 1989, 411.

67 Vgl. EStR Abschn. 32 Abs. 1 S. 2; Döllerer, IDW Fachtagung 1988, 290 unter Bezugnahme auf den Beschluß des Großen Senats vom 3. 2. 1969 GrS 2/68 BStBl II 1969, 291 zur Bedeutung handelsrechtlicher Wahlrechte.

68 Döllerer aaO, (Anm. 67); Moxter aaO, (Anm. 64).

69 Döllerer aaO, (Anm. 67), 293.

70 Vgl. dazu Glanegger, DB 1988, 2115 ff, 2173 ff.

71 BFH vom 16. 7. 1968 GrS 7/67 BStBl II 1969, 108 ff.

Von den Anschaffungs- oder Herstellungskosten des Gebäudes sind Abschreibungen bzw. AfA vorzunehmen (§ 253 Abs. 2 HGB; § 6 Abs. 1 Nr. 2 EStG). Auch für die Frage der Teilwertabschreibung sind Grund und Boden einerseits und Gebäude andererseits selbständig zu beurteilen. Eine gebotene Teilwertabschreibung des Gebäudes darf nicht deshalb unterbleiben, weil die Wertminderung des Gebäudes durch eine Wertsteigerung des Grundstücks ausgeglichen ist.

a) Wird ein bebautes Grundstück erworben, so ist die Aufteilung des Gesamtanschaffungspreises auf Grund und Boden einerseits und auf das Gebäude andererseits erforderlich.[72] Die Aufteilung hat grundsätzlich nach den Wertvorstellungen der Parteien zu erfolgen, soweit diese im Kaufvertrag oder in einer sonstigen Dokumentation, z.B. in einem Bewertungsgutachten, zum Ausdruck gekommen sind. Die von den Parteien zugrunde gelegten Einzelpreise sind nur dann für die Bilanzierung nicht maßgeblich, wenn die Einzelpreise nicht ernst gemeint sein können.[73]

Ist von den Parteien nur ein einheitlicher Kaufpreis für die beiden Wirtschaftsgüter Grund und Boden und Gebäude vereinbart, so sind die Gesamtanschaffungskosten im betrieblichen Bereich nach dem Verhältnis der Teilwerte und im privaten Bereich nach dem Verhältnis der Verkehrswerte aufzuteilen.[74]

Die Beurteilung kann ergeben, daß der Kaufpreis für das bebaute Grundstück allein als Anschaffungskosten des Grund und Bodens anzusetzen ist, nämlich dann, wenn das Gebäude objektiv wertlos ist.[75]

Wird das Gebäude abgebrochen, so sind nach h. M.[76] auch die Abbruchkosten als Anschaffungskosten des Grund und Bodens anzusehen.

Die Zurechnung des Gesamtkaufpreises zu den Anschaffungskosten des Grund und Bodens bei objektiver Wertlosigkeit des aufstehenden Gebäudes hat unabhängig davon zu erfolgen, ob der Erwerb des bebauten Grundstükkes mit der Absicht vorgenommen worden ist, das aufstehende Gebäude abzubrechen oder nicht, und unabhängig davon, ob ein Abbruch tatsächlich erfolgt oder nicht.

Ist das erworbene Gebäude *objektiv nicht wertlos,* so handelt es sich um ein Wirtschaftsgut mit eigenem Schicksal. Es ist im Zeitpunkt des Erwerbs mit den anteiligen Anschaffungskosten zu aktivieren. Wird das Gebäude – obwohl es wirtschaftlich und technisch noch nicht verbraucht ist – später abgebrochen, so handelt es sich um einen Abgang; der Restbuchwert ist erfolgswirksam auszubuchen. Die Abbruchkosten stellen Betriebsausgaben dar.

---

72 Zum Problem der Anschaffungskosten und Kaufpreisaufteilung beim Erwerb bebauter Erbbaurechte vgl. z.B. Dostmann, DB 1988, 775 ff m.w.N.

73 Vgl. Herrmann/Heuer/Raupach, § 6 EStG Anm. 313 i.V.m. Anm. 311; Rose, Beilage 5 zu DB Heft 8/1976, S. 7.

74 BFH vom 19. 12. 1972 VIII R 124/69 BStBl II 1973, 295; BFH vom 12. 6. 1978 GrS 1/77 BStBl II 1978, 620; BFH vom 15. 1. 1985 IX R 81/83 BStBl II 1985, 252.

75 BFH vom 6. 11. 1968 I 64/65 BStBl II 1969, 35.

76 Herrmann/Heuer/Raupach, § 6 EStG Anm. 684 mit Nachweisen.

Diese Auffassung wird vom BFH allerdings nur für den Fall geteilt, daß das Gebäude *ohne Abbruchabsicht* erworben ist. In dem Beschluß vom 12. 6. 1978[77] hat der Große Senat im wesentlichen die Linien der bisherigen Rechtsprechung[78] zu diesem Problemkreis festgeschrieben: Hat der Steuerpflichtige ein *objektiv nicht wertloses Gebäude in Abbruchabsicht* erworben, so gehören der Wert des Gebäudes und die Abbruchkosten zu den Herstellungskosten des Neubaus, wenn der Abbruch mit der Herstellung des Neubaus in einem engen wirtschaftlichen Zusammenhang steht, sonst zu den Anschaffungskosten des Grund und Bodens.[79] In dem Urteil vom 7. 10. 1986[80] hat der IX. Senat den unentgeltlichen Erwerb in Abbruchabsicht dem entgeltlichen Erwerb gleichgestellt. In dem Streitfall hatte der Beschenkte sofort nach der Schenkung, die nur ein gutes halbes Jahr nach dem Erwerb des Grundstücks durch den Schenker vorgenommen worden war, das Gebäude abgerissen. Die Urteilsgründe sind leider allgemeiner gehalten als für die Entscheidung des Streitfalles erforderlich gewesen wäre. Offensichtlich soll die für die Abbruchabsicht maßgebende Dreijahresfrist vom Zeitpunkt der Schenkung an neu beginnen.[81] Was die Abbruchabsicht anbetrifft, so soll diese nach dem Beschluß des Großen Senats im Zeitpunkt des Erwerbs auf Grund des ersten Anscheins anzunehmen sein, wenn mit dem Abbruch innerhalb von drei Jahren nach dem Erwerb begonnen wird.

Der Kritik des Schrifttums[82] an der bisherigen Rechtsprechung war der Große Senat nicht gefolgt. U. E. geht es nicht an, die bilanzielle Behandlung des Restbuchwertes eines abgebrochenen Gebäudes und der Abbruchkosten von einer bestimmten „Absicht“ des Steuerpflichtigen in einem u. U. länger zurückliegenden Zeitpunkt, nämlich im Zeitpunkt des Erwerbs des Grundstücks, abhängig zu machen.[83]

b) Wie es bei der Anschaffung eines bebauten Grundstückes der Aufteilung des Anschaffungspreises auf Grund und Boden einerseits und auf das Gebäude andererseits bedarf, ist auch im Falle der Bebauung eines erworbenen Grundstückes die Abgrenzung erforderlich, ob die einzelne Aufwendung zu

---

77 GrS 1/77 vom 12. 6. 1978 BStBl II 1978, 620.

78 Zu der älteren Rechtsprechung vgl. die Nachweise in der 1. Auflage, § 5 III 1 f.

79 Diese Grundsätze wendet der BFH auch auf den Fall der Einlage eines bis dahin zum Privatvermögen gehörenden bebauten Grundstücks in Abbruchabsicht an, vgl. zuletzt BFH vom 10. 2. 1988 VIII R 352/82 BFH-NV 1988, 704 mit weiteren Nachweisen. Vgl. aber BFH vom 15. 12. 1981 VIII R 116/79 BStBl II 1982, 385: Für ein in Abbruchabsicht erworbenes und bis zum Abbruch benutztes Gebäude ist AfA nach § 7 Abs. 4 S. 1 EStG abzuziehen.

80 BFH vom 7. 10. 1986 IX R 93/82 BStBl II 1987, 330.

81 Vgl. insoweit die Kritik bei LS, DStR 1987, 303.

82 Vgl. Herrmann/Heuer/Raupach, § 6 EStG Anm. 688; Birkholz, BB 1971, 349 ff; Kromschröder, StuW 1974, 122 f; Rose aaO, (Anm. 73); Wöhe, Betriebswirtschaftliche Steuerlehre I/2, S. 239.

83 Einen Gebäudeerwerb in Abbruchabsicht zum Zwecke der Schaffung einer Mehrheit von Wirtschaftsgütern betrifft BFH vom 15. 11. 1978 I R 2/76 BStBl II 1979, 299.

den Herstellungskosten des Gebäudes oder zu den Anschaffungskosten des Grund und Bodens gehört.[84]

Zu den Anschaffungskosten von Grund und Boden gehören z. B. Straßenanlieger- und Erschließungsbeiträge, Kanalanschlußgebühren.[85] Zu den Herstellungkosten des Gebäudes gehören z. B. die Kosten des Anschlusses an das Stromversorgungsnetz. Die Kasuistik der Rechtsprechung ist größtenteils in Abschn. 33 a EStR wiedergegeben.

4. Der Teilwert des Steuerrechts

Der steuerrechtliche Begriff des Teilwertes ist zum einen als Bewertungsmaßstab für die Einlagen (§ 6 Abs. 1 Nr. 5 EStG), für die Entnahmen (§ 6 Abs. 1 Nr. 4 EStG), für den Ansatz der Wirtschaftsgüter bei Eröffnung eines Betriebs oder bei entgeltlichem Erwerb eines Betriebs (§ 6 Abs. 1 Nr. 6 und 7 EStG) maßgeblich; zum anderen ist er zur Erfassung von Wertminderungen gegenüber den Ausgangswerten (Teilwertabschreibung) von Bedeutung.

Teilwert ist der Betrag, den der Erwerber des ganzen Betriebs im Rahmen des Gesamtkaufpreises für das einzelne Wirtschaftsgut ansetzen würde; dabei ist davon auszugehen, daß der Erwerber den Betrieb fortführt (§ 6 Abs. 1 Nr. 1 S. 3 EStG; vgl. § 10 BewG). Bei dem Teilwert geht es um den Wertansatz für das einzelne Wirtschaftsgut, der die Bedeutung dieses Wirtschaftsguts für den Betrieb, und zwar im Rahmen der Gesamtheit aller übrigen Wirtschaftsgüter dieses Betriebs, zum Ausdruck bringt.

Die seit dem EStG 1934 gültige Definition des Teilwertbegriffs setzt die Kenntnis mehrerer unbekannter Größen voraus:

1. Es ist der Gesamtkaufpreis zu finden, den ein fiktiver Erwerber für den Betrieb zahlen würde.
2. Die Ermittlung des Gesamtkaufpreises soll unter dem Gesichtspunkt der Fortführung des Betriebs, also unter Berücksichtigung der zukünftig zu erwartenden Erträge erfolgen.

---

84 Denkbar ist freilich auch eine dritte Möglichkeit, daß nämlich weder das eine noch das andere, sondern sofort abzugsfähige Betriebsausgaben vorliegen: Vgl. dazu etwa BFH vom 12. 4. 1984 IV R 137/80 BStBl I 1984, 489: Freiwillige Zuschüsse eines Gewerbebetriebs zur Errichtung einer Fußgängerzone, in der der Gewerbebetrieb liegt, sind, wenn sie nicht grundstücksbezogen sind, sofort abzugsfähige Betriebsausgaben und keine nachträglichen Anschaffungskosten des Grund und Bodens.

85 Vgl. aber BFH vom 13. 9. 1984 IV R 101/82 BStBl II 1985, 49: Im Gegensatz zu Beiträgen für den erstmaligen Kanalanschluß sind Ergänzungsbeiträge wie Erhaltungsaufwand zu behandeln. Vgl. auch BFH vom 4. 11. 1986 VIII R 322/83 BStBl II 1987, 333: Als Erhaltungsaufwand sofort abziehbar ist der Entwässerungsbeitrag bei Anschluß an eine neu errichtete gemeindliche Ortskanalisation, wenn das Betriebsgrundstück bereits über eine betriebseigene Kläranlage verfügt.

3. Es soll der fiktive Gesamtkaufpreis fiktiv auf die einzelnen Wirtschaftsgüter verteilt werden.

Der Teilwertbegriff verdankt seine Entwicklung[86] und Formulierung der Erkenntnis, daß der auf den Absatzmarkt bezogene Wertmaßstab des gemeinen Werts für die Bewertung zum Zwecke der Gewinnermittlung nicht geeignet ist. Das zentrale Anliegen der klassischen Teilwertlehre war, für die einzelnen Vermögensgegenstände Einzelwerte zu finden, die sich in ihrer Addition mit dem – ertragsabhängigen – Gesamtwert des Betriebs decken. Durch die Einzelbewertung unter Berücksichtigung der Betriebszugehörigkeit[87] sollte die gewünschte Übereinstimmung zwischen der Summe der Einzelwerte und dem Gesamtwert des Betriebs erreicht werden. Allerdings bestand von Anfang an Klarheit darüber, daß es unmöglich ist, primär solche Einzelwerte zu bestimmen, die in ihrer Summe den Gesamtwert des Betriebs ergeben. Man meinte aber, auf dem umgekehrten Wege zu dem gewünschten Ziel kommen zu können, nämlich durch Ableitung der Einzelwerte aus dem Gesamtwert des Unternehmens.

Der Teilwertbegriff ist in der Literatur äußerst umstritten; seine Beseitigung ist häufig gefordert worden.[88] Dies beruht darauf, daß das Anliegen der klassischen Teilwertlehre, aus dem Gesamtwert des Unternehmens die Einzelwerte abzuleiten, nicht durchführbar ist. Zum einen bestehen – da es den fiktiven Erwerber des Unternehmens leider nicht gibt – die Schwierigkeiten der Ermittlung des Gesamtwerts des Unternehmens.[89] Vor allem hat es sich aber als unmöglich erwiesen, aus dem Gesamtwert des Betriebs die Werte der einzelnen Wirtschaftsgüter abzuleiten. Weder die Differenzmethode des RFH[90] noch die Zurechnungsmethode[91] führen zum Erfolg.

---

86 Zur Entwicklung des Teilwerts vgl. Albach, WPg 1963, 625 ff; Maaßen, Der Teilwert im Steuerrecht, 1968, S. 8 ff; Wöhe, Betriebswirtschaftliche Steuerlehre I/2, S. 155 ff.

87 Die Forderung nach einem Wertansatz, der die Bedeutung des Wirtschaftsguts für den Betrieb zum Ausdruck bringt, wurde – soweit zu sehen ist – zum ersten Mal von Mirre, Gemeiner Wert und Ertragswert, Zeitschrift des Deutschen Notarvereins 1913, 155 ff erhoben. Von Mirre stammt auch der Terminus Teilwert.

88 Vgl. aus der umfangreichen Literatur z. B. Wall, WPg 1957, 545 ff; Heigl, StuW 1969, 462 ff; Schneider, WPg 1969, 305 ff; ders., StuW 1971, 337; Groh, StuW 1976, 32 ff; Euler, JDStJG 1984, 155 ff. Vgl. weitere Nachweise bei Herrmann/Heuer/Raupach, § 6 EStG Anm. 584. Vgl. kritisch zur Teilwertkritik Doralt, JDStJG 1984, 141 ff.
Die Große Steuerreformkommission hat sich mit dem Zustand der Teilwertentwicklung, wie er sich aus den Teilwertvermutungen der Rechtsprechung (vgl. dazu im Text) ergibt, abgefunden (Gutachten, V Rdz. 141 ff).

89 Vgl. Wöhe, Betriebswirtschaftliche Steuerlehre I/2, S. 157 f.

90 Vgl. RFH vom 14. 12. 1926 VI A 575/26 StuW 1926, 109 ff = RFH 20, 87 ff; RFH vom 14. 12. 1927 IV A 802/27 RFH 22, 310.
Vgl. i. e. die Einwände gegen die Differenzmethode bei Kosiol, Bilanzreform und Einheitsbilanz, 2. Aufl. 1949, S. 145; Albach, WPg 1969, 305 ff, 310; Wöhe, Betriebswirtschaftliche Steuerlehre I/2, S. 158 ff.

91 Vgl. dazu Kosiol, aaO, (Anm. 90), S. 145; Aufermann, Grundzüge betriebswirtschaftlicher Steuerlehre, 1959, S. 157; Jacob, Das Bewertungsproblem in den Steuerbilanzen, 1961, S. 109 ff; Wöhe, Betriebswirtschaftliche Steuerlehre I/2, S. 160 ff; Gutachten der Steuerreformkommission V Rdz. 139.

Wenn – wie allgemein anerkannt – die Idee des klassischen Teilwertbegriffs gescheitert ist, so hat dies seine Ursache im wesentlichen darin, daß das Gesetz die Einzelbewertung vorschreibt, zu diesem Zweck auf den ertragsbezogenen Gesamtwert rekurriert, aber wegen der Unlösbarkeit des Repartitionsproblems eine Beziehung der Einzelwerte zu dem ertragsbezogenen Gesamtwert nicht hergestellt werden kann. Für die Einzelbewertung können eben nur Preis- und Kostengesichtspunkte maßgeblich sein.[92]

Dieser Einsicht hat sich denn auch die Rechtsprechung nicht verschlossen. Sie hat sich von der klassischen Teilwertlehre gelöst und einer Palette von Teilwertvermutungen Platz gemacht. Die Teilwertvermutungen stehen in keiner Beziehung mehr zu dem ertragsabhängigen Gesamtwert. Das Konzept eines ertragsorientierten Teilwerts ist zugunsten einer preis- bzw. kostenorientierten Substanzbewertung aufgegeben. Mit der gesetzlichen Definition haben die Teilwertvermutungen nichts mehr zu tun.[93]

Die wichtigsten Teilwertvermutungen sind:[94]

1. Bei Wirtschaftsgütern des Umlaufvermögens entspricht der Teilwert in der Regel den Wiederbeschaffungskosten am Bilanzstichtag.
2. Bei abnutzbaren Wirtschaftsgütern des Anlagevermögens entspricht der Teilwert in späteren Jahren den um die Absetzungen für Abnutzung verminderten Anschaffungs- oder Herstellungskosten.[95] Inzwischen eingetretene Preisänderungen sind allerdings zu berücksichtigen.
3. Bei nicht abnutzbaren Wirtschaftsgütern des Anlagevermögens entspricht der Teilwert auch in späteren Jahren den Anschaffungs- oder Herstellungskosten.

Diese Teilwertvermutungen sind widerlegbar. Als Gründe kommen insbesondere in Betracht:

1. Gesunkene Wiederbeschaffungskosten.
2. Die Anschaffung bzw. Herstellung hat sich als Fehlmaßnahme erwiesen.[96]
3. Die Verkaufspreise sind gesunken, so daß die voraussichtlichen Erlöse die Selbstkosten zuzüglich eines durchschnittlichen Unternehmergewinns nicht mehr decken (vgl. Abschnitt 36 EStR).

---

92 Vgl. insbesondere Jacob aaO, (Anm. 91), S. 125 und WPg 1970, 65; Wöhe, Betriebswirtschaftliche Steuerlehre I/2, S. 166.

93 A.A. Doralt, JDStJG 1984, 141 ff, 147 f.

94 Vgl. BFH vom 13. 10. 1976 I R 79/74 BStBl II 1977, 540 mit Nachweisen.

95 Vgl. aber BFH vom 30. 11. 1988 II R 237/83, DB 1989, 610 zu § 109 Abs. 1 BewG: Die Vermutung, wonach unter bestimmten Voraussetzungen die Anschaffungs- oder Herstellungskosten eines Wirtschaftsguts vermindert um die Afa dem Teilwert entsprechen, gilt nur dann uneingeschränkt, wenn die Afa nach der linearen Methode vorgenommen wird!

96 BFH vom 17. 9. 1987 III R 201–202/84 BStBl II 1988, 488 ff: Die Teilwertabschreibung auf Grund einer Fehlmaßnahme ist unabhängig von der Ertragslage des Unternehmens zulässig.

Die Teilwertvermutungen stellen nicht ein System im wirklichen Sinne dar, sondern beruhen auf rein kasuistischen Entscheidungen der praktisch wichtigsten Fälle. Für jeden Fall, für den eine schon ausgesprochene Teilwertvermutung nicht paßt, besteht leider Unsicherheit. Bei der Bestimmung des Teilwerts in solchen Fällen muß oberste Richtschnur sein, die Stellung und Funktion des Teilwerts im System der steuerlichen Gewinnermittlung zu beachten.

Der Teilwert als Bewertungsmaßstab für die Bilanz ist den allgemeinen aus dem Vorsichtsprinzip abgeleiteten Prinzipien der Bilanzerstellung (Realisations-, Niederstwert-, Imparitätsprinzip) untergeordnet. Durch den Teilwert soll das für die Handelsbilanz geltende Niederstwertprinzip auch für die Steuerbilanz anwendbar werden und das Imparitätsprinzip klargestellt werden.[97] Des weiteren darf durch die Bestimmung eines konkreten Teilwerts nicht das Prinzip der Einzelbewertung verletzt werden. Das bedeutet, daß in die Bewertung des einzelnen Wirtschaftsguts nicht solche Erwägungen einfließen dürfen, die in Wirklichkeit andere Wirtschaftsgüter oder gar den Geschäfts- oder Firmenwert betreffen.[98] Der Grundsatz der Einzelbewertung verbietet es, sowohl den Minderwert einzelner Waren mit dem Mehrwert anderer Waren auszugleichen, als auch Umstände in die Ermittlung des Teilwerts der Einzelwirtschaftsgüter einzubeziehen, die nur bei der Bemessung des Geschäfts- oder Firmenwerts berücksichtigt werden können.

Die Beachtung dieser Grundsätze wirkt sich insbesondere bei der Bewertung von sog. *Verlustprodukten*, d.h. von Erzeugnissen, deren Erlöse unter den Selbstkosten liegen, aus. Es gibt zahlreiche Gründe, die den Steuerpflichtigen zur Herstellung eines Verlustproduktes veranlassen können. So werden Verluste hingenommen zur Einführung eines Produkts, zur besseren Kapazitätsausnutzung, zur Überbrückung einer Rezession oder im Rahmen einer Mischkalkulation, um andere Produkte mit Gewinn absetzen zu können. In derartigen Fällen stellt sich die Frage, ob der Steuerpflichtige die Verlustprodukte, die er am Bilanzstichtag auf Lager hat, mit einem unter den Herstellungskosten liegenden niedrigeren Teilwert ansetzen kann, oder ob er bei den Herstellungskosten bleiben muß. Von der Finanzverwaltung wird vielfach die Teilwertabschreibung versagt, da die grundsätzliche Teilwertvermutung Teilwert = Herstellungskosten nicht widerlegt sei; es han-

97 Vgl. ebenso Albach, WPg 1963, 627; Schneider, StuW 1971, 337; Gutachten der Steuerreformkommission V Rdz. 136; Döllerer, StbJb 1977/78, 129 ff, 137.
Die – nicht begründete – Aussage Maaßens (aaO, Anm. 86, S. 37), Imparitäts- und Vorsichtsprinzip hätten mit der Teilwertermittlung nichts zu tun, ist nach der vom Gesetzgeber dem Teilwert in der Bilanz zugewiesenen Rolle nicht haltbar. In der amtlichen Begründung des EStG 1934 (RStBl 1935, 35) wird nach Darstellung der Bewertungsgrundsätze Anschaffungs- bzw. Herstellungskosten oder niedrigerer Teilwert ausdrücklich die Übereinstimmung mit der kaufmännischen Übung hervorgehoben.

98 Vgl. Herrmann/Heuer/Raupach, § 6 EStG Anm. 582, 606; Döllerer, StbJb 1977/78, 129 ff, 145; BFH vom 5. 5. 1966 IV 252/60 BStBl III 1966, 370.

delt sich nicht um eine Fehlmaßnahme, ein Erwerber des Betriebs würde für die im Interesse des Gesamtbetriebs hergestellten Verlustprodukte die Herstellungskosten vergüten.[99] Dem ist nicht zu folgen.[100] Die Verluste des Verlustprodukts dürfen nicht mit sonstigen betrieblichen Vorteilen oder mit Gewinnen an anderer Stelle saldiert werden. Die Versagung der Teilwertabschreibung verstößt gegen den Grundsatz der Einzelbewertung.

5. Die Bewertung bei unentgeltlichem Erwerb

a) Hat der Erwerber den Vermögensstand unentgeltlich, d. h. ohne Gegenleistung erworben, so sind Anschaffungskosten nicht entstanden. *Handelsrechtlich* besteht zu der Frage, wie unentgeltlich erworbene Gegenstände zu bilanzieren sind, keine einheitliche Auffassung. Die herrschende Meinung nimmt ein Bilanzierungs- bzw. Bewertungswahlrecht an.[101] Im übrigen gehen die in der Literatur vertretenen Auffassungen von der Unzulässigkeit der Aktivierung[102] bis zur Aktivierungspflicht.[103] U. E. ist in Hinsicht auf den Grundsatz der Vollständigkeit und auf einen besseren Einblick in die Vermögens- und Ertragslage Aktivierungspflicht anzunehmen.[104] Bedenkt man, daß der gesetzlichen Regelung der Bewertung mit den Anschaffungskosten das Prinzip zugrundeliegt, daß ein Anschaffungsvorgang ohne Einfluß auf das Ergebnis sein soll, so ist für einen Erwerb ohne Anschaffungskosten die Bewertung mit Null geboten. Sofern freilich steuerlich ein gewinnrealisierender Ansatz gefordert wird, ist zur Herstellung der Erfolgsneutralität des Erwerbsvorgangs das Wirtschaftsgut in Höhe der Steuerbelastung anzusetzen.[105]

b) Für die *steuerrechtliche* Bewertung ist zu unterscheiden, ob dem Empfänger das Wirtschaftsgut aus privaten Gründen zugewendet worden ist oder ob er es aus betrieblichem Anlaß erworben hat.

Überführt der Empfänger ein aus *privatem Anlaß* unentgeltlich erworbenes Wirtschaftsgut in sein Betriebsvermögen, so liegt eine Einlage vor. Die Be-

---

99 Vgl. aus der Rechtsprechung BFH vom 30. 1. 1980 I R 89/79 BStBl II 1980, 327: Keine Teilwertabschreibung bei als unverkäuflich gekennzeichneten Ärztemustern.

100 Ebenso Euler/Rzepka, BB 1978, 602 ff; Söffing, FR 1978, 240; Sarx in Beck'scher Bilanzkommentar, § 253 HGB Anm. 553; a. A. Groh, StuW 1976, 38.

101 Z. B. Adler/Düring/Schmaltz, § 255 HGB Anm. 95 f; Pankow/Schmidt-Wendt in Beck'scher Bilanzkommentar, § 255 HGB Anm. 94; Küting/Weber, § 255 HGB Rz. 79 ff.

102 Hast, Grundsätze ordnungsmäßiger Bilanzierung für Anlagegegenstände, 2. Aufl., S. 69 ff; Meyer-Arndt, DStZ/A 1954, 333.

103 Döllerer, BB 1966, 1405; Husemann, Grundsätze ordnungsmäßiger Bilanzierung für Anlagegegenstände, 2. Aufl., S. 109; Dahl, Die Aktivierung der Sachanlagegüter in Handels- und Steuerbilanz, S. 68.

104 Vgl. näher zur Aktivierungspflicht unentgeltlich erworbener Vermögensgegenstände Knobbe-Keuk, StuW 1978, 226 ff.

105 Pankow/Schmidt-Wendt aaO, (Anm. 101).

wertung des unentgeltlich erworbenen Wirtschaftsguts richtet sich in diesem Falle nach den Vorschriften über die Bewertung der Einlagen.[106] Der sich danach ergebende Buchgewinn bleibt, weil er auf einer Einlage beruht, steuerfrei.

Handelt es sich um ein aus *betrieblichem Anlaß* unentgeltlich erworbenes Wirtschaftsgut, so gilt nach § 7 Abs. 2 EStDV für den Erwerber der Betrag als Anschaffungskosten, den er für das einzelne Wirtschaftsgut im Zeitpunkt des Erwerbs hätte aufwenden müssen. U.E. ist aber die Einschränkung zu machen, daß die üblichen fiktiven Anschaffungskosten nur dann anzusetzen sind, wenn der Erwerber den Gegenstand ohne die unentgeltliche Zuwendung tatsächlich auch entgeltlich erworben hätte. Denn bei dem Steuerpflichtigen ist keine Vermögensmehrung und kein Gewinn entstanden, wenn er einen Gegenstand erhalten hat, der für seinen Betrieb wertlos ist und den er also gegen Entgelt nie erworben hätte. Von praktischer Bedeutung ist dies insbesondere bei Werbegeschenken.

Hält man aber steuerrechtlich daran fest, daß die – fiktiven – üblichen Anschaffungskosten anzusetzen seien, so stellt sich in diesen Fällen zumindest die Frage der Teilwertabschreibung. Denn ein Erwerber des Betriebs würde regelmäßig für Werbegeschenke, die für den Betrieb nutzlos sind, nichts ansetzen.

Ergibt sich durch die Bewertung des unentgeltlichen Erwerbs ein Gewinn, so ist dieser nach der h. M. auch steuerpflichtig.[107]

Diese Auffassung ist allerdings problematisch, denn es wird auf diese Weise ein Gewinn besteuert, der nicht im Betrieb erwirtschaftet ist. Die Vermögensmehrung auf Grund eines unentgeltlichen Erwerbs ist der Vermögensmehrung auf Grund einer Einlage vergleichbar. Wie man aber die Vermögensmehrung auf Grund einer Einlage des Betriebsinhabers oder des Gesellschafters einer Personen- oder Kapitalgesellschaft nicht besteuert, sollte dies auch bei der auf einem unentgeltlichen Erwerb beruhenden Vermögensmehrung nicht geschehen. Denn in beiden Fällen ist die Vermögensmehrung nicht im Betrieb erwirtschaftet.

c) Wird ein *Betrieb,* Teilbetrieb oder der Anteil eines Mitunternehmers an einem Betrieb unentgeltlich übertragen, so ist der unentgeltliche Erwerber an die Buchwerte des Vorgängers gebunden (§ 7 Abs. 1 EStDV). Diese Regelung ist in Kontakt zu der steuerlichen Behandlung des Vorgängers zu sehen. Bei dem Vorgänger (Erblasser, Schenker) werden die stillen Reserven

---

106 Vgl. unten § 5 III 6.
Eine Sonderbehandlung ergibt sich nach dem Urteil des BFH vom 28. 8. 1974 (I R 18/73 BStBl II 1975, 166) für den Fall, daß der Gesellschafter einer Personengesellschaft ein Wirtschaftsgut seines Sonderbetriebsvermögens auf einen Mitgesellschafter überträgt, bei dem das Wirtschaftsgut Sonderbetriebsvermögen bleibt. Hier kann der unentgeltliche Erwerber den Buchwert seines Vormannes fortführen. Bei dem Vormann wird dann auf die mit der Entnahme aus seinem Sonderbetriebsvermögen an sich verbundene Gewinnrealisierung verzichtet (vgl. dazu näher unten § 11 III).

107 Vgl. z.B. BFH vom 13. 12. 1973 I R 136/72 BStBl II 1974, 210; Herrmann/Heuer/Raupach, § 6 EStG Anm. 436.

anläßlich des Übergangs des Betriebs nicht versteuert. Die Buchwertfortführung beim Erwerber stellt sicher, daß die stillen Reserven nicht der Besteuerung entgehen.

Rechtsprechung und h. M. in der Literatur wenden § 7 EStDV auch auf den Fall an, daß das übernommene *Betriebsvermögen negativ* ist.[108] Dies ist nicht gerechtfertigt. U. E. liegt Unentgeltlichkeit i. S. des § 7 Abs. 1 EStDV nur vor, wenn der Erwerber für einen positiven Wert nichts zahlt, also eine Gegenleistung nicht erbringt.[109]

d) Für die Bewertung des *teilweise unentgeltlichen* Erwerbs bedarf es zunächst der Abgrenzung des teilweise unentgeltlichen Erwerbs von dem Fall, daß der Erwerber zwar unter dem wirklichen Wert liegende sehr niedrige Anschaffungskosten hat, aber dennoch ein insgesamt entgeltlicher Erwerb vorliegt. Die Abgrenzung zwischen einem teilweise unentgeltlichen Erwerb und einem entgeltlichen Erwerb mit niedrigen Anschaffungskosten ist an dem Geschäftswillen der Beteiligten zu orientieren. Entscheidend ist, ob der Veräußerer dem Erwerber durch die Vereinbarung des unter dem wirklichen Wert liegenden Preises etwas hat unentgeltlich zuwenden wollen. Nur dann liegt ein teilweise unentgeltlicher Erwerb vor.[110]

Bei einem Anschaffungsgeschäft unter Fremden kann man regelmäßig davon ausgehen, daß keiner der Beteiligten dem anderen etwas hat unentgeltlich zuwenden wollen: Auch wenn der vereinbarte Preis besonders günstig ist, liegt regelmäßig ein insgesamt entgeltlicher Erwerb vor, der mit den tatsächlichen Anschaffungskosten anzusetzen ist. Anders ist die Lage bei Geschäften zwischen einander nahestehenden Personen. Ein besonders niedriger Preis hat hier regelmäßig seine Ursache in den Familienbeziehungen zwischen dem Veräußerer und Erwerber oder bei Geschäften zwischen dem Gesellschafter einer Personen- oder einer Kapitalgesellschaft und der Gesellschaft im Gesellschaftsverhältnis. Hier ist die Annahme einer gemischten Schenkung und damit auch eines teilweise unentgeltlichen Erwerbs im steuerrechtlichen Sinne in den meisten Fällen gerechtfertigt.

Für die Bewertung beim Erwerber ist das teilweise unentgeltliche Geschäft in einen entgeltlichen und in einen unentgeltlichen Teil zu zerlegen.[111] Dabei orientiert man sich gemeinhin an dem Verhältnis der Gegenleistung zu dem Gemeinwert des übertragenen Gegenstandes.

A überträgt B ein Grundstück mit gemeinem Wert von 750 und erhält 250 Gegenleistung: Das Grundstück ist zu ⅓ entgeltlich erworben und insoweit mit den Anschaffungskosten anzusetzen. Hinsichtlich des unentgeltlichen Erwerbs des ⅔ Teils handelt es sich um eine Einlage, die mit dem Teilwert anzusetzen ist und steuerfrei bleibt.

108 Vgl. Nachweise bei Herrmann/Heuer/Raupach, § 6 EStG Anm. 420 und Knobbe-Keuk, StuW 1978, 226 ff.

109 Vgl. dazu näher Knobbe-Keuk, StuW 1978, 226 ff. Zum Gesellschafterwechsel bei negativem Kapitalkonto vgl. i. e. unten § 11 a II 2 b.

110 Zu der Auffassung Kruses, JbFStR 1982/83, 176, entscheidend sei allein das objektive Verhältnis zwischen Leistung und Gegenleistung, vgl. unten § 22 Anm. 37.

111 Für die h. M.: Herrmann/Heuer/Raupach, § 6 EStG Anm. 420.

Der Aufteilung in einen entgeltlichen und in einen unentgeltlichen Teil auf der Grundlage des gemeinen Werts des übertragenen Gegenstandes bedarf es freilich dann nicht, wenn der Erwerber bei voll unentgeltlichem Erwerb die Buchwerte des Vorgängers fortführen kann. Angesprochen sind damit insbesondere die teilweise unentgeltliche Betriebsübertragung (§ 16 Abs. 1 EStG – § 7 Abs. 1 EStDV) und die Fälle, in denen im Bereich der Personengesellschaften Wirtschaftsgüter unentgeltlich von einem auf den anderen Gesellschafter oder von der Gesellschaft auf den Gesellschafter oder vice versa übertragen werden und der Erwerber die Buchwerte fortführen kann.[112] Liegen in einem solchen Fall bei einem teilweise unentgeltlichen Erwerb die Anschaffungskosten des Erwerbers über den Werten des Rechtsvorgängers, so erzielt der Veräußerer nur in Höhe des Betrages, der den Buchwert seines Kapitalkontos bzw. den des übertragenen Vermögensgegenstandes übersteigt, einen Gewinn[113] und setzt der Erwerber seine Anschaffungskosten an.

Liegen die Anschaffungskosten des Erwerbers hingegen unter dem Buchwert des übernommenen Betriebsvermögens und wären bei voll unentgeltlichem Erwerb die Buchwerte fortzuführen, so entsteht bei dem Übertragenden wegen des unentgeltlichen Teils des Geschäfts nicht ein Veräußerungsverlust. Der Erwerber führt – nicht anders als bei voll unentgeltlichem Erwerb – die Buchwerte des Rechtsvorgängers auch bei teilunentgeltlichem Erwerb fort, wenn seine Anschaffungskosten die Buchwerte nicht übersteigen.[114]

e) Erbringt der Erwerber anläßlich der Übertragung von Vermögenswerten im Wege *vorweggenommener Erbfolge* oder auf Grund einer *Erbauseinandersetzung* Leistungen für den Erwerb, so hat die Rechtsprechung bislang angenommen, daß der Erwerb ein voll unentgeltlicher sei.

Bei dem Erwerb im Wege vorweggenommener Erbfolge beruft die Rechtsprechung sich darauf, daß es sich bürgerlich-rechtlich um eine Schenkung unter einer Auflage handele; da die Schenkung unter einer Auflage aber zivilrechtlich insgesamt als Schenkung gewertet wird, soll es sich auch steuerrechtlich um einen voll unentgeltlichen Erwerb handeln.[115] Bei dem Erwerb eines Miterben auf Grund einer Auseinandersetzungsvereinbarung hat der BFH die Unentgeltlichkeit des Erwerbs umgekehrt gerade mit einer Distanzierung von der zivilrechtlichen Lage begründet: Der Miterbe erhalte die ihm bei der Erbauseinandersetzung zugeteilten Werte „unmittelbar vom Erblasser mit dinglicher Wirkung". Diesem – wie Groh[116] formuliert hat – zivilrechtlichen Nonsens der Sprungnachfolge hat der IX. Senat in der Entscheidung vom 9. 7. 1985[117] für die Erbauseinandersetzung über Privatvermögen ein Ende berei-

112 Vgl. dazu § 11 III Anm. 83.

113 Vgl. dazu unten § 22 I 4 m. w. N. (zum Fall der teilweisen unentgeltlichen Veräußerung eines Betriebs usw. nach § 16 EStG – § 7 Abs. 1 EStDV).

114 Vgl. dazu unten § 22 I 4.

115 Vgl. zuletzt BFH vom 26. 11. 1985 IX R 64/82 BStBl II 1986, 161. Vgl. dazu näher unten § 22 I 4 a. E.

116 Groh, JDStJG 1987, 137 ff, 142.

117 BFH vom 9. 7. 1985 IX R 49/83 BStBl II 1985, 722.

tet: Der IX. Senat geht zu Recht davon aus, daß der Miterbe von der Erbengemeinschaft erwirbt. Damit kann nunmehr auch die Frage gestellt werden, ob der Miterbe Anschaffungskosten hat. Es bleibt der Rechtsprechung die Aufgabe, auch bei der Übernahme von Betriebsvermögen durch einen Miterben sich von der Vorstellung zu trennen, der Miterbe habe den Betrieb unmittelbar mit dinglicher Wirkung vom Erblasser übernommen.

Unentgeltlich ist ein Erwerb, wenn Anschaffungskosten nicht vorliegen. Übernimmt bei *vorweggenommener Erbfolge* der Erwerber Leistungsverpflichtungen gegenüber dem Übertragenden oder seinen Geschwistern, liegen ebenfalls Anschaffungskosten vor.[118] Genausowenig wie einem dritten Erwerber des Vermögensgegenstandes eröffnet werden kann, er habe keine Anschaffungskosten, da seine Aufwendungen durch den Wert des übertragenen Vermögensgegenstandes gedeckt seien, ist dies gegenüber dem Erwerber bei vorweggenommener Erbfolge möglich. Denn dieser setzt für den Erwerb des Gegenstandes wie ein Dritter – wenn auch nur zu einem Teil – Eigenmittel ein.

Sobald der Erwerber Anschaffungskosten hat, handelt es sich nicht mehr um einen insgesamt unentgeltlichen Erwerb.

Hat der Erwerber Anschaffungskosten, so ist § 11d EStDV insoweit nicht anwendbar. Mit seinen Anschaffungskosten hat der Erwerber eine eigene originäre Abschreibungslage begründet. Liegen die Anschaffungskosten unter der für seinen Rechtsvorgänger maßgebenden Afa-Bemessungsgrundlage, so rückt er in Höhe der Differenz nach § 11d EStDV in dessen Position ein. Auf diese Weise wird dem unentgeltlichen Teil des Erwerbs Rechnung getragen.

6. Die Bewertung von Einlagen[119]

a) Einlagen sind grundsätzlich mit dem Teilwert für den Zeitpunkt der Zuführung anzusetzen (§ 6 Abs. 1 Nr. 5 EStG); auch bei Eröffnung eines Betriebes ist die Bewertungsbestimmung für Einlagen anzuwenden (§ 6 Abs. 1 Nr. 6 EStG).

Anstelle des Teilwerts sind in folgenden Fällen die niedrigeren Anschaffungs- oder Herstellungskosten anzusetzen:

1. Das eingelegte Wirtschaftsgut ist innerhalb der letzten drei Jahre vor dem Zeitpunkt der Zuführung angeschafft oder hergestellt worden.

   Diese Regelung soll verhindern, daß der Steuerpflichtige bei steigenden Preisen Wirtschaftsgüter entnimmt und nach dem Preisanstieg zum höheren Wert wieder einlegt und erst dann veräußert oder verarbeitet.[120] Die in der Zwischenzeit erfolgte Wertsteigerung würde sich sonst im Privatvermögen – und damit steuerfrei –

---

118 Vgl. dazu näher Knobbe-Keuk, Festschrift Döllerer, 1988, S. 315 ff; und unten § 22 I 5; wie hier Herzig/Förster, BB 1988, 450 ff.
Vgl. demgegenüber die Verteidigung der herkömmlichen Position bei Groh, StuW 1988, 210 ff.

119 Zu Begriff und Bedeutung der Einlage vgl. unten § 8 I. Zu Einlagen und Absetzungen vgl. Meincke, StuW 1985, 390 ff.

120 Vgl. BT-Drs. 2/481, S. 77.

vollziehen. Entsprechend wäre die Lage, wenn der Steuerpflichtige Wirtschaftsgüter anschafft, die er später im Betrieb einsetzen will, aber zunächst im Privatvermögen beläßt, um eine Wertsteigerung nicht versteuern zu müssen. Derartigen Manipulationen soll durch die Pflicht zur Bewertung der Einlage mit den niedrigeren Anschaffungs- oder Herstellungskosten begegnet werden.

2. Bei dem zugeführten Wirtschaftsgut handelt es sich um einen Anteil an einer Kapitalgesellschaft und der Steuerpflichtige ist an der Gesellschaft im Sinne von § 17 Abs. 1 EStG beteiligt. Hier geht es darum, daß die Steuerpflicht nach § 17 EStG nicht dadurch vermieden wird, daß Anteile an Kapitalgesellschaften im Privatvermögen zu einem über den Anschaffungskosten liegenden Wert in das Betriebsvermögen eingelegt werden. Durch die Bewertung der Einlage mit den niedrigeren Anschaffungskosten wird deshalb die vor dem Zeitpunkt der Einlage eingetretene Wertsteigerung in die betriebliche Sphäre verlagert. Sie wird steuerlich bei der Realisierung als laufender Gewinn – ohne die Tarifermäßigung des § 34 EStG – erfaßt.

§ 6 Abs. 1 Nr. 5 EStG ist durch das Gesetz zur Änderung und Vereinfachung des EStG vom 18. 8. 1980[121] um zwei bislang in den EStR enthaltene Regelungen ergänzt worden: Bei abnutzbaren Wirtschaftsgütern, bei denen nach § 6 Abs. 1 Nr. 5 S. 1 lit.a EStG die Anschaffungs- oder Herstellungskosten anzusetzen sind, sind diese um die AfA zu kürzen, die auf den Zeitraum zwischen der Anschaffung oder Herstellung des Wirtschaftsguts und der Einlage entfallen. Nur solche AfA mindern den Wertansatz der Einlage, die der Steuerpflichtige tatsächlich mit steuerlicher Wirkung in Anspruch genommen hat;[122] es sollen also – das ist der Sinn der Einfügung des § 6 Abs. 1 Nr. 5 S. 2 EStG[123] – nicht zweimal Abschreibungen mit steuerlicher Wirkung vorgenommen werden. In § 6 Abs. 1 Nr. 5 S. 3 EStG geht es um den Wertansatz entnommener und später wieder eingelegter Wirtschaftsgüter.

b) Bei Sacheinlagen im gesellschaftsrechtlichen Bereich scheiden die Anschaffungskosten als Bewertungsmaßstab für den eingelegten Vermögensgegenstand aus. Denn die Gesellschaft wendet nichts auf und hat also keine Anschaffungskosten. In der handelsrechtlichen Literatur hat sich die Auffassung, daß die Sacheinlage mit dem Zeitwert anzusetzen sei,[124] nicht durchsetzen können. Die h. M. steht weiter auf dem Standpunkt, daß die Einlagen mit dem Betrag bewertet werden können, der dem Nennwert der zu gewährenden Anteile entspricht.[125] Eine Unterbewertung ist demnach möglich. Steuerrechtlich ist mit dem Teilwert nach § 6 Abs. 1 Nr. 5 EStG zu bewerten.

121 BStBl I 1980, 581.
122 Ebenso Schmidt/Glanegger, § 6 EStG Anm. 100; a.A. Abschn. 39 Abs. 1 S. 2 EStR.
123 Vgl. dazu Söffing, DStZ 1980, 66.
124 So Ballerstedt, Festschrift Geßler, S. 69 ff; Kropff, Festschrift Geßler, S. 116 ff; Geßler/Hefermehl/Eckardt/Kropff, § 150 AktG Anm. 13; Husemann, Grundsätze ordnungsmäßiger Bilanzierung für Anlagegegenstände, 1970, S. 106 ff; Döllerer, WPg 1969, 333 ff; ders., JbFStR 1976/77, 206.
125 Vgl. Adler/Düring/Schmaltz, § 255 HGB Anm. 111; Sarx in Beck'scher Bilanzkommentar, Anhang 3 Anm. 25; Küting/Weber, § 255 HGB Rz. 59; Claussen in Kölner Kommentar AktG, § 150 Anm. 9.

In zahlreichen Umwandlungsfällen und bei anderen Vorgängen der rechtlichen Umstrukturierung von Unternehmen oder Unternehmensteilen ist allerdings entweder nach den Vorschriften des Umwandlungssteuergesetzes oder nach den von der Rechtsprechung entwickelten Grundsätzen der Ansatz der eingelegten Wirtschaftsgüter mit dem Buchwert, der beim Einlegenden ausgewiesen war, möglich.

7. Die Bewertung von Entnahmen

Entnahmen sind mit dem Teilwert zu bewerten (§ 6 Abs. 1 Nr. 4 EStG).

Beispiel: Entnimmt der Unternehmer Waren, die mit 500 zu Buche stehen, deren Teilwert aber im Zeitpunkt der Entnahme 600 beträgt, so ist das Privatkonto mit 600 zu belasten, das Warenkonto ist mit 500 und das Gewinn- und Verlustkonto mit 100 zu erkennen.

Die Bewertung der Entnahmen mit dem Teilwert bedeutet, daß in Höhe der Differenz zwischen dem Buchwert und dem Teilwert des entnommenen Wirtschaftsguts die stillen Reserven aufgedeckt und versteuert werden. Die Bewertungsbestimmung für Entnahmen führt also zur Gewinnrealisierung. Diese Regelung ist eine Konsequenz des dem Einkommensteuerrecht zugrunde liegenden dualistischen Systems der Ermittlung der Einkünfte bei den einzelnen Einkunftsarten. Da infolge der Entnahme das Wirtschaftsgut zumeist seine Eigenschaft als Betriebsvermögen verliert und Privatvermögen wird, sind die Wertsteigerungen, die sich im Betriebsvermögen vollzogen haben, später steuerlich nicht mehr zu erfassen. Deshalb greift die Steuer anläßlich der Entnahme auf die stillen Reserven zu.

Wird ein Wirtschaftsgut in unmittelbarem Anschluß an seine Entnahme einem nach § 5 Abs. 1 Nr. 9 KStG von der Körperschaftsteuer befreiten Körperschaftsteuersubjekt oder einer Körperschaft, Anstalt oder Stiftung des öffentlichen Rechts, die ausschließlich und unmittelbar der Förderung wissenschaftlicher Zwecke oder der Förderung der Erziehung, Volks- und Berufsbildung dient, unentgeltlich überlassen, so kann die Entnahme mit dem Buchwert angesetzt werden (§ 6 Abs. 1 Nr. 4 S. 2 EStG). In diesem Fall unterbleibt die Aufdeckung und Besteuerung der stillen Reserven. Durch diese Regelung sollte die Spendenbereitschaft gefördert werden.

Der Teilwert als Bewertungsmaßstab für die Entnahmen ist de lege ferenda nicht unumstritten. So ist man insbesondere in der Steuerreformkommission[126] und bei den Arbeiten für das Einkommensteuerreformgesetz[127] der Meinung gewesen, daß die Bewertung mit dem Teilwert nicht in allen Fällen sachgerecht sei.

Gedacht war insbesondere an den Fall, daß ein Unternehmer seine im Inland hergestellten Produkte in eine in einem DBA-Staat gelegene Betriebstätte überführt und diese von dort veräußert werden. Die Überführung eines Wirtschaftsguts in eine in ei-

126 Gutachten der Steuerreformkommission V Rdz. 185 ff.

127 Vgl. die beiden Referentenentwürfe vom 10. 12. 1971 und vom 8. 3. 1973 zu einem EStG (§ 27 mit Begründung) sowie den Regierungsentwurf BR-Drs. 700/73, S. 255 zu § 27.

nem DBA-Staat gelegene Betriebstätte wird unter den Entnahmetatbestand gefaßt.[128] Da sich der Teilwert eines Vermögensgegenstandes im Zeitpunkt bei oder unmittelbar nach der Anschaffung oder Herstellung im Zweifel mit den Anschaffungs- oder Herstellungskosten deckt, wird bei der Bewertung der Entnahme mit dem Teilwert der Produktionsgewinn des Unternehmens nicht erfaßt. Um auch den Produktionsgewinn für die deutsche Besteuerung zu retten, hatte man de lege ferenda die Bewertung der Entnahme in einem solchen Fall mit dem gemeinen Wert, mit dem Veräußerungswert also, vorgesehen. Dieser Vorschlag war aber in mehrfacher Hinsicht sehr problematisch.[129]

Ist ein früher entnommenes Wirtschaftsgut noch in der Bilanz ausgewiesen und kann die Veranlagung des Jahres, in dem die Entnahme stattgefunden hat, nicht mehr geändert werden, so ist das entnommene Wirtschaftsgut in der Schlußbilanz des ersten Wirtschaftsjahres, für das noch keine bestandskräftige Veranlagung vorliegt, erfolgsneutral auszubuchen.[130]

Die Rechtsfolge der Verwirklichung des Entnahmetatbestandes, daß auf Grund der Bewertungsbestimmung in Höhe der Differenz zwischen dem Buchwert und dem Teilwert die Aufdeckung und Besteuerung der stillen Reserven erfolgt, hat zu einer lebhaften Diskussion um die Auslegung des Entnahmetatbestandes Anlaß gegeben. Die Rechtsfolge der Gewinnrealisierung verleitet nämlich dazu, immer dann, wenn die Rechtsfolge gewünscht wird, auch von der Verwirklichung des Entnahmetatbestandes auszugehen.[131]

IV. Abschreibungen und Absetzungen von den Ausgangswerten

1. Einleitung

Ausgangspunkt für die bilanzielle Wertermittlung sind in der Regel entweder die Anschaffungs- oder Herstellungskosten des betreffenden Wirtschaftsgutes oder der Buchwert der Vorjahresbilanz. Von diesen Basiswerten sind bei gewissen Wirtschaftsgütern bestimmte Beträge, die sog. Abschreibungen, abzusetzen.

Mit Abschreibungen bezeichnet man die Beträge, die zur Erfassung des Wertverzehrs am Anlagevermögen in der Gewinn- und Verlustrechnung angesetzt und bei der Bewertung der Wirtschaftsgüter in der Bilanz berücksichtigt werden. Auf Grund der Aufwendung von Anschaffungs- oder Herstellungskosten für ein Wirtschaftsgut tritt eine Vermögensminderung nicht ein. Das Wirtschaftsgut ist mit den Anschaffungs- oder Herstellungskosten

128 Vgl. dazu unten § 7 III d.

129 Vgl. die Kritik z.B. bei Flick, JbFStR 1972/73, 126 ff; Keuk, DB 1973, 890 ff, 895 ff.

130 BFH vom 21. 6. 1972 I R 189/69 BStBl II 1972, 874; BFH vom 23. 7. 1975 I R 210/73 BStBl II 1976, 180; BFH vom 21. 10. 1976 IV R 222/72 BStBl II 1977, 148; Abschn. 15 Abs. 1 S. 9 EStR. Vgl. dazu oben § 3 V.

131 Vgl. dazu unten § 7 III 2.

zu aktivieren. Der Einsatz des Wirtschaftsguts im Betrieb trägt in jedem Jahr der Nutzungsdauer zu dem Betriebsergebnis bei, führt aber zugleich in jedem Jahr auch zu einer Wertminderung. Diese Wertminderung wird durch die Regelabschreibung erfaßt. Für sich gesehen vermindern die Abschreibungsbeträge den Periodengewinn als Bemessungsgrundlage für Gewinnausschüttung und Steuern. Über den Umsatz der mit den abgeschriebenen Anlagen produzierten Güter fließt aber – vorausgesetzt, daß der Markt es zuläßt – der in den Anschaffungs- oder Herstellungskosten der Anlage investierte Betrag dem Betrieb wieder zu. Auf diese Weise wird nominal das Kapital erhalten. Für die reale Substanzerhaltung müßten indes in Zeiten steigender Preise – soll nach Ablauf der Nutzungsdauer eine Wiederbeschaffung mit Hilfe der durch die Abschreibung amortisierten Beträge möglich sein – die Abschreibungsbeträge insgesamt höher als die investierten Anschaffungs- oder Herstellungskosten sein.

Handels- und Steuerrecht lassen jedoch ohne Rücksicht auf die Entwicklung der Wiederbeschaffungskosten für eine entsprechende Anlage die Verrechnung nur der investierten Anschaffungs- oder Herstellungskosten durch die Abschreibung zu. Die reale Substanzerhaltung ist also in Zeiten steigender Preise nur möglich, wenn Teile des um die Steuern gekürzten Bilanzgewinns im Betrieb thesauriert werden.

Die Abschreibung bei abnutzbaren Vermögensgegenständen/Wirtschaftsgütern des Anlagevermögens ist sowohl für die Handelsbilanz als auch für die Steuerbilanz vorgeschrieben (vgl. § 253 Abs. 2 HGB, § 7 EStG). Neben den regelmäßigen Abschreibungen, durch die der jährliche auf der normalen Nutzung beruhende Wertverzehr erfaßt werden soll, gibt es weitere Abschreibungen, durch die eine unabhängig von der gewöhnlichen Nutzung entstandene Wertminderung berücksichtigt werden soll.

Die Terminologie ist im Handels- und im Steuerrecht nicht einheitlich.[132] Dem handelsrechtlichen Begriff der *planmäßigen* Abschreibung entspricht im EStG der Begriff der Absetzung für Abnutzung (AfA) oder Absetzung für Substanzverringerung (AfS). Dem handelsrechtlichen Begriff der *außerplanmäßigen* Abschreibung entsprechen im EStG die Absetzung für *außer*gewöhnliche technische oder wirtschaftliche Abnutzung (AfaA) und die Teilwertabschreibung. Die steuerlichen Sonderabschreibungen werden ebenfalls unter die handelsrechtlichen außerplanmäßigen Abschreibungen gefaßt.

Die folgende Übersicht zeigt die verschiedenen Abschreibungsarten in Handels- und Steuerbilanz:

132 Der Entwurf eines EStG 1974 hatte in Anlehnung an einen Vorschlag der Steuerreformkommission (Gutachten, 1971, V Rdz. 207) den Begriff „Absetzung für Abnutzung“ aufgegeben und nur noch die Begriffe „Abschreibung“ und „außergewöhnliche Abschreibung“ vorgesehen.

Handelsrecht	Steuerrecht
Abschreibungen	*1. Absetzungen*
1. Planmäßige (§ 253 Abs. 2 S. 1 HGB)	a) für betriebsgewöhnliche Abnutzung (AfA); § 7 Abs. 1 EStG b) für Substanzverringerung (AfS); § 7 Abs. 6 EStG
2. Außerplanmäßige a) auf den beizulegenden Stichtagswert (§ 253 Abs. 2 S. 3, Abs. 3, § 279 HGB)	c) für außergewöhnliche Abnutzung (AfaA); § 7 Abs. 1 S. 4 EStG a) außergewöhnliche technische Abnutzung b) außergewöhnliche wirtschaftliche Abnutzung *2. Abschreibungen* a) Teilwertabschreibung; § 6 Abs. 1 Nr. 1 u. 2 EStG
b) auf den steuerlich zulässigen Wert, d.h. Übernahme steuerlicher Sonderabschreibungen (§ 254 HGB)	b) Sonderabschreibungen

2. Regelmäßige Absetzungen

Regelmäßigen Wertherabsetzungen unterliegen die Gegenstände des Anlagevermögens, deren Nutzung zeitlich begrenzt ist (§ 253 Abs. 2 HGB), bzw. – in der steuerrechtlichen Terminologie – des abnutzbaren Anlagevermögens. Mit der Kürzung des Ausgangswertes wird dem Umstand Rechnung getragen, daß Anlagegüter, die der Abnutzung unterliegen, schon bei normaler Verwendung Werteinbußen erleiden, die auf technischen Verschleiß, Substanzverringerung, wirtschaftliche Entwertung (z. B. technischer Fortschritt) oder den Fristablauf bestimmter Rechte (z. B. von Patenten) zurückzuführen sind.

Die Vornahme der regelmäßigen Wertherabsetzung hängt nicht davon ab, daß das Wirtschaftsgut in dem betreffenden Wirtschaftsjahr tatsächlich auch eine Wertminderung erfahren hat. Es ist nicht der Zweck der planmäßigen Abschreibungen und AfA, für ein einzelnes Wirtschaftsjahr einen bestimmten Betrag als zutreffend abzuziehen. Vielmehr geht es darum, die Gesamtheit der Aufwendungen für das Wirtschaftsjahr auf die Jahre der voraussichtlichen Nutzung schematisch nach einem bestimmten Konzept zu verteilen, ohne daß man die im einzelnen Wirtschaftsjahr tatsächlich eingetretene Wertminderung festzustellen genötigt ist. Planmäßige Abschreibungen und AfA sind auch dann vorzunehmen, wenn feststeht, daß der Wert des Anlagegutes in dem betreffenden Wirtschaftsjahr nicht gesunken ist, und selbst dann, wenn er gestiegen ist.

a) Die planmäßigen Abschreibungen im Handelsrecht

„Planmäßig" bedeutet, daß vor der ersten Abschreibung die rechnerischen Grundlagen feststehen müssen, nach denen der Wertansatz in jedem späteren Jahresabschluß zu ermitteln ist. Der Plan muß die Anschaffungs- oder Herstellungskosten so verteilen, daß für jedes spätere Geschäftsjahr ein Teilbetrag vom Wertansatz des Vorjahres abgezogen wird. Ein über die Anschaffungs- oder Herstellungskosten hinausgehender Betrag darf nicht verteilt werden, auch nicht bei höheren Wiederbeschaffungskosten. Der Plan muß die Anschaffungs- oder Herstellungskosten auf die Geschäftsjahre verteilen, in denen der Gegenstand voraussichtlich genutzt werden kann (§ 253 Abs. 2 S. 2 HGB).

Der Grundsatz der Planmäßigkeit der Abschreibungen bedeutet nicht, daß für jeden Gegenstand des Anlagevermögens ein schriftlicher Plan aufgestellt werden müßte, aus dem die einzelnen jährlichen Abschreibungsbeträge hervorzugehen hätten. Vielmehr genügt es i. d. R., im Jahr der Ingebrauchnahme die zu erwartende Nutzungsdauer zu schätzen und die Methode festzulegen, nach der die einzelnen Jahre anteilmäßig mit den Anschaffungs- oder Herstellungskosten belastet werden sollen. Damit liegen die Daten und Merkmale fest, aus denen sich die künftigen Abschreibungen auf diesen Gegenstand ergeben.

Die Höhe der planmäßigen Abschreibungen hängt danach – außer von der Höhe der Anschaffungs- und Herstellungskosten und der voraussichtlichen Nutzungsdauer des Gegenstandes – entscheidend von der gewählten Abschreibungsmethode ab.

In der Handelsbilanz sind sämtliche Abschreibungsverfahren zulässig, die den Grundsätzen ordnungsmäßiger Buchführung entsprechen. Den Grundsätzen ordnungsmäßiger Buchführung entspricht jede Abschreibungsmethode, die die Anschaffungs- oder Herstellungskosten *sinnvoll*, d. h. nach den Gegebenheiten des zu bewertenden Gegenstandes, über die Nutzungsdauer verteilt und dabei der voraussichtlichen Nutzungskurve nicht nachhaltig zuwiderläuft.[133] Gesichtspunkte, die nicht in den Gegebenheiten des zu bewertenden Gegenstandes begründet sind, wie z. B. das allgemeine Unternehmerrisiko, dürfen die Wahl der Abschreibungsmethode nicht bestimmen.[134]

b) Die steuerliche Absetzung für Abnutzung

Den planmäßigen Abschreibungen des Handelsrechts entsprechen zumindest formal die steuerrechtlichen AfA und AfS. Inhaltlich haben sich die steuerrechtlichen Abschreibungsmodalitäten weitgehend von den handelsrechtlichen gelöst. Insbesondere sind die AfA – um den Bedürfnissen einer

---

133 Vgl. Geßler/Hefermehl/Eckardt/Kropff, § 154 AktG Anm. 13; Adler/Düring/Schmaltz, § 253 HGB Anm. 338 f.

134 Vgl. z.B. Döllerer, BB 1965, 1412; Geßler/Hefermehl/Eckardt/Kropff, § 154 AktG Anm. 13.

verwaltungsmäßigen Vereinfachung Rechnung zu tragen – weitgehend schematisiert. Durch die steuerrechtlichen Abschreibungsregeln werden die Abschreibungen in der Handelsbilanz nicht beschränkt, und es besteht auch keine Verpflichtung, in der Handelsbilanz die steuerlich zulässigen Abschreibungen vorzunehmen. Für die steuerliche Gewinnermittlung sind die steuerlichen Vorschriften über die Absetzung für Abnutzung oder Substanzverringerung vorrangig (vgl. § 5 Abs. 6 EStG). Besteht steuerlich die Wahl zwischen mehreren Abschreibungsverfahren, ist auf Grund des Maßgeblichkeitsprinzips der in der Handelsbilanz gewählte Ansatz zu übernehmen.

Die AfA sind nach der *betriebsgewöhnlichen* Nutzungsdauer des Wirtschaftsgutes zu bemessen (§ 7 Abs. 1 S. 2 EStG). Das ist die Zahl der Jahre, während welcher das einzelne Wirtschaftsgut voraussichtlich im Betrieb des Steuerpflichtigen verwendet werden wird. Als Anhaltspunkt dient hierbei die durchschnittliche Verwendungsdauer gleichartiger Wirtschaftsgüter in der Vergangenheit.[135]

Der BdF hat die AfA-Tabellen für einzelne Wirtschaftsgüter herausgegeben. Sie basieren auf der erfahrungsgemäßen betriebsgewöhnlichen Nutzungsdauer in bestimmten Branchen. Zweck der Tabellen ist eine Vereinfachung der Verwaltungsarbeit und eine Erleichterung der Bilanzierungsarbeiten der Unternehmen. Die Tabellen sollen Auseinandersetzungen zwischen Verwaltung und Steuerpflichtigen über die betriebsgewöhnliche Nutzungsdauer verringern. Ausgeschlossen werden Meinungsverschiedenheiten durch die Tabellen freilich nicht. Denn diese können nur einen Anhalt für die Schätzung der Nutzungsdauer geben. Der Steuerpflichtige kann durchaus betriebsindividuelle Gesichtspunkte vorbringen, die eine andere Schätzung rechtfertigen.

Die spezifisch steuerrechtliche Bedeutung und Funktion der AfA und der AfS besteht darin, zum Zwecke der Begrenzung der Einkommensbesteuerung auf das Einkommen die qualitativen und quantitativen Substanzminderungen des zur Einkommenserzielung eingesetzten Stammvermögens zu berücksichtigen und den Vermögensverlust aus dem Roheinkommen auszusondern. Soweit die Einnahmen nur die qualitative und quantitative Substanzminderung ausgleichen, sind sie nicht Gegenstand der Einkommensbesteuerung. Es handelt sich um eine reine Vermögensumschichtung.[136] In der neueren Rechtsprechung und Literatur ist freilich auch die Vorstellung verbreitet, Zweck der AfA und der AfS sei nicht der Ausgleich für eingetrete-

---

135 Vgl. nähere Einzelheiten bei Herrmann/Heuer/Raupach, § 7 EStG Anm. 184 ff. Bei Wirtschaftsgebäuden nach § 7 Abs. 4 S. 1 Nr. 1, § 7 Abs. 5 S. 1 Nr. 1 EStG ist der 25jährige Absetzungszeitraum auch der Behandlung von Finanzierungs-Leasing-Verträgen über unbewegliche Wirtschaftsgüter zugrunde zu legen (BdF vom 9. 6. 1987 BStBl I 1987, 440).

136 Vgl. dazu i.e. die Darstellung des historischen Ausgangspunktes der AfA und AfS bei Knobbe-Keuk, DB 1985, 144 ff.

nen Wertverlust bzw. Substanzverzehr, sondern die Verteilung der Aufwendungen für den Erwerb eines Wirtschaftsguts auf den Zeitraum der Nutzung[137] – zur Verhinderung des sonst möglichen verzerrenden Sofortabzugs.[138]

c) Die Abschreibungsmethoden

§ 7 EStG läßt für die Verteilung der Anschaffungs- oder Herstellungskosten auf die Jahre der voraussichtlichen Nutzung die lineare und die degressive Abschreibung gleichrangig nebeneinander zu. Bei der degressiven Abschreibung bestehen jedoch gewisse Höchstgrenzen für die jährliche Abschreibung. Ferner ist die vom Zeitmoment unabhängige sogenannte Leistungsabschreibung, soweit wirtschaftlich begründet, zulässig.

aa) Lineare Abschreibung

Bei der linearen AfA (AfA in gleichen Jahresbeträgen) wird der jährliche Absetzungsbetrag ermittelt, indem die Anschaffungs- oder Herstellungskosten durch die Zahl der Jahre der Nutzung dividiert werden.

Beträgt die betriebsgewöhnliche Nutzungsdauer einer Maschine z. B. 10 Jahre, so werden bei linearer AfA jährlich 10 % der Anschaffungs- oder Herstellungskosten abgesetzt.

Bei Anschaffungskosten von 100 000 DM wird die Maschine also im Anschaffungsjahr zu den Anschaffungskosten – AfA = 90 000 DM angesetzt, am Ende des darauf folgenden Wirtschaftsjahres beträgt der anzusetzende Buchwert 80 000 DM usw. . . .

Im Anschaffungsjahr wäre genaugenommen nur der Teil des jährlichen Absetzungsbetrages anzusetzen, der der Zeitdauer entspricht, während der die Maschine im Betrieb genutzt worden ist. Aus Vereinfachungsgründen wird jedoch nicht beanstandet, wenn für die in der ersten Hälfte eines Wirtschaftsjahres angeschafften oder hergestellten beweglichen Anlagegüter der für das gesamte Wirtschaftsjahr in Betracht kommende AfA-Betrag und für die in der zweiten Hälfte des Wirtschaftsjahres angeschafften oder hergestellten Wirtschaftsgüter die Hälfte des für das gesamte Wirtschaftsjahr in Betracht kommenden AfA-Betrages abgesetzt wird (vgl. Abschn. 43 Abs. 7 EStR).

Die AfA werden grundsätzlich so bemessen, daß die Anschaffungs- oder Herstellungskosten nach Ablauf der betriebsgewöhnlichen Nutzungsdauer voll abgesetzt sind. Ein Restwert (Schrottwert) ist bei der Bemessung der AfA nur zu berücksichtigen, wenn er im Vergleich zu den Anschaffungs- oder Herstellungskosten und auch bei Anlegung eines absoluten Maßstabes erheblich ist (Abschn. 43 Abs. 4 EStR). In diesem Fall ist der Restwert in der Weise zu berücksichtigen, daß nur die um den Restwert gekürzten Anschaf-

137 Vgl. z. B. BFH vom 23. 6. 1977 IV R 17/73 BStBl II 1977, 825; BFH vom 14. 2. 1978 VI R 170/76 BStBl II 1978, 342.

138 Vgl. dagegen i. e. Knobbe-Keuk aaO, (Anm. 136).

fungs- oder Herstellungskosten auf die betriebsgewöhnliche Nutzungsdauer zu verteilen sind.[139]

Die lineare Abschreibung ist zwar verbreitet und rechnerisch am einfachsten. Die einzige Schwierigkeit besteht – aber eben nicht nur hier – in der Festlegung der betriebsgewöhnlichen Nutzungsdauer. Bei der linearen Abschreibung ist freilich nicht berücksichtigt, daß bei manchen Anlagegütern der Nutzen in späteren Jahren, insbesondere durch steigende Reparaturanfälligkeit, sinkt und daß Anlagegüter in Bereichen mit schnell fortschreitender Technologie mit zunehmendem Alter stärker von technischer Entwertung bedroht sind. Aus diesem Grunde wird die lineare Abschreibung in solchen Fällen als den Grundsätzen ordnungsmäßiger Buchführung widersprechend in Zweifel gezogen.[140] Steuerlich ist die lineare AfA allerdings ohne Einschränkungen zulässig.

bb) Degressive Abschreibung[141]

Bei der degressiven Abschreibung erfolgt die Absetzung nicht in gleichen Jahresbeträgen, sondern in fallenden. Der erste bzw. die ersten Absetzungsbeträge sind am höchsten, während diejenigen der Folgejahre sinken. Die degressive AfA berücksichtigt bei beweglichen und auch bei immateriellen Anlagegütern in der Regel am besten den Nutzungsverlauf und den Verlauf der Wertminderung. Die höhere Abschreibung in den ersten Jahren der Nutzung soll zum einen ein Ausgleich für die in diesen Jahren nicht anfallenden Reparaturaufwendungen sein. Durch sie wird bis zu einem gewissen Grade eine gleichmäßige Verteilung der gesamten auf ein Wirtschaftsgut gemachten Aufwendungen auf die Nutzungszeit erreicht.[142] Zum anderen wird durch die degressive Abschreibung z. B. das Risiko der technischen Veralterung bereits im Abschreibungsplan berücksichtigt, so daß aus diesem Grunde außerplanmäßige Abschreibungen nur in Ausnahmefällen erforderlich werden. Die Vorschriften über die degressive AfA sind in der Vergangenheit mehrfach geändert worden. Zeitweise war die Zulässigkeit auch zur

---

139 BFH vom 22. 7. 1971 IV R 74/66 BStBl II 1971, 800.

140 Vgl. z. B. Geßler/Hefermehl/Eckardt/Kropff, § 154 AktG Anm. 15 mit weiteren Nachweisen.

141 Dazu Albach, Die degressive Abschreibung, 1967.

142 Vgl. aber BFH vom 30. 11. 1988 II R 237/83 DB 1989, 610 zur Einheitsbewertung des Betriebsvermögens: Die Vermutung, wonach die Anschaffungs- oder Herstellungskosten eines Wirtschaftsgutes vermindert um die Afa dem Teilwert entsprechen, gilt nur dann uneingeschränkt, wenn die Afa nach der linearen Methode vorgenommen wird. Es könne nicht ohne weiteres angenommen werden, daß die unter Verwendung der geometrisch-degressiven Absetzungsmethode ermittelten Buchwerte für die Maschinen und die maschinellen Anlagen in etwa den Teilwerten entsprechen. Denn die geometrisch-degressive Absetzung dürfte nur in wenigen Fällen dem tatsächlichen Nutzungsverlauf entsprechen.

Konjunkturdämpfung ausgesetzt.[143] Die Aussetzung der degressiven Abschreibung als Mittel der Konjunkturpolitik ist allerdings problematisch.[144]

Je nach dem Verlauf der Degression sind verschiedene Methoden zu unterscheiden:

(1) Geometrisch-degressive Abschreibung (Buchwertabsetzung)

Diese Abschreibungsmethode ermittelt die jährlichen Absetzungsbeträge nach einem unveränderlichen Prozentsatz vom jeweiligen Buchwert (Restwert). Die ersten Jahre der Nutzung sind mit sehr hohen Abschreibungsquoten belastet; in den späteren Jahren ergeben sich entsprechend niedrigere Absetzungsbeträge. Diese geometrische Reihe führt nie zu einem Restwert von Null.

(2) Arithmetisch-degressive Abschreibung

Die Absetzung erfolgt mit gleichmäßig fallenden Sätzen von den Anschaffungs- oder Herstellungskosten. Die Abschreibungsquoten werden in der Weise ermittelt, daß man die Jahresziffern der geschätzten Nutzungsdauer addiert und die Anschaffungs- oder Herstellungskosten durch die erhaltene Summe dividiert. Der Quotient ist der Degressionsbetrag, der mit den Jahresziffern in fallender Reihe multipliziert wird. Die arithmetisch-degressive AfA wird auch als digitale AfA bezeichnet. Bei ihr bleibt, anders als bei der geometrisch-degressiven Abschreibung, die Differenz zwischen den Abschreibungsbeträgen der aufeinanderfolgenden Wirtschaftsjahre stets gleich hoch. Man kann die jährlichen Abschreibungsbeträge auch einfach als Bruchteile der Anschaffungs- oder Herstellungskosten errechnen. Hierbei bilden die zusammengezählten Nutzungsjahre in arithmetischer Reihenfolge den Nenner und das jeweilige Nutzungsjahr in umgekehrter Reihenfolge den Zähler des Bruches.

Beispiel: Gegenstand mit Anschaffungskosten von 10 000 DM, betriebsgewöhnlicher Nutzungsdauer von 5 Jahren. Es werden zunächst die Jahresziffern addiert: $1 + 2 + 3 + 4 + 5 = 15$. Im ersten Nutzungsjahr sind $5/15$, im 2. Nutzungsjahr $4/15$, im 3. Jahr $3/15$ usw. von den Anschaffungskosten abzusetzen.

Der sich hiernach im ersten Abschreibungsjahr ergebende Betrag und die Summe der Jahresbeträge der drei ersten Jahre sind jedoch höher als bei Zugrundelegung der geometrisch-degressiven Abschreibung.

---

143 Vgl. z. B. Dritte VO über steuerliche Konjunkturmaßnahmen vom 7. 6. 1973 BStBl I 1973, 522.

144 Vgl. dazu z. B. Gutachten der Steuerreformkommission, 1971, V Rdz. 222, 223.

(3) Abschreibung in fallenden Staffelsätzen

Hier wird die Nutzungsdauer in verschiedene Teilabschnitte (Staffeln) aufgeteilt. Innerhalb der Staffeln wird mit gleichem Prozentsatz abgeschrieben.

Beispiel: Bei einer Maschine mit einer Nutzungsdauer von 10 Jahren werden in den ersten 3 Jahren je 12 %, in den folgenden 4 Jahren je 10 % und in den letzten 3 Jahren je 8 % der Anschaffungskosten abgeschrieben.

Ein gesetzliches Beispiel für die Abschreibung in fallenden Staffelsätzen bietet § 7 Abs. 5 EStG für Gebäude, die vom Steuerpflichtigen hergestellt oder bis zum Ende des Jahres der Fertigstellung angeschafft worden sind.

Zur Zeit hat die Staffel nach § 7 Abs. 5 Ziff. 2 EStG folgendes Aussehen:

In den ersten 8 Jahren je 5 %, in den darauf folgenden 6 Jahren je 2,5 %, in den folgenden 36 Jahren je 1,25 %.

§ 7 Abs. 5 EStG ist in der Vergangenheit aus konjunkturpolitischen Gründen mehrfach geändert worden, vorübergehend auch ausgesetzt gewesen.

Für Gebäude, die zu einem Betriebsvermögen gehören und die zu nicht mehr als 33 vom Hundert Wohnzwecken dienen (Wirtschaftsgebäude) und für die der Antrag auf Baugenehmigung nach dem 31. 3. 1985 gestellt worden ist, ist der Abschreibungszeitraum von 50 auf 25 Jahre verkürzt worden. Für die AfA-Staffel nach § 7 Abs. 5 EStG ergibt sich nach § 7 Abs. 5 Ziff. 1 EStG folgendes Bild:

In den ersten 4 Jahren jeweils 10 %, in den folgenden 3 Jahren jeweils 5 %, in den folgenden 18 Jahren jeweils 2,5 %.

Abgesehen von der degressiven Gebäudeabschreibung nach § 7 Abs. 5 EStG kommt steuerlich seit dem Steuerbereinigungsgesetz 1985 nur noch die geometrisch-degressive Abschreibung (Buchwertabsetzung) in Frage.[145]

Die Buchwertabsetzung ist steuerlich bei allen beweglichen Wirtschaftsgütern des Anlagevermögens zugelassen. Jedoch darf dabei nach der zur Zeit geltenden Fassung des § 7 Abs. 2 EStG höchstens das Dreifache des Jahresbetrages der linearen AfA abgesetzt werden und der Abschreibungssatz 30 % nicht übersteigen.

Beispiel: Maschine, Anschaffungskosten 10 000, betriebsgewöhnliche Nutzungsdauer von 10 Jahren: Als Abschreibungssatz wäre bei geometrisch-degressiver Abschreibung ein Satz von 30 % zulässig. Der Vergleich der jährlichen Absetzungsbeträge bei linearer und degressiver Abschreibung ergibt folgendes Bild:[146]

---

145 Die bis dahin geltende Ermächtigung in § 7 Abs. 2 S. 3 EStG und die darauf aufbauende Bestimmung des § 11 a EStDV (vgl. dazu 4. Aufl. 1983 § 5 IV S. 129 f) sind wegen fehlender Bedeutung in der Praxis aufgehoben worden.

146 Vgl. das Bild bei der früheren Beschränkung auf das Zweifache und den Abschreibungssatz von 20 % in der 4. Aufl., S. 128.

Jahr	linear	Buchwert	degressiv	Buchwert
1	10 000 – 1 000	9 000	10 000 – 3 000 (30 % v. 10 000)	7 000
2	9 000 – 1 000	8 000	7 000 – 2 100 (30 % v. 7 000)	4 900
3	8 000 – 1 000	7 000	4 900 – 1 470	3 430
4	7 000 – 1 000	6 000	3 430 – 1 029	2 401
5	6 000 – 1 000	5 000	2 401 – 720	1 681
6	5 000 – 1 000	4 000	1 681 – 504	1 177
7	4 000 – 1 000	3 000	1 177 – 353	824
8	3 000 – 1 000	2 000	824 – 247	577
9	2 000 – 1 000	1 000	577 – 173	404
10	1 000 – 1 000	1	404 – 121	283

Die Nutzungsjahre werden bei linearer Abschreibung gleichmäßig mit 1 000 belastet. Bei der degressiv-geometrischen Abschreibung sind die ersten 4 Jahre mit höheren, die letzten 6 Jahre mit niedrigeren Beträgen belastet.

cc) Progressive Abschreibung

Die Abschreibung mit steigenden Jahresbeträgen entspricht nur selten dem Nutzungsverlauf[147] und noch seltener dem Grad der eingetretenen Wertminderung. Die Anwendung würde damit – bis auf Ausnahmefälle – regelmäßig dem Prinzip kaufmännischer Vorsicht und damit den Grundsätzen ordnungsmäßiger Buchführung widersprechen.[148] Steuerlich ist eine progressive Abschreibung nicht zulässig.

dd) Die Leistungsabschreibung (variable Abschreibung)

Die Anschaffungs- oder Herstellungskosten werden entsprechend der Beanspruchung, d. h. der Zahl der in einer Abrechnungsperiode mit den abzuschreibenden Wirtschaftsgütern produzierten Leistungen (Stückzahl, Maschinenstunden, km-Leistung bei Kfz), verteilt. Es werden pro Leistungseinheit gleiche Beträge verrechnet. Die Leistungsbeschreibung findet ihre betriebswirtschaftliche Begründung in dem in der Höhe schwankenden Wertverzehr durch unterschiedliche Beanspruchung der Wirtschaftsgüter in den einzelnen Nutzungsjahren. Steuerlich wird die Leistungsabschreibung bei beweglichen Wirtschaftsgütern des Anlagevermögens, bei denen es wirtschaftlich begründet ist, akzeptiert (§ 7 Abs. 1 S. 4 EStG).

Die Leistungsabschreibung ist wenig gebräuchlich, kann aber wirtschaftlich zweckmäßig sein, wenn die Abnutzung des Wirtschaftsgutes in den einzelnen Wirtschaftsjahren stark schwankt. Für die Berechnung ist es erforderlich, die voraussichtliche Leistung des Wirtschaftsgutes während der gesam-

147 Dazu näher Albach, NB 1966, 184.
148 Für die h. M. Adler/Düring/Schmaltz, § 253 HGB Anm. 354.

ten betriebsgewöhnlichen Nutzungsdauer, ausgedrückt in Leistungseinheiten, zu schätzen. Die Anschaffungs- oder Herstellungskosten sind dann durch die Zahl der Leistungseinheiten zu teilen, und der sich ergebende Betrag ist mit der Zahl der im einzelnen Wirtschaftsjahr erbrachten Leistungseinheiten zu vervielfachen, um den Absetzungsbetrag des einzelnen Wirtschaftsjahres zu erhalten.

Beispiel: Anschaffungskosten eines Lastzugs 150 000 DM, voraussichtliche Gesamtleistung 100 000 km. AfA pro km: 1,50 DM. Oder:[149] Eine Maschine mit Anschaffungskosten von 100 000 DM wird voraussichtlich 20 000 Arbeitsstunden leisten. Läßt man den Schrottwert als verhältnismäßig geringfügig außer Betracht,[150] so beträgt der auf die einzelne Arbeitsstunde entfallende Absetzungsbetrag 5 DM.

Bei der Leistungsabschreibung besteht keine Beschränkung in der Höhe der Abschreibung. So können in einem Jahr – beträgt die Leistung in diesem Jahr z. B. 50 % der Gesamtleistung – 50 % der Anschaffungskosten abgeschrieben werden. Bei der Leistungsabschreibung wird allerdings nur die Abnutzung durch den Gebrauch berücksichtigt, nicht aber auch der etwa auf Witterungseinflüssen beruhende natürliche Verschleiß und die durch technischen Fortschritt usw. bedingte wirtschaftliche Entwertung. Auf der anderen Seite wird durch die Orientierung an dem Maß der Leistung die Relation zu den daraus resultierenden Betriebseinnahmen berücksichtigt.

ee) Wechsel in der Abschreibungsmethode

Der Steuerpflichtige ist in der Wahl mehrerer zulässiger Abschreibungsmethoden grundsätzlich frei. Ein willkürlicher Wechsel der einmal gewählten Abschreibungsmethode ist aber nicht zulässig.[151] Das folgt aus dem Grundsatz der Bilanzierungs- und Bewertungsstetigkeit.

Der Übergang von der linearen zur degressiven Abschreibung ist steuerlich ausgeschlossen (§ 7 Abs. 3 S. 3 EStG). Der Steuerpflichtige kann aber jederzeit – ohne nähere Begründung – von der degressiven zur linearen Abschreibung übergehen (§ 7 Abs. 3 S. 1 EStG). Das ist wirtschaftlich geboten, wenn der Abschreibungssatz so beschränkt ist, daß er nach einigen Jahren zu überhöhten Restbuchwerten führt.[152] Des weiteren ist der Wechsel von der degressiven zur linearen Abschreibung auch dann erforderlich, wenn der Steuerpflichtige außergewöhnliche Abschreibungen beabsichtigt. Denn *neben* der degressiven Abschreibung ist eine außergewöhnliche Absetzung nicht zulässig (§ 7 Abs. 2 EStG).

Geht der Steuerpflichtige von der degressiven zur linearen AfA über, so bemißt sich die Abschreibung vom Zeitpunkt des Übergangs an nach dem

149 Beispiel bei Herrmann/Heuer/Raupach, § 7 EStG Anm. 207.

150 Vgl. dazu oben unter 2 c, aa.

151 RFH vom 1. 7. 1931 VI A 2226/30 RStBl 1931, 877.

152 Vgl. dazu die 4. Aufl. S. 128 (bei der Beschränkung des Abschreibungssatzes auf 20 %).

dann noch vorhandenen Restwert und der Restnutzungsdauer des einzelnen Wirtschaftsgutes (§ 7 Abs. 3 S. 2 EStG). Sinnvoll ist der Übergang zur linearen AfA in dem Jahr, in dem die gleichmäßige Verteilung des Restwertes auf die restliche Nutzungsdauer höhere Absetzungsbeträge ergibt als die Beibehaltung der degressiven Methode.

ff) Absetzungen für Substanzverringerung (AfS)

Eine Substanzverringerung liegt vor, wenn ein Wirtschaftsgut durch Ausbeutung verzehrt wird, z. B. Kohle, Metalle im Bergwerk, Ton, Kies, Torf usw. in entsprechenden Gruben. Die Substanzverringerung muß auf die Wirtschaftsjahre der Ausbeutung der Substanz verteilt werden. § 7 Abs. 6 EStG schreibt eine entsprechende Anwendung der Regelungen des Abs. 1 vor. Dies würde grundsätzlich eine Verteilung der Anschaffungskosten nach Maßgabe der Nutzungsdauer bedingen. Ähnlich wie bei der Leistungsabschreibung (§ 7 Abs. 1 S. 4 EStG) entsprechen aber hier auf die Ausbeutung bezogene Abschreibungen, also Abschreibungen nach Maßgabe des Substanzverzehrs, besser den wirtschaftlichen Gegebenheiten und werden daher auch vom Gesetz ausdrücklich zugelassen.[153]

d) Grundsatz der einheitlichen Abschreibung eines Wirtschaftsgutes

Die Abschreibungen erfolgen grundsätzlich für das betreffende Wirtschaftsgut einheitlich, gleichgültig, ob einzelne Teile des Wirtschaftsgutes eine andere Nutzungsdauer als das Wirtschaftsgut selbst haben. So ist etwa bei einer Maschine die gesonderte Aktivierung und Abschreibung von Teilen der Maschine, auch wenn diese einem erhöhten Verschleiß unterliegen, nicht zulässig. Ebenso hat derjenige, der ein Gebäude errichtet, dieses grundsätzlich als einheitliches Wirtschaftsgut mit dem Gesamtbetrag der Herstellungskosten zu bewerten und einheitlich entsprechend der Nutzungsdauer des Gebäudes abzuschreiben, obschon feststeht, daß die einzelnen Teile des Gebäudes eine unterschiedliche Nutzungsdauer haben.[154]

Nur für *selbständige* Gebäudeteile lassen Rechtsprechung[155] und Finanzverwaltung[156] eine gesonderte Bewertung und Abschreibung zu, indem sie hier von einem dem Gebäude gegenüber selbständigen Wirtschaftsgut ausgehen. Ein Gebäudeteil ist – in der Formulierung des BFH – selbständig, wenn er besonderen Zwecken dient, wenn er in einem von der eigentlichen Gebäudenutzung verschiedenen Nutzungs- und Funktionszusammenhang steht. Dies wird bei folgenden Gebäudebestandteilen – unabhängig davon, ob es

153 Nähere Einzelheiten bei Herrmann/Heuer/Raupach, § 7 EStG Anm. 510 ff. Vgl. zum Charakter der AfS näher Knobbe-Keuk, Die Einkommensbesteuerung der entgeltlichen Überlassung von Bodensubstanz, DB 1985, 144 ff.

154 BFH vom 22. 8. 1966 GrS 2/66 BStBl III 1966, 672.

155 BFH vom 26. 11. 1973 GrS 5/71 BStBl II 1974, 132.

156 Vgl. Schreiben des BdF vom 26. 7. 1974 BStBl I 1974, 498.

sich nach den Grundsätzen des bürgerlichen Rechts um wesentliche Bestandteile handelt oder nicht – angenommen:

1. Betriebsvorrichtungen (vgl. dazu Abschn. 43 Abs. 3 EStR)
2. Einbauten für vorübergehende Zwecke (vgl. dazu Abschn. 13b Nr. 2 EStR)
3. Ladeneinbauten, -umbauten und Schaufensteranlagen (vgl. dazu Abschn. 13b Nr. 3 EStR).

Im Gegensatz zu früher ist nach dem Beschluß des Großen Senats des BFH vom 26. 11. 1973[157] eine gesonderte Abschreibung von unselbständigen Gebäudeteilen nicht mehr möglich. So sind z. B. Fahrstuhlanlagen, Heizungsanlagen usw., die nur der Nutzung des Gebäudes dienen und nicht in einem besonderen Nutzungs- und Funktionszusammenhang zu dem Betrieb stehen, nicht mehr selbständig abschreibungsfähig. Vielmehr unterliegen sie als Teile des einheitlichen Wirtschaftsgutes Gebäude der Abschreibung für das Gebäude.

3. Außerplanmäßige Absetzungen

a) Im Handelsrecht

aa) Die niedrigeren Werte des Handelsrechts

Das Handelsrecht kennt als niedrigere Werte, auf die der Unternehmer einen Gegenstand außerplanmäßig abschreiben kann und ggf. muß: den Börsen- oder Marktpreis, den niedrigeren am Abschlußstichtag beizulegenden Wert, den steuerlich für zulässig gehaltenen niedrigeren Wert.

Börsenpreis ist der an einer Börse amtlich oder im Freiverkehr bei tatsächlichen Umsätzen ermittelte Preis.

Als *Marktpreis* wird derjenige Preis angesehen, der an einem Handelsplatz (Markt) für Waren einer bestimmten Gattung von durchschnittlicher Art und Güte zu einem bestimmten Zeitpunkt oder Zeitabschnitt im Durchschnitt gezahlt wird (vgl. auch §§ 385, 453 BGB, § 373 HGB).[158] Man kann unter dem Marktpreis aber auch den Preis verstehen, der an dem für die Branche maßgebenden Beschaffungs- oder Absatzmarkt gilt.[159] Dann ist er der Durchschnittspreis, zu dem das Unternehmen bei einer Mehrheit von Lieferanten beziehen oder an eine Mehrheit von Kunden absetzen kann. Ob auch jener Preis als Marktpreis zu bezeichnen ist, ist letztlich gleichgültig. Jedenfalls bestimmt er den *Wert,* „der den Gegenständen am Abschlußstichtag beizulegen ist“ (Zeitwert).[160]

Im Gesetz nicht geregelt, sondern den Grundsätzen ordnungsmäßiger Buch-

---

157 BFH aaO, (Anm. 155).
158 Vgl. ROHG vom 13. 4. 1871 R 130/71 ROHGE 2, 194.
159 Vgl. Geßler/Hefermehl/Eckardt/Kropff, § 155 AktG Anm. 39.
160 Vgl. Adler/Düring/Schmaltz, § 253 HGB Anm. 464.

führung überlassen, ist die Frage, ob der Börsen- oder Marktpreis und der Zeitwert nach den Verhältnissen am Beschaffungs- oder am Absatzmarkt zu bestimmen ist.[161] In der Bilanzierungspraxis haben sich die folgenden Grundsätze herausgebildet:[162]

1. Für *Roh-, Hilfs- und Betriebsstoffe* sind grundsätzlich die Verhältnisse des Beschaffungsmarktes maßgebend. Entsprechendes gilt für Halb- und Fertigfabrikate, für die Fremdbezug möglich wäre.
2. *Fertige und unfertige Erzeugnisse*[163] sind grundsätzlich nach den Verhältnissen des Absatzmarktes zu bewerten. Es ist eine sogenannte *verlustfreie Bewertung* vorzunehmen. Ausgangspunkt ist der vorsichtig geschätzte Verkaufserlös. Dieser ist um alle bis zum Verkauf noch anfallenden Aufwendungen zu kürzen. Adler/Düring/Schmaltz schlagen folgendes Schema für eine verlustfreie Bewertung vor:

   Voraussichtlicher Verkaufserlös
   – Erlösschmälerungen
   – Verpackungskosten und Ausgangsfrachten
   – Sonstige Vertriebskosten
   – Noch anfallende Verwaltungskosten
   – Kapitaldienstkosten

   = am Bilanzstichtag beizulegender Wert.
3. Bei *Handelswaren* können sowohl die Preisverhältnisse auf der Beschaffungsseite als auch auf der Absatzseite zu berücksichtigen sein.

   Bei der Ermittlung des Zeitwertes vom Absatzpreis her sind von dem zu erwartenden Absatzerlös die nach dem Bilanzstichtag noch entstehenden Kosten abzuziehen.[164]

   Beispiel: Es ist Ware zu 100 angeschafft und zu 120 weiterveräußert worden. Für die Weiterlieferung werden noch Kosten von 10 entstehen. Ist am Bilanzstichtag der Wiederbeschaffungspreis auf 95 gesunken, so kann der Zeitwert auf 95 (Einkaufsmarkt) oder auf 110 (Absatzmarkt) geschätzt werden. Für die Bewertung bedeutet dies, daß der Bilanzierende bei den Anschaffungskosten von 100 bleiben oder auf 95 heruntergehen kann.

   Bei der Ermittlung des Zeitwertes vom Absatzpreis her ist aber vom erwarteten Erlös eine Gewinnspanne nicht abzusetzen.[165] Denn das Niederstwertprinzip, auf Grund dessen der niedrigere Zeitwert zu berücksichtigen ist, soll lediglich künftige Verluste vorwegnehmen, nicht aber künftige Gewinne sichern. Etwas anderes ist es, wenn bei der retrograden Werter-

161 Vgl. zu der Problematik i. e. Groh, StuW 1976, 32 ff.
162 Vgl. die Einzelheiten bei Adler/Düring/Schmaltz, § 253 HGB Anm. 469 ff mit weiteren Nachweisen zum Meinungsstand.
163 Vgl. dazu näher Harrmann, DB 1986, 1412.
164 Vgl. dazu näher Groh aaO, (Anm. 161), S. 34 mit weiteren Nachweisen.
165 Vgl. Adler/Düring/Schmaltz, § 253 HGB Anm. 482; Groh aaO, (Anm. 161), S. 35 mit weiteren Nachweisen zum Meinungsstand.

mittlung[166] vom Verkaufspreis auch die Handelsspanne abgezogen wird. Denn bei der retrograden Wertermittlung geht es um die Ermittlung der Anschaffungskosten durch Rückrechnung vom Verkaufspreis, nicht aber um die Feststellung des Zeitwertes.

Bei *Gegenständen des Anlagevermögens* ist, da diese nicht zur Veräußerung bestimmt sind, zur Ermittlung des niedrigeren beizulegenden Wertes (Zeitwert)[167] der Veräußerungswert grundsätzlich nicht zu berücksichtigen. Regelmäßig wird von dem Wiederbeschaffungswert für eine vergleichbare Anlage auszugehen sein. Bei Gegenständen des Anlagevermögens, die nicht wieder zu beschaffen sind, wie z. B. bei Patenten und ähnlichen Rechten, wird der beizulegende Wert häufig nur aus dem Ertragswert abzuleiten sein.

Die Möglichkeit der Abschreibung auf den niedrigeren, steuerlich für zulässig gehaltenen Wert (§ 254 HGB) trägt der Tatsache Rechnung, daß das Steuerrecht insbesondere bei Sonderabschreibungen den Ansatz eines niedrigeren Wertes grundsätzlich nur anerkennt, wenn er auch in der Handelsbilanz angesetzt wird.[168] Bei Kapitalgesellschaften dürfen Abschreibungen nach § 254 HGB denn auch nur vorgenommen werden, wenn das Steuerrecht eine entsprechende Bewertung in der Handelsbilanz voraussetzt (§ 279 Abs. 2 HGB).

bb) Im Anlagevermögen

Außerplanmäßige Abschreibungen können oder müssen unter bestimmten Voraussetzungen bei allen Gegenständen des *Anlagevermögens* vorgenommen werden, ohne Rücksicht darauf, ob ihre Nutzung zeitlich begrenzt ist (§ 253 Abs. 2 S. 3 HGB). Ziel der außerplanmäßigen Abschreibung ist die Bewertung der Gegenstände „mit dem niedrigeren Wert, der ihnen am Abschlußstichtag beizulegen ist". Bei Gegenständen des Anlagevermögens, deren Nutzung zeitlich begrenzt ist, ist jede Abschreibung außerplanmäßig, die weder im ursprünglichen noch in einem geänderten Abschreibungsplan vorgesehen ist. In Frage kommt insbesondere die Berücksichtigung außerordentlicher Wertminderungen infolge außergewöhnlicher technischer oder wirtschaftlicher Abnutzung im Sinne der steuerrechtlichen Terminologie. Bei Gegenständen des Anlagevermögens, deren Nutzung zeitlich nicht begrenzt ist, ist jede Abschreibung außerplanmäßig.

Bei einer voraussichtlich *dauernden* Wertminderung *müssen* die außerplanmäßigen Abschreibungen auf den jeweiligen, den Anlagegütern beizulegenden Stichtagswert vorgenommen werden.

Bei einer voraussichtlich nur vorübergehenden Wertminderung besteht nach der allgemeingültigen Vorschrift des § 253 Abs. 2 S. 3 HGB ein Abschreibungswahlrecht. Für Kapitalgesellschaften ist dieses Abschreibungswahl-

166 Vgl. dazu oben § 5 III 1 b.
167 Vgl. i. e. Adler/Düring/Schmaltz, § 253 HGB Anm. 406 ff.
168 Zu der Problematik vgl. i. e. oben § 2 III.

recht – gemäß der Vorgabe der EG-Richtlinie – freilich auf Finanzanlagen beschränkt (§ 279 Abs. 1 S. 2 HGB).

Beispiel: Bei Wertpapieren des Anlagevermögens kann ein niedrigerer Stichtagskurs als vorübergehend angesehen werden, wenn er durch ungewöhnliche Kapitalmarktverhältnisse veranlaßt und eine Änderung dieser Verhältnisse abzusehen ist.[169]

cc) Im Umlaufvermögen

Sind die Anschaffungs- oder Herstellungskosten von Gegenständen des *Umlaufvermögens* höher als der Börsen- oder Marktpreis oder der Zeitwert am Bilanzstichtag, so *ist* der niedrigere Wert anzusetzen (Niederstwertprinzip; § 253 Abs. 3 HGB). Darüber hinaus dürfen die Gegenstände des Umlaufvermögens mit einem noch niedrigeren Wert angesetzt werden, soweit der niedrigere Wertansatz bei vernünftiger kaufmännischer Beurteilung notwendig ist, um zu verhindern, daß in der nächsten Zukunft der Wertansatz dieser Gegenstände auf Grund von Wertschwankungen geändert werden muß (§ 253 Abs. 3 S. 3 HGB).[170]

b) Im Steuerrecht

Den unter a) erwähnten handelsrechtlichen außerplanmäßigen Abschreibungen entsprechen steuerlich die Absetzungen für außergewöhnliche Abnutzung und die Teilwertabschreibung.

aa) Absetzungen für außergewöhnliche Abnutzung

Absetzungen für außergewöhnliche technische oder wirtschaftliche Abnutzung bei abnutzbaren Wirtschaftsgütern des Anlagevermögens sind in § 7 Abs. 1 S. 5 EStG ausdrücklich für zulässig erklärt. Nach h. M.[171] besteht ein Wahlrecht zur Vornahme der erhöhten Absetzung.

Der h. M. dürfte im Ergebnis nicht zu folgen sein. In der Handelsbilanz muß – ist die Wertminderung nicht nur vorübergehender Natur – die außerplanmäßige Abschreibung vorgenommen werden. Der handelsrechtlich gebotene niedrigere Ansatz ist für die Zwecke der Besteuerung zu übernehmen.

Voraussetzung für die erhöhte Absetzung ist, daß infolge besonderer Umstände ein außergewöhnlicher Wertverzehr durch technische oder wirtschaftliche Abnutzung eingetreten ist.[172] Technische Abnutzung ist der ma-

169 Beispiel bei Geßler/Hefermehl/Eckardt/Kropff, § 154 AktG Anm. 34.

170 Zu den Einzelheiten vgl. Adler/Düring/Schmaltz, § 253 HGB Anm. 494 ff.

171 Vgl. Herrmann/Heuer/Raupach, § 7 EStG Anm. 230; Schmidt/Drenseck, § 7 EStG Anm. 9 d; Tiedtke, S. 302; a. A. (Pflicht zur Vornahme der erhöhten Absetzung) vgl. RFH vom 19. 12. 1934 VI A 532/33 StuW 1935 Nr. 159; BFH vom 22. 11. 1968 VI R 182/67 BStBl II 1969, 160; Werndl in Kirchhof/Söhn, § 7 EStG Rz. B 157; Plückebaum, DB 1962, 1385 ff, 1417 f.

172 Vgl. Einzelheiten bei Herrmann/Heuer/Raupach, § 7 EStG Anm. 220 ff.

terielle Verschleiß des Gutes, sein Substanzverzehr. Wirtschaftliche Abnutzung ist die Verminderung oder der Fortfall der Verwendungsmöglichkeit für den Steuerpflichtigen.

Ursachen für außergewöhnliche technische oder wirtschaftliche Abnutzung sind z. B. Brand, Hochwasser, Explosion, Insektenfraß, Schwammbildung, Nachfragerückgang, neue Erfindungen.

Die Absetzung für außergewöhnliche Abnutzung ist nur zulässig, sofern die normale Absetzung nicht nach einer degressiven Methode vorgenommen wird (§ 7 Abs. 2 EStG). Der Steuerpflichtige muß also, will er die Absetzung für außergewöhnliche Abnutzungen vornehmen, zuvor von der degressiven zur linearen Abschreibung übergehen. Die Absetzung für außergewöhnliche Abnutzung ist keine Wertabschreibung. Die Vornahme der Absetzung für außergewöhnliche Abnutzung ist nicht an den Teilwert oder gemeinen Wert gebunden. Sie kann zu einem unter dem Teilwert liegenden Ansatz führen.[173] Im Einzelfall können natürlich eine Absetzung für außergewöhnliche Abnutzung und eine Abschreibung auf den niedrigeren Teilwert gleichzeitig begründet sein.

bb) Teilwertabschreibung

Unter Teilwertabschreibung versteht man die Wertabsetzung eines Wirtschaftsgutes vom Buchwert auf den niedrigeren Teilwert. Sie erfaßt insbesondere die mit den normalen Abschreibungen und mit den Abschreibungen für außergewöhnliche Abnutzung nicht zu berücksichtigenden Wertminderungen, die auf gesunkenen Wiederbeschaffungskosten und auf anderen Markteinflüssen beruhen.[174] Teilwertabschreibungen sind – im Gegensatz zu den Absetzungen für außergewöhnliche Abnutzung – nicht nur beim abnutzbaren Anlagevermögen, sondern auch beim nichtabnutzbaren Anlagevermögen und beim Umlaufvermögen zulässig. Beim Anlagevermögen entspricht die Teilwertabschreibung formal der außerplanmäßigen Abschreibung nach § 253 Abs. 2 S. 3 HGB. Ist die Wertminderung nicht nur vorübergehender Natur, so besteht kraft des Maßgeblichkeitsprinzips auch für das Steuerrecht eine Pflicht zur Vornahme der Teilwertabschreibung. Beim Umlaufvermögen ist bei Wertminderungen kraft des handelsrechtlichen Niederstwertprinzips der niedrigere Wert i. S. des § 253 Abs. 3 HGB anzusetzen. Das Maßgeblichkeitsprinzip begründet auch hier steuerlich die Pflicht zur Teilwertabschreibung. Das Wahlrecht des § 6 Abs. 1 Nr. 2 S. 2 EStG, die Teilwertabschreibung vorzunehmen oder nicht, gilt also nicht, soweit das handelsrechtliche Niederstwertprinzip Anwendung findet.

Es kommt hier das Imparitätsprinzip[175] zur Geltung: Verluste sind – anders

173 RFH vom 1. 3. 1939 VI 125/39 RStBl 1939, 630; RFH v. 8. 3. 1939 VI 97/39, StuW 1939 Nr. 291.

174 Zur Zulässigkeit der Teilwertabschreibung bei betrieblichen Fehlmaßnahmen vgl. BFH vom 17. 9. 1987 III R 201–202/84 BStBl II 1988, 488.

175 Vgl. dazu oben § 3 III 4.

als Gewinne – nicht erst bei der Realisierung, sondern schon im Zeitpunkt der Verursachung zu erfassen.[176] Dabei ist insbesondere bei Waren zu beachten, daß für den Bilanzierenden insofern doch ein gewisser Ermessensspielraum besteht, als bei der Ermittlung des Zeitwertes sowohl die Verhältnisse des Beschaffungs- als auch des Absatzmarktes berücksichtigt werden können.[177]

Beispiel: Es ist Ware zu 100 angeschafft und zu 120 weiterveräußert. Am Bilanzstichtag sind die Wiederbeschaffungspreise auf 90 gesunken. Bei der Ermittlung des Zeitwertes kann sich der Bilanzierende am Beschaffungsmarkt orientieren und 90 ansetzen. Ebenso ist steuerlich die Teilwertabschreibung auf 90 zulässig.[178] Der Bilanzierende kann aber, wenn der Weiterveräußerungspreis nach Abzug der nach dem Bilanzstichtag noch anfallenden Kosten den Anschaffungspreis von 100 deckt, bei 100 bleiben.

Das handelsrechtliche Wahlrecht nach § 253 Abs. 3 S. 3 HGB, beim Umlaufvermögen unter bestimmten Voraussetzungen auf einen unter dem Börsen- oder Marktpreis oder Zeitwert liegenden Wert herabzugehen,[179] gilt wegen des Bewertungsvorbehaltes des § 5 Abs. 6 EStG steuerlich nicht. Es wird allerdings, um Zufallsergebnisse auszuschalten, zugelassen, daß bei Waren, deren Preise stark schwanken, die Preisentwicklung an den internationalen Märkten etwa 4 bis 6 Wochen vor und nach dem Bilanzstichtag berücksichtigt wird.[180]

4. Sonderabschreibungen

a) Allgemeines

Sonderabschreibungen haben mit der normalen betrieblichen Gewinnermittlung nichts zu tun. Sie stehen in keiner Beziehung zu der Wertminderung eines Wirtschaftsgutes. Ihr Zweck ist die Gewährung einer Steuervergünstigung durch Manipulation der Steuerbemessungsgrundlage „Gewinn“.

Von *Sonderabschreibungen* spricht man im allgemeinen, soweit die Steuervergünstigung in der Form gewährt wird, daß beim *abnutzbaren Anlagevermögen* ein unter den Anschaffungs- oder Herstellungskosten liegender Wertansatz gewählt werden kann. Für die Wertherabsetzung beim *nicht abnutzbaren Anlagevermögen* und beim *Umlaufvermögen* ist der Begriff „*Bewertungsabschlag*“ üblich. Bei dem Bewertungsabschlag ist die Vergünstigung im übrigen nicht wie bei der Sonderabschreibung auf mehrere Jahre verteilt.

Wird die Steuervergünstigung an Stelle der AfA nach § 7 EStG gewährt, so spricht das Gesetz in der Regel von *erhöhten Abschreibungen,* während Sonderabschreibungen auch neben der AfA nach § 7 EStG in Betracht kommen.

---

176 Vgl. dazu näher Groh, StuW 1976, 32 ff mit weiteren Nachweisen.

177 Vgl. oben § 5 IV 3 a, aa.

178 BFH vom 8. 10. 1957 I 86/57 BStBl III 1957, 442; Herrmann/Heuer/Raupach, § 6 EStG Anm. 1004.

179 Vgl. oben unter § 5 IV 3 a.

180 Vgl. BFH vom 16. 4. 1953 IV 119/52 S BStBl III 1953, 192; BFH vom 17. 7. 1956 I 292/55 U BStBl III 1956, 379.

Vielfach wird die Steuervergünstigung durch Manipulation der Steuerbemessungsgrundlage „Gewinn" auch in der Form durchgeführt, daß nicht die Aktivseite vermindert, sondern die Passivseite durch Bildung *steuerfreier Rücklagen* erhöht wird.[181]

Steuervergünstigungen in Form der gesetzlichen Manipulation der Bemessungsgrundlage Gewinn boten den Nährboden für das Gedeihen der „Abschreibungs"- oder „Verlustzuweisungsgesellschaften".

Sonderabschreibungen werden als ein Mittel der Wirtschaftspolitik eingesetzt. Die in dieser Form gewährten Steuervergünstigungen sollen insbesondere Anreiz zu Investitionen in bestimmten Bereichen geben. Im Vordergrund stehen die Beeinflussung der allgemeinen Wirtschaftsentwicklung sowie der wirtschaftlichen Situation bestimmter Wirtschaftszweige oder Personenkreise oder die Minderung von (zumeist politisch bedingten) Standortnachteilen. Entsprechend breit und wechselnd ist die Palette der auf diese Weise geförderten Bereiche.

Übersicht über die wichtigsten Sonderabschreibungen, erhöhten Abschreibungen und Bewertungsabschläge:[182] Für abnutzbares Anlagevermögen in Berlin (§ 14 BerlFG) und im Zonenrandgebiet (§ 3 Abs. 2 ZonenRFG); für Handelsschiffe, Seefischerei, Luftfahrzeuge (§ 82f EStDV); für bewegliche Anlagegüter und bestimmte Bauten in der Land- und Forstwirtschaft (§§ 76–78 EStDV); für bestimmte abnutzbare Anlagegüter im Kohle- und Erzbergbau (§ 81 EStDV); für Anlagen im Bereich des Umweltschutzes (§ 7 d EStG);[183] für Lagerhäuser, Fabrikgebäude und landwirtschaftliche Betriebsgebäude von Vertriebenen und Verfolgten (§ 7 e EStG). Für den Privaten sind von besonderer Bedeutung die erhöhten Abschreibungen nach § 7 b bzw. § 10 e EStG bei Ein- und Zweifamilienhäusern sowie Eigentumswohnungen und die Sonderabschreibungen nach § 82 a EStDV für bestimmte Herstellungskosten bei Wohngebäuden.

Für „Wirtschaftsgebäude" bestehen seit dem Veranlagungszeitraum 1985 erhöhte Absetzungssätze (§ 7 Abs. 4 Satz 1 Nr. 1, § 7 Abs. 5 Satz 1 Nr. 1 EStG).[184]

Durch das Steuerentlastungsgesetz 1984 ist eine Sonderabschreibung zur Förderung kleiner und mittlerer Betriebe eingeführt worden. 1988 ist in einem Gesetz mit dem schönen Namen „Steuersenkungs-Erweiterungsgesetz" eine „Verbesserung"[185] dieser Sonderabschreibungen erfolgt. Sie ist z. Z. davon abhängig, daß der Einheitswert des Betriebes nicht mehr als 240 000 DM und das Gewerbekapital nicht mehr als 500 000 DM beträgt (vgl. i. e. § 7g EStG).

Sonderabschreibungen[186] führen im Jahre ihrer Vornahme zu einem vergleichsweise niedrigeren steuerpflichtigen Gewinn. Dadurch verringert sich in den Jahren der Sonderabschreibung der Betrag der an sich zu zahlenden gewinnabhängigen Steuern (ESt. bzw. KSt. sowie Gewerbeertragsteuer). In

181 Vgl. dazu oben § 4 V 2.

182 Vgl. i. e. die Übersicht bei Herrmann/Heuer/Raupach, § 7 EStG Anm. 40.

183 Vgl. dazu Heigl, StuW 1976, 240 ff.

184 Vgl. näher Zitzmann, BB 1986, 103 ff. Die erhöhten Absetzungssätze sind auch der Behandlung von Finanzierungs-Leasing-Verträgen über unbewegliche Wirtschaftsgüter zugrunde zu legen, BdF vom 9. 6. 1987 BStBl I 1987, 440.

185 Vgl. Zitzmann, DB 1988, 620 ff.

186 Das für die Sonderabschreibungen Ausgeführte gilt entsprechend für alle Steuervergünstigungen, die durch Beeinflussung der Bemessungsgrundlage „Gewinn" gewährt werden.

den folgenden Jahren tritt der gegenteilige Effekt ein. Da auch bei Sonderabschreibungen insgesamt nicht mehr als der Nominalbetrag der Anschaffungs- oder Herstellungskosten gewinnmindernd abgesetzt werden darf, sind die Abschreibungen der Folgejahre um die früher in Anspruch genommenen Sonderabschreibungen geringer. Bleiben der Steuertarif und das Einkommen gleich, bedeutet dies nur, daß die steuerliche Minderbelastung in den Abschreibungsjahren durch eine Mehrbelastung in den folgenden Wirtschaftsjahren ausgeglichen wird.

Wirtschaftlich wird eine (zinslose) Steuerstundung erreicht. Die Steuerverschiebung bringt einen Liquiditäts-, Finanzierungs- und Zinsvorteil. Eine endgültige Steuerersparnis ergibt sich nur, soweit Einkommen und/oder Tarif in der Zwischenzeit gesunken sind.

Der Einsatz von Sonderabschreibungen, Bewertungsabschlägen und steuerfreien Rücklagen als Instrument der Wirtschaftspolitik ist erheblichen Bedenken ausgesetzt.[187] Durch diese Steuervergünstigungen wird der steuerliche Gewinnbegriff als Maßstab für die steuerliche Leistungsfähigkeit verzerrt. Die Vergünstigungen mindern die steuerliche Belastung des Unternehmers, obwohl die steuerliche Leistungsfähigkeit, auf die allein es im Rahmen der Ertragsteuern ankommen sollte, nicht beeinträchtigt wird.

Des weiteren haftet den steuerlichen Sondervergünstigungen der Makel an, daß das Ausmaß der staatlichen Förderung um so höher ist, je besser die Ertragslage des Unternehmers ist, so daß Unternehmen, die sich in der Verlustzone befinden, von der staatlichen Förderung ausgeschlossen sind.

Auch haushaltsrechtlich sind die Steuervergünstigungen problematisch. Sie führen zu einer Verzerrung der öffentlichen Haushalte. Die finanziellen Belastungen, die durch sie entstehen, werden nicht auf der Ausgabenseite offen ausgewiesen, sondern bereits mit den Steuereinnahmen saldiert.

Steuervergünstigungen in Form der Manipulation der gesetzlichen Bemessungsgrundlage haben in einem an der Leistungsfähigkeit orientierten Steuerrecht nichts zu suchen. Zudem sind sie – wie andere Steuerprivilegien auch – eine der wesentlichen Ursachen für die Kompliziertheit und Undurchsichtigkeit des Steuerrechts.

187 Vgl. insbesondere die Bedenken in dem Gutachten der Steuerreformkommission, 1971, V Rdz. 437 ff und bei Tipke/Lang, § 19, 3.1., S. 622 f.

b) Die Regelungen des § 7 a EStG[188]

aa) Überblick

§ 7 a EStG 1975 hat erstmals gemeinsame Vorschriften für Sonderabschreibungen und erhöhte Absetzungen, gleichgültig ob sie im EStG oder in Nebengesetzen geregelt sind, gebracht. Die Regelungen des § 7 a sollen der Vereinheitlichung des Abschreibungsrechts dienen. Zum Teil handelt es sich um die Übernahme von inhaltsgleichen Vorschriften aus den einzelnen Sonderabschreibungsregelungen, zum Teil um die Kodifizierung der Verwaltungspraxis in Fragen, für die bislang eine ausdrückliche gesetzliche Regelung fehlte, zum Teil auch um Änderungen der früheren Rechtslage.

§ 7 a EStG ist als lex generalis insoweit nicht anwendbar, als die speziellen Sonderabschreibungsvorschriften etwas anderes bestimmen.

Im einzelnen sind in § 7 a EStG folgende Regelungen getroffen:

Abs. 1: Bemessung der Absetzungen, erhöhten Absetzungen und Sonderabschreibungen bei *nachträglichen* Anschaffungs- oder Herstellungskosten,

Abs. 2: Einzelheiten zur Inanspruchnahme von erhöhten Absetzungen und Sonderabschreibungen für Anzahlungen auf Anschaffungskosten und für Teilherstellungskosten,

Abs. 3: Mindest-AfA, die bei Inanspruchnahme erhöhter Absetzungen in Anspruch genommen werden muß,

Abs. 4: Zwingende Vornahme der linearen AfA nach § 7 Abs. 1 oder 4 EStG neben Sonderabschreibungen,

Abs. 5: Kumulationsverbot bei Vorliegen mehrerer Sonderabschreibungsmöglichkeiten,

Abs. 6: Kein Einfluß von erhöhten Absetzungen und Sonderabschreibungen auf Buchführungsgrenzen,

Abs. 7: Inanspruchnahme durch mehrere Begünstigte,

Abs. 8: Buchmäßige Nachweise,

Abs. 9: Restwert-AfA nach Sonderabschreibungen.

Die Regelungen des § 7 a EStG gelten nur für erhöhte Absetzungen und Sonderabschreibungen. Sie finden keine Anwendung bei Bewertungsabschlägen (z. B. § 80 EStDV) und anderen Bewertungsfreiheiten (z. B. § 6 Abs. 2 EStG), ebenso nicht bei steuerfreien Rücklagen. Dabei ist die in § 7 a EStG geregelte Problematik weitgehend (z. B. die Frage der einheitlichen Inanspruchnahme) auch bei anderen Steuervergünstigungen als in Form von erhöhten Absetzungen oder Sonderabschreibungen von Bedeutung.[189]

---

188 Vgl. zu den Regelungen i. e. Lang, StuW 1974, 307 ff; Herrmann/Heuer/Raupach, § 7 a EStG; Einführungsschreiben des BdF v. 29. 11. 1974 BStBl I 1974, 946 Tz. 7.1; Schmidt/Drenseck, § 7 a EStG. Zu der 1980 aus Anlaß der Einführung des § 15 a EStG wieder gestrichenen Verlustklausel, vgl. 6. Aufl. § 5 IV 4 b, bb.

189 Vgl. dazu näher Knobbe-Keuk, JDStJG 1979, 109 ff.

bb) Inanspruchnahme durch mehrere Beteiligte

(1) Ist ein Wirtschaftsgut mehreren Beteiligten zuzurechnen und sind die Voraussetzungen für erhöhte Absetzungen oder Sonderabschreibungen nur bei einzelnen Beteiligten erfüllt, so dürfen die erhöhten Absetzungen und Sonderabschreibungen nur anteilig für diese Beteiligten vorgenommen werden. Die erhöhten Absetzungen oder Sonderabschreibungen dürfen von den Beteiligten, bei denen die Voraussetzungen dafür erfüllt sind, nur einheitlich vorgenommen werden (§ 7 a Abs. 7 EStG).

Die Regelung des S. 1 über die *anteilige* Inanspruchnahme bringt keine Änderung gegenüber dem bisherigen Rechtszustand. Hingegen war in einer Reihe von Fällen von Rechtsprechung und Verwaltungspraxis bislang die unterschiedliche Inanspruchnahme von Sonderabschreibungen durch mehrere Beteiligte zugelassen.[190] Das ist nach S. 2 nicht mehr möglich. Es gilt nunmehr der Grundsatz der *einheitlichen* Inanspruchnahme von Sonderabschreibungen durch mehrere Beteiligte.

Nicht geregelt ist die Frage, ob die Sonderabschreibungen auch einheitlich vorzunehmen sind, wenn alle Beteiligten begünstigt sind. Dies beruht offensichtlich auf einer „Panne" des Gesetzgebers.[191] Die h. M. nimmt an, die in § 7 a Abs. 7 EStG gelassene Lücke sei dahin auszufüllen, daß auch dann, wenn alle Beteiligten begünstigt sind, die Sonderabschreibungen nur einheitlich vorzunehmen seien.[192]

(2) Die in § 7 a Abs. 7 EStG geregelten Fragen stellen sich für die Mehrzahl der Sonderabschreibungen – soweit diese nämlich nur auf den Betrieb bezogen sind und nicht auch an persönliche Eigenschaften oder besondere Voraussetzungen beim Steuerpflichtigen anknüpfen – nicht. Geht es um die Vornahme von Sonderabschreibungen im Rahmen der Gewinnermittlung einer Personengesellschaft, so nimmt die Gesellschaft, die den Gewerbebetrieb führt, in ihrer Bilanz die Sonderabschreibungen vor.[193] Die Regelungen des § 7 a Abs. 7 EStG werden bei einer Personengesellschaft erst relevant, wenn die Vornahme einer Sonderabschreibung von persönlichen Eigenschaften und Voraussetzungen beim Steuerpflichtigen abhängig ist. Schulbeispiel ist die Vorschrift des § 7 e EStG zugunsten Steuerpflichtiger, die auf Grund des Bundesvertriebenengesetzes zur Inanspruchnahme von Rechten und Vergünstigungen berechtigt sind oder aus Gründen der Rasse, Religion, Nationalität, Weltanschauung oder politischer Gegnerschaft gegen den Nationalsozialismus verfolgt worden sind. Die Gesellschaft weist diese Eigenschaften nicht auf. Der Gesellschafter, bei dem diese persönlichen Voraussetzungen erfüllt sind, hat keinen „eigenen gewerblichen Betrieb". Den-

---

190 Vgl. die Nachweise bei Herrmann/Heuer/Raupach, § 7 a EStG Anm. 116.

191 Vgl. zur Entstehungsgeschichte des Abs. 7 Herrmann/Heuer/Raupach, § 7 a EStG Anm. 110.

192 Lang, StuW 1974, 309; Schmidt/Drenseck, § 7 a EStG Anm. 8; Herrmann/Heuer/Raupach, § 7 a EStG Anm. 120; Abschn. 45 Abs. 9 EStR.

193 Vgl. dazu unten § 10 I 1 c.

noch muß nach dem Sinn und Zweck des § 7 e EStG die Begünstigung auch einer Person mit diesen Eigenschaften zugute kommen, die als Gesellschafter an einem von einer Personengesellschaft geführten Betrieb beteiligt ist. Die sachgerechte Regelung ist die des § 7 a Abs. 7 S. 1 EStG, daß die Vergünstigung dem Betrieb der Gesellschaft *anteilig* zugute kommt.[194]

Das in § 7 a Abs. 7 S. 1 EStG geregelte Problem stellt sich im übrigen nicht nur für erhöhte Absetzungen und Sonderabschreibungen, sondern auch für andere Steuervergünstigungen. So setzt z. B. die Bildung einer steuerfreien Rücklage nach § 3 AuslInvG[195] die unbeschränkte Steuerpflicht, also eine Eigenschaft, die nur eine natürliche Person haben kann, voraus. Auch hier ist in dem in § 7 a Abs. 7 S. 1 geregelten Sinn zu entscheiden.[196]

Sind bei mehreren Gesellschaftern die besonderen persönlichen Voraussetzungen erfüllt, so können nach § 7 a Abs. 7 S. 2 EStG die erhöhten Absetzungen und Sonderabschreibungen nur einheitlich vorgenommen werden.

Die Entscheidung des Gesetzgebers ist durchaus nicht unproblematisch. Denn die Interessen der betreffenden Gesellschafter können im Einzelfall auseinanderlaufen. Die Forderung nach einer einheitlichen Vornahme der Sonderabschreibung durch alle Miteigentümer ist materiell nicht zu begründen.[197] Auch Vereinfachungsgründe rechtfertigen u. E. nicht die Entscheidung des Gesetzgebers für eine einheitliche Vornahme. Durch den Wechsel von Miteigentümern kann ohnehin wieder die Situation eintreten, daß für den neuen Miteigentümer die Ermittlung seiner Einkünfte ohne die Berücksichtigung von Sonderabschreibungen erfolgen muß. Ebenso hat man von vornherein die Unterschiede, wenn nur bei einem der Miteigentümer die Voraussetzungen einer Sonderabschreibung vorliegen. Vor allem aber bleibt die Frage, wie eigentlich zu verfahren sein soll, wenn z. B. bei allen Miteigentümern die Voraussetzungen einer Sonderabschreibung vorliegen, die Interessen der Miteigentümer hinsichtlich der Inanspruchnahme aber unterschiedlich sind.

Nach dem Erlaß des BdF vom 30. 4. 1975[198] soll der in § 7 a Abs. 7 S. 2 EStG verankerte Grundsatz der einheitlichen Inanspruchnahme auch für die degressive AfA gelten.

Gehört das Wirtschaftsgut zu dem Betriebsvermögen einer Personengesellschaft, so ergibt sich dieses schon aus dem Prinzip der einheitlichen Bilanzierung bei Personengesellschaften.[199] Die Gesellschaft entscheidet, wie ihr Wirtschaftsgut in ihrer Bilanz anzusetzen ist. Das gilt auch für die Abschreibung nach § 7 Abs. 5 EStG. Denn die Gesellschaft ist die Bauherrin.[200]

Bei der Bruchteilsgemeinschaft hingegen ist die Situation wegen der unmittelbaren rechtlichen Zuordnung des Anteils an den einzelnen Miteigentümer anders. Es ist kein Grund ersichtlich, weshalb nicht der eine Miteigentümer nach § 7 Abs. 4 EStG,

---

194 § 10 I 1 d.

195 Vgl. dazu näher unten § 10 I 1 e.

196 Vgl. dazu Knobbe-Keuk aaO, (Anm. 189).

197 Kronthaler, DB 1988, 676 vertritt mit guten Gründen den Standpunkt, § 7 a Abs. 7 S. 2 EStG sei auf Miteigentümer von vornherein nicht anwendbar.

198 BStBl I 1975, 611.

199 Vgl. dazu unten § 10 I 1 c.

200 Vgl. dazu näher Knobbe-Keuk aaO, (Anm. 189).

der andere nach § 7 Abs. 5 EStG für seinen Anteil soll verfahren können.[201] Vor allem gibt es wiederum niemanden, der für die Entscheidung legitimiert wäre, daß einheitlich in diesem oder jenem Sinne zu verfahren sein soll. Die problematische Regelung des § 7 a Abs. 7 S. 2 EStG sollte deshalb nicht noch auf weitere Fälle ausgedehnt werden.

V. Zuschreibungen

Zuschreibungen dienen der buchtechnischen Heraufsetzung von Bilanzwerten der vorangegangenen Jahresbilanz.

1. Im Handelsrecht

Die Vierte Richtlinie verbietet in Art. 35 Abs. 1, c, dd und in Art. 39 Abs. 1, d die Beibehaltung niedrigerer Wertsätze, wenn diese auf außerplanmäßigen Abschreibungen auf Wirtschaftsgüter des Anlagevermögens oder bei Wirtschaftsgütern des Umlaufvermögens auf Abschreibungen im Sinne des § 253 Abs. 3 HGB zurückzuführen sind *und* die Gründe für diese Abschreibungen nicht mehr bestehen.

Die bisherige Regelung in § 154 Abs. 2 S. 2 AktG und in § 155 Abs. 4 AktG, die den Unternehmen die Wertaufholung freistellte, konnte also für Unternehmen, auf die die Vierte Richtlinie anzuwenden ist, nicht beibehalten werden.

In dem Bilanzrichtliniengesetz wird zunächst in § 253 Abs. 5 HGB das bisherige – dem Vorsichtsprinzip Rechnung tragende – deutsche Wahlrecht für die Beibehaltung der niedrigeren Wertansätze verankert.

Der Bilanzierende hat hinsichtlich der Zuschreibung ein Wahlrecht, *ob und wann* er sie vornehmen will. Die Zuschreibung muß nicht schon in dem Jahr vorgenommen werden, in dem der Grund für die niedrigere Bewertung weggefallen ist.

Das Recht des Bilanzierenden, trotz des Wegfalls des Wertminderungsgrundes den niedrigeren Wert beizubehalten, beinhaltet u. E. nicht auch das Recht, auf einen beliebigen Zwischenwert zu gehen, denn es würde gegen den Grundsatz verstoßen, daß jeder Wertansatz aus einer bestimmten Bewertungs- und Abschreibungsmethode abzuleiten ist.[202]

Die durch die Richtlinie gebotene *Wertaufholungspflicht* ist in § 280 Abs. 1 HGB *nur für Kapitalgesellschaften* vorgeschrieben.[203] Kapitalgesellschaften haben – stellt sich in einem späteren Wirtschaftsjahr heraus, daß die Gründe für die Abschreibung nicht mehr bestehen – den Betrag der Abschreibung im Umfange der Werterhöhung (unter Berücksichtigung der Abschreibungen, die inzwischen vorzunehmen gewesen wären) zuzuschreiben.

---

201 Vgl. in diesem Sinne auch BFH vom 19. 2. 1974 VIII R 114/69 BStBl II 1974, 704. Bei Personengesellschaften ist u. E. – entgegen dem BFH – anders zu verfahren.

202 Vgl. im Grundsatz auch Adler/Düring/Schmaltz, § 253 HGB Anm. 560; a. A. Pankow/Lienau in Beck'scher Bilanzkommentar, § 253 HGB Anm. 662.

203 Zur Wertaufholungskonzeption des Bilanzrichtliniengesetzes vgl. eingehend Harms/Küting/Weber, DB 1986, 653 ff.

Der Gefahr, daß der zugeschriebene Betrag bei einer erneuten Wertminderung infolge von Ausschüttungen nicht mehr vorhanden ist, hatte § 264 Abs. 2 S. 2 HGB-E durch die Einräumung eines Wahlrechts für die Bildung einer Wertaufholungsrücklage begegnen wollen. Der Unterausschuß des Rechtsausschusses des Deutschen Bundestages hat diese Figur der Wertaufholungsrücklage nicht übernommen[204] und darauf verwiesen, daß eine solche Rücklage ohnehin im Rahmen der Gewinnverwendung gebildet werden könne. Nach § 58 Abs. 2a AktG und § 29 Abs. 4 GmbHG geht die Entscheidung von Vorstand und Aufsichtsrat bzw. von Geschäftsführern und Gesellschaftern zugunsten der Einstellung in die Gewinnrücklage den Gewinnansprüchen der Gesellschafter vor.[205]

Das Wertaufholungsgebot nach § 280 Abs. 1 HGB wird wesentlich durch die Bestimmung des § 280 Abs. 2 HGB relativiert, nach der von der Zuschreibung abgesehen werden kann, wenn der niedrigere Wertansatz – unter der Voraussetzung, daß entsprechend in der Handelsbilanz verfahren wird – bei der steuerlichen Gewinnermittlung beibehalten werden kann.[206]

2. Im Steuerrecht

Die steuerlichen Bewertungsbestimmungen unterscheiden hinsichtlich der Zuschreibungen zwischen abnutzbarem Anlagevermögen einerseits und nicht abnutzbarem Anlagevermögen sowie Umlaufvermögen auf der anderen Seite.

a) Abnutzbares Anlagevermögen

Für das abnutzbare Anlagevermögen besteht steuerrechtlich grundsätzlich ein *Zuschreibungsverbot* (§ 6 Abs. 1 Nr. 1 S. 4 EStG). Nimmt ein Unternehmen in der Handelsbilanz eine Zuschreibung vor, so bleibt diese – wenn nicht ein Fall des § 6 Abs. 3 S. 2 EStG vorliegt – infolge des steuerlichen Zuschreibungsverbotes steuerneutral; das Ergebnis der Steuerbilanz wird durch die handelsrechtliche Zuschreibung nicht beeinflußt; der Maßgeblichkeitsgrundsatz gilt nicht (§ 5 Abs. 6 EStG).

Von Kapitalgesellschaften ist freilich die Steuerabgrenzung nach § 274 Abs. 1 HGB vorzunehmen. Damit erhöht sich der Handelsbilanzgewinn also bei Vornahme der Zuschreibung nur um den Zuschreibungsbetrag abzüglich der Steuerrückstellung.

Werden allerdings mit der Zuschreibung in der Handelsbilanz steuerrechtliche Sonderabschreibungen, erhöhte Absetzungen usw. rückgängig gemacht, so erhöht der Zuschreibungsbetrag auch den steuerlichen Buchwert (§ 6

---

204 Der Unterausschuß war wahrscheinlich durch die zahlreichen Streitfragen, die zu § 243 Abs. 1 S. 2 HGB-E (vgl. insbesondere den Streit zwischen Streim, WPg 1983, 676; WPg 1984, 412 ff und Harms/Küting, WPg 1984, 219 ff) und zur Auflösung der Rücklage (vgl. z. B. IdW, WPg 1984, 135) diskutiert worden waren, verschreckt.

205 Vgl. dazu Bericht des Rechtsausschusses BT-Drs. 10/4268, S. 109.

206 Die Einflüsse steuerlicher Entscheidungen auf das Wertaufholungsgebot behandeln Mayer-Wegelin/Tietze, DB 1988, 509 ff.

Abs. 3 S. 1 EStG). Die Zuschreibung löst also dann auch eine Versteuerung aus.

b) Nicht abnutzbares Anlagevermögen und Umlaufvermögen

Bei diesen Vermögensgegenständen *kann* der Steuerpflichtige den Teilwert auch dann ansetzen, wenn er höher ist als der letzte Bilanzansatz; Obergrenze sind aber die Anschaffungs- oder Herstellungskosten (§ 6 Abs. 1 Nr. 2 EStG). Für das hier bestehende steuerliche Zuschreibungswahlrecht gilt das Maßgeblichkeitsprinzip: Wird in der Handelsbilanz die Wertaufholung vorgenommen, ist auch in der Steuerbilanz zuzuschreiben. Auf den Zuschreibungsbetrag fallen Ertragssteuern an.

VI. Die Bewertung von Gesellschaftsanteilen[207]

1. Die Anschaffungskosten

a) Überblick

Die Bestimmung der Anschaffungskosten macht – abgesehen von dem Fall der Sacheinlage – keine Schwierigkeiten: Bei *einem Erwerb von Dritten* ist dies der Kaufpreis zuzüglich der angefallenen Nebenkosten wie Notarkosten, Börsenumsatzsteuer, Provision, Spesen usw. Soweit die Anschaffungskosten erkennbar und abgrenzbar auf einen bereits entstandenen Gewinnanspruch entfallen, sind sie gesondert zu aktivieren.[208] Die Aufwendungen sind insoweit nicht für die Anschaffung des Gesellschaftsanteils, sondern für die Dividendenforderung gemacht. Mit dem Zufluß der Dividende entfällt dann der Ansatz des für die Dividendenforderung aktivierten Betrages.

Anteile an *neugegründeten* Gesellschaften sind mit dem Betrag der Einlage zuzüglich der Nebenkosten anzusetzen. Nicht einheitlich beantwortet wird die Frage, wie nicht voll eingezahlte Anteile, insbesondere solche an einer Kapitalgesellschaft, zu bilanzieren sind. Zwei Verfahren werden praktiziert:

1. Der Anteil wird mit dem vollen Einlagebetrag angesetzt, die Einzahlungsverpflichtung wird unter den Verbindlichkeiten ausgewiesen.[209]

---

207 Vgl. dazu i. e. Knobbe-Keuk, Gesellschaftsanteile in Handels- und Steuerbilanz, AG 1979, 293 ff. Die nachfolgenden Ausführungen gelten, soweit sich nicht etwas anderes aus dem Zusammenhang ergibt, für Anteile sowohl an Kapital- als auch an Personengesellschaften.

208 Krollmann, BB 1963, 636; Herrmann/Heuer/Raupach, § 6 EStG Anm. 306.

209 Für diese sogenannte Bruttomethode FinMin Niedersachsen, Erlaß vom 30. 1. 1989, DB 1989, 355; vgl. auch Pankow/Gutike in Beck'scher Bilanzkommentar, § 255 HGB Anm. 244.

2. Der Anteil an der Gesellschaft wird nur mit dem Betrag der Einzahlung aktiviert; die Einzahlungsverpflichtung wird nicht passiviert.[210] Die Einzahlungsverpflichtung soll vielmehr erst zu passivieren sein, wenn die Einzahlung eingefordert wird.

U. E. ist das Verfahren unter 2. unzulässig. Zwar wird per Saldo der richtige Gesamtvermögenswert ausgewiesen. Die Verrechnung verstößt aber gegen das Saldierungsverbot. Es wird nicht deutlich, daß noch eine Einzahlungsverpflichtung besteht. Bilanziell korrekt ist deshalb nur das Verfahren 1.[211]

b) Die Anschaffungskosten bei einer Sacheinlage

Werden Sacheinlagen anläßlich der Gründung oder Kapitalerhöhung einer Gesellschaft *gegen Gewährung von Gesellschaftsrechten* geleistet, so ist der Vorgang auf der Seite des Gesellschafters einem Tausch ähnlich. Er erhält für die Sacheinlage den Gesellschaftsanteil. Deshalb soll nach der h. M. die Bewertung des Gesellschaftsanteils beim Gesellschafter nach den beim Tausch maßgeblichen Grundsätzen erfolgen.[212] Danach hat der Gesellschafter für den Gesellschaftsanteil in der Handelsbilanz ein Wahlrecht zwischen dem Buchwert und dem Zeitwert des eingebrachten Gegenstandes;[213] in der Steuerbilanz wäre der Anteil grundsätzlich mit dem gemeinen Wert der hingegebenen Sacheinlage anzusetzen.

Die Einbringung von Wirtschaftsgütern in eine Gesellschaft gegen Gewährung von Gesellschaftsrechten führt also danach grundsätzlich zur Gewinnrealisierung. Die Sacheinlage von Forderungen kann – wenn die Forderung bislang zum Nominalwert zu Buche stand und der gemeine Wert niedriger ist[214] – zum Ausweis eines Verlustes führen.

Allerdings sind bei Einbringung von Betrieben, Teilbetrieben und Mitunternehmeranteilen in eine Kapitalgesellschaft (§ 20 UmwStG) oder in eine Personengesellschaft (§ 24 UmwStG) sowie bei Einbringung einzelner Wirtschafts-

---

210 Die Einzahlungsverpflichtung soll nur – handelt es sich bei dem Gesellschafter um eine Aktiengesellschaft – in dem Geschäftsbericht zu erwähnen sein.
Das Verfahren Nr. 2 wird von Adler/Düring/Schmaltz, 4. Aufl., § 151 AktG Anm. 49 empfohlen. Vgl. auch Herrmann/Heuer/Raupach, § 6 EStG Anm. 1500 „Nicht eingezahltes Stammkapital einer GmbH".

211 Ebenso Kupsch in HdJ II/3 Rz. 106. Was die gewerbesteuerliche Problematik anbetrifft, so vertritt Reuter, StbJb 1978/79, 147 zu Recht die Auffassung, daß eine Hinzurechnung der Einzahlungsverpflichtung als Dauerschuld nicht in Frage kommt.

212 Adler/Düring/Schmaltz, 4. Aufl., § 153 AktG Anm. 92; Döllerer, JbFStR 1976/77, 205; Scheffler in Beck'sches Handbuch, B 213 Rz. 111; Kupsch in HdJ II/3 Rz. 119.

213 Zum handelsrechtlichen Stand vgl. Pankow/Gutike in Beck'scher Bilanzkommentar, § 255 HGB Anm. 244 ff m. N.

214 Zur Maßgeblichkeit des gemeinen Wertes der Forderung für die Anschaffungskosten des Anteils vgl. BFH vom 25. 1. 1984 I R 183/81 BStBl II 1984, 422.

güter in eine Personengesellschaft[215] – führt die übernehmende Gesellschaft die Buchwerte der eingebrachten Wirtschaftsgüter fort – auf Grund der Buchwertverknüpfung beim Einbringenden als Anschaffungskosten des Anteils die Buchwerte der eingebrachten Wirtschaftsgüter anzusehen.

Die erfolgsneutrale Einbringung einzelner Wirtschaftsgüter in eine Kapitalgesellschaft gegen Gewährung von Gesellschaftsrechten wird von der h. M. nicht für zulässig gehalten, hier soll es bei der Gewinnrealisierung nach den Tauschgrundsätzen verbleiben.

U. E. ist die Bewertung des Gesellschaftsanteils nach den Tauschgrundsätzen nicht einsichtig. Beim Tausch ergibt sich die Bewertungsproblematik daraus, daß die Beteiligten die jeweilige Gegenleistung nicht in einem Geldbetrag bestimmen. Die Heranziehung der für den Tausch geltenden Bewertungsgrundsätze ist aber unangebracht und überflüssig, wenn die Beteiligten selbst den Wert des fraglichen Gegenstandes in Geld bestimmt haben. Das aber ist bei der Sacheinlage gegen Gewährung von Gesellschaftsrechten gerade der Fall. Denn der Geldwert der Sacheinlage oder Sachübernahme muß in der Satzung bzw. im Gesellschaftsvertrag (§ 27 Abs. 1 AktG, § 5 Abs. 4 GmbHG) oder in dem Beschluß über die Kapitalerhöhung (§ 183 AktG, § 55 Abs. 1 GmbHG) festgesetzt sein. U. E. ist der Gesellschaftsanteil an einer *Kapitalgesellschaft* auch im Falle der Sacheinlage in der Bilanz des Gesellschafters grundsätzlich mit dem Nennbetrag oder dem höheren Ausgabebetrag anzusetzen. Damit wäre auch die gewinneutrale Einbringung einzelner Wirtschaftsgüter in eine Kapitalgesellschaft gegen Gewährung von Gesellschaftsrechten möglich. Angesichts der Tatsache, daß die Einbringung einzelner Wirtschaftsgüter in eine Personengesellschaft gegen Gewährung von Gesellschaftsrechten erfolgsneutral möglich ist, werden die Beteiligten nur dazu getrieben, zunächst in eine GmbH u. Co. KG einzubringen, die dann in eine GmbH übergeleitet wird. Handelt es sich um die Sacheinlage in eine *Personengesellschaft,* so ist der Gesellschaftsanteil beim Gesellschafter mit dem Betrag auszuweisen, der ihm bei der Personengesellschaft für die Sacheinlage angerechnet worden ist.

Ist die Sacheinlage in eine Kapitalgesellschaft in der Satzung bzw. im Gesellschaftsvertrag oder in dem Beschluß über die Kapitalerhöung *überbewertet* worden, so muß der Gesellschafter der Kapitalgesellschaft die Differenz zwischen dem Nennbetrag bzw. höheren Ausgabekurs seines Gesellschaftsanteils und dem – niedrigeren – wirklichen Wert der Sacheinlage in Geld nachzahlen.[216] Auch in diesem Fall ist der Gesellschaftsanteil mit dem Nennbetrag bzw. höheren Ausgabebetrag zu aktivieren; auf der Passivseite ist die Differenzhaftung als Verbindlichkeit auszuweisen. Den Gesellschafter einer Personengesellschaft trifft bei Überbewertung der Sacheinlage keine Differenzhaftung, denn bei der Personengesellschaft stellt sich nicht die Aufgabe der Sicherung eines Grund- oder Stammkapitals. Die Überbewertung der Sacheinlage in eine Personengesellschaft führt also dazu, daß die Personengesellschaft in Wirklichkeit mit einem geringeren Kapital ausgestattet ist als angenommen. Dies geht anteilig zu Lasten aller Gesellschafter.

---

215 Zu § 20 UmwStG vgl. § 22 III 2; zu § 24 UmwStG vgl. § 22 III 1 und zur Einbringung einzelner Wirtschaftsgüter in eine Personengesellschaft § 11 III 3.

216 So § 9 GmbHG. Zuvor bereits die Rechtsprechung, vgl. z. B. BGH vom 14. 3. 1977 II ZR 156/75 GmbHR 1978, 9.

c) Verdeckte Einlagen des Gesellschafters

Es ist nahezu[217] unbestritten, daß nachträgliche Aufwendungen des Gesellschafters auf die Beteiligung, insbesondere Zu- und Nachschüsse, den Beteiligungsansatz erhöhen *können.* U.E. ist es dabei von untergeordneter Bedeutung, ob man in diesem Zusammenhang von zusätzlichen Anschaffungskosten[218] oder von Herstellungsaufwand spricht.[219] Beides paßt nicht unmittelbar: Der Anschaffungskostenbegriff nicht, weil nichts angeschafft wird, der Begriff des Herstellungsaufwandes nicht, weil dieser auf körperliche Gegenstände zugeschnitten ist. In der Sache entspricht der zu aktivierende nachträgliche Aufwand auf einen Gesellschaftsanteil dem Herstellungsaufwand bei körperlichen Gegenständen.[220]

Bei der Beurteilung verdeckter Einlagen auf Seiten des Gesellschafters sind zwei Fragen zu unterscheiden:

a) Unter welchen Voraussetzungen ist nachträglicher Gesellschafteraufwand auf dem Beteiligungskonto zu aktivieren?

b) Ist darüber hinaus beim Gesellschafter eine Gewinnrealisierung möglich?

aa) Nachträglicher Aufwand auf die Beteiligung (Barzuschuß, Forderungsverzicht u. ä.)

Die Aktivierung nachträglichen Gesellschafteraufwandes auf dem Beteiligungskonto setzt voraus, daß der Aufwand zu einer *„wesentlichen Verbesserung“*,[221] zu einer *Wertsteigerung* der Beteiligung führt. Wie bei nachträglichem Aufwand auf körperliche Gegenstände in der Antithese von nachträglichem Herstellungsaufwand und von Erhaltungsaufwand[222] deutlich wird, daß nicht jedweder mit dem Wirtschaftsgut zusammenhängende nachträgliche Aufwand zu aktivieren ist, handelt es sich auch nicht bei jedwedem Aufwand des Gesellschafters mit Rücksicht auf seine Beteiligung um nachträgliche Anschaffungskosten; vorausgesetzt ist vielmehr die Wertsteigerung der Anteile. Diese setzt ihrerseits eine Vermögensvermehrung bei der Kapitalgesellschaft voraus.

Bei Zuschüssen (und auch bei Verlustübernahmen[223]) liegt eine bilanzielle Vermögensmehrung der Kapitalgesellschaft und damit zugleich eine Erhö-

217 A.A. Röhrkasten, BB 1974, 829 ff; Pezzer, StuW 1975, 224 f.

218 So z.B. BFH vom 9. 3. 1977 I R 203/74 BStBl II 1977, 515.

219 Vgl. ebenso Döllerer, Verdeckte Gewinnausschüttungen und verdeckte Einlagen bei Kapitalgesellschaften, 1975, S. 139.

220 Bislang war die Terminologie „Anschaffungskosten“ gebräuchlicher (vgl. Döllerer, Festschrift von Wallis, 1985, S. 297). Es setzt sich aber zunehmend die Terminologie Herstellungsaufwand durch (vgl. Pankow/Gutike in Beck'scher Bilanzkommentar, § 255 HGB Anm. 701 mit Nachweisen, Anm. 265 ff).

221 Pankow/Gutike aaO, (Anm. 220).

222 Vgl. dazu oben § 4 IV 4 a.

223 Vgl. den Fall aus BFH vom 12. 2. 1980 VIII R 114/77 BStBl II 1980, 494.

hung des bisherigen Anteilswertes vor. Dies führt jedoch nicht ohne weiteres auch zur Erhöhung des Beteiligungsansatzes. Denn die Wertsteigerung des Anteils infolge der Gesellschafterzuwendung kann mit den Voraussetzungen für die Vornahme einer Teilwertabschreibung zusammentreffen. Das ist bei Sanierungszuschüssen häufig der Fall. Ist die Beteiligung noch nicht abgeschrieben und dient der Zuschuß gerade der Vermeidung einer sonst erforderlichen Abschreibung der Beteiligung, so ist der Beteiligungsansatz nicht um den Zuschuß zu erhöhen.

Über das Ergebnis besteht Einigkeit. Offen ist allerdings, ob man den Zuschuß als Zugang über den Anlagenspiegel laufen läßt und zugleich die Abschreibung der Beteiligung vornimmt oder ob man das Ganze von vornherein als Bewertungsfrage sieht, also der Ausweis eines Zugangs ausscheidet und damit sich die Abschreibungsfrage nicht mehr stellt.[224] U. E. ist das erste Verfahren korrekter als die Saldierung. Die Saldierung verdeckt, daß der Zuschuß selbst nur eine erfolgsneutrale Vermögensumschichtung bewirkt, und es die Wertminderung der Beteiligung ist, die das Ergebnis beeinflußt. Diesem Befund wird eine Bilanzierung gerechter, die akzeptiert, daß ein Zuschuß in jedem Fall den bisherigen Wert der Beteiligung erhöht und aus diesem Grunde zu aktivieren ist, daß aber in Hinsicht auf eine bisherige Überbewertung des Anteils zugleich eine Abschreibung angebracht ist.[225]

Entgegen einer in der Literatur[226] vertretenen Auffassung ist die Aktivierung des Zuschusses in voller Höhe nur möglich, wenn entweder der zuschießende Gesellschafter zu 100% beteiligt ist oder wenn die Gesellschafter einen den Beteiligungsverhältnissen entsprechenden Zuschuß gewähren.[227] Ist dies nicht der Fall, so kommt der Zuschuß anteilig auch den anderen Gesellschaftern zugute und es kann nicht von einer Wertsteigerung der Beteiligung in Höhe des Zuschusses ausgegangen werden.[228]

Wie ein Barzuschuß des Gesellschafters stellt auch der durch das Gesellschaftsverhältnis veranlaßte *Forderungsverzicht* des Gesellschafters dem Grunde nach eine verdeckte Einlage dar. Auch in diesem Falle *können* sich also nachträgliche Anschaffungskosten ergeben. Bei der *Bewertung* dieser verdeckten Einlage auf Gesellschafterseite und damit bei der Ermittlung der Höhe der nachträglichen Anschaffungskosten spielt der Nennbetrag der erlassenen Forderung jedoch keine Rolle. Maßgeblich ist unbestritten der ge-

224 So BGH vom 31. 10. 1978 KZR 5/77, NJW 1980, 183; dem folgend Langel, StbJb 1983/84, 209; in der Sache wohl ebenso Goerdeler/Müller, WPg 1980, 320, obwohl sie den BGH wegen nicht genügender Trennung zwischen Bilanzierungs- und Bewertungsvorschriften kritisieren.

225 Davon geht auch der BFH vom 9. 3. 1977 I R 203/74 BStBl II 1977, 515 aus; vgl. auch Reuter, Beteiligungsabschreibung trotz Mittelzuführung an die Tochtergesellschaft, BB 1982, 25 ff.

226 Vgl. z. B. Herrmann/Heuer/Raupach, § 5 EStG Anm. 2200 „Kapitalgesellschaft".

227 Vgl. näher Knobbe-Keuk, AG 1979, 297.

228 Vgl. ebenso Pankow/Gutike aaO, (Anm. 220), § 255 HGB Anm. 701.

meine Wert der erlassenen Forderung.[229] Nur in dieser Höhe wendet der Gesellschafter überhaupt einen Vermögenswert auf die Beteiligung auf. Verzichtet der Gesellschafter auf eine völlig wertlose Forderung gegen die Gesellschaft, so betragen seine nachträglichen Anschaffungskosten Null. Nur in Höhe des gemeinen Wertes der erlassenen Forderung ist auf das Beteiligungskonto zu aktivieren. Die Auswirkungen des Forderungsverzichts auf den Gewinn des Gesellschafters hängen davon ab, wie die Forderung bei dem Gesellschafter bislang zu Buche stand.

Nach einer Bemerkung des BFH im Urteil vom 9. 8. 1983[230] sollen zu den nachträglichen Anschaffungskosten einer Beteiligung auch Verluste gehören können, die der Gesellschafter infolge der Uneinbringlichkeit seiner Forderung aus einem der Gesellschaft gegebenen risikobehafteten Darlehen oder aus der Inanspruchnahme aus einer für die Gesellschaft übernommenen Bürgschaft erleidet. Dem ist nicht zu folgen.[231]

Solange man bestimmte Gesellschafterdarlehen steuerrechtlich nicht allgemein als integrierten Bestandteil der Beteiligung behandelt, gehen die Darlehen nicht in die Anschaffungskosten der Beteiligung ein. Die Darlehensforderungen stellen vielmehr einen neben der Beteiligung stehenden selbständigen Vermögensgegenstand dar. Daß die Uneinbringlichkeit der Darlehensforderung oder der Regreßforderung aus der Inanspruchnahme aus einer Bürgschaft nicht zu nachträglichen Anschaffungskosten führen kann, macht schon der Hinweis auf den Fall deutlich, daß der Gesellschafter auf eine Forderung gegen die Gesellschaft verzichtet. Wenn in diesem Fall eine verdeckte Einlage und damit nachträgliche Anschaffungskosten nur in Höhe des gemeinen Wertes der erlassenen Forderung in Frage kommen, ist unerfindlich, wie bei Uneinbringlichkeit einer Forderung nachträgliche Anschaffungskosten in Höhe des Nennbetrages sollen vorliegen können. Nachträgliche Anschaffungskosten des Gesellschafters setzen nun einmal eine Wertsteigerung der Beteiligung voraus und diese setzt ihrerseits eine bilanzielle Vermögensvermehrung der Kapitalgesellschaft voraus.

229 Gassner, JbFStR 1976/77, 227 ff, 235; Langel, StbJb 1977/78, 329 ff; Herrmann/Heuer/Raupach, § 6 EStG Anm. 793 a.

230 BFH VIII R 276/82 BStBl II 1984, 24 = FR 1984, 45 mit Anm. L. Schmidt. In dieser Äußerung haben die Überlegungen Döllerers (StbJb 1981/82, 205 ff) ihren Niederschlag gefunden.
In der Entscheidung vom 2. 10. 1984 (BFH VIII R 36/83 BStBl II 1985, 320 mit Anm. L. Schmidt in FR 1985, 274, vgl. auch Mathiak, StuW 1985, 273) hat der BFH die Zahlung eines GmbH-Gesellschafters an den Erwerber seines Anteils für die Freistellung von einer für die GmbH übernommenen Bürgschaftsverpflichtung als Anschaffungskosten der Beteiligung in Gestalt einer verdeckten Einlage gewertet.

231 Vgl. dazu näher Knobbe-Keuk, DStZ 1984, 335 ff = JbFStR 1984/85, 39 ff; zur Behandlung der verdeckten Einlage vgl. bei der Kapitalgesellschaft unten § 16 II 1. Zu dem – einen Sonderfall betreffenden – Urteil BFH vom 2. 10. 1984 VIII R 36/83 BStBl II 1985, 320 vgl. Mathiak, StuW 1985, 273.

bb) Die Problematik der Gewinnrealisierung bei verdeckten Einlagen

1. Eine besondere Problematik besteht, wenn der Gesellschafter der Kapitalgesellschaft mit Rücksicht auf seine Beteiligung einen Vermögensgegenstand zuwendet, der zu seinem Betriebsvermögen gehört.

Es versteht sich, daß das Ausscheiden des Vermögensgegenstandes beim Gesellschafter nicht zu einer Minderung des Gewinns führen kann. Der Buchwert des ausgeschiedenen Vermögensgegenstandes ist als nachträglicher Aufwand auf dem Beteiligungskonto zu aktivieren.[232] Problematisch ist allerdings, ob darüber hinaus hinsichtlich des ausgeschiedenen Vermögensgegenstandes eine Gewinnrealisierung stattgefunden hat und also eine Aktivierung auf dem Beteiligungskonto auch mit einem höheren Wert als dem Buchwert in Frage kommt oder sogar geboten ist.

Handelsrechtlich ist der Ausweis eines Gewinns unzulässig; ein Gewinn ist nicht realisiert.[233] Nach der steuerrechtlichen Rechtsprechung[234] und der herrschenden Meinung in der steuerrechtlichen Literatur[235] tritt notwendigerweise Gewinnrealisierung ein; es ist der gemeine Wert des hingegebenen Vermögensgegenstandes auf dem Beteiligungskonto zu aktivieren. Entsprechend verfährt die steuerrechtliche Auffassung im Fall des Verkaufs eines Vermögensgegenstandes vom Gesellschafter an die Gesellschaft zum Buchwert. Sind stille Reserven vorhanden, so soll insoweit eine Gewinnrealisierung eingetreten sein; der Unterschied zwischen Buchwert und gemeinem Wert des hingegebenen Vermögensgegenstandes ist danach auf dem Beteiligungskonto zu aktivieren (verdeckte Einlage).

Die Grundlage für die Annahme einer Gewinnrealisierung liegt im Dunkeln.

Nach dem Realisationsprinzip sind Gewinne erst auszuweisen, wenn sie verwirklicht sind, d.h. wenn sie durch einen Umsatzprozeß, durch einen Realisationsakt, in Erscheinung getreten sind. Ein solcher hat nicht stattgefunden. Der Gesellschafter erhält von der Gesellschaft für oder anläßlich seiner Leistung nichts. Die Wertsteigerung seines Anteils hat er nicht der Gesellschaft zu verdanken, es gehört gerade, wie der BFH[236] formuliert hat, zum Wesen jeder verdeckten Einlage, daß ihr keine Gegenleistung gegenübersteht. Eine etwaige Wertsteigerung der Beteiligung ist keine Gegenleistung; es handelt sich nicht um einen tauschähnlichen Vorgang.[237] Der Ge-

---

232 Im Ergebnis ebenso Weber, Grundsätze ordnungsmäßiger Bilanzierung für Beteiligungen, 1980, S. 216, der die Aktivierung nur insoweit für zulässig hält, als sich aus dem Geschäft ein negativer Erfolgsbeitrag ergibt.

233 Vgl. ebenso Pankow/Gutike in Beck'scher Bilanzkommentar, § 255 HGB Anm. 272; Weber aaO, (Anm. 232).

234 BFH vom 26. 7. 1967 I 138/65 BStBl III 1967, 733.

235 Z.B. Herrmann/Heuer/Raupach, § 6 EStG Anm. 823 mit weiteren Nachweisen; Friedrich, JbFStR 1968/69, 77 ff; Döllerer, Verdeckte Gewinnausschüttungen und verdeckte Einlagen bei Kapitalgesellschaften, 1975, S. 139.
A.A. Thiel, StbJb 1966/67, 259; Mathiak, DStR 1970, 359 ff, 363; Littmann, DStR 1971, 213; Salditt, StuW 1971, 114 f.

236 BFH vom 27. 7. 1988 I R 147/83 BStBl II 1989, 271.

237 Vgl. BFH vom 27. 7. 1988 aaO, (Anm. 236).

sellschafter hat lediglich seine Aktiva umgeschichtet, zwei bislang selbständige Wirtschaftsgüter zu einem verbunden. Dies führt zwar bei ihm nicht zu einem Verlust, bzw. einer Gewinnminderung, bewirkt aber – mangels eines Realisationsaktes – *nicht* eine *Realisierung* der stillen Reserven des hingegebenen Vermögensgegenstandes.

Die Erhöhung des Beteiligungskontos um einen Betrag, der über den Buchwert des hingegebenen Vermögensgegenstandes hinausgeht, würde gröblichst gegen das Vorsichts- und das aus diesem abgeleitete Realisationsprinzip verstoßen. Das wird besonders deutlich, wenn der Gesellschafter bei ihm nicht aktivierte immaterielle Vermögensgegenstände der Gesellschaft überläßt. Bis dahin ist dem Gesellschafter die Aktivierung selbstgeschaffener immaterieller Wirtschaftsgüter verboten (§ 248 Abs. 2 HGB), weil – solange solche Vermögensgegenstände den Markt nicht passiert haben – ungewiß ist, ob sie überhaupt einen und welchen Wert sie haben. Nunmehr aber soll er sie, nur weil er sie ohne Gegenleistung aus seinem Vermögen weggegeben hat, plötzlich auf dem Beteiligungskonto aktivieren dürfen![238] Ein solches Verfahren spricht dem Vorsichtsprinzip Hohn.

Verbietet sich also in der Bilanz des Gesellschafters die Aufdeckung der stillen Reserven des hingegebenen Vermögensgegenstandes, so kann nur noch die Frage sein, ob sich aus den besonderen Gewinnrealisierungstatbeständen des Steuerrechts etwas anderes ergibt. Wassermeyer[239] vertritt die Auffassung, die Gewinnrealisierung bei der Muttergesellschaft ergebe sich aus der Verwirklichung des Entnahmetatbestandes. Dem ist entgegenzuhalten, daß die Leistung, da sie um der zum Betriebsvermögen gehörenden Beteiligung willen erbracht ist, betrieblich veranlaßt ist. Im übrigen würde die Begründung der steuerrechtlichen Gewinnrealisierung mit der Verwirklichung des Entnahmetatbestandes bei mittelbaren verdeckten Einlagen nicht weiterführen. Veräußert T 1 ein Wirtschaftsgut zum Buchwert an T 2, so ist nach der Rechtsprechung des BFH[240] mit der verdeckten Gewinnausschüttung von T 1 an die Muttergesellschaft eine mittelbare verdeckte Einlage der Muttergesellschaft an T 2 verbunden. Die Erhöhung des Beteiligungskontos der Muttergesellschaft an T 2 um die Differenz zwischen dem Buchwert und dem gemeinen Wert des von T 1 hingegebenen Vermögensgegenstandes ist auch mit dem Rekurs auf den Gewinnrealisierungstatbestand der Entnahme nicht zu begründen.

Auch nach dem Beschluß des Großen Senats vom 26. 7. 1987[241] erscheint die Aktivierung auf dem Beteiligungskonto nicht mehr möglich. Denn der zugewandte Vorteil ist bei der Muttergesellschaft verbraucht.

2. Wendet der Gesellschafter der Gesellschaft Nutzungsvorteile ohne (angemessene) Gegenleistung zu, so steht einer Erhöhung des Beteiligungsansatzes *handelsrechtlich* das Realisationsprinzip entgegen.

Die – durch den Blick auf Gewinnverlagerungen zwischen verbundenen Unternehmen – geführte steuerrechtliche Diskussion über die Frage, ob auch Nutzungen Gegenstand einer (verdeckten) Einlage sein können, hat der Große Senat des BFH mit der Entscheidung vom 26. 7. 1987[242] zum Ab-

238 Vgl. so aber ausdrücklich z. B. Herrmann/Heuer/Raupach, § 6 EStG Anm. 822; Döllerer aaO, (Anm. 235), S. 140.

239 Wassermeyer, DB 1987, 1115.

240 Vgl. dazu unten § 19 II mit Nachweisen.

241 BFH vom 26. 7. 1987 GrS 2/86 BStBl II 1988, 348.

242 AaO (Anm. 241).

schluß gebracht: Gegenstand einer Einlage i. S. des § 4 Abs. 1 S. 5 EStG und damit auch einer verdeckten Einlage in Kapitalgesellschaften können nur bilanzierungsfähige Wirtschaftsgüter sein; zu erwartende Nutzungsvorteile aber sind keine selbständigen Vermögensgegenstände.[243] Damit ist zugleich auch die Vorstellung verabschiedet, der Gesellschafter habe den zugewendeten Nutzungsvorteil auf dem Beteiligungskonto zu aktivieren.[244]

Bei der Problematik der Gewinnrealisierung infolge verdeckter Einlagen geht es in Wirklichkeit denn auch gar nicht um ein bilanzrechtliches Problem, sondern um das steuerrechtliche Problem, ob bei Gewinnverlagerungen zwischen verbundenen Unternehmen eine Gewinnkorrektur für steuerliche Zwecke vorzunehmen ist.

Geschieht die Gewinnverlagerung durch Zuwendung von Nutzungs- oder Dienstleistungsvorteilen, beläßt der BFH es bei den ausgewiesenen Gewinnen von Gesellschafter und Gesellschaft. Im Falle von Unterpreislieferungen hingegen nimmt der BFH die *Gewinnkorrektur* vor, indem er entgegen dem Realisationsprinzip die stillen Reserven des vom Gesellschafter zugewendeten Vermögensgegenstandes auf dessen Beteiligungskonto aktiviert – und die entsprechenden Konsequenzen bei der Gesellschaft (Ansatz mit dem Teilwert und Kürzung des Gewinns um die Einlage) zieht.

2. Der Einfluß von Gewinnen und Verlusten der Beteiligungsgesellschaft auf die Bilanzierung des Anteils

a) Anteile an Kapitalgesellschaften

Nach dem traditionellen deutschen Bilanzrecht[245] und nach der üblichen Bilanzierungspraxis wird der durch das *Anschaffungswertprinzip* bestimmte Ansatz des Anteils an einer Kapitalgesellschaft durch das Ergebnis der Untergesellschaft nicht berührt.

Verluste der Kapitalgesellschaft treffen den Gesellschafter nicht unmittelbar. Eine automatische Absetzung des auf die einzelnen Beteiligungen rechnerisch entfallenden Anteils am Verlust der Kapitalgesellschaft vom Beteiligungsansatz kommt nicht in Frage. Es ist im Einzelfall nur zu prüfen, ob die Verluste eine außerplanmäßige Abschreibung der Beteiligung rechtferti-

---

243 Vgl. zu dem Beschluß näher § 8 I 2; zu verdeckten Einlagen auf der Seite der Kapitalgesellschaft vgl. § 16 II; zu Gewinnverlagerungen zwischen verbundenen Unternehmen vgl. § 19 II.

244 So aber der Vorlagebeschluß des I. Senats vom 20. 8. 1986 I R 41/82 BStBl II 1987, 65.

245 In §§ 311 f HGB ist im Rahmen der Konzernrechnungslegung für die Bewertung von Beteiligungen, auf die ein maßgeblicher Einfluß ausgeübt wird, grundsätzlich die Equity-Methode vorgesehen (vgl. dazu Harms, BB 1987, 935 ff; Havermann, WPg 1987, 315 ff; Küting/Zündorf, Beilage 7 zu BB Heft 21/1986; Küting/Zündorf, BB 1988, 872 ff; Küting/Weber/Zündorf, BB 1988, 1946).

gen.[246] Ist der Gesellschafter der Kapitalgesellschaft freilich vertraglich – z. B. auf Grund eines Gewinnabführungsvertrages – zum Ausgleich der Verluste verpflichtet, so ist eine entsprechende Verbindlichkeit zu passivieren.

Was *Gewinne* der Kapitalgesellschaften anbetrifft, so steht einer Aktivierung nicht ausgeschütteter Gewinne beim Gesellschafter das Verbot des Ausweises nicht realisierter Gewinne entgegen. Auch wenn die Kapitalgesellschaft die Gewinne zur Rücklagenbildung verwendet, darf der Gesellschafter dies nicht zum Anlaß nehmen, den Gesellschaftsanteil höher zu bewerten. Sofern auf den Beteiligungsansatz früher außerplanmäßige Abschreibungen vorgenommen worden sind, kann sich allerdings im Einzelfall die Frage stellen, ob diese außerplanmäßigen Abschreibungen nunmehr durch Zuschreibungen rückgängig zu machen sind.[247]

Beschließt die Kapitalgesellschaft die Auschüttung von Gewinnen, so ist der auf dem Ausschüttungsbeschluß beruhende Gewinnanspruch als solcher zu aktivieren; der Beteiligungsansatz ändert sich nicht. Grundsätzlich kann der Gewinnanspruch erst aktiviert werden, nachdem der Gewinnverwendungs- bzw. Gewinnverteilungsbeschluß gefaßt worden ist. Denn erst in diesem Zeitpunkt entsteht eine Forderung des Gesellschafters und damit ein bilanzfähiger selbständiger Vermögenswert.

Von diesem Grundsatz hat der BGH für den Bereich verbundener Unternehmen in der Entscheidung vom 3. 11. 1975[248] eine Ausnahme gemacht. Der Leitsatz der Entscheidung lautet:

„Eine Konzern- oder Holdinggesellschaft, die mit Mehrheit an einer anderen Kapitalgesellschaft beteiligt ist, kann den bei der Tochtergesellschaft erzielten und zur Ausschüttung vorgesehenen Gewinn noch für das gleiche Geschäftsjahr in ihrer Bilanz unter ‚Forderungen an verbundene Unternehmen' und in der Gewinn- und Verlustrechnung unter ‚Erträge aus Beteiligungen' ausweisen, *wenn der Jahresabschluß der Tochtergesellschaft noch vor Abschluß der Prüfung bei der Muttergesellschaft festgestellt worden ist und mindestens ein entsprechender Gewinnverwendungsvorschlag vorliegt.*"
Eine Aktivierung kommt freilich nicht in Frage, wenn im Zeitpunkt der Aufstellung des Jahresabschlusses die Beteiligung an einen Dritten veräußert ist. Denn in diesem Fall ist das Entstehen des Gewinnanspruchs bei der Muttergesellschaft weder rechtlich noch tatsächlich gesichert.[249]

Die Entscheidung ist nur schwer in allgemeine bilanzrechtliche Kategorien einzuordnen und eher als Kreierung eines bilanziellen Sonderrechts für verbundene Unternehmen zu verstehen.[250] In der Sache gibt der BGH eine Bilanzierungshilfe, damit „bei konzernverbundenen Unternehmen, die infolge einheitlicher Leitung (§ 18 AktG) eine wirtschaftliche Einheit bilden" und

246 Zu den Voraussetzungen einer Teilwertabschreibung bei einem Erwerb von Gesellschaftsanteilen auf Grund einer Kapitalerhöhung vgl. BFH vom 27. 7. 1988 I R 104/84 BStBl II 1989, 274.

247 Zum Wertaufholungsgebot nach dem Bilanzrichtliniengesetz vgl. oben § 5 V.

248 II ZR 67/73 BGHZ 65, 230 = NJW 1976, 241 ff.

249 Vgl. oben § 4 III 4 bei Anm. 89.

250 Vgl. dazu näher Knobbe-Keuk, AG 1979, 300 ff.

bei Holdinggesellschaften, „deren Geschäftsergebnis fast ausschließlich durch die Erträge aus einer Mehrheitsbeteiligung bestimmt wird", „die Gewinne der Tochtergesellschaft tunlichst ohne zeitliche Verschiebung im Jahresabschluß der Muttergesellschaft erscheinen".[251]

Der BGH hat nur die Frage entschieden, ob die Aktivierung des künftigen Gewinnanspruchs bei der Muttergesellschaft zulässig ist.[252] Offengeblieben ist, ob die Aktivierung sogar geboten ist, also Aktivierungspflicht besteht. Die Entscheidung dieser Frage hängt letztlich von der Einordnung des Urteils ab. Würde das Urteil nicht aus dem allgemeinen bilanzrechtlichen Rahmen herausfallen, wäre also die Qualifizierung des künftigen Gewinnanspruchs als eines am Bilanzstichtag wirtschaftlich schon existenten Vermögensgegenstandes richtig, so wäre die Anwort klar: Für aktivierungsfähige Vermögensgegenstände besteht auf Grund des bilanziellen Vollständigkeitsprinzips auch Aktivierungspflicht.[253] Ordnet man hingegen – wie hier geschehen – die Entscheidung als schlichte Bilanzierungshilfe für verbundene Unternehmen ein, die die Aktivierung ermöglicht, ohne daß am Bilanzstichtag ein aktivierungsfähiger Vermögensgegenstand existiert, so hat die Muttergesellschaft ein Aktivierungswahlrecht.[254]

Von der dogmatischen Einordnung des Urteils hängt auch die Entscheidung der Frage ab, mit welchem Wert der künftige Gewinnanspruch anzusetzen ist. Ist man der Meinung, das Urteil füge sich in das allgemeine Bilanzrecht ein, so darf der Gewinnanspruch nur mit dem Barwert am Bilanzstichtag der Muttergesellschaft aktiviert werden.[255] Läßt man hingegen die Aktivierung zu, obwohl ein Vermögensgegenstand am Bilanzstichtag – auch wirtschaftlich – noch nicht existent ist, so ist es dann auch vertretbar, daß die Bilanzierungshilfe in vollem Umfang gewährt wird. Denn nur auf diese Weise ist das Ziel der Zulassung der Aktivierung, daß „die Gewinne der Tochtergesellschaft tunlichst ohne zeitliche Verschiebung im Jahresabschluß der Muttergesellschaft erscheinen sollten", uneingeschränkt erreichbar.

251 BGH aaO, (Anm. 248), 235.

252 Wird der künftige Gewinnanspruch bei der Muttergesellschaft aktiviert, so ist auch der auf diese entfallende künftige Körperschaftsteueranrechnungsanspruch zu aktivieren (ebenso Schulze-Osterloh, ZGR 1977, 117; Reuter, BB 1978, 83). Vgl. auch Abschn. 213g Abs. 1 S. 4 EStR.

253 So z.B. Schulze-Osterloh, ZGR 1977, 115. Immerhin hat es aber die Muttergesellschaft in der Hand, die vom BGH für die Aktivierung geforderten Voraussetzungen im Zeitpunkt der Bilanzaufstellung herbeizuführen oder zu verhindern.

254 Im Ergebnis ebenso Volkeri/Schneider, BB 1979, 969; Sarx/Lutz in Beck'scher Bilanzkommentar, § 266 HGB Anm. 216. Das handelsrechtliche Wahlrecht bedeutet für den BFH freilich auch in diesem Fall steuerlich Aktivierungspflicht, vgl. BFH vom 2. 4. 1980 I R 75/76 BStBl II 1980, 702; vom 3. 12. 1980 I R 125/77 BStBl II 1981, 184. Vgl. zu der allgemeinen Problematik der Annahme steuerlicher Aktivierungspflicht bei handelsrechtlichen Bilanzierungswahlrechten oben § 2 II 1.

255 So in der Tat Forster, AG 1976, 42; Volkeri/Schneider aaO, (Anm. 254), 968.

b) Anteile an Personengesellschaften

Die Auffassungen zu der Frage, ob sich das Ergebnis der Beteiligungsgesellschaft, wenn diese eine Personengesellschaft ist, in dem Beteiligungsansatz des Gesellschafters niederschlagen darf, sind nicht einheitlich. In der Praxis wird vielfach die Beteiligung an der Personengesellschaft mit dem jeweiligen Kapitalkonto in der Personengesellschaft angesetzt. Das Beteiligungskonto soll sozusagen das Spiegelbild des Kapitalkontos des Gesellschafters der Personengesellschaft darstellen; jede Zu- oder Abbuchung von dem Kapitalkonto der Gesellschafter hat danach entsprechende Auswirkungen auf den Beteiligungsansatz in den Bilanzen der Gesellschafter: Auch nicht entnommene Gewinne erhöhen den Beteiligungsansatz automatisch, Verluste mindern ihn automatisch.

Die Bilanzierung des Anteils an einer Personengesellschaft nach der sogenannten Spiegelbild-Methode vernachlässigt die rechtliche Selbständigkeit der Personengesellschaft gegenüber ihren Gesellschaftern. Das Gesamthandsvermögen ist – nicht anders als das Vermögen einer Kapitalgesellschaft – eine vom Vermögen der Gesellschafter streng getrennte Vermögensmasse. Gewinne und Verluste der Personengesellschaft sind bilanziell nicht automatisch anteilig Gewinne und Verluste der Gesellschafter, sondern erst dann, wenn sie sich nach den allgemeinen Bilanzierungsgrundsätzen in der Bilanz des Gesellschafters auswirken. Das ist bei Gewinnen aber nur der Fall, wenn sie dem Gesellschafter zufließen und bei Verlusten, wenn sie zu einer Abschreibung der Beteiligung nötigen. Die hier vertretene Auffassung, daß der Anteil an einer Personengesellschaft in der Bilanz des Gesellschafters nicht anders als der Anteil an einer Kapitalgesellschaft zu bewerten ist,[256] wird in der Literatur[257] mit zunehmendem Nachdruck vorgetragen. Hingegen billigt die Stellungnahme 3/76[258] des Hauptfachausschusses des Instituts der Wirtschaftsprüfer im Ergebnis die Spiegelbild-Methode in einer abgeschwächten Form.

Die Behandlung der Beteiligung und des auf den einzelnen OHG- bzw. KG-Gesellschafter entfallenden Ergebnisses in der Handelsbilanz und in der aus dieser abgeleiteten Steuerbilanz des Gesellschafters ist für dessen Besteuerung jedoch grundsätzlich irrelevant.[259]

---

256 Vgl. i.e. Knobbe-Keuk, AG 1979, 303 ff.

257 Vgl. insbesondere Saur/Althaus, WPg 1971, 1 ff; Geßler/Hefermehl/Eckardt/Kropff, § 152 AktG Anm. 17; Döllerer, WPg 1977, 81 ff; Nieskens, WPg 1988, 493 ff; im Ergebnis auch BFH vom 23. 7. 1975 I R 165/73 BStBl II 1976, 73.

258 WPg 1976, 591. Ebenso Schulze-Osterloh, WPg 1979, 634. Vgl. demgegenüber aber den Vorschlag von Hoffmann, Zur Neufassung der IDW-Stellungnahme 3/76, Beilage 2 zu BB Heft 9/1988: Anteile an Personengesellschaften sind dem Grunde nach wie solche an Kapitalgesellschaften zu behandeln.

259 Vgl. unten § 10 III.

VII. Die Bewertung von Forderungen[260]

Weder das Handels- noch das Steuerrecht enthält eine besondere Bestimmung für die Bewertung von Forderungen. Folglich wendet man, da Forderungen in der Regel zum Umlaufvermögen gehören, § 253 Abs. 1 S. 1 HGB bzw. § 6 Abs. 1 Nr. 2 EStG auch auf Forderungen an: Sie sind also mit den Anschaffungskosten, ggf. mit dem niedrigeren Wert bzw. mit dem niedrigeren Teilwert anzusetzen.

Die Feststellung, welches die Anschaffungskosten einer Forderung sind, bereitet gewisse Schwierigkeiten. Denn Anschaffungskosten im eigentlichen Sinne ergeben sich nur beim Erwerb einer bereits bestehenden Forderung auf Grund einer Zession. Im übrigen muß jeweils nach den Grundsätzen ordnungsmäßiger Buchführung beurteilt werden, welcher Betrag als Anschaffungskosten gilt.

Folgende Grundsätze haben sich herausgebildet:

1. *Darlehensforderungen* sind mit dem Nennbetrag anzusetzen. Dies gilt auch dann, wenn der Auszahlungsbetrag unter dem Nennbetrag liegt. Der Unterschiedsbetrag (Disagio, Damnum) ist als vorausgezahlter Zins zu verstehen. Demgemäß ist in dieser Höhe ein passiver Rechnungsabgrenzungsposten zu bilden. Bei Zero-Bonds setzt der Anleihegläubiger den Ausgabebetrag an. Während der Laufzeit ist jährlich der Zinsbetrag zuzuschreiben, der rechnerisch auf das abgelaufene Jahr entfällt; am Ende der Laufzeit ist dann der Einlösungsbetrag ausgewiesen.[261]

Fraglich ist, ob auch dann der Nennbetrag der Darlehensforderung und allgemein einer Forderung als Anschaffungskosten anzusetzen ist, wenn die Forderung unverzinslich oder niedrig verzinslich ist. In der Literatur wurde insbesondere von Adler/Düring/Schmaltz[262] die Auffassung vertreten, bei unverzinslichen oder besonders niedrig verzinslichen Forderungen sei der Barwert der Forderung als Anschaffungskosten anzusetzen. Demgegenüber steht die überwiegende handelsrechtliche Ansicht[263] sowie die Steuerrechtsprechung[264] auf dem Standpunkt, die Unverzinslichkeit oder niedrige Verzinslichkeit betreffe nicht die Anschaffungskosten der Forderung, sondern den Teilwert. Danach ist die Forderung also mit dem Nennbetrag als Anschaffungskosten anzusetzen und ggf. auf den niedrigeren Teilwert = Barwert abzuschreiben. Der Ansatz mit dem Nennbetrag als Anschaffungskosten gilt

260 Vgl. Schäfer, Grundsätze ordnungsmäßiger Bilanzierung für Forderungen, 1971; Ludewig, Festschrift Leffson, 1976, S. 137 ff.

261 Vgl. BdF vom 5. 3. 1987 BStBl I 1987, 394. Zur Behandlung der Zero-Bonds beim Schuldner vgl. § 5 VIII 1 a.

262 4. Aufl., § 153 AktG Anm. 110.

263 Bolsenkötter in HdJ II/6 Rz. 115; Sarx/Lutz in Beck'scher Bilanzkommentar, § 253 HGB Anm. 592; Döllerer, JbFStR 1976/77, 198 f.

264 BFH vom 30. 11. 1988 I R 114/84 FR 1989, 167; weitere Nachweise bei Herrmann/Heuer/Raupach, § 6 EStG Anm. 933 ff, vgl. dort auch die Nachweise zum anzuwendenden Zinssatz bei der Ermittlung des Barwertes.

auch bei unverzinslichen oder niedrig verzinslichen Darlehen an Arbeitnehmer; auch eine Teilwertabschreibung kommt in der Regel nicht in Frage.[265]

Zwischen den beiden Auffassungen bestehen vor allem folgende Unterschiede:[266] Geht man von dem Nennbetrag als Anschaffungskosten aus und setzt man den Barwert als den niedrigeren Teilwert an, so kann der Steuerpflichtige an den folgenden Bilanzstichtagen wieder – zugunsten des laufenden Gewinns – einen höheren Wert ansetzen, weil der Teilwert der Forderung entspechend der verminderten Laufzeit gestiegen ist (§ 6 Abs. 1 Nr. 2 S. 3 EStG). Sieht man hingegen von vornherein den Barwert der Forderung als Anschaffungskosten der Forderung an, so ist dies nicht möglich, da ein Ansatz über den Anschaffungskosten nicht in Frage kommt. Die Gewinnauswirkung tritt dann erst in voller Höhe des Unterschieds zwischen Nennbetrag und Barwert mit einem Schlag im Jahre der Darlehensrückzahlung ein.

Geht man von dem Nennbetrag als Anschaffungskosten der Forderung aus, so ist es auch von vornherein ausgeschlossen, den Unterschied zwischen Nennbetrag und Barwert als Anschaffungskosten für ein anderes Wirtschaftsgut anzusehen.

Eine Forderung ist freilich nicht schon dann unverzinslich, wenn keine Nominalzinsen vorgesehen sind. Die Verzinsung kann durchaus auch verdeckt erfolgen, indem an die Stelle der Nominalzinsen eine Gegenleistung des Schuldners in anderer Form tritt. Das Fehlen von Nominalzinsen kann dadurch ausgeglichen sein, daß die Forderung mit besonderen Vorteilen ausgestattet ist, welche nach dem Inhalt des Vertrages oder nach den Vorstellungen beider Vertragsteile eine Gegenleistung für die Gewährung des Darlehens darstellen. In diesem Fall liegt der Teilwert nicht unter dem Nennbetrag der Forderung. Demgemäß hat der BFH[267] eine Teilwertabschreibung in dem Fall verneint, daß eine Brauerei an Gaststätten zinslose Darlehen gegen Einräumung einer Bierbezugsverpflichtung gewährt.

2. Bei Forderungen aus *Warenlieferungen* und *Leistungen* entsprechen nach h. M.[268] die Anschaffungskosten dem Nennbetrag der Forderung.

Es wird aber in der Literatur auch die Auffassung vertreten, Forderungen z. B. aus Warenlieferungen, seien nur mit den Anschaffungs- bzw. Herstellungskosten für die gelieferte Ware anzusetzen; es seien also nicht auch die Vertriebskosten und der Gewinnaufschlag einzubeziehen.[269] Es soll also da-

---

265 Der Teilwert von Darlehen an Arbeitnehmer ist regelmäßig gleich ihrem Nennwert, vgl. ebenso BFH vom 30. 11. 1988 I R 114/84 FR 1989, 167 m. Anmerkung L. Schmidt. Kritisch dazu auch Slomma, BB 1989, 1106 ff. Anders noch BFH vom 23. 4. 1975 I R 236/72 BStBl II 1975, 875.

266 Vgl. die instruktiven Ausführungen in dem Urteil des BFH vom 23. 4. 1975 aaO, (Anm. 265).

267 BFH vom 26. 2. 1975 I R 72/73 BStBl II 1976, 13.

268 Adler/Düring/Schmaltz, 4. Aufl., § 155 AktG Anm. 15; Pankow/Schmidt-Wendt in Beck'scher Bilanzkommentar, § 255 HGB Anm. 404; Mellerowicz, § 155 AktG Anm. 63; Schäfer, Grundsätze ordnungsmäßiger Bilanzierung für Forderungen, 1971, S. 19 ff, 44; Gutachten der Steuerreformkommission, 1971, V Rdz. 169; BFH vom 23. 11. 1967 IV 123/63 BStBl II 1968, 176; vgl. dazu näher Lüders aaO, (Anm. 57), S. 51 ff.

269 Vgl. z. B. Kottke, BB 1953, 762; D. Schneider, StuW 1971, 340.

nach die Gewinnrealisierung beim Verkäufer, der seine Leistung erbracht hat, bis zum Geldeingang hinausgeschoben werden. Mit der Lieferung der Ware aber oder der Einbringung einer anderen Leistung wird nach den allgemeinen Bilanzierungsgrundsätzen das Geschäft und damit der Gewinn als realisiert angesehen.[270]

Der Ansatz einer Forderung unter dem Nennbetrag ist nur auf dem Wege über eine Teilwertabschreibung möglich.

3. Forderungen in *ausländischer Währung*[271] sind z.Z. der Entstehung mit dem nach dem Tageskurs in DM umgerechneten Nennbetrag zu verbuchen. Dieser Betrag als Anschaffungskosten kann in der Folgezeit nicht überschritten werden. Er muß jedoch, wenn der Kurs der ausländischen Währung sinkt, herabgesetzt werden. So sinkt der Teilwert einer Forderung in ausländischer Währung durch eine Aufwertung der inländischen Währung und durch eine Abwertung der betreffenden ausländischen Währung.

VIII. Die Bewertung von Verbindlichkeiten und Rückstellungen[272]

1. Verbindlichkeiten

a) *Handelsrechtlich* sind Verbindlichkeiten zu ihrem Rückzahlungsbetrag anzusetzen (vgl. § 253 Abs. 1 S. 2 HGB).

Die Verpflichtung zum Ausweis des Rückzahlungsbetrages führt dazu, daß auch unverzinsliche oder besonders niedrig verzinsliche langfristige Verbindlichkeiten nicht abzuzinsen sind.[273] Die Abzinsung darf auch nicht in der Form durchgeführt werden, daß zwar der Rückzahlungsbetrag auf der Passivseite, zugleich aber der Abzinsungsbetrag unter den Rechnungsabgrenzungsposten auf der Aktivseite ausgewiesen wird.[274]

---

270 Vgl. § 6 I 2.

271 Vgl. dazu näher Herrmann/Heuer/Raupach, § 6 EStG Anm. 20 ff.

272 Hüttemann, Grundsätze ordnungsmäßiger Bilanzierung für Verbindlichkeiten, 1970; Bühler/Scherpf, § 17 II 1; Wöhe, Betriebswirtschaftliche Steuerlehre I/2, S. 395 ff; Herrmann/Heuer/Raupach, § 6 EStG Anm. 1130 ff; Döllerer, JbFStR 1976/77, 199 ff; Naumann, Die Bewertung von Rückstellungen, 1989. Zur Problematik der Abzinsung von Verbindlichkeiten und Rückstellungen vgl. die eingehende handels- und steuerrechtliche Untersuchung von Strobl, Festschrift Döllerer 1988, S. 615 ff mit Nachweisen; vgl. auch Groh, BB 1988, 1919 ff.

273 Clemm/Nonnenmacher in Beck'scher Bilanzkommentar, § 253 HGB Anm. 63; vgl. kritisch zur ganz herrschenden Meinung: Meincke, Festschrift der Rechtswissenschaftlichen Fakultät zur 600-Jahr-Feier der Universität zu Köln, 1988, S. 293 ff. Nach Meincke führt das Abzinsungsverbot zur Gleichbehandlung wirtschaftlich ungleicher Sachverhalte, da verzinsliche Schulden wie unverzinsliche, gestundete wie sofort fällige behandelt werden. Einem Gewinnausweis durch Abzinsung bei Erlaß der Zinsschuld stehe kein handelsrechtlicher Gesichtspunkt entgegen.

274 Vgl. Adler/Düring/Schmaltz, § 156 AktG Anm. 14; Hüttemann in HdJ III/8 Rz. 166.

Der Ausweis eines Rechnungsabgrenzungspostens auf der Aktivseite ist allerdings insoweit möglich, als der Rückzahlungsbetrag von Verbindlichkeiten höher als der Ausgabebetrag ist (Disagio, Damnum). Der Unterschiedsbetrag ist gesondert auszuweisen und durch planmäßige jährliche Abschreibungen, die auf die gesamte Laufzeit verteilt werden dürfen, zu tilgen (§ 250 Abs. 3 HGB). § 250 Abs. 3 HGB räumt ein Aktivierungswahlrecht ein. Danach steht es dem bilanzierenden Unternehmen frei, den Unterschied ganz oder teilweise zu aktivieren oder zu Lasten des Ergebnisses des Geschäftsjahres zu buchen, in dem die Verbindlichkeit erstmals zu passivieren war.[275]

Im Einzelfall kann in einer Verbindlichkeit ein Zinsanteil enthalten sein. Beispiel: Der Steuerpflichtige erhält ein Wirtschaftsgut, für das er ein erst in drei Jahren fälliges Entgelt von 1 000 zahlen soll. In diesem Betrag ist ein Zinsanteil von X enthalten. Hier ist die Verbindlichkeit von 1 000 zu passivieren. Das erworbene Wirtschaftsgut ist mit den Anschaffungskosten (1 000 – X) und der Zinsanteil von X als Rechnungsabgrenzungsposten nach § 250 Abs. 1 HGB auszuweisen.

In der letzten Zeit intensiv diskutiert wird die Bilanzierung von Null-Kupon-Anleihen (*Zero-Bonds*).

Zero-Bonds sind Anleihen, für die keine laufenden Zinszahlungen vereinbart werden, sondern am Ende der Laufzeit ein gegenüber dem Ausgabepreis höherer Einlösepreis gezahlt wird. Der Unterschied zwischen dem Ausgabepreis stellt das Entgelt für die Überlassung des Kapitals während der Laufzeit der Anleihe dar.

Aus dem Gebot, Verbindlichkeiten mit dem Rückzahlungsbetrag auszuweisen, folgern die einen, der Emittent müsse den Betrag passivieren, den er am Ende der Laufzeit dem Gläubiger zahlen muß (sog. Bruttoausweis). Der im Rückzahlungsbetrag enthaltene Zinsanteil könne dabei als Disagio nach § 250 Abs. 3 HGB ausgewiesen werden.

Gegen den Bruttoausweis wird angeführt, daß er zu einer Verzerrung der Ertragslage führen könne, da § 250 Abs. 3 HGB für das Disagio sowohl eine sofortige Aufwandsverrechnung als auch eine nicht periodengerechte Abschreibung zulasse. Aus diesen Gründen wird in jüngster Zeit verstärkt und insbesondere auch vom Hauptfachausschuß des IdW[276] der Nettopreis für geboten erachtet: Die Verbindlichkeit ist zunächst mit dem Ausgabebetrag anzusetzen; diesem ist die Zinsverpflichtung ratierlich zuzuschreiben, so daß erst am Ende der Laufzeit der vollständige Rücknahmebetrag ausgewiesen wird. Es wird also bei der Auslegung des Begriffs „Rückzahlungsbetrag" die Aufspaltung einer verzinslichen Schuld in Kapitalbetrag und künftige Zinsen vorgenommen. An dem Abzinsungsverbot für unverzinsliche oder

275 Für die h. M. Adler/Düring/Schmaltz, 4. Aufl., § 156 AktG Anm. 26 mit weiteren Nachweisen; Sarx/Lutz in Beck'scher Bilanzkommentar, § 250 HGB Anm. 90 ff; Küting/Weber, § 250 HGB Rz. 27; Kupsch, WPg 1980, 379 ff; a. A. Döllerer, BB 1965, 1409 (Aktivierungspflicht).

276 IdW, WPg 1986, 248 f; vgl. auch Bordewin, WPg 1986, 263 ff.

niedrigverzinsliche Verbindlichkeiten wird also festgehalten.[277] Der BdF[278] folgt dem Nettoausweis-Prinzip.

Zu Recht weist Döllerer[279] darauf hin, daß das gegen den Bruttoausweis angeführte Argument aus § 250 Abs. 3 HGB nicht durchschlage. Denn beim Bruttoausweis der Verbindlichkeit wäre auf der Aktivseite nicht nach § 250 Abs. 3 HGB zu verfahren, sondern bestünde Aktivierungspflicht für den Zinsanteil als Rechnungsabgrenzungsposten nach § 250 Abs. 1 HGB, der ratierlich über die gesamte Laufzeit der Anleihe abzuschreiben wäre. Wenn man in dieser Weise verfährt, bestehen gegen den Bruttoausweis keine Bedenken.

Rentenverbindlichkeiten sind mit dem Barwert anzusetzen. § 253 Abs. 1 S. 2 HGB beschränkt die Bewertung mit dem Barwert auf Rentenverpflichtungen, *für die eine Gegenleistung nicht mehr zu erwarten ist.* Der Barwert einer Rentenverpflichtung ist unter Berücksichtigung von Zinseszinsen und gegebenenfalls von Sterbetafeln nach mathematischen Grundsätzen zu ermitteln.[280]

b) Das EStG äußert sich in § 6 Abs. 1 Nr. 3 zur Bewertung von Verbindlichkeiten lediglich dahin, daß sie „unter sinngemäßer Anwendung der Vorschriften der Ziffer 2 anzusetzen" sind. „Sinngemäße Anwendung" bedeutet nach allgemeiner Meinung, daß grundsätzlich die „Anschaffungskosten" maßgebend seien, ggf. der höhere Teilwert.[281]

Unter dem Begriff der auf den Ansatz aktiver Wirtschaftsgüter bezogenen Anschaffungskosten kann man sich bei Verbindlichkeiten nichts Rechtes vorstellen. „Sinngemäße Anwendung" würde wohl eher die Kreierung des Begriffes „Wegschaffungskosten" o. ä. nahelegen.

Man sagt gemeinhin, daß die Anschaffungskosten einer Verbindlichkeit nach dem Betrag zu bestimmen seien, der dem Schuldner zugeflossen ist,[282] daß als Anschaffungskosten einer Verbindlichkeit nur der Betrag angesetzt werden dürfe, über den der Schuldner nach Abzug aller Aufwendungen, die mit der Aufnahme der Schuld zusammenhängen, verfügen könne.[283] Dieser Betrag wird als Verfügungsbetrag bezeichnet. Dieser Begriff ist aber schon deshalb nicht besonders treffend, weil es durchaus Verbindlichkeiten gibt, mit deren Entstehung dem Schuldner gar nichts zugeflossen ist (z. B. Schadensersatzverbindlichkeit, Bereicherungsschuld usw.). Zum anderen ist auch in den Fällen, in denen der Schuldner z. B. Aufwendungen zur Erlangung eines Kredites machen muß, gar nicht der von der h. M. als „Anschaffungskosten" verstandene Verfügungsbetrag zu passivieren, vielmehr der Rückzah-

277 Strobl, Festschrift Döllerer 1988, S. 615 ff, 619.

278 BdF vom 5. 3. 1987 BStBl I 1987, 394.

279 Döllerer, Beilage 12 zu BB Heft 16/1987, S. 10 f.

280 Vgl. den Tabellenanhang im WP-Handbuch, S. 1827 ff.

281 Vgl. Schmidt/Glanegger, § 6 EStG Anm. 90; Herrmann/Heuer/Raupach, § 6 EStG Anm. 1135; Bühler/Scherpf, § 17 IV 1.

282 Z. B. Bühler/Scherpf, § 17 IV 1.

283 Wöhe, Betriebswirtschaftliche Steuerlehre I/2, S. 395 ff.

lungsbetrag und ein aktiver Rechnungsabgrenzungsposten auszuweisen.[284] Die allgemeine Formulierung, Verbindlichkeiten seien grundsätzlich mit den „Anschaffungskosten" anzusetzen und diese beliefen sich auf den „Verfügungsbetrag", ist also nur geeignet, Verwirrung zu stiften.[285] Man vermengt die Frage nach dem Ansatz einer Verbindlichkeit auf der Passivseite mit der, wie anläßlich des Entstehens der Verbindlichkeit auf der Aktivseite zu verfahren ist.

Auch für das Steuerrecht ist *unterster* Wertansatz für Verbindlichkeiten der durch die Grundsätze ordnungsmäßiger Buchführung gebotene Rückzahlungsbetrag, der Nennwert der Verbindlichkeit. Im einzelnen ergibt sich folgendes:

aa) Handelt es sich um eine ex lege begründete Verbindlichkeit (z.B. Schadensersatzverpflichtung oder Bereicherungsschuld nach §§ 812 ff BGB), so ist der Betrag als Verbindlichkeit auszuweisen, den der Schuldner aufwenden muß, damit diese Schuld erlischt, d.h. es ist der Nennbetrag der Verbindlichkeit anzusetzen.

bb) Ist die Verbindlichkeit des Schuldners durch Kreditaufnahme (z.B. Darlehensaufnahme) entstanden, so ist auch hier die Verbindlichkeit mit ihrem Nennbetrag, d.h. mit dem Rückzahlungsbetrag anzusetzen. Das gilt auch für den Fall der Unverzinslichkeit der Verbindlichkeit.

Würde man hingegen wegen der Unverzinslichkeit oder besonders niedrigen Verzinslichkeit eine Abzinsung der Verbindlichkeit vornehmen, so würde die gesamte Zinsersparnis des Schuldners, die er über die ganze Laufzeit erzielt, im Jahre der Kreditaufnahme als Gewinn ausgewiesen. Erspart wären die Zinsen jedoch erst in den folgenden Jahren.[286]

Ist der Rückzahlungsbetrag höher als der Kreditauszahlungsbetrag (Disagio, Damnum), so ist unter den „Verbindlichkeiten" auch hier der Rückzahlungsbetrag auszuweisen. Auf der Aktivseite ist aber nach steuerrechtlicher Auffassung[287] in Höhe des Unterschiedsbetrages ein Rechnungsabgrenzungsposten zu bilden, der dann während der Laufzeit des Kredites in den einzelnen Jahren entsprechend abzuschreiben ist.

Die Divergenz zwischen handels- und steuerrechtlicher Auffassung löst sich aber in vielen Fällen auf, wenn man beachtet, daß in dem Rückzahlungsbetrag einer Verbindlichkeit ein Zinsanteil enthalten sein kann. Ist dies der Fall, so ist der vorausgezahlte Zins als ordentlicher aktiver Rechnungsabgrenzungsposten nach § 250 Abs. 1 HGB

---

284 Vgl. im Text unten bb.

285 Vgl. gegen die Begriffe „Anschaffungskosten für Verbindlichkeiten" und „Verfügungsbetrag" auch Kosiol, Bilanzreform und Einheitsbilanz, 1944, S. 47; Hüttemann aaO, (Anm. 272), S. 61.

286 Vgl. aber Meincke aaO, (Anm. 273).

287 Für die h.M. BFH vom 29. 6. 1967 IV 131/63 BStBl III 1967, 670; Herrmann/Heuer/Raupach, § 4 EStG Anm. 62, Stichwort „Damnum" mit weiteren Nachweisen.

auszuweisen und unterliegt nicht der Regelung über das Damnum nach § 250 Abs. 3 HGB.[288]

Wie das Damnum behandelt die steuerrechtliche Auffassung auch andere Geldbeschaffungskosten, z. B. Zuteilungs- und Abschlußgebühren, Maklerprovisonen usw. Sie sind zu aktivieren und auf die Laufzeit des Kredites zu verteilen.[289]

cc) Erhält der Schuldner in Zusammenhang mit der Eingehung der Verbindlichkeit eine Gegenleistung, so ist die Verbindlichkeit ebenfalls mit dem Rückzahlungsbetrag anzusetzen. Dies gilt auch dann, wenn es sich um eine langfristige unverzinsliche Verbindlichkeit handelt, wenn z. B. die Kaufpreisschuld in sich über Jahre hinziehenden Raten zu zahlen ist. Das erworbene Wirtschaftsgut ist mit dem Barwert der Verbindlichkeit zu aktivieren. In Höhe des Unterschieds zwischen dem Ansatz des Wirtschaftsgutes auf der Aktivseite und dem auf der Passivseite ausgewiesenen Rückzahlungsbetrag der Verbindlichkeit ist ein aktiver Rechnungsabgrenzungsposten auszuweisen, der während der Laufzeit gewinnmindernd aufzulösen ist. Dadurch wird der Tatsache Rechnung getragen, daß in den späteren Ratenzahlungen auf die Verbindlichkeit ein Zinsanteil, ein Entgelt für die Stundung des Kaufpreises enthalten ist, daß der Schuldner also nicht im Jahre des erstmaligen Ansatzes der Verbindlichkeit und des erworbenen Wirtschaftsgutes einen Verlust erlitten hat.

In der Literatur[290] wird allerdings die Auffassung vertreten, in einem solchen Falle sei der Barwert der Verbindlichkeit zu passivieren, da mit diesem Betrag als Anschaffungskosten das erworbene Wirtschaftsgut auf der Aktivseite anzusetzen sei und die „Anschaffungskosten" der Verbindlichkeit sich nach den Anschaffungskosten des erworbenen Wirtschaftsgutes zu richten hätten. Der Ausweis der Verbindlichkeit soll dann durch jährliche Teilwertzuschreibungen (Aufzinsung) gewinnmindernd erhöht werden.

Diesem Verfahren ist nicht zu folgen. Es widerspricht dem Grundsatz der Bilanzklarheit. Der Ansatz einer Verbindlichkeit unter dem Rückzahlungsbetrag ist mit § 253 Abs. 1 S. 2 HGB nicht vereinbar.

Die sinngemäße Anwendung des § 6 Abs. 1 Nr. 2 EStG auf Verbindlichkeiten ergibt hinsichtlich der „Anschaffungskosten" also den Ansatz des Rückzahlungsbetrages („Wegschaffungskosten").

Wenn in § 6 Abs. 1 Nr. 2 EStG die Möglichkeit des Ansatzes des niedrigeren Teilwertes anstelle der Anschaffungskosten eröffnet ist, so ergibt die „sinngemäße Anwendung" auf Verbindlichkeiten die Möglichkeit des Ansatzes des höheren Teilwertes der Verbindlichkeit. Der Ansatz einer Ver-

288 Vgl. dazu oben § 5 VIII 1 bei Anm. 279.

289 Vgl. BFH vom 19. 1. 1978 IV R 153/72 BStBl II 1978, 262.
Bei der GewSt hat allerdings regelmäßig die Hinzurechnung dieser Beträge als Dauerschuldzinsen nach § 8 Nr. 1 GewStG zu erfolgen. Vgl. BFH vom 25. 2. 1975 VIII R 19/70 BStBl II 1975, 647.

290 Herrmann/Heuer/Raupach, § 6 EStG Anm. 1156.

bindlichkeit unter dem Rückzahlungsbetrag ist unzulässig, weil sonst ein nichtverwirklichter Gewinn ausgewiesen würde.

Teilwert einer Verbindlichkeit ist derjenige Betrag, den der Erwerber des ganzen Betriebes in seiner Eröffnungsbilanz ansetzen würde.[291] Ein gegenüber dem Rückzahlungsbetrag höherer Teilwert einer Verbindlichkeit kann darauf zurückzuführen sein, daß die Verbindlichkeit z. B. sehr hoch zu verzinsen ist und inzwischen das allgemeine Zinsniveau erheblich gesunken ist. In einem solchen Fall kann es geboten sein, den höheren negativen Wert der Schuld anzusetzen.[292] Fremdwährungsverbindlichkeiten sind i. d. R. mit dem Kurs im Zeitpunkt des Zugangs zu passivieren.

Dieser Betrag bestimmt zugleich die Anschaffungskosten des erworbenen Wirtschaftsgutes.

Sinkt der Kurs später, ist der ursprüngliche Ansatz nicht zu ändern;[293] steigt der Kurs, so muß die Schuld mit dem höheren Teilwert angesetzt werden.[294] Dies folgt aus dem allgemeinen Grundsatz, daß zwar unrealisierte Verluste, nicht dagegen aber unrealisierte Gewinne auszuweisen sind.

Fraglich ist, inwieweit diese Grundsätze auch dann gelten, wenn ein Deckungsgeschäft besteht, ob also trotz des Grundsatzes der Einzelbewertung Verbindlichkeit und schwebendes Deckungsgeschäft als Einheit behandelt werden können.[295]

2. Der Wertansatz für Rückstellungen[296]

Für die Ermittlung der Höhe einer zu bildenden Rückstellung sind Schätzungen regelmäßig unvermeidbar. Eine gesetzliche Bewertungsvorschrift kann deshalb nicht mehr als den Schätzungsspielraum allgemein umschreiben: Nach § 253 Abs. 1 S. 2 HGB sind Rückstellungen nur in Höhe des Betrages anzusetzen, der nach vernünftiger kaufmännischer Beurteilung notwendig ist. Damit wird der Schätzungsspielraum für den Ansatz von Rückstellungen objektiv eingegrenzt. Nicht das subjektive, mehr oder weniger optimistische oder vorsichtige Ermessen des einzelnen Kaufmannes soll entscheiden.

Zugleich bringt § 253 Abs. 1 S. 2 HGB das alte gesetzgeberische Ziel zum

291 Vgl. § 6 Abs. 1 Nr. 1 Satz 3 EStG.

292 RFH vom 19. 12. 1928 VI A 1670/28 RStBl 1929, 139; RFH vom 25. 4. 1934 VI A 909/33 RStBl 1934, 945; RFH vom 30. 4. 1935 I A 27/35 RStBl 1935, 1001; a.A. Wöhe, Betriebswirtschaftliche Steuerlehre I/2, S. 397 f; vgl. i.e. zum Meinungsstand Herrmann/Heuer/Raupach, § 6 EStG Anm. 1145 a.

293 Döllerer, BB 1965, 1413; IdW, WPg 1986, 664.

294 BFH vom 7. 8. 1951 I 38/51 BStBl III 1951, 190.

295 Vgl. dazu IdW WPg 1986, 664 und näher Groh DB 1986, 869 ff; Clemm/Nonnenmacher in Beck'scher Bilanzkommentar, § 253 HGB Anm. 78 ff; Hüttemann in HdJ III/8 Rz. 200.

296 Zur Bewertung von Rückstellungen vgl. näher Strobl, JDStJG 1984, 195 ff und zur Abzinsungsfrage Strobl, Festschrift Döllerer, 1988, S. 615 ff; vgl. auch Moxter, BB 1989, 945 ff.

Ausdruck, daß die Rückstellungen – entgegen der bis dahin weitgehend üblichen großzügigeren Bilanzierungspraxis – nicht mit gewinnmindernder Wirkung über das erforderliche Maß hinaus angesetzt werden sollen. Auf der anderen Seite ist in § 253 Abs. 1 S. 2 HGB auch die zumindest erforderliche[297] Höhe des Ansatzes bestimmt: Rückstellungen sind nicht höher, aber auch nicht niedriger anzusetzen, als nach vernünftiger kaufmännischer Beurteilung geboten ist.

Wegen der den Rückstellungen immanenten Ungewißheit und des damit verbundenen Schätzungsspielraums ist die Position „Rückstellungen" diejenige, durch die in besonderem Maße Einfluß auf das Gesamtergebnis genommen werden kann.

Da es sich bei den Rückstellungen für ungewisse Verbindlichkeiten und für drohende Verluste aus schwebenden Geschäften in der Sache um Verbindlichkeiten handelt, ist für ihre Bewertung auch von den für Verbindlichkeiten geltenden Grundsätzen auszugehen.

Nicht geklärt ist bei ungewissen Geldverbindlichkeiten die Frage der Abzinsung. U. E. ist grundsätzlich vom Rückzahlungsbetrag auszugehen,[298] allerdings im Einzelfall zu klären, ob in dem Rückzahlungsbetrag nicht vorweggenommener Zins enthalten ist.[299]

Dies ist nicht der Fall z. B. bei Gewährleistungsverpflichtungen.

Keine Einigkeit besteht auch darüber, ob bei Rückstellungen, die Sachleistungen betreffen, die Vollkosten oder nur Einzelkosten zu berücksichtigen sind. Handelsrechtlich wird überwiegend ein Wahlrecht angenommen.[300] Der BFH bewertet in ständiger Rechtsprechung Verpflichtungen zur Sachleistung mit den Vollkosten.[301]

---

297 Vgl. zur bisherigen Rechtslage Geßler/Hefermehl/Eckardt/Kropff, § 156 AktG Anm. 32; Adler/Düring/Schmaltz, § 156 AktG Anm. 40; a. A. Albach, BB 1966, 382, der die Bewertungsvorschrift des § 156 Abs. 4 AktG als Höchstwertvorschrift ansieht.

298 Vgl. dazu näher Groh, BB 1988, 1919 (gegen Abschnitt 38 Abs. 3 EStR, wonach entweder der Rückstellungsbetrag zunächst mit dem Barwert anzusetzen und dann pro rata temporis auf den Rückzahlungsbetrag zu erhöhen sei oder der Rückstellungsbetrag und zugleich ein aktiver Rechnungsabgrenzungsposten anzusetzen sein soll).

299 Vgl. oben § 5 VIII 1 a.

300 Clemm/Nonnenmacher in Beck'scher Bilanzkommentar, § 253 HGB Anm. 169 m. w. N.

301 BFH vom 19. 7. 1983 VIII R 160/79 BStBl II 1984, 56; BFH vom 25. 2. 1986 VIII R 134/80 BStBl II 1986, 788 (Rückstellung für Verpflichtung zur Abrechnung von Bauleistungen).
Vgl. demgegenüber aber das Urteil des IV. Senats vom 24. 11. 1983 IV R 22/81 BStBl II 1984, 301 zur Bewertung der Rückstellung für Jahresabschlußkosten und Kosten der Betriebssteuererklärungen. Vgl. dazu näher Döllerer, DStR 1987, 71.
BFH vom 11. 2. 1988 IV R 191/85 BStBl II 1988, 661 (Rückstellung für Drohverluste aus Chartervertrag) läßt die Frage offen.

Steuerrechtlich kommt es nach der Finanzverwaltung[302] auf den konkreten Ansatz in der Handelsbilanz an. Das handelsrechtliche Passivierungswahlrecht für die fixen Kosten führt also hier steuerlich nicht zu einem Passivierungsverbot.

Bei Rückstellungen für Verbindlichkeiten, die der Höhe nach ungewiß sind, ist nicht der ungünstigenfalls zu erwartende Betrag, sondern der wahrscheinliche anzusetzen.[303] Eine vernünftige kaufmännische Beurteilung wird die Schätzung nicht nur auf den negativen Merkmalen aufbauen, sondern die verschiedenen Gesichtspunkte, die für oder gegen einen bestimmten Betrag sprechen, sorgfältig gegeneinander abwägen. Auch die Erfahrungen der Vorjahre, u. U. auch anderer Unternehmen derselben Branche, sind zu berücksichtigen. Das gilt insbesondere z. B. für die Gewährleistungsrückstellungen. Hier kann man den Umfang der voraussichtlich zu erwartenden Inanspruchnahme anhand eines Erfahrungssatzes, der auf der tatsächlichen Inanspruchnahme in der Vergangenheit beruht (z. B. im Verhältnis zum Umsatz), schätzen und eine Sammelrückstellung für Gewährleistungsverpflichtungen bilden.[304]

Problematisch ist die Bemessung der Höhe der Rückstellung, wenn die Verbindlichkeit der Höhe nach gewiß und nur dem Grunde nach ungewiß ist: Es ist z. B. zweifelhaft oder streitig, ob der Unternehmer Schuldner einer der Höhe nach feststehenden Forderung ist. Es wird die Auffassung vertreten, daß in einem solchen Fall grundsätzlich die Verbindlichkeit nur in Höhe des Prozentsatzes zurückzustellen sei, mit dem das Bestehen der Verbindlichkeit wahrscheinlich sei.[305] Man wird aber nichts dagegen einwenden dürfen, wenn ein vorsichtig bilanzierendes Unternehmen den vollen Betrag der streitigen Verbindlichkeit zurückstellt, auch wenn – z. B. im Prozeß – der Bestand der Verbindlichkeit noch so sehr bestritten wird.

Für die Bewertung von Pensionsrückstellungen in der Steuerbilanz gilt § 6 a EStG.[306]

Zur Bewertung der Vorruhestandsrückstellungen hat der BdF mit Schreiben vom 16. 10. 1984[307] Stellung genommen: Die Rückstellung soll entsprechend den Grundsätzen des § 6 a EStG zu bilden sein, bei der Bewertung also ein Rechnungszinsfuß von 6 v. H. zugrundezulegen sein. Die von der Bundesanstalt für Arbeit dem Arbeitgeber zu gewährenden Zuschüsse sollen bei der

302 Vgl. OFD Düsseldorf vom 2. 10. 1985 DB 1986, 148.

303 Vgl. Adler/Düring/Schmaltz, § 253 HGB Anm. 176; Claussen in Kölner Kommentar zum AktG, § 156 Anm. 16; Geßler/Hefermehl/Eckardt/Kropff, § 156 AktG Anm. 36. Vgl. aber strenger Albach, StbJb 1967/68, 337.

304 Vgl. auch Herrmann/Heuer/Raupach, § 5 EStG Anm. 630.

305 Vgl. z. B. Geßler/Hefermehl/Eckardt/Kropff, § 156 AktG Anm. 37.

306 Vgl. näher Abschn. 41 Abs. 11 ff EStR; BFH vom 25. 5. 1988 I R 10/84 BStBl II 1988, 720 bestätigt die Auffassung der Richtlinie, daß vertraglich angerechnete Dienstzeiten bei der Ermittlung des Teilwerts außer Betracht bleiben.

307 BdF vom 16. 10. 1984 BStBl I 1984, 518.

Ermittlung des Teilwerts der Rückstellung nicht berücksichtigt werden! Dem ist nicht zu folgen.[308]

IX. Die Bewertungsfreiheit für geringwertige Wirtschaftsgüter nach § 6 Abs. 2 EStG

Nach § 6 Abs. 2 EStG können die Anschaffungs- oder Herstellungskosten von abnutzbaren beweglichen Wirtschaftsgütern des Anlagevermögens, die einer selbständigen Bewertung und Nutzung fähig sind, im Jahr der Anschaffung oder Herstellung in voller Höhe als Betriebsausgaben abgesetzt werden, wenn die Anschaffungs- oder Herstellungskosten, vermindert um einen darin enthaltenen Vorsteuerbetrag, für das einzelne Wirtschaftsgut 800 DM nicht übersteigen.[309]

§ 6 Abs. 2 EStG gibt dem Steuerpflichtigen also ein Wahlrecht: Er kann das abnutzbare geringwertige Wirtschaftsgut im Jahre der Anschaffung oder Herstellung aktivieren und in den einzelnen Jahren der Nutzungsdauer die Abschreibungen nach § 7 EStG vornehmen. Er kann das Wirtschaftsgut aber auch im Jahre der Anschaffung oder Herstellung[310] sofort voll abschreiben. Man bezeichnet dieses Wahlrecht allgemein als Bewertungsfreiheit.

Diese Bezeichnung ist insofern ungenau, als es sich bei der Bestimmung des § 6 Abs. 2 EStG nicht um eine Bewertungsbestimmung handelt. In der Sache handelt es sich um ein Bilanzierungswahlrecht.

Handelsrechtlich kann bei Anschaffung bis zu 100 DM von der Aktivierung abgesehen werden[311] (vgl. auch Abschn. 31 Abs. 3 EStR). Sie brauchen nicht in das Bestandsverzeichnis aufgenommen zu werden. Geringwertige Vermögensgegenstände über 100 DM sind zwar zu aktivieren, ihre Anschaffungs- oder Herstellungskosten dürfen aber im Zugangsjahr voll abgeschrieben werden. Eine allgemeine Obergrenze läßt sich wegen der unterschiedlichen Verhältnisse in den Unternehmen nicht festlegen.

---

308 Vgl. dagegen auch HFA des IdW, WPg 1984, 331 f.

309 Das Steuerbereinigungsgesetz 1985 hat die Bewertungsfreiheit nach § 6 Abs. 2 EStG auch auf den Fall der Einlage erstreckt. Zur Lage vor dem Steuerbereinigungsgesetz 1985 vgl. die 4. Aufl. § 5 IX Anm. 209a sowie die Änderung der Rechtsprechung in BFH vom 19. 1. 1984 IV R 224/80 BStBl II 1984, 312.

310 Sind die Anschaffungs- oder Herstellungskosten in einen Festwert eingegangen, so kann nicht später der Festwert durch Anwendung des § 6 Abs. 2 EStG aufgelöst werden. Durch die Erfassung im Festwert hat der Unternehmer von der ihm zustehenden Bewertungsfreiheit keinen Gebrauch gemacht und damit das Wahlrecht verbraucht (vgl. BFH vom 17. 3. 1982 I R 144/78 BStBl II 1982, 545).

311 Adler/Düring/Schmaltz, § 253 HGB Anm. 365; Pankow/Lienau in Beck'scher Bilanzkommentar, § 253 HGB Anm. 216 ff; Geßler/Hefermehl/Eckardt/Kropff, § 152 AktG Anm. 9; vgl. auch Stellungnahme NA 2/1966 des Sonderausschusses Neues Aktienrecht beim IdW, WPg 1966, 328; zur Notwendigkeit einer Sonderregelung für geringwertige Wirtschaftsgüter vgl. Harms/Küting, DB 1984, 1997.

Über die Umkehrung des Maßgeblichkeitsprinzips[312] ist jedenfalls auch handelsrechtlich die Sofortabschreibung bei den unter § 6 Abs. 2 EStG fallenden Wirtschaftsgütern möglich.

Die Bewertungsfreiheit für geringwertige Wirtschaftsgüter wurde erstmals durch das EStG 1934 gewährt.[313] Die Einführung hatte den Zweck, die Buchführungs- und Bilanzierungsarbeiten zu vereinfachen und zugleich die Wirtschaft zu beleben.[314] Die Möglichkeit, geringwertige Wirtschaftsgüter sogleich im Jahre der Anschaffung oder Herstellung voll abzusetzen, ist denn auch für die Unternehmen von eminenter Bedeutung. Eine endgültige Gewinnminderung – und damit Steuerersparnis – tritt aber genausowenig wie bei der Vornahme von Sonderabschreibungen ein. Der Effekt ist vielmehr nur die Gewinnverlagerung und damit Steuerverschiebung.

Die Vorschrift des § 6 Abs. 2 EStG war, nachdem für Sonderabschreibungen und erhöhte Absetzungen die Verlustklausel des § 7 a EStG eingeführt worden war, eine Zeit lang auch ein beliebtes Betätigungsfeld der sogenannten Abschreibungsgesellschaften.

Eine Regelung, deren Anwendung von einem bestimmten Limit bei den Anschaffungs- oder Herstellungskosten eines Gegenstandes abhängig ist, wirft notwendigerweise die Abgrenzungsfrage auf, ob das Objekt einer Anschaffung oder Herstellung als selbständiger Einzelgegenstand (dessen Kosten im Rahmen des Limits liegen) oder als unselbständiger Teil eines größeren Ganzen (dessen Kosten höher liegen) anzusehen ist.

Beispiele: Ist der einzelne Kinostuhl für sich zu sehen oder ist der Kinostuhl nur ein unselbständiger Teil eines Wirtschaftsgutes Kinogestühl?[315]

Kann ein Mineralwasserversandunternehmen die einzelnen Flaschen als geringwertige Wirtschaftsgüter sofort abschreiben oder ist die Gesamtheit der Flaschen als Wirtschaftsgut anzusehen?[316]

Ist der Elektromotor eines Webstuhls ein selbständiges Wirtschaftsgut und damit, wenn die Anschaffungskosten in dem Limit liegen, sofort abschreibbar?[317]

Sind bei einem Energieversorgungsunternehmen die einzelnen Straßenleuchten (Peitschenlampen oder Hängelampen) selbständige Wirtschaftsgüter oder Teil des Wirtschaftsgutes Straßenbeleuchtungsanlage?[318]

Ist der einzelne Rebstock ein selbständiges Wirtschaftsgut oder nur ein Teil der Rebanlage?[319]

Nach dem Gesetz kommt die Bewertungsfreiheit nur für Wirtschaftsgüter in Frage, die einer „selbständigen Nutzung fähig sind“. Das Merkmal der selb-

---

312 Vgl. dazu oben § 2 III und § 2 II 3 Anm. 29.
313 Begründung zum EStG 1934, RStBl 1935, 38.
314 Zur Entwicklung vgl. i. e. Herrmann/Heuer/Raupach, § 6 EStG Anm. 1249 ff.
315 RFH vom 28. 9. 1938 VI 389/38 RStBl 1939, 84.
316 RFH vom 28. 11. 1939 I 394/39 RStBl 1940, 31.
317 BFH vom 16. 12. 1958 I 286/56 S BStBl III 1959, 77.
318 BFH vom 28. 3. 1973 I R 105/71 BStBl II 1974, 2; vgl. dazu Flume, DB 1973, 1370 ff.
319 BFH vom 30. 11. 1978 IV R 43/78 BStBl II 1979, 281.

ständigen Nutzungsfähigkeit hat zu vielen Streitfällen geführt.[320] Die Rechtsprechung hatte den Begriff zeitweilig recht eingeengt und die selbständige Nutzungsfähigkeit schon dann verneint, wenn der fragliche Gegenstand im Betrieb des Steuerpflichtigen nicht selbständig genutzt werden kann oder andere Gegenstände nicht ohne ihn genutzt werden können.[321]

Die Kasuistik[322] ist im übrigen auch dadurch noch umfangreicher und verwirrender geworden, daß sich die gleiche Abgrenzungsfrage – allerdings mit zwischen Steuerpflichtigen und Verwaltung verkehrten Fronten – für die Investitionszulage nach § 19 BerlinFG stellt (vgl. auch früher § 1 Abs. 3 InvZulagenGes). Die Investitionszulagen werden für geringwertige Wirtschaftsgüter i. S. des § 6 Abs. 2 EStG nicht gewährt.

Mit der geänderten Rechtsprechung des BFH[323] wurde für die Anwendung des § 6 Abs. 2 EStG ein recht weiter Bereich eröffnet: Die selbständige Nutzungsfähigkeit war danach nicht schon dann zu verneinen, wenn das fragliche Wirtschaftsgut in eine größere Einheit eingeordnet ist und in diesem Zusammenhang eine dienende Funktion ausübt, sondern nur dann, wenn der Nutzungszusammenhang mit den anderen Wirtschaftsgütern der Einheit, wirtschaftlich betrachtet, unauflösbar ist und das Wirtschaftsgut außerhalb dieser Einheit einer Nutzung nicht mehr fähig ist.[324]

Die Finanzverwaltung hatte sich mit dieser Rechtsprechung des BFH nicht abgefunden,[325] da sie bei konsequenter Anwendung der vom BFH aufgestellten Grundsätze eine größere Ausdehnung der Bewertungsfreiheit – als haushaltsmäßig vertretbar – fürchtete. Sie veranlaßte eine Ergänzung des § 6 Abs. 2 EStG folgenden Inhalts:[326]

„Ein Wirtschaftsgut ist einer selbständigen Nutzung nicht fähig, wenn es nach seiner betrieblichen Zweckbestimmung nur zusammen mit anderen Wirtschaftsgütern des Anlagevermögens genutzt werden kann und die in den Nutzungszusammenhang eingefügten Wirtschaftsgüter technisch aufeinander abgestimmt sind. Das gilt auch, wenn das Wirtschaftsgut aus dem betrieblichen Nutzungszusammenhang gelöst und in einen anderen betrieblichen Nutzungszusammenhang eingefügt werden kann."

---

320 Die Steuerreformkommission hat sich mit der Frage befaßt, ob an der Voraussetzung der selbständigen Nutzungsfähigkeit überhaupt festgehalten werden solle (vgl. Gutachten V Rdz. 78 ff).

321 Vgl. insbesondere die Webstuhlentscheidung aaO, (Anm. 317). Zu der Rechtsprechung vgl. i. e. die Würdigung bei Flume, DB 1960, 392 ff; DB 1973, 1370 ff.

322 Vgl. den Überblick bei Herrmann/Heuer/Raupach, § 6 EStG Anm. 1300; vgl. auch Abschn. 40 Abs. 2 EStR.

323 BFH vom 28. 3. 1973 I R 105/71 BStBl II 1974, 2; BFH vom 18. 11. 1975 VIII R 9/73 BStBl II 1976, 214.

324 Zu den möglichen Konsequenzen dieser Abgrenzung vgl. L. Schmidt, FR 1976, 70.

325 Vgl. Schreiben des BdF vom 9. 4. 1976 BStBl I 1976, 262.

326 Zu der neuen Fassung des § 6 Abs. 2 EStG vgl. BFH vom 17. 4. 1985 I R 144/82 BStBl II 1988, 126: Die der Durchlüftung lagernden Getreides dienenden Kühlkanäle, die lose an ein Kühlgerät angeschlossen werden, sind keine geringwertigen Wirtschaftsgüter.

X. Die steuerrechtliche Behandlung des Geschäftswertes[327]

Durch Art. 10 Abs. 15 Nr. 1 und 2 BiRiLiG ist die grundlegende Divergenz hinsichtlich der Behandlung des derivativen Geschäfts- oder Firmenwerts[328] zwischen Handels- und Steuerrecht beseitigt worden. Der Geschäfts- oder Firmenwert wird in § 6 Abs. 1 Nr. 2 EStG nicht mehr unter den „nicht abnutzbaren" Wirtschaftsgütern des Anlagevermögens aufgeführt. Damit ist nunmehr dem Grunde nach auch steuerrechtlich die Abschreibungsfähigkeit für den Geschäfts- oder Firmenwert eines Gewerbebetriebs oder eines Betriebs der Land- und Forstwirtschaft anerkannt. Der Steuergesetzgeber hat den Geschäftswert nunmehr für Abschreibungszwecke als abnutzbares immaterielles Wirtschaftsgut fingiert.[329] Allerdings hat sich der Gesetzgeber, um „Steuerausfälle" in Grenzen zu halten[330], nur zu einer Abschreibungsfrist von 15 Jahren durchringen können[331] (§ 7 Abs. 1 S. 3 EStG); die Abschreibung ist linear vorzunehmen. Ausgangsgröße sind die Anschaffungskosten (§ 6 Abs. 1 Nr. 1 EStG).

Im Einzelfall kann zweifelhaft sein, welchen Teil des Kaufpreises für den Erwerb des Unternehmens der Steuerpflichtige für den Geschäftswert und wieviel er für die anderen Wirtschaftsgüter aufgewendet hat. Es ist davon auszugehen, daß Aufwendungen für den Erwerb des Unternehmens nur insoweit auf den Geschäftswert entfallen können, als sie den Teilwert der übrigen – auch bislang beim Veräußerer nicht bilanzierten immateriellen[332] – Wirtschaftsgüter übersteigen. Der Mehrbetrag kann allerdings im einzelnen Fall auch auf anderen Gründen als gerade auf der Berücksichtigung des Geschäftswertes beruhen.[333]

Die neuen Regelungen für den Geschäfts- oder Firmenwert gelten für von diesem abzugrenzende, firmenwertähnliche immaterielle Einzelwirtschaftsgüter (wie z. B. das Verlagsrecht),[334] soweit bislang die AfA unter Hinweis auf die Behandlung des Geschäfts- oder Firmenwerts versagt worden waren.

---

327 Vgl. aus dem Schrifttum im Anschluß an das Bilanzrichtliniengesetz Zeitler, DStR 1988, 303 ff; Söffing, Festschrift Döllerer, 1988, S. 593 ff. Zum negativen Geschäftswert vgl. § 4 IV 3 b.

328 Vgl. dazu die 5. Aufl. § 5 X S. 186 ff; zur Handelsbilanz vgl. oben § 4 IV 3 b.

329 Vgl. Söffing, Festschrift Döllerer, 1988, S. 593 ff, 610.

330 Vgl. Kreile, Der Finanzausschuß und die steuerneutrale Transformation der EG-Bilanzrichtlinie, Festschrift Goerdeler, 1987, S. 241 ff.

331 Im Entwurf des Dritten Steuerreformgesetzes aus dem Jahre 1975 (§ 35 Abs. 3 EStG-E) waren immerhin als betriebsgewöhnliche Nutzungsdauer schon 10 Jahre vorgesehen.

332 Die Neigung der Steuerpflichtigen geht zur Verbesserung der Abschreibungsmöglichkeiten naturgemäß dahin, den Geschäftswert in einzelne immaterielle „Wirtschaftsgüter", wie Arbeitsverhältnis, Absatzmarkt usw. zu zerlegen. Zur Unterscheidung zwischen (selbständigen) immateriellen Einzelwirtschaftsgütern und (unselbständigen) geschäftswertbildenden Faktoren vgl. BFH vom 7. 11. 1986 IV R 7/83 BStBl II 1986, 176.

333 Vgl. dazu Herrmann/Heuer/Raupach, § 6 EStG Anm. 858; zur Abfindung für den „lästigen" Gesellschafter vgl. § 23 II 1 c.

334 Ebenso Brandenberg, DB 1986, 1791 ff; BdF vom 20. 11. 1986 BStBl I 1986, 532; vgl. im übrigen zu den firmenwertähnlichen Wirtschaftsgütern Zeitler, DStR 1988, 306 ff.

Die Ermittlung des Teilwertes des Geschäftswertes ist mit beträchtlichen Unsicherheiten verbunden,[335] die auf den Schwierigkeiten der Bewertung eines Unternehmens beruhen. Die Rechtsprechung des BFH[336] folgt i. a. der sog. Mittelwertmethode (*indirekten Methode*).[337] Diese Methode geht vom durchschnittlichen Erfolg einer möglichst großen Anzahl von Geschäftsjahren aus. Dieser auch für die Zukunft als gesichert unterstellte Ertrag wird kapitalisiert. Der Kapitalisierung wird eine Normalverzinsung an den jeweiligen Stichtagen zugrunde gelegt. Die Kapitalisierung führt zunächst zum *Ertragswert* des Unternehmens. Von diesem Betrag wird der Buchwert[338] des Betriebsvermögens abgezogen. Das Ergebnis ist der sog. rohe Geschäftswert. Dieser ist durch einen unter Berücksichtigung der Verhältnisse des Einzelfalls und der voraussichtlichen künftigen Entwicklung des Unternehmens festzulegenden Risikoabschlag (im allgemeinen 50 %) zu berichtigen. Der so gefundene Wert wird als Teilwert des Geschäftswertes angesehen.[339]

In der Entscheidung vom 28. 10. 1976[340] hat der BFH auch die sog. *direkte Methode* zur Berechnung des Geschäftswertes neben den Einzelfaktoren der wirtschaftlichen Entwicklung eines Unternehmens als brauchbares Hilfsmittel für die Entscheidung akzeptiert, ob eine Teilwertabschreibung gerechtfertigt ist. Die direkte Methode geht davon aus, daß ein Geschäftswert nur vorhanden ist, wenn nachhaltig ein die normale Verzinsung des eingesetzten Kapitals und den kalkulatorischen Unternehmerlohn übersteigender Gewinn, ein sogenannter Übergewinn, erzielt werden kann.

Im Hinblick darauf, daß der Geschäfts- oder Firmenwert bis zum Inkrafttreten des Bilanzrichtliniengesetzes steuerrechtlich als nicht abnutzbares Wirtschaftsgut behandelt wurde, war im Schrifttum sehr häufig die Ansicht vertreten worden, der erworbene Geschäftswert erschöpfe sich und werde allmählich vom Erwerber des Unternehmens durch einen neu geschaffenen – originären – Geschäftswert ersetzt; daher seien – wenn auch AfA für den erworbenen Geschäftswert vom Gesetz nicht zugelassen seien – jedenfalls Teilwertabschreibungen entsprechend dem Verbrauch des erworbenen Geschäftswertes vorzunehmen.[341] Die Rechtsprechung hat sich hingegen auf den Standpunkt

---

335 Aus der umfangreichen Literatur vgl. insbesondere Leissle, StuW 1953, 641 ff; 1955, 778 ff; Jacob, ZfB 1960, 131; Kolbe, Theorie und Praxis des Gesamtwertes und Geschäftswertes der Unternehmung, 3. Aufl. 1967; Sauer, StBp 1973, 56, 73; Maaßen, FR 1976, 315; weitere Literaturnachweise bei Herrmann/Heuer/Raupach, § 6 EStG Anm. 875 ff, 882 ff.

336 Z. B. BFH vom 11. 10. 1960 I 229/59 U BStBl III 1960, 509; vom 19. 2. 1965 III 342/61 U BStBl III 1965, 248; vom 31. 10. 1967 II 148/63 BStBl II 1968, 233; vom 28. 8. 1968 III R 15/67 BStBl II 1969, 2; vom 21. 5. 1970 IV R 131/68 BStBl II 1970, 740. Zur Abschreibung des Geschäftswerts bei nachhaltig gesunkener Rentabilität vgl. BFH vom 13. 4. 1983 I R 63/79 BStBl II 1983, 667.

337 Vgl. aber z. B. das besonders bemerkenswerte Urteil des FG Nürnberg vom 24. 10. 1975 III 150/72 EFG 1976 Nr. 58, das den Geschäftswert auf investitionstheoretischer Grundlage berechnet.

338 Statt des Buchwertes wird z. B. in BFH vom 7. 10. 1970 I R 1/68 BStBl II 1971, 69 a. E. der Teilwert des Betriebsvermögens abgesetzt.

339 Ungeklärt ist, ob vom Ertragswert der Buch- oder Teilwert des Betriebsvermögens abzusetzen, ob Unternehmerlohn und Kapitalverzinsung zu berücksichtigen sind.

340 BFH vom 28. 10. 1976 IV R 76/72 BStBl II 1977, 73.

341 Vgl. die umfangreichen Literaturnachweise bei Herrmann/Heuer/Raupach, § 6 EStG Anm. 862 und Uelner, Steuerkongreßreport 1975, 104 f. Für die Abschrei-

gestellt, der Geschäftswert eines Unternehmens sei ein einheitliches Ganzes, das man nicht in einen derivativen Teil – der allmählich verschwinde – und in einen originären Teil – der den allmählich verschwindenden erworbenen Geschäftswert wieder ersetze – spalten könne (sog. *Einheitstheorie*).[342]

Der „Einheitstheorie" ist durch das Bilanzrichtliniengesetz die Grundlage entzogen.[343]

2. Abschreibungen auf den entgeltlich erworbenen Praxiswert eines freiberuflichen Unternehmens hat die Rechtsprechung des BFH auch bislang schon zugelassen.

Der Praxiswert sei – anders als der Geschäftswert – ausschließlich *personenbezogen*, verflüchtige sich daher besonders schnell und müsse durch den persönlichen Einsatz des Erwerbers gehalten werden. Hier hat der BFH also die „Einheitstheorie" nicht angewendet. Als Abschreibungszeitraum wurden je nach den Verhältnissen 2 bis 5 Jahre zugrundegelegt.[344]

Hatte ein Praxisinhaber seine Praxis allerdings in eine Personen- oder Kapitalgesellschaft eingebracht oder an diese veräußert und war er für diese weiter tätig, so versagt der BFH die laufende Abschreibung mit der Begründung, daß auf Grund des fortbestehenden Vertrauensverhältnisses der Praxiswert sich nicht verflüchtige.[345]

Die Rechtsprechung hat sich jedoch außerstande gesehen, aus der grundsätzlichen Abschreibbarkeit des Praxiswertes Folgerungen für sog. *personenbezogene* Gewerbebetriebe zu ziehen. Demgemäß hat sie es abgelehnt, in gleicher Weise wie auf den entgeltlich erworbenen Praxiswert AfA zuzulassen[346], z. B. auf den entgeltlich erworbenen Geschäftswert einer Apotheke,[347] den entgeltlich erworbenen Geschäftswert eines kleineren Friseurbetriebes[348] oder des Betriebes eines Buchmachers.[349]

---

bung FG Rheinland-Pfalz vom 7. 11. 1978 EFG 1979, 134; dazu Stripf, DB 1980, 318 f.

342 Vgl. schon RFH vom 22. 12. 1927 I A 276/27 RStBl 1928, 49 (52); RFH vom 26. 11. 1930 VI A 682/29 RStBl 1931, 321; RFH vom 29. 7. 1931 VI A 1265/29 RStBl 1931, 852; BFH vom 2. 2. 1972 I R 96/70 BStBl II 1972, 381; BFH vom 25. 11. 1981 I R 54/77 BStBl II 1982, 189; BFH vom 12. 8. 1982 IV R 43/79 BStBl II 1982, 652; besonders eingehend nochmals BFH vom 21. 7. 1982 I R 177/77 BStBl II 1982, 758.

343 Ebenso Herrmann/Heuer/Raupach, § 6 EStG Anm. 2e, 862; Korn, KöSDi 1986, 6244. In dieser Richtung auch Zeitler, DStR 1988, 303 ff; Söffing, Festschrift Döllerer, 1988, S. 593 ff, 611 ff; a. A. L. Schmidt, § 5 EStG Anm. 23d; BdF vom 20. 11. 1986 BStBl I, 86, 532.

344 Vgl. i. e. Nachweise bei Herrmann/Heuer/Raupach, § 6 EStG Anm. 869.

345 Z. B. BFH vom 23. 1. 1975 IV R 166/71 BStBl II 1975, 381; BFH vom 1. 4. 1982 IV R 2–3/79 BStBl II 1982, 620; vgl. auch BFH vom 23. 5. 1985 IV R 81/83 BFH-NV 1985, 31, für den Fall der Aufnahme weiterer Partner in eine Sozietät.

346 Beim Gewerbebetrieb eines Handelsvertreters geht die Rechtsprechung allerdings davon aus, daß hier in der Regel ein Geschäftswert nicht existiert (vgl. die Nachweise in BFH vom 7. 10. 1976 IV R 50/72 BStBl II 1977, 201, 203).

347 BFH vom 16. 11. 1977 I R 212/75 BStBl II 1978, 103.

348 BFH vom 2. 2. 1972 I R 96/70 BStBl II 1972, 381.

349 BFH vom 29. 7. 1982 IV R 49/78 BStBl II 1982, 650.

An der bisherigen Möglichkeit der Abschreibung des derivativen Praxiswertes hat sich durch das Bilanzrichtliniengesetz nichts geändert. Darüber hinaus läßt der BdF im Schreiben vom 20. 11. 1986[350] zu, daß in den Fällen, in denen nach der Rechtsprechung des BFH der erworbene Praxiswert sich nicht abnutzt, weil der bisherige Praxisinhaber weiterhin im Unternehmen entscheidenden Einfluß ausübt, der Praxiswert analog § 7 Abs. 1 S. 3 EStG über 15 Jahre abgeschrieben wird.

§ 6
Gewinnausweis in der Bilanz

I. Das handelsrechtliche Realisationsprinzip

1. Einleitung

Eines der fundamentalen handelsrechtlichen Bilanzierungsprinzipien, das keine Einschränkung verträgt, ist das Realisationsprinzip.[1] Das Realisationsprinzip ist eine Ausprägung des Vorsichtsprinzips.[2] Es bedeutet: Ein Gewinn darf erst dann ausgewiesen werden, wenn er durch Umsatz (durch Veräußerung, durch einen anderen Leistungsaustausch oder durch einen sonstigen Realisationsvorgang) verwirklicht ist. Das Realisationsprinzip verhindert, daß Gewinne in einem Zeitpunkt ausgewiesen werden, in dem sie lediglich in Aussicht stehen.

Daß nicht realisierte Gewinne nicht als Gewinn in der Bilanz ausgewiesen werden können, gewährleisten die Bewertungsbestimmungen: Nach § 253 Abs. 1 HGB darf ein über den Anschaffungs- oder Herstellungskosten liegender Wert nicht angesetzt werden. Dies gilt auch steuerlich (vgl. § 6 EStG).

2. Der Realisationszeitpunkt

a) Bewirkung der Leistung

Ein Gewinn tritt in der Bilanz erst in Erscheinung, wenn ein Vermögensgegenstand ausgeschieden ist und statt dessen ein anderer Vermögensgegen-

---

350 BStBl I 1986, 532. Vgl. dazu kritisch Fasold, BB 1987, 103.

1 Vgl. dazu Leffson, S. 247 ff; Moxter, Realisationsprinzip 1884 und heute, BB 1984, 1780; Reich, Die Realisation stiller Reserven im Bilanzsteuerrecht, Zürich 1983; Woerner, Die Gewinnrealisierung bei schwebenden Geschäften, BB 1988, 769 ff; zu dem Realisationsprinzip und dem Folgeprinzip der periodengerechten Gewinnermittlung vgl. Moxter, Festschrift Döllerer, 1988, S. 427 ff.

2 Vgl. dazu oben § 3 III 4.

stand – in der Regel eine Forderung oder Geld – mit einem höheren Wert als dem Buchwert des ausgeschiedenen zu aktivieren ist. Die Problematik der Gewinnrealisierung und des Realisationszeitpunktes ist eine solche der Bilanzierung beim Sachleistungsverpflichteten. Bei der Vorleistung von Zahlungen kann beim Abnehmer der Sachleistung eine Gewinnrealisierung nicht eintreten.

Der Zahlende aktiviert den Anspruch auf Lieferung oder Leistung unter dem Posten „geleistete Anzahlungen".[3]

Die Bestimmung des Realisationszeitpunktes richtet sich anerkanntermaßen nach den handelsrechtlichen Grundsätzen ordnungsmäßiger Buchführung. Sie ist nicht weiter problematisch, soweit es sich um einen außervertraglichen Realisationsvorgang handelt.

Beispiel: Der Bilanzierende hat wegen des Verlustes eines Vermögensgegenstandes einen Anspruch ex lege gegen einen Dritten (z. B. Schadensersatzanspruch). Die Forderung ist im Zeitpunkt ihrer Entstehung zu aktivieren.

Bei Austauschgeschäften hingegen kommen für den Realisationszeitpunkt, d. h. für den Schnitt zwischen realisierten und unrealisierten Geschäften, theoretisch mehrere Zeitpunkte in Betracht. In Frage kommen insbesondere

a) der Zeitpunkt des Vertragsschlusses,

b) der Zeitpunkt der Lieferung oder Leistung,

c) der Zeitpunkt, in dem der Schuldner bezahlt.

Außer bei Bargeschäften fallen diese Termine mehr oder weniger auseinander.

Unter den angeführten Möglichkeiten böte zwar der Zeitpunkt, in dem der Schuldner bezahlt hat, die größte Sicherheit der Realisation und würde insoweit dem Vorsichtsprinzip, dessen Ausprägung unter anderem das Realisationsprinzip ist, am weitestgehenden entsprechen. In der Bilanzierungspraxis ist dieser Zeitpunkt aus vielfachen Gründen als Realisationszeitpunkt nie gewählt worden. Die Ansicht Dieter Schneiders, „realisierter Gewinn könne erst dann vorliegen, wenn ein Wirtschaftsgut abgegangen und die Einnahmen zugeflossen sind",[4] hat kaum Gefolgschaft gefunden.[5]

Auch das andere Extrem, nämlich der Zeitpunkt des Vertragsschlusses, scheidet anerkanntermaßen als Realisationszeitpunkts aus. Zwar hat der Unternehmer mit Vertragsabschluß einen Abnehmer für seine Lieferungen oder Leistungen gefunden, zwar steht die Höhe des Erlöses fest und ist der

---

3 Vgl. i. e. oben § 4 VII 3 b.

4 D. Schneider, Aktienrechtlicher Gewinn und ausschüttungsfähiger Betrag, WPg 1971, 609; ders., Realisationsprinzip und Einkommensbegriff, Festschrift Leffson, 1976, S. 103 ff, 116.

5 Vgl. dagegen auch BFH vom 23. 11. 1967 IV 123/63 BStBl II 1968, 176; aus der Literatur Leffson, S. 259 f; Luik, JDStJG 1981, 101 ff; Lüders, Der Zeitpunkt der Gewinnrealisierung im Handels- und Steuerbilanzrecht, 1987, S. 35 ff, 58 ff; D. Schneider folgend Jacobs, Stellen die aktienrechtlichen Gewinnermittlungsvorschriften einen Verstoß gegen das Realisationsprinzip dar?, WPg 1972, 173.

Erlös durch einen Vertrag gesichert. Aber zu den Risiken, die ohnehin im Zeitpunkt der Lieferung noch bestehen, treten weitere Risiken, insbesondere das Risiko, daß aus welchen Gründen auch immer, nicht oder nicht zum vereinbarten Zeitpunkt geliefert werden kann. Unter dem Risikogesichtspunkt ist es nicht vertretbar, einen Gewinn bereits bei Vertragsschluß als realisiert anzusehen.

So ist denn auch inzwischen gefestigte Meinung, daß der Realisationszeitpunkt der der Leistungsbewirkung ist.[6] Auch die steuerliche Rechtsprechung steht im Prinzip auf diesem Standpunkt. Schon der RFH hat in einer eingehenden Untersuchung eine Erfolgsrealisation vor der Lieferung nicht für vertretbar gehalten.[7] Die Position des BFH beschreibt der BFH in der Entscheidung vom 17. 1. 1963[8] folgendermaßen:

„Entscheidende Bedeutung für den Ausweis in der Bilanz mißt die Rechtsprechung erst dem Zeitpunkt der Vertragserfüllung des einen Vertragsteils in Verbindung mit der Abnahme von dessen Leistung durch den anderen Vertragsteil bei.“

Solange also die Leistungsbewirkung durch den Sachleistungsverpflichteten nicht vorliegt – und solange auch der Vertragspartner seine Verpflichtung zur Gegenleistung nicht erfüllt hat – handelt es sich um einen schwebenden Vertrag. Schwebende Verträge sind nach den Grundsätzen ordnungsmäßiger Buchführung – sofern nicht Anlaß zur Bildung einer Rückstellung wegen drohender Verluste besteht – in der Bilanz nicht zu berücksichtigen.[9] Hat der Sachleistungsverpflichtete seine Leistung noch nicht erbracht, der Abnehmer aber eine Anzahlung geleistet, so passiviert der Zahlungsempfänger nunmehr die Verpflichtung zur Lieferung oder Leistung in Höhe des empfangenen Betrages unter „erhaltene Anzahlungen“. Die Vorleistung des Abnehmers wird also beim Sachleistungsverpflichteten im Prinzip erfolgsneutral[10] dargestellt.[11]

Unter „Bewirkung der Leistung“ ist zivilrechtlich nicht nur die Leistungshandlung des Schuldners, sondern auch die Herstellung des Leistungserfolges zu verstehen. Beides kann zeitlich auseinanderfallen. Da es bei der Festlegung des Realisationszeitpunktes um die an den bilanzrechtlichen Grundprinzipien orientierte Wertung von wirtschaftlichen Vorgängen geht, kann

---

6 Vgl. Leffson, S. 262 ff; Adler/Düring/Schmaltz, 4. Aufl., § 149 AktG Anm. 69; Herrmann/Heuer/Raupach, § 5 EStG Anm. 49t; Luik aaO, (Anm. 5), S. 103 f.

7 Vgl. RFH v. 22. 10. 1931 VI A 935/30 StuW 1932 Nr. 7.

8 BFH IV 335/69 BStBl III 1963, 257.

9 Vgl. dazu oben § 4 VII 1, 2.

10 Es ist aber auf folgenden Aspekt hinzuweisen: Zahlungen, die ein Lieferant vor der Vollendung seiner vertragsgemäßen Leistung erhält, verschaffen ihm Zinsvorteile. Damit ist fraglich, ob – und gegebenenfalls in welcher Höhe – dieser Zinsvorteil passiv abgegrenzt werden darf oder muß. Vgl. dazu Clemm, JDStJG 1981, 117 ff, 128 f mit weiteren Nachweisen.

11 Ist in der Anzahlung Umsatzsteuer enthalten und diese als Aufwand berücksichtigt, so ist nach § 5 Abs. 3 S. 2 Nr. 2 EStG ein entsprechender Aktivposten anzusetzen.

eine Realisation durchaus auch vor dem Eintritt des Leistungserfolges, z. B. vor dem Übergang des zivilrechtlichen Eigentums, stattfinden. Andererseits ist der Gewinn aus einem Geschäft nicht in jedem Fall schon dann realisiert, wenn der Sachleistungsverpflichtete seinerseits alles Erforderliche getan hat.

Inhalt und Umfang der erforderlichen Leistungshandlung werden durch das konkrete Schuldverhältnis bestimmt, welches durch den Vertrag und die ergänzenden gesetzlichen Bestimmungen gestaltet ist.

Es muß für den Gewinnausweis auf Grund der Leistungshandlungen des Schuldners eine Lage entstanden sein, daß ihm die Forderung auf die Gegenleistung – von dem mit jeder Forderung verbundenen Risiko abgesehen – so gut wie sicher ist. Das ist der Fall, wenn die *Preisgefahr* auf den Gläubiger übergegangen ist.[12]

Zur Verdeutlichung sei der Fall des Versendungskaufs (§ 447 BGB) angeführt. Mit der Übergabe der Ware an die Transportperson hat der Verkäufer das Seine getan; die Preisgefahr ist auf den Käufer übergegangen. Die Forderung auf die Gegenleistung ist nicht mehr durch einen etwaigen Untergang der Ware in Frage gestellt. Auf die Abnahme der Ware durch den Käufer kommt es für die Gewinnrealisierung nicht an. Damit ist es möglich, daß die Ware weder beim Verkäufer noch beim Käufer ausgewiesen wird. Der Verkäufer hat sie im Zeitpunkt der Gewinnrealisierung ausgebucht und die Kaufpreisforderung angesetzt, der Käufer kann die Ware nicht ausweisen, solange sie nicht wirtschaftlich zu seinem Vermögen in Gestalt des mittelbaren oder unmittelbaren Besitzes[13] gehört. Das Ergebnis ist in Ordnung. Zu Recht hat Woerner[14] darauf hingewiesen, daß es keinen Grundsatz gibt, nach dem eine Ware am Bilanzstichtag bei irgendeinem Unternehmen bilanziert sein muß.

Liegt der Erfüllungsort hingegen beim Käufer, so ist das Geschäft für den Verkäufer erst mit der Abnahme durch den Käufer abgeschlossen. Erst wenn die Ware beim Käufer angekommen und von diesem abgenommen ist, ist dem Verkäufer die Forderung sicher.

Eine allgemeine Aussage zu der Frage, ob zu der Leistungshandlung des Schuldners noch ein weiterer Umstand, insbesondere eine Abnahme durch den Gläubiger hinzukommen müsse, ist also nicht angebracht. Dazu ist die rechtliche und wirtschaftliche Bedeutung der Abnahme durch den Gläubiger bei den einzelnen Vertragstypen (vgl. nur die Regelung beim Werkvertrag einerseits und beim Kaufvertrag andererseits) und bei dem jeweiligen konkreten Vertragsverhältnis zu unterschiedlich.[15]

Die Möglichkeit von Mängelrügen hindert die Gewinnrealisierung selbst

---

12 Vgl. dazu näher Lüders aaO, (Anm. 5), S. 72 ff; vgl. im Grundsatz auch Woerner, BB 1988, 769 ff, 774.

13 BFH vom 13. 9. 1988 VIII R 236/81 BStBl II 1989, 21.

14 Woerner, BB 1988, 769 ff, 775.

15 Vgl. dazu Herrmann/Heuer/Raupach, § 5 EStG Anm. 49 t [5] mit Nachweisen aus der Rechtsprechung; vgl. differenzierend auch Woerner aaO.

nicht. Derartige Risiken sind gegebenenfalls durch Rückstellungen zu berücksichtigen.[16]

b) Aktivierung des Anspruchs auf die Gegenleistung

Hat der Sachleistungsverpflichtete seine Leistung bewirkt, so hat er die Forderung auf die Gegenleistung anzusetzen. Die Bewertung der Forderung richtet sich nach den auch sonst für die Forderungsbewertung geltenden Grundsätzen.

Im Einzelfall kann es vorkommen, daß trotz Bewirkung der Leistung eine Gewinnrealisierung nicht in Frage kommt, weil in diesem Zeitpunkt die Gegenleistung noch unbestimmt und unbestimmbar ist.

Vgl. BFH vom 4. 4. 1968:[17] „Wird bei der Veräußerung von Wirtschaftsgütern vereinbart, daß das Entgelt erst nach einer unbestimmten Zahl von Jahren und nach Maßgabe der dann bestehenden Preise bestimmter Güter festgelegt werden soll und kann die Höhe des Entgelts bis dahin auch nicht schätzungsweise angegeben werden, so ist der Gewinn aus dem Veräußerungsgeschäft erst dann verwirklicht, wenn das Entgelt bestimmbar ist oder endgültig Abschlagzahlungen geleistet werden" (Leitsatz Nr. 2 S. 1).

In den Fällen, in denen die Gegenleistung ihrerseits eine Sachleistung ist, also insbesondere in den Fällen des *Tauschs,* sah die ältere handelsrechtliche Auffassung keinen Umsatz, sondern nur einen Wechsel des aktivierten Gegenstandes. Da als Anschaffungskosten des eingetauschten Gegenstandes grundsätzlich der Buchwert des hingegebenen Gegenstandes anzusetzen war, trat beim Tausch eine Gewinnrealisierung nicht ein.[18] Die handelsrechtliche Auffassung hat sich inzwischen unter dem Einfluß der steuerrechtlichen Sicht gewandelt. Zum Teil wird inzwischen auch für das Handelsrecht vertreten, daß der Tausch zu einer Gewinnrealisierung führe und der eingetauschte Gegenstand mit dem gemeinen Wert des hingegebenen Gegenstandes angesetzt werden müsse.[19] Nach der zur Zeit wohl herrschenden vermittelnden handelsrechtlichen Auffassung hat der Unternehmer die Wahl, ob er den eingetauschten Gegenstand mit dem Buchwert oder dem gemeinen Wert des hingegebenen Gegenstandes ansetzen will.[20] Entscheidet sich der Unternehmer grundsätzlich für die Fortführung des Buchwertes des hingegebenen Gegenstandes, so kann er aber insoweit einen „Tauschgewinn" ausweisen, als er zur Abdeckung der mit dem Tausch verbundenen steuerlichen Belastung nötig ist.

16 Ebenso Woerner, BB 1988, 769 ff, 777.

17 BFH IV 210/61 BStBl II 1968, 411.

18 Vgl. in diesem Sinne wieder Lüders aaO, (Anm. 5), S. 125 ff, 131.

19 Döllerer, BB 1966, 1405; Husemann, Grundsätze ordnungsmäßiger Bilanzierung für Anlagegegenstände, S. 104.

20 Vgl. Adler/Düring/Schmaltz, § 255 HGB Anm. 102 ff; Pankow/Schmidt-Wendt in Beck'scher Bilanzkommentar, § 255 HGB Anm. 141.

Nach der gefestigten steuerrechtlichen Rechtslage[21] tritt infolge der Bewertung der Anschaffungskosten des eingetauschten Gegenstandes mit dem gemeinen Wert des hingegebenen Gegenstandes eine Gewinnrealisierung ein.

Der Realisationszeitpunkt ist für jeden der beiden Sachleistungsverpflichteten gesondert zu ermitteln. Jeder Sachleistungsverpflichtete realisiert seinen Gewinn aus dem Geschäft, wenn er seine eigene Leistung bewirkt hat. In *diesem* Zeitpunkt[22] setzt er die – mit dem gemeinen Wert des hingegebenen Wirtschaftsguts – zu bewertende Sachleistungsforderung gegen den Partner an. Ist der Teilwert der vom Geschäftspartner zu erbringenden Sachleistung geringer, so ist die Forderung entsprechend niedriger anzusetzen.

c) Gewinnrealisierung und Rückgaberecht oder Rückgabepflicht des Erwerbers

Hat der Käufer bis zu einem bestimmten Zeitpunkt ein Rückgaberecht[23] für die ihm gelieferte und in Rechnung gestellte Ware, so ist, wenn der Schwebezustand am Bilanzstichtag noch nicht beendet ist, nach den bisherigen Ausführungen die Forderung dem Verkäufer noch nicht so gut wie sicher und deshalb ein Gewinnausweis nicht möglich – es sei denn, es ist mit einer Rückgabe nicht zu rechnen.

Für den Versandhandel hat das Finanzgericht Münster[24] eine Rückgabequote von 3–5 % der Kaufverträge als gering und den Gewinnausweis als nicht hindernd angesehen, das geringe Rückgaberisiko könne durch eine Rückstellung erfaßt werden. Diese Handhabung ist sicher unter rechtlichen Aspekten, insbesondere auch in Hinsicht auf den Grundsatz der Einzelbewertung, nicht ganz unbedenklich.[25] Das Finanzgericht Münster hat einfach der üblichen – durch praktische Zwänge gerechtfertigten – Buchungspraxis, den Gewinn im Zeitpunkt der Rechnungserteilung im Anschluß an die Versendung der Ware auszuweisen, Rechnung getragen.

In Fällen jedenfalls, in denen Gegenstand des Veräußerungsgeschäfts ein nicht vertretbarer Vermögenswert ist und dem Erwerber ein Rückgaberecht eingeräumt ist, kann eine Gewinnrealisierung im Zeitpunkt der Veräußerung nicht angenommen werden.[26] Hier ist bis zum Ablauf der Frist für die Ausübung des Rückgaberechts vom Willen des Erwerbers abhängig und damit in der Schwebe, ob der Erlös dem Leistenden verbleiben wird. Dies gilt unabhängig davon, in welches zivilrechtliche Gewand (aufschiebend oder auflösend bedingter Vertrag, unbedingter Vertrag mit Rücktrittsvorbehalt

21 Vgl. dazu i.e. oben § 5 III 1 c und unten § 6 II 3 a m.w.N.

22 Nach BFH vom 14. 12. 1982 VIII R 53/81 BStBl II 1983, 303 soll unter Umständen in den Fällen des Tausches „mit verzögerter Gegenleistung" etwas anderes gelten. Dagegen zu Recht Woerner, FR 1984, 496.

23 Vgl. zu diesen Fällen näher Luik, JDStJG 1981, 104 ff; Piltz, BB 1985, 1368 ff; Lüders, Der Zeitpunkt der Gewinnrealisierung im Handels- und Steuerbilanzrecht, 1987, S. 119 ff.

24 FG Münster vom 27. 10. 1971 EFG 1972, 173.

25 Vgl. auch Luik aaO, (Anm. 23); Piltz, BB 1985, 1368 ff.

26 Vgl. dazu auch Stellungnahme BFA 2/1982 WPg 1982, 548.

des Erwerbers oder – wie auch immer konstruiertes – Optionsrecht des Erwerbers zum Abschluß eines Rückveräußerungsgeschäftes) die Beteiligten das Rückgaberecht gekleidet haben. Solange aber ein erwarteter Gewinn nicht sicher ist, widerspricht die Annahme einer Gewinnrealisierung dem Vorsichtsprinzip.

In diesen Fällen ist zwar der veräußerte Gegenstand selbst – wenn das rechtliche und wirtschaftliche Eigentum auf den Erwerber übergegangen sind – in der Bilanz des Veräußerers nicht mehr auszuweisen und statt dessen die Forderung auf die Gegenleistung oder die Gegenleistung selbst. Der Gewinnausweis ist aber durch eine Rückstellung zu verhindern, in der die künftige Rücknahmeverpflichtung erfaßt wird.

Ist eine Rückerwerbsoption des Veräußerers vereinbart, so kann die Gewinnrealisierung beim Veräußerer in Frage gestellt sein, wenn angesichts der Umstände und Bedingungen der Rückerwerbsoption faktisch eine Rücknahmeverpflichtung besteht.[27] Davon abgesehen kann eine Veräußerung unter Vereinbarung einer Rückerwerbsoption im Einzelfall auch eine Umgehung des Anschaffungswertprinzips bedeuten.

d) Gewinnrealisierung bei Veräußerung zwischen Konzernunternehmen

Wenn für die Gewinnrealisierung grundsätzlich ein Umsatzakt erforderlich ist, so hat dies seinen Grund in dem Vorsichtsprinzip: Erst wenn ein Vermögensgegenstand den Markt passiert hat, ist der Vermögenswert verobjektiviert. Dieses ist bei der Beurteilung von Veräußerungsgeschäften zwischen Konzernunternehmen und anderen verbundenen Unternehmen zu bedenken. Grundsätzlich ist zwar auch in Fällen dieser Art besonders sorgfältig darauf zu achten, daß Leistung und Gegenleistung den Kriterien entsprechen, wie sie bei einem Veräußerungsgeschäft mit Dritten gelten würden.[28] Im Einzelfall kann allerdings fraglich sein, ob trotz des formal vorliegenden Umsatzaktes auch wirtschaftlich eine Gewinnrealisierung oder in Wirklichkeit eine Umgehung des Anschaffungswertprinzips vorliegt.

Ein Unternehmen, das Gewinn ausweisen möchte, veräußert das Betriebsgrundstück zu einem in der Höhe nicht zu beanstandenden Preis an eine zu diesem Zweck gegründete 100%ige Tochtergesellschaft oder bringt das Grundstück in diese ein und weist in seiner Bilanz den Unterschied zwischen dem Buchwert des Grundstücks und dem Erlös als Gewinn aus. Im Effekt wäre die Lage damit nicht anders, als wenn das Unternehmen in der eigenen Bilanz den Buchwert des Grundstücks heraufgesetzt hätte – was wegen des Anschaffungswertprinzips nicht zulässig ist.

27 Vgl. Stellungnahme BFA 2/1982 WPg 1982, 548. Weitergehend Sarx/Lutz in Beck'scher Bilanzkommentar, § 247 HGB Anm. 180: Keine Gewinnrealisierung, soweit mit der Geltendmachung der Option zu rechnen ist.

28 Vgl. Stellungnahme BFA 2/1982 WPg 1982, 548.

3. Selbständig abrechenbare Teilleistungen

Nach dem Bisherigen ist festzuhalten: Erst wenn der Leistungsverpflichtete seine Leistung im wesentlichen erbracht hat und diese – soweit erforderlich – vom Empfänger abgenommen worden ist, tritt die Gewinnrealisierung ein. Hat der Leistungsverpflichtete nur zum Teil erfüllt, so muß eine Gewinnverwirklichung unterbleiben – es sei denn es handelt sich um eine selbständig abrechenbare und vergütungsfähige Teilleistung. Letzteres ist insbesondere bei Bauleistungen von Bedeutung (vgl. z. B. § 12 Ziff. 2 der VOB, Teil B). Ob eine selbständig vergütungsfähige Teilleistung vorliegt, richtet sich nach der getroffenen Vereinbarung. Wenn der Leistungsverpflichtete vereinbarungsgemäß eine Teilleistung abrechnen kann und diese – soweit erforderlich – vom Gläubiger abgenommen worden ist, ist der Teilvergütungsanspruch zu aktivieren.

4. Langfristige Herstellung von Großprojekten[29]

Besonders gelagert ist die Problematik in Fällen langfristiger Auftragsfertigung (z. B. Herstellung von Fabrikationsanlagen, Schiff-, Kraftwerk-, Reaktor-, Staudammbau usw.). Wenn die Leistung nicht im Vertrag in mehrere selbständig abrechenbare und abnahmefähige Teilleistungen aufgegliedert ist, wird der Gewinn aus dem Vertrag, und zwar der Gesamtgewinn, erst im Jahr der Fertigstellung und der Abnahme des Gesamtwerkes realisiert.

Die in der Zwischenzeit erbrachten Leistungen werden mit den Herstellungskosten aktiviert. Da durchaus nicht alle mit dem Bau in Zusammenhang stehenden Aufwendungen zu den Herstellungskosten gehören (insbesondere nicht die Vertriebskosten, vgl. § 255 Abs. 2 S. 6 HGB, aber auch nicht unwesentliche Teile der Verwaltungskosten) ergibt sich die Situation, daß bei mehrjährigen Fertigungsprojekten bis zum Realisationszeitpunkt nicht nur keine Gewinne, sondern vielmehr Verluste ausgewiesen werden. Infolge des Verlustausweises in den umsatzlosen Perioden der Fertigung und des außergewöhnlich hohen Gewinnausweises im Jahre der Abnahme kann sich ein schiefes Bild der wirklichen Ertragslage des Unternehmens ergeben.[30] Das hat die Bilanzierungspraxis veranlaßt, bei langfristiger Fertigung unter bestimmten Voraussetzungen nicht abgerechnete Leistungen mit einem über den Herstellungskosten liegenden Betrag anzusetzen. Das wird in der Literatur weitgehend gebilligt, zum Teil wird auch eine Teilgewinnrealisierung für zulässig gehalten.[31]

29 Vgl. dazu Lüders, Der Zeitpunkt der Gewinnrealisierung im Handels- und Steuerbilanzrecht, 1987, S. 100 ff.

30 Vgl. Sarx in Beck'scher Bilanzkommentar, § 255 HGB Anm. 786 ff; Herrmann/Heuer/Raupach, § 5 EStG Anm. 49z „Langfristige Fertigung".

31 Vgl. die Nachweise bei Clemm, JDStJG 1981, 121 ff; Herrmann/Heuer/Raupach, § 5 EStG Anm. 49z „Langfristige Fertigung". Auch von der Rechtsprechung des RFH und der früheren des BFH ist ein Wahlrecht zum vorgezogenen (Teil-)Ge-

Was ein Wahlrecht für eine vorgezogene Teilgewinnrealisierung – ohne daß eine zulässige Teilabrechnung vorläge – anbetrifft, so bedeutet dies einen eindeutigen Verstoß gegen das Realisationsprinzip und kann nach geltendem deutschen[32] Bilanzrecht nicht akzeptiert werden. Auch die Aktivierung der Auftrags-Einzelkosten, insbesondere der Sondereinzelkosten des Vertriebs (z.B. Provisionszahlungen für den Auftrag, Prämien für die Ausfuhr-Kreditsicherung [Hermes] usw.) ist durchaus problematisch: Ein Ansatz bei den Herstellungskosten der unfertigen Leistungen scheidet in Hinsicht auf § 255 Abs. 2 S. 6 HGB per se aus.[33] Ebensowenig ist die Erfassung der Sondereinzelkosten des Vertriebs unter den Rechnungsabgrenzungsposten möglich. Auch unter dem Gesichtspunkt, daß der Aktivposten das Recht aus dem Auftrag verkörpern würde,[34] ist eine Aktivierung nicht möglich.

Gleichwohl sind die Bemühungen um eine Aktivierung der Sondereinzelkosten des Vertriebs[35] – um den Ausweis eines Verlustes in den umsatzlosen Fertigungsperioden zumindest in Grenzen zu halten – verständlich. Der auf das Geschäftsjahr abgestellte Bilanzierungsrhythmus wird in der Tat den Besonderheiten langfristiger Großprojekte nicht gerecht. Die Situation ist ähnlich wie die im Falle der Ingangsetzung und der Erweiterung des Geschäftsbetriebs.

Die Bilanzierungshilfe des § 269 HGB für die Anlauf- und Erweiterungskosten soll verhindern, daß die vollen Anlaufkosten in der schwierigen Anlaufzeit als Aufwand verrechnet werden müssen und – da ihnen ausreichende Erträge nicht gegenüberstehen – ein Verlust auszuweisen ist.[36]

Durch die Bilanzierungshilfe wird für Aktionen mit Langzeitwirkung der Tatsache Rechnung getragen, daß das einzelne Geschäftsjahr nur ein formaler, jedenfalls kein organischer Abschnitt im Gesamtleben eines Unternehmens ist und der jährliche Bilanzierungsrhythmus zu Verzerrungen führen kann.

U.E. sollte auch bei langfristigen Großprojekten der verbreiteten Übung, die Auftrags-Einzelkosten zu aktivieren, durch die Anerkennung einer Bilanzierungshilfe die bilanzrechtliche Grundlage gegeben werden und damit zugleich die mit einem solchen Ausweis verbundenen Risiken und Beschrän-

---

winnausweis akzeptiert worden. Vgl. dazu die Nachweise bei Herrmann/Heuer/Raupach aaO.

32 Die Übernahme der aus dem amerikanischen Recht stammenden Methode des International Accounting Standards Committee (Internationaler Rechnungslegungsgrundsatz Nr. 11 zur Bilanzierung von Fertigungsaufträgen [construction contracts], Fachnachrichten des IdW 1979, 201), nach der der Gesamterlös als vereinnahmt ausgewiesen werden kann, stößt auch im Wirtschaftsprüferstand auf erhebliche Bedenken. Vgl. Clemm aaO, (Anm. 31), 125.

33 Vgl. dazu oben § 5 III 2.

34 Es würde sich um den unzulässigen Ansatz eines nicht derivativ erworbenen immateriellen Wirtschaftsgutes handeln.

35 Vgl. Nachweise oben § 5 III 2 Anm. 65.

36 Zu den Motiven und der Entstehungsgeschichte des Vorläufers (§ 153 Abs. 4 Satz 2 AktG 1965 a.F.) vgl. Saage, DB 1969, 1666, 1667 mit Anm. 54.

kungen gekennzeichnet werden. Voraussetzung für den Ansatz der Bilanzierungshilfe wäre, daß mit entsprechenden Erträgen gerechnet werden kann.[37] Diese Bilanzierungshilfe sollte mit einer Ausschüttungssperre gekoppelt werden.[38]

Die steuerlichen Konsequenzen dieser Bilanzierungshilfe sind u. E. die folgenden: Die Figur der Bilanzierungshilfe begründet keine steuerrechtliche Aktivierungspflicht.[39] Auf Grund des Maßgeblichkeitsprinzips ist für das Steuerrecht entscheidend, wie sich die Handelsbilanz tatsächlich darstellt. Hat das Unternehmen von der Bilanzierungshilfe Gebrauch gemacht, so ist dem auch steuerlich zu folgen. Es kann sich also auf diese Weise die Zeitspanne für die Inanspruchnahme des § 10 d EStG verlängern.

5. Gewinnrealisierung bei Dauerschuldverhältnissen

Wie oben dargestellt, richtet sich die Beurteilung der Frage, ob die Leistungsbewirkung erfolgt ist, nach Inhalt und Umfang der Leistungspflichten. Diese bestimmen sich nach dem einzelnen Schuldverhältnis, das durch den konkreten Vertrag und die ergänzenden gesetzlichen Bestimmungen gestaltet ist.

So vielfältig wie die zu gestaltenden Lebenssachverhalte sind die Inhalte von Schuldverhältnissen. Für die bilanzrechtliche Behandlung von entscheidender Bedeutung ist die Gruppierung der Schuldverhältnisse in solche, die im wesentlichen eine einmalige Lieferung oder Sachleistung zum Gegenstand haben, einerseits und die sogenannten Dauerschuldverhältnisse andererseits. Unter den Dauerschuldverhältnissen werden die Fälle zusammengefaßt, in denen die geschuldete Leistung in einem dauernden Verhalten (Tun oder Unterlassen) besteht und diejenigen, in denen ein in sich abgeschlossenes aber wiederkehrendes Verhalten geschuldet wird. Dem völlig anders gearteten wirtschaftlichen Gehalt der langfristigen, pro rata temporis zu erfüllenden Verträge wird seit eh und je auch bilanzrechtlich Rechnung getragen.[40]

Da in diesen Fällen die Leistungsbewirkung nicht in einem Zeitpunkt konzentriert ist, sondern die Erfüllung des Vertrages fortlaufend über die Vertragsdauer stattfindet, wird auch der Gewinn aus der Gesamtleistung *nicht in einem Zeitpunkt* – etwa in dem des Vertragsschlusses oder des Vertragsendes – realisiert, sondern es werden die einzelnen Teilleistungen im Zeitablauf pro rata temporis realisiert. Das Restgeschäft nach Erbringung der einzelnen Teilleistung bleibt weiterhin ein schwebendes Geschäft, und zwar bis zum Ende der vereinbarten Vertragszeit.

Paradigmata für Dauerschuldverhältnisse sind Miet-, Pacht- und Darle-

37 Vgl. etwa Adler/Düring/Schmaltz, 4. Aufl., § 153 AktG Anm. 126 für die Anlaufkosten-Bilanzierungshilfe.

38 So jetzt die Ausschüttungssperre in § 269 Satz 2 HGB.

39 Vgl. dazu oben § 4 VIII 1 b.

40 Vgl. Leffson, S. 270 ff; Herrmann/Heuer/Raupach, § 5 EStG Anm. 49 z.

hensverträge und diesen wirtschaftlich ähnliche Verträge. Es werden immer nur pro rata temporis die einzelnen Teilleistungen realisiert, hinsichtlich der restlichen Vertragsdauer handelt es sich um einen schwebenden Vertrag. Hervorzuheben ist, daß selbst die Bestellung eines dinglichen Rechts die bilanzrechtliche Behandlung als Dauerschuldverhältnis nicht verhindert, wenn der Vertrag durch das Dauermoment geprägt ist.[41] Zu nennen sind etwa die *Lizenzverträge.* Obwohl man sich formal hier sogar auf den Standpunkt stellen könnte, der Verpflichtete habe mit Einräumung der Lizenz seine Leistung bewirkt, wird der Lizenzvertrag wegen der wirtschaftlichen Vergleichbarkeit mit einem Pachtvertrag bilanzrechtlich und ertragsteuerlich als Dauerschuldverhältnis behandelt.[42] Entsprechend verhält es sich mit den *Erbbaurechtsverträgen.* Obwohl man sich auch hier auf den formalen Standpunkt stellen könnte, der Grundstückseigentümer habe mit der Bestellung des Erbbaurechts das Seine zur Erfüllung getan, wird der Erbbaurechtsvertrag als Dauerschuldverhältnis eingeordnet.[43] Auch hier ist also die Realisation des Geschäfts *nicht* auf *einen* Zeitpunkt konzentriert.

Ebenso verhält es sich bei den *Leasingverträgen.* Selbst in den Fällen, in denen man wirtschaftliches Eigentum des Leasing-Nehmers annimmt[44] und also beim Leasing-Geber anstelle des Leasinggutes eine Forderung gegen den Leasing-Nehmer aktiviert wird, kommt es nicht zur Gewinnrealisierung beim Leasing-Geber. Infolge der Bewertung der Forderung mit den Anschaffungs- bzw. Herstellungskosten des Leasinggutes wird vielmehr der Gewinn aus dem Leasinggeschäft – entsprechend dem Dauercharakter des Geschäfts – fortlaufend pro rata temporis realisiert. Was die Problematik der Gewinnrealisierung anbetrifft, so werden also auch die Leasingverträge, bei denen wirtschaftliches Eigentum des Leasing-Nehmers angenommen wird, als Dauerschuldverhältnisse behandelt.

Schließlich gehören auch die *Ausbeuteverträge* zu den bilanzrechtlichen Dauerschuldverhältnissen.[45] Das gilt unabhängig davon, ob der Ausbeutevertrag im konkreten Fall zivilrechtlich als Kaufvertrag oder als Pachtvertrag zu qualifizieren ist.

„Der einzelne Ausbeutevertrag ist (so der BFH) – ob man ihn nun als Kaufvertrag oder als Pachtvertrag versteht – solange er nicht von beiden Vertragsparteien erfüllt ist, ein sogenannter schwebender Vertrag, der handelsrechtlichen Gepflogenheiten entsprechend bilanzmäßig nicht ausgewiesen wird."[46]

---

41 Zu der Bilanzierung dinglicher Rechtsverhältnisse vgl. Mathiak, Festschrift Döllerer, 1988, S. 397 ff.

42 Vgl. Herrmann/Heuer/Raupach, § 5 EStG Anm. 2200 „Lizenz"; Knoppe, Die Besteuerung der Lizenz- und Know-How-Verträge, 2. Aufl. 1972, S. 108.

43 Vgl. dazu die eindeutige Klarstellung in BFH vom 20. 1. 1983 IV R 158/80 BStBl II 1983, 413.

44 Vgl. dazu oben § 4 III 3.

45 Vgl. Herrmann/Heuer/Raupach, § 5 EStG Anm. 49z, ABC der schwebenden Geschäfte.

46 BFH vom 16. 9. 1970 I R 184/67 BStBl II 1971, 85.

II. Die Besteuerung des in der Bilanz ausgewiesenen Gewinns – Grundsatz und Ausnahmen –

1. Einleitung

Das handelsrechtliche Realisationsprinzip gilt über den Grundsatz der Maßgeblichkeit der Handelsbilanz für die Steuerbilanz auch für das Ertragsteuerrecht. Zur inneren Rechtfertigung für die steuerrechtliche Geltung des Realisationsprinzips wird darauf verwiesen, daß das Realisationsprinzip sozusagen eine „Konkretisierung einer gleichmäßigen und wirtschaftlich maßvollen Besteuerung nach der Leistungsfähigkeit" darstelle. Indem die Besteuerung an den Bilanzgewinn anknüpft, werden die nach dem Realisationsprinzip ausgewiesenen Gewinne steuerlich erfaßt.

In Inflationszeiten handelt es sich freilich bei dem ausgewiesenen Gewinn vielfach nicht um einen realen Vermögenszuwachs, sondern um Scheingewinne. Da für die Bewertung handels- und steuerrechtlich das Nominalwertprinzip gilt, werden verbrauchte Güter nur in Höhe ihrer tatsächlichen Anschaffungs- oder Herstellungskosten zu Aufwand. Sind die Wiederbeschaffungskosten für ein entsprechendes Gut infolge von Preissteigerungen gestiegen, so entsteht in Höhe der Differenz zwischen den Anschaffungs- oder Herstellungskosten und dem Wiederbeschaffungspreis ein Scheingewinn. Die Besteuerung aber erfaßt grundsätzlich den Nominalgewinn, also auch den Preissteigerungsgewinn. Damit bleibt – soll die Substanz erhalten werden – nichts anderes übrig, als dafür durch Zurückhaltung von versteuerten Gewinnen Sorge zu tragen.

Die Besteuerung von Scheingewinnen ist unter dem Gesichtspunkt des Leistungsfähigkeitsprinzips bedenklich. Die Problematik von Steuern und Inflation[47] beschränkt sich freilich nicht auf die Gewinnermittlung bei den Einkünften aus Gewerbebetrieb, sondern ist eine allgemeine.

Wenn auch der Gesetzgeber für die Besteuerung im Grundsatz am Nominalwertprinzip festgehalten hat, haben im Laufe der Zeit doch eine Reihe von Regelungen Eingang in das Recht der steuerlichen Gewinnermittlung gefunden, die in ihrer Wirkung die Besteuerung von Scheingewinnen mildern. Zu nennen ist insbesondere die Reinvestitionsregelung nach § 6b EStG[48] und die steuerfreie Rücklage für Preissteigerung nach § 74 EStDV. Auch die Bewertung nach dem Lifoverfahren[49] führt zur Ausschaltung von Scheingewinnen.[50]

47 Der Problemkreis ist insbesondere in den 70er Jahren eingehend diskutiert worden. Vgl. die Zusammenstellung der umfangreichen Literatur bei Wagner, StuW 1976, 238 ff.

48 Vgl. unten unter § 6 II 3b.

49 Vgl. oben § 5 II 2d, bb.

50 Art. 33 der Vierten EG-Richtlinie gestattet den Mitgliedstaaten in Abweichung von der Anschaffungswertmethode die Einführung anderer Bewertungsmethoden zur Berücksichtigung inflationärer Entwicklungen.

2. Keine Besteuerung des Buchgewinns, der den Steuerpflichtigen wirtschaftlich nicht berührt

Ausnahmsweise werden aufgedeckte stille Reserven, wird ein in der Bilanz in Erscheinung getretener Gewinn nicht besteuert. Wenn das Gesetz die Besteuerung grundsätzlich an den in der Bilanz ausgewiesenen Gewinn bzw. Verlust knüpft, so geht es davon aus, daß das nach den Gewinnermittlungsvorschriften ausgewiesene Ergebnis im Normalfall den Steuerpflichtigen auch wirtschaftlich berührt und ihm als positives oder negatives Einkommen zuzurechnen ist.

Das Einkommen ist in erster Linie ein wirtschaftlicher Begriff.[51] So unterschiedlich die Vorstellungen über das Einkommen auch sein mögen, gemein ist allen die Kernvorstellung, daß es sich um einen Inbegriff wirtschaftlicher Güter handelt, die innerhalb eines bestimmten Zeitraums einer Person zufließen,[52] daß das Einkommen dem Bezieher eine gewisse wirtschaftliche Verfügungsmacht bringt. Klar ist, daß man sich für die Besteuerung nicht mit derartigen allgemeinen Vorstellungen begnügen kann. Im Interesse der steuertechnischen Brauchbarkeit und damit die Besteuerung für alle Steuerpflichtigen gleichmäßig wirken kann, müssen klare Normen darüber geschaffen werden, was bei dem einzelnen als Einkommen zugrunde zu legen ist.[53] Dies ist durch die Formulierung der einzelnen Einkommenstatbestände geschehen. Bei der Anwendung und Auslegung dieser Vorschriften darf aber die Grundlage, daß das Einkommen in erster Linie eine wirtschaftliche Größe ist, nicht außer Betracht gelassen werden.

Im Einzelfall kann es sich aber bei dem in der Bilanz ausgewiesenen Gewinn für den betreffenden Steuerpflichtigen um eine nur formelle Vermögensvermehrung handeln, die als Anknüpfungspunkt für die Besteuerung nicht in Frage kommt, weil sie für den Steuerpflichtigen wirtschaftlich deshalb nichts bedeutet, weil sie seine wirtschaftliche Leistungsfähigkeit nicht berührt.

a) Sanierungsgewinn[54]

Erlassen die Gläubiger eines Unternehmens diesem zum Zwecke der Sanierung des Unternehmens einen Teil ihrer Forderungen, so wird in der Bilanz des Unternehmens in Höhe des Betrages der erlassenen Verbindlichkeiten ein Gewinn ausgewiesen. Die Rechtsprechung des Einkommensteuersenats des RFH hat schon sehr früh erkannt, daß die Besteuerung dieses „Gewinns“ nicht sachgerecht ist.[55] Zum einen würde der Schulderlaß seitens der

---

51 Vgl. nur etwa Popitz, Handwörterbuch der Staatswissenschaften, 4. Aufl., Bd. 3 „Einkommensteuer“, S. 406 ff; Strutz, Bd. I, § 6 Nr. 4; Winkler, Handwörterbuch der Staatswissenschaften, 4. Aufl., Bd. 3, Einkommen, S. 368.

52 Vgl. z. B. Adolf Wagner, Grundlegung der politischen Ökonomie, 3. Aufl., Bd. 1, 405; Schmoller, Grundriß der Volkswirtschaftslehre, 2. Teil, 1919, S. 486.

53 Vgl. Strutz aaO, (Anm. 51).

54 Vgl. zu Unternehmenssanierung und Steuerrecht Langel, StbJb 1977/78, 321; Ströfer, StuW 1982, 231 ff.

55 Vgl. zuerst RFH vom 30. 6. 1927 VI A 297/27 RStBl 1927, 197.

Gläubiger z.T. seine Wirkung verfehlen. Zum anderen hat der RFH erkannt, daß der Erlaß wertloser Forderungen für den Schuldner eine nur *formelle* Vermögensvermehrung darstellt, die ihm nicht als Einkommen zugerechnet werden kann.

Die Rechtsprechung des Körperschaftsteuersenats des RFH war dem Einkommensteuersenat nicht gefolgt.[56] Damit bestand der unhaltbare Zustand, daß Sanierungsgewinne bei einkommensteuerpflichtigen Unternehmern steuerfrei blieben, bei den Kapitalgesellschaften aber besteuert wurden. Der Gesetzgeber des KStG 1934 hat diesen unhaltbaren Zustand beendet, indem er in § 11 Nr. 4 KStG a.F. den Sanierungsgewinn – nicht besonders gelungen – als „abzugsfähige Ausgabe" deklariert hat.

Da im Einkommensteuerrecht eine entsprechende Vorschrift, die den Sanierungsgewinn ausdrücklich von der Steuer freistellte, fehlte, stützte man hier die Steuerfreiheit des Sanierungsgewinns entweder auf Gewohnheitsrecht oder auf eine entsprechende Anwendung des § 11 Nr. 4 KStG a.F.[57]

Damit hat die Nichtbesteuerung des Sanierungsgewinns den Charakter einer positivistischen, mehr oder minder willkürlichen Ausnahmebestimmung angenommen. Schon Enno Becker[58] hat daran Anstoß genommen, daß auch der Einkommensteuersenat des RFH auf § 11 Nr. 4 KStG 1934 rekurriert ist: Man könne auf den Gedanken verfallen, daß es sich um „ius singulare contra rationem iuris conceptum, um einen eigentlich nicht gerechtfertigten Seitensprung des Gesetzgebers" handele.[59] In Wirklichkeit entspricht die Nichtbesteuerung des Sanierungsgewinns gerade der ratio iuris, wenn man nur berücksichtigt, daß das Einkommen letztlich eine wirtschaftliche Größe ist. Die Tatsache, daß dieser Ausgangspunkt der Rechtsprechung des RFH in Vergessenheit geraten ist, ist zugleich die Ursache für ein heute verbreitetes Mißverständnis: Aus der gesetzlich geregelten Nichtbesteuerung des sog. Sanierungsgewinns wird die Folgerung gezogen, daß in anderen Fällen des Erlasses wertloser Forderungen, die nicht unter den Tatbestand des § 11 Nr. 4 KStG a.F. zu fassen sind, die Besteuerung beim Schuldner von vornherein keine Frage sei.

Heute ist – anläßlich der Körperschaftsteuerreform –[60] die Steuerfreiheit des Sanierungsgewinns in § 3 Nr. 66 EStG geregelt. Damit existiert nunmehr eine einheitliche gesetzliche Grundlage für die Steuerfreiheit des Sanierungsgewinns sowohl bei Personenunternehmen als auch bei Kapitalgesellschaften.

Der infolge des Forderungserlasses[61] beim Schuldner entstehende Buchge-

56 Vgl. RFH vom 5. 2. 1929 I A 394/27 RStBl 1929, 228.

57 Vgl. BFH vom 27. 9. 1968 VI R 41/66 BStBl II 1969, 102.

58 Die Grundlagen der Einkommensteuer, 1940, § 325; vgl. zuvor schon StuW 1938, 1027, 1307.

59 Der Kontakt zur historischen Entwicklung ist abgebrochen, wenn man diese Regelung als „steuerpolitische Maßnahme", als Ausdruck des Gebots der Pflege der Steuerquelle (so Jehner, BB 1983, 1525) versteht oder wenn davon die Rede ist, daß die Vorschrift den „volkswirtschaftlichen Fortbestand des Schuldners ermöglichen will" (so FG Berlin vom 15. 6. 1984 III 645/82 EFG 1985 Nr. 382 im Anschluß an BFH vom 22. 4. 1964 I 62/61 U BStBl III 1964, 370).

60 Änderung des EStG durch Art. 2 Nr. 1b des KStReformG.

61 Die Übernahme von Schulden durch den Sanierer führt beim Schuldner-Unternehmen nach FG des Saarlandes vom 5. 10. 1984 I 128/83 EFG 1985 Nr. 76 (Rev.

winn bleibt nach der heutigen Auffassung nur dann steuerfrei, wenn die Voraussetzungen des § 3 Nr. 66 EStG vorliegen.[62]

Der Begriff der Sanierung ist von der Rechtsprechung entwickelt worden. Man versteht darunter alle Maßnahmen, die die finanzielle Gesundung eines notleidenden Unternehmens bezwecken und geeignet sind, das Unternehmen vor dem Zusammenbruch zu bewahren und wieder ertragsfähig zu machen.[63] Voraussetzungen[64] für die Steuerfreiheit einer Vermögensvermehrung sind danach die objektive Sanierungsbedürftigkeit[65] des Unternehmens, die Sanierungsabsicht der Gläubiger und der sog. Sanierungserfolg. Unter dem Sanierungserfolg versteht man die Forderung, daß die Maßnahme geeignet sein müsse, das Unternehmen vor dem Zusammenbruch zu bewahren und wieder ertragsfähig zu machen.[66]

§ 3 Nr. 66 EStG ist auch im Falle der übertragenden Sanierung – z. B. die Gläubiger erlassen einer Personengesellschaft Schulden, damit das Unternehmen durch eine Kapitalgesellschaft fortgeführt werden kann – anwendbar.[67] Noch nicht abschließend geklärt ist die Frage, ob § 3 Nr. 66 EStG auch zur Anwendung kommt, wenn der Betrieb verloren ist und liquidiert wird, der Erlaß der wertlosen Forderung also nur dem Unternehmer die weitere wirtschaftliche Existenz ermöglichen soll. Versteht man § 3 Nr. 66 EStG als positivistische Sonderregelung, so hat man Schwierigkeiten. Trägt man hingegen dem Aus-

---

eingelegt) nicht zu einem steuerfreien Sanierungsgewinn nach § 3 Nr. 66 EStG, da keine Schulden erlassen werden.
Auch der Gewinn, der für den notleidenden Schuldner entsteht, wenn der Gläubiger ihm im Rahmen eines gegenseitigen Vertragsverhältnisses eine Preiserhöhung zubilligt, unterfällt nicht dem Tatbestand des § 3 Nr. 66 EStG (so BFH vom 31. 1. 1985 IV R 149/82 BStBl II 1985, 365 f).

62 Erläßt ein Gesellschafter der Kapitalgesellschaft seine Forderung, ohne daß die Voraussetzungen des § 3 Nr. 66 EStG vorliegen, so bleibt der bei der Kapitalgesellschaft entstehende Gewinn als verdeckte Einlage steuerfrei.

63 Vgl. z. B. BFH vom 25. 10. 1963 I 359/60 S BStBl III 1964, 122; vom 25. 2. 1972 VII R 30/66 BStBl II 1972, 531.

64 Vgl. dazu Schmidt/Heinicke, § 3 EStG Stichwort „Sanierungsgewinn"; Knief, DB 1986, 441 ff.

65 Das Merkmal der Sanierungsbedürftigkeit als Anknüpfungspunkt für die Besteuerung wird in der Literatur zunehmend in Frage gestellt (vgl. z. B. Herrmann/Heuer/Raupach, § 3 EStG Anm. 460; Ströfer, StuW 1982, 231 ff, 236). Der BFH hält demgegenüber an ihm fest (vgl. BFH vom 22. 11. 1983 VIII R 14/81 BStBl II 1984, 472 und dazu Scholtz, DStZ 1984, 439; vgl. nochmals BFH vom 22. 1. 1985 VIII R 37/84 BStBl II 1985, 501 = BB 1985, 1376).

66 Auch an dem Merkmal der Sanierungseignung hält der BFH – trotz der in der Literatur vorgetragenen Kritik (vgl. z. B. Langel, StbJb 1977/78, 321 ff, 327; Jehner, BB 1983, 1525 ff, 1528) – fest: vgl. BFH vom 22. 1. 1985 aaO, (Anm. 65).

67 Vgl. BFH vom 24. 4. 1986 IV R 282/84 BStBl II 1986, 672 und dazu Crezelius, Anm. § 3 Nr. 66 1/86, EWiR 1986, 987; Niehus/Küntzel, DB 1987, 246 ff.

gangspunkt des RFH Rechnung, daß die nur formelle Vermögensvermehrung kein Einkommen darstellt, so ist die Sache klar.[68]

Sind die Voraussetzungen des § 3 Nr. 66 EStG erfüllt, so wird der Sanierungsgewinn außerhalb der Bilanz als steuerfrei behandelt. Der Sanierungsgewinn ist nicht mit laufenden oder früheren Verlusten zu verrechnen.[69] Soweit negative Kapitalkonten bestehen, werden sie durch den Schulderlaß ermäßigt.[70]

Leistet der Schuldner später Zahlungen auf die erlassenen Schulden, sei es freiwillig,[71] sei es auf Grund einer Besserungsscheinverpflichtung,[72] so sind diese Zahlungen nicht als Betriebsausgaben abzugsfähig.[73]

Stellt der Schuldner im Rahmen der Sanierung sog. Besserungsscheine aus, so verpflichtet er sich, einen Teil der späteren Gewinne zur Tilgung der zunächst erlassenen Forderungen zu verwenden. Diese nur aus etwaigen künftigen Gewinnen zu erfüllende Besserungsscheinverpflichtung darf nicht passiviert werden.[74] Die Höhe des Sanierungsgewinns wird also nicht gemindert.

b) Rücklage für Ersatzbeschaffung

Der Gedanke, daß eine nur formelle Vermögensmehrung, die für den Steuerpflichtigen wirtschaftlich nichts bedeutet, dem Steuerpflichtigen nicht als – die wirtschaftliche Leistungsfähigkeit erhöhendes – Einkommen zugerechnet werden kann, steht auch hinter der Schöpfung des Instituts der Rücklage für Ersatzbeschaffung durch den RFH.[75] Anlaß waren die Fälle, daß der Steuerpflichtige für ein abgebranntes Gebäude von dem Ersatzpflichtigen oder von einer Versicherung eine Entschädigung erhielt, die über dem Buchwert des Gebäudes lag. Der RFH hielt die Besteuerung des auf diese Weise entstehenden Buchgewinnes nicht für gerechtfertigt, da für ihn ein

68 Vgl. dazu Keuk, StbJb 1973/74, 353 ff m.N.; FG Berlin vom 15. 6. 1984 EFG 1985 Nr. 382 und FG Hamburg vom 27. 3. 1985 EFG 1985 Nr. 673 haben die Anwendung des § 3 Nr. 66 EStG auf die *persönliche* Sanierung bejaht.

69 BFH vom 15. 7. 1968 GrS 2/67 BStBl II 1968, 666 mit eingehender Begründung.

70 So zu Recht OFD Münster vom 27. 7. 1983 StEK EStG § 15 Nr. 115 I 1; a.A. Schmidt, § 15a EStG Anm. 5d u. 3a: Der Sanierungsgewinn sei einkommensteuerrechtlich Einlage und zwar eine solche nur des durch den Schulderlaß begünstigten persönlich haftenden Gesellschafters. Das sind reine Unterstellungen.

71 BFH vom 9. 11. 1965 I 264/62 BStBl III 1966, 383.

72 RFH vom 15. 2. 1933 VI A 558/31 RStBl 1933, 734.

73 A.A. Horn, FR 1954, 497. U.E. ist der Rechtsprechung zu folgen. In Höhe der Nachzahlung wird der Sanierungsgewinn wirtschaftlich rückgängig gemacht. Beide Vorgänge zusammen (Erlaß und nachträgliche Zahlung auf die erlassene Schuld) müssen daher erfolgsneutral bleiben.

74 Zur Bilanzierung latenter Verpflichtungen aus Besserungsscheinen vgl. Schruff, Festschrift Leffson, 1976, S. 153 ff.

75 Vgl. dazu schon Hensel, Steuerrecht, 3. Aufl. 1933, S. 243 Anm. 3; E. Becker, Die Grundlagen der Einkommensteuer, 1940, § 236, § 328.

Gewinn nicht wirklich realisiert war.[76] Denn durch die Entschädigung soll der Steuerpflichtige in die Lage versetzt werden, anstelle der abgebrannten neue Gegenstände zu beschaffen, die innerhalb des Betriebes an Stelle der abgebrannten in Funktion treten. Bei dieser Sachlage hielt der RFH es für „verfehlt, von einer Realisierung der in diesen Gegenständen etwa steckenden stillen Reserven und einen dadurch erzielten steuerbaren Gewinn zu sprechen".[77]

Zur Neutralisierung des infolge der Entschädigung in Erscheinung tretenden Buchgewinnes gestattete der RFH die Bildung einer steuerfreien Rücklage in Höhe der Differenz zwischen dem Buchwert des abgebrannten Gegenstandes und der Entschädigung. Damit wurde erreicht, daß der Steuerpflichtige die Entschädigung in voller Höhe für die Ersatzbeschaffung verwenden konnte und die Ersatzbeschaffung nicht dadurch erschwert wurde, daß der Fiskus an ihr partizipierte.

Das Institut der steuerfreien Rücklage für Ersatzbeschaffung wird heute weitgehend als praeter legem entwickelter Billigkeitsgrundsatz, der sich gewohnheitsrechtlich verfestigt hat, verstanden.[78] U.E. findet – wie auch der RFH bis zuletzt[79] angenommen hat – das Institut seine Grundlage in einer dem Einkommen als wirtschaftlicher Größe Rechnung tragenden Anwendung der Gewinnermittlungsvorschriften.[80]

Die von der Rechtsprechung entwickelten Grundsätze und Voraussetzungen der Rücklage für Ersatzbeschaffung sind in Abschn. 35 EStR niedergelegt. Die Bildung der Rücklage für Ersatzbeschaffung ist danach zulässig, wenn das Wirtschaftsgut infolge höherer Gewalt oder infolge oder zur Vermeidung eines behördlichen Eingriffes gegen Entschädigung aus dem Betriebsvermögen ausscheidet oder beschädigt wird.

Was dabei unter „höherer Gewalt" zu verstehen ist, ist nicht abschließend geklärt. Nicht gemeint ist jedenfalls, wie die beispielhafte Aufzählung von Brand und Diebstahl zeigt, höhere Gewalt im zivilrechtlichen Sinn. In der Literatur[81] ist die Bildung einer Rücklage für Ersatzbeschaffung bislang in allen Fällen für zulässig erachtet worden, in denen ein Wirtschaftsgut ohne oder gegen den Willen des Steuerpflichtigen aus dem Betriebsvermögen ausscheidet. Der BFH hat es allerdings in dem Urteil vom 15. 5. 1975[82] in eingehenden Ausführungen abgelehnt, die Bildung einer steuerfreien Rücklage für Ersatzbeschaffung allgemein in allen Fällen anzuwenden, in de-

---

76 Vgl. die Rechtsprechungsnachweise bei Keuk-Knobbe, StuW 1976, 49 Anm. 28 und die Würdigung der Rechtsprechung schon bei E. Becker, StuW 1929, Bd. I, 993; Wetter, DStBl 1930, 245.

77 RFH vom 2. 4. 1930 VI A 514/30 RStBl 1930, 313.

78 Vgl. z.B. BFH vom 15. 1. 1969 I 18/65 BStBl II 1969, 310; vom 15. 5. 1975 IV R 138/70 BStBl II 1975, 692; Herrmann/Heuer/Raupach, § 4 EStG Anm. 68a; Schmidt, § 5 EStG Anm. 53.

79 Vgl. RFH vom 3. 5. 1944 VI 11/44 RStBl 1944, 619.

80 Vgl. ebenso insbesondere Thiel, StbJb 1963/64, 176.

81 Vgl. Herrmann/Heuer/Raupach, § 4 EStG Anm. 68d mit Nachweisen.

82 BFH vom 15. 5. 1975 IV R 138/70 BStBl II 1975, 692.

nen der Steuerpflichtige von einem Dritten eine Entschädigung erhält, weil ein Wirtschaftsgut gegen oder ohne seinen Willen aus dem Betriebsvermögen ausscheidet oder beschädigt wird. Dem ist u. E. nicht zu folgen.[83]

Die Ersatzbeschaffung muß „ernstlich geplant" sein (Abschn. 35 Abs. 4 EStR). Die Rücklage für Ersatzbeschaffung ist gewinnerhöhend aufzulösen, wenn die Ersatzbeschaffung nicht innerhalb einer angemessenen Frist[84] erfolgt ist.

Die *Einlage* eines Wirtschaftsguts aus dem Privatvermögen in das Betriebsvermögen stellt keine Ersatzbeschaffung dar,[85] auch dann nicht, wenn das eingelegte Wirtschaftsgut nach seiner betrieblichen Funktion an die Stelle des ausgeschiedenen tritt.

Unterbleibt die Ersatzbeschaffung, weil der Betrieb veräußert oder aufgegeben wird, so ist der Gewinn aus der Auflösung der Rücklage nicht als laufender Gewinn, sondern als tarifbegünstigter Veräußerungsgewinn[86] zu versteuern. Erfolgt die Ersatzbeschaffung, so ist die Rücklage durch Übertragung auf die Anschaffungs- oder Herstellungskosten des Ersatzwirtschaftsguts aufzulösen. Das Ersatzwirtschaftsgut ist zu diesem Zweck in der Bilanz mit den Anschaffungs- oder Herstellungskosten abzüglich des Betrages der aufgelösten Rücklage für Ersatzbeschaffung anzusetzen. Der verbleibende Betrag ist bei abnutzbaren Wirtschaftsgütern dann auch die Ausgangsgröße für Absetzungen und Abschreibungen (Abschn. 35 Abs. 5 EStR). In Höhe des Betrages der Rücklage werden also die stillen Reserven des ausgeschiedenen Wirtschaftsguts auf das Ersatzwirtschaftsgut übertragen. Ein Ersatzwirtschaftsgut liegt vor, wenn das Wirtschaftsgut wirtschaftlich die gleiche oder eine entsprechende Aufgabe erfüllt wie das ausgeschiedene Wirtschaftsgut.[87]

Erfolgt die Ersatzbeschaffung noch in demselben Wirtschaftsjahr, in dem das Wirtschaftsgut aus dem Betriebsvermögen ausgeschieden ist, so erübrigt sich die Bildung einer Rücklage. Das Ersatzwirtschaftsgut ist mit den Anschaffungs- oder Herstellungskosten abzüglich des Betrages anzusetzen, um den die Entschädigung den Buchwert des ausgeschiedenen Wirtschaftsguts übersteigt (Abschn. 35 Abs. 1 EStR).

---

83 Vgl. dazu näher Keuk-Knobbe, StuW 1976, 48 ff.

84 Nach Abschnitt 35 Abs. 6 EStR muß der Steuerpflichtige die Ersatzbeschaffung regelmäßig bei beweglichen Wirtschaftsgütern bis zum Schluß des ersten Wirtschaftsjahres, bei einem Grundstück oder Gebäude bis zum Schluß des zweiten Wirtschaftsjahres, welches auf das Wirtschaftsjahr der Bildung der Rücklage folgt, vornehmen.

85 BFH vom 11. 12. 1984 IX R 27/82 BStBl II 1985, 250. Zu der entsprechenden Frage bei § 6b EStG vgl. die Nachweise bei Anm. 108.

86 So unter Aufgabe der bisherigen entgegenstehenden Rechtsprechung, BFH vom 25. 6. 1975 I R 201/73 BStBl II 1975, 848.

87 Vgl. die Einzelheiten bei Herrmann/Heuer/Raupach, § 4 EStG Anm. 68g.

3. Verzicht auf die Annahme der Gewinnrealisierung in Sonderfällen

a) Zur Gewinnrealisierung beim Tausch[88]

Da beim Tausch als Anschaffungskosten des eingetauschten Wirtschaftsguts steuerlich grundsätzlich der gemeine Wert des hingegebenen Gegenstandes anzusetzen ist,[89] tritt hinsichtlich des hingegebenen Gegenstandes eine Gewinnrealisierung in Höhe der Differenz zwischen dem Buchwert und dem gemeinen Wert ein.[90]

Dieser Berechnung des Tauschgewinns hält Lang[91] entgegen, sie beeinträchtige die richtige Besteuerung nach der wirtschaftlichen Leistungsfähigkeit: Die Leistungsfähigkeit des Steuerpflichtigen bestimme sich nicht nach dem Wert der weggegebenen, sondern nach dem Wert der empfangenen Wirtschaftsgüter, es sei also das eingetauschte Wirtschaftsgut nicht mit dem gemeinen Wert des hingegebenen, sondern mit dem Teilwert des eingetauschten Wirtschaftsguts anzusetzen.

U. E. ist dem nicht zu folgen.[92] In der Bilanz zu bewerten ist nun einmal das eingetauschte Wirtschaftsgut. Für durch ein Anschaffungsgeschäft erworbenes Wirtschaftsgut sind die Anschaffungskosten des Erwerbers, also sein Aufwand, anzusetzen. Bei einem kaufweisen Erwerb kommt niemand auf die Idee, es müsse eine Bewertung des „Vermögenszuwachses" veranstaltet werden und statt des gezahlten Kaufpreises müsse der Teilwert des angeschafften Wirtschaftsguts angesetzt werden. Es ist nicht zu sehen, wieso die Situation beim Tausch eine andere als beim Kauf sein soll. Die Lage, daß der Teilwert des eingetauschten Wirtschaftsguts über dem gemeinen Wert des hingegebenen Wirtschaftsguts liegt, entspricht genau der, daß beim Kauf der Käufer billig gekauft hat. Wie beim billigen Kauf ist beim billigen Erwerb durch Tausch mit dem Ausweis dieses – die Anschaffungskosten übersteigenden – Vermögenszuwachses und mit der Besteuerung zu warten, bis dieser Vermögenszuwachs tatsächlich realisiert wird. Erst dann hat man in beiden Fällen einen gesicherten Indikator für die „Leistungsfähigkeit".

Liegen die Anschaffungskosten des kauf- oder tauschweise erworbenen Wirtschaftsguts über dessen Teilwert, so bleibt die Möglichkeit der Teilwertabschreibung. Die Frage der Teilwertabschreibung wird sich im Falle des tauschweisen Erwerbs sicher häufiger stellen als bei kaufweisem Erwerb. Denn beim Tausch sind naturgemäß die Möglichkeiten eines Irrtums über die Werte und über die Ausgeglichenheit von Leistung und Gegenleistung zahlreicher als beim Kauf. Es wird hier häufiger Anlaß zu der Annahme bestehen, daß einer der Partner ein schlechtes Geschäft gemacht hat.

---

88 Vgl. dazu Wassermeyer, JDStJG 1984, 169 ff. Entgegen der h. M. lehnt Lüders aaO, (Anm. 5), S. 125 ff, 131, im Anschluß an die ältere handelsrechtliche Auffassung (vgl. oben § 6 I 2 b) eine Gewinnrealisierung beim Tausch ab.

89 Vgl. dazu oben § 5 III 1 c.

90 Zur grundsätzlichen Problematik vgl. insbesondere Thiel, DB 1958, 1431 ff; Albach, StbJb 1970/71, 287 ff; Blümich, Betriebswirtschaftliche Beurteilung handelsrechtlicher und steuerrechtlicher Grundsätze der Gewinnrealisierung beim Tausch von Anteilsrechten, 1973, S. 47 ff, mit weiteren Nachweisen, insbesondere auch zu der älteren steuerrechtlichen Literatur.

91 JDStJG 1981, 88 f; ebenso Littmann/Bitz/Meincke, § 6 EStG Rz. 210 ff.

92 Vgl. auch die Auseinandersetzung mit Lang bei Groh, Festschrift Döllerer, 1988, S. 157 ff. Das Ergebnis von Groh: Lang hat Recht für die Überschußrechnungseinkünfte, gerade nicht aber für die hier zur Debatte stehende Gewinnermittlung.

Ausnahmsweise kann aber von der Gewinnrealisierung abgesehen, d.h. der eingetauschte Gegenstand kann mit dem Buchwert des hingegebenen angesetzt werden. Grundlage der heutigen Beurteilung der Tauschvorgänge ist das Tauschgutachten des BFH vom 16. 12. 1958.[93] Das Gutachten befaßt sich ausdrücklich nur mit dem Tausch von Anteilen an Kapitalgesellschaften. Die Grundgedanken sind jedoch auch auf andere Tauschvorgänge übertragbar.[94] Danach kann auf die Gewinnverwirklichung beim Tausch verzichtet werden, wenn bei wirtschaftlicher Betrachtung wegen der Wert-, Art- und Funktionsgleichheit der getauschten Gegenstände die „Nämlichkeit" angenommen werden kann.

Im Ergebnis ist die Rechtsprechung jedoch sehr zurückhaltend bei der Verneinung einer Gewinnrealisierung.[95] Insbesondere bei Umsatzgütern, die zur Veräußerung bestimmt sind, nimmt sie regelmäßig die Gewinnrealisierung an.[96]

b) Die Reinvestitionsregelung nach § 6b EStG[97]

aa) Das StÄndG 1964 hat in der Bestimmung des § 6b EStG eine Möglichkeit geschaffen, die Gewinnrealisierung anläßlich der Veräußerung bestimmter Wirtschaftsgüter zu vermeiden. Die Regelung ist wirtschaftspolitisch motiviert. Sie soll „in erster Linie dazu dienen, den Unternehmen durch Veräußerung nicht mehr benötigter Anlagegüter Mittel für dringende Investitionsvorhaben zu verschaffen".[98] Ohne die Regelung des § 6b EStG wäre die ökonomisch sinnvolle Anpassung des Unternehmens an strukturelle Änderungen produktionstechnischer, verteilungswirtschaftlicher und regionaler Art, insbesondere auch eine wirtschaftlich gebotene Standortverlagerung wesentlich erschwert,[99] da der aus der Veräußerung von nicht mehr benötigten Anlagegegenständen mobilisierte Erlös nicht voll zur Reinvestition zur Verfügung stände. Die Regelung des § 6b EStG ist um so dringen-

---

93 BFH vom 16. 12. 1958 I D 1/57 S BStBl III 1959, 30.

94 Vgl. ebenso v. Wallis, FR 1974, 518.

95 Vgl. den Überblick bei Herrmann/Heuer/Raupach, § 6 EStG Anm. 341 ff. Zur Steuerpflicht des Tausches einer wesentlichen Beteiligung an einer Kapitalgesellschaft in eine nicht wesentliche vgl. unten § 24.

96 Die Gewinnrealisierung kann jedoch auch beim Tausch durch Anwendung des § 6b EStG verhindert werden (vgl BFH vom 14. 12. 1982 VIII R 53/81 BStBl II 1983, 303).

97 Aus der Literatur vgl. insbesondere R. Thiel, Übertragung stiller Reserven, Kommentar zu § 6b EStG, 1965 und Herrmann/Heuer/Raupach, Kommentierung zu § 6b EStG; J. Thiel, JDStJG 1981, 183 ff; Schön, Gewinnübertragung bei Personengesellschaften nach § 6b EStG, 1986.
Zum Ausmaß der Inanspruchnahme der Reinvestitionsvergünstigung vgl. Wittmann, DB 1987, 1447.
Zu den Auswirkungen der Änderungen des § 6b EStG durch das Steuerreformgesetz 1990 vgl. Neufang, DB 1989, 453 ff.

98 BT-Drs. 4/3189, S. 6.

99 BR-Drs. 193/64, S. 46.

der, als es sich – in einer Zeit schleichender Geldentwertung – bei dem Veräußerungsgewinn weitgehend nicht um wirklichen Vermögenszuwachs, sondern um einen Scheingewinn handelt, dessen Besteuerung in die Substanz eingreifen würde.

Wie in den Fällen der Rücklage für Ersatzbeschaffung[100] sind in § 6b EStG zwei Möglichkeiten zur Vermeidung der Gewinnrealisierung vorgesehen, nämlich die Bildung einer steuerfreien Rücklage[101] und der Abzug der stillen Reserven von den Anschaffungs- oder Herstellungskosten eines Reinvestitionsobjekts.[102] Die Übertragung der stillen Reserven ist nach dem Steuerreformgesetz 1990 auch auf ein Wirtschaftsgut möglich, das in dem der Veräußerung vorausgegangenen Jahr angeschafft oder hergestellt worden ist; der Abzug erfolgt in diesem Fall von dem Buchwert des Ersatzwirtschaftsgutes (§ 6b Abs. 5 EStG).

Gegenüber der Rücklage für Ersatzbeschaffung bietet die Regelung des § 6b EStG insbesondere folgende Besonderheiten:[103] Die Rücklage für Ersatzbeschaffung kann beim Ausscheiden *aller* Wirtschaftsgüter des Anlage- und des Umlaufvermögens ohne Rücksicht auf die Dauer ihrer Zugehörigkeit zum Betrieb des Steuerpflichtigen gebildet werden. § 6b EStG dagegen begünstigt die Veräußerung und die Anschaffung oder Herstellung nur bestimmter Güter des Anlagevermögens und verlangt eine *sechsjährige Zugehörigkeit* des veräußerten Wirtschaftsguts zum Anlagevermögen. Für die Auflösung beider Rücklagen bestehen unterschiedliche Fristen (vgl. Abschn. 35 Abs. 6 EStR und § 6b Abs. 3 EStG).[104]

Auf welche Wirtschaftsgüter die stillen Reserven des einzelnen veräußerten Wirtschaftsguts des Anlagevermögens übertragen werden können, zeigt die nachstehende Übersicht:[105]

100 Vgl. dazu oben unter 1b.

101 Die steuerfreie Rücklage ist nach § 6b Abs. 3 S. 6 EStG nur zulässig, wenn in der Handelsbilanz ein entsprechender Passivposten (vgl. oben § 4 V 2) ausgewiesen wird. Nach BFH vom 24. 4. 1985 I R 65/80 BStBl II 1986, 324 = FR 1985, 441 mit Anm. L. Schmidt ist es allerdings unschädlich, wenn das Unternehmen den um den Veräußerungsgewinn gekürzten Ansatz des Reinvestitionsobjekts in der Handelsbilanz wieder aufstockt (vgl. i.e. zu dieser bedeutsamen Entscheidung oben § 2 III).

102 Zu der Rücklage bei Personengesellschaften vgl. unten § 10 I 1b.

103 Vgl. die Einzelheiten bei Herrmann/Heuer/Raupach, § 6b EStG Anm. 80.

104 Zu der Frage, inwieweit – liegen die Voraussetzungen für die Inanspruchnahme beider Rücklagen vor – ein Übergang von der einen zur anderen Rücklage möglich ist, vgl. Seithel, FR 1976, 57 ff.

105 Übernommen von Falterbaum/Beckmann, S. 460.

Übertragung auf				
Veräußerung von	Grund und Boden	Gebäude	Aufwuchs	Abnutzbare bewegliche Wirtschaftsgüter
Grund und Boden	ja	ja	ja	ja
Aufwuchs	nein	ja	ja	ja
Gebäude	nein	ja	nein	ja
Abnutzbare bewegliche Wirtschaftsgüter	nein	nein	nein	ja
Schiffe	nein	nein	nein	ja
Anteile an Kapitalges.	nein	ja	nein	ja
Lebendes Inventar land- und forstwirtschaftlicher Betriebe	nein	nein	nein	ja

Die Möglichkeit, Gewinne aus der Veräußerung von Anteilen an Kapitalgesellschaften auf erworbene Anteile an Kapitalgesellschaften zu übertragen, ist auf Grund des Steuerreformgesetzes 1990 nicht mehr vorgesehen.

Eine Übertragung von aufgedeckten stillen Reserven bei der Veräußerung von Wirtschaftsgütern im Rahmen von städtebaulichen Sanierungs- und Entwicklungsmaßnahmen bestimmt sich nach § 6b Abs. 8 und 9 EStG.

Auch bei der Betriebsveräußerung ist nach Abschnitt 41b Abs. 10 EStR die Inanspruchnahme des § 6b EStG möglich.[106, 107]

Ein aus dem Privatvermögen in das Betriebsvermögen eingelegtes Wirtschaftsgut kommt nach herrschender Auffassung als Reinvestitionsobjekt nicht in Frage.[108] Entsprechendes gilt, wenn ein Gesellschafter der Kapital-

106 Vgl. aber die Bedenken bei Littmann/Bitz/Meincke, § 6b EStG Rz. 54.

107 Zu den Auswirkungen der Inanspruchnahme des § 6b EStG für einen Teil des Betriebsveräußerungsgewinns auf den Freibetrag nach § 16 Abs. 4 EStG und die Tarifvergünstigung nach § 34 Abs. 1 u. 2 Nr. 1 EStG vgl. Dötsch, Einkünfte aus Gewerbebetrieb nach Betriebsveräußerung und Betriebsaufgabe, 1987, S. 25 f, 27.

108 BFH vom 28. 1. 1981 IV R 111/77 BStBl II 1981, 430; BFH vom 11. 12. 1984 IX R 27/82 BStBl II 1985, 250.

gesellschaft ein Wirtschaftsgut als verdeckte Einlage zuführt. Die verdeckte Einlage ist keine Veräußerung, da ihr eine Gegenleistung nicht gegenübersteht.[109] Bei der verdeckten Einlage liegt der Fehler aber darin, daß man in ihr einen Gewinnrealisierungstatbestand beim Gesellschafter sieht.[110]

bb) Schon das 2. Haushaltsstrukturgesetz[111] hat – aus fiskalischen Gründen – die Möglichkeit der Übertragung stiller Reserven auf Reinvestitionsobjekte auf 80 vom Hundert des Veräußerungsgewinns beschränkt. Das Steuerreformgesetz 1990 erlaubt nur noch eine Übertragung von 50 vom Hundert. Nur bei der Veräußerung von Grund und Boden, Aufwuchs auf oder Anlagen im Grund und Boden ist weiterhin noch die Neutralisierung des gesamten Gewinns möglich.

Des weiteren hat das 2. Haushaltsstrukturgesetz[112] für den Fall, daß eine Reinvestition nicht innerhalb der vorgesehenen Frist erfolgt und also die Rücklage gewinnerhöhend aufzulösen ist, die Regelung gebracht, daß der Gewinn des Wirtschaftsjahres, in dem die Rücklage aufzulösen ist, für jedes volle Wirtschaftsjahr, in dem die Rücklage bestanden hat, um 6 v.H. des aufzulösenden Rücklagenbetrages zu erhöhen ist.

c) Umwandlungs- und Einbringungsvorgänge

Auf die Aufdeckung stiller Reserven anläßlich der rechtlichen Umstrukturierung des Unternehmens, z.B. der Einbringung des Betriebs in eine Personen- oder Kapitalgesellschaft oder der Umwandlung, wird verzichtet, wenn durch Buchwertfortführung die spätere Erfassung der stillen Reserven gesichert bleibt.[113]

109 BFH vom 27.7.1988 I R 147/83 BStBl II 1989, 271.

110 Vgl. dazu und dagegen § 5 VI 1, c, bb.

111 BGBl I 1981, 1523; BStBl I 1982, 235 (Auszug).

112 Zu den steuerbilanzpolitischen Aspekten der Regelung über den Gewinnzuschlag vgl. Wittmann, DB 1982, 1421; Siegel, DB 1983, 53; vgl. auch kritisch zu den Auswirkungen der Regelung Euler, BB 1984, 1041.

113 Vgl. dazu i.e. unten § 22 III, V; § 25.

§ 7
Besteuerung stiller Reserven ohne Realisierung[1]

I. Das Prinzip

Dem EStG liegt – seit dem EStG 1920 – das Prinzip zugrunde, daß nur realisierte Wertsteigerungen zu besteuern sind.[2]

Im Bereich des Privatvermögens sind Vermögensveränderungen ohnehin einkommensteuerlich nur relevant, wenn einer der gesetzlichen Veräußerungstatbestände der §§ 17, 23 EStG verwirklicht ist. Für das Betriebsvermögen wird – solange der Betrieb fortgeführt wird bzw. eine Kapitalgesellschaft nicht liquidiert wird – die Durchführung des Prinzips durch die bilanziellen Bewertungsbestimmungen gewährleistet. Mit der Bestimmung über die Anschaffungs- oder Herstellungskosten als höchstzulässigem Ansatz hat der Gesetzgeber klargestellt, daß auch im Betriebsvermögen unrealisierte Gewinne nicht Einkommen darstellen, sondern erst mit ihrer Realisierung Einkommen werden. Bei Veräußerung des Betriebs bzw. im Falle der Liquidation der Kapitalgesellschaft richtet sich die Besteuerung der bei diesen Vorgängen realisierten Gewinne nach den besonderen Gewinnrealisierungstatbeständen der §§ 16, Abs. 1, 2 EStG bzw. 11 KStG.

Demgegenüber hat Tipke[3] 1980 die These aufgestellt, dem Einkommensteuerrecht liege nicht das Realisationsprinzip, sondern gerade umgekehrt das Nichtrealisationsprinzip zugrunde. Entgegen allen bisherigen Vorstellungen soll nach Tipke das richtige Einkommen der nichtrealisierte Vermögenszuwachs sein, denn schon dieser begründe die Leistungsfähigkeit. Tipke kehrt die bisherige Sicht des Regel-Ausnahme-Verhältnisses bei der Besteuerung stiller Reserven um: An sich – so Tipke – ist der nichtrealisierte Vermögenszuwachs zu besteuern. Daß dies nun tatsächlich gerade nicht geschieht, diese Durchbrechung des von ihm postulierten Prinzips, rechtfertigt Tipke mit dem Verhältnismäßigkeitsprinzip: Solange die Besteuerung des nichtrealisierten Vermögenszuwachses noch möglich sei, dürfe man den Steuerpflichtigen nicht zur Veräußerung von Substanz treiben, um die Steuern bezahlen zu können; bestehe hingegen die Gefahr des endgültigen Steuerausfalls, so sei die Besteuerung des nicht realisierten Vermögenszuwachses als ultima ratio zulässig und geboten. An sich – so Tipke[4] – entspricht die Besteuerung des nicht realisierten Gewinns dem Leistungsfähigkeitsprinzip; daß die Besteuerung freilich regelmäßig nur bei Realisierung stattfindet, wird von Tipke als „Entgegenkommen“[5] eingeordnet.

---

1 Vgl. dazu die Beiträge von Beisse, Trzaskalik, Widmann, Stoll und Tipke in JDStJG 1981.

2 So denn auch die herrschende Auffassung; vgl. für diese: Enno Becker, Die Grundlagen der Einkommensteuer, 1940, S. 207; K. Vogel, StuW 1974, 199; Beisse, JDStJG 1981, 14 ff; BFH vom 29. 10. 1981 IV R 138/78 BStBl II 1982, 381.

3 Tipke, JDStJG 1981, 2 ff; vgl. auch Tipke, 11. Aufl., § 11 A 4.8316731 a), S. 268 f.

4 Tipke aaO, (Anm. 3), S. 269.

5 JDStJG 1981, 6.

U. E. ist diesen Thesen Tipkes nicht zu folgen. Der Widerspruch ist deshalb wichtig, weil es insbesondere für den Umgang mit den gesetzlichen Gewinnrealisierungs*ersatz*tatbeständen der Entnahme und Betriebsaufgabe, für deren Anwendung und Auslegung, einen grundsätzlichen Unterschied macht, wie man das Regel-Ausnahme-Verhältnis sieht.

Die Position Tipkes belegt, daß mit der Berufung auf das Leistungsfähigkeitsprinzip dogmatische Detailfragen des geltenden Rechts nicht zu lösen sind. Es ist nicht nachvollziehbar, daß die Wertsteigerung eines Gegenstandes als solche – also ohne Realisierung – eine die Einkommensteuerzahlung rechtfertigende und ermöglichende Steigerung der Leistungsfähigkeit begründen soll.[6]

II. Die gesetzlichen Ersatzrealisierungstatbestände

1. Das Prinzip, daß nur realisierte Gewinne der Besteuerung unterliegen, wird in einigen gesetzlich ausdrücklich geregelten Fällen durchbrochen.

Die Bewertungsbestimmung des § 6 Abs. 1 Nr. 4 EStG für die Entnahme[7] sowie die des § 16 Abs. 3 S. 3 EStG für die Betriebsaufgabe[8] führen dazu, daß die Wertsteigerung der Einkommensteuer unterworfen wird, obwohl eine Realisierung durch Umsatzgeschäft mit einem Dritten nicht vorliegt, obwohl der Steuerpflichtige ein Entgelt nicht erhalten hat. Auch das KStG enthält zwei Ersatzrealisierungstatbestände, nämlich § 12 KStG[9] betreffend die Verlegung der Geschäftsleitung in das Ausland und § 13 KStG[10] betreffend den Übergang eines Körperschaftsteuersubjekts von der Steuerpflicht in den Status der Steuerbefreiung.

Hingegen sind – entgegen verbreiteter Meinung[11] – die Vorschriften des § 21 Abs. 1, 2 UmwStG nicht als weitere Fälle zu verstehen, in denen stille Reserven steuerlich erfaßt würden, auch ohne daß dem Steuerpflichtigen Mittel zufließen. Sie erklären sich daraus, daß zwar ein Tatbestand, der die Besteuerung der stillen Reserven ermöglicht, früher erfüllt gewesen ist, gleichwohl aber auf die Besteuerung verzichtet worden ist.[12]

2. Die Überführung eines Wirtschaftsguts aus dem Betriebsvermögen in das Privatvermögen (Entnahme) wird auf Grund der Bewertungsbestimmung des § 6 Abs. 1 Nr. 4 EStG der Veräußerung des Wirtschaftsguts an einen

6 Es ist auch daran zu erinnern, daß selbst zu der Zeit, als der Wertzuwachs mit einer eigenen Steuer belegt war, nämlich auf Grund des Reichszuwachssteuergesetzes vom 14. 2. 1911 (vgl. dazu den Kommentar von Lion, Das Reichszuwachssteuergesetz, 1912), die Steuer an die Veräußerung des Grundstücks und an den Veräußerungspreis anknüpfte (vgl. insbesondere §§ 1, 7, 8 des Gesetzes).

7 Vgl. dazu oben § 5 III 7.

8 Zur Betriebsaufgabe vgl. unten § 22 II.

9 Vgl. dazu unten § 25 I 2.

10 Vgl. dazu unten § 25 I 2.

11 So z. B. Tipke aaO, (Anm. 3), S. 268 Anm. 318.

12 Treffend etwa Raupach, JDStJG 1981, 142.

Dritten gleichgestellt.[13] Die Gleichstellung der Entnahme mit der Realisierung auf Grund eines Umsatzgeschäftes mit einem Dritten ist deshalb gerechtfertigt, weil es für den Gewinn des Betriebs keinen Unterschied machen kann, ob der Inhaber einem Dritten oder sich selbst als Privatem die Verfügungsmacht über die Gegenstände des Betriebsvermögens verschafft.

3. Ist also die Besteuerung der stillen Reserven anläßlich einer Entnahme auch in Hinsicht auf das Realisationsprinzip durchaus plausibel, so liegt die Sache bei der Bewertungsbestimmung des § 16 Abs. 3 S. 3 EStG zur *Betriebsaufgabe* etwas anders. Hier ist allerdings zu bedenken, daß sich das Interesse bei der Diskussion um die Einführung des heutigen § 16 in das EStG 1925 auf die Betriebsveräußerung konzentriert hatte,[14] und daß, nachdem die Entscheidung für die Einführung des Steuertatbestandes „Betriebsveräußerung" gefallen war, auch die sonstige Aufgabe des Betriebs der Betriebsveräußerung gleichgestellt wurde. Dem Einwand gegen die Gleichstellung, daß der Steuerpflichtige für die anläßlich der Betriebsaufgabe nicht veräußerten Wirtschaftsgüter keine Gegenleistung und also keine Mittel für die Steuerzahlung erhalte, hielt der RFH[15] unter Berufung auf Enno Becker entgegen, der Gesetzgeber sei davon ausgegangen, daß auch bei der Betriebsaufgabe „die wesentlichen Anlagewerte zu Geld gemacht" und nur geringfügige Objekte in das Privatvermögen überführt werden. Der Gesetzgeber – so der RFH – könne „unmöglich den Fall im Auge gehabt haben, daß wesentliche Teile des Betriebsvermögens, insbesondere die Geschäftsgrundstücke, vorläufig nicht veräußert werden"; wollte man § 30 EStG „auch auf solche Fälle anwenden", so würde dies dem Grundsatz des EStG: „keine Versteuerung noch nicht realisierter Gewinne" widersprechen. Enno Becker legte denn auch den Betriebsaufgabetatbestand in Hinsicht auf das Realisationsprinzip einschränkend aus und nahm bei bloßer Einstellung der unternehmerischen Tätigkeit noch keine Betriebsaufgabe an[16] – weil diese eben mangels Ent-

---

13 Dies ist die herrschende Betrachtung. Vgl. schon Strutz, Kommentar zum EStG 1925, Bd I, 1927, § 13 Anm. 23 (S. 751); Littmann, Kommentar zum EStG, 13. Auflage, §§ 4, 5 EStG Anm. 345, 351 a; Herrmann/Heuer/Raupach, § 6 EStG Anm. 1193; BFH vom 10. 1. 1963 IV 214/58 S BStBl III 1963, 261; a. A. Albach, StbJb 1970/71, 305; Trzaskalik, Gewinnrealisierung bei unentgeltlichen Übertragungen von Betrieben und Mitunternehmeranteilen, JDStJG 1981, 156.

14 Vgl. neben den Gesetzesberatungen zum EStG 1925 (Abdruck der außerordentlich eingehenden Gesetzesbegründung und des Berichtes des Ausschusses des Reichtstages bei Strutz aaO, [Anm. 13], Bd. 2, 1929, § 30 Anm. 2 und Anm. 3) insbesondere die Verhandlungen des 33. DJT 1925 mit den Referaten von E. Becker und Lion.
Entschiedener Gegner der Besteuerung des Betriebsveräußerungsgewinns war Strutz (vgl. im Kommentar aaO, § 30 Anm. 2 [S. 274 f] mit weiteren Nachweisen).

15 RFH vom 26. 11. 1931 VI A 1978/31 RStBl 1932, 624 f.

16 Freilich nahm Enno Becker – konsequent – nachträgliche gewerbliche Einnahmen an, wenn Gegenstände des Betriebsvermögens irgendwann nach der Einstellung des Betriebs veräußert wurden (vgl. E. Becker, Kommentar zum EStG 1925, § 30

gelts noch nicht zu einem Gewinn führe. Angesichts der gesetzlichen Bewertungsbestimmung des § 16 Abs. 3 S. 3 EStG hat sich die weitere Entwicklung über die Auffassung Enno Beckers hinweggesetzt.[17] Auf Grund der Bewertungsbestimmung wird eben in Durchbrechung des Prinzips im Falle der Betriebsaufgabe auch nicht realisierter Gewinn besteuert.[18]

Entsprechend ist die Lage hinsichtlich der Ersatzrealisierungstatbestände der §§ 12, 13 KStG.

4. Die gesetzlichen Ersatzrealisierungstatbestände haben zur Folge: Es wird in diesen Fällen sichergestellt, daß in einem Betriebsvermögen gebildete stille Reserven der (deutschen) Besteuerung nicht entgehen. Der steuerliche Zugriff auf stille Reserven erfolgt also entweder bei Realisierung oder – ohne Realisierung – bei Verwirklichung eines der gesetzlichen Ersatzrealisierungstatbestände.

III. Verzicht auf die Besteuerung stiller Reserven bei Sicherstellung der späteren steuerlichen Erfassung

1. Einleitung

In einer Reihe von Fällen wird trotz der vom Steuerpflichtigen vorgenommenen Gewinnrealisierung oder trotz der Erfüllung eines der gesetzlichen Ersatzrealisierungstatbestände der Zugriff auf die stillen Reserven von Gesetzes wegen oder auf Grund der Rechtsprechung unter der Voraussetzung der Buchwertfortführung zunächst zurückgestellt. Zu nennen sind insbesondere die im Umwandlungssteuergesetz geregelten Fälle der Einbringung eines Betriebs usw. in eine Kapitalgesellschaft (§ 20 UmwStG)[19] oder in eine Personengesellschaft (§ 24 UmwStG),[20] die Realteilung,[21] und die Einbringung einzelner Wirtschaftsgüter aus einem Betrieb in eine Personengesellschaft.[22] Der Behandlung dieser Fälle liegt der gemeinsame Grundgedanke zugrunde, daß gerade im Hinblick auf die Tatsache, daß der Steuertatbestand verwirklicht ist, ohne daß dem Steuerpflichtigen liquide Mittel zuflie-

---

EStG Anm. 11; Die Grundlagen der Einkommensteuer 1940, 207 ff, 233 ff mit Nachweisen).

17 Vgl. dazu Trzaskalik, JDStJG 1981, 155.

18 Nach h. M. sind auf die im Rahmen der Betriebsaufgabe nicht veräußerten Wirtschaftsgüter die Entnahmegrundsätze sinngemäß anzuwenden (vgl. BFH vom 7. 10. 1974 GrS 1/73 BStBl II 1975, 168, 171; Herrmann/Heuer/Raupach, § 4 EStG Anm. 42 a [9] und § 16 EStG Anm. 406, 431).
Für eine unmittelbare Anwendung des Entnahmetatbestandes im Rahmen der Betriebsaufgabe vgl. Dötsch, Einkünfte aus Gewerbebetrieb nach Betriebsveräußerung und Betriebsaufgabe, 1987, S. 48 ff.

19 Vgl. dazu unten § 22 III 2.

20 Vgl. dazu unten § 22 III 1.

21 Vgl. dazu unten § 22 V mit Nachweisen.

22 Vgl. unten § 11 III 3.

ßen, es gerechtfertigt erscheint, von der Besteuerung zunächst abzusehen, wenn die spätere steuerliche Erfassung der stillen Reserven durch Buchwertfortführung gesichert ist.[23]

2. Die Überführung eines Wirtschaftsguts aus einem Betrieb in einen anderen Betrieb des Steuerpflichtigen

a) Der Fehler der Rechtsprechung: Schluß von der gewünschten Rechtsfolge auf das Vorliegen des Entnahmetatbestandes

Der Gedanke, daß von einer Besteuerung der stillen Reserven zunächst abgesehen werden kann, wenn die spätere steuerliche Erfassung der stillen Reserven gesichert ist, hat auch – in unglücklicher Weise – das Verständnis des Entnahmetatbestandes durch die Rechtsprechung geprägt.

Der Entnahme*tatbestand* ist in § 4 Abs. 1 S. 2 EStG formuliert: Entnahmen sind alle Wirtschaftsgüter, die der Steuerpflichtige dem *Betrieb* für sich, für seinen Haushalt oder für andere betriebsfremde Zwecke im Laufe des Wirtschaftsjahres entnommen hat. Für die Anwendung des Entnahmetatbestandes hat die Rechtsprechung den sogenannten weiten Betriebsbegriff für maßgeblich erklärt: Man nimmt an, daß mehrere Betriebe eines Steuerpflichtigen für die Frage des Vorliegens einer Entnahme eine Einheit bilden und zieht daraus die Folgerung, daß durch die Überführung eines Wirtschaftsguts aus dem einen in den anderen Betrieb des Steuerpflichtigen über das Wirtschaftsgut nicht für andere „betriebsfremde“ Zwecke verfügt werde.[24]

Der BFH hat dann aber in Fällen, in denen die spätere steuerliche Erfassung der stillen Reserven des überführten Wirtschaftsguts nicht gewährleistet erscheint, insbesondere bei der Überführung des Wirtschaftsguts in eine in einem DBA-Staat gelegene Betriebstätte, dennoch eine Entnahme angenommen, um die Erfassung der stillen Reserven durch die deutsche Besteuerung sicherzustellen. Sieht man auf den gesetzlichen Entnahmetatbestand, wie er in § 4 Abs. 1 S. 2 EStG formuliert ist, so ist nicht ersichtlich, inwiefern es für den gesetzlichen Begriff der Entnahme relevant sein soll, ob zwischen den beiden Betriebsteilen des Steuerpflichtigen eine Staatsgrenze liegt oder nicht, und ob die Betriebstätte in einem DBA-Staat gelegen ist oder nicht. Indem die Rechtsprechung die Erfüllung des Entnahmetatbestandes davon abhängig macht, ob die stillen Reserven der deutschen Besteuerung entzogen werden oder nicht, ist in der Literatur der Eindruck entstanden, als kön-

23 Vgl. unten § 22 III 2; Widmann, JDStJG 1981, 163 ff.

24 Vgl. z. B. BFH vom 17. 8. 1972 IV R 26/69 BStBl II 1972, 903. In dem Beschluß des Großen Senats vom 7. 10. 1974 GrS 1/73 BStBl II 1975, 168 ist offengelassen, ob unter „Betrieb“ das gesamte betriebliche Vermögen oder nur die jeweilige wirtschaftliche Einheit zu verstehen ist, da der Ausdruck für „betriebliche Zwecke“ mehrdeutig ist. Die EStR gehen in dem durch die EStR 1975 eingefügten Abschnitt 13 a von dem weiten Betriebsbegriff aus.

ne die Steuerpflicht über den gesetzlichen Tatbestand hinaus erweitert werden.[25]

Der Fehler der Rechtsprechung besteht darin, daß sie bei der Entnahme Tatbestand und Rechtsfolge vermengt hat, indem sie von der Rechtsfolge der Entnahme – grundsätzliche Besteuerung der stillen Reserven – auf das Vorliegen des Entnahmetatbestandes geschlossen hat.[26] In diese Situation hat sich die Rechtsprechung selbst durch ein unzutreffendes Verständnis des Entnahmetatbestandes hineinmanövriert.

b) Der Betriebsbegriff des Entnahmetatbestandes

In § 4 Abs. 1 S. 2 EStG geht es *nicht* um die Ermittlung des Gesamtbetrages der Einkünfte aus Gewerbebetrieb des Steuerpflichtigen, sondern um die Gewinnermittlung für einen konkreten, genau abgegrenzten Bereich, abgegrenzt durch das zu diesem Bereich gehörende Betriebsvermögen. Der Gewinn *dieses* Bereiches besteht in der Betriebsvermögensdifferenz, vermehrt um den Wert der Entnahmen aus *diesem* Bereich (und vermindert um den Wert der Einlagen in *diesen* Bereich). Die Formulierung „für andere betriebsfremde Zwecke" in § 4 Abs. 1 S. 2 EStG bedeutet: für Zwecke, die außerhalb des Bereichs, für den der Betriebsvermögensvergleich veranstaltet wird, liegen. Damit stellt sich nach dem Gesetz die Lage so dar, wie sie schon Evers[27] und Strutz gesehen haben: „Unterhält der Steuerpflichtige mehrere Betriebe, dann ist die Entnahme von Gegenständen usw. aus einem Betrieb für Zwecke eines anderen der Betriebe ebenfalls eine solche zu anderen Zwecken, die außerhalb des Betriebes liegen."[28]

c) Teleologische Reduktion der Bewertungsbestimmung des § 6 Abs. 1 Nr. 4 EStG

Ist der Entnahmetatbestand erfüllt, sobald der Steuerpflichtige ein Wirtschaftsgut dem Bereich, für den der Betriebsvermögensvergleich veranstaltet wird, entzieht, so ist die weitere Frage, ob in jedem Fall der Entnahme die Rechtsfolge der Aufdeckung stiller Reserven unausweichlich ist. An dieser Stelle – und nicht zur erweiternden Auslegung des im Gesetz klar umrisse-

---

25 Vgl. dazu i.e. Keuk, DB 1973, 890 ff und zur Kritik der Rechtsprechung die in StuW 1973, 75 Anm. 9 angeführte Literatur.

26 Vgl. näher Keuk, StuW 1973, 74 ff; DB 1973, 890 ff; Friauf, StbJb 1975/76, 369 ff; Stoll, Ertragsbesteuerung der Personengesellschaften, 1977, S. 78 ff.

27 Kommentar zum KStG 1925, 2. Aufl. 1927, § 13 KStG Anm. 21.

28 Strutz, § 12 EStG Anm. 44. Ebenso Wollny, DStR 1967, 6 ff; Keuk aaO, (Anm. 26); Friauf aaO, (Anm. 26), S. 373; Stoll, Ertragsbesteuerung der Personengesellschaften, 1977, S. 74 ff. Stoll selbst will allerdings Leistungsbeziehungen zwischen mehreren Betrieben ein und desselben Steuerpflichtigen wie Geschäfte zwischen Fremden beurteilen, so daß es zu einem entsprechenden Erfolgsausweis kommt.

nen Entnahmetatbestandes oder zur Einführung eines allgemeinen Entstrikkungsgrundsatzes – ist der Zweck der die Entnahme betreffenden Vorschriften von Bedeutung: Auf die Rechtsfolge der Entnahme, nämlich auf die Aufdeckung der stillen Reserven, kann verzichtet werden, wenn die spätere steuerliche Erfassung der stillen Reserven des entnommenen Wirtschaftsguts weiter gewährleistet bleibt.

Die Beurteilung eines Vorganges als Entnahme hat also nicht unter dem Gesichtspunkt zu erfolgen, ob stille Reserven der Besteuerung entgehen oder nicht. Ist der Entnahmetatbestand erfüllt, so ist damit allerdings grundsätzlich auch die Rechtsfolge verbunden, daß die Aufdeckung der stillen Reserven stattfindet – es sei denn, es kann wegen der Sicherstellung der späteren Besteuerung der stillen Reserven von deren Aufdeckung anläßlich der Entnahme abgesehen werden.[29] Nicht aber liegt in allen Fällen, in denen eine spätere Erfassung der stillen Reserven nicht möglich ist, auch eine Entnahme vor.

Von der Erfassung der stillen Reserven und damit von der Bewertung der Entnahmen nach § 6 Abs. 1 Nr. 4 EStG kann abgesehen werden, wenn der Steuerpflichtige das Wirtschaftsgut in einen Betrieb mit derselben Gewinnermittlungsart überführt. Der Buchwert des Wirtschaftsguts wird in dem anderen Betrieb fortgeführt. Auf diese Weise ist die steuerliche Erfassung der stillen Reserven sichergestellt.[30] Hingegen sind die stillen Reserven zu besteuern bei der Überführung eines Wirtschaftsgutes aus einem Betrieb gewerblicher Art eines im übrigen steuerbefreiten Körperschaftsteuersubjektes in den steuerfreien Bereich.

Abschließend nicht geklärt ist die Lage bei der Überführung eines Wirtschaftsguts aus einem gewerblichen in einen land- und forstwirtschaftlichen oder in einen freiberuflichen Betrieb. Zwar ist die einkommensteuerliche Erfassung der stillen Reserven auch weiterhin gewährleistet. Jedoch ist der

29 Ebenso Raupach, JbFStR 1973/74, 112 ff; Uelner, Probleme der Gewinnrealisierung, insbesondere bei grenzüberschreitenden Vorgängen, IdW-Fachtagung 1980, 139; ders., Steuerberaterkongreßreport 1981, 64.

30 Bei der Überführung eines Wirtschaftsgutes aus einem land- und forstwirtschaftlichen oder einem freiberuflichen Betriebsvermögen in ein gewerbliches Betriebsvermögen hat der Steuerpflichtige nach Abschn. 13a Abs. 1 EStR ein Wahlrecht; Er *kann,* muß aber nicht die Überführung als Entnahme behandeln. Dieser Auffassung ist zuzustimmen. Sie ist dogmatisch allerdings nur dann einzuordnen, wenn man nicht – wie die EStR – dem weiten Betriebsbegriff folgt, sondern in der Überführung des Wirtschaftsgutes in einen anderen Betrieb des Steuerpflichtigen in jedem Fall den Entnahmetatbestand verwirklicht sieht und erst den Eintritt der Rechtsfolge der Entnahme davon abhängig macht, ob die Besteuerung der stillen Reserven sichergestellt bleibt.
In dem angeführten Fall kann die Aufdeckung der stillen Reserven für den Steuerpflichtigen u.U. durchaus günstig sein. Bei Buchwertfortführung in dem gewerblichen Betrieb würden nämlich auch diejenigen stillen Reserven der Gewerbesteuer unterliegen, die bereits vor der Überführung des Wirtschaftsgutes in das gewerbliche Betriebsvermögen entstanden sind.

land- und forstwirtschaftliche Betrieb nicht gewerbesteuerpflichtig. In Hinsicht darauf lehnen Abschn. 13 a Abs. 1 Satz 4 EStR die erfolgsneutrale Überführung ab.[31] Es ist jedoch fraglich, ob bei der Anwendung der §§ 4, Abs. 1 Satz 2, 6 Abs. 1 Nr. 4 EStG die Einbeziehung auch der gewerbesteuerlichen Situation geboten ist.[32] Denn werden die stillen Reserven eines Gewerbebetriebs insgesamt aufgedeckt (§ 16 EStG), so fällt ohnehin Gewerbesteuer nicht an.[33] Gewerbesteuerlich sind die stillen Reserven also nur bedingt verhaftet, nämlich nur für den Fall, daß sie im laufenden Betrieb realisiert werden oder das Wirtschaftsgut entnommen wird. Eine gesicherte Anwartschaft auf die gewerbesteuerliche Erfassung hat der Fiskus also nicht. Von daher ist es u. E. gerechtfertigt, bei der Beurteilung, ob die spätere Besteuerung stiller Reserven gesichert ist, die Gewerbesteuer außer Betracht zu lassen und auch die Überführung eines Wirtschaftsguts aus einem Gewerbebetrieb in einen nicht gewerbesteuerpflichtigen Betrieb erfolgsneutral zu akzeptieren.[34]

d) Verbringung eines Wirtschaftsguts in das Ausland[35]

Ist man sich darüber im klaren, daß die Entnahme auf einen durch das Gesetz genau abgegrenzten Bereich bezogen ist, nämlich abgegrenzt durch das zu diesem Bereich gehörende Betriebsvermögen, so erweist sich die bisherige unterschiedliche Behandlung der Überführung eines Wirtschaftsguts in eine ausländische Betriebstätte als nicht gerechtfertigt. Die Überführung in eine in einem DBA-Staat gelegene Betriebstätte ist dann genausowenig wie die Überführung in einen Nicht-DBA-Staat unter den Entnahmetatbestand zu fassen. In beiden Fällen wird das Wirtschaftsgut nicht zu einem „betriebsfremden" Zweck aus dem Betrieb gelöst. Die ausländische Betriebstätte ist Bestandteil des inländischen Unternehmens, ihr „Gewinn" Bestandteil des Gewinns des inländischen Unternehmens.[36]

Besteht ein Doppelbesteuerungsabkommen, so hat der ausländische Staat für den auf die ausländische Betriebstätte entfallenden Teil des Gesamtgewinns des inländischen Unternehmens das Besteuerungsrecht (vgl. Art. 7 OECD-Musterabkommen). Hinsichtlich des vom inländischen Unternehmen in die ausländische Betriebstätte überführten Wirtschaftsguts hat der ausländische Staat aber *nur* das Recht, die während

31 Im Anschluß an BFH vom 16. 3. 1967 IV 72/65 BStBl III 1967, 318.

32 Vgl. Ludwig Schmidt, FR 1987, 177.

33 Vgl. dazu unten § 21 II 2.

34 Ebenso auch L. Schmidt aaO, (Anm. 32). Einen Schritt in diese Richtung bedeutet das Urteil des BFH vom 9. 12. 1986 VIII R 26/80 BStBl II 1987, 342 = FR 1987, 176 mit Anm. L. Schmidt. In diesem Sinne auch BFH vom 14. 4. 1988 IV R 271/84 BStBl II 1988, 667; BFH vom 14. 6. 1988 VIII R 387/83 BStBl II 1989, 187.

35 Vgl. dazu ausführlich Burmester, Probleme der Gewinn- und Verlustrealisierung, 1987, S. 53 ff, 93 ff; Jacob, Gewinnermittlung bei der Verwendung von Wirtschaftsgütern in ausländischen Betriebstätten, FR 1988, 305.

36 Vgl. ebenso Quack, BB 1975, 830 ff; Ritter, JbFStR 1976/77, 288 ff; Uelner aaO, (Anm. 29), 143.

der Dauer der Zugehörigkeit des Wirtschaftsguts zur ausländischen Betriebstätte entstandenen stillen Reserven zu besteuern. Für die zuvor gebildeten stillen Reserven verbleibt das Besteuerungsrecht beim inländischen Fiskus. Da das Wirtschaftsgut auch nach der Überführung in die ausländische Betriebstätte weiterhin Betriebsvermögen des Hauptbetriebs bleibt, besteht auch gar keine fiskalische Notwendigkeit, die stillen Reserven in diesem Zeitpunkt steuerlich zu erfassen.[37] Die bei der Überführung vorhandenen stillen Reserven sind festzuhalten; der inländische Fiskus greift auf sie zu, wenn sie – sei es durch die laufende Nutzung, sei es durch die Veräußerung – aufgelöst werden.[38]

Wird auch die Überführung in einen DBA-Staat nicht mehr unter den Entnahmetatbestand gezwängt, sondern nach den vorstehenden Grundsätzen behandelt, so erledigen sich zugleich auch manche Folgefragestellungen.[39]

IV. Kein allgemeiner „Entstrickungsgrundsatz“[40]

Die bei der Frage des Verzichtes auf die Besteuerung stiller Reserven übliche Betrachtungsweise, ob die spätere steuerliche Erfassung der stillen Reserven gesichert ist, hat – aus dem Kontext gerissen – zu der eine Zeit lang diskutierten und auch verbreiteten Vorstellung beigetragen, als gehe es ständig und in jedem Fall um die Sicherstellung der Besteuerung der stillen Reserven, und zwar auch in den Fällen, in denen – obgleich einer der gesetzlichen Besteuerungstatbestände nicht erfüllt ist – stille Reserven der (deutschen) Besteuerung entgehen. Neben den in den gesetzlichen Ersatzrealisierungstatbeständen erfaßten Fällen gibt es weitere Vorgänge, die dazu führen, daß stille Reserven durch die (deutsche) Besteuerung nicht mehr erfaßt werden können. Es hat nicht an Versuchen gefehlt, die gesetzlichen Ersatzrealisierungstatbestände, und insbesondere die Entnahme und die Betriebsaufgabe, als Ausdruck eines allgemeinen „Steuerentstrikkungsgrundsatzes“ zu interpretieren mit dem Ziel, immer dann, wenn die „Steuerverhaftung“ eines Gegenstandes endet, die Steuerentstrickung also eintritt, eine „Gewinnrealisierung“ anzunehmen.

Aber es macht einen grundsätzlichen Unterschied, ob man die Frage nach einem in Zukunft möglichen Zugriff auf stille Reserven in einem Zeitpunkt stellt, in dem die stillen Reserven nach dem Gesetz an sich zu versteuern sind, oder ob man die Frage völlig unabhängig von der Verwirklichung eines gesetzlichen Besteuerungstatbestandes aufwirft.

---

37 Vgl. ebenso Uelner aaO, (Anm. 29), 144; Schaumburg, JDStJG 1981, 252 ff.

38 Zur technischen Abwicklung vgl. Neubauer, JbFStR 1976/77, 312 ff; 319; Uelner aaO, (Anm. 29), 145.

39 Etwa die Frage: Handelt es sich um eine Entnahme, wenn eine ausländische Betriebstätte infolge des Abschlusses eines DBA aus der deutschen Besteuerung ausscheidet (im Ergebnis zu Recht verneinend BFH vom 16. 12. 1975 VIII R 3/74 BStBl II 1976, 246) oder wenn der Steuerpflichtige seine ausländische Niederlassung so umgestaltet, daß sie nunmehr unter den Betriebstättenbegriff des DBA fällt oder ähnliches? Für die Behandlung derartiger Fälle gilt nichts anderes als das im Text zur Überführung eines Wirtschaftsguts in einen DBA-Staat Ausgeführte.

40 Zur Behandlung von Entstrickungsfällen vgl. § 7 V, 2, 3.

Zu Recht lehnen Rechtsprechung[41] und die herrschende Meinung im Schrifttum[42] einen allgemeinen Entstrickungsgrundsatz ab. Es ist freilich der Gefahr zu begegnen, daß durch eine ausdehnende Anwendung der gesetzlichen Ersatzrealisierungstatbestände, insbesondere des Entnahmetatbestandes und des Tatbestandes der Betriebsaufgabe oder durch eine Rechtsanalogie zu diesen Tatbeständen ein allgemeiner Steuerentstrickungsgrundsatz durch die Hintertür dann doch wieder Eingang in das Einkommensteuerrecht findet und auf diese Weise die Steuerpflicht über das Gesetz hinaus erweitert wird.[43]

Dieser Gefahr hat der BFH nicht immer widerstehen können. So ist etwa die Entscheidung vom 28. 4. 1971,[44] die die Verlegung des Wohnsitzes des Betriebsinhabers und der Leitung des Betriebs in das Ausland als Betriebsaufgabe wertet, allein durch die Vorstellung geprägt, Sinn und Zweck der Bewertungsvorschriften für Entnahme und Betriebsaufgabe sei es, sicherzustellen, daß die stillen Reserven nicht endgültig der Besteuerung entgehen dürfen. Der BFH hat, wie er selbst gelegentlich bemerkt hat, den gesetzlichen Entnahme- und Betriebsaufgabebegriff „erweitert".[45]

V. Keine Zwangsrealisierung – Handlung des Steuerpflichtigen als Tatbestandsmerkmal der Ersatzrealisierungstatbestände

1. Entnahme- und Betriebsaufgabehandlung

Die Verwirklichung der gesetzlichen Ersatzrealisierungstatbestände beruht auf einem Willensakt des Steuerpflichtigen. Gegen eine Besteuerung stiller Reserven auch ohne Realisierung, auch ohne daß liquide Mittel zur Verfügung stehen, ist dann – aber auch nur dann – nichts einzuwenden, wenn der

41 Vgl. expressis verbis BFH vom 10. 2. 1972 I R 205/66 BStBl II 1972, 455; BFH vom 16. 12. 1975 VIII R 3/74 BStBl II 1976, 246.

42 Für diese Schmidt/Heinicke, § 4 EStG Anm. 14 g; Anm. 59 unter „Steuerentstrikkung"; Hellwig, DStR 1979, 355; weitere Nachweise zur „Entstrickung" bei Schmidt, § 5 EStG Anm. 63.
Wie sich die grundlegenden Ausführungen von Tipke, StuW 1972, 264 ff gegen die Annahme eines allgemeinen Steuerentstrickungsgrundsatzes zu Tipke's Auffassung (vgl. oben bei Anm. 3 ff) verhalten, an sich stelle schon die unrealisierte Wertsteigerung Einkommen dar, ist offen.

43 Das Verbot der steuerbegründenden und steuerverschärfenden Analogie ist ins Wanken geraten. Vgl. dagegen Tipke/Lang, § 3 3.63, S. 63 ff und die Diskussion auf der Mainzer Tagung der Deutschen Steuerjuristischen Gesellschaft 1981, veröffentlicht in JDStJG 1982, mit Beiträgen von Tipke, Woerner, Friauf, Kruse, Felix, Pelka, Stolterfoth und Locher. Beim BFH wird die Frage unterschiedlich gesehen: BFH vom 28. 4. 1982 I R 89/77 BStBl II 1982, 556, 559; BFH vom 8. 12. 1981 VIII R 125/79 BStBl II 1982, 618 lehnen die steuerverschärfende Analogie ab; BFH vom 20. 10. 1983 IV R 175/79 BStBl II 1984, 221 ff, 225 läßt sie zu (vgl. dazu unten § 26 Anm. 130); vgl. dazu Flume, StbJb 1985/86, 277 ff, 286 ff.

44 BFH vom 28. 4. 1971 I R 55/56 BStBl II 1971, 630.

45 Vgl. z.B. BFH vom 7. 10. 1974 GrS 1/73 BStBl II 1975, 168; BFH vom 29. 10. 1981 IV R 138/78 BStBl II 1982, 383.

Steuerpflichtige eben die Ersatzrealisierung etwa durch Entnahmehandlung oder durch Betriebsaufgabe selbst vornimmt.

Ursprünglich war es denn auch selbstverständlich, daß Entnahme wie Betriebsaufgabe auf einen *Willensakt* des Unternehmers zurückzuführen sein müssen, daß also die Besteuerung stiller Reserven wie bei der Veräußerung an eine Verfügung (nicht im zivilrechtlichen Sinne) über das Wirtschaftsgut anknüpft. Entnahme ist – wie Strutz[46] formuliert hat – „jede Verfügung des Unternehmers über einen zum Betriebsvermögen gehörenden Gegenstand usw., aus der zu erkennen ist, daß der Gegenstand nicht mehr dem Betriebe gewidmet sein soll ...". Entsprechend ist die Lage bei der Betriebs*aufgabe.* Es geht um den in die Tat umgesetzten Entschluß des Steuerpflichtigen, den Betrieb nicht weiter zu betreiben.[47]

Zu dieser Sicht hat sich im Grundsatz auch der Große Senat des BFH in dem Strukturwandelbeschluß vom 7. 10. 1974[48] bekannt, nachdem zu Beginn der siebziger Jahre durch den IV. Senat des BFH[49] das Erfordernis der Entnahmehandlung in Frage gestellt worden war.

Der Große Senat hat folgendermaßen argumentiert: Die Entnahme setzt grundsätzlich eine *Entnahmehandlung* des Steuerpflichtigen voraus, und nicht anders ist es bei der Betriebsaufgabe als einem „Entnahmevorgang eigener Art (Totalentnahme)". Die Entnahmehandlung kann selbstverständlich auch durch facta concludentia, durch welche die Verknüpfung des Wirtschaftsgutes mit dem Betriebsvermögen gelöst wird, erfolgen. Erforderlich ist also ein Verhalten, das nach außen den Willen des Steuerpflichtigen erkennen läßt, ein Wirtschaftsgut nicht (mehr) für betriebliche Zwecke im betrieblichen Bereich, sondern für private Zwecke im privaten Bereich zu nutzen.[50]

Beispiel: Der Steuerpflichtige nutzt ein zum Betriebsvermögen gehörendes Gebäude fortan und nicht nur vorübergehend zu eigenen Wohnzwecken. Indem der Steuerpflichtige in dieser Weise die Nutzung des Wirtschaftsgutes ändert, gibt er zu erkennen, daß dieses Wirtschaftsgut nicht mehr dem Betrieb gewidmet sein soll, überführt er das Wirtschaftsgut aus dem Betriebsvermögen in das Privatvermögen.[51] Diese Beurteilung gilt auch etwa in dem Fall, daß der Steuerpflichtige ein Gebäude an einen

46 Kommentar zum EStG § 12 Anm. 45.

47 Vgl. Strutz, Kommentar zum EStG § 30 EStG Anm. 44.

48 BFH vom 7. 10. 1974 I GrS 1/73 BStBl II 1975, 168.

49 Vgl. den Vorlagebeschluß des IV. Senats vom 21. 2. 1973 IV R 128/71 BStBl II 1973, 313 und dazu Keuk, DB 1973, 890 ff.

50 BFH vom 31. 1. 1985 IV R 130/82 BStBl II 1985, 395. Ein auf die Gewinnverwirklichung gerichteter Wille oder auch nur das Bewußtsein einer solchen Gewinnverwirklichung sind nicht erforderlich, vgl. BFH vom 31. 1. 1985 aaO.

51 Vgl. auch BFH vom 30. 6. 1987 VIII R 353/82 BStBl II 1988, 418: Ein zum Gesellschaftsvermögen gehörendes Grundstück wird für Wohnzwecke eines oder mehrerer Gesellschafter bebaut. Es wird Privatvermögen, wenn die Gesellschafter ausdrücklich oder konkludent (Einverständnis mit Bebauung) der Entnahme zustimmen.

Arbeitnehmer vermietet hat, und dieser später das Unternehmen erbt und in dem Gebäude wohnen bleibt.[52]

Die Belastung des Betriebsgrundstücks mit einem *entgeltlich* eingeräumten Erbbaurecht führt nicht zur Entnahme des Grundstücks.[53]

Wenn also die Entnahmehandlung des Steuerpflichtigen auch durch facta concludentia erfolgen kann und in sehr vielen Fällen auch erfolgt, so bedeutet dies allerdings *nicht,* daß damit *jedwedes* Tun und Tätigwerden des Steuerpflichtigen als Entnahmehandlung ausreichend ist. Denn die nach § 4 Abs. 1 S. 2 EStG erforderliche Entnahmehandlung hat ein Objekt – nämlich ein Wirtschaftsgut usw. –, und folglich muß das Handeln, damit es als konkludente Entnahmehandlung qualifiziert werden kann, auch auf das betreffende Wirtschaftsgut bezogen sein.

Danach ist der Entnahmetatbestand mangels einer Entnahmehandlung nicht erfüllt in den Fällen des sogenannten *Strukturwandels* eines bislang gewerblichen Betriebs in einen land- und forstwirtschaftlichen Betrieb.

Beispiele: Ein Weinanbau- und Weinhandelsbetrieb hat infolge der Einschränkung des Zukaufs von Wein und einer Erweiterung des Eigenanbaus die Eigenschaft als gewerblicher Betrieb verloren.[54]

Ein Betrieb mit Blumen- und Friedhofsgärtnerei sowie mit Blumenhandel wird wegen Erweiterung der Gärtnerei nicht mehr als gewerblicher Betrieb behandelt.[55]

Wegen des Überganges von der Gewinnermittlung nach § 5 EStG zur Gewinnermittlung nach § 4 Abs. 1 EStG in der bis zum Inkrafttreten des 2. StÄndG 1971 geltenden Fassung blieben fortan Grund und Boden bei der Gewinnermittlung außer Ansatz. Damit war die spätere steuerliche Erfassung der stillen Reserven von Grund und Boden nicht gewährleistet. Dieses wurde von der Finanzverwaltung und dem IV. Senat zum Anlaß genommen, zwecks Erfassung der stillen Reserven in dem Strukturwandel des Betriebs eine Entnahme des Grund und Bodens zu sehen.

Der Große Senat[56] hat die Verwirklichung des Entnahmetatbestandes verneint, da im Falle des Strukturwandels „ein auf die Herauslösung des Grund und Bodens aus dem Betriebsvermögen gerichtetes Handeln des Steuerpflichtigen nicht erkennbar" sei, eine Entnahmehandlung also nicht vorliege.

Sowohl der Große Senat als auch der IV. Senat gehen allerdings davon aus, daß die im Zeitpunkt der rechtlichen Umqualifizierung vorhandenen stillen Reserven zu einem späteren Zeitpunkt steuerlich zu erfassen sind. Die vorhandenen stillen Reserven werden nach dieser Vorstellung für die spätere Besteuerung anläßlich eines gewinnrealisierenden Vorgangs „eingefroren".

---

52 Übernommen von Woerner, StbJb 1974/75, 334 Anm. 30.

53 BFH vom 26. 11. 1987 IV R 171/85 BStBl II 1988, 490.

54 So der Fall des I. Senats aus dem Urteil vom 10. 2. 1972 I R 205/66 BStBl II 1972, 455.

55 So der Fall, der dem Vorlagebeschluß des IV. Senats und dem Beschluß des Großen Senats zugrunde lag.

56 Großer Senat vom 7. 10. 1974 aaO, (Anm. 48).

2. Der die Entnahmehandlung „substituierende Rechtsvorgang" in der Rechtsprechung des BFH

Hat der Große Senat in dem Strukturwandelbeschluß zwar grundsätzlich auch an dem Erfordernis der Entnahmehandlung festgehalten, so hat er freilich den Vorbehalt gemacht: „In besonders gelagerten Fällen kann auch ein Rechtsvorgang genügen, der das Wirtschaftsgut aus dem Betriebsvermögen ausscheiden läßt."

Er hat dabei an den Fall gedacht, daß ein Gesellschafter aus einer Personengesellschaft durch Tod oder sonstwie ausscheidet und damit zugleich auch für ihn kein Sonderbetriebsvermögen mehr bestehen kann.[57] Für diesen Fall ist dieser Vorbehalt freilich nicht nötig. Mit dem Ausscheiden aus der Gesellschaft hat der Gesellschafter sein unternehmerisches Engagement aufgegeben; es ist also der Tatbestand des § 16 EStG erfüllt. Da das unternehmerische Engagement des Gesellschafters einer Personengesellschaft nicht nur die Beteiligung an der Gesellschaft, sondern nach der herrschenden Auffassung auch das Sonderbetriebsvermögen umfaßt, erhöht sich der Veräußerungsgewinn des Ausscheidenden um die stillen Reserven der bei der Aufgabe nicht veräußerten Wirtschaftsgüter des Sonderbetriebsvermögens (§ 16 Abs. 3 S. 3 EStG).[58]

War die Äußerung des Großen Senats in dem Strukturwandelbeschluß, daß die für Entnahme und Betriebsaufgabe erforderliche Entnahmehandlung in besonderen Fällen durch einen „Rechtsvorgang" substituiert werden kann, für die Fälle, die der Große Senat im Sinne hatte, gar nicht nötig, so ist die Äußerung – wie sich herausgestellt hat – inzwischen zu einem Quell von Unsicherheiten geworden. Denn da die Formulierung von dem die Entnahmehandlung „substituierenden Rechtsvorgang" einmal in der Welt ist, wird sie auch ausgelegt.

Der Strukturwandel selbst ist vom Großen Senat nicht als Rechtsvorgang verstanden worden, weil es sich um ein „tatsächliches" Geschehen handele. Auch[59] die Umqualifizierung eines land- und forstwirtschaftlichen Betriebes in „Liebhaberei" ordnet der BFH[60] nicht als einen die Entnahmehandlung oder die Betriebsaufgabemaßnahme substituierenden Rechtsvorgang ein. Im

57 Vgl. den Hinweis des Großen Senats auf das Urteil vom 13. 7. 1967 IV R 174/66 BStBl III 1967, 751; einen ähnlichen Fall betrifft BFH vom 24. 4. 1975 IV R 115/73 BStBl II 1975, 580; vgl. jetzt deutlich BFH vom 18. 5. 1983 I R 5/82 BStBl II 1983, 771 ff: „betriebsaufgabeähnlicher Vorgang".

58 A.A. Dötsch, Einkünfte aus Gewerbebetrieb nach Betriebsveräußerung und Betriebsaufgabe, 1987, S. 92 ff: Das Sonderbetriebsvermögen bleibt bis zu seiner Veräußerung oder einer nach den allgemeinen Grundsätzen zu beurteilenden Entnahme Betriebsvermögen.

59 In dem Urteil vom 16. 12. 1975 VIII R 3/74 BStBl II 1976, 246 hat der BFH dahinstehen lassen, ob der Abschluß eines Doppelbesteuerungsabkommens, durch das für eine ausländische Betriebstätte das Besteuerungsrecht dem anderen Staat zugewiesen wird, einen „Rechtsvorgang" darstelle. Selbst wenn dem so wäre – so der BFH –, hätte dies nicht zur Folge, daß die Wirtschaftsgüter der ausländischen Betriebstätte ihre Eigenschaft als Betriebsvermögen verlieren.

60 BFH vom 29. 10. 1981 IV R 138/78 BStBl II 1982, 381.

Anschluß an Stoll[61] konstatiert er, „daß es sich bei den die Entnahmehandlung substituierenden Rechtsvorgängen *nicht* um das Wirksamwerden von Wertungen steuerrechtlicher Art infolge des Eingreifens einer anderen als bis dahin anzuwendenden Besteuerungsvorschrift oder einer geänderten steuerrechtlichen Beurteilung[62] handeln kann, sondern um das Einwirken außersteuerrechtlicher Normen auf den steuerrechtlich relevanten Sachverhalt, wie z. B. erbrechtliche Folgen, Enteignungen usw.“.

Auch eine neue Abgrenzung des Begriffs des Gewerbebetriebs gegenüber dem bisherigen Zustand durch *Rechtsprechungs- oder Gesetzgebungsänderung* ist danach *nicht* als ein die Entnahme- oder Betriebsaufgabehandlung substituierender Rechtsvorgang anzusehen.

So hat etwa die Aufgabe der Geprägerechtsprechung durch den Beschluß des Großen Senats vom 25. 6. 1984[63] dazu geführt, daß viele GmbH & Co. KG's, die bislang allein deswegen, weil eine GmbH alleinige Komplementärin ist, als Gesellschaft im Sinne des § 15 Abs. 1 Nr. 2 EStG behandelt wurden,[64] fortan keinen Gewerbebetrieb mehr führten. Die Aufgabe der Geprägerechtsprechung ist keine Betriebsaufgabe. Durch das „Geprägegesetz“ sind die Gesellschaften freilich rückwirkend wieder in den Status von Gewerbebetrieben befördert worden.[65] Ihr Vermögen ist rückwirkend „verstrickt“ worden.

Auf Grund des Beschlusses des BVerfG vom 12. 3. 1985,[66] in dem der Zusammenrechnung von Ehegattenanteilen zur Begründung des sogenannten einheitlichen geschäftlichen Betätigungswillens bei der Betriebsaufspaltung im Prinzip die Grundlage entzogen worden ist, sind viele bislang als Gewerbebetrieb behandelte Besitz„unternehmen“ nicht mehr als Gewerbebetrieb zu behandeln.[67] Die Entscheidung des BVerfG ist kein eine Entnahme- oder Betriebsaufgabehandlung „substituierender Rechtsvorgang“.[68]

Aus dem Rahmen der bisherigen Rechtsprechung fällt allerdings die Rechtsprechung[69] zur Beendigung der Betriebsaufspaltung wegen des Wegfalls des sogenannten einheitlichen geschäftlichen Betätigungswillens.[70]

Da der Gewerbebetrieb des Besitz„unternehmens“ nach dem BFH durch

---

61 Stoll, JDStJG 1981, 234.

62 Der Auffassung von Stoll, daß in diesen Fällen eine Nutzungsänderung durch den Steuerpflichtigen vorliege, die Entnahme oder Betriebsaufgabe sein könne, ist nicht zu folgen; die Art der Nutzung durch den Steuerpflichtigen ändert sich gerade nicht, sondern allein die steuerrechtliche Beurteilung.

63 BFH vom 25. 6. 1984 GrS 4/82 BStBl II 1984, 751.

64 Vgl. dazu näher unten § 9 II 1.

65 Vgl. dazu unten § 9 II 2 d.

66 BVerfG vom 12. 3. 1985 1 BvR 571/81 BVerfGE 69, 188 = BStBl II 1985, 475.

67 Vgl. dazu unten § 22 VI 3 b.

68 Soweit die Wirtschaftsgüter des Besitz„unternehmens“ nicht aus anderen Gründen Betriebsvermögen sind, sind sie erfolgsneutral auszubuchen (vgl. BdF vom 18. 11. 1986 BStBl I 1986, 537).

69 BFH vom 13. 12. 1983 VIII R 90/81 BStBl II 1984, 474; BFH vom 15. 12. 1988 IV R 36/84 BStBl II 1989, 363. Vgl. dazu unten § 22 VI 4 c.

70 Zum sog. Rechtsinstitut der Betriebsaufspaltung vgl. im einzelnen unten § 22 VI.

den einheitlichen geschäftlichen Betätigungswillen konstituiert wird, liegt naturgemäß der angenommene Gewerbebetrieb nicht mehr vor, wenn der einheitliche geschäftliche Betätigungswille – z. B. durch Veränderung der Beteiligungsverhältnisse an einer der beiden Gesellschaften oder infolge sonstiger Vorgänge – entfällt. Der BFH hat dies als Betriebsaufgabe des Besitz„unternehmens" im Sinne des § 16 Abs. 3 EStG gewertet, mit der Konsequenz, daß die im Betriebsvermögen des früheren Besitz„unternehmens" enthaltenen stillen Reserven aufzulösen sind, also eine Zwangsgewinnrealisierung eintritt.

Davon, daß die Besitzgesellschaft ihren Gewerbebetrieb – unterstellt einmal, es habe einer vorgelegen – aufgegeben hätte, kann keine Rede sein. Die Besitzgesellschaft nutzt ihr Vermögen nicht anders als bislang auch. Der BFH begründet die Betriebsaufgabe mit dem Vorliegen eines die Aufgabehandlung substituierenden „Rechtsvorgangs".

Die Annahme einer Betriebsaufgabe ist letztlich nur ein – reichlich überflüssiges – Produkt der Entstrickungsideologie.

3. Vorschlag einer Lösung[71]

Der Betriebsverpachtungsentscheidung des Großen Senats[72] und den Entscheidungen zur Beendigung der Betriebsaufspaltung[73] ist darin zu folgen, daß die Figur des ruhenden Gewerbebetriebs im EStG keine Grundlage findet. Davon abgesehen bestehen auch hinreichend praktische Schwierigkeiten.

Der Große Senat hatte in der Betriebsverpachtungsentscheidung den ruhenden Gewerbebetrieb u. a. auch deshalb verworfen, weil „eine nachträgliche Heranziehung der bei Pachtbeginn rechnerisch vorhanden gewesenen stillen Rücklagen in der Praxis schwer durchführbar wäre, da es mangels einer hierfür gesetzlich vorgesehenen Verfahrensart keine rechtskräftige Feststellung über die Höhe dieser stillen Rücklagen gäbe" und „auch der Fall denkbar (ist), daß das Betriebsvermögen während einer längeren Zeit im Werte so gesunken ist, daß durch seine Veräußerung nur noch ein geringer oder gar kein Erlös mehr erzielt werden kann, mit dem die Steuer für die bei Pachtbeginn vorhandenen stillen Rücklagen gezahlt werden könnte". All dies spricht auch gegen das „eingefrorene Betriebsvermögen", das dem IV. Senat in dem Liebhabereifall und zuvor auch schon dem Großen Senat in dem Strukturwandelbeschluß vorgeschwebt hat.

Wenn davon auszugehen ist, daß bei Strukturwandel, bei Umqualifizierung eines Betriebs in Liebhaberei, bei Wegfall der tatbestandlichen Voraussetzungen einer Betriebsaufspaltung der gesetzliche Gewinnrealisierungser-

71 Der BFH ist in der Entscheidung vom 15. 12. 1988 (Anm. 69) diesem Vorschlag allerdings nicht gefolgt, weil „dieser nicht im Einklang mit der ständigen Rechtsprechung über die Voraussetzungen und Folgen einer Betriebsaufgabe stehe".

72 BFH vom 13. 11. 1963 GrS 1/63 S BStBl III 1964, 124.

73 AaO, (Anm. 69).

satztatbestand der Betriebsaufgabe und allgemein bei „Entstrickung“ durch Rechtsprechungs- oder Gesetzesänderung *nicht* erfüllt ist, so steht nur fest: Es gibt Fälle, in denen – obwohl der Betrieb gar nicht aufgegeben worden ist – fortan kein Gewerbebetrieb mehr besteht und in Zukunft entweder also gar keine Einkünfte oder solche in einer anderen Einkunftsart entstehen. Dieser Befund besagt aber noch lange nicht, daß die Wirtschaftsgüter nunmehr automatisch Privatvermögen sind. Wie die Eigenschaft eines Wirtschaftsguts als Betriebsvermögen immer auf die Widmung des Steuerpflichtigen zurückzuführen ist – sei es, daß dieser das Wirtschaftsgut durch Einlage dem Betrieb zugeführt oder es mit Mitteln des Betriebs angeschafft oder hergestellt hat –,[74] so kann es diese Eigenschaft auch nur auf Grund einer Maßnahme des Steuerpflichtigen wieder verlieren, also durch Überführung in das Privatvermögen, etwa durch eine tatsächliche Nutzungsänderung oder durch Entwidmungserklärung. Solange dies nicht geschieht, ist das Wirtschaftsgut nicht Privatvermögen. Es kann zwar mangels Gewerbebetriebs nicht mehr in eine betriebliche Gewinnermittlung einbezogen werden, aber die stillen Reserven des Wirtschaftsguts, das einmal zu einem Betrieb gehört hat, aber noch nicht Privatvermögen ist, bleiben weiter steuerverhaftet. Sie sind steuerlich zu erfassen im Zeitpunkt ihrer Realisierung, und zwar als nachträgliche gewerbliche Einnahmen; entsprechendes gilt bei nachträglich realisierten Verlusten.[75]

Der Steuerpflichtige steht also angesichts von Vorgängen, die dazu führen, daß ein Gewerbebetrieb für die Zukunft nicht mehr besteht, ohne daß eine Betriebsaufgabe vorliegt, vor der Entscheidung, die Wirtschaftsgüter in das Privatvermögen zu überführen oder es zu lassen, mit der Konsequenz, daß spätere Veräußerungsgewinne oder -verluste als nachträgliche gewerbliche Einkünfte qualifiziert werden.[76]

Mit dieser Lösung wird allen Interessen Rechnung getragen. Vor allen Dingen fügt sich diese Lösung voll in das dem Einkommensteuerrecht zugrundeliegende Realisationsprinzip ein. Die Durchbrechung dieses Prinzips durch die Ersatztatbestände Entnahme und Betriebsaufgabe hat ihren inneren Grund nur darin, daß diese Vorgänge auf dem Willen des Steuerpflichtigen beruhen. Gegen die Besteuerung stiller Reserven auch ohne Realisierung, auch ohne daß liquide Mittel zur Verfügung stehen, ist dann – aber auch nur dann – nichts einzuwenden, wenn der Steuerpflichtige eben die Ersatzrealisierung durch Entnahmehandlung oder Betriebsaufgabemaßnahme vornimmt.

---

74 Vgl. Wassermeyer, JDStJG 1980, 315 ff, 323.

75 Zustimmend Dötsch, Einkünfte aus Gewerbebetrieb nach Betriebsveräußerung und Betriebsaufgabe, 1987, S. 98 ff, S. 101 f.

76 Das ist die Lösung, die E. Becker – um dem Realisationsprinzip Rechnung zu tragen – sogar für den Fall, daß eine Betriebsaufgabe gegeben war, in bezug auf die nicht veräußerten Wirtschaftsgüter vertreten hat (vgl. dazu oben bei Anm. 16).

Die hier vorgetragene Lösung: keine Realisierung stiller Reserven, wenn der Betrieb vom Steuerpflichtigen gar nicht aufgegeben worden ist – andererseits keine automatische Umqualifizierung von Betriebsvermögen in Privatvermögen, wenn fortan ohne Betriebsaufgabe ein Gewerbebetrieb nicht existiert, sondern nachträgliche gewerbliche Einnahmen bei Realisierung –, würde ihre Wirkung auch in den Fällen entfalten, in denen sich auf Grund einer Rechtsprechungs- oder Gesetzesänderung ergibt, daß ein Gewerbebetrieb entgegen früheren Annahmen nicht vorliegt.[77]

Unterstellt, die Rechtsprechung des BFH würde eines Tages die Figur der Betriebsaufspaltung verwerfen,[78] wäre daher für die Wirtschaftsgüter des Besitz„unternehmens" wie folgt zu verfahren: Vielfach sind auf sog. Besitz„unternehmen" oder deren Gesellschafter Wirtschaftsgüter mit stillen Reserven aus einem anderen Betriebsvermögen übertragen worden. Dies war erfolgsneutral möglich, weil man die spätere steuerliche Erfassung der stillen Reserven sichergestellt wähnte. Diese Wirtschaftsgüter wären nach einer Rechtsprechungsänderung – nachdem feststeht, daß das Besitz„unternehmen" keinen Gewerbebetrieb führt – nicht automatisch Privatvermögen geworden. Die Eigenschaft als Betriebsvermögen hätten sie nur durch eine Überführung in das Privatvermögen verlieren können. Das wäre nicht geschehen. Wenn nach Aufgabe der Betriebsaufspaltung auch die früher aus einem anderen Betriebsvermögen auf das Besitz„unternehmen" oder seine Gesellschafter erfolgsneutral überführten Wirtschaftsgüter nicht mehr in eine betriebliche Gewinnermittlung einbezogen werden könnten, so blieben sie gleichwohl – solange sie nicht in das Privatvermögen überführt werden – steuerverhaftet. Ihre Veräußerung würde zu nachträglichen gewerblichen Veräußerungsgewinnen und -verlusten führen.

§ 8

Steuerliche Korrekturen des Bilanzergebnisses Verlustausgleich und Verlustabzug

I. Entnahmen und Einlagen

Nach § 4 Abs. 1 S. 1 EStG ist zur Ermittlung des Gewinns dem Unterschiedsbetrag zwischen dem Betriebsvermögen am Schluß des Wirtschaftsjahres und dem Betriebsvermögen am Schluß des vorausgegangenen Wirtschaftsjahres der Wert der Entnahmen hinzuzurechnen. Der Wert der Einlagen ist abzuziehen. Minderungen des Betriebsvermögens auf Grund von Entnahmen und Vermehrungen des Betriebsvermögens auf Grund von Einlagen sind steuerlich irrelevant.

Die Regelung des § 4 Abs. 1 S. 1 EStG, daß der sich auf Grund des Betriebs-

77 Für eine allgemeine gesetzliche Übergangsregelung in diesem Sinne vgl. auch Herzig/Kessler, Steuerfreie Entstrickung stiller Reserven, DB 1988, 15 ff.

78 Vgl. dazu näher unten § 22 VI 2.

vermögensvergleiches ergebende Unterschied um Entnahmen und Einlagen zu korrigieren ist, erklärt sich daraus, daß § 4 Abs. 1 EStG von dem tatsächlichen Betriebsvermögen, also von einem Vermögensvergleich ohne Buchführung ausgeht, die Höhe des tatsächlichen Betriebsvermögens aber durch Entnahmen und Einlagen beeinflußt wird.[1] Bei einem Vermögensvergleich auf der Grundlage einer Buchführung weist aber die Bilanz schon das buchmäßige Betriebsvermögen aus, das von Einlagen und Entnahmen nicht berührt wird. Denn Einlagen und Entnahmen sind auf einem besonderen Konto, dem Privatkonto, festgehalten worden. Bei einem Vermögensvergleich auf der Grundlage einer Buchführung kann also das Ergebnis der Bilanz ohne weitere Korrektur in dieser Hinsicht für steuerliche Zwecke übernommen werden – vorausgesetzt, es sind die steuerlichen Bewertungsvorschriften für Einlagen und Entnahmen beachtet worden.

1. Entnahmen – Betriebsausgaben

Nach der gesetzlichen Definition in § 4 Abs. 1 S. 2 EStG sind Entnahmen alle Wirtschaftsgüter (Barentnahmen, Waren, Erzeugnisse, Nutzungen und Leistungen), die der Steuerpflichtige dem Betrieb für sich, seinen Haushalt oder für andere betriebsfremde Zwecke im Laufe des Wirtschaftsjahres entnommen hat.[2] Entnahmen sind also Wertabgaben des Betriebs zu betriebsfremden Zwecken und dürfen deshalb den Gewinn nicht mindern.

Im Gegensatz zu den Entnahmen stehen die Betriebsausgaben. Betriebsausgaben sind Aufwendungen, die durch den Betrieb veranlaßt sind (§ 4 Abs. 4 EStG), sie mindern – von den nicht abzugsfähigen Betriebsausgaben abgesehen[3] – den Gewinn. Die Überprüfung einer Wertabgabe des Betriebs daraufhin, ob sie für betriebsfremde Zwecke erfolgt (Entnahme) oder betrieblich veranlaßt ist (Betriebsausgabe), ist also für die Ermittlung des steuerpflichtigen Gewinns von besonderer Bedeutung. Die erforderliche Abgrenzung der privaten und der betrieblichen Sphäre ist ein unerschöpflicher Quell für Meinungsverschiedenheiten zwischen Finanzamt und dem Steuerpflichtigen.[4]

Grundsätzlich können nur die *eigenen* Aufwendungen des Betriebsinhabers

1 Vgl. dazu Herrmann/Heuer/Raupach, § 4 EStG Anm. 41.

2 Zur Auslegung des Entnahmetatbestandes und der Bewertungsbestimmung vgl. oben § 7 V und § 5 III 7.

3 Vgl. dazu unten II 2.

4 Zu der Problematik der Abgrenzung der betrieblichen von der privaten Sphäre vgl. Tipke/Lang, § 9 F II 2.11, S. 243 ff; Schmidt/Heinicke, § 4 EStG Anm. 90 ff mit Nachweisen; vgl. ferner de lege ferenda das Gutachten von Kirchhof zum 57. Deutschen Juristentag, empfiehlt es sich, das Einkommensteuerrecht zur Beseitigung von Ungleichbehandlungen und zur Vereinfachung neu zu ordnen? Verhandlungen des 57. Deutschen Juristentages, Bd. I (Gutachten) Teil F, 1988.

als Betriebsausgaben abgezogen werden.[5] Der Große Senat[6] hat in seiner Entscheidung zur „Nutzungseinlage" für Aufwendungen von Angehörigen des Betriebsinhabers offengelassen, ob diese als sogenannter *Drittaufwand*[7] berücksichtigt werden können. Das Problem stellt sich insbesondere in den Fällen, in denen Angehörige dem Steuerpflichtigen für den Betrieb oder seine Arbeit unentgeltlich die Nutzung an einem Wirtschaftsgut, z. B. Grundstück, Arbeitszimmer, PKW überlassen.

Der früheren Lösung des BFH: Einlage eines Nutzungsrechts des Steuerpflichtigen mit einem „reduzierten Teilwert"[8] – die ohnehin bei den Überschußeinkünften versagte – ist nach dem Beschluß des Großen Senats zur „Nutzungseinlage" der Boden entzogen.

Der VI. Senat hat sich in dem Urteil vom 12. 2. 1988[9] vor der Entscheidung gedrückt. Die Meinungen im Schrifttum sind geteilt.[10]

Den Befürwortern des Abzugs von Drittaufwand geht es um die Vermeidung des für unerträglich gehaltenen Ergebnisses, daß insbesondere die Afa auf das überlassene Wirtschaftsgut unter den Tisch fallen. Die Anerkennung des Drittaufwands von Angehörigen würde freilich viele Folgeprobleme nach sich ziehen. Vor allem aber bedürfte der Rechtfertigung, weshalb eigentlich der Drittaufwand von Angehörigen anders zu behandeln sein soll als der Drittaufwand von Fremden. Allenfalls wäre daran zu denken, bei zusammenveranlagten Ehegatten den der Splitting-Regelung zugrundeliegenden Gedanken, daß jeder Ehegatte zu den Einkünften des anderen zur Hälfte beigetragen hat, weiter zu verfolgen und hier eine Ausnahme von der getrennten Einkünfteermittlung zu machen.[11] Es ist aber wohl zu überlegen, ob man das Prinzip so ohne weiteres über Bord werfen sollte. Immerhin haben auch Eheleute es in der Hand, durch entgeltliche Nutzungsüberlassung das Ergebnis des Verlustes der Afa und allgemein des Drittaufwands zu vermeiden.

2. Einlagen

Einlagen sind alle Wirtschaftsgüter (Bareinzahlungen und sonstige Wirtschaftsgüter), die der Steuerpflichtige dem Betrieb im Laufe des Wirtschaftsjahres zugeführt hat (§ 4 Abs. 1 S. 5 EStG). Die auf Einlagen beru-

---

5 Bei den Überschußeinkünften hat die Rechtsprechung Werbungskosten auch dann angenommen, wenn ein Angehöriger Ausgaben für den Steuerpflichtigen übernimmt; es wird nicht verlangt, daß der Angehörige zunächst an den Steuerpflichtigen leistet, vgl. Nachweise bei v. Bornhaupt in Kirchhof/Söhn, § 9 EStG Rz. B 46; Trzaskalik in Kirchhof/Söhn, § 11 EStG Rz. B 13 ff.

6 BFH vom 26. 7. 1987 GrS 2/86 BStBl II 1988, 348.

7 Der Begriff stammt von Groh, BB 1982, 141.

8 Vgl. dazu kritisch Knobbe-Keuk, 6. Aufl. § 6 I s.

9 BFH vom 12. 2. 1988 VI R 141/85 BStBl II 1988, 764. Danach kann der Miteigentümer-Ehegatte die *gesamten* auf das Arbeitszimmer entfallenden Afa abziehen, sofern nur sein Afa-Anteil am gesamten Gebäude höher ist. Diese unorthodoxe Lösung versagt, wenn der nichtnutzende Ehegatte Alleineigentümer ist.

10 Vgl. die umfangreichen Nachweise bei Schmidt/Heinicke, § 4 EStG Anm. 96 d bb.

11 Vgl. diese Erwägung schon bei Knobbe-Keuk, StuW 1979, 308 f.

hende Vermögensmehrung ist nicht im Unternehmen erwirtschaftet, es handelt sich um Kapitalzufuhr, der Gewinn wird durch Einlagen also nicht berührt. Die Einlageregelung gilt für alle Unternehmen, unabhängig von der Rechtsform, in der sie betrieben werden.[12]

Gegenstand einer Einlage können nur bilanzierungsfähige Wirtschaftsgüter sein.[13] Nach der Rechtsprechung sind auch selbstgeschaffene oder unentgeltlich erworbene *immaterielle Wirtschaftsgüter*, wenn sie aus dem Privatvermögen in das Betriebsvermögen überführt werden, als Einlage zu aktivieren und nach § 6 Abs. 1 Nr. 5 EStG zu bewerten; das Aktivierungsverbot der §§ 248 Abs. 2 HGB, 255 Abs. 4 HGB, § 5 Abs. 2 EStG soll hinter dem Rechtsgrund für den Abzug von Einlagen, nämlich den privaten von dem betrieblichen Bereich zu trennen, zurücktreten.[14]

U. E. ist dem nicht zu folgen.[15] Die Gründe für das Aktivierungsverbot (Unsicherheit, ob überhaupt ein dauerhafter Wert vorliegt und Unsicherheit der Wertbestimmung) bestehen auch bei Überführung des immateriellen Wirtschaftsguts aus dem Privatvermögen in das Betriebsvermögen.

Ein anderer Fall ist die Einbringung immaterieller Vermögensgegenstände und Wirtschaftsgüter in eine Kapitalgesellschaft gegen Gewährung von Gesellschaftsrechten. Hier handelt es sich nicht um einen unentgeltlichen Erwerb.[16]

Als Gegenstand einer Einlage i. S. des § 4 Abs. 1 S. 5 EStG kommen auch dingliche oder obligatorische Nutzungsrechte in Frage.[17] Vorausgesetzt ist jedoch, daß die Position des Nutzungsberechtigten tatsächlich die Eigenschaft eines Vermögensgegenstandes und Wirtschaftsgutes hat. Seine Position muß also nicht nur gesichert und bewertbar, sondern auch – zumindest zusammen mit dem Betrieb – *übertragbar* sein.[18]

An letzterem wird es häufig fehlen, wenn das Nutzungsrecht dem Betriebsinhaber von Angehörigen oder einer Gesellschaft von ihrem Gesellschafter eingeräumt ist.

Unentgeltlich eingeräumte Nutzungsrechte sind nicht mit dem Teilwert (§ 6 Abs. 1 Nr. 5 EStG) anzusetzen und abzuschreiben. Dies hätte zur Folge,

---

12 Zu offenen und verdeckten Einlagen bei Kapitalgesellschaften vgl. § 16 II.

13 BFH vom 26. 7. 1987 GrS 2/86 BStBl II 1988, 348; vgl. zu dem Beschluß eingehend Groh, DB 1988, 514 ff; 571 ff; IdW-Tagung 1988, 99 ff.

14 BFH vom 22. 1. 1980 VIII R 74/77 BStBl II 1980, 244 (Einlagefähigkeit unentgeltlich erworbener obligatorischer Nutzungsrechte); BFH vom 20. 8. 1986 I R 150/82 BStBl II 1987, 455 = FR 1987, 229 mit Anm. L. Schmidt (Übertragung immaterieller Wirtschaftsgüter zwischen Schwesternkapitalgesellschaften); BFH GrS 2/88 aaO, (Anm. 13).

15 Wie hier Plückebaum, FR 1978, 554; Trzaskalik, StuW 1983, 126 ff, 133 Anm. 45. Die Aktivierung ist hingegen zulässig, wenn der Steuerpflichtige das immaterielle Wirtschaftsgut vor der Einlage in das Betriebsvermögen unentgeltlich erworben hat.

16 Zur *verdeckten* Einlage in Kapitalgesellschaften vgl. unten § 16 II.

17 BFH GrS aaO, (Anm. 13), S. 353 r. Sp.; gegen die handelsrechtliche Zulässigkeit von obligatorischen Nutzungsrechten als Gegenstand einer Sacheinlage in Kapitalgesellschaften vgl. Knobbe-Keuk, ZGR 1980, 214 ff.

18 Groh, DB 1988, 516.

daß die durch die Realisierung des Nutzungsrechts erzielte Vermögensmehrung unbesteuert bliebe. Das ist mit den Wertungen des Einkommensteuerrechts, erzielte Nutzungen der Besteuerung zu unterwerfen, nicht vereinbar.[19] Das unentgeltlich eingeräumte Nutzungsrecht ist also mit 0 zu bewerten.

Soweit dem Steuerpflichtigen ansonsten Aufwendungen wegen des genutzten Gegenstandes entstehen, kann er sie als Betriebsausgaben absetzen. Den Drittaufwand von Angehörigen kann er nicht berücksichtigen;[20] hat der Gesellschafter einer Personengesellschaft unentgeltlich die Nutzung überlassen, so kann er seine Aufwendungen als Sonderbetriebsausgaben absetzen; bei der unentgeltlichen Nutzungsüberlassung an eine Kapitalgesellschaft hat der Gesellschafter mit den eigenen Aufwendungen auf den Gegenstand der Nutzung, je nachdem ob seine Beteiligung zum Betriebsvermögen oder Privatvermögen gehört, Betriebsausgaben oder Werbungskosten.

In der Literatur war in den letzten Jahren, insbesondere in Hinsicht auf die bei Gewinnverlagerungen zwischen Schwestergesellschaften auftretenden Probleme, zunehmend die Auffassung vertreten worden, daß man sich von der gesetzlichen auf Wirtschaftsgüter beschränkten Begriffsbestimmung der Einlage lösen und parallel zu der Begriffsbestimmung der Entnahmen alle nicht betrieblich veranlaßten Wertänderungen in Geld oder Geldeswert, also auch den geldwerten Vorteil auf Grund einer unentgeltlichen Nutzungs- oder Leistungsüberlassung, erfassen sollte. Dieser Auffassung hatte sich der I. Senat in einem Vorlagebeschluß an den Großen Senat angeschlossen[21] und unter einem nach § 4 Abs. 1 S. 5 EStG einlagefähigen Wirtschaftsgut jedweden geldwerten Vorteil verstanden.[22]

Der Große Senat des BFH[23] ist diesen Vorstellungen zu Recht nicht gefolgt: Gegenstand einer Einlage können nur bilanzierungsfähige Wirtschaftsgüter sein; zu erwartende Nutzungsvorteile aber sind keine selbständigen Vermögensgegenstände.

Damit kommt die von großen Teilen der Literatur[24] geforderte Gewinnkorrektur nach § 4 Abs. 1 S. 5 EStG bei unentgeltlichen oder unangemessen niedrig vergüteten Nutzungsüberlassungen an Schwestergesellschaften nicht in Frage. Die durch das körperschaftsteuerliche Anrechnungsverfahren ausgelöste Problematik hat der Große Senat auf andere Weise gelöst.[25]

19 BFH GrS aaO, (Anm. 13), S. 353 r. Sp.; vgl. dazu schon Knobbe-Keuk, StuW 1979, 310.
20 Vgl. oben § 8 I 1.
21 BFH vom 20. 8. 1986 I R 41/82 BStBl II 1987, 65.
22 Zur Kritik des Vorlagebeschlusses des I. Senats vgl. 6. Aufl. § 8 I 2, S. 247 ff.
23 AaO, (Anm. 13).
24 Vgl. die Nachweise in dem Vorlagebeschluß des I. Senats aaO, (Anm. 21).
25 Vgl § 19 II.

II. Steuerfreie Einnahmen und nicht abzugsfähige Betriebsausgaben

Der unter Berücksichtigung der Vorschriften über die Entnahmen und Einlagen ermittelte Gewinn bedarf u. U. noch weiterer Korrekturen durch Absetzung steuerfreier Betriebseinnahmen und Hinzurechnung nicht abzugsfähiger Ausgaben.

1. Steuerfreie Einnahmen

Betriebseinnahmen sind – wie Einnahmen im Rahmen anderer Einkunftsarten auch – steuerfrei, wenn sie unter den Katalog[26] der objektiven Steuerbefreiungen der §§ 3 und 3 a EStG fallen. Als weiterer wichtiger Fall ist vor allem die Steuerbefreiung auf Grund eines Doppelbesteuerungsabkommens zu nennen. Da auch solche steuerfreien Betriebseinnahmen in das Bilanzergebnis eingegangen sind, sind sie für die Besteuerung wieder abzuziehen.

2. Nicht abzugsfähige Betriebsausgaben[27]

a) Gesetzliche Abzugsverbote

Betriebsausgaben sind Aufwendungen, die durch den Betrieb veranlaßt sind und den Gewinn mindern.[28] Der Abzug von Aufwendungen, die ihrer Natur nach Betriebsausgaben sind, kann aber durch eine besondere gesetzliche Regelung ausgeschlossen sein. Die bestehenden gesetzlichen Abzugsverbote beruhen auf unterschiedlichen Gründen.

aa) Bei den in § 4 Abs. 5 EStG aufgeführten nicht abzugsfähigen Betriebsausgaben geht es im wesentlichen darum, daß die Zuordnung dieser Aufwendungen zur betrieblichen oder privaten Sphäre zweifelhaft sein kann, eine Mitursächlichkeit der privaten Lebensführung zumindest nicht auszuschließen ist oder daß Mißbräuchen begegnet werden soll.

Die Vorschriften sind durch das EStG 1975 neu gefaßt worden. Inhaltlich beziehen sich die Änderungen insbesondere auf eine erheblich engere Regelung für abzugsfähige Geschenke (Nr. 1), auf ein Abzugsverbot für nicht nachgewiesene Bewirtungskosten (Nr. 2) und auf eine Begrenzung für den Abzug von Mehraufwendungen für Verpflegung (Nr. 5).

Der steuerliche Abzug von Bewirtungskosten und Geschenken – der sog. Spesenabzug – war in der Öffentlichkeit seit langem ein Ärgernis, da er leicht mißbräuchlich ausgenutzt werden kann (z. B. durch gegenseitige Bewirtungen und Geschenke zwischen befreundeten und durch Geschäftsbeziehungen verbundenen Personen, durch Gefälligkeitsbelege, in denen ein privater Besuch von Gaststätten als geschäftlich deklariert wird) und auf diese Weise, da der Abzug nur für einen bestimmten Personenkreis möglich ist, die Gleichmäßigkeit der Besteuerung beeinträchtigt werden kann.

---

26 Vgl. dazu Tipke/Lang, § 9 D 3.1, S. 222 ff.

27 Zum Rückfluß nichtabzugsfähiger Betriebsausgaben vgl. Wüllenkemper, Rückfluß von Aufwendungen im Einkommensteuerrecht, 1987, S. 33 ff.

28 Vgl. oben § 8 I 1.

Der Regierungsentwurf eines Einkommensteuerreformgesetzes hatte deshalb, um zu verhindern, daß ein Teil der Steuerpflichtigen Lebenshaltungskosten zu Lasten der Allgemeinheit verrechnet, ein allgemeines Verbot für den Abzug von Bewirtungskosten und die Beschränkung der Abzugsfähigkeit von Geschenken auf einen Betrag von 10 DM je Geschenk vorgesehen.[29] Mit dieser Regelung wäre der Gesetzgeber aber über das Ziel der Mißbrauchsbekämpfung hinausgeschossen. Denn die Regelung hätte dazu geführt, daß auch wirkliche Betriebsausgaben vom Abzug ausgeschlossen worden wären und der Unternehmer auf Aufwendungen, die zur Erzielung der Einkünfte vielleicht sogar erforderlich sind, Steuern hätte zahlen müssen. In dem EStG 1975 ist dann auch – nach zahlreichen Protesten – von der rigorosen Regelung Abstand genommen worden.

§ 4 Abs. 5 EStG enthält nunmehr folgende Regelungen:

1. Von Arbeitnehmergeschenken abgesehen sind betrieblich veranlaßte *Geschenke*[30] nur abzugsfähig, wenn auf dem geschenkten Gegenstand der Name oder die Firmenbezeichnung des Gebers oder ein sonstiger Werbehinweis dauerhaft und von außen leicht erkennbar angebracht ist (Werbeträger), und wenn die Anschaffungs- oder Herstellungskosten der dem Empfänger im Wirtschaftsjahr zugewendeten Gegenstände insgesamt 50 DM nicht übersteigen (§ 4 Abs. 5 Nr. 1 EStG). Der Geschenkabzug soll auf Geschenke beschränkt sein, die für den Empfänger keine ins Gewicht fallende persönliche Bereicherung bedeuten, sondern nur die Funktion eines Werbeträgers haben.[31] Eine absolute Grenze pro Wirtschaftsjahr und Empfänger ist im Grundsatz geeignet, Mißbräuche weitgehend zu bekämpfen; allerdings war der Betrag von 50 DM schon 1975 zu gering und ist es 15 Jahre später erst recht. Die darüber hinaus geforderte Eigenschaft des Geschenks als Werbeträger wird allen Beteiligten nur Schwierigkeiten machen, die in keinem Verhältnis zu einem – wie auch immer vorgestellten – Erfolg stehen. Einige Fragen sind in dem Einführungsschreiben des BdF zum EStG 1975[32] behandelt.

   Dort kann man lesen, daß Kränze und Blumen für Beerdigungen keine Geschenke sind, daß für die Kennzeichnung als Werbeträger eine Kennzeichnung lediglich auf der Verpackung oder Umhüllung nicht ausreicht, daß etwas anderes aber gelte, wenn die Art des geschenkten Gegenstandes dies technisch nicht zuläßt, z.B. bei Getränken und Parfüm, und daß bei einem Blumenstrauß eine Kennzeichnung im Zeitpunkt der Schenkung genüge. Keine Stellung genommen ist in dem Schreiben zu der – auch schon erörterten – Frage, ob Blumen als Werbegeschenk eingewickelt oder nicht zu überreichen sind.

2. *Bewirtungskosten* (§ 4 Abs. 5 Nr. 2 EStG) – außer solche für Arbeitnehmer – sind nicht abzugsfähig, soweit sie nach der allgemeinen Verkehrsauffassung als unangemessen anzusehen sind. Nach dem Steuerreformgesetz 1990 sind auch angemessene Bewirtungskosten nur zu 80 vom Hundert abzugsfähig. Der Nachweis der Höhe und der betrieblichen Veranlassung der Aufwendungen hat auf einem amtlich vorgeschriebenen Vordruck zu erfolgen.

3. Aufwendungen für *Gästehäuser* (§ 4 Abs. 5 Nr. 3 EStG) und für Jagd oder Fischerei, für Segeljachten oder Motorjachten sowie für ähnliche Zwecke (§ 4 Abs. 5 Nr. 4 EStG) sind völlig vom Abzug ausgeschlossen.

---

29 § 17 des Reg. Entw.; vgl. Begründung BR-Drs. 700/73, S. 221.

30 Keine Geschenke sind Zugaben i.S. der Zugabeverordnung: BFH vom 28. 11. 1986 III B 54/85 BStBl II 1987, 296.

31 Vgl. Finanzausschuß BT-Drs. 7/2180, S. 16.

32 BdF vom 29. 11. 1974 BStBl I 1974, 950.

4. Der Abzug von Verpflegungsmehraufwendungen anläßlich einer Geschäftsreise oder wegen doppelter Haushaltsführung ist auf Höchstbeträge beschränkt (§ 4 Abs. 5 Nr. 5 EStG).
5. Für Fahrten zwischen Wohnung und Betriebstätte und für Familienfahrten dürfen nur die sich in entsprechender Anwendung von § 9 Abs. 1 Nr. 4 und 5 und Abs. 2 ergebenden Beträge abgezogen werden (§ 4 Abs. 5 Nr. 6 EStG).
6. Andere die Lebensführung des Steuerpflichtigen oder anderer Personen berührende Aufwendungen dürfen nicht abgezogen werden, soweit sie nach allgemeiner Verkehrsauffassung als unangemessen anzusehen sind (§ 4 Abs. 5 Nr. 7 EStG).

   Beispiel: Ein Kaufmann legt sich in sein Büro einen Teppich, der 100 000 DM gekostet hat.
7. Zinsen auf hinterzogene Steuern nach § 235 AO (§ 4 Abs. 5 Nr. 8 a EStG).[33]

bb) *Ausgleichszahlungen,* die von einer *Organgesellschaft* an außenstehende Anteilseigner geleistet werden, sind nicht abzugsfähig (§ 4 Abs. 5 Nr. 9 EStG). Sie sind von der Organgesellschaft als eigenes Einkommen zu versteuern.[34]

cc) Betriebsausgaben sind insoweit nicht abzugsfähig, als sie mit steuerfreien Einnahmen in unmittelbarem wirtschaftlichem Zusammenhang stehen (§ 3c EStG). Der Steuerpflichtige soll nicht neben dem Vorteil der Steuerfreiheit bestimmter Einnahmen noch den weiteren Vorteil haben, daß er Aufwendungen, die mit den steuerfreien Einnahmen in Zusammenhang stehen, von anderen steuerpflichtigen Einnahmen abziehen kann.

Beispiel: Einnahmen sind auf Grund eines Doppelbesteuerungsabkommens von der deutschen Besteuerung freigestellt. Die unmittelbar mit diesen zusammenhängenden Aufwendungen können nicht abgezogen werden.

dd) Der Abzug von Betriebsausgaben kann auch auf Grund der Vorschrift des *§ 160 AO* ausgeschlossen sein. Nach § 160 AO sind alle steuerlich relevanten Ausgaben regelmäßig nicht zu berücksichtigen, wenn der Steuerpflichtige dem Verlangen der Finanzbehörde nicht nachkommt, die Gläubiger oder die Empfänger genau zu benennen.

Von praktischer Bedeutung ist der Ausschluß der Abzugsmöglichkeit insbesondere bei Schmiergeldern. Schmiergelder sind Betriebsausgaben, wenn sie aus betrieblichem Anlaß gewährt werden, besonders also um betriebliche Vorteile zu erreichen. Daß die Zahlung von Schmiergeldern u. U. gesetzes- oder sittenwidrig ist, steht dem Abzug als Betriebsausgabe nicht entgegen. Schmiergelder und andere Zahlungen, bei denen der Empfänger die Erteilung einer Rechnung ablehnt, werden aber erfahrungsgemäß von den Empfängern der Zahlung häufig nicht versteuert. Um daraus resultierende Steuerausfälle zu vermeiden, setzt die Abzugsfähigkeit beim Leistenden voraus, daß dieser den Empfänger genau bezeichnet.

---

33 Zur Abzugsfähigkeit der Zinsen auf nicht abzugsfähige Steuerschulden vgl. § 12 Nr. 3 EStG, § 10 Nr. 2 KStG (dazu § 16 VI 2).

34 Vgl. dazu § 20 III 1 d.

ee) Die in den letzten Jahren viel diskutierte Problematik[35] der Abzugsfähigkeit von betrieblich oder beruflich veranlaßten *Geldbußen* und *Geldstrafen* ist durch Gesetz vom 25. 7. 1984[36] geregelt worden. Der Katalog der nicht abzugsfähigen Betriebsausgaben des § 4 Abs. 5 S. 1 EStG ist um die Vorschrift der Nr. 8 betr. *Geldbußen,* Ordnungsgelder und Verwarnungsgelder erweitert worden. Das Verbot des Abzugs derartiger Zahlungen gilt auch für die Überschußeinkünfte (§ 9 Abs. 5 EStG). Diese Änderungen des EStG gelten gemäß der allgemeinen Verweisung in § 8 KStG auf die Vorschriften des EStG auch für die Körperschaften.

Das Verbot des Abzugs von *Geldstrafen* und sonstigen Rechtsfolgen vermögensrechtlicher Art, bei denen der Strafcharakter überwiegt, ist in § 12 Nr. 4 EStG und § 10 Nr. 3 KStG statuiert worden.

Diese gesetzgeberische Aktivität ist durch die Beschlüsse des Großen Senats vom 21. 11. 1983[37] ausgelöst worden. Danach sind Aufwendungen, die ihrer Natur nach Betriebsausgaben oder Werbungskosten sind, bei der Ermittlung des Gewinns oder des Überschusses der Einnahmen über die Werbungskosten abzuziehen, es sei denn, daß das Gesetz selbst ihren Abzug als Betriebsausgaben oder Werbungskosten ausschließt. In den den Beschlüssen zugrundeliegenden Streitfällen ging es um Geldbußen wegen unzulässiger Preisempfehlungen und wegen der ungenehmigten Veräußerung inländischer Wertpapiere an Gebietsfremde, also um Zahlungen, deren Charakter als Betriebsausgaben evident ist.

Die Anerkennung der Abzugsfähigkeit von betrieblich veranlaßten Geldbußen in den Beschlüssen des Großen Senats hat im deutschen Blätterwald und in den übrigen Massenmedien einen Sturm der Empörung hervorgerufen. Tenor: Es gehe nicht an – und dafür habe der „kleine Mann auf der Straße" kein Verständnis –, Geldbußen zum Teil „auf die Allgemeinheit abzuwälzen", indem den Unternehmen für Geldbußen ein „Steuervorteil" gewährt werde.[38] Die Politiker aller Parteien haben dieser Stimmung postwendend mit dem Erlaß des Gesetzes vom 25. 7. 1984 Rechnung getragen. Dabei haben sie sogar die rückwirkende Anwendung der Bestimmungen des Gesetzes, soweit Steuerbescheide nicht bestandskräftig waren, angeordnet![39]

In der Begründung des Gesetzes[40] heißt es:

„. . . staatliche Sanktionen können ihren Zweck, den Verstoß gegen die Rechtsordnung zu ahnden, die Einhaltung der Rechtsordnung zu sichern und unlauteres Gewinnstreben zu bekämpfen nur dann erfüllen, wenn sie den Täter oder das Unternehmen, für das der Täter gehandelt hat, in der vollen Höhe, die von dem Gericht oder einer Behörde festgesetzt ist, treffen. Dieser Zweck wird verfehlt, wenn die finanziel-

35 Vgl. z.B. Tanzer, JDStJG 1980, 227 ff m.w.N.

36 BStBl I 1984, 401 = BGBl I 1984, 1006; vgl. die Darstellung bei Bordewin, FR 1984, 405 ff.

37 GrS 2/82 und 3/82 BStBl II 1984, 160, 166. Vgl. den Vorlagebeschluß des I. Senats vom 28. 4. 1982 I R 89/77 BStBl 1982, 556.

38 Vgl. zu dieser dümmlichen Sicht die treffenden Ausführungen von Döllerer, BB 1984, 547 f.

39 Zur Frage der Verfassungsmäßigkeit der Rückwirkung und den aus Art. 103 Abs. 2 GG hergeleiteten Bedenken gegen die Rückwirkung der gesetzlichen Regelung vgl. Lang, StuW 1985, 10 ff.

40 BT-Drs. 10/1314 S. 4.

le Einbuße, die mit einer Geldbuße oder einem Ordnungsgeld verbunden ist, durch Abzug als Betriebsausgabe gemildert wird ...".

Der in dem eingeführten Abzugsverbot liegende Verstoß gegen das Nettoprinzip ist hingenommen worden.

Das Abzugsverbot nach § 4 Abs. 5 S. 1 Nr. 8 EStG bezieht sich nur auf Geldbußen usw., die von einem Gericht oder einer Behörde *im Inland* oder von Organisationen der Europäischen Gemeinschaften festgesetzt werden.[41]

Nicht um eine Geldbuße i. S. des § 4 Abs. 5 S. 1 Nr. 8 EStG handelt es sich bei Maßnahmen, die nicht der Ahndung eines rechtswidrigen und schuldhaften Verstoßes gegen die Rechtsordnung dienen, sondern eine *Gewinnabschöpfung* zum Gegenstand haben. Das ist etwa bei der Abführung des Mehrerlöses nach § 8 Wirtschaftsstrafgesetz 1954[42] oder bei der Einziehung nach § 22 Abs. 2 Nr. 2 OWiG zweifellos der Fall![43] Darüber hinaus gilt u. E. das Abzugsverbot des § 4 Abs. 5 S. 1 Nr. 8 EStG nur eingeschränkt, wenn die Geldbuße zwar durchaus den Zweck einer Sanktion rechtswidrigen schuldhaften Verhaltens verfolgt, zugleich aber *auch* der Wertabschöpfung dient – indem die Höhe der Geldbuße an den erlangten wirtschaftlichen Vorteil (§ 17 Abs. 4 OWiG) oder an den Mehrerlös (§ 38 Abs. 4 GWB) anknüpft. In diesen Fällen ist u. E. der Mehrerlös bzw. wirtschaftliche Vorteil aus der Geldbuße herauszurechnen,[44] weil die Steuer sonst auf einen gar nicht erzielten Gewinn, nämlich auf den herauszugebenden Betrag erhoben würde. Ob der auf Grund des Verstoßes erzielte Gewinn vom Staat wieder entzogen wird oder ob ein Dritter, etwa ein Konkurrent, zivilrechtliche Ansprüche hat, macht für den Gewinnausweis keinen Unterschied.

Gerichts-, Anwalts- und sonstige Aufwendungen, die im Zusammenhang mit einer betrieblich veranlaßten Geldbuße anfallen, sind Betriebsausgaben.[45] Das Abzugsverbot des § 4 Abs. 5 S. 1 Nr. 8 EStG erstreckt sich auf diese Aufwendungen nicht.[46]

Was die Verfahrenskosten anbetrifft, die in Zusammenhang mit einer in

---

41 Zu den Gründen für die Beibehaltung der Abzugsfähigkeit von ausländischen Geldbußen vgl. Bordewin, FR 1984, 408 ff.

42 BFH vom 23. 7. 1965 VI 9/84 BStBl III 1965, 585; Abschn. 25 Abs. 3 EStR.

43 So auch Bordewin aaO, (Anm. 41), S. 407 f.

44 Vgl. so auch FG Hamburg vom 30. 1. 1980 V 33/78 EFG 1980 Nr. 336; Döllerer, BB 1984, 547 f. Der VIII. Senat des BFH hält § 4 Abs. 5 Satz 1 Nr. 6 EStG für verfassungswidrig, soweit er den auf die Abschöpfungen des wirtschaftlichen Vorteils (§ 17 Abs. 4 OWiG) entfallenden Teil der Geldbuße vom Abzug als Betriebsausgaben ausschließt (vgl. Vorlagebeschluß vom 21. 10. 1986 VIII R 1/85 BStBl II 1987, 212). Vgl. zu der Problematik auch Jesse, DB 1987, 810 ff.

45 Vgl. BFH vom 19. 2. 1982 VI R 31/78 BStBl II 1982, 467; GrS vom 21. 11. 1983 aaO, (Anm. 37).

46 Der während des Gesetzgebungsverfahrens von der SPD gestellte – und von den Grünen unterstützte – Antrag, auch die Verfahrenskosten in das Abzugsverbot einzubeziehen, hat im Finanzausschuß des Bundestages keine Mehrheit gefunden (vgl. BT-Drs. 10/1634 S. 9, 10).

§ 12 Nr. 4 EStG, § 10 Nr. 3 KStG für nicht abzugsfähig erklärten Geldstrafe anfallen, so ist zu beachten, daß mit dem gesetzlichen Abzugsverbot für die Geldstrafe noch nichts zu der Natur der Geldstrafen ausgesagt ist. Es ist also zu differenzieren: Soweit Geldstrafen im Einzelfall den Charakter von Betriebsausgaben bzw. Werbungskosten haben, sind die Verfahrenskosten als Betriebsausgaben bzw. Werbungskosten abzugsfähig. Ist aber die Geldstrafe im Einzelfall dem Bereich der Lebensführung zuzuordnen, so stellen u. E. auch die mit diesem Vorgang zusammenhängenden Verfahrenskosten keine Betriebsausgaben bzw. Werbungskosten dar.[47]

ff) Der Abzug von Aufwendungen zur Förderung staatspolitischer Zwecke (§ 10b EStG) als Betriebsausgaben ist seit 1984 ausdrücklich ausgeschlossen (§ 4 Abs. 6 EStG).[48] Ein Abzug kommt nur in den Grenzen des § 10b Abs. 2 EStG als Sonderausgabe und nach § 34g EStG in Betracht. Die derzeitige Fassung des § 10b EStG trägt der Entscheidung des Bundesverfassungsgerichts vom 14. 7. 1986[49] Rechnung.

b) Betriebsausgaben bei Verträgen mit Ehegatten und Kindern

aa) Einleitung

Mit erfreulicher Klarheit hat der Große Senat des BFH in seinen Beschlüssen vom 21. 11. 1983[50] herausgestellt, daß Aufwendungen, die ihrer Natur nach Betriebsausgaben oder Werbungskosten sind, bei der Ermittlung des Gewinnes oder des Überschusses der Einnahmen über die Werbungskosten abzuziehen sind, es sei denn, daß das Gesetz selbst ihren Abzug als Betriebs-

---

47 Ebenso Döllerer, BB 1984, 546.

48 Vgl. Parteienfinanzierungsgesetz vom 22. 12. 1983 BStBl I 1984, 7.
Zu der Diskussion um die sogenannten Parteispenden für die Zeit bis zum 31. 12. 1983 vgl. Tipke, 11. Aufl., § 16 B 2.3 (S. 580 ff) mit umfangreichen Nachweisen.
Zum Betriebsausgabencharakter vgl. z. B. v. Wallis, DStZ 1983, 135 ff; List, BB 1984, 460 ff; Felix, NJW 1985, 1935 ff einerseits; Groh, NJW 1985, 994 ff; Birk, NJW 1985, 1939 ff andererseits; alle mit weiteren Nachweisen.
Aus der steuerrechtlichen Rechtsprechung vgl. FG Köln vom 29. 4. 1985 VIII K 337/84 EFG 1985 Nr. 386 = NJW 1985, 1977 (Betriebsausgabencharakter der Parteispenden der Kölner Sparkasse bejaht, n. rk.); BFH vom 18. 9. 1984 VIII R 342/85 BStBl II 1985, 92 (Berufsverband); FG Hannover vom 12. 2. 1985 VIII 300/82 EFG 1985 Nr. 264 = NJW 1985, 1979 (Berufsverband). BFH vom 4. 3. 1986 VIII R 188/84, BStBl II 1986, 373 (Spenden an politische Parteien im allgemeinen in Hinsicht auf § 12 EStG nicht als Betriebsausgaben abziehbar); BFH vom 4. 2. 1987 I R 58/86, HFR 1987, 235 (im Verfahren auf Aussetzung der Vollziehung: Tendenz zu Betriebsausgaben bei Körperschaft); vgl. demgegenüber aber BGH vom 28. 1. 1987 3 StR 373/86 (Reemtsma) NJW 1987, 1273.
Aus dem Schrifttum vgl. auch Walz, StuW 1987, 164 ff.

49 BVerfG vom 14. 7. 1986 2 BvE 2/84, 2 BvR 442/84, BStBl II 1986, 684 = BVerfGE 73, 40.

50 GrS 2 und 3/82 BStBl II 1984, 160, 166.

ausgaben oder Werbungskosten ausschließt. In dem Bereich vertraglicher Beziehungen zwischen Ehegatten und zwischen Eltern und minderjährigen Kindern besteht auf Grund der vom BFH für die steuerrechtliche Anerkennung aufgestellten Kriterien immer wieder die Gefahr eines faktischen Abzugsverbots für Aufwendungen, die betrieblich veranlaßt sind und ihrer Natur nach Betriebsausgaben darstellen.

Das ist zum einen der Fall, wenn der Arbeitnehmer-Ehegatte, der vielleicht auch noch ein Darlehen gegeben oder Wirtschaftsgüter vermietet hat, von der Finanzverwaltung und/oder Rechtsprechung zum Mitunternehmer des Betriebs erklärt wird und also zwischen dem Ehegatten eine Gesellschaft im Sinne des § 15 Abs. 1 S. 1 Nr. 2 EStG angenommen wird.[51] Der an den Ehegatten gezahlte Arbeitslohn, die Darlehenszinsen usw. sind dann bei dem Betriebsinhaber nicht Betriebsausgaben sondern Bestandteil des Gewinns der zwischen den Ehegatten angenommenen „Gesellschaft". Zum anderen kann der Abzug als Betriebsausgaben daran scheitern, daß das Vertragsverhältnis zwischen den Ehegatten oder zwischen Eltern und Kindern steuerrechtlich schlicht nicht anerkannt wird und die betrieblich veranlaßte Zahlung als Entnahme behandelt wird.

bb) Arbeitsverträge

Arbeitsverhältnisse zwischen Ehegatten sind grundsätzlich auch mit steuerlicher Wirkung möglich.[52] Sie werden steuerlich freilich nur anerkannt, wenn sie klar und eindeutig vereinbart sind und die Partner die vertraglichen Abmachungen auch tatsächlich durchführen. Dagegen ist im Grundsatz nichts einzuwenden, weil es gilt, nicht ernstgemeinte Vereinbarungen auszuschalten, Manipulationen und Mißbräuche zu verhindern, bloße Scheinverträge zum Zwecke der Steuerhinterziehung als solche aufzudekken.

Unter dem Vorzeichen der Überprüfung der Ernsthaftigkeit sind aber darüber hinaus nach dem BFH „Vertragsgestaltung und Vertragsdurchführung

---

51 Vgl. dazu unten § 9 II 3 b.

52 Zu der steuerrechtlichen Behandlung von Aufwendungen des Arbeitgebers für die betriebliche Altersversorgung des Arbeitnehmer-Ehegatten vgl. das – insbesondere durch das Urteil des BFH vom 10. 11. 1982 I R 135/80 BStBl II 1983, 173 veranlaßte – Schreiben des BdF vom 4. 9. 1984 BStBl I 1984, 495 ff und die Erläuterung bei Stuhrmann, BB 1984, 1674; BFH vom 5. 2. 1987 IV R 198/84, HFR 1987, 342 = BB 1987, 1231 (Direktversicherung); vgl. des weiteren BFH vom 8. 10. 1986 I R 220/82, BStBl II 1987, 205.
Zur Anerkennung einer Pensionszusage an den Arbeitnehmer-Ehegatten, wenn dieser wesentlich jünger als der Arbeitgeber-Ehegatte ist, vgl. BFH vom 29. 5. 1984 VIII R 177/78 BStBl II 1984, 659.
Zur Anerkennung von wechselseitigen Ehegatten-Arbeitsverträgen vgl. BFH vom 12. 11. 1988 X R 2/86 BStBl II 1989, 354.

... daraufhin zu prüfen, ob sie auch zwischen Fremden üblich wären".[53] Dabei gelten die für Arbeitsverhältnisse zwischen Ehegatten aufgestellten Kriterien auch für Arbeitsverhältnisse zwischen einer Personengesellschaft und den Ehegatten der Gesellschafter.[54]

Auf Arbeitsverhältnisse zwischen Eltern und Kindern sind diese Grundsätze „nicht ohne weiteres"[55] anzuwenden, allerdings auf Ausbildungsverhältnisse zwischen Eltern und Kindern.[56] Arbeitsverträge über gelegentliche Hilfsleistungen von Kindern sind steuerlich nicht anzuerkennen.[57] Es muß sich schon um eine Leistung des Kindes handeln, die auch als Gegenstand eines Arbeitsvertrages mit einem Dritten in Betracht kommt.

Der Fremdvergleich ist sicher sinnvoll und sachgerecht zur Feststellung unangemessen hoher Vergütungen. Erweist sich danach die vereinbarte Vergütung als zu hoch, so ist nur der angemessene Teil als Betriebsausgabe abzuziehen,[58] nicht aber ist aus diesem Grunde die steuerliche Anerkennung des Arbeitsverhältnisses als solche in Frage stellen.

Im übrigen kann gerade die Prüfung, ob die konkrete Vertragsdurchführung auch zwischen Fremden üblich ist, den Beteiligten zum Fallstrick werden. Die Vergütung muß tatsächlich – wie unter Fremden üblich – ausgezahlt worden sein. Die Auszahlung muß in monatlichen Teilbeträgen erfolgen – weil nur dies unter Fremden üblich ist; wird das Gehalt etwa in einer Summe zum Schluß des Jahres ausgezahlt, so ist das schädlich – ohne Rücksicht darauf, daß die Arbeitsleistung tatsächlich erbracht ist.[59] Die Vergütung an den Arbeitnehmer muß vor allem auf ein i.S. des BFH „richtiges" Konto gegangen sein. In einer juristischen systematischen Darstellung ist für den Bericht über die Details der kasuistischen „Kontorechtsprechung" des BFH kein Platz; es mag auf die Aneinanderreihung der Entscheidungen in Abschnitt 174a Abs. 3 EStR verwiesen werden.

Haben die Beteiligten ein nach der Rechtsprechung des BFH „falsches" Konto getroffen, so interessiert den BFH bislang nicht, ob die Arbeitsleistung tatsächlich erbracht worden ist. Deshalb ist nicht weiter verwunderlich, wenn der Jurist manche Äußerungen in den Urteilsgründen nur mit Erstaunen zur Kenntnis nehmen kann. So soll es sich – wird von einer Personengesellschaft der Arbeitslohn an einen Arbeitnehmer, dessen Ehegatte Gesellschafter ist, auf ein Konto des Gesellschafter-Ehegatten überwiesen – um eine gewinneutrale Entnahme des Gesellschafters handeln, „wie sie in

---

53 Vgl. z.B. BFH vom 14. 10. 1981 I R 34/80 BStBl II 1982, 119.

54 BFH vom 20. 10. 1983 IV R 116/83 BStBl II 1984, 298.

55 Z.B. BFH vom 14. 10. 1981 I R 34/80, BStBl II 1982, 119.

56 BFH vom 13. 11. 1986 IV R 322/84, BStBl II 1987, 121 = DStR 1987, 123.

57 BFH vom 17. 3. 1988 IV R 188/85 BStBl II 1988, 632; andererseits sind Zahlungen der Eltern für Aushilfstätigkeiten erwachsener Kinder im Betrieb nicht schon deshalb vom Abzug als Betriebsausgaben ausgeschlossen, weil die Kinder familienrechtlich auf Grund § 1619 BGB zur Mithilfe im Betrieb verpflichtet sind; BFH vom 25. 1. 1989 X R 168/87 BStBl II 1989, 453 = FR 1989, 327 m. Anm. Ludwig Schmidt.

58 So auch Abschnitt 174a Abs. 4 S. 1 EStR.

59 BFH vom 14. 10. 1981 aaO, (Anm. 53); vgl. auch BFH vom 13. 11. 1986 aaO, (Anm. 56) für unregelmäßig ausgezahlte Vergütungen bei einem Ausbildungsverhältnis zwischen Eltern und Kindern.

der Tat anzunehmen wäre, wenn das Arbeitsverhältnis des Ehegatten nicht wirksam vollzogen wurde".[60] Man beachte die Formulierung: Das Arbeitsverhältnis ist zwar wirksam vollzogen worden, aber für die Besteuerung tut der BFH so, als sei es nicht wirksam vollzogen worden.

Auch wenn der Arbeitnehmer-Ehegatte ein Mitverfügungsrecht über das Gesellschafterkonto hat, bleibt es nach dem BFH ein „falsches" Konto.[61] Das bloße Mitverfügungsrecht des Arbeitnehmer-Ehegatten soll deshalb nicht ausreichen, weil seinem Gläubiger die Zugriffsmöglichkeit auf das Gehaltskonto offenstehen müsse. Die offensichtlich beim BFH vorhandene Vorstellung, für Gläubiger von Arbeitnehmern sei ein – ständigen Schwankungen unterworfenes – Gehaltskonto ein interessantes Zugriffsobjekt, kann nur verwundern; die Möglichkeit der Gehaltspfändung ist wohl nicht geläufig. Man kann nur alle Gläubiger von Arbeitnehmern warnen, sich vom BFH beraten zu lassen.

Inzwischen hat der VIII. Senat dem Großen Senat die Frage vorgelegt, ob die Überweisung auf ein Oderkonto dem Betriebsausgabenabzug entgegensteht.[62]

Angesichts mancher Fallentscheidungen fragt man sich, ob der BFH sich eigentlich überhaupt des rechtlichen Problems noch bewußt ist, das zur Entscheidung steht. Die Beschäftigung des BFH mit der intrikaten Kontofrage ist für ihn offensichtlich so faszinierend, daß er nur noch die Aufgabe sieht, den Fall unter die von ihm aufgestellten Kriterien zu subsumieren – so als ergebe sich dieses alles aus dem Gesetz.

In Wirklichkeit ist die Lage natürlich anders. Nach dem Gesetz interessiert allein, ob es sich bei der Zahlung um eine nach § 4 Abs. 4 EStG abzugsfähige Betriebsausgabe oder um nach § 12 Nr. 1 EStG nicht abzugsfähige Unterhaltsaufwendungen handelt. Die Aufstellung strenger Anforderungen an den Nachweis der Ernstlichkeit des Abschlusses von Verträgen zwischen Ehegatten darf nicht Selbstzweck sein. Sie ist überhaupt nur zu rechtfertigen durch das Ziel der Verhinderung von Manipulationen. Genau dieses – und nicht mehr und nicht weniger – besagt auch die Entscheidung des Bundesverfassungsgerichts vom 14. 4. 1959,[63] die der BFH[64] für sich in Anspruch nimmt.

Indem der BFH den Üblichkeitsmaßstab auch in Fällen anwendet, in denen die betriebliche Veranlassung ohnehin feststeht, schießt er – wie Schmidt-Liebig[65] in einer sehr lesenswerten Abhandlung zur steuerlichen Anerkennung unüblicher Vereinbarungen im Ehegatten-Arbeitsverhältnis dargestellt hat – über das Ziel hinaus. Weil der BFH nicht mehr die nach dem Gesetz allein gebotene und entscheidende Frage stellt, ob die Zahlung betrieblich veranlaßt ist, sondern für ihn Entnahmen vorliegen, sobald irgend etwas seiner Meinung nach zwischen Fremden „unüblich" ist, werden Zahlungen, die

60 BFH vom 24. 3. 1983 IV R 76/80 BStBl II 1983, 770.
61 BFH vom 20. 10. 1983 IV R 116/83 BStBl II 1984, 298.
62 BFH vom 22. 3. 1988 VIII R 298/64 BStBl II 1988, 880.
63 BVerfG vom 14. 4. 1959 1 BvL 23/57, 34/57 BStBl I 1959, 204, 206 = BVerfGE 9, 237 ff.
64 BFH vom 20. 10. 1983 aaO, (Anm. 61).
65 Schmidt-Liebig, BB 1983, 52 ff m.w.N.

nach dem Gesetz Betriebsausgaben darstellen, steuerlich für nicht abzugsfähig erklärt.

Es ist kein Sinn darin zu sehen, daß der Ehegatten-Arbeitsvertrag steuerlich nicht anerkannt wird, weil für die Arbeitsleistung, die tatsächlich erbracht worden ist, etwa ein zu niedriges, unter Fremden unübliches Gehalt vereinbart ist oder wenn das vereinbarte Gehalt ganz unüblich in einer Jahreszahlung geleistet wird. *Wenn* die nach dem Vertrage geschuldete Arbeitsleistung tatsächlich auch erbracht worden ist, kann von Mißbrauch und Manipulation keine Rede sein. Auf der anderen Seite ist die Rechtsprechung mit dem auf den Üblichkeitsmaßstab erstarrten Blick, der offensichtlich die Prüfung der gesetzlichen Voraussetzungen der betrieblichen Veranlassung ersetzen soll, wenig geeignet, wirklichen Manipulationen entgegenzuwirken. Wer in diesem Bereich mit Scheinarbeitsverträgen manipulieren will, wird sicher auch in der Lage sein, die Gehaltszahlungen auf das nach dem BFH „richtige" Konto zu lenken. Die Rechtsprechung des BFH trifft wieder einmal nur die Dummen.

Es ist an der Zeit, daß der BFH sich auch bei der Beurteilung von Ehegatten-Arbeitsverträgen auf die nach dem Gesetz gebotene und allein zulässige Fragestellung zurückbesinnt.[66] Anlaß zur Hoffnung geben der Vorlagebeschluß des VIII. Senats[67] zum Oderkonto sowie die Urteile des VIII. Senats vom 17. 7. 1984[68] und vom 4. 11. 1986.[69] In den zugrundeliegenden Streitfällen war der Arbeitslohn in die Verfügungsgewalt des Ehegatten-Arbeitnehmers gelangt, und dieser hatte dem Ehegatten-Arbeitgeber den Arbeitslohn als *Darlehen* bzw. schenkweise wieder zur Verfügung gestellt. Wenn der Arbeitslohn in die Verfügungsgewalt des Arbeitnehmer-Ehegatten gelangt ist,[70] ist es gleichgültig, in welcher Weise dieser darüber verfügt. Unübliche Vereinbarungen mögen vielfach ein Indiz für eine private Veranlassung der Zahlungen sein. Damit ist jedoch nicht das letzte Wort gesprochen. Auch dieses Indiz ist wie jedes Indiz ausgeräumt, wenn sich die betriebliche Veranlassung aus anderen Umständen, insbesondere auf Grund der tatsächlich erbrachten Arbeitsleistung ergibt.

---

66 Vgl. i. d. S. auch L. Schmidt FR 1987, 204.

67 BFH vom 22. 3. 1988 VIII R 298/64 BStBl II 1988, 880.

68 BFH vom 17. 7. 1984 VIII R 69/84 BStBl II 1986, 48.

69 BFH vom 4. 11. 1986 VIII R 82/85 BStBl II 1987, 336 = FR 1987, 202 ff mit Anm. L. Schmidt.

70 Bei „stillschweigender Umbuchung" hingegen soll der Arbeitslohn nicht in die Verfügungsgewalt des Arbeitnehmer-Ehegatten gelangt sein, vgl. noch BFH vom 17. 7. 1984 aaO, (Anm. 68).

cc) Darlehensverträge, insbesondere mit Kindern

Zinsen auf Darlehen von Kindern sind nach ständiger Rechtsprechung des BFH als Betriebsausgaben nur abzugsfähig, wenn der Darlehensvertrag zwischen Eltern und Kindern bürgerlich-rechtlich wirksam geschlossen worden ist, sein Inhalt den zwischen Fremden üblichen Darlehensregelungen entspricht und vereinbarungsgemäß tatsächlich durchgeführt wird.[71] Diese Regeln gelten im Grundsatz auch, wenn die Darlehensforderung schenkweise begründet worden ist. Hier ist weitere Voraussetzung, daß auch der zugrundeliegende Schenkungsvertrag bürgerlich-rechtlich wirksam ist; dazu ist die notarielle Beurkundung nach § 518 Abs. 1 BGB erforderlich.

Allein mit der Einräumung eines schuldrechtlichen Anspruches ist die Schenkung nicht i.S. des § 518 Abs. 2 BGB vollzogen.

Nach der Rechtsprechung des BFH unklar ist die Lage in dem Fall, daß der Betriebsinhaber dem Kind einen Geldbetrag mit der Maßgabe zuwendet, daß das Kind den Betrag zugleich dem Betriebsinhaber als Darlehen wieder zur Verfügung stellen soll.[72] Der VIII. Senat hat in einem solchen Fall in der Hingabe des Geldbetrages keine Schenkung und in der Rückgabe durch die Kinder auch kein Darlehensgeschäft gesehen, sondern den Gesamtvorgang als bedingtes Schenkungsversprechen gewertet.[73] Die Entscheidung ist auf den Fall beschränkt, daß das Gesamtgeschäft in einer Urkunde niedergelegt ist. Der III. Senat hat demgegenüber in einem Fall, in dem das Gesamtgeschäft in zwei Urkunden aufgeteilt war, eine Schenkung des Geldbetrags unter Auflage angenommen.[74] Danach ist der Abzug von Darlehenszinsen als Betriebsausgabe grundsätzlich möglich. Allerdings weist der III. Senat darauf hin, daß bei der Prüfung des abgeschlossenen Darlehensvertrages unter dem Gesichtspunkt des Fremdvergleichs von Bedeutung ist, ob nach den Vertragsmodalitäten die Realisierung des Zahlungsanspruches gesichert erscheint. Diese Voraussetzung ist allerdings auch dann zu fordern, wenn die Zuwendung des Betriebsinhabers von vornherein in der Begründung der Darlehensforderung besteht. Nur wenn die Darlehensforderung gesichert ist, hat denn auch der Zuwendungsempfänger schon im Zeitpunkt des Vertragsschlusses eine Bereicherung erfahren.

---

71 Vgl. BFH vom 20. 3. 1987 III R 197/83 BStBl II 1988, 603 mit Nachweisen. Zur tatsächlichen Durchführung ist erforderlich, daß die vereinbarten Zinsen tatsächlich an das Kind geleistet und anschließend weder für den Unterhalt des Kindes noch für die eigene Lebenshaltung verwendet werden (BFH vom 10. 8. 1988 IX R 220/84 BStBl II 1989, 137).

72 Vgl. dazu Groh, BB 1987, 1505 ff.

73 Ebenso Pawlowski, BB 1977, 254 f; Knobbe-Keuk, Festschrift Flume II, 1978, S. 149 ff, 169 ff; Jauernig/Vollkommer, BGB 4. Aufl., § 516 Anm. 4 e.

74 BFH vom 20. 3. 1987 aaO, (Anm. 71) im Anschluß an BayObLG vom 12. 2. 1974 BReg 1 Z 104/73 NJW 1974, 1142.
Vgl. aber das Nichtanwendungsschreiben des BdF vom 1. 7. 1988 BStBl I 1988, 210.

III. Verlustausgleich und Verlustabzug

1. Grundsatz

a) Verlustausgleich

Hat der Steuerpflichtige Einkünfte aus mehreren Gewerbebetrieben, so werden die Ergebnisse zusammengefaßt. Das schließt ein, daß Verluste des einen Betriebes mit den Gewinnen der anderen Betriebe saldiert werden. Man spricht in diesem Fall, daß positive und negative Einkünfte aus mehreren Quellen derselben Einkunftsart verrechnet werden, von internem oder horizontalem Verlustausgleich.[75]

Die Einkünfte aus allen Einkunftsarten werden zum Gesamtbetrag der Einkünfte (§ 2 Abs. 3 EStG) zusammengefaßt. Damit findet, hat der Steuerpflichtige in der einen Einkunftsart positive, in der anderen Einkunftsart negative Einkünfte, ein Verlustausgleich statt (externer oder vertikaler Verlustausgleich).[76]

b) Verlustabzug

aa) Bedeutung und Entwicklung hin zur derzeitigen Fassung des § 10 d EStG

Der Besteuerung wird der Gewinn jeweils eines Wirtschaftsjahres zugrunde gelegt. Das einzelne Wirtschaftsjahr ist aber nur ein formaler, jedenfalls kein organischer Abschnitt im Gesamtleben eines Unternehmens. Nach herrschender betriebswirtschaftlicher Meinung ist der richtige Gewinn nur der Totalgewinn, also der Gewinn, der vom Anfang bis zum Ende des Bestehens eines Unternehmens erzielt wird. Wenn also für die Besteuerung grundsätzlich nur der Gewinn des jeweiligen Wirtschaftsjahres berücksichtigt wird, so liegt in dieser Regelung aus der Sicht des fortlaufenden Betriebes etwas Willkürliches. Die Unterteilung der Totalperiode in Teilperioden für die Zwecke der Besteuerung läßt sich nur unter dem Gesichtspunkt der Zweckmäßigkeit begründen. Das Ausmaß der Steuerbelastung ist aber infolge des starren Prinzips des Wirtschaftsjahres als Gewinnermittlungszeitraum Verzerrungen und Zufälligkeiten unterworfen.

Hat der Steuerpflichtige in dem einen Wirtschaftsjahr einen Gewinn von 100 und in dem folgenden Wirtschaftsjahr einen Verlust von 50 erzielt, so müßte er im Jahr 1 100 versteuern, obwohl auf Jahr 1, wenn beide Wirtschaftsjahre zusammengesehen werden, nur 25 entfallen.

Die Steuergesetzgebung hat sich seit eh und je bemüht, die Zufälligkeiten und Verzerrungen, die sich aus dem Prinzip des Wirtschaftsjahres als Gewinnermittlungszeitraum ergeben, zu mildern.

Nach § 9 Nr. 3 des Preuß. EStG 1891 wurde der Geschäftsgewinn aus Handel, Gewerbe und Bergbau nach dem *Durchschnitt* der drei dem Steuerjahr unmittelbar voran-

75 Vgl. Tipke/Lang, § 9 C 2.5, S. 207 f.
76 Vgl. Tipke/Lang aaO, (Anm. 75).

gegangenen Wirtschaftsjahre veranschlagt. Das REStG 1920 beseitigte diese mehrjährige Durchschnittsbesteuerung. Die Forderungen nach Wiedereinführung der Durchschnittsbesteuerung führten schließlich dazu, daß 1929 durch eine Änderung des REStG 1925 ein Verlustabzug eingeführt wurde, und zwar systematisch als Bestandteil der Gewinnermittlung. Die Regelung wurde im Laufe der Jahre wiederholt geändert.[77]

Nach der auf das StÄndG 1958 zurückgehenden Fassung des § 10d EStG 1975 konnten Steuerpflichtige, die den Gewinn nach § 4 Abs. 1 oder nach § 5 EStG ermitteln, die Verluste der *fünf* vorangegangenen Veranlagungszeiträume aus Land- und Forstwirtschaft, aus Gewerbebetrieb und aus selbständiger Arbeit wie Sonderausgaben vom Gesamtbetrag der Einkünfte abziehen, soweit ihnen ein Ausgleich oder Abzug der Verluste in den vorangegangenen Veranlagungszeiträumen nicht möglich war. Die Möglichkeit, Verluste der Vergangenheit mit Gewinnen der Zukunft auszugleichen, stellt sich letztlich als ein – wenn auch unvollkommener – Ersatz für eine mehrjährige Durchschnittsbesteuerung dar.

Das StÄndG vom 20. 4. 1976 hatte § 10d EStG durch die Einführung eines einjährigen Verlustrücktrages in begrenzter Höhe ergänzt.[78]

Durch den Verlustrücktrag wird in erster Linie eine beschleunigte Liquiditätshilfe vor allem für kleine und mittlere Unternehmen erstrebt. Nicht zuletzt aus haushaltspolitischen Gründen war der Rücktrag von Verlusten zunächst auf das Vorjahr und auf einen Betrag von 5 Millionen DM begrenzt worden. Inzwischen ist der Verlustrücktrag auf die zwei dem Veranlagungszeitraum vorausgegangenen Veranlagungszeiträume möglich und ist durch das Steuerentlastungsgesetz 1984 auf 10 Millionen DM erhöht worden.

Über die Einführung des Verlustrücktrages hinaus ist § 10d EStG 1976 insoweit grundlegend geändert worden,[79] als die überperiodische Verlustberücksichtigung seitdem für alle Einkunftsarten – und nicht nur wie früher für die Gewinneinkunftsarten – gilt.[80]

Eine bedeutsame Änderung hat das Steuerreformgesetz 1990 durch die Aufhebung der zeitlichen Beschränkung des Verlustvortrages gebracht.[81]

---

77 Vgl. dazu den Überblick bei Herrmann/Heuer/Raupach, § 10d EStG Anm. 2.

78 Zur grundsätzlichen steuerpolitischen Diskussion um die Einführung des Verlustrücktrags vgl. 6. Aufl. § 8 III 1b, aa; vgl. im übrigen den historischen und rechtsvergleichenden Überblick bei Schick, Der Verlustrücktrag, 1976.

79 Vgl. dazu auch das Einführungsschreiben des BdF v. 11. 8. 1976 BStBl I 1976, 418.

80 So auch schon § 66 Reg.Entw. eines EStG, BT-Drs. 7/1470 = BR-Drs. 700/73.

81 Diese Änderung stammt vom Finanzausschuß (BT-Drs. 11/2356, S. 78). Mit ihr sollte die Neuregelung des § 8 Abs. 4 KStG zum Verlustabzug beim Mantelkauf (vgl. dazu § 16 VII 4) schmackhaft gemacht werden.

bb) Einzelheiten

Gegenstand des Verlustabzuges sind die „Verluste, die bei der Ermittlung des Gesamtbetrages der Einkünfte nicht ausgeglichen werden“. Verluste in einer Einkunftsart sind zunächst mit positiven Einkünften der anderen Einkunftsarten in derselben Periode auszugleichen (§ 2 Abs. 2 S. 1 EStG); von der Summe der Einkünfte ist des weiteren der Altersentlastungsbetrag abzuziehen.[82] Der sich danach ergebende Betrag stellt den abzugsfähigen Verlust dar.

Nach der gesetzlichen Regelung ist der Verlustausgleich vor dem Verlustabzug vorzunehmen. Dem Steuerpflichtigen ist es also nicht überlassen, die für ihn jeweils günstigste Reihenfolge zu wählen.[83]

Der so ermittelte negative Gesamtbetrag der Einkünfte ist bis zu einem Betrag von insgesamt 10 Millionen DM wie eine Sonderausgabe vom Gesamtbetrag der Einkünfte der beiden vorangegangenen Veranlagungszeiträume abzuziehen. Zweifelhaft könnte sein, ob der Verlustabzug vor oder nach Berücksichtigung der übrigen Sonderausgaben des vorangegangenen Wirtschaftsjahres zu erfolgen hat. U. E. sind vor dem Abzug des zurückgetragenen Verlustes die übrigen Sonderausgaben vom Gesamtbetrag der Einkünfte abzuziehen, weil sonst u. U. die steuerliche Wirkung der übrigen Sonderausgaben beeinträchtigt werden würde.[84] Aus dem gleichen Grunde sind u. E. von dem Gesamtbetrag der Einkünfte der beiden vorangegangenen Jahre zunächst die außergewöhnlichen Belastungen abzuziehen.[85]

Der Verlustrücktrag ist für den einzelnen Steuerpflichtigen auf den Betrag von 10 Millionen DM begrenzt. Da der Verlustrücktrag nicht auf den Gewerbebetrieb bezogen ist, sondern der Steuerpflichtige die Verluste wie Sonderausgaben abziehen kann, kann bei einer Personengesellschaft jeder der Gesellschafter den auf ihn entfallenden Anteil am Verlust der Gesellschaft im Rahmen des Höchstbetrages von 10 Millionen DM von dem Gesamtbetrag seiner Einkünfte der beiden Vorjahre abziehen. Hat ein Steuerpflichtiger mehrere Betriebe, so kann er insgesamt nur 10 Millionen DM zurücktragen.

In Organschaftsfällen (§§ 14 ff KStG) findet der Verlustrücktrag nur beim Organträger statt. Die Grenze von 10 Millionen DM bezieht sich auf die Summe aller Ergebnisse der Organgesellschaften.

Der Verlustrücktrag hat – wie auch der Verlustvortrag – von Amts wegen zu erfolgen. Ist für den vorangegangenen Veranlagungszeitraum bereits ein Steuerbescheid erlassen worden, so ist er insoweit zu ändern (§ 10 d Abs. 1

82 Vgl. so auch Söffing, FR 1976, 212.

83 Vgl. dazu näher Herrmann/Heuer/Raupach, § 10 d EStG Anm. 185, 233.

84 So auch Karsten, BB 1976, 178.

85 Ebenso BdF in dem Einführungsschreiben zum EStG 1975 vom 29. 11. 1974, BStBl I 1974, 946 für den bisherigen Verlustvortrag. Die gegenteilige Auffassung von Karsten, BB 1976, 178 berücksichtigt nicht, daß die außergewöhnlichen Belastungen nach dem EStG 1975 (§ 2 Abs. 4) nicht mehr vom Einkommen, sondern wie die Sonderausgaben vom Gesamtbetrag der Einkünfte abgezogen werden.

S. 2 EStG). Das gilt auch, wenn der Steuerbescheid bereits unanfechtbar geworden ist (§ 10d Abs. 1 S. 3 EStG). Die Änderung des Bescheids erstreckt sich nur auf die Berücksichtigung des Verlustrücktrages.[86]

Soweit der Verlustrücktrag nicht möglich ist, sind die nicht ausgeglichenen Verluste in den folgenden Veranlagungszeiträumen wie Sonderausgaben vom Gesamtbetrag der Einkünfte abzuziehen (§ 10d Abs. 2 EStG); der Abzug ist nur insoweit zulässig, als die Verluste in den vorangegangenen Veranlagungszeiträumen nicht abgezogen werden konnten (verbleibender Verlustabzug).

Nicht möglich ist der Verlustrücktrag, soweit die nicht ausgeglichenen Verluste 10 Millionen DM oder das Einkommen des Vorjahres übersteigen. Ebenso wie der Verlustrücktrag ist der Verlustvortrag erst nach Berücksichtigung der übrigen Sonderausgaben und der außergewöhnlichen Belastungen vorzunehmen.

Ein Wahlrecht zwischen Verlustrücktrag und Verlustvortrag besteht nicht. Vielmehr kommt der Verlustvortrag erst in Frage, wenn die nicht ausgeglichenen Verluste 10 Millionen DM übersteigen oder ein Verlustrücktrag nicht möglich ist.[87]

War das Einkommen des Steuerpflichtigen im vorausgegangenen Wirtschaftsjahr gering, so kann er nicht auf den Verlustrücktrag verzichten und mit dem Verlustabzug auf das nächste Gewinnjahr in der Hoffnung warten, daß sich auf Grund eines höheren Einkommens ein größerer Entlastungseffekt ergibt.

Durch den Zwang zum Verlustrücktrag können auch im Vorjahr in Anspruch genommene Steuervergünstigungen wegfallen. Das gilt vor allem für die Steuervergünstigungen, die als Minderung der Einkommensteuer ausgestaltet sind (z. B. die Vergünstigung für die Gewährung von Berlindarlehen nach §§ 16, 17 BerlinFG).[88]

Der Verlustabzug ist an die Person desjenigen gebunden, der den Verlust erlitten hat. Eine Übertragung des Verlustabzuges ist nicht möglich.[89] Der BFH[90] hat es aber zugelassen, daß der Erbe einen in der Person des Erblassers entstandenen Verlust nach § 10d EStG absetzen kann, soweit der Erblasser den Verlust noch hätte geltend machen können.[91]

---

86 Änderungen von Gewinnverteilungsbeschlüssen in Hinsicht auf die Einführung des Verlustrücktrages ist die steuerliche Anerkennung nicht zu versagen (vgl. BFH v. 30. 3. 1983 I R 178/79 BStBl II 1983, 512).

87 Zum Verlustrücktrag im Körperschaftsteuerrecht vgl. unten § 16 VII 1; § 18 II 5.

88 Vgl. dazu Söffing, FR 1976, 213.

89 Vgl. aber de lege ferenda D. Schneider, BB 1988, 1222, der aus wirtschaftswissenschaftlicher Sicht für handelbare Verlustscheine eintritt.

90 BFH vom 22. 6. 1962 VI 49/61 S BStBl III 1962, 386.

91 Der Übergang des Verlustabzugs auf den Erben unterliegt nicht der Erbschaftsteuer. Vgl. Erlaß des Niedersächsischen Finanzministers vom 12. 1. 1978, DB 1978, 373; Petzold, BB 1978, 659; a. A. Wilke, BB 1977, 893 f.

Die Entscheidung wird damit begründet, daß der Erbe in vollem Umfang in die Rechtsstellung des Erblassers eintrete.[92]

Konsequenterweise mußte es nach der Einführung des Verlustrücktrages zugelassen werden, daß der Erbe einen eigenen Verlust von dem positiven Gesamtbetrag der Einkünfte des Erblassers im Vorjahr abzieht.

U.E. ist freilich die Annahme der Vererblichkeit des Verlustabzuges mit dem Gesetz ebensowenig vereinbar wie die Annahme der Vererblichkeit des Verlustausgleichs.[93] Auf den Erben gehen nur solche Vermögenswerte über, die der Erblasser im Zeitpunkt des Erbfalles bereits hatte, und nicht auch solche, die der Erblasser, wenn er länger gelebt hätte, u.U. noch hätte erwerben können. Verlustausgleich und Verlustabzug stellen aber keine Vermögenswerte dar. Es geht schlicht um die Ermittlung des Einkommens des jeweiligen Steuerpflichtigen.

Eine andere Frage ist, ob für die Einkünfte aus Gewerbebetrieb die Ausgestaltung des Verlustabzugs als Sonderausgaben der Weisheit letzter Schluß ist. Sinnvoller wäre es u.E., den Verlustabzug auf das Unternehmen zu beziehen und bei der steuerlichen Gewinnermittlung zu berücksichtigen. Dann würde z.B. die übertragende Umwandlung nicht dadurch behindert, daß die vor der Umwandlung entstandenen Verluste steuerlich keine Berücksichtigung mehr finden können.[94]

cc) Gesonderte Feststellung des verbleibenden Verlustabzugs

Mit der Beseitigung der zeitlichen Beschränkung des Verlustabzugs hat das Steuerreformgesetz zugleich eine verfahrensrechtliche Regelung gebracht: Der am Schluß des Veranlagungszeitraums verbleibende Verlustabzug ist *gesondert festzustellen* (§ 10d Abs. 3 EStG). Diese Regelung soll Rechtsstreitigkeiten über die Höhe des für die Zukunft verbleibenden Verlustabzugs begrenzen und eine bindende Entscheidung für den zukünftig verbleibenden Verlustabzug zeitnah treffen.[95]

c) Ausnahmen

In einer Reihe von Einzelbestimmungen untersagt bzw. modifiziert das Gesetz den Verlustausgleich und Verlustabzug.

Zum traditionellen Einkommensteuerrecht gehören lediglich die Begrenzungen in §§ 23 Abs. 4 S. 3 und 22 Nr. 3 Satz 3 EStG für Spekulationsgeschäfte und Einkünfte aus Leistungen.

Bei den übrigen Bestimmungen handelt es sich um im Verlaufe der letzten

92 Vgl. dazu kritisch die Abhandlung von Trzaskalik, Personalgebundene Einkommensteuerpflicht und Gesamtrechtsnachfolge, StuW 1979, 102 ff.

93 Nach dem Urteil des BFH vom 17. 5. 1972 I R 126/70 BStBl II 1972, 621 soll der Erbe den „von dem Erblasser mangels positiver Einkünfte nicht ausgeschöpften Verlustausgleich bei seiner Einkommensteuerveranlagung für das Jahr des Erbfalls geltend machen" können. Vgl. dagegen Keuk, StuW 1973, 84; Herrmann/Heuer/Raupach, § 2 EStG Anm. 13.

94 Vgl. dazu unten § 16 VII 3.

95 Vgl. Finanzausschuß BT-Drs. 11/2536, S. 78.

Jahre nach und nach eingeführte gegen Steuersparmodelle gerichtete punktuelle Maßnahmen:

1. § 15 Abs. 4 betreffend die Verluste aus gewerblicher Tierzucht und gewerblicher Tierhaltung.
2. § 15a EStG für die Verluste von nur beschränkt haftenden Unternehmern.[96]
3. § 15a EStG gilt sinngemäß oder entsprechend bei den Einkünften aus Land- und Forstwirtschaft (§ 13 Abs. 5 EStG), aus selbständiger Arbeit (§ 18 Abs. 5 EStG), aus Kapitalvermögen des stillen Gesellschafters (§ 20 Abs. 1 Nr. 4 Satz 2 EStG), aus Vermietung und Verpachtung (§ 21 Abs. 1 Satz 2 EStG).
4. § 2a EStG für bestimmte ausländische Verluste.[97]

---

96 Vgl. dazu eingehend § 11a.

97 Eingeführt durch das Haushaltsbegleitgesetz 1983 (BGBl I 1982, 972 = BGBl I 1982, 1857). Zur Entstehungsgeschichte vgl. K. Vogel, BB 1983, 180.
Zu § 2a EStG vgl. insbesondere die instruktive kritische Darstellung bei K. Vogel aaO, und i.ü. die Kommentierungen bei Herrmann/Heuer/Raupach und Schmidt/Heinicke m. w. N.
Zum umstrittenen Verhältnis von § 2a EStG zu § 15a EStG vgl. Hennig, DB 1985, 1551 mit Nachweisen.
Zu § 2a EStG und dem negativen Progressionsvorbehalt vgl. Hellwig, DB 1984, 2006.
Zu § 2a EStG und den DBA vgl. Weigell, RIW 1987, 122 ff.
Zur verfassungsrechtlichen Problematik des § 2a EStG vgl. Friauf, StuW 1985, 308 ff; Jehner, DStR 1986, 279 ff. Für ernsthaft zweifelhaft hält FG Baden-Württemberg vom 15. 10. 1986 I-V 12/85, EFG 1986 Nr. 260 die Verfassungsmäßigkeit des § 2a; a. A. FG Köln vom 27. 11. 1985 I K 33/85, EFG 1986 Nr. 201.
§ 2a ist durch das Steuerreformgesetz 1990 um zwei Absätze ergänzt worden.

2. Kapitel
Die Besteuerung des Gewinns der Personengesellschaft und der Sondervergütungen der Gesellschafter

§ 9
Die Regelung des § 15 Abs. 1 S. 1 Nr. 2 EStG

I. Die Bedeutung des § 15 Abs. 1 S. 1 Nr. 2 EStG

1. Einleitung

Die Personengesellschaften als solche sind weder einkommen- noch körperschaftsteuerpflichtig. Der im Gewerbebetrieb einer Personengesellschaft erwirtschaftete Gewinn wird steuerlich anteilig bei den Gesellschaftern erfaßt, und zwar, je nachdem ob es sich bei dem Gesellschafter um eine natürliche Person oder um ein körperschaftsteuerpflichtiges Subjekt handelt, durch die Einkommensteuer oder durch die Körperschaftsteuer.

Der auf den Gesellschafter entfallende Anteil am Gewinn gehört zu der Einkunftsart, zu der er gehören würde, wenn die Personengesellschaft, die den Gewerbebetrieb betreibt, selbst steuerpflichtig wäre: Nach § 15 Abs. 1 S. 1 Nr. 2 EStG sind Einkünfte aus Gewerbebetrieb die Gewinnanteile der Gesellschafter einer OHG, einer KG und einer anderen Gesellschaft, bei der der Gesellschafter als Unternehmer (Mitunternehmer) anzusehen ist.

Die Gewinnanteile des Gesellschafters sind diesem für Zwecke der Besteuerung unmittelbar im Jahr des Entstehens bei der Gesellschaft zuzurechnen. Dies gilt auch dann, wenn der Gesellschafter auf eine Entnahme verzichtet oder das Recht zur Entnahme gesetzlich oder vertraglich beschränkt ist. Diese unmittelbare Zurechnung des Gewinnanteils wird als Ausdruck einer „Gleichbehandlung von Einzel- und Mitunternehmer" interpretiert, da auch der Einzelunternehmer seinen Gewinn ohne Rücksicht auf tatsächliche Entnahmen versteuern müsse.[1] Unter dem Gesichtspunkt der Besteuerung nach der Leistungsfähigkeit handelt es sich allerdings um eine deutliche Ungleichbehandlung des Gesellschafters gegenüber einem Einzelunternehmer, da dem Einzelunternehmer der Zugriff auf sein Betriebsvermögen jederzeit

1 Schmidt, § 15 EStG Anm. 36.

offensteht, dem Gesellschafter demgegenüber bei Beschränkungen seines Entnahmerechts der Gewinnanteil gerade nicht als „disponibles Einkommen" zur Verfügung steht.

In Wahrheit hat denn auch die unmittelbare Zurechnung des Gesellschaftsgewinns an die Gesellschafter eine völlig andere Funktion.[2] Es geht um die rechtsformneutrale Ausgestaltung des Ertragsteuerrechts. Für Kapitalgesellschaften und Einzelunternehmen ist die unmittelbare Besteuerung des Gewinns im Jahre der Entstehung selbstverständlich. Um die Wettbewerbssituation dieser Unternehmen gegenüber den Personengesellschaften nicht zu verschlechtern, ist daher auch bei den Personengesellschaften eine Versteuerung im Entstehungsjahr erforderlich. Technischer Anknüpfungspunkt dafür ist die subjektive Steuerpflicht des Gesellschafters; dieser ist allerdings nach Handelsrecht berechtigt, die Steuerbeträge dem Gesellschaftsvermögen zu entnehmen.[3] Im materiellen Ergebnis wird die Personengesellschaft wie die Kapitalgesellschaft und der Einzelunternehmer mit der betrieblich begründeten Einkommensteuer belastet.

Als Einkünfte des Gesellschafters aus Gewerbebetrieb werden in § 15 Abs. 1 S. 1 Nr. 2 EStG nicht nur die Gewinnanteile qualifiziert, sondern auch die Vergütungen, die der Gesellschafter von der Gesellschaft für eine Tätigkeit im Dienste der Gesellschaft, für die Hingabe von Darlehen oder für die Überlassung von Wirtschaftsgütern bezogen hat. Insbesondere in dieser Regelung hat man die gesetzliche Verankerung der sog. Bilanzbündeltheorie gesehen, die – aufgrund des Einflusses von Enno Becker – seit Ende der zwanziger Jahre die Grundlage für ein spezifisch steuerrechtliches – vom Zivil- und Handelsrecht abweichendes – Verständnis der Personengesellschaften und der Beziehungen zwischen der Gesellschaft und ihren Gesellschaftern gewesen ist. Nach der Bilanzbündeltheorie wurde die Mitgliedschaft an einer Personengesellschaft als Gewerbebetrieb jedes einzelnen Gesellschafters verstanden; man nahm an, nicht die Gesellschaft führe den Gewerbebetrieb, sondern jeder Gesellschafter. Man zerlegte den Gewerbebetrieb der Gesellschaft gedanklich in einzelne Gewerbebetriebe der Gesellschafter und sah folglich in der Gesellschaftsbilanz nur die Zusammenfassung, das „Bündel" der Bilanzen der Gesellschafter.[4]

Auf dieser Grundlage suchte man die Besteuerung des Gesellschafters einer Personengesellschaft an der Besteuerung eines „vergleichbaren" Einzelunternehmers zu orientieren: Ebensowenig wie dieser den in seinem Betrieb erwirtschafteten Gewinn in Kapitalverzinsung, Unternehmerlohn usw. und

---

2 Vgl. im einzelnen Schön, StuW 1988, 253 ff.

3 Sog. „Steuerentnahmerecht", vgl. dazu Barz, Festschrift Knur, 1972, S. 25 ff; Schön, StuW 1988, 258 ff.

4 Zu der Entwicklung und zu den Wandlungen der Bilanzbündeltheorie vgl. Meßmer, StbJb 1972/73, 127 ff; Söffing, StbJb 1976/77, 241 ff.
Zur Entwicklung der Besteuerung des Gewinns der Personengesellschaften seit dem PreußEstG 1891 vgl. Kurth, Die Besteuerung des Mitunternehmers, 1978, 128 ff.

„echten" Gewinn aufteilen kann, sollte dies der Gesellschafter einer Personengesellschaft können.[5] Alle Zahlungen, die der Gesellschafter von der Gesellschaft erhält, wurden als „Entnahmen", alle Leistungen des Gesellschafters in das Gesellschaftsvermögen als „Einlagen" verstanden. „Einkommensteuerrechtlich" wurden normale schuldrechtliche Beziehungen zwischen der Gesellschaft und dem Gesellschafter als nicht existent unterstellt.

Die gesetzliche Fixierung dieser Gedanken sah man darin, daß § 15 Abs. 1 S. 1 Nr. 2 EStG auch die Vergütungen, die der Gesellschafter von der Gesellschaft für seine Tätigkeit im Dienste der Gesellschaft, für die Hingabe von Darlehen oder für die Überlassung von Wirtschaftsgütern bezogen hat, zu den Einkünften aus Gewerbebetrieb rechnet. Man folgerte aus dieser Bestimmung des weiteren, daß auch die Wirtschaftsgüter des Gesellschafters, mit denen er in Form dieser Sondervergütungen gewerbliche Einkünfte erzielt, Betriebsvermögen darstellen, daß also z. B. das Grundstück, das im Eigentum eines der Gesellschafter steht und das dieser der Gesellschaft vermietet hat, Betriebsvermögen sei.

Die Rechtsprechung des BFH hatte zwar im grundsätzlichen die mit der Bilanzbündeltheorie verbundenen Vorstellungen übernommen, sie aber – um „Überspitzungen" zu vermeiden – doch nicht in allen Konsequenzen durchgeführt.

Aufgrund der mit der Bilanzbündeltheorie verbundenen Vorstellungen hätte es z. B. nahegelegen, bei Bilanzierungs- oder Bewertungswahlrechten eine unterschiedliche Ausübung in den Bilanzen der „Gewerbebetriebe" der Gesellschafter, z. B. in der einen Bilanz – entsprechend der Beteiligung des betreffenden Gesellschafters – die lineare, in der anderen die degressive Abschreibung zuzulassen. In diesem Bereich aber hat auch der BFH die Vorstellung, jeder Gesellschafter führe entsprechend seiner Beteiligung an der Gesellschaft seinen eigenen Gewerbebetrieb, nicht durchgeführt.

Im Gesetz haben die Bilanzbündeltheorie und alle damit verbundenen Vorstellungen eines spezifisch steuerrechtlichen, vom Zivil- und Handelsrecht abweichenden Verständnisses der Personengesellschaften keine Grundlage. Dies ist auch seit Ende der sechziger Jahre in immer stärkerem Maße in der Literatur dargelegt worden.[6] Insbesondere unter dem Eindruck der scharf-

---

5 Im Ergebnis ebenso Stoll, Ertragsbesteuerung der Personengesellschaften, 1977.

6 Vgl. insbesondere Meßmer aaO, (Anm. 4) mit weiteren Nachweisen; Keuk, Besteuerung des Gewinns, S. 1 ff; Stoll aaO, (Anm. 5), S. 5 ff (allerdings mit teilweise anderen Folgerungen als die übrigen Kritiker); vgl. weitere Nachweise bei Kurth aaO, (Anm. 4), S. 220 ff.
Anhänger der Bilanzbündeltheorie beriefen sich demgegenüber darauf, daß das Bundesverfassungsgericht (vgl. Bundesverfassungsgericht vom 15. 7. 1969 I 1 BvR 457/66 BVerfGE 26, 327) gegen die Bilanzbündeltheorie nichts einzuwenden habe (so z. B. Uelner, Steuerkongreßreport 1973, 118 f). Die Absegnung der Bilanzbündeltheorie durch das Bundesverfassungsgericht bedeutete jedoch nur, daß diese Auslegung des Gesetzes nicht verfassungswidrig, nicht hingegen, daß sie auch richtig war. Es ist geradezu erschreckend, daß sogar in der Regierungsbegründung zum Entwurf eines Dritten Steuerreformgesetzes ein völlig falscher Ein-

sinnigen Kritik von Meßmer hat die Rechtsprechung des BFH Mitte der siebziger Jahre Abschied von der Bilanzbündeltheorie genommen.[7]

2. Die Ermittlung der Einkünfte des Gesellschafters aus Gewerbebetrieb

§ 15 Abs. 1 S. 1 Nr. 2 EStG befindet sich in dem 8. Titel des II. Abschnitts des EStG, also unter den Vorschriften, die die Einordnung der einzelnen Einkünfte in die sieben Einkunftsarten regeln und diese voneinander abgrenzen. Wenn in § 15 Abs. 1 S. 1 Nr. 2 EStG die beiden Größen „Gewinnanteil" und Sondervergütungen nebeneinander gestellt sind, so ist zu beachten, daß die gesetzliche Einordnung als gewerbliche Einkünfte für die beiden Posten einen unterschiedlichen Gehalt hat.[8]

---

druck erweckt wurde: „Der BFH und das Bundesverfassungsgericht haben die Vereinbarkeit der Bilanzbündeltheorie mit dem Gesetz zwar bejaht..." (BR-Drs. 700/73 Begründung S. 248 zu § 14 des Entwurfs eines EStG 1975).

7 Der offizielle Abschied ist wohl in dem Urteil des I. Senats vom 8. 1. 1975 (BFH I R 142/72 BStBl II 1975, 437) vollzogen.

8 Die Erwähnung der Sondervergütungen ist rein positivistischer Natur; vgl. dazu unten I 2b.
Durch das Gesetz zur Änderung des EStG, des KStG und anderer Gesetze vom 20. 8. 1980 (BGBl I 1980, 1545) ist für die entsprechende Anwendung des § 15 Abs. 1 S. 1 Nr. 2 EStG auf die anderen Gewinneinkünfte eine gesetzliche Grundlage geschaffen worden (§ 13 Abs. 5; § 18 Abs. 5 EStG). Vgl. dazu unten § 11a Anm. 28.
Nach dem Beschluß des Vorprüfungsausschusses des BVerfG vom 30. 1. 1985 1 BvR 279/83 NJW 1985, 1891, ist freilich durch die frühere Praxis Art. 20 Abs. 3 GG und die verfassungsmäßige Ordnung i. S. des Art. 2 Abs. 1 GG nicht verletzt worden. Die knappen Ausführungen sind reichlich zusammenhanglos aneinandergereiht. Zunächst wird festgestellt, „daß die rechtsprechende Gewalt durch Analogie keine Steuertatbestände schaffen oder verschärfen kann; denn das Steuerrecht lebt aus dem Diktum des Gesetzgebers..." Aber: Es sei eben in der Rechtsprechung vor 1980 seit langem anerkannt gewesen, daß es Sonderbetriebsvermögen auch im Bereich der Land- und Forstwirtschaft und der freien Berufe geben könne... „Wenn der Gesetzgeber vor 1980 nur für gewerblich tätige Personengesellschaften in § 15 Abs. 1 Nr. 2 EStG – und dies auch nur indirekt – Hinweise für die Einbeziehung des Sonderbetriebsvermögens in das Betriebsvermögen gegeben hat, beruhte dies ersichtlich darauf, daß er es nicht für erforderlich gehalten hat, der Ausübung der Land- und Forstwirtschaft oder der selbständigen Arbeit durch Personengesellschaften in den einkommensteuerrechtlichen Gewinnermittlungsvorschriften oder in den §§ 13, 18 EStG eigens Rechnung zu tragen." Diese Ausführungen tragen sicher nicht zu einer Verbesserung der Qualität der Gesetzgebung bei. (Zum Gesetzgebungsstil der heutigen Zeit vgl. Knobbe-Keuk, StuW 1981, 97 ff am Beispiel des § 15a EStG; vgl. des weiteren die Auseinandersetzung mit dem Gesetz zur vordringlichen Regelung der Besteuerung von Personengesellschaften und seiner Begründung [BR-Drs. 165/85] bei Knobbe-Keuk, BB 1985, 941 ff).

a) Die erste Gewinnermittlungsstufe

Was den Gewinnanteil des Gesellschafters anbetrifft, so trägt § 15 Abs. 1 S. 1 Nr. 2 EStG der Tatsache Rechnung, daß die Personengesellschaft als solche nicht einkommensteuerpflichtig ist und der Gewinn des von einer Personengesellschaft geführten Gewerbebetriebs nicht bei dieser selbst einkommensteuerlich erfaßt wird. Der von der Personengesellschaft erwirtschaftete Gewinn wird also nach § 15 Abs. 1 S. 1 Nr. 2 EStG bei den Gesellschaftern in deren Gewinnanteil besteuert.

Damit geht das Gesetz selbst davon aus, daß der Gewinn im Sinne der §§ 4 ff EStG nicht originär bei den Gesellschaftern entsteht, sondern bei der Gesellschaft. Bei dem Gewinnanteil nach § 15 Abs. 1 Nr. 2 EStG handelt es sich um einen Teil des Gewinns, den die Gesellschaft in dem von ihr geführten Gewerbebetrieb[9] erzielt. Diese Sicht, die der rechtlichen Verselbständigung der Personengesellschaft gegenüber den Gesellschaftern steuerlich Rechnung trägt, liegt auch der Rechtsprechung des BFH seit dem Abschied von den Bilanzbündeltheorievorstellungen zugrunde. Bisheriger Höhepunkt ist das ausdrückliche Bekenntnis des Großen Senats in dem Beschluß vom 25. 6. 1984[10] zur – begrenzten – Steuerrechtssubjektivität der Personengesellschaften:

„Eine Personengesellschaft ist ... für die Einkommensteuer oder Körperschaftsteuer insoweit Steuerrechtssubjekt, als sie in der Einheit ihrer Gesellschafter Merkmale eines Besteuerungstatbestandes verwirklicht, welche den Gesellschaftern für deren Besteuerung zuzurechnen sind. Solche Merkmale sind insbesondere die Verwirklichung oder Nichtverwirklichung des Tatbestands einer bestimmten Einkunftsart und das Erzielen von Gewinn oder Überschuß im Rahmen dieser Einkunftsart."

Für die Ermittlung der Höhe des *Gewinnanteils* des Gesellschafters bedarf es daher zunächst der Ermittlung des Gewinns, den die *Gesellschaft* erzielt hat, und sodann der Verteilung des Gewinns der Gesellschaft auf die Gesellschafter.

Der Gewinn bzw. Verlust der Gesellschaft ist auf der Grundlage der nach den §§ 4 ff EStG modifizierten Handelsbilanz der Gesellschaft zu ermitteln.[11] Dies bedeutet: In der ersten Stufe ist Grundlage für die Gewinnermittlung nur das Gesamthandsvermögen. Schuldrechtliche Beziehungen zwischen der Gesellschaft und den Gesellschaftern sind nicht anders als schuldrechtliche Beziehungen zwischen der Gesellschaft und Dritten zu behandeln; Entsprechendes gilt für Veräußerungsgeschäfte zwischen der Ge-

9 Dazu, daß die Gesellschaft als solche den Gewerbebetrieb führt, vgl. im einzelnen schon Keuk, Besteuerung des Gewinns der Personengesellschaften und Sondervergütungen der Gesellschafter, 1974, S. 3.

10 BFH vom 25. 6. 1984 GrS 4/82 BStBl II 1984, 751 ff, 761 f.

11 Vgl. Meßmer, StbJb 1972/73, 127 ff, 187 f; Keuk, Besteuerung des Gewinns, S. 4; Döllerer, DStZ/A 1974, 211 ff; Woerner, BB 1974, 596 ff; BB 1975, 646; für die Rechtsprechung vgl. BFH vom 10. 11. 1980 GrS 1/79 BStBl II 1981, 164; BFH vom 25. 6. 1984 aaO (Anm. 10).

sellschaft und ihren Gesellschaftern; der Rekurs auf Einlage- und Entnahmeregelungen ist obsolet.[12]

Der so ermittelte Gewinn bzw. Verlust der Gesellschaft ist sodann – grundsätzlich entsprechend dem vertraglichen Gewinn- und Verlustverteilungsschlüssel – auf die Gesellschafter zu verteilen.[13]

Mit dem *Gewinnanteil* des Gesellschafters steht man bei der ersten Komponente der Einkünfte des Gesellschafters aus Gewerbebetrieb.

b) Die zweite Gewinnermittlungsstufe

Besteht – nachdem der BFH die rechtliche Verselbständigung der Personengesellschaft gegenüber ihren Gesellschaftern anerkannt hat – über das Verfahren in der ersten Gewinnermittlungsstufe Einigkeit, so ist das Verfahren in der zweiten Gewinnermittlungsstufe weiterhin umstritten. Einigkeit besteht nur insoweit, als in der zweiten Gewinnermittlungsstufe die in § 15 Abs. 1 S. 1 Nr. 2 EStG erwähnten vom Gesellschafter bezogenen Sondervergütungen, die Sonderbetriebseinnahmen und Sonderbetriebsausgaben zu erfassen sind. Auch nach Aufgabe der Bilanzbündeltheorie-Vorstellungen geht aber die Rechtsprechung des BFH darüber hinaus und hat zu einer Konzeption gefunden, die der Vorschrift des § 15 EStG in vielen Beziehungen genausowenig zu entnehmen ist wie die alten Bilanzbündeltheorie-Vorstellungen.[14]

Die Erwähnung der Sondervergütungen in § 15 Abs. 1 Nr. 2 EStG ist rein positivistischer Natur.[15] Die Vergütungen für die Hingabe von Darlehen und für die Überlassung von Wirtschaftsgütern sind durch das EStG 1934 in § 15 aufgenommen worden, freilich nicht aus einem einkommensteuerrechtlichen Grund, sondern mit „Rücksichtnahme auf das kommende reichsrechtliche Gewerbesteuergesetz"; die nach § 15 Nr. 2 EStG 1934 getroffenen Feststellungen sollten unmittelbar für die Feststellung des Gewerbeertrages verwendet werden.[16] Vom Gesetzgeber des EStG 1934 war die Rege-

12 Vgl. dazu die Bestandsaufnahme der Rechtsprechung nach Aufgabe der Bilanzbündeltheorie-Vorstellungen bei Döllerer, Festschrift Flume, Bd. II, 1978, S. 43 ff und im übrigen unten § 10 I; § 11 III.

13 Vgl. dazu unten § 10 II.

14 Vgl. dazu näher § 11 I.

15 L. Schmidt, FR 1976, 229 hat die berechtigte Frage aufgeworfen, ob es nach Einführung des Anrechnungsverfahrens bei der Körperschaftsteuer noch gerechtfertigt sei, bei dem Gesellschafter-Geschäftsführer einer Kapitalgesellschaft wegen seiner Tätigkeitsvergütung Einkünfte aus nichtselbständiger Arbeit, bei dem Gesellschafter einer Personengesellschaft hingegen Einkünfte aus Gewerbebetrieb anzunehmen. Vgl. dazu auch § 14 IV.

16 Vgl. Begründung zum EStG 1934 RStBl 1935, 33 ff, 42. Auch die Entwicklung hinsichtlich der Behandlung der Sondervergütungen bis 1934 war durch gewerbesteuerliche Überlegungen geprägt, vgl. dazu eingehend Kurth aaO, (Fn. 4), S. 128 ff.

lung sozusagen als gewerbesteuerrechtliche Hinzurechnungsvorschrift gedacht.[17] Auch nach Aufgabe der Bilanzbündeltheorie-Vorstellungen ist die Rechtsprechung des BFH aber durch das Bemühen geprägt, die Regelung über die Sondervergütungen einkommensteuerlich einzuordnen und zu rechtfertigen. Dabei ist auch weiterhin von Bedeutung das Bestreben, den Gesellschafter einer Personengesellschaft und den Einzelunternehmer „nach Möglichkeit, d.h. soweit dem nicht die Einheit der Personengesellschaft und deren eigene Rechtszuständigkeit entgegensteht, gleichzustellen".[18]

II. Gesellschaften im Sinne des § 15 Abs. 1 S. 1 Nr. 2 EStG

Eines der dunkelsten Kapitel der Besteuerung der Personengesellschaften ist zur Zeit der subjektive Anwendungsbereich des § 15 Abs. 1 S. 1 Nr. 2 EStG. Dies ist in Anbetracht der weitreichenden Konsequenzen, die an das Vorliegen einer Gesellschaft i.S. des § 15 Abs. 1 S. 1 Nr. 2 EStG geknüpft werden, kaum erträglich.

1. Die Konsequenzen bei Vorliegen einer Gesellschaft im Sinne des § 15 Abs. 1 S. 1 Nr. 2 EStG

Die Mitglieder einer Gesellschaft haben nicht nur mit ihren Gewinnanteilen Einkünfte aus Gewerbebetrieb, sondern darüber hinaus auch, soweit es um die in § 15 Abs. 1 S. 1 Nr. 2 EStG genannten Sondervergütungen und den gesamten Bereich der sogenannten zweiten Gewinnermittlungsstufe geht. Insbesondere sind die der Gesellschaft überlassenen Wirtschaftsgüter des Gesellschafters (Sonder)betriebsvermögen mit allen für den Steuerpflichtigen positiven und negativen Folgen: Er kann für diese an das Vorliegen von Betriebsvermögen anknüpfende Steuervergünstigungen und Investitionszulagen in Anspruch nehmen, muß aber auch Veräußerungsgewinne – soweit nicht § 6b EStG in Frage kommt – versteuern.

Betreibt eine OHG, KG oder eine andere Gesellschaft, bei der der Gesellschafter Mitunternehmer ist, neben einem Gewerbebetrieb noch eine andere nicht gewerbliche Tätigkeit (z.B. Landwirtschaft), so ist ihre gesamte Betätigung als Gewerbebetrieb anzusehen (§ 15 Abs. 3 Nr. 1 EStG).[19]

17 Dazu unten § 21 II 6.

18 Vgl. Schmidt, § 15 EStG Anm. 36 mit Nachweisen; Schön, Gewinnübertragungen bei Personengesellschaften nach § 6b EStG, 1986, S. 93 ff.

19 In der Fassung des Steuerbereinigungsgesetzes 1986, insoweit aus dem Regierungsentwurf eines Gesetzes zur vordringlichen Regelung von Fragen der Besteuerung von Personengesellschaften (BR-Drs. 165/85) hervorgegangen. § 15 Abs. 3 Nr. 1 EStG ist aus dem Gewerbesteuergesetz (§ 2 Abs. 2 Nr. 1 GewStG a.F.) übernommen worden (vgl. dazu näher unten § 21 I 2b), ohne daß Gedanken auf die Frage verwendet worden sind, ob die Regelung überhaupt sinnvoll ist. Zwar hatte auch der BFH in diesem Sinne entschieden (BFH vom 10. 11. 1983 IV R 86/80

Bei dem „vergleichbaren Einzelunternehmer" ist die steuerliche Trennung der gewerblichen Tätigkeit von den anderen Tätigkeitsbereichen selbstverständlich.

Für Personengesellschaften bleibt nur eine etwas umständliche Ausweichmöglichkeit: Die Gesellschafter können die nachteiligen Folgen – insbesondere die Belastung des nicht gewerblichen Teils ihrer Tätigkeit mit der Gewerbesteuer – durch Gründung verschiedener Gesellschaften vermeiden. Dieser Tip ist den Steuerpflichtigen in einem Schreiben des BdF auch amtlicherseits erteilt worden.[20]

Immerhin hat der BFH aber bei einer Erbengemeinschaft angenommen, daß sich deren gewerbliche Betätigung auf den zum Nachlaß gehörenden Betrieb beschränkt.[21]

Fällt eine Personenvereinigung unter § 15 Abs. 1 S. 1 Nr. 2 EStG, so ist sie als solche gewerbesteuerpflichtig (vgl. § 2 Abs. 1 S. 2 GewStG).[22]

Was das Verfahren anbetrifft, so wird der Gewinn der Gesellschaften i. S. des § 15 Abs. 1 S. 1 Nr. 2 EStG in einem besonderen Feststellungsverfahren ermittelt.[23]

2. Der Gewerbebetrieb als Voraussetzung einer Gesellschaft im Sinne des § 15 EStG

a) Begriff des Gewerbebetriebes (§ 15 Abs. 2 EStG)

Der Begriff des Gewerbebetriebes ist im EStG (§ 15 Abs. 2 S. 1) seit dem Steuerentlastungsgesetz 1984 definiert.[24] Das Vorliegen eines Gewerbebetriebes setzt eine selbständige, nachhaltige Betätigung, die mit der Absicht, Gewinn zu erzielen, unternommen wird und sich als Beteiligung am allgemeinen wirtschaftlichen Verkehr darstellt, voraus.[25] Bei der Betätigung darf es sich weder um Ausübung von Land- und Forstwirtschaft noch um die eines freien Berufs noch um eine andere selbständige Arbeit handeln. Die Aufnahme des weiteren in ständiger Rechtsprechung[26] herausgebildeten negativen Tatbestandsmerkmals, daß es sich nicht um eine private Vermögensverwaltung (vgl. § 14 S. 3 AO) handeln darf, hat der Gesetzgeber des Steuerentlastungsgesetzes 1984 vergessen. Bei der Abgrenzung zwischen Gewer-

---

BStBl II 1984, 152 mit weiteren Nachweisen in Anlehnung an § 2 Abs. 2 Nr. 1 GewStG a. F.); vgl. aber die Kritik an dieser Rechtsprechung bei Weber-Grellet, DStZ 1982, 228; Schmidt, 4. Aufl. 1985, § 15 EStG Anm. 43.

20 BdF v. 19. 10. 1984 BStBl I 1984, 588.

21 BFH vom 23. 10. 1986 IV R 214/84 BStBl II 1987, 121.

22 Vgl. dazu unten § 21 I 2 b.

23 Vgl. dazu näher unten § 13.

24 Zuvor war die Begriffsbestimmung im § 1 GewStDV enthalten.

25 Zu den einzelnen Tatbestandsmerkmalen vgl. Schmidt, § 15 EStG Anm. 4–9 mit Nachweisen.

26 Vgl. BFH vom 25. 6. 1984 aaO, (Anm. 10), S. 763 mit Nachweisen.

bebetrieb und privater Vermögensverwaltung ist „auf das Gesamtbild der Verhältnisse und die Verkehrsanschauung abzustellen".[27]

Die *Gewinnerzielungsabsicht* gehört herkömmlicherweise – seit der Rechtsprechung des ROHG zum Handelsrecht und der des Preußischen OVG zur Gewerbeordnung – zu den Merkmalen eines Gewerbebetriebes. Einkommensteuerrechtlich kommt diesem Merkmal des Gewerbebetriebes die Funktion zu, welche die neuere Rechtsprechung bei den Überschußeinkünften zu der Entwicklung des Merkmals der Überschußerzielungsabsicht veranlaßt hat: nämlich die Abgrenzung einkommensteuerrechtlich relevanter Tätigkeiten von einkommensteuerrechtlich irrelevanten Betätigungen, insbesondere von der sog. Liebhaberei.[28] Wie der Große Senat des BFH in der Entscheidung vom 25. 6. 1984[29] erklärt hat, ist der Zweck des EStG, Mittel für die öffentliche Hand zu beschaffen und dabei den Steuerpflichtigen entsprechend seiner Leistungsfähigkeit heranzuziehen, nur zu erreichen, wenn auf *Dauer* gesehen positive Einkünfte für die Besteuerung erfaßt werden können. Deshalb muß bei den Überschußeinkünften die Absicht bestehen, auf Dauer gesehen nachhaltig Überschüsse zu erzielen, wobei die Einkünfte aus Gewerbebetrieb das Streben nach „einer Betriebsvermögensvermehrung in Gestalt eines Totalgewinns", d. h. als Gesamtergebnis des Betriebes von der Gründung bis zur Veräußerung oder Aufgabe oder Liquidation, voraussetzen.

Ob der Steuerpflichtige in diesem Sinne eine Gewinnerzielungsabsicht hatte, ist nicht nach seinen Absichtserklärungen, sondern anhand äußerer Merkmale festzustellen. Das bedeutet jedoch nicht, daß die objektive Eignung des Betriebs zur Erzielung eines Totalgewinns entscheidend ist. Die objektiven Verhältnisse (Wesensart des Betriebs, Art der Betriebsführung, Ertragsaussichten) sind lediglich Beweisanzeichen für die subjektiven Vorstellungen des Steuerpflichtigen. Maßgebend ist immer, wie sich die Verhältnisse aus der Sicht des an objektiven Gegebenheiten orientierten Steuerpflichtigen dargestellt haben.[30]

Ist also für die Gewinnerzielungsabsicht als Merkmal des Gewerbebetriebes das Streben nach einer *Betriebsvermögensvermehrung* – in Gestalt eines Totalgewinns – erforderlich, so kann die bloße Steuerersparnisabsicht einen Gewerbebetrieb nicht begründen. Damit hat der Große Senat die Sicht, die

---

27 BFH vom 25. 6. 1984 aaO, (Anm. 10), Schwierigkeiten bereitet insbesondere die Frage, wann die Betätigung im Immobilienbereich, d. h. Erwerb, gelegentliche Veräußerung von Grundstücken, Errichtung, Verwaltung von Gebäuden den Rahmen der Vermögensverwaltung überschreitet und sich als gewerbliche Betätigung darstellt. Zur Rechtsprechungskasuistik vgl. die Nachweise bei Schmidt, § 15 EStG Anm. 11 ff. Vgl. zuletzt BFH vom 9. 12. 1986 VIII R 317/82 BStBl II 1988, 244 = FR 1987, 150 mit Anm. L. Schmidt, der das treffende Fazit zieht: Aller guten Dinge sind drei: Wer Häuser oder Eigentumswohnungen errichtet und veräußert, bleibt Privatmann, sofern er nur drei und nicht mehr Objekte veräußert.

28 BFH GrS vom 25. 6. 1984 aaO, (Anm. 10), S. 766; Schmidt, § 15 EStG Anm. 8.

29 BFH aaO.

30 BFH vom 19. 11. 1985 VIII R 4/83 BStBl II 1986, 289; vgl. i. e. Groh, DB 1984, 2424 ff; WPg 1984, 655 ff; Woerner, BB 1985, 908. Crezelius in Handbuch der Personengesellschaften, Band 2, III. Teil, Rz. 23 f.

der sog. Baupatenrechtsprechung zugrunde gelegen hatte, aufgegeben. Die während des Verfahrens des Großen Senats durch das Steuerentlastungsgesetz 1984 eingefügte Bestimmung des § 15 Abs. 2 S. 2 EStG[31], daß „eine durch die Betätigung verursachte Minderung der Steuern vom Einkommen keinen Gewinn i. S. des Satzes 1" darstelle, hat sich damit als Klarstellung der bestehenden Rechtslage herausgestellt.

b) Gewerbliche Tätigkeit der Gesellschaft

Für die Anwendung des § 15 Abs. 1 S. 1 Nr. 2 EStG ist erforderlich, daß eine Personengesellschaft den Gewerbebetrieb führt.

Wenn auch eine Personengesellschaft als solche nicht der Einkommensteuer unterliegt, so ist sie doch – wie der Große Senat in seinem Beschluß vom 25. 6. 1984[32] dargelegt hat – für die Einkommensteuer oder Körperschaftsteuer insoweit *Steuerrechtssubjekt,* als sie in der Einheit ihrer Gesellschafter Merkmale eines Besteuerungstatbestandes verwirklicht, welche den Gesellschaftern für ihre Besteuerung zuzurechnen sind. Bei der Frage nach dem Vorliegen eines gewerblichen Unternehmens der Personengesellschaft ist allein auf die Tätigkeit der Personengesellschaft, wie sie sich in der gemeinschaftlichen Betätigung ihrer Gesellschafter darstellt, abzustellen.[33]

Da bei der Personengesellschaft alle ein gewerbliches Unternehmen kennzeichnenden Merkmale gegeben sein müssen, muß auch die *Gewinnerzielungsabsicht* auf eine Mehrung des Betriebsvermögens der Gesellschaft gerichtet sein.[34] Dabei ist allerdings zu berücksichtigen, daß nach dem BFH das Gesellschaftsvermögen um die Sonderbetriebsvermögen der Gesellschafter erweitert wird.

Ist eine Personengesellschaft nicht gewerblich, sondern nur *vermögensverwaltend* tätig, so verwirklicht sie den Tatbestand der Einkünfte aus Vermietung und Verpachtung und/oder der Einkünfte aus Kapitalvermögen. Die Ermittlung der Einkünfte durch die Überschußrechnung wird bei der Gesellschaft selbst vorgenommen. Die auf die Gesellschafter entfallenden Überschußanteile sind bei diesen in der Einkunftsart[35] Vermietung und Verpachtung und etwaige Geschäftsführergehälter bei den Einkünften aus nichtselbständiger Arbeit zu erfassen. Ist an einer solchen Gesellschaft ein Gesellschafter beteiligt, bei dem die Beteiligung zum Betriebsvermögen gehört (sogenannte Zebra-Gesellschaft), so ist der auf ihn entfallende Teil des Ergebnisses der Gesellschaft bei seinen Einkünften aus

---

31 Zu der Problematik dieser Gesetzesinitiative in Hinsicht auf den Grundsatz der Gewaltenteilung vgl. Kreile, StbJb 1984/85, 49 f; Bericht des Finanzausschusses des deutschen Bundestags, BT-Drs. 10/176, 12; Knobbe-Keuk, BB 1985, 941.

32 AaO, (Anm. 10), S. 761/762.

33 AaO, (Anm. 10), S. 761, 763.

34 AaO, (Anm. 10), S. 765.

35 Ist eine natürliche Person Komplementär mehrerer vermögensverwaltender Kommanditgesellschaften, so ist ihre Tätigkeit nicht als selbständiger Gewerbebetrieb einzuordnen (BFH vom 10. 6. 1987 I R 301/83 BStBl II 1987, 816).

Gewerbebetrieb zu erfassen. In welcher Weise die erforderliche anteilige Umqualifikation in gewerbliche Einkünfte vorzunehmen ist, ist äußerst umstritten. Insoweit wird auf die Ausführungen in § 13 V verwiesen.

Für *freiberuflich tätige Gesellschaften* hat die Rechtsprechung schon immer angenommen, daß insgesamt ein Gewerbebetrieb vorliege, wenn eine *berufsfremde* Person an der Gesellschaft beteiligt ist.[36] Obwohl nach dem Beschluß des Großen Senats die Einkunftsart durch die Tätigkeit der Personengesellschaft als solcher bestimmt wird, steht der BFH[37] weiterhin auf dem Standpunkt, daß eine Personengesellschaft nur dann eine freiberufliche Tätigkeit entfalte, wenn *alle* Gesellschafter die Merkmale eines freien Berufs erfüllen.

Die *Europäische Wirtschaftliche Interessenvereinigung (EWIV)*[38] ist die erste europäische grenzüberschreitende Rechtsform. Sie dient dem Ziel, grenzüberschreitende Zusammenarbeit vor allem kleinerer und mittlerer Unternehmen und von Angehörigen freier Berufe zu erleichtern. Rechtliche Grundlage sind die EG-VO Nr. 2137/85 vom 25. 7. 1985[39] sowie das am 1. 1. 1989 in Kraft getretene Ausführungsgesetz (EWIV-AG).[40]

In ihrer Struktur stellt die EWIV aus deutscher Sicht eine OHG mit Fremdgeschäftsführung dar. Sie gilt nach dem EWIV-AG als offene Handelsgesellschaft, für die Geschäftsführer bringt das AG – soweit nicht die EWIV-VO selbst Regelungen trifft – Bestimmungen, die sich an § 93 AktG, §§ 41, 38 Abs. 1 GmbHG anlehnen.

Mitglieder einer EWIV können natürliche Personen, Gesellschaften und andere juristische Einheiten aus den EG-Staaten werden. Dabei muß zumindest ein Mitglied in einem anderen Mitgliedstaat seine Haupttätigkeit ausüben bzw. wenn es sich um eine Gesellschaft handelt, seine Hauptverwaltung haben (Art. 4 Abs. II der VO).

Nach Art. 3 Abs. 1 der VO hat die EWIV den Zweck, die wirtschaftliche Tätigkeit ihrer Mitglieder zu erleichtern oder zu entwickeln sowie die Ergebnisse dieser Tätigkeit zu verbessern oder zu steigern; sie hat nicht den Zweck, für sich selbst Gewinn zu erzielen. Dies bedeutet jedoch, wie sich aus der Regelung des Art. 21 der VO über die Gewinnverteilung ergibt, kein generelles Gewinnverbot. Art. 3 Abs. 2 der VO enthält einige zwingende Einschränkungen des Tätigkeitsbereichs der EWIV, insbesondere darf sie keine Leitungsmacht gegenüber ihren Mitgliedern oder anderen Unternehmen ausüben.

Nach Art. 40 der VO ist das Ergebnis der EWIV bei deren Mitgliedern zu besteuern. Gemeinschaftsrechtlich ist damit nur vorgegeben, daß die EWIV

36 Vgl. näher unten bei der Behandlung der Gewerbesteuerpflicht § 21 I 2b.

37 BFH vom 11. 6. 1985 VIII R 254/80 BStBl II 1985, 584; BFH vom 9. 10. 1986 IV R 235/84 BStBl II 1987, 124. Vgl. kritisch näher unten § 21 I 2b.

38 Vgl. aus der umfangreichen Literatur die Monographien von Ganske, Das Recht der Europäischen Wirtschaftlichen Interessenvereinigung (EWIV), 1988; Meyer-Landrut, Die Europäische Wirtschaftliche Interessenvereinigung, 1988; Scriba, Die Europäische Wirtschaftliche Interessenvereinigung, 1988; vgl. auch Autenrieth, BB 1989, 305 ff; Gleichmann, ZHR 1985, 633 ff; Müller-Gugenberger, NJW 1989, 1449 ff; Weimar/Delp, WPg 1989, 89 ff.

39 Amtsblatt EG Nr. L 199 vom 31. 7. 1985, 1 ff = BT-Drs. 11/352 S. 12.

40 BGBl I 1988, 514.

nicht Körperschaftsteuersubjekt sein soll. Ansonsten ist das jeweilige nationale Steuerrecht anzuwenden.[41]

Nach § 1 EWIV-AG ist die EWIV als offene Handelsgesellschaft zu behandeln. Damit ist die EWIV aber nicht schon per se eine Gesellschaft i. S. des § 15 Abs. 1 Nr. 2 EStG. Die Anwendung des § 15 Abs. 1 Nr. 2 EStG auf die EWIV setzt vielmehr voraus, daß diese eine *gewerbliche* Tätigkeit ausübt.

Übt die EWIV eine gewerbliche Tätigkeit aus, so steht der Anwendung des § 15 Abs. 1 Nr. 2 EStG auf die EWIV regelmäßig auch nicht § 15 Abs. 2 EStG entgegen. Wenn die EWIV nach Art. 3 S. 1 2. Hs. der VO auch nicht den Zweck hat, Gewinn für sich zu erzielen, so bedeutet dies nicht – wie auch die Vorschrift in Art. 21 der VO über die Gewinnverteilung zeigt – ein generelles Gewinnverbot. Für die Gewinnerzielungsabsicht nach § 15 Abs. 2 EStG reicht aus, wenn diese Absicht nur Nebenzweck ist.

c) Besitz„unternehmen" bei Betriebsaufspaltung

Die Tätigkeit des Besitz„unternehmens" bei einer Betriebsaufspaltung[42] ist „eine ihrer Art nach nicht gewerbliche Betätigung[43], sondern eine vermögensverwaltende. Gleichwohl wird die vermögensverwaltende Tätigkeit des Besitz„unternehmens" wegen der personellen Verflechtung mit dem Betriebsunternehmen, dem das Besitz„unternehmen" wesentliche Betriebsgrundlagen verpachtet hat, als Gewerbebetrieb behandelt.

Diese Beurteilung „hat ihren Grund darin, daß die hinter dem Besitz- und Betriebsunternehmen stehenden Personen einen einheitlichen geschäftlichen Betätigungswillen haben, der (über das Betriebsunternehmen) auf die Ausübung einer gewerblichen Betätigung gerichtet ist".[44] Zur Problematik der Figur der Betriebsaufspaltung, die zu einer „Rechtsfigur" mit Tatbestand und Rechtsfolgen hochstilisiert worden ist, ist im einzelnen auf die Ausführungen unter § 22 VI zu verweisen. U. E. ist die Behandlung des Besitz„unternehmens" als Gewerbebetrieb mit dem Gesetz nicht zu vereinbaren. Nach L. Schmidt[45] ist Rechtsgrundlage „ein in wertender Betrachtungsweise und unter verfassungsrechtlichen Aspekten (Art. 3 GG) richtig verstandener Begriff des Gewerbebetriebs".

Auch nachdem der Große Senat des BFH in der Entscheidung vom 25. 6. 1984[46] klargestellt hat, daß die Qualifikation der Einkünfte bei einer Personengesellschaft von der Art der *Tätigkeit der Gesellschaft* abhängig ist, hat

---

41 Vgl. BdF vom 15. 11. 1988 DB 1989, 354 f.

42 Zum wirtschaftlichen Sachverhalt der Betriebsaufspaltung vgl. unten § 22 VI 1.

43 Schmidt, § 15 EStG Anm. 140; dazu, daß das Besitzunternehmen nicht handelsgewerblich tätig ist, vgl. K. Schmidt, DB 1988, 897 ff.

44 BFH vom 18. 6. 1980 I R 77/77 BStBl II 1981, 39.

45 Schmidt, § 15 EStG Anm. 142.

46 BFH GrS aaO, (Anm. 10).

der BFH[47] daran festgehalten, daß die Verpachtungstätigkeit der Besitzgesellschaft einen Gewerbebetrieb darstelle – obwohl das nach Auffassung des BFH den Gewerbebetrieb konstituierende Merkmal des einheitlichen geschäftlichen Betätigungswillens nicht bei der Besitzgesellschaft, sondern bei den (nicht notwendig bei allen) Gesellschaftern vorliegt.

d) „Gewerblich geprägte“ Personengesellschaft – Gewerbebetrieb kraft Fiktion

aa) Das Steuer„bereinigungs“gesetz 1986[48] hat das Einkommensteuerrecht um die Figur des fingierten Gewerbebetriebs „bereichert“. Bis zum Beschluß des Großen Senats des BFH vom 25. 6. 1984[49] hatte die vom BFH im Jahre 1966 kreierte sogenannte Geprägerechtsprechung ohne Rücksicht auf die Art der Tätigkeit einen Gewerbebetrieb immer dann angenommen, wenn Komplementärin der Personengesellschaft eine GmbH war, die der KG das „Gepräge“ gibt und ihre Tätigkeit weitgehend bestimmt, dies auch dann, wenn weitere natürliche Personen als persönlich haftende Gesellschafter beteiligt sind (vgl. die Zusammenfassung in Abschn. 28 Abs. 2 S. 8 EStR a. F.). Da die „prägende“ Komplementär-GmbH per se Einkünfte aus Gewerbebetrieb hat (§ 8 Abs. 2 KStG), wurden auch die der anderen Gesellschafter zu Einkünften aus Gewerbebetrieb umqualifiziert. Ebenso hatte die Rechtsprechung per se einen Gewerbebetrieb angenommen, wenn an einer Personengesellschaft nur Kapitalgesellschaften beteiligt waren.

Die in der Literatur heftig bekämpfte[50] „Geprägerechtsprechung“ war dann vom Großen Senat des BFH als mit dem Gesetz nicht vereinbar verabschiedet worden. Die Aufgabe der Geprägerechtsprechung bedeutete, daß die bisherigen Geprägegesellschaften und insbesondere auch Verlustzuweisungsgesellschaften, die sich die Geprägerechtsprechung zunutze gemacht hatten, fortan keinen Gewerbebetrieb mehr hatten. Damit erschien bei diesen Gesellschaften die Erfassung von Veräußerungsgewinnen und die Nachversteuerung negativer Kapitalkonten nicht mehr gesichert. Die Finanzverwaltung hat sich der Vergangenheitsbewältigung, die üblicherweise durch eine Übergangsregelung erledigt zu werden pflegt, auf eine ganz simple Art und Weise entledigt: Vom Bundeskabinett wurde am 10. 4. 1985 der Entwurf eines Gesetzes zur vordringlichen Regelung von Fragen der Besteuerung von Personengesellschaften[51] verabschiedet, durch den – u. a. – die

---

47 BFH vom 12. 11. 1985 VIII R 240/81 BStBl II 1986, 296.

48 Im Volksmund firmiert das Gesetz als Steuer„verunreinigungs“gesetz.

49 AaO, (Anm. 10).

50 Vgl. Knobbe-Keuk, 4. Aufl., S. 455 und weitere Nachweise zum Meinungsstand in der Literatur in BFH GrS aaO, (Anm. 10) S. 761.

51 BR-Drs. 165/85. Der Gesetzentwurf ist in einem Statement, das Woerner auf der Wiesbadener Jahrestagung der Fachanwälte für Steuerrecht am 14. 5. 1985 (JbFStR 1985/86, 278 ff) abgegeben hat, in „Entwurf eines Gesetzes zur vordring-

vom Großen Senat des BFH verabschiedete „Geprägerechtsprechung“ *rückwirkend* gesetzlich verankert werden sollte.

Unter dem Eindruck der Empörung und Entrüstung, den dieser Gesetzentwurf hervorgerufen hat,[52] hat sich der Finanzausschuß des Deutschen Bundestages eingehend mit dem Gesetzentwurf beschäftigt.[53] Er hat den Entwurf immerhin in einigen Punkten geändert, insbesondere die Rückwirkung für die Gewerbesteuer beseitigt und die Rückwirkungsproblematik für das Einkommensteuergesetz entschärft. Im Kern aber ist die gesetzliche Verankerung der vom Großen Senat des BFH aufgegebenen Geprägerechtsprechung dann durch das Steuer„bereinigungs“gesetz 1986 in das EStG (§ 15 Abs. 3 Nr. 2 EStG) eingefügt worden. Ausschlaggebend war schließlich, daß man der Wirtschaft die GmbH u. Co. KG als „sinnvolles Gestaltungsinstrument“ erhalten wollte.[54]

Als „sinnvolles Gestaltungsinstrument“ ist die „gewerblich geprägte“ Personengesellschaft z. B. unter folgenden Aspekten von Nutzen:

Wirtschaftsgüter können ohne Gewinnrealisierung aus einem Gewerbebetrieb in eine vermögensverwaltende GmbH u. Co. KG, an der der Einbringende beteiligt ist, überführt werden. Droht das Ende der Betriebsaufspaltung, muß nur eine GmbH in das „Besitzunternehmen“ eingebaut werden.[55] Gewerbesteuerliche Vorteile für Kapitalgesellschaften können durch Ausgliederung des Grundbesitzes auf eine vermögensverwaltende GmbH u. Co. KG erreicht werden.[56] Steuervergünstigungen und Investi-

lichen Berichtigung und Verhütung unerwünschter BFH-Entscheidungen“ umgetauft worden.

52 Vgl. in der Tagespresse die Artikel von Hildebrandt, „Geprägerechtsprechung in der eigenen Schlinge gefangen / Bundeskabinett desavouiert BFH / Wirbel um Gesetzentwurf“ in: Blick durch die Wirtschaft der FAZ vom 18. 4. 1985; Felix, „Staatsethisch ein verwerflicher Vorgang“ in: Handelsblatt vom 22. 4. 1982; Knobbe-Keuk, „Ein Tritt für die Finanzrechtsprechung / die Finanzverwaltung demoralisiert das Oberste Steuergericht“ in: Blick durch die Wirtschaft der FAZ vom 25. 4. 1985 (auch veröffentlicht in BB 1985, 820); Jehner, „Geprägetheorie“ in: Blick durch die Wirtschaft der FAZ vom 12. 7. 1985.
Vgl. des weiteren die Kritik des Präsidenten des hessischen Steuerberaterverbandes Dr. Senger auf der Jahrestagung des Verbandes in Bad Nauheim (FAZ vom 24. 5. 1985); die Eingabe des Deutschen Steuerberaterverbandes an die Mitglieder des Deutschen Bundestages in dieser Sache vom 5. 6. 1985 (Bericht in Handelsblatt vom 10. 6. 1985). Im übrigen vgl. zu dem Entwurf die ausführlichen kritischen Stellungnahmen von Knobbe-Keuk in BB 1985, 941 ff; BB 1985 1903 ff; StbJb 1985/86, 167 ff; Flume, DB 1985, 1152 ff sowie die Äußerungen von Schulze-Osterloh, Woerner, Knobbe-Keuk, Flume auf der Wiesbadener Jahrestagung der Fachanwälte für das Steuerrecht am 14. 5. 1985 (in JbFStR 1985/86, 264/276 ff).

53 Vgl. den Bericht bei Kreile, DStZ 1986, 4 ff, 6 ff.

54 Vgl. Kreile aaO, (Anm. 53), S. 8 f.

55 Vgl. unten § 22 VI 4.

56 Vgl. Kreile, DStZ 1986, 4 ff, 8; Knobbe-Keuk, StbJb 1985/86, 167 ff und unten § 21 II 4 a.

tionszulagen, die an das Vorliegen von Betriebsvermögen geknüpft sind und unternehmerisches Engagement begünstigen sollen, können auch für nichtbetriebliche Investitionen in Anspruch genommen werden.[57]

bb) § 15 Abs. 3 Nr. 2 EStG ist grundsätzlich *rückwirkend* auch auf Veranlagungszeiträume vor 1986 anzuwenden;[58] die Tätigkeit der Gesellschaft gilt dann von dem Zeitpunkt an, in dem erstmals die Voraussetzungen des § 15 Abs. 3 Nr. 2 EStG erfüllt waren, als Gewerbebetrieb (§ 52 Abs. 18 S. 1, 2 EStG).

Die Rückwirkung kann selbstverständlich nur realisiert werden, wenn dies verfahrensmäßig noch möglich ist. Das ist der Fall, wenn für den fraglichen Veranlagungszeitraum noch kein Steuerbescheid ergangen ist oder der ergangene noch geändert werden kann.

Gewinne, die aus Veräußerungen oder Entnahmen in der Zeit zwischen dem 30. 10. 1984 (Zeitpunkt des Bekanntwerdens der Entscheidung des Großen Senats) und dem 10. 4. 1985 (Kabinettsbeschluß zum Geprägegesetz[59]) entstanden sind, werden aber nicht berücksichtigt (§ 52 Abs. 18 S. 3 EStG). Hierdurch soll das Vertrauen derjenigen Steuerpflichtigen geschützt werden, die nach Bekanntwerden des Beschlusses des Großen Senats Dispositionen getroffen haben.[60]

Die Berücksichtigung des Vertrauensschutzes ist in zeitlicher Hinsicht nicht ausreichend, da das Vertrauen des Bürgers in die bestehende Rechtslage nicht durch das Bekanntwerden von Gesetzesinitiativen erschüttert wird; es hätte also als Endzeitpunkt der endgültige Gesetzesbeschluß gewählt werden müssen.[61]

---

57 Man fragt sich, was von einem Gesetzgeber zu halten ist, der auf der einen Seite Betriebsvermögen zur Voraussetzung für die Inanspruchnahme von Steuervergünstigungen und Investitionszulagen erklärt, auf der anderen Seite aber durch ein „sinnvolles Gestaltungsinstrument“ die Möglichkeit, diese auch für nichtbetriebliche Investitionen in Anspruch zu nehmen, eröffnet! Nichts.

58 Zur Rückwirkungsproblematik Knobbe-Keuk, BB 1985, 1903 ff; König, BB 1986, 569.
Unproblematisch ist die Rückwirkung für den IV. Senat, vgl. BFH vom 10. 7. 1986 IV R 12/81 BStBl II 1986, 811.

59 Vgl. zu dessen Unbeachtlichkeit im Hinblick auf den Vertrauensschutz auch unten § 11 a IV Anm. 96.

60 Kreile, DStZ 1986, 4 ff, 9; Groh, DB 1987, 1006 hält diese Aussparung von der Rückwirkung für unnötig – ebenso wie den Verzicht auf die gewerbesteuerliche Rückwirkung. Ein schutzwürdiges Vertrauen habe auch in der Zwischenzeit nicht bestanden, da nämlich *der Beschluß des Großen Senats Rechtsunsicherheit geschaffen habe* – eine für ein Mitglied des Großen Senats reichlich merkwürdige Einschätzung der Tätigkeit des Großen Senats!
Unbehagen bereitet allerdings, daß die Steuerpflichtigen je nachdem wie und wie schnell sie auf den Beschluß des Großen Senats reagiert haben, auf diese Weise unterschiedlich behandelt werden.

61 Vgl. BVerfG vom 10. 3. 1971 2 BvL 3/68 BVerfGE 30, 272 ff, 287; BVerfG vom 14. 5. 1986 2 BvL 2/83 BStBl II 1986, 628 ff, 647, vgl. auch unten § 11 a IV Anm. 96.

Der Finanzausschuß des Deutschen Bundestages war sich aber bewußt, daß die Rückwirkungsproblematik über die nach dem Bekanntwerden des Beschlusses des Großen Senats geschehenen Veräußerungs- und Entnahmefälle hinausgeht, daß Bedenken gegen die Rückwirkung vor allem in den Fällen bestehen, in denen die Steuerpflichtigen gar keine Vorteile von der „Geprägerechtsprechung" gehabt, sondern sich gegen diese gewehrt haben.[62]

Der Finanzausschuß hat in seinem Schriftlichen Bericht[63] festgehalten: „Darüber hinaus geht der Finanzausschuß davon aus, daß über § 52 Abs. 20b EStG (jetzt: § 52 Abs. 18 EStG) hinaus auch vor dem 31. 10. 1984 entstandene Veräußerungs- und Entnahmegewinne im Einzelfall unversteuert bleiben, soweit dies nach den allgemeinen und auch ohne besondere gesetzliche Regelung geltenden Grundsätzen von Treu und Glauben geboten ist. Danach wird die Verwaltung Veräußerungs- und Entnahmegewinne im Einzelfall gemäß § 163 AO außer Ansatz lassen müssen, wenn die Personengesellschaft keine steuerlichen Vorteile auf Grund der Anwendung der Geprägerechtsprechung in Anspruch genommen, sondern sich im Gegenteil gegen ihre Behandlung als Gewerbebetrieb gewehrt und mit dieser Begründung die Steuerpflicht von Veräußerungs- bzw. Entnahmegewinnen bestritten hat."[64]

Bemerkenswert ist, daß der Gesetzgeber die Geltung einer gesetzlichen Regelung anordnet in vollem Bewußtsein, daß deren Anwendung im Einzelfall gegen Treu und Glauben verstoßen kann!

Das mit der Rückwirkung verfolgte Ziel, nämlich zu verhindern, daß Steuerpflichtige, die Vorteile auf Grund der Geprägerechtsprechung gehabt haben, auch noch eine „unerwartete Abschlußprämie" erhalten, hätte man auch anders erreichen können.[65] Im übrigen werden ausgerechnet die Verlustzuweisungsgesellschaften, deren Ziel nur die Vermittlung von Steuervorteilen war, von § 15 Abs. 3 Nr. 2 EStG nicht erfaßt.[66] Davon abgesehen ist, da das Geprägegesetz nicht alle Gesellschaften erfaßt, die nach der Geprägerechtsprechung als Gewerbebetrieb behandelt wurden, in einigen Fallgruppen durch die Aufgabe der Geprägerechtsprechung Entstrickung eingetreten.[67]

cc) Eine „gewerblich geprägte" Personengesellschaft, deren Tätigkeit als Gewerbebetrieb *gilt*, liegt vor, wenn:

---

62 Vgl. eingehend Knobbe-Keuk, BB 1985, 1903 ff.

63 BT-Drs. 10/4513.

64 Danach wird denn die Finanzverwaltung im Grundsatz auch verfahren. Vgl. BdF vom 17. 3. 1986 BStBl I 1986, 129. BFH vom 12. 1. 1989 IV R 67/87 FR 1989, 309 billigt die Auffassung der Finanzverwaltung, die eine Billigkeitsmaßnahme für den Fall versagt, daß eine Personengesellschaft sich gegen die Geprägerechtsprechung gewehrt, zuvor aber die Investitionszulage in Anspruch genommen hat.

65 Vgl. Vorschläge bei Knobbe-Keuk, BB 1985, 941 ff; allgemein zur „Entstrickung" durch Rechtsprechungs- und Gesetzesänderung § 7 V 3.

66 Vgl. schon den Hinweis gegenüber dem Gesetzentwurf bei Knobbe-Keuk, BB 1985, 1903 ff, 1906.

67 Es sei denn, man folgt den in Anm. 66 zitierten Vorschlägen.
Vgl. zu den Entstrickungsfällen auf Grund fehlender Kongruenz von Geprägegesetz und Geprägerechtsprechung Herzig/Kessler, DB 1988, 15 ff, 16.

1. eine Personengesellschaft keine gewerbliche Tätigkeit ausübt,
2. bei ihr ausschließlich eine oder mehrere Kapitalgesellschaften[68] persönlich haftende Gesellschafter sind und
3. nur diese oder Personen, die nicht Gesellschafter sind, zur Geschäftsführung befugt sind.

Wird für eine vermögensverwaltende GmbH u. Co. KG die Einordnung als „gewerblich geprägte" Gesellschaft nicht gewünscht, so fällt die Gegensteuerung nicht schwer. Es muß nur der die Geschäfte der GmbH – und damit mittelbar auch die der KG – führende Kommanditist oder auch ein anderer neben oder anstelle der GmbH zur Geschäftsführung bei der KG berufen werden.[69]

Um dieses zu verhindern, vertreten Blinzler/Buchbinder[70] die Auffassung, Geschäftsführung sei im Sinne von Vertretung zu interpretieren. Dem ist nicht zu folgen. Die Gesetzesverfasser waren vor den Ausweichmöglichkeiten, die die Verwendung des Begriffs „Geschäftsführung" eröffnet, hinreichend gewarnt.[71] Es besteht kein Anlaß, den Gesetzgeber nicht beim Wort zu nehmen.

Der Gesetzestext gibt nichts dafür her, daß die Person, der neben der persönlich haftenden Kapitalgesellschaft Geschäftsführungsbefugnis eingeräumt wird, eine natürliche Person sein müsse[72], damit die Gesellschaft nicht als „gewerblich geprägte" Gesellschaft eingeordnet wird.

Personen, die nicht Gesellschafter sind, kann im übrigen die Befugnis zur Geschäftsführung nur neben Gesellschaftern zustehen. Insoweit ist die Passage „oder Personen, die nicht Gesellschafter sind" gegenstandslos.[73]

In dem Urteil vom 11. 12. 1986[74] hat der IV. Senat die vieldiskutierte[75] Frage der Anwendbarkeit des § 15 Abs. 3 Nr. 2 EStG auf die Schein-GmbH u. Co. KG bejaht.[76]

---

68 Unter die Formulierung des Gesetzes fällt *jede* Kapitalgesellschaft, gleichgültig, ob sie beschränkt oder unbeschränkt steuerpflichtig ist.
Nach der Prägerechtsprechung waren hingegen Personengesellschaften mit beschränkt steuerpflichtigen Kapitalgesellschaften nicht in jedem Falle zu erfassen. Sie allein vermochten, da für sie nicht § 8 Abs. 2 KStG gilt, der Personengesellschaft nicht das „Gepräge" zu geben.

69 Schmidt, § 15 EStG Anm. 46, c, dd mit Nachweisen.

70 DB 1987, 503 f.

71 Z.B. Knobbe-Keuk, BB 1985, 941 ff, 943; Schulze-Osterloh, JbFStR 1985/86, 231 ff, 242.

72 So aber – mit Einschränkung – Schmidt, § 15 EStG Anm. 46, c, dd. Dagegen Hörger/Kemper, DB 1987, 758 ff.

73 Vgl. näher zu diesem Schnitzer des Gesetzgebers schon Schulze-Osterloh aaO, S. 242; Groh, DB 1987, 1006 ff.

74 BFH vom 11. 12. 86 IV R 222/84 BStBl II 1987, 553 = FR 1987, 258 mit Anm. Söffing.

75 Vgl. einerseits Herzig/Kessler, DStR 1986, 451; andererseits Ehlers/König, DB 1986, 1352 f; Bordewin, FR 1987, 1 ff.

76 Wie der IV. Senat Groh, DB 1987, 1006 ff (1009); Uelner, Festschrift Döllerer, 1988, S. 661 ff, 673; kritisch Söffing, FR 1987, 260.

Die Anwendbarkeit ist in Hinsicht darauf fraglich, daß § 15 Abs. 3 Nr. 2 EStG voraussetzt, daß ausschließlich Kapitalgesellschaften persönlich haftende Gesellschafter sind, die Terminologie „persönlich haftende Gesellschafter" aber auf diese nicht zugeschnitten ist. Die Haftungslage der Gesellschafter einer BGB-Gesellschaft ist insoweit abschließend nicht geklärt.

Jedenfalls haften alle Gesellschafter unbeschränkt für gesetzlich begründete Verbindlichkeiten der BGB-Gesellschaft[77]; inwieweit dies für rechtsgeschäftlich begründete Verbindlichkeiten der Fall ist, ist umstritten.[78] Der IV. Senat ordnet bei der Schein-GmbH u. Co. KG die GmbH als persönlich haftende Gesellschafterin ein; ihm reicht für die Anwendung des § 15 Abs. 3 Nr. 2 EStG auf die Schein-GmbH u. Co. KG, daß die GmbH „die weitestmögliche Haftung aus einer Gesellschaft bürgerlichen Rechts trägt"[79] und eine andere Auffassung dazu führen würde, daß § 15 Abs. 3 Nr. 2 EStG generell auf eine Gesellschaft bürgerlichen Rechts nicht anwendbar wäre, selbst dann nicht, wenn die Gesellschaft nur Kapitalgesellschaften zu Mitgliedern hat.

In § 15 Abs. 3 Nr. 2 EStG ist die gewerblich geprägte Personengesellschaft, die Mitglied einer anderen Personengesellschaft ist, einer Kapitalgesellschaft gleichgestellt. Dies bedeutet, daß auch für eine vermögensverwaltende Personengesellschaft, die „gewerblich geprägte" Personengesellschaften allein oder neben Kapitalgesellschaften zu Mitgliedern hat, ein Gewerbebetrieb fingiert wird (doppelstöckige Gesellschaft). Ist an einer vermögensverwaltenden Personengesellschaft hingegen eine *gewerblich tätige* Personengesellschaft beteiligt, so wird die vermögensverwaltende Personengesellschaft deshalb nicht zu einer „gewerblich geprägten" Gesellschaft.[80]

---

77 Insbesondere für Steuerschulden der Gesellschaft, vgl. z. B. BFH vom 23. 10. 1985 VII R 187/82 BStBl II 1986, 156 (Umsatzsteuerschuld); BFH vom 23. 10. 1985 VII R 195/83 BStBl II 1986, 158 (Rückzahlungsverpflichtung nach Kürzung von Vorsteuerabzügen nach § 17 UStG); FG München v. 22. 7. 1985 I 148/81 EFG 1986 Nr. 81 (Haftungsschuld der BGB-Gesellschaft, die bei Auszahlung der Vergütung an beschränkt Steuerpflichtige nicht die Einkommensteuer nach § 50 a Abs. 4 S. 1 a und Abs. 5 einbehalten hat); vgl. näher Knobbe-Keuk, StbJb 1986/87, 129 ff (137 ff).

78 Der BGH (BGH v. 8. 11. 1978 VIII ZR 190/77, BGHZ 72, 267 ff; BGH v. 30. 4. 1979 II ZR 137/78, BGHZ 74, 240 ff) – und in dessen Gefolgschaft Ulmer, § 714 BGB Rz. 29 – vertritt die „Theorie der Doppelverpflichtung". Dagegen steht die – bei Groh, DB 1987, 1006 ff (1008) als „Mindermeinung" eingeordnete – Auffassung, daß die Gesellschafter akzessorisch – wie bei der OHG – für die Schuld der Gesellschaft haften (vgl. Flume, S. 326 f; Wiedemann, Gesellschaftsrecht I, 1980, S. 284; K. Schmidt, S. 1350 f; Kornblum, Die Haftung der Gesellschafter für Verbindlichkeiten von Personengesellschaften 1972, S. 30 ff; H. P. Westermann, ZGR 1977, 552 ff, 562; Aderhold, Das Schuldmodell der BGB-Gesellschaft, Diss. Bonn, 1980, S. 258).

79 Der anschließende Nebensatz „mag auch der persönlich haftende Gesellschafter einer KG in weitergehendem Umfang für gesetzliche Verbindlichkeiten der KG einzustehen haben", ist unverständlich. Verständnisschwierigkeiten hat auch Söffing, FR 1987, 260.

80 Ebenso Uelner, JbFStR 1986/87, 255 ff; Christoffel/Dankmeyer, DB 1986, 347 ff, 352; vgl. auch den Diskussionsbeitrag von Knobbe-Keuk in JbFStR 1986/87, 257.

Zur Verdeutlichung: An der Vermietungs-KG A ist die vermögensverwaltende GmbH u. Co. KG B (gewerblich geprägt) als persönlich haftende Gesellschafterin beteiligt. Die Vermietungs-KG A ist damit gewerblich geprägt. Handelt es sich bei der GmbH u. Co. KG B um eine gewerblich tätige Gesellschaft, so bleibt die Vermietungs-KG A eine vermögensverwaltende Gesellschaft. Wenn sie gewerbliche Einkünfte erzielen soll, kann sie dies in mehrfacher Weise erreichen: Entweder müßte sie selbst GmbH u. Co. KG werden oder sie stellt den berühmten Obstkarren auf; dann gilt ihre gesamte Tätigkeit als Gewerbebetrieb nach § 15 Abs. 3 Nr. 1 EStG!

Groh[81] hält dieses Ergebnis für sinnwidrig und will § 15 Abs. 3 Nr. 2 S. 2 EStG dahin *berichtigend auslegen,* daß alle Personengesellschaften „gemeint sind, die mangels eigenen Gewerbebetriebs gewerblich geprägt wären“.[82]

Dieses und eine Vielzahl von anderen Anwendungsproblemen[83] werfen die Frage auf, nach welchen Grundsätzen und nach welchem Geiste ein Gesetz wie das Prägegesetz auszulegen ist. Eine systematische Auslegung ist nicht möglich. Denn es handelt sich gerade um eine systemwidrige Regelung. Wie der Große Senat des BFH, so geht auch der Gesetzgeber in § 15 Abs. 3 Nr. 1 EStG zu Recht davon aus, daß es bei einer Personengesellschaft für die Einkünftequalifizierung auf die Tätigkeit der Gesellschaft selbst ankommt. Eine Erklärung, warum dies in den Fällen des § 15 Abs. 3 Nr. 2 EStG anders sein soll, ist nicht möglich.

Auch die teleologische Auslegung stößt auf Schwierigkeiten. Ein eigenständiger Normzweck liegt der Regelung nicht zugrunde.[84] Es sollte nur der status quo ante vor Aufgabe der Geprägerechtsprechung durch den Großen Senat des BFH wiederhergestellt werden – dessen Grundlage allerdings durch den Beschluß des Großen Senats und die Regelung in § 15 Abs. 3 Nr. 1 EStG entfallen ist! Motiv war zum einen das eingestandene Unvermögen, eine Übergangsregelung zur Blockierung der Steuerentstrickung zu formulieren.[85] Neben die Vergangenheitsbewältigung hat man im Laufe des Gesetzgebungsverfahrens den Blick

81 Groh, DB 1987, 1006 ff, 1009 f.

82 Ebenso Schmidt, § 15 EStG Anm. 46 c, bb; vgl. auch die Diskussionsbeiträge von Woerner und Döllerer, JbFStR 1986/87, 256 ff.

83 Auf eine Darstellung i.e. wird hier verzichtet und insoweit auf die Kommentierung von Schmidt, § 15 EStG Anm. 46 und auf den Aufsatz von Groh, DB 1987, 1006 ff, beide mit weiteren Nachweisen, verwiesen.
Meine Meinung zu den Einzelproblemen ist aus der im Text dargelegten Grundeinstellung zum Umgang mit dem „Prägegesetz“ abzuleiten.

84 Vgl. treffend Groh, DB 1987, 1006 ff, 1007.

85 Zunächst hatte – wie sich aus der Begründung zum Regierungsentwurf BR-Drs. 165/85 ergibt – die Vergangenheitsbewältigung im Vordergrund gestanden. Vgl. auch Uelner, JbFStR 1985/86, 276: „Akzentuiert kann man sagen: ohne Rückwirkung wäre dieser Gesetzentwurf wenig wert“. Vgl. aber dann ein Jahr später – nachdem die Rückwirkungsproblematik im Verlaufe des Gesetzgebungsverfahrens wesentlich entschärft worden war – Uelner, JbFStR 1986/87, 23: „Im Vordergrund der Überlegungen ... stand die Frage, welche Regelung für die Zukunft am besten Rechtssicherheit bietet und sich zugleich in den systematischen Rahmen des Einkommensteuerrechts einpaßt“.

auch auf die Zukunft gerichtet, für die ein „sinnvolles Gestaltungsinstrument" erhalten bleiben sollte.[86] Der Aspekt des „sinnvollen Gestaltungsinstruments" wird noch dadurch unterstrichen, daß die Formulierung des gesetzlichen Tatbestands den Steuerpflichtigen selbst faktisch die Entscheidung überläßt, ob sie auf Grund einer vermögensverwaltenden Tätigkeit Überschußeinkünfte oder Einkünfte aus Gewerbebetrieb haben wollen.

Dieses Wahlrecht hätte der Gesetzgeber natürlich auch einfacher formulieren können. Nicht überzeugend ist auch, daß der Steuerpflichtige, der auf Grund seiner vermögensverwaltenden Tätigkeit Einkünfte aus Gewerbebetrieb erstrebt, erst eine GmbH u. Co. KG installieren muß; die Einführung des Gewerbebetriebs auf Antrag wäre einfacher gewesen.

Berücksichtigt man die Tatsache, daß der systemwidrigen Regelung ein eindeutiger Normzweck nicht zugrunde liegt, und die gesetzgeberischen Motive (Vergangenheitsbewältigung und Erhaltung eines „sinnvollen Gestaltungsinstruments") für die Auslegung keine tragfähigen Anhaltspunkte bieten, so bleibt für den Umgang mit der Regelung nur die Devise, sich an den objektiven Erklärungswert zu halten. Für Nachbesserungen durch Lückenausfüllung oder berichtigende Auslegung besteht kein Anlaß.

Nur mit einer solchen Einstellung kann der Gesetzgeber auf Dauer dazu angehalten werden, entweder unsystematische Regelungen überhaupt zu unterlassen oder zumindest so sorgfältig zu formulieren, daß das von ihm Gemeinte im Gesetzestext auch zum Ausdruck kommt.

3. Inhalt und Bedeutung des Mitunternehmerbegriffs

Unter § 15 Abs. 1 S. 1 Nr. 2 EStG fallen die „Gesellschafter einer OHG, einer KG und einer anderen Gesellschaft, bei der der Gesellschafter als Unternehmer (Mitunternehmer) anzusehen ist". Trotz des grammatikalischen Bezugs des Relativsatzes auf die „andere Gesellschaft", entgegen der Entstehungsgeschichte der Vorschrift und ungeachtet erheblicher Kritik im Schrifttum[87] hält die Rechtsprechung des BFH es seit vielen Jahren für erforderlich, daß auch der Gesellschafter einer Personenhandelsgesellschaft „Mitunternehmer" sein muß. In dem Beschluß des Großen Senats vom 25. 6. 1984[88] hat der BFH diesen Standpunkt ausdrücklich bekräftigt.

a) Der Mitunternehmerbegriff

Die Rechtsprechung versteht den Mitunternehmerbegriff als *Typusbegriff.* Als solcher ist er einer Begriffsbestimmung durch abschließende Aufzählung einzelner Begriffselemente nicht zugänglich. Aufgrund des vorliegenden

86 Kreile, DStZ 1986, 4 ff, 8 f.

87 Vgl. Knobbe-Keuk, 3. Aufl., § 9 II 1 S. 186 mit Nachweisen, insbesondere auch zu dem früheren Verständnis der Bestimmung. Vgl. zu allem noch einmal eingehend Meßmer, Festschrift Döllerer, 1988, S. 429 ff.

88 BFH vom 25. 6. 1984 GrS 4/82 BStBl II 1984, 751 ff, 769.

Rechtsprechungsmaterials gibt es eine Vielzahl von Anzeichen und Merkmalen, die auf das Vorliegen der Mitunternehmerstellung hinweisen oder diese ausschließen.[89] Entscheidend ist letztlich das Gesamtbild im Einzelfall. Nach dem Beschluß des Großen Senats vom 25. 6. 1984[90] setzt die Mitunternehmereigenschaft eines Gesellschafters voraus, daß seine Stellung nicht wesentlich hinter derjenigen zurückbleibt, die handelsrechtlich das Bild eines Kommanditisten bestimmt. Die Vielzahl der Anzeichen und Merkmale kann unter die zwei „Obermerkmale" *Tragen von Unternehmerrisiko* und Möglichkeit der Entfaltung einer *Unternehmerinitiative* eingeordnet werden.

Mitunternehmerrisiko bedeutet nach dem BFH *gesellschaftsrechtliche* oder eine dieser wirtschaftlich vergleichbare Teilnahme am Erfolg oder Mißerfolg eines gewerblichen Unternehmens. Dieses Risiko wird regelmäßig durch Beteiligung am Gewinn und Verlust sowie an den stillen Reserven des Anlagevermögens einschließlich eines Geschäftswerts vermittelt.[91]

Mitunternehmerinitiative bedeutet nach dem BFH[92] „vor allem Teilhabe an unternehmerischen Entscheidungen, wie sie z. B. Gesellschaftern oder diesen vergleichbaren Personen als Geschäftsführern, Prokuristen oder anderen leitenden Angestellten obliegen". Ausreichend ist freilich auch die Möglichkeit zur Ausübung von Gesellschafterrechten, die wenigstens den Stimm-, Kontroll- und Widerspruchsrechten angenähert sind, die einem Kommanditisten nach dem HGB zustehen oder die den gesellschaftsrechtlichen Kontrollrechten nach § 716 Abs. 1 BGB entsprechen.

Wird die Annahme einer Mitunternehmerstellung auf das Vorliegen von Widerspruchs- oder Kontrollrechten gestützt oder werden diese als Voraussetzung für die Mitunternehmerstellung gefordert, so ist es reichlich deplaciert, in diesem Zusammenhang von „Unternehmerinitiative" zu reden. So ist z. B. selbst das Widerspruchsrecht des Kommanditisten nach § 164 HGB – von den Kontrollrechten nach § 716 Abs. 1 BGB gar nicht zu reden – weniger ein Instrument für die Entfaltung von Unternehmerinitiative des Kommanditisten als vielmehr ein solches für die Behinderung der Unternehmerinitiative der Geschäftsführung.[93] Besonders merkwürdig ist die Annahme der „Mitunternehmerinitiative" in der Formulierung: der Dritte habe alle maßgebenden Entscheidungen des Unternehmens „miterörtert" und „mitgetragen" (jeder vernünftige Arbeitgeber läßt die Mitarbeiter „miterörtern" und „mittragen"!) in der Entscheidung des VIII. Senats vom 6. 5. 1986.[94]

---

89 Vgl. die Nachweise bei Schmidt, § 15 EStG Anm. 49 ff.

90 GrS vom 25. 6. 1984 aaO, (Anm. 88), S. 769.

91 GrS vom 25. 6. 1984 aaO, (Anm. 88), S. 769.

92 GrS aaO, (Anm. 88), S. 769.

93 Vgl. Lempenau, StbJb 1982/83, 205.

94 BFH vom 6. 5. 1986 VIII R 300/82 BStBl II 1986, 891.
Schlechterdings nichts mit wie auch immer zu verstehender „Mitunternehmerinitiative" zu tun hat die Stellung des weisungsgebundenen angestellten Komplementärs. Gleichwohl nimmt der VIII. Senat „Mitunternehmerinitiative" an (BFH vom 11. 6. 1985 VIII R 252/80 BStBl II 1987, 33; der IV. Senat läßt es in dem Urteil vom 14. 8. 1986 IV R 131/84 BStBl II 1987, 60 dahinstehen, ob dieser „weitreichenden Auf-

Allen genannten und nicht genannten Anzeichen mißt die – zwangsläufig kasuistische – Rechtsprechung mal mehr, mal weniger Gewicht bei.[95]

Immerhin müssen nach dem Beschluß des Großen Senats vom 25. 6. 1984 – wenn auch Unternehmerrisiko und Unternehmerinitiative im Einzelfall mehr oder weniger ausgeprägt sein können – doch beide Merkmale vorliegen.[96]

Selbst vielleicht wesentlich erscheinende Merkmale, z. B. Beteiligung am Gewinn und Verlust, sind bislang verzichtbar gewesen, wenn das Gesamtbild der Verhältnisse nach dem Gesamteindruck ein anderes Ergebnis rechtfertigt.[97] Tipke/Lang[98] bemerken, daß durch den unbestimmten Typusbegriff die Rechtsprechung die Freiheit gewann, „die Mitunternehmerschaft – je nachdem, was sie im Einzelfall für angemessen hält – zu bejahen oder zu verneinen."

Die vom BFH als notwendig erachtete Überprüfung, ob der Gesellschafter einer OHG oder KG auch Mitunternehmer ist,[99] kann von praktischer Relevanz insbesondere in den folgenden Fällen sein:

1. Beteiligung eines Arbeitnehmers als Kommanditist

   Der BFH hat bislang die Mitunternehmerstellung des Arbeitnehmer-Kommanditisten bejaht.[100]

2. Beteiligung eines Kindes an einer Familiengesellschaft

   Der BFH hat schon immer die Mitunternehmerstellung des schenkweise in eine Gesellschaft aufgenommenen Kindes verneint, wenn nicht in einem wirksamen Gesellschaftsvertrag eine Position eingeräumt ist, wie sie einem Kommanditisten nach den – dispositiven – Vorschriften des HGB zukommt.[101] Seit dem Beschluß des

---

fassung uneingeschränkt" zu folgen ist). Mit der Einordnung des „angestellten Komplementärs" unter die Vorschrift des § 15 Abs. 1 S. 1 Nr. 2 EStG knüpft der VIII. Senat in der Sache formal an die Stellung des Gesellschafters einer Handelsgesellschaft an. Er bewegt sich damit – bewußt oder unbewußt – auf dem Boden des Gesetzeswortlauts und des Verständnisses der Vorschrift, wie es einmal selbstverständlich gewesen, aber leider in Vergessenheit geraten ist; vgl. dazu Knobbe-Keuk, „Unerwünschte Rechtsquelle", S. 49 ff und unten § 9 II 3c.

95 Zur Problematik des Mitunternehmerbegriffs vgl. Groh, BB 1982, 1229 ff, Lempenau, StbJb 1982/83, 202 ff; Woerner, BB 1986, 704 ff; Knobbe-Keuk, „Unerwünschte Rechtsquelle" S. 47 ff; Meßmer, Festschrift Döllerer, 1988, S. 429 ff.

96 GrS aaO, (Anm. 88), S. 769.

97 Vgl. z. B. BFH vom 28. 1. 1982 IV R 197/79 BStBl II 1982, 389.

98 Tipke/Lang, § 9 G II 4.2, S. 333.

99 Vgl. dagegen noch einmal eingehend Meßmer, Festschrift Döllerer, 1988, S. 429 ff und oben bei Anm. 87.

100 Z. B. BFH vom 24. 1. 1980 IV R 156–157/78 BStBl II 1980, 271; BFH vom 27. 5. 1981 I R 112/79 BStBl II 1982, 192; kritisch dazu Zitzelsberger, DB 1984, 1640 ff.
U. E. ist die Problematik der Arbeitnehmer-Kommanditisten de lege lata durch eine einschränkende Auslegung des Begriffs der Tätigkeitsvergütungen zu lösen (vgl. dazu unten § 11 IV 3).

101 Vgl. Schmidt, § 15 EStG Anm. 123 mit Nachweisen und unten § 12 I.

Großen Senats ist der Vergleich mit den dispositiven Regeln des HGB freilich keine Besonderheit der Familiengesellschaften mehr.[102]

3. Beteiligung an einer Verlustzuweisungsgesellschaft[103]

Hier hat der BFH[104] die Mitunternehmerstellung des Gesellschafters verneint, wenn seine Beteiligung an der Gesellschaft rechtlich oder tatsächlich *befristet* ist und wegen der befristeten Zugehörigkeit zur Gesellschaft keine Teilhabe an einer von der Gesellschaft erstrebten Betriebsvermögensvermehrung in der Form eines entnahmefähigen laufenden Gewinns oder eines die Einlage übersteigenden Abfindungsguthabens oder eines Gewinns aus der Veräußerung des Gesellschaftsanteils zu erwarten ist.

Es fehlt in einem solchen Fall das für die Mitunternehmerstellung erforderliche *Unternehmerrisiko.*

b) Gesellschaftereigenschaft als Voraussetzung der Mitunternehmereigenschaft

Die Anwendung des § 15 Abs. 1 Nr. 2 EStG setzt voraus, daß der Steuerpflichtige *Gesellschafter* ist.

Wird ein Gesellschaftsanteil treuhänderisch gehalten, so ist privatrechtlich nur der Treuhänder Gesellschafter. Da aber der Treuhänder für Rechnung des Treugebers handelt und auf Grund des Treuhandvertrages weisungsgebunden ist, wird der Treugeber einem Gesellschafter gleichgestellt.[105] (Vgl. § 39 Abs. 2 Ziff. 1 S. 2 AO.)

Im Laufe der Jahre war für die Rechtsprechung der „Mitunternehmer“ *die* zentrale Figur des § 15 Abs. 1 S. 1 Nr. 2 EStG geworden und die Beschäftigung mit dem Mitunternehmerbegriff derart in den Vordergrund getreten, daß für sie weitgehend nicht mehr von Interesse war, ob der Steuerpflichtige als Gesellschafter an einer Gesellschaft beteiligt war, sondern sie schon nach Feststellung von Unternehmerinitiative und Unternehmerrisiko die Anwendbarkeit des § 15 Abs. 1 S. 1 Nr. 2 EStG bejahte.

Dementsprechend hatte der IV. Senat formuliert: Mitunternehmer könne auch derjenige sein, der „zivilrechtlich nicht Gesellschafter“ ist.[106] Diese Auffassung wurde mit dem Schlagwort von der „faktischen Mitunternehmerschaft“ gekennzeichnet.

Inzwischen ist diese Entwicklung durch den Großen Senat des BFH in seinem Urteil vom 25. 6. 1984[107] gestoppt worden. Mitunternehmer kann danach nur

---

102 BFH vom 10. 11. 1987 VIII R 166/84 BFHE 152, 325 = BB 1988, 897 = FR 1988, 248 ff mit bissiger Anmerkung von L. Schmidt. Zum Verständnis des Mitunternehmerbegriffs bei Familiengesellschaften in der neuesten Rechtsprechung vgl. unten § 12 I.

103 Vgl. dazu auch unten § 9 II 4c.

104 GrS vom 25. 6. 1984 aaO, (Anm. 88), S. 770.

105 GrS 4/82 aaO, (Anm. 88), S. 769.

106 Vgl. insbes. BFH vom 29. 1. 1976 IV R 97/74 BStBl II 1976, 332. In BFH vom 11. 12. 1980 IV R 91/76 BStBl II 1981, 310 wird dies als ständige Rechtsprechung bezeichnet.

107 AaO, (Anm. 104/105).

sein, „wer zivilrechtlich Gesellschafter einer Personengesellschaft ist oder – in Ausnahmefällen – eine diesem wirtschaftlich vergleichbare Stellung innehat". Als einem Gesellschaftsverhältnis wirtschaftlich vergleichbare Gemeinschaftsverhältnisse führt der Große Senat die Gesamthandsgemeinschaften, Erben- und Gütergemeinschaft sowie die Bruchteilsgemeinschaft an.

Auf der Grundlage des Beschlusses des Großen Senats hat der VIII. Senat in dem Urteil vom 22. 1. 1985[108] die „faktische Mitunternehmerschaft" im wesentlichen verabschiedet.[109] Der Leitsatz lautet:

„Wer ohne Gesellschafter zu sein einer Personengesellschaft als Angestellter, Darlehensgläubiger, Vermieter oder Verpächter seine Dienste, Kapital oder Wirtschaftsgüter zur Verfügung stellt und dafür Vergütungen bezieht, die dem Wert seiner Leistung entsprechen, ist nicht Mitunternehmer. Das gilt auch dann, wenn er in der Personengesellschaft unternehmerische Entscheidungen zu treffen hat oder an ihnen mitzuwirken hat, oder wenn der Bestand seiner Rechtsbeziehungen zur Gesellschaft und die Höhe und Realisierbarkeit seiner Ansprüche in nicht unbedeutendem Maße von der jeweiligen wirtschaftlichen Lage der Gesellschaft abhängen.

Daß die Gesellschaft selbst – wegen angemessener Vergütungen an den Gläubiger – keinen Gewinn mehr erzielt, kann die Mitunternehmerstellung des Gläubigers, der nicht Gesellschafter ist, nicht begründen.[110]

Die Befriedigung darüber, daß der Große Senat des BFH zu dem Erfordernis einer Gesellschaft als Grundvoraussetzung für die Anwendung des § 15 Abs. 1 S. 1 Nr. 2 EStG zurückgefunden hat, wird freilich durch die folgenden anschließenden Äußerungen des Großen Senats getrübt:

„In der Regel kann bei Bejahung der Mitunternehmereigenschaft auf eine besondere Prüfung des Gesellschaftsverhältnisses verzichtet werden. Ist eine Person Mitunternehmer..., dann ist sie regelmäßig auch zivilrechtlich Gesellschafter".

Der IV. Senat hat diese Äußerung schnell aufgegriffen und formuliert, das Vorliegen von „Mitunternehmerrisiko" und „Mitunternehmerinitiative" begründe eine Vermutung für das Vorliegen eines Gesellschaftsverhältnisses.[111]

Damit werden die Dinge auf den Kopf gestellt. Wenn man schon mit Vermutungen operiert, so kann man allenfalls sagen: Bei Vorliegen einer Gesellschaft mit Gesamthandsvermögen ist die Mitunternehmerstellung der Gesellschafter zu vermuten. Man

---

108 BFH vom 22. 1. 1985 VIII R 303/81 BStBl II 1985, 363.

109 Vgl. zu dem Urteil die instruktive Besprechung von Hennerkes/Binz, DB 1985, 1307 ff, die das Urteil begrüßen, und auf der anderen Seite die kritische Anmerkung von L. Schmidt, FR 1985, 361.

110 Sind allerdings die rechtlichen und geschäftlichen Beziehungen eines Nichtgesellschafters zur Personengesellschaft darauf angelegt, daß seine Vergütungen, mögen sie auch angemessen sein, zur Gewinnlosigkeit der Gesellschaft führen, so soll die Gesellschaft nach dem VIII. Senat mangels Gewinnerzielungsabsicht als gewerbliches Unternehmen nicht anzuerkennen sein. Die Konsequenz wäre: Liebhaberei der Personengesellschaft, also keine Gewerbesteuer! (vgl. Hennerkes/Binz, DB 1985, 1307 ff, 1310).

111 BFH vom 2. 9. 1985 IV B 51/85 BStBl II 1986, 10; vgl. zu der Entscheidung näher Knobbe-Keuk, „Unerwünschte Rechtsquelle", S. 43 ff.

kann aber nicht umgekehrt Personen, bei denen die schwammigen Merkmale „Mitunternehmerrisiko" und „Mitunternehmerinitiative" angenommen werden, per Vermutung in den Status von Gesellschaftern erheben.

Der Verzicht auf die Prüfung der ein Gesellschaftsverhältnis konstituierenden Merkmale ist systematisch verfehlt und dient auch nicht einer Klärung des Kreises der Steuerpflichtigen, die für die Einkünfte aus Gewerbebetrieb nach § 15 Abs. 1 S. 1 Nr. 2 EStG in Frage kommen. Entweder nimmt man den Großen Senat insoweit ernst, als er dargelegt hat, „Mitunternehmerinitiative" und „Mitunternehmerrisiko" müßten *gesellschaftsrechtlich begründet* sein – dann ist der Rückschluß ein Zirkelschluß. Oder man subsumiert in den kritischen Fällen, d. h. in den Fällen, in denen es um die Abgrenzung einer Innengesellschaft zu Austauschverhältnissen geht, den Sachverhalt einfach ohne Prüfung eines Gesellschaftsverhältnisses unter die von der Rechtsprechung entwickelten Merkmale „Unternehmerinitiative" und „Unternehmerrisiko" – dann besteht die Gefahr, daß der Schluß von den Mitunternehmermerkmalen auf ein Gesellschaftsverhältnis zur Einordnung von Vertragsbeziehungen als Gesellschaftsvertrag auch dann führt, wenn die essentialia negotii eines solchen nicht vorliegen. Man steht dann wieder bei der „faktischen Mitunternehmerschaft".

Diese Gefahr ist bei den Senaten des BFH unterschiedlich groß. Dies zeigt anschaulich die von Woerner[112] vorgenommene Analyse der im Anschluß an den Großen Senat ergangenen Entscheidungen des IV. und des VIII. Senats, in der die unterschiedlichen Akzente in den Entscheidungen beider Senate herausgearbeitet werden. Auch seitdem sendet der BFH auf dem IV. und dem VIII. Kanal ein für den außenstehenden Betrachter recht interessantes, für die Steuerpflichtigen und ihre Berater aber verwirrendes Kontrastprogramm.[113]

Für den Steuerpflichtigen ist die Lage zum Thema Gesellschaft, Mitunternehmerschaft, verdeckte Gesellschaft leider immer noch unberechenbar.[114]

c) Aufruf zur Rückbesinnung auf den historischen Ausgangspunkt

aa) Der gesetzliche Tatbestand des § 15 Abs. 1 S. 1 Nr. 2 EStG setzt das Vorliegen einer Gesellschaft voraus. Zu diesem gesetzlichen Ausgangspunkt hat der Große Senat des BFH zurückgefunden. Allerdings hat dies bewirkt,

112 Woerner, BB 1986, 704 ff.

113 Zur Kennzeichnung der unterschiedlichen Grundeinstellung seien die Entscheidungen des VIII. Senats vom 28. 1. 1986 (VIII R 335/82 BStBl II 1986, 599) und des IV. Senats vom 5. 6. 1986 (IV R 53/82 BStBl II 1986, 798) gegenübergestellt. Allerdings ist das Kontrastprogramm insofern zu relativieren als es auch Entscheidungen des IV. Senats gibt, die sich an dem Beschluß des Großen Senats orientieren (z. B. BFH vom 31. 1. 1985 IV R 104/82 BFH-NV 1986, 17; vgl. auch BFH vom 11. 9. 1986 IV R 82/85 BStBl II 1987, 111 = DStR 1987, 102 mit Anm. LS). Umgekehrt fällt das Urteil des VIII. Senats vom 6. 5. 1986 (VIII R 300/82 BStBl II 1986, 891) aus dem Rahmen der sonstigen Rechtsprechung dieses Senats.

114 Aus der jüngsten Rechtsprechung vgl. BFH vom 22. 10. 1987 IV R 17/84 BStBl II 1988, 62; BFH vom 6. 12. 1988 VIII R 362/83 FR 1989, 368 ff mit Anm. L. Schmidt.

daß der BFH – je nach Senat mehr oder weniger ausgeprägt – dazu neigt, „verdeckte Gesellschaften" zu „entdecken".[115] Schon der Sprachgebrauch gibt zu denken. Denn gewöhnlich fordert der BFH, damit z. B. Verträge zwischen Familienangehörigen oder einander nahestehenden Personen der Besteuerung zugrunde gelegt werden können, gerade das Umgekehrte, daß nämlich von vornherein alles klar und eindeutig, ausdrücklich und nicht „verdeckt" geregelt ist.

Wie würde der BFH wohl reagieren, wenn ein Steuerpflichtiger ihm eines Tages eröffnen würde, er habe mit seinem Sohn, der im Betrieb gearbeitet hat, konkludent einen Arbeitsvertrag geschlossen, es liege ein „verdeckter Arbeitsvertrag" vor?

Bei den Erwerbsgesellschaften mit Gesamthandsvermögen ist der Zusammenschluß zur Verfolgung eines gemeinsamen Zweckes evident.

Gemeinsamer Zweck ist der Betrieb eines Handelsgeschäfts unter gemeinsamer Firma oder – wenn es sich nicht um eine Handelsgesellschaft handelt – der Betrieb eines sonstigen Erwerbsgeschäfts in der gesamthänderischen Verbindung.

Die Feststellung, ob die Beteiligten sich zur Förderung eines gemeinsamen Zwecks vertraglich verbunden haben, ist ein Problem allein der Innengesellschaft. Bei den Erwerbsinnengesellschaften ist das den gemeinsamen Zweck konstituierende Element die Gewinnbeteiligung. Betreibt jemand ein Erwerbsgeschäft nach außen allein, so kann der Betrieb dieses Geschäfts nur dann gemeinsamer Zweck von ihm und einem anderen sein, wenn der andere am Gewinn beteiligt ist.[116]

Das ist die 2000jährige Tradition für die schuldrechtliche Sozietät.[117] Für die wichtigste Innengesellschaft zur Verfolgung eines wirtschaftlichen Zweckes, nämlich für die stille Gesellschaft, wird dies im Gesetz ohnehin vorausgesetzt. Für andere Erwerbsinnengesellschaften gilt dies in gleicher Weise. Erst die Gewinnbeteiligung begründet auch in bezug auf den nichtkaufmännischen Betrieb die Gemeinschaftlichkeit des Zwecks.

---

115 Zuweilen „entdeckt" der BFH aber nicht einmal, mit wem eigentlich das Gesellschaftsverhältnis besteht (vgl. BFH vom 5. 6. 1986 IV R 272/84 BStBl II 1986, 802): Gesellschafter einer KG waren Ehefrau und minderjährige Kinder. Der Ehemann soll Gesellschafter sein, wobei offen bleibt, ob die Gesellschaft mit den Gesellschaftern der KG oder der KG selbst besteht. Es ist schon reichlich merkwürdig, ein (verdecktes) Gesellschaftsverhältnis anzunehmen, ohne daß man sagen kann, wer denn eigentlich die Partner dieses Gesellschaftsverhältnisses sind. Vgl. demgegenüber schon das Reichsgericht im Jahre 1919 (RG vom 14. 3. 1919 Rep. II 393/18, RGZ 95, 147 ff, 149): „Ein Gesellschaftsvertrag kann immer nur mit einem bestimmten Inhalt, nicht als abstrakter Begriff bestehen. Das Vorliegen eines Gesellschaftsvertrages anzunehmen und seinen Inhalt dahinstehen zu lassen, ist daher rechtlich verfehlt".

116 Vgl. dazu Flume, § 3 II, S. 39 ff mit Nachweisen; Knobbe-Keuk, „Unerwünschte Rechtsquelle", S. 38 ff; Woerner, BB 1986, 704 ff.

117 Vgl. dazu Flume aaO; vgl. D 17, 2, 67, pr a. E. (Paulus): Societas cum trahitur tam lucri quam damni communio initur; Donellus, Commentarius de iure civili, 1763, 13, 15, § 7: Nulla est enim societas nisi quae ita coita est, ut lucrum inter socios dividatur.

Gibt es ohne Gewinnbeteiligung keine Innengesellschaft, so ist freilich umgekehrt allein auf Grund der Vereinbarung einer Gewinnbeteiligung nicht auch schon auf einen Gesellschaftsvertrag zu schließen. Vielmehr stellt sich bei den partiarischen Verträgen – erst und nur hier[118] – das Abgrenzungsproblem zwischen Innengesellschaft und Austauschvertrag. Hier ist aber nicht zu verhehlen, daß auch zivilrechtlich gewisse Unsicherheiten und Zweifel bei der Abgrenzung im Einzelfall verbleiben.[119] Zivilrechtlich kann man damit durchaus leben. Denn für die zivilrechtlichen Folgen kommt es ohnehin auf die Auslegung der konkreten Vereinbarung an.

Steuerrechtlich ist jede Unsicherheit mißlich. Nur liegt u. E. die entscheidende Ursache aller Unklarheiten zum Anwendungsbereich des § 15 Abs. 1 S. 1 Nr. 2 EStG in dem heutigen Verständnis des Mitunternehmerbegriffs.

bb) Die Rechtsunsicherheit, die mit der Anknüpfung der Besteuerung an einen Begriff verbunden ist, der „nur durch eine unbestimmte Anzahl von Merkmalen beschrieben werden kann"[120], ist offenkundig.[121] Es bedarf der Besinnung auf das Verständnis der Vorschrift des § 15 Abs. 1 S. 1 Nr. 2 EStG, wie es einmal selbstverständlich gewesen, aber leider in Vergessenheit geraten ist, es bedarf der Rückkehr zum gesetzlichen Ausgangspunkt des Mitunternehmerbegriffs.[122]

Nach dem EStG 1925, auf das die heutige Formulierung des § 15 Abs. 1 S. 1 Nr. 2 EStG zurückgeht,[123] hatten die Gesellschafter einer OHG oder KG kraft Rechtsform „ohne Rücksicht auf den Gegenstand des Unternehmens"[124] Einkünfte aus Gewerbebetrieb. Zugleich war selbstverständlich, daß die Gesellschafter einer OHG oder KG als Unternehmer anzusehen sind.[125] Der Begriff des Unternehmers hat einkommensteuerrechtlich die Funktion, die Personen zu bezeichnen, die Einkünfte aus Gewerbebetrieb beziehen, und diese abzugrenzen von Steuerpflichtigen, die Einkünfte aus anderen Einkunftsarten haben. Unternehmer bedeutet: Inhaber des Betriebes.[126] Es ist derjenige, der das Unternehmen auf eigene Rechnung und Gefahr betreibt.[127]

---

118 In der privatrechtlichen Literatur wird die Abgrenzung einer Innengesellschaft zu den Austauschverhältnissen als Problem der partiarischen Rechtsverhältnisse behandelt (vgl. stellvertretend für diese Ulmer, Vor § 705 BGB Anm. 74).

119 Vgl. dazu näher Knobbe-Keuk, „Unerwünschte Rechtsquelle", S. 40 ff.

120 Vgl. für die Rechtsprechung BFH vom 25. 6. 1984 GrS 4/82 BStBl II 1984, 751 ff; vgl. zu den Merkmalen i. e. oben § 9 II 3 a.

121 Es ist die scharfsinnige Kritik, die Meßmer schon 1974 (Steuerkongreßreport 1974, 281 ff, 290 ff) an der Entwicklung der Rechtsprechung geübt hat, in Erinnerung zu rufen und aufzunehmen.

122 Vgl. dazu näher Meßmer aaO, S. 297 ff; Knobbe-Keuk, „Unerwünschte Rechtsquelle", S. 49 ff.

123 Zu den Vorgängern des § 29 Nr. 3 EStG 1925 vgl. Meßmer aaO, S. 297 ff.

124 Strutz, Kommentar zum EStG 1925, Bd II, 1929, § 29 Anm. 1 (S. 302 f).

125 Strutz aaO, Bd I, § 6 Anm. 16.

126 Strutz aaO, Bd II, § 29 Anm. 7.

127 Strutz aaO, Bd II, § 29 Anm. 7.

Führt eine andere Gesellschaft einen Gewerbebetrieb, so sollten die Gesellschafter, „bei denen ebenfalls die Voraussetzung zutrifft, daß sie als die Unternehmer (Mitunternehmer) anzusehen sind",[128] in gleicher Weise Einkünfte aus Gewerbebetrieb beziehen wie die Gesellschafter einer OHG und KG.

Ursprünglich hatte der Relativsatz, „bei der der Gesellschafter als Unternehmer (Mitunternehmer) des Gewerbebetriebs anzusehen ist" also lediglich die Bedeutung, die Gesellschaften zu kennzeichnen, deren Gesellschafter Einkünfte aus Gewerbebetrieb haben, weil sie – wie die Gesellschafter einer OHG oder KG – Inhaber des Unternehmens sind.[129] Leitbild war die Erwerbsgesellschaft des bürgerlichen Rechts, und zwar die Außengesellschaft[130]. Die Regelung des § 15 Abs. 1 S. 1 Nr. 2 EStG ist zugeschnitten auf Gesellschaften mit Gesamthandsvermögen. Dies zeigt insbesondere die die Sondervergütungen betreffende Formulierung, „die der Gesellschafter von der Gesellschaft bezogen hat".

Solange nur Gesellschafter von Gesellschaften mit Gesamthandsvermögen unter die Vorschrift des § 15 Abs. 1 S. 1 Nr. 2 EStG und deren Vorläufer gefaßt wurden, war denn auch der Mitunternehmerbegriff kein Thema. Zu einem Thema wurde der Mitunternehmerbegriff erst, nachdem die Rechtsprechung auch den atypischen stillen Gesellschafter unter § 15 Abs. 1 Nr. 2 EStG subsumiert hatte.

Grund für die steuerliche Gleichstellung der atypischen stillen Gesellschaft mit der Kommanditgesellschaft war, daß es für die Besteuerung keinen Unterschied machen kann, ob Gesellschaftsvermögen vorhanden ist oder Geschäftsvermögen nur eines Beteiligten, das aber im Innenverhältnis für die Beteiligung am Gewinn und Verlust und für die Auseinandersetzung wie Gesamthandsvermögen behandelt wird.[131] Entspricht die vermögensmäßige Stellung des atypischen stillen Gesellschafters in dieser Weise derjenigen eines Kommanditisten, so ist in der Tat der atypische stille Gesellschafter als Mitinhaber des Betriebs anzusehen. Denn der Betrieb wird auf gemeinsame Rechnung und Gefahr von Geschäftsinhaber und Stillem geführt. Unter dieser Voraussetzung – und nur unter dieser Voraussetzung – ist es in der Tat angebracht, von einem „Unternehmerrisiko" zu sprechen.

Leider hat die Rechtsprechung aber die Anwendung des § 15 Abs. 1 S. 1 Nr. 2 EStG auch auf Innengesellschaften nicht auf den Fall beschränkt, daß der Innengesellschafter die vermögensmäßige Stellung eines Kommanditisten hat. Sie hat vielmehr das „Unternehmerrisiko" in Richtung auf die „Teilnahme am Erfolg oder Mißerfolg eines gewerblichen Unternehmens" verwässert und daneben das Merkmal der „Unternehmerinitiative" gestellt, das dann seine Eigendynamik entwickelt und zu der damit verbundenen Rechtsunsicherheit geführt hat.

Einkünfte aus Gewerbebetrieb hat der Inhaber des Betriebs. Inhaber des Betriebs und Unternehmer ist der, auf dessen Rechnung und Gefahr der Be-

128 Strutz aaO, Bd II, § 29 Anm. 1.

129 Vgl. z.B. Kuhn, Das EStG 1922, § 7 Anm. 6; Strutz aaO, § 29 Anm. 1 und 30; Pißel-Koppe, Das EStG 1925, 2. Auflage 1927, § 29 zu C.

130 Vgl. dazu den Bericht von Meßmer aaO, (Anm. 121), S. 299 über die Beratungen zu § 7 Nr. 3 EStG 1920.

131 Enno Becker, StuW 1925, 1604 ff.

trieb geführt wird. Bei privatrechtlicher Betrachtung ist Inhaber des von einer Personengesellschaft geführten Betriebs die Gesellschaft. Da die Personengesellschaft selbst aber nicht einkommensteuer- und auch nicht körperschaftsteuerpflichtig ist, sind steuerlich als Inhaber des Betriebs die Steuerpflichtigen anzusehen, auf deren gemeinsame Rechnung und Gefahr der Betrieb geführt wird. Daß der Betrieb auf Rechnung und Gefahr des persönlich haftenden Gesellschafters betrieben wird, ist nicht in Frage zu stellen. Darüber hinaus kann es für die Inhaberschaft allein auf die vermögensmäßige Stellung[132] ankommen, auf die Merkmale also, die nach dem BFH „regelmäßig" das „Unternehmerrisiko" vermitteln, dazu zählt: die Beteiligung am Gewinn und Verlust sowie an den stillen Reserven des Anlagevermögens einschließlich des Geschäftswerts.

Der Gesellschafter, der nicht als persönlich haftender Gesellschafter per se Unternehmer ist, muß – davon geht auch das Gesetz in § 16 Abs. 1 Nr. 2 EStG aus – einen Anteil am Betriebsvermögen des Unternehmens haben. Nur dann wird der Betrieb – anteilig – auch auf seine Rechnung und Gefahr geführt, nur dann ist er auch Mitunternehmer.

cc) Die hier vorgetragene Konzeption ist – historisch – ein Schritt zurück. Die Rückbesinnung ist aber ungemein progressiv: Sie bringt den gebotenen Fortschritt, nämlich die Wiedergewinnung von Rechtssicherheit. Wenn der Aspekt der Rechtssicherheit auf seiten der Finanzverwaltung und der Rechtsprechung in der Vergangenheit offensichtlich in den Hintergrund getreten ist, so ist anzunehmen, daß dies nicht zufällig und nicht aus der schieren Lust an der Verbreitung von Unsicherheit geschehen ist, sondern weil man meint, auf diese Weise den Einzelfall „richtiger" und „gerechter" zu entscheiden.

Die Würdigung dieses Anliegens setzt die Klärung voraus, worum es bei der Entscheidung über die Mitunternehmerstellung eigentlich geht. Zur Debatte steht allein die Bestimmung der Einkunftsart. Es geht also bei dem Geschäftsführer, Darlehensgeber und/oder Verpächter nicht darum, ob er überhaupt Einkommen erzielt, sondern um die Frage, in welcher Einkunftsart er Einkommen erzielt.

In dem Katalog der sieben Einkunftsarten geht der Gesetzgeber von der steuerrechtlichen Gleichwertigkeit der Einkünfte der verschiedenen Einkunftsarten aus[133] – und dies, obwohl bei der Ermittlung der Einkünfte zwischen Gewinn- und Überschußeinkünften zu unterscheiden ist.

Die Zuordnung von Einkünften zu einer Überschuß- oder zu einer Gewinneinkunftsart ist von ähnlich banaler Ambivalenz wie der Reißverschluß. Sie entfaltet ihre Funktion in zwei Richtungen. Die dualistische Einkünfteermittlung hat nicht „böse" und „gute" Einkünfte zur Folge. Man kann nicht

132 Das Merkmal der Unternehmerinitiative ist verzichtbar. Vgl. Tipke/Lang, § 9 G II 4.3, S. 335 f.

133 Vgl. näher Knobbe-Keuk, „Unerwünschte Rechtsquelle", S. 53 ff.

abstrakt sagen, die Ermittlung nach dem einen System sei für den Steuerpflichtigen günstiger oder ungünstiger als die Ermittlung nach dem anderen System. Man kann nur feststellen: Es ist ein aliud.

Stellt der Steuerpflichtige dem in welcher Form auch immer – ob als Einzelunternehmer, GmbH u. Co. KG oder GmbH – rechtlich organisierten Betrieb des Ehegatten entgeltlich seine Arbeitskraft, Darlehen und/oder Wirtschaftsgüter zur Nutzung zur Verfügung, so ist die Zuordnung zu den Überschußeinkünften – von der Steuerfreiheit etwaiger Veräußerungsgewinne abgesehen – insofern vorteilhaft, als Pensionsrückstellungen gebildet werden können, das Geschäftsführergehalt gewerbesteuerlich abzugsfähig ist, Darlehenszinsen nur zur Hälfte der Besteuerung unterliegen. Inwiefern wird eigentlich ein „gerechteres" Ergebnis erreicht, wenn man den Steuerpflichtigen zum Mitunternehmer erklärt, um ihm diese Vorteile zu versagen? Die Vorteile bestünden auch, wenn der Betrieb von dem Steuerpflichtigen als Ein-Mann-GmbH geführt würde. Man kann nicht sagen, bei der GmbH seien die Dinge doch nun einmal besonders gelagert, „weil die GmbH als juristische Person sowohl zivilrechtlich als auch ertragsteuerrechtlich selbständiges Rechtssubjekt ist".[134] Auch die Ehefrau ist „sowohl zivilrechtlich als auch ertragsteuerrechtlich ein selbständiges Rechtssubjekt".

Auf der anderen Seite ist ohnehin zu bedenken, daß die Einordnung der Einkünfte des Ehemannes in die Überschußeinkunftsarten im Einzelfall durchaus auch nachteilig sein kann. Der Darlehensgeber, der sein Kapital dem Betrieb der Ehefrau ungesichert zur Verfügung gestellt hat, kann – wenn dieses nicht mehr zurückgezahlt werden kann – den Verlust seines Kapitals steuerlich nicht berücksichtigen. Der Vermieter kann keine Sonderabschreibungen z. B. nach § 7 d EStG geltend machen, er hat keinen Anspruch auf Investitionszulagen usw.

Nach alledem läßt sich nicht mit Überzeugung vertreten, es sei „richtiger" oder „gerechter", Steuerpflichtige, die mit einem Unternehmen zwar durch – vielleicht zahlreiche – nebeneinanderstehende Austauschverträge verbunden sind, die aber nicht Inhaber des Unternehmens sind, doch als „Mitunternehmer" zu behandeln. Der Gesetzgeber behandelt – ob zu Recht oder zu Unrecht – Steuerpflichtige mit Einkünften aus Gewerbebetrieb nun einmal in vielfacher Hinsicht *anders* als Steuerpflichtige mit Überschußeinkünften und sieht gleichwohl die Einkunftsarten als gleichwertig an.

Im Zusammenhang mit den Diskussionen um den Mitunternehmerbegriff begegnet man häufig der Vorstellung, bei der Entscheidung über die Mitunternehmerstellung i. S. des § 15 Abs. 1 S. 1 Nr. 2 EStG könne insbesondere die Anknüpfung an die zivilrechtliche Position des Steuerpflichtigen zu „Wertungswidersprüchen innerhalb des Steuerrechts" führen,[135] und um diese zu

134 Formulierung aus BFH vom 31. 1. 1985 IV R 104/82 BFH-NV 1986, 17.

135 Vgl. etwa Schulze-Osterloh, StuW 1986, 79 im Anschluß an frühere Arbeiten (JbFStR 1978/79, 245 ff; JDStJG 1979, 131 ff).
In den Arbeiten von Schulze-Osterloh wird immer wieder hervorgehoben, daß es

vermeiden, sei es angebracht, diesen oder jenen Gesellschafter nicht als Mitunternehmer und andere Personen, die nicht Gesellschafter sind, gleichwohl als Mitunternehmer anzusehen. Leider wird aber nicht dargelegt, welche Wertungen eigentlich der steuergesetzlichen Unterscheidung zwischen den verschiedenen Einkünften zugrunde liegen sollen. Bei der derzeitigen Ausgestaltung des Steuerrechts – die insbesondere durch die mangelnde Rechtsformneutralität der Unternehmensbesteuerung sowie durch fortlaufende unsystematische punktuelle Aktionen und Reaktionen des Gesetzgebers gekennzeichnet ist – gibt es einfach kein teleologisches Kriterium, keine besonderen steuerrechtlichen Gerechtigkeitsaspekte, an denen man in Zweifelsfällen die Entscheidung über die Einkunftsart orientieren könnte.[136] So belegt insbesondere auch die gesetzliche Festschreibung der vom Großen Senat des BFH aufgegebenen Geprägerechtsprechung, daß der Gesetzgeber selbst der Abgrenzung zwischen den Einkunftsarten keinen Wert beimißt.

Damit den Steuerpflichtigen – wenn sie wollen – auch weiterhin die Segnungen der vom Großen Senat des BFH[137] aufgegebenen Geprägerechtsprechung und damit die Segnungen der gewerblichen Einkunftsart in Anspruch nehmen können, fingiert der Gesetzgeber in § 15 Abs. 3 Nr. 2 EStG einen Gewerbebetrieb für nicht gewerbliche Tätigkeiten. Durch die Formulierung der Fiktion überläßt der Gesetzgeber den Steuerpflichtigen in derartigen Fällen die Bestimmung der Einkunftsart. In der Sache ist in § 15 Abs. 3 Nr. 2 EStG der Gewerbebetrieb auf Antrag eingeführt worden. Nach den Bekundungen von Vertretern der Finanzverwaltung und des Gesetzgebers[138] soll auf diese Weise die GmbH u. Co. KG den Steuerpflichtigen weiterhin als „sinnvolles Gestaltungsinstrument“ erhalten bleiben. Wenn es den Steuerpflichtigen paßt, sollen sie eine nicht gewerbliche Tätigkeit durch Einsatz einer GmbH u. Co. KG zu einer gewerblichen deklarieren dürfen.

Dadurch, daß der Gesetzgeber selbst die Entscheidung über die Einordnung von Einkünften ganz bewußt den Steuerpflichtigen und ihrer Gestaltung überläßt, wird besonders deutlich, daß es bei der Einordnung von Einkünften in eine bestimmte Einkunftsart nicht um die Verwirklichung von steuerlichen Gerechtigkeitsvorstellungen geht, sondern eine Entscheidung technischer Art zu treffen ist. Als beste Technik erweist sich aber auch bei der Bestimmung der unter § 15 Abs. 1 S. 1 Nr. 2 EStG zu fassenden Steuerpflichtigen die Anknüpfung an die privatautonome Gestaltung der Beteiligten. Sie gewährleistet Rechtssicherheit.

---

im Zivilrecht bei der Feststellung einer Personengesellschaft oder eines Gewerbebetriebs usw. um ganz andere Probleme gehe als im Steuerrecht, dessen Anliegen es sei, eine „sachgemäße Abgrenzung zwischen den Einkunftsarten zu finden“ (z. B. in JDStJG 1979, 138) und daß deshalb die Abgrenzungen im Zivilrecht und im Steuerrecht anders vorgenommen werden. Welche spezifisch-steuerrechtlichen „Gerechtigkeitsvorstellungen“ aber der Unterscheidung zwischen den Einkunftsarten zugrunde liegen sollen, bleibt offen.

136 Vgl. so auch Tipke/Lang, § 9 G II 2.1, S. 328.

137 BFH vom 25. 6. 1984 GrS 4/82 BStBl II 1984, 751 ff.

138 Vgl. Kreile, DStZ 1986, 4 ff, 8 f.

4. Einzelne Gesellschaften

a) Außengesellschaften und wirtschaftlich vergleichbare Gemeinschaftsverhältnisse

aa) Neben den offenen Handelsgesellschaften und den Kommanditgesellschaften kommen als weitere Gesellschaften im Sinne des § 15 Abs. 1 S. 1 Nr. 2 EStG insbesondere die Gesellschaft bürgerlichen Rechts, deren Gegenstand ein Gewerbebetrieb ist, und die Reederei in Frage.

Gesellschaft im Sinne des § 15 Abs. 1 S. 1 Nr. 2 EStG kann auch die *Vorgesellschaft* sein. Eine Vorgesellschaft verfolgt den Zweck, eine andere Gesellschaft oder eine juristische Person zu gründen. Vielfach beginnt schon die Vorgesellschaft mit der gewerblichen Tätigkeit, die später auf die zu gründende Gesellschaft oder juristische Person übergehen soll. Der bei der Vorgesellschaft entstehende Gewinn bzw. Verlust ist nach § 15 Abs. 1 S. 1 Nr. 2 EStG steuerlich bei den Gesellschaftern anteilig zu erfassen.[139]

Hinsichtlich der Behandlung des Gewinns der *Gründungsgesellschaften*, d.h. der werdenden juristischen Personen in der Zeit von der Gründung (Abschluß des Gesellschaftsvertrages) bis zur Eintragung im Handelsregister, ist zu unterscheiden[140]: Gelangt die juristische Person zur Entstehung, so wird sie mit Wirkung vom Zeitpunkt der Gründung an als körperschaftsteuerpflichtig angesehen. In diesem Fall ist die Vorgesellschaft (Gründungsgesellschaft) also nicht unter § 15 Abs. 1 S. 1 Nr. 2 EStG zu fassen. Kommt die juristische Person hingegen nicht zur Entstehung, so ist die Gründungsgesellschaft nach h. M. als Gesellschaft im Sinne des § 15 Abs. 1 S. 1 Nr. 2 EStG anzusehen.

Des weiteren werden als den Gesellschaften wirtschaftlich vergleichbare Gemeinschaftsverhältnisse die anderen Gesamthandsgemeinschaften mit Gewerbebetrieb unter § 15 Abs. 1 S. 1 Nr. 2 EStG gefaßt.[141] Dies gilt für die *Erbengemeinschaft*,[142] die den Gewerbebetrieb des Erblassers fortführt.[143]

---

139 Vgl. dazu und zu der Frage, ob das Ergebnis der Vorgesellschaft auf die Kapitalgesellschaft übertragen werden kann, auch § 15 II.

140 Vgl. dazu näher unten § 15 II sowie Crezelius in: Handbuch der Personengesellschaften, Band 2, III. Teil, Rz. 7 ff.

141 Vgl. dagegen Meßmer, Festschrift Döllerer, 1988, S. 429 ff, 445, der dies mit dem Wortlaut des § 15 Abs. 1 Nr. 2 EStG für unvereinbar hält und die Gemeinschafter unter § 15 Abs. 1 Nr. 1 EStG fassen will.

142 Vgl. BFH vom 9. 7. 1987 IV R 95/85 BStBl II 1988, 245; Crezelius in: Handbuch der Personengesellschaften, Band 2, III. Teil, Rz. 9 ff.

143 Die Fortführung eines Handelsgeschäfts durch die Erbengemeinschaft ist – auch ohne daß ein Gesellschaftsvertrag abgeschlossen wird – möglich. Vgl. BGH vom 8. 10. 1984 II ZR 223/83 NJW 1985, 136 mit Anm. Karsten Schmidt.
Die Fortführung des Gewerbebetriebs durch eine Erbengemeinschaft wird freilich vom BFH – um die Erbauseinandersetzung erfolgsneutral zu verwirklichen – nicht ohne weiteres als Gesellschaft im Sinne des § 15 Abs. 1 S. 1 Nr. 2 EStG behandelt. Vgl. dazu unten § 22 I 5.

Dies gilt für die *Gütergemeinschaft*, wenn zum Gesamtgut ein Gewerbebetrieb gehört.[144]

Führt einer der Ehegatten den Gewerbebetrieb allein, so ist der andere Ehegatte nicht schon deshalb Mitunternehmer einer Gesellschaft im Sinne des § 15 Abs. 1 S. 1 Nr. 2 EStG, weil der den Gewerbebetrieb führende Ehegatte Wirtschaftsgüter des Gesamtguts nutzt.[145]

In dem Beschluß vom 25. 6. 1984 nennt der Große Senat als ein einer Gesellschaft wirtschaftlich vergleichbares Gemeinschaftsverhältnis auch die *Bruchteilsgemeinschaft.*

Wie eine Bruchteilsgemeinschaft einen Gewerbebetrieb führen kann, ist nicht so recht vorstellbar. Durch die Nennung der Bruchteilsgemeinschaft soll der Fall abgedeckt werden, daß Miteigentümer z.B. eines Grundstückes dieses an eine Betriebsgesellschaft verpachten und wegen des sogenannten einheitlichen geschäftlichen Betätigungswillens die Verpachtung als Gewerbebetrieb behandelt wird.[146] Wie der Miteigentümer, der nicht an der Betriebsgesellschaft beteiligt ist, Unternehmerinitiative soll entfalten können, bleibt im Dunkeln. Als Beispiel für ein „wirtschaftlich vergleichbares Gemeinschaftsverhältnis“ führt der VIII. Senat[147] die fehlerhafte Gesellschaft i.S. des Zivilrechts an. Die in Vollzug gesetzte fehlerhafte Gesellschaft ist freilich ohnehin nach § 41 Abs. 1 AO als Gesellschaft zu behandeln.

bb) Auch Personengesellschaften, bei denen eine oder mehrere *Kapitalgesellschaften*[148] Gesellschafter sind, unterfallen dem Tatbestand des § 15 Abs. 1 S. 1 Nr. 2 EStG. Voraussetzung ist allerdings seit dem Beschluß des Großen Senats vom 25. 6. 1984[149], daß die *Gesellschaft* eine gewerbliche Tätigkeit ausübt.

Besondere praktische Bedeutung hat die Form der GmbH u. Co. KG.[150] Sie ermöglicht zum einen die Führung eines Personenunternehmens mit beschränkter Haftung[151], zum anderen hat die Abschreibungsbranche sich die-

144 Zu Mitunternehmerbegriff und Gütergemeinschaft vgl. die Abhandlung von Schmidt-Liebig, StuW 1989, 110 ff.

145 Vgl. dazu näher BFH vom 20. 3. 1980 IV R 53/76 BStBl II 1980, 634 m.w.N.

146 Vgl. z.B. BFH vom 11. 11. 1982 IV R 117/80 BStBl II 1983, 299. Zur Betriebsaufspaltung vgl. unten § 22 VI.

147 BFH vom 22. 1. 1985 VIII R 303/81 BStBl II 1985, 363.

148 Personenhandelsgesellschaften können ihrerseits Gesellschafter einer anderen Personengesellschaft (vgl. für die h.M. Flume, S. 63 f m.N.) und steuerlich Mitunternehmer (vgl. für die h.M. Schmidt, § 15 EStG Anm. 48) sein, nicht aber eine Gesellschaft bürgerlichen Rechts. Zur Anwendung des § 15 Abs. 1 S. 1 Nr. 2 EStG bei mittelbarer Beteiligung vgl. unten § 11 IV 2.

149 BFH GrS aaO, (Anm. 10), vgl. dazu o. § 9 II 2b. Nicht gewerblich tätige Personengesellschaften mit Beteiligung einer Kapitalgesellschaft können aber unter die gesetzliche Fiktion eines Gewerbebetriebs nach § 15 Abs. 3 Nr. 2 EStG fallen (vgl. dazu o. § 9 II 2d).

150 Vgl. zur GmbH & Co. KG im einzelnen die Darstellung von Hennerkes/Binz, Die GmbH & Co. KG, 7. Aufl. 1984; Fichtelmann, Die GmbH & Co. KG im Steuerrecht, 6. Aufl. 1989.

151 Zur Wahl der Unternehmensform nach der Körperschaftsteuerreform vgl. das Schlußkapitel.

se Rechtsform in Gestalt der Publikumsgesellschaft[152] – wegen der Möglichkeit der unmittelbaren Verlustzurechnung bei den Gesellschaftern – nutzbar machen können.

Der auf die Kapitalgesellschaft entfallende Gewinnanteil unterliegt bei dieser der Körperschaftsteuer.

Es ist allerdings zu beachten, daß die Rechtsprechung bei der GmbH u. Co. KG die vertragliche Gewinnverteilung auf ihre Angemessenheit überprüft.[153] Anlaß ist der Umstand, daß die Rechtsform der GmbH u. Co. KG in Hinsicht darauf gewählt wurde, wie bei einer Kapitalgesellschaft die Haftungsbeschränkung herbeizuführen, andererseits aber auf diese Weise die bis zum 31. 12. 1976 gegebene Doppelbelastung des ausgeschütteten Gewinns mit Körperschaft- und Einkommensteuer soweit wie möglich vermieden werden konnte. Von hierher sah sich die Rechtsprechung, soweit sie meinte, die Gewinnbeteiligung benachteilige die GmbH, veranlaßt, die Gewinnverteilung zu korrigieren, den körperschaftsteuerpflichtigen Gewinnanteil der GmbH zu erhöhen und bei den Gesellschaftern als verdeckte Gewinnausschüttung[154] seitens der GmbH zu erfassen.

Nach der Einführung des Anrechnungsverfahrens bei der Körperschaftsteuer dürfte die Frage der Angemessenheit der Gewinnverteilung bei der GmbH u. Co. KG ihre Bedeutung verlieren.

Bei den Kommanditisten unterliegen – soweit es sich um natürliche Personen handelt – die auf sie entfallenden Gewinnanteile sowie das Ergebnis der zweiten Gewinnermittlungsstufe als Einkünfte aus Gewerbebetrieb der Einkommensteuer.

Hinsichtlich der Tätigkeitsvergütungen ist folgendes zu beachten: Als Komplementär nimmt die GmbH die Geschäftsführung für die KG wahr. Ist einer der Kommanditisten zugleich Geschäftsführer der GmbH und bezieht er auf Grund des mit der GmbH abgeschlossenen Dienstvertrages von dieser ein Gehalt, so faßt die Rechtsprechung[155] auch dieses Gehalt des Kommanditisten unter § 15 Abs. 1 S. 1 Nr. 2 EStG – obwohl nach dem Gesetz nur die von der KG für eine Leistung *an die KG*[156] bezogenen Tätigkeitsvergütungen als gewerbliche Einkünfte qualifiziert werden.

Die Rechtsprechung[157] wendet diese Grundsätze auch dann an, wenn eine Personengesellschaft Kommanditistin der GmbH u. Co. KG und ein Gesellschafter jener Personengesellschaft Geschäftsführer der GmbH ist.

---

152 Zu den Publikumsgesellschaften vgl. unten § 9 II 4c.

153 Vgl. im einzelnen die Darstellung bei Hennerkes/Binz aaO, (Anm. 150), S. 303 ff, Schmidt, § 15 EStG Anm. 116.

154 Zur verdeckten Gewinnausschüttung vgl. im einzelnen unten § 19.

155 Für die ständige Rechtsprechung vgl. z. B. BFH vom 15. 11. 1967 IV R 139/67 BStBl II 1968, 152, 157; vom 15. 11. 1967 IV R 2/67 BStBl II 1968, 175; vom 26. 1. 1968 VI R 129/66 BStBl II 1968, 369; vom 21. 3. 1968 IV R 166/67 BStBl II 1968, 579. Vgl. weitere Nachweise zur Rechtsprechung und zur Kritik an der Rechtsprechung bei Herrmann/Heuer/Raupach, § 15 EStG Anm. 35 b.

156 Zur Anwendung des § 15 Abs. 1 S. 1 Nr. 2 EStG bei mittelbaren Beziehungen vgl. unten § 11 IV 2.

157 Vgl. z. B. BFH vom 5. 7. 1972 I R 230/70 BStBl II 1972, 929; vom 15. 10. 1975 I R 16/73 BStBl II 1976, 188. Vgl. dazu § 11 IV 2.

Soweit Kommanditisten an der Komplementär-GmbH als Gesellschafter beteiligt sind, gehören die Geschäftsanteile nach der Rechtsprechung zu ihrem Sonderbetriebsvermögen.[158]

b) Die atypische stille Gesellschaft und andere Innengesellschaften

aa) Eine stille Gesellschaft liegt vor, wenn sich jemand an dem von einem Dritten betriebenen Handelsgewerbe mit einer in das Vermögen des Dritten übergehenden Vermögenseinlage beteiligt (§ 230 Abs. 1 HGB). Bei der stillen Gesellschaft handelt es sich um eine reine Innengesellschaft, Gesamthandsvermögen besteht nicht. Nach außen tritt allein der Geschäftsinhaber als Gewerbetreibender in Erscheinung. Nur er wird aus den in dem Betriebe geschlossenen Geschäften berechtigt und verpflichtet (§ 230 Abs. 2 HGB).

Zivilrechtlich kann die Rechtsstellung des stillen Gesellschafters recht unterschiedlich ausgestaltet sein. Nach der gesetzlichen Regelung ist der stille Gesellschafter nur am laufenden Gewinn und Verlust beteiligt; die Verlustbeteiligung kann auch ausgeschlossen sein; im Falle der Liquidation hat der Stille Anspruch auf Rückzahlung seiner Einlage.

Es kann aber auch vereinbart sein, daß im Verhältnis der Parteien das ganze Geschäftsvermögen als gemeinsames Vermögen behandelt werden soll, so daß der Stille bei der Auseinandersetzung so zu stellen ist, als wäre er am Geschäftsvermögen gesamthänderisch beteiligt gewesen, und dementsprechend auch einen Anteil an den stillen Reserven und am Geschäftswert erhält. Ist die Rechtsstellung des Stillen gegenüber der gesetzlichen Regelung in dieser Weise und vielleicht noch durch Kontroll- und Mitwirkungsrechte verstärkt, so spricht man von einer atypischen stillen Gesellschaft.[159]

Auch in der atypischen Form bleibt die stille Gesellschaft zivilrechtlich eine reine Innengesellschaft. Der Stille ist nicht unmittelbar am Vermögen des Geschäftsinhabers beteiligt, er hat nur schuldrechtliche Ansprüche gegen den Geschäftsinhaber, so gestellt zu werden, als wäre er unmittelbar beteiligt.[160]

bb) Ihrer ganzen Anlage nach ist die Vorschrift des § 15 Abs. 1 S. 1 Nr. 2 EStG auf Außengesellschaften mit gemeinschaftlichem Vermögen der Beteiligten zugeschnitten. Im Blick des Gesetzgebers hatte ursprünglich auch nur die stille Gesellschaft in ihrer typischen Form gelegen, und diese Form hatte auch der Gesetzgeber des EStG 1925 vor Augen, in dem die Einkünfte des Stillen – in Übernahme der Regelungen der alten Landesrechte – in den Katalog der Einkünfte aus Kapitalvermögen aufgenommen waren, der Stille al-

---

158 Vgl. dazu unten § 11 II 2.

159 Vgl. dazu im einzelnen die Monographien von Aulinger, Die atypische stille Gesellschaft, 1955, und Rasner, Die atypische stille Gesellschaft, 1961, sowie das Handbuch der stillen Gesellschaft von Paulick/Blaurock, 4. Aufl. 1988.

160 Zum Ausweis der stillen Gesellschaft in der Handelsbilanz vgl. Westerfelhaus, DB 1988, 1173 ff.

so einem Darlehensgeber gleichgestellt wurde.[161] Auf Grund der engagierten Ausführungen von Enno Becker[162] wurde aber die stille Gesellschaft, bei der der Stille nicht nur am laufenden Erfolg, sondern wirtschaftlich – im Innenverhältnis – auch am Geschäftsvermögen beteiligt ist und also bei der Auseinandersetzung einem Kommanditisten gleichsteht, von der Rechtsprechung[163] aus dem Anwendungsbereich der Einkünfte aus Kapitalvermögen herausgenommen und als eine Gesellschaft im Sinne des § 15 Abs. 1 S. 1 Nr. 2 EStG behandelt.[164] Steuerlich ist seitdem zwischen der typischen und der atypischen stillen Gesellschaft zu unterscheiden.

Die *typische* stille Gesellschaft ist keine Gesellschaft im Sinne des § 15 Abs. 1 S. 1 Nr. 2 EStG, weil der Stille hier nicht als Mitunternehmer des Gewerbebetriebs anzusehen, sondern letztlich nur kapitalmäßig beteiligt ist. Gewerbliche Einkünfte hat nur der Geschäftsinhaber. Dessen Gewinn ist um den Gewinnanteil des Stillen als Betriebsausgabe gemindert. Der typische stille Gesellschafter bezieht mit seinem Gewinnanteil Einkünfte aus Kapitalvermögen (§ 20 Abs. 1 Nr. 4 EStG), es sei denn, die stille Beteiligung gehört zu einem eigenen Gewerbebetrieb des Stillen.

Verlustanteile des typischen Stillen sind nach h. M.[165] auch dann – bis zur Höhe der Einlage – steuerlich zu berücksichtigen, wenn der Stille Einkünfte aus Kapitalvermögen hat. Diese auf den RFH[166] zurückgehende – mit der Systematik der Überschußeinkünfteermittlung in Widerspruch stehende – Handhabung ist durch den Gesetzgeber in § 20 Abs. 1 Nr. 4 S. 2 EStG festgeschrieben worden.

Bei der atypischen stillen Gesellschaft hingegen wird der Gewerbebetrieb im Innenverhältnis auf gemeinsame Rechnung und Gefahr des Geschäftsinhabers und des Stillen geführt. Wirtschaftlich entspricht die Stellung des Stillen hier der eines Kommanditisten. Der atypische stille Gesellschafter ist also Mitunternehmer einer Gesellschaft im Sinne des § 15 Abs. 1 S. 1 Nr. 2 EStG.

Zur Abgrenzung von typischer und atypischer stiller Gesellschaft liegt eine fast unüberschaubare kasuistische Rechtsprechung vor[167], in der die Beschäftigung des BFH mit den vielfältigen Merkmalen, Anzeichen und Unsicherheiten des Mitunternehmerbegriffs ihren Niederschlag gefunden hat. So wurde als atypischer stiller Gesellschafter etwa auch derjenige behandelt, der nicht am Verlust, an den stillen Reserven, am Geschäftswert beteiligt ist, aber als leitender Angestellter mit Gewinnbeteiligung auf

---

161 Freilich hatte schon das Preuß. OVG (vgl. Entscheidung vom 10. 10. 1910 XI a. 38/10 in OVGSt 15, 71 ff) dieser Gleichstellung die Spitze genommen, indem es die laufenden Verluste des typischen-Stillen hinsichtlich seiner Einlage als steuerlich relevant akzeptierte.

162 Enno Becker, StuW 1925, 1604 ff.

163 Seit RFH vom 3. 2. 1926 VI A 163/25 RFHE 18, 162 ff.

164 Der Gesetzgeber hat dieser jahrzehntelangen unbestrittenen Praxis Rechnung getragen, indem er durch das Körperschaftsteuerreformgesetz von 1976 in § 20 Abs. 1 Nr. 4 EStG eingefügt hat: „es sei denn, daß der Gesellschafter als Mitunternehmer anzusehen ist".

165 Für diese Schmidt/Heinicke, § 20 EStG Anm. 35.

166 RFH vom 23. 5. 1933 VI A 422/33 RStBl 1933, 1078.

167 Vgl. einige Nachweise bei Schmidt, § 15 EStG Anm. 58.

das Schicksal des Unternehmens Einfluß nehmen kann.[168] Hier wird die Rechtsprechung nach dem Beschluß des Großen Senats vom 25. 6. 1984[169] umdenken und sich neu orientieren müssen, denn nunmehr müssen „Unternehmerrisiko" und „Unternehmerinitiative" grundsätzlich *gesellschaftsrechtlicher* Natur sein.[170] Es ist zu hoffen, daß der BFH bei der Neuorientierung zu dem Ausgangspunkt zurückfinden wird, der Grund für die steuerliche Gleichstellung der atypischen stillen Gesellschaft mit der Kommanditgesellschaft gewesen ist, daß es nämlich für die Besteuerung keinen Unterschied machen kann, ob Gesellschaftsvermögen vorhanden ist oder Geschäftsvermögen eines Beteiligten, das im Innenverhältnis für die Beteiligung am Gewinn und Verlust und für die Auseinandersetzung wie ein Vermögen zur gesamten Hand zu behandeln ist.[171] Von daher ist für die Anwendung des § 15 Abs. 1 S. 1 Nr. 2 EStG auf die stille Gesellschaft Voraussetzung, daß der Stille im Innenverhältnis wie ein Kommanditist am Geschäftsvermögen des Geschäftsinhabers beteiligt ist. Die „Unternehmerinitiative" ist nicht ausreichend.

Beteiligt sich ein *atypischer Gesellschafter* an dem Gewerbebetrieb einer *Kapitalgesellschaft*, so besteht auch hier zwischen der Kapitalgesellschaft und dem Stillen eine Gesellschaft im Sinne des § 15 Abs. 1 S. 1 Nr. 2 EStG.[172]

Mit atypischen stillen Beteiligungen an einer Kapitalgesellschaft können steuerlich die gleichen Wirkungen wie mit einer GmbH u. Co. KG erzielt werden.[173] So wird diese Form – wie die der GmbH u. Co. KG – z. B. auch für Abschreibungsgesellschaften eingesetzt.

Ist die atypische stille Gesellschaft – bis auf das fehlende Gesamthandsvermögen – wie eine GmbH u. Co. KG strukturiert und steht insbesondere gar nicht das Unternehmen der Kapitalgesellschaft im Vordergrund, so ist es folgerichtig und sachgerecht, sie als Gesellschaft im Sinne des § 15 Abs. 1 S. 1 Nr. 2 EStG mit allen Konsequenzen[174] zu behandeln. Noch nicht geklärt ist aber, ob diese Grundsätze uneingeschränkt auch dann zu gelten haben, wenn die atypische stille Gesellschaft mit einer Kapitalgesellschaft nicht wie eine GmbH u. Co. KG verbunden ist[175], und wenn vor allem das Unternehmen der

168 Vgl. etwa BFH vom 28. 1. 1982 IV R 197/79 BStBl II 1982, 389.

169 BFH GrS aaO, (Anm. 88).

170 Dessen ist man sich auch beim BFH bewußt, vgl. Erdweg, FR 1984, 601 ff, 606; Döllerer, DStR 1985, 295.

171 Enno Becker, StuW 1925, 1604 ff.

172 Vgl. dazu näher Post/Hoffmann, Die stille Beteiligung am Unternehmen der Kapitalgesellschaft, 1984; vgl. des weiteren Schulze-Osterloh, ZGR 1974, 427 ff; Costede, StuW 1983, 308; ders., Steuerberaterkongreßreport 1987, 239 (257 ff); Schwedhelm, Die GmbH & Still als Mitunternehmerschaft, 1987.

173 Fraglich ist, ob der Alleingesellschafter oder auch der beherrschende Gesellschafter einer GmbH, der sich an der GmbH als stiller Gesellschafter beteiligt, als atypischer stiller Gesellschafter zu behandeln ist, auch wenn die stille Gesellschaft dem Normalstatut der §§ 230 ff HGB entspricht. BFH vom 21. 6. 1983 VIII R 237/80 BStBl II 1983, 563 verneint dies. Vgl. demgegenüber aber Knobbe-Keuk, StuW 1982, 201 ff, 221; Schmidt, § 15 EStG Anm. 58 b; dem BFH folgt Schwedhelm aaO, (Anm. 172), S. 27 ff m. w. N.

174 Vgl. dazu näher Herrmann/Heuer/Raupach, § 15 EStG Anm. 31; Schmidt, § 15 EStG Anm. 58 b.

175 Vgl. dazu Müller, StbJb 1973/74, 203 ff; Schulze zur Wiesche, DB 1976, 408 ff; Costede, StuW 1983, 309 ff.

Kapitalgesellschaft im Vordergrund steht. Zu denken ist etwa an die Fälle, daß Lieferanten oder Erzeuger sich an dem in der Rechtsform der Kapitalgesellschaft geführten Unternehmen oder daß Gesellschafter der Kapitalgesellschaft sich zusätzlich an der Kapitalgesellschaft als atypische stille Gesellschafter beteiligen.

cc) Die Bestimmung des § 15 Abs. 1 S. 1 Nr. 2 EStG ist zugeschnitten auf Gesellschaften mit Gesamthandsvermögen. Das zeigt insbesondere die die Sondervergütungen betreffende Formulierung, „die der Gesellschafter *von der Gesellschaft* bezogen hat".

Dieser Befund hat zu Diskussionen um die Art und Weise der Gewinnermittlung bei der atypischen stillen Gesellschaft geführt. Der VIII. Senat hat in dem Urteil vom 2. 5. 1984[176] klargestellt, daß das Vermögen des Geschäftsinhabers nicht etwa – wie in der Literatur gelegentlich vertreten[177] – dessen Sonderbetriebsvermögen bei der stillen Gesellschaft sei, sondern dessen Betriebsvermögen. Unter Berufung auf die zivilrechtliche Lage, daß auch bei der atypischen stillen Gesellschaft die Einlage des Stillen in das Vermögen des Geschäftsinhabers übergeht, daß kein Vermögen der stillen Gesellschaft existiert, daß es folglich auch keine Handelsbilanz der stillen Gesellschaft, sondern nur eine solche des Geschäftsinhabers gibt, vertritt Döllerer[178] – und ihm folgend der VIII. Senat[179] – darüber hinaus die Auffassung, es gebe auch steuerlich kein Betriebsvermögen, keine Steuerbilanz, keinen Betriebsvermögensvergleich der atypisch stillen Gesellschaft. Diese Auffassung würde – konsequent durchgeführt – zur Folge haben, daß die atypische stille Gesellschaft, die auf Grund der wirtschaftlichen Gleichartigkeit mit der KG in den Kreis der Gesellschaften im Sinne des § 15 Abs. 1 S. 1 Nr. 2 EStG aufgenommen wurde, in entscheidenden Punkten doch anders behandelt wird.[180]

Es wäre z. B. die Frage, ob die Veräußerung eines Wirtschaftsgutes des Geschäftsinhabers an den Stillen, das dieser dem Geschäftsinhaber weiterhin zur Nutzung überläßt und also bei dem Stillen Sonderbetriebsvermögen würde, nach den Grundsätzen über die Veräußerung von Wirtschaftsgütern des Gesellschaftsvermögens an einen Gesellschafter[181], also auch erfolgsneutral behandelt werden kann. Da es nach Döllerer kein steuerliches Betriebsvermögen der atypischen stillen Gesellschaft gibt – und dieses Vermögen auch nicht Sonderbetriebsvermögen ist –, dürfte konsequenterweise die erfolgsneutrale Übertragung nicht möglich sein.[182]

176 BFH vom 2. 5. 1984 VIII R 276/81 BStBl II 1984, 820.

177 Z. B. Schulze zur Wiesche, GmbHR 1982, 114 f.

178 DStR 1985, 295 ff; vgl. demgegenüber aber die Ausführungen von Schön, BB 1985, 313 f. Zum Meinungsstand vgl. Nachweise bei Schmidt, § 15 EStG Anm. 58 b. Für die steuerliche Vermögenszuordnung bei der atypischen stillen Gesellschaft nach § 39 Abs. 2 Nr. 2 AO analog vgl. Ehlers/Busse, DB 1989, 448 ff.

179 BFH vom 12. 11. 1985 VIII R 364/83 BStBl II 1986, 311.

180 Schön, BB 1985, 314.

181 Vgl. dazu i. e. unten § 11 II.

182 Döllerer behandelt die Frage nicht; vgl. aber Schmidt, § 15 EStG Anm. 104; derselbe, FR 1984, 537.

Hat der atypische stille Gesellschafter Anspruch auf einen *Anteil am Handelsbilanzgewinn,* ist nach Döllerer die Handelsbilanz und nicht die Steuerbilanz des Inhabers die Grundlage für die Ermittlung des *steuerrechtlichen Gewinnanteils* des atypischen stillen Gesellschafters.[183] Da auch der dem Kommanditisten zustehende Gewinnanteil auf den Handelsbilanzgewinn bezogen ist, diesem aber selbstverständlich steuerlich der Anteil am Steuerbilanzgewinn der Gesellschaft zugerechnet wird, ist angesichts des Umstandes, daß die Unterstellung der atypischen stillen Gesellschaft unter das Regime des § 15 Abs. 1 S. 1 Nr. 2 EStG gerade den Sinn hat, steuerrechtlich den atypischen stillen Gesellschafter dem Kommanditisten gleichzustellen, eine Rechtfertigung für die unterschiedliche Behandlung nicht recht ersichtlich.

Wenn es nach Döllerer nur Betriebsvermögen des Geschäftsinhabers geben soll, wäre die weitere Konsequenz, daß als Zeitpunkt der steuerlichen Zurechnung des Gewinnanteils des atypischen stillen Gesellschafters nicht der Zeitpunkt des Entstehens des Gewinns beim Geschäftsinhaber in Frage kommen könnte. Diese Konsequenz zieht Döllerer freilich nicht. Bei der zeitlichen Zurechnung ist auch für Döllerer – anders als beim Umfang des Gewinnanteils – maßgebend, daß der atypische stille Gesellschafter durch seine Beteiligung an den stillen Reserven und am Geschäftswert schuldrechtlich so gestellt ist, „als wäre er Gesamthänder".

U. E. ist die Lage folgendermaßen zu sehen:[184] Die atypische stille Gesellschaft ist steuerlich der KG gleichgestellt worden, weil es steuerlich keinen Unterschied machen soll, ob Gesellschaftsvermögen vorhanden ist oder das Geschäftsvermögen eines der Beteiligten im Innenverhältnis für die Beteiligung am Gewinn und Verlust und für die Auseinandersetzung wie ein Vermögen zur gesamten Hand zu behandeln ist.[185]

Die Unterstellung der Innengesellschaft „atypische stille Gesellschaft" unter die auf Außengesellschaften zugeschnittene Vorschrift des § 15 Abs. 1 S. 1 Nr. 2 EStG bedeutet, daß das Vermögen des Geschäftsinhabers steuerlich wie ein Gesellschaftsvermögen, daß die atypische stille Gesellschaft steuerlich wie eine Außengesellschaft anzusehen ist.

Hat man sich einmal bei der Weichenstellung, der Grundentscheidung, dafür entschieden, die zivilrechtlichen Unterschiede steuerlich für unbeachtlich zu erklären und sich – in vollem Bewußtsein der zivilrechtlichen Unterschiede – in Hinsicht auf die wirtschaftliche Gleichartigkeit für die steuerliche Gleichstellung entschieden, führt es u. E. nicht weiter, bei der Durchführung unter Hinweis auf das Zivilrecht die Grundlage des § 15 Abs. 1 S. 1 Nr. 2 EStG, daß es nämlich bei dem Gewinnanteil des Gesellschafters um die Erfassung *seines* Anteils an einer steuerlichen Betriebsvermögensvermehrung geht, in Frage zu stellen.

Wenn aufgrund der Unterstellung der atypischen stillen Gesellschaft unter das Regime des § 15 Abs. 1 S. 1 Nr. 2 EStG das Vermögen des Geschäftsinhabers steuerlich wie ein Gesamthandsvermögen angesehen wird, dann ist die aus der Handelsbilanz des Geschäftsinhabers abgeleitete Steuerbilanz wie die Steuerbilanz einer Außengesellschaft die Grundlage für die steuerli-

183 Döllerer, DStR 1985, 295 ff (297); ders., StbJb 1987/88, 289 (297 ff).

184 Ebenso Schmidt, § 15 EStG Anm. 58 b.

185 Vgl. Enno Becker, StuW 1925, 1602 ff, 1603.

che Gewinnermittlung bei der atypischen stillen Gesellschaft. Natürlich ist, da der atypischen stillen Gesellschaft als Innengesellschaft keinerlei Rechtssubjektivität zukommt – diese nicht zur Buchführung und zur Aufstellung einer Steuerbilanz verpflichtet[186], wie sie auch sonst nicht Träger von Rechten und Verbindlichkeiten sein kann.[187] Die Buchführungs- und Bilanzierungsverpflichtung trifft den Geschäftsinhaber als denjenigen, der eben im Außenverhältnis derjenige ist, der für die Innengesellschaft, d.h. für sich und den atypischen Stillen in ihrer Verbundenheit handelt.

Das steuerliche Betriebsvermögen der atypischen stillen Gesellschaft ist das Geschäftsvermögen des Geschäftsinhabers. Es wird dargestellt in der vom Geschäftsinhaber aufgestellten – aus seiner Handelsbilanz abgeleiteten – Steuerbilanz, in der die Einlage des Stillen nicht mehr – wie vielleicht in der Handelsbilanz geschehen[188] – als Verbindlichkeit, sondern – wie die Einlage des Kommanditisten – als steuerliches Eigenkapital auszuweisen ist. Das ist die erste Gewinnermittlungsstufe bei der atypischen stillen Gesellschaft.

Kommt es für einen bestimmten Ansatz in der Steuerbilanz auf persönliche Eigenschaften des Steuerpflichtigen an (z.B. § 7e EStG), sind nicht nur die Verhältnisse beim Geschäftsinhaber entscheidend, sondern anteilig die Verhältnisse der in der Innengesellschaft verbundenen Mitunternehmer.[189]

Die steuerliche Gleichstellung von atypischer stiller Gesellschaft und Au-

---

186 Die Frage der Buchführungs- und Bilanzierungspflicht der atypischen stillen Gesellschaft ist in BFH vom 12. 6. 1975 IV R 10/72 BStBl II 1975, 853 offengelassen. Auf Grund der Entscheidung des BFH vom 12. 11. 1985 VIII R 364/83 BStBl II 1986, 311 ist davon auszugehen, daß die atypische stille Gesellschaft nicht verpflichtet ist.

187 Insofern schießt Schön, BB 1985, 314 in der Verfolgung seines berechtigten Anliegens über das Ziel hinaus. Wenn die atypische stille Gesellschaft auch bei der Anwendung des § 15 Abs. 1 S. 1 Nr. 2 EStG *wie* eine Außengesellschaft behandelt wird, so vermag dies ihr aber nicht eine beschränkte Rechtssubjektivität zu vermitteln.
Nach Auffassung Schöns soll die atypische stille Gesellschaft als solche etwa auch Partei eines Steuerprozesses sein können (die Frage ist in BFH vom 2. 5. 1984 VIII R 276/81 BStBl II 1984, 820 offengelassen). Dem ist u.E. nicht zu folgen. Der Klagebefugnis der Gesellschaft nach § 48 Abs. 1 Nr. 3 FGO (vgl. dazu unten § 13 IV) entspricht bei der atypischen stillen Gesellschaft die Klagebefugnis des Geschäftsinhabers; daneben hat der atypische stille Gesellschafter die Klagebefugnis nach § 48 Abs. 1 Nr. 1 u. 2 FGO. Vgl. BFH vom 24. 11. 1988 VIII B 90/87 BStBl II 1989, 145.

188 Dazu, daß auch handelsrechtlich die Einlage des Stillen mit Verlustbeteiligung nicht zusammen mit den übrigen Verbindlichkeiten auszuweisen ist, sondern gesondert als haftendes Kapital vgl. i.e. Knobbe-Keuk, ZIP 1983, 127 ff und oben § 4 V 3.
In BGH vom 17. 12. 1984 II ZR 36/84 BB 1985, 372 = NJW 1985, 1079 wird bei einer Publikumsgesellschaft auch ein atypischer stiller Beteiligter ohne Verlustbeteiligung im Rang hinter die anderen Gläubiger gestellt und seine Einlage im Verhältnis zu den Gläubigern als haftendes Kapital behandelt.

189 Vgl. Schön, BB 1985, 314.

ßengesellschaft bedeutet für die *Sondervergütungen*, daß den von einer Gesellschaft an den Gesellschafter gezahlten Vergütungen bei der atypischen stillen Gesellschaft die vom Geschäftsinhaber an den Stillen gezahlten Sondervergütungen entsprechen.[190]

Kommt es für die Besteuerung einer Gesellschaft im Sinne des § 15 Abs. 1 S. 1 Nr. 2 EStG auf Rechtsverhältnisse und Rechtsbeziehungen an, die bei der atypischen stillen Gesellschaft wegen ihres Charakters als Innengesellschaft gar nicht vorliegen können, so reicht es aus, wenn diese beim Geschäftsinhaber vorliegen.[191]

So kann etwa die atypische stille Gesellschaft als Innengesellschaft einen Gewinnabführungsvertrag im Sinne der §§ 14 ff KStG nicht abschließen, sondern nur der Geschäftsinhaber.[192] Die finanzielle Eingliederung aber kann auch darauf beruhen, daß der atypisch still Beteiligte Anteile an der Organgesellschaft hält und sie in den Dienst des Geschäftsinhabers gestellt hat, sie also bei ihm Sonderbetriebsvermögen sind.[193] Die finanzielle Eingliederung ist also nicht anders als bei einer Außengesellschaft, die einen Gewinnabführungsvertrag abgeschlossen hat, zu beurteilen.[194]

Fraglich ist, wonach sich bei der atypischen stillen Gesellschaft richtet, ob überhaupt ein *Gewerbebetrieb* als Voraussetzung für die Anwendung des § 15 Abs. 1 S. 1 Nr. 2 EStG vorliegt. Die Frage ist von besonderer Bedeutung für den Fall, daß eine atypische stille Beteiligung an einer Kapitalgesellschaft, die selbst keinen Gewerbebetrieb führt, besteht. Für Außengesellschaften hat der Große Senat in seinem Beschluß vom 25. 6. 1984[195] dargelegt, daß es die Gesellschaft selbst ist, die den Einkünftetatbestand verwirklicht und ihr insoweit Steuerrechtssubjektivität zugesprochen.

---

190 Diese sind in der zweiten Gewinnermittlungsstufe in der Sonderbilanz des Stillen, deren Grundlage dessen Sonderbetriebsvermögen ist, zu erfassen.
Wer für die Sonderbilanz des Stillen formell und materiell eigentlich zuständig ist, ist freilich letztlich genauso unklar wie beim Sonderbetriebsvermögen des Gesellschafters einer Außengesellschaft. Wenn man bei der Außengesellschaft der Gesellschaft auch die Kompetenz für die Sonderbilanz eines Gesellschafters einräumt, wird man bei der atypischen stillen Gesellschaft den Geschäftsinhaber für zuständig erklären müssen. Was aber ist, wenn Gesellschaft und Gesellschafter sich über Sonderabschreibungen, Bilanzierungswahlrechte usw. im Sonderbetriebsvermögen streiten?

191 A.A. Schwedhelm aaO, (Anm. 172). Seine These, daß dem Stillen keine Sondervergütungen aus Geschäftsführertätigkeit oder Überlassung von Wirtschaftsgütern zugerechnet werden könnten, weil es kein Unternehmen der stillen Gesellschaft gebe, dem diese Leistungen dienen könnten, läuft der Gleichstellung von KG und atypischer stiller Gesellschaft zuwider.

192 Entsprechend ist die Lage, wenn es auf das unmittelbare Halten von Anteilen an einer Kapitalgesellschaft ankommt (z. B. Schachtelprivilegien). Die atypische stille Gesellschaft kann diese Voraussetzung naturgemäß nicht erfüllen; es reicht aus, wenn dem Geschäftsinhaber, der für die Anwendung des § 15 Abs. 1 S. 1 Nr. 2 EStG anstelle der Gesellschaft steht, die unmittelbare Beteiligung zusteht.

193 Vgl. treffend Döllerer, DStR 1985, 295 ff, 301.

194 Vgl. unten § 20 II 1.

195 AaO, (Anm. 10).

Die atypische stille Gesellschaft selbst übt als Innengesellschaft überhaupt keine Tätigkeit und damit auch nicht eine gewerbliche Tätigkeit aus.[196] Deshalb kann man – wenn die atypische stille Gesellschaft für die Anwendung des § 15 Abs. 1 S. 1 Nr. 2 EStG *wie* eine Außengesellschaft angesehen wird – nicht formulieren, auch die atypisch stille Gesellschaft sei steuerlich – begrenzt – Steuerrechtssubjekt, sondern nur, sie sei *wie* ein Steuerrechtssubjekt anzusehen.[197]

Die Anwendung des § 15 Abs. 1 S. 1 Nr. 2 EStG setzt voraus, daß der Gesellschafter an der Betriebsvermögensmehrung eines Gewerbebetriebes teilnimmt. Deshalb muß – besteht die atypische stille Beteiligung an einer GmbH – die *Tätigkeit der GmbH* die Merkmale eines Gewerbebetriebes erfüllen. Aus § 8 Abs. 2 KStG ergibt sich nur, daß die eigenen Einkünfte einer GmbH ohne Rücksicht auf die Art ihrer Tätigkeit Einkünfte aus Gewerbebetrieb sind.

§ 8 Abs. 2 KStG qualifiziert nur die Einkünfte, nicht aber auch die zugrunde liegende Tätigkeit.[198] Durch § 8 Abs. 2 KStG können die Einkünfte anderer Personen nicht infiziert werden. Der atypisch still Beteiligte nimmt am Ergebnis der GmbH teil, nicht aber an der körperschaftsteuerlichen Qualifikation ihrer Einkünfte.[199]

Es ist nicht zu sehen, wie der z. B. an einer vermögensverwaltenden GmbH atypisch still Beteiligte zu Einkünften aus Gewerbebetrieb soll kommen können – obwohl er an der steuerlichen Betriebsvermögensvermehrung eines Gewerbebetriebs nicht beteiligt ist.

Die Prüfung, ob ein Gewerbebetrieb vorliegt, die nach dem Beschluß des Großen Senats vom 25. 6. 1984[200] bei Außengesellschaften für die Tätigkeit der Gesellschaft als solcher zu erfolgen hat, ist also bei der atypischen stillen Gesellschaft für die Tätigkeit des nach außen allein in Erscheinung tretenden Geschäftsinhabers vorzunehmen.[201] Die GmbH & atypisch Still ist auch nicht unter § 15 Abs. 3 Nr. 2 EStG zu fassen. Diese Vorschrift setzt Verbindlichkeiten der Gesellschaft und damit allgemein eine Außengesellschaft voraus.[202]

---

196 BFH vom 12. 11. 1985 VIII R 364/83 BStBl II 1986, 311.

197 Vgl. oben bei Anm. 187.

198 Treffend Schön, BB 1985, 314. Auch für den BGH ist selbstverständlich, daß eine GmbH – mag sie auch Formkaufmann sein – nicht notwendig ein Gewerbe betreibt (vgl. z. B. BGH vom 22. 1. 1976 VII ZR 280/75 BGHZ 66, 48 ff = BB 1976, 287).

199 Treffend Schön aaO.

200 AaO, (Anm. 10).

201 Im Ergebnis ebenso Schmidt, § 15 EStG Anm. 58 d, a. E.; Groh, WPg 1984, 655 ff, 657; Schön, BB 1985, 314; Herzig/Kessler, DStR 1986, 451 ff; DB 1985, 2530; Raupach, JbFStR 1985/86, 311; a. A. Bordewin, FR 1985, 98; Uelner, StbJb 1985/86, 247; Schwedhelm aaO, (Anm. 172), 101; BdF vom 26. 11. 1987 BStBl I 1987, 765.

202 Ebenso Schmidt, § 15 EStG Anm. 46 c, ff (3). Vgl. dort weitere Nachweise zum Meinungsstand.

dd) Nach den für die stille Gesellschaft im Sinne der §§ 230 ff HGB dargestellten Grundsätze sind auch andere Innengesellschaften, die einen Gewerbebetrieb betreffen, zu behandeln.

So ist die *bürgerlich rechtliche Gesellschaft,* die als *Innengesellschaft* ausgestaltet ist und sich auf einen Gewerbebetrieb bezieht, wie die atypische stille Gesellschaft als Gesellschaft im Sinne des § 15 Abs. 1 S. 1 Nr. 2 EStG anzusehen, wenn nach dem Gesamtbild der Stellung des nach außen nicht in Erscheinung tretenden Gesellschafters bei diesem Unternehmerrisiko und Unternehmerinitiative vorliegen.[203]

Unter einer *Unterbeteiligung*[204] ist die Beteiligung eines Dritten an dem Gesellschaftsanteil eines Gesellschafters einer Personen- oder Kapitalgesellschaft zu verstehen. Zwischen dem Gesellschafter der Hauptgesellschaft und dem Unterbeteiligten besteht eine Innengesellschaft, die sich auf den Gesellschaftsanteil des Hauptgesellschafters bezieht. Allein der Hauptgesellschafter ist Gesellschafter der Hauptgesellschaft, nur er steht zu der Hauptgesellschaft und deren Gesellschaftern in rechtlichen Beziehungen. Der Unterbeteiligte hat hinsichtlich des Gesellschaftsanteils an der Hauptgesellschaft die Stellung eines stillen Gesellschafters. Zwischen dem Unterbeteiligten und der Hauptgesellschaft besteht keine unmittelbare Rechtsbeziehung.[205] Die Unterbeteiligungsgesellschaft als Innengesellschaft erschöpft sich in den schuldrechtlichen Beziehungen zwischen dem Hauptgesellschafter und dem Unterbeteiligten.

Die Rechtsstellung des Unterbeteiligten kann – ähnlich der Rechtsstellung des stillen Gesellschafters – recht unterschiedlich ausgestaltet sein. Der Unterbeteiligte kann – wie der typische stille Gesellschafter – nur an dem auf den Hauptgesellschafter entfallenden laufenden Gewinnanteil beteiligt sein.

Der Hauptbeteiligte kann dem Unterbeteiligten aber auch die Beteiligung an dem Anteil an der Hauptgesellschaft in vollem Umfange eingeräumt haben, mit der Konsequenz, daß der Unterbeteiligte einen Anspruch auf Beteiligung auch am Abfindungs- oder Liquidationsguthaben des Hauptbeteiligten hat. Der Unterbeteiligte hat dann – bezogen auf den Anteil an der Hauptgesellschaft – die Stellung eines atypischen stillen Gesellschafters.

Die Gründe für die Einräumung einer Unterbeteiligung sind vielfältiger Art. Der Unterbeteiligte mag zur Finanzierung des Erwerbs der Beteiligung des Hauptgesellschafters beigetragen haben. Die Einräumung der Unterbeteiligung kann etwa im Rahmen

---

203 Vgl. BFH vom 28. 10. 1981 I R 25/79 BStBl II 1982, 186.

204 Vgl. zu den zivilrechtlichen Aspekten den Überblick bei K. Schmidt, S. 1406 ff und die Schriften von Friehe, Die Unterbeteiligung bei Personengesellschaften, 1974; Wagner, Die Unterbeteiligung an einem OHG-Anteil, 1975; Blaurock, Unterbeteiligung und Treuhand an Gesellschaftsanteilen, 1981; zum Steuerrecht Herrmann/Heuer/Raupach, § 15 EStG Anm. 27g; L. Schmidt, StuW 1988, 245 ff (dazu unten Fn. 213).

205 Der Unterbeteiligte hat auch keinen Anspruch gegen die Hauptgesellschaft auf Einsicht in deren Bilanzen und Gewinn- und Verlustrechnungen, vgl. BGH vom 11. 7. 1968 II Z R 179/66 BGHZ 50, 316. Socii mei socius non est socius meus D 50, 17, 47 § 1, Ulpian.

einer Erbauseinandersetzung erfolgt sein, indem nur einer der Erben die zum Nachlaß gehörende Beteiligung übernimmt und die übrigen Erben – da Privatvermögen nicht vorhanden ist – auf diese Weise abfindet.

Die steuerliche Behandlung der Unterbeteiligung entspricht der Behandlung der stillen Gesellschafter.[206]

Hat der Unterbeteiligte die Stellung eines typischen stillen Gesellschafters, so bezieht er Einkünfte aus Kapitalvermögen im Sinne des § 20 Abs. 1 Nr. 4 EStG, soweit nicht die Unterbeteiligung zu einem eigenen Gewerbebetrieb des Unterbeteiligten gehört. Verlustanteile des Unterbeteiligten sind Werbungskosten bei den Einkünften aus Kapitalvermögen in Gestalt der Verminderung der Einlage. Sie sind aber erst zu berücksichtigen, wenn der Jahresabschluß der Hauptgesellschaft festgestellt ist.[207] Bei dem Gesellschafter der Hauptgesellschaft mindert – ist die Hauptgesellschaft eine Personengesellschaft – der an den Unterbeteiligten abzuführende Teil seines Gewinnanteils als Sonderbetriebsausgabe[208] seine Einkünfte aus Gewerbebetrieb.

Hat der Unterbeteiligte hingegen eine Stellung wie ein atypischer stiller Gesellschafter,[209] so hat er – bezieht sich die Unterbeteiligung auf die Beteiligung an einer Personengesellschaft – wie der Hauptgesellschafter Einkünfte aus Gewerbebetrieb. Man drückt dies allgemein in der Feststellung aus, bei der atypischen stillen Unterbeteiligung seien Haupt- und Unterbeteiligte Mitunternehmer, und zwar der von der Hauptgesellschaft zu unterscheidenden besonderen „Mitunternehmergesellschaft" in der Form der Unterbeteiligungsgesellschaft.[210]

Wichtig ist festzuhalten, daß der Unterbeteiligte regelmäßig nicht etwa Mitunternehmer der Hauptgesellschaft ist. Etwaige Rechtsbeziehungen zwischen der Hauptgesellschaft und den Unterbeteiligten sind wie die Rechtsbeziehungen der Gesellschaft zu anderen Dritten auch zu behandeln. Hat der Unterbeteiligte z. B. der Gesellschaft ein Grundstück verpachtet, so fallen die Pachtzahlungen nicht unter § 15 Abs. 1 S. 1 Nr. 2 EStG. Nach der Rechtsprechung des BFH kann allerdings der Unterbeteiligte im Einzelfall auch als Mitunternehmer der Hauptgesellschaft anzusehen sein, wenn seine Stellung rechtlich und wirtschaftlich besonders stark ausgestaltet ist[211], wenn er als Nichtgesellschafter z. B. auch Kontroll- und Mitwirkungsrechte in der Hauptgesellschaft hat oder als leitender Angestellter mit einem nicht unbedeutenden Dispositionsspielraum Einfluß auf die Geschäftspolitik und auf andere grundsätzliche Fragen der Geschäftsführung ausübt.[212] U. E. ist dies

206 Zur verfahrensrechtlichen Behandlung der Unterbeteiligung vgl. unten § 13 II 2.

207 BFH vom 10. 11. 1987 VIII R 53/84 BStBl II 1988, 186.

208 Vgl. dazu unten § 11 II 7.

209 Eine atypische Unterbeteiligung an einem Anteil an einer offenen Handelsgesellschaft kann auch in der Weise begründet werden, daß der Unterbeteiligte im Innenverhältnis eine Rechtsstellung wie ein Kommanditist hat, vgl. BFH vom 18. 3. 1982 I R 127/78 BStBl II 1982, 546.

210 Auch wenn man die atypisch ausgestaltete Unterbeteiligungsgesellschaft als Gesellschaft im Sinne des § 15 Abs. 1 S. 1 Nr. 2 EStG bezeichnet, so ist sie jedenfalls als solche nicht auch gewerbesteuerpflichtig.

211 BFH vom 22. 1. 1985 VIII R 303/81 BStBl II 1985, 363.

212 BFH vom 22. 1. 1985 aaO, (Anm. 211).

nur möglich, wenn die Gesellschafterstellung des Hauptbeteiligten dem Unterbeteiligten als Treugeber zuzurechnen ist (vgl. § 39 Abs. 2 Nr. 1 AO).[213]

c) Die Publikumspersonengesellschaften

Publikumspersonengesellschaften in der Form der GmbH u. Co. KG oder in der Form der GmbH & Still sind in der Vergangenheit als Gesellschaften im Sinne des § 15 Abs. 1 S. 1 Nr. 2 EStG behandelt worden. Auf Grund der steuerlichen Anerkennung des negativen Kapitalkontos des Kommanditisten[214] in der Vergangenheit waren sie die wichtigste Gestaltungsform für die Aktivitäten der Steuersparbranche. Von der – inzwischen in § 15a EStG geregelten – Problematik des negativen Kapitalkontos des Kommanditisten abgesehen und parallel zur Erörterung dieser Problematik ist auch die steuerliche Behandlung der Publikumspersonengesellschaften dem Grunde nach in den letzten Jahren in der Diskussion gewesen.

In der Literatur werden mehrere Meinungen vertreten. Ihnen ist gemein, daß sie darauf zielen, Publikumspersonengesellschaften ganz oder teilweise aus dem Anwendungsbereich des § 15 Abs. 1 Nr. 2 EStG herauszunehmen.

a) Die Publikumspersonengesellschaft sei in Wirklichkeit schon de lege lata Körperschaftsteuersubjekt, und zwar als nichtrechtsfähiger Verein nach § 1 Abs. 1 Nr. 5 KStG. Diese Auffassung ist – soweit zu sehen ist – erstmals von Uelner[215] vertreten worden. Zur Begründung wird insbesondere darauf verwiesen, daß die körperschaftlich strukturierten Publikumspersonengesellschaften auch gesellschaftsrechtlich auf Grund der Rechtsprechung des BGH einem Sonderrecht unterliegen.

b) Eine Publikumspersonengesellschaft, die nur steuerliche Vorteile für ihre Gesellschafter, nicht aber eine Betriebsvermögensvermehrung erstrebe, handle nicht mit der für einen Gewerbebetrieb vorausgesetzten Gewinnerzielungsabsicht.[216]

---

213 L. Schmidt hat in StuW 1988, 245 ff die These aufgestellt, der atypische Unterbeteiligte müsse wie der Treugeber einem Gesellschafter der Hauptgesellschaft insoweit – aber dann in vollem Umfange (auch hinsichtlich der Sondervergütungen und des Sonderbetriebsvermögens) – „gleichgestellt" werden, als der Hauptbeteiligte – wie der Treuhänder – den Gesellschaftsanteil für Rechnung des atypisch Unterbeteiligten hält. Dem ist nicht zu folgen. Die Anwendung des § 15 Abs. 1 S. 1 Nr. 2 EStG setzt die *Gesellschafter*eigenschaft voraus. Wenn der Treugeber unter § 15 Abs. 1 S. 1 Nr. 2 EStG gefaßt wird, so beruht dies auf der Zurechnungsvorschrift des § 39 Abs. 2 Nr. 1 S. 2 AO. Sind die tatbestandlichen Voraussetzungen des § 39 Abs. 2 Nr. 1 S. 2 AO nicht erfüllt, besteht keine Grundlage, sich über das Erfordernis der Gesellschaftereigenschaft in § 15 Abs. 1 S. 1 Nr. 2 EStG hinwegzusetzen.

214 Vgl. dazu unten § 11a.

215 Uelner, JbFStR 1980/81, 359 ff; vgl. dazu Woerner, BB 1982, 660; Groh, BB 1984, 304 ff. Als Vorschlag de lege ferenda bei Walz, Gutachten zum 53. DJT (1980) S. 93 ff; vgl. dagegen Knobbe-Keuk, „Unerwünschte Rechtsquelle", S. 17 ff.

216 Vgl. dazu nunmehr § 15 Abs. 2 S. 2 EStG.

c) Der an einer Publikumspersonengesellschaft beteiligte Anlagekommanditist sei nicht Mitunternehmer, sondern als typischer stiller Gesellschafter zu behandeln.[217]

Die Fragen sind inzwischen vom BFH mit dem Beschluß des Großen Senats vom 25. 6. 1984[218] entschieden:[219]

Zu a) Leitsatz Nr. 2: „Eine Publikums-GmbH & Co. KG ist weder als nicht rechtsfähiger Verein im Sinne von § 1 Abs. 1 Nr. 5 KStG noch als nicht rechtsfähige Personenvereinigung nach § 3 Abs. 1 KStG körperschaftsteuerpflichtig."

Zu b) Leitsatz Nr. 4: „Eine Personengesellschaft, insbesondere eine GmbH & Co. KG, ist nicht mit Gewinnabsicht im Sinne von § 1 Abs. 1 GewStDV tätig und betreibt demgemäß kein gewerbliches Unternehmen im Sinne des § 15 Nr. 1 Satz 1 i.V.m. Nr. 2 EStG, wenn sie lediglich in der Absicht tätig ist, ihren Gesellschaftern eine Minderung der Steuern vom Einkommen dergestalt zu vermitteln, daß durch Zuweisung von Verlustanteilen andere an sich tariflich zu versteuernde Einkünfte nicht und die Verlustanteile letztlich nur in Form buchmäßiger Veräußerungsgewinne tarifbegünstigt versteuert werden müssen (Änderung der Rechtsprechung)."[220]

Zu c) Leitsatz Nr. 5: „Ein Gesellschafter einer Personengesellschaft, insbesondere ein Kommanditist einer KG, die ein gewerbliches Unternehmen im Sinne des § 15 Nr. 1 Satz 1 EStG betreibt, ist nicht Mitunternehmer im Sinne des § 15 Nr. 2 EStG, wenn seine Beteiligung an der Gesellschaft rechtlich oder tatsächlich befristet ist und wegen der befristeten Zugehörigkeit zur Gesellschaft keine Teilhabe an einer von der Gesellschaft erstrebten Betriebsvermögensmehrung in der Form eines entnahmefähigen laufenden Gewinns oder eines die Einlage übersteigenden Abfindungsguthabens oder eines Gewinns aus der Veräußerung des Gesellschaftsanteils zu erwarten ist."[221]

---

217 Vgl. insbes. Schulze-Osterloh in JDStJG 1979, 144 ff; JbFStR 1978/79, 256 ff.

218 BFH vom 25. 6. 1984 aaO, (Anm. 10).
Zu dem Beschluß des Großen Senats vgl.: Neuorientierung bei der Besteuerung der Personengesellschaften, IdW Verlag 1985 (Vorträge und Podiumsdiskussion beim IdW-Seminar am 13. 12. 1984 in Düsseldorf); Groh, DB 1984, 2373 ff; Erdweg, FR 1984, 601 ff; Schellenberger, DStR 1985, 163 ff; Wollny, DStZ 1985, 107 ff; Jurkat, GmbHR 1985, 86; Knobbe-Keuk, BB 1985, 473 ff; Schulze-Osterloh, FR 1985, 197.

219 Die Finanzverwaltung hatte die Entscheidung des Großen Senats nicht abwarten können und in dem Entwurf des Steuerentlastungsgesetzes 1984 mehrere Vorschriften zur Regelung des Komplexes untergebracht (vgl. Knobbe-Keuk, 4. Aufl. § 9 II 3d S. 226 f). Die in das Gesetz aufgenommene Vorschrift des § 15 Abs. 2 S. 2 EStG betrifft den Komplex b) und hat sich als „Klarstellung" der geltenden Rechtslage erwiesen (vgl. aber zur Problematik dieses Verfahrens in Hinsicht auf den Gewaltenteilungsgrundsatz oben Anm. 31).
Die im Referentenentwurf enthaltenen „klarstellenden" Vorschriften, die die Publikumspersonengesellschaften der Körperschaftsteuer unterwerfen wollten, sind nicht in den Regierungsentwurf aufgenommen worden. Insoweit hatte die Bundesregierung dann doch zunächst einmal die Entscheidung des Großen Senats des BFH abwarten wollen (vgl. Mitteilung des Parlamentarischen Staatssekretärs Dr. Häfele in Finanznachrichten 16/83 vom 7. 7. 1983). Zu den Abgrenzungsproblemen, die die im Referentenentwurf vorgesehene Regelung mit sich gebracht hätte, vgl. Knobbe-Keuk, 4. Aufl. § 9 II 3d S. 227.

220 Vgl. dazu oben § 9 II 2.

221 Vgl. dazu oben § 9 II 3a.

§ 10
Die Ermittlung des Gewinnanteils des Gesellschafters

I. Die Ermittlung des Gewinns der Gesellschaft

Zur Ermittlung des Gewinnanteils des Gesellschafters bedarf es zunächst der Ermittlung des Gewinns der Gesellschaft. Grundlage für die Gewinnermittlung ist die – nach den §§ 4 ff EStG – modifizierte Handelsbilanz der Gesellschaft.[1]

In der Bilanz der Gesellschaft werden nur die, aber auch alle[2] Wirtschaftsgüter ausgewiesen, die zum Gesamthandsvermögen gehören bzw. als dem Vermögen der Gesellschaft wirtschaftlich zugehörig anzusehen sind.[3]

Wirtschaftsgüter, die im Eigentum eines der Gesellschafter stehen, gehören in die Bilanz ebensowenig wie die Wirtschaftsgüter Dritter.[4]

Das Gesamthandvermögen ist u. E. notwendigerweise Betriebsvermögen; die Gesellschaft hat kein Privatvermögen. Nach dem BFH ist es freilich möglich, daß auch Bestandteile des Gesamthandsvermögens einer Personengesellschaft Privatvermögen sein können.[5]

---

1 Die Offene Handelsgesellschaft und die Kommanditgesellschaft sind schon kraft Handelsrecht verpflichtet, Bücher zu führen (§ 238 HGB), sie haben diese Verpflichtungen auch im Interesse der Besteuerung zu erfüllen (§ 140 AO). Für die anderen Gesellschaften im Sinne des § 15 Abs. 1 S. 1 Nr. 2 EStG richtet sich die Buchführungsverpflichtung nach § 141 AO. Bei der atypischen stillen Gesellschaft ist nur der Geschäftsinhaber zur Buchführung und zur Aufstellung einer Handels- und Steuerbilanz verpflichtet. Die Steuerbilanz stellt er aber für die atypische stille Gesellschaft, d. h. für die Ermittlung seiner *und* des Stillen Einkünfte aus Gewerbebetrieb auf (vgl. oben § 9 II 4b, cc). Zu der Frage, ob auch den einzelnen Gesellschafter einer Handelsgesellschaft die Buchführungspflicht trifft, vgl. Keuk-Knobbe, StuW 1975, 252 (255).

2 Vgl. dazu BFH vom 11. 3. 1982 IV R 46/79 BStBl II 1982, 542; ein Festgeldkonto, das eine Personenhandelsgesellschaft als Gläubigerin bei einem Kreditinstitut unterhält, kann einkommensteuerrechtlich einem Mitunternehmer der Gesellschaft nur dann als dessen Treuhandvermögen zugerechnet werden, wenn der Mitunternehmer mit der Gesellschaft nachweislich einen Vertrag über die treuhänderische Überlassung und Verwaltung der Geldmittel abgeschlossen hat.

3 Vgl. dazu oben § 4 III.

4 Diese handelsrechtliche Selbstverständlichkeit stellt Bordewin, BB 1976, 967 in Frage. Vgl. dagegen Knobbe-Keuk, BB 1976, 1120. Zu der Behandlung dieser Wirtschaftsgüter als Sonderbetriebsvermögen des einzelnen Gesellschafters vgl. unten § 11 I, II.

5 Vgl. zuletzt BFH vom 30. 6. 1987 VIII R 353/82 BStBl II 1988, 418 und dazu Wolff-Diepenbrock, StuW 1988, 376 ff: Ein Grundstück der Gesellschaft wurde für Wohnzwecke zweier von drei Gesellschaftern bebaut. Unter der Voraussetzung, daß alle Gesellschafter dem zustimmen, nimmt der BFH eine gewinnrealisierende Entnahme des Grundstücks aus dem Gesellschaftsvermögen an. Mit der

Dem ist nicht zu folgen. Nach § 15 Abs. 3 Nr. 1 EStG sind die gesamten Einkünfte einer Personengesellschaft gewerbliche. Dies schließt die Annahme von Privatvermögen einer Personengesellschaft aus. Im übrigen ist der Gewinnanteil i.S. des § 15 Abs. 1 S. 1 Nr. 2 EStG aus dem Handelsbilanzgewinn abgeleitet; in der Handelsbilanz ist aber das gesamte Vermögen der Personengesellschaft auszuweisen.

1. Einheitliche Bilanzierung

a) Allgemeines

Da es sich um die Bilanz und das Betriebsvermögen der Gesellschaft handelt, versteht sich, daß die Bilanzierung einheitlich für die Gesellschaft zu erfolgen hat. Diese – handelsrechtlich selbstverständliche – Feststellung ist auch steuerrechtlich begründet. Denn für die Feststellung des dem Gesellschafter zustehenden und bei diesem als Einkünfte aus Gewerbebetrieb zu versteuernden Gewinnanteils bedarf es der Ermittlung des Gewinns des von der Gesellschaft geführten Gewerbebetriebes. Es ist also von vornherein ausgeschlossen, daß die einzelnen Gesellschafter für ihre Besteuerung unterschiedliche Wertansätze zugrunde legen, daß der eine etwa – entsprechend seiner Beteiligung – den Absetzungsbetrag, wie er sich bei linearer, der andere den, wie er sich bei degressiver Absetzung für Abnutzung ergeben würde, geltend macht, daß der eine für das Wirtschaftsgut bei dem Buchwert bleiben, der andere aber auf den niedrigeren Teilwert abschreiben,[6] daß der eine die geringwertigen Wirtschaftsgüter nach § 6 Abs. 2 EStG absetzen will, der andere aber nicht usw.[7]

Frage, ob nicht nur die Nutzungen entnommen sind, hat der BFH sich nicht näher befaßt. Wie würde der BFH eigentlich den Fall sehen, daß die betroffenen Gesellschafter der Gesellschaft ein Nutzungsentgelt zahlen? An § 15 Abs. 3 Nr. 1 EStG ist nicht vorbeizukommen!

In früheren Fällen, in denen die Rechtsprechung zuweilen angenommen hat, ein Wirtschaftsgut des Gesamthandsvermögens sei nicht Betriebsvermögen, ging es ihr darum, zu verhindern, daß Gesellschafter in ihrem Privatvermögen drohende Verluste in das Betriebsvermögen verlagern können. Derartigen Manipulationen ist aber ohne weiteres durch die Anwendung der Entnahme- und Einlageregeln zu begegnen (vgl. dazu näher Keuk-Knobbe, Das Betriebsvermögen bei Personengesellschaften und ihren Gesellschaftern, StuW 1976, 211 ff mit Nachweisen aus der Rechtsprechung; vgl. auch die Anmerkung zu BFH vom 2. 6. 1976 I R 136/74 BStBl II 1976, 668 in StuW 1977, 66 ff sowie Woerner, BB 1976, 1445 f; ders., StbJb 1978/79, 201 [221]; vgl. auch Brezing in HdJ I/4 Rz. 61 ff). Weitere Nachweise bei Schmidt, § 15 EStG Anm. 77.

6 Vgl. schon die instruktive Entscheidung des Preuß. OVG vom 21. 9. 1899 Rep. XXa 6/99 OVGSt 8, 75 ff: Der Gesellschafter ist nicht befugt, einen Teil der der OHG zustehenden Forderung wegen angeblicher Unsicherheit in Abzug zu bringen, da diese Forderung zu dem Vermögen der Handelsgesellschaft gehört.

7 BFH vom 14. 1. 1958 I 159/57 U BStBl III 1958, 75, 76 (r. Sp.): „Die Ermittlung des Gewinnanteils setzt eine einheitliche Bilanzierung der Personengesellschaft voraus (...) In allen Punkten, in denen dem Kaufmann eine gewisse Entscheidungsfreiheit eingeräumt ist, z.B. bei Sonderabschreibungen, Teilwertabschrei-

Dies gilt auch für die Frage, ob die degressive AfA nach § 7 Abs. 5 EStG vorgenommen werden soll oder nicht; denn § 7 Abs. 5 EStG knüpft nicht an eine persönliche Voraussetzung oder Eigenschaft bei dem Steuerpflichtigen an. Die Abschreibung nach § 7 Abs. 5 EStG kann der Bauherr vornehmen, und das ist die Gesellschaft selbst.

b) Die Reinvestitionsvergünstigung nach § 6b EStG[8]

Auch die Reinvestitionsvergünstigung nach § 6b EStG kann nicht in unterschiedlicher Weise von den Gesellschaftern in Anspruch genommen werden. Bei der Vorschrift des § 6b EStG handelt es sich nicht um eine auf die Person des Gesellschafters bezogene Steuervergünstigung,[9] die Regelung ist vielmehr in die allgemeine Gewinnermittlung eines Gewerbebetriebes eingefügt. Zu ermitteln aber ist der Gewinn der Gesellschaft. Bei der Gesellschaft entsteht der nach § 6b EStG zu neutralisierende Veräußerungsgewinn. Die Gesellschaft hat also zu entscheiden, ob § 6b EStG überhaupt in Anspruch genommen wird, bei welchem Ersatzwirtschaftsgut ihres Betriebsvermögens die Anschaffungs- bzw. Herstellungskosten gemindert werden oder ob zunächst eine Rücklage gebildet wird.

Demgegenüber wird in Rechtsprechung und Literatur weitgehend die „Gesellschafterbezogenheit" der Steuervergünstigung des § 6b EStG behauptet[10]. Jedem Gesellschafter soll es möglich sein, den auf ihn entfallenden Gewinnanteil nach Belieben auch von den Anschaffungs- und Herstellungskosten neuer Wirtschaftsgüter in seinem Sonderbetriebsvermögen oder einem Eigenbetrieb abzuziehen.[11] Zwar wird weitgehend erkannt[12], daß die Übertragung der stillen Reserven auf Ersatzwirtschaftsgü-

bungen oder bei der Bildung von Rückstellungen für Pensionsanwartschaften usw., kann die Geschäftsführung der Personengesellschaft von der Entscheidungsbefugnis nur einheitlich Gebrauch machen." Ebenso BFH vom 21. 12. 1972 IV R 53/72 BStBl II 1973, 298 ff, 300.

8 Zu § 6b EStG bei Personengesellschaften vgl. grundlegend Schön, Gewinnübertragungen bei Personengesellschaften nach § 6b EStG, 1986.

9 Man darf sich nicht dadurch beirren lassen, daß in § 6b EStG von dem „Steuerpflichtigen" die Rede ist. Die Regelung des § 6b EStG ist auf die betriebliche Gewinnermittlung bezogen. Leider kehrt diese Ungenauigkeit in den Steuergesetzen aber immer wieder: Auch in § 1 Entwicklungsländer-Steuergesetz z. B. ist die Rede von „Steuerpflichtigen", darunter ist aber nach allgemeiner Meinung selbstverständlich der rechtliche Träger des „Betriebes" zu verstehen (vgl. z. B. Rose, DB 1971, 742 ff, 744), die Gesellschaft als „Steuerrechtssubjekt" (dazu Schön, aaO, S. 11). Vgl. allgemein zur Verwendung des Begriffs „Steuerpflichtiger" in den Steuervergünstigungsvorschriften Knobbe-Keuk in JDStJG 1979, 109 ff.

10 BFH vom 10. 7. 1980 IV R 136/77 BStBl II 1981, 84; BFH vom 25. 4. 1985 IV R 83/83, BStBl II 1986, 350; BFH vom 30. 3. 1989 IV R 81/87 BStBl II 1989, 558; Herrmann/Heuer/Raupach, § 6b EStG Anm. 16 ff; Schmidt/Glanegger, § 6b EStG Anm. 3.

11 Kritisch auch Bordewin, DStZ 1983, 487 (489) u. FR 1985, 126, offenbar unter Aufgabe seiner in BB 1978, 1353 (1355) dargelegten entgegengesetzten Konzeption.

12 EStR Abschn. 41b Abs. 8 Ziff. 1; Schmidt, § 15 EStG Anm. 67; a. A. wohl Herrmann/Heuer/Raupach, § 6b EStG Anm. 23.

ter im Gesamthandsvermögen nur von allen Gesellschaftern einheitlich vorgenommen werden kann, doch soll jeder einzelne Gesellschafter durch Inanspruchnahme der Vergünstigung für Wirtschaftsgüter im Sonder- oder Eigenbetrieb seine Mitgesellschafter an der Durchführung einer begünstigten Reinvestition im Gesamthandsvermögen hindern können. Schmidt[13] will in diesen Fällen mit zivilrechtlichen Schadensersatzansprüchen der Gesellschafter untereinander helfen. Umgekehrt soll ein Gesellschafter im Eigenvermögen entstandenen Gewinn ohne Zustimmung seiner Mitgesellschafter auf seine fiktiven Anteile an Wirtschaftsgütern des Gesellschaftsvermögens übertragen können[14]. Diese Ungereimtheiten, deren gedankliche Nähe zur „Bilanzbündeltheorie" offen liegt, können nur vermieden werden, wenn man konsequent die Gesellschaft selbst als Trägerin der Reinvestitionsvergünstigung ansieht und ihr allein die Entscheidung über die Inanspruchnahme zugesteht.[15]

Hat man erkannt, daß nicht jeder Gesellschafter einen Gewerbebetrieb führt, sondern daß zunächst der Gewinn des von der Gesellschaft geführten Gewerbebetriebs zu ermitteln ist, so versteht sich von selbst, daß im Falle des Ausscheidens eines Gesellschafters aus der Gesellschaft die Reinvestitionsvergünstigung nach § 6b EStG nicht geteilt werden und daß der Ausscheidende den auf ihn entfallenden Anteil nicht mitnehmen kann. Der Auffassung, der Gesellschafter, der noch vor der Durchführung der Reinvestition aus der Gesellschaft ausscheide, nehme den auf ihn entfallenden Anteil der Rücklage mit,[16] ist nicht zu folgen.

Es ist zunächst schon nicht einsichtig, wieso es einen Unterschied machen soll, ob der Gesellschafter vor oder nach der Durchführung der Reinvestition ausgeschieden ist. Hat die Gesellschaft schon von den Anschaffungs- bzw. Herstellungskosten eines Ersatzwirtschaftsgutes einen Betrag in Höhe des bei der Veräußerung erzielten Gewinns abgezogen, so ist klar, daß sich infolge des Ausscheidens eines Gesellschafters nichts ändert. Nicht anders aber kann es sein, wenn die Gesellschaft zunächst eine Rücklage bildet. Es geht bei der Bildung der Rücklage nach § 6b Abs. 3 EStG nur darum, daß der sonst bei der Gesellschaft entstehende Gewinn neutralisiert wird. Diese Neutralisierung kommt bei der Aufteilung des Gewinns der Gesellschaft auf die Gesellschafter diesen entsprechend ihrer vertraglichen Gewinnbeteiligung zugute. Scheidet nunmehr einer der Gesellschafter aus der Gesellschaft aus, so besteht keine Grundlage für die Aufteilung der Rücklage. Wenn der ausscheidende Gesellschafter die Rücklage zu seinem Anteil in einen eigenen bereits bestehenden oder zu gründenden Betrieb mitnehmen könnte, würde sich für ihn die Reinvestitionsvergünstigung doppelt auswirken, nämlich zum einen bei der Aufteilung des um den Veräußerungsgewinn ermäßigten Gewinns der Gesellschaft und dann noch einmal in seinem Betrieb. Eine ganz andere Frage ist, ob in dem Fall, daß der Gesellschafter mit Zahlungen abgefunden oder entgolten wird, die den Buchwert seines Anteils übersteigen, er in dem Umfang, in dem die stillen Reserven der § 6b-Rücklage entgolten werden, eine neue Rücklage zur Neutralisierung dieses Gewinns bilden kann.[17]

Entscheidend ist, daß die Reinvestitionsvergünstigung nach § 6b EStG bei

13 Schmidt, § 15 EStG Anm. 67.
14 EStR Abschn. 41b Abs. 7.
15 Schön aaO, (Anm. 8), S. 37 ff.
16 Herrmann/Heuer/Raupach, § 6b EStG Anm. 55; Littmann, DStR 1981, 63.
17 Vgl. näher Schön aaO, (Anm. 8), S. 112 ff.

der Gewinnermittlung der Gesellschaft zu berücksichtigen ist; nicht bei dem einzelnen Gesellschafter ist ein Veräußerungsgewinn zu neutralisieren, sondern bei der Gesellschaft. Die Gesellschaft hat das Wirtschaftsgut veräußert, sie nimmt die Absetzung von den Anschaffungs- bzw. Herstellungskosten eines Ersatzwirtschaftsguts vor, sie bildet die Rücklage. Ebensowenig wie sich an der Bilanzierung der Gesellschaft etwas ändert, wenn einer der Gesellschafter seinen Gesellschaftsanteil an einen Dritten veräußert, ist dies der Fall, wenn der Anteil eines ausscheidenden Gesellschafters den verbleibenden zuwächst, und selbst dann ist die Sache nicht anders, wenn nur einer der Gesellschafter den Betrieb fortführt, wenn also die „Anwachsung" auf den Geschäftsübernehmer stattfindet. Daher muß auch nicht, wie das FG Bremen[18] meint, im Falle des Ausscheidens eines Gesellschafters zu Buchwerten der auf diesen entfallende Anteil an einer § 6b-Rücklage aufgelöst und dem Gewinn der verbleibenden Gesellschafter hinzugerechnet werden. Allein die hier vertretene Auffassung entspricht dem gesetzgeberischen Zweck des § 6b EStG. Die Investitionskraft des *Unternehmens,* nicht die persönliche Leistungsfähigkeit des Gesellschafters soll geschont werden.[19]

Da die Bestimmung des § 6b EStG eine in die normale betriebliche Gewinnermittlung eingefügte Regelung beinhaltet und die Ermittlung des Gewinns der Gesellschaft in Frage steht, kommt es, was die sachlichen Voraussetzungen (vgl. § 6b Abs. 4 EStG) anbetrifft, darauf an, daß diese bei der Gesellschaft erfüllt sind. Die veräußerten Wirtschaftsgüter müssen im Zeitpunkt der Veräußerung mindestens 6 Jahre zum Anlagevermögen der Gesellschaft gehört haben.[20] Es kommt also nicht etwa auf die Dauer der Zugehörigkeit des einzelnen Gesellschafters zur Gesellschaft an. Wenn das veräußerte Wirtschaftsgut 6 Jahre zum Anlagevermögen der Gesellschaft gehört hat, dann kann die Gesellschaft in voller Höhe die Reinvestitionsvergünstigung in Anspruch nehmen, und zwar auch dann, wenn sich der Gesellschafterbestand inzwischen verändert hat.

Dieses gilt auch dann, wenn die Gesellschaft inzwischen durch Anwachsung auf einen „Gesellschafter" zusammengeschrumpft ist.[21]

Der IV. Senat des BFH[22] sieht die Sache anders. Auf Grund der Annahme, daß es sich bei der Vorschrift des § 6b EStG um eine auf die Person des Steuerpflichtigen bezogene Steuervergünstigung handele, sieht der IV. Senat bei einer entgeltlichen Änderung im Gesellschafterbestand oder in den

18 FG Bremen vom 26. 10. 1984 I 128/82 K EFG 1985 Nr. 139 und dazu Schön aaO, (Anm. 8), S. 116.

19 Vgl. Schön aaO, (Anm. 8), S. 5 ff.

20 Vgl. ebenso FG Münster vom 6. 6. 1977 I 234/76 E EFG 1977 Nr. 581; vgl. auch Lempenau, StbJb 1982/83, 201 (215 f); Paulick, in: Handbuch der Personengesellschaften, Band 2, III. Teil, Rz. 222 ff.

21 A.A. FG Baden-Württemberg/Stuttgart vom 26. 11. 1970 – VI 79/70 EFG 1971 Nr. 64.

22 BFH vom 10. 7. 1980 IV R 136/77 BStBl 1981, 84; dem zustimmend Schmidt/Glanegger, § 6b EStG Anm. 7c; Herrmann/Heuer/Raupach, § 6b EStG Anm. 19.

Beteiligungsverhältnissen die Sechsjahresfrist für die Wirtschaftsgüter im Gesellschaftsvermögen anteilig unterbrochen.[23]

Die Reinvestitionsvergünstigung des § 6b EStG ist auch auf *Veräußerungsgeschäfte zwischen der Gesellschaft und dem Gesellschafter* anzuwenden.[24]

c) Sonderabschreibungen, steuerfreie Rücklagen u. ä.[25]

Das hier für die in die normale betriebliche Gewinnermittlung eingefügte Vorschrift des § 6b EStG Ausgeführte gilt grundsätzlich auch für die Sonderabschreibungen und andere Investitionsvergünstigungen (z. B. für die Bildung von steuerfreien Rücklagen). Die Gesellschaft ist es, die die Abschreibungen bei den Ansätzen ihrer Wirtschaftsgüter vornimmt oder Rücklagen bildet oder Bewertungsabschläge vornimmt. Es kann also nicht jeweils der einzelne Gesellschafter für „seinen Anteil" z. B. an den abnutzbaren Wirtschaftsgütern des Anlagevermögens in Berlin die Höhe des jährlichen Abschreibungsbetrages bestimmen usw., denn „seinen Anteil" gibt es nicht, der Gesellschafter selbst hat kein abnutzbares Anlagevermögen in Berlin usw. Die Sonderabschreibungen werden vielmehr von der Gesellschaft, die den Gewerbebetrieb führt, vorgenommen. Erfolgt die Investitionsförderung nicht auf dem Wege über die Sonderabschreibungen o. ä., sondern über die Gewährung einer Investitionszulage, so wird die Investitionszulage auch der Gesellschaft, die den investierenden Gewerbebetrieb führt, gewährt.[26]

Wie sich das durch die Inanspruchnahme der Sonderabschreibungen oder durch die Bildung steuerfreier Rücklagen ergebende Mindererergebnis auf die einzelnen Gesellschafter verteilt, ist eine weitere Frage, die im Anschluß an die Ermittlung des Gewinns der Gesellschaft bei der Verteilung auf die Gesellschafter zu beantworten ist.[27]

---

23 Sofern nicht besondere Vorschriften eine Besitzzeitanrechnung vorsehen (vgl. z. B. § 24 i. V. m. § 23 Abs. 1 und § 5 Abs. 2 S. 2 UmwStG); siehe die umfassende Kritik dieser Entscheidung bei Schön aaO, (Anm. 8), S. 47 ff.

24 BFH vom 10. 7. 1980 aaO, (Anm. 10); vgl. dazu unten § 11 III 1.

25 Vgl. zu der Stellung der Personengesellschaft im Recht der Steuervergünstigungen eingehend Knobbe-Keuk aaO, (Anm. 9). – Zur Sanierungsrücklage nach § 6d EStG bei Erwerb eines Mitunternehmeranteils vgl. unten § 23 I 3c.

26 Vgl. die ausdrückliche Regelung in § 1 Abs. 1 S. 2 Investitionszulagengesetz. Für Investitionen im Sonderbetriebsvermögen steht die Investitionszulage allerdings dem betreffenden Gesellschafter zu, vgl. so schon Knobbe-Keuk, JDStJG 1979, 109 ff, 126 ff und neuerdings FG Baden-Württemberg vom 26. 8. 1987 XII K 590/85 EFG 1988 Nr. 524.

27 Da die Gesellschafter in den Genuß einer Steuervergünstigung kommen sollen, die an Investitionen der Gesellschaft geknüpft wird, ist auf das Beteiligungsverhältnis der Gesellschafter an dem Vermögen der Gesellschaft abzustellen. Für den Fall, daß sich die Investitionen über mehrere Jahre erstrecken und zwischenzeitlich neue Gesellschafter hinzukommen, erscheint uns das Verfahren des BMWF (Schreiben vom 29. 6. 1971 DB 1971, 1793) durchaus sachgerecht; vgl. ebenso Erlaß des Finanzministers NRW vom 18. 6. 1973 FR 1973, 499.

Im übrigen ändert sich auch hier durch einen Gesellschafterwechsel nichts an den Bilanzansätzen der Gesellschaft und der Möglichkeit der Gesellschaft, die Sonderabschreibungen entsprechend dem ursprünglichen Abschreibungsvolumen weiter vorzunehmen.[28]

Dementsprechend hat auch der Bundesfinanzhof zu § 14 Abs. 1 BerlFG entschieden, daß erhöhte Absetzungen auf bewegliche Wirtschaftsgüter nur einheitlich für eine Personenhandelsgesellschaft in Anspruch genommen werden können.[29] Entscheidend ist für den IV. Senat, daß die Gesellschaft als solche „Steuerrechtssubjekt" ist und damit in eigener Person die Besteuerungsmerkmale verwirklicht.

d) Steuervergünstigungen, die an persönliche Eigenschaften des Steuerpflichtigen anknüpfen

Eine besondere Beurteilung ist naturgemäß bei den Vorschriften erforderlich, die eine Steuervergünstigung an persönliche Eigenschaften des Steuerpflichtigen knüpfen. Schulbeispiel ist die Vorschrift des § 7e EStG zugunsten Steuerpflichtiger, die auf Grund des Bundesvertriebenengesetzes zur Inanspruchnahme von Rechten und Vergünstigungen berechtigt sind oder aus Gründen der Rasse, Religion, Nationalität, Weltanschauung oder politischer Gegnerschaft gegen den Nationalsozialismus verfolgt worden sind. Die Gesellschaft als solche weist diese Eigenschaften nicht auf. Der Gesellschafter, bei dem diese persönlichen Voraussetzungen erfüllt sind, hat keinen „eigenen gewerblichen Betrieb". Dennoch muß nach dem Sinn und Zweck des § 7e EStG die Begünstigung mit diesen Eigenschaften auch einer Person, die als Gesellschafter an einem von einer Personengesellschaft geführten Gewerbebetrieb beteiligt ist, zugute kommen. Die sachgerechte Regelung ist, daß die Steuervergünstigung (Sonderabschreibung, Bewertungsfreiheit, steuerfreie Rücklage) in der Bilanz der Gesellschaft nur in der Höhe vorgenommen wird, die der Beteiligung des Gesellschafters, in dessen Person die Begünstigungsvoraussetzungen vorliegen, entspricht (vgl. auch § 7a Abs. 7 S. 1 EStG).[30] Bei der steuerlichen Gewinnzurechnung ist die Gewinnminderung dann nur bei dem begünstigten Gesellschafter zu berücksichtigen.

---

28 Zu der Behandlung des Gesellschafterwechsels im Recht der Steuervergünstigungen vgl. näher Knobbe-Keuk aaO, (Anm. 9).

29 BFH v. 7. 8. 1986 IV R 137/83 BStBl II 1986, 910.

30 § 7a Abs. 7 EStG (vgl. dazu § 5 IV 4b, bb) bezieht sich nur auf erhöhte Absetzungen und Sonderabschreibungen. Für steuerfreie Rücklagen gilt aber nichts anderes (vgl. zu der früheren Rücklage nach § 3 AuslInvG, die an die unbeschränkte Steuerpflicht anknüpfte, Knobbe-Keuk, Bilanz- und Unternehmenssteuerrecht, 6. Aufl., § 10 I 1e).

2. Schuldrechtliche Beziehungen zwischen Gesellschaft und Gesellschafter

a) Allgemeines

In der Handelsbilanz – die unter Berücksichtigung der §§ 4 ff EStG – Grundlage für die steuerliche Gewinnermittlung der Gesellschaft ist, sind die Verbindlichkeiten und Forderungen aus Schuldverträgen zwischen der Gesellschaft und den Gesellschaftern ohnehin in derselben Weise wie diejenigen aus Verträgen der Gesellschaft mit Dritten auszuweisen. An den Gesellschafter gezahlte Darlehens- und Mietzinsen sowie sonstige Vergütungen auf Grund schuldrechtlicher Verträge mindern als Aufwand den Gewinn der Gesellschaft in gleicher Weise, wie es bei entsprechenden Zahlungen an Dritte der Fall ist.

Nach Aufgabe der Bilanzbündeltheorie-Vorstellungen gilt steuerrechtlich für die Ermittlung des Gewinns der Gesellschaft nichts anderes.[31]

Früher hatte man auf Grund der Bilanzbündeltheorie aus § 15 Abs. 1 S. 1 Nr. 2 EStG gefolgert, daß steuerlich zwischen der Gesellschaft und ihren Gesellschaftern keine Forderungen und Verbindlichkeiten bestehen können, daß vielmehr alles, was der Gesellschafter der Gesellschaft leiste, als Einlage und alles, was er von der Gesellschaft erhalte, als Entnahme zu werten sei. Ausnahmen waren etwa für Warenlieferungen im normalen Geschäftsverkehr[32] oder für Bankgeschäfte[33] zwischen Gesellschafter und Gesellschaft[34] gemacht worden.

In der ersten Stufe der Ermittlung der gewerblichen Einkünfte des Gesellschafters ist der Gewinn der Gesellschaft zu ermitteln, damit auf dieser Grundlage der Gewinnanteil des Gesellschafters festgestellt werden kann.[35]

Wenn in § 15 Abs. 1 S. 1 Nr. 2 EStG neben dem „Gewinnanteil" die „Sondervergütungen" genannt sind, so ergibt sich daraus deutlich genug, daß nach der Vorstellung des Gesetzgebers die dem „Gewinnanteil" hinzuzurechnenden Sondervergütungen gerade den Gewinn der Gesellschaft und damit die Gewinnanteile der Gesellschafter gemindert haben.

Auch für die steuerliche Gewinnermittlung der Gesellschaft sind also alle schuldrechtlichen Beziehungen zwischen der Gesellschaft und ihren Gesellschaftern zu beachten und nicht etwa nur der früher als – wenig folgerichtige – „Ausnahme" verstandene Fall des Warenverkehrs zwischen der Gesellschaft und dem Gesellschafter.

Voraussetzung ist allerdings, daß die Geschäfte zwischen Gesellschaft und

31 Vgl. ebenso Döllerer, Festschrift Flume, 1978, Bd. 2, S. 43 ff.

32 Vgl. z.B. BFH vom 18. 9. 1969 IV 338/64 BStBl II 1970, 43.

33 Z.B. BFH vom 14. 3. 1969 III R 108/67 BStBl II 1969, 480.

34 Als weiterer Fall, in dem der BFH schuldrechtliche Beziehungen zwischen Gesellschaft und Gesellschafter anerkannt hatte, ist die Entscheidung BFH vom 10. 5. 1973 IV R 74/67 BStBl II 1973, 630 zu nennen: Der Gesellschafter A einer Bauträgergesellschaft war Bauunternehmer und führte für die Gesellschaft Bauarbeiten durch. Vgl. dazu näher Keuk, Besteuerung des Gewinns, S. 9.

35 Vgl. dazu § 9 I, § 11 I.

Gesellschafter wie zwischen Fremden abgewickelt werden. Unangemessene Preisvereinbarungen zugunsten des Gesellschafters sind unter dem Gesichtspunkt der verdeckten Entnahme zu korrigieren.[36]

b) Tätigkeitsvergütungen

Soweit Tätigkeitsvergütungen an die Gesellschafter als Aufwand den handelsrechtlichen Gewinn gemindert haben, bleibt es auch für die steuerliche Gewinnermittlung der Gesellschaft dabei; es kann sich nur im Anschluß an die Ermittlung des Gewinns der Gesellschaft die weitere Frage stellen, ob die von der Gesellschaft bezogene Tätigkeitsvergütung, die den Gewinn der Gesellschaft und damit auch den steuerlich dem Gesellschafter zuzurechnenden Gewinnanteil gemindert hat, als gewerbliche Einnahme zu erfassen ist.

Wie die Gehaltszahlungen selbst, so ist auch der sonstige mit dem Dienstverhältnis in Zusammenhang stehende Aufwand der Gesellschaft in der ersten Gewinnermittlungsstufe zu berücksichtigen. Dies gilt insbesondere für die von der Gesellschaft gezahlten Arbeitgeberanteile zur Sozialversicherung und für die Pensionsrückstellungen zugunsten eines Gesellschafters. Es bleibt allerdings die Frage, ob diese Beträge bei dem betreffenden Gesellschafter im Rahmen der zweiten Gewinnermittlungsstufe zu berücksichtigen sind.[37]

c) Forderungserlaß durch den Gesellschafter und Sanierungsgewinn

Die Voraussetzungen eines steuerfreien Sanierungsgewinns (§ 3 Nr. 66 EStG)[38], nämlich Sanierungsbedürftigkeit und Sanierungsabsicht, sind nach den Verhältnissen der Gesellschaft zu beurteilen.[39]

Erläßt ein Gesellschafter der Gesellschaft eine Forderung, so kann dies im Einzelfall als Sanierungsmaßnahme (echte Sanierung aus eigenbetrieblichen Interessen) oder als verdeckte Einlage (unechte Sanierung aus gesellschaftlichen Erwägungen) zu werten sein. Die Unterscheidung ist für die Steuerbilanz der Gesellschaft selbst nicht relevant: In beiden Fällen bleibt die durch den Forderungserlaß bewirkte Vermögensmehrung der Gesellschaft steuerfrei. Die Unterscheidung ist jedoch für die steuerliche Behandlung des die Forderung erlassenden Gesellschafters von Bedeutung.[40] Handelt es sich um eine unechte Sanierung aus gesellschaftsrechtlichen Erwägungen (verdeckte Einlage), bleibt der Forderungserlaß beim Gesellschafter erfolgsneutral. Ist der Forderungserlaß des Gesellschafters hingegen als Sanierungsmaßnahme i.S. des § 3 Nr. 66 EStG zu werten, so ist der Verlust der Forderung beim

36 Vgl. dazu unten II 2 a.
37 Vgl. dazu unten § 11 IV 3.
38 Zum Sanierungsgewinn allgemein vgl. oben § 6 II 2 a.
39 Herrmann/Heuer/Raupach, § 3 EStG Anm. 431.
40 Vgl. Herrmann/Heuer/Raupach, § 3 EStG Anm. 430.

Gesellschafter – wie bei jedem dritten Gläubiger der Gesellschaft auch – erfolgswirksam. Dies gilt u. E. auch, wenn es sich um eine in den Anwendungsbereich des § 15 Abs. 1 S. 1 Nr. 2 EStG fallende Forderung handelte.[41] Es ist nicht zu sehen, wieso ein Gesellschafter-Gläubiger bei einem Forderungserlaß, der gerade keine (verdeckte) Einlage darstellt, sondern der Bestandteil einer allgemeinen Sanierung ist, anders behandelt werden sollte als ein dritter Gläubiger.

Die in der Sonderbilanz des Gesellschafters ausgewiesene Forderung ist auszubuchen. Dieser Teil des steuerlichen Kapitals des Gesellschafters ist verloren. Der Verlust ist nicht gesellschaftsrechtlich bedingt, denn der Erlaß stellt keine verdeckte Einlage dar.

3. Entnahmen und Einlagen hinsichtlich des Gesellschaftsvermögens

a) Der in der Bilanz der Gesellschaft ausgewiesene Unterschied zwischen dem Betriebsvermögen am Schluß des Wirtschaftsjahres und dem Betriebsvermögen am Schluß des vorangegangenen Wirtschaftsjahres ist um die Einnahmen und Einlagen zu korrigieren.

Es geht dabei von vornherein nur um solche Vorgänge, die das Gesellschaftsvermögen betreffen. Für die Ermittlung des Gewinns der Gesellschaft interessiert nicht, wie z. B. der einzelne Gesellschafter mit seinen eigenen Wirtschaftsgütern, die im Betrieb der Gesellschaft eingesetzt sind,[42] verfährt. Im übrigen hat die Aufgabe der „Bilanzbündeltheorie"-Vorstellungen in diesem Bereich eine Bereinigung der Terminologie mit sich gebracht. Früher hatte man im Bereich der Personengesellschaften unter einer Entnahme alle Wertabgaben aus dem Betrieb der Gesellschaft in den Bereich der Gesellschafter verstanden, ohne Rücksicht darauf, ob der Wertabgabe ein besonderes Rechtsgeschäft zugrunde liegt oder nicht.[43] Man hatte also als Entnahme z. B. und insbesondere auch die in § 15 Abs. 1 S. 1 Nr. 2 EStG genannten Sondervergütungen des Gesellschafters bezeichnet oder man hatte gar den schlichten Vorgang der Veräußerung eines Wirtschaftsgutes seitens der Gesellschaft an den Gesellschafter als Entnahme des Wirtschaftsgutes und als Einlage des Kaufpreises verstanden. Damit hatte es ein Ende, als man auch für das Einkommensteuerrecht von der rechtlichen Selbständigkeit der Gesellschaft gegenüber ihren Gesellschaftern Notiz nahm und außergesellschaftsrechtliche Vertragsbeziehungen zwischen der Gesellschaft und ihren Gesellschaftern anerkannte.

b) Entnahmen sind die Wertabgaben der Gesellschaft an den Gesellschafter, die nicht betrieblich veranlaßt sind. Das sind im wesentlichen die Zuwendungen, die im Gesellschaftsverhältnis ihren Grund[44] haben; regelmäßig

---

41 A. A. wohl die h. M.: vgl. Herrmann/Heuer/Raupach, § 3 EStG Anm. 430.

42 Zu der Frage, ob diese Wirtschaftsgüter Sonderbetriebsvermögen des betreffenden Gesellschafters darstellen, vgl. unten § 11 I, II.

43 Vgl. z. B. Herrmann/Heuer/Raupach, § 4 EStG Anm. 42 d (1).

44 Beachtet man die rechtliche Selbständigkeit der Gesellschaft, so versteht sich, daß die causa societatis erfolgende Übereignung von Wirtschaftsgütern der Gesell-

wird es sich um Vorschußzahlungen oder Vorwegleistungen auf den Gewinnanteil des betreffenden Gesellschafters handeln. Wird ein Gegenstand des Gesellschaftsvermögens für Zwecke eines Gesellschafters genutzt, so handelt es sich u. E. nicht um eine Entnahme des Vermögensgegenstandes, sondern um eine Entnahme der Nutzungen.[45]

Wertabgänge aus dem Gesellschaftsvermögen zugunsten eines Gesellschafters, die auf einem besonderen Titel beruhen, stellen keine Entnahme dar; entsprechendes gilt umgekehrt für die Einlage.

Beachtung verdienen solche Sachverhalte, die bei Kapitalgesellschaften als verdeckte Gewinnausschüttungen qualifiziert werden und die man im Bereich des Einkommensteuerrechts als *„verdeckte Entnahmen"* bezeichnen kann. Die Gesellschaft verkauft dem Gesellschafter z. B. einen Gegenstand zu einem unangemessenen Preis;[46] es liegt also nicht ein reiner Kaufvertrag, sondern ein negotium mixtum vor; ein Teil der Zuwendung seitens der Gesellschaft erfolgt causa societatis. Die Differenz zwischen dem vereinbarten Preis und dem Teilwert ist dem in der Bilanz der Gesellschaft ausgewiesenen Unterschied zwischen den beiden Betriebsvermögen hinzuzurechnen.[47]

Weitere *Beispiele:* Kauf einer risikobehafteten Forderung durch die Gesellschaft mit Rücksicht auf einen der Gesellschafter,[48] Übernahme einer Bürgschaft durch die Gesellschaft im Interesse der Gesellschafter.[49]

Gemeinhin wird auch die *„unberechtigte Entnahme"* durch einen Gesellschafter, also die eigenmächtige Wegnahme eines Wirtschaftsgutes der Gesellschaft unter Verstoß gegen die gesetzlichen oder vertraglichen Bestimmungen, als Entnahme bezeichnet.[50] Dies ist nicht besonders glücklich. Solange der vom Gesellschafter weggenommene Gegenstand noch zum Vermögen der Gesellschaft gehört, insbesondere eine weggenommene Sache noch im Eigentum der Gesellschaft steht, ist das Gesellschaftsvermögen nicht ver-

---

schaft an einen Gesellschafter auch dann eine Entnahme aus dem Gesellschaftsvermögen darstellt, wenn die Wirtschaftsgüter auch weiterhin im Betrieb der Gesellschaft genutzt werden. Die weitere Frage, ob trotz des Vorliegens des Entnahmetatbestandes von einer Gewinnrealisierung abgesehen werden kann (vgl. dazu Keuk, DB 1973, 890 ff und oben), hängt davon ab, ob ein Sonderbetriebsvermögen des Gesellschafters anzuerkennen ist. Vgl. dazu unten § 11 I, II.

45 A.A. BFH vom 30. 6. 1987 VIII R 353/82 BStBl II 1988, 418 und dazu Wolff-Diepenbrock, StuW 1988, 376 ff. Vgl. näher § 10 I bei Anm. 5.

46 Vgl. etwa den Fall aus BFH vom 12. 3. 1964 IV 415/62 DB 1964, 1012 (Veräußerung eines Grundstückes zum Buchwert). Oder die Gesellschaft vermietet einem Gesellschafter eine Villa zu einem Spottpreis (vgl. den Fall aus RFH vom 19. 12. 1929 VI A 1168/29 StuW 1930, Band II, Nr. 299).

47 Ebenso Raupach, JbFStR 1975/76, 226; v. Wallis/Heinicke, Rdz. 46.

48 BFH vom 22. 5. 1975 IV R 193/71 BStBl II 1975, 804; vgl. dazu Keuk-Knobbe, StuW 1976, 211, 214.

49 BFH vom 2. 6. 1976 I R 136/74 BStBl II 1976, 668 mit Anm. Woerner, BB 1976, 1445 f und Anm. Knobbe-Keuk, StuW 1977, 66 ff.

50 Vgl. insbesondere Herrmann/Heuer/Raupach, § 15 EStG Anm. 39 d.

mindert und damit auch der Gewinn der Gesellschaft nicht gemindert, für die Hinzurechnung einer „Entnahme" ist kein Raum, und ebensowenig bedarf es bei der Rückgabe des Gegenstandes durch den Gesellschafter der „Rückgängigmachung einer Entnahme". Erst wenn die Gesellschaft im nachhinein dem Gesellschafter die Sache ohne Gegenleistung beläßt, liegt eine Entnahme vor.

Hat die Gesellschaft anläßlich einer unberechtigten Entnahme das Eigentum an der Sache verloren, etwa nach den §§ 946 ff BGB oder durch gutgläubigen Eigentumserwerb eines Dritten, oder ist die Rückgabe der Sache selbst aus anderen Gründen an die Gesellschaft nicht möglich oder hat der Gesellschafter z. B. Geld unterschlagen,[51] so hat die Gesellschaft einen Ersatzanspruch gegen den Gesellschafter. Die Aktivierung dieses Ersatzanspruches führt gegebenenfalls zur Aufdeckung der stillen Reserven des Wirtschaftsgutes. Die Gesellschaft kann aber den Gewinn nach den Grundsätzen über die Bildung einer Rücklage für Ersatzbeschaffung neutralisieren, denn die Aufdeckung der stillen Reserven ist gegen ihren Willen erfolgt.

Macht die Gesellschaft den Ersatzanspruch gegen den Gesellschafter nicht geltend, so ist zu unterscheiden: Will die Gesellschaft im nachhinein dem Gesellschafter den Wert belassen, so handelt es sich um eine Entnahme. Ist die Ersatzforderung gegen den ungetreuen Gesellschafter uneinbringlich, so kann die Gesellschaft die Forderung gewinnmindernd abschreiben wie eine Forderung gegen jeden Dritten auch.

II. Verteilung des Gewinns bzw. Verlustes der Gesellschaft auf die Gesellschafter

1. Einleitung

Das nach den unter § 10 I dargestellten Grundsätzen ermittelte Ergebnis der Gesellschaft ist auf die einzelnen Gesellschafter aufzuteilen.

Mit dem Anteil des einzelnen Gesellschafters an dem – steuerlich maßgeblichen – Gewinn bzw. Verlust der Gesellschaft liegt die erste Größe vor, die für die Ermittlung der Einkünfte des Gesellschafters aus Gewerbebetrieb von Bedeutung ist.

Grundlage für die Aufteilung des Gewinns der Gesellschaft auf die Gesellschafter ist die vertragliche Regelung über die Gewinnverteilung.[52]

Der dem einzelnen Gesellschafter danach zustehende Gewinnanteil ist in dem Jahr steuerlich zu erfassen, in dem der Gewinn der Gesellschaft entstanden ist. Auf den Zufluß beim Gesellschafter kommt es nicht an. Es geht einfach darum, daß der Gewinn der Gesellschaft, die als solche nicht einkommen- und auch nicht körperschaftsteuerpflichtig ist, anteilig bei den

51 Zur Verteilung des steuerlichen Mehrgewinns, wenn die Unterschlagung erst später, z. B. anläßlich einer Betriebsprüfung, aufgedeckt wird, vgl. unten unter II 2 a cc.

52 Zur Gewinnverteilung bei Familiengesellschaften vgl. unten § 12 II.

Gesellschaftern erfaßt wird, und zwar in der Einkunftsart und zu dem Zeitpunkt, in denen er erfaßt würde, wenn die Gesellschaft selbst steuerpflichtig wäre. In der Sache dient die unmittelbare Zurechnung somit dazu, die steuerliche Belastung der Personengesellschaft derjenigen der Kapitalgesellschaft und des Einzelunternehmers anzupassen und dadurch Wettbewerbsvorteile für Personengesellschaften auszuschalten.[53]

Die rückwirkende *Änderung* der Gewinnverteilungsabrede *nach Ablauf des Wirtschaftsjahres* ist nach der Rechtsprechung des BFH nicht mit einkommensteuerlicher Wirkung möglich.[54] Ebenso soll nach dem BFH[55] eine Änderung der Gewinnverteilungsabrede während des Wirtschaftsjahres nicht mit Wirkung auf den Beginn des Wirtschaftsjahres möglich sein. Das Ergebnis des Wirtschaftsjahres soll zeitanteilig auf die Zeit vor und auf die Zeit nach Änderung der Gewinnverteilungsabrede aufzuteilen sein. Dem ist nicht zu folgen.[56] Etwaigen Mißbräuchen im Einzelfall ist mit der Anwendung des § 42 AO zu begegnen.

Im Falle des Eintritts eines neuen Gesellschafters während des Wirtschaftsjahres soll nach der Rechtsprechung des BFH[57] der Gewinn des Wirtschaftsjahres ebenfalls zeitanteilig aufzuteilen und entsprechend der jeweiligen Zusammensetzung des Gesellschafterkreises zu verteilen sein. Auch in diesen Fällen wird eine Vereinbarung, daß der Eintritt bzw. Austritt mit Wirkung von Beginn des Wirtschaftsjahres an gelten soll, nicht akzeptiert. Der Gewinn der durch einen Gesellschafterwechsel auch in ihrer steuerrechtlichen Identität nicht berührten Gesellschaft, auf den die Gesellschafter Anspruch haben, entsteht erst mit Ablauf des Wirtschaftsjahres. Insofern liegt eine rückwirkende Vereinbarung ohnehin nicht vor. Der Gewinnanspruch gegen die Gesellschaft steht denjenigen zu, die bei Ablauf des Wirtschaftsjahres Gesellschafter sind. Es ist nicht zu sehen, woher der BFH die Legitimation nimmt, sich über die Vereinbarung, daß auch im Innenverhältnis der Gewinnanteil dem neuen Gesellschafter gebühren soll, hinwegsetzt und Steuern bei einer Person erhebt, der zivilrechtlich nichts zusteht.

Ist die Gewinnverteilung zwischen den Gesellschaftern im Streit, so ist der einem Gesellschafter später im Vergleichswege zuerkannte höhere Gewinnanteil noch in dem Jahr zu versteuern, auf das er entfällt.[58] Das gilt freilich nur, wenn durch den Vergleich eine zwischen den Gesellschaftern streitige Gewinnverteilungsregelung nach-

---

53 Vgl. dazu ausführlich Schön, StuW 1988, 253 ff.

54 BFH vom 12. 6. 1980 IV R 40/77 BStBl II 1980, 723; BFH vom 28. 1. 1986 VIII R 283/81 BFH/NV 1986, 524 (525); BFH vom 17. 3. 1987 VIII R 293/82 BStBl II 1987, 558.

55 Vgl. BFH vom 7. 7. 1983 IV R 209/80 BStBl II 1984, 53.

56 Das Urteil des BFH vom 7. 7. 1983 aaO (Anm. 55) ist im Schrifttum auf erhebliche Kritik gestoßen. Vgl. die Nachweise zum Meinungsstand bei Schmidt, § 15 EStG Anm. 72b und Sommer, BB 1987, 307 ff; 1446 f.

57 BFH aaO, (Fn. 55); BFH vom 17. 3. 1987 aaO, (Fn. 54); BFH vom 23. 10. 1986 IV R 352/84 BStBl II 1988, 128.

58 BFH vom 23. 4. 1975 I R 234/74 BStBl II 1975, 603 und dazu Keuk-Knobbe, StuW 1975, 335 ff.

träglich klargestellt wird, nicht auch, wenn die Gesellschafter durch den Vergleich die bisherige vertragliche Regelung bewußt ändern.[59]

Ist die Gewinnverteilungsabrede in Zusammenhang mit einer Eigenkapitalerhöhung dahin geändert, daß künftige Gewinne und Verluste in bestimmtem Umfang nur auf die Gesellschafter verteilt werden, die weiteres Eigenkapital bereitstellen oder daß diese Gesellschafter „Vorabanteile" von künftigen Gewinnen und Verlusten erhalten, so wird dies auch steuerlich akzeptiert.[60]

Den auf ihn entfallenden Verlust kann der Gesellschafter zunächst mit seinen anderen positiven Einkünften desselben Jahres ausgleichen. Ergibt sich bei der Ermittlung des Gesamtbetrages der Einkünfte ein negativer Saldo, so ist der Verlustabzug nach § 10d EStG vorzunehmen. Dabei gilt – da § 10d EStG nicht auf den Gewerbebetrieb bezogen ist – die Höchstgrenze von 10 Millionen DM für den Verlustrücktrag jedes einzelnen Gesellschafters.

Die vertragliche Verlustverteilungsregelung wird steuerlich auch dann akzeptiert, wenn die Einlage eines Kommanditisten oder atypischen stillen Gesellschafters schon aufgezehrt ist und insoweit die Verlustanteile auf einem *negativen Kapitalkonto* festgehalten werden. Seit der Einfügung des § 15a EStG kommt dem negativen Kapitalkonto insoweit aber nurmehr die Bedeutung eines Verlustvortrages besonderer Art zu.[61]

2. Die Verteilung steuerlicher Mehr- und Mindererergebnisse

Die vertragliche Gewinnverteilungsabrede bezieht sich regelmäßig auf den Handelsbilanzgewinn. Damit stellt sich die Frage, wie steuerliche Mehr- oder Mindererergebnisse gegenüber der Handelsbilanz auf die Gesellschafter aufzuteilen sind.

a) Die Zurechnung von Entnahmen aus dem Gesellschaftsvermögen

Die Differenz zwischen dem steuerlich maßgebenden Gewinn der Gesellschaft und dem Handelsbilanzgewinn kann darauf beruhen, daß dem Unterschied zwischen den beiden Betriebsvermögensständen Entnahmen aus dem Gesellschaftsvermögen nach § 4 Abs. 1 S. 1 EStG hinzugerechnet worden sind.

---

59 Vgl. dazu Keuk-Knobbe, StuW 1975, 335 ff.

60 BFH vom 7. 7. 1983 aaO, (Anm. 55); vgl. des weiteren BFH vom 17. 3. 1987 VIII R 293/82 BStBl II 1987, 558: Wird bei der Gründung einer KG vereinbart, daß für die ersten beiden Geschäftsjahre die Gewinn- und Verlustverteilung in der Weise erfolgen soll, daß sämtliche in diesen beiden Geschäftsjahren eintretenden Kommanditisten gleichzustellen sind, so ist dies steuerlich anzuerkennen, wenn eine derartige Gewinn- und Verlustverteilungsabrede betrieblich veranlaßt ist und der nach dem Beitritt eines jeden Kommanditisten im Geschäftsjahr erwirtschaftete Verlust hoch genug ist, um die diesen Kommanditisten zugerechneten Verlustanteile abzudecken.

61 Vgl. zu der Problematik und zu der Regelung des § 15a EStG i.e. unten § 11a.

Rechtsprechung und Literatur verfahren im allgemeinen folgendermaßen: In der Regel soll der Gewinn dem entnehmenden Gesellschafter zuzurechnen sein, doch sollen die Gesellschafter eine abweichende Verteilung beschließen können.

Von Groh ist diese „Notlösung“[62] als der dogmatischen Grundlage entbehrend beanstandet worden. Nach Groh ist der Mehrgewinn grundsätzlich nach dem vertraglichen Gewinnverteilungsschlüssel zu verteilen, es sei denn, es liege eine Änderung der Gewinnverteilung für diesen Fall vor.

Die Unklarheiten und scheinbaren Widersprüche in diesem Bereich schwinden aber, wenn man zunächst einmal beachtet, daß nicht alle Vorgänge, die früher als „Entnahme“ bezeichnet wurden, eine Entnahme im Sinne von § 4 Abs. 1 S. 1 EStG darstellen.[63]

aa) Wenn man z. B. in einem normalen Veräußerungsgeschäft zwischen der Gesellschaft und dem Gesellschafter eine „Entnahme“ sieht, so muß in der Tat die Zurechnung des „Entnahme“-Gewinns an den Gesellschafter Anstoß erregen. Beachtet man aber die rechtliche Selbständigkeit der Gesellschaft und respektiert man also auch normale schuldrechtliche Beziehungen zwischen der Gesellschaft und den Gesellschaftern, dann ist klar, daß es sich bei diesem Vorgang gar nicht um eine Entnahme nach § 4 Abs. 1 S. 1 EStG handelt, die der Betriebsvermögensdifferenz hinzuzurechnen ist. Auf diesem Standpunkt steht denn auch inzwischen die neuere Rechtsprechung, die Veräußerungsgeschäfte zu angemessenen Bedingungen zwischen Gesellschaft und Gesellschaftern nicht mehr als Entnahme oder anteilige Entnahme behandelt.[64] Das Veräußerungsgeschäft ist in einem solchen Fall schon in die Gewinnermittlung der Gesellschaft eingegangen, ein bei der Veräußerung entstehender Gewinn ist ein Gewinn der Gesellschaft und in der Betriebsvermögensdifferenz schon erfaßt. Dieser Gewinn der Gesellschaft wird bei den Gesellschaftern entsprechend dem Gewinnverteilungsschlüssel berücksichtigt, aber nicht deshalb, weil Entnahmegewinne auf die Gesellschafter entsprechend dem Gewinnverteilungsschlüssel zu verteilen wären, sondern weil es sich gar nicht um eine Entnahme handelt.

bb) Entsprechend ist die Lage, wenn es sich bei der Zuwendung um eine Vorwegleistung auf den vertraglichen Gewinnanteil des Gesellschafters handelt.

Beispiel: Bilanz der Gesellschaft zum 31. 12. 1988

Grundstück	50	(110)	Kapitalkonto A	100
Sonstiges	250		Kapitalkonto B	100
			Kapitalkonto C	100
	300			300

Die Gesellschafter sind zu je einem Drittel am Gewinn der Gesellschaft beteiligt. Im Laufe des Jahres 1989 übereignet die Gesellschaft dem Gesellschafter A in Vorleistung auf den zu erwartenden Gewinnanteil das Grundstück, im übrigen erwirbt sie 270 weiteres Aktivvermögen, so daß nach Ausscheiden des Grundstücks auf der Aktivseite als Summe 520 steht. Der sich dann aus der Bilanz zum 31. 12. 89 ergebenden Vermögensdifferenz von 220 ist die Entnahme des Grundstücks mit dem Teilwert von

62 Groh, BB 1969, 1389 ff.

63 Vgl. dazu oben unter I 3.

64 Vgl. nur BFH vom 10. 7. 1980 IV R 136/77 BStBl II 1981, 84.

110 hinzuzurechnen. Damit beläuft sich der Gewinn der Gesellschaft auf 330, er ist zu je einem Drittel auf die Gesellschafter zu verteilen.

Abwandlung: Die Zuwendung der Gesellschaft an den Gesellschafter soll *nicht* auf den ihm nach dem Gewinnverteilungsschlüssel zustehenden Gewinnanteil angerechnet werden, sondern der Gesellschafter soll diese Zuwendung zusätzlich erhalten. Bei Zugrundelegung der Zahlen aus Fall 1 ist der Gewinn der Gesellschaft in Höhe von 330 also auf die Gesellschafter folgendermaßen zu verteilen: A erhält 110, der verbleibende Betrag von 220 ist zu je ⅓ allen Gesellschaftern zuzurechnen.

Bei Zuwendungen der Gesellschaft, die nicht auf den ursprünglich vereinbarten Gewinnanteil des Gesellschafters angerechnet werden sollen, ist der Wert der Entnahme also allein dem Empfänger der Zuwendung zuzurechnen. Dies beruht darauf, daß für das betreffende Jahr der ursprüngliche Gewinnverteilungsschlüssel vertraglich geändert worden ist.[65]

cc) Für die Fälle der *„unberechtigten Entnahmen"* ist zu unterscheiden: Solange der Gegenstand der „unberechtigten Entnahme" selbst noch zum Gesellschaftsvermögen gehört, tritt ohnehin eine Gewinnrealisierung nicht ein und stellt sich damit nicht die Frage der Zurechnung eines steuerlichen Mehrgewinns. Gehört der Gegenstand nicht mehr zum Gesellschaftsvermögen, so hat die Gesellschaft einen Schadensersatz- und/oder Bereicherungsanspruch gegen den Gesellschafter. Die dadurch etwa[66] eintretende Gewinnerhöhung ist auf die Gesellschafter anteilig zu verteilen,[67] denn es handelt sich insoweit um einen normalen laufenden Gewinn der Gesellschaft. Verzichtet die Gesellschaft auf den Ersatzanspruch, weil sie dem ungetreuen Gesellschafter nachträglich den Wert zusätzlich belassen will,[68] so ist diese Entnahme aus dem Gesellschaftsvermögen dem begünstigten Gesellschafter zuzurechnen.[69]

---

65 Vgl. auch BFH vom 12. 3. 1964 IV 415/62 DB 1964, 1012.

66 Mit der Aktivierung des Ersatzanspruchs ist nicht notwendigerweise der Ausweis eines Gewinns verbunden. Werden auf diese Weise stille Reserven des „unberechtigt entnommenen" Wirtschaftsgutes aufgedeckt, so kann die Gesellschaft den auf diese Weise entstandenen Gewinn nach den Grundsätzen über die Bildung einer Rücklage für Ersatzbeschaffung neutralisieren, denn die Aufdeckung der stillen Reserven ist gegen ihren Willen erfolgt (vgl. oben unter I 3).

67 Vgl. treffend Littmann, 13. Aufl. 1981, § 15 EStG Anm. 113.

68 Anders natürlich, wenn der Ersatzanspruch auf den dem Gesellschafter nach dem vertraglichen Gewinnverteilungsschlüssel zustehenden Gewinnanteil angerechnet wird.

69 Entsprechend ist u.E. der Fall aus BFH vom 1. 8. 1968 IV R 177/66 BStBl II 1968, 740 zu behandeln. Hier hatte der einzige Komplementär einer Kommanditgesellschaft in den Jahren 1949 und 1950 220 000 DM unterschlagen. 1951 waren die Kommanditisten aus der Gesellschaft augeschieden. Die Gesellschaft wurde von dem Komplementär und seiner Ehefrau fortgesetzt. Die Unterschlagung wurde erst 10 Jahre später anläßlich einer Steuerfahndungsprüfung aufgedeckt. Das Finanzamt rechnete den Mehrgewinn von 200 000 DM allen damaligen Gesellschaftern entsprechend dem vertraglichen Gewinnverteilungsschlüssel zu; der

b) Mehrgewinne infolge der Nichtanerkennung bestimmter Aufwendungen als abzugsfähige Betriebsausgaben

Werden bestimmte Betriebsausgaben steuerlich nicht zum Abzug zugelassen – der Abzug ist z. B. nach § 4 Abs. 5–7 EStG oder nach § 160 AO ausgeschlossen –, so handelt es sich um einen steuerlichen Mehrgewinn, der jetzt und in Zukunft der handelsrechtlichen Gewinnverteilung nicht zugänglich ist. Dieser Mehrgewinn ist steuerlich so zu verteilen, wie er verteilt worden wäre, wenn die fraglichen Beträge das Ergebnis der Handelsbilanz nicht gemindert hätten. Das bedeutet: das Mehrergebnis ist den Gesellschaftern entsprechend dem Gewinnverteilungsschlüssel für das fragliche Wirtschaftsjahr zuzurechnen.[70]

c) Mehrgewinne auf Grund unterschiedlicher Bewertung[71] in der Handelsbilanz und der „Steuerbilanz"[72]

Ursache eines steuerlichen Mehrgewinns gegenüber dem in der Handelsbilanz in Erscheinung tretenden Gewinn kann sein, daß das in der Handelsbilanz ausgewiesene Vermögen zu niedrig bewertet worden ist, es ist z. B. eine steuerlich gebotene Aktivierung in der Handelsbilanz unterblieben oder in der Handelsbilanz eine Absetzung vorgenommen, die von der Betriebsprüfung auf 3 Jahre verteilt wird. Keine Schwierigkeiten bereitet dieser Fall, wenn die Gesellschaft die Handelsbilanz mit den niedrigeren Werten nicht fortführt, sondern dem steuerrechtlichen Befund Rechnung trägt und die Handelsbilanz des betreffenden Jahres anpaßt. Die Verteilung des – nun-

---

BFH rechnete den Mehrgewinn allein dem Komplementär zu. Das Urteil ist von Littmann aaO, (Anm. 67) kritisiert worden. Littmann ist zuzugeben, daß im Prinzip schon die Verteilung entsprechend dem vertraglichen Gewinnverteilungsschlüssel das Richtige ist, weil der Gesellschaft ein Ersatzanspruch zusteht. Dennoch erscheint uns die Entscheidung des Streitfalles durch den BFH durchaus sachgerecht. Die Gesellschaft hat den Ersatzanspruch gegen den Komplementär über Jahre hinaus nicht geltend gemacht, also so getan, als ob ihr ein Ersatzanspruch nicht zustehe, und damit den Vermögensvorteil dem Gesellschafter belassen. Solange in einem solchen Fall nicht tatsächlich noch ein nachträglicher Ausgleich zugunsten der hintergangenen ehemaligen Kommanditisten erfolgt, ist es in der Tat nicht gerechtfertigt, diesen einen Anteil an dem Mehrgewinn zuzurechnen.

70 Vgl. i. e. Wendt, DStR 1968, 199 ff, 201; ebenso Groh, DStR 1970, 288 ff, 289.

71 Für die Verteilung des Mindergebnisses, das auf der Inanspruchnahme von Sonderabschreibungen, steuerfreien Rücklagen usw. beruht, vgl. oben Anm. 27. Mindergebnisse infolge der Inanspruchnahme von Steuervergünstigungen, die an persönliche Eigenschaften eines Steuerpflichtigen anknüpfen (z. B. unbeschränkte Steuerpflicht in § 3 AuslInvG, § 7 e EStG), sind natürlich nur dem Gesellschafter zuzurechnen, der diese Voraussetzungen erfüllt (vgl. zu derartigen Steuervergünstigungen oben unter I 1 d und e).

72 Vgl. dazu auch Groh, FR 1976, 105 ff und i. ü.: Schmidt, § 15 EStG Anm. 70 mit Nachweisen.

mehr auch handelsrechtlichen – Mehrgewinns kann dann ohne weiteres dem vertraglichen Gewinnverteilungsschlüssel folgen.[73] In der Praxis wird aber die Handelsbilanz des Jahres, für das steuerliche Mehrgewinne festgestellt sind, nur selten dem steuerlichen Befund angepaßt. Aber auch dann, wenn die Handelsbilanz des Jahres, für das steuerliche Mehrgewinne festgestellt sind, nicht angepaßt wird, ist für die einkommensteuerliche Zurechnung von der Gewinnverteilungsabrede auszugehen.[74]

Problematisch ist die Verteilung des steuerlichen Mehrgewinns nach dem im Mehrgewinnjahr geltenden vertraglichen Gewinnverteilungsschlüssel freilich dann, wenn in der Zwischenzeit der Gewinnverteilungsschlüssel geändert worden ist oder ein Gesellschafterwechsel stattgefunden hat.

Beispiel: In der Handelsbilanz von Jahr 1 wird ein Wirtschaftsgut von 500 auf 200 abgeschrieben, der Absetzungsbetrag von 300 wird von der Betriebsprüfung auf 3 Jahre verteilt. In Jahr 1 ergibt sich also ein steuerliches Mehrergebnis von 200, in den Jahren 2 und 3 ein steuerliches Minderergebnis von je 100. Im Jahr 1 sind die Gesellschafter A und B zu je 50% am Gewinn beteiligt, ab Jahr 2 ist das Verhältnis 20 : 80.

In einem solchen Fall wird fraglich, ob das Mehrergebnis von Jahr 1 in Höhe von 200 nach dem für dieses Jahr geltenden Gewinnverteilungsschlüssel und die in den folgenden Jahren sich ergebenden Minderergebnisse von je 100 entsprechend dem dann maßgeblichen Gewinnverteilungsschlüssel bei A und B erfaßt werden können. Im Endeffekt wäre nämlich dann bei A ein steuerlicher Gewinn von 100 und ein Verlust von insgesamt 40 zu verzeichnen, bei B hingegen ein Gewinn von 100 und ein späterer Verlust von insgesamt 60.

Dabei kommen aber die in der Handelsbilanz in Jahr 1 gelegten stillen Reserven später dem A zu ⅕ und dem B zu ⅘ zugute. A wäre damit mit der Steuer für einen Teil der stillen Reserven, die dem B zugute kommen, belastet.

Die Rechtsprechung[75] steht auf dem Standpunkt, daß bei der Verteilung des steuerlichen Mehrgewinns von Jahr 1 nicht außer Betracht bleiben könne, wem in Zukunft die in der Handelsbilanz gelegten stillen Reserven zugute kommen werden, da grundsätzlich kein Steuerpflichtiger ein Einkommen zu versteuern brauche, das tatsächlich nicht ihm, sondern einem anderen zugeflossen sei. Nach der Rechtsprechung sind damit steuerliche Mehrgewinne im Wege der Schätzung auf die Gesellschafter zu verteilen, denen sie „voraussichtlich in der Zukunft zufallen". Dabei sind etwa in Aussicht genommene Änderungen des handelsrechtlichen Gewinnverteilungsschlüssels zu berücksichtigen; soweit es sich um stille Reserven handelt, die voraussichtlich erst bei der Auflösung der Gesellschaft in der Handelsbilanz aufgedeckt werden, ist der Liquidationsschlüssel maßgebend; ist das Ausscheiden eines

---

73 Vgl. so auch BFH vom 27. 11. 1956 I 260/56 U BStBl III 1957, 35. Vgl. aber kritisch Groh, DStR 1970, 288 (289) und dazu Keuk, Besteuerung des Gewinns, S. 20 Anm. 121.

74 BFH vom 10. 11. 1980 GrS 1/79 BStBl II 1981, 164, 168; BFH vom 10. 10. 1985 IV B 30/85 BStBl II 1986, 68.

75 Vgl. RFH vom 22. 6. 1938 VI 190/38 RStBl 1938, 860; BFH vom 27. 11. 1956 I 260/56 U BStBl III 1957, 35; BFH vom 31. 10. 1974 IV R 141/70 BStBl II 1975, 73.

Gesellschafters in Aussicht genommen, so ist die Höhe der Abfindung zu berücksichtigen.[76]

Bedenken gegen dieses Verfahren ergeben sich daraus, daß die künftigen Verhältnisse, die der Prognose zugrunde gelegt werden, sich anders entwickeln können als erwartet. Das im Mehrgewinnjahr für einen bestimmten Zeitpunkt in Aussicht genommene Ausscheiden eines Gesellschafters kann sich verzögern, es kann sein, daß eine ganz andere Abfindung als ursprünglich vorgesehen gezahlt wird. Die geplante Änderung der Gewinnverteilungsregelung kann anders ausfallen als angenommen oder sie unterbleibt. Oder man nehme den Fall, daß nach der von der Rechtsprechung vertretenen Auffassung der steuerliche Mehrgewinn nach dem Liquidationsschlüssel verteilt wird, da man annimmt, daß die steuerrechtlich aufgedeckten stillen Reserven in der Handelsbilanz erst bei der Auflösung der Gesellschaft aufgedeckt werden. Tatsächlich aber muß die Gesellschaft das betreffende Wirtschaftsgut schon vorher veräußern. Der dabei anfallende Gewinn kommt den Gesellschaftern also entsprechend dem Gewinnverteilungsschlüssel und nicht wie bei der Verteilung des steuerlichen Mehrgewinns angenommen nach dem Liquidationsschlüssel zugute. Die Aufzählung von Fällen, in denen die tatsächliche Entwicklung gegenüber der der Verteilung des steuerlichen Mehrgewinns zugrunde gelegten Prognose sich anders vollzieht, läßt sich bei einiger Phantasie beliebig fortsetzen.

Bei der von der Rechtsprechung vertretenen Beurteilung kann also genau das passieren, um dessen Verhinderung diese Beurteilung eigentlich bemüht ist, daß nämlich einer der Gesellschafter mit steuerlichen Mehrgewinnen belastet wird, obwohl ihm zivil- und handelsrechtlich die fraglichen stillen Reserven nicht oder nicht in dem angenommenen Umfang zugute kommen.

Diese Erkenntnis zwingt zu der Überlegung, ob man bei der Verteilung des steuerlichen Mehrgewinns nicht besser ganz auf die Prognose und Einschätzung der künftigen Entwicklung verzichten und bei der Größe bleiben sollte, die nun einmal feststeht, nämlich bei dem im Mehrgewinnjahr geltenden Gewinnverteilungsschlüssel. Im Normalfall kann man davon ausgehen, daß den Gesellschaftern später die im Mehrgewinnjahr versteuerten handelsrechtlichen stillen Reserven auch in diesem Umfange zugute kommen. Verläuft die Entwicklung aber später anders, so ist immer noch Zeit genug, dies steuerlich zu berücksichtigen und damit zu verhindern, daß jemand etwas als Einkommen zu versteuern hat, von dem er nichts sieht.

Die Durchführung sei an dem in der Entscheidung vom 31. 10. 1974[77] gebrachten Beispiel dargelegt:

Handelsbilanz OHG					
Anlagevermögen	100	(200)	Kapital A	200	(350)
Waren	200	(400)	Kapital B	200	(350)
Geld	100	(100)			
	400	(700)		400	(700)

76 Vgl. zu diesem Fall die Entscheidung BFH vom 31. 10. 1974 IV R 141/70 BStBl II 1975, 73 und dazu Keuk-Knobbe, StuW 1975, 335 (337 ff).

77 AaO, (Anm. 75).

Steuerbilanz OHG					
Anlagevermögen	100	(200	Kapital A	200	(350)
Waren	400	(400)	Kapital B	200	(350)
Geld	100	(100)	Betriebsprüfungs-mehrgewinn	200	
	600	(700)		600	(700)

Nach der von uns zur Diskussion gestellten Lösung würde der Mehrgewinn von 200 im Mehrgewinnjahr entsprechend dem handelsrechtlichen Gewinnverteilungsschlüssel von 50 : 50 auf A und B je zur Hälfte verteilt werden. Steuerlich ist damit in Zukunft von einem Kapital von je 300 bei A und B auszugehen. Scheidet B in einem der folgenden Jahre aus und wird er mit dem Buchwert seines handelsrechtlichen Kapitalkontos in Höhe von 200 abgefunden, so steht nunmehr fest, daß er von den steuerlich aufgedeckten stillen Reserven nichts gesehen hat. Daß er – wie sich nunmehr herausgestellt hat – zu Unrecht mit dem steuerlichen Mehrgewinn belastet worden ist, wird nun zwangsläufig korrigiert: Bei der Ermittlung des Veräußerungserfolges hinsichtlich seiner Beteiligung ist der Abfindung von 200 sein steuerlich maßgebliches Kapital von 300 gegenüberzustellen, so daß im Jahre des Ausscheidens ein Veräußerungsverlust des B von 100 entsteht. Andererseits ergibt sich für A infolge der unter dem steuerrechtlichen Kapitalkonto liegenden Abfindung an B ein entsprechender Gewinn von 100.[78] Der im Mehrgewinnjahr festgestellte steuerliche Mehrgewinn von 200 geht damit voll auf das Konto des A, bei dem allein die stillen Reserven in der Handelsbilanz verbleiben. Bei einer höheren Abfindung führt das auf der Zurechnung des steuerlichen Mehrgewinns im Mehrgewinnjahr beruhende – gegenüber dem handelsrechtlichen Kapitalkonto höhere – steuerliche Kapitalkonto zu einem entsprechend geringeren Veräußerungsgewinn des B.

Für den Fall, daß B nicht ausscheidet, aber die Gewinnverteilung von 50 : 50 auf z.B. 75 : 25 geändert wird, wäre nach der von uns vertretenen Konzeption folgendermaßen zu verfahren: Die seit dem Mehrgewinnjahr maßgeblichen steuerlichen Kapitalkonten von je 300 würden sich vom Jahre des neuen Gewinnverteilungsschlüssels an auf 350 für A und 250 für B verändern; A würde in diesem Jahr also 50 mehr, B 50 weniger zu versteuern haben. Damit würde der steuerliche Mehrgewinn von 200 zu insgesamt 150 = ¾ auf A und zu 50 = ¼ auf B entfallen, in dem Verhältnis also, in dem A und B nach dem neuen Gewinnverteilungsschlüssel an den stillen Reserven der Handelsbilanz partizipieren.

Verfährt man in der dargestellten Weise, daß man den steuerlichen Mehrgewinn entsprechend der im Mehrgewinnjahr maßgeblichen Gewinnverteilungsabrede verteilt und erst, wenn sich tatsächlich etwas geändert hat, dem steuerlich Rechnung trägt, so wird zum einen das berechtigte Anliegen der Rechtsprechung berücksichtigt, daß niemand ein Einkommen soll versteuern müssen, das tatsächlich nicht ihm, sondern einem anderen zugeflossen ist, zum anderen werden die Unsicherheiten, die mit jeder Prognose notwendigerweise verbunden sind und die daraus im Einzelfall wieder folgenden Ungerechtigkeiten vermieden.

78 Eine Aufstockung der Buchwerte kommt nicht in Betracht, da wegen dieses steuerlichen Gewinns die Aufstockung schon im Mehrgewinnjahr erfolgt ist.

III. Das Verhältnis der Gewinnermittlung der Gesellschaft zur eigenen Gewinnermittlung des Gesellschafters[79]

Der Gewinn bzw. Verlust der Gesellschaft wird nach § 15 Abs. 1 S. 1 Nr. 2 EStG bei den Gesellschaftern anteilig unmittelbar erfaßt. Die Ermittlung des Gewinn- bzw. Verlustanteils des Gesellschafters erfolgt in einem besonderen Gewinnfeststellungsverfahren für die Gesellschaft (§§ 179 ff AO).[80] Der in dem Gewinnfeststellungsverfahren den einzelnen Gesellschaftern zugerechnete Gewinn- bzw. Verlustanteil wird ohne weitere Prüfung in das Einkommensteuer- bzw. Körperschaftsteuerveranlagungsverfahren des Gesellschafters übernommen. Dies gilt auch dann, wenn die Beteiligung an der Personengesellschaft zu einem eigenen Gewerbebetrieb des Gesellschafters gehört.[81] Die Besteuerung des Gewinn- bzw. Verlustanteils des Gesellschafters hängt also nicht davon ab, ob und wie diese Anteile sich in der eigenen Gewinnermittlung des Gesellschafters niedergeschlagen haben.

Die unmittelbare Zuordnung des Gewinns der Gesellschaft an die Gesellschafter nach § 15 Abs. 1 S. 1 Nr. 2 EStG verhindert eine gesonderte Gewinnermittlung des Gesellschafters. Der Gewinn, den der Gesellschafter in seiner eigenen Bilanz während der Dauer seiner Zugehörigkeit zur Gesellschaft *insgesamt* ausweisen wird, ist im Ergebnis notwendig identisch mit dem Gewinn oder Verlust, der ihm nach den §§ 15, 16 EStG von seinem Eintritt in die Gesellschaft bis zu seinem Ausscheiden zugeordnet wird.[82] Auf den Gesamtbetrag bezogen bleibt es sich also gleich, ob die Gewinne eines an einer Personengesellschaft betrieblich beteiligten Gesellschafters auf der Grundlage des Betriebsvermögensvergleiches der Gesellschaft oder auf Grund seiner eigenen Gewinnermittlung erfaßt werden; der Unterschied besteht nur hinsichtlich der Periodisierung. Der Gesetzgeber der §§ 15, 16 EStG hat sich gegen die Maßgeblichkeit der eigenen Gewinnermittlung des Gesellschafters entschieden. Der Gewinn bzw. Verlust der Gesellschaft wird bei dem Gesellschafter ohne Rücksicht auf Ausschüttung, bilanziellen Zufluß, Entnahmerecht, Teilwertabschreibungen usw. erfaßt. Auch Teilwertabschreibungen auf den Gesellschaftsanteil im Rahmen der eigenen Gewinnermittlung des Gesellschafters sind nicht möglich, denn irgendwann während der Zugehörigkeit zur Gesellschaft werden auch die Verluste, die eine Teilwertabschreibung des Anteils rechtfertigen könnten, in dem auf der Grundlage des Betriebsvermögensvergleiches der Gesellschaft ermittelten

---

79 Vgl. dazu näher Schön, Gewinnübertragungen bei Personengesellschaften nach § 6b EStG, 1986, S. 98 ff.

80 Vgl. dazu unten § 13.

81 Ständige Rechtsprechung seit RFH vom 25. 4. 1933 VI A 1163/32 RStBl 1933, 955 ff; vgl. zur Entwicklung und zum Meinungsstand Schön aaO, (Anm. 79), S. 98 ff.

82 Vgl. Döllerer, WPg 1977, 81 ff; 87 f; Schön aaO, (Anm. 79).

Gewinn- bzw. Verlustanteil nach § 15 Abs. 1 S. 1 Nr. 2 EStG oder in dem Veräußerungsgewinn bzw. -verlust nach § 16 EStG wirksam.[83]

Gemeinhin wird dieser Befund – der Vorrang der Gewinnermittlung bei der Gesellschaft – mit der Formulierung: „der Aktivierung der Beteiligung in der Bilanz des Gesellschafters kommt in steuerlicher Hinsicht keine selbständige Bedeutung zu“[84] beschrieben. Dieser Satz bedarf einer gewissen Korrektur. Denn der Anteil an einer Personengesellschaft verliert nicht seine Eigenschaft als Wirtschaftsgut des Betriebsvermögens, weil die Gewinnermittlung der Gesellschaft vorrangig ist und für die Gesellschaft ein Feststellungsverfahren durchgeführt wird;[85] der Anteil ist in der Bilanz des Gesellschafters weiter auszuweisen. Daß dies im Einzelfall auch für die Besteuerung von Bedeutung sein kann, hat schon Döllerer[86] unter Hinweis auf Einbringungsfälle dargelegt.[87]

Als weiteres Beispiel sei folgender Fall angeführt: Der Mehrheitsgesellschafter A hat sich gegenüber der Personengesellschaft vertraglich zum Verlustausgleich verpflichtet. Hier ist – soweit die Verluste über seinen eigenen Anteil am Verlust hinausgehen – eine Passivierung in der Bilanz des Gesellschafters geboten.

Dem Ausweis des Anteils an einer Personengesellschaft in der Bilanz des Gesellschafters kommt – so ist die übliche Formulierung einzuschränken – nur insoweit keine selbständige Bedeutung zu, als es um Dinge geht, die den Totalgewinn bzw. -verlust des Gesellschafters aus der Beteiligung, wie er sich nach §§ 15, 16 EStG ergibt, beeinflussen, und auch nur auf diese Dinge erstreckt sich die Bindung des Gewinnfeststellungsverfahrens der Gesellschaft.

Es versteht sich, daß die eigene Gewinnermittlung des Gesellschafters wesentlich weiter reicht, wenn der in seiner Bilanz ausgewiesene Anteil an einer Personengesellschaft besteht, die Überschußeinkünfte erzielt.[88]

---

83 Vgl. dazu näher Schön aaO, (Anm. 79) und dort insbesondere auch die Auseinandersetzung mit der entgegengesetzten Auffassung von Stoll, Der Gesellschafter, Österr. Zeitschrift für Gesellschafts- und Unternehmensrecht, 1983, 120 ff, 124.

84 Vgl. BFH vom 23. 7. 1975 I R 165/73 BStBl II 1976, 73; vom 29. 9. 1976 I R 171/75 BStBl II 1977, 259.

85 A. A. BFH vom 6. 11. 1985 I R 242/81 BStBl II 1986, 333; vgl. dazu Reiß, StuW 1986, 232 ff (254).

86 Döllerer, WPg 1977, 81 ff, 88; dem folgend Woerner, JbFStR 1978/79, 239 ff.

87 Vgl. auch die Vorinstanz zu BFH v. 6. 11. 1985 aaO, (Anm. 85), Urteil des Nieders. FG vom 3. 7. 1981 VI 563/79 EFG 1982 Nr. 170: Die Einbringung eines Betriebes oder Wirtschaftsguts in eine Kapitalgesellschaft gegen Gewährung von Gesellschaftsrechten wird bilanziell nur dann richtig erfaßt, wenn der Einbringende den Gesellschaftsanteil, den er für das eingebrachte Vermögen erhält, an dessen Stelle in die eigene Bilanz einsetzt.

88 Zur Ermittlung der Einkünfte eines betrieblich beteiligten Gesellschafters einer Überschußgesellschaft vgl. unten § 13 V.

§ 11
Sonderbetriebsvermögen, Sondervergütungen und Sonderbetriebsausgaben des Gesellschafters

I. Einleitung

Mit dem Gewinnanteil des Gesellschafters hat man die erste Komponente seiner gewerblichen Einkünfte. In der zweiten Gewinnermittlungsstufe sind – soweit besteht Einigkeit – die in § 15 Abs. 1 S. 1 Nr. 2 EStG genannten Sondervergütungen des Gesellschafters sowie dessen Sonderbetriebsausgaben zu erfassen.

Die neuere Konzeption des BFH beruht im wesentlichen auf Gedanken Woerners[1] und Döllerers.[2] Woerner hat dargelegt, daß auch nach Aufgabe der Bilanzbündeltheorie die von der Gesellschaft an den Gesellschafter gezahlten Sondervergütungen in die Gewinnermittlung der Gesellschaft einzubeziehen seien, da es sich „um Erträge aus Leistungen (handele), die zwar nicht im Gewande gesellschaftsrechtlicher Beziehungen zwischen Gesellschafter und Personengesellschaft erbracht werden, die aber ... bei wirtschaftlicher Betrachtungsweise als Beiträge anzusehen sind, die der Gesellschafter zur Förderung des gemeinschaftlichen Gesellschaftszwecks einsetzt". Döllerer hat dann diesen Ausführungen Woerners den Gedanken der „wirtschaftlichen Einheit" an die Seite gestellt. Nach Döllerer bilden „der Betrieb der Gesellschaft und die Sonderbetriebe ihrer Gesellschafter eine Einheit in der Hand der Gesellschaft". Aufgrund dieser Vorstellung hat Döllerer zu der aus der Bilanz der Gesellschaft und den Sonderbilanzen der Gesellschafter konsolidierten Steuerbilanz der Gesellschaft gefunden.

Auf der Grundlage dieser Gedanken geht der BFH davon aus, daß die dem Gesellschafter gehörenden, von ihm der Gesellschaft zur Nutzung überlassenen Wirtschaftsgüter Sonderbetriebsvermögen des betreffenden Gesellschafters darstellen und auf der Grundlage dieses Sonderbetriebsvermögens für den einzelnen Gesellschafter eine besondere Gewinnermittlung zu erfolgen habe, in die die Sondervergütungen und Sonderbetriebsausgaben des einzelnen Gesellschafters eingehen. Die Sonderbilanzen der einzelnen Gesellschafter sollen dann mit der Bilanz der Gesellschaft zu einer „wirtschaftlichen Einheit", zu einer „Gesamtbilanz"[3] zusammenzufassen, – nach Döllerer – zu „konsolidieren" sein. Das Ergebnis dieser Zusammenfassung ist der „Steuerbilanzgewinn zweiter Stufe" der Gesellschaft.[4]

1 BB 1974, 596 ff; BB 1975, 645 f. Zur Auseinandersetzung mit dem Beitragsgedanken vgl. Kurth, Die Besteuerung des Mitunternehmers, 1978, S. 315 ff; Kruse, JDStJG 1979, 37 ff.
2 DStZ/A 1974, 211 ff; DStZ/A 1976, 435 ff.
3 Döllerer, Festschrift Flume, 1978, Bd. 2, S. 43 ff.
4 BFH vom 8. 1. 1975 I R 142/72 BStBl II 1975, 437, vgl. dazu § 11 V.

Da das Gesamthandsvermögen und die Sonderbetriebsvermögen der Gesellschafter als wirtschaftliche Einheit verstanden werden, erfolgt die Gewinnermittlung für alle Betriebsvermögensteile einheitlich – je nachdem entweder durch Betriebsvermögensvergleich (§§ 4 Abs. 1, 5 EStG) oder durch Überschußrechnung (§ 4 Abs. 3 EStG).[5]

Wenn es also auch weiterhin bei den Personengesellschaften um ein Bilanzenfaszikel, allerdings um ein anders geartetes als zu Bilanzbündeltheoriezeiten geht, so bietet doch die Konzeption des BFH gegenüber den früheren Vorstellungen einen Fortschritt, der nicht hoch genug zu veranschlagen ist. Die Gewinnermittlung in Stufen führt zu einer größeren Durchschaubarkeit und damit auch Rechtssicherheit;[6] ihr Vorteil liegt vor allem darin, daß auch steuerlich die Sphäre der Gesellschaft und die des Gesellschafters getrennt werden. In den Ergebnissen bleibt freilich vieles beim alten.[7] So steht insbesondere noch aus, daß der BFH aus der neuen Konzeption die Konsequenzen für die Frage der Pensionsrückstellungen für Gesellschafter-Geschäftsführer zieht.[8] Auch nach der neuen Konzeption werden insbesondere die im Eigentum des Gesellschafters stehenden Wirtschaftsgüter, die dieser der Gesellschaft zur Nutzung überlassen hat, weiterhin als Betriebsvermögen behandelt.[9]

Die Position des BFH zum Verfahren in der zweiten Gewinnermittlungsstufe ist – worauf Woerner[10] hinweist – nicht in allen Beziehungen bereits dem Gesetzestext zu entnehmen und sicher nicht unangreifbar.[11] So hat Thiel[12] schon 1974 den Verdacht geäußert, daß Döllerer mit seiner These von einer die Gesellschaft und die Gesellschafter umfassenden Einheit die Fiktionen der Bilanzbündeltheorie nur durch eine abgewandelte Fiktion ersetze, die gleichermaßen wie die Bilanzbündeltheorie der Überzeugungskraft ermangele. Vor allem scheint uns die von Döllerer in Anlehnung an die aktienrechtlichen Vorschriften vorgeschlagene Konsolidierung der Bilanz der Gesellschaft und der Sonderbilanzen der Gesellschafter[13] in der Luft zu hängen. Man fragt sich, woraus sich eigentlich ergeben soll, daß Ziel der zweiten Gewinnermittlungsstufe die Erstellung einer Gesamtbilanz der Gesellschaft ist. Es kann, nachdem man in der ersten Stufe den – unter Beachtung der §§ 4 ff EStG – ermittelten Gewinn der Gesellschaft festgestellt hat, nur noch darum gehen, bei dem einzelnen Gesellschafter neben seinem Gewinnanteil die Sondervergütungen und Sonderbetriebsausgaben des Gesellschafters in der Einkunftsart Einkünfte aus Gewerbebetrieb zu erfassen.

---

5 Für die Frage der Buchführungspflicht bezieht sich der Betrag von 36000 DM (§ 141 Abs. 1 Nr. 4 AO) auf den Steuerbilanzgewinn zweiter Stufe (vgl. „Mitunternehmererlaß" des BdF vom 20. 12. 1977 BStBl I 1978, 8 Rdz. 18, 19).

6 Vgl. die Darlegungen Woerners, BB 1975, 645 f.

7 Zu einigen Änderungen auf Grund der neuen Konzeption vgl. Döllerer, DStZ 1983, 179 ff.

8 Vgl. dazu unten § 11 IV 3a.

9 Der Vorprüfungsausschuß des BVerfG hat in seinem Beschluß vom 30. 1. 1985 1 BvR 279/83 NJW 1985, 1891 die Rechtsprechung des BFH zum Sonderbetriebsvermögen abgesegnet.

10 AaO (Anm. 6).

11 Vgl. grundsätzlich gegen die neue Konzeption des BFH: Keuk, Besteuerung des Gewinns der Personengesellschaft und der Sondervergütungen der Gesellschafter, 1974, S. 1 ff; Kruse, JDStJG 1979, 37 ff; Thiel, StuW 1984, 104 ff.

12 FR 1974, 333 ff; vgl. auch die Bestandsaufnahme von Thiel, StuW 1984, 104 ff.

13 Zur Gesamtbilanz vgl. i.e. unten § 11 V.

U. E. hat dies nicht durch die Vornahme einer Gewinnermittlung für den Gesellschafter nach § 5 EStG zu geschehen.[14] Vielmehr sind dem Gewinnanteil die Sondervergütungen, die der Gesellschafter von der Gesellschaft *bezogen* hat, hinzuzurechnen. Was nach dem Gesetz unter „Beziehen“ zu verstehen ist, ist in § 11 Abs. 1 EStG geregelt. Da kein Anhaltspunkt für die Annahme besteht, daß das Gesetz in § 15 Abs. 1 S. 1 Nr. 2 EStG von seinem eigenen Sprachgebrauch abweicht, sind die Sondervergütungen bei dem Gesellschafter in dem Jahr zu erfassen, in dem sie ihm zugeflossen sind. Von dem aus dem Gewinnanteil und den *bezogenen* Sondervergütungen gebildeten Gesamtbetrag sind nach unserer Auffassung dann die Aufwendungen des Gesellschafters abzuziehen, die durch seine Beteiligung an der Gesellschaft und durch den Bezug der Sondervergütungen veranlaßt sind. Damit steht man u. E. bei der Größe „Einkünfte des Gesellschafters aus Gewerbebetrieb“.

Man wird freilich, da die neuere vom I. Senat des BFH entwickelte Konzeption die Billigung auch der anderen Senate gefunden hat und seit 15 Jahren die Rechtsprechung prägt, davon ausgehen müssen, daß der BFH auch in Zukunft auf dieser Grundlage judiziert.[15]

II. Die Sonderbilanzen der Gesellschafter

1. Einleitung

Der Gewinn des Gesellschafters in der zweiten Stufe wird auf Grund einer Sonderbilanz ermittelt. In dieser ist sein Sonderbetriebsvermögen ausgewiesen. Alle – von der Gesellschaft bezogenen – Sondervergütungen, sonstigen Sonderbetriebseinnahmen und Sonderbetriebsausgaben des Gesellschafters schlagen sich dort nieder. Die Ermittlung des Ergebnisses der Sonderbilanz erfolgt grundsätzlich nach denselben Regeln wie die Gewinnermittlung für die Gesellschaft, also bei den Gesellschaftern einer Handelsgesellschaft nach § 5 Abs. 1 EStG.[16] Soweit Investitionen steuerbegünstigt sind, kann der Gesellschafter die Vergünstigung (sei es Sonderabschreibungen, Investitionszulagen oder -prämien[17] u. ä.) auch für die Wirtschaftsgüter seines Sonderbetriebsvermögens in Anspruch nehmen.[18]

---

14 Vgl. i. e. Keuk, Besteuerung des Gewinns, S. 32 ff und dort auch die Auseinandersetzung mit der Auffassung z. B. von Meßmer, StbJb 1972/73, 127 (200); vgl. auch Kruse, JDStJG 1979, 37 (55): die Entscheidung über die Form der Berücksichtigung der Sondervergütungen hänge davon ab, ob der Gesellschafter im Einzelfall die Voraussetzungen des § 4 Abs. 1, § 4 Abs. 3 oder § 5 Abs. 1 EStG erfülle.

15 Eingehend zu diesem Komplex aus betriebswirtschaftlicher Sicht die Monographie von Lehmann, Betriebsvermögen und Sonderbetriebsvermögen, 1988.

16 Vgl. dazu unten § 11 V.

17 Zur Investitionsprämie nach § 32 Kohlegesetz vgl. BFH vom 18. 7. 1979 I R 199/75 BStBl II 1979, 750.

18 Vgl. dazu im einzelnen Knobbe-Keuk, Die Personengesellschaft im Recht der Steuervergünstigungen, JDStJG 1979, 109 ff. Vgl. neuerdings auch FG Baden-Württemberg vom 26. 8. 1987 XII K 590/85 EFG 1988 Nr. 524: Für Investitionen im Sonderbetriebsvermögen ist der Gesellschafter investitionszulageberechtigt.

Bei dem Sonderbetrieb des Gesellschafters, der durch die Sonderbilanz repräsentiert wird, handelt es sich aber nicht um einen selbständigen Betrieb oder Teilbetrieb. Vielmehr ist der Sonderbetrieb des Gesellschafters nach der Konzeption der Rechtsprechung des BFH nur ein unselbständiger Teil der aus dem Betrieb der Gesellschaft und den Sonderbetrieben bestehenden wirtschaftlichen Einheit.[19] Daraus ergeben sich eine Reihe von Einzelfolgerungen: So ist z. B. für die Anwendung der Verlustklauseln (z. B. § 7 a Abs. 6 EStG a. F.[20]) auf das Gesamtergebnis von Gesellschaftsbilanz und Sonderbilanzen zu sehen.[21] Dasselbe gilt für die Frage der Buchführungspflicht (§ 141 Abs. 1 Nr. 4 AO).[22] Entsteht hinsichtlich eines Wirtschaftsguts des Sonderbetriebsvermögens ein Veräußerungs- oder Entnahmegewinn, so ist dieser nicht nach §§ 16, 34 EStG tarifbegünstigt, auch wenn das Sonderbetriebsvermögen nur aus diesem einen Wirtschaftsgut bestanden hat.[23]

2. Die zum Sonderbetriebsvermögen gehörenden Wirtschaftsgüter

a) Zu dem Sonderbetriebsvermögen des Gesellschafters gehören zunächst die Wirtschaftsgüter, die der Gesellschafter der Gesellschaft gegen eine besondere Vergütung zur Nutzung überlassen hat (*sog. Sonderbetriebsvermögen I*).

Die Einordnung dieser Wirtschaftsgüter als Betriebsvermögen[24] wird allgemein damit gerechtfertigt, daß das Gesetz in § 15 Abs. 1 S. 1 Nr. 2 EStG die Vergütung als gewerbliche Einnahme des Gesellschafters qualifiziert. Folglich müsse notwendigerweise auch das Wirtschaftsgut, das zur Erzielung der gewerblichen Einnahme eingesetzt wird, Betriebsvermögen sein. Dieser Schluß ist jedoch nicht zwingend. Der Gesetzgeber kann durchaus – wie § 17 EStG zeigt – auch ohne die Annahme eines Gewerbebetriebes und eines Betriebsvermögens des Steuerpflichtigen bestimmte Einnahmen als gewerbliche qualifizieren. Im übrigen bringt es selbst der BFH fertig, seinen Grundsatz, daß der „Ertrag und die Substanz eines Wirtschaftsgutes, das ein Gesellschafter seiner Gesellschaft zur Nutzung überlassen hat, einkommensteuerrechtlich eine Einheit" bilden, im Einzelfall – wenn es gerade paßt – zu durchbrechen.[25]

---

19 Vgl. aber auch Schön, Gewinnübertragungen bei Personengesellschaften nach § 6 b EStG, 1986, S. 81 ff, der aufgrund einer Sichtung der vorliegenden Rechtsprechung zu dem Schluß kommt, daß der BFH in vielfacher Hinsicht unausgesprochen von einem aus Gesellschaftsanteil und Sonderbetriebsvermögen bestehenden „Sonderbetrieb" ausgeht.

20 Zum zeitlichen Geltungsbereich des § 7 a Abs. 6 a. F. EStG vgl. oben § 5 IV 4 b, bb.

21 Vgl. Mitunternehmererlaß aaO, (Anm. 5), Tz. 20; Söffing, StbJb 1976/77, 241 (286 f); Knobbe-Keuk aaO, (Anm. 18), S. 128.

22 Vgl. oben Anm. 5.

23 BFH vom 5. 4. 1979 IV R 48/77 BStBl II 1979, 554 und dazu Schön aaO, (Anm. 19), S. 87 ff.

24 Vgl. dagegen i. e. Keuk, Besteuerung des Gewinns, S. 32 ff; StuW 1974, 32 ff; Kruse aaO, (Anm. 1); Thiel, StuW 1984, 106; Brezing in HdJ I/4, Rdz. 67, 73.

25 Vgl. BFH vom 6. 7. 1978 IV R 164/74 BStBl II 1978, 647 für den Fall, daß der an die Gesellschaft vermietete Grundstücksteil nur von untergeordneter Bedeutung ist und nach Abschn. 14 Abs. 2 EStR bei einem Einzelunternehmer nicht Betriebs-

Der Kreis der zum Sonderbetriebsvermögen des Gesellschafters gehörenden Wirtschaftsgüter wird von der Rechtsprechung aber nicht auf die Wirtschaftsgüter beschränkt, für deren Überlassung dem Gesellschafter eine Vergütung i. S. des § 15 Abs. 1 S. 1 Nr. 2 EStG gezahlt wird.

Zum Sonderbetriebsvermögen des Gesellschafters sollen auch die Wirtschaftsgüter zu rechnen sein, die der Beteiligung des Gesellschafters an der Gesellschaft zu dienen bestimmt, ihr förderlich sind *(sog. Sonderbetriebsvermögen II).*[26]

Diese Annahme ist zweifellos nicht auf § 15 Abs. 1 S. 1 Nr. 2 EStG zu stützen.[27] Der BFH entnimmt aber dem Sinnzusammenhang der Vorschriften der §§ 15 Abs. 1 Nr. 2, 16 Abs. 1 Nr. 2 und Abs. 2, „daß einkommensteuerrechtlich nicht nur der Betrieb der Personengesellschaft, sondern auch die Beteiligung des Gesellschafters (Mitunternehmers) als gewerbliche Tätigkeit behandelt wird".[28]

Danach gehören insbesondere bei einer GmbH und Co. KG die *Anteile* des Kommanditisten *an der Komplementär-GmbH* zum Sonderbetriebsvermögen des Gesellschafters, die Gewinnausschüttungen sind damit Sonderbetriebseinnahmen des Gesellschafters.[29]

Diese Einordnung bringt manche Ungereimtheit mit sich. Völlige Hilflosigkeit ist etwa gegenüber der Situation zu verzeichnen, daß die GmbH in einer oder mehreren weiteren KG(en), an der die Gesellschafter als Kommanditisten beteiligt sind, die

---

vermögen wäre: Unterstellt – so der BFH – die Auffassung der EStR sei richtig, so sei der Grundstücksanteil dann auch bei dem Gesellschafter nicht Sonderbetriebsvermögen, gleichwohl die von der Gesellschaft bezogene Miete aber unter § 15 Abs. 1 S. 1 Nr. 2 EStG zu subsumieren.

26 Vgl. z. B. BFH vom 5. 7. 1972 I R 230/70 BStBl II 1972, 928; vom 15. 10. 1975 I R 16/73 BStBl II 1976, 188; BFH vom 5. 12. 1979 I R 184/76 BStBl II 1980, 119; vgl. auch den Mitunternehmererlaß aaO, (Anm. 5) Rdz. 14. BFH vom 13. 4. 1988 I R 300/83 BStBl II 1988, 666 (Studio eines Gesellschafters, der als Selbständiger Beratungs- und Planungsarbeiten für die KG durchführt). Als Beispiele, in denen der BFH die Eigenschaft von Wirtschaftsgütern als notwendiges Sonderbetriebsvermögen abgelehnt hat, vgl. BFH vom 13. 5. 1976 IV R 4/75 BStBl II 1976, 617; vom 24. 9. 1976 I R 149/74 BStBl II 1977, 69. Gegen den BFH Schulze zur Wiesche, FR 1978, 307 (313).

27 Zweifelnd auch v. Wallis/Heinicke, Rdz. 30.

28 BFH vom 15. 10. 1975 aaO, (Anm. 26).

29 Vgl. dazu Knobbe-Keuk, Die Anteile der Kommanditisten einer GmbH u. Co. KG an der Komplementär-GmbH in: Festschrift v. Wallis, 1985, S. 373 ff mit Nachweisen.
Die *GmbH und Still* wird auch in dieser Beziehung üblicherweise der GmbH u. Co. KG gleichgestellt: Die Anteile des atypisch still an einer GmbH Beteiligten werden als Sonderbetriebsvermögen II des Stillen angesehen. Dies wird grundsätzlich von Costede (StuW 1983, 308, 310) und ihm folgend von Schwedhelm, Die GmbH & Still als Mitunternehmerschaft, 1987, S. 100 ff in Frage gestellt. Vgl. auch Döllerer, DStR 1985, 295 (299), der im Ergebnis auf die Relation: Eigenkapital der GmbH / stille Beteiligung abstellen will.

Komplementärrolle übernommen hat. Anstelle der in der Literatur[30] angebotenen Lösungen der Frage, bei welcher GmbH u. Co. KG denn nun die Anteile Sonderbetriebsvermögen sein sollen, kann man genausogut den Vorsteher des Finanzamtes unter notarieller Aufsicht das Los ziehen lassen.

Besonderes Ärgernis bereitet, daß die Rechtsprechung bislang die Kommanditistenanteile an der Komplementär-GmbH auch dann als Sonderbetriebsvermögen bei der GmbH u. Co. KG behandelt, wenn die GmbH ihrerseits ein eigenes Unternehmen führt. Dies hat u. a. zur Folge, daß – wird eine nicht wesentliche Beteiligung an der Komplementär-GmbH veräußert – die Steuerpflicht auch für Gewinne entsteht, die nach dem Gesetz gerade nicht zu besteuern sind.[31] Dieses Ergebnis folgt noch nicht einmal aus der Prämisse des Sonderbetriebsvermögens II, daß die GmbH-Anteile der Beteiligung des Kommanditisten an der KG dienen. Der BFH hat es bislang auch abgelehnt, die GmbH-Anteile „nach Maßgabe ihrer unterschiedlichen Funktionen teils als Betriebsvermögen, teils als Privatvermögen" zu behandeln.[32] Das Ergebnis entspricht dem Motto: Mitgegangen – Mitgefangen.

Ein Lichtblick ist demgegenüber das Urteil des III. Senats vom 7. 12. 1984[33] zum Bewertungsrecht. Der Leitsatz: „Dem Betriebsvermögen einer GmbH u. Co. KG ist der im Alleineigentum des Kommanditisten stehende Anteil an der geschäftsführenden Komplementär-GmbH nur hinzuzurechnen, wenn sich die GmbH auf die Geschäftsführung für die KG beschränkt oder wenn ein daneben bestehender eigener Geschäftsbetrieb von ganz untergeordneter Bedeutung ist (Änderung der Rechtsprechung)". Mit dieser Beurteilung läßt sich leben. Die Beschränkung der Qualifizierung als Betriebsvermögen auf die Anteile an einer GmbH, die im wesentlichen nur die Komplementärfunktion hat, war überfällig. Daß in dieser Beschränkung die Anteile an der Komplementär-GmbH als Betriebsvermögen behandelt werden, ist in der Sache letztlich zu rechtfertigen: Sie haben nur den Charakter eines „Anhängsels" der Kommanditbeteiligung;[34] mit den sonstigen Wirtschaftsgütern des Sonderbetriebsvermögens – die das Betriebsvermögen der Gesellschaft erweitern und nicht das eigene Vermögen der Gesellschaft repräsentieren – sind sie nicht vergleichbar.

Die Hoffnung, daß das Urteil des III. Senats auch Schule bei den Ertragsteuersenaten macht, ist nicht ganz unbegründet.[35]

In die Sonderbilanz sind nicht nur positive Wirtschaftsgüter, sondern auch Verbindlichkeiten, die mit der Beteiligung an der Gesellschaft oder anderen Wirtschaftsgütern des Sonderbetriebsvermögens zusammenhängen, aufzunehmen. Ist z. B. für den Erwerb der Beteiligung ein Kredit aufgenommen worden, so ist in der Sonderbilanz auch die Darlehensverbindlichkeit auszuweisen.

---

30 Nach der h. M. soll der GmbH-Anteil Sonderbetriebsvermögen bei der zuerst gegründeten KG sein (vgl. Blümich, § 15 EStG Anm. 205; Schmidt, § 15 EStG Anm. 114). Bei *gleichzeitiger* Errichtung mehrerer GmbH u. Co. KG's mit derselben Komplementär-GmbH sollen die Beteiligten wählen können, bei welcher KG die GmbH-Anteile Sonderbetriebsvermögen sind! Vgl. zu dem Ganzen kritisch Knobbe-Keuk aaO, (Anm. 29), S. 376.

31 Vgl. dazu Knobbe-Keuk aaO, (Anm. 29), S. 377 f.

32 Vgl. etwa BFH vom 15. 10. 1975 I R 16/73 BStBl II 1976, 188.

33 III R 91/81 BStBl II 1985, 241 mit Anm. Hauter, BB 1985, 645 ff.

34 Vgl. dazu näher Knobbe-Keuk aaO, (Anm. 29), S. 377 ff.

35 Vgl. Döllerer, DStR 1985, 299. In diese Richtung geht auch BFH vom 12. 11. 1985 VIII R 266/81 BStBl II 1986, 55 ff, 57.

Die der Gesellschaft zur Nutzung überlassenen und die der Beteiligung des Gesellschafters dienenden Wirtschaftsgüter sind notwendigerweise (Sonder-) Betriebsvermögen.[36] Der BFH hält es darüber hinaus grundsätzlich für möglich, daß der einzelne Gesellschafter im Rahmen seines Sonderbetriebsvermögens auch *gewillkürtes Betriebsvermögen* bildet.[37] Nach der ganzen Konzeption des BFH sind der Bildung gewillkürten Betriebsvermögens im Rahmen des Sonderbetriebsvermögens allerdings erhebliche Schranken gesetzt. Denn die neuere Rechtsprechung des BFH geht davon aus, daß der Gesellschafter keinen eigenen – von dem der Gesellschaft losgelösten – Gewerbebetrieb unterhält.[38] Damit ergibt sich zwangsläufig die von der Rechtsprechung[39] gezogene Schranke für die Bildung von Sonderbetriebsvermögen: Ein Wirtschaftsgut kann nicht Sonderbetriebsvermögen sein, wenn es weder dem Betrieb der Gesellschaft noch der Beteiligung des Gesellschafters zu dienen bestimmt ist.[40]

Durch diese Einschränkung ist eine bedeutsame Änderung gegenüber der früheren auf den Bilanzbündeltheorie-Vorstellungen basierenden Rechtsprechung eingetreten. So ist in dem Fall, daß eine Gesellschaft ein in ihrem Eigentum stehendes Grundstück, das für den Betrieb der Gesellschaft nicht benötigt wird, ihren Gesellschaftern zu Miteigentum überträgt, eine gewinnrealisierende Entnahme anzunehmen.[41] Denn als Sonderbetriebsvermögen der Gesellschafter kommen die Miteigentumsanteile nicht in Betracht.

Es bleibt nunmehr für die Bildung gewillkürten Sonderbetriebsvermögens nur ein ganz beschränkter Anwendungsbereich. Als gewillkürtes Sonderbetriebsvermögen kommen praktisch nur solche Wirtschaftsgüter des Gesellschafters in Frage, die, wenn sie auch nicht der Gesellschaft zur Nutzung überlassen sind und nicht unmittelbar im Betrieb der Gesellschaft eingesetzt werden, doch der Gesellschaft förderlich sind. Zu denken ist etwa an Wertpapiere des Gesellschafters, die für Schulden der Gesellschaft verpfändet sind.[42]

---

36 Vgl. dazu Woerner, BB 1976, 220 (222 f); Keuk-Knobbe, StuW 1976, 211 ff.

37 BFH vom 23. 7. 1975 I R 201/73 BStBl II 1976, 180; vom 21. 10. 1976 IV R 71/73 BStBl II 1977, 150; vom 5. 12. 1979 I R 184/76 BStBl II 1980, 119. Zu der Frage der Unterscheidung des Betriebsvermögens in notwendiges und gewillkürtes Betriebsvermögen allgemein vgl. oben § 4 II.

38 Vgl. BFH vom 23. 7. 1975 aaO, (Anm. 37); Woerner, BB 1976, 220 (223).

39 AaO, (Anm. 37). Insofern ist die Formulierung des „Mitunternehmererlasses" (aaO, Anm. 5) in Rdz. 15: „Gewillkürtes Sonderbetriebsvermögen können grundsätzlich alle Wirtschaftsgüter sein, die auch ein Alleinunternehmer zu gewillkürtem Betriebsvermögen machen kann", zu weitgehend und durch die angeführte Rechtsprechung nicht gedeckt. Der bloße Widmungsakt des Ausweises in der Sonderbilanz des Gesellschafters reicht zur Begründung von Sonderbetriebsvermögen nicht aus.

40 Vgl. allerdings den Sonderfall in BFH vom 11. 10. 1979 IV R 125/76 BStBl II 1980, 40 und dazu Knobbe-Keuk, Steuerberaterkongreßreport 1980, 165 ff.

41 Vgl. näher und zu weiteren Auswirkungen Keuk-Knobbe, StuW 1976, 211 ff.

42 Vgl. den Fall aus BFH vom 4. 4. 1973 I R 159/71 BStBl II 1973, 628; Woerner, BB 1976, 223; Keuk-Knobbe, StuW 1976, 211 ff. Nicht zum (gewillkürten) Betriebs-

Zum Sonderbetriebsvermögen zu rechnen und in die Sonderbilanz aufzunehmen sind allerdings auch die wirtschaftlichen Surrogate von Gegenständen des Sonderbetriebsvermögens.[43]

Beispiele: Der Gesellschafter veräußert ein Wirtschaftsgut des Sonderbetriebsvermögens. Die Kaufpreisforderung ist in die Sonderbilanz aufzunehmen. Ein Wirtschaftsgut des Sonderbetriebsvermögens wird zerstört, die Entschädigungs- oder Versicherungsforderung gehört zum Sonderbetriebsvermögen.

Eine wichtige Einschränkung hat der BFH in seinem Urteil vom 6. Mai 1986[44] ausgesprochen: Erwirbt ein Kommanditist ein Grundstück in der Absicht, es später an die KG zu veräußern und gestattet er der Gesellschaft das Betreten und Beplanen, so ist das Grundstück damit nicht Sonderbetriebsvermögen geworden. Das ist systemgerecht. Da die Veräußerung selbst zwischen Gesellschaft und Gesellschafter ein reines Fremdgeschäft ist, ist das Grundstück vorher für die Gesellschaft Fremdvermögen. Die Planungsarbeiten sind auch noch keine „Nutzung" i. S. von § 15 Abs. 1 S. 1 Nr. 2 EStG.

b) Neben den Wirtschaftsgütern, die dem Gesellschafter allein zustehen, können auch Wirtschaftsgüter, an denen der Gesellschafter nur Bruchteilsberechtigter ist, anteilig zu seinem Sonderbetriebsvermögen gehören. Darüber hinaus sollen nach dem Mitunternehmererlaß[45] auch Wirtschaftsgüter, die einer anderen Gesamthandsgemeinschaft, an der der Gesellschafter beteiligt ist, gehören, anteilig Sonderbetriebsvermögen des Gesellschafters darstellen können. Dem ist nicht zu folgen.[46] Es ist nur denkbar, daß der Anteil des Gesellschafters an der anderen Gesamthandsgemeinschaft Sonderbetriebsvermögen darstellt, nämlich dann, wenn dieser Anteil des Gesellschafters dem Betrieb der ersten Gesellschaft oder der Beteiligung des Gesellschafters an dieser dienlich und förderlich ist. Das hängt ganz von den Umständen des Einzelfalles ab; dabei sind auch die Beteiligungsverhältnisse in der zweiten Gesellschaft zu berücksichtigen.

3. Konkurrenz zwischen Sonderbetrieb und Eigenbetrieb des Gesellschafters

Gehören die in § 15 Abs. 1 S. 1 Nr. 2 EStG erwähnten Wirtschaftsgüter oder die Wirtschaftsgüter, die der Beteiligung des Gesellschafters an der

---

vermögen rechnet BFH vom 20. 6. 1985 IV R 36/83 BStBl II 1985, 654 die Beteiligung an einer Abschreibungsgesellschaft.

43 Vgl. dazu und zu den Konsequenzen näher Knobbe-Keuk, Steuerberaterkongreßreport 1980, 165 ff.

44 BFH vom 6. 5. 1986 VIII R 160/85 BStBl II 1986, 838 ff.

45 AaO, (Anm. 5) Tz. 11; vgl. auch BFH vom 26. 1. 1978 IV R 160/73 BStBl II 1978, 299 sowie die Diskussion um die Gewinnermittlung eines an einer Überschußpersonengesellschaft betrieblich beteiligten Gesellschafters, unten § 13 V.

46 Vgl. dazu näher Knobbe-Keuk, DStR 1979, 183 (185); a.A. Uelner, JbFStR 1979/80, 348 f; vgl. für den Fall der Beteiligung an einer Erbengemeinschaft auch BFH vom 6. 2. 1987 III R 203/83 BStBl II 1987, 423 ff und dazu Anm. in HFR 1987, 401 f.

Gesellschaft zu dienen bestimmt sind, zu einem eigenen Gewerbebetrieb des Gesellschafters, so stellt sich die Frage, ob diese als Sonderbetriebsvermögen bei der Gesellschaft zu behandeln sind oder ob sich dies erübrigt, weil sie schon Betriebsvermögen in einem eigenen Gewerbebetrieb des Gesellschafters sind.[47] Die entsprechende Frage stellt sich, wenn die in § 15 Abs. 1 S. 1 Nr. 2 EStG genannten Sondervergütungen in einen eigenen Gewerbebetrieb des Gesellschafters gehen. Je nachdem, ob man dem Betrieb der Gesellschaft oder dem Einzelbetrieb des Gesellschafters den Vorrang einräumt, ergeben sich wesentliche unterschiedliche Konsequenzen (z. B. bei Anwendung der Verlustklausel des § 7 a Abs. 6 EStG a. F., bei der Gewerbesteuer).[48]

Würde man § 15 Abs. 1 S. 1 Nr. 2 EStG schlicht als Qualifikationsnorm verstehen, die gewisse Sondervergütungen entgegen den allgemeinen Kriterien für die Zuordnung zu den Einkunftsarten als gewerbliche Einkünfte qualifiziert, so wäre dem eigenen Gewerbebetrieb des Gesellschafters der Vorrang einzuräumen: Einkünfte, die schon Einkünfte aus Gewerbebetrieb sind, brauchen und können nicht mehr zu solchen umqualifiziert werden. Für Wirtschaftsgüter, die schon Betriebsvermögen sind, erübrigt sich das Institut des Sonderbetriebsvermögens.

Da die Rechtsprechung aber § 15 Abs. 1 S. 1 Nr. 2 EStG nicht als bloße Qualifikationsnorm versteht, sondern in die Vorschrift viel mehr hineinlegt, war ihr der einfache Weg versperrt. Die Vorstellung von der wirtschaftlichen Einheit und der Beitragsgedanke zwingen dazu, die Konkurrenzfrage zugunsten des Betriebs der Gesellschaft zu entscheiden.

Denn wenn z. B. die Gesellschafterdarlehen Sonderbetriebsvermögen sein sollen, weil die Gesellschafter mit der Gewährung einen Beitrag zur Erreichung des Gesellschaftszwecks erbringen, und wenn wegen dieses Beitragscharakters alles zu einer wirtschaftlichen Einheit bei der Gesellschaft zusammengezogen wird, dann ist nicht ersichtlich, wieso dies im Einzelfall wegen des Eigenbetriebs eines Gesellschafters anders sein soll. Der Beitrag bleibt Beitrag. Für die Gesellschaft und für die Erreichung des Gesellschaftszwecks sind die Darlehen, gleich ob sie aus einem Privatvermögen oder aus einem Betriebsvermögen des Gesellschafters gewährt werden, gleichwertig. Deshalb ist es nur konsequent, wenn der BFH[49] das Sonderbe-

---

47 Für den Vorrang des Eigenbetriebs z. B. Döllerer, DStZ/A 1974, 218; Woerner, DStZ/A 1977, 299, 308; JbFStR 1977/78, 172; Raupach, JbFStR 1975/76, 222; Söffing, DStZ/A 1978, 148. A.A. Streck, BB 1978, 189 (193 ff); Mellwig, DB 1978, 1047 ff, 1099 ff.

48 Vgl. i. e. die Darstellung der unterschiedlichen Auswirkungen bei Knobbe-Keuk, StuW 1979, 30 ff.

49 BFH vom 18. 7. 1979 I R 199/75 BStBl II 1979, 750 und BFH vom 18. 5. 1983 I R 5/82 BStBl II 1983, 771 ff, vgl. dazu Knobbe-Keuk, Steuerberaterkongreßreport 1980, 165 ff. Der BdF hat die Entscheidung akzeptiert (vgl. BdF vom 10. 12. 1979, BStBl I 1979, 683). Die bisherigen Verwaltungsanweisungen sind überholt, es gilt allerdings eine Übergangsregelung bis zum Ablauf des im Jahre 1984 endenden

triebsvermögen – und folgerichtig dann auch die Sondervergütungen – für die steuerliche Gewinnermittlung nicht dem Eigenbetrieb des Gesellschafters zurechnet, sondern in die Gewinnermittlung der Gesellschaft einbezieht. Wie für die Wirtschaftsgüter selbst, so ist auch für die Sondervergütungen nicht plausibel zu machen, daß sie – je nachdem ob sie an den Gesellschafter als Privatmann oder in dessen Gewerbebetrieb gehen – Teile des Gesamtgewinns der Gesellschaft (Steuerbilanzgewinn nach der zweiten Gewinnermittlungsstufe) sind oder nicht als solche angesehen werden. Allerdings bringt die Auffassung des BFH eine schreckliche Verkomplizierung mit sich.[50]

Werden Sondervergütungen und Wirtschaftsgüter des Gesellschafters ohne Ansehen der Person bei der Gesellschaft und in deren Gewinnfeststellungsverfahren berücksichtigt, so gelten für das Verhältnis der Gewinnermittlung der Gesellschaft zur eigenen Gewinnermittlung des betrieblich beteiligten Gesellschafters die oben (§ 10 III) dargestellten Grundsätze. Soweit die Gewinnermittlung der Gesellschaft reicht, ist danach auch im Bereich der Sonderbilanz allein die einheitliche Gewinnfeststellung für die Gesellschaft maßgeblich.

Ist ein Gesellschafter an zwei Personengesellschaften beteiligt, so sind Aufwendungen des Gesellschafters, die dem Betrieb der Gesellschaft A dienen, dem Sonderbetriebsvermögen bei dieser Gesellschaft zuzuordnen, selbst dann, wenn die Beteiligung an A auch Sonderbetriebsvermögen II bei der Gesellschaft B sein könnte.[51]

4. Gewinnrealisierung beim Sonderbetriebsvermögen

Ein zum Sonderbetriebsvermögen gehörendes Wirtschaftsgut ist in der Sonderbilanz des Gesellschafters nach den für die Bewertung der Einlagen geltenden Grundsätzen (§ 6 Abs. 1 Nr. 5 EStG) zu bewerten.

Verliert ein Wirtschaftsgut des Gesellschafters seine Eigenschaft als Sonderbetriebsvermögen, so tritt eine Gewinn- bzw. Verlustrealisierung ein. Zum Ausscheiden eines Wirtschaftsgutes aus dem Sonderbetriebsvermögen führen die folgenden Vorgänge:

1. Das Wirtschaftsgut wird auf einen Dritten – entgeltlich oder unentgeltlich – übertragen.
2. Das Wirtschaftsgut wird fortan nicht mehr der Gesellschaft zur Nutzung überlassen.
3. Der Gesellschafter scheidet aus der Gesellschaft aus.

Wirtschaftsjahres. Die Entscheidung des BFH wird von Lempenau in Frage gestellt (StbJb 1982/83, 219 ff.).

50 Vgl. § 11 IV 3b. Zur Konkurrenzproblematik im Bewertungsrecht vgl. unten § 26 III 6a.

51 BFH vom 6. 10. 1987 VIII R 137/84 BStBl II 1988, 679.

Überträgt der Gesellschafter das Wirtschaftsgut entgeltlich auf einen Dritten, so tritt der Gewinn bzw. Verlust in seiner Sonderbilanz in Erscheinung.[52] Wird das Wirtschaftsgut an einen Dritten verschenkt oder wird es fortan nicht mehr der Gesellschaft zur Nutzung überlassen, so kann man diese Vorgänge als Entnahme aus dem Sonderbetriebsvermögen ansehen. Der Unterschied zwischen dem in der Bilanz ausgewiesenen Buchwert und dem Teilwert des Wirtschaftsgutes wird bei dem Gesellschafter als laufender Gewinn erfaßt. In dem Fall, daß der Gesellschafter das Wirtschaftsgut nicht mehr der Gesellschaft zur Nutzung überläßt, kann auf die Gewinnrealisierung allerdings verzichtet werden, wenn der Gesellschafter es in einen eigenen Gewerbebetrieb übernimmt.[53]

Der BFH nimmt allerdings auch dann Gewinnrealisierung hinsichtlich des Sonderbetriebsvermögens an, wenn der Betrieb der Personengesellschaft gegen Gewährung von Gesellschaftsrechten erfolgsneutral in eine GmbH (§ 20 UmwStG) eingebracht wird und der Gesellschafter das Wirtschaftsgut fortan der GmbH zur Nutzung überläßt.[54] Damit wird die rechtliche Umstrukturierung des Betriebs nur unnötig erschwert. U.E. steht nichts entgegen, bei dem Gesellschafter das – bisherige – Sonderbetriebsvermögen als Betriebsvermögen neben den einbringungsgeborenen Anteilen fortbestehen zu lassen – bis zu seiner Veräußerung oder Entnahme in das Privatvermögen.

Verliert das Wirtschaftsgut seine Eigenschaft als Sonderbetriebsvermögen infolge des Ausscheidens des Gesellschafters aus der Gesellschaft, so bereitet die Subsumtion dieses Vorgangs unter einen der gesetzlichen Gewinnrealisierungstatbestände Schwierigkeiten. Der Entnahmetatbestand paßt nicht.[55] Er ist auf die Normalsituation zugeschnitten, daß ein Wirtschaftsgut auf Grund der Widmung des Gewerbetreibenden Betriebsvermögen geworden ist. Nur durch die Entwidmung scheidet das Wirtschaftsgut aus dem betreffenden Betriebsvermögen wieder aus. Bei dem Sonderbetriebsvermögen ist aber das die Betriebsvermögenseigenschaft konstituierende Moment nicht die Widmung eines Gewerbetreibenden, sondern die Beteiligung des Eigentümers an der Gesellschaft. Solange man diese besondere Art von Betriebsvermögen anerkennt, ist die notwendige Konsequenz, daß mit dem Wegfall der Beteiligung des Eigentümers auch die Grundlage für die Eigenschaft als Betriebsvermögen entfällt und damit die stillen Reserven aufge-

52 Dieser Gewinn kann allerdings nach § 6b EStG neutralisiert werden.

53 So auch Döllerer, DStZ/A 1974, 218. Der Fall ist dem vergleichbar, daß ein Steuerpflichtiger ein Wirtschaftsgut aus dem einen in den anderen Betrieb überführt. Vgl. dazu oben § 7 III 2.

54 BFH vom 28. 4. 1988 IV R 52/87 BStBl II 1988, 829.

55 Der BFH sucht dies dadurch zu verdecken, daß „in besonders gelagerten Fällen" eine Entnahmehandlung nicht erforderlich sein soll, sondern auch ein „Rechtsvorgang" genüge, durch den das Wirtschaftsgut aus dem Betriebsvermögen ausscheide (vgl. BFH vom 7. 10. 1974 GrS 1/73 BStBl II 1975, 168; vgl. dazu oben § 7 III 2 und Keuk-Knobbe, StuW 1975, 335 [336]; StuW 1976, 152 [155]).

deckt werden.[56] Bei Ausscheiden eines Gesellschafters aus der Gesellschaft – sei es zu Lebzeiten, sei es mit dem Tode[57] – erhöhen also die stillen Reserven den Veräußerungsgewinn nach §§ 16, 34 EStG.

Verliert ein Wirtschaftsgut aber, ohne daß der Gesellschafter zugleich aus der Gesellschaft ausscheidet, seine Eigenschaft als Sonderbetriebsvermögen, so ist der entstehende Veräußerungs- bzw. Entnahmegewinn auch dann nicht nach § 34 EStG tarifbegünstigt, wenn das Sonderbetriebsvermögen nur aus diesem einen Wirtschaftsgut bestanden hat.[58]

5. Forderungsverluste u. ä. im Sonderbetriebsvermögen

In der Sonderbilanz sind die Forderungen des Gesellschafters gegen die Gesellschaft auszuweisen, die dem Regelungsbereich des § 15 Abs. 1 S. 1 Nr. 2 EStG zuzuordnen sind, also die Gesellschafterforderungen aus der Überlassung von Arbeitskraft, Kapital oder Wirtschaftsgütern zur Nutzung. Diese Forderungen stellen nach h. M. steuerlich Eigenkapital dar[59]; das Imparitätsprinzip gilt insoweit nicht. Damit kommen Wertberichtigungen auf diese Forderungen nicht in Frage. In dem Zeitpunkt aber, in dem feststeht, daß dieses Sonder-Eigenkapital verloren ist, entsteht für den Gesellschafter auch steuerlich ein Verlust. Der Gesellschafter muß mit der Geltendmachung dieses Verlustes nicht etwa warten, bis die Gesellschaft beendet ist.

Dies gilt insbesondere für den Fall, daß der Gesellschafter auf seine Forderung gegen die Gesellschaft verzichtet und der Forderungsverzicht nicht als (verdeckte) Einlage zu werten ist.

Hat der Gesellschafter für die Gesellschaft eine Bürgschaft übernommen und droht die Inanspruchnahme, so hat der Gesellschafter in seiner Sonderbilanz eine Rückstellung zu bilden; der Rückgriffsanspruch gegen die Gesellschaft ist zu aktivieren, dürfte aber in derartigen Fällen mit 0 zu bewerten sein.[60]

6. Die Sonderbetriebseinnahmen des Gesellschafters

Über die in § 15 Abs. 1 S. 1 Nr. 2 EStG genannten Sondervergütungen hinaus werden in der zweiten Gewinnermittlungsstufe auch persönliche Einnahmen des Gesellschafters, die in wirtschaftlichem Zusammenhang mit sei-

56 A.A. Dötsch, Einkünfte aus Gewerbebetrieb nach Betriebsveräußerung und Betriebsaufgabe, 1987, S. 90 ff, 92 ff: Das Sonderbetriebsvermögen bleibt bis zu seiner Veräußerung oder einer Entnahmehandlung des ausscheidenden Gesellschafters Betriebsvermögen (ohne Betrieb).

57 Vgl. BFH vom 24. 4. 1975 IV R 115/73 BStBl II 1975, 580 und dazu Knobbe-Keuk aaO, (Anm. 55).

58 BFH vom 5. 4. 1979 IV R 48/77 BStBl II 1979, 554; vgl. zu dieser Problematik auch Schön aaO, (Anm. 19), S. 87 ff.

59 Für die h. M. BFH vom 22. 5. 1984 VIII R 35/84 BStBl II 1985, 243.

60 Ebenso Herrmann/Heuer/Raupach, § 15 a EStG Anm. 147, 255, 266; a. A. Schmidt, § 15 a EStG Anm. 28, 41 b.

ner Mitunternehmerstellung stehen, erfaßt, und gehen in die auf Grund der Sonderbilanz vorzunehmende Gewinnermittlung ein.

Zu den Sonderbetriebseinnahmen gehören insbesondere die Erträge der Wirtschaftsgüter des sogenannten Sonderbetriebsvermögens II, also vor allem die Anteile am Gewinn der Komplementär-GmbH. Ist ein Wirtschaftsgut des Sonderbetriebsvermögens I nur zum Teil der Gesellschaft zur Nutzung überlassen, so soll es sich auch bei den auf Fremdvermietung entfallenden Mieterträgen um Sonderbetriebseinnahmen handeln.[61]

Weitere Beispiele: Der Gesellschafter einer Baumwollimport-OHG hat persönliche Einnahmen als Schiedsrichter und Gutachter bei der Baumwollbörse erzielt.[62] Der Komplementär einer Autohandels-KG gewinnt im Rahmen eines Preisausschreibens des Autoherstellers eine Auslandsreise.[63]

Alle genannten Fälle von Sonderbetriebseinnahmen sind mehr oder weniger fragwürdig.

Es bleibt ein Fall, in dem ein persönlicher Ertrag des Gesellschafters in der zweiten Gewinnermittlungsstufe zu erfassen ist: Ist die Gesellschaft an einer Kapitalgesellschaft beteiligt, so steht zwar der Beteiligungsertrag der Personengesellschaft zu und ist in ihrer Bilanz auszuweisen. Der Körperschaftsteueranrechnungsanspruch aber kann nur von den Gesellschaftern realisiert werden, deshalb kommt eine Aktivierung in der Bilanz der Gesellschaft nicht in Frage. Die Körperschaftsteuer-Gutschrift ist – anteilig – in den Sonderbilanzen der anrechnungsberechtigten Anteilseigner zu erfassen.[64]

7. Die Sonderbetriebsausgaben des Gesellschafters

Sonderbetriebsausgaben sind Aufwendungen des einzelnen Gesellschafters, die durch seine Beteiligung an der Gesellschaft oder durch sein Sonderbetriebsvermögen und die Sondervergütungen veranlaßt sind. Diese persönlichen Aufwendungen des Gesellschafters berühren das Ergebnis der Gesellschaft und den daraus abgeleiteten Gewinn- bzw. Verlustanteil des Gesellschafters nicht. Sie sind aber bei der Ermittlung der gewerblichen Einkünfte des Gesellschafters abzugsfähig. Wenn z. B. die Pachtzinsen für ein der Gesellschaft zur Nutzung überlassenes Grundstück gewerbliche Einnahmen darstellen, dann bedarf es zur Ermittlung der gewerblichen Einkünfte zwangsläufig der Berücksichtigung auch der damit zusammenhängenden Betriebsausgaben, wie z. B. der Grundbesitzabgaben, Versicherung, Reparaturkosten usw.

Über die mit dem Sonderbetriebsvermögen und den Sondervergütungen zusammenhängenden Aufwendungen hinaus kann der Gesellschafter aber auch Aufwendungen haben, die allein schon durch die Beteiligung an der

61 Vgl. Schmidt, § 15 EStG Anm. 98.
62 Fall aus RFH vom 10. 1. 1940 VI 704/39 RStBl 1940, 134.
63 Fall aus FG Rheinland-Pfalz vom 2. 3. 1982 2 K 51/80 EFG 1982 Nr. 663.
64 Vgl. dazu unten § 17 II Anm. 15 mit Nachweisen.

Gesellschaft veranlaßt sind. Auch diese Aufwendungen sind als Sonderbetriebsausgaben abzugsfähig.

Beispiele: Der Gesellschafter hat zur Finanzierung des Erwerbes der Beteiligung ein Darlehen aufgenommen. Die Zinsen für den Kredit sind bei der Ermittlung seiner Einkünfte im Sinne des § 15 Abs. 1 S. 1 Nr. 2 EStG als Sonderbetriebsausgaben abzugsfähig. Ein Gesellschafter hat einem Dritten eine – typische – Unterbeteiligung an seiner Beteiligung an der Hauptgesellschaft eingeräumt. Der an den Unterbeteiligten abzuführende Anteil am Gewinn mindert als Sonderbetriebsausgabe die gewerblichen Einkünfte des Hauptgesellschafters.

Der Gesellschafter zahlt einem Anwalt oder Wirtschaftsprüfer anläßlich eines Streites mit den anderen Gesellschaftern ein Honorar. Das Honorar ist bei dem Gesellschafter als Sonderbetriebsausgabe abzugsfähig.[65]

Wird der Gesellschafter aus einer für die Gesellschaft übernommenen Bürgschaft in Anspruch genommen und ist der Rückgriffsanspruch wertlos, so kann der Gesellschafter den Verlust als Sonderbetriebsausgabe geltend machen[66] – es sei denn, er hat ohnehin schon eine Rückstellung im Sonderbetriebsvermögen wegen der drohenden Inanspruchnahme gebildet.

III. Veräußerungsgeschäfte zwischen Gesellschaft und Gesellschafter und vice versa sowie zwischen Gesellschaftern[67]

Es sind eine Reihe von Fällen zu unterscheiden:

1. Die Gesellschaft überträgt ein Wirtschaftsgut des Gesamthandsvermögens an den Gesellschafter. Bei diesem wird es
   a) Privatvermögen,
   b) Sonderbetriebsvermögen,
   c) Bestandteil des Betriebsvermögens eines eigenen Gewerbebetriebs des Gesellschafters.
2. Der Gesellschafter überträgt ein Wirtschaftsgut
   a) seines Privatvermögens,
   b) seines Sonderbetriebsvermögens,
   c) des Betriebsvermögens seines eigenen Gewerbebetriebs

   auf die Gesellschaft.
3. Ein Gesellschafter überträgt ein Wirtschaftsgut seines Sonderbetriebsver-

65 Zur Abgrenzung von Anwalts- und Beratungshonoraren des Gesellschafter-Geschäftsführers von den Kosten der Lebensführung in Zusammenhang mit der Vererbung des Gesellschaftsanteils vgl. BFH vom 31. 7. 1985 VIII R 345/82 BStBl II 1986, 139.

66 Vgl. FG Nürnberg vom 18. 12. 1974 V 212/71 EFG 1975, Nr. 202; a. A. BFH vom 4. 7. 1974 IV R 166/70 BStBl II 1974, 677; Keuk, StuW 1974, 350 (354).

67 Zu der Anwendung von Steuervergünstigungen in diesem Bereich vgl. Knobbe-Keuk aaO, (Anm. 18); Schön, Gewinnübertragungen bei Personengesellschaften nach § 6b EStG, 1986, S. 126 ff.

mögens oder des Betriebsvermögens eines eigenen Gewerbebetriebs auf einen Mitgesellschafter. Bei diesem wird es

a) Privatvermögen,

b) Sonderbetriebsvermögen,

c) Bestandteil des Betriebsvermögens eines eigenen Gewerbebetriebs des Mitgesellschafters.

Die genannten Geschäfte können entgeltlich, unentgeltlich, teilweise entgeltlich oder gegen Gewährung von Gesellschaftsrechten vorgenommen sein.

4. Die Gesellschaft überträgt ein Wirtschaftsgut entgeltlich oder unentgeltlich auf eine andere Gesellschaft, an der dieselben Personen beteiligt sind.

1. Entgeltliche Veräußerungsgeschäfte

a) Zwischen Gesellschaft und Gesellschafter

aa) Entgelt wie unter Fremden

Veräußert eine Personengesellschaft entgeltlich ein Wirtschaftsgut an einen Gesellschafter, so stellt sich die Frage, ob der Vorgang wie ein Veräußerungsgeschäft zwischen der Gesellschaft und einem Dritten zu beurteilen ist oder ob er in der Weise zu werten ist, daß in Höhe der Beteiligung des betreffenden Gesellschafters eine Entnahme und nur in Höhe des verbleibenden Teils ein Veräußerungsvorgang anzunehmen ist. Das Verfahren, den Vorgang in eine Entnahme und in einen Veräußerungsvorgang zu zerlegen, ist nur auf der Grundlage der überholten „Bilanzbündeltheorie"-Vorstellungen denkbar. Die neuere Rechtsprechung des BFH hat sich denn auch von dem Verfahren der Aufspaltung des einheitlichen Vorgangs eindeutig gelöst: Die Veräußerung eines Wirtschaftsguts von der Gesellschaft an einen Gesellschafter wird danach nicht anders behandelt als die Veräußerung an einen Dritten; bei der Ermittlung des Veräußerungsgewinns der Gesellschaft und der Anschaffungskosten des Gesellschafters wird also das volle Entgelt zugrunde gelegt;[68] es ist gleichgültig, ob das erworbene Wirtschaftsgut beim Gesellschafter Privatvermögen, Sonderbetriebsvermögen oder Betriebsvermögen wird. Mit dieser Auffassung trägt der BFH der Tatsache

68 BFH vom 28. 1. 1976 I R 84/74 BStBl II 1976, 744; vgl. dazu näher Knobbe-Keuk, StuW 1977, 66 (68).
Zu diesem Ergebnis kommt auch von einem ganz anderen Ausgangspunkt Stoll, Ertragsbesteuerung der Personengesellschaften, 1977: Zwar ist nach Stoll der Gesellschafter einer Personengesellschaft steuerlich wie ein Einzelunternehmer zu behandeln (vgl. oben § 9 Anm. 5). Da Stoll aber den Leistungsverkehr zwischen mehreren Betrieben ein und desselben Steuerpflichtigen wie den Leistungsverkehr zwischen Fremden behandeln will (vgl. oben § 7 Anm. 28), gilt dies dann konsequenterweise auch für den Leistungsverkehr zwischen der Gesellschaft und einem Betrieb des Gesellschafters (Stoll, S. 97 ff.).

Rechnung, daß die Personengesellschaft als Gemeinschaft zur gesamten Hand gegenüber den Gesellschaftern rechtlich verselbständigt ist und daß durch die Veräußerung eines Gegenstandes des Gesamthandsvermögens auch dann eine Veränderung der Rechtszuständigkeit in vollem Umfang eintritt, wenn Erwerber ein Gesellschafter ist.[69]

Entsprechend ist der umgekehrte Fall zu beurteilen, daß ein Gesellschafter der Gesellschaft ein Wirtschaftsgut entgeltlich veräußert. Auch dieser Vorgang ist, wenn er sich nach seinem wirtschaftlichen Gehalt wie eine im Geschäftsverkehr zwischen Fremden übliche Veräußerung darbietet, insgesamt als Anschaffungs- und Erwerbsvorgang zu behandeln;[70] wiederum ist gleichgültig, ob das vom Gesellschafter an die Gesellschaft veräußerte Wirtschaftsgut zu seinem Privatvermögen, Sonderbetriebsvermögen oder Betriebsvermögen gehört hat. Soweit das Wirtschaftsgut zum Sonderbetriebsvermögen oder Betriebsvermögen des Gesellschafters gehört hat, tritt bei dem Gesellschafter in vollem Umfang Gewinnrealisierung ein, die Gesellschaft setzt das Wirtschaftsgut mit den vollen Anschaffungskosten an.[71]

In dem Urteil vom 10. 7. 1980[72] hat der BFH die dargelegten Grundsätze noch einmal bestätigt. Die Haltung der Finanzverwaltung zu diesem Komplex ist in Abschnitt 13 a Abs. 1 EStR in Verbindung mit dem Mitunternehmererlaß[73] dargelegt.

Werden Veräußerungsgeschäfte zwischen Gesellschaft und Gesellschafter und vice versa insgesamt als Veräußerungsgeschäfte behandelt, so ergeben sich u. a. folgende Auswirkungen:

Veräußert die Gesellschaft an einen Gesellschafter, so ist § 6 b EStG auf den gesamten Veräußerungsgewinn anwendbar; es liegt nicht etwa in Höhe des auf den Gesellschafter-Erwerber entfallenden Anteils ein nicht durch § 6 b EStG begünstigter „Entnahme“gewinn vor.[74]

Veräußert der Gesellschafter eine zu seinem Privatvermögen gehörende wesentliche Beteiligung an die Kapitalgesellschaft, so handelt es sich insgesamt um einen Veräußerungsgewinn nach §§ 17, 34 EStG und nicht etwa zum Teil um eine „Einlage“ des Gesellschafter-Veräußerers.

69 Vgl. auch Döllerer, Festschrift Flume, 1978, Bd. 2, S. 47 ff.

70 So schon BFH vom 28. 1. 1976 aaO, (Anm. 68); vgl. des weiteren BFH vom 21. 10. 1976 IV R 210/72 BStBl II 1977, 145; BFH vom 31. 3. 1977 IV R 54/72 BStBl II 1977, 415; vgl. zu den Urteilen die Besprechung in StuW 1978, 68 ff.

71 Ebenso z. B. Raupach, JbFStR 1975/76, 231.

72 BFH vom 10. 7. 1980 IV R 136/77 BStBl II 1981, 84.

73 BdF vom 20. 12. 1977 BStBl I 1978, 8.

74 Vgl. Knobbe-Keuk, StuW 1978, 70; BFH vom 10. 7. 1980 aaO, (Anm. 72); vgl. im einzelnen Schön aaO, (Anm. 67), S. 126 ff.

bb) Veräußerung zum Buchwert

Stellt die Veräußerung eines Wirtschaftsguts von der Gesellschaft an einen Gesellschafter ein normales Veräußerungsgeschäft wie unter Dritten dar, so bleibt gleichwohl die Frage, ob die Beteiligten zur Gewinnrealisierung gezwungen sind oder ob die Veräußerung zum Buchwert möglich ist. An sich liegt im Falle der Buchwertveräußerung – ist der Wert höher – eine verdeckte Entnahme des Gesellschafters vor. Aber auf die Besteuerung des Entnahmegewinns in Höhe des Unterschieds zwischen dem Buchwert und dem Teilwert (§ 6 Abs. 1 Nr. 4 EStG) wird verzichtet, wenn die Besteuerung der stillen Reserven im Gewerbebetrieb des Gesellschafters durch Buchwertfortführung sichergestellt ist.[75]

Bei einer Veräußerung seitens der Gesellschaft an den Gesellschafter zum Buchwert tritt also eine Gewinnrealisierung nur ein, wenn das Wirtschaftsgut bei ihm nicht zum Betriebsvermögen gehört.

Veräußert umgekehrt der Gesellschafter an die Gesellschaft zum Buchwert, so liegt in Höhe der Differenz zwischen Buchwert und Teilwert eine verdeckte Einlage vor. Diese führt nach den Grundsätzen der Einbringungsrechtsprechung[76] beim Gesellschafter nicht zur Gewinnrealisierung.[77]

cc) Entgelt übersteigt den Preis, den ein Dritter zahlen würde

Veräußert ein Gesellschafter der Gesellschaft ein Wirtschaftsgut und übersteigt das vereinbarte Entgelt den Preis, den die Gesellschaft einem Dritten zahlen würde, so liegt hinsichtlich des Mehrbetrages eine (verdeckte) Entnahme vor.[78] Es handelt sich nicht um einen reinen Kaufvertrag, sondern um ein negotium mixtum; ein Teil der Zuwendung seitens der Gesellschaft erfolgt causa societatis. Als Anschaffungskosten der Gesellschaft ist also nur der Betrag anzusetzen, den ein Dritter zahlen würde. Nur dieser Betrag stellt umgekehrt für den Gesellschafter den Veräußerungserlös dar.

Veräußert die Gesellschaft ein Wirtschaftsgut an den Gesellschafter und zahlt dieser einen zu hohen Preis, den ein Dritter der Gesellschaft nicht zahlen würde, so liegt hinsichtlich des Mehrbetrages eine Einlage vor.[79] Bei der Gesellschaft entsteht insoweit kein steuerpflichtiger Gewinn.

Die vorgetragene Behandlung gilt unabhängig davon, ob bei dem Gesellschafter Privatvermögen, Sonderbetriebsvermögen oder Betriebsvermögen in Frage steht.

---

75 Vgl. Döllerer, DStZ 1983, 179 ff; Mitunternehmererlaß aaO, (Anm. 5) Rdz. 77. Zum Gewinnrealisierungstatbestand der Entnahme vgl. oben § 7 III 2.

76 Vgl. BFH vom 15. 7. 1976 I R 17/74 BStBl II 1976, 748 und unten III 3.

77 Döllerer aaO, (Anm. 75); Mitunternehmererlaß aaO, (Anm. 5) Rdz. 57 ff.

78 So auch Raupach, JbFStR 1975/76, 226; v. Wallis/Heinicke, Rdz. 46; Mitunternehmererlaß, (Anm. 5) Rdz. 23 S. 1; Rdz. 53.

79 So auch Mitunternehmererlaß, (Anm. 5) Rdz. 31 S. 1.

b) Zwischen Gesellschaftern

Veräußert ein Gesellschafter entgeltlich ein Wirtschaftsgut eines Sonderbetriebsvermögens an einen Mitgesellschafter, so wird in Höhe des Unterschieds zwischen dem Buchwert und dem höheren Veräußerungserlös Gewinn realisiert. Dies gilt auch dann, wenn der Mitgesellschafter das Wirtschaftsgut weiterhin der Gesellschaft zur Nutzung überläßt und es also nunmehr bei ihm Sonderbetriebsvermögen wird.[80]

2. Unentgeltliche Veräußerungsgeschäfte

a) Überträgt ein Gesellschafter ein Wirtschaftsgut seines Sonderbetriebsvermögens unentgeltlich, so liegt grundsätzlich eine Entnahme aus dem Sonderbetriebsvermögen vor.[81]

Für den Fall, daß das Wirtschaftsgut an einen Mitgesellschafter übertragen wird, bei dem das Wirtschaftsgut wiederum Sonderbetriebsvermögen wird – weil er es etwa der Gesellschaft weiterhin zur Nutzung überläßt –, verzichtet der BFH[82] in dem Urteil vom 28. 8. 1974 beim übertragenden Gesellschafter auf die Gewinnrealisierung, wenn der Erwerber in seinem Sonderbetriebsvermögen den alten Buchwert fortführt.[83]

---

80 So auch BFH vom 12. 10. 1977 I R 248/74 BStBl II 1978, 191. In der Entscheidung vom 28. 8. 1974 I R 18/73 BStBl II 1975, 166 hatte der BFH die Frage der Gewinnrealisierung bei entgeltlicher Übertragung eines Wirtschaftsguts aus einem Sonderbetriebsvermögen in ein anderes Sonderbetriebsvermögen noch offengelassen.
Für ein Wahlrecht in diesem Fall Claus, BB 1976, 503. Voraussetzung für eine erfolgsneutrale Behandlung dieses Vorgangs wäre allerdings, daß der Erwerber – wozu er aber regelmäßig nicht bereit sein wird – den alten Buchwert in seinem Sonderbetriebsvermögen fortführt. U. E. sollte man aber das Wahlrecht zwischen erfolgswirksamer und erfolgsneutraler Behandlung nicht überstrapazieren und es – um nicht die Gefahr von Manipulationen heraufzubeschwören – auf die Fälle der rechtlichen Umstrukturierung des Unternehmens und auf die Fälle der Übertragung eines Wirtschaftsgutes gegen Gesellschaftsrechte beschränken.

81 Vgl. BFH vom 26. 5. 1982 I R 163/78 BStBl II 1982, 693 auch für den Fall, daß der Erwerber nach dem Tode des Schenkers in die Gesellschaft eintritt.

82 BFH vom 28. 8. 1974 I R 18/73 BStBl II 1975, 166; BFH vom 26. 5. 1982 I R 108/80 BStBl II 1982, 695; dem folgend „Mitunternehmererlaß" (aaO, Anm. 5), Rdz. 38.

83 Wird das Wirtschaftsgut teilweise unentgeltlich übertragen, so entsteht nach dem „Mitunternehmererlaß" (aaO, Anm. 5) ein Gewinn in Höhe der Differenz „zwischen dem Veräußerungspreis und dem anteilig auf den Veräußerungspreis entfallenden Buchwert des Wirtschaftsguts. Der Erwerber hat das Wirtschaftsgut mit dem Erwerbspreis zuzüglich des Buchwertes des Veräußerers anzusetzen, der anteilig auf den unentgeltlich erworbenen Teil des Wirtschaftsgutes entfällt." U. E. ist diese Aufteilung des Geschäfts in einen teilweise entgeltlichen und unentgeltlichen Teil nicht erforderlich, sondern es sollte nach den Grundsätzen verfahren werden, die von uns unten (§ 22 I 4) für die teilweise unentgeltliche Betriebsübertragung vertreten werden.

Die Entscheidung ist insofern nicht selbstverständlich, als sonst die erfolgsneutrale Behandlung der unentgeltlichen Übertragung einzelner Wirtschaftsgüter nicht anerkannt wird (vgl. § 7 Abs. 2 EStDV). So würde man – überträgt der Vater aus seinem Betriebsvermögen z. B. unentgeltlich ein Grundstück auf seinen Sohn, der es in sein Betriebsvermögen übernimmt – diesen Vorgang wohl kaum erfolgsneutral hinnehmen.

Zur Begründung hat sich der BFH darauf berufen, daß das Wirtschaftsgut „auch nach dem Eigentumswechsel bei wirtschaftlicher Betrachtung als Beitrag (nunmehr des Erwerbers) zur Förderung des Gesellschaftszweckes zur Verfügung gestanden hat und dadurch dem Betriebsvermögen verhaftet geblieben ist". U. E. trifft die Berufung auf den Beitragsgedanken in diesem Zusammenhang nicht. Dies zeigt der Fall der *entgeltlichen* Übertragung von einem Sonderbetriebsvermögen in ein anderes.

b) Überträgt die Gesellschaft ein Wirtschaftsgut des Gesamthandsvermögens auf einen Gesellschafter unentgeltlich, so liegt eine Entnahme vor.[84] Die Entnahme führt zur Gewinnrealisierung, wenn das Wirtschaftsgut bei dem Gesellschafter *Privatvermögen* wird.

Überträgt die Gesellschaft eine ihr zustehende hundertprozentige Beteiligung an einer Kapitalgesellschaft auf die Gesellschafter, so handelt es sich um eine Teilbetriebsaufgabe[85], und es kommt der ermäßigte Steuersatz für die Betriebsaufgabe zur Anwendung.[86] Dabei ist unerheblich, ob die hundertprozentige Beteiligung auf einen oder mehrere Gesellschafter übertragen wird.

Stellt der Gesellschafter das ihm unentgeltlich übertragene Wirtschaftsgut der Gesellschaft zur Nutzung zur Verfügung, so wird das Wirtschaftsgut bei dem Gesellschafter *Sonderbetriebsvermögen.*

Hier stellt sich die Frage, ob auf die mit der Entnahme aus dem Gesellschaftsvermögen an sich verbundene Gewinnrealisierung verzichtet werden kann, wenn der Gesellschafter in seinem Sonderbetriebsvermögen den alten Buchwert fortführt. Mit der Begründung des o. a. Urteils des BFH vom 28. 8. 1974 müßte man auch in diesem Falle zum Verzicht auf die Gewinnrealisierung kommen.[87]

Die Begründung des Urteils des BFH vom 28. 8. 1974 paßt hingegen nicht

---

84 In dem „Mitunternehmererlaß", (Anm. 5) Rdz. 43 wird ausgeführt, eine mit dem Teilwert zu bewertende Entnahme liege auch vor, „wenn die Personengesellschaft durch die unentgeltliche Übertragung eine gegenüber dem erwerbenden Mitunternehmer bestehende rechtliche Verpflichtung erfüllt" (ebenso Schmidt, § 15 EStG Anm. 102d). Diese Auffassung ist schon in dem „Nichtanwendungsschreiben" des BdF vom 21. 11. 1977 BStBl I 1977, 618 zu BFH vom 31. 3. 1977 IV R 58/73 BStBl II 1977, 823 (vgl. dazu Knobbe-Keuk, StuW 1978, 68, 71) vertreten. Die Auffassung der Finanzverwaltung ist nicht begründet. Wenn mit der Übertragung eine bestehende rechtliche Verpflichtung erfüllt wird, handelt es sich *nicht* um eine unentgeltliche Übertragung! Die Übertragung eines Wirtschaftsguts in Erfüllung einer bestehenden rechtlichen Verpflichtung gegenüber dem Gesellschafter ist betrieblich veranlaßt; die Annahme einer Entnahme kommt nicht in Frage.

85 Zur Teilbetriebsaufgabe vgl. unten § 22 II 1b.

86 BFH vom 24. 6. 1982 IV R 151/79 BStBl II 1982, 751.

87 So z. B. Döllerer, DStZ/A 1974, 211 (217).

für den Fall, daß der Gesellschafter das unentgeltlich erworbene Wirtschaftsgut in ein *anderes Betriebsvermögen* übernimmt. In diesem Fall wäre nur zu überlegen, ob nach den Grundsätzen verfahren werden kann, die für die Überführung eines Wirtschaftsguts aus dem einen in einen anderen Betrieb desselben Steuerpflichtigen gelten.[88] U. E. ist dies aber, wenn man die Selbständigkeit der Gesellschaft gegenüber den Gesellschaftern ernst nimmt, nicht möglich.[89] Würde man die unentgeltliche Übertragung eines einzelnen Wirtschaftsguts aus dem Gesellschaftsvermögen in ein anderes Betriebsvermögen des Gesellschafters erfolgsneutral behandeln, so wäre nicht einzusehen, wieso dann nicht auch für andere Fälle der unentgeltlichen Übertragung einzelner Wirtschaftsgüter die bislang geltenden Regeln aufgegeben werden.

c) Überträgt der Gesellschafter der Gesellschaft ein Wirtschaftsgut unentgeltlich, so liegt eine – bei der Gesellschaft grundsätzlich nach § 6 Abs. 1 Nr. 5 EStG zu bewertende – Einlage vor. Handelt es sich um ein Wirtschaftsgut des Sonderbetriebsvermögens oder eines anderen Betriebsvermögens des Gesellschafters, so ist die Frage, ob bei dem Gesellschafter auf die Aufdeckung der stillen Reserven verzichtet werden kann, nach den gleichen Grundsätzen wie unter b) zu entscheiden.

3. Übertragung eines Wirtschaftsguts vom Gesellschafter auf die Gesellschaft gegen Gewährung von Gesellschaftsrechten

Überträgt der Gesellschafter ein Wirtschaftsgut seines *Privatvermögens* auf die Gesellschaft gegen Gewährung von Gesellschaftsrechten, so liegt eine Einlage vor, die nach § 6 Abs. 1 Nr. 5 EStG zu bewerten ist.

Gehörte das der Gesellschaft gegen Gewährung von Gesellschaftsrechten übertragene Wirtschaftsgut zu einem *Betriebsvermögen* des Gesellschafters, so können die Beteiligten nach den in § 24 UmwStG für die Einbringung eines Betriebs in eine Personengesellschaft kodifizierten Grundsätzen verfahren: Die Gesellschaft hat die Wahl, entweder den Buchwert des Gesellschafters fortzuführen oder das Wirtschaftsgut bis zur Grenze des Teilwertes zu bewerten. Für die Bemessung des Gewinns des einbringenden Gesellschafters ist die Bilanzierung bei der Gesellschaft maßgebend.[90] Der Vorgang

---

88 Vgl. dazu i. e. oben § 7 III 2.

89 A. A. Schmidt, § 15 EStG Anm. 102 c; die Annahme einer mittelbaren Schenkung der Mitgesellschafter an den Empfänger des Wirtschaftsguts vernachlässigt u. E. die Trennung von Gesellschafts- und Gesellschaftersphäre; dementsprechend führt Schmidts Resultat, nämlich eine anteilige gewinnrealisierende Entnahme der Mitgesellschafter, die das Wirtschaftsgut mittelbar dem Empfänger zuwenden, in die Zeiten der Bilanzbündeltheorie zurück.

90 Vgl. BFH vom 15. 7. 1976 I R 17/74 BStBl II 1976, 748 m. Anm. L. Schmidt, FR 1976, 462; Knobbe-Keuk, StuW 1974, 181 ff; StuW 1977, 68 ff; ebenso „Mitunternehmererlaß“ aaO, (Anm. 5), Rdz. 56 ff.

wird also bei Buchwertfortführung durch die Gesellschaft als erfolgsneutral akzeptiert.[91]

Die dargestellten Grundsätze sind auf die Übertragung eines Wirtschaftsguts des *Sonderbetriebsvermögens* gegen Gewährung von Gesellschaftsrechten entsprechend anzuwenden.[92]

4. Veräußerungsgeschäfte zwischen personenidentischen Gesellschaften

Überträgt eine Personengesellschaft ein Wirtschaftsgut gegen volles Entgelt auf eine andere Personengesellschaft, an der dieselben Gesellschafter beteiligt sind, so liegt in vollem Umfang ein echtes Fremdgeschäft vor, so daß nach den allgemeinen Gewinnermittlungsgrundsätzen zu verfahren ist. Erfolgt die Übertragung des Wirtschaftsguts unentgeltlich, so soll nach einigen Stimmen in Schrifttum und Rechtsprechung darin ein erfolgsneutraler Übergang zwischen zwei Betriebsvermögen derselben Unternehmer zu erblicken sein.[93] Diese Begründung scheitert jedoch daran, daß es sich bei den Gesellschaften um verschiedene Steuerrechtssubjekte handelt. Die abgebende Personengesellschaft muß daher einen Entnahmegewinn ausweisen. Ein Verzicht auf die Aufdeckung stiller Reserven ist nur dann möglich, wenn die betroffenen Gesellschaften ihrerseits an einer dritten Gesellschaft beteiligt sind und das Wirtschaftsgut vor und nach der Veräußerung dem Betrieb dieser Gesellschaft dient.[94]

IV. Der Anwendungsbereich des § 15 Abs. 1 S. 1 Nr. 2 EStG

1. Einleitung

§ 15 Abs. 1 Satz 1 Nr. 2 EStG erfaßt alle Vergütungen, die *der Gesellschafter* von der Gesellschaft für seine Tätigkeit im Dienste der Gesellschaft oder für die Hingabe von Darlehen oder für die Überlassung von Wirtschaftsgütern bezogen hat.

Wird z. B. die Darlehensforderung eines Gesellschafters an einen Dritten abgetreten, so fallen die an den Dritten gezahlten Darlehenszinsen nicht mehr in den Anwendungsbereich des § 15 Abs. 1 S. 1 Nr. 2 EStG.[95]

Nach § 15 Abs. 1 S. 2 EStG gilt § 15 Abs. 1 S. 1 Nr. 2 auch für Vergütungen, die als

---

91 Ist allerdings die spätere Erfassung der stillen Reserven trotz der Buchwertfortführung bei der Gesellschaft nicht sichergestellt – weil z. B. keine gewerblichen Einkünfte erzielt werden oder weil das Wirtschaftsgut in einer in einem DBA-Staat gelegenen Betriebstätte eingesetzt wird – so kann der Einbringungsvorgang nicht erfolgsneutral behandelt werden. Vgl. ebenso „Mitunternehmererlaß“ aaO, (Anm. 5), Rdz. 64, 65.

92 Ebenso „Mitunternehmererlaß“ aaO, (Anm. 5), Rdz. 25 ff.

93 Schmidt, § 15 EStG Anm. 107 m. w. N.; vgl. auch FG Düsseldorf vom 16. 10. 1984 I 528/79 F EFG 1985, Nr. 286.

94 Dann greifen die Grundsätze von BFH vom 28. 8. 1974 (Anm. 82) ein.

95 Vgl. BFH vom 15. 12. 1988 IV R 29/86 BStBl II 1989, 500.

nachträgliche gewerbliche Einkünfte (§ 24 Nr. 2 EStG) bezogen werden. Die durch das Steuerbereinigungsgesetz 1986 eingefügte Bestimmung beruht auf dem Entwurf eines Gesetzes zur „vordringlichen" Regelung von Fragen der Besteuerung von Personengesellschaften[96]. Anlaß waren die beiden Witwenpensionsentscheidungen des IV. Senats, nach denen Pensionsbezüge einer Gesellschafterwitwe, die nicht Gesellschafterin ist, nicht unter § 15 Abs. 1 S. 1 Nr. 2 EStG fallen und also nicht Teil des Gewinns der Gesellschaft sein sollten, sondern unmittelbar bei der Gesellschafterwitwe nach § 24 Nr. 2 EStG als nachträgliche gewerbliche Einkünfte zu erfassen sein sollten und damit nicht gewerbesteuerpflichtig waren.[97]

Die Vorschrift hat also den Sinn, die gewerbesteuerliche Belastung auch der an ausgeschiedene Gesellschafter oder Gesellschafterwitwen gezahlten Pensionsbezüge sicherzustellen.[98] Ob dies gelungen ist, steht auf einem anderen Blatt.[99]

Die Verweisung auf § 15 Abs. 1 S. 1 Nr. 2 EStG besagt lediglich, daß die nachträglich bezogenen Vergütungen beim Empfänger Einkünfte aus Gewerbebetrieb sind. Mehr nicht. Die Verweisung begründet nicht die Annahme, daß auch diese Vergütungen in den gesondert zu ermittelnden Gesamtgewinn der Gesellschaft einzubeziehen sind und die Empfänger auch verfahrensrechtlich in das gesonderte Gewinnfeststellungsverfahren einbezogen werden.[100] Was Nichtgesellschafter in einem Steuerverfahren der Gesellschaft zu suchen haben, ist nicht ersichtlich. Sie gehen die Besteuerungsdaten der Gesellschaft und der anderen Gesellschafter schlechterdings nichts an.

Die Fassung des § 15 Abs. 1 S. 1 Nr. 2 EStG hinsichtlich der Sondervergütungen ist sehr weit. Der Wortlaut der Vorschrift würde es zulassen, jedwede Vergütung der Gesellschaft an den Gesellschafter[101] für eine der genannten Leistungen als Sondervergütung einzuordnen. Auf dieser Grundlage hatte man zu Bilanzbündeltheoriezeiten normale schuldrechtliche Beziehungen zwischen Gesellschaft und Gesellschafter steuerlich überhaupt nicht akzeptiert, den schuldrechtlichen Leistungsaustausch den Entnahme- und Einlageregeln unterstellt und war dabei z. T. sogar noch über den – ohnehin schon hinreichend weiten – Wortlaut der Bestimmung hinausgegangen.

Die Aufgabe der Bilanzbündeltheorievorstellungen hat in diesem Bereich einige Neuüberlegungen gebracht. In der Sache sind freilich bislang gegen-

---

96 BR-Drs. 165/85. Der Entwurf ist von Woerner auf der Wiesbadener Jahrestagung der Fachanwälte für Steuerrecht am 14. 5. 1985 in „Entwurf eines Gesetzes zur vordringlichen Berichtigung und Verhütung unerwünschter BFH-Entscheidungen" umgetauft worden. Vgl. zur Kritik an diesem Entwurf die in § 9 Anm. 52 Zit.

97 BFH vom 24. 11. 1983 IV R 14/83 BStBl II 1984, 431; BFH vom 25. 10. 1984 IV R 165/82 BStBl II 1985, 212.

98 Zur Kritik der Begründung des Entwurfs vgl. i. e. Flume, DB 1985, 2370 ff.

99 Vgl. zweifelnd schon Knobbe-Keuk, BB 1985, 941 ff, 947; eingehend zur Neuregelung Flume, Festschrift Döllerer, 1988, S. 133 ff; Zur Verwaltungsauffassung vgl. Schreiben des BdF vom 16. 7. 1986 BStBl I 1986, 359.

100 So aber Schmidt, § 15 EStG Anm. 87 b.

101 Nicht durch § 15 Abs. 1 S. 1 Nr. 2 EStG werden Vergütungen erfaßt, die der Gesellschafter an die Gesellschaft für eine ihm von dieser erbrachte Leistung zahlt, z. B. Zinszahlungen des Gesellschafters für ein ihm von der Gesellschaft gewährtes Darlehen. Vgl. auch Biergans, S. 98 ff.

über dem früheren Zustand nur punktuelle Veränderungen zu verzeichnen. Wichtig ist freilich, daß die mit der Aufgabe der Bilanzbündeltheorie verbundene größere Hinwendung zum Gesetz immerhin dazu geführt hat, daß der schuldrechtliche Leistungsaustausch zwischen Gesellschaft und Gesellschafter, der nicht einmal unter den Wortlaut des § 15 Abs. 1 S. 1 Nr. 2 EStG fällt, wie der zwischen Dritten zu behandeln ist. So ist z. B. in dem Mitunternehmererlaß[102] klargestellt, daß Vergütungen für die Veräußerung eines Wirtschaftsguts seitens des Gesellschafters an die Gesellschaft nicht unter § 15 Abs. 1 S. 1 Nr. 2 EStG fallen.[103]

Des weiteren ist die Erkenntnis, daß mit dem Eintritt eines Gläubigers der Gesellschaft in die Gesellschaft sich Forderungen und Anwartschaften nicht automatisch in Eigenkapital verwandeln, ein gewichtiger Fortschritt gegenüber dem früheren Zustand. Von Bedeutung ist dies insbesondere für die Fälle, in denen ein Gesellschafter von der Gesellschaft noch Bezüge erhält bzw. Forderungen oder Anwartschaften gegenüber der Gesellschaft hat, die ihre Grundlage in einem früheren Arbeitsverhältnis, als der Gesellschafter noch nicht Gesellschafter war, haben.

Hat z. B. ein Arbeitnehmer eine Erfindung gemacht und erhält er von der Gesellschaft für die Überlassung eine fortlaufende Vergütung nach der Zahl der gefertigten Stücke, so wird die Erfindervergütung nicht mit dem Eintritt des Arbeitnehmers in die Gesellschaft zu einer Tätigkeitsvergütung im Sinne des § 15 Abs. 1 S. 1 Nr. 2 EStG. Denn die Leistung, für die der jetzige Gesellschafter die Erfindervergütung weiterhin erhält, hat er im Rahmen des früheren Arbeitsverhältnisses erbracht. Er erhält sie unabhängig von seiner Tätigkeit als Gesellschafter im Dienste der Gesellschaft. Die Vergütungen sind weiterhin als solche aus nichtselbständiger Arbeit – begünstigt – zu besteuern.[104]

Auf demselben Gesichtspunkt beruht es, daß für einen Arbeitnehmer gebildete *Pensionsrückstellungen*[105] – entgegen der früheren Praxis[106] – nicht mehr gewinnerhöhend aufzulösen sind, wenn der Arbeitnehmer Gesellschafter wird.

---

102 AaO, (Anm. 5), Rdz. 86.

103 Sind in dem Kaufpreis Zinsanteile enthalten, so soll es sich nach Rdz. 87 des Mitunternehmererlasses (aaO, Anm. 5) um Vergütungen für die Überlassung von Kapital handeln. Dem ist in dieser Allgemeinheit nicht zu folgen. Es kommt vielmehr darauf an, ob die Modalitäten dieses Geschäfts auch unter Fremden üblich sind oder ob die Umwandlung in ein Darlehen erfolgt ist. Vgl. dazu weiter im Text.

104 So auch BFH vom 28. 1. 1976 I R 103/75 BStBl II 1976, 746 gegen FG Baden-Württemberg – Stuttgart vom 19. 3. 1975 V 225/74 EFG 1975 Nr. 327; vgl. dazu Keuk-Knobbe, StuW 1975, 335 ff.

105 Vgl. zu den Pensionsrückstellungen für Gesellschafter-Geschäftsführer unten § 11 IV 3 a.

106 Vgl. Abschn. 41 Abs. 19 S. 4 u. 5 EStR 1972.

Nach dem Urteil des I. Senats vom 8. 1. 1975[107] kann die bislang – für den ehemaligen Arbeitnehmer – gebildete Pensionsrückstellung bestehen bleiben: „Die Pensionsrückstellung, die die Gesellschaft bisher gebildet hat, stellt keine Vergütung für die Tätigkeit eines Gesellschafters im Dienste der Gesellschaft dar, sondern eine Vergütung für die Tätigkeit eines Angestellten." Weitere Jahreszuführungen sind, nachdem der Arbeitnehmer Gesellschafter geworden ist, steuerlich nicht beachtlich. Im übrigen wird der Pensionsrückstellungstorso wie bei ausgeschiedenen Arbeitnehmern behandelt. Es ist also bei der Berechnung des Anwartschaftsbarwerts (§ 6a Abs. 3 Nr. 2 EStG) am Schluß des Wirtschaftsjahres, in dem der Arbeitnehmer Gesellschafter geworden ist, sowie jeweils am Schluß der folgenden Wirtschaftsjahre der in der Zeit der reinen Arbeitnehmereigenschaft ratierlich erdiente Pensionsanspruch zugrunde zu legen (§ 2 Abs. 1 S. 1 Betr-AVG).[108] Bei den Zuführungen zur Rückstellung auf Grund der Fortentwicklung des Anwartschaftsbarwerts handelt es sich lediglich um die Erhaltung des Werts der bis zum Eintritt des Arbeitnehmers in die Gesellschaft erworbenen Pensionsanwartschaft und nicht um eine Vergütung für die Tätigkeit als Gesellschafter im Dienste der Gesellschaft. Entsprechendes gilt, wenn die Pensionshöhe unter den Voraussetzungen des § 16 BetrAVG oder auf Grund einer von vornherein bestehenden vertraglichen Vereinbarung an die veränderte wirtschaftliche Situation angepaßt wird.

Wie in dem vom BFH entschiedenen Fall, daß ein Arbeitnehmer Gesellschafter wird, ist auch hinsichtlich der Pensionsrückstellungen, die für einen Gesellschafter gebildet worden sind, zu entscheiden, wenn eine Kapitalgesellschaft in eine Personengesellschaft umgewandelt wird. Auch hier können die bisher gebildeten Rückstellungen bestehen bleiben, weitere dürfen aber nicht gebildet werden.[109]

Auch andere Rückstellungen, die für Forderungen aus einem Arbeitsverhältnis gebildet worden sind, wie z. B. Tantiemerückstellungen[110], sind nicht aufzulösen, wenn der Arbeitnehmer Gesellschafter wird. Denn die Tantiemeforderung beruht auf dem früheren Arbeitsverhältnis und besteht nicht wegen einer Tätigkeit des Gesellschafters als Gesellschafter für die Gesellschaft.

Die genaue Unterscheidung, ob Bezüge oder Forderungen des Gesellschafters auf die Tätigkeit als Gesellschafter im Dienste der Gesellschaft zurückzuführen sind oder auf einem anderen Rechtsgrund beruhen, hat auch zu einer Änderung der Lage hinsichtlich der Rückstellungen für Witwer- bzw. Witwenrentenzusagen an einen Arbeitnehmer, dessen Ehegatte Gesellschafter ist, geführt.[111] Diese sind inzwischen selbst dann möglich, wenn es sich

107 BFH vom 8. 1. 1975 I R 142/72 BStBl II 1975, 437; vgl. näher Keuk-Knobbe, StuW 1975, 252 ff.

108 Vgl. EStR Abschn. 41 Abs. 8; vgl. dazu auch Uelner, StbJb 1975/76, 318; Felix/Streck, DStR 1976, 245.

109 So auch BFH vom 22. 6. 1977 I R 8/75 BStBl II 1977, 237 und dazu Knobbe-Keuk, StuW 1978, 68 (75 f).

110 Vgl. den Fall aus FG Bremen vom 30. 1. 1975 I 9/74 EFG 1975 Nr. 209 und dazu Keuk-Knobbe, StuW 1975, 252 (254).

111 BFH vom 29. 1. 1976 IV R 42/73 BStBl II 1976, 372; vgl. zu dem Urteil näher Keuk-Knobbe, StuW 1976, 246 (247 ff); L. Schmidt, FR 1976, 228. Zu der früheren Verwaltungspraxis vgl. 6. Aufl. S. 355.

um den Ehegatten des Alleingesellschafters einer GmbH u. Co. KG handelt.[112] Die Witwer- bzw. Witwenrente, die der Gesellschafter vielleicht eines Tages von der Gesellschaft erhalten wird, ist keine Vergütung für die Tätigkeit eines Gesellschafters im Dienste der Gesellschaft.

Die Forderung eines Gläubigers der Gesellschaft verliert – wenn der Gläubiger in die Gesellschaft eintritt – nur dann ihren bisherigen Charakter als Fremdforderung, wenn die Forderung vereinbarungsgemäß fortan als Gesellschaftereinlage behandelt wird oder wenn die Umwandlung in ein Darlehen gemäß § 607 Abs. 2 BGB erfolgt ist, und die Forderung folglich nunmehr als Darlehensforderung zum Sonderbetriebsvermögen des Gesellschafters gehört. Die Umwandlung in eine Darlehensforderung nach § 607 Abs. 2 BGB kann natürlich auch durch stillschweigende Vereinbarung geschehen. Jedoch darf eine solche stillschweigende Vereinbarung nicht ohne weiteres angenommen werden. Beruhen Forderungen auf Leistungen, die vor Eintritt des Forderungsinhabers in die Gesellschaft voll erbracht waren, so wird der Charakter der Forderung als Fremdforderung nicht verändert, wenn das Rechtsverhältnis nach Modalitäten abgewickelt wird, wie sie der Art des Rechtsgeschäfts üblicherweise entsprechen.[113]

2. § 15 Abs. 1 S. 1 Nr. 2 EStG und mittelbare Rechtsbeziehungen

a) Unmittelbare Leistung bei mittelbarer Beteiligung des Leistenden

Nach dem Gesetzeswortlaut erfaßt § 15 Abs. 1 S. 1 Nr. 2 EStG nur Vergütungen, die der *Gesellschafter* von der Gesellschaft für eine Sonderleistung an die Gesellschaft erhalten hat. Gleichwohl wird die Frage erörtert, ob § 15 Abs. 1 S. 1 Nr. 2 EStG auch auf Vergütungen anwendbar ist, die eine Person für Sonderleistungen an eine Personengesellschaft bzw. Mitunternehmergemeinschaft erhalten hat, an der sie nur mittelbar beteiligt ist.

Beispiel: A hat der Y-KG, an der er nicht beteiligt ist, ein Grundstück vermietet. A ist an der X-Gesellschaft beteiligt, die ihrerseits Gesellschafterin der Y-KG ist. Unproblematisch ist der Fall nach allgemeiner Meinung, wenn es sich bei der X-Gesellschaft um eine *Kapitalgesellschaft* handelt: Allein die X-Kapitalgesellschaft ist Gesellschafterin und Mitunternehmerin der Y-KG. Die mittelbare Beteiligung der A führt nicht zur Anwendung des § 15 Abs. 1 S. 1 Nr. 2 EStG auf die Vergütungen, die er für die Leistungen an die Y-KG erhalten hat.

Handelt es sich bei der zwischengeschalteten X-Gesellschaft um eine *Personengesellschaft*, so ist zu unterscheiden: Eine bürgerlichrechtliche Gesellschaft kann nach herrschender handelsrechtlicher Auffassung zumindest nicht Gesellschafterin einer Personenhandelsgesellschaft, also nicht einer OHG oder KG sein.[114]

---

112 BFH vom 21. 4. 1988 IV R 80/86 BStBl II 1988, 883.

113 BFH vom 18. 7. 1979 I R 38/76 BStBl II 1979, 673; vgl. dazu Knobbe-Keuk, Steuerberaterkongreßreport 1980, 165 ff.

114 Vgl. für die h. M. Flume, S. 63 f m. N.; vgl. demgegenüber aber Klamroth, BB 1983, 796; Hartmann, Festschrift Werner, 1984, S. 217 ff; Brodersen, Die Beteiligung der BGB-Gesellschaft an den Personenhandelsgesellschaften, 1988.

Damit versteht sich, daß eine Gesellschaft bürgerlichen Rechts als steuerliche Mitunternehmerin ausscheidet[115] und nur die Gesellschafter der Gesellschaft bürgerlichen Rechts als Mitunternehmer in Frage kommen.

Die Problematik bei mittelbarer Beteiligung an einer Personengesellschaft wird also nur aktuell, wenn es sich bei der zwischengeschalteten Gesellschaft um eine OHG oder KG handelt. U. E. ist § 15 Abs. 1 S. 1 Nr. 2 EStG auf den nur mittelbar über eine OHG oder KG Beteiligten nicht anwendbar. In diese Richtung geht auch die Rechtsprechung:

Nach dem Urteil des BFH vom 12. 11. 1985[116] können Wirtschaftsgüter, die Sonderbetriebsvermögen des Gesellschafters einer Personengesellschaft sind, nicht Sonderbetriebsvermögen dieser Personengesellschaft an einer zweiten Personengesellschaft sein, an der die erste Personengesellschaft, nicht aber ihr Gesellschafter beteiligt ist.

Das Finanzgericht Baden-Württemberg[117] hat bei nur mittelbarer Beteiligung Tätigkeitsvergütungen nicht unter § 15 Abs. 1 S. 1 Nr. 2 EStG gefaßt.

In der Literatur ist die Problematik sehr umstritten.[118]

Beispiel: A hat der Y-KG, an der er nicht beteiligt ist, ein Grundstück vermietet. A ist Gesellschafter der X-OHG, die ihrerseits Gesellschafterin der Y-KG ist.

Verbreitet[119] wird die Auffassung vertreten, das vermietete Wirtschaftsgut gehöre steuerlich zum Betriebsvermögen der Y-KG. Der Mietzins stelle bei der Y-KG keine Betriebsausgabe dar, sondern gehöre steuerlich zum Anteil der X-OHG am Gewinn der Y-KG und bei der X-OHG zum Gewinnanteil des A. Dieser Auffassung ist nicht zu folgen.[120]

A ist nicht Gesellschafter der Y-KG und allein auf Grund seiner Beteiligung an der X-OHG auch nicht Mitunternehmer der Y-KG. Damit ist es ausgeschlossen, das vermietete Wirtschaftsgut als Sonderbetriebsvermögen bei der Y-KG und die Mietzahlungen als Sondervergütungen seitens der Y-KG zu qualifizieren. Die Mietzahlungen sind vielmehr bei der Y-KG Betriebsausgaben. Die Tatsache, daß im Grundsatz der Selbständigkeit der Personenhandelsgesellschaft gegenüber ihren Gesellschaftern auch von der neueren Rechtsprechung des BFH Rechnung getragen wird und daß die Personenhandelsgesellschaft selbst – nicht anders als eine Kapitalgesellschaft – auch als Mitunternehmerin einer anderen Gesellschaft anerkannt wird, verbieten es, die mittelbare Beteiligung über eine Personenhandelsgesellschaft für die Anwendung des § 15 Abs. 1 S. 1 Nr. 2 EStG bei der steuerlichen Gewinnermittlung der anderen Ge-

115 Für die h. M. Schmidt, § 15 EStG Anm. 48.

116 BFH vom 12. 11. 1985 VIII R 286/81 BStBl II 1986, 55.

117 FG Baden-Württemberg, Außensenate Stuttgart vom 20. 9. 1985 IX 160/80 EFG 1986 Nr. 134 (n. rk.).

118 Aus dem neueren Schrifttum vgl. Märkle, WPg 1987, 68; Biergans, DStR 1988, 655 ff.

119 Herrmann/Heuer/Raupach, § 15 EStG Anm. 37 [2]; Schmidt § 15 EStG Anm. 94, der freilich die Einschränkung macht, „es sei denn, Leistung und mittelbare Beteiligung treffen nur zufällig zusammen"; ähnlich Blümich, § 15 EStG Anm. 376; Biergans, Einkommensteuer und Steuerbilanz S. 101 f; ders. (aaO, Fn. 118), S. 659.

120 Dagegen auch Woerner, Steuerberaterkongreßreport 1982, 193 (208 f); Lempenau, StbJb 1982/83, 201 (221); Söffing, DStR 1983, 311 (312 f); Littmann/Bitz/Meincke, § 15 EStG Rz. 88.

sellschaft einer unmittelbaren Beteiligung als Mitunternehmer gleichzustellen. Dies gilt auch, wenn es sich bei der zwischengeschalteten Personengesellschaft um eine vermögensverwaltende „Geprägegesellschaft“ nach § 15 Abs. 3 Nr. 2 EStG handelt.

Gegen die hier vertretene Auffassung wird eingewandt, sie ebne „Manipulationen“ den Weg, § 15 Abs. 1 Nr. 2 EStG werde ausgehöhlt.[121] Soweit es sich bei der zwischengeschalteten Gesellschaft um eine gewerblich tätige handelt, ist der Manipulations- und Mißbrauchsvorwurf unverständlich. Warum sollte der Vermieter des Grundstücks verpflichtet sein, sich an der mietenden Gesellschaft als Gesellschafter zu beteiligen. Handelt es sich bei der zwischengeschalteten Gesellschaft um eine „Geprägegesellschaft“, so geht der Mißbrauchvorwurf auch deshalb fehl, weil der Gesetzgeber mit der Regelung des § 15 Abs. 3 Nr. 2 EStG die GmbH u. Co. KG den Steuerpflichtigen gerade als „sinnvolles Gestaltungsinstrument“ hat erhalten wollen.

Ist das vermietete Wirtschaftsgut nicht Sonderbetriebsvermögen des A bei der Y-KG, so bleibt die Frage, ob es Sonderbetriebsvermögen des A bei der X-OHG, an der er unmittelbar beteiligt ist, sein kann. Dazu vertritt Woerner[122] die Auffassung, das vermietete Grundstück könne Sonderbetriebsvermögen II des A bei der X-OHG sein, da die Überlassung des Wirtschaftsguts an die Y-KG der Beteiligung des A an der X-OHG diene, insofern nämlich, als sie die Gewinnchancen der X-OHG und damit die Gewinnchancen von deren Gesellschafter A indirekt fördere. U.E. ist auch dieser Auffassung nicht zu folgen.

Zum einen besteht der grundsätzliche Einwand gegen die Figur des Sonderbetriebsvermögens II, für das in § 15 Abs. 1 S. 1 Nr. 2 EStG kein Anhaltspunkt existiert. Davon abgesehen ist der Zusammenhang zwischen der Vermietung des Grundstücks an die Y-KG und der Beteiligung an der X-OHG über die Annahme der Erhöhung der Gewinnchancen bei der X-OHG zu weit hergeholt. Mit derselben Erwägung könnte schließlich das an einen Lieferanten der X-OHG vermietete Wirtschaftsgut zum Sonderbetriebsvermögen des Gesellschafters gerechnet werden.[123] Des weiteren: Wer sagt denn eigentlich, daß durch die Vermietung des Grundstücks an die Y-KG die Gewinnchancen des A bei der X-OHG erhöht werden? Gegenüber welcher Konstellation sollten sie erhöht sein? Wenn A das Wirtschaftsgut nicht vermietet hätte, hätte die X-KG wohl an anderer Stelle ein entsprechendes Wirtschaftsgut gemietet. Wer sagt, daß die Gewinnchancen des A bei der X-OHG größer sind, weil *er* das Wirtschaftsgut vermietet hat?

Wenn man sich an das Gesetz hält, löst sich der Fall einfach auf: Das vermietete Grundstück ist nicht Sonderbetriebsvermögen bei der Y-KG, weil A nicht Mitunternehmer der Y-KG ist. Es ist nicht Sonderbetriebsvermögen bei der X-OHG, an der er beteiligt ist, weil er dieser kein Wirtschaftsgut zur Nutzung überlassen hat.

Anders ist allerdings der Fall zu beurteilen, daß A das Wirtschaftsgut an die X-OHG vermietet und diese es ihrerseits an die Y-KG weitervermietet. Hier ist das Wirtschaftsgut Sonderbetriebsvermögen des A bei der X-OHG und die an ihn von der X-OHG gezahlten Mietzinsen Sondervergütungen. Die Weitervermietung der X-OHG an die Y-KG unterfällt wiederum dem Tatbestand des § 15 Abs. 1 S. 1 Nr. 2 EStG. Gleichwohl ist das vermietete Wirtschaftsgut nicht etwa Sonderbetriebsvermögen der X-OHG bei der Y-KG. Denn sie ist nicht Eigentümerin. Sie bezieht in den von der Y-KG geleisteten Mietzinsen allerdings Sondervergütungen. Hier stellt sich dann das Problem der Konkurrenz

121 Märkle, WPg 1987, 68 ff (76); Schmidt, § 15 EStG Anm. 94 a (am Ende).
122 Woerner, Steuerberaterkongreßreport 1982, 193 (209).
123 Vgl. dazu Söffing, DStR 1983, 311 (313).

zwischen der eigenen Gewinnermittlung der X-OHG und der Gewinnermittlung der Y-KG in Verbindung mit § 15 Abs. 1 S. 1 Nr. 2 EStG.[124]

b) Mittelbare Leistung bei unmittelbarer Beteiligung

Als Schulbeispiel für eine mittelbare Leistung des Gesellschafters an seine Gesellschaft gilt allgemein der Fall, daß bei der GmbH u. Co. KG ein Kommanditist als Geschäftsführer der Komplementär-GmbH tätig ist. Hier betrachtet die Rechtsprechung[125] – und ihr folgend die h. M. in der Literatur – die Geschäftsführungstätigkeit des Kommanditisten als Tätigkeit für die KG und subsumiert diesen Fall also unter § 15 Abs. 1 S. 1 Nr. 2 EStG, und zwar auch dann, wenn der Geschäftsführungsvertrag mit der Komplementär-GmbH abgeschlossen war und die Vergütung von ihr gezahlt wurde.

Woerner[126] rechtfertigt diese Rechtsprechung mit dem Argument, der Gesellschafter leiste mittelbar einen Beitrag zur Förderung des Gesellschaftszwecks, das Gesetz verlange keine unmittelbare Leistung des Gesellschafters. Dem hat Lempenau[127] widersprochen: Nach dem Wortlaut des § 15 Abs. 1 S. 1 Nr. 2 EStG setzen sowohl der Vergütungszufluß von der Gesellschaft an den Gesellschafter wie seine Tätigkeit im Dienste der Gesellschaft unmittelbare Rechtsbeziehungen voraus.

Zur Erfüllung einer Leistungsverpflichtung kann man sich, wie aus dem Zivilrecht hinreichend bekannt, auch Dritter als Zahl- oder Leistungsstelle bedienen. U.E. setzt die Anwendung des § 15 Abs. 1 S. 1 Nr. 2 EStG nicht voraus, daß es sich um eine unmittelbare Leistung des Gesellschafters handelt, vielmehr erfaßt § 15 Abs. 1 S. 1 Nr. 2 EStG durchaus auch mittelbare Leistungen des Gesellschafters. Es muß sich nur auch um eine Leistung *an die Gesellschaft* handeln und diese Leistung muß durch das Gesellschaftsverhältnis zwischen dem Leistenden und der Gesellschaft veranlaßt sein. Davon kann im Falle der Geschäftsführervergütung bei der GmbH u. Co. KG sicher keine Rede sein. Es bedient sich nicht der Kommanditist der GmbH, um mittels dieser eine gesellschaftlich veranlaßte Leistung an die KG zu erbringen, vielmehr bedient sich umgekehrt die GmbH des Kommanditisten, um ihre Leistung, zu der sie gesellschaftsrechtlich verpflichtet ist, an die KG zu erbringen. Eine (auch nur mittelbare) Leistung des Kommanditisten, der GmbH-Geschäftsführer ist, an die KG liegt in Wirklichkeit nicht vor.

Die Rechtsprechung des BFH ist letztlich nur damit zu erklären, daß sie Umgehungen der Regelungen über die Tätigkeitsvergütungen einschließlich der Regelung der Nichtabzugsfähigkeit von Pensionsrückstellungen verhindern will.

Anzumerken ist, daß der BFH seine Auffassung sogar auf den Fall ausgedehnt hat, daß der Geschäftsführer der Komplementär-GmbH nicht selbst Gesellschafter der KG, sondern Gesellschafter einer OHG oder KG ist, die ihrerseits an der GmbH u. Co. KG unmittelbar beteiligt ist. Auch in diesem Fall hat der BFH[128] die Vergütung,

---

124 Siehe dazu oben II 3.

125 BFH vom 23. 2. 1972 I R 159/68 BStBl II 1972, 530 mit Nachweisen.

126 Woerner, Steuerberaterkongreßreport 1982, 193 (206).

127 Lempenau, StbJb 1982/83, 201 (223).

128 BFH vom 23. 2. 1972 aaO, (Anm. 125).

die die GmbH ihrem Geschäftsführer gezahlt hat, bei der GmbH u. Co. KG als Sondervergütung der OHG bzw. KG, an der der Geschäftsführer der GmbH beteiligt war, zugerechnet. Hier hat aber weder ein Gesellschafter der KG[129] geleistet und erst recht nicht hat ein Gesellschafter eine Leistung an die KG erbracht.[130]

Als Beispiel für eine mittelbare Leistung des Gesellschafters an die Gesellschaft sei folgender Fall angeführt:

A vermietet sein Grundstück an M mit der Maßgabe, daß M es der X-KG, an der A beteiligt ist, weiter vermietet. Hier soll M auf Grund der Vereinbarung mit A nur Leistungsstelle des A sein.

Würde M, nachdem A ihm das Baugrundstück vermietet hat, überhaupt nicht daran denken, es der X-OHG weiterzuvermieten, sondern an einen Dritten D vermieten oder selbst nutzen, so stünden A gegen M Ansprüche wegen Vertragsverletzung zu. In einem solchen Fall, in dem der Mieter des Gesellschafters durch ausdrückliche oder stillschweigende Vereinbarung hinsichtlich der Weitervermietung gebunden ist, besteht in der Tat Grund für die Annahme, daß zwischen A und der Gesellschaft ein Leistungsverhältnis vorliegt. Die Bindung des M ist der Grund für die Zurechnung der Überlassung des Grundstücks an die Gesellschaft durch den Mieter des Gesellschafters. Deshalb wäre hier das Grundstück Sonderbetriebsvermögen des A, und zwar Sonderbetriebsvermögen I[131], die Mietzahlungen der X-KG wären Sondervergütungen des A. Besteht aber im einzelnen Fall nicht die Bindung des Mieters des Gesellschafters, so liegt auch keine Leistung des Gesellschafters vor und kann die Nutzungsüberlassung des Mieters nicht dem Gesellschafter als mittelbare Leistung zugerechnet werden.

c) Leistungsverhältnis zwischen zwei Personengesellschaften bei Gesellschafteridentität

Unter dem Stichwort „mittelbare Beziehungen" wird des weiteren der Fall des Leistungsaustausches zwischen zwei Gesellschaften behandelt, wenn an beiden Gesellschaften teilweise oder ganz dieselben Gesellschafter beteiligt sind.

Beispiel: A, B und C sind sowohl an der X-OHG als auch an der Y-KG beteiligt. Die X-OHG erbringt der Y-KG eine Leistung und erhält dafür eine Vergütung.

Dieser Problembereich ist inzwischen weitgehend durch die Rechtsprechung des BFH geklärt, und zwar in einer Weise, die nicht zu beanstanden ist. Man kommt grundsätzlich nicht mehr auf die Idee, in derartigen Fällen mittelbare Sonderleistungen der Gesellschafter bei der Leistungsempfängerin

129 Der GmbH-Geschäftsführer ist nur mittelbar über die Personenhandelsgesellschaft an der GmbH u. Co. KG beteiligt. Zu diesen Fällen mittelbarer Beteiligung vgl. oben IV 2a.

130 Das Urteil wird auch von Woerner, Steuerberaterkongreßreport 1982, 193 (206) in Frage gestellt. Zur Frage der Anwendung des § 15 Abs. 1 S. 1 Nr. 2 EStG bei nur mittelbarer Beteiligung vgl. oben IV 2a.

131 So richtig Woerner, Steuerberaterkongreßreport 1982, 193 (207) gegen BFH vom 15. 1. 1981 IV R 76/77 BStBl II 1981, 314, wo in einem ähnlichen Fall Sonderbetriebsvermögen II angenommen wird.

anzunehmen. Vielmehr trägt der BFH der steuerlichen Selbständigkeit der Personengesellschaften, die eine eigene steuerliche Gewinnermittlung vornehmen, Rechnung und sieht das Leistungsverhältnis auch steuerlich als zwischen den beiden Gesellschaften bestehend; die vermieteten Wirtschaftsgüter gehören zum Betriebsvermögen der vermietenden Gesellschaft und die Mieteinnahmen gehen in die Gewinnermittlung der vermietenden Gesellschaft ein.

In dem Urteil vom 6. 11. 1980[132] hatte der BFH den Fall zu entscheiden, daß eine KG Handelsvertretungen für eine andere Gesellschaft mit gleichem Gesellschafterkreis betrieb und dafür Provisionen erhielt. Die Zahlungen wurden nicht etwa anteilig den Gesellschaftern als Sondervergütungen zugerechnet, sondern bei der leistenden Handelsvertreter-KG als Einnahmen erfaßt.

In gleicher Weise beurteilte der IV. Senat in dem Urteil vom 19. 2. 1981[133] den Fall, daß eine Personenhandelsgesellschaft an eine andere Gesellschaft mietweise ein Grundstück überlassen hatte und wiederum zum Teil die gleichen Gesellschafter an den Gesellschaften beteiligt waren. In einer Entscheidung vom 24. 3. 1983[134] stellt der IV. Senat wiederum den grundsätzlichen Vorrang der getrennten Gewinnermittlung nach allgemeinen Bilanzgrundsätzen vor der Anwendung des § 15 Abs. 1 S. 1 Nr. 2 EStG fest. Im entschiedenen Fall klassifiziert der IV. Senat Leistungen einer KG an eine teilweise personengleiche gewerblich tätige BGB-Gesellschaft als reine Fremdgeschäfte.

Handelt es sich bei der vermietenden Gesellschaft z. B. um eine nicht gewerblich tätige BGB-Gesellschaft, so sind die Anteile an der BGB-Gesellschaft, soweit die Gesellschafter der mietenden Gesellschaft an ihr beteiligt sind, Sonderbetriebsvermögen bei der mietenden Gesellschaft.

3. Tätigkeitsvergütungen

a) Umfang, insbesondere Pensionsrückstellungen

Unter die Tätigkeitsvergütungen, die der Gesellschafter von der Gesellschaft „bezogen hat“, faßt die Rechtsprechung und Verwaltungspraxis jeden Aufwand, der die Gesellschaft in Zusammenhang mit der Tätigkeit trifft. Zu den Tätigkeitsvergütungen rechnen danach auch die Arbeitgeberanteile zur Sozialversicherung, Arbeitgeberzuschüsse zu einer freiwilligen oder befreienden Lebensversicherung sowie Pensionsrückstellungen der Gesellschaft auf Grund von Versorgungszusagen für Alter, Invalidität und Hinterbliebene.

In der ersten Gewinnermittlungsstufe, deren Grundlage die modifizierte Handelsbilanz der Gesellschaft ist, ist der Gewinn der Gesellschaft um derartigen Aufwand gemindert. Dies gilt insbesondere auch für Pensionsrückstellungen für einen Gesellschafter-Geschäftsführer.

132 BFH vom 6. 11. 1980 IV R 5/77 BStBl II 1981, 307.
133 BFH vom 19. 2. 1981 IV R 141/77 BStBl II 1981, 433.
134 BFH vom 24. 3. 1983 IV R 123/80 BStBl II 1983, 598.

Für die Verbindlichkeiten der Gesellschaft aus Pensionszusagen gegenüber Gesellschafter-Geschäftsführern steht die Finanzverwaltung der Bildung einer Rückstellung allerdings weiterhin – unter Berufung auf das Urteil des BFH vom 16. 2. 1967[135] – ablehnend gegenüber.[136] Dieses Urteil beruht freilich auf einer durch die neuere Rechtsprechung überholten Sicht der Besteuerung der Personengesellschaften.[137] Inzwischen ist durch die Rechtsprechung geklärt, daß Grundlage für die Ermittlung des Gewinnanteils des Gesellschafters der Gewinn der Gesellschaft nach §§ 4 ff EStG ist, daß also auch die Sondervergütungen für Dienstleistungen, Überlassung von Wirtschaftsgütern und Darlehen des Gesellschafters den Bilanzgewinn der Gesellschaft mindern. Hat die Gesellschaft eine Pensionszusage erteilt, so besteht für ihre künftigen Verbindlichkeiten auf Grund von Neuzusagen Passivierungspflicht gem. § 249 Abs. 1 HGB, und dem hat das Steuerrecht auf Grund des Maßgeblichkeitsgrundsatzes zu folgen. Soweit die Gesellschaft bei Altzusagen Rückstellungen in Ausübung des bislang praktizierten handelsrechtlichen Passivierungswahlrechts gebildet hat, ist unter den Voraussetzungen und mit dem Bewertungsvorbehalt des § 6a Abs. 1 EStG dem Ansatz der Rückstellung in der Handelsbilanz der Gesellschaft steuerlich zu folgen.

Die neuere Konzeption des BFH zur Stufenermittlung der gewerblichen Einkünfte des Gesellschafters einer Personengesellschaft führt zwangsläufig zu dem Ergebnis, daß in der ersten Gewinnermittlungsstufe Pensionsrückstellungen als Aufwand den Bilanzgewinn der Gesellschaft gemindert haben.

Die Frage kann nur sein, ob in der zweiten Gewinnermittlungsstufe, in der Sonderbetriebsvermögen, Sondervergütungen, Sonderbetriebsausgaben, Sonderbetriebseinnahmen des einzelnen Gesellschafters erfaßt werden, eine Korrektur zu erfolgen hat. Insbesondere Bordewin und L. Schmidt vertreten die Auffassung, die Beträge, die als Aufwand der Gesellschaft im Bereich der Sondervergütungen den Gewinn gemindert haben, seien in der Sonderbilanz des begünstigten Gesellschafters erfolgswirksam anzusetzen.[138]

---

135 BFH vom 16. 2. 1967 IV R 62/66 BStBl III 1967, 222: Der sich aus der steuerlichen Nichtanerkennung von Pensionsrückstellungen ergebende Mehrgewinn wurde den Gesellschaftern nach dem allgemeinen Gewinnverteilungsschlüssel zugerechnet. Daran hat ausdrücklich BFH vom 21. 12. 1972 IV R 53/72 BStBl II 1973, 298 (302 r. Sp.) festgehalten: „Aus einkommensteuerlicher Sicht hat somit die Pensionsrückstellung für eine Pensionszusage an Gesellschafter-Geschäftsführer den Charakter einer versteuerten zweckgebundenen offenen Rücklage."

136 BFH vom 21. 4. 1988 IV R 80/86 BStBl II 1988, 883 erkennt die Rückstellung für eine Zusage auf Witwenversorgung an den Ehegatten des Alleingesellschafters bei der Ein-Mann-GmbH & Co. KG an.

137 Vgl. zu Recht Bordewin, FR 1984, 278; ders., DB 1987, 16; ebenso Schmidt, § 15 EStG Anm. 90; Sieveking, DB 1987, 1267 ff.

138 Bordewin, FR 1984, 278; Schmidt, § 15 EStG Anm. 90b. Dagegen zu Recht Flume, DB 1985, 2370 (2371); ders., Festschrift Döllerer, S. 133 (140); Sieveking, DB 1987, 1267 ff; Westerfelhaus, DB 1989, 93 ff.

Dem ist nicht zu folgen.[139] Auf Grund der Bildung einer Pensionsrückstellung in der Bilanz der Gesellschaft hat der Gesellschafter-Geschäftsführer keine Vergütung „bezogen". Der Gesellschafter-Geschäftsführer hat aus der Pensionszusage eine Pensionsanwartschaft, d. h. einen *künftigen* bedingten Versorgungsanspruch erworben, dessen Bilanzierung von vornherein ausscheidet. Dies ändert sich auch nicht nach Eintritt der Unverfallbarkeit. Denn es bleibt weiterhin ungewiß, ob der Versorgungsfall eintreten wird.[140]

Damit ist festzuhalten: Der Gesellschafter-Geschäftsführer bzw. seine Rechtsnachfolger haben Bezüge auf Grund von Pensionszusagen erst im Jahre des Zuflusses als Einkünfte aus Gewerbebetrieb zu versteuern.[141] Nur dieses Ergebnis ist mit dem Gesetz und dem Grundsatz der Tatbestandsmäßigkeit der Besteuerung zu vereinbaren.

Die Fassung des § 15 Abs. 1 S. 1 Nr. 2 EStG „Vergütungen, die der Gesellschafter ... *bezogen* hat", ist an Deutlichkeit nicht zu überbieten. Sie bietet keine Grundlage, künftige Vergütungen, von denen völlig ungewiß ist, ob und in welcher Höhe der Gesellschafter sie je beziehen wird, der Besteuerung zu unterwerfen!

Der hier vorgetragenen Behandlung der Minderung des Bilanzgewinns um Pensionsrückstellungen und der Versteuerung der Bezüge auf Grund von Versorgungszusagen im Zeitpunkt des Zuflusses steht auch nicht die Lage des „vergleichbaren" Einzelunternehmers entgegen. Daß dieser – anders als die Personengesellschaft und die Kapitalgesellschaft für ihre Gesellschafter-Geschäftsführer – keine Rückstellungen mit einkommen- und gewerbesteuerlicher Wirkung bilden kann, rechtfertigt es nicht, bei der Personengesellschaft eine Besteuerung entgegen der gesetzlichen Regelung vorzunehmen. Vielmehr ist der Gesetzgeber gehalten, Vorkehrungen zu treffen, daß der Einzelunternehmer mit gewinnmindernder Wirkung Vorsorge für seine Versorgung treffen kann, wie es den Personengesellschaften und Kapitalgesellschaften für ihre Gesellschafter-Geschäftsführer möglich ist.

Das für die Pensionsrückstellungen Ausgeführte gilt sinngemäß für die *Arbeitgeberanteile zur Sozialversicherung:* Der Arbeitgeber-Anteil mindert den Bilanzgewinn der Gesellschaft; bei dem Gesellschafter handelt es sich nicht um eine Vergütung, die er von der Gesellschaft bezogen hat.[142]

Auch soweit die Gesellschaft für einen in ihren Diensten stehenden Gesellschafter *Jubiläumsrückstellungen* gebildet hat, ist in der Sonderbilanz der Ansatz eines Aktivpostens nicht möglich.

---

139 Die in der 5. Aufl. § 11 IV 3 a (S. 325); § 11 V (S. 333) vertretene Auffassung wird aufgegeben.

140 Vgl. zur Bilanzierung noch nicht existenter Forderungen oben § 4 III 4.

141 Vgl. dazu eingehend Sieveking, DB 1987, 1267 ff; dagegen Weber-Grellet, DB 1988, 625; aaO auch die Replik von Sieveking.

142 A. A. BFH vom 20. 7. 1982 VIII R 143/77 BStBl II 1983, 196: Die Arbeitgeberanteile sollen in der Gesamtbilanz nicht abzugsfähig und dem begünstigten Gesellschafter zuzurechnen sein.

b) Einschränkende Auslegung des Begriffs der Tätigkeitsvergütungen?[143]

Die frühere auf dem Boden der Bilanzbündeltheorie judizierende Rechtsprechung hatte grundsätzlich *alle* an den Gesellschafter gezahlten Vergütungen für jedwede Tätigkeit unter § 15 Abs. 1 S. 1 Nr. 2 EStG gefaßt.[144] Das ist für zwei Bereiche problematisch.

Zum einen geht es um die Fälle, daß ein Gesellschafter im Rahmen seiner freiberuflichen Tätigkeit (z. B. als Anwalt, Steuerberater, Architekt usw.) für die Gesellschaft tätig ist.

Die Qualifizierung der von der Gesellschaft gezahlten Honorare als Sondervergütungen i. S. des § 15 Abs. 1 S. 1 Nr. 2 EStG wirkt sich vornehmlich bei der Gewerbesteuer aus. Angesichts des Objektsteuercharakters der Gewerbesteuer ist es u. E. nicht zu rechtfertigen, Zahlungen der Gesellschaft, bei denen es sich in der Sache um Betriebskosten des Betriebs der Gesellschaft handelt, zur Gewerbesteuer heranzuziehen.[145] Die Ertragskraft eines Unternehmens, das die ohnehin anfallenden Rechtsanwalts-, Steuerberater-, Architektenhonorare an einen Gesellschafter zahlt, ist nicht größer als die eines Unternehmens, das derartige Zahlungen an Dritte leistet.

Zum anderen sind die Fälle zu nennen, in denen Gesellschafter, insbesondere Kommanditisten oder atypische stille Gesellschafter, für die Gesellschaft im Rahmen eines ganz normalen Arbeitsverhältnisses tätig sind wie dritte Arbeitnehmer auch.

Die Qualifizierung der Zahlungen an den Arbeitnehmer-Gesellschafter als Einkünfte aus Gewerbebetrieb bedeutet z. B., daß Pensionsrückstellungen mit steuerlicher Wirkung nicht möglich sind, daß die Gehälter und Löhne für diesen Personenkreis zum Gewerbeertrag zählen. Diese Lage verhindert die Arbeitnehmervermögensbildung in Form der Beteiligung an ihrem Unternehmen als Kommanditisten oder atypische stille Gesellschafter.[146]

In der Literatur hatte sich weitgehend die Erkenntnis durchgesetzt, daß die Notwendigkeit einer Einschränkung des Begriffs der Tätigkeitsvergütungen bestehe, und es wurde nach geeigneten Abgrenzungskriterien gesucht. So schlug Woerner[147] vor, nur solche Leistungen des Gesellschafters unter § 15 Abs. 1 S. 1 Nr. 2 EStG zu fassen, die sich wirtschaftlich als Beitrag zur Förderung des gemeinsamen Gesellschaftszwecks qualifizieren lassen. Auch in der Judikatur der

143 Vgl. für eine einschränkende Auslegung auch Kruse, JDStJG 1979, 37; Tipke, StuW 1978, 193 ff, 196; Loritz, Die Mitarbeit Unternehmensbeteiligter, 1984, S. 449 ff. Die Auffassung von Schmidt, § 15 EStG Anm. 85, der Gesetzgeber habe „die Reduktion mittelbar durch § 19a Abs. 3 EStG" abgelehnt, ist m. E. sehr weit hergeholt. Sie überschätzt die systematische und dogmatische Kraft des heutigen Gesetzgebers, der es dafür fertigbringt, einen Paragraphen wie § 19a EStG mit anderthalbtausend Worten zu verfassen.

144 Vgl. den Überblick über die ältere Rechtsprechung bei Keuk, DB 1971, 790 ff; Besteuerung des Gewinns, S. 26 ff; StuW 1974, 26 ff.

145 Vgl. i. e. Keuk, DB 1971, 790 ff; dies., StuW 1974, 1 (28 ff).

146 Vgl. dazu näher Knobbe-Keuk, DStR 1979, 190 f mit Nachweisen.

147 BB 1974, 598.

Instanzgerichte[148] war eine Reihe von Urteilen zu verzeichnen, die nicht mehr jedwede Tätigkeit unter § 15 Abs. 1 S. 1 Nr. 2 EStG zogen.

Demgegenüber ist nach dem Mitunternehmererlaß[149] § 15 Abs. 1 S. 1 Nr. 2 EStG auch anzuwenden, wenn der Gesellschafter für die Gesellschaft im Rahmen seines freien Berufs von Fall zu Fall gegen das übliche Honorar tätig wird. Für Arbeitsleistungen wird ausdrücklich hervorgehoben, daß § 15 Abs. 1 S. 1 Nr. 2 EStG auch anzuwenden sei, wenn der Arbeitnehmer an der Gesellschaft nur geringfügig beteiligt ist, die Tätigkeitsvergütung den Tariflohn eines vergleichbaren Arbeitnehmers nicht übersteigt und die geleisteten Dienste von untergeordneter Bedeutung sind.

Auch die Rechtsprechung des BFH[150] zieht den Anwendungsbereich des § 15 Abs. 1 S. 1 Nr. 2 EStG recht weit. Zwar erkennt der BFH im Grundsatz die Notwendigkeit einer Einschränkung des Anwendungsbereichs der Vorschrift an. Unter Berücksichtigung von Systemzusammenhang, Zweck und Entstehungsgeschichte der Vorschrift nimmt er eine einschränkende Auslegung des Inhalts vor, daß die Leistungen „durch das Gesellschaftsverhältnis veranlaßt" sein müßten. Die Einschränkung des Anwendungsbereichs des § 15 Abs. 1 S. 1 Nr. 2 EStG wird aber sogleich beträchtlich zurückgenommen: Es sei von einem „weiten Verständnis" des Merkmals „gesellschaftliche Veranlassung" auszugehen.

Ob eine Vergütung durch das Gesellschaftsverhältnis veranlaßt ist, kann natürlich nur „im Einzelfall unter Würdigung der rechtlichen und tatsächlichen Verhältnisse entschieden werden". Dazu gibt der BFH einige Richtlinien:

1. An der gesellschaftlichen Veranlassung besteht nach dem BFH kein Zweifel, wenn sich die Pflicht des Gesellschafters, Leistungen gegen gesonderte Vergütungen zu erbringen, bereits aus dem Gesellschaftsvertrag ergibt.
2. Durch das Gesellschaftsverhältnis veranlaßt ist „die Tätigkeit gegen gesonderte Vergütung auch dann, wenn ein Gesellschafter auf Grund schuldrechtlichen Vertrages seine Arbeitskraft ausschließlich für die Gesellschaft für solche Tätigkeiten einsetzt, die auf die Verwirklichung des Gesellschaftszwecks gerichtet sind".[151]

   Hier bleibt natürlich manches offen. Man kann zwar noch feststellen, ob der Gesellschafter seine Tätigkeit ausschließlich für die Gesellschaft einsetzt. Was aber ist eine „Tätigkeit, die auf die Verwirklichung des Gesellschaftszwecks gerichtet ist"? Welche Gesellschafter, die auf Grund eines normalen Dienstvertrages wie Dritte

---

148 Vgl. die Nachweise bei Knobbe-Keuk, StuW 1978, 68 (73).

149 AaO, (Anm. 5) Rdz. 81.

150 BFH vom 23. 5. 1979 I R 56/77 BStBl II 1979, 763; BFH vom 23. 5. 1979 I R 163/77 BStBl II 1979, 757; BFH vom 23. 5. 1979 I R 85/77 BStBl II 1979, 767; BFH vom 24. 1. 1980 IV R 156–157/78 BStBl II 1980, 271; BFH vom 27. 5. 1981 I R 122/79 BStBl II 1982, 192. Im Urteil vom 13. 11. 1985 VIII R 263/80 BFH/NV 1987, 237 bleibt der BFH dabei: Arbeitnehmer-Kommanditisten sind, selbst wenn sie nur geringfügig beteiligt sind, Mitunternehmer, so daß ihre Tätigkeitsvergütung unter § 15 Abs. 1 S. 1 Nr. 2 EStG fällt.

151 BFH vom 23. 5. 1979 aaO, (Anm. 150).

auch bei der Gesellschaft beschäftigt sind, üben eine solche aus? Wenn man es weit dehnt, ist mittelbar letztlich jede Tätigkeit bei einer Gesellschaft *auch* auf die Verwirklichung des Gesellschaftszweckes gerichtet.

3. Des weiteren ist die Tätigkeit nach den Grundsätzen des BFH auch dann durch das Gesellschaftsverhältnis veranlaßt, „wenn der Gesellschafter in Aufgabenbereichen tätig ist, die für die Erfüllung des Gesellschaftszweckes wesentlich sind. In Fällen dieser Art gibt die Gesellschaftereigenschaft den Anlaß für die Tätigkeit, dabei ist es unerheblich, ob auch Nichtgesellschafter als Arbeitnehmer oder Auftragnehmer im gleichen Aufgabenkreis für die Gesellschaft tätig sind".[152] Das ist außerordentlich weitgehend. Danach würde also ein Architekt, der neben anderen Aufträgen auch Aufträge einer Bauträgergesellschaft, an der er beteiligt ist, ausführt, unter § 15 Abs. 1 S. 1 Nr. 2 EStG fallen, auch wenn die Gesellschaft neben ihm andere Architekten beschäftigt. Entsprechendes würde etwa auch für einen Bauunternehmer gelten. Der BFH[153] hat des weiteren klargestellt, daß auch die Tatsache, daß die Vergütungen an den Gesellschafter zu aktivierenden Herstellungskosten der Gesellschaft gehören, der Einordnung als Sondervergütungen im Sinne des § 15 Abs. 1 S. 1 Nr. 2 EStG nicht entgegenstehe.

Nach alledem ist festzustellen, daß eine Einschränkung des weiten Wortlauts des § 15 Abs. 1 S. 1 Nr. 2 EStG, die der BFH mit der Voraussetzung „gesellschaftliche Veranlassung" vornehmen wollte, praktisch nicht vorgenommen worden ist. Abgrenzungsmerkmale, die eine Nichtanwendung des § 15 Abs. 1 S. 1 Nr. 2 EStG auf vom Wortlaut der Vorschrift erfaßte Vergütungen erlauben, sind vom BFH bislang jedenfalls nicht aufgezeigt.[154]

Wie eine sachgerechte Eingrenzung des Begriffs der Tätigkeitsvergütungen auszusehen hätte, ist von uns wiederholt eingehend dargelegt worden: Es sollte nur eine solche Tätigkeitsvergütung zu den gewerblichen Einkünften gerechnet werden, die in einem mit dem Betrieb der Gesellschaft vergleichbaren Einzelbetrieb dem Unternehmerlohn entspricht.[155]

Da der BFH im Konkurrenzfall für die Zuordnung der unter § 15 Abs. 1 S. 1 Nr. 2 EStG fallenden geschäftlichen Beziehungen zwischen Gesellschaft und Gesellschafter dem Sonderbetrieb des Gesellschafters bei der Gesellschaft den Vorrang vor einem eigenen Betrieb des Gesellschafters einräumt, den Anwendungsbereich des § 15 Abs. 1 S. 1 Nr. 2 EStG aber sehr weit zieht, ergibt sich eine schreckliche Verkomplizierung.

In dem Sonderbetrieb bei der Gesellschaft sind nicht nur die von der Gesellschaft erhaltenen Vergütungen zu berücksichtigen, sondern auch die damit zusammenhängenden Betriebsausgaben des Gesellschafters. Deren Höhe

152 BFH vom 23. 5. 1979 aaO, (Anm. 150).

153 BFH vom 23. 5. 1979 aaO, (Anm. 150).

154 Deshalb hat der BdF mit Schreiben vom 5. 12. 1979 BStBl I 1979, 698 denn auch gebeten, weiterhin von Rdz. 81 des Mitunternehmererlasses (vgl. oben bei Anm. 5) auszugehen. Vgl. auch das Schreiben des BdF vom 19. 3. 1982 BStBl I 1982, 384 anläßlich der Urteile vom 24. 1. 1980 und vom 27. 5. 1981 aaO, (Anm. 150).

155 Vgl. dazu eingehend Knobbe-Keuk, Besteuerung des Gewinns, S. 28 ff; Keuk, StuW 1974, 1 (28 ff); Knobbe-Keuk, DStR 1979, 183 (189 ff).

aber kann, wenn der Gesellschafter entsprechende Leistungen auch an Dritte erbringt, nur geschätzt werden. Andererseits müssen entsprechende Korrekturen bei der Gewinnermittlung für den eigenen Betrieb des Gesellschafters erfolgen. In der Sache bedeutet die Korrektur des Ergebnisses des eigenen Betriebs zugunsten des Sonderbetriebs bei der Gesellschaft: Soweit es sich bei den Gesellschafter-Leistungen um freiberufliche handelt, wird das Ergebnis infolge der Zuordnung zu dem Sonderbetrieb bei der Gesellschaft mit der für freiberufliche Tätigkeit nicht vorgesehenen Gewerbesteuer belastet. Hat der Gesellschafter aus einem eigenen Gewerbebetrieb Leistungen für die Gesellschaft erbracht, so führt die Erfassung des Ergebnisses bei der Gesellschaft zu einer Verschiebung der Gewerbesteuerbelastung: Die Gewerbesteuer auf den Ertrag z. B. des Bauunternehmers aus den Leistungen für eine Bauträgergesellschaft zahlt die Gesellschaft und nicht der Betrieb, in dem der Ertrag erwirtschaftet worden ist.[156]

V. Die Zusammenfassung von Gesellschaftsbilanz und Sonderbilanzen zur steuerlichen Gesamtbilanz

Zur Ermittlung der steuerpflichtigen Einkünfte des Gesellschafters aus Gewerbebetrieb ist eine Zusammenfassung des auf ihn entfallenden aus der Gesellschaftsbilanz abgeleiteten Gewinnanteils und des Ergebnisses seiner Sonderbilanz erforderlich. Gemeinhin formuliert man dahin, daß Gesellschaftsbilanz und Sonderbilanzen der Gesellschafter nunmehr zur steuerlichen Gesamtbilanz der Gesellschaft zu vereinigen seien.[157] Wie man sich diese Vereinigung der Bilanzen vorzustellen haben soll, ist letztlich noch nicht geklärt. Nach Döllerer[158] soll auf Grund des Gedankens der wirtschaftlichen Einheit zwischen dem Betrieb der Gesellschaft und den durch die Sonderbilanzen der Gesellschafter repräsentierten Sonderbetrieben wie bei einem Konzern eine Konsolidierung von Gesellschaftsbilanz und Sonderbilanzen stattfinden.

Die Konsequenzen dieser Konsolidierungsvorstellungen sind die folgenden:

a) Forderungen, Verbindlichkeiten, Aufwendungen und Erträge aus Rechtsbeziehungen zwischen der Gesellschaft und den Gesellschaftern sind wegzulassen, soweit sie bei diesen zum Sonderbetriebsvermögen gehören.

b) Gewinne und Verluste aus Lieferungen und Leistungen zwischen dem Betrieb der Mitunternehmerschaft als solcher und den Sonderbetrieben der Gesellschafter sind auszuschalten.

---

156 Unter der Voraussetzung der h. M., daß Ausgangsgröße des Gewerbeertrags einer Personengesellschaft der sogenannte Steuerbilanzgewinn zweiter Stufe (also das Ergebnis der aus der Gesellschaftsbilanz und den Sonderbilanzen der Gesellschafter zusammengefaßten Gesamtbilanz) ist. Vgl. dagegen aber unten § 21 II 6 und dort auch zu der Frage, ob und wie zivilrechtlich ein Ausgleich der Verschiebung der Gewerbesteuerbelastung möglich ist.

157 Zur steuerlichen Gesamtbilanz gehören auch noch die Ergänzungsbilanzen der Gesellschafter, die bei einem entgeltlichen Erwerb eines Gesellschaftsanteils regelmäßig erforderlich werden, vgl. dazu unten § 23 I 3.

158 Döllerer, DStZ/A 1974, 211; DStZ/A 1976, 435.

c) In der steuerrechtlichen Gewinn- und Verlustrechnung der Gesellschaft sind Erträge aus Lieferungen und Leistungen zwischen dem Betrieb der Gesellschaft und den Sonderbetrieben der Gesellschafter mit den auf sie entfallenden Aufwendungen zu verrechnen oder als Eigenleistungen auszuweisen.

Uelner[159] hat der These Döllerers von der *konsolidierten Gesamtbilanz* die *strukturierte Gesamtbilanz* entgegengesetzt. Er hält die Übernahme der konzernrechtlichen Konsolidierungsregeln auf das Verhältnis Gesellschaftsbilanz – Sonderbilanzen nicht für übertragbar, und zwar aus folgendem Grund: Bei der Konzernsolidierung gehe es nur darum, das Gesamtergebnis dieser Einheit im Außenverhältnis darzustellen. Bei der Gewinnermittlung für die Gesellschafter einer Personengesellschaft sei darüber hinaus aber auch die Aufteilung des Kapitals, des Geschäftsergebnisses auf die einzelnen Gesellschafter von Bedeutung. Deshalb dürfe es hier keine wechselseitigen Bilanzverkürzungen durch eine Konsolidierung geben.

Vielmehr sind nach Uelner die Rechtsbeziehungen zwischen Gesellschaft und Gesellschafter durch Zuordnung auf die einzelnen Beteiligten strukturiert auszuweisen; dabei soll für die durch § 15 Abs. 1 S. 1 Nr. 2 EStG erfaßten Rechtsbeziehungen das Imparitätsprinzip nicht gelten, z. B. soll eine gewinnmindernde Wertberichtigung auf Darlehensforderungen eines Gesellschafters gegen die Gesellschaft unzulässig sein.

Die strukturierte Gesamtbilanz Uelners ist transparenter als die konsolidierte Gesamtbilanz Döllerers. Weil nach beiden Auffassungen aber das Imparitätsprinzip ausgeschaltet ist, bleibt das Ergebnis der Gesamtbilanz das gleiche.

U. E. entbehrt die Figur einer Gesamtbilanz der Gesellschaft der gesetzlichen Grundlage.[160] Aus § 15 Abs. 1 S. 1 Nr. 2 EStG ergibt sich nur, daß das Gesetz die Bilanz der Gesellschaft voraussetzt, und allenfalls ein – recht vager – Anhaltspunkt für eine Zusatzgewinnermittlung des Gesellschafters. Daß für eine „Gesamtbilanz“ auch nicht einmal andeutungsweise ein Anhaltspunkt besteht, ist nicht weiter verwunderlich. Denn es geht in § 15 Abs. 1 S. 1 Nr. 2 EStG um die einkommensteuerpflichtigen Einkünfte *des einzelnen Gesellschafters.* Dazu aber ist die Addition der beiden Komponenten Anteil am Gewinn der Gesellschaft und Ergebnis der zusätzlichen Gewinnermittlung des einzelnen Gesellschafters ausreichend.

Ein steuerlicher Gesamtgewinn der Gesellschaft ist freilich nach h. M.[161] für die Gewerbesteuer erforderlich. Diesen kann man – solange man an dieser verfehlten gewerbesteuerlichen Sicht festhält – ohne weiteres durch Addition des Ergebnisses der Gesellschaftsbilanz und der Sonderbilanzen der Gesellschafter erhalten. Der BFH hat denn auch in diesem Sinne folgendermaßen formuliert: „die sog. Gesamtbilanz oder Steuerbilanz zweiter Stufe,

159 Uelner, JbFStR 1978/79, 311 ff.; ders., JbFStR 1979/80, 338 ff, 350.
160 Vgl. ebenso Thiel, StuW 1984, 104 ff.
161 Vgl. dazu und dagegen eingehend unten § 21 II 6.

genauer die Summe aus Steuerbilanz der KG und Sonderbilanzen der Gesellschafter (additive Gewinnermittlung)"[162].

Allerdings geht der BFH in der Sache noch davon aus, daß Darlehensforderungen eines Gesellschafters gegen die Gesellschaft Eigenkapital sind und deshalb das Imparitätsprinzip insoweit nicht gilt.[163] In der Sonderbilanz der Gesellschaft müßte dann der Ansatz der Darlehensforderung mit dem Ansatz der Darlehensverbindlichkeit korrespondieren.[164]

In jedem Fall aber ist die Darlehensforderung in der Sonderbilanz erfolgswirksam auszubuchen, wenn feststeht, daß die Darlehensforderung wertlos geworden und das Sondereigenkapital des Gesellschafters verloren ist.[165]

Von vornherein darf freilich ein Ansatz in der Sonderbilanz nicht erfolgen, wenn ein aktivierungsfähiger Vermögensgegenstand nicht vorliegt.[166]

§ 11a

Die Verlustzurechnung an Kommanditisten und gesetzlich gleichgestellte Mitunternehmer

I. Sinn und Zweck der Regelung des § 15a EStG

Das Gesetz zur Änderung des EStG, des KStG und anderer Gesetze vom 20. 8. 1980[1] (sog. Artikelgesetz), hat dem EStG den § 15a beschert. Adressat dieser Regelung ist die Steuersparbranche. Die Vorschrift soll „die Betätigungsmöglichkeiten von sogenannten Verlustzuweisungsgesellschaften einschränken"[2], also von solchen Publikumspersonengesellschaften, deren Finanzierungskonzept im wesentlichen in der Produzierung möglichst hoher Buchverluste durch Inanspruchnahme von Sonderabschreibungen, erhöhten Absetzungen sowie durch die geschickte Ausnutzung anderer bilanzieller Gegebenheiten besteht. Diese Buchverluste werden anteilig den Gesellschaftern – zum Ausgleich mit anderen positiven Einkünften – zugewiesen. Die Besteuerungspraxis (Finanzverwaltung und Rechtsprechung) hatte über die Jahre hinweg die Verlustver-

162 BFH vom 14. 11. 1985 IV R 63/83 BStBl II 1986, 58.

163 BFH vom 22. 5. 1984 VIII R 35/84 BStBl II 1985, 243.

164 Vgl. in diesem Sinne Schmidt, § 15 EStG Anm. 66c; Groh, JbFStR 1983/84, 255 ff, 266.

165 Vgl. oben § 11 II 5.

166 So scheidet der Ansatz eines Aktivpostens in der Sonderbilanz des Gesellschafters aus, wenn die Gesellschaft eine Pensionsrückstellung für den Gesellschafter-Geschäftsführer gebildet hat. Vgl. oben § 11 IV 3a.

1 BGBl I 1980, 1545.

2 Begründung des Regierungsentwurfs, S. 16, BT-Drs. 8/3648, S. 14.

rechnung auch dann toleriert, wenn der anteilige Buchverlust die Einlage von am Verlust nur beschränkt teilnehmenden Gesellschaftern (Kommanditisten und atypischen stillen Gesellschaftern) überstieg. Infolge dieser sogenannten steuerlichen „Anerkennung" des negativen Kapitalkontos des Kommanditisten bzw. atypischen stillen Gesellschafters konnten sich die Verlustzuweisungsgesellschaften so recht entwickeln.

Die Verlustzuweisungsgesellschaften sind schon seit Jahren Gegenstand einer intensiven kontroversen rechtlichen und politischen Diskussion. Im Gesellschaftsrecht haben sie den Anlaß zur Entwicklung eines Sonderrechts für Publikumspersonengesellschaften[3] gegeben, und des weiteren die Diskussionen um den Kapitalanlegerschutz gefördert. Im Steuerrecht hat das Mißfallen der Öffentlichkeit darüber, daß einige „durch hohes Einkommen Privilegierte" in wirtschaftspolitisch bedenklicher Weise „mit Mitteln, die sie eigentlich dem Staat und damit der Allgemeinheit schulden, Miteigentum an gewerblichen Betrieben im Inland und im Ausland"[4] erwerben, schon wiederholt zu punktuellen Reaktionen des Gesetzgebers und der Finanzverwaltung geführt.

Nachdem der Gesetzgeber bereits 1971 Verlustklauseln für die Sonderabschreibungen auf Schiffe und Flugzeuge, für die Vergünstigung nach dem Entwicklungshilfe-Steuergesetz und für die Sonderabschreibungen nach dem Zonenrandförderungsgesetz geschaffen hatte, war im Rahmen der Steuerreform die generelle Verlustklausel des § 7a Abs. 6 EStG 1975[5] eingefügt worden, nach der erhöhte Absetzungen und Sonderabschreibungen nicht zur Entstehung oder Erhöhung eines betrieblichen Verlustes führen dürfen. Ziel dieser Verlustklausel war, zu „verhindern, daß die Abschreibungsvergünstigungen insbesondere von Steuerpflichtigen mit höherem Einkommen als Instrument einer bevorzugten Vermögensbildung ausgenutzt werden".[6] Die Branche wich aus. Sie verlegte ihre Aktivitäten auf neue Betätigungsfelder, in denen sie unter geschickter Ausnutzung regulärer bilanzieller Gegebenheiten meinte, attraktive Verlustzuweisungen auch ohne Inanspruchnahme steuerlicher Sondervergünstigungen anbieten zu können (z. B. Erdöl-, Erdgas- und Uranexplorationen, insbesondere in den USA und Kanada; Sofortabschreibung geringwertiger Wirtschaftsgüter; Produktion von Schallplatten und Spielfilmen; Bau und Betrieb von Einkaufszentren u. a. m.). Die Finanzverwaltung bemühte sich, die Dinge durch eine teilweise recht fragwürdige Erlaßpraxis im verfahrensrechtlichen Bereich und durch restriktive Entscheidung von Einzelfragen in den Griff zu bekommen.

---

3 Vgl. den Überblick über die Rechtsprechung des BGH z. B. bei U. H. Schneider, ZHR 1978, 228 ff sowie Knobbe-Keuk, „Unerwünschte Rechtsquelle", S. 7 ff.

4 Dokumentation des Presse- und Informationsamtes der Bundesregierung, Aktuelle Beiträge zur Wirtschafts- und Finanzpolitik Nr. 103/1976 vom 29. 11. 1976 unter C II 2.

5 Vgl. dazu die 2. Aufl. § 5 IV 4b, bb.

6 Begründung des Entwurfs eines Dritten Steuerreformgesetzes (BT-Drs. 7/1470).

Die früheren Reaktionen des Gesetzgebers und der Finanzverwaltung konnten nicht zu dem erwünschten Erfolg führen, weil immer wieder nur auf Nebenkriegsschauplätzen geschossen wurde, das entscheidende Instrument der hohen Verlustzuweisungen, nämlich das negative Kapitalkonto des Kommanditisten, aber verschont blieb.

II. Die frühere Lage

1. Die Zeit vor dem Beschluß des Großen Senats vom 10. 11. 1980[7]

Die steuerrechtliche Anerkennung des negativen Kapitalkontos des Kommanditisten war auch schon nach früherem Recht nie unumstritten. Schon 1964 haben Flume[8] und R. Thiel[9] – anläßlich der Einführung der Berlinförderung durch Steuervergünstigungen – eindringlich dargelegt, daß Verluste, die die Einlage des Kommanditisten übersteigen, diesem nicht mit steuerlicher Wirkung zugewiesen werden können.[10] Die Praxis ist darüber hinweggegangen. Sie orientierte sich an dem Urteil des BFH vom 13. 3. 1964[11], in dem der BFH in der Sache den Beteiligten ein Wahlrecht für die steuerrechtliche Behandlung des negativen Kapitalkontos eines Kommanditisten zugebilligt hatte:

„a) Sie können das negative Kapitalkonto des Kommanditisten als reinen Rechnungsposten behandeln. Verfahren sie so, so ist es steuerlich nicht zu beanstanden, wenn die KG, um der persönlichen Haftung des Komplementärs Rechnung zu tragen, den auf den Kommanditisten rechnerisch entfallenden Verlustanteil sofort endgültig dem Komplementär anlastet ... Fallen künftige Gewinne an, so sind sie entsprechend zu behandeln ...

b) Die Gesellschafter können aber auch so vorgehen, als ob der Kommanditist während des Bestehens der KG unbegrenzt am Gewinn und Verlust beteiligt ist. In diesen Fällen wird der Kommanditist wie ein persönlich haftender Gesellschafter behandelt. Scheidet er aus der KG aus und übernehmen die Mitgesellschafter sein negatives Kapitalkonto, ohne daß der Kommanditist einen Ausgleich leistet, dann entsteht für den ausscheidenden Kommanditisten in Höhe des negativen Kapitalkontos ein Gewinn, den er gem. §§ 16, 34 EStG zu versteuern hat ...“

Dieses vom BFH kreierte Wahlrecht, daß die Beteiligten dem Finanzamt sollen erklären können, bei wem der Verlust der Gesellschaft steuerlich Berücksichtigung finden soll, war eigenartig genug.

Die Verteidiger der auf dieser Rechtsprechung beruhenden Praxis der steuerlichen „Anerkennung“ des negativen Kapitalkontos des Kommanditisten verwiesen insbesondere darauf, daß das negative Kapitalkonto durchaus handelsrechtlich anerkannt sei und das Steuerrecht – wegen des Grundsatzes der Maßgeblichkeit der Handelsbi-

7 BFH vom 10. 11. 1980 GrS 1/79 BStBl II 1981, 164.

8 Flume, Handelsblatt vom 7./8. 8. 1964.

9 R. Thiel, DB 1964, 1166 ff.

10 Ebenso schon die Große Steuerreformkommission, Gutachten, 1971, V Rdz. 334 ff auch de lege lata.

11 BFH vom 13. 3. 1964 VI 343/61 BStBl III 1964, 359. Dem folgend BFH vom 25. 8. 1966 VI 307/65 BStBl III 1966, 69.

lanz für die Steuerbilanz[12] – dem zu folgen habe.[13] Nur erschöpft sich die handelsrechtliche Bedeutung und Funktion des für einen Kommanditisten gebildeten passiven Kapitalanteils darin, daß es sich um einen Merkposten handelt, der den Gesellschaftern anzeigen soll, von welchem Zeitpunkt an der Kommanditist wieder am Gewinn der Gesellschaft wirklich teilzunehmen berechtigt ist.[14] Im übrigen ist der passive Kapitalanteil eines Kommanditisten in der Bilanz der Gesellschaft ein reiner „Luftposten".[15] Wird dem Kommanditisten, dessen Einlage erschöpft ist, ein Anteil am Verlust der Gesellschaft zugeteilt und dies buchungstechnisch durch Bildung eines passiven Kapitalanteils festgehalten, so hat dies sachlich nur die *eine* Auswirkung: Er muß es sich in den folgenden Jahren gefallen lassen, daß seine dann etwa entstehenden Gewinnansprüche bis zur Abdeckung des passiven Kapitalanteils gekürzt werden. In dem Verlustjahr selbst aber wird der Kommanditist wirtschaftlich nicht berührt, so daß es u. E. auch nach bisherigem Recht nicht gerechtfertigt war, ihm den rechnerischen Verlustanteil als negatives Einkommen zuzurechnen.[16]

Beim BFH waren Zweifel an der gegenteiligen Praxis schon in dem Urteil des IV. Senats vom 8. 3. 1973[17] angeklungen. Der IV. Senat legte denn auch im Jahre 1979[18] dem Großen Senat des BFH das Problem vor.[19]

2. Der Beschluß des Großen Senats vom 10. 11. 1980[20]

a) Anerkennung des negativen Kapitalkontos

Der Große Senat hat die bisherige Praxis nicht zuletzt mit Rücksicht auf die Rechtssicherheit und Rechtsbeständigkeit bestätigt. Zudem hat er der Tatsache Rechnung getragen, daß auch der Gesetzgeber in dem vor seiner Entscheidung verkündeten Steueränderungsgesetz mit der Regelung des § 15 a

12 Vgl. dazu oben § 2.

13 Für viele: v. Wallis, StbJb 1973/74, 110. Aus diesem Grunde ist sogar der Referentenentwurf eines Dritten Steuerreformgesetzes vom 8. 3. 1973 (vgl. Begründung zu § 38 des Entwurfs S. 183) dem Vorschlag der Großen Steuerreformkommission aaO V Rdz. 340 nicht gefolgt! Man meinte, die Sache sei schon mit den Verlustklauseln im Rahmen der Sonderabschreibungstatbestände erledigt, und hat die Phantasie der Branche gründlich unterschätzt.

14 Vgl. zur handelsrechtlichen Beurteilung i. e. Keuk, Besteuerung des Gewinns, 1974, 22 ff; StuW 1974, 1 (22 ff); Mellwig, BB 1979, 1409; vgl. demgegenüber aber die andere Sicht bei Schulze-Osterloh in Raupach (Hrsg.), Die einkommensteuerrechtliche Behandlung des negativen Kapitalkontos eines Kommanditisten, 1978, S. 11 ff.

15 So schon R. Thiel, DB 1964, 1167.

16 Vgl. i. e. Keuk aaO, (Anm. 14).
Zum Stand der Diskussion vgl. die Übersicht bei Bopp in Raupach (Hrsg.), Die einkommensteuerrechtliche Behandlung des negativen Kapitalkontos eines Kommanditisten, 1978, S. 11 ff.

17 BFH vom 8. 3. 1973 IV R 77/72 BStBl II 1973, 398.

18 BFH vom 26. 4. 1979 IV R 134/78 BStBl II 1979, 414.

19 Der Österr. Verwaltungsgerichtshof hat in der Entscheidung vom 15. 4. 1980 (1661/79 6) DB 1980, 2015 das negative Kapitalkonto des Kommanditisten steuerlich nicht mehr „anerkannt".

20 BFH vom 10. 11. 1980 GrS 1/79 BStBl II 1981, 164.

EStG und den dazu gehörenden Übergangsvorschriften des § 52 Abs. 19 EStG die bisherige Anerkennung des negativen Kapitalkontos des Kommanditisten hat bestätigen wollen. In der Sache beruft sich der Große Senat darauf, daß für die steuerliche Verteilung des Gewinnes oder Verlustes der Gesellschaft auf die Gesellschafter das Handelsrecht maßgebend sei. Es sei zu berücksichtigen, daß auch der Zwang, künftige Gewinne zur Dekkung früherer Verluste zu verwenden, Teil des Unternehmerrisikos sei; daher sei auch die Verlusthaftung mit künftigen Gewinnanteilen, auf die sich der rechtliche Gehalt des negativen Kapitalkontos des Kommanditisten beschränke, Ausdruck eines Unternehmerrisikos des Kommanditisten.

Auf dieser Grundlage beruht der Leitsatz Nr. 1 des Beschlusses:

„Einem Kommanditisten, dessen gesellschaftsrechtliche Stellung sich im Innen- und Außenverhältnis nach den Vorschriften des HGB, insbesondere des § 167 Abs. 3 HGB, bestimmt, ist ein Verlustanteil, der nach dem allgemeinen Gewinn- und Verlustverteilungsschlüssel der KG auf ihn entfällt, einkommensteuerrechtlich auch insoweit zuzurechnen, als er in einer den einkommensteuerrechtlichen Bilanzierungs- und Bewertungsvorschriften entsprechenden Bilanz der KG zu einem negativen Kapitalkonto des Kommanditisten führen würde.

Dies gilt *nicht*, soweit bei Aufstellung der Bilanz nach den Verhältnissen am Bilanzstichtag feststeht, daß ein Ausgleich des negativen Kapitalkontos mit künftigen Gewinnanteilen nicht mehr in Betracht kommt.“[21]

b) Die Nachversteuerung des negativen Kapitalkontos

Leitsatz Nr. 2 des Beschlusses des Großen Senats lautet:

„Beim Wegfall eines durch einkommensteuerrechtliche Verlustzurechnung entstandenen negativen Kapitalkontos eines Kommanditisten ergibt sich in Höhe dieses negativen Kapitalkontos ein steuerpflichtiger Gewinn des Kommanditisten.“

Unter welchen gesetzlichen Gewinnrealisierungstatbestand der „Wegfall“ eines negativen Kapitalkontos zu subsumieren ist, bleibt offen. Bei der Folge der Nachversteuerung des negativen Kapitalkontos ist der Große Senat denn auch gar nicht auch nur um den Anschein einer Begründung bemüht. Ihm reicht die apodiktische Feststellung:

„Mit der steuerrechtlichen Anerkennung der Verlustverteilung auf den Kommanditisten beim Vorhandensein eines negativen Kapitalkontos ist auch die Entscheidung für die Entstehung eines steuerpflichtigen Gewinns bei Wegfall des negativen Kapitalkontos gefallen. Dieser steuerpflichtige Gewinn ist eine rechtlich notwendige Folge aus der früheren Verlustzurechnung.“

Der vom BFH angenommene Steuertatbestand „Wegfall des negativen Kapitalkontos des Kommanditisten“ wird zum einen im Falle der *Liquidation* der Gesellschaft erfüllt. Die Höhe des Gewinns ergibt sich allerdings nicht aus der handelsrechtlichen Liquidationsschlußbilanz, sondern aus der steuerrechtlichen Schlußbilanz, die zur Ermittlung des Veräußerungs- oder Aufgabegewinns der Gesellschaft aufzustellen ist.

---

21 Vgl. dazu BFH vom 22. 1. 1985 VIII R 43/84 BStBl II 1986, 136.

Unabhängig von der gesellschaftsrechtlichen Liquidation führt auch die schlichte Einstellung der werbenden Tätigkeit der Gesellschaft zum Wegfall des negativen Kapitalkontos.

Darüber hinaus ist ein Wegfall des negativen Kapitalkontos schon dann anzunehmen, wenn vor der Aufgabe oder vor der Veräußerung des Betriebs durch die Gesellschaft feststeht, daß ein Ausgleich des negativen Kapitalkontos mit künftigen Gewinnanteilen des Kommanditisten nicht mehr in Betracht kommt.[22]

Was den Steuersatz anbetrifft, so handelt es sich bei Wegfall des negativen Kapitalkontos anläßlich der Aufgabe oder Veräußerung des Betriebs der Gesellschaft um einen *tarifbegünstigten* Veräußerungs- oder Aufgabegewinn gemäß § 16 Abs. 1 Nr. 1, Abs. 3, § 34 EStG.

In den Fällen, in denen das negative Kapitalkonto des Kommanditisten schon früher wegfällt, weil ein Ausgleich mit künftigen Gewinnanteilen nicht mehr in Betracht kommt, ist der Gewinn durch Wegfall des negativen Kapitalkontos ein *laufender* Gewinn.[23]

Insoweit handelt es sich um eine Änderung der bisherigen Praxis. Betroffen sind vor allem solche Verlustzuweisungsgesellschaften, die bislang nur deshalb nicht liquidiert worden sind, um den Kommanditisten die Nachversteuerung zu ersparen.

Der Fall des Ausscheidens des Kommanditisten aus der Gesellschaft ist in dem Beschluß des Großen Senats nicht besonders angesprochen. Man wird davon ausgehen können, daß es insoweit bei der bisherigen Beurteilung tarifbegünstigter „Veräußerungsgewinne" in Höhe des negativen Kapitalkontos nach § 16 Abs. 1 Nr. 2 EStG[24], bleiben soll.

III. Die gesetzliche Regelung[25]

Die gesetzgeberische Bewältigung der unter dem Stichwort „negatives Kapitalkonto des Kommanditisten" geläufigen Problematik sieht so aus, wie gesetzliche Regelungen heutzutage auszusehen pflegen: Es muß alles möglichst kompliziert, verschachtelt, detailliert, perfektionistisch geregelt werden – ohne daß eine perfekte Regelung erreicht wird. Die neue Bestimmung des § 15a EStG nebst Anhängseln an anderen Gesetzesstellen ist schlicht ei-

22 Vgl. BFH vom 14. 11. 1985 IV R 63/83 BStBl II 1986, 58; zu den Einzelheiten der Nachversteuerung von negativen Kapitalkonten vgl. Vfg. OFD Hannover vom 29. 3. 1982 BB 1982, 662; Bordewin, StbJb 1982/83, 189.

23 Vgl. Schmidt, § 15a EStG Anm. 4.

24 Vgl. dazu unten § 23.

25 Vgl. die Kommentierungen von Schmidt und Herrmann/Heuer/Raupach mit Nachweisen; Meilicke, StbJb 1983/84, 95 ff; Wassermeyer, DB 1985, 2634, § 15a EStG – Gestaltungshinweise.
Zu Einzelaspekten: Hennig, Ermittlung von Einkünften aus der Beteiligung an ausländischen Personengesellschaften in Zusammenhang mit § 15a EStG, DB 1986, 1890; Haarmann/Sagasser, Verstößt § 15a gegen Art. 3 GG?, DB 1986, 1692.

ne Mißgeburt.[26] Die Vorschriften sind zu kompliziert. Sie bringen einzelfallbezogene Regelungen, und dies noch an systematisch verfehlter Stelle,[27] sie bringen Regelungen, die mit dem eigentlichen Thema des gesetzgeberischen Vorhabens nichts zu tun haben[28], sie bringen Regelungen, über deren Bedeutung und Auswirkung der Gesetzgeber selbst sich offensichtlich noch nicht einmal im klaren gewesen ist,[29] sie bringen ungenießbare Übergangsregelungen. Die Mißbildungen des Gesetzes selbst werden begleitet durch in sich widersprüchliche Äußerungen in der Regierungsbegründung, deren Verwirklichung die Anwendung des § 15a EStG in den praktischen Auswirkungen völlig von der theoretischen Grundlage der Vorschrift lösen und zu ungereimten und ungerechten Ergebnissen führen würde. Getroffen werden sollte die Abschreibungsbranche;[30] insbesondere wegen der unter 2. angesprochenen Problematik werden auch „normale" Kommanditgesellschaften belästigt.[31]

---

26 Vgl. dazu näher Knobbe-Keuk, NJW 1980, 2557 und StuW 1981, 97 ff. „Der neue § 15a EStG – ein Beispiel für den Gesetzgebungsstil unserer Zeit" (vgl. auch Jakob/Jüptner, FR 1985, 225). Es ist nur zu hoffen, daß der gute Wille von Kreile (StbJb 1984/85, 51), die Kritik an der Regelung des § 15a EStG als Anlaß zum Nachdenken über den Gesetzgebungsstil unserer Zeit zu nehmen, auch bei anderen am Gesetzgebungsverfahren Beteiligten vorhanden ist und eines Tages (wann?) in die Tat umgesetzt wird.

27 Vgl. dazu unten III 6.

28 Absatz 5 der §§ 13 und 18 EStG lautet: „§ 15 Abs. 1 Nr. 2 und § 15a EStG sind entsprechend anzuwenden." Die mit der Verlustproblematik nicht in Zusammenhang stehende Verweisung auf § 15 Abs. 1 S. 1 Nr. 2 EStG ist erst im Finanzausschuß (vgl. BT-Drs. 8/4157 S. 1) eingeschoben worden. Damit hat die bisherige Praxis, daß die bislang auf die Einkünfte aus Gewerbebetrieb beschränkte Regelung über die Gesellschafter-Sondervergütungen kurzerhand auch auf die anderen Gewinneinkünfte angewendet wurde (vgl. dazu kritisch Knobbe-Keuk, DStR 1979, 183 ff) eine gesetzliche Grundlage. Allerdings liegt die Gesetzestechnik einmal mehr im Argen. Das zeigt die Vorschrift über den zeitlichen Anwendungsbereich des Abs. 5 der §§ 13 und 18 in § 52 Abs. 16 EStG: die allgemeine Übergangsregelung des § 52 Abs. 19 EStG für den § 15a EStG ist „sinngemäß anzuwenden". Wie man sich die sinngemäße Anwendung auf die Sondervergütungen vorzustellen haben soll, ist im Dunkeln.

29 Vgl. dazu insbesondere die Anordnung der sinngemäßen Anwendung des § 15a EStG auf die Überschußeinkünfte und dazu Knobbe-Keuk, StuW 1981, 97 (103 ff).

30 Zu „Auffanggestaltungen zur Umgehung der gesetzgeberischen Zielsetzung des § 15a EStG"(!) vgl. Kaligin, DStZ 1984, 521 ff m.w.N.

31 Schulze-Osterloh, FR 1979, 247 (248 ff) hält deshalb den Versuch, den Abschreibungsgesellschaften durch eine Regelung des negativen Kapitalkontos des Kommanditisten – von der alle Kommanditgesellschaften betroffen werden – beizukommen, für verfassungswidrig; kritisch auch Littmann/Bitz/Meincke, § 15a EStG Rz. 6; Jakob, BB 1988, 887 ff.

In der Literatur werden gegen die Vorschrift des § 15 a EStG insgesamt oder zu den Details verfassungsrechtliche Bedenken erhoben.[32] Die Bundessteuerberaterkammer hat ihre ersatzlose Streichung gefordert.[33]

1. Die Grundkonzeption des § 15 a EStG

§ 15 a EStG besteht aus fünf langwierigen Absätzen, 567 Worten,[34] hinzu kommt die Übergangsregelung in § 52 Abs. 19 mit 434 Worten. Muß das sein?

Der Vorschlag der Großen Steuerreformkommission 1971 für eine Regelung des negativen Kapitalkontos des Kommanditisten lautete hingegen schlicht[35]:

„Verluste einer Kommanditgesellschaft sind, soweit sie den Kapitalanteil und eine darüber hinausgehende Haftung des Kommanditisten übersteigen, dem persönlich haftenden Gesellschafter zuzurechnen. Entsprechendes gilt für spätere Gewinne, soweit diese zur Wiederauffüllung der nach Satz 1 dem persönlich haftenden Gesellschafter zugerechneten Verluste verwendet werden."

42 Worte[36] gegenüber 567 des neuen § 15 a EStG.

Der Vorschlag der Steuerreformkommission war deshalb so knapp und schlicht, weil er einfach das zementieren wollte, was nach Meinung der Steuerreformkommission und anderer[37] schon immer geltendes Recht war[38]: Der Kommanditist, dessen Einlage erschöpft ist und der als Gesellschafter nicht mehr haftet, ist durch Verluste der Gesell-

32 Schulze-Osterloh, FR 1979, 247 (248 ff); Herrmann/Heuer/Raupach, § 15 a EStG Anm. 91; Haarmann/Sagasser, DB 1986, 1692 ff; Sieker, FR 1988, 453 ff; Jakob, BB 1988, 887 ff. Keine ernstlichen Zweifel an der Verfassungsmäßigkeit hat BFH vom 19. 5. 1988 VIII B 104/85 BStBl II 1988, 5. Der Österr. Verfassungsgerichtshof hat in seiner Entscheidung vom 11. 12. 1986 ÖStZ 1986, 87 die Parallelvorschrift zu § 15 a EStG als verfassungswidrig aufgehoben.

33 DStR 1987, 568. Vgl. dazu die ablehnende Antwort des BdF DStR 1988, 41 f mit Anm. Herzig.

34 Die Arbeitsgruppe des Rechtsausschusses des Deutschen Bundestages, die die endgültige Fassung der GmbH-Novelle vorbereitet hat, hat sich von folgendem formalen Grundsatz leiten lassen: „Ein Paragraph soll nicht mehr als drei Absätze haben, ein Absatz nicht mehr als drei Sätze, ein Satz nicht mehr als drei Zeilen" (vgl. Bericht des Abgeordneten Helmrich, Stenographisches Protokoll über die 90. Sitzung des Rechtsausschusses des Deutschen Bundestages, 8. Wahlperiode, vom 27. 2. 1980, S. 35).

35 Gutachten aaO, V Rdz. 340.

36 Zugegeben sei, daß für steuerrechtliche Zwecke die Abstellung allein auf den Kommanditisten nicht korrekt gewesen wäre, also einige Worte mehr erforderlich gewesen wären.

37 Vgl. Flume aaO, (Anm. 8); R. Thiel aaO, (Anm. 9); Knobbe-Keuk aaO, (Anm. 14); Bordewin, BB 1978, 440 ff; Uelner, JbFStR 1977/78, 301 ff; FR 1978, 603 ff; vgl. weitere Nachweise bei Bopp in Raupach (Hrsg.), Die einkommensteuerrechtliche Behandlung des negativen Kapitalkontos eines Kommanditisten, 1978, S. 11 ff.

38 Vgl. in diesem Sinne auch – ganz anders als der Große Senat des BFH – den Österr. Verwaltungsgerichtshof vom 15. 4. 1980 (1661/79 6) DB 1980, 2015.

schaft aktuell nicht mehr berührt. Er wird nur in *Zukunft* – wegen der Beschränkung der Teilnahme am künftigen Gewinn – zunächst kein Einkommen oder ein geringeres haben. Im Verlustjahr betroffen sind allein die persönlich haftenden Gesellschafter.

Die Konzeption der Steuerreformkommission hat der Gesetzgeber – wie zu hören war – aus „politischen" Gründen nicht übernommen. Vielmehr wird nach der Grundkonzeption des § 15 a EStG der Verlust, der beim Kommanditisten zu einem negativen Kapitalkonto führt oder ein solches noch erhöht, weiterhin dem Kommanditisten und nicht etwa dem/den Komplementären steuerlich zugerechnet. Der Kommanditist darf freilich einen derartigen Verlust im Jahr der Entstehung nicht mit anderen Einkünften ausgleichen und auch nicht nach § 10 d EStG abziehen. Er muß ihn vielmehr vortragen und kann ihn – zeitlich unbeschränkt – mit späteren Gewinnanteilen an der KG verrechnen (§ 15 a Abs. 2 EStG). Die Verrechnung mit Gewinnen der Folgejahre bewirkt, daß der Kommanditist die Auffüllung seines negativen Kapitalkontos nicht als Gewinn versteuern muß.[39]

Die Frage ist, ob die Regelung des § 15 a EStG auch für solche Verluste gilt, für die am Bilanzstichtag davon auszugehen ist, daß ein Ausgleich mit künftigen Gewinnanteilen nicht mehr in Betracht kommt. Nach den Ausführungen des Beschlusses des Großen Senats[40] könnte man sich auf den Standpunkt stellen, daß solche Verluste von vornherein steuerlich nicht mehr dem Kommanditisten zuzurechnen sind und also auch nicht als verrechenbare Verluste in Frage kommen. Andererseits ist davon auszugehen, daß der Gesetzgeber des § 15 a EStG für den Komplex der Verlustzurechnung an Kommanditisten eine abschließende Regelung hat treffen wollen.[41]

Ein Verlust, der beim Kommanditisten zu einem negativen Kapitalkonto führt oder es erhöht, darf freilich im Verlustjahr steuerlich abgezogen werden, soweit die im Handelsregister eingetragene Haftsumme die der Gesellschaft geleistete Einlage übersteigt (vgl. i.e. die Sätze 2 und 3 des § 15 a Abs. 1 EStG). Die Regelung trägt der gesellschaftsrechtlichen Lage Rechnung, daß der Kommanditist – soweit er nicht einen der im Handelsregister eingetragenen Haftsumme entsprechenden Vermögenswert in das Gesellschaftsvermögen geleistet hat – nach §§ 171, 172 HGB den Gläubigern der Gesellschaft wie ein Komplementär für die Gesellschaftsschulden haftet. Andere Haftungsgründe führen hingegen nach der gesetzlichen Regelung nicht zu einer über ein positives Kapitalkonto hinausgehenden Verlustberücksichtigung im Verlustjahr. Das gilt sowohl für den Fall, daß die Gesellschafter intern eine höhere Verlusttragungspflicht des Kommanditisten vereinbart haben, als auch für die Fälle, in denen besondere Haftungstatbestände gegenüber den Gläubigern der Gesellschaft bestehen wie etwa eine Bürgschaft oder ein Schuldbeitritt des Kommanditisten.[42]

---

39 Das Gesetz entspricht in dieser Grundkonzeption weitgehend dem Vorschlag von J. Thiel, DB 1979, 664 ff.

40 AaO, (Anm. 7).

41 In diesem Sinne Lempenau, StuW 1981, 239.

42 Vgl. dazu aber § 11 a III 3 c.

2. Der Inhalt der bilanzrechtlichen Begriffe des § 15 a EStG[43]

a) Kapitalkonto

aa) Der Umgang mit der Regelung wird dadurch erschwert, daß über den Inhalt der in § 15 a Abs. 1 EStG verwendeten bilanzrechtlichen Begriffe „Kapitalkonto des Kommanditisten“ sowie „Anteil am Verlust der KG“ keine Klarheit besteht.

Daß über den Inhalt dieser Begriffe überhaupt Streit entstehen kann, hängt mit der komplizierten steuerlichen Behandlung der Personengesellschaft und ihrer Gesellschafter zusammen: Zunächst haben wir es mit der – aus der Handelsbilanz abgeleiteten – Steuerbilanz der Gesellschaft zu tun, auf deren Grundlage die in § 15 Abs. 1 S. 1 Nr. 2 EStG genannten Gewinnanteile ermittelt werden.[44] Daneben gibt es die steuerliche Gesamtbilanz der Gesellschaft; sie setzt sich aus der Steuerbilanz der Gesellschaft und den Sonderbilanzen der Gesellschafter zusammen.[45]

Geht man von der der Regelung des § 15 a EStG zugrunde liegenden Grundkonzeption aus, „daß Verluste nur ausgeglichen oder abgezogen werden dürfen, soweit die Haftung reicht“,[46] so dürfte man von vornherein gar nicht auf den Gedanken kommen, daß das Kapitalkonto des Kommanditisten durch Umfang und Zusammensetzung seines Sonderbetriebsvermögens beeinflußt werden kann.[47] Denn das Sonderbetriebsvermögen des Kommanditisten hat mit der Einstandspflicht des Kommanditisten als Gesellschafter für die Gesellschaftsschulden nichts zu tun.[48]

Aber so einfach ist die Sache nicht. Ausgangspunkt für die Verkomplizierung und Verwirrung ist die Äußerung in der Begründung des Regierungsentwurfs[49]:

„Das Kapitalkonto des Kommanditisten umfaßt außer seiner Einlage in das Gesellschaftsvermögen auch diejenigen Wirtschaftsgüter, die als sogenanntes Sonderbetriebsvermögen in den steuerlichen Betriebsvermögensvergleich der Gesellschaft einzubeziehen sind, einschließlich etwaiger Darlehen, die der Kommanditist der Gesellschaft gewährt.“

Nach der Regierungsbegründung ist also unter dem Kapitalkonto des Kommanditisten i. S. des § 15 a Abs. 1 S. 1 EStG das Kapital des Kommanditisten in der Gesamtbilanz der Gesellschaft zu verstehen.[50]

---

43 Vgl. dazu Wassermeyer, DB 1985, 2634.

44 Vgl. dazu i. e. § 10.

45 Vgl. dazu i. e. § 11.

46 BT-Drs. 8/3648 S. 15 f.

47 Der Große Senat (vgl. oben § 11 a II 2) versteht unter dem Kapitalkonto des Kommanditisten dasjenige in der Bilanz der KG, vgl. BFH vom 14. 11. 1985 IV R 63/83 BStBl II 1986, 58.

48 Ebenso Biergans, S. 1062 f.

49 BT-Drs. 8/3648 S. 16 r. Sp.

50 Es ist nicht weiter verwunderlich, daß die an der Fassung der Regierungsbegründung Beteiligten an dieser Äußerung eisern festhalten (vgl. Bordewin/Söffing/Uelner, Verlustverrechnung bei negativem Kapitalkonto, 1980, S. 51 ff; Söffing, FR 1981, 25 f). Die Auffassung der Regierungsbegründung ist auch in das Schrei-

Die Auffassung der Regierungsbegründung, es sei das steuerliche Gesamtkapital des Kommanditisten, also sein Kommanditkapital in der Gesellschaftsbilanz zuzüglich des Kapitals in seiner Sonderbilanz maßgeblich, entfernt sich völlig von der theoretischen Grundlage der Regelung. Ein Zusammenhang zwischen dem so bestimmten Kapital und dem Haftungsumfang bzw. dem Einsatz des Kommanditisten für die Gesellschaftsschulden ist schlechterdings nicht mehr ersichtlich. Dieser eklatante Widerspruch zwischen theoretischer Grundwertung und – würde man der Regierungsbegründung folgen – praktischer Durchführung wird nur zu ungerechten, ungereimten, willkürlichen und damit zugleich verfassungsrechtlich bedenklichen Ergebnissen führen.

Zur Veranschaulichung: An der S-KG sind der Komplementär A und die Kommanditisten B und C, jeweils mit einer Einlage von 100 000 beteiligt; Gewinn- und Verlustverteilungsschlüssel im Verhältnis zwischen B und C: 1 : 1.

Ungereimtheit Nr. 1:

Hat B der Kommanditgesellschaft ein Grundstück vermietet, das in seiner Sonderbilanz mit 300 000 zu Buche steht, so kann B einen Verlustanteil bis zu 400 000 ausgleichen bzw. nach § 10 d EStG abziehen, C aber nur einen solchen bis zu 100 000.

Obwohl die gesellschaftsrechtliche und haftungsrechtliche Situation bei B und C die gleiche ist, ist die Verlustbehandlung unterschiedlich. Ein sachlicher Grund, der die unterschiedliche Behandlung rechtfertigen könnte, ist nicht ersichtlich. Das im Eigentum des B stehende Grundstück steht für die Deckung der Gesellschaftsschulden nicht zur Verfügung.

Ungereimtheit Nr. 2:

C hat seine Einlage von 100 000 mit einem Bankdarlehen bestritten; die Darlehensverbindlichkeit ist in seiner Sonderbilanz als negatives Betriebsvermögen anzusetzen. Nach der Auffassung der Regierungsbegründung beträgt das Kapitalkonto i. S. des § 15 a Abs. 1 S. 1 EStG für C 0.

C kann also anders als B, der seine Einlage mit Eigenkapital finanziert hat, keinen Verlust ausgleichen bzw. nach § 10 d EStG abziehen. Ein sachlich rechtfertigender Grund für die unterschiedliche Behandlung von B und C ist wiederum nicht ersichtlich. C soll also nicht einmal den Verlust seiner Einlage steuerlich geltend machen können. Das ist grotesk. Es widerspricht jeglichem Grundprinzip der Einkommensbesteuerung.

Ungereimtheit Nr. 3:

Da die Kommanditgesellschaft zum 31. 12. 1985 einen Verlust von 240 000 erwartet, beschließen B und C noch am 30. 12. 1985, den Verlust zu übernehmen; in der Gesellschaftsbilanz wird also eine Forderung gegen B und C von jeweils 120 000 ausgewiesen, in den Sonderbilanzen von B und C eine entsprechende Verbindlichkeit. Legt man für § 15 a EStG das steuerliche Gesamtkapital zugrunde, so kann der von B und C übernommene Verlust nicht in voller Höhe ausgeglichen bzw. nach § 10 d EStG abgezogen werden.

Das Ergebnis ist unter mehreren Aspekten abstrus. Hätten B und C sich am 30. 12. 1985 nicht zur Verlustübernahme verpflichtet, sondern entsprechende Werte in ihr Sonderbe-

ben des BdF vom 8. 5. 1981 betr. Zweifelsfragen zur Anwendung des § 15 a EStG (BStBl I 1981, 308 Rdz. 2) übernommen worden. Zustimmend John/Theisen, Verlustverrechnungen in Personengesellschaften, 1981, S. 88 ff; Biergans, S. 1014 f.

triebsvermögen eingelegt, wäre das Entstehen eines steuerlichen negativen Kapitalkontos i. S. der Regierungsbegründung verhindert worden – obschon sie in diesem Fall die Verluste überhaupt nicht tragen würden! Des weiteren: Wäre in dem Fall am 30. 12. 1985 nicht die effektive Verlustübernahme vereinbart, sondern eine entsprechende Erhöhung der Haftsumme im Handelsregister eingetragen worden, so könnten B und C den Verlust in voller Höhe ausgleichen bzw. abziehen. Dabei ist die Verpflichtung zur Abdeckung eines Verlustes ohne Frage von ganz anderem Gewicht als die bloße Haftung.

Soll die mißratene Regelung des § 15 a EStG überhaupt für eine einigermaßen sinnvolle Anwendung gerettet werden, so ist es erforderlich, sich auf die Ausgangslage zu besinnen. Gegenstand der gesetzlichen Regelung sollte die Verteilung des Verlustes einer Kommanditgesellschaft auf die Gesellschafter sein. Es sollte die Praxis geändert werden, daß einem Kommanditisten, dessen Einlage erschöpft ist und der auch im Außenverhältnis gegenüber den Gesellschaftsgläubigern nicht mehr haftet, weiterhin Anteile am Verlust der Gesellschaft im Verlustjahr mit steuerlicher Wirkung zugerechnet werden, und zwar aus dem Grunde, daß der Kommanditist, der weder zum Ausgleich eines negativen Kapitalkontos verpflichtet ist, noch den Gesellschaftsgläubigern haftet, im Jahr der Entstehung des Verlustes mit diesem weder rechtlich noch wirtschaftlich belastet ist[51], sondern nur in Zukunft spätere auf ihn entfallende Anteile am Gewinn der Gesellschaft zur Abdeckung eines negativen Kapitalkontos zu verwenden hat.

Werden die in § 15 a EStG verwendeten bilanzrechtlichen Begriffe auf der Grundlage dieses gesetzgeberischen Anliegens ausgelegt, so ergibt sich: Das Sonderbetriebsvermögen des Kommanditisten, Gewinne und Verluste des Kommanditisten im Rahmen des Sonderbetriebsvermögens können von vornherein nicht interessieren, weil sie in keinem Zusammenhang mit der Regelungsmaterie stehen. Unter „Kapitalkonto" ist das Kapitalkonto in der – unter Berücksichtigung der steuerlichen Vorschriften – aufgestellten *Gesellschafts*bilanz (einschließlich einer etwaigen Ergänzungsbilanz des Kommanditisten[52]) zu verstehen.[53]

---

51 Vgl. die Reg. Begründung BT-Drs. 8/3648 S. 16.

52 Ergänzungsbilanzen werden erforderlich, wenn im Falle des Gesellschafterwechsels oder des Neueintritts der Gesellschafter für den Erwerb des Anteils einen Preis zahlt, der nicht mit dem übernommenen Kapitalkonto übereinstimmt (vgl. dazu unten § 23 I 3). Bei den in der Ergänzungsbilanz ausgewiesenen Beträgen handelt es sich um Korrekturposten zu den einzelnen Wirtschaftsgütern des Gesellschaftsvermögens, die bei der Ermittlung des steuerlichen Anteils am Gewinn bzw. Verlust des Erwerbers des Anteils zu berücksichtigen sind.

53 Ebenso Herrmann/Heuer/Raupach, § 15 a EStG Anm. 236 ff; Littmann/Bitz/Meincke, § 15 a EStG Rz. 20; a. A. Schmidt, § 15 a EStG Anm. 25; Blümich, § 15 a EStG Anm. 26 ff; Bordewin, DB 1980, 1033 ff, 1037; Söffing, FR 1981, 25; Uelner/Dankmeyer, DStZ 1981, 16; BdF BStBl I 1981, 308.
Für ernstlich zweifelhaft hält die Frage BFH vom 19. 5. 1987 VIII B 104/85 BStBl II 1988, 5 ff, 10; gegen die Einbeziehung des Sonderbetriebsvermögens für den Fall einer Darlehensverbindlichkeit für den Erwerb der Beteiligung (negatives

Nur mit dem hier vorgeschlagenen Verständnis der in § 15 a EStG verwendeten bilanzrechtlichen Begriffe ist die Kongruenz zu der Ausgangskonzeption der gesetzlichen Regelung gewahrt.[54] Und weil dann der ungeheuerliche Widerspruch zwischen theoretischer Grundkonzeption und praktischer Durchführung nicht mehr besteht, entfallen zugleich die ungereimten und willkürlichen Ergebnisse. Die Auffassung der Regierungsbegründung, in das Kapitalkonto des Kommanditisten sei dessen Sonderbetriebsvermögen einzubeziehen, sollte schleunigst vergessen werden.

Es ist ein verfassungsrechtliches Gebot, daß der Gesetzgeber sich mit den Details der gesetzlich geregelten Materien im Rahmen der von ihm selbst statuierten Sachgesetzlichkeit hält. Dies nicht ohne Grund, nämlich zu dem Zwecke, daß gerade solche verqueren und willkürlichen Ergebnisse, wie wir sie hier zu konstatieren haben, verhindert werden. Weil die an dem § 15 a EStG Beteiligten sich über dieses verfassungsrechtliche Gebot hinweggesetzt haben, besteht für Rechtsprechung und Theorie die Legitimation und das Gebot, deren in sich widersprüchlichen und verqueren Willen zu ignorieren.

Dem Petitum, daß die Auffassung der Regierungsbegründung schleunigst vergessen werden sollte, kommt entgegen, daß diese Auffassung im Gesetzestext keinen Niederschlag gefunden hat.[55]

bb) Die *Beratungspraxis* muß freilich davon ausgehen, daß die vorstehend vertretene Auslegung des Begriffes „Kapitalkonto" in § 15 a Abs. 1 S. 1 EStG von der Finanzverwaltung nicht geteilt wird. In dem Schreiben des

---

Sonderbetriebsvermögen) FG Köln vom 13. 1. 1988 11 K 302/81 EFG 1988 Nr. 613; BFH vom 1. 6. 1989 IV R 19/88 BStBl II 1989.

54 Jakob, DB 1980, 2354, kommt in eingehend begründeten Ausführungen zu dem Ergebnis, daß bei der Ermittlung des Kapitalkontos zwar nicht das negative Sonderbetriebsvermögen, wohl aber das sog. positive Sonderbetriebsvermögen I zu berücksichtigen sei: Er ist bereit, „den Willen des Gesetzgebers über die innere Systematik der Bestimmung zu stellen" (DB 1980, 2359). Vgl. nochmals Jakob, BB 1989, 1429 ff, 1435 ff. Die subjektiven Vorstellungen des Gesetzgebers, die im Gesetzestext keinen Niederschlag gefunden haben, können das Ergebnis einer systematischen und teleologischen Gesetzesauslegung nicht beseitigen.
Anknüpfungspunkt ist die Diskussion um die Einbeziehung des Sonderbetriebsvermögens in den Gesetzesmaterialien, die dort unter dem Gesichtspunkt der Schonung der „normalen" Kommanditgesellschaften geführt worden ist; vgl. auch Jakob/Jüptner, FR 1985, 225 ff.

55 Söffing (FR 1981, 26) meint zwar, die Regelung über die Einlageminderung in § 15 a Abs. 3 EStG bestätige die Auffassung der Regierungsbegründung, da unter Entnahmen auch solche aus dem Sonderbetriebsvermögen zu verstehen seien. Das ist eine wertlose Beweisführung mit dem thema probandum.
Wenn es auch Entnahmen aus dem Sonderbetriebsvermögen gibt, so sagt dies schlechterdings nichts zu der Frage, ob bei der Anwendung des § 15 a Abs. 3 EStG auch Entnahmen aus dem Sonderbetriebsvermögen interessieren. Das hängt allein davon ab, welches Betriebsvermögen zur Beurteilung steht, ob nur das Gesellschaftsvermögen oder auch das Sonderbetriebsvermögen, und dies wiederum setzt die Klärung voraus, was unter dem Kapitalkonto zu verstehen ist.

BdF vom 8. 5. 1981[56] betr. einige Zweifelsfragen zur Anwendung des § 15a EStG ist das – positive und negative – Sonderbetriebsvermögen in das Kapitalkonto einbezogen. Inzwischen liegt allerdings das Urteil des IV. Senats vom 1. 6. 1989[57] zum negativen Sonderbetriebsvermögen vor: Negatives Sonderbetriebsvermögen vermindert nicht das sich auf Grund der haftungsrechtlichen Lage ergebende Verlustausgleichsvolumen. Zum positiven Sonderbetriebsvermögen steht die höchstrichterliche Klärung noch aus. Hier kann sich die Beratungspraxis vorerst noch die Auffassung der Finanzverwaltung, daß positives Sonderbetriebsvermögen das Verlustausgleichsvolumen erhöht, zunutze machen (durch dosierte Schaffung von positivem Sonderbetriebsvermögen). Sollte der BFH dann eines fernen Tages das Sonderbetriebsvermögen bei der Bestimmung des Kapitalkontos i. S. des § 15a Abs. 1 S. 1 EStG nicht berücksichtigen und damit für den Bereich des positiven Sonderbetriebsvermögens die Lage der Steuerpflichtigen gegenüber der bis dahin praktizierten Verwaltungspraxis verschlechtern, wird man wohl auf eine Übergangsregelung der Finanzverwaltung bauen können.

cc) Was das Kapitalkonto in der Gesellschaftsbilanz anbetrifft, so ist die Frage, ob bei der Anwendung des § 15a Abs. 1 EStG von der *geleisteten oder von der bedungenen* Pflichteinlage auszugehen ist. Die Mehrzahl der Interpreten geht davon aus, es interessiere nur die tatsächlich geleistete Einlage.[58]

Die Auswirkungen dieser Auffassung veranschaulicht das folgende Beispiel: K ist zu einer Einlage von 200 verpflichtet. Er leistet im Gründungsjahr 1 100 und kann – weil sein Kapitalkonto sich nach den geleisteten 100 bemessen soll – nur 100 als ausgleichs- bzw. abzugsfähigen Verlust geltend machen. Fällt die Gesellschaft im Folgejahr in Konkurs, so muß K die rückständige Einlage von 100 in die Konkursmasse erbringen, hat aber keine Möglichkeit, diesen Verlust steuerlich geltend zu machen.[59]

Dieses unhaltbare Ergebnis ist auszuräumen, wenn man sich Klarheit über die bilanzmäßige Behandlung der noch nicht geleisteten Pflichteinlage in der Bilanz der Gesellschaft verschafft. Die *gesetzliche* Regelung des HGB geht zwar – wie § 167 Abs. 3 HGB zeigt – davon aus, daß in dem Kapitalanteil nur die geleistete Einlage erfaßt wird. Die Vertragspraxis ist freilich seit langem über das den – dispositiven – gesetzlichen Bestimmungen zugrunde liegende System der variablen Kapitalanteile hinweggegangen und hat zu dem Prinzip der festen Kapitalanteile gefunden: Das Gesellschaftskapital wird im Gesellschaftsvertrag auf einen bestimmten Betrag festgelegt; an dem so fixierten „Grundkapital" ist der Gesellschafter mit einem festen Betrag beteiligt, er erhält also einen festen Kapitalanteil. Das Verhältnis des Kapitalanteils zur Gesamtsumme der Kapitalanteile gibt an, in welchem Verhältnis der Gesellschafter

56 BStBl I 1981, 308 Tz. 2.

57 BFH vom 1. 6. 1989 IV R 19/88 DStR 1989, 536 mit Anm. L. Schmidt.

58 Z. B. Uelner/Dankmeyer, DStZ/A 1981, 18; Döllerer, DStR 1981, 21; Schmidt, § 15a EStG Anm. 26; Herrmann/Heuer/Raupach, § 15a EStG Anm. 225. BdF vom 8. 5. 1981 BStBl I 1981, 308 ff Tz. I 4b. Auf Grund summarischer Prüfung BFH vom 19. 5. 1987 VIII B 104/85 BStBl II 1988, 5. Wie hier Jakob, BB 1988, 1429 ff, 1432.

59 Zu einem anderen Ergebnis käme man nur, wenn man entsprechend der Einlageminderung in § 15a Abs. 3 EStG auch im Fall der Einlageerhöhung verfahren würde. Vgl. dazu unten.

am Gesellschaftsvermögen beteiligt ist. Von hierher ist es selbstverständlich, daß die Kapitalanteile nach den im Gesellschaftsvertrag *vereinbarten* Pflichteinlagen angesetzt werden. Soweit die Pflichteinlage noch nicht erbracht ist, ist sie auf der Aktivseite als ausstehende Pflichteinlage anzusetzen.[60] Diese bilanzielle Behandlung trägt zugleich auch der Forderung nach einem klaren und eindeutigen Einblick in die Vermögenslage der Gesellschaft Rechnung.[61]

Wird bei der Anwendung des § 15 a Abs. 1 S. 1 EStG von dem auf Grund dieser bilanziellen Behandlung gebildeten Kapitalanteil ausgegangen,[62] so wird das oben angeführte unerträgliche Ergebnis sowie die Ungereimtheit vermieden, daß für die Verlustberücksichtigung zwar die gegenüber der Pflichteinlage höhere Haftsumme, umgekehrt aber nicht die gegenüber der Haftsumme höhere Pflichteinlage maßgebend ist.

b) Anteil am Verlust der Kommanditgesellschaft

Versteht man – in Anlehnung an die gesetzgeberische Grundkonzeption – unter dem in § 15 a Abs. 1 S. 1 EStG angesprochenen Kapitalkonto das in der Gesellschaftsbilanz ausgewiesene – unter Ausschluß des Kapitals der Sonderbilanz –, so besteht zugleich Klarheit über den Inhalt eines weiteren in § 15 a Abs. 1 S. 1 EStG verwendeten bilanzrechtlichen Begriffes: „Anteil am Verlust der Gesellschaft" ist der auf der Grundlage der Gesellschaftsbilanz ermittelte Verlustanteil. Sondervergütungen und Sonderbetriebsausgaben des Gesellschafters bleiben – wie das Sonderbetriebsvermögen – außer Betracht.

Für Verluste, die sich in der zweiten Gewinnermittlungsstufe ergeben, gilt die Begrenzung der Verlustverrechnung des § 15 a EStG nicht. Sie sind in voller Höhe ausgleichs- bzw. abzugsfähig nach § 10 d EStG.[63]

In der Literatur werden auch hier die Dinge nur verkompliziert. Man ist weitgehend der Meinung, daß die an den Kommanditisten gezahlten Sondervergütungen doch von Einfluß auf den Anteil am Verlust der Gesellschaft i. S. des § 15 a Abs. 1 S. 1 EStG seien und bietet dazu langwierige Berechnungsbeispiele mit unterschiedlichen Ergebnissen.[64]

---

60 Beck'scher Bilanzkommentar, § 247 HGB Rz. 314 ff; Die Stellungnahme 1/76 des Hauptfachausschusses der Wirtschaftsprüfer (WPg 1976, 114, 115) hält unter II 5 hinsichtlich ausstehender eingeforderter Pflichteinlagen sowohl den Ausweis auf der Aktivseite der Bilanz als auch die offene Absetzung von den Kapitalanteilen auf der Passivseite für möglich. Werden auch nicht eingeforderte Pflichteinlagen bilanziert, so ist dies kenntlich zu machen.

61 Unter der Geltung des Bilanzrichtliniegesetzes wird aufgrund einer Zusammenschau der §§ 247, 272 HGB verschiedentlich angenommen, daß der Bilanzausweis entweder in Höhe der geleisteten Einlage oder in Höhe der gezeichneten Einlage unter offener Absetzung der ausstehenden Einlage oder durch Aktivierung der Einzahlungsverpflichtung vorgenommen werden kann (Küting/Weber, § 247 HGB Rz. 101 ff).

62 Wie hier auch Lempenau, StuW 1981, 240; Jakob, BB 1988, 1429 ff, 1432.

63 Regierungsbegründung BT-Drs. 8/3648 S. 16.

64 Vgl. z. B. Bordewin/Söffing/Uelner aaO, S. 49 f einerseits und Döllerer, DStR 1981, 20 andererseits. Vgl. dazu i. e. die Kritik bei Knobbe-Keuk, StuW 1981,

c) Gewinne aus der Beteiligung an der Kommanditgesellschaft

Der nach § 15a Abs. 1 S. 1 EStG nicht ausgleichs- bzw. nicht nach § 10d EStG abzugsfähige Verlust mindert nach § 15a Abs. 2 EStG die „Gewinne, die dem Kommanditisten in späteren Wirtschaftsjahren aus seiner Beteiligung an der Kommanditgesellschaft zuzurechnen sind".

In Anschluß an eine Äußerung in der Regierungsbegründung[65] ist man in der Literatur der Meinung, daß zu den „Gewinnen aus der Beteiligung" i. S. des § 15a Abs. 2 EStG auch die Gewinne des Sonderbetriebsvermögens gehören.[66] Auch diese Auffassung steht in Widerspruch zu der Grundkonzeption der gesetzlichen Regelung. Wenn man für die Behandlung des das Kapitalkonto des Kommanditisten übersteigenden Verlustanteils den Weg eines zeitlich unbeschränkten Verlustvortrages gewählt hat, so aus dem Grunde, daß der Kommanditist handelsrechtlich verpflichtet ist, das negative Kapitalkonto mit späteren auf ihn entfallenden Anteilen am Gewinn der Gesellschaft wieder abzudecken. Spätere Gewinne im Sonderbetriebsvermögen muß der Kommanditist aber gerade nicht zur Abdeckung des negativen Kapitalkontos in der Gesellschaftsbilanz verwenden. Unter den späteren „Gewinnen aus der Beteiligung an der Gesellschaft" i. S. des § 15a Abs. 2 EStG ist also u. E. konsequenterweise nur der Anteil am Gewinn der Gesellschaft zu verstehen.[67]

3. Die Erweiterung des Verlustausgleichsvolumens nach § 15a Abs. 1 S. 2 und 3 EStG

a) Nach S. 2 des § 15a Abs. 1 EStG können – abweichend von S. 1 – Verluste des Kommanditisten bis zur Höhe des Betrages, um den die im Handelsregister eingetragene Einlage (sog. Hafteinlage) des Kommanditisten seine gesellschaftsvertraglich vereinbarte[68] (sog. Pflichteinlage) übersteigt, auch

98 ff; vgl. i. ü. Schmidt, § 15a EStG Anm. 20 ff m. w. N. Zur Anwendung des § 15a EStG auf doppelstöckige Kommanditgesellschaften vgl. Hennig, DB 1985, 886 ff.

65 BT-Drs. 8/3648 S. 17.

66 So z. B. Bordewin/Söffing/Uelner aaO, S. 60; Söffing, FR 1980, 373; Bordewin, BB 1980, 1039; Döllerer, DStR 1981, 21; Biergans, S. 1021 f.

67 Sicher ist auch in diesem Zusammenhang die unpräzise Terminologie des Gesetzgebers zu rügen. Wenn der Gesetzgeber in § 15a Abs. 1 von „Anteil am Verlust der KG" spricht und in Abs. 2 von „Gewinnen aus der Beteiligung", so provoziert der unterschiedliche Sprachgebrauch sicher zunächst Rätselraten. Der Wortlaut des Gesetzes allein gibt jedenfalls zwingend weder für das eine noch für das andere etwas her, zumal aus dem „Anteil am Verlust" des Abs. 1 in Abs. 2 auch schon „Verlust" geworden ist. „Gewinne aus der Beteiligung" muß jedenfalls nicht heißen: Gesamtgewinnanteil, denn das Ergebnis des Sonderbetriebsvermögens ist durchaus nicht ein Gewinn *aus* der Beteiligung, allenfalls ein solcher, der mit der Beteiligung zusammenhängt.

68 In der in der Formulierung des Finanzausschusses Gesetz gewordenen Fassung ist die Rede von „geleisteter Einlage". Nach der oben (III 2 a) vertretenen Auffassung

ausgeglichen oder abgezogen werden, soweit durch den Verlust ein negatives Kapitalkonto entsteht oder sich erhöht. Die Höhe der sich aus dem Gesellschaftsvertrag ergebenden Pflichteinlage muß nicht mit der im Handelsregister eingetragenen Haftsumme, die für die Außenhaftung gegenüber den Gläubigern maßgebend ist, übereinstimmen. Ist die Pflichteinlage niedriger als die im Handelsregister eingetragene Haftsumme, so können Verluste bis zum Betrage der höheren Haftsumme ausgeglichen bzw. nach § 10d EStG abgezogen werden.

Beispiel:

Pflichteinlage 100, Haftsumme 200. Es können nach S. 2 Verluste bis zu 200 ausgeglichen bzw. abgezogen werden, auch wenn ein negatives Kapitalkonto entsteht.

b) Die erweiterte Verlustausgleichs- und Abzugsfähigkeit nach § 15a Abs. 1 S. 2 EStG setzt voraus, daß derjenige, dem der Anteil zuzurechnen ist, am Bilanzstichtag im Handelsregister eingetragen ist. Ist bei *Treuhandverhältnissen* der Treuhänder im Handelsregister eingetragen, so kann der Treugeber-Kommanditist, dem der Anteil nach § 39 AO zuzurechnen ist, danach den ihm zuzurechnenden Verlustanteil nur nach § 15a Abs. 1 S. 1 EStG ausgleichen bzw. abziehen und den darüber hinausgehenden Verlustanteil erst mit späteren Gewinnen aus der Beteiligung gemäß § 15a Abs. 2 EStG verrechnen.[69]

Wodurch diese Konsequenz sachlich gerechtfertigt ist, liegt im Dunkeln. Wenn der Treuhänder-Kommanditist den Gläubigern haftet, sind die Treugeber dessen Rückgriffsansprüchen ausgesetzt. Für die Treugeber ist die Lage nicht anders, als wenn sie auf Grund der Eintragung von den Gläubigern unmittelbar in Anspruch genommen werden könnten. Im übrigen wird die genannte Konsequenz in der Praxis nur zu mehr Schreibarbeit bei der Führung der Handelsregister führen.

Des weiteren muß das Bestehen der Haftung nachgewiesen werden (§ 15a Abs. 1 S. 3 EStG).[70] Eine „Vermögensminderung auf Grund der Haftung"

---

wird freilich das Kapitalkonto nicht durch die geleistete, sondern durch die bedungene Pflichteinlage bestimmt. Für den Fall, daß Hafteinlage und Pflichteinlage übereinstimmen, ein Teil der Pflichteinlage aber noch rückständig ist, ist u.E. schon nach § 15a Abs. 1 S. 1 EStG ein Verlustanteil bis zur Höhe der Pflichteinlage ausgleichs- bzw. abzugsfähig.

69 Z.B. Bordewin/Söffing/Uelner aaO, S. 57 f; Uelner/Dankmeyer, DStZ/A 1981, 18.

70 Vgl. dazu Bordewin/Söffing/Uelner, S. 58: „Dem Erfordernis dieser Voraussetzung liegen praktische Überlegungen zugrunde. Das Finanzamt ist im Regelfall nicht in der Lage, auf Grund der ihm zur Verfügung stehenden Erkenntnisquellen – Bilanzen, Buchführung, Handelsregisterauszug – die haftungsrechtliche Situation der Mitunternehmer-Kommanditisten am Bilanzstichtag zuverlässig zu beurteilen ... Deshalb hat es der Gesetzgeber für gerechtfertigt erachtet, den Nachweis zu verlangen, daß eine behauptete Haftung, die zu einer erweiterten Verlustverrechnung führen soll, auch besteht. Nachgewiesen werden kann die Haftung z.B. dadurch, daß ein Handelsregisterauszug vorgelegt und die Höhe der Einlagen und Entnahmen aufgelistet wird."
Diese Ausführungen entbehren jeglicher Logik. Der Nachweis soll also zu erbrin-

darf nicht durch Vertrag ausgeschlossen oder nach Art und Weise des Geschäftsbetriebs unwahrscheinlich sein (§ 15a Abs. 1 S. 3 EStG).

Diese Einschränkung soll künstliche Aufblähungen des Haftungsbetrages verhindern[71], mißbräuchliche Gestaltungen bei einer Haftungsausweitung, die wirtschaftlich gehaltlos ist, unterbinden.[72] Eine „Vermögensminderung auf Grund der Haftung" durch Vertrag ist etwa ausgeschlossen, wenn der Kommanditist im Innenverhältnis nur bis zur Höhe seiner Einlage und späterer Gewinne an den Verlusten teilnimmt oder im Fall der Inanspruchnahme aus der erhöhten Außenhaftung einen Regreßanspruch gegen einen Dritten hat. Darüber hinaus soll eine „Vermögensminderung auf Grund der Haftung" auch ausgeschlossen sein, wenn der Kommanditist das Haftungsrisiko durch Versicherung abgedeckt hat.[73]

Die Anwendung der Formulierung, daß eine „Vermögensminderung auf Grund der Haftung" nicht nach „Art und Weise des Geschäftsbetriebs unwahrscheinlich ist", ist nur mit Rätselraten zu bewältigen.[74]

c) Eine Erweiterung der Verlustausgleichsmöglichkeit auf Grund einer nicht durch handelsregisterliche Eintragung dokumentierten Haftung ist im Gesetz nicht vorgesehen. Nach der Regierungsbegründung sollte auf diese Weise insbesondere verhindert werden, daß das Ausgleichsvolumen durch die Übernahme einer Bürgschaft für Gesellschaftsschulden seitens des Kommanditisten vergrößert wird.[75] Nach Äußerungen von aus der Finanzverwaltung stammenden Autoren sollen darüber hinaus auch die gesellschaftsrechtlichen Haftungstatbestände der handelsüblichen Kundmachung (§ 172 Abs. 2 HGB) sowie die Haftung des Kommanditisten vor Eintragung der Kommanditgesellschaft (§ 176 Abs. 1 HGB) keine Berücksichtigung finden.[76] Auch diese Auffassung entbehrt des haftungs- und gesellschaftsrechtlichen Sinnes und Verstandes.

---

gen sein durch die Vorlage von „Erkenntnisquellen", die dem Finanzamt ohnehin vorliegen, auf deren Grundlage es aber die haftungsrechtliche Situation nicht „zuverlässig zu beurteilen" vermag!!

71 Uelner/Dankmeyer, DStZ/A 1981, 19.

72 Bordewin/Söffing/Uelner aaO, S. 59.

73 Z.B. Bordewin/Söffing/Uelner aaO, S. 58; Uelner/Dankmeyer, DStZ/A 1981, 19.

74 Vgl. auch die Kritik bei Meßmer, BB-Beilage 1981/1; Biergans, S. 1042 ff. Die Gesetzesverfasser hatten konkrete Verlustzuweisungsmodelle vor Augen (vgl. z.B. Bordewin/Söffing/Uelner, S. 59; Bordewin, RWP-Blattei DT 32 S. 1201).
Nach dem Schreiben des BdF vom 8. 5. 1981 BStBl I 1981, 308 Rdz 7, 8 begründet die höhere Hafteinlage keine Gefahr der Inanspruchnahme, wenn „der insgesamt benötigte und wirtschaftlich begründete Finanzbedarf bei einem Projekt, für das bei der Anlagewerbung eine in sich geschlossene Finanzierungskonzeption vorgelegt wird, durch Eigenkapital und Fremdkapital gedeckt" ist. Vgl. dazu die treffende Kritik bei Lempenau, StuW 1981, 243.
Daß im übrigen eine Kommanditgesellschaft auch gesetzlich begründeten Ansprüchen ausgesetzt sein kann, wird einfach beiseite geschoben!

75 Vgl. BT-Drs. 8/3648; vgl. dagegen eingehend Jakob, BB 1988, 1429 ff, 1437.

76 Z.B. Uelner/Dankmeyer, DStZ/A 1981, 18; zu beachten ist allerdings, daß die unbeschränkte Kommanditistenhaftung nach § 176 HGB dann nicht besteht, wenn die Beteiligung als Kommanditist dem Gläubiger bekannt war.

Nur Notlösungen bieten der Vorschlag Schulze-Osterlohs[77], bei drohender Inanspruchnahme des Kommanditisten eine Rückstellung in seiner Sonderbilanz zu bilden, bzw. der von Schmidt[78] vorgeschlagene Abzug tatsächlicher Zahlungen des Kommanditisten als nachträgliche negative gewerbliche Einkünfte.

U. E. ist entsprechend dem Regelungszweck des § 15 a EStG das Verlustausgleichsvolumen immer dann erweitert, wenn eine über das Kapitalkonto hinausgehende Haftung des Kommanditisten für Gesellschaftsschulden besteht. Dies gilt insbesondere auch für die Haftung des Kommanditisten mit eigenkapitalersetzenden Darlehen.[79]

4. Gewinnzurechnung wegen Einlage- oder Haftungsminderung (§ 15 a Abs. 3 EStG)

a) Zum Verständnis der Regelung des § 15 a Abs. 3 EStG über die Einlageminderung wird folgender Fall zugrunde gelegt: Im Handelsregister eingetragene Haftsumme 100, Kapitalkonto von 200 auf Grund der Pflichteinlage, Jahr 1: Verlustanteil von 200, Jahr 2: Entnahme von 100. Ohne die Sonderregelung des § 15 a Abs. 3 EStG wäre bei dem Kommanditisten im Jahr 1 ein ausgleichs- und abzugsfähiger Verlustanteil von 200 zu berücksichtigen. Hätte er freilich die Entnahme von 100 nicht im Jahr 2, sondern im Jahr 1 getätigt, so wären im Jahr 1 von dem auf ihn entfallenden Verlustanteil nur 100 ausgleichs- bzw. nach § 10 d EStG abzugsfähig und die restlichen 100 nur mit späteren Gewinnen aus der Beteiligung gemäß § 15 a Abs. 2 EStG verrechenbar, m. a. W. ohne die Sonderregelung des § 15 a Abs. 3 EStG würde der Verlustanteil aus Jahr 1 steuerlich unterschiedlich behandelt, je nachdem ob zuerst der Verlust eingetreten ist und dann die Entnahme erfolgte oder umgekehrt. Die durch § 15 a Abs. 3 EStG beabsichtigte Gleichbehandlung der beiden Fälle soll vor allem der Mißbrauchverhütung dienen. Kurzfristige Einlageerhöhungen oder kurzfristige Haftungserweiterungen, die in Verlustjahren nur zum Zwecke des Verlustausgleichs vorgenommen und dann im Folgejahr nach Vornahme des Verlustausgleichs rückgängig gemacht werden, sollen ihren Reiz verlieren.

Die Behandlung der Einlagenminderung i. S. des § 15 a Abs. 3 S. 1 EStG als Gewinn soll bedeuten, „daß ein Teil des Verlusts, der einem Kommanditisten im vorangegangenen Veranlagungszeitraum als ausgleichs- bzw. abzugsfähiger Verlustanteil zugerechnet worden ist, mit Wirkung des Veranlagungszeitraums, in dem das negative Kapitalkonto durch eine Entnahme entsteht oder sich erhöht, in einen nur verrechenbaren Verlust umgepolt wird“[80] (vgl. § 15 a Abs. 3 S. 4 EStG). In dem Eingangsbeispiel würde also der dem Kommanditisten im Jahr 1 zugerechnete Verlustanteil von 200 im Jahr 2 in Höhe der Einlageminderung von 100 seinen Charakter als aus-

77 Herrmann/Heuer/Raupach, § 15 a EStG Anm. 266.
78 Schmidt, § 15 a EStG Anm. 19 a.
79 Vgl. dazu näher Jakob, BB 1988, 1429 ff, 1433.
80 Bordewin/Söffing/Uelner, S. 63.

gleichs- bzw. abzugsfähiger Verlust verlieren und zu einem verrechenbaren Verlust werden, also zu einem Verlust, der nur mit späteren Gewinnen aus der Kommanditgesellschaft verrechnet werden kann.

Soweit die Grundkonzeption des § 15a Abs. 3 EStG. Von einer Darstellung der komplizierten Details der Regelung wird Abstand genommen; die erforderlichen Rechnereien werden zusätzlich verkompliziert, wenn man das Sonderbetriebsvermögen bei der Feststellung des Kapitalkontos berücksichtigt.[81]

b) Für den umgekehrten Fall der Einlage- oder Haftungserhöhung sieht das Gesetz keine Umwandlung eines verrechenbaren Verlustes in einen ausgleichs- bzw. abzugsfähigen Verlust vor. Grund: Eine solche Regelung hätte „zu einer weiteren Komplizierung der ohnehin schon komplizierten Vorschrift des § 15a EStG geführt".[82]

Bei Bordewin/Söffing/Uelner[83] wird des weiteren angeführt, durch das Umpolen von einem verrechenbaren in einen ausgleichs- bzw. abzugsfähigen Verlust könne der Steuerpflichtige – wegen der zeitlichen Begrenzung der Möglichkeit des Verlustabzugs auf 5 Jahre – einen Nachteil erleiden. Diese Argumentation ist reichlich scheinheilig!

Weil der Gesetzgeber – vermeintliche oder wirkliche – Mißbräuche nur in einer ungenießbar komplizierten Form zu bekämpfen in der Lage ist, versperrt er sich selbst den Weg zu einer in sich konsequenten und sachgerechten Gesamtlösung und nimmt nicht zu rechtfertigende Ungerechtigkeiten in Kauf.[84]

Beispiele: Nachdem im Jahr 1 ein das Kapital der Gesellschaft weit übersteigender Verlust eingetreten ist, beschließen die Gesellschafter im Jahr 2, weiteres Kapital zuzuführen. Trotzdem muß die Gesellschaft alsbald liquidiert werden.

Der Kommanditist X wechselt in die Rolle des Komplementärs und hat also auch für die alten Verluste in voller Höhe einzustehen.[85]

Auch diese Einäugigkeit des Gesetzgebers führt nur dazu, daß auf Dauer jede Achtung vor dem Gesetz schwindet. Es ist durchaus nicht überraschend, daß in der Literatur denn auch gefordert wird, die Regelung des § 15a

---

81 Vgl. i.e. die seitenlangen Rechnereien z.B. bei Bordewin/Söffing/Uelner aaO, S. 61 ff. Gegen die Einbeziehung des Sonderbetriebsvermögens in das Kapitalkonto vgl. oben III 2a.

82 Bordewin/Söffing/Uelner aaO, S. 80. Vgl. Bericht des Finanzausschusses BT-Drs. 8/4157 S. 2.

83 Bordewin/Söffing/Uelner aaO, S. 80.

84 Kritisch dazu auch Biergans, S. 1034 f.

85 Merkwürdigerweise wird freilich von an der Gesetzgebung beteiligten Autoren (Kreile in: Vorteilhafte Geldanlagen, 2. Jg., Heft 4, Gruppe 4 S. 342; Söffing/Wrede, FR 1980, 373) für diesen Fall die Auffassung vertreten, der bislang nur verrechenbare Verlust werde zu einem ausgleichsfähigen Verlust (a.A. Biergans, DStR 1981, 11). Das ist in der Sache vernünftig; es ist freilich dann nicht mehr zu rechtfertigen, den Fall der Kommanditisteneinlageerhöhung und -haftungserhöhung anders zu behandeln.

Abs. 3 EStG für die Einlage- und Haftungsminderung auf die Einlage- und Haftungserhöhung entsprechend anzuwenden.[86] Spätestens aber bei dem endgültigen Verlust der Einlage muß sich auch die vorherige Einlagenerhöhung einkunftsmindernd auswirken.[87]

5. Die Feststellung des verrechenbaren Verlustes (§ 15 a Abs. 4 EStG)

§ 15 a Abs. 4 EStG sieht eine jährliche gesonderte Feststellung des verrechenbaren Verlustes vor. Zuständig für den Erlaß des Feststellungsbescheides ist das für die gesonderte Feststellung des Gewinns und Verlusts der Gesellschaft zuständige Finanzamt (§ 15 a Abs. 4 S. 3 EStG). Bei der Berechnung ist von dem verrechenbaren Verlust des vorangegangenen Wirtschaftsjahres auszugehen (§ 15 a Abs. 4 S. 2 EStG). Diesem sind die nach § 15 a Abs. 1 EStG im laufenden Jahr nicht ausgleichs- oder abzugsfähigen Verluste sowie die Gewinnhinzurechnung nach § 15 a Abs. 3 EStG hinzuzuaddieren; abzuziehen sind die Beträge, die der Kommanditist nach § 15 a Abs. 2 EStG bzw. nach § 15 a Abs. 3 S. 4 EStG von Gewinnen abgezogen hat.

Der Feststellungsbescheid nach § 15 a Abs. 4 EStG richtet sich immer nur gegen den Kommanditisten, um dessen verrechenbaren Verlust es geht, und kann also auch nur von diesem angefochten werden. Der Feststellungsbescheid nach § 15 a Abs. 4 EStG kann nur insoweit angegriffen werden, als der verrechenbare Verlust gegenüber dem verrechenbaren Verlust des Vorjahres sich verändert hat (§ 15 a Abs. 4 S. 4 EStG).[88]

6. „Andere Unternehmer, soweit deren Haftung der eines Kommanditisten vergleichbar ist" (§ 15 a Abs. 5 EStG)

Die Vorschriften des § 15 a EStG gelten – mit Ausnahme derjenigen über die erweiterte Verlustverrechnung wegen Außenhaftung und über die Haftungsminderung – sinngemäß für andere Unternehmer, soweit deren Haftung der eines Kommanditisten vergleichbar ist. Im Gesetz sind ausdrücklich angesprochen:

1. die (atypische) stille Gesellschaft,
2. die Gesellschaft bürgerlichen Rechts, soweit die Inanspruchnahme des Gesellschafters für Schulden im Zusammenhang mit dem Betrieb durch Vertrag ausgeschlossen oder nach Art und Weise des Geschäftsbetriebs unwahrscheinlich ist,
3. ausländische Personengesellschaften, soweit entweder die Haftung des Gesellschafters für Schulden im Zusammenhang mit dem Betrieb der eines Kommanditisten oder eines stillen Gesellschafters entspricht oder die Inanspruchnahme des Gesell-

86 Z. B. Eggesiecker/Eisenach/Schürner, FR 1981, 13 ff; Lempenau, StuW 1981, 244.

87 Schmidt, § 15 a EStG Anm. 60.

88 Zu dem Verhältnis zwischen dem Feststellungsbescheid nach § 15 a Abs. 4 EStG und dem gesonderten Gewinnfeststellungsbescheid nach § 180 Abs. 1 Nr. 2 AO, vgl. Bordewin/Söffing/Uelner aaO, S. 84 f.

schafters für Schulden im Zusammenhang mit dem Betrieb durch Vertrag ausgeschlossen oder nach Art und Weise des Geschäftsbetriebs unwahrscheinlich ist,

4. unabhängig von der Rechtsform *alle Unternehmer*, soweit Verbindlichkeiten nur in Abhängigkeit von Erlösen oder Gewinnen aus der Nutzung, Veräußerung oder sonstigen Verwertung von Wirtschaftsgütern zu tilgen sind.[89]
5. Mitreeder einer Reederei i. S. des § 489 des Handelsgesetzbuches, bei der der Mitreeder als Unternehmer (Mitunternehmer) anzusehen ist, wenn die persönliche Haftung des Mitreeders für die Verbindlichkeiten der Reederei ganz oder teilweise ausgeschlossen oder soweit die Inanspruchnahme des Mitreeders für Verbindlichkeiten der Reederei nach Art und Weise des Geschäftsbetriebs unwahrscheinlich ist.[90]

Die Nr. 4 ist in den Katalog der Unternehmer, deren Haftung „der eines Kommanditisten vergleichbar ist", überhaupt nicht einzuordnen. Hier ist auch das allerletzte Fünkchen Konsequenz in der Gedankenführung zu vermissen. Die Nr. 4 ist ein besonders trostloses Beispiel für den Gesetzgebungsstil unserer Zeit. Man hat eine ganz konkrete Fallgestaltung vor Augen, in casu den Einsatz des sogenannten haftungslosen Darlehens (non recourse loan) als Verlustzuweisungsinstrument. Man möchte diese Gestaltung abstellen, man formuliert für diese konkrete Gestaltung eine gesetzliche Vorschrift und bringt sie irgendwo an irgendeiner Stelle eines der zahlreichen sich ohnehin und ständig im Gesetzgebungsverfahren befindenden Steueränderungsgesetzes unter – ohne Rücksicht auf Verluste.

In der Nr. 4 des § 15a Abs. 5 EStG ist denn auch nur in bemerkenswerter Weise das Mißtrauen gegenüber der Rechtsprechung dokumentiert. Es geht bei den sogenannten haftungslosen Darlehen um ein allgemeines *bilanzrechtliches* Problem. Die haftungslosen Darlehen sind nach der Auffassung der Bundesregierung selbst[91] ohnehin nicht passivierungsfähig. Wenn das aber so ist – und u. E. kann ernstlich nicht zweifelhaft sein, daß nur diese bilanzrechtliche Behandlung zutreffend ist – ergibt die Nr. 4 keinen Sinn! Sie beschwört nur die Gefahr herauf, daß eines Tages jemand auf die Idee kommt, der Bestimmung die Bedeutung beizulegen, der Gesetzgeber habe hier indirekt die Passivierungsfähigkeit haftungsloser Darlehen statuiert, weil man sich anders kaum vorstellen kann, wie es zu einem nach § 15a EStG verrechenbaren Verlust soll kommen können.[92]

---

89 Vgl. dazu näher Jakob, Passivierung „haftungsloser Verbindlichkeiten", BB 1986, 972 ff.

90 Nr. 5 ist durch das Steuerbereinigungsgesetz 1985 (BStBl I 1984, 659) eingefügt worden. Zu den Hintergründen der Einfügung vgl. Dankmeyer/Klöckner, DB 1985, 253 f; Bordewin, BB 1985, 386 ff.

91 BT-Drs. 8/3648 S. 18. Gegen die Passivierungsfähigkeit z. B. Bordewin, FR 1978, 592 ff; ders., FR 1979, 215 f; Biergans, DStR 1981, 15; a. A. Paulick, FR 1978, 594 ff.

92 Ebenso Biergans, S. 1009 f.

IV. Die Vorschriften über den zeitlichen Anwendungsbereich des § 15 a EStG (§ 52 Abs. 19 EStG)

Nach der Grundsatzregelung in § 52 Abs. 19 S. 1 EStG ist § 15 a EStG erstmals auf Verluste anzuwenden, die in dem nach dem 31. 12. 1979 beginnenden Wirtschaftsjahr entstehen. Von dieser Regelung gibt es eine Reihe von Ausnahmen:

1. Die Übergangsregelung für sog. *Altbetriebe* spottet in ihrer Kompliziertheit jeder Beschreibung.[93]

Nach § 52 Abs. 19 S. 2 Teilsatz 1 EStG gilt die Grundsatzregelung nicht für Verluste, die in einem vor dem 1. 1. 1980 eröffneten Betrieb entstanden sind. Diese Ausnahmeregelung wird jedoch durch S. 3 Nr. 1 Teilsatz 2 a. E. weiter eingeschränkt. Zusammengenommen ergibt sich aus diesen Teilsätzen: Bei vor dem 11. 10. 1979[94] eröffneten Betrieben findet § 15 a EStG erstmals auf Verluste Anwendung, die in nach dem 31. 12. 1984 beginnenden Wirtschaftsjahren entstehen. Hingegen ist bei Betrieben, die nach dem 10. 10. 1979, aber vor dem 1. 1. 1980 eröffnet worden sind, § 15 a EStG schon für das nach dem 1. 1. 1980 beginnende Wirtschaftsjahr anzuwenden. Auf Verluste im Zusammenhang mit Erweiterungen und Umstellungen von Betrieben, die vor dem 11. 10. 1979 eröffnet worden sind, ist § 15 a EStG erstmals in nach dem 31. 12. 1984 beginnenden Wirtschaftsjahren anzuwenden.

Die Übergangsregelung will dem Vertrauensgrundsatz Rechnung tragen. Ob die Rückbeziehung auf den 10. 10. 1979 als das Datum der Ankündigung der Gesetzesinitiative durch das Bundeskabinett[95] verfassungsrechtlichen Anforderungen standhält, ist recht fraglich.[96] Davon abgesehen wird von an der Formulierung des Gesetzes beteiligten Autoren selbst darauf hingewiesen, daß die Formulierung „Betriebseröffnung“ Anlaß zu Streit geben kann.

Nach dem Schreiben des BdF vom 8. 5. 1981[97] ist es grundsätzlich erforderlich, daß der Betrieb vor dem Stichtag bereits damit begonnen hat, seine Leistungen gegen Entgelt anzubieten, „unter Umständen kann freilich ausreichen, wenn in dem Betrieb bereits erhebliche Investitionen getätigt worden sind“. Darüber hinaus müsse „die Mit-

93 Gleicher Ansicht ist Littmann/Bitz/Meincke, § 15 a EStG Rz. 7.

94 Datum der Bekanntgabe des Kabinettsbeschlusses.

95 Kabinettsvorlage vom 8. 10. 1979 – Datablatt Nr. 8/160007 –. In der Kabinettsvorlage ist das Datum des Stichtags in § 52 Abs. 19 S. 2 Nr. 1 auch noch offengelassen!

96 Nach der Rechtsprechung des Bundesverfassungsgerichts (vgl. BVerfGE 30, 272, 287; BVerfGE 72, 200 ff, 261 = BStBl II 1986, 628 ff, 647) entfällt ein schutzwürdiges Vertrauen in den Fortbestand der ursprünglichen Rechtslage erst vom Tage des Gesetzesbeschlusses des Bundestages. Das Bekanntwerden von Gesetzesinitiativen und die öffentliche Berichterstattung über die Vorbereitung einer Neuregelung durch die gesetzgebenden Körperschaften lassen die Schutzwürdigkeit des Vertrauens in die bisherige Rechtslage noch nicht entfallen.

97 BStBl I 1981, 308 Rdz. 11, 12.

unternehmerschaft i. S. des Steuerrechts, die Träger des Projekts sein soll, bereits vor dem Stichtag entstanden sein und ihre werbende Tätigkeit aufgenommen haben. Haben sich vor dem Stichtag nur die sog. Gründungsgesellschafter zusammengeschlossen, d. h. die Initiatoren des Projekts, treten die eigentlichen Geldgeber aber erst nach dem Stichtag der Gesellschaft bei, liege ein Altbetrieb nicht vor. Andererseits kann jedoch ein Altbetrieb auch vorliegen, wenn nach dem Stichtag noch einzelne Gesellschafter beitreten, die Mitunternehmerschaft als solche aber bereits vor dem Stichtag gegründet worden ist und ihre werbende Tätigkeit begonnen hat." Diese Ausführungen des Schreibens des BdF tragen wenig zur Klärung bei und sind nur darauf angelegt zu verunsichern. U. E. interessiert der Zeitpunkt des Beitritts der einzelnen Gesellschafter zur Gesellschaft für die Anwendung der Übergangsregelung nicht. Es kommt allein darauf an, ob der Betrieb vor dem Stichtag eröffnet oder erweitert worden ist. Denn das Vertrauensschutzprinzip gebietet es, für die bereits bestehenden Betriebe während einer Übergangsfrist die bisher gegebenen Finanzierungsmöglichkeiten zu wahren.[98]

2. Auf Verluste, die in Zusammenhang mit der Errichtung und dem Betrieb einer in Berlin gelegenen Betriebsstätte des Hotel- oder Gaststättengewerbes, die überwiegend der Beherbergung dient, entstehen, ist § 15 a EStG erst anzuwenden, wenn diese in nach dem 31. 12. 1984 beginnenden Wirtschaftsjahren entstehen (§ 52 Abs. 19 S. 2 Nr. 2 EStG). Der Tag der Betriebseröffnung ist irrelevant. Die Sonderregelung gilt also auch für nach dem Stichtag eröffnete Betriebe bzw. Erweiterungen oder Umstellungen des Betriebs.

3. Weitere Sonderregelungen betreffen den sozialen Wohnungsbau, den Betrieb von inländischen Handelsschiffen, die Seeschiffahrt und Seefischerei (vgl. i. e. § 52 Abs. 19 EStG). § 52 EStG war durch das Steuerbereinigungsgesetz 1985 ergänzt worden, um die Übergangsregelung zu § 15 a EStG auch nach Aufgabe der Geprägerechtsprechung durch den Großen Senat des BFH[99] zur Geltung zu bringen: Bei Kommanditgesellschaften, deren alleiniger persönlich haftender Gesellschafter eine Kapitalgesellschaft ist und deren Betätigung sich auf die Errichtung und Verwaltung von Gebäuden i. S. des Satzes 2 Nr. 3 in Berlin (West) beschränkt, *gilt die Betätigung auf Antrag der Gesellschaft als Gewerbebetrieb...*[100] Mit Einführung des § 15 Abs. 3 Nr. 2 EStG ist diese Regelung nach kurzem Leben wieder verschieden. Die „Geprägegesellschaft" war der Branche als „sinnvolles Gestaltungsinstrument" auf andere Weise erhalten worden. Der „Gewerbebetrieb auf Antrag" belegte jedoch schlaglichtartig das schizophrene Verhältnis des Gesetzgebers zur Steuersparbranche und ihren Gestaltungen und sollte daher unvergessen bleiben.

98 Vgl. ebenso Herrmann/Heuer/Raupach, § 15 a EStG Anm. 10; Littmann/Bitz/Meincke, § 15 a EStG Anm. 8; BFH vom 2. 3. 1988 IV B 95/87 BStBl II 1988, 617 (nach summarischer Prüfung); FG Düsseldorf vom 9. 5. 1988 EFG 1988 Nr. 683 rk.

99 BFH vom 25. 6. 1984 GrS 4/82 BStBl II 1984, 751, vgl. dazu oben.

100 Die Einfügung ist während des Gesetzgebungsverfahrens durch den Finanzausschuß des Bundestages geschehen (vgl. Bericht des Finanzausschusses BT-Drs. 10/2370 S. 11).

V. Ausnahme und Erweiterungen zu § 15 a EStG

1. Ausnahme für Berlin

Nach § 15 a BerlFG gilt § 15 a EStG nicht, soweit Verluste auf der Inanspruchnahme erhöhter Absetzungen nach den §§ 14, 14 a, 14 b, 15 BerlFG beruhen.

2. § 15 a EStG und die anderen Gewinneinkünfte

Für die Einkünfte aus Land- und Forstwirtschaft und diejenigen aus selbständiger Arbeit ist jeweils die entsprechende Anwendung des § 15 a EStG vorgesehen (§ 13 Abs. 5, § 18 Abs. 5 EStG).

Mit den neuen Absätzen 5 der §§ 13 und 18 EStG hat der Gesetzgeber durch die Anordnung der entsprechenden Anwendung des § 15 Abs. 1 S. 1 Nr. 2 EStG zugleich eine gesetzliche Regelung über die Gesellschaftersondervergütungen bei diesen Einkunftsarten getroffen.[101]

3. § 15 a EStG und die Überschußeinkünfte

a) Im Bereich der Überschußeinkünfte ist § 15 a EStG sinngemäß anzuwenden

- auf Anteile des stillen Gesellschafters am Verlust des Betriebs (§ 20 Abs. 1 Nr. 4 EStG) sowie
- bei den Einkünften aus Vermietung und Verpachtung (§ 21 Abs. 1 S. 2 EStG).

Hauptadressat der Anordnung einer „sinngemäßen" Anwendung des § 15 a EStG ist die grundstücksverwaltende Personengesellschaft, die als Kommanditgesellschaft im Handelsregister eingetragen ist, deren Gesellschafter aber nach der steuerlichen Praxis Einkünfte aus Vermietung und Verpachtung beziehen.[102]

Für die grundstücksverwaltenden Kommanditgesellschaften hat die Finanzverwaltung in dem sog. 100%-Erlaß vom 2. 1. 1975[103] die Auffassung vertreten, es dürfe bei den Kommanditisten als Anteil am Überschuß der Werbungskosten über die Einnahmen kein höherer Betrag als der der Einlage berücksichtigt werden; negative Überschußanteile, die danach nicht den Kommanditisten zugerechnet werden können, seien dem Komplementär zuzurechnen. Dieser Erlaß hat viel Kritik erfahren.[104]

101 Zu der Gesetzgebungstechnik vgl. Knobbe-Keuk, StuW 1981, 97 (103 f).

102 Vgl. zum Folgenden auch Lothmann, Die vermögensverwaltende Personengesellschaft im Bereich der Einkommensteuer, 1986, S. 491 ff.

103 DB 1975, 128.

104 Vgl. Dornfeld, DB 1974, 2373; Eggesiecker/Schweigert, BB 1974, 1523; Vogel, DB 1975, 518. Nach BFH vom 5. 5. 1981 VIII B 26/80 BStBl II 1981, 575 bestehen keine ernstlichen Zweifel daran, daß bei einer KG, die Einkünfte aus Vermietung und Ver-

Abweichend von dieser „bisherigen Rechtslage“ – wie die Regierungsbegründung[105] formuliert – sollen Anteile an den negativen Einkünften aus der Beteiligung, die im Veranlagungszeitraum nicht ausgeglichen oder abgezogen werden können, nicht mehr dem persönlich haftenden Gesellschafter zuzurechnen sein, sondern mit Überschüssen aus der Beteiligung, die später erzielt werden, verrechnet werden.

Unklar ist, ob die Änderung der „bisherigen Rechtslage“ auch für Berliner Immobiliengesellschaften gilt. § 15 a BerlFG bestimmt, daß § 15 a EStG nicht gelte, soweit Verluste auf der Inanspruchnahme erhöhter Absetzungen nach den §§ 14 ff BerlFG beruhen. Nach der Auffassung der am Gesetzgebungsverfahren beteiligten Regierungsvertreter soll die Ausnahme des § 15 a BerlFG nur gelten, wenn die erhöhten Absetzungen im Rahmen eines Gewerbebetriebs anfallen.[106]

Demgegenüber hat Görlich[107] darauf aufmerksam gemacht, daß, sei eine Gesetzesnorm (§ 15 a EStG) aufgrund eines Ausnahmetatbestandes (§ 15 a BerlFG) nicht mehr anwendbar, dann auch solche Vorschriften (§ 21 Abs. 1 S. 2 EStG) ins Leere laufen, die die sinngemäße Anwendung der auf Grund des Ausnahmetatbestandes nicht mehr anwendbaren Norm verlangen, so daß auch bei Berliner Einkünften aus Vermietung und Verpachtung § 15 a EStG keine Anwendung findet.

b) Die Regelung des § 15 a EStG knüpft an das steuerliche Kapitalkonto an. Ein solches gibt es bei Kommanditgesellschaften, deren Gesellschafter Überschußeinkünfte haben, nicht. Wegen der strukturellen Unterschiede zwischen der Überschußrechnung und der Gewinnermittlung nach § 5 EStG bleibt im Dunkeln, wie man sich die „sinngemäße“ Anwendung einer an das Kapitalkonto anknüpfenden Regelung auf die Überschußeinkünfte vorzustellen hat.

In der Literatur werden eine Reihe von Wegen zur – vom Gesetzgeber beabsichtigten – Begrenzung des Verlustausgleichsvolumens bei den Überschußeinkünften diskutiert[108]:

Maßgeblichkeit der Hafteinlage i. S. des § 171 Abs. 1 HGB[109].

Tatsächlich geleistete Einlage[110].

Tatsächlich geleistete Einlage zuzüglich von Vermögensmehrungen der Kommanditgesellschaft, die nicht auf Einlagen beruhen (z. B. Veräußerungsgewinne der KG, In-

---

pachtung erzielt, den Kommanditisten Anteile am Verlust nicht mehr zuzurechnen sind, soweit dadurch negative Kapitalkonten entstehen oder erhöht werden.

105 BT-Drs. 8/3648 S. 19.

106 Vgl. Bordewin/Söffing/Uelner aaO, S. 123.

107 BB 1980, 1367. Dazu Söffing, BB 1980, 1787 und die Erwiderung von Görlich, BB 1981, 116.

108 Aus dem Schrifttum vgl. etwa Stuhrmann, BB 1980, 1680 ff; Dornfeld, DB 1980, 2303 ff; Jakob, DB 1980, 2360 ff; Bordewin/Söffing/Uelner, S. 117 ff; Schmitz, DB 1981, 438; Uelner/Dankmeyer, DStZ/A 1981, 22; Söffing, FR 1981, 157 ff. Vgl. im übrigen die ausführliche Kommentierung des § 21 Abs. 1 Satz 2 EStG von Bopp/Raupach bei Herrmann/Heuer/Raupach, § 21 EStG grüne Blätter mit weiteren Nachweisen.

109 Jakob, DB 1980, 2361.

110 Uelner/Dankmeyer, DStZ/A 1981, 22.

vestitionszuschüsse u.a.) abzüglich von Vermögensminderungen, insbes. Ausschüttungen.[111]

Umwandlung des handelsrechtlichen Kapitalkontos in ein fiktives steuerliches Kapitalkonto einschließlich fiktiver Sonderbilanzen.[112]

Kurz vor der Verkündung des Verlustbegrenzungsgesetzes wurde zu diesem Gesetz ein Beitrag von Söffing/Wrede[113] publiziert. Dort wurde das „besondere Problem" hervorgehoben, das in der Frage besteht, was unter „sinngemäßer Anwendung" des § 15 a EStG bei den Überschußeinkünften zu verstehen sei, dies müsse zunächst durch eine Erlaßregelung der Verwaltung bestimmt werden; die Passage schließt mit der Feststellung:

„Das schwierigste Problem wird sein, die Korrektivposten zu bestimmen, die das handelsrechtliche Kapitalkonto in ein fiktives steuerliches Kapitalkonto umwandeln. Es wäre aus Gründen der Rechtssicherheit wünschenswert, wenn die Finanzverwaltung möglichst bald einen entsprechenden Erlaß veröffentlichen würde."

Nach der Auffassung der Verwaltung wird das Ausgleichsvolumen für negative Einkünfte aus Vermietung und Verpachtung bei Fremdfinanzierung der Kommanditanteile in Höhe der Fremdfinanzierung gemindert.[114]

Obschon bei der Grundregelung des § 15 a Abs. 1 EStG die Einbeziehung von Sonderbetriebsvermögen in das Kapitalkonto verfassungsrechtlich nicht haltbar ist,[115] wird nun auch noch eine Einkunftsart, bei der es ein Sonderbetriebsvermögen gar nicht gibt, um fiktives Sonderbetriebsvermögen bereichert!

Da natürlich vor und bei der Verabschiedung des Gesetzes niemand auch nur im entferntesten sich eine solche „Auslegung" vorgestellt hat, paßt folglich auch die schlichte Übergangsregelung des *Gesetzes,* nämlich § 52 Abs. 21 b EStG a.F. (§ 21 Abs. 1 S. 2 ist erstmals für den Veranlagungszeitraum 1980 anzuwenden) nicht. Sie wird durch eine eigene Übergangsregelung der Verwaltung[116], die – es wirkt fast höhnisch – als Billigkeitsregelung bezeichnet wird, beiseite geschoben.

U. E. ist mit den bei den Überschußeinkünften angebrachten Verweisungsvorschriften auf § 15 a EStG die Grenze überschritten, bis zu der nach den Maßstäben unseres rechtsstaatlichen Gesetzesbegriffs überhaupt noch von einem *Gesetz* gesprochen werden kann.[117] Die nackte[118] Verweisung in den §§ 20 Abs. 1 Nr. 4, 21 Abs. 1 S. 2 EStG verstößt, weil wegen der unterschiedlichen Struktur des Verweisungsobjektes und der Verweisungen eine analoge Anwendung mit Eindeutigkeit nicht zu bewerkstelligen ist, gegen das rechtsstaat-

111 Bordewin in Bordewin/Söffing/Uelner, S. 118.

112 Z.B. Söffing, FR 1981, 159 ff.

113 FR 1980, 365 (Zitat S. 381 l. Sp.).

114 BdF-Schreiben vom 9. 2. 1981 BStBl I 1981, 75; vom 14. 9. 1981 BStBl I 1981, 620; vgl. dazu kritisch Jakob/Jüptner, FR 1985, 225 ff und ausführlich Lothmann, Die vermögensverwaltende Personengesellschaft im Bereich der Einkommensteuer, 1986, S. 496 ff.

115 Vgl. oben III 2 a.

116 Vgl. Anm. 114.

117 Vgl. i.e. Knobbe-Keuk, StuW 1981, 104 f.

118 Vgl. zu dem Begriff Knobbe-Keuk, StuW 1981, 97 (104) und Nachweise.

liche Gebot der Gesetzesklarheit und Gesetzesbestimmtheit.[119] Der damalige Wunsch von an der Gesetzgebung selbst beteiligten Autoren, die Finanzverwaltung möge aus Gründen der Rechtssicherheit „möglichst bald" einen entsprechenden Erlaß veröffentlichen[120], spricht Bände.

Die Verweisung bei den Überschußeinkünften auf § 15 a EStG erweist sich als eine versteckte Verlagerung der Gesetzgebungsaufgabe auf die Exekutive. Der Gesetzgeber selbst hat in Wirklichkeit keine Regelung getroffen. Darauf beruht der derzeitige für die Steuerpflichtigen untragbare Zustand der Unsicherheit. In vielen Fällen ist dies mit einem Eingriff in den Gewerbebetrieb verbunden.

Die Gerichte sind aufgerufen, aus der Erkenntnis, daß der Gesetzgeber selbst mit den Verweisungen in Wirklichkeit keine Regelung getroffen hat, die Konsequenzen zu ziehen und die Verweisungen zu ignorieren.

Vielleicht geschieht eines Tages einmal das, was Benda[121] angemerkt hat: „... man möchte erwarten, daß das Bundesverfassungsgericht einen steuerrechtlichen Normenbestand schon deshalb einmal an den Gesetzgeber zurückreicht, weil die Regelung in sich unklar und insgesamt nicht hinreichend verständlich ist..."

VI. Die Nachversteuerung bei Wegfall steuerlich noch zulässiger negativer Kapitalkonten

In der Übergangsbestimmung des § 52 Abs. 19 EStG ist – recht unsystematisch – eine materiellrechtliche Regelung zur „Nachversteuerung" eines negativen Kapitalkontos untergebracht. Die Regelung soll nach der Regierungsbegründung[122] sowohl für die Fälle gelten, in denen auch unter Berücksichtigung des § 15 a EStG noch steuerliche negative Kapitalkonten entstehen – sei es auf Grund der erweiterten Außenhaftung nach § 15 a Abs. 1 S. 2, 3 EStG, sei es, daß eine der Übergangsregelungen oder die Ausnahmeregelung nach dem BerlFG anzuwenden ist – als auch für die auf Grund der bisherigen Praxis gebildeten negativen Kapitalkonten.

Scheidet ein Kommanditist[123], dessen Kapitalkonto auf Grund von ausgleichs- oder abzugsfähigen Verlusten negativ geworden ist, aus der Gesellschaft aus oder wird in einem solchen Fall die Gesellschaft aufgelöst, so gilt nach § 52 Abs. 19 S. 4 EStG der Betrag, den der Kommanditist nicht ausgleichen muß, als Veräußerungsgewinn i. S. des § 16 EStG. Damit ist für die „Nachversteuerung" des negativen Kapitalkontos, wie sie bislang schon in der Rechtsprechung praktiziert wurde, eine gesetzliche Grundlage geschaf-

119 Wie hier Biergans, S. 1056 f.

120 Vgl. Anm. 113.

121 DStZ 1984, 159 ff, 162.

122 BT-Drs. 8/3648 S. 26.

123 Oder ein anderer Mitunternehmer, „dessen Haftung der eines Kommanditisten vergleichbar ist".

fen.[124] In Höhe der nach § 52 Abs. 19 S. 4 EStG dem Kommanditisten als Gewinn zuzurechnenden Beträge sind bei den anderen Mitunternehmern „unter Berücksichtigung der für die Zurechnung geltenden Grundsätze Verlustanteile anzusetzen“ (§ 52 Abs. 19 S. 5 EStG).[125] Bei der Verteilung des dem Kommanditisten als Gewinn zuzurechnenden Betrages als Verlust auf die anderen Gesellschafter ist also von dem gesellschaftsrechtlichen Verlustverteilungsschlüssel auszugehen und § 15 a EStG zu beachten. Das bedeutet: Ein Verlustanteil nach § 52 Abs. 19 S. 5 EStG kann auch einem anderen Kommanditisten, dessen Kapitalkonto negativ ist, zugerechnet werden; in diesem Falle entsteht bzw. erhöht sich bei dem betreffenden Kommanditisten ein verrechenbarer Verlust.[126]

Mit dieser Regelung der S. 4 u. 5 des § 52 Abs. 19 EStG wird die ursprüngliche Verlustverteilung, nach der der Kommanditist Verluste auch über sein Kapitalkonto hinaus ausgleichen bzw. abziehen konnte, letztlich korrigiert: Beim Kommanditisten wird die frühere Wohltat – wenn auch im Hinblick auf die Tarifbegünstigung des nunmehr angenommenen „Veräußerungsgewinns“ recht unvollkommen – zurückgenommen, die insoweit ihm ursprünglich zugerechneten Verlustanteile werden auf die anderen Gesellschafter verteilt.

Die Gesamtregelung der S. 4 u. 5 des § 52 Abs. 19 EStG ist zugeschnitten auf den Fall, daß mit dem Ausscheiden des Kommanditisten nicht ein Gesellschafterwechsel verbunden ist.[127]

---

124 Dazu, daß die bisherige Annahme eines Veräußerungsgewinns des Kommanditisten bei Ausscheiden mit negativem Kapitalkonto im Gesetz keine Grundlage hatte, vgl. die 2. Auflage § 23 II 4 b (S. 451 ff).

125 Nach BdF-Schreiben vom 23. 6. 1983 BStBl I 1983, 353 sind bei den Mitunternehmern, auf die der Anteil des Ausscheidenden übergeht, in Höhe der stillen Reserven und des Geschäftswertes Anschaffungskosten zu aktivieren. Nur hinsichtlich der stillen Reserven und der den Geschäftswert übersteigenden Teilbeträge des negativen Kapitalkontos sollen bei den verbleibenden Gesellschaftern Verlustanteile anzusetzen sein.

126 Ebenso Bordewin/Söffing/Uelner aaO, S. 108. Die in dem Schreiben des BdF vom 8. 5. 1981 BStBl I 1981, 308 Rdz. 14 vertretene Auffassung, daß im Falle der Auflösung der Gesellschaft die Verlustanteile „ausschließlich“ bei den unbeschränkt haftenden Unernehmern „anzusetzen sein sollen“, übersieht den Fall, daß bei Auflösung der Gesellschaft das Kapitalkonto anderer Kommanditisten positiv ist.

127 In dem Schreiben des BdF vom 8. 5. 1981 BStBl I 1981, 308 Rdz. 15 ist hervorgehoben, daß die S. 4 u. 5 des § 52 Abs. 19 EStG nicht anwendbar seien, wenn der Kommanditist seinen Anteil ganz oder teilweise veräußert (§ 16 Abs. 1 Nr. 2 EStG). Das ist insofern nicht treffend, als auch der Fall des Ausscheidens eines Gesellschafters unter Anwachsung des Anteils auf die verbleibenden Gesellschafter unter § 16 Abs. 1 Nr. 2 EStG zu fassen ist (vgl. i. e. unten § 23 II); bei dem Ausscheiden eines Kommanditisten mit negativem Kapitalkonto ist eben nur ein regulärer Veräußerungsgewinn nicht entstanden.

Wenn nunmehr bei Ausscheiden eines Gesellschafters zu differenzieren ist, so betrifft dies die Erwerberseite. Bei der Übertragung des Anteils auf einen Dritten

Was die Behandlung des mit negativem Kapitalkonto ausscheidenden Kommanditisten anbetrifft[128], so ist es freilich nur konsequent, auch für den Fall der Übertragung des Gesellschaftsanteils auf einen Dritten die Nachversteuerung des negativen Kapitalkontos in Gestalt eines Veräußerungsgewinns nach §§ 16, 34 EStG anzunehmen.[129] Zahlt der Erwerber für die Übernahme des Gesellschaftsanteils mit negativem Kapitalkonto noch ein Entgelt, so besteht der Veräußerungsgewinn aus dem Betrag des negativen Kapitalkontos sowie dem gezahlten Entgelt.

Auf der *Erwerberseite* liegt die Sache aber anders als bei Ausscheiden eines Kommanditisten ohne Gesellschafterwechsel oder bei Auflösung der Gesellschaft – weil hier eine Korrektur der ursprünglichen Verlustverteilung nicht in Frage steht.

Für den Erwerber wird das negative Kapitalkonto in der Gesellschaftsbilanz fortgeführt. In der Ergänzungsbilanz des Erwerbers[130] wird aber der Unterschied zwischen dem Kapitalkonto und dem Entgelt ausgewiesen.[131] Gegenüber den normalen Ergänzungsbilanzen besteht freilich die Besonderheit, daß der Betrag in Höhe des negativen Kapitalkontos nicht als Anschaffungskosten für den „Anteil" an den Wirtschaftsgütern des Gesellschaftsvermögens zu werten ist. Denn durch die Übernahme des negativen Kapitalkontos wendet der Erwerber nichts aus seinem Vermögen auf, er übernimmt weder eine Ausgleichsverpflichtung noch eine Haftung. Er ist lediglich damit einverstanden, daß in Zukunft auf ihn entfallende Gewinnanteile zum Ausgleich des negativen Kapitalkontos verwendet werden. Diese künftigen Gewinnanteile aber hat schon der Veräußerer in seinem Veräußerungsgewinn versteuert. Um zu verhindern, daß diese Gewinnanteile später noch einmal beim Erwerber versteuert werden, ist also in der Ergänzungsbilanz des Erwerbers ein aktiver Ausgleichsposten zu führen, der erfolgswirksam aufzulösen ist, soweit die Gesellschaft Gewinne macht, die auf den Erwerber entfallen und zum Ausgleich des negativen Kapitalkontos zu verwenden sind.[132]

---

ist in der Tat § 52a Abs. 19 S. 5 EStG nicht anzuwenden. Vgl. dazu weiter im Text.

128 Vgl. dazu Bitz, DB 1985, 1042 ff.

129 Vgl. dazu unten § 23 II 4b.

130 Zu der bei einem Gesellschafterwechsel erforderlich werdenden Führung von Ergänzungsbilanzen vgl. unten § 23 I 3.

131 Für den Erwerber handelt es sich bei der Übernahme eines negativen Kapitalkontos nicht etwa um einen unentgeltlichen Erwerb nach § 7 Abs. 1 EStDV. Vgl. dazu näher Knobbe-Keuk, StuW 1978, 226 (228); L. Schmidt, FR 1978, 353 (365 f).

132 Vgl. eingehend L. Schmidt, FR 1978, 353 (364). Die Übernahme des negativen Kapitalkontos kann auch nicht als Sonderbetriebsausgabe vom Erwerber geltend gemacht werden (so richtig FG Düsseldorf vom 3. 4. 1984 III 585/78 F EFG 1984, Nr. 134).

§ 12
Besonderheiten bei Familienpersonengesellschaften[1]

Die Familiengesellschaften werden von der Rechtsprechung[2] des BFH mit einer besonderen Lupe betrachtet. Insbesondere steht der BFH folgender Fallgestaltung skeptisch gegenüber: Ein Einzelunternehmer bringt sein Unternehmen in eine neu gegründete Kommanditgesellschaft[3] ein, wird selbst Komplementär und beteiligt seine nicht mitarbeitenden – minderjährigen – Kinder als Kommanditisten; die Einlage der Kinder wird diesen vom Vater geschenkt. Auf diese Weise wird die Erbfolge teilweise vorweggenommen. Zugleich geht es um die weitere Existenz des Unternehmens, das erhalten werden soll. Hält sich der Wert der Schenkung im Rahmen der Freibeträge des Erbschafts- und Schenkungssteuerrechts (§ 16 ErbStG), so geht ein Teil des Vermögens des Vaters erbschaftsteuerfrei auf die Kinder über; des weiteren vollzieht sich der in Zukunft auf die Kommanditbeteiligung entfallende Wertzuwachs des Unternehmens unmittelbar bei den Kindern und damit erbschaftsteuerfrei.[4]

In einkommensteuerlicher Hinsicht erwarten die Beteiligten, daß in Zukunft der Gewinn des Unternehmens durch die Aufteilung der Einkunftsquelle gesplittet und anteilig – entsprechend der gesellschaftsvertraglichen Gewinnverteilung – bei den Gesellschaftern der KG besteuert wird.

Diese Erwartung wird jedoch – völlig oder jedenfalls teilweise – vom BFH enttäuscht. Zwar ist seit dem Urteil des BFH vom 22. 8. 1951[5] im Grundsatz allgemein anerkannt, daß eine solche Familiengesellschaft steuerlich nicht einfach deshalb ignoriert werden dürfe, weil sie u. a. auch zum Zwecke der Steuerersparnis errichtet ist. Dennoch sind solche Gesellschaften dem BFH suspekt.

Der BFH sucht seine Skepsis gegenüber den Familienpersonengesellschaften gleich auf zwei Ebenen zur Geltung zu bringen: Einerseits wird eine Reihe

---

1 Aus der umfangreichen Literatur vgl. insbesondere Schmidt, § 15 EStG Anm. 119 ff sowie die Monografien von Dornbach, Die Mitunternehmerschaft eines Gesellschafters aus gesellschaftsrechtlicher und steuerrechtlicher Sicht, 1975; Stadie, Die persönliche Zurechnung von Einkünften, 1983; Schütte, Die Familiengesellschaft im Einkommensteuerrecht, 1986. Vgl. insbesondere auch die auf der Jahrestagung der Deutschen Steuerjuristischen Gesellschaft 1977 gehaltenen Referate und die Diskussionsbeiträge in JDStJG 1978.

2 Vgl. i. e. den Überblick über die Rechtsprechung des RFH und des BFH bei Flume, Festschrift Bosch, 1976, S. 191 ff.

3 Bei Gründung einer atypischen Gesellschaft ist die Problematik die gleiche.

4 Dies gilt freilich alles nur unter der Voraussetzung, daß die Schenkung nicht „verunglückt"; vgl. dazu i. e. Knobbe-Keuk, Verunglückte Schenkungen, Festschrift Flume, 1978, Band 2, S. 149 ff und unten § 27 I 2.

5 BFH vom 22. 8. 1951 IV 246/50 BStBl III 1951, 181.

von – besonderen – Voraussetzungen aufgestellt, damit die Familiengesellschaft überhaupt als Gesellschaft im Sinne des § 15 Abs. 1 S. 1 Nr. 2 EStG „steuerrechtlich anerkannt werden kann“. Liegen diese Voraussetzungen, die im Laufe der Jahre freilich zurückgedreht worden sind, nicht vor, so ist die Gesellschaft für den BFH steuerrechtlich nicht existent, der Gewinn der Gesellschaft wird steuerlich allein dem Vater, der das Unternehmen in die Gesellschaft eingebracht hat, zugerechnet. Ist aber diese Klippe übersprungen, so wird des weiteren die „Angemessenheit“ der auf den gesellschaftsvertraglichen Bestimmungen beruhenden Gewinnverteilung überprüft.

I. Zur steuerlichen „Anerkennung“ bzw. Negierung von Familienpersonengesellschaften

Die Rechtfertigung der Notwendigkeit einer besonderen steuerrechtlichen Anerkennung der Familienpersonengesellschaften folgt für den BFH aus der Annahme, daß auch eine OHG oder KG nur dann Gesellschaft im Sinne des § 15 Abs. 1 S. 1 Nr. 2 EStG sei, wenn die Gesellschafter als Mitunternehmer anzusehen seien.[6]

Die Mitunternehmerstellung von schenkweise in die Gesellschaft aufgenommenen nicht mitarbeitenden Kindern setzt nach dem BFH voraus, daß „ihnen in einem ernsthaft gemeinten, insbesondere zivilrechtlich wirksamen Gesellschaftsvertrag wenigstens annäherungsweise diejenigen Rechte eingeräumt (bzw. belassen) sind, die einem Kommanditisten nach den – teilweise dispositiven – Normen des HGB über die KG zukommen, und die zivilrechtliche Gestaltung klar und eindeutig ist und auch tatsächlich den vertraglichen Bestimmungen gemäß vollzogen wird“.[7]

1. Zivilrechtlich wirksamer Gesellschaftsvertrag

Die Forderung nach dem Abschluß eines zivilrechtlich wirksamen Gesellschaftsvertrages fällt aus dem üblichen Rahmen einer steuerlichen Beurteilung von Gesellschaftsverhältnissen. Ist oder wird ein Rechtsgeschäft unwirksam, bleibt dies nach § 41 Abs. 1 S. 1 AO für die Besteuerung unerheblich, soweit und solange die Beteiligten das wirtschaftliche Ergebnis dieses Rechtsgeschäfts gleichwohl eintreten und bestehen lassen. Angesichts dieser Bestimmung ist fraglich, worauf die Rechtsprechung die Forderung nach dem Abschluß eines zivilrechtlich wirksamen Gesellschaftsvertrages als Vor-

---

6 Dabei hat der BFH bis zur Entscheidung des Großen Senats vom 25. 6. 1984 (BFH GrS 4/82 BStBl II 1984, 751 ff) bei Familiengesellschaften einen anderen Mitunternehmerbegriff zugrundegelegt als bei Dritten. Vgl. aus der ständigen Rechtsprechung z. B. – BFH vom 23. 6. 1976 I R 178/74 BStBl II 1976, 678; vom 28. 11. 1974 I R 232/72 BStBl II 1975, 498 m. w. N. und zum Wandel der Rechtsprechung § 12 I 2.

7 BFH vom 29. 1. 1976 IV R 102/73 BStBl II 1976, 328.

aussetzung für die steuerliche Anerkennung einer Gesellschaft zwischen Familienangehörigen eigentlich gründet.[8] Der BFH rechtfertigt diese Forderung damit, daß er die zivilrechtliche Wirksamkeit des Gesellschaftsvertrages als Beweiszeichen für die *Ernsthaftigkeit* der Begründung eines Gesellschaftsverhältnisses zwischen Familienangehörigen sieht.

Es versteht sich zwar, daß an den Nachweis der Ernsthaftigkeit bei Verträgen von Familienangehörigen strenge Anforderungen gestellt werden müssen und dürfen. Aber das rechtfertigt nicht, eine ausdrückliche gesetzliche Vorschrift wie § 41 Abs. 1 S. 1 AO außer Kraft zu setzen. Für den Nachweis der Ernsthaftigkeit können genausogut andere Indizien herangezogen werden.

Soll den Forderungen der Rechtsprechung des BFH Genüge getan werden, so haben die Beteiligten beim Abschluß des Gesellschaftsvertrages folgendes zu beachten:[9]

a) Erfordernis der vormundschaftsgerichtlichen Genehmigung nach § 1822 Nr. 3 BGB

Der Vertrag, durch den ein noch nicht volljähriges Kind als Komplementär oder Kommanditist[10] in eine gleichzeitig gegründete oder bereits bestehende Gesellschaft aufgenommen wird, bedarf der vormundschaftlichen Genehmigung nach § 1822 Nr. 3 BGB.

Wie es mit dem Erfordernis der vormundschaftsgerichtlichen Genehmigung steht, wenn der Minderjährige an dem Unternehmen als *stiller* Gesellschafter beteiligt werden soll, ist insbesondere im zivilrechtlichen Schrifttum kontrovers. Bei *einer* Fallgestaltung kann man freilich davon ausgehen und sich darauf verlassen, daß die vormundschaftsgerichtliche Genehmigung nicht erforderlich ist: nämlich bei der Gründung einer typischen stillen Gesellschaft, wenn die Beteiligung der minderjährigen Kinder am Verlust ausgeschlossen ist. Das hat der BGH[11] entschieden und dem ist auch der BFH[12] im Urteil vom 28. 11. 1973 gefolgt.

Von diesem Fall abgesehen aber wird man bei der stillen Gesellschaft von dem Erfordernis der vormundschaftsgerichtlichen Genehmigung ausgehen müssen. Der BGH hat dies zwar offengelassen, von der h. M. im zivilrechtlichen Schrifttum[13] und von zivilrechtlichen Instanzgerichten[14] wird die vormundschaftsgerichtliche Genehmigung aber für erforderlich gehalten.

---

8 Kritisch auch Biergans, S. 887 ff.
Nach dem Beschluß des BVerfG vom 20. 11. 1984 (1 BvR 1406/84 HFR 1985, 283) ist das aus Art. 6 Abs. 1 GG abzuleitende Diskriminierungsverbot nicht verletzt. Das BVerfG: Ob nach § 41 AO auch eine andere Auslegung des Steuerrechts möglich wäre, hat das BVerfG nicht zu prüfen.

9 Zu den zivilrechtlichen Vorfragen bei der einkommensteuerrechtlichen Übertragung von Einkunftsquellen vgl. Meincke, JDStJG 1978, 69 ff.

10 Vgl. BGH vom 30. 4. 1955 II ZR 202/53 BGHZ 17, 160 ff; für die h. M. Palandt/Diederichsen, 48. Aufl. 1989, § 1822 BGB Anm. 4.

11 BGH vom 28. 1. 1957 III ZR 155/55 NJW 1957, 672; vgl. i. e. Knopp, NJW 1962, 2181 ff.

12 BFH vom 28. 11. 1973 I R 101/72 BStBl II 1974, 289; s. a. DStR 1974, 182 Nr. 106.

13 Vgl. Baumbach/Duden/Hopt, § 230 HGB Anm. 3 D; Palandt/Diederichsen, 48. Aufl. 1989, § 1822 BGB Anm. 4; Knopp, NJW 1962, 2183 ff; vgl. i. ü. Groh, BB 1987, 1505 ff m. w. N.

14 Z. B. LG Bielefeld vom 25. 10. 1968 3 a T 193/68 NJW 1969, 753.

Das für die stille Gesellschaft Ausgeführte wird man auch sinngemäß für die Unterbeteiligung eines Minderjährigen anzunehmen haben. Zwar handelt es sich bei der Unterbeteiligung nicht um eine stille Gesellschaft im Sinne des § 230 HGB, sondern um eine bürgerlichrechtliche Innengesellschaft. Beide Gesellschaften werden aber als Innengesellschaften auch im Zivilrecht weitgehend gleich behandelt. Die Parallelbehandlung schlägt sich denn auch in einem Beschluß des OLG Hamm vom 22. 1. 1974[15] nieder: Das OLG Hamm steht hier auf dem Standpunkt, die Einräumung einer Unterbeteiligung an einem OHG-Anteil bedürfe dann der vormundschaftsgerichtlichen Genehmigung, wenn der Unterbeteiligte am Verlust teilnehme, und zwar auch dann, wenn die Teilnahme am Verlust auf den Verlust der geschenkten Einlage beschränkt sei.

Soweit zu einem Gesellschaftsvertrag die vormundschaftsgerichtliche Genehmigung erforderlich ist, sollte man mit dem Antrag nicht zu lange warten. Zivilrechtlich wirkt zwar die Erteilung der vormundschaftsgerichtlichen Genehmigung auf den Zeitpunkt des Abschlusses des genehmigten Geschäfts zurück. Steuerlich soll danach die nachträgliche vormundschaftsgerichtliche Genehmigung erst von dem Zeitpunkt an berücksichtigt werden, in dem diese Genehmigung ausgesprochen wird, sofern sie nicht unverzüglich nach Abschluß des Vertrages beantragt und in angemessener Frist erteilt wird.[16]

b) Bestellung eines Ergänzungspflegers für den Abschluß des Gesellschaftsvertrages gemäß § 1909 BGB

Die Notwendigkeit der Bestellung eines Ergänzungspflegers ergibt sich daraus, daß die Eltern als gesetzliche Vertreter bei dem Abschluß des Gesellschaftsvertrages an der Abgabe der erforderlichen Erklärung für das minderjährige Kind nach § 181 BGB (vgl. § 1629 Abs. 2; § 1725 BGB) verhindert sind. Das Vertretungsverbot besteht freilich dann nicht, wenn das Geschäft dem Kind lediglich einen rechtlichen Vorteil bringt.[17] Handelt es sich um eine Barschenkung mit der Auflage, den Betrag als Einlage zu verwenden, bedarf es des Ergänzungspflegers, weil das Geschäft einen rechtlichen Nachteil bringt. Sollen mehrere minderjährige Kinder als Gesellschafter beteiligt werden, so muß für jedes Kind ein besonderer Ergänzungspfleger tätig werden.

c) Beachtung der Formvorschrift des § 518 BGB

Die Klippe des § 518 BGB besteht nicht für Gesellschaftsverträge betreffend eine OHG oder KG. Denn hier wird nach allgemeiner Meinung der Mangel der Form des Schenkungsversprechens spätestens durch die Einbuchung der Einlage auf dem Kapitalkonto des Beschenkten geheilt. Die notarielle Form ist aber für die Gründung der Innengesellschaften, also der stillen Gesellschaft und der Unterbeteiligung, zu beachten.[18] Denn hier wird der Formmangel des Schenkungsversprechens nach einem Urteil des BGH aus dem Jahre 1952 nicht dadurch geheilt, „daß der Geschäftsinhaber den Anteil buchmäßig, steuerlich oder sonstwie als Vermögen des anderen führt". Das Urteil ist freilich in der zivilrechtlichen Literatur äußerst umstritten.[19]

15 DB 1974, 424; ebenso Groh aaO, (Anm. 13), m.w.N.

16 BFH vom 1. 2. 1973 IV R 49/68 BStBl II 1973, 307.

17 BGH vom 27. 9. 1972 BGHZ 59, 236 ff.

18 BGH vom 29. 10. 1952 II Z R 16/52 BGHZ 7, 378 ff.

19 Vgl. die umfangreichen Nachweise bei Huber, Vermögensanteil, Kapitalanteil und Gesellschaftsanteil an Personengesellschaften des Handelsrechts, 1970, S. 154 Anm. 26. Der BFH folgt der Auffassung des BGH (vgl. BFH vom 8. 8. 1979 I R 82/76 BStBl II 1979, 768).

d) Bei Zweifel Erfüllung der strengsten Wirksamkeitsvoraussetzungen

Soweit Zweifel oder Streit besteht, ob ein Gesellschaftsvertrag in casu zu seiner zivilrechtlichen Wirksamkeit einer bestimmten Form oder eines sonstigen Wirksamkeitserfordernisses bedarf, müssen die Beteiligten nach der – auf L. Schmidt[20] zurückgehenden – Auffassung des IV. Senats des BFH[21] für die steuerliche Anerkennung diejenige Art und Weise des Vertragsschlusses wählen, bei der die zivilrechtliche Wirksamkeit auf jeden Fall gesichert ist, d.h. sie müssen im Zweifel die strengeren und strengsten Anforderungen erfüllen.

2. Keine wesentliche Einschränkung der Gesellschafterrechte der Kinder

Auch wenn der Gesellschaftsvertrag wirksam abgeschlossen ist, kann die steuerrechtliche Anerkennung der Familiengesellschaft dennoch in Frage gestellt sein, wenn der BFH Anstoß an einer seiner Meinung nach zu dürftigen Ausgestaltung der Rechtsstellung der Kinder nimmt.[22]

Bei der Beurteilung der Mitunternehmerstellung in Familiengesellschaften hat der BFH sich schon immer an der Rechtsstellung orientiert, die einem Kommanditisten nach den dispositiven Vorschriften des HGB zukommt.[23] Ein Abweichen der Rechtsstellung des als Kommanditist aufgenommenen Kindes von dem Regelstatut des HGB auf Grund gesellschaftsvertraglicher Vereinbarungen z. B. über Beschränkungen des Rechts zur Entnahme der Gewinnanteile, über den Ausschluß des Widerspruchsrechts nach § 164 HGB, über den Ausschluß des Kündigungsrechts und über eine Begrenzung des Abfindungs- und Auseinandersetzungsanspruchs bei Ausscheiden des aufgenommenen Gesellschafters oder bei Auflösung hat die Rechtsprechung zum Anlaß genommen, die Mitunternehmerstellung des Kindes in Frage zu stellen.

Da kaum ein Gesellschaftsvertrag einer KG dem Kommanditisten die in der dispositiven gesetzlichen Regelung des HGB vorgesehene Stellung beläßt und dennoch die Mitunternehmerstellung des Kommanditisten sonst keine

20 L. Schmidt, FR 1974, 485 ff, 491, 498.

21 BFH vom 19. 9. 1974 IV R 95/73 BStBl II 1975, 141.

22 Vgl. z.B. BFH vom 8. 2. 1979 IV R 163/76 BStBl II 1979, 405; BFH vom 3. 5. 1979 IV R 153/78 BStBl II 1979, 515; BFH vom 5. 7. 1979 IV R 27/76 BStBl 1979, 670. Die in BFH vom 1. 2. 1973 IV R 61/72 BStBl II 1973, 309 aufgestellte Forderung nach einem Dauerergänzungspfleger hat der BFH – im Anschluß an den Beschluß des BGH vom 18. 9. 1975 II ZB 6/74 BB 1975, 1452 – wieder aufgegeben (BFH vom 29. 1. 1976 IV R 102/73 BStBl II 1976, 328).

23 Inzwischen hat der Große Senat (BFH vom 25. 6. 1984 GrS 4/82 BStBl II 1984, 751 ff) allgemein für die Mitunternehmerstellung eines Kommanditisten die Voraussetzung aufgestellt, daß der Kommanditist nach dem Gesellschaftsvertrag und der tatsächlichen Durchführung zumindest eine Stellung hat, die handelsrechtlich das Bild eines Kommanditisten bestimmt.

Frage ist, war nicht ersichtlich, wieso dies bei Familiengesellschaften anders sein soll.[24]

Wenn die Kinder als Kommanditisten eine Stellung haben, wie sie in einem Gesellschaftsvertrag unter Fremden durchaus üblich ist, ist die Familienpersonengesellschaft u. E. unter dem Gesichtspunkt einer mangelnden Mitunternehmerstellung der Kinder nicht angreifbar.[25] Ob sich auch die Rechtsprechung in diese Richtung entwickeln wird, ist zur Zeit nicht zu übersehen. Hoffnung hatte das Urteil des VIII. Senats vom 10. 11. 1987[26] erweckt: Der VIII. Senat sieht in dieser Entscheidung im Ausschluß des Widerspruchsrechts § 164 HGB, in einer umfassenden Beschränkung des Gewinnentnahmerechts der Kommanditisten, im langjährigen Kündigungsausschluß und in einer Buchwertabfindungsklausel keine nennenswerten und nicht auch zwischen Fremden üblichen Abweichungen vom Regelstatut des HGB, weder einzeln noch in der Summe.

Hätte das Urteil des VIII. Senats im BFH Schule gemacht, so wären für eine Nichtanerkennung der Mitunternehmerstellung im wesentlichen die folgenden Fälle geblieben:

Die Gesellschafterstellung der Kinder ist von vornherein befristet oder auflösend bedingt.

Die Kinder können vom Vater jederzeit ohne weiteres zum Buchwert aus der Gesellschaft ausgeschlossen werden.

Inzwischen haben die Hoffnungen aber durch das Urteil des VIII. Senats vom 11. 10. 1988[27] einen gewaltigen Dämpfer erfahren. Der BFH sieht den (schenkweise aufgenommenen) Kommanditisten mangels Mitunternehmerinitiative nicht als Mitunternehmer an, wenn der Gesellschaftsvertrag Stimmrecht und Gesellschafterbeschlüsse so regelt, daß im Ergebnis der Senior in allen Angelegenheiten stets allein entscheiden kann, insbesondere auch über die Änderung des Gesellschaftsvertrages und die Auflösung der Gesellschaft.[28]

Zu folgen ist dem BFH, wenn er die Mitunternehmerstellung der schenkweise aufgenommenen Kinder in den Fällen verneint, in denen die Gesellschafterstellung der Kinder von vornherein befristet oder auflösend bedingt

---

24 Vgl. i. e. die Kritik der Rechtsprechung bei Flume, Festschrift Bosch, 1976, S. 191 ff, 199 ff.

25 Vgl. für Entnahmebeschränkungen BFH vom 24. 7. 1986 IV R 103/83 BStBl II 1987, 54 ff, 56: Sie sind unbedenklich, soweit sie für alle Gesellschafter gelten und der Umfang auch unter Fremden üblich ist.

26 BFH vom 10. 11. 1987 VIII R 166/84 FR 1988, 248 ff mit bissiger Anm. von L. Schmidt.

27 BFH vom 11. 10. 1988 VIII R 328/83 FR 1989, 307 mit zustimmender Anm. von L. Schmidt.

28 In dem Streitfall verfügte der Senior über 76% der Stimmen, für Satzungsänderung und Auflösung der Gesellschaft war ¾ Mehrheit im Gesellschaftsvertrag vorgesehen; das Widerspruchsrecht nach § 164 HGB war ausgeschlossen.

ist[29] oder die Kinder ohne ihren Willen durch Kündigung seitens des Vaters gegen Buchwertabfindung die Gesellschafterstellung wieder verlieren können.[30] In derartigen Fällen liegt keine Übertragung der Einkunftsquelle Gesellschaftsanteil vor.[31] Der Senior hat sich von einem Vermögenswert nur in Höhe des Buchwertes getrennt.

Es kann hier freilich nicht unberücksichtigt bleiben, daß das Kind, soweit es um den Buchwert der Beteiligung geht, eigene Einkünfte hat. Denn der Buchwert gehört in diesen Fällen unabänderlich zum Vermögen des Kindes. Darüber hinaus aber hat das Kind die Einkunftsquelle nur zu treuen Händen.

3. Die Konsequenzen der Ablehnung der Mitunternehmerstellung des Kindes

Wird die Mitunternehmerstellung der Kinder verneint, so geht die Rechtsprechung mit Selbstverständlichkeit davon aus, daß mit der Leugnung der Mitunternehmerstellung der Kinder automatisch die steuerliche Zurechnung des gesamten Gewinns der Personengesellschaft an den Vater verbunden sei. Diese Annahme aber ist unbegründet. Denn allein die Verneinung der Mitunternehmerstellung einer Person bedeutet noch nicht, daß diese Person insoweit gar keine Einkünfte hat. Sie bedeutet zunächst nur, daß keine Einkünfte aus Gewerbebetrieb vorliegen. Noch nicht ausgeschlossen aber ist, daß diese Person insoweit Einkünfte z. B. aus nicht selbständiger Arbeit oder aus Kapitalvermögen hat. Und so ist auch bei Familiengesellschaften, wenn der BFH die Mitunternehmerstellung der Kinder verneint, nicht die Tatsache aus der Welt geschaffen, daß das den Kindern geschenkte Kapital Bestandteil ihres Vermögens ist und daß die Kinder dieses Kapital dem Unternehmen zur Nutzung überlassen haben. Konsequenterweise hätten sie dann – zumindest zu dem von der Rechtsprechung für angemessen befundenen Teil – wie ein partiarischer Darlehensgeber Einkünfte aus Kapitalvermögen.[32]

---

29 BFH vom 29. 1. 1976 IV R 73/73 BStBl II 1976, 324.

30 BFH vom 29. 4. 1981 IV R 131/78 BStBl II 1981, 663; BFH vom 15. 10. 1981 IV R 52/79 BStBl II 1982, 342.

31 Vgl. dazu näher Knobbe-Keuk, Verunglückte Schenkungen, Festschrift Flume, 1978, Bd. 2, S. 149 ff.

32 Ebenso Schulze-Osterloh, JbFStR 1978/79, 245 ff; a. A. L. Schmidt, JbFStR 1978/79, 287 f. In den Urteilen vom 29. 4. 1981 (aaO, Anm. 30) und vom 15. 10. 1981 (aaO, Anm. 30) weist der BFH immerhin auf die Möglichkeit hin, daß Gesellschaftern, die jederzeit von einem anderen Gesellschafter zum Buchwert abgefunden werden können und denen die Mitunternehmereigenschaft abgesprochen wird, die Stellung von typischen stillen Gesellschaftern zukommen kann. Das setze dann allerdings voraus, daß das Gesellschaftsverhältnis in einem rechtswirksamen Vertrag klar und eindeutig vereinbart sowie auch tatsächlich durchgeführt worden sei und daß den Gesellschaftern danach wenigstens annäherungsweise noch die Rechte zustehen, die einem stillen Gesellschafter nach §§ 230 ff HGB zukommen (so BFH vom 29. 4. 1981 aaO). U. E. kann aber auch, wenn dies nicht der Fall sein sollte, nicht an der Tatsache vorbeigegangen werden, daß die Kinder in Höhe des Buchwerts dem Unternehmen ihr Kapital zur Verfügung gestellt ha-

Diese Überlegung zeigt, daß es der Rechtsprechung gar nicht um die Auslegung und Anwendung des Mitunternehmerbegriffes geht. In Wirklichkeit geht es ihr darum, die Schenkung an die minderjährigen Kinder völlig zu ignorieren. In der Sache ist dieses Anliegen der Rechtsprechung verständlich. Denn der Zustand – wie er nach Streichung des früheren § 27 EStG über die Zusammenveranlagung besteht –, daß Steuerpflichtige mit Einkommen aus Vermögen – anders als Steuerpflichtige mit Arbeitseinkommen – ihr Einkommen durch Aufteilung der Einkunftsquelle splitten können, ist unbefriedigend.[33] Nur sind angesichts der Tatsache, daß nach der derzeitigen gesetzlichen Lage noch nicht einmal die Operationen am Mitunternehmerbegriff zu dem gewünschten Ergebnis führen können, beträchtliche Vorbehalte gegenüber einer Rechtsprechung angebracht, die selbst die Änderung der unbefriedigenden gesetzlichen Lage herstellt.

II. Prüfung der „Angemessenheit" der Gewinnverteilung[34]

Die Rechtsprechung des BFH ist bei Familiengesellschaften nicht bereit, eine Gewinnverteilungsvereinbarung des Inhaltes, daß – nach der Vergütung der Sonderleistungen der Gesellschafter und einer angemessenen Kapitalverzinsung – der Gewinn auf die Gesellschafter entsprechend dem Verhältnis der Kapitalanteile zu verteilen ist, steuerrechtlich zu akzeptieren. Vielmehr billigt der BFH dem nicht mitarbeitenden Kind, das seine Beteiligung an der Gesellschaft durch Schenkung erworben hat, nur einen „angemessenen" Gewinnanteil zu. Der darüber hinausgehende Gewinn wird steuerlich dem Vater zugerechnet.

Für „angemessen" wird seit dem Beschluß des Großen Senats vom 29. 5. 1972[35] eine Gewinnverteilung gehalten, die auf längere Sicht zu einer Verzinsung des tatsächlichen Wertes des Gesellschaftsanteils von 15% führt. Gegebenenfalls soll auch ein niedrigerer Satz als der gegriffene Regelsatz von 15% in Frage kommen können.

Der BFH hat bislang nicht dargetan, woher er die Legitimation für die Prüfung der „Angemessenheit" der Gewinnverteilung nimmt.[36] Ist die Mitunternehmerstellung des Kindes akzeptiert, so kann nur die Frage gestellt werden, ob der dem Kind in der Gewinnverteilungsabrede zugedachte Gewinnanteil tatsächlich auch auf der Beteiligung an der Gesellschaft oder auf einer anderen causa beruht.[37] Der Unternehmensgewinn der Gesellschaft aber,

---

ben und sie folglich zumindest Einkünfte aus Kapitalvermögen wie ein partiarischer Darlehensgeber haben.

33 Vgl. schon Flume, DB 1973, 794 f.

34 Vgl. zu der Problematik Groh, Übertragung von Einkunftsquellen durch Beteiligung an einer Familienpersonengesellschaft, insbesondere die Angemessenheit der Gewinnverteilung, in JDStJG 1978, 97 ff.

35 BFH vom 29. 5. 1972 GrS 4/71 BStBl II 1973, 5.

36 Vgl. insbesondere die grundsätzliche Kritik des Beschlusses des Großen Senats bei Flume, StbJb 1976/77, 43 ff.

37 So auch Tipke/Lang, § 9 G II 4.3, S. 337 f.

der nach Abzug des Unternehmerlohns, d.h. einer angemessenen Vergütung für die Geschäftsführung und das Haftungsrisiko des Komplementärs, sowie der sonstigen Sondervergütungen und einer angemessenen Kapitalverzinsung verbleibt, kommt dem Inhaber des Unternehmens zugute, also mittelbar den Gesellschaftern, entsprechend ihrem Anteil am Vermögen der Gesellschaft. Eine entsprechende Gewinnverteilungsvereinbarung ist denn auch die unter Fremden übliche. Wieso bei Familienpersonengesellschaften der Gewinnanteil gemäß einer solchen Gewinnverteilungsabrede steuerlich nicht dem Gesellschaftsanteil des Kindes zuzurechnen sein soll, ist nicht ersichtlich.[38] Für die Zurechnung des Gewinnanteils zu einer Gesellschaftsbeteiligung kommt es nicht darauf an, aus welchem Grunde der Gesellschafter die Beteiligung erworben hat, ob durch Schenkung oder entgeltlich. Wenn die Gesellschafter- und Mitunternehmerstellung des Kindes dem Grunde nach akzeptiert ist, können für die Zurechnung des Gewinnanteils keine anderen Grundsätze als unter Fremden gelten.[39]

Bei Familiengesellschaften ist nur in besonderem Maße darauf zu achten, daß die Sondervergütungen für den Komplementär auch angemessen sind und nicht der – auf die Gesellschafter im Verhältnis der Kapitalanteile zu verteilende – Unternehmensgewinn zu hoch angesetzt wird.

Trotz der vielfältigen Kritik, der der Beschluß des Großen Senats vom 29. 5. 1972 ausgesetzt gewesen ist,[40] hat der BFH ihn nicht mehr in Frage gestellt und judiziert seitdem auf dieser Grundlage. Die Kritik wird vom BFH einfach nicht zur Kenntnis genommen.[41] Die Entscheidungen zur sog. Angemessenheit der Gewinnverteilung beschäftigten sich vornehmlich mit der „Auslegung" des Beschlusses und der Klärung, in welchen weiteren Fällen die dort aufgestellten Grundsätze anzuwenden sind.

In dem Urteil vom 24. 7. 1986[42] behauptet der BFH, die Angemessenheitsprüfung beruhe auf einer „gesetzlichen Grundlage"! Der BFH geht davon aus, daß nur die auf der Gesellschafterstellung der Kinder beruhenden Gewinnanteile originäre Einkünfte i.S. des § 15 Abs. 1 S. 1 Nr. 2 EStG sein können. Das ist richtig; nur ist damit zu der entscheidenden Frage, welche Gewinnanteile auf der Gesellschafterstellung der Kinder beruhen, schlechterdings nichts gesagt! Dazu vermag der BFH nur anzuführen: „Die Frage, welche Gewinnanteile danach der schenkweise eingeräumten Einkunftsquelle zuzuordnen sind, hat der Große Senat im Wege einer Typisierung entschieden, die die Gleichbehandlung einer Vielzahl ähnlicher Sachverhalte gewährleistet und auch im Streitfall zu einer zutreffenden (!) Gewinnverteilung führt."

---

38 Vgl. auch die Kritik bei Biergans, S. 903 ff.

39 Den BFH interessiert auch nicht, daß in der Gesellschaft dritte Gesellschafter entsprechende – über 15% hinausgehende – Gewinnansprüche haben (vgl. BFH vom 24. 7. 1986 IV R 103/83 BStBl II 1987, 54).

40 Auch in der Rechtsprechung der Finanzgerichte stößt die 15%-Grenze auf Widerspruch, vgl. die Ausführungen des FG Düsseldorf vom 15. 12. 1982 VI/X 136/77 F DB 1983, 1687.

41 Eine Verfassungsbeschwerde hat nicht zum Erfolg geführt (BVerfG vom 11. 6. 1979 HFR 1979, 388).

42 BFH vom 24. 7. 1986 IV aaO, (Anm. 39).

Die „gesetzliche Grundlage" für die Angemessenheitsprüfung kann nur in einer allein dem BFH zugänglichen Geheimausgabe der Steuergesetze enthalten sein.

Die vom Großen Senat für geschenkte Kommandit- und atypische stille Beteiligungen aufgestellten Grundsätze sind inzwischen auch auf typische stille Gesellschaften[43] sowie auf typische und atypische Unterbeteiligungen[44] ausgedehnt worden.[45] Dabei ist zu beachten, daß bei typischen stillen Gesellschaften und bei typischen Unterbeteiligungen – wenn der stille Gesellschafter bzw. der Unterbeteiligte also nicht an den stillen Reserven und am Geschäftswert beteiligt ist –, der Satz von 15% sich auf den Nominalwert als den tatsächlichen Wert der Beteiligung bezieht. Ist der typische stille Gesellschafter bzw. der Unterbeteiligte nur am Gewinn, nicht aber auch am Verlust beteiligt, so ist nach dem IV. Senat[46] die Obergrenze für die noch als angemessen zu beurteilende Durchschnittsrendite auf weniger als 15% des Nominalwertes, etwa auf 12%, zu veranschlagen.

Darüber hinaus wird der tatsächliche Wert des Gesellschaftsanteils auch dann dem Buchwert gleichgesetzt, wenn sich der Vater das Recht vorbehalten hat, den geschenkten Gesellschaftsanteil gegen eine Abfindung in Höhe des Buchwertes nach einer bestimmten Zeit wieder zu übernehmen.[47]

U. E. steht in derartigen Fällen schon die Einkunftsquelle Gesellschaftsanteil gar nicht dem Kinde zu. Dem Kind ist hier vermögensmäßig nur ein Rückzahlungsanspruch auf den Nominalwert des Kapitalanteils zugeordnet, die darüber hinausgehende Gesellschaftsbeteiligung hält das Kind wie ein Treuhänder für den Vater.[48]

Im übrigen wird die Gewinnverteilungsabrede nur dann nicht beanstandet, wenn der auf die Kinder nach dem Gewinnverteilungsschlüssel entfallende Betrag des prognostizierten durchschnittlichen Jahresergebnisses 15% des *gemeinen Wertes* des Kapitalanteils nicht übersteigt. Damit stellt sich für Steuerpflichtige, Finanzämter und Finanzgerichte die nicht einfache Aufgabe der Ermittlung des gemeinen Wertes des Anteils. Bemerkenswert ist, daß für die Festlegung der auf die Beteiligung entfallenden angemessenen Gewinnquote als Bezugspunkt der gemeine Wert gewählt wird, obschon der gemeine Wert der Beteiligung auch durch die Gewinnquote beeinflußt

43 BFH vom 29. 3. 1973 IV R 56/70 BStBl II 1973, 650.

44 BFH vom 26. 6. 1974 I R 206/67 BStBl II 1974, 676; BFH vom 26. 10. 1983 I R 218/78 n.v. lehnt die Anwendung der 15%-Rechtsprechung auf die Familien-GmbH mit geschenkter typischer stiller Beteiligung ab (Angemessenheitsprüfung nach den allgemeinen Grundsätzen bei verdeckten Gewinnausschüttungen).

45 Die Grundsätze der BFH-Rechtsprechung werden vom FG Köln nicht auf eine Familien-GmbH u. Co. KG angewendet (FG Köln vom 15. 12. 1987 2 K 43, 44 und 330/82 EFG 1988 Nr. 331 – n. rk. –). Die Kinder waren als Kommanditisten beteiligt; alleiniger Gesellschafter der Komplementär-GmbH war der Vater: Die „überschießenden" Gewinnanteile der Kinder können, da die GmbH gegenüber dem Vater rechtlich verselbständigt ist, nicht der GmbH zugerechnet werden. A.A. Schmidt, § 15 EStG Anm. 135; Blümich, § 15 EStG Anm. 312.

46 BFH vom 29. 3. 1973 IV R 56/70 BStBl II 1973, 650.

47 BFH vom 27. 9. 1973 IV R 33/71 BStBl II 1974, 51.

48 Vgl. dazu oben I 2 und Knobbe-Keuk, Festschrift Flume, 1978, Bd. 2, S. 149 ff.

wird.[49] Der BFH wendet seine Grundsätze der Angemessenheitsprüfung auf Verlobte und Partner einer nichtehelichen Lebensgemeinschaft nicht an.[50] Daß damit Eheleute und Kinder diskriminiert werden, stört den BFH nicht. Heiraten die Verlobten oder Partner der nichtehelichen Lebensgemeinschaft, so wird allein wegen der Heirat die Gewinnverteilungsabrede plötzlich verworfen. Es ist nur zu hoffen, daß sich der BFH eines Tages doch noch besinnt und bei der Überprüfung von Gewinnverteilungsabreden den – rechtlich allein zulässigen – Drittvergleich zugrundelegt.

III. Ausgleich von ungerechtfertigten Verschiebungen der Steuerbelastung zwischen Eltern und Kindern[51]

Versagt die Rechtsprechung einer Familienpersonengesellschaft die „steuerrechtliche Anerkennung“ oder rechnet sie auf Grund der Prüfung der „Angemessenheit“ der Gewinnverteilung einen Teil des auf die Gesellschaftsbeteiligung des Kindes entfallenden Gewinnanteils nicht dem Kinde zu, so ergeben sich folgende Auswirkungen: Zivil- und handelsrechtlich steht dem Kind zweifellos auch der über 15 % des tatsächlichen Werts des Anteils hinausgehende Gewinnanteil zu. Der Vater zahlt damit Steuern für Gewinne, die er überhaupt nicht hat. Noch gravierender ist es, wenn die Gesellschaft, die zivilrechtlich tadellos ist, vom BFH „steuerrechtlich nicht anerkannt“ wird. In diesem Fall muß der Vater nach der Auffassung des BFH den gesamten von der Gesellschaft erzielten Gewinn versteuern. Zivilrechtlich aber steht den Kindern der auf ihre Beteiligung entfallende Gewinnanteil zu. Diese Rechtsprechung kann dazu führen, daß der Vater, der nur seinen eigenen Gewinnanteil hat, mit diesem nicht einmal mehr die ihm zudiktierten Steuern auf den gesamten Gesellschaftsgewinn zahlen kann.

Weil der BFH sich über die zivil- und handelsrechtliche Lage hinwegsetzt und nicht anzuerkennen vermag, daß die entsprechend dem Verhältnis der Kapitalanteile verteilten Gewinnanteile tatsächlich aus der Einkunftsquelle „Beteiligung an der Gesellschaft“ fließen, tritt in jedem Fall eine ungerechtfertigte Verschiebung der Steuerbelastung des Kindes zum Nachteil des Vaters ein.

Die Frage ist, ob hier ein zivilrechtlicher Ausgleich erfolgen kann. Entgegen einer mitunter vertretenen Auffassung[52] wird sich ein Anspruch nach § 812 BGB wegen Bereicherung in sonstiger Weise nicht begründen lassen. Es fehlt an der Unmittelbarkeit zwischen der Entreicherung des Vaters und der Bereicherung des Kindes.

49 Vgl. die Berechnungen auf der Grundlage der Rechtsprechung bei Breidenbach, Beilage Nr. 20 zu DB, Heft 43/1980.

50 BFH vom 14. 4. 1988 IV R 225/88 BStBl II 1988, 670.

51 Vgl. zu dieser Problematik Böttcher, StbJb 1974/75, 74; Winterberg, DB 1975, 1925; Felix/Streck, DB 1975, 2213.

52 Winterberg, DB 1975, 1925.

Man kann aber erwägen, ob dem benachteiligten Vater wegen der Mehrsteuern, die er für ihm gar nicht zustehende Gewinnanteile zahlen muß, im Wege ergänzender Auslegung der Gewinnverteilungsabrede ein Ausgleichsanspruch gegen die Kinder zusteht.

Es versteht sich, daß die Gewinnverteilungsabrede so gilt, wie sie vereinbart ist, gleich in welcher Art und Weise der Gewinnanteil bei dem berechtigten Gesellschafter der Besteuerung unterliegt. Die Besteuerung des Gewinnanteils ist Sache des einzelnen Gesellschafters. Es gilt auch hier die einfache Grundregel: casum sentit dominus. Es ist Sache des Gesellschafters, was er als dominus mit dem ihm zustehenden Gewinnanteil steuerlich macht. Die Gewinnanteile stehen den Gesellschaftern sozusagen brutto vor Steuern zu. Die vertragliche Gewinnverteilungsregelung geht allerdings mit Selbstverständlichkeit davon aus, daß jeder Gesellschafter hinsichtlich seines Gewinnanteils auch der dominus ist, der den casus, das Unglück, daß eben Steuern zu zahlen sind, trägt. Sie geht davon aus, daß jeder Gesellschafter den ihm zustehenden Gewinnanteil selbst versteuert, daß nicht ein Gesellschafter den Gewinnanteil des anderen mitversteuern muß.[53]

Die steuerliche Zurechnung von Gewinnanteilen, die dem Vater zivilrechtlich nicht zustehen, fingiert für die Besteuerung eine Leistungsfähigkeit, die tatsächlich nicht gegeben ist. Sie beinhaltet einen massiven Eingriff in die vertragliche Vereinbarung; sie erschüttert deren Grundlage. Würde in dieser Situation bei der vertraglichen Gewinnverteilungsregelung stehengeblieben, so würde dies – mit den Worten der Standardformel der Zivilgerichte für die Voraussetzungen des Wegfalls der Geschäftsgrundlage – „zu einem untragbaren, mit Recht und Gerechtigkeit schlechthin unvereinbaren Ergebnis“ führen. Im Wege ergänzender Auslegung des Vertrages ist ein Ausgleichsanspruch zu gewähren.[54] Würde man sich zur Gewährung eines Ausgleichsanspruchs im Wege ergänzender Auslegung verstehen, so müßte der Ausgleichsanspruch in der Höhe allerdings durch den Vorteil der Kinder begrenzt sein. Denn der Nachteil des Vaters wird sich regelmäßig nicht mit dem Vorteil der Kinder decken.

Am zweckmäßigsten wird es freilich sein, von vornherein eine gesellschaftsvertragliche Regelung zu treffen, die verhindert, daß der Vater wegen der Schenkung des Gesellschaftsanteils an das Kind mit Steuern auf Gewinne belastet wird, die ihm gar nicht zustehen.

---

53 Vgl. dazu näher Knobbe-Keuk, StuW 1985, 382 ff.

54 Von Felix/Streck, die in DB 1975, 2213 ff die Problematik eingehend erörtert haben, wird der Ausgleichsanspruch auf die Lehre vom Wegfall der Geschäftsgrundlage gestützt. Da es schließlich aber darum geht, die vertragliche Gewinnverteilungsregelung, so wie sie gemeint war, angesichts der steuerrechtlichen Widrigkeiten zur Durchführung zu bringen, ergibt sich der Anspruch aus einer ergänzenden Auslegung der gesellschaftsvertraglichen Gewinnverteilungsabrede.
Anzumerken ist, daß der Ausgleichsanspruch vielfach nicht nur auf die gesellschaftsvertragliche Gewinnverteilungsabrede, sondern auch auf den in den meisten Fällen zugrundeliegenden Schenkungsvertrag zu stützen ist (vgl. so auch Felix/Streck, DB 1975, 2217). Selbstverständlicher Sinn des Schenkungsvertrages ist, daß der Schenker sich zwar des Vermögensgegenstandes entäußert, nicht aber zusätzlich noch die steuerlichen Lasten dieses Gegenstandes und die Steuern auf die dem Beschenkten zustehenden Erträgnisse tragen will (vgl. Flume, Allg. Teil des Bürgerlichen Rechts, Das Rechtsgeschäft, § 26 Ziff. 6b [S. 522]).

Eine solche gesellschaftsvertragliche Regelung könnte folgendermaßen aussehen: Entweder stellt das Kind dem Vater den Teil des auf ihn entfallenden Gewinns wieder zur Verfügung, der von der Finanzverwaltung und Rechtsprechung bei ihm nicht mehr als „angemessen" erachtet wird, d.h. die Beträge, die einkommensteuerlich als Gewinn nicht dem Kind, sondern dem Vater zugerechnet werden, würden auch zivilrechtlich dem Vater zustehen.[55] Oder man beläßt es bei der Gewinnverteilung, wie sie sich auf Grund des gesellschaftsvertraglichen Gewinnverteilungsschlüssels ergibt, und verpflichtet das Kind, den Vater von den zudiktierten Mehrsteuern zu entlasten.

Diese zweite Variante ist u.E. sinnvoller als die erste, da auf diese Weise die mit der Beteiligung des Kindes verfolgten Intentionen am weitesten verwirklicht werden: Das Kind hat den vollen auf seine Beteiligung entfallenden Gewinnanteil, und es wird auf vertraglichem Wege in etwa die Steuerbelastung herbeigeführt – wie sie an sich sein sollte, nach der Rechtsprechung des BFH aber leider nun einmal nicht ist. Es wird natürlich nur in den seltensten Fällen genau die Steuerbelastung herbeigeführt werden können, wie sie an sich sein sollte, weil nämlich Vater und Kind in der Regel unterschiedlichen Steuersätzen unterliegen. Angesichts der Tatsache, daß der Steuermehrbetrag, den der Vater zu zahlen hat, durchaus nicht der Steuerersparnis des Kindes entsprechen muß, sollte die Höhe des Ausgleichsanspruchs von vornherein auf einen bestimmten Prozentsatz fixiert werden.

§ 13
Das Verfahren der gesonderten Gewinnfeststellung

I. Einleitung

Die Ermittlung des Gewinnanteils des einzelnen Gesellschafters erfolgt nicht bei dessen Einkommensteuerveranlagung; vielmehr findet mit Wirkung für und gegen alle Gesellschafter ein besonderes Feststellungsverfahren durch das Betriebsfinanzamt statt.[1]

Nach § 180 Abs. 1 Nr. 2 AO werden die einkommensteuerpflichtigen und körperschaftsteuerpflichtigen Einkünfte gesondert festgestellt, wenn an den Einkünften mehrere beteiligt sind. Zugleich wird in dem Feststellungsbescheid auch darüber entschieden, wie sich der festgestellte Betrag auf die einzelnen Beteiligten verteilt. Bei der Einkommensteuerveranlagung wird auch dann der dem einzelnen Gesellschafter zugerechnete Betrag zugrunde gelegt, wenn der Feststellungsbescheid noch nicht unanfechtbar geworden

---

55 In diesem Sinne Böttcher, StbJb 1974/75, 74.

1 Das Verfahren der gesonderten Gewinnfeststellung wird hier nur in seinen Bezügen zum materiellen Recht behandelt. Wegen der verfahrensrechtlichen Einzelheiten ist auf die Kommentierung von Tipke/Kruse, §§ 179 ff AO zu verweisen.

ist (vgl. § 182 Abs. 1 AO). Wird der Feststellungsbescheid später geändert, so wird der Einkommensteuerbescheid, der auf dem bisherigen Feststellungsbescheid beruht, von Amts wegen durch einen neuen Bescheid ersetzt, der der Änderung Rechnung trägt (vgl. § 175 Nr. 1 AO).

Das Verfahren der einheitlichen und gesonderten Gewinnfeststellung für den von Personengesellschaften erwirtschafteten Gewinn ist durch das EStG 1925 eingeführt und 1930 in die AO übernommen worden. Anlaß für die Einführung dieses Verfahrens waren zahlreiche Beschwerden, daß bei der Einkommensteuerveranlagung der einzelnen Gesellschafter der Gewinn der Gesellschaft durch die jeweiligen Wohnsitzfinanzämter oft recht unterschiedlich festgestellt worden sei und sich folglich nicht gerechtfertigte Unterschiede bei der Besteuerung der Gesellschafter ergeben hätten.[2] Die Einführung des einheitlichen und gesonderten Gewinnfeststellungsverfahrens geschah also zum Zwecke der Vereinheitlichung der Besteuerung der Gesellschafter. Es sollten – wie es der BFH[3] einmal formuliert hat – die die Gesellschafter betreffenden Fragen auch gemeinsam, d. h. mit Wirkung für und gegen alle, gelöst werden; es sollte vermieden werden, daß ein und dieselbe im Gesellschaftsverhältnis begründete Frage bei der Veranlagung der einzelnen Gesellschafter unterschiedlich beurteilt wird.

Ursprünglich war Gegenstand des einheitlichen und gesonderten Gewinnfeststellungsverfahrens der Gewinn der Gesellschaft. Da aber der RFH sich bei der Anwendung des materiellen Rechts von den „Bilanzbündeltheorie"-Vorstellungen leiten ließ, wurde aus dem Gewinnfeststellungsverfahren für die Gesellschaft recht bald ein Verfahren zur gemeinschaftlichen Feststellung der Summe der gewerblichen Einkünfte der Gesellschafter.[4] Bei diesem Verständnis ist es bis heute geblieben. Das bedeutet: In dem gesonderten Gewinnfeststellungsverfahren wird nicht nur über den Gewinn der Gesellschaft und die Anteile der Gesellschafter an diesem Gewinn entschieden, sondern es werden in das Gewinnfeststellungsverfahren der Gesellschaft auch Vorgänge, die nur den einzelnen Gesellschafter berühren, einbezogen.

Dieses Verständnis des Verfahrens der einheitlichen Gewinnfeststellung ist u. E. nicht zu halten.

---

2 Vgl. Begründung Reichstags-Drucksache 1924 – 3. Wahlperiode – Nr. 797, S. 70 f (teilweise abgedruckt bei Strutz, Bd. 2 § 65 Anm. 1).

3 BFH vom 9. 12. 1955 IV 442/54 U BStBl III 1956, 67.

4 Zur Entwicklung vgl. Keuk, Besteuerung des Gewinns, S. 39; dies., StuW 1974, 39.

II. Keine „einheitliche" Feststellung der Daten, die nur einen Gesellschafter persönlich berühren[5]

In dem Verfahren der gesonderten Gewinnfeststellung müssen sich mehrere Steuerpflichtige in *einem* Steuerverfahren – mit allen Konsequenzen – zusammenfinden. Dagegen bestehen keine Bedenken, solange es um Dinge geht, die alle Beteiligten berühren. Daß aber der einzelne Steuerpflichtige in diesem Verfahren auch Dinge soll ausbreiten müssen, die die anderen Beteiligten nichts angehen, ist nicht zu rechtfertigen.

1. Die Sonderbetriebsausgaben des Gesellschafters

In besonderem Maße gilt dies für die allgemeine Meinung,[6] daß in dem Verfahren der gesonderten Gewinnfeststellung auch die Sonderbetriebsausgaben des einzelnen Gesellschafters zu berücksichtigen seien.[7] Durch den Zweck des Gewinnfeststellungsverfahrens ist die Einbeziehung der Sonderbetriebsausgaben nicht geboten. Die persönlichen Betriebsausgaben eines Gesellschafters gehören per definitionem nicht zu den Fragen, die die Gesellschafter gemeinsam betreffen und die folglich auch „gemeinsam, d.h. mit Wirkung für und gegen alle" zu lösen wären. Es kann die Mitgesellschafter nicht interessieren, welche Fahrtkosten ein Gesellschafter hat; es geht die anderen Gesellschafter nichts an, was ein Gesellschafter im einzelnen für seine Fortbildung unternimmt, was er seinem Anwalt anläßlich eines Gesellschafterstreites zahlt oder was der Sozius für Robe und Binder aufwendet. Ebensowenig kann auch das Betriebsfinanzamt daran interessiert sein, daß das gesonderte Gewinnfeststellungsverfahren mit derartigen Dingen belastet wird.

Zur Abgabe der Erklärung für die gesonderte Gewinnfeststellung sind die zur Geschäftsführung oder Vertretung der Gesellschaft berechtigten Personen verpflichtet (§ 58 EStDV). Diesen können aber notwendigerweise nur Angaben über die Verhältnisse der Gesellschaft und die Beziehungen der Gesellschaft zu den Gesellschaftern, nämlich über das, was sie wissen oder wissen müssen, abverlangt werden. Die Sonderbetriebsausgaben eines Gesellschafters z.B. aber brauchen den zur Geschäftsführung und Vertretung der Gesellschaft berechtigten Personen nicht bekannt zu sein; diese haben auch keinen Anspruch gegen den anderen Gesellschafter, daß er ihnen seine Verhältnisse offenlegt.

---

5 Die nach § 15a EStG nur verrechenbaren Verluste von Kommanditisten oder diesen gleichgestellten Mitunternehmern werden durch einen besonderen – formell von dem Gewinnfeststellungsbescheid der Gesellschaft unabhängigen – Feststellungsbescheid gesondert festgestellt (§ 15a Abs. 4 EStG und dazu oben § 11a III).

6 Für die h.M. vgl. BFH vom 29. 8. 1973 I R 26/71 BStBl II 1974, 62. Vgl. im übrigen den Überblick über die Rechtsprechung des RFH und des BFH bei Keuk, Besteuerung des Gewinns, S. 39 ff; StuW 1974, 39 ff.

7 A.A. Tipke/Kruse, § 180 AO Anm. 38; Kurth, Die Besteuerung des Mitunternehmers, 1978, S. 586.

Die allgemeine Auffassung, daß ein Gesellschafter die Sonderbetriebsausgaben nicht in seinem Veranlagungsverfahren geltend machen kann, weil sie im Verfahren der gesonderten Gewinnfeststellung hätten berücksichtigt werden müssen, bedeutet, daß eine Person indirekt gezwungen wird, persönliche Angelegenheiten anderen Leuten zu offenbaren, die darauf nach der allgemeinen Rechtsordnung keinen Anspruch haben. Das ist nicht Aufgabe eines Steuerverfahrens. Die Kongruenz des Verfahrens der gesonderten Gewinnfeststellung zu der allgemeinen Rechtsordnung ist wiederhergestellt, wenn man sich auf den Zweck des Verfahrens besinnt, daß die die Gesellschafter gemeinsam betreffenden Fragen einheitlich entschieden werden sollen, daß also der Gegenstand der gesonderten Gewinnfeststellung zunächst der Gewinn der Gesellschaft ist. Man kann erwägen, ob über den Gewinn der Gesellschaft hinaus aus Gründen der Zweckmäßigkeit auch weitere Fragen des Verhältnisses der Gesellschaft zu den Gesellschaftern oder der Gesellschafter untereinander in dem Verfahren der gesonderten Gewinnfeststellung entschieden werden sollten. Ausgeschlossen aber ist – und nicht einmal Gründe der Zweckmäßigkeit können insoweit angeführt werden –, daß in das gesonderte Gewinnfeststellungsverfahren Fragen einbezogen werden, die nur den einzelnen Gesellschafter betreffen.

Die Sonderbetriebsausgaben des einzelnen Gesellschafters gehören, weil es sich insoweit nicht um Fragen handelt, die mit Wirkung für und gegen alle Gesellschafter zu lösen wären, nicht in die gesonderte Gewinnfeststellung.[8]

2. Die Unterbeteiligung an einem Gesellschaftsanteil

Die Frage, ob auch über das Vorliegen und die Höhe einer Unterbeteiligung an dem Anteil eines Gesellschafters einer Personengesellschaft in dem Gewinnfeststellungsverfahren für die Hauptgesellschaft zu entscheiden ist, ist in § 179 Abs. 2 S. 3 AO geregelt: Ist eine der Personen an dem Gegenstand der Feststellung nur über eine andere Person beteiligt, so kann insoweit eine besondere gesonderte Feststellung vorgenommen werden.[9] Damit hat der Gesetzgeber für die Unterbeteiligung der Lage Rechnung getragen, wie sie sich auf Grund der Rechtsprechung des BFH[10] zu dieser Problematik ergeben hat:

a) Im Falle der *atypischen* Unterbeteiligung ist für die Unterbeteiligungsgesellschaft ein besonderes Gewinnfeststellungsverfahren durchzuführen. Die Unterbeteiligung ist in dem Gewinnfeststellungsverfahren der Hauptgesell-

8 Schmidt, § 15 EStG Anm. 99 spricht sich „aus Gründen der Gleichbehandlung und des Steuergeheimnisses" hinsichtlich der Sonderbetriebsausgaben und Sonderbetriebseinnahmen allgemein für ein Wahlrecht i. S. der verfahrensmäßigen Behandlung der typischen Unterbeteiligung (vgl. unten Ziff. 2b) aus.

9 Vgl. zu § 179 Abs. 2 S. 3 AO im übrigen die Kommentierung bei Tipke/Kruse, § 179 AO Anm. 2.

10 BFH vom 5. 11. 1973 GrS 3/72 BStBl II 1974, 414.

schaft nicht zu berücksichtigen. Hauptgesellschaft und Unterbeteiligungsgesellschaft sind zwei voneinander unabhängige, rechtlich selbständige Gesellschaften. Zwischen dem Unterbeteiligten und der Hauptgesellschaft bestehen keine gesellschaftsrechtlichen Beziehungen. Der Unterbeteiligte ist folglich in dem Gewinnfeststellungsverfahren der Hauptgesellschaft nicht „Beteiligter" i. S. d. § 180 Abs. 1 AO. Der Große Senat hat freilich auch ausgesprochen, er wolle nicht ausschließen, daß unter bestimmten Voraussetzungen die „Gewinnfeststellung für die Unterbeteiligung im Einverständnis der Beteiligten mit der Gewinnfeststellung für die Hauptgesellschaft zusammengefaßt wird". Die Grundsätze für die atypische stille Gesellschaft sollen sinngemäß auch für Treuhandverhältnisse gelten, deren Gegenstand der Anteil an einer Personengesellschaft ist.[11]

b) Für die *typische* Unterbeteiligung hält der BFH im Prinzip daran fest, daß die Zahlungen des Hauptgesellschafters an den Unterbeteiligten als Sonderbetriebsausgaben in dem Gewinnfeststellungsverfahren der Hauptgesellschaft zu berücksichtigen seien. Für die Unterbeteiligung wird aber – wegen ihrer sachlichen Nähe zu der atypischen Unterbeteiligung – die Rechtsprechung zu den Sonderbetriebsausgaben dahin modifiziert, daß der Hauptgesellschafter jedenfalls *nicht gezwungen* werden könne, die Unterbeteiligung in das Gewinnfeststellungsverfahren der Hauptgesellschaft einzuführen.[12] Der Hauptbeteiligte hat damit für die verfahrensrechtliche Behandlung der typischen Unterbeteiligung ein Wahlrecht zwischen der Geltendmachung im Gewinnfeststellungsverfahren der Gesellschaft und seinem Veranlagungsverfahren. Ein gesondertes Feststellungsverfahren für Haupt- und Unterbeteiligte findet nicht statt, da diese nicht an denselben Einkünften beteiligt sind.[13]

3. Veräußerungs- und Entnahmegewinne des Gesellschafters hinsichtlich des „Sonderbetriebsvermögens"

Nach der Rechtsprechung sind auch Sonderbetriebseinnahmen und insbesondere Gewinne, die der Gesellschafter anläßlich der Veräußerung oder Entnahme von der Gesellschaft zur Nutzung überlassenen Wirtschaftsgütern zu versteuern hat, in die gesonderte Gewinnfeststellung einzubeziehen.[14] Auch hier sollte schon die Verwendung des Ausdruckes „Sonderbetriebsvermögen" deutlich genug machen, daß es sich bei einem solchen Veräußerungs- oder Entnahmegewinn nicht um Einkünfte handelt, an denen mehrere gemeinsam beteiligt sind.

Für eine Feststellung, die nur einheitlich mit Wirkung für und gegen alle

11 Vgl. BFH vom 24. 5. 1977 IV R 47/76 BStBl II 1977, 737; BFH vom 11. 10. 1984 IV R 179/82 BStBl II 1985, 247.

12 BFH vom 26. 8. 1972 I R 206/67 BStBl II 1972, 803.

13 BFH vom 10. 11. 1987 VIII R 53/84 BStBl II 1988, 186.

14 Vgl. aus der Rechtsprechung BFH vom 10. 1. 1973 I R 114/71 BStBl II 1973, 238; BFH vom 29. 8. 1973 I R 26/71 BStBl II 1974, 62; a. A. Tipke/Kruse, § 180 AO Anm. 38.

Gesellschafter getroffen werden könnte, besteht keine Grundlage und kein Bedürfnis. Vielmehr ist wiederum zu fragen, wodurch es zu rechtfertigen ist, daß der Gesellschafter Dritten, die auf eine entsprechende Darlegung keinen Anspruch haben, mittels des Verfahrens der gesonderten Gewinnfeststellung mitteilen muß, welchen Preis er bei der Veräußerung *seiner* Gegenstände erzielt.

III. Der Gegenstand der gesonderten Gewinnfeststellung

1. Die mit dem Gewinn der Gesellschaft und dessen Verteilung zusammenhängenden Fragen

In dem Verfahren der einheitlichen Gewinnfeststellung ist zunächst der Gewinn der Gesellschaft und sodann der Gewinnanteil des einzelnen Gesellschafters festzustellen. Die Feststellung des Gewinns der Gesellschaft erfaßt mit Selbstverständlichkeit auch Entnahmen und Einlagen hinsichtlich des Gesellschaftsvermögens. Zu Recht hat sich die von einigen Gerichten vertretene Auffassung, daß eine Feststellung über Entnahmen im Verfahren der gesonderten Gewinnfeststellung die Einzelveranlagung des Gesellschafters nicht präjudiziere, nicht durchgesetzt.[15] Denn Gewinn der Gesellschaft ist der Unterschied zwischen den beiden Vermögensständen – korrigiert um Entnahmen und Einlagen.

Im übrigen hat die Feststellung des Gewinns der Gesellschaft und der Gewinnanteile der Gesellschafter unter Beachtung der für die Einkommensbesteuerung der Gesellschafter relevanten Gesichtspunkte, soweit diese nicht nur einen Gesellschafter persönlich betreffen, zu geschehen.

Das bedeutet im einzelnen: In dem Verfahren der gesonderten Gewinnfeststellung ist auch zu entscheiden, ob es sich bei einem Gewinn der Gesellschaft um einen Veräußerungsgewinn nach § 16 EStG handelt.[16] Die Anwendung der Tarifermäßigungsvorschrift des § 34 EStG erfolgt erst bei der Veranlagung der Gesellschafter. Dennoch ist über die Vorfrage, ob es sich um einen laufenden oder um einen Veräußerungsgewinn der Gesellschaft handelt, mit bindender Wirkung (§ 182 Abs. 1 AO) zu entscheiden, damit widersprechende Entscheidungen der Wohnsitzfinanzämter verhindert werden. Es handelt sich um die Beurteilung des Gewinns der Gesellschaft, und

15 Vgl. den Überblick über den alten Meinungsstand bei Hübschmann/Hepp/Spitaler, Lfg. Juni 1973 § 215 AO a.F. Anm. 28.

16 Vgl. BFH vom 1. 10. 1959 IV 141/58 U BStBl III 1960, 23; vom 26. 11. 1975 I R 44/74 BStBl II 1976, 304. Hat das FA in dem Gewinnfeststellungsbescheid die gesamten gewerblichen Einkünfte als „laufenden Gewinn" ausgewiesen, kann über die Frage des Vorliegens eines steuerbegünstigten Veräußerungsgewinns auch nicht in einem Ergänzungsbescheid nach § 216 Abs. 2 AO a.F. entschieden werden (BFH vom 26. 11. 1975 aaO in Abweichung von der früheren Rechtsprechung).

diese ist bei dem Betriebsfinanzamt in den richtigen Händen. Ebenso verhält es sich hinsichtlich der Frage, ob in dem Gewinn der Gesellschaft eine Entschädigung im Sinne des § 24 Nr. 1 EStG enthalten ist.[17]

Des weiteren ist in dem Gewinnfeststellungsverfahren auch darüber zu entscheiden, ob Teile des Gewinns der Gesellschaft überhaupt einkommensteuerpflichtig sind. So gehört etwa die Entscheidung, ob ein ausgewiesener Gewinn oder ein Teil des ausgewiesenen Gewinns der Gesellschaft als Sanierungsgewinn im Sinne des § 3 Nr. 66 EStG anzusehen ist und deshalb steuerfrei bleibt, in die Gewinnfeststellung der Gesellschaft.[18] Es wird nur der nach Berücksichtigung der Steuerfreiheit des Sanierungsgewinns verbleibende Gewinn der Gesellschaft auf die Gesellschafter verteilt. Ebenso erstreckt sich die einheitliche Feststellung darauf, ob Gewinne aus einer ausländischen Beteiligung oder Betriebstätte der Personengesellschaft einkommensteuerpflichtig und Verluste aus einer solchen Beteiligung oder Betriebstätte ausgleichsfähig sind.[19] Steht das Besteuerungsrecht für die ausländischen Einkünfte der Gesellschaft aufgrund eines Doppelbesteuerungsabkommens dem ausländischen Staat zu, so sind auch die für die Anwendung des Progressionsvorbehaltes notwendigen Feststellungen einheitlich zu treffen[20] (vgl. nunmehr auch § 180 Abs. 5 AO). Denn das Verfahren der einheitlichen Gewinnfeststellung soll dem Wohnsitzfinanzamt die für die Einkommenbesteuerung maßgeblichen Daten hinsichtlich der Beteiligung am Gewinn und Verlust der Gesellschaft liefern.

Sind ausländische Einkünfte der Gesellschaft nicht aufgrund eines Doppelbesteuerungsabkommens von der deutschen Besteuerung ausgenommen, so ist die Höhe der ausländischen Einkünfte und deren Verteilung auf die Gesellschafter einheitlich festzustellen. Der unbeschränkt steuerpflichtige Gesellschafter kann dann bei seiner Veranlagung die von ihm gezahlte ausländische Steuer nach § 34c EStG anrechnen oder auf Antrag abziehen. Ist die ausländische Steuer nicht von den Gesellschaftern, sondern von der Gesellschaft – weil diese etwa in dem ausländischen Staat als Körperschaft behandelt wird – gezahlt worden, so ist nicht nur die Höhe der ausländischen Einkünfte und deren Verteilung auf die Gesellschafter einheitlich festzustellen, sondern auch der Betrag der von der Gesellschaft gezahlten ausländischen Steuern sowie der auf die unbeschränkt steuerpflichtigen Gesellschafter entfallende Anteil.

Ebenso ist – hat die Gesellschaft Gewinnanteile auf Beteiligungen an Kapitalgesellschaften bezogen – der Betrag der einbehaltenen Kapitalertragsteu-

17 Vgl. BFH vom 10. 9. 1957 I 294/56 U BStBl III 1957, 414.

18 Vgl. FG München vom 17. 11. 1970 II 133/69 EFG 1971 Nr. 297. Ebenso ist die Steuerermäßigung nach § 143 VermbGes in dem Gewinnfeststellungsverfahren der Gesellschaft zu berücksichtigen, vgl. Hess. FG vom 20. 11. 1975 EFG 1976 Nr. 207.

19 BFH vom 11. 3. 1970 I 91/65 BStBl II 1970, 588.

20 In BFH vom 11. 3. 1970 aaO, (Anm. 19) offengelassen.

er und der anrechenbaren Körperschaftsteuer festzustellen und den Gesellschaftern entsprechend ihrer Gewinnbeteiligung zuzuteilen.

2. Sondervergütungen und Veräußerungsgewinne des Gesellschafters nach § 16 Abs. 1 Nr. 2 EStG

Es bleibt die Frage, ob über die mit dem Gewinn der Gesellschaft und der Verteilung dieses Gewinns zusammenhängenden Fragen hinaus weitere für die Einkommensteuerveranlagung der Gesellschafter bindende Feststellungen erfolgen können. Wie oben dargelegt, ist ausgeschlossen, daß Angelegenheiten in die gesonderte Gewinnfeststellung einbezogen werden, die allein einen Gesellschafter persönlich berühren. Im übrigen wird man die Dinge aber unter dem Gesichtspunkt der Zweckmäßigkeit betrachten müssen.

a) Die in § 15 Abs. 1 S. 1 Nr. 2 EStG angeführten Sondervergütungen sind nicht Bestandteil des Gewinns der Gesellschaft; an ihnen sind nicht mehrere beteiligt. Dennoch ist es sachgerecht, daß auch der Betrag der an die einzelnen Gesellschafter gezahlten Sondervergütungen mit bindender Wirkung für deren Veranlagungsverfahren festgestellt wird. Gegebenenfalls ist nämlich für die Ermittlung dieser Beträge auch der Einblick in die Verhältnisse der Gesellschaft, den zwar das Betriebsfinanzamt, regelmäßig aber das Wohnsitzfinanzamt nicht hat, erforderlich. Denkbar ist z. B., daß der Gesellschafter vorbringt, es handele sich bei den Zahlungen, die er neben seinem Gewinnanteil von der Gesellschaft erhalten hat, nicht in voller Höhe um eine besondere Vergütung im Sinne des § 15 Abs. 1 S. 1 Nr. 2 EStG, sondern zum Teil um den Ersatz von Auslagen für die Gesellschaft.[21] Die Beurteilung einer solchen Frage ist sinnvollerweise dem Betriebsfinanzamt zu überlassen. Auch die Interessen des Gesellschafters werden nicht berührt, wenn in dem Gewinnfeststellungsverfahren auch der Betrag der von der Gesellschaft bezogenen Sondervergütungen mit bindender Wirkung festgestellt wird.[22]

b) Ebenso ist hinsichtlich der von der Gesellschaft an den ausscheidenden Gesellschafter gezahlten Abfindung zu verfahren, es ist also der von dem Gesellschafter erzielte Veräußerungsgewinn nach § 16 EStG mit bindender Wirkung festzustellen.[23] Einerseits ist dies sinnvoll, weil die Höhe der geleisteten Abfindung für die weitere Bilanzierung der Gesellschaft erforderlich ist,[24] andererseits ist die erforderliche Abgrenzung des laufenden Gewinnanteils und des Veräußerungsgewinns bei dem Betriebsfinanzamt in den richtigen Händen.

Fraglich könnte sein, ob auch der Gewinn, den ein Gesellschafter durch Veräußerung seines Anteils an einen Dritten erzielt, in die gesonderte Ge-

21 Vgl. z.B. den Fall aus RFH vom 6. 9. 1927 VI A 145/27; Mrozek-Kartei, EStG 1925, § 65 Abs. 1 Nr. 2 R. 1.

22 Ebenso Tipke/Kruse, § 180 AO Anm. 38.

23 Vgl. anders aber RFH vom 24. 6. 1936 VI A 192/36 StuW 1936 Nr. 358.

24 Zu den materiellrechtlichen Fragen vgl. unten § 23 II.

winnfeststellung einzubeziehen ist. An sich geht es die Gesellschaft und die anderen Gesellschafter nichts an, was der Ausscheidende bei der Veräußerung an einen Dritten erzielt, und auch die Bilanzierung der Gesellschaft wird nicht berührt. Andererseits wird der Veräußerungspreis der Gesellschaft aber über die Ergänzungsbilanz des Nachfolgers des ausgeschiedenen Gesellschafters ohnehin bekannt.[25] Hinzu kommt, daß das Betriebsfinanzamt auch am besten über den Anteil des Ausscheidenden am Betriebsvermögen der Gesellschaft im Bilde ist. Es ist also vertretbar, wenn auch bei Veräußerung des Gesellschaftsanteils an einen Dritten der Veräußerungsgewinn des Gesellschafters nach § 16 Abs. 1 Nr. 2 EStG in die einheitliche Gewinnfeststellung einbezogen wird.[26]

3. Zusammenfassung

In dem Verfahren der gesonderten Gewinnfeststellung sollten entgegen der h.M. nicht die gewerblichen Einkünfte der Gesellschafter festgestellt werden. Die gesonderte Gewinnfeststellung sollte dem Wohnsitzfinanzamt vielmehr nur folgende Größen mit bindender Wirkung liefern: den steuerlich maßgebenden Anteil des Gesellschafters am Gewinn bzw. Verlust der Gesellschaft, die Bezüge des Gesellschafters nach § 15 Abs. 1 S. 1 Nr. 2 EStG und den Veräußerungsgewinn des Gesellschafters nach § 16 Abs. 1 Nr. 2 EStG. Auf der Grundlage dieser Beträge werden in dem Veranlagungsverfahren des Gesellschafters dann dessen Einkünfte ermittelt: Erst hier kommt insbesondere die Einführung der Sonderbetriebsausgaben des Gesellschafters und etwaiger Veräußerungs- und Entnahmegewinne hinsichtlich seines Sonderbetriebsvermögens in Frage.[27]

---

25 Bei der Feststellung des Gewinnanteils des Nachfolgers ist der auf ihn entfallende Anteil am Gewinn der Gesellschaft um die sich aus der Ergänzungsbilanz etwa ergebenden Differenzen zu korrigieren. Dies muß im Verfahren der gesonderten Gewinnfeststellung der Gesellschaft geschehen, denn nur das Betriebsfinanzamt kann übersehen, ob die Differenzen der Ergänzungsbilanz für das betreffende Wirtschaftsjahr überhaupt relevant sind.

26 Allerdings ist über die Anwendung und die Höhe des Freibetrags nach § 16 Abs. 4 EStG als eines nur den betroffenen Gesellschafter berührenden Besteuerungsmerkmals im Veranlagungsverfahren zu entscheiden (so jetzt auch BFH vom 10.7. 1986 IV R 12/81 BStBl II 1986, 811). Denn abweichende Entscheidungen der Wohnsitzfinanzämter sind nicht zu fürchten, sofern der Anteil des Gesellschafters am Umfang des Gesamtfreibetrages festgestellt ist.

27 Vgl. in diesem Sinne auch Tipke/Kruse, § 180 AO Anm. 38. Soweit man sich auf den Standpunkt stellen sollte, daß den Gesellschaftern zunächst noch daneben die Möglichkeit belassen wird, auch in Zukunft wie bisher zu verfahren, müßte der in dem Gewinnfeststellungsbescheid dem Gesellschafter zugerechnete Betrag als endgültig gekennzeichnet werden.

IV. Die Klage gegen den Gewinnfeststellungsbescheid nach § 48 Abs. 1 FGO[28]

In Angelegenheiten, die einen einheitlichen Feststellungsbescheid über Einkünfte aus Gewerbebetrieb[29] betreffen, können grundsätzlich nur „die zur Geschäftsführung berufenen Gesellschafter" Klage erheben (§ 48 Abs. 1 Nr. 3 FGO). Dem nicht zur Geschäftsführung berufenen Gesellschafter steht nur ausnahmsweise in beschränktem Umfang eine Klagebefugnis zu – soweit es sich nämlich darum handelt, wer an dem festgestellten Betrag beteiligt ist und wie dieser sich auf die Beteiligten verteilt (§ 48 Abs. 1 Nr. 1 FGO) oder soweit es um eine Frage geht, die einen Gesellschafter persönlich betrifft (§ 48 Abs. 1 Nr. 2 FGO).

Entsprechend ist die Rechtsbehelfsbefugnis in § 352 Abs. 1 AO geregelt. Die beiden Ausnahmen der Nr. 1 und Nr. 2 sind erst durch § 239 AO 1931 gesetzlich geregelt worden. Sie gehen auf das Urteil des RFH vom 4. 6. 1930[30] zurück, in dem der RFH über den Wortlaut des § 66 Abs. 2 EStG 1925 hinaus für diese beiden Fälle auch den nicht zur Geschäftsführung befugten Gesellschaftern die Rechtsmittelbefugnis zugebilligt hatte. Damit hatte der Reichsfinanzhof nur der Tatsache Rechnung getragen, daß der Gegenstand der einheitlichen Gewinnfeststellung inzwischen durch die Rechtsprechung über die Feststellung des Geschäftsgewinns der Gesellschaft hinaus erweitert worden war.

Hinsichtlich des festgestellten Gewinns der Gesellschaft selbst aber ist es bei der schon in § 66 Abs. 2 EStG 1925 enthaltenen Regelung geblieben, daß nur „die zur Geschäftsführung berufenen Gesellschafter" ein Rechtsmittel gegen den Gewinnfeststellungsbescheid einlegen können. Die Beschränkung beruht auf den folgenden Erwägungen:[31]

„Es muß vermieden werden, daß Gesellschafter, die zur Geschäftsführung nicht befugt sind, gelegentlich eines Rechtsmittels Kenntnis vom Inhalt der Geschäftsbücher, der Bilanzen, der Geschäfts- und Betriebsgeheimnisse und des übrigen Materials erhalten, das die Geschäftsführer dem Finanzamt bei der Veranlagung vorgelegt haben oder das sonst Gegenstand des Verfahrens ist. Diese Personen haben nach den Vorschriften des Privatrechts nicht ausnahmslos das Recht, Einblick in das Material zu erhalten. Es würde daher im sachlichen Ergebnis zu einer Beseitigung wohlerwogener Grundsätze des Privatrechts führen, wollte man den nicht zur Geschäftsführung befugten Gesellschaftern das Recht auf prozessuale Beteiligung an dem Feststellungsverfahren mit allen sich daraus nach der AO ergebenden Befugnissen gewähren."

Die von den geschäftsführenden Gesellschaftern nach § 48 Abs. 1 Nr. 3

---

28 Zum vorläufigen Rechtsschutz im Zusammenhang mit Gewinn- und Verlustfeststellungsbescheiden vgl. Tipke/Kruse, § 69 FGO Anm. 3a mit Nachweisen. Zur Beteiligtenfähigkeit und Klagebefugnis der Gesellschaft bürgerlichen Rechts vgl. Ruban, Festschrift Döllerer, 1988, S. 515 ff.

29 BFH vom 26. 3. 1985 IX R 110/82 BStBl II 1985, 519 wendet § 48 Abs. 1 Nr. 3 FGO (Klage der Gesellschaft) auf eine KG bzw. Schein-KG mit Einkünften aus Vermietung und Verpachtung entsprechend an.

30 RFH vom 4. 6. 1930 VI A 852/28 RFHE 27, 67 ff.

31 Begründung der Regierungsvorlage zu § 66 Abs. 2 EStG 1925, abgedruckt bei Strutz, Bd. II, 1929, § 66 Anm. 1a (S. 1032).

FGO erhobene Klage ist – wie weitgehend anerkannt ist[32] – eine Klage der Gesellschaft. Die geschäftsführenden Gesellschafter handeln also hier nicht im eigenen Namen und im eigenen Interesse, sondern als Organe der Gesellschaft für die Gesellschaft.[33]

Bei der *atypischen stillen Gesellschaft* tritt anstelle der Klagebefugnis der Gesellschaft nach § 48 Abs. 1 Nr. 3 FGO die des Inhabers des Handelsgeschäfts.[34]

Ist die Klage nach § 48 Abs. 1 Nr. 3 FGO eine Klage der Gesellschaft, so ergibt sich selbstverständlich, daß die zur Geschäftsführung berufenen Gesellschafter zugleich auch vertretungsberechtigt sein müssen.[35] Außerdem ist dann klar, daß die Entscheidung der Frage, ob jeder Geschäftsführer für sich klagen kann oder alle Geschäftsführer gemeinschaftlich klagen müssen, sich nach der gesellschaftsvertraglichen Regelung der Geschäftsführungsbefugnis und der Vertretungsmacht richtet.[36]

Befindet sich die Gesellschaft in Liquidation, so sind die Geschäftsführungsbefugnis und Vertretungsmacht der Gesellschaft, wie sie bislang für die werbende Gesellschaft bestanden haben, erloschen. Mangels abweichender Vertragsbestimmung und abweichenden Gesellschafterbeschlusses sind *sämtliche* Gesellschafter Liquidatoren, und zwar auch diejenigen, die vor der Auflösung der Gesellschaft nicht Geschäftsführungsbefugnis und Vertretungsmacht hatten, sie handeln gemeinschaftlich (§ 150 HGB) und haben folglich auch die Klage nach § 48 Abs. 1 Nr. 3 FGO gemeinschaftlich zu erheben.[37]

---

32 Strutz, Kommentar zum EStG aaO, § 66 Anm. 7 (S. 1038); Hübschmann/Hepp/Spitaler, § 352 AO Anm. 9; Ziemer/Birkholz, § 48 FGO Anm. 18; Fichtelmann, Inf. 1967, 344; Tipke/Kruse, § 48 FGO Anm. 3 ff. Aus der Rechtsprechung vgl. insbesondere BFH vom 4. 5. 1972 IV 251/64 BStBl II 1972, 672; dem folgend BFH vom 18. 5. 1973 III R 73–75/72 BStBl II 1973, 676.

33 Deshalb sind die – aus Art. 19 Abs. 4 GG hergeleiteten – verfassungsrechtlichen Bedenken gegen den Ausschluß der nicht geschäftsführenden Gesellschafter nicht begründet. Vgl. dazu näher Keuk, Besteuerung des Gewinns, S. 47; dies., StuW 1974, 47. Ebenso Tipke/Kruse, § 48 FGO Anm. 1.

34 BFH vom 24. 11. 1988 VIII B 90/87 BStBl II 1989, 145.

35 Vgl. BFH vom 4. 5. 1972 IV 251/64 BStBl II 1972, 672; Hübschmann/Hepp/Spitaler, § 352 AO Anm. 11; v. Wallis, FR 1972, 202; Tipke/Kruse, § 48 FGO Anm. 5. Die Vertretungsbefugnis muß bei Vornahme der einzelnen Verfahrenshandlungen gegeben sein, also im Falle der Klageerhebung in diesem Zeitpunkt, ohne daß es darauf ankommt, ob der in diesem Zeitpunkt vertretungsberechtigte Gesellschafter im Streitjahr schon Gesellschafter war (vgl. BFH vom 13. 12. 1979 IV B 79/79 BStBl II 1980, 329).

36 Vgl. ebenso die in Anm. 35 Zit.; Ziemer/Birkholz, § 48 FGO Anm. 18.

37 Dies gilt auch für den Fall, daß die Gesellschaft durch die Eröffnung des Konkurses über ihr Vermögen aufgelöst wird (§ 131 Nr. 3 HGB). Der Konkursverwalter vertritt die aufgelöste Gesellschaft nur, soweit sein Verwaltungs- und Verfügungsrecht reicht. Eine Klageerhebung nach § 48 Abs. 1 Nr. 2 FGO seitens des Konkursverwalters ist durch § 6 KO nicht gedeckt (vgl. ebenso BFH vom 13. 7. 1967 IV 191/63 BStBl III 1967, 790). Soweit der Konkursverwalter für die Gesellschaft

Ist die Liquidation durch Beschluß der Gesellschafter oder durch den Gesellschaftsvertrag einzelnen Gesellschaftern oder einer anderen Person übertragen, so sind diese Personen das einzige Geschäftsführungs- und Vertretungsorgan der Abwicklungsgesellschaft, und die Klage nach § 48 Abs. 1 Nr. 3 FGO ist von ihnen zu erheben.[38,39] Immer handelt es sich um die Klage der in Liquidation befindlichen Gesellschaft. Deshalb ist es nicht notwendig, alle Gesellschafter beizuladen. Die Beiladung ist nur erforderlich, soweit im Einzelfall die Voraussetzungen des § 48 Abs. 1 Nr. 1 oder 2 FGO erfüllt sind.[40] Solange aber die Gesellschaft nicht aufgelöst ist, können nur die geschäftsführenden Gesellschafter für die Gesellschaft klagen.[41] Angesichts der Tatsache, daß auch die Rechtsprechung nach diesen Grundsätzen verfährt, muß es überraschen, daß sie dem *ausgeschiedenen* Gesellschafter ein unbeschränktes Klagerecht gegen den einheitlichen Gewinnfeststellungsbescheid zubilligt: Die Beschränkung der Klagebefugnis des einzelnen Gesellschafters auf die Fälle des § 48 Abs. 1 Nr. 1 und 2 FGO soll nämlich voraussetzen, daß der Gesellschafter im Zeitpunkt des Zugehens des Bescheides noch Gesellschafter ist.[42]

Zur Begründung wird auf die Rechtsprechung zu § 219 AO a.F. verwiesen, daß der Feststellungsbescheid dem ausgeschiedenen Gesellschafter besonders zugestellt werden muß, daß also durch die Zustellung an den Zustellungsvertreter im Sinne des § 219 Abs. 1 AO a.F. die Rechtsmittelfrist gegenüber dem ausgeschiedenen Gesellschafter nicht in Lauf gesetzt wird.[43] Wegen des sachlichen Zusammenhangs zwischen § 219 AO und § 48 FGO soll der Gesellschafter, der im Zeitpunkt des Zugehens des Bescheides aus der Gesellschaft ausgeschieden ist, auch für die Frage der Rechtsmittelbefugnis eine Sonderstellung einnehmen. Der von Fichtelmann[44] gegen diese Begründung des BFH vorgetragenen Kritik ist zu folgen. Die Entscheidung der Frage, welche Voraussetzungen erfüllt sein müssen, damit auch für den ausgeschiedenen Ge-

---

nicht handeln kann (z.B. auch hinsichtlich etwaigen konkursfreien Vermögens der Gesellschaft), richtet sich die Vertretung der aufgelösten Gesellschaft nach den §§ 146 ff HGB (insoweit anders BFH vom 13. 7. 1967 aaO). Mangels abweichender Regelung gilt dann § 146 Abs. 1 in Verbindung mit § 150 Abs. 1 HGB, notfalls ist nach § 146 Abs. 2 HGB zu verfahren.

38 Vgl. ebenso BFH vom 16. 6. 1961 III 329/58 U BStBl III 1961, 349.

39 Ist die Gesellschaft nicht nur aufgelöst, sondern auch beendet, dann kann jeder der ehemaligen Gesellschafter unter den Voraussetzungen des § 40 Abs. 2 FGO Klage erheben. Die von § 40 Abs. 2 FGO abweichende Sonderregelung des § 48 FGO ist dadurch gegenstandslos geworden, daß es die Gesellschaft nicht mehr gibt. Auch nach Beendigung der Gesellschaft kann zwar noch eine einheitliche Gewinnfeststellung für zurückliegende Jahre durchgeführt werden. Der Feststellungsbescheid muß dann aber, um wirksam zu werden, *allen* während des Feststellungszeitraumes beteiligten Personen gegenüber bekanntgegeben werden. Vgl. BFH vom 30. 3. 1978 IV R 72/74 BStBl II 1978, 503.

40 Vgl. BFH vom 21. 1. 1982 IV R 146/78 BStBl II 1982, 506.

41 Vgl. auch BFH vom 7. 2. 1975 III R 41/74 BStBl II 1975, 495.

42 Vgl. BFH vom 24. 11. 1988 VIII B 90/87 BStBl II 1989, 145 mit Nachweisen.

43 Vgl. schon RFH vom 15. 1. 1931 VI A 2058/30 RStBl 1931, 267.

44 Inf. 1967, 343 ff.

sellschafter die Rechtsmittelfrist in Lauf gesetzt wird, kann überhaupt nichts darüber besagen, unter welchen Voraussetzungen der Gesellschafter zur Einlegung des Rechtsmittels befugt ist. Daß eine Rechtsmittelfrist auch für den ausgeschiedenen Gesellschafter in Gang gesetzt wird, ist notwendig in Hinsicht auf die für jeden Gesellschafter bestehende Klagebefugnis nach § 48 Abs. 1 Nr. 1 und 2 FGO. Im übrigen aber – und d. h. für die Fragen, die mit der Feststellung des Gewinns der Gesellschaft zusammenhängen – bleibt es bei der Regelung des § 48 Abs. 1 Nr. 3 FGO.

Die Rechtsprechung des Bundesfinanzhofs bedeutet, daß ein Gesellschafter auf Grund seines Ausscheidens aus der Gesellschaft Rechte erwirbt, die er während der Dauer der Zugehörigkeit zur Gesellschaft nicht gehabt hat. Ein Grund hierfür ist nicht ersichtlich.[45] Der Rechtsprechung des BFH zur Klagebefugnis des ausgeschiedenen Gesellschafters scheint das Mißverständnis zugrunde zu liegen, als handelten die geschäftsführungsberechtigten Gesellschafter bei der Klage nach § 48 Abs. 1 Nr. 3 FGO für die übrigen Gesellschafter und als sei folglich der ausgeschiedene Gesellschafter dann nicht mehr durch diese vertreten.[46] In Wirklichkeit aber handeln die geschäftsführungsberechtigten Gesellschafter bei der Klage nach § 48 Abs. 1 Nr. 3 FGO als Organe der Gesellschaft für die Gesellschaft. Daran ändert sich infolge des Ausscheidens eines Gesellschafters nichts.[47]

Die Regelung des § 48 Abs. 1 Nr. 3 FGO, daß hinsichtlich der Feststellung des Gewinns nur die Gesellschaft selbst klagebefugt ist, kann für den nicht vertretungsberechtigten und für den ausgeschiedenen Gesellschafter im Einzelfall durchaus mißlich sein. Das liegt dann aber daran, daß seine Mitgliedschaft in der Gesellschaft als solche mißlich ist bzw. gewesen ist, daß offensichtlich die Beziehungen der Gesellschafter untereinander und vielleicht die geschäftsführenden Gesellschafter selbst nicht in Ordnung sind. Durch nachlässige Geschäftsführer und durch unsachgemäßes Verhalten von Geschäftsführern kann der einzelne Gesellschafter in mannigfacher Hinsicht beeinträchtigt werden, sowohl im Bereich der tatsächlichen Führung des Betriebs als auch im rechtsgeschäftlichen Bereich als auch durch unsachgemäße Prozeßführung für die Gesellschaft. Aber auch hinsichtlich der Besteuerung ist der einzelne Gesellschafter darauf angewiesen, daß der Geschäftsführer der Gesellschaft mit der gebotenen Sorgfalt verfährt. Eine Beeinträchtigung des einzelnen Gesellschafters kann etwa dadurch erfolgen, daß der Geschäftsführer bei der Aufstellung der Bilanz der Gesellschaft Abschreibungsmöglichkeiten, Bewertungswahlrechte nicht ausnützt.[48] Mit all

45 Auch soweit der ausgeschiedene Gesellschafter zur Geschäftsführung befugt war, hatte er bislang kein Klagerecht im eigenen Namen und im eigenen Interesse. Aus der Rechtsprechung des BFH zu dem Fall des ausscheidenden Gesellschafters wird von anderen umgekehrt die Folgerung gezogen, daß überhaupt jeder Gesellschafter für sich uneingeschränkt klagebefugt sein müsse (vgl. z. B. Meßmer, StuW 1966, 34 ff).

46 Vgl. in diesem Sinne auch Ziemer/Birkholz, § 48 FGO Anm. 12.

47 Ebenso Tipke/Kruse, § 48 FGO Anm. 7 a. E.

48 Oder: Steuervergünstigungen oder der Verlustabzug nach § 10 d EStG gehen verloren, weil der Geschäftsführer nicht – wie früher erforderlich war – für die Auf-

diesen Gefahren muß der einzelne Gesellschafter leben. Sie beruhen auf seiner Mitgliedschaft und auf dem Inhalt seiner Mitgliedschaft in der Gesellschaft. Wenn es also die geschäftsführungsberechtigten Gesellschafter versäumen, die auf Grund der Sachlage gebotene Klage nach § 48 Abs. 1 Nr. 3 FGO zu erheben und dadurch eine Beeinträchtigung auch der übrigen Gesellschafter eintritt, so ist dies nicht der Regelung des § 48 Abs. 1 Nr. 3 FGO anzulasten. Daß hinsichtlich des Gewinns der Gesellschaft nur die Gesellschaft als solche klagebefugt ist, ist die der handelsrechtlichen Lage kongruente Regelung.

V. Exkurs
Die Ermittlung der Einkünfte eines betrieblich beteiligten Gesellschafters einer Überschußgesellschaft

1. Einleitung

Das Feststellungsverfahren nach § 180 Abs. 1 Nr. 2a AO ist nicht beschränkt auf die Einkünfte aus Gewerbebetrieb. Es kommt also insbesondere auch in Frage für Personengesellschaften, die den Tatbestand einer *Überschußeinkunftsart* verwirklichen. § 180 Abs. 1 Nr. 2a AO setzt nicht voraus, daß die Einkünfte bei allen Beteiligten in der gleichen Einkunftsart zu versteuern sind.[49] Die gegenteilige Auffassung der Entscheidung des BFH vom 18. 2. 1976[50], daß eine einheitliche Feststellung unterbleibt, wenn die Einkünfte bei dem einen Gesellschafter zu den Einkünften aus Vermietung und Verpachtung, bei dem anderen Gesellschafter zu den Einkünften aus Gewerbebetrieb gehören, dürfte spätestens seit dem Beschluß des Großen Senats vom 25. 6. 1984[51] überholt sein.

Erzielt eine Personengesellschaft Überschußeinkünfte, so sind diese in dem Feststellungsverfahren nach § 180 Abs. 1 Nr. 2a AO festzustellen. Die Gesellschaft verwirklicht den Tatbestand der Einkünfte aus Vermietung und Verpachtung und/oder Kapitalvermögen. Die Ermittlung des Ergebnisses geschieht auf Grund einer Zusammenstellung der Einnahmen und Werbungskosten, welche bei der Gesellschaft zu- und abgeflossen sind. Der Überschuß der Gesellschaft ist anteilig den einzelnen Gesellschaftern zuzurechnen; für die Besteuerung der Gesellschafter müssen diesem also nicht die einzelnen Geschäftsvorfälle zugerechnet werden.[52]

---

stellung einer Bilanz gesorgt hat, die den Grundsätzen ordnungsmäßiger Buchführung entspricht. Vgl. dazu das Urteil des BFH vom 25. 7. 1972 VIII R 59/68 BStBl II 1972, 918.

49 Vgl. Tipke/Kruse, § 180 AO Anm. 9.

50 BFH vom 18. 2. 1976 I R 116/75 BStBl II 1976, 480 im Anschluß an das Gutachten des RFH vom 6. 1. 1943 VI D 1/42 RStBl 1943, 25 ff.

51 BFH vom 25. 6. 1984 GrS IV/82 BStBl II 1984, 751.

52 So ausdrücklich der Große Senat aaO, (Anm. 51) S. 762 1. Sp.

2. Zum Meinungsstand im Anschluß an den Beschluß des Großen Senats vom 25. 6. 1984

Im Anschluß an die Aufgabe der „Geprägerechtsprechung" durch den Großen Senat des BFH wird intensiv die Frage diskutiert, wie die Ermittlung der Einkünfte eines an einer Überschußgesellschaft betrieblich beteiligten Gesellschafters zu geschehen habe.[53]

Diese für die Komplementär-GmbH – die nach § 8 Abs. 2 KStG nur Einkünfte aus Gewerbebetrieb hat – aufgeworfene Frage ist nicht neu. Es handelt sich nicht um ein Problem, das seine Existenz erst dem Beschluß des Großen Senats verdankt. Wir begegnen ihm auch früher schon im Zusammenhang mit der Beteiligung eines Gewerbetreibenden an einer Gesellschaft bürgerlichen Rechts, die keinen Gewerbebetrieb führt, bei der also Einkünfte aus Vermietung und Verpachtung und/oder Kapitalvermögen zur Debatte stehen, und auch bei den Immobilien-KG's mit Überschußeinkünften.[54]

Für die an einer Immobilien-KG betrieblich beteiligten Gesellschafter ist nach der Finanzverwaltung[55] folgendermaßen zu verfahren: Sie übernehmen die für sie festgestellten Überschußanteile in ihre Gewinnermittlung und versteuern im übrigen einen Gewinn aus der Veräußerung ihres Gesellschaftsanteils. Die Gewinne der Gesellschaft aus der Veräußerung ihrer Immobilien oder sonstigen Vermögensgegenstände werden also nicht sogleich anteilig bei den betrieblich beteiligten Gesellschaftern der Besteuerung unterworfen.

Es ist schon immer die Auffassung vertreten worden, die Ermittlung der gewerblichen Einkünfte des Gesellschafters, der an einer Überschußgesell-

---

53 Nachweise zum Meinungsstand auch bei Lothmann, Die vermögensverwaltende Personengesellschaft im Bereich der Einkommensteuer, 1986, S. 565 ff.

54 In der Begründung des Entwurfs eines Gesetzes zur vordringlichen Regelung von Fragen der Besteuerung der Personengesellschaften (BR-Drs. 165/85; vgl. dazu oben § 9 II 2d) wird die Festschreibung der Geprägerechtsprechung für die Zukunft damit zu rechtfertigen gesucht, daß auf diese Weise die Komplikationen einer doppelten Ergebnisermittlung vermieden würden. Dieser Rechtfertigungsversuch ist nicht ernst zu nehmen (vgl. dazu Knobbe-Keuk, BB 1985, 943; Flume, DB 1985, 1153). Zum einen ist allgemein und auch der Verwaltung hinreichend bekannt, daß es über den Fall der GmbH u. Co. KG hinaus auch sonst nichtgewerblich tätige Personengesellschaften gibt, deren Anteile bei einzelnen Gesellschaftern im Betriebsvermögen liegen. Der Hinweis auf die zahlreichen geschlossenen Immobilien-Fonds in der Form der normalen KG mag genügen. Zum anderen stellt sich gerade bei den GmbH u. Co. KG's und insbesondere bei den Abschreibungsgesellschaften das Problem regelmäßig nicht, weil die GmbH nicht am Vermögen der KG beteiligt ist, und nur ihre Geschäftsführervergütung und Risikoprämie erhält.

55 Vgl. OFD Düsseldorf vom 24. 2. 1982; OFD Frankfurt vom 28. 3. 1983 StEK AO 1977 Nr. 18 zu § 180.
Auf der Jahrestagung der Fachanwälte für Steuerrecht am 14. 5. 1985 hatte Uelner (JbFStR 1985/86, 301) angekündigt, daß diese Auffassung zu überprüfen sei, wenn die „Geprägerechtsprechung" nicht gesetzlich wieder installiert werden würde.

schaft beteiligt ist, bliebe unvollständig, wenn sie nur den Anteil an dem von der Gesellschaft erzielten Überschuß der Einnahmen über die Ausgaben, nicht aber auch den anteiligen Gewinn aus der Veräußerung der einzelnen zum Gesamthandsvermögen der Gesellschaft gehörenden Wirtschaftsgüter erfaßte.[56]

Der Horror vor einer „Besteuerungslücke" hinsichtlich der Veräußerungsgewinne einer Überschußgesellschaft hat auch Eingang in die Gründe des Beschlusses des Großen Senats gefunden. Zur Darlegung, daß eine „sachgerechte Besteuerung von Veräußerungsgewinnen" auch in Zukunft bei den betrieblich beteiligten Gesellschaftern der Überschußgesellschaft noch möglich ist, führt der Große Senat aus:

„Denn die Zugehörigkeit des Gesellschaftsanteils zu einem Betriebsvermögen wegen der gesetzlich angeordneten ‚Behandlung' von Einkünften als Einkünfte aus Gewerbebetrieb oder ‚Zurechnung' von Einkünften zu den Einkünften aus Gewerbebetrieb bei dem einzelnen Gesellschafter einer vermögensverwaltenden Personengesellschaft bewirkt, daß dieser Gesellschafter vermittels seines Gesellschaftsanteils anteilig an den Wirtschaftsgütern der Gesellschaft beteiligt ist und diese bei ihm Betriebsvermögen sind. Insoweit ist die getrennte Zurechnung der Wirtschaftsgüter der Gesellschaft erforderlich, um zu einer sachlich zutreffenden Besteuerung zu gelangen. Dies hat zur Folge, daß auch Veräußerungsgewinne aus der Veräußerung von Wirtschaftsgütern durch die Personengesellschaft anteilig bei diesem Gesellschafter als gewerbliche Einkünfte zu erfassen sind . . ."

Im Anschluß an diese Äußerung hat Groh[57] die Auffassung vertreten, daß der betrieblich beteiligte Gesellschafter einer vermögensverwaltenden Personengesellschaft seinen Anteil am Gesellschaftserfolg nach Handels- und Steuerrecht als *Gewinnanteil* berechnen muß. Dabei sollen Veräußerungsgewinne und -verluste, aber auch Teilwertabschreibungen hinsichtlich der Wirtschaftsgüter des Gesellschaftsvermögens berücksichtigt werden, Erträge und Aufwendungen durch Ansatz von Forderungen und Schulden, durch die Abgrenzung von Zinsen, insbesondere die Aktivierung eines Disagios und die Verteilung von Vorauszahlungen abweichend verteilt werden.

Diese Ermittlungen sollen im Feststellungsverfahren der Gesellschaft vorgenommen werden: Die Gesellschaft soll also ihre Überschußrechnung vorlegen und zusätzlich darlegen, welchen Gewinn sie bei der Aufstellung einer Steuerbilanz nach den §§ 4 ff EStG ausweisen und was davon auf den betrieblich beteiligten Gesellschafter entfallen *würde.* Es wären bei Aufstellung dieser Zweitrechnung (unter Einbeziehung der von der Gesellschaft aufzustellenden Handelsbilanz einer Drittrechnung) – von Groh als „Als-Ob-Bilanz" tituliert – auch alle auf Gewerbebetriebe bezogenen Vorschriften, wie Sonderabschreibungen, § 6 b EStG usw. zu berücksichtigen. Bei alledem soll aber nicht vernachlässigt werden, daß die Personengesellschaft keine Mitunternehmerschaft ist, daß sie „steuerlich einer Bruchteilsgemeinschaft gleichsteht"; eine der Konsequenzen: Bei Veräußerungsgeschäften

56 Vgl. etwa Woerner, JbFStR 1978/79, 239 ff.
57 Groh, DB 1984, 2373 (2374 f).

zwischen Gesellschaft und Gesellschaftern soll es nur zu einer Teilgewinnrealisierung kommen!

Der Auffassung von Groh ist inzwischen der IV. Senat des BFH[58] in mehreren Entscheidungen gefolgt – ohne Auseinandersetzung mit gegenteiligen Auffassungen und ohne daß die Frage entscheidungserheblich gewesen wäre.[59]

Demgegenüber hat Erdweg[60], der Berichterstatter in dem Verfahren des Großen Senats, klargestellt, daß es bei der Passage, nach der die Wirtschaftsgüter des Gesellschaftsvermögens bei betrieblich beteiligten Gesellschaftern anteilig Betriebsvermögen sein sollen, nur um die Sicherstellung der Besteuerungsmöglichkeit der stillen Reserven der Wirtschaftsgüter des Betriebsvermögens, also insbesondere der Grundstücke gehe. An eine Totalkorrektur des Überschußanteils des betrieblich beteiligten Gesellschafters in einen Gewinnanteil auf der Grundlage einer „Als-Ob-Bilanz" der Gesellschaft sei nicht gedacht gewesen. Auch Schellenberger[61] und Döllerer[62] stehen auf dem Standpunkt, daß allenfalls[63] eine Teilkorrektur des Überschußanteils zur Erfassung der auf den betrieblich beteiligten Gesellschafter entfallenden anteiligen Veräußerungsgewinne und -verluste der Gesellschaft in Frage komme.

Wie Schellenberger[64] schon früher für die Immobilien-KG mit Einkünften aus Vermietung und Verpachtung dargelegt hat, ist eine Rechtsgrundlage für eine weitere Ergebnisermittlung der Gesellschaft in Hinsicht auf betrieblich beteiligte Gesellschafter nicht ersichtlich.

Demgegenüber steht Woerner[65] auf dem Standpunkt, daß in dem Feststellungsverfahren nach § 180 Abs. 1 Nr. 2 a AO auch eine Entscheidung über die Qualifikation der

58 BFH vom 17. 1. 1985 IV R 106/81 BStBl II 1985, 291 ff; BFH vom 7. 2. 1985 IV R 31/83 BStBl II 1985, 372 ff.

59 Beides wird zu Recht von Woerner, BB 1985, 1053 und Mathiak, StuW 1985, 276 gerügt. Woerner selbst teilt in der Sache freilich die Auffassung von Groh. Mathiak spricht sich dagegen aus. Nach Mathiak ist der Gewinnanteil des betrieblich beteiligten Gesellschafters auf Grund des in seiner Steuerbilanz ausgewiesenen Anteils an der Personengesellschaft zu ermitteln; dabei legt Mathiak freilich – anders als hier – die Spiegelbildmethode zugrunde.
Kritisch zu der Auffassung des IV. Senats auch Söffing, FR 1985, 359. Vgl. auch die eingehende Untersuchung und Kritik an der hier vertretenen Meinung bei Reiß, StuW 1986, 232 ff, 245.

60 Erdweg, FR 1984, 603.

61 Schellenberger, DStR 1985, 163 ff, 165 ff.

62 JbFStR 1985/86, 304 ff.

63 Döllerer aaO hat seine Sympathie für die unten unter Ziff. 3 vertretene Auffassung bekundet. Auch für Schellenberger aaO, S. 167 ist noch lange nicht ausgemacht, daß Veräußerungsgewinne einer Überschußgesellschaft beim betrieblich beteiligten Gesellschafter überhaupt zu erfassen seien (es sei denn – so ist wohl zu ergänzen –, daß sie sich in der eigenen Gewinnermittlung des Gesellschafters niedergeschlagen haben).

64 Schellenberger, StbJb 1983/84, 135 ff; ebenso Erdweg, FR 1984, 603.

65 Woerner, JbFStR 1985/86, 299 f.

Einkünfte bei dem einzelnen Gesellschafter zu treffen sei, denn es gebe nach § 2 EStG nun einmal keine Einkünfte ohne Zuordnung zu einer bestimmten Einkunftsart. Letzteres ist sicher richtig. Daraus ist aber u. E. nicht die Folgerung zu ziehen, daß deshalb im Feststellungsverfahren für die Personengesellschaft zwei Ergebnisermittlungen stattfinden müssen. Da die Gesellschaft den Tatbestand der Einkünfte aus Vermietung und Verpachtung und/oder Kapitalvermögen verwirklicht, ist nicht zu sehen, wieso die Gesellschaft verpflichtet sein sollte, eine weitere Ergebnisermittlung i. S. einer „Als-Ob-Bilanz" vorzunehmen. Die Gesellschaft muß ja auch gar nicht wissen, ob der Anteil eines Gesellschafters privat gehalten wird oder bei ihm zum Betriebsvermögen gehört. Im übrigen ist es auch nicht Sache des für das Feststellungsverfahren der Gesellschaft zuständigen Finanzamts, zu entscheiden, ob der Anteil zu einem Betriebsvermögen des Gesellschafters gehört. Mit der Zuordnung eines Anteils am Überschußergebnis an den einzelnen Gesellschafter im Feststellungsverfahren wird bindend nur festgestellt, daß dieser Betrag im Veranlagungsverfahren des Gesellschafters zugrunde zu legen ist. Ist der Gesellschafter eine Kapitalgesellschaft, so ist der Überschußanteil mit der Ankunft beim Gesellschafter von Gesetzes wegen (§ 8 Abs. 2 KStG) – ohne daß es irgendeiner Umrechnung o. ä. bedarf – in die Einkünfte aus Gewerbebetrieb zu übernehmen.

3. Lösungsvorschlag[66]

U. E. ist die Lage hinsichtlich der Ermittlung der Einkünfte des betrieblich beteiligten Gesellschafters folgendermaßen zu sehen: Die Qualifizierung der Einkünfte aus einer Überschußgesellschaft als Einkünfte aus Gewerbebetrieb beruht darauf, daß die *Beteiligung* bei dem Gesellschafter Betriebsvermögen ist.

Im Normalfall schlagen sich die Ergebnisse, die auf den Einsatz eines Wirtschaftsguts im Betrieb zurückzuführen sind, in der *eigenen* Gewinnermittlung des Gewerbetreibenden nieder. Nun besteht aber für den Fall, daß es sich bei dem zum Betriebsvermögen gehörenden Vermögensgegenstand um einen Anteil an einer Personengesellschaft handelt, die hinreichend geläufige Situation, daß der Aktivierung des Anteils in der Bilanz des Gesellschafters und der eigenen betrieblichen Ergebnisermittlung des Gesellschafters grundsätzlich keine steuerliche Bedeutung zukommt, wenn für die Gesellschaft ein Gewinnfeststellungsverfahren durchgeführt wird.[67] Der in dem Gewinnfeststellungsverfahren dem Gesellschafter zugerechnete Gewinn- oder Verlustanteil wird bindend in sein Veranlagungsverfahren übernommen. Was sich in der eigenen Bilanz des Gesellschafters in Zusammenhang mit dem Anteil abgespielt und niedergeschlagen hat (Gewinnausschüttungen, Veräußerungsgewinne aus der Beteiligung, Abschreibung der Beteiligung), interessiert steuerlich nicht; all dies ist schon in dem Gewinnfeststellungsverfahren bindend berücksichtigt worden; die Dinge können nicht doppelt erfaßt werden.

66 Vgl. dazu Knobbe-Keuk, BB 1985, 473 ff; ähnlich Mellwig, BB 1985, 2066 ff, 2070.

67 Vgl. BFH vom 23. 7. 1975 I R 165/73 BStBl II 1976, 73; BFH vom 29. 9. 1976 I R 171/75 BStBl II 1977, 259; vgl. oben § 10 III.

So der Befund für den Fall, daß bei der Gesellschaft ein *Gewinn*feststellungsverfahren vorgenommen wird. Wird für eine Gesellschaft, die Überschußeinkünfte hat, ein Feststellungsverfahren durchgeführt, so besteht auch hier im Grundsatz für die Besteuerung des Gesellschafters die Bindung an das diesem im Feststellungsbescheid zugerechnete Überschußergebnis; es sind also auch hier etwa aus der eigenen Gewinnermittlung die von der Gesellschaft ausgeschütteten Überschußanteile herauszunehmen, damit eben nichts doppelt erfaßt wird. Die Bindung an die Feststellungen im Feststellungsverfahren der Gesellschaft kann aber von vornherein nur soweit reichen, als das Feststellungsverfahren der Gesellschaft reicht. Hat der Gesellschafter etwa seinen Anteil an der Gesellschaft mit Gewinn veräußert, so ist dies ein Vorgang, der – anders als beim *Gewinn*feststellungsverfahren – nicht Gegenstand des Feststellungsverfahrens der Gesellschaft ist. Das Ergebnis der eigenen Gewinnermittlung des Gesellschafters ist nicht um diesen Veräußerungsgewinn zu kürzen. Hinsichtlich des Gewinns aus der Veräußerung des Anteils tritt die eigene Gewinnermittlung des Gesellschafters nicht hinter das Feststellungsverfahren zurück. Es ist ein Gewinn aus der Veräußerung eines zum Betriebsvermögen gehörenden Vermögensgegenstandes.

Der Anteil an einer Personengesellschaft verliert nicht deshalb seine Eigenschaft als Betriebsvermögen, weil für die Gesellschaft ein Feststellungsverfahren durchgeführt wird. Selbst der Anteil an einer Gesellschaft, für die ein Gewinnfeststellungsverfahren durchgeführt wird, ist in der Bilanz des Gesellschafters weiter auszuweisen. Daß dies auch für die Besteuerung im Einzelfall durchaus von Bedeutung sein kann, hat Döllerer[68] zu Recht unter Hinweis auf Einbringungsfälle dargelegt. Dem Ausweis des Anteils an der Personengesellschaft in der Bilanz des Gesellschafters kommt eben nur insoweit keine selbständige Bedeutung zu, als es um die Dinge geht, die in das Gewinnfeststellungverfahren einzubeziehen sind.[69] In gleicher Weise ist auch das Überschußfeststellungsverfahren der Gesellschaft nur geeignet, die eigene Bilanz und die eigene Ergebnisermittlung des Gesellschafters zu verdrängen, soweit die Überschußfeststellung der Gesellschaft reicht, soweit es um die Dinge geht, die in das Überschußeinkünftefeststellungsverfahren einzubeziehen sind.

Aus der eigenen Gewinnermittlung des Gesellschafters sind also – zur Vermeidung einer doppelten Berücksichtigung – nur die Ergebnisse herauszurechnen, die sich mit dem ihm im Feststellungsverfahren zugerechneten Anteil am Überschußergebnis der Gesellschaft decken.

Dabei ist bei der eigenen Gewinnermittlung des Gesellschafters die rechtliche Selbständigkeit der Personengesellschaft gegenüber ihren Gesellschaftern zu respektieren. Gewinne und Verluste der Gesellschaft sind – weil das Gesamthandsvermögen eine vom Vermögen des Gesellschafters getrennte Vermögensmasse darstellt – bilanziell nicht automatisch an-

68 Döllerer, WPg 1977, 81 ff, 88; dem folgend Woerner, JbFStR 1978/79, 236 ff. Vgl. zu Döllerer distanzierend BFH vom 6. 11. 1985 I R 242/81 BStBl II 1986, 333; kritisch zum I. Senat Reiss, StuW 1986, 232 ff, 254.

69 Vgl. auch die interessanten Ausführungen von Stoll, Der Gesellschafter (Österr. Zeitschrift für Gesellschafts- und Unternehmensrecht) 1983, 120 ff, 124 und gegen diesen Schön, Gewinnübertragungen bei Personengesellschaften nach § 6b EStG, 1986, S. 98 ff.

teilig Gewinne und Verluste des Gesellschafters, sondern erst dann, wenn sie sich nach den allgemeinen Bilanzierungsgrundsätzen in der Bilanz des Gesellschafters niederschlagen. Das ist bei Gewinnen nur der Fall, wenn sie dem Gesellschafter zufließen, und bei Verlusten, wenn sie zu einer außerplanmäßigen bzw. Teilwertabschreibung nötigen. Die hier vertretene – gegen die in der Praxis verbreitete Spiegelbildmethode gerichtete – Auffassung wird in der Literatur[70] mit zunehmendem Nachdruck vertreten.

Angesichts des Umstands, daß der Gewerbetreibende außerhalb seiner Bilanz den ihm zuzurechnenden Anteil am Überschuß der Gesellschaft mit für seine Besteuerung bindender Wirkung als Einkünfte aus Gewerbebetrieb zu übernehmen hat, bedarf es der Feststellung, welche der in der eigenen Gewinnermittlung des Gesellschafters originär in Erscheinung tretenden aus der Beteiligung resultierenden Ergebnisse durch die aus dem Feststellungsverfahren der Gesellschaft übernommenen Ergebnisse für seine Besteuerung verbraucht sind.

Zur Veranschaulichung folgendes Zahlenbeispiel:

Jahr	Überschußanteil aus Feststellungsverfahren		Erträge des Anteils in Bilanz des Gesellschafters	Für die Besteuerung infolge Zurechnung des Überschußanteils verbraucht	
		insges.			insges.
1	+ 100		0		
2	+ 200		+ 50	50	
		+ 300	(Ausschüttung für Vorjahr)		
3	+ 300		+ 180	180	
		+ 600	(Ausschüttung für Vorjahre)		230
4	0		+ 500	370	
		+ 600	(Ausschüttung)		600

In Jahr 4 sind beim Gesellschafter zu erfassen:

a) Überschußanteil aus Feststellungsverfahren 0

b) Die Ausschüttung von 500 ist auf positive Ergebnisse der Gesellschaft in den Vorjahren sowie auf Gewinne aus der Veräußerung von Grundstücken zurückzuführen. Die Ausschüttung ist in Höhe von 370 schon durch die Besteuerung der Überschußanteile in den Vorjahren verbraucht. Von dem in Jahr 4 in seiner Bilanz in Erscheinung tretenden Beteiligungsertrag hat der Gesellschafter noch 130 zu versteuern.

70 Vgl. insbesondere Saur/Althaus, WPg 1971, 1 ff; Geßler/Hefermehl/Eckardt/Kropff, § 152 AktG Anm. 17; Döllerer, WPg 1977, 81 ff; Knobbe-Keuk, AG 1979, 293 ff, 303 ff; Stoll aaO, (Anm. 69), 49 ff, 51; im Ergebnis ebenso BFH vom 23. 7. 1975 I R 165/73 BStBl II 1976, 73. Zur Stellungnahme 3/76 (WPg 1976, 591) des HFA des IdW, die im Ergebnis die Spiegelbildmethode „in einer abgeschwächten Form" vertritt, vgl. Döllerer und Knobbe-Keuk aaO.

Ergibt sich in Jahr 5 im Feststellungsverfahren ein negativer Überschußanteil des Gesellschafters in Höhe von 500, so ist in der Bilanz des Gesellschafters eine Ergebnisminderung, die auf einer etwaigen Teilwertabschreibung des Anteils beruht, bis zum Betrage von 500 zu korrigieren. Denn ein Verlust von 500 in der eigenen Gewinnermittlung des Gesellschafters ist schon durch die Zurechnung des aus dem Feststellungsverfahren übernommenen Anteils verbraucht. Bei einer Teilwertabschreibung des Anteils um 600 sind noch 100 zusätzlich zu berücksichtigen.

Das hier vorgeschlagene Verfahren trägt der Tatsache Rechnung, daß der Anteil des Gesellschafters an der Gesellschaft zu seinem Betriebsvermögen gehört, und beruht auf der Erkenntnis, daß das Feststellungsverfahren einer Gesellschaft, in welchem nicht ein Gewinn nach §§ 4 ff EStG ermittelt wird, die eigene Gewinnermittlung des Gesellschafters nur insoweit zurückzudrängen vermag, als es reicht und also die Besteuerung des Gesellschafters nur insoweit bindet. Auf diese Weise wird das erreicht, was den Großen Senat offensichtlich zu der oben besprochenen Passage veranlaßt hat: Die Besteuerung von Gewinnen, die die Gesellschaft durch Veräußerung von Gegenständen ihres Vermögens erzielt, ist – anteilig – beim betrieblich beteiligten Gesellschafter gesichert: Hat die Gesellschaft die Veräußerungsgewinne nicht ausgeschüttet, erfolgt die Besteuerung beim Gesellschafter anläßlich der Veräußerung seines Gesellschaftsanteils, weil der Veräußerungspreis durch die thesaurierten Gewinne der Gesellschaft beeinflußt wird. Hat die Gesellschaft die Veräußerungsgewinne ausgeschüttet, so erfolgt die Besteuerung beim Gesellschafter schon vor der Veräußerung seines Anteils. Die Besteuerungsgrundlage für anteilige Veräußerungsgewinne der Gesellschaft ergibt sich in jedem Fall aus der eigenen Gewinnermittlung des Gesellschafters. Entsprechend ist die Lage bei Veräußerungsverlusten der Gesellschaft; diese werden beim Gesellschafter entweder im Zeitpunkt der Veräußerung des Gesellschaftsanteils oder früher – wenn die Veräußerungsverluste der Gesellschaft eine Teilwertabschreibung der Beteiligung rechtfertigen – berücksichtigt.

Des vom Großen Senat für seine sachgerechte Besteuerung als notwendig vorausgesetzten Teil-Rekurses auf § 39 Abs. 2 Nr. 2 AO, der Bruchteilsbetrachtung für den Fall der Veräußerung von Gegenständen des Gesellschaftsvermögens, bedarf es also nicht.

Im Ergebnis besteht freilich ein Unterschied zwischen der Bruchteilsbetrachtung des Großen Senats des BFH und dem hier vertretenen Verfahren hinsichtlich des Besteuerungszeitpunkts. Bei der Bruchteilsbetrachtung wären Gewinne der Gesellschaft aus der Veräußerung von Wirtschaftsgütern des Gesellschaftsvermögens im Zeitpunkt der Veräußerung beim betrieblich beteiligten Gesellschafter zu erfassen, gleich in welchem Zeitpunkt sie ihm – bilanziell – zugeflossen sind und gleich ob sie von der Gesellschaft thesauriert oder ausgeschüttet werden. In entsprechender Weise müßten dann wohl auch Veräußerungsverluste der Gesellschaft beim Gesellschafter sofort berücksichtigt werden und es wäre auch die Frage, ob nicht anteilige Teilwertabschreibungen auf die Wirtschaftsgüter des Gesellschaftsvermögens beim Gesellschafter zu berücksichtigen wären. Des weiteren wäre die Frage, ob der Gesellschafter nicht konsequenterweise den ihm zugerechneten Anteil am Veräußerungsgewinn der Gesellschaft nach § 6b EStG neutralisieren kann.[71] Offen ist auch, wie auf der Grundlage der Bruchteilsbetrachtung im Falle der Veräußerung des Gesellschaftsanteils durch den Gesellschafter zu verfahren sein soll. Wenn man hier einen Veräußerungsgewinn des Gesellschafters nicht auf Grund dessen eigener Gewinnermittlung annimmt, sondern auf der Grundlage der Bruchteilsbetrachtung, ergeben sich Schwierigkeiten etwa für den Fall, daß in dem Gesellschaftsvermögen thesaurierte Veräußerungsgewinne der Gesellschaft – die vom Gesellschafter schon versteuert worden sind – enthalten sind.[72]

Dem in der zitierten Passage des Beschlusses zum Ausdruck gekommenen Anliegen wird somit mit der hier vertretenen Auffassung hinreichend Rechnung getragen.

---

71 Vgl. dazu Schön, Gewinnübertragungen bei Personengesellschaften nach § 6b EStG, 1986, S. 137 ff.

72 Gegen das hier vorgeschlagene Verfahren hat Groh, DB 1987, 1012 Stellung genommen.
Groh schreckt das „hochkomplizierte Rechenwerk" des Verfahrens. Komplizierter als Grohs „Als-ob-Bilanz" ist das Verfahren sicher nicht.
Des weiteren stört Groh, daß der auf den betrieblich beteiligten Gesellschafter entfallende Teil der Veräußerungsgewinne der Überschußgesellschaft erst bei einer Ausschüttung bzw. bei der Veräußerung der Beteiligung an der Überschußgesellschaft erfaßt werden soll und auf diese Weise eine „bequeme Steuersparschatulle" entstehe. Der einäugige Blick auf Veräußerungsgewinne ist einer Klärung der Problematik nicht besonders förderlich. Bei der Bruchteilsbetrachtung würde – wie geschildert – zwar der auf den betrieblich beteiligten Gesellschafter entfallende Teil des Veräußerungsgewinns der Überschußgesellschaft sofort der Besteuerung unterworfen, umgekehrt aber auch ein anteiliger Veräußerungsverlust und anteilige Teilwertabschreibungen auf die einzelnen Wirtschaftsgüter zugunsten des betrieblich Beteiligten ausschlagen. Angesichts dieser Lage ist es nicht überzeugend, bei dem betrieblich Beteiligten nur deshalb von einer „bequemen Steuersparschatulle" zu sprechen, weil er den auf ihn entfallenden Anteil am Veräußerungsgewinn – der bei den nicht betrieblich Beteiligten ohnehin nicht der Besteuerung unterliegt – nicht sofort, sondern erst wenn er bei ihm bilanziell in Erscheinung tritt, versteuern muß.
Nachsichtig hält Groh unserer Auffassung zugute, daß sie „auf einer besonderen Sicht der gesamthänderischen Vermögensbeteiligung" beruhe; das Steuerrecht habe „diesen von den Zivilisten liebevoll gepflegten Streit durch § 39 Abs. 2 Nr. 2 AO aber bewußt abgeschnitten". Zum einen besteht über die Einordnung der gesamthänderischen Vermögensbeteiligung als selbständiger Vermögensgegenstand unter den Zivilisten kein Streit mehr, der noch „liebevoll gepflegt" werden könnte. Zum anderen ist steuerrechtlich auf die Bruchteilsvorstellung nur zu rekurrieren, soweit dies „für die Besteuerung erforderlich ist".

3. Kapitel Die Besteuerung des Gewinns der Kapitalgesellschaften

§ 14 Die Entwicklung zum neuen Körperschaftsteuerrecht

I. Die Entwicklung der Besteuerung der Kapitalgesellschaften und der wirtschaftlichen Doppelbelastung des ausgeschütteten Gewinns

Die Entwicklung der Besteuerung der Kapitalgesellschaften hat im wesentlichen[1] ihren Anfang mit dem Preußischen EStG von 1891 genommen. Dieses erstreckte die subjektive Steuerpflicht auch auf Aktiengesellschaften, Kommanditgesellschaften auf Aktien, Berggewerkschaften, eingetragene Genossenschaften sowie auf Konsumvereine und -genossenschaften. Der Steuertarif, für natürliche Personen und Gesellschaften gleich hoch, war progressiv (0,6% bis 4%) bis zu einem Einkommen von 100000 DM, von da an proportional. In den übrigen deutschen Ländern war die Lage im Prinzip der in Preußen ähnlich. Der Kreis der einkommensteuerpflichtigen Körperschaften und Vermögensmassen war teils enger, teils weiter gezogen.[2]

Als nach dem ersten Weltkrieg die Steuerhoheit hinsichtlich der Besteuerung des Einkommens auf das Reich überging, fand auch die Steuer vom Einkommen der Körperschaften und Vermögensmassen eine vom bislang geltenden Rechtszustand wesentlich abweichende Regelung. Die Einkommensteuer wurde auf die natürlichen Personen beschränkt und für die Körperschaften und Vermögensmassen eine besondere Steuer, die Körperschaftsteuer, eingeführt. Die Trennung der Einkommensbesteuerung der natürlichen Personen auf der einen und der Körperschaften auf der anderen Seite war nicht nur eine formale. Sie zog zugleich einen Strich unter die Dis-

1 Vgl. aber auch schon das Sächsische EStG von 1874/1878, das in § 4 auch juristische Personen und die mit dem Recht des Vermögenserwerbs ausgestatteten Personenvereine und Vermögensmassen für beitragspflichtig erklärte. Vgl. dazu näher A. Hoffmann, Die direkten Staatssteuern im Königreich Sachsen, 1906, S. 95 ff.

2 Vgl. i.ü. zum Rechtszustand in den deutschen Ländern vor dem RKStG von 1920 den Überblick bei Kennerknecht, Kommentar zum KStG 1925, Einleitung A I. Näher zur geschichtlichen Entwicklung vgl. Rasenack, Die Theorie der Körperschaftsteuer, 1974.

kussion um die Berechtigung der Einkommensbesteuerung der Körperschaften und Vermögensmassen.

Die Berechtigung der Einkommensbesteuerung der Körperschaften und Vermögensmassen war insbesondere von Fuisting[3] in Frage gestellt worden, indem der Begriff des Einkommens in unmittelbare Beziehung zur Verfügbarkeit für die persönlichen Lebensbedürfnisse gebracht und daraus die Folgerung gezogen wurde, andere Rechtsgebilde als natürliche Personen könnten – mangels persönlicher Bedürfnisse – auch kein Einkommen, sondern nur Ertrag haben. Wenn man auch Fuisting nicht allgemein folgte, so war jedenfalls anerkannt, daß die Besteuerung der nicht natürlichen Personen in einem EStG einen Fremdkörper darstelle und besser in ein besonderes Gesetz gehöre.[4] Da das Ergebnis der Körperschaften und Vermögensmassen in der Tat nicht der Befriedigung persönlicher Bedürfnisse dient, lassen sich aus der Höhe des Ergebnisses kaum Merkmale entnehmen, die sich auf die Leistungsfähigkeit des „Einkommensbeziehers" beziehen. Als Besteuerungsmerkmale scheiden nicht nur die besondere Art der Einkommensverwendung aus; es fehlt auch der Anlaß für ein Existenzminimum und die Begründung für eine Progression der Steuersätze nach der Höhe des Einkommens.

Das RKStG von 1920 hat sich dafür entschieden, auch bei den Körperschaften und Vermögensmassen das *Einkommen* als Steuergegenstand zu erfassen. Es hat jedoch den sich durch die verschiedene Art der Steuersubjekte ergebenden Unterschieden Rechnung getragen und für die Körperschaften und Vermögensmassen vor allem die bis dahin geltende progressive Besteuerung aufgegeben.

Es wurde ein proportionaler Körperschaftsteuersatz von 10% eingeführt. Erwerbsgesellschaften hatten außerdem eine Zuschlagsteuer auf die ausgeschütteten Gewinne zu entrichten, die je nach dem Verhältnis der Ausschüttungen zum Nennkapital bis zu 10% betrug. Von der Zuschlagsteuer blieben 3% des Nennkapitals steuerfrei. Die ausgeschütteten Gewinne unterlagen bei den Anteilseignern weiterhin der Einkommensteuer.

Mit der selbständigen Besteuerung der Körperschaften war von Anfang an die Problematik der wirtschaftlichen Doppelbelastung des ausgeschütteten Gewinns – nämlich zum einen bei der Körperschaft und zum anderen bei den Anteilseignern – verbunden. Diese Doppelbelastung war nach dem Preußischen EStG nur insofern abgeschwächt, als bei den Gesellschaften 3,5% des Anlagekapitals steuerfrei blieben.[5] Das Problem als solches bestand aber, und das Für und Wider der besonderen Besteuerung der Körper-

3 Z.B. Fuisting, Grundzüge der Steuerlehre, 1902, S. 187 ff.

4 Vgl. z.B. Strutz, Verw.Archiv 11 (1903), 488 ff; Die Neuordnung der direkten Staatssteuern in Preußen, 1912, S. 115 ff.

5 Als 1906 die Einkommensteuerpflicht auch auf die Gesellschaften mit beschränkter Haftung ausgedehnt wurde, wählte man freilich eine andere Regelung. Die Gesellschafter blieben mit ihren Gewinnanteilen steuerfrei, dafür unterlag die Gesellschaft selbst einem die Steuersätze der natürlichen Personen etwas überschreitenden Tarif (0,78% bis 5%).

schaften neben der der Anteilseigner ist denn auch von Anfang an diskutiert worden. Man hielt die besondere Besteuerung der Körperschaften vor allem im Hinblick auf den Wettbewerb mit anderen Unternehmen für gerechtfertigt und die wirtschaftliche Doppelbelastung vom Standpunkt steuerlicher Gerechtigkeit aus nicht für verwerflich, insbesondere da die Rechtsform der juristischen Person Umfang und Arten des Kredits eröffne, wie sie den einzelnen Mitgliedern verschlossen wären.[6] Diese Erwägungen sind denn auch in die Begründung des KStG von 1920 aufgenommen worden:

„Die Verleihung der Rechtspersönlichkeit gewährt den Erwerbsgesellschaften so viel Rechte, daß sie die Folgen der Selbständigmachung auch auf einem Gebiete tragen müssen, auf dem sie für sie nachteilig ist. Die Vorteile der Rechtsform, in der sie ihre Zwecke verfolgen können, sind vor allem, neben der völligen Gleichstellung mit den natürlichen Personen auf allen Verkehrs- und Wirtschaftsgebieten, die bedeutende Verstärkung der Kreditfähigkeit, die in der fast unbeschränkten Möglichkeit der Erweiterung des Kapitals liegt. Gerade hierin liegt ein Vorteil, der dem Einzelwirtschafter entfernt nicht im gleichen Maße erreichbar ist. Daß in vielen Fällen die Kapitalhäufung auch die Wirtschaftlichkeit steigert, ist eine weitere Folge dieser Rechtsform. Außerdem ist aber darauf hinzuweisen, daß die Erwerbsgesellschaften, wie gerade das Beispiel großer Gesellschaften in neuerer Zeit immer klarer dartut, immer mehr darüber hinauswachsen, eine bloße Hilfsform in der Wirtschaftstätigkeit der natürlichen Personen zu sein, daß sie sich vielmehr ihre eigenen Aufgaben und Zwecke stellen, sich in Verfolgung dieser Zwecke über ihre ursprüngliche Grundlage hinaus ausdehnen und zum Teil sich im Gegensatz zu den an ihnen beteiligten natürlichen Personen stellen. Diese Wirtschaftsemanzipation von den Zwecken der Einzelperson ist eine weitere Grundlage für eine selbständige Besteuerung. Endlich aber darf nicht übersehen werden, daß die Erwerbsgesellschaften sich auch zu so übermächtigen Wettbewerbern der privaten Einzelwirtschafter entwickelt haben, daß die Erhaltung der Wettbewerbsfähigkeit der letzteren unbedingt einen Ausgleich auf steuerlichem Gebiet erfordert. Die Freilassung der Gesellschaften von einer Besteuerung ihres Einkommens würde die Übermacht der Kapitalansammlung noch mehr steigern. Sie würde um so mehr ins Gewicht fallen, als die Einzelpersonen die für ihren persönlichen Verbrauch benötigten Mittel zu versteuern haben.“[7]

In der Anfangszeit der selbständigen Besteuerung der Körperschaften war die wirtschaftliche Doppelbelastung des ausgeschütteten Gewinns wegen der geringfügigen Steuersätze freilich nicht so gravierend. Nachdem aber nach der Währungsreform von 1948 der Körperschaftsteuersatz zunächst sich auf 50% belief und 1951 auf 60% angehoben wurde, ergab sich die Notwendigkeit, die Auswirkungen der Doppelbesteuerung zu mildern. 1953 wurde der gespaltene Körperschaftsteuertarif eingeführt. Danach unterlagen die ausgeschütteten Gewinne einem gegenüber dem Normaltarif wesentlich ermäßigten Tarif.

6 Vgl. z. B. Strutz aaO, (Anm. 4), S. 119 ff.

7 Drucksachen der deutschen Nationalversammlung, Bd. 341, Anlagen zu den Stenographischen Berichten, 1920, 14; abgedruckt z. B. bei Evers, Kommentar zum KStG 1920/1922, 1923, § 1 Anm. 10.

Ziel war, die Kapitalgesellschaften zu einer angemessenen Gewinnverwendungspolitik anzuregen, um für das breite Publikum einen Anreiz zur Zeichnung von Aktien zu schaffen.[8]

Bis zum 31. 12. 1976 sah der Körperschaftsteuertarif folgendermaßen aus: Der allgemeine Körperschaftsteuersatz belief sich auf 51 %. Für berücksichtigungsfähige Ausschüttungen im Sinne von § 19 Abs. 3 KStG a. F. ermäßigte sich die Körperschaftsteuer auf 15 %.

Die tatsächliche Körperschaftsteuerbelastung des ausgeschütteten Gewinns belief sich allerdings nicht auf 15 %, sondern wegen der sog. Schattenwirkung des gespaltenen Tarifs auf rund 23,44 %: Denn die Körperschaftsteuer von 15 % auf den ausgeschütteten Gewinn war aus dem nicht ausgeschütteten Gewinn zu zahlen, der seinerseits dem Körperschaftsteuersatz von 51 % unterlag.

Für Kapitalgesellschaften, bei denen die Anteile zu mindestens 76 % natürlichen Personen gehören (personenbezogene Kapitalgesellschaften), bestand ein Sondertarif. Der allgemeine Steuersatz betrug 49 % und der für berücksichtigungsfähige Ausschüttungen 26,5 %.

Auf Antrag konnten personenbezogene Kapitalgesellschaften aber auch nach dem Normaltarif 51 %/15 % besteuert werden. Da der Tarif von 49 %/26,5 % nur bei hohen Gewinnausschüttungen ungünstiger war als der Normaltarif, hing die Entscheidung davon ab, in welchem Ausmaß die Kapitalgesellschaften den Gewinn thesaurieren oder ausschütten wollten.

Wenn die wirtschaftliche Doppelbelastung des ausgeschütteten Gewinns auch durch den gespaltenen Körperschaftsteuertarif wesentlich gemildert war, so nahm die Problematik der Doppelbesteuerung doch eine zentrale Stellung in den Steuerreformdiskussionen der letzten Jahre ein.

II. Einwände gegen das frühere Körperschaftsteuersystem

Gegen das frühere Körperschaftsteuersystem wurden vor allem folgende Einwände erhoben:[9]

1. Die Doppelbelastung verstoße gegen das Prinzip der Gleichmäßigkeit der Besteuerung von betrieblichen Gewinnen und damit gegen das Prinzip der Wettbewerbsneutralität der Besteuerung. Die Doppelbelastung beeinflusse die Wahl der Rechtsform, insbesondere habe sie zur Verbreitung der Form der GmbH u. Co. KG beigetragen.
2. Die Doppelbelastung benachteilige die Eigenfinanzierung.
3. Die Doppelbelastung in Verbindung mit dem gespaltenen Körperschaftsteuertarif führe zu einem Interessengegensatz zwischen Gesellschaft und Anteilseignern sowie zwischen Anteilseignern mit hohem Einkommensteuersatz und solchen mit niedrigerem Einkommensteuersatz.

---

8 Vgl. Begründung des Reg.Entw. BT-Drs. I/4092, S. 6.

9 Vgl. Gutachten der Steuerreformkommission IV Rdz. 15 ff; Wöhe, Betriebswirtschaftliche Steuerlehre I, 5. Aufl. 1978, S. 115 ff. Vgl. dazu aber die bemerkenswerte Kritik der Körperschaftsteuerreform bei Schredelseker, FinArchiv 31 (1972/73), 27 ff.

4. Die Schmälerung der Nettorendite der Aktie durch die Doppelbelastung behindere eine Beteiligung breiter Bevölkerungsschichten am Produktivvermögen der Wirtschaft.
5. Durch die Sonderregelungen zur Durchsetzung der Doppelbelastung oder zu ihrer Milderung sei das bisherige Körperschaftsteuersystem zu kompliziert und kaum noch überschaubar geworden.
   Folgende Sonderregelungen wurden angeführt: Verdeckte Gewinnausschüttung, ermäßigte Steuersätze für berücksichtigungsfähige Ausschüttungen, Sondertarife für personenbezogene Kapitalgesellschaften, Genossenschaften, Kreditinstitute u. ä.; Schachtelprivileg, Organschaft,[10] Umwandlungssteuergesetz.
6. Ausländische Anteilseigner an inländischen Kapitalgesellschaften werden als Folge des gespaltenen Tarifs steuerlich besser gestellt (begünstigender Ausländereffekt).

III. Reformvorschläge

In der Diskussion um die Körperschaftsteuerreform war eine Reihe von Vorschlägen diskutiert worden.[11] Nicht weiter bemüht hat man sich dabei um die Entwicklung einer einheitlichen Konzeption der Besteuerung der Unternehmensgewinne bzw. -erträge unabhängig von der Rechtsform des Unternehmens.[12] Im Vordergrund des Interesses standen vielmehr nur die Vorschläge,[13] die sich auf die Beseitigung oder Milderung der Doppelbelastung des ausgeschütteten Gewinns von Kapitalgesellschaften beschränkten.

Am weitesten geht der Vorschlag der Teilhabersteuer, wie er von Stützel und Engels vertreten wird,[14] und zwar deshalb, weil er die Selbständigkeit der Kapitalgesellschaft als juristische Person gegenüber den Gesellschaftern

---

10 Dies bei Wöhe aaO, (Anm. 9), S. 117.

11 Zu den Körperschaftsteuersystemen anderer Staaten vgl. den Überblick bei Herrmann/Heuer/Raupach, Rvgl.Üb.KSt, Anm. 1 ff.

12 Die Steuerreformkommission hat nur kurz der Vorschläge des 1948 eingesetzten „Betriebsteuer"-Ausschusses (vgl. StuW 1949, 929 ff) gedacht (Gutachten IV Rdz. 94 ff); der Vorschlag von Flume, DB 1971, 692 ff ist von der Reformdiskussion nicht aufgenommen worden.

13 Vgl. den Überblick über weitere – im folgenden nicht erwähnte – Vorschläge im Gutachten der Steuerreformkommission IV Rdz. 99 ff.

14 Engels-Stützel, Teilhabersteuer – Ein Beitrag zur Vermögenspolitik, zur Verbesserung der Kapitalstruktur und zur Vereinfachung des Steuerrechts, 2. Aufl. 1968. Vgl. neuerdings auch wieder D. Schneider, StuW 1975, 95 ff.
Der Gedanke einer Teilhaberbesteuerung ist i. ü. im Grunde so alt wie die Überlegungen zur steuerlichen Erfassung der Körperschaftsgewinne. Vgl. schon Dietzel, Die Besteuerung der Aktiengesellschaften in Verbindung mit der Gemeindebesteuerung, 1859, S. 11. Weitere Nachweise in Gutachten der Steuerreformkommission IV Rdz. 100 Anm. 39.

ganz offen völlig negiert. In den Grundzügen sieht der Vorschlag folgendermaßen aus: Das Einkommen der Körperschaften wird einer proportionalen Quellensteuer (Teilhabersteuer) unterworfen. Es wird unabhängig davon, inwieweit die erzielten Gewinne von der Gesellschaft ausgeschüttet oder einbehalten werden, in vollem Umfange nach dem Verhältnis der Beteiligung den Anteilseignern zugerechnet. Jeder Gesellschafter erhält eine Steuergutschrift über die auf seinen Einkommensanteil (Teilhaberertrag) entfallende Teilhabersteuer. Er wird mit seinem Teilhaberertrag zur Einkommensteuer herangezogen. Auf die Einkommensteuerschuld wird die von der Gesellschaft entrichtete anteilige Teilhabersteuer angerechnet. Übersteigt die Teilhabersteuer die Einkommensteuer, wird der Überschuß an den Anteilseigner erstattet.[15]

Ihrem Gehalt nach ist also die Teilhabersteuer eine bloße Methode zur Erfassung der persönlichen Einkommensteuer der Gesellschafter; der gesamte Gewinn der Kapitalgesellschaft wird letztlich nur mit den marginalen persönlichen Steuersätzen der Anteilseigner belastet.

Der Großen Steuerreformkommission wäre es im Prinzip auch am sympathischsten gewesen, den *gesamten* Unternehmensgewinn der Kapitalgesellschaften nach den persönlichen Verhältnissen der Anteilseigner zu erfassen.[16] Sie hat jedoch wegen der mit der Teilhabersteuer verbundenen technischen Schwierigkeiten von dieser Abstand genommen und sich für die Einführung des Anrechnungsverfahrens[17] entschieden. Dem ist die Bundesregierung gefolgt, und zum 1. 1. 1977 ist ein neues KStG auf der Grundlage des – gegenüber dem Vorschlag der Steuerreformkommission allerdings modifizierten – Anrechnungsverfahrens in Kraft getreten.

Die Grundkonzeption des neuen Körperschaftsteuerrechts ist folgende: Es wird im Ergebnis nur noch der thesaurierte Gewinn (und die nicht abzugsfähigen Ausgaben) mit der Körperschaftsteuer belastet, der ausgeschüttete Gewinn wird lediglich mit der individuellen Einkommensteuer des Anteilseigners belastet. Aus steuertechnischen Gründen werden zwar auch die Gewinnausschüttungen formal noch der Körperschaftsteuer unterworfen, jedoch wird die auf dem ausgeschütteten Gewinn lastende Körperschaftsteuer auf die individuelle Steuerschuld des Anteilseigners angerechnet. Auf diesem Wege wird erreicht, daß der Anteilseigner den ihm von der Kapitalgesellschaft zugedachten Gewinn im Ergebnis unbelastet mit Körperschaftsteuer vereinnahmt. Ist die anrechenbare Körperschaftsteuer höher als die Steuerschuld für das gesamte Einkommen des Anteilseigners, so wird der

15 Vgl. die Einzelheiten und Berechnungsbeispiele bei Engels-Stützel aaO, (Anm. 14) und im übrigen die Darstellung und Würdigung in Gutachten der Steuerreformkommission IV Rdz. 105 ff.

16 Gutachten IV Rdz. 163.

17 Vgl. schon Gutachten des wissenschaftlichen Beirats beim Bundesministerium der Finanzen zur Reform der direkten Steuern vom 11. 2. 1976 (Heft 9 der Schriftenreihe des BdF).

übersteigende Betrag an den Anteilseigner erstattet. Die steuerpflichtige Bruttodividende des Anteilseigners setzt sich nunmehr aus zwei Bestandteilen zusammen: aus der Bardividende, die das Unternehmen auszahlt und aus einer Steuergutschrift in Höhe der anrechenbaren Körperschaftsteuer. Die anrechenbare Körperschaftsteuer zählt als Teil der Gesamtdividende zu den Einkünften des Anteilseigners. Der Anteilseigner versteuert also den Gewinn vor Abzug der Körperschaftsteuer.

IV. Zur Bewertung der Reform[18]

Ein Ziel der Reform, nämlich daß das Körperschaftsteuerrecht übersichtlicher und einfacher werden sollte, ist mit Sicherheit nicht erreicht worden.

Von den mit der Doppelbelastung verbundenen Sonderregelungen entfällt nur die Tarifermäßigung für berücksichtigungsfähige Ausschüttungen völlig. Das Schachtelprivileg der Obergesellschaft bei der Körperschaftsteuer entfällt lediglich für die von inländischen Tochtergesellschaften empfangenen Gewinnanteile (§ 9 KStG a. F.).

Derartige Gewinnanteile zuzüglich der von der Untergesellschaft darauf entrichteten Körperschaftsteuer unterliegen bei der Obergesellschaft nunmehr uneingeschränkt der Körperschaftsteuer, §§ 8 Abs. 1 KStG, 20 Abs. 1 Nr. 3 mit Abs. 3 EStG. Die Obergesellschaft kann aber die von der Untergesellschaft für die Gewinnausschüttungen bezahlte Körperschaftsteuer auf ihre eigene Körperschaftsteuerschuld anrechnen, §§ 49 Abs. 1 KStG, 36 Abs. 2 Nr. 3 EStG. Damit ist auf Grund der Körperschaftsteuerreform ein gewichtiger Nachteil für Holding-Gesellschaften entfallen, nämlich soweit in der Vergangenheit bei der Holding-Gesellschaft Fremdkapitalzinsen den Schachteleinnahmen zugeordnet und wegen der Steuerfreiheit der Schachteleinnahmen nicht zum Abzug zugelassen wurden.[19] Der Abzug ist nunmehr ohne weiteres möglich, da es sich bei den Beteiligungserträgen der Holding-Gesellschaft um steuerpflichtige Einkünfte handelt. Nachteile infolge des Wegfalls des Schachtelprivilegs ergeben sich aber insbesondere, wenn die Tochtergesellschaft steuerbefreite ausländische Einkünfte an die inländische Muttergesellschaft ausschüttet.[20]

Für die Besteuerung ausländischer Einkunftsteile (§ 26 KStG), die Gewerbesteuer, für die Vermögensteuer im Rahmen der DBA ist das Schachtelprivileg aber weiterhin von Bedeutung.

Auch nach dem neuen Recht bleiben die großen Problemkreise des Umwandlungssteuerrechts, der Organschaft und vor allem der verdeckten Gewinnausschüttung, und letztere nicht nur mit Rücksicht auf die Gewerbesteuer und den Bereich des Außensteuerrechts.[21] Auch Sondertarife gibt es

---

18 Vgl. i. e. die Bilanz zum 10jährigen Jubiläum bei Knobbe-Keuk, Was ist erreicht, was bleibt zu tun?, GmbHR 1987, 125 ff.

19 Zu der weiterhin bestehenden entsprechenden Problematik bei der Vermögensteuer vgl. unten § 26 III 5 c.

20 Vgl. unten § 18 II 2 c.

21 Vgl. dazu Woerner, BB 1983, 845 ff.

nach dem neuen KStG. An die Stelle der wenigen entfallenden Probleme treten durch die Technik des Anrechnungsverfahrens bedingte neue Schwierigkeiten.[22]

Die Diskussion um die Behandlung der verdeckten Gewinnausschüttung[23] nach dem Anrechnungsverfahren spricht Bände.

Zudem verursacht die Körperschaftsteuerreform einen erheblichen Verwaltungsaufwand bei Unternehmen, Banken und Finanzverwaltung. Die Finanzverwaltung hat den Anfall der mit dem Anrechnungsverfahren verbundenen Erstattungsanträge der Anteilseigner zu bewältigen; schließlich sind für jede Kapitalgesellschaft zwei Bescheide (Feststellungs- und Steuerbescheid) zu erlassen.

Steuerliche Überlegungen zur Wahl der Rechtsform haben sich durch die Reform nicht erledigt.[24]

Das neue KStG hat zu einer grundlegenden Änderung in der Sicht der Besteuerung der Kapitalgesellschaft geführt. Die Anteilseigner werden nunmehr wie die Inhaber eines Personenunternehmens angesehen. Der Gewinn der Kapitalgesellschaft wird ihnen unmittelbar als Einkommen zugeordnet. Am klarsten tritt dies bei der Behandlung des ausgeschütteten Gewinns in Erscheinung, die Körperschaftsteuer hat praktisch nur die Funktion einer Vorauszahlung auf die individuelle Einkommensteuer der Anteilseigner; sie ist der Sache nach eine zweite Kapitalertragsteuer.[25] Es gilt letztlich aber

---

22 Inzwischen werden Vorschläge zur Vereinfachung des Anrechnungsverfahrens diskutiert. Vgl. i. e. unten § 18 in Anm. 3.

23 Vgl. unten § 19 I 3c–e.

24 Vgl. dazu näher Knobbe-Keuk, GmbHR 1987, 125 ff, 131 ff und Schluß-Kapitel.

25 In der Entscheidung vom 9. 2. 1982 VIII B 133/81 BStBl II 1982, 401 hebt der BFH hervor, es handele sich auch bei der Ausschüttungssteuer durchaus um die eigene Steuerschuld der Kapitalgesellschaft und nicht um die Vorauszahlung auf die Einkommen- oder Körperschaftsteuer der Gesellschafter. Das ist – was die rechtliche Konstruktion anbetrifft – durchaus korrekt. Deshalb kann in Hinsicht auf die Anrechnung der Körperschaftsteuer auch nicht verlangt werden, daß von der Einbehaltung und Abführung der Körperschaftsteuer abzusehen ist (so zu Recht BFH vom 9. 2. 1982 aaO), daß die Vollziehung des Einkommensteuerbescheids mit der Folge der Erstattung anzurechnender Körperschaftsteuer ausgesetzt wird (vgl. BFH vom 26. 1. 1986 VIII B 114/86 BStBl II 1987, 179), daß die Besteuerung verdeckter Gewinnausschüttungen bei der Kapitalgesellschaft in Hinsicht auf die Besteuerung beim Gesellschafter unterbleibt (a. A. FG Düsseldorf vom 18. 6. 1986 EFG 1986 Nr. 651, im Anschluß an Pezzer, Die verdeckte Gewinnausschüttung im Körperschaftsteuerrecht, 1986, S. 32.
All dies ergibt sich aus der Tatsache, daß es sich auch bei der Ausschüttungssteuer *rechtlich* um die eigene Körperschaftsteuerschuld der Kapitalgesellschaft handelt.
Andererseits hat auch der BFH eingeräumt, daß die anzurechnende Körperschaftsteuer *wirtschaftlich* wie eine Vorauszahlung auf die Einkommen- bzw. Körperschaftsteuer der Gesellschafter wirkt. Vgl. dazu Döllerer, BB 1983, 1 ff, mit der Darstellung einiger Fragenkomplexe, bei deren Beurteilung die Stellung der Kör-

auch für den thesaurierten Gewinn, denn spätestens bei der Liquidation der Kapitalgesellschaft tritt der Anrechnungsmechanismus auch für die bislang thesaurierten Gewinne in Gang.

In der Sache geht das Anrechnungsverfahren für die Besteuerung über die rechtliche Selbständigkeit der Kapitalgesellschaft hinweg, der Durchgriff durch die Kapitalgesellschaft auf die Gesellschafter ist in diesem Bereich erfolgt.[26]

Dem liegen Vorstellungen wie „wirtschaftliche Eigentümer einer Kapitalgesellschaft (seien) die hinter ihr stehenden Personen“[27] oder die These, das Unternehmen sei nichts von seinen „Eigentümern“ Verschiedenes, zugrunde.

Dies kommt besonders anschaulich bei Wöhe zum Ausdruck, wenn er schreibt, „eine steuerliche Leistungsfähigkeit einer ‚Unternehmung an sich‘ (kann) nicht konstruiert werden, weil die Unternehmungen nicht um ihrer selbst willen da sind, sondern weil die Eigentümer sich mit Hilfe der Unternehmungen ein persönliches Einkommen schaffen wollen.“[28]

Was zumindest die Publikumsgesellschaft anbetrifft, so deckt sich die Vorstellung vom „wirtschaftlichen Eigentum“ der Aktionäre nicht mit der Wirklichkeit. Ebenso steht es mit der These, das Unternehmen sei nichts von seinen „Eigentümern“ Verschiedenes. Weder begreifen die Organe der Aktiengesellschaft sich als Sachwalter allein der Interessen der Aktionäre, noch verstehen sich die Aktionäre als Unternehmer.[29] Die Aktionäre stellen nur eine unter vielen der am Schicksal des Unternehmens interessierten Gruppen (Arbeitnehmer, Gläubiger, Lieferanten, Kunden, Staat) dar.

---

perschaftsteuer im Spannungsfeld zwischen rechtlicher und wirtschaftlicher Betrachtung von Bedeutung ist. Der BGH hatte sich in dem Urteil vom 28. 6. 1982 NJW 1983, 282 mit der Frage zu befassen, wie die Beschränkung der von gemeinnützigen Wohnungsunternehmen nach dem WGG zahlbaren Dividende auf 4% im Rahmen des Anrechnungsverfahrens zu verstehen ist. Er hat entschieden, daß das Wohnungsunternehmen im Ergebnis allen Aktionären einen Vermögensvorteil von 4% zuzuwenden habe, d. h. soweit eine Körperschaftsteuergutschrift bei unbeschränkt steuerpflichtigen Gesellschaftern angerechnet würde, sei eine Dividende von nur 2,56% zu zahlen. Den anderen Gesellschaftern seien 4% auszuschütten. Vgl. die kritische Auseinandersetzung bei W. Meilicke, Zivilrechtliche Probleme des Anrechnungsverfahrens, in Festschrift H. Meilicke, 1985, S. 94 ff, 98 ff.

26 Ebenso die Sicht bei Schmölders, StuW 1971, 44 ff; Heigel, StuW 1972, 315; Mannhold, StuW 1980, 136 ff. Demgegenüber ist freilich die Auffassung, durch die Körperschaftsteuerreform sei die steuerrechtliche Selbständigkeit der Kapitalgesellschaft nicht tangiert worden und die Ausschüttungskörperschaftsteuer sei mit der Kapitalertragsteuer nicht zu vergleichen, weit verbreitet (vgl. z. B. Bundesregierung in BT-Drs. 7/1470, 1326; Koch, JbFStR 1976/77, 35; L. Schmidt, JbFStR 1977/78, 223; Wrede, DStZ/A 1976, 412 ff; Priester, DB 1977, 226 f; Wohlschlegel, FR 1976, 243).

27 Gutachten IV Rdz. 75.

28 Wöhe aaO, (Anm. 9), S. 112.

29 Schredelseker aaO, (Anm. 9), S. 32.

Daß die Grundvorstellungen, auf denen die Änderung des Körperschaftsteuersystems beruht, für einen Kreis der Reformadressaten völlig unpassend sind, ist in den Reformargumentationen dadurch verdeckt worden, daß diese sich immer auf zwei Ebenen, nämlich in Hinsicht auf zwei ganz unterschiedliche Unternehmenstypen bewegt haben. Einerseits wurde als besonderer Vorzug des Anrechnungsverfahrens der vermögensbildungspolitische Aspekt durch Erhöhung der Aktiennettorendite herausgestellt,[30] der nur die großen Publikumsgesellschaften betrifft.

Daß die vermögenspolitischen Erwartungen sich nicht erfüllt haben, ist inzwischen erwiesen.[31] Eine breitere Vermögensstreuung konnte sich auch nur derjenige erhoffen, der die Realität außer acht ließ, daß private Zinsen von der Masse der Steuerpflichtigen nicht versteuert zu werden pflegen und deshalb für diesen Personenkreis die Aktienrendite auch mit Steuergutschrift nicht attraktiv genug ist. Im übrigen wird, solange es ein Kursrisiko gibt und niemand da ist, der dem „kleinen Mann" dieses abnimmt, die Aktie für die einkommensschwachen Schichten nie die bevorzugte Anlageform sein.

Andererseits wurde die Benachteiligung vor allem der Gesellschafter der personalistischen GmbH gegenüber den Gesellschaftern von Personenunternehmen herausgestellt.

Bei den personalistischen GmbHs fiel die Doppelbelastung zum Teil aber gar nicht so sehr ins Gewicht, soweit nämlich die Gesellschafter sich mit Geschäftsführergehältern, Miet- und Darlehnszinsen begnügten und für den im Unternehmen gelassenen Gewinn nur die Körperschaftsteuer von 49% bezahlt wurde. Für diese Art von personalistischen Kapitalgesellschaften ist die Eigenkapitalbildung durch den höheren Körperschaftsteuersatz von 56% wesentlich erschwert worden.[32] Das Steuerreformgesetz 1990 vom 25. 7. 1988[33] sieht inzwischen ab dem Veranlagungszeitraum 1990 eine Senkung auf 50% vor.

Bemerkenswert ist, daß man angesichts der dem Anrechnungsverfahren zugrunde liegenden Grundvorstellung, nämlich angesichts der Vorstellung, das Unternehmen der Kapitalgesellschaft sei unmittelbar den Gesellschaftern zugeordnet, einen wichtigen Gesichtspunkt völlig vernachlässigt hat. Wenn nunmehr auch die Gesellschafter z. B. einer personalistischen GmbH wie die Gesellschafter einer Personengesellschaft angesehen werden, so ist die steuerliche Behandlung doch recht unterschiedlich.

Der Gesellschafter-Geschäftsführer einer GmbH hat wegen seiner Tätigkeitsvergütungen Einkünfte aus nichtselbständiger Arbeit (mit Pauschbeträgen für Werbungskosten und Sonderausgaben), der Gesellschafter-Geschäftsführer einer Personengesellschaft hingegen Einkünfte aus Gewerbebetrieb. Für die Gesellschafter-Geschäftsführer einer GmbH kann unter bestimmten Voraussetzungen eine Pensionsrückstellung gebildet werden, nicht aber für die Gesellschafter-Geschäftsführer einer Personengesellschaft. Das im Eigentum des GmbH-Gesellschafters stehende Betriebs-

30 Vgl. für alle Reformveröffentlichungen nur die Begründung zum Reg.-Entw. BT-Drs. 7/1470, S. 327.

31 Vgl. dazu Knobbe-Keuk, GmbHR 1987, 125 ff, 130.

32 Abhilfe ist allerdings durch Ausnutzung des Schütt-Aus-Hol-Zurück-Verfahrens möglich. Vgl. dazu näher unten § 17 V.

33 BStBl I 1988, 224.

grundstück ist Privatvermögen,[34] das im Eigentum des Gesellschafters einer Personengesellschaft stehende Betriebsgrundstück hingegen Sonderbetriebsvermögen.

Nachdem infolge der Einführung des Anrechnungsverfahrens steuerlich über die Verselbständigung der Kapitalgesellschaft gegenüber ihren Gesellschaftern hinweggegangen wird, ist ein sachlicher Grund für derartige Unterschiede nicht mehr ersichtlich.[35] Hier zeigt sich, wie mißlich es ist, daß man sich bei den Steuerreformbemühungen, die zur Einführung des Anrechnungsverfahrens geführt haben, nicht der Aufgabe gestellt hat, eine für alle Unternehmen – Einzelunternehmen, Personengesellschaften, Kapitalgesellschaften – einheitliche Konzeption der Gewinn- bzw. Ertragsbesteuerung zu entwickeln.

§ 15
Die Körperschaftsteuersubjekte

I. Überblick

Unbeschränkt körperschaftsteuerpflichtig sind die folgenden Körperschaften, Personenvereinigungen und Vermögensmassen, die ihre Geschäftsleitung[1] oder ihren Sitz[2] im Inland haben (vgl. § 1 Abs. 1 KStG):[3]

1. Kapitalgesellschaften (Aktiengesellschaften, Kommanditgesellschaften auf Aktien, Gesellschaften mit beschränkter Haftung, Kolonialgesellschaften, bergrechtliche Gewerkschaften).[4]

---

34 Es sei denn, es liegen die Voraussetzungen der Betriebsaufspaltung vor (dazu unten § 22 VI).

35 Vgl. dazu näher Knobbe-Keuk, BB 1976, 1121 f.

1 Vgl. § 10 AO.

2 Vgl. § 11 AO.

3 Nach § 1 der KartStV vom 20. 12. 1941 waren auch Kartelle und Syndikate mit Geschäftsleitung oder Sitz im Inland ohne Rücksicht auf ihre Rechtsform unbeschränkt körperschaftsteuerpflichtig. Der BFH hat in dem Urteil vom 3. 7. 1974 I R 107/72 BStBl II 1974, 695 entschieden, daß die KartStV mangels ausreichender Ermächtigungsgrundlage unwirksam sei: vgl. dazu Friedrich, BB 1974, 1340; Niemeier, Die steuerliche Begünstigung der Kartelle, 1975; Paulick, AG 1975, 95.

4 Kolonialgesellschaften sind nach § 11 des Schutzgebietsgesetzes vom 17. 4. 1886 Gesellschaften zur Kolonisation der deutschen Schutzgebiete. Ihre Rechtsfähigkeit erlangten sie durch staatliche Verleihung (vgl. i. e. Paulick in Handwörterbuch des Steuerrechts, Bd. I, „Kolonialgesellschaft"). Die Kolonialgesellschaften sind allerdings durch ein Gesetz vom 20. 8. 1975 (BGBl I, 2253) gezwungen worden, bis zum 31. 12. 1976 eine andere Rechtsform anzunehmen, wenn sie ihre Zwangsauflösung vermeiden wollten. Ihre Erwähnung in den Steuergesetzen ist also inzwischen gegenstandslos.
Die bergrechtlichen Gewerkschaften sind zum 1. 1. 1986 aufgelöst, wenn sie nicht

Der Begriff der Kapitalgesellschaft ist in § 1 Abs. 1 Nr. 1 KStG abschließend bestimmt und einer erweiternden Auslegung nicht zugänglich; § 1 Abs. 1 Nr. 1 KStG knüpft die Steuerpflicht für Kapitalgesellschaften an ihre *Rechtsform* an. Deshalb ist auch eine GmbH u. Co. KG, deren alleiniger persönlich haftender Gesellschafter eine GmbH ist, keine Kapitalgesellschaft i. S. des § 1 Abs. 1 Nr. 1 KStG.[5]

2. Erwerbs- und Wirtschaftsgenossenschaften;

3. Versicherungsvereine auf Gegenseitigkeit;

4. sonstige juristische Personen des privaten Rechts;

5. nicht rechtsfähige Vereine, Anstalten, Stiftungen und andere Zweckvermögen des privaten Rechts.

In dem Referentenentwurf des Steuerentlastungsgesetzes 1984 sollte zur Klarstellung „Vereine“ durch „Personenvereinigungen“ ersetzt werden. Dies zielte auf die Statuierung der Körperschaftsteuerpflicht der Publikumsgesellschaften. Inzwischen hat aber der Große Senat des BFH in seinem Beschluß vom 25. 6. 1984[5] klargestellt, daß eine Publikums-GmbH u. Co. KG weder als nicht rechtsfähiger Verein i. S. von § 1 Abs. 1 Nr. 5 KStG noch als nicht rechtsfähige Personenvereinigung nach § 3 Abs. 1 KStG körperschaftsteuerpflichtig ist.

6. Betriebe gewerblicher Art von Körperschaften des öffentlichen Rechts.

Bis zum Beginn des 20. Jahrhunderts wurden die juristischen Personen des öffentlichen Rechts nicht besteuert. Das Vordringen des Staates und der Kommunen in den Bereich der gewinnstrebigen erwerbswirtschaftlichen Betätigung zog notwendigerweise die Forderung der Privatwirtschaft nach Herstellung gleicher steuerlicher Wettbewerbsbedingungen nach sich. Der Gesetzgeber des KStG 1925 nahm den Gedanken der steuerlichen Wettbewerbsneutralität auf und statuierte – um den nicht zu rechtfertigenden Vorsprung der Körperschaften des öffentlichen Rechts vor den privatwirtschaftlichen Betrieben zu beseitigen – die Körperschaftsteuerpflicht der Betriebe gewerblicher Art von Körperschaften des öffentlichen Rechts.[6]

Was unter einem Betrieb gewerblicher Art zu verstehen ist,[7] regelt § 4 KStG. Als Betrieb gewerblicher Art gilt auch die Verpachtung eines solchen Betriebes (§ 4 Abs. 4 KStG).

Die unbeschränkte Körperschaftsteuerpflicht erstreckt sich auf sämtliche Einkünfte der Körperschaft.

---

in eine allgemeine Rechtsform umgewandelt werden (Bundesberggesetz vom 13. 8. 1980, §§ 163 ff, BStBl I 1980, 1310).

5 BFH vom 25. 6. 1984 GrS 4/82 BStBl II 1984, 751, 757 ff.

6 Vgl. i.e. Begründung zum Entwurf eines KStG vom 19. 8. 1925, Verhandlungen des Reichstages, 3. Wahlperiode 1924/25, Bd. 400, Drs. Nr. 796 A I S. 8 r. Sp. Zur Entwicklung der Körperschaftsteuerpflicht von Betrieben gewerblicher Art vgl. Meßmer, Festschrift v. Wallis, 1985, S. 341 ff (vgl. dort auch die Bewertung der gesetzlichen Regelung zur Besteuerung der Betriebe gewerblicher Art von Körperschaften des öffentlichen Rechts als unzulänglich und unter dem Aspekt der Tatbestandsmäßigkeit der Besteuerung bedenklich).

7 Vgl. dazu i.e. die Literaturnachweise bei Tipke/Lang, § 11 B f, S. 399 f.

Beschränkt körperschaftsteuerpflichtig sind: Körperschaften, Personenvereinigungen und Vermögensmassen, die weder ihre Geschäftsleitung noch ihren Sitz im Inland haben[8] (§ 2 Nr. 1 KStG); die beschränkte Körperschaftsteuerpflicht ergreift nur die inländischen Einkünfte (§ 49 EStG).

In § 2 Nr. 2 KStG ist eine zweite Art der beschränkten Körperschaftsteuerpflicht vorgesehen, die für sonstige nicht unbeschränkt steuerpflichtige Körperschaften, Personenvereinigungen und Vermögensmassen durch den Bezug von steuerabzugspflichtigen inländischen Einkünften, also vor allem durch den Bezug von Kapitalerträgen (§§ 43, 50a EStG) begründet wird.

Die beschränkte Steuerpflicht nach § 2 Nr. 2 KStG soll sich, wie sich aus § 5 Abs. 2 KStG ergibt, auch auf die nach § 1 KStG unbeschränkt steuerpflichtigen, aber von der Körperschaftsteuer persönlich befreiten Körperschaften, Personenvereinigungen und Vermögensmassen erstrecken.

Zu den nach § 2 Nr. 2 KStG beschränkt Steuerpflichtigen gehören auch der Bund, die Länder und die Gemeinden.

Subjektiv befreit von der Körperschaftsteuer sind insbesondere (vgl. i.e. § 5 KStG):

Bundespost, Bundesbahn, bestimmte Banken, Berufsverbände, Pensionskassen, Unterstützungskassen; Steuersubjekte, die kirchliche, gemeinnützige oder mildtätige Zwecke verfolgen (vgl. dazu §§ 51–68 AO). Wird allerdings ein wirtschaftlicher Geschäftsbetrieb unterhalten, ist die Steuerbefreiung insoweit ausgeschlossen (§ 5 Abs. 1 Nr. 9 S. 2 KStG). Der Ausschluß der Steuerbefreiung gemeinnütziger Körperschaften für den Bereich der wirtschaftlichen Geschäftsbetriebe ist ein Ausfluß der Wettbewerbsneutralität des Steuerrechts.

II. Die steuerliche Behandlung der werdenden juristischen Person[9]

1. Vorgesellschaft[10]

Die Entstehung einer Kapitalgesellschaft (§ 1 Abs. 1 Nr. 1 KStG) ist erst mit ihrer Eintragung im Handelsregister vollendet. Die Körperschaftsteuerpflicht entsteht jedoch schon vom Zeitpunkt des Gründungsaktes an[11] als

8 Ob ein ausländisches Rechtsgebilde als Körperschaft, Personenvereinigung oder Vermögensmasse i.S. des KStG anzusehen ist, hängt davon ab, welcher Rechtsform es nach deutschem Recht im wesentlichen entspricht (vgl. Herrmann/Heuer/Raupach, § 1 KStG Anm. 101 ff; Salditt, StuW 1971, 191 ff; Kluge, DStR 1976, 365).

9 Vgl. dazu näher Herrmann/Heuer/Raupach, § 1 KStG Anm. 74 ff; Streck, BB 1972, 261 ff; Henninger, GmbHR 1974, 269; Crezelius, DStR 1987, 743 ff.

10 Im Sinne der zivilrechtlichen Terminologie. Im steuerrechtlichen Schrifttum spricht man für die Phase zwischen Gründungsakt und Eintragung auch von Gründungsgesellschaft (so z.B. Tipke/Lang, § 11 B e, S. 398).

11 Vgl. BFH vom 11. 4. 1973 I R 172/72 BStBl II 1973, 568 mit Nachweisen.

dem Augenblick, in dem die Kapitalgesellschaft für die Verkehrsanschauung als selbständiger Organismus ins Leben getreten ist und sich betätigt.[12]

Nach der h. M. soll dies aber nur dann gelten, wenn die Eintragung im Handelsregister auch später erfolgt. Erfolgt die Eintragung nicht, so soll nach h. M. die Gründungsgesellschaft als Gesellschaft im Sinne des § 15 Abs. 1 S. 1 Nr. 2 EStG zu behandeln sein. Die steuerliche Behandlung des von der Gründung an existierenden Organismus kann aber schlecht von einem späteren Ereignis, von dem man nicht einmal weiß, ob es überhaupt eintreten wird, abhängig gemacht werden. U. E. ist es sachgerecht, die Gründungsgesellschaft in jedem Fall den Regeln des Körperschaftsteuerrechts zu unterstellen.[13] Dies gilt auch für den Fall der seit dem 1. 1. 1981 zulässigen Einmann-GmbH-Gründung.[14]

2. Vorgründungsgesellschaft

Zuweilen ist die Gründergemeinschaft auch schon vor der Gründung geschäftlich tätig. Hier handelt es sich um eine Gesellschaft im Sinne des § 15 Abs. 1 S. 1 Nr. 2 EStG. Es muß also eine einheitliche Gewinnfeststellung für die Zeit bis zur Gründung erfolgen. Der Gewinn oder Verlust wird bei den Mitgliedern der Vorgesellschaft steuerlich erfaßt.[15] Ein bis zum Zeitpunkt der Gründung eingetretener etwaiger Verlust kann also bei der dann gegründeten Kapitalgesellschaft nicht berücksichtigt werden. Die vertragliche Rückbeziehung der Gründung der Kapitalgesellschaft wird steuerlich nicht anerkannt.[16] Die Mitglieder der Gründergemeinschaft sollten aber zweckmäßigerweise wie folgt verfahren: Sie sollten in dem Vorgründungsvertrag bestimmen, daß die Geschäfte auf Rechnung der zu errichtenden Kapitalgesellschaft geführt werden, diese also das Ergebnis zu übernehmen verpflichtet ist, so daß sich für die Gründergemeinschaft kein Gewinn oder Verlust ergibt.

---

12 Vgl. schon die treffenden Ausführungen von Evers, Kommentar zum KStG, 1923, § 1 Anm. 12 und 18.

13 Ebenso Streck, BB 1972, 261; Stolterfoth, StRK KStG § 1 R. 74; Felix/Streck, § 1 KStG Anm. 8.

14 Ebenso Tipke/Lang, § 11 B e, S. 398.

15 RFH vom 24. 9. 1924 VI A 128/24 StuW 1924, 1449.

16 RFH vom 15. 5. 1934 I A 106/31 RStBl 1934, 835; OFH vom 11. 8. 1948 I 12/48 StRK KStG § 1 R. 7.

§ 16
Die Ermittlung des Einkommens von Kapitalgesellschaften

I. Der Gewinn nach § 5 EStG als Ausgangsgröße

In § 7 Abs. 1 KStG ist der Steuergegenstand für Körperschaftsteuerpflichtige bestimmt: Die Körperschaftsteuer bemißt sich nach dem zu versteuernden *Einkommen.*[1]

Eine Besonderheit gilt für das Zweite Deutsche Fernsehen, das im Bereiche der Veranstaltung von Werbesendungen körperschaftsteuerpflichtig ist. Hierbei beläuft sich die Körperschaftsteuer ab 1990 auf 7,4% der Entgelte aus Werbesendungen (§ 7 Abs. 1, § 23 Abs. 6 KStG).[2]

Die Körperschaftsteuer ist eine Jahressteuer. Maßgeblich ist grundsätzlich das Kalenderjahr (§ 7 Abs. 3 KStG); bei Steuerpflichtigen, die verpflichtet sind, Bücher nach den Vorschriften des HGB zu führen, ist der Gewinn nach dem Wirtschaftsjahr zu ermitteln, für das sie regelmäßig Abschlüsse machen (vgl. i.e. § 7 Abs. 4 KStG).

Die Ermittlung des Einkommens geschieht nach den Vorschriften des EStG und den Sondervorschriften des KStG (§ 8 Abs. 1 KStG).

Die folgende Darstellung beschränkt sich auf die Ermittlung des Einkommens der bedeutsamsten Körperschaftsteuersubjekte, nämlich auf die Ermittlung des Einkommens der Kapitalgesellschaften.

Für Kapitalgesellschaften spielt die Abgrenzung der verschiedenen Einkunftsarten nach dem EStG keine Rolle. Denn nach § 8 Abs. 2 KStG sind bei Körperschaften, die Bücher nach den Vorschriften des HGB zu führen verpflichtet sind, alle Einkünfte als Einkünfte aus Gewerbebetrieb zu behandeln. Damit ist das gesamte Vermögen der Kapitalgesellschaften auch Betriebsvermögen.[3]

Da die Kapitalgesellschaften kraft ihrer Rechtsform Vollkaufleute und als solche nach dem HGB (vgl. § 238 HGB) Bücher zu führen verpflichtet sind, haben sie Einkünfte aus Gewerbebetrieb, gleichgültig, ob tatsächlich ein Gewerbebetrieb betrieben wird oder nicht. Auch eine Kapitalgesellschaft, die z.B. Landwirtschaft oder Steuerberatung betreibt oder Wohnungen vermie-

---

1 Zu der früheren Diskussion um die Anwendung des Einkommensbegriffes auch bei Körperschaften vgl. oben § 14 I.

2 Zur verfassungsrechtlichen Problematik dieser Regelungen vgl. Ossenbühl, Rundfunksanierung durch Steuervorteile, Festschrift Flume II, 1978, S. 201 ff.

3 *Vermögensmäßig* hat eine Kapitalgesellschaft keine außerbetriebliche Sphäre (so zu Recht Wassermeyer, DB 1987, 1114). Zu der Frage, ob bei einer Kapitalgesellschaft nicht betrieblich veranlaßte Aufwendungen zum Vorteil auch von Nicht-Gesellschaftern möglich sind, vgl. unten § 19 I 1.

tet, hat nicht etwa Einkünfte aus Land- und Forstwirtschaft, aus selbständiger Tätigkeit oder aus Vermietung und Verpachtung, sondern Einkünfte aus Gewerbebetrieb.[4]

Einkünfte aus Gewerbebetrieb sind der Gewinn (§ 2 Abs. 2 Nr. 1 EStG). Gewinn ist der Unterschiedsbetrag zwischen dem Betriebsvermögen am Schluß des Wirtschaftsjahres und dem Betriebsvermögen am Schluß des vorangegangenen Wirtschaftsjahres, vermehrt um den Wert der Entnahmen und vermindert um den Wert der Einlagen (§ 4 Abs. 1 S. 1 EStG). Für den zur Ermittlung des Gewinns vorzunehmenden Betriebsvermögensvergleich ist bei Gewerbetreibenden, die auf Grund gesetzlicher Vorschriften verpflichtet sind, Bücher zu führen und regelmäßig Abschlüsse zu machen, das Betriebsvermögen anzusetzen, das nach den handelsrechtlichen Grundsätzen ordnungsmäßiger Buchführung auszuweisen ist (§ 5 Abs. 1 EStG). Dabei sind für die steuerliche Gewinnermittlung die §§ 4 ff EStG zu beachten (§ 5 Abs. 5 EStG).

Ausgangsgröße für die Ermittlung des Einkommens der Kapitalgesellschaften ist das modifizierte Handelsbilanzergebnis, also die bilanzielle Vermögensvermehrung bzw. -verminderung.

Hervorzuheben ist, daß das Bilanzergebnis der Kapitalgesellschaft auch durch Leistungen an den Gesellschafter auf Grund schuldrechtlicher Beziehungen gemindert sein kann. Zinsen, die die Kapitalgesellschaft dem Gesellschafter für die Gewährung eines Darlehens zahlt, oder Gehälter, die auf Grund eines Dienstvertrages dem Gesellschafter gezahlt werden, mindern als Aufwand das Bilanzergebnis der Kapitalgesellschaft.[5] Diese Beträge sind folglich in der Ausgangsgröße für die Ermittlung des Einkommens der Kapitalgesellschaft nicht enthalten. Sie unterliegen demnach bei der Kapitalgesellschaft weder der Körperschaftsteuer noch der Gewerbesteuer.

II. Ausschaltung von Vermögensvermehrungen und Vermögensminderungen, die ihren Grund im Gesellschaftsverhältnis haben

1. Vermögensvermehrungen

Das Bilanzergebnis ist für die Besteuerung zu korrigieren, soweit in ihm Vermögensvermehrungen enthalten sind, die auf den gesellschaftsrechtli-

4 Der Grundsatz des § 8 Abs. 2 KStG gilt allerdings nicht, wenn es sich um eine Kapitalgesellschaft handelt, die weder ihre Geschäftsleitung noch ihren Sitz im Inland hat und nur mit ihren inländischen Einkünften beschränkt körperschaftsteuerpflichtig ist. Die hier angewendete „isolierende Betrachtungsweise" kann ergeben, daß die ausländische Kapitalgesellschaft z. B. Einkünfte aus Kapitalvermögen hat (vgl. BFH vom 21. 12. 1972 I R 70/70 BStBl II 1973, 449).

5 Sind die Zahlungen der Gesellschaft allerdings unangemessen, so kann eine verdeckte Gewinnausschüttung vorliegen. Vgl. dazu i. e. unten § 19 I. Zur Problematik des verdeckten Eigenkapitals bei Gesellschafterfremdfinanzierung vgl. § 16 III.

chen Beziehungen zwischen der Gesellschaft und den Gesellschaftern beruhen. Solche Vermögensvermehrungen haben ihre Ursache nicht in der werbenden Tätigkeit der Kapitalgesellschaft, sie sind insoweit den Einlagen, die ein Einzelkaufmann in sein Betriebsvermögen macht, vergleichbar. Der BFH geht davon aus, daß die Vorschriften des EStG über die Einlage unter den besonderen Verhältnissen der Kapitalgesellschaft auf Grund der Verweisung in § 6 Abs. 1 KStG anwendbar sind.[6]

a) Einlagen der Gesellschafter

aa) Soweit Einlagen der Gesellschafter zur Belegung des ursprünglichen oder später erhöhten Gesellschaftskapitals erfolgen und die Gesellschafter dafür Gesellschafterrechte erwerben, tritt schon buchmäßig ein Gewinn nicht ein. Die Einlagen erhöhen zwar die Aktiva der Kapitalgesellschaft, zugleich wird aber auch ein entsprechendes Gesellschaftskapital als Passivum ausgewiesen.

Ebenso verhält es sich bei den Beträgen, die die Gesellschaft bei der Ausgabe von Anteilen oder von Schuldverschreibungen für Wandlungs- und Optionsrechte[7] sowie durch Zuzahlungen der Gesellschafter gegen Gewährung von Vorzügen erzielt. Diese Beträge sind in die Kapitalrücklage einzustellen (§ 272 Abs. 2 Nr. 1–3 HGB).

Auch die Einstellung von Nach- und Zuschüssen der Gesellschafter ohne Gewährung von Vorzügen in die Kapitalrücklage ist möglich (§ 272 Abs. 2 Nr. 4 HGB). Sie setzt allerdings voraus, daß der Gesellschafter die Leistung zweckgerichtet *in das* Eigenkapital erbringt.[8]

Soweit die Leistungen in die Kapitalrücklage nach § 272 Abs. 2 HGB einzustellen sind, geschieht dies ergebnisneutral.[9]

bb) Unabhängig davon, ob Leistungen der Gesellschafter in die Kapitalrücklage einzustellen und damit schon handelsrechtlich ergebnisneutral sind, sind steuerrechtlich Vermögensvermehrungen der Kapitalgesellschaft, die durch das Gesellschaftsverhältnis veranlaßt sind, wie die Einlagen des Einzelkaufmanns nicht zu besteuern; soweit handelsrechtlich – weil eine Einstellung in die Kapitalrücklage nicht in Frage kommt – ein außerordentlicher Ertrag ausgewiesen wird, ist das Bilanzergebnis zur Ermittlung des

6 BFH vom 26. 10. 1987 GrS 2/86 BStBl II 1988, 348 ff, 354 r. Sp.; vgl. dazu kritisch Brezing, AG 1988, 230 ff.
Die Einlageregelung gilt auch, wenn eine juristische Person des öffentlichen Rechts in den von ihr getragenen Betrieb gewerblicher Art Wirtschaftsgüter einbringt (BFH vom 1. 7. 1987 I R 197/83 BStBl II 1987, 865).

7 Vgl. dazu oben § 4 V 1 b mit Nachweisen und zur steuerlichen Behandlung der Optionsanleihen näher Knobbe-Keuk, ZGR 1987, 312 ff mit Nachweisen – und in dieselbe Richtung Loos, BB 1988, 369 ff.

8 Vgl. Sarx in Beck'scher Bilanzkommentar, § 272 HGB Anm. 67; Döllerer, BB 1986, 1858 ff.

9 Sarx aaO, (Anm. 8), § 272 HGB Anm. 69.

Einkommens der Kapitalgesellschaft um die causa societatis erbrachte Gesellschafterleistung zu kürzen. Man spricht in derartigen Fällen – im Gegensatz zu den gesellschaftsrechtlichen (offenen) Einlagen – von *verdeckten Einlagen.*

Beispiele: Zuschüsse, Nachschüsse. Forderungsverzicht.[10]

Die Gleichstellung gesellschaftsrechtlicher (offener) und verdeckter Einlagen beruht auf dem Gesichtspunkt, daß in beiden Fällen die Vermögensmehrung der Kapitalgesellschaft nicht im Betrieb erwirtschaftet ist, sondern ihre Ursache im Gesellschaftsverhältnis hat.

Nach der ständigen Rechtsprechung des BFH liegt eine *verdeckte Einlage* vor, wenn ein Gesellschafter oder eine ihm nahestehende Person der Kapitalgesellschaft einen einlagefähigen Vermögensvorteil zuwendet und diese Zuwendung ihre Ursache im Gesellschaftsverhältnis hat. Die Ursächlichkeit des Gesellschaftsverhältnisses ist gegeben, wenn ein Nichtgesellschafter bei Anwendung der Sorgfalt eines ordentlichen Kaufmanns den Vermögensvorteil der Gesellschaft nicht eingeräumt hätte.[11]

Wird der Vermögensvorteil der Gesellschaft nicht unmittelbar vom Gesellschafter selbst, sondern von einer „nahestehenden" Person zugewandt oder erhält die Kapitalgesellschaft nicht selbst, aber eine ihr nahestehende Person den Vorteil vom Gesellschafter, so spricht man von *mittelbaren verdeckten Einlagen.* Beispiel: A ist Gesellschafter der B-GmbH, die ihrerseits alle Anteile an der C-GmbH hält, und gibt der C-GmbH einen Zuschuß. Die Zuwendung des Vorteils von A an die C-GmbH wird als zweifache (mittelbare) verdeckte Einlage gewertet, zum einen als verdeckte Einlage des A in die B-GmbH (durch Leistung an die C-GmbH), zum anderen als verdeckte Einlage der B-GmbH in die C-GmbH (mittels der Zahlung des A).[12]

Eine verdeckte Einlage liegt nur vor, wenn der zugewendete Vorteil zuvor in der Bilanz der empfangenden Kapitalgesellschaft, sei es durch Ansatz oder Erhöhung eines Aktivpostens, sei es durch Wegfall oder Verminderung eines Passivpostens ausgewiesen worden ist.[13] Aus diesem Grunde ist denn auch in der Zuwendung von Gebrauchs- und Nutzungsvorteilen eine verdeckte Einlage nicht gesehen worden.[14]

Beispiele: Der Gesellschafter gewährt der Gesellschaft ein zinsloses oder zinsgünstiges Darlehen; er überläßt ihr ein Wirtschaftsgut unentgeltlich oder zu einem unangemessen niedrigen Mietzins (Fälle der Unterpreisleistung).

Der BFH beläßt es dabei, daß der Gewinn des Gesellschafters (Muttergesellschaft) um den der Gesellschaft (Tochtergesellschaft) gewährten Zins- oder Gebrauchsvorteil gemindert und entsprechend der Gewinn der Tochtergesellschaft erhöht ist.

---

10 BFH vom 29. 5. 1968 I 187/65 BStBl II 1968, 722.

11 Vgl. Döllerer, Festschrift v. Wallis, 1985, S. 293 ff.

12 Vgl. BFH vom 9. 9. 1986 VIII R 159/85 BStBl II 1987, 257. Die Entscheidung betrifft die Behandlung der verdeckten Einlage beim Gesellschafter; vgl. dazu oben § 5 VI 1, c.

13 BFH in ständiger Rechtsprechung seit dem Urteil vom 3. 2. 1971 I R 51/66 BStBl II 1971, 408; aus neuerer Zeit vgl. BFH vom 22. 11. 1983 VIII R 133/82 BFHE 140, 69.

14 Seit der Leitentscheidung vom 8. 11. 1960 I 131/59 BStBl III 1960, 513.

Anders wird der Fall der *Unterpreislieferung* behandelt. Das Mutterunternehmen verkauft der Tochtergesellschaft ein Wirtschaftsgut zum Buchwert (200), der tatsächliche Wert ist höher (300). Hier nimmt der BFH an, daß das Mutterunternehmen der Untergesellschaft die Differenz zwischen dem Buchwert und dem tatsächlichen Wert als Einlage zugewandt habe und folglich eine Gewinnrealisierung bei der Muttergesellschaft in Höhe von 100 anzunehmen sei.[15] Bei der Tochtergesellschaft wird dann der zugewendete Vorteil steuerlich nicht erfaßt, weil er auf einer Einlage des Mutterunternehmens beruht. Bei ihr entsteht in Höhe der verdeckten Einlage Eigenkapital 04 (§ 30 Abs. 1 Nr. 3, Abs. 2 Nr. 4 KStG).

In der Bilanz des Mutterunternehmens sind die 100 als nachträglicher Aufwand auf die Beteiligung an der Tochtergesellschaft zu aktivieren. In der Bilanz der Tochtergesellschaft ist das Wirtschaftsgut mit 300 anzusetzen. Bei einer späteren Veräußerung des Wirtschaftsguts durch die Tochtergesellschaft werden also die stillen Reserven nicht noch einmal besteuert.

In der Literatur[16] war in den letzten Jahren, insbesondere in Hinsicht auf die bei Gewinnverlagerungen zwischen Schwestergesellschaften[17] auftretenden Probleme und die unterschiedliche Behandlung von Unterpreislieferung und Unterpreisleistung nachdrücklich die Anerkennung der Nutzungseinlage gefordert worden. Dem hatte sich der I. Senat[18] in einem Vorlagebeschluß an den Großen Senat angeschlossen und unter einem nach § 4 Abs. 1 S. 5 EStG einlagefähigen Wirtschaftsgut jedweden Vermögensvorteil verstanden. Der Große Senat[19] ist diesen Vorstellungen zu Recht nicht gefolgt.[20]

Das sachliche Anliegen des Vorlagebeschlusses des I. Senats war freilich, Gewinnverlagerungen unter verbundenen Unternehmen entgegenzuwirken. Der Ansatz beim Einlagebegriff des § 4 Abs. 1 S. 5 EStG war dazu freilich nicht der geeignete Weg. Es hätte des Kraftaktes bedurft, im Wege richterlicher Rechtsfortbildung ein Institut der Gewinnkorrektur bei verbundenen Unternehmen zu kreieren.

Da dieser Kraftakt nicht erfolgt ist, bleibt es dabei, daß verbundene Unternehmen eine breite Palette von Möglichkeiten haben, durch Vorteilsgewährung[21] den Gewinn in der Gesellschaft entstehen zu lassen, in die er nach der Gewinn- und Verlustsituation am besten paßt.

Wenn nach dem Beschluß des Großen Senats zinslose Darlehen seitens des Gesellschafters an die Kapitalgesellschaft auch weiterhin möglich sind, so läuft auch die neue gesetzliche Regelung des § 8 Abs. 4 KStG zum Verlustabzug beim Mantelkauf in weiten Bereichen ins Leere.[22]

Gegenstand einer Einlage können nur bilanzierungsfähige Wirtschaftsgüter sein; zu erwartende Nutzungs- oder Gebrauchsvorteile aber sind keine selbständigen Vermögensgegenstände. Für die verdeckte Einlage wird dieses Er-

15 BFH vom 26. 7. 1967 I 138/65 BStBl III 1967, 733.

16 Vgl. den umfassenden Literaturnachweis in dem Vorlagebeschluß des I. Senats, BFH vom 20. 8. 1986 I R 41/82 BStBl II 1987, 65, 67.

17 Vgl. dazu unten § 19 II.

18 BFH vom 20. 8. 1986 I R 41/82 BStBl II 1987, 65.

19 BFH vom 26. 10. 1987 GrS 2/86 BStBl II 1988, 348.

20 Vgl. dazu oben § 8 I 2.

21 Vgl. § 19 II.

22 Vgl. § 16 VII 4.

gebnis nur bestätigt durch ihre Funktion. Soweit diese Figur vom RFH entwickelt worden ist, besteht ihre Funktion darin, zu verhindern, daß die in der Bilanz der *Kapitalgesellschaft* ausgewiesene Vermögensvermehrung, die auf einer Zuwendung des Gesellschafters causa societatis beruht, der Besteuerung unterworfen wird.

Leider hat aber der BFH der Figur der verdeckten Einlage im Falle der Unterpreislieferung seitens des Gesellschafters eine weitere Funktion zugeordnet, nämlich die Funktion eines Ersatzgewinnrealisierungstatbestandes beim Gesellschafter. Beim Gesellschafter wird eine Gewinnrealisierung in Höhe der Differenz zwischen dem vereinbarten Preis und dem gemeinen Wert angenommen,[23] die Kapitalgesellschaft soll das Wirtschaftsgut mit dem Teilwert ansetzen und den Gewinn und die Differenz zwischen dem aufgewendeten Preis und dem Teilwert als Einlage kürzen. Dem ist nicht zu folgen. Für die Annahme einer Gewinnrealisierung beim Gesellschafter fehlt es an der gesetzlichen Grundlage. Die Kapitalgesellschaft setzt das Wirtschaftsgut mit den Anschaffungskosten an; ist es ihr ohne Entgelt übertragen worden, so führt sie nach § 7 Abs. 2 EDStV den Buchwert des Gesellschafters fort und kürzt den Gewinn in Höhe des Buchwerts als Einlage.

Setzt die verdeckte Einlage voraus, daß der zugewendete Vorteil in der Bilanz der empfangenden Kapitalgesellschaft durch Ansatz oder Erhöhung eines Aktivpostens bzw. durch Wegfall oder Änderung eines Passivpostens in Erscheinung getreten ist, so scheiden als Gegenstand einer verdeckten Einlage *immaterielle Wirtschaftsgüter* und der *Geschäftswert* aus. Wegen des Aktivierungsverbotes (§§ 248 Abs. 2, 255 Abs. 4 HGB; § 5 Abs. 2 EStG) ist das bilanzielle Vermögen der Kapitalgesellschaft nicht erhöht.

Der BFH sieht dies seit der Entscheidung vom 20. 8. 1986[24], mit der die bis dahin ergangene ständige Rechtsprechung[25] geändert worden ist, anders und mißachtet das Aktivierungsverbot bei der empfangenden Kapitalgesellschaft. Bei dem zuwendenden Gesellschafter nimmt er wegen der verdeckten Einlage Gewinnrealisierung an.

Der BFH begründet seine Auffassung damit, daß der Rechtsgrund für den Abzug von Einlagen in der Trennung des gesellschaftlichen vom betrieblichen Bereich liege und dieser Trennungsgrundsatz dem Aktivierungsverbot vorgehe. Diese Begründung ist unschlüssig. Denn bevor etwas als Einlage von dem ausgewiesenen Betriebsvermögen abgezogen werden kann, muß es zuvor aktiviert worden sein. Was nicht aktiviert worden ist, kann auch nicht abgezogen werden. Deshalb bleibt offen, weshalb die Gründe für das Aktivierungsverbot nicht bestehen sollen.[26] Der Satz des BFH, daß „verdeckt muß eingelegt werden können, was auch offen gegen Gewährung von Ge-

23 Vgl. zu der Problematik der verdeckten Einlage auf der Seite des Gesellschafters oben § 5 VI 1 c, bb.

24 BFH vom 20. 8. 1986 I R 105/82 BStBl II 1987, 455 = FR 1987, 229 ff. mit Ovationen von L. Schmidt; des weiteren BFH vom 24. 3. 1987 I R 202/83 BStBl II 1987, 705; vgl. gegen diese Entscheidung Knobbe-Keuk, StbJb 1987/88, 138 ff.

25 BFH vom 29. 1. 1975 I R 135/70 BStBl II 1975, 553.

26 Vgl. näher Knobbe-Keuk, StbJb 1987/88, 138 ff.

sellschaftsrechten eingelegt werden kann", ist falsch. Bei der offenen Einlage gegen Gewährung von Gesellschaftsrechten besteht eben das Aktivierungsverbot nicht, weil es sich um einen entgeltlichen Erwerb handelt.

b) Buchgewinne infolge der Herabsetzung oder Zusammenlegung des Kapitals[27]

Anlaß für die Zusammenlegung oder Herabsetzung des Kapitals einer Kapitalgesellschaft ist häufig die Tatsache, daß ein Teil des Kapitals verloren ist. Die Kapitalgesellschaft darf Gewinne solange nicht ausschütten, wie die Verluste nicht abgedeckt sind. Um die Dividendenausschüttung in absehbarer Zukunft wieder zu ermöglichen, ohne daß das Gesellschaftsvermögen zuvor die alte Höhe wieder erreicht hat, beschließen die Gesellschafter eine entschädigungslose Herabsetzung des Kapitals (vgl. im einzelnen §§ 222 ff AktG): ein Teil der ausgegebenen Aktien wird von den Gesellschaftern ohne Entschädigung eingezogen und vernichtet und der Nennbetrag des Kapitals um einen entsprechenden Betrag herabgesetzt. Der Buchgewinn, der sich daraus ergibt, ist aber kein echter, auf der werbenden Tätigkeit der Kapitalgesellschaft beruhender Gewinn, sondern ein auf gesellschaftsrechtlicher Grundlage erwachsender Vermögenszuwachs, der nicht steuerpflichtig ist.

2. Vermögensminderungen

Ebensowenig wie Einlagen der Gesellschafter in das Gesellschaftsvermögen Bestandteil des körperschaftsteuerpflichtigen Gewinns sind, dürfen Vermögensverminderungen der Kapitalgesellschaft zugunsten der Gesellschafter, die in dem Gesellschaftsverhältnis ihren Grund haben, den körperschaftsteuerpflichtigen Gewinn mindern. Bei der Ermittlung des Einkommens ist es ohne Bedeutung, ob das Einkommen verteilt wird oder nicht (§ 8 Abs. 3 S. 1 KStG), und bei der Ermittlung des Einkommens sind auch verdeckte Gewinnausschüttungen zu berücksichtigen (§ 8 Abs. 3 S. 2 KStG). Gewinn ist das Ergebnis vor Ausschüttungen.[28] Das Wesen der verdeckten Gewinnausschüttung besteht darin, daß den Gesellschaftern – unmittelbar oder auch mittelbar – von der Gesellschaft Gewinn in verdeckter, verschleierter Form, z. B. in Form eines überhöhten Geschäftsführergehaltes oder überhöhten Kaufpreises für ein Wirtschaftsgut, zugeführt wird. Eine verdeckte Gewinnausschüttung liegt vor, wenn die Gesellschaft einem Gesellschafter außerhalb der gesellschaftsrechtlichen Gewinnverteilung einen Vermögensvorteil zuwendet, den sie bei Anwendung der Sorgfalt eines gewissenhaften und ordentlichen Geschäftsleiters einem Nichtgesellschafter nicht zugewandt hätte.[29]

---

27 Vgl. i. e. Herrmann/Heuer/Raupach, § 6 KStG a. F. Anm. 58.
28 Wassermeyer, DB 1987, 1113.
29 Zu den Einzelheiten vgl. unten § 19 I 1.

Die Regelung zu den verdeckten Gewinnausschüttungen in § 8 Abs. 3 S. 2 KStG verdrängt in ihrem Anwendungsbereich die Entnahmevorschriften.[30] Damit wird dem besonderen Charakter dieser nicht betrieblich veranlaßten Vermögensminderungen Rechnung getragen.

III. Zahlungen auf Gesellschafterfremdkapital (verdecktes Eigenkapital)

In neuerer Zeit ist verstärkt eine Tendenz zu beobachten, eine Errungenschaft aus der Blütezeit der wirtschaftlichen Betrachtungsweise, nämlich das „verdeckte Stammkapital" wiederzubeleben. Die Figur des „verdeckten Stammkapitals" ist nicht identisch mit der „verdeckten Einlage". Bei der „verdeckten Einlage" geht es darum, Vermögensvermehrungen der Kapitalgesellschaften, die ihre Ursache im Gesellschaftsverhältnis haben, nicht in das körperschaftsteuerpflichtige Einkommen der Kapitalgesellschaft einzubeziehen. Sinn des „verdeckten Stammkapitals" ist es hingegen, Leistungen der Gesellschafter, die gerade nicht in das Eigenkapital, sondern auf Grund eines Fremdkapital-Titels (Darlehen, typische stille Beteiligung) erbracht werden, unter bestimmten Voraussetzungen steuerlich wie Eigenkapital zu behandeln. Körperschaftsteuerlich hätte die Anerkennung der Figur des „verdeckten Eigenkapitals" zur Folge, daß die auf die Darlehen gezahlten Zinsen, die Gewinnanteile auf die stillen Beteiligungen nicht als Betriebsausgaben abzugsfähig wären, sondern als verdeckte Gewinnausschüttung der Körperschaftsteuer unterliegen würden. Des weiteren wäre das verdeckte Eigenkapital bei der Einheitsbewertung des Betriebsvermögens nicht abzugsfähig und auch bei der Gewerbesteuer ergäben sich Konsequenzen.

Die neueren Tendenzen zur Reaktivierung des verdeckten Eigenkapitals haben insbesondere, aber nicht nur ihre Ursache darin, daß nach der Körperschaftsteuerreform 1977 nichtanrechnungsberechtigte Anteilseigner verstärkt dazu übergegangen sind, ihr Engagement in der Kapitalgesellschaft mit möglichst wenig Eigenkapital und stattdessen mit Fremdkapital zu bestreiten.[31]

Tatsächlich aber ist die Finanzierung von Kapitalgesellschaften durch Gesellschafterfremdkapital eine Erscheinung, die durchaus nicht erst seit dem Inkrafttreten der Körperschaftsteuerreform anzutreffen ist. Gerade unter der Geltung des klassischen Körperschaftsteuersystems der Doppelbelastung ausgeschütteter Gewinne war die Gesellschafterfremdfinanzierung die Maßnahme, die es insbesondere personenbezogenen Kapitalgesellschaften überhaupt erst ermöglichte, unter diesem Regime zu (über)leben. Und auch heute noch ist die Doppelbelastung des in Kapitalgesellschaften formierten Vermögens mit der Vermögensteuer ein wesentlicher Gesichtspunkt auch für anrechnungsberechtigte Anteilseigner, bei der Kapitalausstattung ihrer Gesellschaft der Fremdfinanzierung den Vorzug zu geben. Des weiteren ist die Neigung zur Gesellschafterfremdfinanzierung durch die gewerbesteuer-

---

30 BFH vom 26. 10. 1987 GrS 2/86 BStBl II 1988, 348, 354.

31 Vgl. unten § 17 III 4.

liche Diskriminierung des Eigenkapitals seit dem Haushaltsbegleitgesetz 1983 nur gestärkt worden. Die steuerlichen Belastungsvergleichsrechnungen zwischen den für mittelständische Unternehmen zur Verfügung stehenden Rechtsformen basieren auf der Annahme, daß die zur Debatte stehende Kapitalgesellschaft lediglich mit dem gesellschaftsrechtlich vorgesehenen Mindestkapital ausgestattet ist und der Restbedarf an Gesellschaftermitteln durch Gesellschafterdarlehen oder stille Beteiligungen von Gesellschaftern abgedeckt wird.[32]

Der BFH hat sich zuletzt in der Entscheidung vom 10. 12. 1975[33] mit dem verdeckten Stammkapital befaßt und darauf verwiesen, daß die Anteilseigner einer Kapitalgesellschaft grundsätzlich die Finanzierungsform frei wählen können. Der BFH hat hier noch nicht einmal verdecktes Stammkapital in einem Fall angenommen, in dem Gesellschafterdarlehen an eine überschuldete GmbH gewährt waren und diese auch schon nach der damaligen Rechtsprechung des BFH zivilrechtlich wie haftendes Kapital zu behandeln waren.

Inzwischen ist aber beim BFH offensichtlich eine gewisse Affinität zu der Behandlung der „eigenkapitalersetzenden Darlehen und vergleichbaren Rechtshandlungen" durch die Rechtsprechung des BGH und den Gesetzgeber (§ 32a GmbHG und Anhängsel) entstanden.

Der BFH hat in dem Urteil vom 2. 10. 1984[34] eigenkapitalersetzende Darlehen und vergleichbare Rechtshandlungen „in der Frage der Anschaffungskosten der Beteiligung" den gesellschaftsrechtlichen Einlagen gleichgesetzt, weil sie nach der Rechtsprechung des BGH eine Gesellschafterleistung sind, die als Ersatz für Eigenkapital zu betrachten und deshalb ebenso wie dieses nach §§ 30, 31 GmbHG gesetzlich gebunden sind. Die Entscheidungen sind letztlich nur mit dem Bemühen des BFH zu erklären, dem Anteilseigner die steuerliche Berücksichtigung von Vermögensverlusten, die in Zusammenhang mit seiner Beteiligung stehen, zu ermöglichen; weil man meint, derartige Verluste nicht als Werbungskosten bei den Einkünften aus Kapitalvermögen berücksichtigen zu können, werden einfach die „Anschaffungskosten" der Beteiligung für die Berechnung des Veräußerungsgewinnes bzw. -verlustes nach § 17 EStG erhöht.[35]

Die Entscheidungen sind deshalb mißlich, weil der Schritt zum verdeckten Eigenkapital nicht mehr weit ist.[36]

Der Gesetzgeber hat im Hinblick auf die Fremdfinanzierung inländischer Kapitalgesellschaften durch nichtanrechnungsberechtigte Anteilseigner in den letzten Jahren ei-

32 Vgl. z.B. Jacobs/Brewi/Schubert, Steueroptimale Rechtsform mittelständischer Unternehmen, 1978.

33 BFH vom 10. 12. 1975 I R 135/74 BStBl II 1976, 226.

34 BFH vom 2. 10. 1984 VIII R 36/83 BStBl II 1985, 320; vgl. auch schon die Bemerkungen in BFH vom 9. 8. 1983 VII R 276/81 BStBl II 1984, 24. In den Entscheidungen haben die Überlegungen Döllerers, StbJb 1981/82, 205 ff ihren Niederschlag gefunden.

35 Vgl. dazu näher Knobbe-Keuk, DStZ 1984, 335 ff = JbFStR 1984/85, 39 ff; zu den Entscheidungen vgl. kritisch oben § 5 VI 1c, aa.

36 Mathiak, StuW 1985, 274.

ne Reihe von bislang ergebnislosen Anläufen zur Regelung des „verdeckten Nennkapitals" (!) unternommen[37]

Vor einer Übernahme des Richterrechts des BGH und der Regelung des § 32a GmbHG zu den eigenkapitalersetzenden Darlehen und vergleichbaren Rechtshandlungen in das Steuerrecht ist nachdrücklich zu warnen. Die in der Rechtsprechung des BFH zu beobachtende Tendenz zur Beachtung der zivilrechtlichen Vorgaben, die das jeweilige Steuergesetz gibt, ist sicher zu begrüßen, dies aber nicht, weil Harmonie zwischen Steuerrecht und Zivilrecht ein Selbstzweck wäre, sondern unter dem Aspekt, daß die Anknüpfung an einen zivilrechtlichen Status größere Rechtssicherheit und Berechenbarkeit bietet.[38] Die Übernahme des Richterrechts des BGH und des § 32a GmbHG würde genau das Gegenteil bewirken.

Die Entscheidung, ob zivilrechtlich ein „kapitalersetzendes" Gesellschafterdarlehen vorliegt, ist ohnehin mit vielfältigen Unwägbarkeiten und Zweifeln befrachtet. Ob ein Gesellschafterdarlehen den Gläubigern der GmbH zur Verfügung steht, entscheidet der BGH naturgemäß nicht im Zeitpunkt der Darlehenshingabe, sondern ex post – viele Jahre, nachdem das Kind in den Brunnen gefallen ist. In der Zwischenzeit kann der Charakter des Gesellschafterdarlehens auch noch gewechselt haben, je nach Lage des Unternehmens kann das Gesellschafterdarlehen eine Zeitlang „gut" (normales Darlehen), eine Zeitlang „böse" (eigenkapitalersetzend) und dann wieder umgekehrt sein. Zivilrechtlich kann man – gleich, was man ansonsten von der zivilrechtlichen Entwicklung halten mag – damit recht und schlecht leben. Denn letztlich ist die Entscheidung mit Konsequenzen nur einmal im Leben des Unternehmens zu treffen; der BGH wird mit dem Charakter eines Gesellschafterdarlehens regelmäßig nur dann befaßt, wenn das Unternehmen am Ende ist.

Ganz anders im Steuerrecht. Die Steuerpflichtigen müssen von Anfang an wissen, woran sie sind. Man muß sich nur vorstellen, was die Übernahme der zivilrechtlichen Figur des eigenkapitalersetzenden Darlehens in das Steuerrecht in der Praxis bedeuten würde: Eine unsägliche Verkomplizierung und Mehrarbeit für alle Beteiligten, nicht zuletzt auch für die Gerichte. Denn die Sache wäre – angesichts des möglichen Wechsels des Charakters des Darlehens – nicht mit der Klärung in einem einzelnen Veranlagungszeitraum erledigt.

Hinzu kommt folgendes: Bei den Situationen, an die zivilrechtlich die Eigenschaft des Darlehens als kapitalersetzend geknüpft wird, geht es (bislang

37 Vgl. dazu näher § 17 III 4.

38 Ein Musterbeispiel aus jüngster Zeit war die Änderung der Rechtsprechung zum Verlustabzug beim Mantelkauf. Die Anknüpfung an die rechtliche Identität der Kapitalgesellschaft ist eindeutig, die an die „wirtschaftliche Identität" vage und verschwommen. Leider hat der „Steuerreform"-Gesetzgeber aber der Rechtsanwendung den festen Boden, der durch die neue Rechtsprechung geschaffen worden war, durch ein „Nichtanwendungsgesetz" wieder weggerissen; vgl. dazu näher § 16 VII 4.

noch) immer um für das Unternehmen recht traurige Situationen, nämlich Hingabe bzw. Stehenlassen des Darlehens bei Überschuldung oder Kreditunfähigkeit. Durch die Übernahme der zivilrechtlichen Entwicklungen zu den eigenkapitalersetzenden Darlehen würde aber ausgerechnet eine im Leben des Unternehmens äußerst kritische Situation Ansatzpunkt für eine steuerliche Mehrbelastung werden. Der Anwendungsbereich der allseits gescholtenen Doppelbelastung mit der Vermögensteuer würde durch die Nichtabzugsfähigkeit der Gesellschafterdarlehensschulden erweitert werden! Die gewerbesteuerliche Belastung von Gesellschafterdarlehen würde gegenüber dem derzeitigen Zustand[39] wieder verdoppelt! Die Gesellschaft müßte in der traurigen Situation dem Gesellschafter gegebenenfalls nicht nur die Zinsen, sondern obendrein auch noch die Körperschaftsteuergutschrift bezahlen![40]

Die zivilrechtlichen Entwicklungen zu den eigenkapitalersetzenden Darlehen beruhen auf – wie auch immer einzuschätzenden – Gründen des Gläubigerschutzes. Dieser Zielsetzung würde bei Übernahme der zivilrechtlichen Entwicklungen wegen der damit verbundenen massiven steuerlichen Mehrbelastung gerade entgegengewirkt. Neben der Gefahr einer weiteren Verkomplizierung und des Verlustes an Rechtssicherheit wird der BFH auch diesen Aspekt zu bedenken haben.

IV. Ausschüttungen auf Genußrechte

1. Nach § 8 Abs. 3 S. 2 KStG mindern Ausschüttungen jeder Art auf Genußrechte, mit denen das Recht auf Beteiligung am Gewinn und Liquidationserlös der Kapitalgesellschaft verbunden ist, das Einkommen der Kapitalgesellschaft nicht.

Genußrechte beruhen auf einem schuldrechtlichen Vertrag, in dem sich der Genußrechtsbegründer verpflichtet, dem Genußberechtigten die vereinbarten „Genüsse" zukommen zu lassen. Sie sind in ihrer Ausgestaltung und Zweckbestimmung äußerst

---

39 Vgl. dazu unten § 21 II 3a.

40 Die auf kapitalersetzende Darlehen gezahlten Zinsen sind nach der Rechtsprechung des BGH (vgl. z.B. BGH vom 27. 9. 1976 II ZR 162/75 BB 1976, 1528 f, 1529) einer nach § 30 Abs. 1 GmbHG verbotenen Auszahlung des Stammkapitals gleichzusetzen. Döllerer, JbFStR 1986/87, 41 erschreckt die Vorstellung, daß derartige Zinszahlungen gleichwohl Betriebsausgaben sein sollen; dies sei unvereinbar mit dem Satz des BFH, daß eine handelsrechtlich verbotene Rückgewähr von Einlagen steuerrechtlich eine verdeckte Gewinnausschüttung darstelle. Uns erschreckt es vielmehr, daß der Umstand, daß der Konkursverwalter der GmbH geraume Zeit später zugunsten der Gläubiger gegen den Gesellschafter-Gläubiger vorgehen kann, zum Anlaß genommen wird, zu Lasten eben dieser Gläubiger noch Körperschaftsteuer auf die Zinszahlung zu erheben. Denn die Zinsen wären, wenn die GmbH das Darlehen von einem Dritten hätte erhalten können, ebenfalls angefallen.

vielseitig.[41] Genußrechte werden nur im Aktiengesetz in den §§ 160 Abs. 1 Nr. 6 (Vorschriften zum Anhang) und § 221 Abs. 3 u. 4 (Beschluß der Hauptversammlung) erwähnt, können aber auch von GmbH's und Personenunternehmen gewährt werden.[42]

Auch wenn die Genußrechte dem Berechtigten Vermögensrechte verschaffen, wie sie typischerweise Aktionären zustehen, nämlich eine Beteiligung am Gewinn oder Liquidationserlös oder an beiden, bleiben sie Gläubigerrechte. Der Genußberechtigte hat kein Mitgliedschaftsrecht.

Bei dem Unternehmen, das Genußrechte gewährt hat, ist in jedem Fall in Höhe des als Genußrechtskapitals zugeführten Aktivum ein Passivposten – je nach Ausgestaltung der Genußrechte unter den Eigenkapitalpositionen oder als haftendes Fremdkapital auszuweisen.[43] Die Gewährung von Genußrechten gegen Genußrechtskapital ist also ein erfolgsneutraler Finanzierungsvorgang.

Wegen der freien inhaltlichen Gestaltungsmöglichkeiten sind Genußrechte vielseitig einsetzbar.[44] In der jüngeren Zeit[45] sind sie vor allem unter zwei Aspekten diskutiert worden, als Modus für eine Mitarbeiterbeteiligung[46] und als Mittel zur Eigenkapitalbeschaffung.[47] Die Novelle des KWG vom 20. 12. 1984[48] hat den Banken die Möglichkeit eröffnet, das erforderliche haftende Eigenkapital i. S. des § 10 KWG bis zur Höhe von 25 % durch Genußrechtskapital abzudecken unter der Voraussetzung, daß dieses bis zur vollen Höhe am Verlust teilnimmt, erst nach Befriedigung der anderen Gläubiger zurückgefordert werden kann und eine Laufzeit von mindestens 5 Jahren hat (vgl. i. e. § 10 Abs. 5 KWG).

---

41 Vgl. zum Privatrecht näher die Kommentierungen zu § 221 AktG bei Schilling, Großkommentar zum AktG; Lutter, Kölner Kommentar zum AktG und die in den folgenden Anmerkungen Zit.; zum Steuerrecht Sontheimer, Beilage 19 zu BB Heft 30/1984 m. w. N.

42 Claussen, Festschrift Werner, 1984, S. 96; Silberberger, Der Partizipationsschein als Möglichkeit einer Mitarbeiterbeteiligung, Diss. Tübingen 1983, S. 93 (vgl. dort auch den Hinweis auf die Genußscheinausgabe des Fürsten von Fürstenberg in den 20er Jahren).

43 Vgl. Claussen, Der Genußschein und seine Einsatzmöglichkeiten, Festschrift Werner, 1984, S. 81.

44 Vgl. dazu oben § 4 V 1 c; § 4 V 3 c.

45 Vgl. zur wirtschaftlichen Bedeutung der Genußscheine in den Gründerjahren bis zur Wirtschaftskrise Schmalenbach, ZfhF 1907/8, 441 ff; Wertheimer, JW 1923, 573; Deichmann, ZfhF 1924, 34 ff.

46 Vgl. dazu Silberberger aaO, (Anm. 42); vgl. auch die Aufnahme in den Förderungskatalog des 5. VermBG von 1987 sowie Ditges, Genußrechte und Mitarbeiterbeteiligung, DStR 1986, 243.

47 Vgl. aus der umfangreichen Literatur insbesondere Vollmer, Der Genußschein – ein Instrument für mittelständische Unternehmen zur Eigenkapitalbeschaffung an der Börse, ZGR 1983, 445 und die Gutachten zur Wirtschaftsrechtlichen Abteilung des 55. DJT 1984 (Bd. I) von Albach mit Vorschlägen zum – mit adäquaten Schutzvorschriften verbundenen – Ausbau dieses Finanzierungsinstruments speziell auch für Personenunternehmen und Reuter, der die Ausgabe von Genußscheinen zum Zwecke der Kapitalbeschaffung für eine Umgehung zwingenden Gesellschaftsrechts, insbesondere der Vorschriften über Vorzugsaktien hält (vgl. Gutachten S. 26/27; Festschrift Stimpel, 1985, S. 652; AG 1985, 104).

48 BGBl I 1984, 1693 ff; vgl. Pongin, Genußrechte, 1987, S. 29 ff.

Die in das KStG 1934 eingeführte Bestimmung geht zurück auf das Urteil des RFH vom 17. 4. 1934.[49] Der RFH hatte entschieden, daß Ausschüttungen auf Genußscheine, die den Genußrechtsinhabern die gleichen Rechte an dem Bilanzgewinn der Aktiengesellschaft wie den Aktionären gewährten und aus dem Liquidationsüberschuß zu tilgen waren, den Gewinn nicht mindern, weil durch Ausgabe *derartiger* Genußscheine die Steuerkraft nicht anders beeinflußt werde als durch die Ausgabe einer entsprechenden Menge junger Aktien.[50]

Die Ausgestaltung der Genußrechte, die den RFH veranlaßt hatte, die Ausschüttungen nicht als gewinnmindernd anzusehen, haben in den gesetzlichen Merkmalen Beteiligung am Gewinn und am Liquidationserlös ihren Niederschlag gefunden.

Die Beteiligung am Gewinn kann unterschiedlich ausgestaltet sein. Die Ausschüttung auf Genußrechte kann sich nach dem Reingewinn der Handelsbilanz oder an der tatsächlich an die Aktionäre ausgeschütteten Dividende orientieren.

Fraglich ist, ob auch dann, wenn Genußrechte eine feste Mindestverzinsung gewähren, die sich aber entsprechend der Gewinnlage erhöht, eine Beteiligung am Gewinn vorliegt. U. E. ist das nur dann der Fall, wenn die Mindestverzinsung so niedrig ist, daß sie unter dem liegt, was auf Grund der Ertragskraft des Unternehmens üblicherweise als Gewinn erwirtschaftet wird.[51]

Die Beteiligung auch am Liquidationserlös setzt voraus, daß die Abfindung der Genußrechtsinhaber auch in irgendeiner Form von dem Vermögen der Gesellschaft abhängig ist, das nach Befriedigung der übrigen Gläubiger noch vorhanden ist,[52] daß der Genußrechtsinhaber also auch an den stillen Reserven beteiligt ist. Allein die Rückzahlung des Nennbetrages oder des Nennbetrages zuzüglich Agio begründet keine „Beteiligung" am Liquidationserlös. Ist das Genußrechtskapital vor der Liquidation zurückzuzahlen, so ist eine Beteiligung am Liquidationserlös anzunehmen, wenn der Rückzahlungsbetrag sich an dem Kurswert der Aktien der Gesellschaft orientiert.[53]

---

49 RFH vom 17. 4. 1934 I A 316/32 StuW 1934 Nr. 454 = RStBl 1934, 773.

50 Für den Fall, daß die Genußscheine vom Vorstand der Gesellschaft vor der Liquidation gekündigt und eingezogen werden – was jederzeit mit einer Kündigungsfrist von drei Monaten zum Schluß des Geschäftsjahres möglich war – war an den Genußscheininhaber nach Wahl der Gesellschaft ein Betrag zu zahlen, der entweder dem Durchschnittskurs der Stammaktie im letzten Kalendervierteljahr vor der Kündigung oder dem letzten Kurs vor Fälligkeit entsprach.

51 Ebenso Grieger, WM 1958, 914 ff, 917 f; Hoffmann, FR 1961, 183; Sontheimer aaO, (Anm. 41), S. 4 f; vgl. aber RFH vom 31. 10. 1939 I 77/37 RStBl 1940, 35; BFH vom 28. 6. 1960 I 85/60 StRK § 7 S. 2 R 1 KStG.

52 Sontheimer aaO, (Anm. 41), S. 5.

53 Vgl. so auch die Ausgestaltung in dem der Leitentscheidung des RFH vom 17. 4. 1934 zugrundeliegenden Fall, vgl. Anm. 49.

2. Die Tatsache, daß auch nach der Körperschaftsteuerreform die Eigenkapitalfinanzierung ungünstiger ist als die Fremdfinanzierung, hat das Augenmerk der Unternehmen auf Finanzierungsinstrumente gerichtet, die wirtschaftlich „wie Eigenkapital eingesetzt" und steuerlich „wie Fremdkapital abgesetzt" werden können.

Als ein derartiges Finanzierungsinstrument kommt auch die Ausgabe von Genußrechten in Betracht. Bei entsprechender Ausgestaltung übernimmt das Genußkapital die Funktion von Eigenkapital – es steht den Gläubigern als haftendes Kapital zur Verfügung – und ist gleichwohl steuerrechtlich nicht wie Eigenkapital belastet.

Zur Sicherung der Eigenkapitalfunktion des Genußrechtskapitals ist die Verlustbeteiligung und die Nachrangigkeit gegenüber den anderen Gesellschaftsgläubigern erforderlich. Sind die Genußrechte in dieser Weise ausgestaltet, so ist das Genußkapital als haftendes Kapital zwischen den herkömmlichen Eigenkapital- und Fremdkapitalpositionen auszuweisen, wie etwa stille Beteiligungen mit Verlustbeteiligung oder Verbindlichkeiten mit Rangrücktrittsvereinbarung.[54] Mit einem derartigen bilanziellen Ausweis ist aber noch nichts zu der steuerlichen Behandlung der Ausschüttungen auf Genußrechte gesagt. Die Ausschüttungen sind als Betriebsausgaben abzugsfähig, wenn die Voraussetzungen des § 8 Abs. 3 S. 2 KStG nicht vorliegen.[55] Im Mittelpunkt der Diskussion steht in letzter Zeit die Frage, wann eine – der steuerlichen Abzugsfähigkeit schädliche – Beteiligung am Liquidationserlös vorliegt.

In dem Bericht der Abgeordneten Köhler und Rapp zur Kreditwesengesetz-Novelle vom 20. 12. 1984[56] wird darauf hingewiesen, daß der Finanzausschuß zu den mit der Einführung des Genußrechtskapitals in das Kreditwesengesetz verbundenen steuerlichen Fragen die Auskunft der Steuerabteilung des Bundesfinanzministeriums eingeholt habe. Die Auskunft wird in dem Bericht wörtlich wiedergegeben:

„Bei der körperschaftsteuerlichen Gewinnermittlung sind Ausschüttungen auf Genußrechte Betriebsausgaben und mindern das zu versteuernde Einkommen, sofern für die Genußrechte eine Teilnahme am Liquidationserlös nicht vorgesehen ist, d. h. wenn das Genußrechtskapital ohne anteilige stille Reserven zurückzuzahlen ist (vgl. § 8 Abs. 3 S. 2 KStG)."

Angesichts dieser Auskunft der Steuerabteilung des BFM haben Äußerungen von Sarrazin und Uelner zu Irritationen geführt,[57] die eine Beteiligung am Liquidationserlös auch bei „unbegrenzter Laufzeit" (das sollen mehr als 30 Jahre sein) schon annehmen, wenn die Genußrechtsinhaber erst nach den

54 Vgl. oben § 4 V 3.
55 BdF vom 8. 12. 1986 BB 1987, 667: „Grundsätzlich wird diese Ansicht geteilt."
56 BT-Drs. 10/2510, S. 7.
57 Vgl. dazu Knobbe-Keuk, BB 1987, 341 ff.

übrigen Gesellschaftsgläubigern zu befriedigen sind,[58] „wenn dem Genußrechtsinhaber die Kündigung des Genußrechts verwehrt ist".[59]

Das Schreiben des BdF vom 8. 12. 1986[60] zielt dahin, diese Äußerungen mit dem Bericht zur KWG-Novelle in Übereinstimmung zu bringen.

In dem Bericht zur KWG-Novelle sei „ausdrücklich darauf abgestellt, daß das Genußrechtskapital *zurückzuzahlen* ist". Eine Beteiligung am Liquidationserlös liege auch in den Fällen vor, in denen eine Rückzahlung vor Liquidation nicht verlangt werden könne (warum eine Rückzahlung in der Liquidation keine Rückzahlung sein soll, ist dem unbefangenen Leser nicht verständlich!). Des weiteren soll eine Beteiligung am Liquidationserlös auch vorliegen, wenn der Anspruch auf Rückzahlung des Genußrechtskapitals wirtschaftlich ohne Bedeutung sei, wenn nämlich die Rückzahlung erst in ferner Zukunft (später als nach 30 Jahren) verlangt werden könne.

Nach dem Schreiben des BdF kann man jedenfalls davon ausgehen, daß Ausschüttungen auf – nicht in die „ferne Zukunft" – befristete Genußrechte nicht unter § 8 Abs. 3 S. 2 KStG fallen, wenn die Rückzahlung ohne anteilige stille Reserven, also z. B. zum Nennbetrag, erfolgt; allein der Umstand, daß die Rechte der Genußrechtsgläubiger im Verhältnis zu den anderen Gläubigern nachrangig sind, führt noch nicht zur Anwendung des § 8 Abs. 3 S. 2 KStG.

Fallen die Genußrechte auf Grund ihrer inhaltlichen Ausgestaltung nicht in den Anwendungsbereich des § 8 Abs. 3 S. 2 KStG, so ist das Unternehmen auch insoweit nicht mit Vermögensteuer belastet. Gewerbesteuerlich sind die Gewinnanteile seit dem Steuerreformgesetz 1990 nach § 8 Nr. 1 GewStG hinzuzurechnen.[61]

Die Gefahr, daß Genußrechtsinhaber als Mitunternehmer i. S. des § 15 Abs. 1 S. 1 Nr. 2 EStG angesehen werden, besteht auch nicht, da es mangels mitgliedschaftsrechtlicher Verwaltungsrechte an der „Unternehmerinitiative" fehlt.[62]

V. Körperschaftsteuerfreie Erträge und abziehbare Aufwendungen

1. Allgemeine Steuerbefreiungsvorschriften

Da das Einkommen von Kapitalgesellschaften nach § 8 Abs. 1 KStG grundsätzlich unter Anwendung der einkommensteuerrechtlichen Vorschriften zu ermitteln ist, gelten alle übertragbaren einkommensteuerrechtlichen Befreiungsvorschriften auch für die Einkommensermittlung der Kapitalgesellschaften. Sind also in dem Bilanzergebnis steuerfreie Erträge enthalten, so ist das Ergebnis zu kürzen.

---

58 Sarrazin, StbJb 1985/86, 135 ff, 147 f.

59 Uelner, JbFStR 1986/87, 22.

60 BB 1987, 667.

61 Die Auskunft des BdF in BT-Drs. 10/2510 unter Hinweis auf BFH vom 8. 3. 1984 I R 31/80 BStBl II 1984, 623 ist damit überholt; vgl. § 21 II 3 a.

62 So auch BdF vom 8. 12. 1986 BB 1987, 668.

Auch die bislang nur im KStG geregelte Steuerfreiheit des *Sanierungsgewinns* ist nunmehr im EStG (§ 3 Nr. 66) verankert.[63]

2. Die Emissionskosten

Die Problematik des Abzugs der Kosten der Ausgabe von Gesellschaftsanteilen hat eine bewegte Geschichte.[64] Das Steuerentlastungsgesetz 1984 hat hier einen Schlußstrich gezogen: Nunmehr sind Einlagekosten ausnahmslos bei der Gewinnermittlung der Gesellschaft zu berücksichtigen.

3. Der Gewinnanteil des Komplementärs der Kommanditgesellschaft auf Aktien

Bei Kommanditgesellschaften auf Aktien bleibt der Teil des Gewinns körperschaftsteuerfrei, der an persönlich haftende Gesellschafter auf ihre nicht auf das Grundkapital gemachten Einlagen oder als Vergütung (Tantieme) für die Geschäftsführung verteilt wird (§ 9 Ziff. 2 KStG).

Die Kommanditgesellschaft auf Aktien ist eine Gesellschaft mit eigener Rechtspersönlichkeit, bei der mindestens ein Gesellschafter den Gesellschaftsgläubigern unbeschränkt haftet (persönlich haftender Gesellschafter) und die übrigen an dem in Aktien zerlegten Grundkapital beteiligt sind, ohne persönlich für die Verbindlichkeiten der Gesellschaft zu haften (Kommanditaktionäre), vgl. § 278 AktG. Die Gewinnanteile der Komplementäre der Kommanditgesellschaft auf Aktien unterliegen bei diesen unmittelbar als Einkünfte aus Gewerbebetrieb der Einkommensteuer (vgl. § 15 Abs. 1 S. 1 Nr. 3 EStG). Von der Körperschaftsteuer soll nur der auf die Kommanditaktionäre entfallende Gewinn erfaßt werden. Der auf den Komplementär entfallende Gewinnanteil wird also von dem nach § 5 EStG ermittelten Gewinn der Kommanditgesellschaft auf Aktien abgesetzt.

Eines Abzugs der festen Vergütung für die Geschäftsführung (Gehalt, Pensionsrückstellungen usw.) sowie der sonstigen beim Komplementär nach § 15 Abs. 1 S. 1 Nr. 3 EStG als Einkünfte aus Gewerbebetrieb zu erfassenden Sondervergütungen bedarf es nicht mehr. Denn diese haben als Aufwand schon den Handelsbilanzgewinn der Kommanditgesellschaft auf Aktien gemindert.

---

63 Vgl. dazu oben § 6 II 2 a.

64 Vgl. insbes. die Diskussion der Steuerreformkommission Gutachten IV Rdz. 235; die 3. Aufl. § 16 III 2 (S. 308) und zum letzten Stand vor dem Steuerentlastungsgesetz 1984 die 4. Aufl. § 16 III 2 (S. 349).

4. Spenden

§ 9 Nr. 3 KStG betrifft den Abzug von Spenden. Die Vorschrift ist durch das Parteienfinanzierungsgesetz vom 22. 12. 1983[65] neu gefaßt worden.[66]

VI. Wiederhinzurechnung nichtabziehbarer Aufwendungen

1. § 10 KStG enthält *keine erschöpfende Aufzählung* aller körperschaftsteuerlich nichtabziehbaren Ausgaben. Denn nicht anders als bei der steuerlichen Gewinnermittlung für ein Personenunternehmen sind auch körperschaftsteuerrechtlich Ausgaben grundsätzlich nur abziehbar, wenn sie abziehbare Betriebsausgaben sind oder unter eine besondere Abzugsvorschrift fallen (z.B. § 9 Nr. 3 KStG betr. die Spenden). So sind selbstverständlich auch dem Gewinn einer Kapitalgesellschaft z.B. die nach § 4 Abs. 5 EStG nichtabziehbaren Betriebsausgaben – insbesondere auch die Geldbußen nach § 4 Abs. 5 Nr. 8 EStG[67] – oder die Ausgaben, die mit steuerfreien Einnahmen in unmittelbarem wirtschaftlichen Zusammenhang stehen,[68] wieder hinzuzurechnen.

Ebenso bedarf es der Hinzurechnung von *Spenden,* die das Handelsbilanzergebnis beeinflußt haben, soweit sie nicht in § 9 Nr. 3 KStG zum Abzug zugelassen sind.

2. Steuerlich nichtabziehbar sind die folgenden *Steueraufwendungen* der Kapitalgesellschaft (§ 10 Nr. 2 KStG):

a) Die Steuern vom Einkommen

b) Die Vermögensteuer

c) Die Umsatzsteuer für den Eigenverbrauch. Bei Kapitalgesellschaften kommt ein Eigenverbrauch nur in Form der nichtabziehbaren Betriebsausgaben im Sinne des § 4 Abs. 5 EStG in Betracht (vgl. dazu §§ 1 Abs. 1 Nr. 2c, 10 Abs. 4 Nr. 3 UStG).

d) Die für die auf diese Steuern entfallenden Nebenleistungen mit Ausnahme der Zinsen auf Steuerforderungen nach § 223a AO (Verzinsung von

---

65 BStBl I 1984, 7.

66 Vgl. dazu Martens, DStR 1984, 330. Zu der Diskussion um die sogenannten Parteispenden für die Zeit bis zum 31. 12. 1983 vgl. Tipke, 11. Aufl., § 16 C 2.3, S. 580 ff, mit umfangreichen Nachweisen.

67 Vgl. dazu oben § 8 II 2, a, ee.

68 Dieses Abzugsverbot steht allerdings dem Abzug der Gesellschaftsteuer für Kapitalzuführungen nicht entgegen; so auch der BFH in dem Urteil vom 21. 11. 1977 I R 20/76 BStBl II 1978, 346 unter Aufgabe der früheren Rechtsprechung: Einlagen seien keine „steuerfreien Einnahmen“, sondern gehörten schon begrifflich nicht zum Gewinn.

Steuernachforderungen), § 234 AO (Stundungszinsen) und § 237 AO (Zinsen bei Aussetzung der Vollziehung) § 10 Nr. 2 2. HS KStG.[69]

Da diese Aufwendungen als Aufwand den Handelsbilanzgewinn gemindert haben, sind sie wieder hinzuzurechnen.

3. Nach § 10 Nr. 4 KStG ist nicht abziehbar die Hälfte der Vergütungen jeder Art, die an Mitglieder des Aufsichtsrats, Verwaltungsrats, Grubenvorstandes oder andere mit der Überwachung der Geschäftsführung beauftragte Personen gewährt werden.

Das Abzugsverbot kann nur als Kuriosum im System der steuerlichen Gewinnermittlungsvorschriften bezeichnet werden. Aufsichtsratsvergütungen sind ebenso betrieblich veranlaßt wie Vorstands- und Geschäftsführergehälter. Sie sind ihrem Charakter nach einwandfrei Betriebsausgaben. Wenn der Abzug verboten wird, so werden ganz systemwidrig und ohne sachliche Rechtfertigung echte betriebliche Aufwendungen zur Steuer herangezogen, und zwar Aufwendungen, denen zumindest eine Aktiengesellschaft nicht ausweichen kann, weil sie zur Einsetzung eines Aufsichtsrats gesetzlich verpflichtet ist.

Das Bundesverfassungsgericht[70] hat allerdings keinen Anstoß an der unsinnigen Regelung genommen.

4. Nichtabziehbar sind auch in einem Strafverfahren festgesetzte Geldstrafen sowie sonstige Rechtsfolgen vermögensrechtlicher Art, bei denen der Strafcharakter überwiegt, und Leistungen zur Erfüllung von Auflagen oder Weisungen, soweit die Auflagen oder Weisungen nicht lediglich der Wiedergutmachung des durch die Tat verursachten Schadens dienen (§ 10 Nr. 3 KStG). Die Bestimmung ist durch das Gesetz zur Änderung des EStG und des KStG vom 25. 7. 1984 eingefügt worden.[71]

5. Nichtabziehbar sind nach § 10 Nr. 1 KStG die Aufwendungen für die Erfüllung von Zwecken des Steuerpflichtigen, die durch Stiftungsgeschäft, Satzung oder sonstige Verfassung vorgeschrieben sind.

Die Vorschrift hat in der Hauptsache Bedeutung für Stiftungen und andere Zweckvermögen. Denn Erwerbsgesellschaften verfolgen regelmäßig ohnehin den Zweck, Gewinn zu erzielen. Die an die Gesellschafter verteilten Gewinne bewirken keine Gewinnminderung der Kapitalgesellschaft (§ 8 Abs. 3 S. 1 KStG).

---

69 Die Regelung des § 10 Nr. 2 2. HS KStG, § 12 Nr. 3 2. HS EStG ist wie diejenige des § 223 a AO durch das Steuerreformgesetz 1990 eingeführt worden. Der Entwurf (BT-Drs. 11/2157 S. 173) hatte diese Ausnahmen noch nicht enthalten, sondern wollte durch das Abzugsverbot die angebliche Rechtslage klarstellen (vgl. die massive Kritik an dem Entwurf bei Flume, DB 1988, 1083 ff). Zu der Regelung vgl. näher Jürgen Lüdicke, BB 1988, 2353 ff.

70 Bundesverfassungsgericht vom 7. 11. 1972 1 BvR 338/68 BVerfGE 34, 103 (noch zu der Lage vor dem Körperschaftsteuerreformgesetz 1977, als noch nicht einmal die Hälfte abgezogen werden konnte); vgl. dazu die treffende Kritik bei Tipke, StuW 1974, 84 ff; des weiteren Friauf, StuW 1973, 97 ff.

71 BStBl I 1984, 401. Vgl. zu den Geldbußen und Geldstrafen näher oben § 8 II 2, a, ee.

Ebenso stellen aber auch bei Vereinen, Stiftungen und anderen Zweckvermögen die durch das Stiftungsgeschäft oder die Satzung vorgesehenen Ausgaben letztlich nur eine Einkommensverwendung dar. Hier will § 10 Nr. 1 KStG sicherstellen, daß solche Ausgaben – z. B. Renten, die eine Stiftung in Erfüllung ihrer Satzung an bestimmte Personen zahlt – das zu versteuernde Einkommen nicht mindern. Im Grunde versteht sich der Inhalt des § 10 Nr. 1 KStG von selbst. Den Spendenabzug im Rahmen der Grenzen des § 9 Nr. 3 KStG können Stiftungen wie andere Körperschaften auch vornehmen (§ 10 Nr. 1 S. 2 KStG).

VII. Sonderausgaben, insbesondere Verlustabzug

1. Übersicht

Das Ergebnis des Betriebsvermögensvergleichs nach § 5 EStG, korrigiert um Vermögensvermehrungen und -verminderungen auf gesellschaftsrechtlicher Grundlage, nach Abzug der körperschaftsteuerfreien Erträge und Hinzurechnung der nicht abzugsfähigen Ausgaben ergibt die Größe: Einkünfte aus Gewerbebetrieb. Diese Größe stellt bei Kapitalgesellschaften zugleich den Gesamtbetrag der Einkünfte dar, denn die Kapitalgesellschaft hat keine anderen Einkünfte als aus Gewerbebetrieb (§ 8 Abs. 2 KStG).

Spenden, die bei natürlichen Personen als Sonderausgaben abziehbar sind (vgl. § 10b EStG), sind im KStG unter den abziehbaren Ausgaben (§ 9 Nr. 3 KStG) genannt.

Der als Sonderausgabe ausgestaltete *Verlustabzug* nach § 10d EStG ist auch bei der Ermittlung des Einkommens der Kapitalgesellschaft vorzunehmen.

Die Voraussetzungen der Inanspruchnahme des *Verlustabzugs* sind in § 8 dargelegt worden.

Der *Verlustrücktrag* nach § 10d EStG ist bei den in das Anrechnungsverfahren einbezogenen Körperschaften folgendermaßen eingeschränkt worden: Er ist nach § 8 Abs. 4 KStG „nur vorzunehmen, soweit im Abzugsjahr das Einkommen den ausgeschütteten Gewinn übersteigt, der sich vor Abzug der Körperschaftsteuer ergibt und für den die Ausschüttungsbelastung nach § 27 KStG herzustellen ist“. Dies soll bedeuten, daß der Verlustrücktrag nur in Höhe des Betrages erfolgen soll, um den das Einkommen des Rücktragjahres die um 9/16 erhöhten Gewinnausschüttungen des Rücktragjahres übersteigt.[72/73]

---

72 Vgl. den Hinweis Thiels in DB 1976, 1500 auf eine „offiziöse Aussage“ und dazu das Beispiel Thiels.

73 Die Begrenzungsregelung des § 8 Abs. 4 KStG ist Gegenstand allgemeiner Kritik, vgl. insbesondere die Arbeiten von Herzig, GmbHR 1978, 333 ff; StbJb 1982/83, 141 ff; GmbHR 1987, 146 ff mit weiteren Nachweisen in Anm. 57 S. 146; zum zweijährigen Verlustrücktrag vgl. Reiß, DB 1987, 451 ff.

Der sich auf Grund des Verlustrücktrages ergebende Körperschaftsteuer-Erstattungsanspruch ist in der Schlußbilanz des Verlustjahres zu aktivieren.[74]

Des weiteren ergeben sich bei Kapitalgesellschaften für den Verlustabzug nach § 10d EStG einige besondere Probleme angesichts des Erfordernisses der „Personengleichheit“: Der Verlustabzug nach § 10d EStG steht nur demjenigen zu, der den Verlust erlitten hat. Er kann nicht durch Rechtsgeschäft unter Lebenden übertragen werden. Hingegen hat es der BFH[75] zugelassen, daß der Erbe einen in der Person des Erblassers entstandenen und von diesem nach § 10d EStG absetzbaren Verlust insoweit absetzen kann, als ihn der Erblasser noch hätte geltend machen können.

2. Verlustabzug und formwechselnde Umwandlung

Bei der formwechselnden Umwandlung (vgl. §§ 362 ff AktG; §§ 59, 63–65 UmwG 1969) wird weder die alte Gesellschaft aufgelöst noch eine neue gegründet. Vielmehr bleibt die alte Gesellschaft – nur in neuer Rechtsform – bestehen, sie büßt ihre Identität nicht ein. Da es sich nach der formwechselnden Umwandlung weiterhin um die alte Gesellschaft und damit um dieselbe Steuerpflichtige handelt, kann die Gesellschaft auch die vor der Umwandlung entstandenen Verluste nach § 10d EStG abziehen.[76]

Ebenso ist ein Verlust, der im Jahre nach der Umwandlung entsteht, im Wege des Verlustrücktrages nach § 10d EStG von dem Gewinn des vorausgegangenen Wirtschaftsjahres abzuziehen.

3. Verlustabzug und übertragende Umwandlung

Bei der übertragenden Umwandlung wird die Kapitalgesellschaft aufgelöst, ihr Vermögen geht auf ein anderes Rechtssubjekt, eine Personengesellschaft oder eine Einzelperson über (vgl. §§ 1 ff UmwG 1969). Der Vermögensübergang vollzieht sich im Wege der Gesamtrechtsnachfolge; es bedarf keiner Liquidation der Kapitalgesellschaft und keiner Einzelübertragung ihrer Vermögensgegenstände, sondern auf Grund eines Beschlusses der Hauptversammlung und seiner Eintragung in das Handelsregister geht das gesamte Vermögen ex lege auf den neuen Rechtsträger über. Die umzuwandelnde Kapitalgesellschaft und das übernehmende Rechtssubjekt sind nicht identisch. Entsprechendes gilt für den umgekehrten Fall der Umwandlung des Unternehmens eines Einzelkaufmanns oder einer Personengesellschaft durch Übertragung des Geschäftsvermögens auf eine Kapitalgesellschaft (vgl. die einzelnen Umwandlungsfälle in §§ 40 ff des Umwandlungsgesetzes 1969).

---

74 Vgl. dazu näher Karsten, BB 1976, 179 f. Vgl. auch unten § 18 II 5.

75 BFH vom 22. 6. 1962 VI 49/61 S BStBl II 1962, 386.

76 So auch die Rechtsprechung des BFH – im Gegensatz zu der des RFH (vgl. BFH vom 19. 8. 1958 I 78/58 U BStBl III 1958, 468; BFH vom 8. 4. 1964 VI 205/61 S BStBl III 1964, 306).

Die Rechtsprechung hat den Übergang des Verlustabzugs auf den Rechtsnachfolger im Falle der übertragenden Umwandlung einer Kapitalgesellschaft in ein Personenunternehmen und umgekehrt abgelehnt, weil der Verlustabzug an die Person dessen gebunden sei, der den Verlust tatsächlich erlitten hat, bei der übertragenden Umwandlung aber keine Personengleichheit bestehe.[77] Angesichts der Tatsache, daß der Verlustabzug nach seiner historischen Entwicklung letztlich nur ein – wenn auch unvollkommener – Ersatz für eine mehrjährige Unternehmensdurchschnittsbesteuerung ist und das Unternehmen, in dem die Verluste entstanden sind, nach der übertragenden Umwandlung weitergeführt wird, ist diese Rechtsprechung recht unbefriedigend. Leider ist aber auch in die Umwandlungssteuergesetze 1969 und 1977 eine Regelung zum Übergang des Verlustabzugs auf den Rechtsnachfolger nicht aufgenommen worden.[78]

Ebenso wie bei der Rechtsnachfolge in Umwandlungsfällen versagt die Rechtsprechung auch bei der *Verschmelzung* von Kapitalgesellschaften den Übergang des Verlustabzugs.[79]

4. Verlustabzug und Mantelkauf[80]

Unter „Mantelkauf" versteht man den Erwerb von allen oder fast allen Anteilen an einer Kapitalgesellschaft, deren Unternehmen nicht mehr betrieben wird und die im wesentlichen vermögenslos ist. Die Motive für einen derartigen Mantelkauf sind verschiedener Art: Ersparung der mit der Neugründung einer Kapitalgesellschaft verbundenen Kosten und Steuern, Ersparung der Strohmanngründung, Erwerb eines zugkräftigen Firmennamens, Erhaltung einer bestimmten sonst nicht oder nur schwer erlangbaren Konzession usw. Eine gewichtige Rolle spielt regelmäßig auch die Erwartung des Mantelkäufers, daß die Kapitalgesellschaft, die er mit neuen Mitteln wieder belebt oder in die er einen gewinnbringenden Betrieb eingebracht hat, von den in Zukunft erzielten Gewinnen die alten Verluste nach § 10 d EStG abziehen kann.

Diese Erwartung ist in der Vergangenheit häufig enttäuscht worden, weil der BFH für den Verlustabzug neben der rechtlichen auch die wirtschaftliche Identität der Per-

---

77 Vgl. BFH vom 8. 4. 1964 VI 205/61 S BStBl III 1964, 306.

78 Vgl. dazu Herrmann/Heuer/Raupach, § 5 UmwStG Anm. 34 u. § 15 UmwStG Anm. 109.

79 BFH vom 5. 11. 1969 I R 60/67 BStBl II 1970, 149.

80 Zur zivilrechtlichen Beurteilung des Mantelkaufs vgl. Ulmer in Hachenburg, GmbHG, § 3 Anm. 31 mit Nachweisen; OLG Hamburg vom 15. 4. 1983 ZIP 1983, 570 ff = GmbHR 1983, 219 ff = BB 1983, 1116 (Nichtigkeit nach § 134 BGB wegen Umgehung der neuen zwingenden gesetzlichen Gründungsvorschriften des GmbH-Rechts); vgl. dazu Ulmer, BB 1983, 1123 ff und gegen den Vorschlag Ulmers Bommert, GmbHR 1983, 209 ff, 212. Zu den gesellschaftsrechtlichen Risiken Ihrig, BB 1988, 1197 ff.

son, die den Verlust erlitten hat und den Verlustabzug geltend macht, gefordert hatte.[81]

Der BFH hatte dann in den Urteilen vom 29. 10. 1986[82] diese Rechtsprechung aufgegeben und für die Berechtigung zum Verlustabzug allein auf die rechtliche Identität der Kapitalgesellschaft abgestellt. Diese Rechtsprechung hat der Gesetzgeber im Steuerreformgesetz durch ein „Nichtanwendungsgesetz" (§ 8 Abs. 4 KStG n.F.) beseitigt.

Nach § 8 Abs. 4 S. 1 KStG setzt der Verlustabzug voraus, daß die Körperschaft nicht nur rechtlich, sondern auch wirtschaftlich mit der Körperschaft identisch ist, die den Verlust erlitten hat.

§ 8 Abs. 4 S. 2 KStG gibt ein Beispiel für mangelnde wirtschaftliche Identität: Übertragung von mehr als drei Viertel der Anteile und Wiederaufnahme des Geschäftsbetriebs der Kapitalgesellschaft mit überwiegend neuem Betriebsvermögen.

Die gesetzliche Regelung wirft eine Vielzahl von Zweifeln auf.[83] Dies ist nicht verwunderlich, immerhin hatte der BFH seine frühere Auffassung gerade deshalb aufgegeben, weil das Merkmal der „wirtschaftlichen Identität" nicht hatte konkretisiert werden können. Der feste Boden, den der BFH der Rechtsanwendung geschaffen hat, ist vom Gesetzgeber mit einem Federstrich wieder weggezogen worden – ohne Not und ohne Auseinandersetzung mit dem Sachproblem.[84]

Soweit ein Verlustabzug noch möglich ist, ist zu beachten, daß bei einem Mantelkauf nicht nur die entlastend wirkenden Verlustvorträge erworben werden, sondern auch der belastend wirkende Bestand an negativem EK 56[85] bzw. EK 50.

---

81 Vgl. die Nachweise in der 5. Aufl. § 16 V 4 S. 422.

82 BFH vom 29. 10. 1986 I R 318–319/83 BStBl II 1987, 310; BFH vom 29. 10. 1986 I R 202/82 BStBl II 1987, 308.

83 Z.B.: Ist der Verlustabzug möglich, wenn die Gesellschaft nach Anteilsübertragung einen Geschäftsbetrieb von ganz anderer Art als bislang aufnimmt? Ist der Verlustabzug möglich, wenn der Erwerber der Anteile zunächst für die Wiederaufnahme des Geschäftsbetriebs gesorgt und erst danach die Anteile erworben hat? Wie steht es, wenn drei Viertel der Anteile nicht in einem Schlag, sondern nach und nach erworben werden? Was heißt „Betriebsvermögen" in S. 2?
Zu § 8 Abs. 4 KStG n.F. vgl. Kudert/Saakel, BB 1988, 1229 ff; Krebs, GmbHR 1988, 232; Schulze zur Wiesche, GmbHR 1988, 350 ff.
Im Fall des *Sanierungserwerbes* ist u.E. der Verlustabzug durch S. 2 jedenfalls nicht ausgeschlossen. Es fehlt an der *Wieder*aufnahme des Geschäftsbetriebs, die voraussetzt, daß der Betrieb zuvor eingestellt oder zumindest unterbrochen war. Es ist nur auf die Vernunft der Rechtsprechung zu hoffen, daß sie Sanierungsfälle nicht unter S. 1 einordnet.

84 Zu dem Sachproblem vgl. i.e. Keuk, StuW 1974, 350 ff und 5. Aufl. § 16 V 4 S. 422.
Vgl. i.ü. D. Schneider, BB 1988, 1222 ff, der aus wirtschaftswissenschaftlicher Sicht für die Einführung handelbarer Verlustverrechnungsscheine plädiert.

85 Vgl. Herzig, StbJb 1982/83, 175.

VIII. Beginn und Erlöschen einer Steuerbefreiung

In § 13 KStG ist geregelt, wie das Einkommen zu ermitteln ist, wenn eine bisher körperschaftsteuerpflichtige Körperschaft aus persönlichen Gründen (z. B. wegen Gemeinnützigkeit) körperschaftsteuerfrei wird oder umgekehrt eine bisher körperschaftsteuerfreie Körperschaft ihre Steuerfreiheit verliert.

Die Vorschriften bezwecken, einerseits die während des Bestehens der Steuerpflicht gebildeten stillen Reserven zu erfassen, bevor die Körperschaft aus der Steuerpflicht ausscheidet, und andererseits die während der Steuerfreiheit gebildeten stillen Reserven von der Besteuerung freizuhalten. Eine bislang steuerpflichtige Körperschaft muß also beim Übertritt in den Status einer steuerbefreiten Körperschaft die angesammelten stillen Reserven aufdecken und versteuern. Es handelt sich bei den Bestimmungen des § 13 Abs. 1, 3 KStG um einen besonderen gesetzlichen Ersatzrealisierungstatbestand.

§ 17
Körperschaftsteuertarif und Anrechnungsverfahren

I. Überblick über die Körperschaftsteuersätze

Der allgemeine Körperschaftsteuersatz beläuft sich bis zum 31. 12. 1989 auf 56%, ab dem 1. 1. 1990 beträgt er 50% (§ 23 Abs. 1 KStG). Dieser gilt für alle Körperschaften, die in das Anrechnungsverfahren einbezogen sind sowie für Stiftungen.

In das Anrechnungsverfahren sind einbezogen:

Kapitalgesellschaften, Erwerbs- und Wirtschaftsgenossenschaften sowie Realgemeinden und wirtschaftliche Vereine, wenn diese Mitgliedschaftsrechte gewähren, die einer kapitalmäßigen Beteiligung wirtschaftlich gleichgestellt sind.

Neben dem allgemeinen Körperschaftsteuersatz existiert ein ermäßigter Körperschaftsteuersatz (§ 23 Abs. 2–3 KStG; bis 1989 50%, ab 1990 46%) für die nicht in das Anrechnungsverfahren einbezogenen Körperschaften, für die inländischen Betriebstätten ausländischer Körperschaften[1], für die Betriebe gewerblicher Art von juristischen Personen des öffentlichen Rechts.

Beim ZDF beträgt die Körperschaftsteuer ab 1990 7,4% der Entgelte aus Werbesendungen (§ 23 Abs. 6 KStG).[2]

Der allgemeine Körperschaftsteuersatz ist von 1990 an vom Einkommensteuerspitzensatz abgekoppelt und gilt auch für die nicht abzugsfähigen Ausgaben der Kapitalgesellschaft.

Die Abkoppelung des allgemeinen Körperschaftsteuersatzes vom Einkommensteuerspitzensatz hat vielfältige Kritik erfahren. So hat sich der wissenschaftliche Beirat

1 Vgl. § 17 IV.
2 Vgl. dazu § 16 I.

beim BFM in einem Gutachten zur Tarifstruktur der Körperschaftsteuer wegen der wünschenswerten Neutralität der Besteuerung in Hinsicht auf Unternehmensrechtsform und Gewinnverwendung für die Beibehaltung der Bindung des Körperschaftsteuersatzes an den Einkommensteuerspitzensatz ausgesprochen;[3] Mössner[4] hält in einem Gutachten den einseitigen Entlastungsvorteil für Kapitalgesellschaften für verfassungswidrig. Demgegenüber wird die Abkoppelung aus dem BFM[5] damit verteidigt, daß die aus der Einkommensteuer-Tarifstrukturreform resultierenden Vorteile den Kapitalgesellschaften nicht zugute kommen, und daß bei den Kapitalgesellschaften die nicht abzugsfähigen Ausgaben in jedem Fall mit dem Thesaurierungssatz belastet sind. Das vermag natürlich die größeren Personenunternehmen, deren Inhaber mit dem Einkommensteuerspitzensatz konfrontiert sind, wenig zu trösten und wird sie zu neuen Überlegungen über eine Umwandlung veranlassen.[6] Einen Beitrag zu mehr Rechtsformneutralität der Unternehmensbesteuerung bringt die Abkoppelung jedenfalls nicht.

II. Das Anrechnungsverfahren

1. Die Grundkonzeption

Durch das Anrechnungsverfahren wird die wirtschaftliche Doppelbelastung des ausgeschütteten Gewinns beseitigt. Der ausgeschüttete Gewinn der Kapitalgesellschaft soll nur noch mit der individuellen Einkommensteuer des Anteilseigners belastet sein. Dieses Ziel wird auf folgendem Wege verwirklicht: Es wird zwar bei der Kapitalgesellschaft auch auf den ausgeschütteten Gewinn Steuer erhoben, die von der Kapitalgesellschaft auf die Ausschüttung gezahlte Körperschaftsteuer wird aber auf die individuelle Einkommensteuer des Anteilseigners angerechnet.

Die ursprüngliche Konzeption des Anrechnungsverfahrens hatte einen einheitlichen Körperschaftsteuersatz sowohl für den thesaurierten als auch für den ausgeschütteten Gewinn vorgesehen.

Bei einem Körperschaftsteuersatz von 56% – wie er noch bis 31. 12. 1989 gilt – hätte sich z.B. bei einem steuerpflichtigen Einkommen von 200 folgendes Bild ergeben:

Die Kapitalgesellschaft hätte 112 Körperschaftsteuer gezahlt, ihr wäre ein Gewinn nach Körperschaftsteuer von 88 verblieben. Bei einer Ausschüttung von 50% des Gewinns nach Körperschaftsteuer = 44 hätte der Anteilseigner eine steuerpflichtige Gesamtdividende von 100 (Bardividende von 44 zuzüglich der auf der Körperschaftsteuerzahlung beruhenden Steuergutschrift von 56%) erhalten. Auf die Einkommensteuer des Anteilseigners wäre die von der Kapitalgesellschaft auf die Ausschüttung gezahlte Körperschaftsteuer von 56% anzurechnen bzw. zu erstatten gewesen.

3 Schriftenreihe des BFM Heft 39, 1987.
4 Vgl. Handelsblatt vom 4. 2. 1987.
5 Vgl. z.B. Krebs, GmbHR 1987, 158.
6 Zu den Steuerwirkungen der geplanten Senkung der körperschaftsteuerlichen Tarifbelastung i.e. vgl. Herzig/Förster, DB 1987, 1205 ff.

Von dieser ursprünglichen Konzeption[7] des Anrechnungsverfahrens hat man sich während der letzten Gesetzgebungsarbeiten gelöst. Maßgebend waren insbesondere zwei Gründe. Der eine betrifft die einkommenspolitische Optik: Es wäre nämlich von den Anteilseignern – auch soweit sie dem Einkommensteuerspitzensatz von 56% unterliegen – auf die von der Kapitalgesellschaft ausgeschütteten Gewinnanteile nie Einkommensteuer zu zahlen gewesen; vielmehr hätten die Anteilseigner auf Grund der Gewinnausschüttung immer einen je nach der Höhe der individuellen Einkommensteuer unterschiedlichen Erstattungsanspruch gehabt. Dies sollte durch die Modifizierung des Anrechnungsverfahrens, wie sie schließlich Gesetz geworden ist, verhindert werden.

Im Ergebnis hat sich insoweit – wenn man von der zusätzlichen Komplizierung absieht – dadurch freilich nichts geändert.

Eine sachliche Änderung durch die Modifizierung des Anrechnungsverfahrens ist aber für die Anteilseigner eingetreten, bei denen die Gewinnanteile nicht in die Veranlagung einbezogen werden, insbesondere also für die ausländischen Anteilseigner. Eine Anrechnung der auf den ausgeschütteten Gewinn gezahlten Körperschaftsteuer hätte nach der ursprünglichen Konzeption nicht stattgefunden; damit wäre die Belastung des ausgeschütteten Gewinns gegenüber dem bisherigen Zustand ganz erheblich gestiegen.[8]

Nicht zuletzt in Hinsicht auf die außensteuerrechtliche Problematik[9] ist das Anrechnungsverfahren gegenüber der ursprünglichen Konzeption modifiziert worden.

Das KStG sieht nunmehr vor, daß der ausgeschüttete Gewinn nur mit 36% Körperschaftsteuer belastet ist (Ausschüttungsbelastung, vgl. § 27 Abs. 1 KStG). Von der Barausschüttung hat die Kapitalgesellschaft – wie nach dem bisherigen Recht[10] – die Kapitalertragsteuer, in der Regel 25% des Kapitalertrages, einzubehalten.

Die Kapitalertragsteuer ist eine besondere Erhebungsform der Einkommensteuer für die Einkünfte aus Kapitalvermögen. Sie wird an der Quelle, vom Schuldner des Kapitalertrags, einbehalten und für Rechnung des Gläubigers an das Finanzamt abgeführt. Die Kapitalertragsteuer entsteht in dem Zeitpunkt des Zuflusses des Kapitalertrages beim Gläubiger (§ 44 Abs. 1 S. 2 EStG), das ist der im Gewinnausschüttungsbeschluß

7 Vgl. Gutachten des wissenschaftlichen Beirats beim BdF zur Reform der direkten Steuern, 1967; Gutachten der Steuerreformkommission IV Rdz. 111 ff. Zunächst hatte sich auch die Bundesregierung diese Konzeption des Anrechnungsverfahrens zu eigen gemacht (vgl. Bulletin vom 23. 6. 1971, 1007, 1026 ff).

8 Zur außensteuerrechtlichen Problematik vgl. H. Vogel, Festschrift Barth, 1971, S. 263; K. Vogel, Der ausländische Aktionär in der Körperschaftsteuerreform, 1973; Grasnick, StuW 1973, 131. Zur jetzigen Belastung des an ausländische Anteilseigner ausgeschütteten Gewinns vgl. III 3, 4.

9 Vgl. Reg.Begründung BT-Drs. VII/1470, S. 331.

10 Bei der ursprünglichen Konzeption des Anrechnungsverfahrens wäre die Kapitalertragsteuer entfallen.

bestimmte Tag, § 44 Abs. 2 S. 1 EStG).[11] Im Rahmen der Einkommensteuerveranlagung des Empfängers des Kapitalertrags wird die einbehaltene Kapitalertragsteuer angerechnet.

Damit ergibt sich folgendes Bild:

Gesamtdividende = Ausschüttungsbetrag vor Körperschaftsteuer	100
– Körperschaftsteuer 36 %	36
Ausschüttung (Bardividende)	64
– Kapitalertragsteuer 25 %	16
	48

Der Anteilseigner erhält also von der Kapitalgesellschaft 48. Seine steuerpflichtige Gesamtdividende beläuft sich auf 100, nämlich auf 64 Bardividende zuzüglich 36 Steuergutschrift.

Auf die von ihm für 100 geschuldete Einkommensteuer sind anzurechnen: 36 von der Kapitalgesellschaft bezahlte Körperschaftsteuer und 16 auf seine Rechnung einbehaltene Kapitalertragsteuer, also insgesamt 52.

Eine Einkommensteuerzahlung des Aktionärs wegen seiner Gesamtdividende ist damit nur erforderlich, wenn sein Einkommensteuerspitzensatz über 52 % liegt.

Damit kommt also tatsächlich auf den Großaktionär – anders als nach der ursprünglichen Konzeption des Anrechnungsverfahrens – noch eine Einkommensteuerzahlung zu. Die Änderung ist allerdings rein optischer Natur. In der Sache wird der ausgeschüttete Gewinn der Kapitalgesellschaft – wie nach der ursprünglichen Konzeption – unter Ausschluß der Doppelbelastung mit insgesamt 56 % bzw. ab 1990 53 % belastet – während nach dem bisherigen Körperschaftsteuerrecht zu dem Einkommensteuerspitzensatz die Körperschaftsteuerbelastung mit 23,44 %[12] zuzüglich Ergänzungsabgabe trat.

Die Entlastung des ausgeschütteten Gewinns von der Körperschaftsteuer erfolgt also in zwei Stufen: Zunächst wird bei der Kapitalgesellschaft exakt die Belastung des ausgeschütteten Gewinns mit 36 % Körperschaftsteuer hergestellt. Die vollständige Entlastung von der Körperschaftsteuer wird dann auf der Ebene des Anteilseigners vorgenommen.

Das Verfahren auf der Ebene der Gesellschaft ist in den §§ 27 ff KStG geregelt. Durch diese Vorschriften soll sichergestellt werden, daß Gewinnausschüttungen jeder Art mit 36 % des Gewinns, der sich vor Abzug der Körperschaftsteuer ergibt, belastet werden. Dies entspricht einer Körperschaftsteuer von 9/16 (36:64) der Bardividende.

---

11 Das gilt auch dann, wenn der Gläubiger allein Gesellschafter ist, vgl. BFH vom 18. 12. 1985 I R 222/81 BStBl II 1986, 451. In dem am 20. 10. 1988 versandten – inzwischen aus dem Verkehr gezogenen – Referentenentwurf eines Körperschaftsteueränderungsgesetzes waren drei BFH-Korrekturmaßnahmen enthalten, so auch zu diesem Urteil; vgl. dazu Wassermeyer, Ein neues BFH-Rechtsprechungs-Korrekturgesetz, DB 1988, 2531 f.

12 Vgl. dazu 2. Aufl. § 20 a I.

2. Die Anrechnung der Ausschüttungsbelastung auf die Steuerschuld des Anteilseigners

a) Die vollständige Entlastung von der Körperschaftsteuer auf der *Anteilseignerebene* ist *im EStG* geregelt. § 20 Abs. 1 Nr. 3 EStG bestimmt – zunächst nur für die Bezieher von Dividenden aus privatem Anteilsbesitz –, daß bei den Einkünften aus Kapitalvermögen nicht nur die empfangene Dividende, sondern außerdem die auf der Dividende lastende Körperschaftsteuer, also 36% der Gesamtdividende (= 9/16 des ausgeschütteten Betrages) als Einnahme anzusehen ist.

Auf Grund der Verweisung des § 20 Abs. 3 EStG gilt dies auch für die Anteilseigner, deren Anteile sich im Betriebsvermögen befinden.[13] Der Anrechnungsanspruch stellt, da er seine Grundlage in dem Beteiligungsverhältnis hat, eine Betriebseinnahme dar und ist in gleicher Weise wie der Beteiligungsertrag zu aktivieren. Der Anspruch auf die Körperschaftsteueranrechnung ist Teil des Gewinns aus Gewerbebetrieb und des Gewerbeertrags.[14] Gehört die Beteiligung zum Vermögen einer Personengesellschaft, so steht der Beteiligungsertrag zwar der Personengesellschaft zu und ist in ihrer Bilanz zu aktivieren. Der Anrechnungsanspruch kann allerdings nur von den Gesellschaftern realisiert werden. Deshalb kommt eine Aktivierung in der Bilanz der Gesellschaft nicht in Frage. Es bleibt nur die anteilige Aktivierung in der Sonderbilanz der anrechnungsberechtigten Gesellschafter.[15]

Die zur Einkommensteuer oder Körperschaftsteuer zu veranlagenden Steuerpflichtigen erhalten die Anrechnung der Körperschaftsteuer (wie auch der Kapitalertragsteuer) im Veranlagungsverfahren.[16] In § 36 Abs. 2 Nr. 3 EStG ist geregelt, daß auf die Einkommensteuer nicht nur Vorauszahlungen, Lohnsteuer und Kapitalertragsteuer anzurechnen sind, sondern nunmehr auch die Körperschaftsteuer mit dem Betrag, mit dem sie den Einkünften des Steuerpflichtigen zugerechnet wurde. Die Regelung gilt – soweit es sich bei den Anteilseignern um Körperschaften handelt – bei deren Körperschaftsteuerveranlagung sinngemäß (§ 49 Abs. 1 KStG).

Die Anrechnung setzt nicht die Entrichtung der Körperschaftsteuer durch die Körperschaft voraus (§ 36 Abs. 2 Nr. 3 S. 3 EStG).

Es wäre nicht praktikabel, die Höhe der anzurechnenden Körperschaftsteuer danach

---

13 Kritisch zur Gesetzestechnik Thiel, DB 1973, 1496.

14 Vgl. FG München vom 17. 9. 1984 V (XIII) 53/826 EFG 1985 Nr. 154 = BB 1985, 34 mit Anm. Döllerer.

15 Vgl. ebenso Raupach, FR 1978, 570; Herrmann/Heuer/Raupach, § 36 EStG Abs. 2 Nr. 3 Anm. A I 3c. Zu der Auffassung von W. Meilicke, DB 1982, 291; Festschrift H. Meilicke, 1985, S. 94 ff, daß der Gesellschafter auf Kosten der Gesellschaft um den Vorteil der Körperschaftsteueranrechnung ungerechtfertigt bereichert sei, vgl. Döllerer, Festschrift Stimpel, 1985, S. 729.

16 EStR Abschn. 213 f Abs. 4 stellt klar, daß der Anspruch auf Anrechnung von Steuerabzugsbeträgen (insbes. von Kapitalertragsteuer und von Körperschaftsteuer) nicht abgetreten werden kann.

zu bemessen, in welcher Höhe im Einzelfall von der ausschüttenden Körperschaft Körperschaftsteuer entrichtet wurde.[17] Insbesondere müßte jede Änderung der Körperschaftsteuerveranlagung der ausschüttenden Körperschaft zu einer Änderung aller Einkommensteuerveranlagungen der Anteilseigner führen.

Deshalb erfolgte die Anrechnung beim Anteilseigner unabhängig von der Entrichtung der Körperschaftsteuer seitens der Körperschaft. Bei der Körperschaft wird dafür gesorgt, daß die beim Anteilseigner angerechneten Beträge bei ihr als Körperschaftsteuerschuld festgesetzt und erhoben werden.

Eine Ausnahme von diesen Grundsätzen besteht nach § 36 a EStG für den Fall der wesentlichen Beteiligung oder des beherrschenden Einflusses des Gesellschafters.

Unbeschränkt Steuerpflichtige, die nicht zur Einkommensteuer veranlagt werden, erhalten die Körperschaftsteuer auf Antrag vom Bundesamt für Finanzen vergütet (vgl. im einzelnen § 36 b EStG).

Erleichterungen bringen die §§ 36 c und 36 d EStG. Es besteht die Möglichkeit, die Körperschaftsteuer auf Grund von Sammelanträgen der Kreditinstitute oder der Kapitalgesellschaften für ihre Arbeitnehmer zu vergüten.

Voraussetzung für die Anrechnung oder Vergütung ist die Vorlage einer nach amtlichem Muster von der Körperschaft ausgestellten Bescheinigung (vgl. im einzelnen §§ 44–46 KStG).

b) Zwischen dem Entstehen der Körperschaftsteuerbelastung und der Anrechnung der Körperschaftsteuer beim Anteilseigner liegt regelmäßig ein *zeitlicher* Abstand. Denn die Körperschaftsteuer kann auf die Einkommensteuer des Anteilseigners erst angerechnet werden, wenn dieser Einnahmen im Sinne des § 20 Abs. 1 Nr. 1 und 2 EStG bezogen hat und die Bescheinigung nach § 44 ff KStG vorlegen kann. Von diesem alltäglichen Fall des zeitlichen Auseinanderfallens von Entstehen der Körperschaftsteuerbelastung und Anrechnung abgesehen, können insbesondere im Bereich der verdeckten Gewinnausschüttung weitere zeitliche Inkongruenzen auftreten.[18] Die Gewinnminderung bei der Gesellschaft durch eine verdeckte Gewinnausschüttung kann zeitlich weit vor[19] dem Vorteilszufluß bei dem Gesellschafter liegen.

3. Die in das Anrechnungsverfahren einbezogenen Leistungen der Kapitalgesellschaft

Das Anrechnungsverfahren greift in gleicher Weise für offene, d. h. auf einem Beschluß der Gesellschafterversammlung beruhende, wie für verdeckte[20] Gewinnausschüttungen ein.[21]

---

17 Vgl. dazu L. Schmidt, NJW 1976, 2236.

18 Vgl. dazu insbesondere Herzig, FR 1977, 405 ff und unten § 19 I 3 c, cc.

19 Das von Herzig aaO gebildete Beispiel dafür, daß der Vorteilszufluß beim Gesellschafter auch vor der Gewinnminderung bei der Gesellschaft liegen könne, ist u. E. nicht zutreffend. Veräußert der Gesellschafter der Gesellschaft ein Wirtschaftsgut zu einem überhöhten Preis, so darf die Gesellschaft u. E. nicht den überhöhten Kaufpreis als Anschaffungskosten ansetzen, vgl. dazu unten § 19 I 3 a.

20 Vgl. dazu unten § 19 I 3 c.

21 Zu Ausschüttungen auf Genußscheine vgl. KStR Abschn. 77 Abs. 7.

Da die Doppelbelastung mit Körperschaftsteuer und Einkommensteuer vollkommen beseitigt werden soll, sind die Vorschriften über das Anrechnungsverfahren auch anwendbar, wenn Gewinne erst bei der Liquidation der Kapitalgesellschaft oder bei der Kapitalherabsetzung an die Anteilseigner ausgekehrt werden.

Die Bezüge, die der Anteilseigner auf Grund einer Kapitalherabsetzung oder nach Auflösung der Kapitalgesellschaft erhält, gehören nunmehr zu den Einkünften aus Kapitalvermögen nach § 20 Abs. 1 Nr. 2 EStG. Der Zufluß dieser Bezüge begründet in gleicher Weise wie die Dividendenzahlung den Anrechnungsanspruch in Höhe von 9/16 nach § 36 Abs. 2 Nr. 3 EStG. Bei der Kapitalgesellschaft sind die Vorschriften der §§ 27 ff KStG über die Herstellung der Ausschüttungsbelastung entsprechend anzuwenden (§ 41 KStG).

Die Bezüge sind aber, sowohl wenn es sich um Gewinnanteile nach § 20 Abs. 1 Nr. 1 EstG als auch wenn es sich um Bezüge auf Grund einer Kapitalherabsetzung nach § 20 Abs. 1 Nr. 2 EStG handelt, beim Anteilseigner nicht steuerpflichtig, soweit sie aus Einlagen der Anteilseigner nach dem 31. 12. 1976 (aus EK 04, § 30 Abs. 2 Nr. 4 KStG) stammen (§ 20 Abs. 1 Nr. 1 S. 2 und Nr. 2 S. 2 EStG).[22]

Gehören die Anteile an der Kapitalgesellschaft beim Anteilseigner zum Betriebsvermögen, so sollen nach dem BdF[23] bei einer Kapitalrückzahlung die Bezüge vom Buchwert der Anteile abgesetzt werden; soweit die Bezüge den Buchwert der Anteile übersteigen, sollen sie gewinnerhöhende Betriebseinnahmen sein.

Eine Kapitalerhöhung aus Gesellschaftsmitteln (Umwandlung von Rücklagen in Nennkapital) nach dem handelsrechtlichen Kapitalerhöhungsgesetz von 1959 ist keine Gewinnausschüttung im Sinne des § 27 KStG und auch keine sonstige Leistung im Sinne des § 41 KStG. Sie führt also weder zu einer Minderung der Körperschaftsteuer nach § 27 KStG auf 36% noch zu Einnahmen der Anteilseigner nach § 20 EStG und dem damit verbundenen Anrechnungsanspruch. Eine Kapitalerhöhung in dieser Form ist nach dem steuerlichen Kapitalerhöhungsgesetz zu beurteilen. Die „Gratisaktien“ sind danach beim Anteilseigner nicht einkommensteuerpflichtig. Für die Kapitalgesellschaft bleibt es definitiv bei der Belastung mit dem allgemeinen Körperschaftsteuersatz.

Anders ist es, wenn die Gesellschaft die Rücklagen auflöst und als Gewinn ausschüttet und die Anteilseigner den ausgeschütteten Betrag wieder einlegen, sei es auf Grund einer Kapitalerhöhung, sei es als sonstige Einlage.[24]

---

22 Zum Verhältnis des § 17 Abs. 4 EStG zu § 20 EStG vgl. unten § 24, Ziff. 2.

23 BdF vom 9. 1. 1987 BStBl I 1987, 171, a. A. Herrmann/Heuer/Raupach, Erl. zu § 20 Abs. 1 Nr. 1 und Erl. zu § 40 Nr. 1 KStG auf grünen Blättern, Anm. II 2b, weiter Anm. 793 auf roten Blättern zu § 6 EStG mit weiteren Nachweisen.

24 Zum Schütt-Aus-Hol-Zurück-Verfahren vgl. § 17 V.

III. Die Belastung des an nichtanrechnungsberechtigte Anteilseigner ausgeschütteten Gewinns

Bei der Belastung des ausgeschütteten Gewinns mit 36 % Körperschaftsteuer verbleibt es, wenn der Anteilseigner mit den Gewinnanteilen nicht steuerpflichtig ist oder wenn die Steuerpflicht mit dem Abzug der Kapitalertragsteuer abgegolten ist. Hier kommt es nicht zur Anrechnung oder Vergütung der Körperschaftsteuer.

Es geht um folgende Anteilseigner:

1. Juristische Personen des Öffentlichen Rechts

Diese sind mit den inländischen Einkünften, von denen ein Steuerabzug vorzunehmen ist, beschränkt körperschaftsteuerpflichtig (§ 2 Nr. 2 KStG), die Körperschaftsteuer ist durch den Steuerabzug abgegolten (§ 50 Abs. 1 KStG).

Es verbleibt bei der Belastung des an die juristische Person des Öffentlichen Rechts ausgeschütteten Gewinns mit 36 % Körperschaftsteuer. Daneben werden 25 % Kapitalertragsteuer einbehalten. Die Hälfte der Kapitalertragsteuer wird jedoch auf Antrag erstattet (§ 44 c Abs. 2 Nr. 2 EStG). Die Gesamtbelastung des ausgeschütteten Gewinns beträgt in diesem Fall also 44 % (36 + ½ von 25 % auf 64).

2. Steuerbefreite Körperschaften

Dazu gehören vor allem die Gewerkschaften und die gemeinnützigen Körperschaften (vgl. i. e. § 5 KStG). Eine Anrechnung oder Vergütung der von der ausschüttenden Kapitalgesellschaft gezahlten Körperschaftsteuer scheidet aus.[25] Auch hier ist die Körperschaftsteuer von 36 % definitiv. Die einbehaltene Kapitalertragsteuer wird gemeinnützigen Körperschaften auf Antrag voll erstattet (§ 44 c Abs. 1 EStG), den anderen steuerbefreiten Körperschaften zur Hälfte (§ 44 c Abs. 2 Nr. 1 EStG). Damit sind beispielsweise die auf den Anteilsbesitz der Gewerkschaften entfallenden Gewinnausschüttungen wie die Gewinnausschüttungen an die juristischen Personen des öffentlichen Rechts mit insgesamt 44 % belastet.

Die Steuerbefreiung ist freilich ausgeschlossen, soweit die Gewinnausschüttungen in einen wirtschaftlichen Geschäftsbetrieb oder in einen Betrieb gewerblicher Art der steuerbefreiten Kapitalgesellschaft geflossen sind. In diesem Fall wird die Anrechnung der von der ausschüttenden Kapitalgesellschaft gezahlten Körperschaftsteuer gewährt.

25 Verbreitet wird die Regelung unter dem Aspekt des Art. 3 Abs. 1 GG für verfassungswidrig gehalten, vgl. etwa Leisner, StuW 1984, 244 ff; vgl. auch die dort in Anm. 6 Zitierten.

3. Ausländische Anteilseigner

Beschränkt steuerpflichtige Anteilseigner sind grundsätzlich vom Anrechnungsverfahren ausgeschlossen;[26] die auf ihre Kapitalerträge entfallende Einkommen- bzw. Körperschaftsteuer ist mit der Kapitalertragsteuer abgegolten (§ 50 Abs. 5 EStG; § 50 Abs. 1 KStG; § 51 KStG). Fällt die Ausschüttung allerdings in einer inländischen Betriebstätte als Betriebseinnahme an, wird die Körperschaftsteueranrechnung gewährt. Von diesem Fall abgesehen aber verbleibt es bei der von der ausschüttenden Körperschaft gezahlten Körperschaftsteuer von 36%. Hinzu tritt die Belastung des ausländischen Anteilseigners mit der Kapitalertragsteuer.[27]

Hinsichtlich der Kapitalertragsteuer ist zu unterscheiden: Bei ausländischem Streubesitz ermäßigt sich die Kapitalertragsteuer in der Regel auf Grund der Doppelbesteuerungsabkommen auf 15%.[28] Der ausländische Anteilseigner zahlt aber in der Regel in seinem Heimatstaat noch Einkommensteuer.

Bei einer Schachtelbeteiligung verblieb es bislang in den meisten Fällen auf Grund der Doppelbesteuerungsabkommen bei der Kapitalertragsteuer von 25 %.[29] Die Ausschüttungen wurden jedoch in der Regel im Heimatstaat des Anteilseigners nicht mehr besteuert. Damit ergab sich für die ausgeschütteten Gewinne von Kapitalgesellschaften mit ausländischer Muttergesellschaft in den meisten Fällen bislang eine Gesamtbelastung von 52 %.

Insoweit hatte das Körperschaftsteuerreformgesetz eine Schlechterstellung gegenüber dem früheren Rechtszustand gebracht, der sogenannte begünstigende Ausländereffekt des alten Körperschaftsteuertarifes war weitgehend beseitigt worden. Im Vergleich zu den Kapitalgesellschaften mit einer inländischen Muttergesellschaft war nur noch ein Vorteil von 4 Punkten verblieben.

---

26 Sie können lediglich in bestimmten Fällen eine Vergütung nach § 52 KStG erhalten, nämlich wenn die Kapitalgesellschaft eine Ausschüttung aus dem sog. Eigenkapital 01 (§ 30 Abs. 2 Nr. 1 KStG) – ausländische steuerfreie Einkünfte – oder dem Eigenkapital 03 (§ 30 Abs. 2 Nr. 3 KStG) – Altrücklage – bestreitet.

27 Zu der Frage, ob in dem Ausschluß der ausländischen Anteilseigner vom Anrechnungsverfahren eine unzulässige Diskriminierung liegt, vgl. insbesondere K. Vogel, Der ausländische Aktionär in den Gesetzentwürfen zur Körperschaftsteuerreform, 1973; Grasnick, StuW 1973, 131 ff; GmbHR 1973, 224 ff; Manke, StbJb 1977/78, 269 ff. Bedenken gegen die Verfassungsmäßigkeit der Behandlung der ausländischen Anteilseigner äußert v. Mettenheim, AWD 1978, 511 ff. Der BFH (vom 4. 2. 1987 I R 252/82 FR 1987, 265) hält den Ausschluß beschränkt Steuerpflichtiger von der Anrechnung bzw. Vergütung (§ 36b EStG) der Körperschaftsteuer für verfassungsgemäß: Ein beschränkt Steuerpflichtiger werde nur dann ungleich i. S. des Art. 3 Abs. 1 GG besteuert, wenn die Summe der von ihm im Inland und im ausländischen Wohnsitzstaat zu entrichtenden Steuern höher ist als die Steuer, die von einem vergleichbaren im Inland unbeschränkt Steuerpflichtigen gefordert wird. Das ist der Fall, wenn im ausländischen Wohnsitzstaat eine höhere Steuer als 30% erhoben wird. Selbst dann ist aber noch zu prüfen, ob eine verfassungsrechtlich gebotene Steuerentlastung Sache der Bundesrepublik Deutschland oder Sache des ausländischen Wohnsitzstaates ist.

28 Vgl. den Überblick bei Bellstedt, RIW/AWD 1988, 285.

29 Bellstedt aaO, (Anm. 28).

Nach der ab 1990 geltenden Senkung der allgemeinen Tarifbelastung auf 50 % werden sich die Dinge freilich wesentlich anders darstellen.[30]

Ursache ist, daß nach einer Reihe von Doppelbesteuerungsabkommen die Einbehaltung von 25 % Kapitalertragsteuer voraussetzt, daß die Spanne zwischen dem deutschen Steuersatz für einbehaltene Gewinne und dem Steuersatz für Ausschüttungen mindestens 15 oder 20 Punkte beträgt. Dies ist bis auf wenige Ausnahmen nicht mehr der Fall.

Die Kapitalertragsteuer wird je nach Doppelbesteuerungsaufkommen – bis auf wenige Ausnahmen – nur noch mit 5 %, 10 % oder 15 % zu erheben sein.[31] Bei ausländischen Muttergesellschaften beträgt danach die auf dem ausgeschütteten Gewinn lastende deutsche Steuer insgesamt je nachdem 39,2 % (36 % Körperschaftsteuer und [5 % von 64 =] 3,2 % Kapitalertragsteuer), 42,4 % (36 % Körperschaftsteuer und [10 % von 64 =] 6,4 % Kapitalertragsteuer) oder 45,6 % (36 % Körperschaftsteuer und [15 % von 64 =] 9,6 % Kapitalertragsteuer).

Hinsichtlich der Gewinne, die in dem Unternehmen verbleiben sollen, besteht jedoch gegenüber vergleichbaren Kapitalgesellschaften mit deutschen Anteilseignern insofern ein Vorteil, als Kapitalgesellschaften mit ausländischen Anteilseignern sich die Möglichkeiten des Schütt-Aus-Hol-Zurück-Verfahrens zunutze machen können.[32]

4. Die Fremdfinanzierung inländischer Kapitalgesellschaften durch nichtanrechnungsberechtigte Anteilseigner

Der Ausschluß bestimmter Gruppen von Anteilseignern von der Körperschaftsteueranrechnung verstärkt zwangsläufig deren Neigung, ihr Engagement mit möglichst wenig Eigenkapital und um so mehr Fremdkapital – sei es in der Form des einfachen oder partiarischen Darlehens, sei es in der Form der typischen stillen Beteiligung – durchzuführen. Wenn die von der inländischen Kapitalgesellschaft auf das Fremdkapital gezahlten Zinsen bzw. Gewinnanteile das körperschaftsteuerpflichtige Einkommen mindern, so wird es die nicht anrechnungsberechtigten Anteilseigner nicht mehr so sonderlich beunruhigen, daß sie von der Körperschaftsteueranrechnung ausgeschlossen sind.[33] Dafür ist der Fiskus ob solcher Gestaltungen beunruhigt.

30 Vgl. Bellstedt aaO, (Anm. 28); Mahnke, WPg 1989, 70 ff.

31 Vgl. die Tabelle bei Bellstedt aaO, (Anm. 28).

32 Vgl. dazu näher unten § 17 V.

33 Ausländische Muttergesellschaften inländischer Kapitalgesellschaften können sich gegebenenfalls auch die Tatsache zunutze machen, daß die Körperschaftsteueranrechnung gewährt wird, wenn die Ausschüttung der inländischen Kapitalgesellschaft Betriebseinnahme in einer inländischen Betriebstätte einer ausländischen Körperschaft ist. Die ausländische Kapitalgesellschaft kann also überlegen, ob es nicht zweckmäßig ist, das inländische Engagement in der Form der Betriebstätte zu betreiben oder eine inländische Betriebstätte, in der die Beteiligung an der inländischen Kapitalgesellschaft gehalten wird, zwischenzuschalten (vgl. dazu näher Telkamp, FR 1977, 285 ff, 313 ff; Görlich, RIW/AWD 1978, 730).

Die Problematik der Fremdfinanzierung von Kapitalgesellschaften durch deren Anteilseigner ist keine spezifische Problematik des Körperschaftsteueranrechnungsverfahrens. Was die Gruppe der steuerbefreiten Anteilseigner anbetrifft, so stammt das sog. „Gewerkschaftsmodell“[34] aus der Zeit vor der Körperschaftsteuerreform.

Im übrigen war allgemein bei personenbezogenen Kapitalgesellschaften die Fremdfinanzierung in erheblichem Maße auch früher schon – gerade zur Vermeidung der Doppelbelastung des ausgeschütteten Gewinns – durchaus verbreitet, und auch heute noch ist die Doppelbesteuerung des in Kapitalgesellschaften formierten Vermögens mit der Vermögensteuer ein wesentlicher Gesichtspunkt für die Gesellschafter, bei der Kapitalausstattung ihrer Gesellschaft der Fremdfinanzierung den Vorzug zu geben. Des weiteren ist die Neigung zur Gesellschafterfremdfinanzierung durch die gewerbesteuerliche Diskriminierung des Eigenkapitals seit dem Haushaltsbegleitgesetz 1983 nur gestärkt worden.[35]

Schon ab September 1977 hatte sich eine Unterkommission der Körperschaftsteuer- und Außensteuerreferenten des Bundes und der Länder mit der Problematik befaßt.

Angesichts der Umstände, daß nichtanrechnungsberechtigte Anteilseigner nach der Körperschaftsteuerreform in verstärktem Maße zur Fremdfinanzierung übergegangen sind, und daß immerhin mehr als 40 % des Nennkapitals aller inländischen Kapitalgesellschaften von nichtanrechnungsberechtigten Anteilseignern gehalten werden,[36] ist der Fremdfinanzierung durch nichtanrechnungsberechtigte Anteilseigner in den letzten Jahren eine besondere Beachtung zuteilgeworden. Das „Steuerausfallrisiko“ bei der Körperschaftsteuer soll „in die Hunderte von Millionen gehen“.[37] Des weiteren wird auf beträchtliche Wettbewerbsverzerrungen zu Lasten der Gesellschaften mit anrechnungsberechtigten Anteilseignern hingewiesen.

Die Bundesregierung hatte 1980 im Rahmen des sogenannten Artikelgesetzes einen ersten – vergeblichen – Anlauf zur gesetzlichen Regelung der Problematik gemacht,[38] seitdem sind mehrere weitere Anläufe unternommen worden.

Der Entwurf 1980 hatte eine Ergänzung des § 8 Abs. 3 KStG dahin vorgesehen, daß gewinnabhängige Vergütungen, die eine Kapitalgesellschaft ihren nichtanrechnungsberechtigten Anteilseignern für die Überlassung von Fremdkapital zahlt, als verdeckte

---

34 Vgl. schon Handelsblatt vom 27. 11. 1974; vom 9./10. 5. 1975.

35 Vgl. unten § 21 II 3 a.

36 So die Angaben aus dem BMF; vgl. z. B. Uelner, Steuerliche Probleme der Fremdfinanzierung von Kapitalgesellschaften, Institut Finanzen und Steuern Brief 198 (1980), S. 12 (15 % werden von inländischen Gebietskörperschaften, 25 % von Ausländern gehalten; darüber hinaus gehört ein nicht bekannter Teil des Nennkapitals persönlich steuerbefreiten Anteilseignern, insbesondere Pensions- oder Unterstützungskassen, Berufsverbänden, gemeinnützigen Stiftungen und den Kirchen).

37 Uelner aaO, (Anm. 36).

38 Entwurf eines Gesetzes zur Änderung des EStG, des KStG und anderer Gesetze BT-Drs. 8/3648 (vom 8. 2. 1980); vgl. auch die detaillierte Vorankündigung von Wrede, DB 1979, 1620 ff, 1674 ff.

Gewinnausschüttungen gelten und damit auf der Ebene der Kapitalgesellschaft der Ausschüttungsbelastung von 36 % unterworfen sein sollten. Der Entwurf war in der Literatur auf vielfältige Kritik gestoßen.[39] Im Gesetzgebungsverfahren schlug der Bundesrat über den Gesetzentwurf der Bundesregierung hinaus die sog. Große Lösung vor, nach der gewinnunabhängige Vergütungen für Darlehen und sonstige Kapitalforderungen von einer bestimmten Grenze an ebenfalls als verdeckte Gewinnausschüttungen behandelt werden sollten.[40] Erfaßt werden sollte auf diese Weise auch die Zwischenschaltung von Holdinggesellschaften.

Die gesetzgeberische Bewältigung der Problematik erwies sich im Wahljahr 1980 als nicht mehr realisierbar; zum einen warf die in die Debatte eingeführte „Große Lösung" zu viele sachliche Fragen auf; zum anderen spielte die Tatsache eine Rolle, daß durch die „Große Lösung" auch das Gewerkschaftsmodell getroffen worden wäre. Gemäß einem Vorschlag des Finanzausschusses[41] hatte der Bundestag die Bundesregierung ersucht, zu Beginn der 9. Legislaturperiode, spätestens jedoch bis zum 31. 12. 1981, einen Gesetzentwurf vorzulegen, der das Problem der Fremdfinanzierung von Kapitalgesellschaften durch ihre nicht anrechnungsberechtigten Anteilseigner umfassend regelt.

Im Frühjahr 1982 hatte die Bundesregierung dann in einem Referentenentwurf erneut eine Regelung der Problematik vorgelegt. Auch dieser Entwurf eines neuen § 8a KStG betraf nur Leistungen der Kapitalgesellschaft an die Gruppe der nichtanrechnungsberechtigten Anteilseigner. In der Sache brachte er die sogenannte „Große Lösung".

Auch dieser Entwurf erfuhr – sowohl im Grundsätzlichen als auch hinsichtlich der zahlreichen Detailregelungen – massive Kritik.[42] Er wurde in der vorgelegten Form nicht weiter verfolgt. Anschließend befaßte sich dann zunächst eine auf Anregung des Bundesministers der Finanzen gebildete Arbeitsgruppe aus Mitgliedern der Finanzverwaltung und der Wirtschaft mit der Problematik.[43]

Im Frühjahr 1986 war aus dem Bundesministerium der Finanzen erneut ein (der dritte) Gesetzentwurf, nunmehr unter der Überschrift „verdecktes Nennkapital" (gemeint ist wohl verdecktes Eigenkapital) vorgelegt worden.[44]

Offensichtlich aber war das Vertrauen in eine alsbaldige gesetzgeberische Umsetzung nicht besonders ausgeprägt. Denn dem Gesetzentwurf war zur Begleitung gleich der –

39 Vgl. z. B. Knobbe-Keuk, BB 1979, 1596; Vesely/Vögele, AWD 1979, 695 ff; Meilicke, FR 1980, 105; Pezzer, StuW 1980, 11; Birk/Pöllath, StuW 1980, 141 ff; Pöllath/Rädler, Beilage 8 zu DB Heft 21/1980.

40 BR-Drs. 511/79.

41 BT-Drs. 8/4141 S. 3.

42 Vgl. die eingehende Untersuchung bei Knobbe-Keuk, StuW 1982, 201 ff; Pott, StuW 1982, 223 ff; Fassnacht, Die Fremdfinanzierung von Kapitalgesellschaften durch deren Gesellschafter unter besonderer Berücksichtigung des Entwurfs eines § 8a KStG, 1984.

43 Vgl. den Bericht über die Ergebnisse der Arbeitsgruppe bei Uelner, JbFStR 1984/85, 24 ff.

44 Vgl. den Abdruck in DStR 1986, 519 (und dazu die kritischen Stellungnahmen der Bundessteuerberaterkammer, DStR 1986, 516, 766, des Instituts der Wirtschaftsprüfer, WPg 1986, 394, und der Centrale für GmbH Dr. Otto Schmidt, GmbHR 1986, 270).

inzwischen in die Tat umgesetzte[45] – Entwurf einer Verwaltungsanweisung beigegeben worden, in dem die Finanzverwaltung schon einmal – sozusagen vorläufig – die Regelung selbst in die Hand nimmt.

Im Gegensatz zu seinem Vorgänger war der Gesetzentwurf selbst knapp gehalten. Das bedeutet keine materiellen Vereinfachungen, denn die für die Anwendung erforderliche Konkretisierung der „üblichen Eigenkapitalausstattung" – die es gar nicht gibt[46] – und die Regelung zahlreicher Detailfragen würde natürlich an anderer Stelle, nämlich in umfänglichen Verwaltungsanweisungen erscheinen.

Der wesentliche materielle Unterschied dieses Entwurfs gegenüber seinem Vorgänger bestand darin, daß in seinen Regelungsbereich nicht nur die Vergütungen an nicht anrechnungsberechtigte Anteilseigner einbezogen werden, sondern daß die Regelung über das „verdeckte Nennkapital" allgemein gelten sollte. Damit war sicher einer der wichtigsten Einwände gegenüber dem früheren Entwurf, daß dieser Kapitalgesellschaften je nach der Zusammensetzung ihres Gesellschafterkreises ganz unterschiedlich belaste und schon insoweit gegen Art. 3 GG verstoße[47], Rechnung getragen.

Dies gilt ebenso für den weiteren Anlauf im Entwurf[48] des Steuerreformgesetzes 1990, der verdecktes „Nennkapital" freilich nur annahm, wenn eine gewinnabhängige Vergütung vereinbart war.

Der Komplex ist aus dem Steuerreformgesetz herausgenommen und einem Restantengesetz überlassen worden.[49] Inzwischen ist dem Finanzausschuß des Deutschen Bundestages eine „Formulierungshilfe" des BdF vorgelegt worden. In dieser werden nunmehr wieder Vergütungen nur an nichtanrechnungsberechtigte Anteilseigner erfaßt, allerdings nicht nur gewinnunabhängige. Das Schicksal dieses weiteren Anlaufs läßt sich zur Zeit nicht abschätzen.

Wenn die gesetzgeberischen Anläufe über die Jahre hinweg ohne Erfolg geblieben sind, so beruht dies nicht zuletzt darauf, daß die Ebene der Kapitalgesellschaft der falsche Ansatzpunkt für die Bewältigung der Problematik der Fremdfinanzierung durch nichtanrechnungsberechtigte Anteilseigner ist. Die Wurzel des Übels liegt in der Behandlung der Zinsen bei den nichtanteilsberechtigten Anteilseignern. Die Problematik besteht deshalb, weil die Zinsen regelmäßig bei diesen nicht der (deutschen) Besteuerung unterliegen. Da man diese Regelungen aus abkommensrechtlichen[50] beziehungs-

---

45 Schreiben des BdF vom 16. 3. 1987 BStBl I 1987, 373. FG Düsseldorf vom 10. 8. 1988 6 K 168/88 KA (K, H [KE]) EFG 1989 Nr. 95 hat ernstliche Zweifel an der Rechtmäßigkeit. Vgl. auch kritisch Haug, DStZ, 1987, 287; Schneeloch, DStR 1987, 458 ff.

46 Es gibt allenfalls statistische Durchschnittswerte. Im übrigen gibt es für Mischbetriebe mit mehreren Branchen auch mehrere „statistische Durchschnittswerte"!

47 Knobbe-Keuk, StuW 1982, 221, 217.

48 RefE und RegE des § 8 a KStG BT-Drs. 11/2157 weichen im Text geringfügig voneinander ab. In der Sache ist folgender Unterschied zu nennen: Während der RefE zu mehr als 5 % beteiligte Anteilseigner im Visier hatte, war der RegE großzügiger (mehr als 10 %).

49 Vgl. Entschließung des Bundestages zu Art. 2 Nr. 4 Steuerreformgesetz 1990 – E (BT-Drs. 11/2529).

50 Schon bislang fassen freilich zahlreiche Abkommen *gewinnabhängige* Vergütungen ohnehin unter den Dividendenbegriff. Das neue Abkommen mit den USA de-

weise – was die inländischen steuerbefreiten Anteilseigner anbetrifft – aus politischen Gründen nicht antasten kann, versucht man es über die Kapitalgesellschaft. Hier aber stehen gewichtige Bedenken entgegen.[51]

Eine sinnvolle und *systematische* Bewältigung des zur Regelung stehenden Problems der Vergütungen an nichtanrechnungsberechtigte Anteilseigner ist eben nur möglich, wenn sie bei den nichtanrechnungsberechtigten Anteilseignern selbst ansetzt.

IV. Tarife für nicht in das Anrechnungsverfahren einbezogene Körperschaften

1. Nicht in das Anrechnungsverfahren einbezogen, aber dennoch dem allgemeinen Körperschaftsteuersatz[52] unterworfen sind die *Stiftungen.* Betroffen sind insbesondere die Familienstiftungen, die sich wirtschaftlich betätigen oder Beteiligungen an Kapitalgesellschaften halten. Die Stiftungen schütten keinen Gewinn aus. Ihre Leistungen an die Destinatäre sind nicht abziehbar (§ 10 Nr. 1 KStG). Soweit die Leistungen der Stiftungen bei den Destinatären zur Steuerpflicht (z. B. nach § 22 Nr. 2 EStG) führen, bleibt es bei der Doppelbelastung, ohne daß ein Ausgleich durch einen gegenüber dem allgemeinen Körperschaftsteuersatz ermäßigten Steuersatz geschaffen worden wäre. Allerdings stellt sich nach dem Bericht der Bundesregierung vom 11. 9. 1979[53] die Problematik der Doppelbelastung nicht, da die Leistungen an die Destinatäre auf Grund einer freiwillig begründeten (d. h. nicht auf einer Rechtsnorm beruhenden) Rechtspflicht erbracht und deshalb von § 22 Nr. 2 EStG nicht erfaßt werden.[54]

2. Ein ermäßigter Körperschaftsteuersatz von 46 % gilt für Körperschaften, Personenvereinigungen und Vermögensmassen im Sinne des § 1 Abs. 1 Nr. 3–6 KStG, soweit diese nicht in das Anrechnungsverfahren einbezogen sind (§ 23 Abs. 2 KStG). Hierunter fallen insbesondere die Betriebe gewerblicher Art von juristischen Personen des öffentlichen Rechts. Die wirtschaftliche Betätigung der öffentlichen Hand wird damit unterschiedlich besteuert, je nachdem ob sie in Form eines Eigenbetriebes (46 %) oder in der Form der Kapitalgesellschaft (44 %) erfolgt.

Für die Betriebe gewerblicher Art von juristischen Personen des öffentlichen Rechts gilt im übrigen eine dem bisherigen Schachtelprivileg des § 9 KStG a. F. vergleichbare Vorschrift: Erhält ein solcher Betrieb von einem nicht steuerbefreiten Betrieb gewerblicher Art einer anderen juristischen Person des öffentlichen Rechts Gewinnausschüt-

---

finiert darüber hinaus als Dividende alle Einkünfte, die in dem Staat der Gesellschaft den Einkünften aus Aktien steuerlich gleichgestellt sind.

51 Gegenüber der Formulierungshilfe aus Dezember 1988 bestehen die gleichen Bedenken, die gegenüber dem RefE 1982 vorgebracht werden mußten; vgl. dazu die in Anm. 42 Zit. und nunmehr Loos, BB 1989, 532 ff m. w. N.

52 Zu den Gründen dieser Regelung vgl. BT-Drs. VII/5310, S. 8.

53 BT-Drs. 8/3165, S. 6.

54 Ebenso Hennerkes, StbJb 1984/85, 123.

tungen, so bleiben diese bei der Ermittlung des Einkommens außer Ansatz (§ 8 Abs. 5 KStG). Auf diese Weise wird hier die sonst eintretende Doppelbelastung vermieden.

Der ermäßigte Körperschaftsteuersatz von 46% gilt auch für die inländischen Einkünfte beschränkt steuerpflichtiger Körperschaften (§ 23 Abs. 3 KStG).

3. Körperschaften, die nicht in das Anrechnungsverfahren einbezogen sind, können von ihrem Einkommen grundsätzlich einen *Freibetrag* von 5000 DM abziehen (§ 24 KStG). Die Regelung soll insbesondere Sportvereinen zugute kommen, die einen wirtschaftlichen Geschäftsbetrieb (z. B. Gaststätte) unterhalten und insoweit steuerpflichtig sind.[55]

V. Das Schütt-Aus-Hol-Zurück-Verfahren

Die Erhöhung des Körperschaftsteuersatzes auf 56% durch das KStReformGes 1977 hatte für den nicht ausgeschütteten Gewinn und für die nicht abzugsfähigen Ausgaben insbesondere die Situation der personenbezogenen Kapitalgesellschaften hinsichtlich der Eigenkapitalbildung erschwert.

Nach dem alten Körperschaftsteuerrecht betrug für personenbezogene Kapitalgesellschaften der Steuersatz auf die genannten Einkommensteile 49% (vgl. § 19 Abs. 1 Nr. 2 KStG a. F.).

Zum Teil bot sich hier Abhilfe durch Ausnutzung des sogenannten Schütt-Aus-Hol-Zurück-Verfahrens an.[56] Schütt-Aus-Hol-Zurück-Verfahren bedeutet: Gewinnausschüttung unmittelbar in Verbindung mit anschließender Reinvestition des oder eines Teils des ausgeschütteten Betrages. Dabei kann die Reinvestition als Zuführung von Eigenkapital (Einlage zur Erhöhung des Nominalkapitals oder Bildung einer freien Rücklage) oder auch als Fremdkapital (stille Beteiligung oder Darlehen) geschehen.

Der Effekt des Schütt-Aus-Hol-Zurück-Verfahrens ist, daß der Gewinn der Gesellschaft zwar im Unternehmen gebunden wird, aber dennoch nicht mit dem Körperschaftsteuersatz für thesaurierte Gewinne belastet ist, sondern nach den individuellen Verhältnissen der Anteilseigner besteuert wird.

Nach der Senkung des allgemeinen Körperschaftsteuersatzes auf 50% in dem Steuerreformgesetz 1990 haben sich die Akzente in der praktischen Be-

---

55 Allerdings hat der Entwurf eines Vereinsförderungsgesetzes (BR-Drs. 76/89) eine sogenannte Gewichtigkeitsgrenze für wirtschaftliche Geschäftsbetriebe gemeinnütziger Körperschaften vorgesehen (§ 64 Abs. 3 AO n. F.: Ein wirtschaftlicher Geschäftsbetrieb liegt bei Bruttoeinnahmen bis zu 60 000 DM gar nicht vor, vgl. gegen eine derartige Regelung Isensee/Knobbe-Keuk in: Sondervotum zum Gutachten der Sachverständigenkommission zur Überprüfung des Gemeinnützigkeitsrechts 1988, S. 493 ff.

56 Vgl. auch den Überblick bei Felix/Streck, ABC „Schütt-aus-Hol-zurück-Verfahren"; Orth, Neue Aspekte zum Schütt-Aus-Hol-Zurück-Verfahren, GmbHR 1987, 195 ff.

deutung des Schütt-Aus-Hol-Zurück-Verfahrens verschoben. Für inländische Anteilseigner ist es nur noch von Interesse, wenn deren Einkommensteuerspitzenbelastung erheblich unter 50% liegt.[57] Interessant kann es jedoch für ausländische Muttergesellschaften sein. Denn hier wird die Gesamtausschüttungsbelastung nach der Steuerreform wesentlich niedriger als 50% (allgemeiner Körperschaftsteuersatz) sein. Die Gesamtbelastung der Ausschüttung mit Körperschaftsteuer und Kapitalertragsteuer wird je nach Doppelbesteuerungsabkommen 39,2% (bei 5% Kapitalertragsteuer), 42,4% (bei 10% Kapitalertragsteuer) oder 45,6% (bei 15% Kapitalertragsteuer) betragen.[58]

Im grundsätzlichen ist dem Schütt-Aus-Hol-Zurück-Verfahren die steuerliche Anerkennung nicht zu versagen, ein Gestaltungsmißbrauch im Sinne des § 42 AO liegt nicht vor.[59] Im Gesetzgebungsverfahren selbst ist auf die Möglichkeiten und Vorteile des Schütt-Aus-Hol-Zurück-Verfahrens hingewiesen worden.[60]

Der Einbeziehung des gesamten Gewinns in das Schütt-Aus-Hol-Zurück-Verfahren sind allerdings nicht nur aus betriebswirtschaftlichen Gründen,[61] sondern auch unter steuerlichen Aspekten Grenzen gesetzt. Zum einen benötigt die Gesellschaft ohnehin einen bestimmten Teil ihres Gewinns zur Finanzierung der nicht abzugsfähigen Ausgaben. Zum anderen ist die „Speicher"- und „Polster"-Funktion des voll mit Körperschaftsteuer belasteten EK 56 bzw. EK 50 zu bedenken. Insbesondere wenn verdeckte Gewinnausschüttungen aufgedeckt werden, kann es sich als mißlich erweisen, daß nicht in genügendem Umfang voll belastetes Eigenkapital zur Verfügung steht.[62]

Soweit die Gesellschaft auf die Rückführung des ausgeschütteten Gewinns angewiesen ist, ist es zweckmäßig, die Rückführung im Rahmen des Möglichen zu sichern. Denn auf freiwilliger Basis wird das Schütt-Aus-Hol-Zurück-Verfahren nur funktionieren, wenn die Interessen aller Gesellschafter gleichgerichtet sind. Hervorzuheben ist, daß die steuerliche Anerkennung des Schütt-Aus-Hol-Zurück-Verfahrens auch dann nicht in Frage zu stellen ist, wenn schon vor dem Gewinnausschüttungsbeschluß eine Rückführungsverpflichtung der Gesellschafter begründet worden ist.[63]

Für die Sicherung der Reinvestition des ausgeschütteten Gewinns sind mehrere Wege zu erwägen:[64]

---

57 Zu beachten ist, daß mit der Ausschüttung beim Anteilseigner zu der Einkommensteuer gegebenenfalls Kirchensteuer anfällt.

58 Vgl. § 17 III 3.

59 So auch KStR Abschn. 77 Abs. 5, 6.

60 Dritter Bericht des Finanzausschusses zum Entwurf eines Dritten Steuerreformgesetzes BT-Drs. 7/5310 S. 9.

61 Vgl. dazu näher Priester, ZGR 1977, 445 ff, 449.

62 Vgl. Priester, ZGR 1977, 453 ff; Hintzen, FR 1978, 61.

63 Vgl. ausdrücklich KStR Abschn. 77 Abs. 6 S. 2.

64 Vgl. die eingehende, alle Aspekte berücksichtigende Darstellung bei Priester, ZGR 1977, 465 ff; vgl. des weiteren Lutter, DB 1978, 1965 ff, 1969; Esch, NJW 1978, 2529 ff; Herrmann/Heuer/Raupach, § 27 KStG Abs. 1 Anm. C.

Die Rückführung des ausgeschütteten Gewinns in die Kapitalgesellschaft kann als Eigen- oder Fremdkapital erfolgen. Im Bereich des Fremdkapitals bestehen drei Gestaltungsmöglichkeiten, nämlich das Darlehen, das partiarische Darlehen, die stille Gesellschaft. Bei der Wiedereinlage als Eigenkapital ist die Gesellschaftsteuerpflicht zu beachten. Außerdem erhöht sich die Bemessungsgrundlage für die Vermögensteuer. Im übrigen ist hier zwischen der Kapitalerhöhung[65] und der Zuführung in die[66] Rücklage zu unterscheiden.

So sinnvoll die Wiedereinlage im Wege der Kapitalerhöhung wegen des Schutzes durch die gesetzlichen Kapitalerhaltungsvorschriften für die Kapitalgesellschaft auch ist, so ist eine solche Praktizierung des Schütt-Aus-Hol-Zurück-Verfahrens doch mit einigen praktischen Schwierigkeiten verbunden.[67] Zum einen dürften die jährlichen Gewinne nicht jeweils für die Vornahme einer Kapitalerhöhung ausreichend sein. Des weiteren würden ständige Kapitalerhöhungen beträchtliche Umstände bereiten. Insbesondere würde die Kapitalerhöhung unter Verwendung der Gewinnausschüttung in Hinsicht auf die Einschränkung der Aufrechnungsmöglichkeit in § 19 Abs. 2, 5 GmbHG nur als Sacherhöhung möglich sein.[68] Aus diesen Gründen ist, wenn die Wiedereinlage als Eigenkapital erfolgen soll, die Form der sonstigen Gesellschaftereinlagen praktikabler.

---

65 Außerhalb des Schütt-Aus-Hol-Zurück-Verfahrens besteht auch weiterhin die Regelung des steuerlichen Kapitalerhöhungsgesetzes vom 30. 12. 1959 für Kapitalerhöhungen aus Gesellschaftsmitteln, die nach dem handelsrechtlichen Kapitalerhöhungsgesetz vollzogen werden. Danach entfällt für die „Gratisaktien" die Einkommensteuerpflicht des Gesellschafters (und auch die Gesellschaftsteuer); die von der Gesellschaft zur Kapitalerhöhung verwendeten thesaurierten Gewinne bleiben allerdings definitiv mit 56% Körperschaftsteuer belastet. Der Gesetzgeber hat es trotz der Einführung des Anrechnungsverfahrens bei dieser Regelung ausdrücklich belassen (vgl. Begründung des Regierungsentwurfs zum KStG 1977, BT-Drs. 7/1470 S. 332).

66 Hommelhoff/Priester, ZGR 1986, 463 ff, 515 vertreten die Auffassung, die Einlage sei, weil sie materiell aus dem erwirtschafteten Ergebnis stamme, in die Gewinnrücklage nach § 272 Abs. 3 HGB einzustellen. U. E. ist dem nicht zu folgen, sondern die Einstellung in die Kapitalrücklage nach § 272 Abs. 2 Nr. 2 HGB geboten (ebenso Döllerer, GmbHR 1987, 138; Orth, GmbHR 1987, 197 f; Küting/Kessler, BB 1989, 25 ff, 36). Die Beträge hatten auf Grund der Ausschüttung das Vermögen der Kapitalgesellschaft verlassen und werden von den Gesellschaftern causa societatis *in das Eigenkapital* gezahlt.

67 Vgl. dazu eingehend Priester, ZGR 1977, 454 ff.

68 Vgl. dazu näher Priester, ZGR 1977, 459 ff; Lutter, DB 1978, 1969.

§ 18
Die Herstellung der Ausschüttungsbelastung bei der Kapitalgesellschaft[1]

I. Die Ausgangsvorstellung des Gesetzgebers

Die Vorschriften der §§ 27 ff KStG sind nur schwer verständlich, sie wirken leicht wie ein „Buch mit sieben Siegeln".[2] Inzwischen werden denn auch Vorschläge zur Vereinfachung diskutiert.[3] Zum Verständnis der §§ 27 ff KStG muß man sich vergegenwärtigen: Der ausgeschüttete Gewinn der Kapitalgesellschaft soll nur noch mit der individuellen Einkommensteuer des Anteilseigners belastet sein. Die Gesamtdividende, die der Anteilseigner bezieht, besteht aus zwei Teilen: Zum einen aus der Bardividende und zum anderen aus der Steuergutschrift, die 36% der Gesamtdividende (= 9/16 der Bardividende) ausmacht.

Im Rahmen der Einkommensteuerveranlagung des Anteilseigners wird nicht untersucht, welche effektive Belastung mit Körperschaftsteuer sich bei der ausschüttenden Kapitalgesellschaft im Einzelfall ergibt. Der Anteilseigner erhält die Steuergutschrift in Höhe von 9/16 der Bardividende grundsätz-

---

1 Vgl. den „Wegweiser durch den Irrgarten der körperschaftsteuerlichen Anrechnungsvorschriften" bei Thiel, DB 1976, 1495 ff; vgl. i. ü. die Überblicke bei Freericks, AG 1976, 253 ff; Jünger, DB 1976, 1124 ff; GmbHR 1976, 175 ff; Jurkat, WPg 1976, 513 ff und 545 ff; Pezzer, StuW 1976, 311 ff; Sarrazin, FR 1976, 493 ff; Herzig, FR 1976, 441; Pinggéra, DB 1976, 1927; L. Schmidt, NJW 1976, 2235 ff; Krebs, Die Reform der Körperschaftsteuer, Beilage 3 zu BB Heft 27/1976; Reuter, StbJb 1976/77, 311 ff; Felix/Streck, ABC „Anrechnungsverfahren (Überblick)".

2 Thiel, DB 1976, 1495.

3 Vgl. das Steuerguthaben-Modell von Krebs, BB 1984, 1862; GmbHR 1987, 160 ff; ihm folgend Sarrazin, DStZ 1986, 235; Brenner, IdW Steuerfachtagung 1988, Unternehmensbesteuerung und Steuerreform, 1988, S. 67 einerseits und den Vorschlag einer vereinfachten Gliederungsrechnung von Maas, BB 1985, 45 ff; Herzig, GmbHR 1985, 37 ff; Jost, Beilage 3 zu DB Heft 5/1986 andererseits.
Die dringend gebotene Vereinfachung hatte in die Entwürfe zum Steuerreformgesetz 1990 von vornherein keine Aufnahme gefunden. Es wurde in der Begründung aber versichert, daß die Überlegungen so „zügig fortgesetzt werden, daß die Vereinfachung zugleich mit den wesentlichen Änderungen der Steuerreform im Jahre 1990 in Kraft treten können" (BT-Drs. 11/2157 S. 119). Ein entsprechender Referentenentwurf zur Änderung des KStG mit einer vereinfachten Gliederungsrechnung sowie die Änderung des Entwurfs zur Änderung des KStG waren den Verbänden im Oktober/November 1988 zugeleitet worden (vgl. zu dem Entwurf Dötsch, DB 1988, 2426), aber auf so großen Widerstand gestoßen, daß das Vorhaben auf die nächste Legislaturperiode verschoben worden ist (vgl. Erklärung des Parlamentarischen Staatssekretärs Dr. Häfele in Finanznachrichten vom 19. 1. 1989).

lich unabhängig von der Entrichtung der Körperschaftsteuer seitens der Kapitalgesellschaft.[4] Deshalb muß auf der Ebene der Kapitalgesellschaft sichergestellt werden, daß der ausgeschüttete Gewinn tatsächlich auch mit 36% (= 9/16 der Bardividende) belastet ist.

Das Gesetz bedient sich zur Erreichung des Ziels der Herbeiführung der Ausschüttungsbelastung bei der Kapitalgesellschaft nicht der Technik eines ermäßigten Steuersatzes. Es geht vielmehr davon aus, daß der Gewinn – ohne Rücksicht auf Thesaurierung oder Ausschüttung – zunächst der Körperschaftsteuer nach den allgemeinen Tarifvorschriften unterliegt und erst danach auf Grund der Ausschüttung die Änderung der Körperschaftsteuer eintritt.[5]

Dazu bestimmt § 27 Abs. 1 KStG:

„Schüttet eine unbeschränkt steuerpflichtige Kapitalgesellschaft Gewinne aus, so mindert oder erhöht sich ihre Körperschaftsteuer um den Unterschiedsbetrag zwischen der bei ihr eingetretenen Belastung des Eigenkapitals (Tarifbelastung), das nach § 28 als für die Ausschüttung verwendet gilt, und der Belastung, die sich hierfür bei Anwendung eines Steuersatzes von 36% des Gewinns vor Abzug der Körperschaftsteuer ergibt (Ausschüttungsbelastung)."

Bei Ausschüttung von Gewinn, der mit dem ab 1990 geltenden allgemeinen Körperschaftsteuersatz von 50% belastet ist, ist die Belastung um 14 Punkte Körperschaftsteuer zu mildern. Entsprechend der Minderung der Körperschaftsteuer erhöht sich der Gewinn.

Am klarsten wird das vom Gesetz eingeschlagene Verfahren, wenn man von einem zunächst in Rücklagen gestellten Gewinn ausgeht.

Beispiel:	Gewinn vor Abzug der Körperschaftsteuer	100
	./. Körperschaftsteuer 50%	50
	Rücklage	50
Im Falle der Ausschüttung wird die Körperschaftsteuerbelastung von 50 auf 36 gemindert, der Gewinn erhöht sich um		14
Ausschüttbarer Gewinn		64

Das Gesetz sieht dieses Verfahren zur Herbeiführung der Ausschüttungsbelastung aber nicht nur für den zunächst in Rücklagen gestellten Gewinn, sondern auch für den Gewinn des letzten vor der Ausschüttung abgelaufenen Wirtschaftsjahres vor. Für letzteren wird also *unterstellt,* daß er zunächst der allgemeinen Tarifbelastung unterliegt und erst danach die Änderung der Körperschaftsteuer zur Herstellung der Ausschüttungsbelastung eintritt.

4 Nach § 36a EStG ist freilich einem Anteilseigner mit beherrschendem Einfluß auf die ausschüttende Körperschaft oder Personenvereinigung die Anrechnung unter bestimmten Voraussetzungen zu versagen. Zweck der Vorschrift ist, Personen, die Einfluß auf das Ausschüttungsverhalten und auf die Entrichtung der Körperschaftsteuer nehmen können, die Anrechnung zu versagen, wenn begründeter Anlaß für die Annahme besteht, daß die Gesellschaft ihren Zahlungsverpflichtungen nicht nachkommt. Vgl. kritisch zu dem Ausschluß der Anrechnung Selchert, DB 1985, 1002.

5 Vgl. Begründung des Reg.Entwurfs BT-Drs. 7/1470, S. 364.

Es muß also zunächst die – fiktive – Körperschaftsteuer ermittelt werden, die sich bei Anwendung des Tarifs auf das zu versteuernde Einkommen ergeben würde, damit dann anschließend gemäß § 27 KStG die Körperschaftsteuerminderung oder ggf. auch die Körperschaftsteuererhöhung auf die Ausschüttungsbelastung ermittelt wird.[6]

Mit dem Wort Körperschaftsteuer werden im Gesetz also leider zwei unterschiedliche Bedeutungen verbunden.[7] Einerseits wird unter Körperschaftsteuer der Betrag verstanden, der sich nach Anwendung des Tarifs auf das zu versteuernde Einkommen ergibt (z. B. §§ 7 Abs. 1, 23 Abs. 1, 2 und 4, 27 Abs. 1, 28 Abs. 2 KStG). Dagegen wird insbesondere in den §§ 48, 49 KStG unter Körperschaftsteuer der um die Minderung oder Erhöhung nach § 27 KStG modifizierte Ausgangsbetrag verstanden.

Das System verkompliziert sich dadurch, daß der für die Ausschüttung verwendete Gewinn nicht immer einheitlich mit allgemeinem KStSatz belastet ist. Infolge einer Vielzahl von Steuerermäßigungen und Steuerbefreiungen ist der Gewinn recht unterschiedlich mit Körperschaftsteuer belastet.

Die Steuerfreiheit kann sich ergeben z. B. aus §§ 3, 3a EStG, nach dem Berlinförderungsgesetz, Investitionszulagengesetz, auf Grund der Freistellung in einem Doppelbesteuerungsabkommen.

Ermäßigte Steuersätze kommen zur Anwendung, wenn Einkommensteile z. B. unter § 51 Abs. 1 EStG, Berlinförderungsgesetz, § 32 Kohlegesetz fallen sowie bei der Anrechnung ausländischer Steuern.

Der ausgeschüttete Gewinn wird nur in der Höhe entlastet, in der er belastet ist. Liegt die Belastung des ausgeschütteten Gewinns unter 36%, so ist die Körperschaftsteuerbelastung anläßlich der Ausschüttung auf 36% (= 9/16 des ausgeschütteten Betrages) zu erhöhen. Denn der Anteilseigner erhält die Körperschaftsteueranrechnung in Höhe von 9/16 des ausgeschütteten Betrages unabhängig von der Entrichtung der Körperschaftsteuer seitens der Kapitalgesellschaft (§ 36 Abs. 2 Nr. 3 S. 3 EStG).

Zur Verdeutlichung wird von dem Fall ausgegangen, daß ein z. B. auf Grund eines Doppelbesteuerungsabkommens[8] steuerfreier Gewinn von 100 zur Verfügung steht. Dieser Betrag kann nicht voll ausgeschüttet werden, da der Anteilseigner eine Steuergutschrift von 36% der Gesamtdividende (= 9/16 der Bardividende) erhält und deshalb bei der Kapitalgesellschaft die Belastung mit 36% Körperschaftsteuer hergestellt werden muß. Von den zur Verfügung stehenden 100 können also als Bardividende nur 64 an den Anteilseigner gehen, um 36 erhöht sich die Körperschaftsteuer anläßlich der Ausschüttung.

Wird also ein Gewinn ausgeschüttet, für den eine Körperschaftsteuerbefreiung oder -ermäßigung gilt, so wird an die Ausschüttung die Folge der Körperschaftsteuerpflicht geknüpft und damit die Steuerbefreiung bzw. -ermä-

---

6 Vgl. das Beispiel unten II 3.

7 Vgl. dazu Herzig, FR 1976, 448.

8 Zur Problematik dieses Falles vgl. unten II 2c.

ßigung wieder aufgehoben. Von dieser Ungereimtheit[9] des Anrechnungsverfahrens macht § 27 BerlinFG eine berlinbedingte Ausnahme und stellt sicher, daß die Berlinpräferenzen auch bei Ausschüttung erhalten bleiben.

Die Minderung oder Erhöhung der Körperschaftsteuer tritt bei Ausschüttungen, die auf einem den gesellschaftsrechtlichen Vorschriften entsprechenden Gewinnverteilungsbeschluß für ein abgelaufenes Wirtschaftsjahr beruhen, für den Veranlagungszeitraum ein, in dem das Wirtschaftsjahr endet, für das die Ausschüttung erfolgt (§ 27 Abs. 3 S. 1 KStG).

In anderen Fällen, insbesondere bei verdeckten Gewinnausschüttungen, ändert sich die Körperschaftsteuer für „den Veranlagungszeitraum, in dem das Wirtschaftsjahr endet, in dem die Ausschüttung erfolgt“ (§ 27 Abs. 3 S. 2 KStG).[10]

II. Die Grundzüge der §§ 27 ff KStG

Die §§ 27 ff KStG regeln im einzelnen, wie die Ausschüttungsbelastung in Höhe von 36 % des Gewinns vor Abzug der Körperschaftsteuer herzustellen ist. Es bedarf der Feststellung, welcher Teil des Eigenkapitals der Kapitalgesellschaft ausgeschüttet ist bzw. als ausgeschüttet gelten soll und wie hoch die Tarifbelastung des ausgeschütteten Teils des Eigenkapitals ist. Dazu hat zunächst eine Gliederung des „für Ausschüttungen verwendbaren Eigenkapitals“ nach der Höhe der Tarifbelastung zu erfolgen. Des weiteren ist zu klären, welcher Gruppe dieser Gliederung der tatsächlich ausgeschüttete Gewinn zuzuordnen ist.

Die Vorschriften zur Eigenkapitalrechnung sind sehr kompliziert und werfen auch eine Reihe von Problemen auf. Dabei handelt es sich bei der Eigenkapitalrechnung letztlich nur um eine Hilfsrechnung für die Änderung der Körperschaftsteuer im Falle der Gewinnausschüttung. Seit einiger Zeit werden Vorschläge zur Vereinfachung der Eigenkapitalrechnung diskutiert.[11]

Die Gliederung des Eigenkapitals wird durch Feststellungsbescheid gesondert festgestellt (§ 47 Abs. 1 Nr. 1 KStG). Dabei gilt der Körperschaftsteuerbescheid als Grundlagenbescheid, so daß der Feststellungsbescheid zu ändern ist, wenn der Körperschaftsteuerbescheid geändert wird und die Änderung die Höhe des Einkommens[12] oder der Tarifbelastung berührt (§ 47 Abs. 2 KStG).[13]

---

9 Vgl. gegen diese Ungereimtheit vor allem Brezing, StbJb 1981/82, 399 ff; GmbHR 1987, 152 ff.

10 Zur Herstellung der Ausschüttungsbelastung bei verdeckten Gewinnausschüttungen im Anrechnungsverfahren vgl. § 19 I 3 c, bb.

11 Vgl. die Nachweise § 18 Anm. 3.

12 Nach Abschnitt 103 a Abs. 1 S. 4 KStR soll Einkommen i. S. des § 47 Abs. 2 KStG „der vor dem Verlustabzug sich ergebende Betrag“ sein. Diese Auffassung entbehrt der gesetzlichen Grundlage, vgl. dazu Jürgen Lüdicke, FR 1988, 41 f.

13 Zu den Verfahrensfragen vgl. Dötsch, DB 1980, 1186; Felix/Streck, § 47 KStG Anm. 3 ff. Eine gegen den verwendbaren Eigenkapital-Bescheid erhobene Klage,

1. Umfang und Gliederung des verwendbaren Eigenkapitals

Bei dem „verwendbaren Eigenkapital“ im Sinne der §§ 27 ff KStG handelt es sich um eine reine Rechengröße. Es geht nicht etwa um das tatsächlich vorhandene Ausschüttungsvolumen; dieses könnte allein auf der Grundlage der Handelsbilanz der Kapitalgesellschaft ermittelt werden.

Eigenkapital im Sinne der §§ 27 ff KStG ist „das in der Steuerbilanz ausgewiesene Betriebsvermögen, das sich ohne Änderung der Körperschaftsteuer nach § 27 und ohne Verringerung um die im Wirtschaftsjahr erfolgten Ausschüttungen ergeben würde, die nicht auf einem den gesellschaftsrechtlichen Vorschriften entsprechenden Gewinnverteilungsbeschluß für ein abgelaufenes Wirtschaftsjahr beruhen“ (§ 29 Abs. 1 KStG). Für die Ermittlung des Eigenkapitals ist also von einer *Steuervorbilanz* auszugehen, in der eine Körperschaftsteuerrückstellung in Höhe des Betrages passiviert ist, wie er ohne Gewinnausschüttung zu zahlen wäre (= Körperschaftsteuerrückstellung auf der Grundlage der Tarifbelastung).

§ 29 Abs. 1 KStG ist durch das Steuerentlastungsgesetz 1984 in Hinsicht auf die Änderung der zeitlichen Verrechnung von verdeckten Gewinnausschüttungen und Vorabausschüttungen[14] neu gefaßt worden. Abweichend von der früheren Lage verringern diese Ausschüttungen das Eigenkapital erst in dem auf die Ausschüttungen folgenden Jahr. Damit sollen diese Ausschüttungen zur Ermittlung des Eigenkapitals dem Betriebsvermögen zum Schluß des Wirtschaftsjahres, in dem sie geleistet wurden, hinzugerechnet werden.

Das Eigenkapital im Sinne des § 29 Abs. 1 KStG ist in das „verwendbare Eigenkapital“ und in das „übrige Eigenkapital“ zu unterteilen. Als verwendbares Eigenkapital bezeichnet das Gesetz den das Nennkapital übersteigenden Teil des Eigenkapitals (§ 29 Abs. 2 KStG).

Enthält das Nennkapital freilich Beträge, die ihm durch Umwandlung von Rücklagen zugeführt worden sind, und waren die Rücklagen aus dem Gewinn eines nach dem 31. 12. 1976 abgelaufenen Wirtschaftsjahres gebildet worden, so gehört auch dieser Teil des Nennkapitals zu dem verwendbaren Eigenkapital (§ 29 Abs. 3 KStG). Auf diese Weise soll dafür gesorgt werden, daß der Gewinn auch dann entlastet wird, wenn er in Rücklagen eingestellt und durch Umwandlung der Rücklagen Teil des Nennkapitals geworden ist.

Ist die Kapitalgesellschaft an einer Personengesellschaft beteiligt, so stellt sich die Frage, wie sich die der Kapitalgesellschaft in dem einheitlichen Gewinnfeststellungsverfahren zugeordneten Gewinn- bzw. Verlustanteile auf das Eigenkapital der Kapitalgesellschaft im Sinne der §§ 27 ff KStG auswirken. Es ist von folgendem auszugehen: Wie die Beteiligung an einer Personengesellschaft in der Handelsbilanz und der daraus abgeleiteten Steuerbilanz des Gesellschafters angesetzt ist, ist in steuerlicher

---

die auf Einwendungen gegen die Höhe des angesetzten Einkommens gestützt ist, ist zulässig (vgl. BFH vom 26. 8. 1987 I R 141/86 BStBl II 1988, 143 und dort auch zum Umfange der Bindungswirkung bei verdeckten Gewinnausschüttungen).

14 Vgl. dazu unten II 2a.

Hinsicht ohne jedes Interesse. Der Bilanzierung der Beteiligung in der Bilanz des Gesellschafters kommt keine selbständige Bedeutung für die Besteuerung zu.[15]

Die steuerliche Berücksichtigung des auf den Gesellschafter entfallenden Gewinn- bzw. Verlustanteils geschieht außerhalb der Bilanz des Gesellschafters. Der Einkommensteuer- bzw. Körperschaftsteuerveranlagung des Gesellschafters wird der in dem einheitlichen Gewinnfeststellungsverfahren zugeordnete Gewinn- bzw. Verlustanteil unmittelbar zugrunde gelegt. Da das verwendbare Eigenkapital aber an die Bilanz anknüpft, wird dessen Höhe durch den für die Körperschaftsteuerveranlagung aus dem einheitlichen Gewinnfeststellungsverfahren übernommenen Gewinn- bzw. Verlustanteil nicht beeinflußt.

Das verwendbare Eigenkapital ist zum Schluß jedes Wirtschaftsjahres entsprechend seiner Tarifbelastung zu gliedern (§ 30 Abs. 1 KStG).[16] Zur Tarifbelastung gehört nach § 27 Abs. 2 KStG nur die Belastung mit *inländischer*[17] Körperschaftsteuer.

In der Gliederung sind die Teilbeträge getrennt auszuweisen, die entstanden sind aus

1. Einkommensteilen, die nach dem 31. 12. 1989 der Körperschaftsteuer ungemildert unterliegen (EK 50 sowie altes EK 56[18]),
2. Einkommensteilen, die nach dem 31. 12. 1976 einer Körperschaftsteuer von 36% unterliegen (EK 36),
3. Vermögensmehrungen, die der Körperschaftsteuer nicht unterliegen oder die das Eigenkapital in vor dem 1. 1. 1977 abgelaufenen Wirtschaftsjahren erhöht haben (EK 0).

Zu der *Gruppe Nr. 2* des Eigenkapitals (EK 36) ist zu bemerken: Die ermäßigte Belastung von Einkommensteilen mit Körperschaftsteuer kann von unterschiedlichem Ausmaß sein. Sie kann theoretisch zwischen der Tarifbe-

---

15 Vgl. BFH vom 23. 7. 1975 I R 165/73 BStBl II 1976, 73; BFH vom 29. 9. 1976 I R 171/75 BStBl II 1977, 259 und oben § 10 III.

16 Die Zugänge zum verwendbaren Eigenkapital sind netto, d. h. nach Abzug der auf die Einkommensteile entfallenden tariflichen Körperschaftsteuer zu verstehen. Denn jede Körperschaftsteuerschuld mindert das Reinvermögen und das Eigenkapital (vgl. BFH vom 28. 5. 1986 I R 102/83 BStBl II 1986, 762).

17 Angerechnete ausländische Steuern, die dem deutschen Fiskus vom ausländischen Staat zurückerstattet werden (Beispiel: Art. 20 Abs. 1 b, bb DBA Deutschland/Frankreich), sind allerdings auf Grund der vom Gesetzgeber mit dem Anrechnungsverfahren verfolgten Ziele zur Tarifbelastung im Sinne des § 27 Abs. 2 KStG zu rechnen; vgl. dazu i. e. Müller-Dott, AWD 1978, 308 ff; Pott, BB 1978, 807 ff; a. A. BdF vom 1. 6. 1982 – IV B 7 – S 2816 – 6/82 RIW/AWD 1982, 526 f; Herrmann/Heuer/Raupach, § 27 KStG Abs. 2 Anm. A I.

18 Für eine Übergangszeit von 5 Jahren soll der bisherige Teilbetrag EK 56 neben dem neu entstehenden Teilbetrag EK 50 in der Gliederungsrechnung beibehalten werden (§ 54 Abs. 8 KStG, vgl. dazu Begründung BT-Drs. 11/2157 S. 175). Nach Ablauf der Übergangszeit ist ein noch vorhandener Teilbetrag EK 56 dem neu entstandenen Teilbetrag EK 50 in der Höhe hinzuzurechnen, die seiner bisherigen Tarifbelastung entspricht (vgl. dazu näher Krebs, GmbHR 1988, 230 mit Beispiel für die Umgliederung).

lastung von 56% (alt) bzw. 50% (neu) und 0% liegen. Aus praktischen Gründen ist aber eine zu weitgehende Aufgliederung vermieden und die Gliederung des Eigenkapitals auf drei Hauptgruppen beschränkt worden. Das Gesetz hat deshalb zur Vereinfachung der Gruppe Nr. 2 einen ermäßigten Steuersatz in Höhe des Ausschüttungssteuersatzes zugrunde gelegt. § 32 KStG bestimmt, daß ermäßigt belastete Eigenkapitalanteile nach Maßgabe ihrer Tarifbelastung im Wege einer Verhältnisrechnung[19] grundsätzlich aufzusplitten sind in einen nicht mit Körperschaftsteuer belasteten Teilbetrag, in einen in Höhe der Ausschüttungsbelastung belasteten Teilbetrag und in einen ungemildert belasteten Teilbetrag, und entsprechend den drei Hauptgruppen zuzuordnen sind.[20]

Die *Gruppe Nr. 3* (EK 0) ist aus Gründen der unterschiedlichen rechtlichen Behandlung von Ausschüttungen aus dieser Gruppe in vier Untergruppen aufzuschlüsseln (§ 30 Abs. 2 KStG):

a) Eigenkapitalanteile, die in nach dem 31. 12. 1989 abgelaufenen Wirtschaftsjahren aus ausländischen Einkünften entstanden sind (EK 01),
b) sonstige Vermögensmehrungen, die der Körperschaftsteuer nicht unterliegen und nicht unter c) oder d) einzuordnen sind (EK 02),[21]
c) verwendbares Eigenkapital, das bis zum Ende des letzten vor dem 1. 1. 1977 abgelaufenen Wirtschaftsjahres entstanden ist (EK 03),
d) Einlagen der Anteilseigner, die das Eigenkapital in nach dem 31. 12. 1976 abgelaufenen Wirtschaftsjahren erhöht haben (EK 04).

Die Unterteilung der nicht mit Körperschaftsteuer belasteten Gruppe hat in mehrfacher Hinsicht materielle Bedeutung:[22]

So erhalten nicht anrechnungsberechtigte Anteilseigner die Körperschaftsteuer vergütet, die die Gesellschaft bei Ausschüttung auf steuerfreie Auslandseinkünfte oder Einkommensteile aus der Zeit vor dem Systemwechsel (also bei Verwendung von EK 01 oder EK 03) zur Herstellung der Ausschüttungsbelastung entrichten muß, §§ 52 KStG, 36 EStG. Die Vergütung erfolgt durch das Bundesamt für Finanzen. Diese Re-

---

19 Vgl. dazu die Formeln in BT-Drs. 7/1470, S. 372; Jünger, DB 1976, 1126 und die Analyse bei Herzig, FR 1976, 444 ff; zu den neuen Formeln für die Eigenkapitalaufteilung ab 1990 bei einer Tarifbelastung von mehr als 36% vgl. Weirich, DB 1989, 454. Zur Problematik der Aufteilung des verwendbaren Eigenkapitals bei Anrechnung ausländischer Steuern nach § 26 KStG vgl. i. e. Müller-Dott, BB 1978, 1105 ff. Auswirkungen des Zusammentreffens von Steuerermäßigungen mit anrechenbaren ausländischen Steuern behandelt Jost, DB 1978, 1946.

20 Zu den Auswirkungen der ertragsteuerlichen Vergünstigungen nach dem Berlinförderungsgesetz auf das verwendbare Eigenkapital vgl. § 27 BerlFG und zu dessen Entstehungsgeschichte und Bedeutung im Rahmen des Anrechnungsverfahrens Brezing, StbJb 1981/82, 399 ff.

21 Steuerermäßigungen, die die Tarifbelastung mindern, können nicht Vermögensvermehrung i. S. des § 30 Abs. 2 Nr. 2 KStG sein. So BFH vom 28. 5. 1986 I R 102/83 BStBl II 1986, 762 zu der Steuerermäßigung nach § 14 3. VermBG.

22 Zu Problemen der Kapitalerhöhung und -herabsetzung vgl. Dötsch, DB 1981, 1994; zur Auskehrung von Altrücklagen an die Gesellschafter vgl. Reuter, AG 1983, 148 ff.

gelung erschwert alle Vorschläge zur Vereinfachung der Vorschriften über das verwendbare Eigenkapital.[23]

Bei Ausschüttungen von nach dem 1. 1. 1977 geleisteten Einlagen der Gesellschafter wird die Körperschaftsteuer nicht nach § 27 KStG erhöht (§ 40 Nr. 1 KStG). Beim Anteilseigner kommt es ebenfalls nicht zur Besteuerung. Denn insoweit gehört der ausgeschüttete Betrag bei ihm nicht zu den Einnahmen (§ 20 Abs. 1 Nr. 1 letzter Satz EStG).[24]

In welchen Fällen eine Eigenkapitalrückzahlung vorliegt, ergibt sich grundsätzlich aus der Gewinnverwendungsfiktion aus § 28 KStG. Danach gilt EK 04 erst dann für eine Gewinnausschüttung oder sonstige Leistung als verwendet, wenn alle anderen Eigenkapitalteile in der Gliederungsrechnung aufgezehrt sind. Auf diese Weise können Gewinnausschüttungen, die auf einem Gewinnverteilungsbeschluß beruhen, steuerlich wie steuerfreie Einlagenrückzahlungen zu behandeln sein, während umgekehrt handelsrechtliche Kapitalrückzahlungen[25] steuerlich wie Gewinnausschüttungen mit der Folge der Körperschaftsteueranrechnung besteuert werden können. Diese Ergebnisse sind unbefriedigend.

Im BFM wird geprüft, ob eine gesetzliche Regelung des Inhalts getroffen werden kann, daß Entnahmen aus der Kapitalrücklage nach § 272 Abs. 2 Nr. 2 HGB bei dem Anteilseigner als steuerfreie Kapitalrückzahlung zu behandeln sind.[26]

2. Die Verrechnung der Gewinnausschüttung mit dem verwendbaren Eigenkapital

a) Das in zeitlicher Hinsicht maßgebende verwendbare Eigenkapital

Gewinnausschüttungen mindern das Eigenkapital. Gewinnausschüttungen, die auf einem den gesellschaftsrechtlichen Vorschriften entsprechenden Gewinnverteilungsbeschluß[27] für ein abgelaufenes Wirtschaftsjahr beruhen, sind mit dem verwendbaren Eigenkapital zum Schluß des letzten vor dem Gewinnverteilungsbeschluß abgelaufenen Wirtschaftsjahres zu verrechnen, während andere Ausschüttungen mit dem verwendbaren Eigenkapital zu verrechnen sind, das sich zum Schluß des Wirtschaftsjahrs ergibt, in dem die Ausschüttung erfolgt (§ 28 Abs. 2 KStG i. d. F. des Steuerentlastungsgesetzes 1984).

Die Neufassung hat den bis dahin für verdeckte Gewinnausschüttungen und Vorabausschüttungen bestehenden unhaltbaren Zustand beendet.

Diese Neufassung ist auf Antrag rückwirkend für einen nach dem 31. 12. 1976 abgelaufenen Veranlagungszeitraum und zum Schluß eines nach dem 31. 12. 1976 abge-

---

23 Vgl. dazu die Überlegungen z. B. bei Sarrazin, DStZ 1986, 235 ff, 239.

24 Vgl. dazu näher Herrmann/Heuer/Raupach, § 20 EStG Abs. 1 Nr. 1 Anm. II. Vgl. zu dem früheren Zustand die 3. Aufl. § 18 II a S. 337 f und die 4. Aufl. § 18 II 2 a S. 378.

25 Zur bilanzsteuerrechtlichen Behandlung der Rückzahlungsbeträge beim Empfänger nach der Kapitalherabsetzung vgl. BdF-Schreiben vom 9. 1. 1987 BStBl I 1987, 171.

26 Vgl. Krebs, GmbHR 1987, 162.

27 Der Gewinnverteilungsbeschluß entspricht den gesellschaftsrechtlichen Vorschriften, wenn er weder nichtig noch auf Anfechtung für nichtig erklärt ist noch eine etwaige Nichtigkeit (vgl. den Fall des FG Nürnberg vom 28. 10. 1986 BB 1987, 520) geheilt worden ist, vgl. Döllerer, GmbHR 1987, 134 f. Die versäumte Frist z. B. des § 42 a GmbHG schadet nicht.

laufenen Wirtschaftsjahres anzuwenden; bestandskräftige Feststellungsbescheide nach § 47 KStG und Körperschaftsteuerbescheide sind zu ändern (§ 54 Abs. 7 KStG).[28]

b) Die Zuordnung der Gewinnausschüttung zu den Teilbeträgen des verwendbaren Eigenkapitals

In § 28 Abs. 3 KStG ist geregelt, welcher Gruppe des verwendbaren Eigenkapitals die Ausschüttung zuzuordnen ist: Mit Körperschaftsteuer belastete Teilbeträge des Eigenkapitals gelten in der Reihenfolge als für eine Ausschüttung verwendet, in der die Belastung abnimmt.

Als ausgeschüttet gilt also zunächst der ungemildert mit 56% bzw. 50% belastete Eigenkapital-Teilbetrag. Insoweit tritt eine Minderung der Körperschaftsteuer nach § 27 KStG durch Reduzierung der Tarifbelastung von 56% bzw. 50% auf die Ausschüttungsbelastung von 36% ein. Dies hat zur Konsequenz, daß für die Ausschüttung nicht nur der Eigenkapital-Teilbetrag als verwendet gilt, sondern auch der Betrag, um den sich die Körperschaftsteuer mindert (§ 28 Abs. 4 S. 1 KStG).

Es wird also nicht die volle Ausschüttung dem EK 56 bzw. 50 belastet, sondern nur der Betrag, der sich nach Minderung der Körperschaftsteuer um 20 Prozentpunkte (d. h. 20/64 = 5/16) bzw. um 14 Prozentpunkte (d. h. 14/64 = 7/32) der Ausschüttung ergibt.

Beispiel: Das EK 50 beläuft sich auf 50 000 DM. Es stammt aus einem steuerpflichtigen Einkommen von 100 000 DM ./. 50% Körperschaftsteuer. Infolge der Körperschaftsteuerminderung bei Ausschüttung beläuft sich das Ausschüttungspotential nicht auf den Nennbetrag des EK 50, sondern auf 64/50 = 32/25 des Nennbetrags, also 64 000 DM. Bei einer Ausschüttung von 64 000 sind dann, weil nach § 28 Abs. 4 S. 1 KStG auch der Körperschaftsteuerminderungsbetrag als verwendet gilt, nur 50 000 dem EK 50 zu belasten.

Waren Rücklagen ungemildert mit Körperschaftsteuer belastet, so gehören sie auch nach ihrer Umwandlung in Nennkapital zum ungemildert mit Körperschaftsteuer belasteten Teilbetrag des verwendbaren Eigenkapitals (§ 29 Abs. 3 KStG). Sie gelten deshalb als vor steuerfreiem Gewinn ausgeschüttet, selbst wenn dieser erst nach Umwandlung der Rücklagen erzielt wurde.

Nach Erschöpfung des ungemildert mit 56% bzw. 50% belasteten Eigenkapital-Teilbetrages gilt der ermäßigt mit 36% belastete Eigenkapital-Teilbetrag als für die Ausschüttung verwendet.

Ist auch dieser Teilbetrag aufgezehrt, gilt der nicht mit Körperschaftsteuer belastete Eigenkapital-Teilbetrag als ausgeschüttet, und zwar in der in § 30 Abs. 2 KStG aufgeführten Reihenfolge als Unterteilung (§ 28 Abs. 3 S. 2 KStG). Hier erfolgt dann die Erhöhung der Körperschaftsteuer nach § 27 KStG durch Herstellung der bei den Anteilseignern anzurechnenden Aus-

---

28 Nach dem Schreiben des BdF vom 7. 6. 1984 BStBl I 1984, 369 ff kann der Antrag nur gestellt werden, solange die Festsetzungsverjährung für das betreffende Wirtschaftsjahr noch nicht eingetreten ist. Für die Jahre 1977 und 1978 kann die Frist also inzwischen verstrichen sein! Vgl. Uelner, JbFStR 1984/85, 29.

schüttungsbelastung von 36% des Gewinns vor Abzug der Körperschaftsteuer (= 9/16 des Ausschüttungsbetrages). Zu beachten ist hier, daß der nicht mit Körperschaftsteuer belastete Eigenkapital-Teilbetrag nicht nur um den Betrag der Ausschüttung zu kürzen ist, sondern auch um den darauf entfallenden Betrag der Körperschaftsteuererhöhung (§ 28 Abs. 4 S. 2 KStG i. V. m. § 31 Abs. 1 Nr. 1 KStG).

Durch die in § 28 KStG statuierte Reihenfolge werden also die ungemildert mit Körperschaftsteuer belasteten Eigenkapitalteile alsbald entlastet; die ermäßigt oder überhaupt nicht besteuerten Eigenkapitalteile können – soweit dies in Frage kommt – thesauriert werden.

Reicht für eine Gewinnausschüttung das verwendbare Eigenkapital nicht aus, so erhöht sich die Körperschaftsteuer um 9/16 des Unterschiedsbetrags (§ 35 Abs. 1 KStG). Die Formulierung dieser Vorschrift wirft die Frage auf, ob zur Feststellung des fehlenden verwendbaren Eigenkapitals auf den Gesamtbestand oder auf die einzelnen Teilbeträge des verwendbaren Eigenkapitals abzustellen ist.

Beispiel:	EK 50	100
	EK 02	– 200[29]
	Gesamtbestand	– 100

Da auf Grund der in § 28 Abs. 3 KStG statuierten Reihenfolge für Ausschüttungen immer zunächst der höher belastete Eigenkapitalteilbetrag als verwendet gilt, ist es u. E. nur folgerichtig, wenn auch bei der Anwendung des § 35 KStG auf die einzelnen Teilbeträge des verwendbaren Eigenkapitals – und nicht auf den Gesamtbestand – gesehen wird.[30] Ein Fall fehlenden verwendbaren Eigenkapitals im Sinne des § 35 KStG liegt nur dann vor, wenn kein Teilbetrag einen positiven Bestand aufweist, der nach § 28 Abs. 3 KStG als für Ausschüttungen verwendet gelten kann. Sind die Voraussetzungen des § 35 Abs. 1 KStG gegeben, so ist das durch die Gewinnausschüttung und die Körperschaftsteuererhöhung entstehende negative Eigenkapital in den folgenden Wirtschaftsjahren mit sonstigen unbelasteten Vermögensvermehrungen im Sinne des § 30 Abs. 2 Nr. 2 KStG auszugleichen.

c) Die Körperschaftsteuererhöhung bei ausländischen Einkünften[31]

Für den Fall, daß an eine inländische Muttergesellschaft ausländische Einkünfte ausgeschüttet werden, hat die Änderung des Körperschaftsteuersystems eine Verschlechterung gegenüber der früheren Lage gebracht.[32]

---

29 Der negative Bestand ist auf Verluste zurückzuführen (vgl. § 33 Abs. 1 KStG).

30 So zu Recht Herzig, BB 1978, 490 ff; ebenso KStR Abschn. 90a Abs. 1; a. A. Jünger, BB 1978, 709 ff und dagegen wiederum Herzig, BB 1978, 799 ff.

31 Ähnlich gelagert ist die Problematik bei anderen steuerfreien Einnahmen, wenn diese weiter ausgeschüttet werden.

32 Vgl. dazu Tietze, BB 1977, 438; Müller-Dott, BB 1977, 1268; Telkamp, FR 1977, 319; Reuter, DStR 1978, 66 ff; Dötsch, DB 1979, 1428 ff; 1477 ff; Pöllath, AWD 1979, 757.

Sind die ausländischen Einkünfte z. B. auf Grund eines DBA von der deutschen Steuer freigestellt (insbesondere Schachteldividenden[33] und Betriebstätteneinkünfte),[34] so bleibt die Steuerfreiheit bei Weiterausschüttung nicht erhalten.

Hat die inländische Kapitalgesellschaft kein verwendbares EK 56 bzw. 50 oder EK 36 zur Verfügung und muß unbelastetes Eigenkapital der Gruppe EK 01 ausgeschüttet werden, so ist die Ausschüttungsbelastung von 36% herzustellen (§ 27 Abs. 1 KStG), so daß von 100 vereinnahmten steuerfreien ausländischen Einkünften nur 64 an die inländische[35] Muttergesellschaft gelangen können. Insofern war nach dem bisherigen Körperschaftsteuerrecht die Situation wesentlich günstiger. Auf Grund des Schachtelprivilegs nach § 9 KStG a. F. blieb die Steuerfreiheit der ausländichen Einkünfte bei Ausschüttungen an die Muttergesellschaft erhalten.

In der Literatur wird die Auffassung vertreten, die Freistellung von Schachteldividenden und Betriebstätteneinkünften in den DBA von der deutschen Körperschaftsteuer verbiete auch die Herstellung der Ausschüttungsbelastung im Falle der Weiterausschüttung;[36] die in einem DBA vorbehaltlos befreiten ausländischen Einkünfte einer inländischen Kapitalgesellschaft dürften weder das steuerpflichtige Einkommen der Gesellschaft noch die Höhe ihrer Körperschaftsteuerschuld beeinflussen, sofern sich das Abkommen wie üblich auf die Körperschaftsteuer beziehe. Die Berechtigung dieser Erwägungen ist nicht von der Hand zu weisen. Ihnen kann die Grundlage nur entzogen werden, wenn man zugibt, daß die Körperschaftsteuer insbesondere auf den ausgeschütteten Gewinn nur noch die Funktion einer Vorauszahlung auf die individuelle Einkommensteuer der Anteilseigner hat, in der Sache also keine Besteuerung der Kapitalgesellschaft, sondern eine zweite Kapitalertragsteuer darstellt.[37] Diese Sicht der neuen Körperschaftsteuer hätte dann aber auch Konsequenzen für die Behandlung ausländischer Anteilseigner inländischer Kapitalgesellschaften. Es würde dann nämlich deren derzeitige Behandlung dem Abkommensrecht widersprechen.

Die derzeitige Situation hat den Ruf nach Wiedereinführung des Schachtelprivilegs bei Ausschüttungen von nicht ungemildert mit Körperschaftsteuer belasteten Eigenkapitalteilen laut werden lassen.[38]

---

33 Zu beachten ist, daß bei 10%iger Beteiligung ungeachtet der im DBA festgesetzten Mindesthöhe die Gewinnanteile nach § 26 Abs. 7 KStG steuerfrei bleiben.

34 Entsprechende Auswirkungen ergeben sich bei der Anrechnung von ausländischen Steuern. Durch die Anrechnung ergibt sich zumeist eine Tarifbelastung, die unter der Ausschüttungsbelastung von 36% liegt. Dann entsteht nach der Aufteilungsregel des § 32 Abs. 2 Nr. 1 KStG auch ein nicht mit Körperschaftsteuer belasteter Teilbetrag des Eigenkapitals. Bei Herstellung der Ausschüttungsbelastung aber fällt als Tarifbelastung grundsätzlich nur die Belastung mit deutscher Körperschaftsteuer an (§ 27 Abs. 2 KStG).

35 Bei ausländischen Muttergesellschaften ist die Lage in Hinsicht auf § 52 KStG anders.

36 So zuerst Wohlschlegel, FR 1976, 243 ff; Mayer-Wegelin, BB 1976, 1599; Telkamp, FR 1977, 319; vgl. dagegen aber Manke, StbJb 1977/78, 286 ff; Herrmann/Heuer/Raupach, § 27 KStG Abs. 1 Anm. B I 4.

37 Vgl. dazu näher oben § 14 IV.

38 Vgl. z. B. Müller-Dott, BB 1977, 1267; Merkert, DB 1977, 1819; vgl. auch den Vorschlag von Mayer-Wegelin, BB 1978, 1404; vgl. des weiteren Heibel, Die Ausschüttung von Auslandseinkünften, DB 1984, 2060.

Im übrigen ist darauf hinzuweisen, daß die oben geschilderten nachteiligen Folgen auch bei der derzeitigen Rechtslage jedenfalls dann nicht eintreten, wenn zwischen der inländischen Kapitalgesellschaft und ihrer inländischen Muttergesellschaft ein Organschaftsverhältnis besteht. Durch die Einkommenszurechnung an den Organträger wirkt sich die Steuerfreiheit von Einnahmen der Organgesellschaft beim Organträger aus.[39] Je nach den Verhältnissen des Einzelfalles ist auch an andere Gestaltungsmöglichkeiten zu denken.

Für den Bereich der Gewinnausschüttungen einer ausländischen Gesellschaft, die nach einem Doppelbesteuerungsabkommen oder nach § 26 Abs. 7 KStG von der Körperschaftsteuer befreit oder die nach § 26 Abs. 2, 3 KStG begünstigt sind, bringt das Steuerreformgesetz in § 26 Abs. 8 KStG eine Sonderregelung zur *ausschüttungsbedingten Teilwertabschreibung:* Bei der Gewinnermittlung der inländischen Muttergesellschaft sind Gewinnminderungen, die durch den Ansatz des niedrigeren Teilwerts der Beteiligung oder durch Veräußerung des Anteils oder bei Auflösung oder Herabsetzung des Kapitals der ausländischen Gesellschaft entstehen, nicht zu berücksichtigen, soweit die Gewinnminderung auf die Gewinnausschüttung zurückzuführen ist.[40] Durch die Bestimmung soll verhindert werden, daß „eine steuerbefreite oder begünstigte Dividendenausschüttung zusätzlich die Steuer für die übrigen Einkünfte der Muttergesellschaft mindert.[41] Die neue Vorschrift ist von Herzig/Hötzel[42] einer eingehenden Kritik unterzogen worden. U. a. wird zu Recht angeführt, daß die neue Vorschrift nicht genügend konkretisiert und also nicht praktikabel ist und daß sie in den Fällen, in denen gekaufte Rücklagen der deutschen Besteuerung schon in Gestalt eines Veräußerungserfolges unterlegen haben, zu nicht sachgerechten steuerlichen Konsequenzen führen.

3. Beispiel zu 1. und 2.

Voraussetzung für die Feststellung des Zugangs zu dem verwendbaren Eigenkapital, für dessen Gliederung, für die Verteilung des Ausschüttungsbetrages auf die einzelnen Teilbeträge des verwendbaren Eigenkapitals und damit für die Ermittlung der zu zahlenden Körperschaftsteuer ist, daß zunächst der Betrag an Körperschaftsteuer ermittelt wird, der ohne Ausschüttung zu zahlen wäre.

---

39 Vgl. unten § 20 III 1 c. Der Organträger muß aber zu dem begünstigten Personenkreis gehören (§ 15 Nr. 2 KStG).

40 Eine entsprechende Vorschrift bringt § 8 Nr. 10 GewStG allgemein für ausschüttungsbedingte Teilwertabschreibungen.

41 BT-Drs. 11/2157 S. 174.

42 Herzig/Hötzel, DB 1988, 2265.

Beispiel:[43]

	Gewinn vor Körperschaftsteuer	100 000
+	nichtabziehbare Aufwendungen	20 000
		120 000
./.	steuerfreie Teile des Gewinns ausländischer Einkünfte	20 000
./.	Zinsen gemäß § 3 a EStG	10 000
	zu versteuerndes Einkommen	90 000
	Körperschaftsteuer bei 50 %	45 000
	Gewinn nach Körperschaftsteuer	45 000

Der Betrag von 45 000 ist in die Gliederung des verwendbaren Eigenkapitals als Zugang aufzunehmen.

Gliederung des verwendbaren Eigenkapitals zum 31. 12. 1990

1. EK 50	45 000	
./. steuerfreie Teile	30 000	15 000
2. EK 36		0
3. EK 0		
a) ausländische Einkünfte		20 000
b) inländische Einkünfte		10 000
c) Eigenkapital aus der Zeit vor dem 1. 1. 1977 z. B.		200 00

Bei der zunächst errechneten Körperschaftsteuer von 45 000 verbleibt es, wenn die Kapitalgesellschaft für das Jahr 1990 keine Gewinne ausschüttet. Wird jedoch für das Jahr 1990 Gewinn ausgeschüttet, so führt die Ausschüttung zu einer Änderung der zunächst berechneten Körperschaftsteuer von 45 000.

Beispiel: Die Kapitalgesellschaft beschließt für 1990 eine Gewinnausschüttung von 10 000. Dem Anteilseigner erwächst gegen das Finanzamt ein Anrechnungsanspruch in Höhe von 9/16 von 10 000 = 5625. Insgesamt fließen dem Anteilseigner also 15 625 zu. Dieser Betrag ist identisch mit dem von der Kapitalgesellschaft für die Gewinnausschüttung zur Verfügung gestellten Gewinn vor Körperschaftsteuer.

Gewinn vor Körperschaftsteuer	15 625
Körperschaftsteuer 50 %	7 812,5
	7 812,5

Die Entlastung von der auf die Gewinnausschüttung entfallenden Körperschaftsteuer von 50 % erfolgt, indem

a) dem Anteilseigner der Anrechnungsanspruch in Höhe von 9/16 der Bardividende = 9/16[44] von 10 000 gewährt wird	5 625
b) der Kapitalgesellschaft eine Körperschaftsteuerminderung von 7/32[45] von 10 000 zugestanden wird	2 187,5
	7 812,5

Bei der Fortschreibung des verwendbaren Eigenkapitals ist die Gewinnausschüttung in der unter 2. dargelegten Reihenfolge zu berücksichtigen. Dabei ist zu beachten, daß die Gewinnausschüttung in Höhe des Körperschaft-

43 Zu dem bis zum 31. 12. 1989 geltenden Steuersatz in Höhe von 56 % vgl. das Beispiel in der 6. Aufl. § 18 II 3 sowie Thiel, DB 1976, 1497.

44 Vgl. oben unter I.

45 Vgl. III 1.

steuerminderungsbetrages von 2 187,5 zu Lasten des Finanzamtes geht. Es ist also das Eigenkapital der Gruppe 50 (EK 50) nur um den Ausschüttungsbetrag abzüglich des Körperschaftsteuerminderungsbetrages zu belasten.

Es ergibt sich folgende Fortschreibung der obigen Gliederung des verwendbaren Eigenkapitals:

EK 50		15 000
Ausschüttung	10 000	
Körperschaftsteuerminderung	2 187,5	7 812,5
Fortgeschriebenes Eigenkapital		11 787,5

Die übrigen Positionen der Gliederung bleiben hier unverändert.

Ist die Ausschüttung nicht durch das Eigenkapital der Gruppe 50 gedeckt, so ist der verbleibende Betrag in der Reihenfolge gegen die weiteren Sparten des Eigenkapitals zu verrechnen, wie sich aus der Gliederungsvorschrift des § 30 KStG ergibt (§ 28 Abs. 3 KStG).[46]

4. Die Zuordnung der nichtabziehbaren Aufwendungen[47]

a) Grundsatz

Das verwendbare Eigenkapital ist um die steuerlich nichtabziehbaren Aufwendungen gemindert. Grundsätzlich gehen die nichtabziehbaren Aufwendungen, so insbesondere die Vermögensteuer, in der Gliederung des verwendbaren Eigenkapitals zu Lasten des ungemildert mit Körperschaftsteuer belasteten Teilbetrags (§ 31 Abs. 1 Nr. 4 KStG).

Beispiele:	Gewinn vor Steuern	1 000
	./. Körperschaftsteuer	500
	./. Vermögensteuer	100
		400

Der ungemildert belastete Teilbetrag des verwendbaren Eigenkapitals wird also nur um 400 erhöht. Dies bedeutet: Nur die auf 400 lastende Körperschaftsteuer kann anläßlich einer Ausschüttung von der Tarifbelastung auf die Ausschüttungsbelastung von 36% gemindert werden. Eine Körperschaftsteuerminderung tritt nur für das als verwendet geltende Eigenkapital ein. Für das den nicht abziehbaren Aufwendungen entsprechende Einkommen der Kapitalgesellschaft erfolgt keine Tarifermäßigung. Die nicht abziehbaren Aufwendungen bleiben somit definitiv mit 50% Körperschaftsteuer belastet.

Der ungemildert mit Körperschaftsteuer belastete Teilbetrag des verwendbaren Eigenkapitals ist auch, wenn die Kapitalgesellschaft in einem Jahr keine Körperschaftsteuer zu zahlen hat, um die nicht abziehbaren Aufwendungen zu mindern. Reicht dieser Teilbetrag nicht aus, so ist eine Kürzung des mit 36% Körperschaftsteuer belasteten Teilbetrages des verwendbaren Eigenkapitals vorgesehen (§ 31 Abs. 2 S. 1

46 Vgl. dazu die Beispiele von Thiel, DB 1976, 1498 ff.
47 Vgl. i. e. Felix/Streck, § 31 KStG Anm. 8 ff.

KStG). In diesem Fall vermindert sich die Belastung der nicht abziehbaren Aufwendungen auf 36 %. Reicht auch dieser Teilbetrag nicht aus, so werden sie auf die Folgejahre vorgetragen (§ 31 Abs. 2 S. 2 KStG). So wird beim EK 50 ein Negativbetrag angesetzt und bis zum Ausgleich mit positiv belastetem Eigenkapital vorgetragen. Damit soll die Nachversteuerung der nicht abziehbaren Aufwendungen gesichert werden. Eine Belastung mit Körperschaftsteuer erfolgt also auf jeden Fall, vorausgesetzt, das Unternehmen erzielt überhaupt noch einmal einen Gewinn.

Die Sicherung der Nachversteuerung durch Ansatz eines Negativbetrages beim EK 50 erweist sich als mißlich, wenn die Gesellschaft nach einer längeren Verlustperiode neue Gewinne an die Anteilseigner ausschütten will.[48] Die Gesellschaft muß das neue EK 50 zunächst mit dem vorhandenen Negativbetrag des EK 50 ausgleichen; damit kann sie die angefallene Tarifsteuer nicht mehr mit der Ausschüttungsteuer verrechnen. Dies führt zu einer erheblichen Liquiditätsbelastung.

b) Sonderregelungen

Die Körperschaftsteuererhöhung wird von dem Teilbetrag des verwendbaren Eigenkapitals abgezogen, auf den sie entfällt (§ 31 Abs. 1 Nr. 1 KStG). Die tarifliche Körperschaftsteuer ist von dem Einkommensteil abzuziehen, der ihr unterliegt (§ 31 Abs. 1 Nr. 2 KStG). Eine entsprechende Zuordnungsvorschrift gilt für ausländische Steuern (§ 31 Abs. 1 Nr. 3 KStG).

Wird Körperschaftsteuer nach § 227 AO erlassen oder nach § 163 AO niedriger festgesetzt, entfällt in dieser Höhe die Tarifbelastung. In diesem Fall hat nach § 34 KStG eine Umbuchung eines mit diesem Körperschaftsteuerbetrag belasteten Teils des belasteten Eigenkapitals auf nicht belastetes Eigenkapital im Sinne von § 30 Abs. 2 Nr. 2 KStG zu erfolgen.[49]

c) Erstattungen

Erstattungen nichtabziehbarer Aufwendungen folgen den gleichen Regeln. Sie führen zu einer Erhöhung des entsprechenden Teilbetrags des verwendbaren Eigenkapitals.[50]

48 Zur Kritik am geltenden Recht vgl. Eversberg/Jost/Witt, § 31 KStG Rz. 81 ff; Herzig, GmbHR 1987, 147 f. De lege ferenda vgl. Sarrazin, DStZ 1986, 241; vgl. des weiteren Piltz, Vorschläge zur Verbesserung der Behandlung nicht abziehbarer Ausgaben im KStG 1977, Brief Nr. 263 des Instituts „Finanzen und Steuern“, 1987.

49 Vgl. dazu i. e. KStR Abschn. 90 und Pezzer, StuW 1979, 9 f.

50 Vgl. i. e. KStR Abschn. 84 Abs. 4.

5. Die Einordnung von Verlusten[51] in die Gliederung des verwendbaren Eigenkapitals

Der Verlust wird zunächst im Jahre seines Entstehens von dem nicht mit Körperschaftsteuer belasteten Teilbetrag des verwendbaren Eigenkapitals abgezogen, der aus steuerfreien Einkommensteilen aus der Zeit nach dem 1. 1. 1977 stammt (§ 33 Abs. 1, § 30 Abs. 2 Nr. 2 KStG). Damit bleibt die Körperschaftsteuer, die auf dem vorhandenen Eigenkapital lastet, für die Körperschaftsteuerminderung bei der Gesellschaft und für die Anrechnung bei den Anteilseignern erhalten.

Soweit die Gesellschaft über positives verwendbares Eigenkapital des Teilbetrags nach § 30 Abs. 2 Nr. 2 KStG nicht verfügt, ergibt sich durch die Zuordnung von Verlusten bei dieser Gliederungsposition ein Negativum.[52]

Wird der Verlust im Rahmen des *Verlustabzuges* von dem Einkommen früherer oder späterer Jahre nach § 10d EStG abgezogen, so ergeben sich steuerfreie Einkommensteile. Diese werden dann dem im Jahre des Entstehens des Verlustes gekürzten Teilbetrag des verwendbaren Eigenkapitals wieder hinzugerechnet (§ 33 Abs. 2 S. 1 KStG).

Ein Abzug der Verluste von Gewinnen vorangegangener Jahre (*Verlustrücktrag*) ist nach § 8 Abs. 4 KStG nur in beschränktem Umfang möglich, nämlich nur, soweit im Abzugsjahr das Einkommen den ausgeschütteten Gewinn, der sich vor Abzug der Körperschaftsteuer ergibt, übersteigt. Diese Regelung beeinträchtigt die Ausnutzung des Verlustrücktrages übermäßig.[53]

Durch den Verlustrücktrag vermindert sich das Einkommen des Abzugsjahres. Die sich durch den Verlustrücktrag ergebende Steuerminderung für das Abzugsjahr kann erst in der Bilanz des Verlustjahres berücksichtigt werden. Eine Berücksichtigung in der Bilanz des Abzugsjahres würde gegen das Realisationsprinzip verstoßen.[54] Denn erst mit Ablauf des Verlustjahres entsteht für die Kapitalgesellschaft auf Grund der Steuerminderung für das Abzugsjahr ein Vermögenszuwachs. Da das verwendbare Eigenkapital aus der Bilanz abgeleitet wird, wird auch erst das verwendbare Eigenkapital zum Schluß des Verlustjahres infolge der Steuerminderung erhöht.[55] Dement-

---

51 Vgl. dazu Abschn. 89 KStR 1985. Vgl. zu den Verlusten im körperschaftsteuerlichen Anrechnungsverfahren Orth, JbFStR 1984/85, 335 ff und die anschließende Diskussion. Zur Behandlung der im Abzugs- oder Hinzurechnungsbetrag nach § 2 AIG enthaltenen ausländischen Steuern in der Eigenkapitalgliederung vgl. BdF vom 14. 12. 1984 BStBl I 1985, 9 und dazu Raudszus, BB 1985, 859 ff.

52 Vgl. KStR Abschn. 89.

53 Zur Problematik dieser Regelung vgl. Herzig, GmbHR 1978, 133 ff; ders. GmbHR 1987, 140 (146 f); siehe ferner § 16 VII 1.

54 Vgl. Röhl, DB 1978, 1711 ff.

55 So auch KStR Abschn. 89 Abs. 4. In der Literatur wird von vielen Stimmen hingegen die Auffassung vertreten, es sei schon das verwendbare Eigenkapital des Abzugsjahres zu erhöhen, vgl. i. e. die Nachweise zum Meinungsstand bei Röhl, DB 1978, 1711 Anm. 7.

sprechend wird durch den Verlustrücktrag die Summe des verwendbaren Eigenkapitals im Abzugsjahr nicht verändert. Es ändert sich allerdings die Zusammensetzung des verwendbaren Eigenkapitals durch eine Umgliederung von EK 56 (bzw. 50) auf EK 02. Diese ist erforderlich, da durch den Verlustrücktrag nachträglich ein nicht mit Körperschaftsteuer belasteter Eigenkapitalanteil entsteht. In KStR Abschn. 89 IV ist eine Umgliederung von EK 56 auf EK 02 in Höhe des zurückgetragenen Betrags vorgesehen. Der durch den Verlustrücktrag entstandene Körperschaftsteuererstattungsanspruch wird erst beim EK 56 des Verlustjahres angesetzt. Die durch diese Verfahrensweise bewirkte Verminderung des EK 56 für das Abzugsjahr in Höhe des zurückgetragenen Betrags kann in Hinblick auf verdeckte Gewinnausschüttungen zu erheblichen Nachteilen führen.[56] Die Finanzverwaltung gestattet es neuerdings, daß in Abweichung von KStR Abschn. 89 IV im Abzugsjahr eine Umgliederung von EK 56 auf EK 02 nicht in Höhe des gesamten zurückgetragenen Betrags vorgenommen wird, sondern nur in Höhe der Differenzen zwischen dem zurückgetragenen Betrag abzüglich des Körperschaftsteuererstattungsanspruchs und dafür im Verlustjahr der Körperschaftsteuererstattungsanspruch anstatt beim EK 56 beim EK 02 angesetzt wird.[57] Bei der Neugliederung des verwendbaren Eigenkapitals kann sich herausstellen, daß der Teilbetrag des voll belasteten Eigenkapitals verbraucht ist und wegen Verwendung von nicht belastetem Eigenkapital die Körperschaftsteuer nach § 27 KStG erhöht werden müßte. Um solche nachteiligen Folgen zu vermeiden, sieht § 33 Abs. 3 KStG vor, daß für das Abzugsjahr die ohne den Verlustrücktrag maßgebende Reihenfolge der Verwendung beibehalten wird.[58]

III. Berechnungsformeln[59]

1. Bei Körperschaftsteuerminderung nach § 27 Abs. 1 KStG[60]

Tritt für eine Ausschüttung aus dem Gewinn, der ohne Ausschüttung der vollen Belastung mit 50% Körperschaftsteuer unterliegen würde, eine Körperschaftsteuerminderung um 14 Punkte ein, so beläuft sich die Körperschaftsteuerminderung auf 7/32 einer geplanten Bardividende.

---

56 Vgl. dazu näher Uhrmann, DB 1978, 1759 ff.

57 BMF Schreiben vom 29. 3. 1983 BStBl I 1983, 272; Abschn. 89 Abs. 4 KStR. Zum zweijährigen Verlustrücktrag vgl. BdF-Schreiben vom 20. 12. 1983 BStBl I 1983, 552; Reiß, DB 1987, 451 ff.

58 Vgl. dazu die Beispiele von Krebs aaO, (Anm. 1), S. 20 ff.

59 Vgl. i. e. die sehr instruktive Darstellung bei Becker, BB 1976, 873 ff; zur Ausschüttungspolitik vgl. Rose, DB 1976, 1681 f; 1873 ff; Knorr, DB 1976, 1977 ff.

60 Zur Berechnung bei dem noch bis zum 31. 12. 1989 geltenden Steuersatz in Höhe von 56% vgl. 6. Aufl. § 18 III 1.

Dieser Bruch ergibt sich aus folgendem:
Von einem Gewinn vor Steuern von 100 ist zunächst der Regelsteuersatz von 50% abzuziehen, so daß 50 Punkte übrig bleiben. Da sich die Körperschaftsteuerbelastung bei Vollausschüttung um 14 Punkte ermäßigt, stehen 64 Punkte für eine Ausschüttung (Bardividende) zur Verfügung.

Die Körperschaftsteuerminderung verhält sich zur Bardividende wie 14:64 = 7/32.

Umgekehrt benötigt man für die geplante Bruttodividende 25/32 des nach der Körperschaftsteuer von 50% verbliebenen Eigenkapitals.

Soll ermittelt werden, welche Barausschüttung bei einem nach der Körperschaftsteuer von 50% verbliebenen Eigenkapital möglich ist, so ergeben sich folgende Rechnungen: Bei einem Gewinn vor Steuern von 100 verbleiben nach der Körperschaftsteuer von 50%: 50. Die Steuerminderung von 14 Punkten bei Vollausschüttung verhält sich zu dem nach der Körperschaftsteuer von 50% verbleibenden Betrag wie 14/50 = 7/25. Zu dem verbliebenen Betrag von 50 können also zur Ausschüttung zusätzlich 7/25 von 50 hinzugenommen werden. Es stehen also insgesamt 32/25 des nach Körperschaftsteuer von 50% angesetzten Eigenkapitals zur Ausschüttung zur Verfügung.

Die vorstehenden Berechnungen lassen sich in der folgenden Übersicht zusammenfassen.

Bekannt	Zu ermitteln	Multiplikator
Bardividende	Steuerminderung	7/32
Bardividende	Eigenkapital	25/32
Eigenkapital	Steuerminderung	7/25
Eigenkapital	Bardividende	32/25

2. Bei Körperschaftsteuererhöhung nach § 27 Abs. 1 KStG

Steht ein (z. B. auf Grund eines Doppelbesteuerungsabkommens) steuerfreier Gewinn von 100 zur Verfügung, so können als Bardividende an den Anteilseigner nur 64 gehen, um 36 erhöht sich die Körperschaftsteuer anläßlich der Ausschüttung.

Die Körperschaftsteuererhöhung verhält sich zur Bardividende wie 36:64, macht also 9/16 aus. Für eine geplante Bardividende muß also der Betrag von 9/16 der Bardividende dieser hinzugerechnet werden, wenn man ermitteln will, welcher Betrag an verwendbarem Eigenkapital zur Verfügung stehen muß. Für eine Bardividende ist damit – wegen der Körperschaftsteuererhöhung – der Betrag von 25/16 der geplanten Bardividende erforderlich.

Beabsichtigt die Gesellschaft, einen bestimmten Betrag aus dem steuerfreien Gewinn zur Verfügung zu stellen und sucht sie die mögliche Bardividende, so ist davon auszugehen, daß sich die Steuererhöhung anläßlich der Ausschüttung zum zur Verfügung stehenden Gewinn wie 36:100 verhält, d. h. 9/25 ausmacht. Als Bardividende kommen dann nur 16/25 des zur Verfügung stehenden Gewinns in Frage.

Die vorstehenden Berechnungen lassen sich in der folgenden Übersicht zusammenfassen.[61]

Bekannt	Zu ermitteln	Multiplikator
Bardividende	Steuererhöhung	9/16
Bardividende	steuerfreier Gewinn	25/16
steuerfreier Gewinn	Steuererhöhung	9/25
steuerfreier Gewinn	Bardividende	16/25

§ 19
Verdeckte Gewinnausschüttung und verdeckte Einlage

I. Wesen, Tatbestand und Rechtsfolgen der verdeckten Gewinnausschüttung

1. Grundsätzliches zum Verständnis der verdeckten Gewinnausschüttung[1]

Eines der Kernprobleme der betrieblichen Gewinnermittlung bei einem Einzelgewerbetreibenden ist die Abgrenzung der betrieblichen und der privaten Sphäre des Unternehmers. Bei der Gewinnermittlung sind nur solche Aufwendungen abziehbar, die durch den Betrieb veranlaßt sind. Aufwendungen, die der privaten Lebensführung des Unternehmers zuzurechnen sind, können das Betriebsergebnis nicht mindern, sie stellen Einkommensverwendung dar. Entnahmen des Unternehmers aus dem Betrieb (§ 4 Abs. 1 S. 2 EStG) dürfen das Ergebnis nicht mindern. Dabei ist zu beachten, daß Ent-

---

61 Übernommen von Becker, BB 1976, 875. Vgl. dort weitere Berechnungsformeln.

1 Zur Literatur vgl. die ausführlichen Nachweise bei Herrmann/Heuer/Raupach, § 6 KStG a. F. Anm. 61; die Monographien von Lange, Verdeckte Gewinnausschüttungen, 5. Aufl. 1987; Fröhlich, Die verdeckte Gewinnausschüttung, 1968; vgl. des weiteren Döllerer, BB 1967, 1437 ff; Döllerer, Verdeckte Gewinnausschüttungen und verdeckte Einlagen bei Kapitalgesellschaften, 1975; Brezing, Verrechnungsentgelte und Umlagen zwischen Kapitalgesellschaften und ihren Gesellschaftern im Steuerrecht, 1975; Pezzer, Die verdeckte Gewinnausschüttung im Körperschaftsteuerrecht 1986; vgl. dazu die Auseinandersetzung bei Döllerer, GmbHR 1987, 26; Wassermeyer, DB 1987, 1113 ff. Zum Verhältnis des § 8 Abs. 3 S. 2 KStG zu § 1 AStG vgl. Flick/Wassermeyer/Becker, § 1 AStG Anm. 44, 47; Woerner, BB 1983, 845; Wismeth, Einlage von Nutzungen und Leistungen, 1985, S. 273 ff.

nahmen zuweilen auch in verdeckter Form (verdeckte Entnahmen) vorkommen.[2]

Beispiel: Ein Möbelhändler „verkauft" eine Wohnungseinrichtung an seine Tochter zum Preis von 100 DM. Der Unterschied zwischen dem „Kaufpreis" und dem Teilwert ist dem Ergebnis des Betriebsvermögensvergleichs hinzuzurechnen.[3]

Wie bei Personenunternehmen die betriebliche und die private Sphäre des Unternehmers voneinander abzugrenzen sind, so ist bei Gesellschaften ebenfalls die betriebliche Sphäre von der nichtbetrieblichen Sphäre zu unterscheiden und darauf zu achten, daß der Gewinn und damit das Einkommen der Kapitalgesellschaft nicht durch Vorgänge gemindert wird, die der nichtbetrieblichen Sphäre zuzurechnen sind.

Der wichtigste Bereich der nichtbetrieblichen Sphäre bei Kapitalgesellschaften,[4] nämlich der der im Gesellschaftsverhältnis begründeten Beziehungen zwischen der Gesellschaft und den Gesellschaftern, ist in der gesetzlichen Regelung des § 8 Abs. 3 S. 2 KStG[5] ausdrücklich angesprochen: Verdeckte Gewinnausschüttungen mindern das Einkommen nicht. Die Regelung des § 8 Abs. 3 S. 2 KStG geht den Bestimmungen des EStG über die Entnahme vor.[6] Verdeckte Gewinnausschüttungen kommen bei allen Mitgliedskörperschaften in Betracht.[7]

---

2 Zu „verdeckten Entnahmen" bei Personengesellschaften vgl. Keuk, StuW 1974, 13; StuW 1976, 211 ff.

3 Vgl. dazu Strutz, Kommentar zum EStG 1925, Bd. I, 1927, § 12 Anm. 46 und die Ausführungen des RFH vom 30. 6. 1923 VIe A 50/23 RFHE 12, 242; vom 29. 10. 1924 VIe A 186/24 RFHE 15, 47 ff, 50.

4 *Vermögensmäßig* haben Kapitalgesellschaften keinen außerbetrieblichen Bereich; das gesamte Vermögen der Kapitalgesellschaft ist Betriebsvermögen (vgl. zu Recht Wassermeyer aaO, [Anm. 1], 1114; vgl. aber auch Pezzer aaO, [Anm. 1], S. 54, 55. Der BFH hat es z. B. in dem Urteil vom 2. 11. 1965 I 221/62 S BStBl III 1966, 255 für möglich gehalten, daß eine Kapitalgesellschaft „Liebhaberei" betreibt; tatsächlich handelte es sich um einen Fall der verdeckten Gewinnausschüttung, vgl. ebenso Rose, StbJb 1971/72, 190 ff). Eine andere Frage ist, ob nicht betrieblich veranlaßte Aufwendungen einer Kapitalgesellschaft zum Vorteil auch von Nicht-Gesellschaftern denkbar sind. Vgl. dazu näher Wassermeyer aaO; Pezzer aaO.

5 Die Bestimmung über verdeckte Gewinnausschüttungen ist erst in das KStG 1934 eingefügt worden (vgl. dazu näher Pezzer aaO, [Anm. 1], S. 34 ff). Verdeckte Gewinnausschüttungen sind aber auch schon, als es eine ausdrückliche Bestimmung im KStG noch nicht gab, bei der Ermittlung des Einkommens der Kapitalgesellschaften berücksichtigt worden, vgl. z. B. Evers, Kommentar zum KStG 1925, 2. Aufl. 1927, § 10 Anm. 30, 32 mit Rechtsprechungsnachweisen.

6 BFH vom 26. 10. 1987 GrS 2/86 BStBl II 1988, 348 ff, 354 ff.

7 A. A. BFH vom 11. 2. 1987 I R 43/83 BStBl II 1987, 461 = FR 1987, 287 mit kritischer Anmerkung L. Schmidt. Vgl. zu dem Urteil auch Almann, DStR 1988, 58 ff. Der I. Senat beschränkt das Verbot des Abzugs verdeckter Gewinnausschüttungen auf solche Mitgliedskörperschaften, bei denen die Mitglieder über eine „kapitalmäßige Beteiligung" verfügen, aus der Einkünfte aus Kapitalvermögen nach § 20 Abs. 1 Nr. 1 EStG erwachsen können. Die Bezugnahme auf § 20 EStG

Ausschüttungen stellen eine Verwendung des Gewinns dar und sind damit steuerlich Bestandteil des Einkommens der Kapitalgesellschaft.[8] Ob die Ausschüttung offen oder verdeckt erfolgt, macht für die Höhe des Gewinns keinen Unterschied. Gewinn ist das Ergebnis vor Ausschüttung.[9]

Der Tatbestand der verdeckten Gewinnausschüttung wird herkömmlicherweise[10] folgendermaßen umschrieben: Die Gesellschaft wendet einem Gesellschafter mit Rücksicht auf die Gesellschafterstellung außerhalb der gesellschaftsrechtlichen Gewinnverteilung einen Vermögensvorteil zu, den sie bei Anwendung der Sorgfalt eines gewissenhaften und ordentlichen Geschäftsleiters unter sonst gleichen Umständen einem Nichtgesellschafter nicht zugewandt hätte.

Beispiel: Die Kapitalgesellschaft zahlt dem Gesellschafter für seine Geschäftsführung ein unangemessen hohes Gehalt oder sie kauft von ihm ein Wirtschaftsgut zu einem überhöhten Kaufpreis.

Ohne das Institut der verdeckten Gewinnausschüttung könnte man in diesen Fällen auch schlicht den Betriebsausgabenabzug der gesamten Aufwendungen mangels betrieblicher Veranlassung versagen.

Das Institut der verdeckten Gewinnausschüttung trägt aber dem gegenüber anderen nicht betrieblich veranlaßten Aufwendungen besonderen Charakter dieser Fälle Rechnung. Es geht eben nicht nur um Nicht-Betriebsausgaben, sondern um Gewinn*ausschüttungen* – deshalb unterliegen verdeckte Gewinnausschüttungen nicht etwa wie andere Nicht-Betriebsausgaben dem allgemeinen Körperschaftsteuersatz, sondern ist für sie die Ausschüttungsbelastung herzustellen. Gegenstand der verdeckten Gewinnausschüttung kann nicht nur eine überhöhte Zahlung der Gesellschaft an den Gesellschafter sein, sondern jedweder vermögenswerter Vorteil. Beispiel: Die Gesellschaft gewährt dem Gesellschafter causa societatis ein zinsloses Darlehen. Gegenstand der Ausschüttung ist die Zuwendung des Nutzungsvorteils. Der Wert der verdeckten Gewinnausschüttung leitet sich aus dem in der Definition der verdeckten Gewinnausschüttung enthaltenen Fremdvergleich ab und wird meist mit dem *gemeinen Wert* des zugewandten Vorteils übereinstimmen.[11]

Nach der früher h. M. bedeutete die steuerliche Erfassung der verdeckten

---

zur Bestimmung des Anwendungsbereichs des § 8 Abs. 3 S. 2 KStG ist dem Gesetz nicht zu entnehmen. Der I. Senat sieht die Grundlage für seine Auffassung in der Systematik des Anrechnungsverfahrens. Dem ist nicht zu folgen. Würde man mit der Auffassung des I. Senats ernst machen, so wäre der Annahme verdeckter Gewinnausschüttungen z. B. auch bei Betrieben gewerblicher Art von Körperschaften des öffentlichen Rechts (vgl. dazu § 19 I 4) die Grundlage entzogen! In dem Urteil vom 1. 2. 1989 I R 98/94 BStBl II 1989, 471 läßt der BFH es ausdrücklich dahinstehen, ob an der Auffassung des Urteils vom 11. 2. 1987 festzuhalten ist.

8 Vgl. Pezzer aaO, (Anm. 1), S. 38.

9 Wassermeyer, DB 1987, 1113.

10 Zur neuen Formulierung des BFH vgl. § 19 I 1 a. E. bei Anm. 21.

11 So die h. M.; vgl. die Nachweise bei Gassner in Raupach (Hrsg.), Werte und Wertermittlung im Steuerrecht, 1984, S. 248; Lang, JbFStR 1984/85, 519 Anm. 14; FR 1984, 630 Anm. 14; Herzig/Förster, WPg 1986, 291. Für die Anwendung des Teilwerts – in Anlehnung an die Bewertungsbestimmung für Entnahmen zuletzt nachdrücklich Meyer-Scharenberg, StuW 1987, 15 ff.

Gewinnausschüttung, daß anstelle des wirklichen Sachverhalts ein gedachter Sachverhalt der steuerlichen Gewinnermittlung zugrunde gelegt wird, indem der tatsächliche Sachverhalt umgestaltet und ein fingierter Sachverhalt unterstellt wird (sog. Fiktionstheorie).[12]

Die Kapitalgesellschaft und ihre Gesellschafter sollten so besteuert werden, als ob das Geschäft zwischen ihnen zu angemessenen Bedingungen geschlossen und durchgeführt und der sich daraus ergebende Gewinn der Gesellschaft ausgeschüttet worden wäre. Zahlt z. B. der Gesellschafter der Gesellschaft für ein Darlehen sehr geringe Zinsen, so soll man sich den Fall so denken, als hätte der Gesellschafter angemessene Zinsen gezahlt und die Gesellschaft den auf diese Weise erhöhten Gewinn an den Gesellschafter ausgeschüttet.

Derartiger Unterstellungen bedarf es zur Erfassung verdeckter Gewinnausschüttungen aber nicht, wenn Klarheit über das Grundsätzliche besteht: Vorgänge, die den nichtbetrieblichen Bereich der Gesellschaft, d. h. den Bereich der im Gesellschaftsverhältnis begründeten Beziehungen zwischen Gesellschaft und Gesellschafter betreffen, dürfen das Ergebnis der Gewinnermittlung nicht beeinflussen. Vorteilszuwendungen der Gesellschaft an den Gesellschafter causa societatis sind Ausschüttungen. Verkauft die Gesellschaft dem Gesellschafter z. B. ein Wirtschaftsgut zu einem unangemessen niedrigen Preis, so ist dieser Sachverhalt nicht „umzugestalten“. Vielmehr ist dieser Vorgang von vornherein rechtlich gar nicht als reiner Kaufvertrag zu werten. Man muß nur erkennen, daß ein negotium mixtum vorliegt, daß ein Teil der Zuwendung causa societatis erfolgt. Die steuerliche Erfassung der verdeckten Gewinnausschüttung bedeutet, daß der Teil, der causa societatis zugewendet ist, den Gewinn und damit das Einkommen der Gesellschaft nicht mindern darf.[13]

---

12 Vgl. Nachweise bei Herrmann/Heuer/Raupach, § 6 KStG a. F. Anm. 73. Vgl. gegen die „Fiktionstheorie“ insbesondere Meyer-Arndt, DB 1967, 1281 ff, 1739 f; Döllerer, JbFStR 1972/73, 142 ff; Verdeckte Gewinnausschüttungen aaO, (Anm. 1), 78 ff; Flume in Verhandlungen des 49. DJT, Bd. II, 1972, Q 24 = Gesammelte Schriften, 1988, Bd. II, S. 775 f; vgl. insbesondere Meßmer, Die Fiktion im Steuerrecht – Bräuche und Mißbräuche –, StbJb 1977/78, 65 ff, 117 ff.
In dem Urteil vom 19. 3. 1975 I R 13/73 BStBl II 1975, 722 hat der BFH denn auch zu Recht Abstand von der „Fiktionstheorie“ genommen. Vgl. zu dem Urteil näher Keuk, StuW 1975, 340 ff, aber auch die Anmerkung von L. Schmidt, FR 1975, 430.

13 Wassermeyer, DB 1987, 1113 ff, 1119 vertritt die Auffassung, daß für einen Teilbereich die „Fiktionstheorie“ nicht verzichtbar sei, nämlich soweit von der Rechtsprechung der „Verzicht auf Erzielung von Einnahmen“ als verdeckte Gewinnausschüttung behandelt wird. Für diesen Bereich sieht Wassermeyer die Vorschrift des § 8 Abs. 2 KStG als eine konstitutive Norm an, der die Fiktion der Erzielung von Einnahmen und anschließender Ausschüttung zugrundeliegen. U. E. ist aber auch in diesem Bereich die Fiktionstheorie verzichtbar. Gewährt die Gesellschaft den Gesellschaftern causa societatis ein zinsloses Darlehen, so besteht die verdeckte Gewinnausschüttung darin, daß sie ihm den *Nutzungsvorteil* zuwendet. Der Nutzungsvorteil selbst ist der Gegenstand der verdeckten Gewinnausschüttung.

In der Literatur ist die Auffassung verbreitet, daß der Tatbestand der verdeckten Gewinnausschüttung *nicht nur objektive,* sondern auch *subjektive Tatbestandsmerkmale* enthalte. Eine verdeckte Gewinnausschüttung soll danach nur dann vorliegen, wenn die Organe der Kapitalgesellschaft auch wissen und wollen, daß dem Gesellschafter auf Grund des Gesellschaftsverhältnisses ein Vorteil zugewendet wird. Ein Irrtum über das Vorliegen der objektiven Tatbestandsmerkmale soll den Tatbestand der verdeckten Gewinnausschüttung ausschließen.[14] Auf die mit dieser Ansicht verbundenen praktischen Schwierigkeiten hat insbesondere von Wallis[15] hingewiesen. Darüber hinaus ist die Ansicht aber auch im grundsätzlichen verfehlt.

Wenn verdeckte Gewinnausschüttungen den Gewinn nicht mindern dürfen, so ist der Grund hierfür nicht, daß irgendwelche bösen Absichten und Vorstellungen besteuert würden. Es geht vielmehr nur um die Ermittlung des Gewinns der Kapitalgesellschaft. Bei der Kapitalgesellschaft muß darauf geachtet werden, daß der Gewinn nicht durch Zuwendungen an die Gesellschafter gemindert wird, es muß die gesellschaftsrechtliche von der betrieblichen Sphäre getrennt werden. Für diese Aufgabe ist die Formel des BFH hilfreich, daß eine verdeckte Gewinnausschüttung vorliege, wenn die Kapitalgesellschaft ihrem Gesellschafter außerhalb der gesellschaftsrechtlichen Gewinnverteilung einen Vermögensvorteil zuwendet, den sie – unter sonst gleichen Umständen – bei Anwendung der Sorgfalt eines ordentlichen und gewissenhaften Geschäftsleiters einem Nichtgesellschafter nicht gewährt hätte. Diese Formel hat aber nichts – wie manche vermuten – mit subjektiven Tatbestandsmerkmalen der verdeckten Gewinnausschüttung zu tun. Sie ist nur ein Hilfsmittel für die Feststellung, ob eine Gewinnminderung bei der Kapitalgesellschaft erfolgt ist und ob diese ihre Ursache im Gesellschaftsverhältnis hat. Maßstab ist das Verhalten eines – gedachten – ordentlichen und gewissenhaften Geschäftsleiters.[16] Was der einzelne Geschäftsleiter im konkreten Streitfall gewußt oder sich gedacht hat, ist für das Vorliegen einer verdeckten Gewinnausschüttung belanglos.[17]

Die Denkfigur des ordentlichen und gewissenhaften Geschäftsleiters und der Vergleich mit Drittgeschäften sind auf solche Geschäfte bezogen, die auch mit dritten Personen (Nichtgesellschaftern) abgeschlossen werden könnten. Sie passen nicht und sind auch nicht erforderlich bei Geschäften, die nur zwischen der Gesellschaft und dem Gesellschafter in seiner Eigenschaft als Gesellschafter vorkommen können.

Beispiele: Vereinbarung einer Konzernumlage; Einziehung eines Geschäftsanteils usw.

---

14 Vgl. in diesem Sinne z. B. Lange aaO, (Anm. 1), Anm. 116 ff; Ranft, StbJb 1972/73, 269 ff, 287 ff.

15 V. Wallis, GmbHR 1968, 87 ff; StbJb 1970/71, 113 ff.

16 Zum ordentlichen Geschäftsleiter im deutschen und ausländischen Recht vgl. Bekker, Festschrift Döllerer, 1988, S. 17 ff.

17 Vgl. so treffend auch BFH vom 10. 1. 1973 I R 119/70 BStBl II 1973, 322.

Wird hier dem Gesellschafter ein Vorteil zugewandt, so liegt es auf der Hand, daß es sich um eine Zuwendung causa societatis handelt.[18] So hat denn auch der BFH[19] zu Recht entschieden, daß die aktienrechtlich verbotene Rückgewähr von Einlagen per se die causa societatis zum Inhalt hat.[20]

Neuerdings umschreibt der BFH[21] die verdeckte Gewinnausschüttung folgendermaßen:

„Eine verdeckte Gewinnausschüttung i. S. des § 8 Abs. 3 S. 2 KStG 1977 ist bei einer Kapitalgesellschaft eine Vermögensminderung oder eine verhinderte Vermögensmehrung, die durch das Gesellschaftsverhältnis veranlaßt sind, sich auf die Höhe des Einkommens auswirken und in keinem Zusammenhang mit einer offenen Ausschüttung stehen."

2. Beispiele verdeckter Gewinnausschüttungen

a) Überblick

Am häufigsten ist die verdeckte Gewinnausschüttung unter dem *Mantel eines Austauschgeschäftes* zwischen Gesellschaft und Gesellschafter verborgen, bei dem der Wert der Leistung der Gesellschaft den Wert der Gegenleistung des Gesellschafters übersteigt.

Beispiele:[22]

1. Ein Gesellschafter führt Vorstandsgeschäfte und erhält dafür ein unangemessen hohes Gehalt.
2. Die Gesellschaft zahlt an einen Gesellschafter-Geschäftsführer besondere Umsatzvergütungen neben einem angemessenen Gehalt.
3. Ein Gesellschafter erhält ein Darlehen von der Gesellschaft zinslos oder zu einem außergewöhnlich geringen Zinsfuß.
4. Ein Gesellschafter gibt der Gesellschaft ein Darlehen zu einem außergewöhnlich hohen Zinsfuß.
5. Ein Gesellschafter liefert an die Gesellschaft Waren oder erwirbt von der Gesell-

---

18 Vgl. Flume, ZHR 144 (1980), 18 ff, 20; Allgemeiner Teil des Bürgerlichen Rechts, Bd. I 2, Die juristische Person, 1983, § 8 IV 2b.

19 BFH vom 17. 10. 1984 I R 22/79 BStBl II 1985, 69.

20 Vgl. auch BFH vom 23. 5. 1984 I R 294/81 BStBl II 1984, 673. Der Leitsatz: „Auf die Denkfigur des ordentlichen und gewissenhaften Geschäftsleiters kann nicht abgestellt werden, wenn ein Rechtsverhältnis zu beurteilen ist, daß im Rahmen der Erstausstattung einer Kapitalgesellschaft zustandegekommen ist".
Auch bei Geschäften causa societatis bedarf es freilich zunächst immer der Feststellung, daß der Gesellschafter einen Vermögensvorteil erhalten hat. Dies hat der BFH in der Entscheidung vom 27. 3. 1984 VIII R 69/80 BStBl II 1984, 717 verneint, wenn im Jahresabschluß einer GmbH Rücklagen auf ausstehende Einlagen der Gesellschafter umgebucht wurden. Da dies nach § 19 GmbHG unzulässig ist, besteht der Einlageanspruch der Gesellschaft weiter, hat der Gesellschafter also einen Vermögensvorteil nicht erhalten.

21 BFH vom 1. 2. 1989 I R 73/85 BStBl II 1989, 522.

22 Aus KStR Abschnitt 31.

schaft Waren und sonstige Wirtschaftsgüter zu ungewöhnlichen Preisen oder erhält besondere Preisnachlässe und Rabatte.

6. Ein Gesellschafter verkauft Aktien an die Gesellschaft zu einem höheren Preis als dem Kurswert, oder die Gesellschaft verkauft Aktien an einen Gesellschafter zu einem niedrigeren Preis als dem Kurswert.
7. Eine Gesellschaft verzichtet auf Rechte, die ihr einem Gesellschafter gegenüber zustehen.
8. Ein Dritter, der nicht nur für die Gesellschaft, sondern auch für einen Gesellschafter persönlich tätig ist, erhält dafür eine Gesamtvergütung, welche die Gesellschaft unter Unkosten verbucht.

Den Fällen ist gemein, daß der sich aus dem Betriebsvermögensvergleich ergebende Gewinn und damit das Einkommen der Kapitalgesellschaft geringer erscheint, als es in Wirklichkeit ist, sei es, daß in die Gewinn- und Verlustrechnung überhöhte Aufwendungen eingegangen sind, sei es, daß in dieser zu geringe Erträge erscheinen.

Die praktische Schwierigkeit besteht allerdings in der Beurteilung, ob ein zwischen Kapitalgesellschaft und Gesellschafter vereinbartes Leistungsentgelt unangemessen ist oder nicht.[23] Hier werden die Ansichten von Finanzverwaltung und Steuerpflichtigen immer auseinandergehen. Es ist der alte Streit um das iustum pretium.

Neben der Vorteilszuwendung durch unausgeglichene Austauschgeschäfte gibt es vielgestaltige andere Erscheinungsformen von verdeckten Gewinnausschüttungen.[24] So können z. B. auch Risikogeschäfte der Gesellschaft im Interesse eines Gesellschafters zu verdeckten Gewinnausschüttungen führen.

Beispiel: Die Gesellschaft übernimmt zugunsten ihres Gesellschafters eine Bürgschaft, obwohl sie bei der Anwendung der Sorgfalt eines ordentlichen und gewissenhaften Geschäftsleiters erkennen muß, daß sie eines Tages wegen der schlechten Vermögenslage des Gesellschafters in Anspruch genommen werden und ihr Rückgriffsanspruch gegen diesen wertlos sein wird.

Bei derartigen Risikogeschäften ist die verdeckte Gewinnausschüttung freilich erst vollendet, wenn bei der Gesellschaft infolge der Verwirklichung des Risikos eine Gewinnminderung eingetreten ist.[25]

In dem obigen Beispiel ist die verdeckte Gewinnausschüttung vollendet, sobald wegen der drohenden Inanspruchnahme eine Rückstellung zu passivieren und der Rückgriffsanspruch gegen den Gesellschafter wertlos ist.

---

23 Vgl. dazu die Monographie von Brezing, Verrechnungsentgelte und Umlagen zwischen Kapitalgesellschaften und ihren Gesellschaftern im Steuerrecht, 1975; Dziadkowski, GmbHR 1976, 290 ff.

24 Vgl. weitere Beispiele aus der neueren Rechtsprechung in BFH vom 16. 2. 1977 I R 163/75 BStBl II 1977, 572 (vgl. dazu Brezing, FR 1977, 463 ff); BFH vom 16. 2. 1977 I R 94/75 BStBl II 1977, 568; BFH vom 6. 4. 1977 I R 86/75 BStBl II 1977, 569; BFH vom 6. 4. 1977 I R 183/184/75 BStBl II 1977, 571; BFH vom 4. 5. 1977 I R 11/75 BStBl II 1977, 679.

25 Vgl. Döllerer, DStR 1980, 397.

b) Verdeckte Gewinnausschüttungen an den beherrschenden Gesellschafter, insbesondere Geschäftsführervergütungen[26]

Besonders häufig stellt sich bei personenbezogenen Kapitalgesellschaften die Frage nach dem Vorliegen einer verdeckten Gewinnausschüttung in Zusammenhang mit dem Geschäftsführergehalt für einen „beherrschenden“[27] Gesellschafter. Grundsätzlich sind Gehaltszahlungen an einen – auch beherrschenden – Gesellschafter bei der Kapitalgesellschaft wie die Gehaltszahlung an jeden Dritten auch als Betriebsausgabe abzugsfähig. Voraussetzung für den Abzug ist allerdings, daß diese Bezüge sich im Rahmen dessen halten, was ein fremder Dritter für die entsprechende Tätigkeit in einem vergleichbaren Unternehmen erhalten würde.[28]

Darüber hinaus fordert die Rechtsprechung, daß zwischen der Kapitalgesellschaft und dem Gesellschafter *von vornherein* klare Vereinbarungen vorliegen, durch die die Vergütung ihrem ganzen Umfang nach festgelegt ist,[29] zudem müssen diese Vereinbarungen tatsächlich auch durchgeführt wer-

---

26 Vgl. dazu Woerner, Festschrift v. Wallis, 1985, S. 327 ff.

27 Beherrschender Gesellschafter ist der Mehrheitsgesellschafter und wer in der Gesellschafterversammlung nicht überstimmt werden kann (vgl. z. B. BFH vom 20. 6. 1974 I R 112/72 BStBl II 1974, 694). Die Anteile mehrerer Gesellschafter mit „gleichgerichteten Interessen“ werden zusammengerechnet, vgl. zuletzt BFH vom 1. 10. 1986 I R 54/83 BStBl II 1987, 459.
Mehrheitsgesellschafter und damit beherrschender Gesellschafter ist nach der Rspr. bislang auch ein Gesellschafter, der nicht allein, aber unter Zurechnung der Anteile des Ehegatten die Mehrheit hat. Hier orientiert sich die Rechtsprechung nach der Entscheidung des BVerfG zur Zusammenrechnung von Ehegattenanteilen bei der Betriebsaufspaltung (vgl. BVerfG vom 12. 3. 1985, 1 BvR 571/81, 1 BvR 494/82, 1 BvR 47/83, BStBl II 1985, 475 und dazu unten § 22 VI): Grundsätzlich keine Zusammenrechnung mehr, vgl. BFH vom 14. 6. 1985 VI R 127/81 BStBl II 1986, 62; BFH vom 1. 2. 1989 I R 73/85 BStBl II 1989, 522.
Der BGH hat schon im Urteil vom 28. 4. 1980 II ZR 254/78 NJW 1980, 2254 bei der Ermittlung der die Insolvenzsicherung hindernden Beherrschung Ehegattenanteile nicht ohne weiteres zusammengerechnet: „Denn es gibt keinen Erfahrungssatz, daß Familienangehörige stets gleichgerichtete Interessen verfolgen.“

28 Vgl. i. e. Spitaler/Niemann, Die Angemessenheit der Bezüge geschäftsführender Gesellschafter einer GmbH, 5. Auflage 1988.

29 Vgl. z. B. BFH vom 15. 12. 1971 I R 5/69 BStBl II 1972, 438; vom 30. 7. 1975 I R 110/72 BStBl II 1976, 74; vom 21. 7. 1976 I R 223/74 BStBl II 1976, 734. BFH vom 30. 1. 1985 I R 37/82 BStBl II 1985, 345 betr. die Zusage einer Tantieme: Die Bemessung von Sondervergütungen für den beherrschenden Gesellschafter-Geschäftsführer muß bei Meidung einer verdeckten Gewinnausschüttung im voraus so geregelt sein, daß allein durch Rechenvorgänge die Höhe der Vergütung ermittelt werden kann, ohne daß es noch der Ausübung irgendwelcher Ermessensakte seitens der Geschäftsführung oder Gesellschafterversammlung bedarf; vgl. auch BFH vom 1. 10. 1986 I R 54/83 BStBl II 1987, 459.

den.[30] Diese Forderung der Rechtsprechung gilt allgemein für alle Geschäfte mit beherrschenden Gesellschaftern.[31]

Wird nachträglich die Vergütung erhöht oder eine sonstige Leistung der Kapitalgesellschaft vereinbart, die eine in der Vergangenheit liegende Tätigkeit des beherrschenden Gesellschafters abgelten soll, so liegt in derartigen Zahlungen nach der Rechtsprechung des BFH eine verdeckte Gewinnausschüttung. Diese Rechtsprechung beruht auf der Erwägung, „daß in Angelegenheiten des Dienstverhältnisses des Geschäftsführers, die unmittelbar seine finanziellen Interessen berühren, ein echter Interessengegensatz zwischen ihm und der Gesellschaft nicht besteht, die Interessen vielmehr gleichgerichtet sind“[32] und daß folglich der daraus resultierenden Gefahr zu begegnen sei, daß durch nachträgliche Vereinbarungen der Gewinn der Gesellschaft willkürlich beeinflußt wird.

Gegen die Forderung der Rechtsprechung nach eindeutig im vornherein festgelegten vertraglichen Vereinbarungen für den beherrschenden Gesellschafter als solche ist zwar nichts einzuwenden – genausowenig wie gegen die entsprechende Forderung etwa bei der Anerkennung von Arbeitsverhältnissen zwischen Ehegatten.[33] Nun darf diese Forderung nicht zum Selbstzweck werden und der Kontakt zu dem eigentlichen Tatbestand der verdeckten Gewinnausschüttung verloren gehen. Wenn in nachträglichen Gehaltsvereinbarungen zwischen der Kapitalgesellschaft und dem beherrschenden Gesellschafter eine verdeckte Gewinnausschüttung gesehen wird, so nur deshalb, weil die *Vermutung* besteht, daß dem Gesellschafter damit ein Vorteil zugewandt wird, der bei Anwendung der Sorgfalt eines gewissenhaften und ordentlichen Geschäftsleiters unter sonst gleichen Umständen einem Nichtgesellschafter nicht gewährt worden wäre. Der Mangel einer im voraus getroffenen eindeutigen Abrede stellt letztlich nicht mehr als ein *Indiz* für die Annahme dar, daß die dem Gesellschafter nachträglich gewährte Leistung unangemessen ist und es sich also nicht um eine *betrieblich* veranlaßte Aufwendung handelt.[34]

Der auf den Mangel einer im voraus getroffenen Abrede gebaute Verdacht einer Zuwendung causa societatis kann aber in casu durchaus unbegründet

---

30 Vgl. die instruktive Entscheidung des BFH vom 2. 5. 1974 I R 194/72 BStBl II 1974, 585.

31 Vgl. z. B. BFH vom 8. 1. 1977 I R 95/75 BStBl II 1977, 704 (zum Vorteilsausgleich; vgl. unten § 19 I 2e); BFH vom 3. 11. 1976 I R 98/75 BStBl II 1977, 172 (zum zivilrechtlich durchaus berechtigten Aufwendungsersatz).

32 BFH vom 15. 12. 1971 aaO, (Anm. 29).

33 Vgl. dazu Keuk, StuW 1973, 85 ff.

34 Nach v. Wallis, Festschrift Maunz, 1971, S. 435 ff, 444 ist die Rechtsprechung allerdings dahin zu verstehen, daß die „gesellschaftsrechtliche Begründung für die Zahlung unwiderleglich vermutet“ wird. Dem ist nicht zu folgen.
BFH vom 21. 7. 1982 I R 56/78 BStBl II 1982, 761 bringt die Klarstellung, daß es sich nicht um eine unwiderlegbare Vermutung handelt: Bei besonderen Verhältnissen des Einzelfalls seien durchaus auch rückwirkende Vereinbarungen möglich.

sein. Man denke etwa daran, daß die Gesellschaft gegen Ende des Jahres sich dazu bereit findet, *allen* Angestellten einen Inflationsausgleich von z. B. 8 % auf das Gehalt zu zahlen. Hier darf die entsprechende Zahlung an den beherrschenden Gesellschafter nicht als verdeckte Gewinnausschüttung gewertet werden. Ebensowenig ist eine im Rahmen des § 16 des Gesetzes zur Verbesserung der betrieblichen Altersversorgung[35] erfolgte Anpassung der Pensionen als verdeckte Gewinnausschüttung zu qualifizieren.[36] Denn Tatbestand der verdeckten Gewinnausschüttung ist nun einmal nicht der Mangel einer im voraus getroffenen Abrede zwischen Gesellschaft und Gesellschafter.

Der BFH hat denn auch klargestellt, daß er in diesem Fall nicht etwa eine unwiderlegbare Vermutung für das Vorliegen einer verdeckten Gewinnausschüttung aufgestellt habe.[37] Diese Feststellung bedarf freilich häufig noch der Umsetzung in die Tat.[38] Die Vermutung, daß etwa eine Nachzahlung an den herrschenden Gesellschafter ihre Ursache im Gesellschaftsverhältnis hat, sollte durch ein entsprechendes Verhalten der Gesellschaft gegenüber den übrigen Arbeitnehmern widerlegt sein.

Von vornherein klare und eindeutige Vereinbarungen verlangt die Rechtsprechung des BFH auch hinsichtlich der Befugnisse des Gesellschaftergeschäftsführers, wenn dieser außerhalb der Kapitalgesellschaft branchengleiche Geschäfte auf eigene Rechnung tätigen will. Fehlt es daran, so werden diese Geschäfte der Kapitalgesellschaft zugerechnet.[39]

Ist der Geschäftsführer selbst nicht Gesellschafter, aber eine dem beherrschenden Gesellschafter nahestehende Person und tätigt er branchengleiche Geschäfte, ohne daß ihm ein Dispens erteilt ist, so stellt der Verzicht der GmbH auf Ersatzansprüche gegen den Geschäftsführer nach dem BFH[40] eine verdeckte Gewinnausschüttung an den beherrschenden Gesellschafter dar.

---

35 Gesetz vom 19. 12. 1974 BGBl I 1974, 3610.

36 Vgl. in dieser Richtung auch BFH vom 6. 4. 1979 I R 39/76 BStBl II 1979, 687: Pensionserhöhungen sind keine verdeckten Gewinnausschüttungen, soweit sie eine Anpassung an erhebliche Steigerungen der Lebenshaltungskosten darstellen, ebenso nicht Pensionserhöhungen auf Grund einer Wertsicherungsklausel (Bindung an die Steigerungssätze der Sozialrenten).

37 BFH vom 21. 7. 1982 I R 56/78 BStBl II 1982, 761.

38 Vgl. dazu Woerner, Festschrift v. Wallis, 1985, S. 327 ff, 330 ff.

39 Vgl. insbesondere das in seiner Begründung sehr allgemein gehaltene Urteil des I. Senats vom 9. 2. 1983 I R 229/78 BStBl II 1983, 487. Die Bedeutung des Urteils ist bei Woerner, Festschrift v. Wallis, 1985, S. 336 ff stark relativiert: Insbesondere bei Steuerberatern, die zugleich Geschäftsführer „ihrer" Steuerberatungs-GmbH sind, kommt es darauf an, welchem Bereich der einzelne Beratungsauftrag zuzurechnen ist, und dafür ist entscheidend, mit wem der Mandant den Beratungsvertrag abgeschlossen hat. Aus der neueren Rechtsprechung vgl. BFH vom 10. 6. 1987 I R 149/83 BStBl II 1988, 25: Unklare und nicht eindeutige Treuhandvereinbarung zwischen einer GmbH und dem beherrschenden Gesellschafter kann zur Annahme einer verdeckten Gewinnausschüttung führen; vgl. auch BFH vom 28. 10. 1987 I R 110/83 BStBl II 1988, 301.

40 BFH vom 11. 2. 1987 I R 177/83 BStBl II 1987, 461.

c) Pensionszusagen an den Gesellschafter-Geschäftsführer

Nach der früheren Rechtsprechung war § 6 a EStG für den beherrschenden Gesellschafter-Geschäftsführer nur mit der Einschränkung anwendbar, daß bei der Berechnung der Höhe davon ausgegangen wurde, der Geschäftsführer werde erst mit Beendigung des 75. Lebensjahres in den Ruhestand treten.[41] Diese Rechtsprechung hat der BFH im Urteil vom 28. 4. 1982[42] aufgegeben. Für die Berechnung ist nunmehr maßgebend der in der Pensionszusage vorgesehene Zeitpunkt des Eintritts des Versorgungsfalles, sofern sich nicht aus den Umständen des Einzelfalles gewichtige Bedenken gegen die Ernsthaftigkeit der Bestimmung des Pensionsalters ergeben.

Die Rückstellung für eine dem beherrschenden Gesellschafter-Geschäftsführer zugesagte Witwenrente wird anerkannt.[43]

Wird die Versorgungszusage allerdings zugunsten zweier Frauen (der jetzigen und der geschiedenen) erteilt, so liegt in der – unüblichen – Zusage zugunsten der geschiedenen Frau eine verdeckte Gewinnausschüttung.[44]

d) Verdeckte Gewinnausschüttung durch mittelbare Zuwendung an den Gesellschafter

Verdeckte Gewinnausschüttungen der Kapitalgesellschaft an den Gesellschafter können auch in der Weise erfolgen, daß der Vorteil dem Gesellschafter nicht unmittelbar zufließt, sondern mittelbar über eine ihm *nahestehende* Person.

Beispiele: Gelder einer GmbH werden auf das Konto der Ehefrau des Alleingesellschafters eingezahlt;[45] dem Ehegatten,[46] den Kindern oder dem Partner, mit dem der Gesellschafter in nichtehelicher Lebensgemeinschaft lebt, wird von der Gesellschaft eine Leistung erbracht, die in einem Mißverhältnis zu ihrer Gegenleistung für die Gesellschaft steht.[47] Als nahestehende Person kommen auch Kapitalgesellschaften sowie Personengesellschaften,[48] an denen der Gesellschafter beteiligt ist, in Betracht. Ohne Bedeutung ist, daß an der den Vorteil empfangenden Gesellschaft auch Personen beteiligt sind, die nicht Gesellschafter der zuwendenden Kapitalgesellschaft sind.

---

41 Vgl. z. B. BFH vom 20. 6. 1974 I R 112/72 BStBl II 1974, 694.

42 I R 51/76 BStBl II 1982, 612; vgl. auch schon den Vorboten BFH vom 23. 1. 1980 I R 12/77 BStBl II 1980, 304.
Zu den Folgerungen Ahrend/Förster/Rößler, DB 1982, 2413; Baer, BB 1982, 2045.

43 BFH vom 15. 12. 1965 I 113/62 BStBl III 1966, 202.

44 BFH vom 16. 2. 1977 I R 132/75 BStBl II 1977, 444.

45 FG Düsseldorf vom 20. 5. 1970 VII 90/68 E EFG 1970 Nr. 490.

46 Es bestehen keine verfassungsrechtlichen Bedenken, wenn Ehegatten als nahestehende Personen angesehen werden, so BFH vom 2. 3. 1988 I R 103/86 BStBl II 1988, 786.

47 Vgl. auch den interessanten Fall des BFH-Urteils vom 19. 6. 1974 I R 94/71 BStBl II 1974, 586 und dazu Keuk, StuW 1975, 61 ff.

48 Vgl. BFH vom 1. 10. 1986 I R 54/83 BStBl II 1987, 459.

Die Leistung der Gesellschaft an eine dem Gesellschafter nahestehende Person stellt allerdings nur dann eine verdeckte Gewinnausschüttung an den Gesellschafter dar, wenn die unmittelbare Zuwendung an den Dritten für den Gesellschafter selbst einen wirtschaftlichen Vorteil bedeutet, wenn die nahestehende Person also nur eine Zahlstelle des Gesellschafters ist.[49]

Ist Gesellschafter wiederum eine Kapitalgesellschaft (Muttergesellschaft), so liegt in der Vorteilsgewährung an eine andere Tochtergesellschaft der Muttergesellschaft (Schwestergesellschaft) eine verdeckte Gewinnausschüttung an die Muttergesellschaft.[50]

e) Verdeckte Gewinnausschüttung und Vorteilsausgleich

Häufig steht dem Vorteil, den die Gesellschaft dem Gesellschafter zuwendet, ein Vorteil gegenüber, den der Gesellschafter der Gesellschaft gewährt.

Beispiel: Die Kapitalgesellschaft hat dem Gesellschafter eine Wohnung zu einem unter dem ortsüblichen Mietzins liegenden Preis überlassen. Der Gesellschafter hat der Gesellschaft ein zinsloses Darlehen gewährt.

Hier ist die Frage, ob die beiderseits gewährten Vorteile gegeneinander zu verrechnen sind mit der Konsequenz, daß insoweit, als sich die beiderseits gewährten Vorteile ausgleichen, eine verdeckte Gewinnausschüttung nicht vorliegt. Die Antwort ergibt sich aus der Formulierung des Tatbestandes der verdeckten Gewinnausschüttung:[51] Es muß sich um einen Vorteil handeln, den die Gesellschaft bei Anwendung der Sorgfalt eines ordentlichen und gewissenhaften Geschäftsleiters *unter sonst gleichen Umständen* einem Nichtgesellschafter nicht zugewandt hätte. Es sind also bei der Beurteilung, ob ein Geschäft eine verdeckte Gewinnausschüttung beinhaltet, die gesamten Umstände dieses Geschäfts zu berücksichtigen. Dies bedeutet, daß auf jeden Fall Leistungen und Gegenleistungen aus mehreren Geschäften, die so eng zusammenhängen, daß sie wirtschaftlich als einheitliches Geschäft anzusehen sind, auszugleichen sind. Aber auch wenn die Annahme eines wirtschaftlich einheitlichen Geschäfts nicht in Frage kommt, weil die Geschäfte

49 Dies wird von der Rechtsprechung nicht immer beachtet, insbesondere wenn eine verdeckte Gewinnausschüttung auch darin gesehen wird, daß Leistungen an eine dem beherrschenden Gesellschafter nahestehende Person auf nicht von vornherein klaren Vereinbarungen beruhen oder nicht entsprechend den getroffenen Vereinbarungen geleistet wird (vgl. BFH vom 2. 3. 1988 I R 103/86 BStBl II 1988, 786).

50 Zu Zuwendungen zwischen Schwestergesellschaften vgl. unten § 19 II; zu den Verrechnungspreisen zwischen verbundenen Unternehmen vgl. den Überblick über Schrifttum und Rechtsprechung bei Becker/Grazé, Beilage 15 zu DB Heft 26/1985.

51 Vgl. dazu BFH vom 8. 6. 1977 I R 95/75 BStBl II 1977, 704.
Zur Problematik des Vorteilsausgleichs vgl. i. e. Döllerer aaO, (Anm. 1), S. 68 ff; Brezing aaO, (Anm. 1), S. 101 ff, 134 ff; Katterbe, Der Vorteilsausgleich bei Liefergeschäften im Konzern, DB 1983, 365 ff.

z. B. nicht in zeitlichem Zusammenhang abgeschlossen sind, kann die Annahme einer verdeckten Gewinnausschüttung ausscheiden, wenn die Kapitalgesellschaft dem Gesellschafter den Vorteil gerade mit Rücksicht darauf gewährt hat, daß der Gesellschafter ihr ihrerseits einen Vorteil zugewendet hat oder gesichert ist, daß er ihn zuwenden wird. Wenn in dem o. a. Beispiel die Kapitalgesellschaft von dem Gesellschafter den niedrigen Mietzins nur deshalb fordert, weil der Gesellschafter ihr ein zinsloses Darlehen gewährt, so liegt eine verdeckte Gewinnausschüttung nicht vor, soweit die beiderseits gewährten Vorteile sich ausgleichen. Zu beachten ist, daß nach der Rechtsprechung des BFH[52] zur Vermeidung einer verdeckten Gewinnausschüttung an beherrschende Gesellschafter es einer im voraus getroffenen klaren und eindeutigen Vereinbarung bedarf, daß folglich auch auszugleichende Gegenvorteile in einer solchen Vereinbarung festgelegt sein müssen.[53]

3. Die Rechtsfolgen der verdeckten Gewinnausschüttung

a) Keine Minderung des Einkommens der Kapitalgesellschaft[54]

Verdeckte Gewinnausschüttungen mindern das Einkommen der Kapitalgesellschaft nicht (§ 8 Abs. 3 S. 2 KStG). In der Regel ist der Gewinn der Kapitalgesellschaft, die Gewinn verdeckt ausgeschüttet hat, *außerhalb der Bilanz* zu erhöhen, weil die verdeckte Gewinnausschüttung den ausgewiesenen Bilanzgewinn gemindert hat, sei es durch Verzicht der Kapitalgesellschaft auf Einnahmen, sei es, daß die Kapitalgesellschaft zugunsten des Gesellschafters überhöhte Aufwendungen gemacht hat.

Besondere Beachtung verdient der Fall, daß die überhöhten Aufwendungen für ein aktivierungspflichtiges Wirtschaftsgut gemacht sind. Beispiel: Die Kapitalgesellschaft kauft von ihrem Gesellschafter eine Maschine zu einem überhöhten Preis. Sie bilanziert die Maschine mit den überhöhten Anschaffungskosten. Hier wird in der Literatur teilweise angenommen, daß der Aufwand der Kapitalgesellschaft, der als verdeckte Gewinnausschüttung zu beurteilen ist, bei der Kapitalgesellschaft selbst erst in den folgenden Jahren, nämlich mit den jährlichen (dann teilweise überhöhten) Abschreibungen entsteht oder dann, wenn die Gesellschaft eine Teilwertabschreibung vornimmt.[55] Diese Auffassung beruht offensichtlich auf der mit der „Fiktionstheorie“[56] verbundenen Vorstellung, daß der Gewinn der Gesellschaft im Jahre des Erwerbs der Maschine auch nicht höher gewesen wäre, wenn die Gesellschaft einen angemessenen Kaufpreis gezahlt und also nur diesen aktiviert hätte.

---

52 Insbesondere für Geschäftsführervergütungen (vgl. dazu oben unter I 2b).

53 BFH vom 8. 6. 1977 aaO, (Anm. 51); BFH vom 7. 12. 1988 I R 25/82 BStBl II 1989, 248.

54 Vgl. dazu näher Döllerer aaO, (Anm. 1), S. 76 ff.

55 Vgl. etwa Rose, Die Ertragsteuern, 3 B 5e.

56 Vgl. dazu oben unter I 1.

U. E. ist dem nicht zu folgen.[57] Die Zuwendung des überhöhten Kaufpreises ist vielmehr auch bei der Kapitalgesellschaft schon in dem Jahre des Erwerbs gewinnerhöhend zu berücksichtigen. Denn der Vorgang ist von vornherein nicht als reiner Kaufvertrag zu werten, sondern ein Teil der Zahlung seitens der Gesellschaft ist causa societatis erfolgt. Damit steht fest, daß die Zahlung insoweit *keine Anschaffungskosten* der Maschine darstellt.[58] Als Anschaffungskosten ist vielmehr nur der angemessene Teil der Zahlung zu aktivieren. Der andere Teil erhöht als verdeckte Gewinnausschüttung im Jahre des Erwerbs den ausgewiesenen Gewinn der Kapitalgesellschaft.

Hat die Kapitalgesellschaft einen Verlust ausgewiesen, so führt die Aufdekkung der verdeckten Gewinnausschüttung zur Verminderung des – nach § 10d EStG abziehbaren – Verlustes.[59]

b) Die Auswirkungen der verdeckten Gewinnausschüttung auf das Einkommen des Gesellschafters[60]

aa) Allgemeines

Beim Gesellschafter sind verdeckte Gewinnausschüttungen Kapitalerträge nach § 20 EStG. Dabei ist gleichgültig, ob man sie als „sonstige Bezüge" i. S. des § 20 Abs. 1 Nr. 1 EStG oder als „besondere Vorteile" i. S. des § 20 Abs. 2 Nr. 1 EStG versteht;[61] die Körperschaftsteuer ist in beiden Fällen anzurechnen (§ 36 Abs. 2 Nr. 3 EStG).

Die steuerliche Erfassung des Vermögensvorteils bei begünstigten Gesellschaftern geschieht grundsätzlich unabhängig von den Beteiligungsverhältnissen.

Beispiel: An einer GmbH sind Mutter zu 60% und Tochter zu 40% beteiligt. Wendet die GmbH der Mutter verdeckt 100 zu, so sind bei ihr die 100 zu erfassen und nicht etwa nur entsprechend ihrer Beteiligung 60. Allerdings kann – werden in einem deutlichen Mißverhältnis zur Höhe der Beteiligungen stetig verdeckte Gewinnausschüttungen vorgenommen – ein Fall des § 42 AO vorliegen.[62]

Besteht die verdeckte Gewinnausschüttung in einer Leistung an eine dem Gesellschafter „nahestehende Person", so kann der dem Gesellschafter zugeflossene Vorteil in der Vermehrung seiner Vermögensrechte gegenüber dem Leistungsempfänger oder – auch ohne dies – in der Ersparnis von Aufwendungen bestehen, wenn der Gesell-

---

57 Vgl. zu dieser Problematik i. e. Bock/Maas, Beilage zu FR Heft 22/1961; Thiel, DB 1962, 1482 ff; Glade, FR 1966, Beilage zu Heft 1; Lange aaO, (Anm. 1), 122 ff.

58 Vgl. so auch Döllerer, JbFStR 1972/73, 142 ff, 146; Briese, DB 1983, 846 ff; a. A. Herzig, FR 1977, 406, 407.

59 Vgl. i. e. Lange aaO, (Anm. 1), S. 264 ff.

60 Vgl. Döllerer, Verdeckte Gewinnausschüttungen und verdeckte Einlagen bei Kapitalgesellschaften, 1975, S. 86 ff.

61 Vgl. Pezzer aaO, (Anm. 1), S. 170; Nachweise über die unterschiedliche Einordnung bei Herrmann/Heuer/Raupach, § 20 EStG Anm. 358.

62 Vgl. Döllerer, DStR 1984, 385 ff.

schafter mit der Hilfe der Kapitalgesellschaft eine freiwillige Leistung an den Dritten erbringt.[63]

Bei Austauschverhältnissen mit unangemessener Preisgestaltung bedarf es zunächst der Feststellung, welcher Teil des Entgelts als Gegenleistung für die Leistung des Gesellschafters und welcher Teil als Zuwendung causa societatis gezahlt ist. Hat der Gesellschafter z. B. ein überhöhtes Gehalt oder einen überhöhten Mietzins oder einen überhöhten Kaufpreis für eine wesentliche Beteiligung an einer Kapitalgesellschaft erhalten, so kann man es nicht bei der bisherigen Einordnung der Einkünfte als solcher aus nichtselbständiger Arbeit, aus Vermietung und Verpachtung oder nach § 17 EStG belassen.[64] Vielmehr ist durch rechtliche Wertung der vertraglichen Vereinbarung festzustellen, inwieweit es sich bei der Leistung der Gesellschaft um eine Zuwendung in Hinsicht auf das Gesellschaftsverhältnis handelt, die zu Einkünften aus der Beteiligung führt.[65]

Wie bei der offenen Ausschüttung gehört auch bei der verdeckten Gewinnausschüttung die auf diese entfallende anrechenbare Körperschaftsteuer zu den Einkünften des Gesellschafters (§ 20 Abs. 1 Nr. 3, Abs. 3 EStG).[66] Fallen Kapitalerträge i. S. des § 20 Abs. 1 u. 2 EStG in einem Gewerbebetrieb an, so sind sie den Einkünften aus Gewerbebetrieb zuzurechnen (§ 20 Abs. 3 EStG).

bb) Überhöhte Zahlung der Gesellschaft für Leistung des Gesellschafters

Beispiel: Der Gesellschafter verkauft der Kapitalgesellschaft ein Grundstück zu einem überhöhten Preis.[67]

Befand sich das Grundstück *im Privatvermögen* des Gesellschafters, so hat

63 Vgl. BFH vom 18. 7. 1985 IV R 135/82: Der Leitsatz lautet: „Der minderjährige Gesellschafter einer Kapitalgesellschaft empfängt eine verdeckte Gewinnausschüttung, wenn die Kapitalgesellschaft im Hinblick auf seine Beteiligung unentgeltlich Leistungen an eine andere Kapitalgesellschaft erbringt, an der der Gesellschafter eine Mehrheitsbeteiligung hat." Kapitalgesellschaft A, an der X zu 41% beteiligt war, hatte für Kapitalgesellschaft B, an der X zu 70% beteiligt war, Ausgaben von 100 übernommen. Der BFH nimmt bei X einen Vorteil von 100 an, obwohl der Wert seiner Beteiligung an der B-GmbH sich nur in Höhe von 70 vermehrt hat; dies, weil der BFH in dem Vorgang zugleich eine verdeckte Einlage des X in die B-GmbH annimmt und seinen Vorteil darin sieht, daß er zu diesem Zweck nicht eigene Mittel in Anspruch nehmen mußte.

64 H. M.; vgl. z. B. Bock/Maas aaO; Thiel aaO; Glase aaO; Grieger, StbJb 1962/63, 120; Döllerer, JbFStR 1972/73, 142 ff, 146 ff.

65 Vgl. auch Pezzer aaO, (Anm. 1), S. 172, der in diesem Fall freilich bei der Kapitalgesellschaft die Vorschriften über die verdeckte Gewinnausschüttung nicht anwenden und entsprechend dem Anteilseigner auch keinen Anrechnungsanspruch gewähren will.

66 Vgl. dazu näher unten I 3 c.

67 Vgl. hierzu und zum Folgenden auch Döllerer, JbFStR 1972/73, 142 ff, 145 ff; Verdeckte Gewinnausschüttungen aaO, (Anm. 1), S. 86 ff.

er in Höhe der Preisdifferenz und der darauf entfallenden Körperschaftsteuer grundsätzlich Einkünfte. Diese werden, je nachdem ob die Beteiligung an der Kapitalgesellschaft in sein Betriebsvermögen oder in sein Privatvermögen gehört, als Einkünfte aus Gewerbebetrieb oder aus Kapitalvermögen erfaßt.

Befand sich das Grundstück *im Betriebsvermögen* des Gesellschafters, so wird die verdeckte Gewinnausschüttung in Höhe der Preisdifferenz schon als Gewinn ausgewiesen sein. Dabei bleibt es, wenn auch die Beteiligung an der Kapitalgesellschaft zu diesem Betriebsvermögen gehört. Gehört die Beteiligung zum Privatvermögen, so ist der zugewandte Vorteil bei den Einkünften aus Kapitalvermögen nach § 20 EStG zu erfassen; der ausgewiesene Gewinn des Gewerbebetriebs des Gesellschafters ist entsprechend zu kürzen (Einlage).

cc) Unangemessen niedrige Gegenleistung des Gesellschafters für Leistung der Kapitalgesellschaft

Der Gesellschafter zahlt für Leistungen der Kapitalgesellschaft kein oder ein zu geringes Entgelt (zinsloses Darlehen, zu niedriger Mietzins, zu niedriger Kaufpreis für ein Wirtschaftsgut der Gesellschaft). Die „Fiktionstheorie“[68] stellt in derartigen Fällen bei dem Gesellschafter der verdeckten Gewinnausschüttung eine fiktive angemessene Zahlung zur Kompensierung gegenüber. Der BFH hat sich in dem Urteil vom 19. 3. 1975[69] von der Sicht der Fiktionstheorie gelöst.

Fiktionen sind keine Grundlage für eine Gewinnerhöhung. Der Gewinn der Gesellschaft wird erhöht, weil sie dem Gesellschafter einen Vermögensvorteil, nämlich ein Wirtschaftsgut, den Gebrauchs- oder Nutzungsvorteil, die Dienstleistung usw. *tatsächlich* zugewendet hat und aus diesem Grunde ihr Gewinn zu niedrig ausgewiesen ist. Umgekehrt hat der Gesellschafter diesen Vorteil *tatsächlich* auch erhalten, ohne daß er eine angemessene Gegenleistung erbracht hat und weil er Aufwendungen erspart hat.

Der Vorteil aus der verdeckten Gewinnausschüttung ist beim privat beteiligten und beim betrieblich beteiligten Gesellschafter in gleicher Weise steuerpflichtig.

Für den betrieblich beteiligten Gesellschafter ist die Vorstellung verbreitet, die steuerliche Erfassung des Vorteils setze voraus, daß dieser als solcher auch in der Bilanz ausgewiesen ist. Das muß aber nicht sein. Hat die Gesellschaft etwa Leistungen für den Betrieb des Gesellschafters erbracht und ihm dadurch Aufwendungen erspart, so ist der Vorteil aus der verdeckten Ge-

---

68 Vgl. dazu oben unter I 1.

69 BFH vom 19. 3. 1975 I R 137/73 BStBl II 1975, 727 mit Anm. L. Schmidt; FR 1975, 430; Keuk, StuW 1975, 340 ff.

winnausschüttung in dem Gewinn des Gesellschafters enthalten.[70] Auch wenn der Gesellschafter z. B. von der Gesellschaft ein Wirtschaftsgut mit Verkehrswert von 300 zum Buchwert von 200 erworben und vor dem Bilanzstichtag zu 300 veräußert hat, ist der Vorteil aus der verdeckten Gewinnausschüttung schon in dem Bilanzgewinn des Gesellschafters enthalten. Ebenso ist der Vorteil aus der verdeckten Gewinnausschüttung schon Bestandteil des Bilanzgewinns, wenn der Gesellschafter das von der Gesellschaft erhaltene Wirtschaftsgut bis zum Bilanzstichtag verbraucht hat; dem Ertrag aus der verdeckten Gewinnausschüttung steht ein entsprechender Aufwand gegenüber.[71]

Nicht anders ist die Lage, wenn Gegenstand der verdeckten Gewinnausschüttung ein Zins- oder Gebrauchsvorteil ist. Trotz des Verbrauchs des Vorteils ist dieser in dem ausgewiesenen Gewinn des Gesellschafters enthalten, weil er nicht um angemessene Aufwendungen für den empfangenen Vermögensvorteil vermindert ist; dabei ist gleichgültig, ob der Vorteil im eigenen Betrieb des Gesellschafters verbraucht oder von dem Gesellschafter als Muttergesellschaft für eine Tochtergesellschaft verwendet worden ist.[72]

Bei dem ausgewiesenen Ergebnis des Gesellschafters kann es nur dann nicht bleiben, wenn die Aufwendungen, die der Gesellschafter infolge der Zuwendung des Vorteils erspart hat, nicht als Betriebsausgaben, Werbungskosten oder Sonderausgaben abzugsfähig sind. In diesem Fall ist das ausgewiesene Ergebnis um die verdeckte Gewinnausschüttung zu erhöhen.

Beispiel: Die Kapitalgesellschaft gewährt dem Gesellschafter ein zinsloses Darlehen, das dieser für private Zwecke verwendet. Der von der Kapitalgesellschaft zugewendete Vermögensvorteil ist nicht schon in dem Einkommen des Gesellschafters enthalten. Private Schuldzinsen sind seit dem 1. 1. 1974 nicht mehr als Sonderausgaben abzugsfähig.

Wird der Vorteil aus der verdeckten Gewinnausschüttung beim Gesellschafter grundsätzlich unabhängig davon erfaßt, ob er als solcher in der Bilanz ausgewiesen ist, so bleibt die *andere* davon zu trennende Frage, wie der Gesellschafter, wenn Gegenstand der verdeckten Gewinnausschüttung ein Wirtschaftsgut ist, das noch nicht verbraucht worden ist, in seiner Bilanz anzusetzen ist. Wirtschaftsgüter sind mit den Anschaffungskosten anzusetzen. Die Anschaffungskosten des Gesellschafters setzen sich bei einer Unterpreislieferung aus dem gezahlten Preis und dem Kapitalertrag aus der verdeckten Gewinnausschüttung zusammen. Ist das Wirtschaftsgut von der Gesellschaft ohne Entgelt an den Gesellschafter gelangt, so bestehen seine Anschaffungskosten in Höhe des Betrags der verdeckten Gewinnausschüttung.

Immaterielle Wirtschaftsgüter, die die Gesellschaft dem Gesellschafter unentgeltlich übertragen hat, durften nach der bisherigen Rechtsprechung[73] in

70 BFH vom 19. 3. 1975 I R 137/73 BStBl II 1975, 722; vom 14. 8. 1975 IV R 30/71 BStBl II 1976, 88.

71 BFH vom 26. 10. 1987 GrS 2/86 BStBl II 1988, 348 ff, 356.

72 BFH GrS 2/86 aaO, (Anm. 71), S. 357.

73 Vgl. BFH vom 25. 11. 1976 IV R 90/72 BStBl II 1977, 467.

Hinsicht auf das Aktivierungsverbot der §§ 248 Abs. 2, 255 Abs. 4 HGB, § 5 Abs. 2 EStG nicht aktiviert werden. Diese Auffassung hat der BFH mit Urteil vom 20. 8. 1986[74] aufgegeben und er räumt nunmehr dem Gebot der Trennung von betrieblichem und gesellschaftsrechtlichem Bereich den Vorrang vor dem Aktivierungsverbot ein. Der Entscheidung ist für die verdeckte Gewinnausschüttung[75] im Ergebnis zu folgen. Tatsächlich wird aber nicht das Aktivierungsverbot für nicht entgeltlich erworbene immaterielle Vermögenswerte außer Kraft gesetzt. Dieses findet vielmehr keine Anwendung, weil es sich, wenn der Gesellschafter den Wert *als Ausschüttung* erhält, um einen entgeltlichen Erwerb handelt. Sind Wirtschaftsgüter, die an den Gesellschafter im Wege der verdeckten Gewinnausschüttung gelangen und am Bilanzstichtag noch zu seinem Betriebsvermögen gehören, mit den – den Kapitalertrag einschließenden – Anschaffungskosten des Gesellschafters anzusetzen, so wird auf diese Weise die zweimalige steuerliche Erfassung der verdeckten Gewinnausschüttung beim Gesellschafter verhindert.

c) Die verdeckte Gewinnausschüttung im Anrechnungsverfahren

aa) Die grundsätzliche Problematik

Nach dem früheren Körperschaftsteuerrecht waren die Folgen der Aufdekkung eines Vorgangs als verdeckte Gewinnausschüttung gravierend. Die verdeckte Gewinnausschüttung unterlag der wirtschaftlichen Doppelbelastung mit Körperschaftsteuer und Einkommensteuer.

Da es sich bei den verdeckten Gewinnausschüttungen nicht um berücksichtigungsfähige Ausschüttungen im Sinne des § 19 Abs. 3 KStG a. F. handelte, hatte die Kapitalgesellschaft auf die verdeckte Gewinnausschüttung 51 % bzw. 49 % Körperschaftsteuer zu zahlen; des weiteren wurde die verdeckte Gewinnausschüttung bei dem Gesellschafter mit der Einkommensteuer belegt.[76]

War der Gesellschafter seinerseits eine Kapitalgesellschaft, so blieb der Vorteil aus der verdeckten Gewinnausschüttung steuerfrei, soweit die Muttergesellschaft das Schachtelprivileg nach § 9 KStG a. F. in Anspruch nehmen konnte. Nach dem neuen Körperschaftsteuerrecht hat sich die Steuerbelastung anläßlich einer verdeckten Gewinnausschüttung von der Tochtergesellschaft an die Muttergesellschaft zu Lasten der anrechnungsberechtigten Muttergesellschaft verschoben.

Die bisherige Problematik der verdeckten Gewinnausschüttung, daß diese schärfer als die offene Ausschüttung besteuert wurde, ist mit der Beseitigung der wirtschaftlichen Doppelbelastung des von Kapitalgesellschaften ausgeschütteten Gewinns und dem damit verbundenen Wegfall des gespaltenen Körperschaftsteuersatzes entfallen. Im Ergebnis soll die verdeckte Gewinnausschüttung fortan wie die offene Gewinnausschüttung nur noch mit der individuellen Einkommensteuer des Anteilseigners belastet sein.

---

74 BFH vom 20. 8. 1986 I R 150/82 BStBl II 1987, 455 = FR 1987, 229 mit Ovationen von L. Schmidt. Das Urteil betraf die Veräußerung eines Teilbetriebs der Gesellschaft an den Gesellschafter ohne Ansatz des Geschäftswerts.

75 Für die verdeckte Einlage ist der Entscheidung hingegen nicht zu folgen. Vgl. dazu § 16 II 1 a.

76 Vgl. dazu näher die 2. Aufl. § 20 a.

Wenn dennoch auch verdeckte Gewinnausschüttungen weiterhin den Gewinn der Kapitalgesellschaft nicht mindern dürfen (§ 8 Abs. 3 S. 2 KStG), so beruht dies vor allem auf folgenden Gründen:

Die steuerliche Erfassung verdeckter Gewinnausschüttungen an beschränkt Steuerpflichtige wäre nicht sichergestellt gewesen. Des weiteren wäre eine besondere Regelung im Gewerbesteuerrecht erforderlich gewesen, die die Erfassung der verdeckten Gewinnausschüttung bei der Kapitalgesellschaft durch die Gewerbeertragsteuer sichergestellt hätte. Denn Ausgangsgröße für die Ermittlung des Gewerbeertrags der Kapitalgesellschaft ist der nach dem EStG und KStG ermittelte Gewinn.[77] Der Gewerbeertrag darf aber nicht um verdeckte Gewinnausschüttungen gemindert sein.

Der in gewisser Weise prohibitive Effekt der bisherigen steuerlichen Behandlung der verdeckten Gewinnausschüttung ist mit dem neuen Körperschaftsteuersystem entfallen.

Auch die verdeckten Gewinnausschüttungen sind den Regeln des Anrechnungsverfahrens unterworfen. Sowohl für offene als auch für verdeckte Gewinnausschüttungen ist bei der Kapitalgesellschaft die Ausschüttungsbelastung mit 36% Körperschaftsteuer herzustellen. Auch der Empfänger der verdeckten Gewinnausschüttung erhält den Körperschaftsteueranrechnungsanspruch nach § 36 Abs. 2 Nr. 3 EStG bzw. den Vergütungsanspruch nach §§ 36b ff EStG, er muß neben der verdeckten Gewinnausschüttung selbst die darauf entfallende Körperschaftsteuer im Sinne des § 20 Abs. 1 Nr. 3 EStG als Einnahmen versteuern.

Die schematische Übernahme der Regeln des Anrechnungsverfahrens auf die verdeckte Gewinnausschüttung führt allerdings zu einem Ergebnis, von dem nicht anzunehmen ist, daß es der Gesetzgeber gewollt haben kann.[78]

Beispiel: A hat als Gesellschafter der GmbH X von dieser ein um 10 000 DM überhöhtes Gehalt bezogen. Das Einkommen der GmbH X ist damit um 10 000 DM höher (§ 8 Abs. 3 S. 2 KStG) als erklärt. Dies führt zu einer Erhöhung der Körperschaftsteuer von 9/16 des Betrages von 10 000. X büßt also über die verdeckte Gewinnausschüttung von 10 000 hinaus 5 625 DM ein.

Bei dem Gesellschafter A sieht, unterliegt er dem ab 1990 geltenden Spitzensteuersatz von 50%, das Bild folgendermaßen aus:

Vor der Aufdeckung der verdeckten Gewinnausschüttung hatte er	10 000	
als Einkünfte aus nichtselbständiger Arbeit zu versteuern		
Einkommensteuer		5 000
Ohne Aufdeckung der verdeckten Gewinnausschüttung wären ihm verblieben	5 000	

77 Vgl. unten § 21 II 2.
78 Vgl. dazu Thiel, DB 1976, 1542 f.

Nach Aufdeckung der verdeckten Gewinnausschüttung hat er Einkünfte aus Kapitalvermögen			
Verdeckte Gewinnausschüttung	10 000		
Steuergutschrift	5 625		
Einkommensteuer 50 % auf	15 625	7 812,5	
– anzurechnende Körperschaftsteuer		5 625	
		2 187,5	
Es verbleiben ihm von der verdeckten Gewinnausschüttung von 10 000			7 812,5
Erhöhung des Nettoeinkommens			2 812,5

Dem infolge der Aufdeckung der verdeckten Gewinnausschüttung erhöhten Nettoeinkommen des A von 2 812,5 steht die Vermögenseinbuße der Gesellschaft gegenüber, die diese dadurch erleidet, daß ihr die zusätzliche Steuer von 9/16 auf 10 000 auferlegt wurde. Mittelbar geht dies zu Lasten aller Gesellschafter. Der Mechanismus des Anrechnungsverfahrens bewirkt also, daß A über die verdeckte Gewinnausschüttung hinaus einen Vorteil zu Lasten der Gesellschaft und damit mittelbar zu Lasten der übrigen Gesellschafter erhält. Der für die übrigen Gesellschafter ohnehin schon genügend unerfreuliche Vorgang einer verdeckten Gewinnausschüttung wird auf diese Weise noch unerfreulicher.

Man kann erwägen, ob A nicht verpflichtet ist, der Gesellschaft die zusätzliche Ausschüttungssteuer von 9/16 auf den Betrag der verdeckten Gewinnausschüttung zu vergüten.

Bei dem Gesellschafter käme man dann zwar – würde man die Zahlung an die Gesellschaft bei ihm als negative Einkünfte berücksichtigen – zu dem Ergebnis, daß er nur mit der Steuer auf 10 000 belastet wäre:

Einkünfte aus Kapitalvermögen		15 625
– negative Einkünfte		5 625
		10 000
Steuer 50 %		5 000
– anzurechnende Körperschaftsteuer		5 625
Erstattung	+	625

Im Ergebnis hätte der Gesellschafter dann 5 000 bezahlt, nämlich 5 625 an die Gesellschaft minus 625, die er vom Finanzamt zurückerhalten würde.

Die Probleme würden sich allerdings bei der Gesellschaft ergeben: Da nach der Rechtsprechung auch von Ersatzzahlungen, die eine Steuerbelastung ausgleichen sollen, Steuern zu zahlen sind,[79] wäre der sich bei der Gesellschaft infolge der Zahlung des Gesellschafters ergebende Gewinn bei dieser steuerpflichtig. Solange die Rechtsprechung an ihrer Auffassung festhält, ist also auf diese Weise die oben dargestellte unerwünschte Folge der verdeckten Gewinnausschüttung nach dem Anrechnungsverfahren nicht zu beseitigen.

Die unerträgliche Konsequenz, daß nunmehr der Vorteil des Empfängers der verdeckten Gewinnausschüttung noch vergrößert wird, liegt daran, daß man die unterschiedliche Wirkungsweise des Anrechnungsmechanismus auf offene und auf verdeckte Gewinnausschüttungen übersehen hat.

---

79 BFH vom 8. 12. 1971 I R 80/70 BStBl II 1972, 292; BFH vom 15. 12. 1976 I R 4/75 BStBl II 1977, 220; vgl. dagegen Keuk, DB 1972, 847 f; StuW 1976, 47 ff.

Bei Ausschüttungen aus dem ausgewiesenen Gewinn oder aus Rücklagen bedeutet das Anrechnungsverfahren für die Kapitalgesellschaft, daß sie mit einer Minderung der Körperschaftsteuerbelastung von 50 % auf 36 % und damit rechnen kann, daß der Anteilseigner neben der Bardividende zusätzlich den Körperschaftsteueranrechnungsanspruch erhält. Dementsprechend kann die Kapitalgesellschaft ihr Ausschüttungsverfahren einrichten.

Bei verdeckten Gewinnausschüttungen aber ist die Lage im Regelfall anders. Die Kapitalgesellschaft hat hier – wird nicht bewußt eine verdeckte Gewinnausschüttung vorgenommen – gar nicht die Möglichkeit, die Konsequenzen des Anrechnungsverfahrens in ihr Kalkül einzubeziehen. Wird nachträglich in einem Leistungsaustausch zwischen Kapitalgesellschaft und Gesellschafter eine verdeckte Gewinnausschüttung gesehen, so bedeutet dies für die Kapitalgesellschaft nicht eine Minderung ihrer Körperschaftsteuer, vielmehr das Entstehen einer zusätzlichen Steuerbelastung von 9/16 auf den Ausschüttungsbetrag. Andererseits erhält der Anteilseigner noch zusätzlich zu der verdeckten Gewinnausschüttung die Steuergutschrift.

Das erklärte Ziel des Gesetzgebers des Anrechnungsverfahrens war es, offene und verdeckte Gewinnausschüttungen gleich zu behandeln. Zur Erreichung dieses Ziels ist es nur erforderlich, daß man für die Praktizierung des Anrechnungsverfahrens bei verdeckten Gewinnausschüttungen von denselben Voraussetzungen wie bei den offenen Ausschüttungen ausgeht. Setzt sich bei der offenen Ausschüttung die Dividende des Gesellschafters aus Bardividende und Steuergutschrift zusammen, so ist dementsprechend die verdeckte Gewinnausschüttung rechtlich in der Weise zu werten, daß sich der Betrag der verdeckten Gewinnausschüttung aus einem Barausschüttungsanteil und einem Steuergutschriftanteil zusammensetzt. Denn nach dem Inhalt des zwischen Gesellschaft und Gesellschafter abgeschlossenen Geschäfts soll der Gesellschafter keinen größeren als den in dem Geschäft vorgesehenen Vorteil erhalten. Im System des Anrechnungsverfahrens wird dies erreicht, wenn die verdeckte Gewinnausschüttung als Bruttodividende gewertet wird.

Bei einer verdeckten Gewinnauschüttung von z. B. 10 000 DM bedeutet dies:

Als Barausschüttung sind 6 400 anzusetzen. Darauf entfallen 3 600 Körperschaftsteuer. Diesen Betrag hat die Gesellschaft zu Unrecht – statt an das Finanzamt – an den Gesellschafter ausgezahlt. Die Rückabwicklung würde folgendermaßen aussehen: Die Gesellschaft könnte von dem Gesellschafter 3 600 nach § 812 BGB zurückverlangen;[80] denn insoweit hat sie an den Gesellschafter zu viel ausgezahlt; sie würde ihrerseits 3 600 Körperschaftsteuer zahlen. Der Gesellschafter könnte die Bescheinigung nach § 44 KStG verlangen und die gezahlte Körperschaftsteuer anrechnen. Auf diese Weise versteuert der Gesellschafter 10 000 als Bruttodividende.

---

80 Im Ergebnis ebenso Fasold, DB 1976, 1886 ff; Brezing, DB 1976, 2079; vgl. demgegenüber aber kritisch Lempenau, BB 1977, 1209; Tipke/Lang, § 11 F III 5, S. 430 f; Herrmann/Heuer/Raupach, § 27 KStG Abs. 1 Anm. A II 4.

Es fragt sich allerdings, ob es unbedingt erforderlich ist, daß die Beteiligten in dieser Weise verfahren müssen, um zu dem Ergebnis zu kommen, daß der Vorteil des Gesellschafters aus der verdeckten Gewinnausschüttung auf den vorgesehenen Betrag von 10 000 DM beschränkt bleibt. Zu demselben Ergebnis würde es auch führen, wenn die Gesellschaft den Betrag von 3 600 nicht zurückverlangt, dem Gesellschafter aber auch keine Bescheinigung nach § 44 KStG erteilt und die Möglichkeit der Anrechnung nimmt.[81] Indem die Kapitalgesellschaft glaubhaft macht, daß sie eine Bescheinigung weder erteilt hat noch erteilen wird, und auf diese Weise die Besteuerung beim Gesellschafter sicherstellt, hat sie sich insoweit ihrer Verpflichtung zur Zahlung entledigt. Die Erhebung der Körperschaftsteuer bei der Kapitalgesellschaft würde sich erübrigen. Es würde – auf einfachem Wege – das Ergebnis erreicht, wie wenn der Gesellschafter der Kapitalgesellschaft zunächst den Betrag von 3 600 zurückzahlen würde und durch die Weiterreichung des Betrags seitens der Kapitalgesellschaft an das Finanzamt der Anrechnungsmechanismus ausgelöst würde.

Dieses vereinfachte Verfahren ohne den Umweg über die Rückzahlung des Steueranteils der verdeckten Gewinnausschüttung an die Kapitalgesellschaft ist allerdings nur möglich, wenn es sich bei dem Empfänger der verdeckten Gewinnausschüttung um einen anrechnungsberechtigten Steuerpflichtigen handelt. Ist der Empfänger der verdeckten Gewinnausschüttung nicht anrechnungsberechtigt, so ist die Beschränkung der verdeckten Gewinnausschüttung auf den Betrag von 10 000 nur möglich, wenn der Rückzahlungsanspruch in Höhe des Steueranteils der verdeckten Gewinnausschüttung von 3 600 von der Gesellschaft geltend gemacht wird und die Gesellschaft wegen der Barausschüttung von 6 400 mit 3 600 Körperschaftsteuer belastet wird. Macht die Gesellschaft den Rückforderungsanspruch nicht geltend, so steht die Zahlung von 10 000 in der Tat der Bardividende gleich, und es ist auf diese die Körperschaftsteuer von 9/16 = 5 625 zu zahlen.

bb) Die Herstellung der Ausschüttungsbelastung

Der Betrag, um den die verdeckte Gewinnausschüttung das Einkommen erhöht, ist als Zugang zum verwendbaren Eigenkapital in der Gliederung zum Schluß des Wirtschaftsjahres auszuweisen, in dem die verdeckte Gewinnausschüttung vorgenommen worden ist.

Umstritten ist der Ausschüttungszeitpunkt im Sinne der §§ 27 Abs. 3 S. 2, 28 Abs. 2 S. 2 KStG.

Für die Erfüllung des Tatbestandes der verdeckten Gewinnausschüttung nach § 8 Abs. 3 S. 2 KStG ist die Gewinnminderung bei der Kapitalgesellschaft ausreichend, das Eigenkapital der Gesellschaft wird schon durch die

81 Vgl. in diesem Sinne auch Thiel, DB 1976, 1544.

Gewinnminderung verringert.[82] Für die Herstellung der *Ausschüttungs*belastung hält der BFH[83] aber darüber hinaus einen *Vermögensabfluß* bei der Kapitalgesellschaft für erforderlich.

Beispiel: Die GmbH bildet zugunsten ihres Gesellschafter-Geschäftsführers eine überhöhte Pensionsrückstellung. Bei der Kapitalgesellschaft unterliegt die verdeckte Gewinnausschüttung der Tarifbelastung.

Die Frage, das Eigenkapital welchen Jahres als für die verdeckte Gewinnausschüttung verwendet gilt,[84] hat das Steuerentlastungsgesetz 1984 durch § 28 Abs. 2 S. 2 KStG[85] geklärt: Gewinnausschüttungen, die nicht auf einem den gesellschaftsrechtlichen Vorschriften entsprechenden Gewinnverteilungsbeschluß für ein abgelaufenes Wirtschaftsjahr beruhen, sind mit dem verwendbaren Eigenkapital zu verrechnen, das sich zum Schluß des Wirtschaftsjahres ergibt, in dem die Ausschüttung erfolgt.

Diese Neufassung ist auf Antrag rückwirkend für einen nach dem 31. 12. 1976 abgelaufenen Veranlagungszeitraum und zum Schluß eines nach dem 31. 12. 1976 abgelaufenen Wirtschaftsjahres anzuwenden; bestandskräftige Feststellungsbescheide nach § 47 KStG und Körperschaftsteuerbescheide sind zu ändern (§ 54 Abs. 7 KStG).[86]

cc) *Die Körperschaftsteueranrechnung beim Gesellschafter*

Wie bei der offenen Ausschüttung gehört auch bei der verdeckten Gewinnausschüttung die auf diese entfallende anrechenbare Körperschaftsteuer zu den Einkünften des Gesellschafters (vgl. § 20 Abs. 1 Nr. 3, Abs. 3 EStG). Der Gesellschafter hat den Körperschaftsteueranrechnungsanspruch nach § 36 Abs. 2 Nr. 3 EStG.

---

82 Nach einer verbreiteten Auffassung ist in diesem Zeitpunkt denn auch die Ausschüttungsbelastung herzustellen (vgl. Döllerer, JbFStR 1978/79, 378 f; DStR 1980, 395; Fuchs/Lempenau, BB 1982, 484; Reuter, DStR 1983, 320; Pezzer aaO, (Anm. 1), S. 125 ff.

83 BFH vom 20. 8. 1986 I R 87/83 BStBl II 1987, 75; BFH vom 26. 8. 1987 I R 260/83 BStBl II 1988, 460.
Ebenso Wassermeyer, GmbHR 1986, 27 f; Herrmann/Heuer/Raupach, § 27 KStG Abs. 3 Anm. D; Felix/Streck, § 27 KStG Anm. 10. Vgl. auch die Überlegungen von Brezing zum Zufluß, Abfluß und Rückfluß verdeckter Gewinnausschüttungen in StbJb 1983/84, 215 ff. In dem am 20. 10. 1988 versandten, inzwischen aber wieder aus dem Verkehr gezogenen Referentenentwurf eines Körperschaftsteueränderungsgesetzes waren drei BFH-Korrekturmaßnahmen enthalten, so auch zu dieser Rechtsprechung. Vgl. dazu Wassermeyer, Ein neues BFH-Rechtsprechungs-Korrekturgesetz, DB 1988, 2531 ff.

84 Zu der bisherigen Diskussion vgl. die 3. Aufl. § 19 I 3 c, bb (S. 365).

85 Vgl. dazu näher oben § 18 II 2 a.

86 Nach dem Schreiben des BdF vom 7. 6. 1984 BStBl I 1984, 369 ff kann der Antrag nur gestellt werden, solange die Festsetzungsverjährung für das betreffende Wirtschaftsjahr noch nicht eingetreten ist. Die Frist kann also für die Jahre 1977 und 1978 inzwischen verstrichen sein! Vgl. Uelner, JbFStR 1984/85, 29. BdF vom 20. 6. 1985, DB 1985, 1507 versagt auch die Anwendung des § 175 Abs. 1 Nr. 2 AO. Gegen die Verwaltungsauffassung vgl. Förster, DB 1986, 1696.

Die Bescheinigung nach §§ 44 ff KStG ist auszustellen, wenn die Kapitalgesellschaft Leistungen erbringt, die beim Gesellschafter Einnahmen im Sinne des § 20 Abs. 1 Nr. 1 oder 2 darstellen. Nach § 44 Abs. 1 Nr. 3 KStG ist in der Bescheinigung auch der „*Zahlungstag*" anzugeben. Daraus zieht Döllerer[87] die Folgerung, bei einem Verkauf eines Wirtschaftsguts zu einem überhöhten Kaufpreis vom Gesellschafter an die Gesellschaft sei die Bescheinigung erst auszustellen, wenn der Gesellschafter die Zahlung empfange und nicht schon dann, wenn er – nach Lieferung – den Kaufpreisanspruch aktiviert hat. Dem ist nicht zu folgen. Die verdeckte Gewinnausschüttung ist schon durch die Einräumung des überhöhten Kaufpreisanspruchs vollzogen. Bei verdeckten Gewinnausschüttungen ist unter „Zahlungstag" im Sinne des § 44 Abs. 1 Nr. 3 KStG der Tag zu verstehen, an dem der Gesellschafter durch die Leistung der Gesellschaft den Vorteil erlangt.

Der Anrechnungsanspruch setzt das Vorliegen von Einnahmen im Sinne des § 20 Abs. 1 Nr. 1 oder 2 EStG sowie eine Bescheinigung der Kapitalgesellschaft nach § 44 ff KStG voraus. Die Vorschrift des § 36 Abs. 2 Nr. 3 EStG gilt auch dann, wenn die Einnahmen i. S. von § 20 Abs. 1 Nr. 1 oder Nr. 2 EStG nach § 20 Abs. 3 EStG den Einkünften aus Gewerbebetrieb zuzuordnen sind. Wie oben § 19 I 3b dargelegt, kommt es für die steuerliche Erfassung der verdeckten Gewinnausschüttung beim Gesellschafter nicht auf eine Veränderung des Bilanzgewinns an. Entscheidend ist allein die Feststellung des Vermögenszugangs beim Gesellschafter und dieser Vermögenszugang ist zugleich auch die Grundlage für die Anrechnung der Körperschaftsteuer nach §§ 36 Abs. 2 Nr. 1 EStG, 49 Abs. 1 KStG beim Gesellschafter.[88] Gleichgültig, ob die verdeckte Gewinnausschüttung dem Gesellschafter Aufwendungen erspart, einen Zins- oder Gebrauchsvorteil, ein materielles oder immaterielles Wirtschaftsgut bringt: Der Körperschaftsteueranrechnungsanspruch entsteht mit dem Zugang des Vermögensvorteils.

Anders ist natürlich die Lage, wenn die verdeckte Gewinnausschüttung bei der Gesellschaft noch nicht zu einem Vermögensabfluß geführt hat und beim Gesellschafter noch kein Vermögenszugang zu verzeichnen ist.

Beispiel: Die Gesellschaft hat Rückstellungen für eine überhöhte Pensionszusage an den Gesellschafter-Geschäftsführer gebildet. Die Gewinnminderung bei der Gesellschaft tritt jeweils im Zeitpunkt der Zuführung zur Pensionsrückstellung ein. Der Betrag unterliegt bei der Kapitalgesellschaft der Tarifbelastung, da die Ausschüttungsbelastung einen Vermögensabfluß voraussetzt.[89] Der Gesellschafter bezieht nach h. M.[90] Einnahmen im Sinne des § 20 Abs. 1 Nr. 1 oder 2 EStG erst mit dem Empfang der Zahlungen.

Es ist denkbar, daß die verdeckte Gewinnausschüttung nicht in gleicher Höhe, mit der sie bei der Kapitalgesellschaft als Einkommen besteuert wird, auch bei dem Gesellschafter zu Einnahmen im Sinne des § 20 Abs. 1 Nr. 1 oder 2 EStG führt. Wegen unterschiedlicher Bewertungsmaßstäbe auf der Gesellschafts- und auf der Gesellschafterebene kann die verdeckte Gewinn-

87 Döllerer, JbFStR 1978/79, 372.
88 Vgl. § 19 I 3b; im übrigen Groh, DB 1988, 572.
89 BFH vom 20. 8. 1986 I R 87/83 BStBl II 1987, 75.
90 Döllerer, GmbHR 1987, 136.

ausschüttung bei dem Gesellschafter zu höheren oder zu niedrigeren Einnahmen führen als bei der Gesellschaft angesetzt worden ist.[91] U. E. ist in einem solchen Fall die Sache folgendermaßen zu sehen: Mehr Körperschaftsteuer als von der Kapitalgesellschaft gezahlt kann nicht angerechnet werden. Zwar sind nach § 36 Abs. 2 Nr. 3 EStG beim Anteilseigner 9/16 seiner Einnahmen i. S. des § 20 Abs. 1 Nr. 1 oder 2 EStG anzurechnen. Die Anrechnung beim Anteilseigner setzt jedoch die Vorlage der Bescheinigung nach § 44 KStG voraus. In dieser kann aber nur die von der Kapitalgesellschaft zu zahlende Körperschaftsteuer ausgewiesen sein. Soweit also die Einnahmen des Anteilseigners höher sind, als der Wert der verdeckten Gewinnausschüttung bei der Kapitalgesellschaft, kann eine Anrechnung von – gar nicht gezahlter – Körperschaftsteuer auch nicht stattfinden. Sind die Einnahmen beim Anteilseigner geringer als der Wert der verdeckten Gewinnausschüttung bei der Kapitalgesellschaft, so ist die Anrechnung nach § 36 Abs. 2 Nr. 3 EStG auf 9/16 der Einnahmen beschränkt.

d) Verdeckte Gewinnausschüttung und Kapitalertragsteuer

Verdeckte Gewinnausschüttungen unterliegen grundsätzlich ebenso dem Steuerabzug wie offene Gewinnausschüttungen (vgl. § 43 Abs. 1 S. 1 Nr. 1 EStG). Die Erhebung von Kapitalertragsteuer bei verdeckten Gewinnausschüttungen erübrigt sich allerdings, wenn die auf die verdeckte Gewinnausschüttung entfallende Einkommensteuer schon in einer anderen Form erhoben worden ist.[92]

Beispiel: Bei einem unangemessenen Geschäftsführergehalt wird auch der Teil des Gehalts, der als verdeckte Gewinnausschüttung qualifiziert wird, regelmäßig bereits im Zeitpunkt der Zahlung dem Lohnsteuerabzug unterworfen worden sein.

Die Kapitalertragsteuer entsteht in dem Zeitpunkt, in dem die Kapitalerträge dem Gläubiger zufließen (§ 44 Abs. 1 S. 2 EStG). Maßgeblich ist der Zeitpunkt, in dem der Steuerpflichtige die wirtschaftliche Verfügungsmacht über den Kapitalertrag erlangt.[93]

Zahlt die Gesellschaft die Kapitalertragsteuer auf die verdeckte Gewinnausschüttung, so kann dies unter Umständen zur Annahme einer weiteren verdeckten Gewinnausschüttung führen, nämlich wenn die Kapitalgesellschaft den Gesellschafter nicht auf Erstattung der auf seine Rechnung gezahlten Kapitalertragsteuer in Anspruch nimmt. Die Gesellschaft muß also den Ge-

---

91 Vgl. die Beispiele bei Herzig, FR 1977, 405 ff. Vgl. aber die grundsätzlich andere Konzeption von Brezing, Verrechnungsentgelte und Umlage zwischen Kapitalgesellschaften und ihren Gesellschaftern, 1975, S. 93.

92 Vgl. Söffing, DStZ/A 1967, 317; BFH vom 25. 9. 1970 VI R 122/67 BStBl II 1971, 53.

93 Zum Zufluß verdeckter Gewinnausschüttungen bei verbundenen Unternehmen vgl. unten § 19 II.

sellschafter sogleich mit der bei ihr erhobenen Kapitalertragsteuer belasten.[94]

e) Verhinderung und Rückgängigmachung der Folgen einer verdeckten Gewinnausschüttung

Hat die verdeckte Gewinnausschüttung seit der Abschaffung der körperschaftsteuerlichen Doppelbelastung – von den unerwünschten gesellschaftsrechtlichen Folgen abgesehen – ihren entscheidenden steuerlichen Schreck verloren, so kann sich die Aufdeckung einer verdeckten Gewinnausschüttung im Einzelfall doch als recht mißlich erweisen. Das beruht vor allem darauf, daß steuerplanerisch offene Gewinnausschüttungen am vorhandenen verwendbaren Eigenkapital orientiert werden, während dies – jedenfalls bei nicht gezielten verdeckten Gewinnausschüttungen – nicht möglich ist. Insbesondere bei Kapitalgesellschaften mit nicht anrechnungsberechtigten Anteilseignern ergibt sich eine definitive Mehrbelastung. Des weiteren erhöht sich durch die Aufdeckung einer verdeckten Gewinnausschüttung die Gewerbesteuer. Damit stellt sich auch weiterhin die Frage, ob die Folgen der Qualifizierung eines Vorgangs als verdeckte Gewinnausschüttung durch Rückgängigmachung der verdeckten Gewinnausschüttung verhindert werden können.

aa) Rückgängigmachung des betreffenden Geschäftsvorfalls?

Die Rechtsfolgen der verdeckten Gewinnausschüttung können grundsätzlich nicht dadurch rückgängig gemacht werden, daß der zur verdeckten Gewinnausschüttung führende Geschäftsvorfall nachträglich wieder aufgehoben wird.

Beispiel: Die Gesellschaft veräußert ein Grundstück mit Verkehrswert von 300 000 DM zum Buchwert von 200 000 DM an den Gesellschafter. In der Betriebsprüfung wird der Vorgang als verdeckte Gewinnausschüttung aufgedeckt. Heben Gesellschaft und Gesellschafter nunmehr verschreckt den Grundstückskaufvertrag ex tunc auf, so bleibt es *grundsätzlich* doch bei den eingetretenen steuerrechtlichen Folgen, daß nämlich vom Gesellschafter als Kapitalertrag eine verdeckte Gewinnausschüttung in Höhe von 100 000 DM zu versteuern ist.

Nach § 38 AO entsteht die Körperschaftsteuerschuld in dem Zeitpunkt, in dem der Tatbestand verwirklicht ist, an den das Gesetz die Steuer knüpft. Von diesem Zeitpunkt an besteht das öffentlich-rechtliche Steuerrechtsverhältnis. Dieses ist einer nachträglichen Einwirkung auf seinen Bestand entzogen. Ein einmal verwirklichter Steuertatbestand kann grundsätzlich nicht rückgängig gemacht werden. Vollzogene tatsächliche Handlungen und Rechtsverhältnisse können grundsätzlich mit steuerlicher Wirkung nicht

94 Vgl. dazu BFH vom 25. 9. 1970 aaO, (Anm. 92).

rückwirkend aufgehoben oder auf einen anderen Zeitpunkt verlegt werden.[95]

An dem Grundsatz der steuerlichen Nichtanerkennung der Rückgängigmachung von Geschäftsvorfällen hat die Rechtsprechung nicht uneingeschränkt festgehalten. Es handelt sich allerdings um seltene Ausnahmefälle. So hat der BFH z. B. in dem Urteil vom 10. 4. 1962[96] eine Rückgängigmachung steuerlich akzeptiert: Eine unklare, zu einer verdeckten Gewinnausschüttung führende Rechtsgestaltung zwischen der Kapitalgesellschaft und ihrem Gesellschafter könne auch mit steuerlicher Wirkung rückgängig gemacht werden, wenn die steuerlichen Folgen bei der Kapitalgesellschaft und ihrem Gesellschafter so hart wären, daß die Beteiligten bei Kenntnis der Auswirkungen die Rechtsgestaltung zweifellos unterlassen hätten.

bb) Satzungs- und Steuerklauseln[97]

Vielfach wird der Versuch unternommen, die unerwünschten steuerlichen Folgen einer verdeckten Gewinnausschüttung dadurch zu vermeiden, daß in den Gesellschaftsvertrag oder in die Satzung sog. Satzungsklauseln aufgenommen werden oder dem einzelnen Geschäft zwischen der Gesellschaft und dem Gesellschafter eine sog. Steuerklausel beigefügt wird. Diese Satzungs- oder Steuerklauseln haben regelmäßig[98] zum Inhalt, daß die Geltung des Rechtsgeschäfts zwischen der Gesellschaft und dem Gesellschafter davon abhängig sein soll, daß das Finanzamt in ihm keine verdeckte Gewinnausschüttung sieht.[99]

Von einer solchen Klausel verspricht man sich folgende Beurteilung:

Ist das Finanzamt der Meinung, ein bestimmtes Geschäft beinhalte eine verdeckte Gewinnausschüttung, so ist das Geschäft auf Grund der vertraglichen Bestimmung unwirksam oder nur beschränkt wirksam; nach der Klausel soll das Geschäft eben gel-

---

95 Vgl. i. e. dazu Tipke/Lang, § 5 C 1.2, S. 118 und § 7 5.2, 136 ff.

96 BFH vom 10. 4. 1962 I 65/61 U BStBl III 1962, 255.

97 Vgl. zur Problematik der Steuerklauseln allgemein Flume, Gesammelte Schriften, 1988, Bd. II, S. 337–366; Tipke, NJW 1968, 865 ff; Tipke/Kruse, § 175 AO Anm. 15; Paulick in Steuerlast und Unternehmenspolitik, Festschrift Barth, 1971, S. 347 ff mit weiteren Nachweisen.

98 Zu Satzungsklauseln des Inhalts, daß bei verdeckten Gewinnausschüttungen eine Verpflichtung des begünstigten Gesellschafters zur Rückgewähr entstehen soll, vgl. unten cc.

99 Satzungs- und Steuerklauseln werden vor allem im Hinblick auf verdeckte Gewinnausschüttungen vereinbart. Aber auch in anderen Fällen kommt es vor, daß durch eine dem Geschäft angefügte Steuerklausel die Geltung des Geschäfts davon abhängig gemacht wird, daß die Besteuerung in der bei Vornahme des Geschäfts angenommenen Weise erfolgt. Vgl. z. B. den Fall aus BFH vom 24. 8. 1961 IV 352/59 U BStBl III 1962, 112: Beim Verkauf eines von zwei Motorschiffen wurde zugleich mit dem Kaufvertrag eine Zusatzvereinbarung getroffen, der Kaufvertrag sei mit der auflösenden Bedingung geschlossen worden, daß er seine Wirksamkeit verliere, wenn nicht bis zu einem bestimmten Datum die Entscheidung vorliege, daß der Kaufpreis als Veräußerungsgewinn nach §§ 16, 34 EStG mit dem ermäßigten Steuersatz besteuert werde.

ten, und zwar mit sofortiger Wirkung, wenn die Besteuerung in der erwarteten und in der Klausel festgelegten Weise erfolgt. Das Geschäft soll jedoch mit Wirkung von Anfang an keine Geltung haben, wenn eine andere steuerliche Entscheidung ergeht. Ist das Geschäft wegen der Bewertung seitens des Finanzamts als verdeckte Gewinnausschüttung unwirksam, so hat die Gesellschaft gegen den Gesellschafter einen Rückforderungsanspruch. Die bisherige Bilanz ist damit fehlerhaft und dahin zu berichtigen, daß der Rückforderungsanspruch aktiviert und ein entsprechend höherer Gewinn ausgewiesen wird.[100]

In Literatur und Rechtsprechung ist nicht abschließend geklärt, ob Steuer- und Satzungsklauseln tatsächlich die erwartete Hilfe gegen die unerwünschten Folgen verdeckter Gewinnausschüttungen bieten können.

Sicherlich ist es grundsätzlich möglich – und dafür besteht bei zweifelhafter Rechtslage auch ein durchaus anerkennenswertes Bedürfnis –, daß die Geltung eines Geschäfts auch mit steuerlicher Wirkung davon abhängig gemacht wird, ob das Finanzamt oder ein Gericht den Fall in dem einen oder anderen Sinne entscheidet. Nur besteht im Bereich der verdeckten Gewinnausschüttungen die Problematik der Satzungs- und Steuerklauseln darin, daß die Gesellschaft und die Gesellschafter, wenn sie ehrlich sind, sich vielfach über das Vorliegen einer verdeckten Gewinnausschüttung durchaus im klaren sind. Sie nehmen die verdeckten Gewinnausschüttungen dennoch vor, in der Hoffnung, daß es dem Finanzamt nicht auffällt. Nimmt das Finanzamt dann Anstoß, wird die verdeckte Gewinnausschüttungen verbietende Satzungs- oder Steuerklausel vorgewiesen. Angesichts dieser Tatsache wird daher in der Literatur unter anderem darauf hingewiesen, daß derartige verdeckte Gewinnausschüttungen verbietende Satzungsklauseln nicht als ernsthaft gemeint hingenommen werden und daß sie steuerlich jedenfalls dann nicht beachtet werden können, wenn die Gesellschaft die verdeckte Gewinnausschüttung vorgenommen hat, obwohl sie diese als solche erkannt hat.

In der Tat sollte eine Satzungs- oder Steuerklausel auch nicht bewirken können, daß der Steuerpflichtige darauf spekulieren kann, ob die Finanzverwaltung seine mit der

100 Das Urteil des BFH vom 29. 4. 1987 I R 176/83 BStBl II 1987, 733 (im Ergebnis der Auffassung des BdF vom 6. 8. 1981 BStBl I 1981, 599 folgend) kann nicht als abschließende Klärung und nicht als letztes Wort akzeptiert werden. Der BFH hat hier angenommen, der auf Grund der Satzungsklausel begründete Rückforderungsanspruch der Gesellschaft habe den „Charakter einer Einlageforderung", da die Satzungsklausel ihre Grundlage im Gesellschaftsverhältnis habe und die Rückforderung nur der „contrarius actus" zur verdeckten Gewinnausschüttung sei. Die sich aufdrängende Frage, ob denn auch aus der Sicht des Gesellschafters die Rückzahlung eine Einlage darstellt, oder ob es sich insoweit um negative Einkünfte aus Kapitalvermögen handelt, läßt der BFH vorsichtshalber offen. Das Urteil verkennt den materiellen Gehalt und Sinn einer Satzungsklausel. Es geht nicht darum, den tatsächlichen Vorgang, der eine verdeckte Gewinnausschüttung darstellen könnte, rückgängig zu machen, vielmehr ist es gerade der Sinn der Satzungsklausel, die Wertung eines tatsächlichen Vorgangs als verdeckte Gewinnauschüttung zu verhindern. Die Leistung der Gesellschaft an den Gesellschafter soll eben nur gelten, wenn sie nicht als verdeckte Gewinnausschüttung gewertet wird. Allerdings ist diese Beschränkung des Geschäftsinhaltes nur dann zu berücksichtigen, wenn ihr auch bilanziell Rechnung getragen wird, indem der Rückforderungsanspruch ausgewiesen wird (vgl. dazu näher unter cc).

Steuerklausel versehene Rechtsgestaltung bemerkt, und er sich erst dann, wenn die Besteuerung entgegen der Steuerklausel erfolgt, auf die Steuerklausel beruft. Es ist deshalb dem Vorschlag Flumes[101] zu folgen, daß eine Steuerklausel nur dann steuerlich zu beachten ist, wenn sie von vornherein, also bei der ersten Erklärung, bei der das fragliche Geschäft relevant ist, gegenüber der Finanzverwaltung offenbart wird und wenn auch bei der Bilanzierung der Bedingtheit des Geschäftes Rechnung getragen wird. Mit dieser Lösung sind alle Interessen berücksichtigt. Zum einen ist ausgeschlossen, daß die Steuerpflichtigen darauf spekulieren, daß dem Finanzamt das Geschäft nicht als verdeckte Gewinnausschüttung auffällt, daß sie aber, sobald es als solche auffällt, die Steuerklausel vorzeigen.

Zum anderen können die Steuerpflichtigen durch die einem Geschäft zwischen Gesellschaft und Gesellschafter beigefügte Steuerklausel und die sofortige Offenlegung der mißlichen Lage entgehen, die sich aus den unterschiedlichen Vorstellungen über die Angemessenheit z. B. eines Gesellschafter-Geschäftsführergehaltes oder des Preises eines Wirtschaftsgutes ergibt.

cc) Keine Gewinnminderung bei Bestehen eines Rückgewähr- oder Ersatzanspruchs der Gesellschaft?

Auch ohne Steuerklausel entsteht in vielen Fällen bei der Gesellschaft auf Grund des Vorgangs, der als verdeckte Gewinnausschüttung qualifiziert worden ist, ein Rückgewähr- oder Ersatzanspruch.

Bei der Aktiengesellschaft besteht, wenn die verdeckte Gewinnausschüttung zugleich einen Verstoß gegen §§ 57, 58 AktG darstellt – und dies ist regelmäßig der Fall – ein Anspruch der Aktiengesellschaft nach § 62 AktG.[102] Der GmbH entsteht auf Grund der gesetzlichen Kapitalerhaltungsvorschriften ein Rückgewähranspruch nur, soweit das Stammkapital angegriffen wird (§§ 30, 31 GmbHG). Die für die Aktiengesellschaft von Gesetzes wegen geltende Lage kann aber bei der GmbH durch eine gesellschaftsvertragliche Bestimmung statuiert werden.[103] In der Praxis sind denn auch Satzungsklauseln[104] etwa des Inhalts anzutreffen, daß die §§ 57, 62 AktG gelten sollen.

Aber auch unabhängig von einer derartigen gesellschaftsvertraglichen Regelung ist bei der GmbH die Gewährung von Sondervorteilen an einzelne Gesellschafter – sind nicht alle Gesellschafter damit einverstanden – nicht ohne weiteres zulässig. Unter den Aspekten des Verstoßes gegen die Kompetenzordnung, gegen den Gleichbehandlungsgrundsatz, gegen die Treuepflicht können Rückgewähr- oder Ersatzansprüche der GmbH bestehen.

---

101 AaO, (Anm. 97), S. 339, 346 f, 364 f.

102 Dabei kommt es nicht auf die zivilrechtlich kontroverse Frage an, ob das Verpflichtungsgeschäft und das Erfüllungsgeschäft oder nur das Erfüllungsgeschäft nichtig sind oder ob in anderen Kategorien als der der Nichtigkeit zu denken ist (vgl. dazu Flume, ZHR 1980, 18 ff; andererseits Geßler, Festschrift R. Fischer, 1979, S. 137 ff).

103 So auch Döllerer, DStR 1980, 399.

104 Eine derartige Satzungsbestimmung ist nur empfehlenswert, zum einen, weil unangenehme steuerliche Folgen vermieden werden können – es sei denn, die verdeckte Gewinnausschüttung sei bewußt vorgenommen worden –, zum anderen, weil es sich um eine sachgerechte Regelung für die Gesellschaft selbst und für das Verhältnis der Gesellschaft untereinander handelt.

Kann der Rückgewähranspruch nachträglich in der Bilanz des Jahres der verdeckten Gewinnausschüttung aktiviert werden, so ist eine Gewinnminderung nicht eingetreten. Der Leistungsvorgang an den Gesellschafter ist dann auch nicht als verdeckte Gewinnausschüttung zu werten.[105]

Damit stellt sich die Frage, unter welchen Voraussetzungen eine nachträgliche Aktivierung möglich ist. Formal ist der Rückgewähranspruch im Jahr der Vornahme der verdeckten Gewinnausschüttung entstanden. Das reicht dem BFH[106] aber nicht zur Bejahung der Aktivierungsfähigkeit des Anspruchs; vielmehr sei der Rückgewähranspruch gegen den begünstigten Gesellschafter erst dann als bilanzierungsfähiges Wirtschaftsgut anzusetzen, wenn er hinreichend konkretisiert sei. Das aber setze die Kenntnis der Gesellschaft von dem Vorliegen einer verdeckten Gewinnausschüttung und die Kundgabe ihres Willens, die Rückgewähr zu verlangen, voraus; mit der Feststellung der Bilanz aber träfen die Gesellschafter die letzte Entscheidung, ob und gegebenenfalls welche Ansprüche gegen die Gesellschafter zu realisieren sind.

In dem Streitfall hatte sich die GmbH jahrelang gegen die Annahme einer verdeckten Gewinnausschüttung gewehrt und die auf Grund einer Satzungsklausel bestehenden Rückgewähransprüche erst geltend gemacht, nachdem der BFH das Vorliegen einer verdeckten Gewinnausschüttung bestätigt hatte. Der BFH nahm an, daß die GmbH also gar nicht den Willen gehabt habe, den Rückgewähranspruch geltend zu machen, die Bilanz des Jahres der verdeckten Gewinnausschüttung also weder objektiv noch subjektiv unrichtig sei; ihre nachträgliche Änderung willkürlich und damit unbeachtlich sei.

Dieses Urteil des BFH vom 23. 5. 1984[107] ist in der Literatur scharf kritisiert worden.[108] In der Tat scheinen die Entscheidungsgründe denn auch fast in jedem Fall die nachträgliche Aktivierung eines Rückgewähranspruchs in der Bilanz des Jahres der Vornahme der verdeckten Gewinnausschüttung auszuschließen.[109]

---

105 Der in dem Urteil des BFH vom 29. 4. 1987 aaO, (Anm. 100), vertretenen Auffassung, der Leistungsvorgang stelle eine verdeckte Gewinnausschüttung dar und der unmittelbar mit dem Leistungsvorgang – auf Grund einer Steuerklausel – entstehende Rückgewähranspruch sei eine Einlageforderung, ist nicht zu folgen.

106 BFH vom 23. 5. 1984 I R 266/81 BStBl II 1984, 723.

107 AaO, (Anm. 106). In dem Urteil vom 30. 1. 1985 I R 37/82 BStBl II 1985, 345 hat der BFH auf die Grundsätze des Urteils vom 23. 5. 1984 verwiesen.

108 Vgl. z. B. Brezing, DB 1984, 2059; Jonas, FR 1985, 285 ff.

109 Angesichts dieser Lage ist der Ruf nach einer gesetzlichen Regelung laut geworden. In Ergänzung zu einem 1984 vom DIHT vorgelegten Vorschlag (vgl. DIHT-Schriftenreihe Nr. 217, Bonn 1984: Rückgängigmachung der Folgen einer verdeckten Gewinnausschüttung bei der Gesellschaft ex tunc, beim Gesellschafter ex nunc) fordert Jonas, FR 1985, 285 ff eine weitere gesetzliche Regelung, nach der Ansprüche, die zivilrechtlich im Augenblick der Zuwendung entstehen und innerhalb einer angemessenen Frist nach Entdeckung der Unangemessenheit durch die Finanzverwaltung befriedigt werden, noch als Betriebsver-

U. E.[110] ist dem BFH freilich in dem Ausgangspunkt zu folgen, daß für die Aktivierung einer Forderung nicht allein die formale Entstehung ausreichend ist, sondern daß am Bilanzstichtag ein wirtschaftlich ausnutzbarer realisierbarer Vermögenswert vorliegen muß. Ob letzteres der Fall ist, entscheidet der Unternehmer nach den Maßstäben, die ein sorgfältiger Kaufmann zugrundelegt. Auf dieser Grundlage ist für Ansprüche einer Gesellschaft auf Rückgewähr verdeckter Gewinnausschüttungen – gleich ob diese auf Gesetz oder auf einer Satzungsklausel beruhen – zu differenzieren:

1. Ist eine verdeckte Gewinnausschüttung *evident*, liegt also insbesondere ein grobes Mißverhältnis von Leistung und Gegenleistung vor, so wird die Gesellschaft Kenntnis von dem Rückgewähranspruch haben. Wird der Rückgewähranspruch in einem solchen Fall nicht im Jahr der verdeckten Gewinnausschüttung aktiviert, so kann dies nur bedeuten, daß sie den formal entstandenen Anspruch gar nicht als wirtschaftlichen Wert betrachtet, weil sie ihn gar nicht geltend machen will. Hier scheidet die nachträgliche Aktivierung aus. Eine Bilanzberichtigung kommt nicht in Frage, weil eine Bilanz, in die ein Anspruch nicht aufgenommen wird, der gar nicht geltend gemacht werden soll, nicht unrichtig ist. Eine nachträgliche Bilanzänderung wäre in der Tat – bei Evidenz einer verdeckten Gewinnausschüttung – willkürlich.
2. Regelmäßig ist die verdeckte Gewinnausschüttung freilich nicht evident, sondern es geht um die „Grauzone", in der es eben *den* angemessenen Preis *nicht* gibt, sondern mehrere Preise, die sich durchaus im Rahmen halten und unter dem Aspekt des Verhaltens eines ordentlichen Kaufmanns vertretbar sind. Wer will auch sagen, ob das dem Gesellschafter übertragene Grundstück 900 000, 960 000 oder 1 000 000 wert ist; das alte Problem des iustum pretium ist nicht gelöst. Besteht ein Spielraum, so ist es u. E. nicht angängig, daß Finanzamt und Gericht innerhalb dieses Spielraums ihre eigene Vorstellung an die Stelle derjenigen des Kaufmanns setzen. Hier sollte man vielmehr Zurückhaltung in der Annahme einer verdeckten Gewinnausschüttung überhaupt üben. Hat die Gesellschaft sich im Rahmen gehalten und wird gleichwohl eine verdeckte Gewinnausschüttung angenommen, so ist es u. E. ermessensfehlerhaft, wenn das Finanzamt die Zustimmung zu der nachträglichen Bilanzänderung verweigert.

4. Verdeckte Gewinnausschüttungen bei Betrieben gewerblicher Art von juristischen Personen des öffentlichen Rechts

a) Einleitung

Das Gesetz enthält keine besonderen Bestimmungen zur Ermittlung des Einkommens der Betriebe gewerblicher Art von juristischen Personen des öffentlichen Rechts. Die Rechtsprechung, „vom Gesetz im Stich gelassen"[111],

---

mögen zum Ende des Wirtschaftsjahres angesetzt werden können, in dem die verdeckte Gewinnausschüttung vorgenommen worden ist.

110 Ebenso Knolle, DB 1985, 1265.

111 Vgl. Meßmer, Festschrift v. Wallis, 1985, S. 341 ff. Meßmer legt dar, daß die gesetzliche Regelung zur Besteuerung der Betriebe gewerblicher Art von juristischen Personen des öffentlichen Rechts unzulänglich und unter dem Aspekt der Tatbestandsmäßigkeit der Besteuerung bedenklich sei.

orientiert sich an dem Postulat der Gleichbehandlung öffentlicher und privater Betriebe:[112] Sie ermittelt das Einkommen der Betriebe gewerblicher Art von juristischen Personen des öffentlichen Rechts nach den für die Kapitalgesellschaften geltenden Grundsätzen. Demgemäß versteht sich, daß auch in diesem Bereich für die Ermittlung des Einkommens ohne Bedeutung ist, ob das Einkommen verteilt wird (§ 8 Abs. 3 S. 1 KStG) und daß verdeckte Gewinnausschüttungen das Einkommen nicht mindern (§ 8 Abs. 3 S. 2 KStG).[113]

Der auf das Verhältnis von Kapitalgesellschaften zu ihren Gesellschaftern bezogene Tatbestand der verdeckten Gewinnausschüttung wird von der Rechtsprechung und von der allgemeinen Meinung sinngemäß auf das Verhältnis von Betrieben gewerblicher Art von juristischen Personen des öffentlichen Rechts zu der Trägerkörperschaft übertragen. Es wird zum einen davon ausgegangen, daß Rechtsbeziehungen, insbesondere Schuldverhältnisse, zwischen den Betrieben gewerblicher Art und der Trägerkörperschaft genauso steuerlich anzuerkennen sind wie solche zwischen der Kapitalgesellschaft und ihren Gesellschaftern, vorausgesetzt, sie sind klar und ernst gewollt, rechtzeitig abgeschlossen und entsprechend der Vereinbarung auch durchgeführt – und zwar unabhängig davon, ob dem Betrieb gewerblicher Art eigene Rechtspersönlichkeit zukommt oder nicht.

Dies gilt freilich dort nicht, „wo die Besonderheiten des Betriebs gewerblicher Art eine andere Sachbehandlung gebieten“. So werden Miet- und Pachtverträge zwischen der Trägerkörperschaft und dem Betrieb gewerblicher Art der Besteuerung nicht zugrunde gelegt, wenn es sich um Gegenstände handelt, die für den Betrieb gewerblicher Art eine wesentliche Betriebsgrundlage sind.[114] Dies wird auf den Zweck des Gesetzes, die öffentliche Hand gegenüber der Privatwirtschaft steuerlich nicht zu begünstigen, gestützt: In Hinsicht darauf, daß unter vergleichbaren Verhältnissen zwischen einer Kapitalgesellschaft und ihrem Alleingesellschafter die Wirtschaftsgüter beim Gesellschafter Betriebsvermögen (Betriebsaufspaltung) und die Mieteinnahmen als gewerbliche Einkünfte zu erfassen sind, würde die Anerkennung von Miet- und Pachtverträgen über wesentliche Betriebsgrundlagen zwischen Trägerkörperschaft und Betrieb gewerblicher Art zu einer unvergleichbaren Besteuerung führen. Um dies zu vermeiden, rechnet der BFH diese Wirtschaftsgüter dem steuerlichen Betriebsvermögen des Betriebs gewerblicher Art zu.

Auf der anderen Seite werden diese Beziehungen *grundsätzlich* unter dem Aspekt des Tatbestands der verdeckten Gewinnausschüttung auch mit derselben Elle gemessen wie bei Kapitalgesellschaften.[115]

---

112 Die Steuerpflicht ist durch das KStG 1925 um der Wettbewerbsneutralität der Besteuerung wegen eingeführt worden (vgl. oben § 15 I zu Nr. 6).

113 Umgekehrt gelten auch die Einlagevorschriften, wenn eine juristische Person des öffentlichen Rechts in ihren Betrieb gewerblicher Art Wirtschaftsgüter einbringt (vgl. BFH vom 1. 7. 1987 I R 197/83 BStBl II 1987, 865).

114 Vgl. BFH vom 14. 3. 1984 I R 223/80 BStBl II 1984, 496.

115 Vgl. zuletzt BFH vom 1. 9. 1982 I R 44/78 BStBl II 1982, 783; BFH vom 1. 9. 1982 I R 52/78 BStBl II 1983, 147; BFH v. 13. 3. 1985 I R 75/82 BStBl II 1985, 435; im übrigen Herrmann/Heuer/Raupach, § 6 KStG a. F. Anm. 244 Stichwort

Allerdings können bei Betrieben gewerblicher Art besonders gelagerte Fallkonstellationen bestehen, deren Beurteilung mit der herkömmlichen – auf Kapitalgesellschaften bezogenen und am Drittvergleich orientierten – Formel des Tatbestands der verdeckten Gewinnausschüttung nicht zu erfassen ist. Vor allem mag es auf den ersten Blick bei Betrieben gewerblicher Art unter Umständen schwierig erscheinen abzugrenzen, ob eine Maßnahme der betrieblichen oder nichtbetrieblichen Sphäre zuzuordnen ist. Denn Gegenstand der Betriebe gewerblicher Art ist vielfach die Durchführung von Aufgaben, deren Erfüllung „an sich" Sache der Trägerkörperschaft wäre.

b) Besondere Erscheinungsformen verdeckter Gewinnausschüttungen bei Betrieben gewerblicher Art

In der Besteuerungspraxis der Betriebe gewerblicher Art spielen die verdeckten Gewinnausschüttungen in drei den Betrieben gewerblicher Art spezifischen Fallkonstellationen immer wieder eine Rolle, nämlich bei den Konzessionsabgabe-Zahlungen von Versorgungsbetrieben, bei Darlehenszinszahlungen von Betrieben gewerblicher Art an die Trägerkörperschaft bei unzureichender Kapitalausstattung des Betriebs sowie bei Spenden von Sparkassen an ihre Gewährträger oder diesen nahestehende Personen.

aa) Konzessionsabgaben

Für Konzessionsabgaben von Versorgungsbetrieben bestehen nach der Konzessionsabgabenverordnung (KAE) vom 4. 3. 1941 preisrechtliche Grenzen. Gleichwohl sieht sich die steuerliche Praxis – besteht eine Beteiligung einer juristischen Person des öffentlichen Rechts an dem Versorgungsbetrieb – veranlaßt, die Frage der verdeckten Gewinnausschüttungen auch dann zu stellen, wenn der Versorgungsbetrieb sich im Rahmen der KAE hält. Ob eine Konzessionsabgabe zu einer verdeckten Gewinnausschüttung führt, ist u. a. davon abhängig, daß ein bestimmter Prozentsatz des Sachanlagevermögens als Handelsbilanzgewinn verbleibt. Dazu hat die Finanzverwaltung in Abschn. 32 Abs. 2 KStR detaillierte Regelungen aufgestellt. Diese Behandlung hat der BFH, zuletzt im Urteil vom 1. 9. 1982[116] gebilligt.

Da die Konzessionsabgabe in Nichtbeteiligungsfällen bei Versorgungsunternehmen unbestritten stets in voller Höhe abzugsfähig ist, ist die Annahme von verdeckten Gewinnausschüttungen in Beteiligungsfällen etwas überraschend und wird auch in der Literatur kritisiert.[117] Für den BFH ist aber – wie sich aus den Gründen des Urteils vom 1. 9. 1982 ergibt – offensichtlich maßgebend die Vorstellung, daß es der Durchführung der vom Versorgungsbetrieb übernommenen öffentlich-rechtlichen Versorgungspflicht der

---

„Betriebe gewerblicher Art" mit weiteren Nachweisen; Felix/Streck, § 4 KStG Anm. 28.

116 BFH vom 1. 9. 1982 I R 44/78 BStBl II 1982, 783.

117 Vgl. z. B. Herrmann/Heuer/Raupach, § 4 KStG Anm. 35.

Gemeinde nur förderlich ist, wenn auf die Dauer gesehen dem mit der Konzessionsabgabe belasteten Versorgungsunternehmen ein bestimmter Mindestgewinn verbleibt.

bb) Darlehenszinsen des Betriebs gewerblicher Art an die Trägerkörperschaft bei unzureichender Eigenkapitalausstattung

Ähnliche Erwägungen liegen letztlich auch der Rechtsprechung zum verdeckten Stammkapital bei Betrieben gewerblicher Art zugrunde. Die Gesellschafter von Kapitalgesellschaften haben nach dem derzeitigen Stand grundsätzlich die Wahl, ob sie das von der Gesellschaft benötigte Kapital dieser in Form von Eigenkapital oder Fremdkapital zur Verfügung stellen wollen.[118] Bei Betrieben gewerblicher Art ist das Finanzierungswahlrecht der Körperschaft des öffentlichen Rechts im steuerlichen Effekt eingeschränkt. Es werden nämlich – wenn das Eigenkapital des Betriebs gewerblicher Art einen bestimmten Vomhundertsatz des Aktivvermögens nicht erreicht – die von der Trägerkörperschaft zur Verfügung gestellten Darlehen als verdecktes Eigenkapital behandelt mit der Folge, daß die Darlehenszinsen als verdeckte Gewinnausschüttung erfaßt werden.[119]

cc) Spenden von Sparkassen an den Gewährträger

Nach der ständigen Rechtsprechung können Spenden einer Sparkasse an den Gewährträger oder diesem nahestehende Personen als verdeckte Gewinnausschüttungen zu qualifizieren sein – auch wenn sie sich im Rahmen des § 9 Nr. 3 KStG halten.[120] Zwei Gesichtspunkte sind bei der Beurteilung von Bedeutung. Zum einen hängt die Entscheidung davon ab, ob der Betrieb bei Anwendung der Sorgfalt eines ordentlichen und gewissenhaften Geschäftsleiters die Spende einer Körperschaft, die nicht ihr Träger ist oder ihr nahesteht, nicht gegeben hätte. In Konkretisierung dieses Maßstabes

118 Vgl. dazu und zu den gesetzgeberischen Bestrebungen, in einem Teilbereich diesen Zustand zu verändern, Knobbe-Keuk, Die Fremdfinanzierung inländischer Kapitalgesellschaften durch nichtanrechnungsberechtigte Anteilseigner – Kritik des § 8a KStÄndGE 1982 –, StuW 1982, 201 ff.

119 Vgl. zuletzt wieder BFH vom 1. 9. 1982 I R 52/78 BStBl II 1983, 147 mit weiteren Nachweisen. Zur Behandlung von Zahlungen einer Gebietskörperschaft zur Deckung von Verlusten aus einem im Interesse der Stadt unterhaltenen Verlustbetrieb als Betriebseinnahmen oder verdeckte Einlagen vgl. BFH vom 9. 3. 1983 I R 128/78 BStBl II 1983, 744.

120 Vgl. im einzelnen die Nachweise bei Herrmann/Heuer/Raupach, § 11 KStG a. F. Anm. 98–99; Felix/Streck, § 9 KStG Anm. 15; KStR Abschn. 42 Abs. 5. Verzichtet der Gewährträger auf die Ausschüttung des oder eines Teils des Jahresüberschusses und ist dieser nach dem betreffenden Sparkassengesetz gemeinnützigen Zwecken zuzuführen, so handelt es sich bei den Zuwendungen nicht um Spenden nach § 9 Nr. 3 EStG, sondern um Einkommensverteilung (vgl. BFH vom 1. 2. 1989 I R 98/84 BStBl II 1989, 471).

wird die Spende an die Trägerkörperschaft mit den sonstigen Spendengepflogenheiten des Betriebs verglichen; steht das Spendenverhalten gegenüber der Trägerkörperschaft in krassem Mißverhältnis zu dem Verhalten gegenüber fremden Spendenempfängern, so liegt eine verdeckte Gewinnausschüttung vor.[121] Die in der Literatur[122] erhobenen Einwände gegen die Schlüssigkeit und Berechtigung dieser dem Gießkannenprinzip folgenden Sicht bei der Entscheidung über die Einordnung einer Spende als verdeckte Gewinnausschüttung sind nur zu wiederholen.

Der zweite Punkt betrifft die Frage, unter welchen Voraussetzungen die Spende der Sparkasse an einen *Dritten* überhaupt als verdeckte Gewinnausschüttung an den Gewährträger einzuordnen ist. Die Zuwendung an den Dritten muß für den Gewährträger einen Vermögensvorteil bringen. Das ist nach der ständigen Rechtsprechung des BFH der Fall, wenn die Sparkasse mit der Zuwendung an den Dritten als eine dem Gewährträger nahestehende Person – sei es auch in Form einer Spende – eine Aufgabe erfüllt, zu deren Erfüllung der Gewährträger rechtlich verpflichtet ist oder der er sich nicht entziehen könnte. Denn in diesem Fall entlastet die Sparkasse den Gewährträger von einer Aufwendung.[123]

c) Die Abgrenzung von betrieblicher und nichtbetrieblicher Sphäre bei Betrieben gewerblicher Art

aa) Berücksichtigung der Besonderheiten der Betriebe gewerblicher Art bei der Beurteilung eines Vorgangs als verdeckte Gewinnausschüttung

Bei der Figur der verdeckten Gewinnausschüttung geht es um die Abgrenzung der betrieblichen Sphäre von der nichtbetrieblichen, also von der Sphäre des Gesellschafters bzw. der Trägerkörperschaft. Die Entscheidung, ob eine Aufwendung als Betriebsausgabe abzugsfähig ist oder als verdeckte Gewinnausschüttung das Einkommen nicht mindert, setzt die Klärung voraus, ob die Maßnahme, die zu dieser Aufwendung führt, betrieblich veranlaßt ist. Es liegt auf der Hand, daß ein- und dieselbe Maßnahme bei der einen Gesellschaft betrieblich veranlaßt sein kann, bei einer anderen Gesellschaft hingegen nicht. Es kommt ganz auf den jeweiligen Betrieb der Gesellschaft, auf dessen Gegenstand und auf dessen Verhältnisse an.

Dies gilt ganz allgemein. Es in Zusammenhang mit einem Betrieb gewerblicher Art hervorzuheben ist wichtig angesichts der Tatsache, daß bei Betrie-

---

121 Vgl. zuletzt BFH vom 12. 10. 1978 I R 149/75 BStBl II 1979, 192 ff; BFH vom 1. 12. 1982 I R 101/79 BStBl II 1983, 150.

122 Z. B. Felix/Streck, § 9 KStG Anm. 15.

123 Formulierungen nach BFH vom 15. 5. 1968 I R 158/63 BStBl II 1968, 629; dem folgend BFH vom 21. 1. 1970 I R 23/68 BStBl II 1970, 468; BFH vom 19. 6. 1974 I R 94/71 BStBl II 1974, 586. Vgl. auch das an die Rechtsprechung zu den Spenden anknüpfende Urteil BFH vom 1. 12. 1982 I R 69–70/80 BStBl II 1983, 152.

ben gewerblicher Art von juristischen Personen des öffentlichen Rechts die Verhältnisse sich in mannigfacher Hinsicht anders darstellen als bei Gewerbebetrieben der privaten Wirtschaft. Von daher ist naheliegend, daß, ergreift ein Betrieb gewerblicher Art eine Maßnahme, die ein in derselben Branche tätiger Gewerbebetrieb als wirtschaftlich unvertretbar nicht ergreifen würde, dennoch diese Maßnahme beim Betrieb gewerblicher Art durchaus betrieblich veranlaßt sein kann.

Betriebe gewerblicher Art nehmen weitgehend öffentliche Aufgaben wahr. Ihr Ziel ist regelmäßig nicht die Gewinnmaximierung. Dennoch werden sie besteuert. Auch wenn keine Gewinnerzielungsabsicht besteht, handelt es sich um einen steuerpflichtigen Betrieb gewerblicher Art (vgl. so ausdrücklich § 4 Abs. 1 S. 2 KStG).

Wenn der Gesetzgeber schon einen Betrieb gewerblicher Art zur Besteuerung wie einen Gewerbebetrieb heranzieht, obwohl das einen Gewerbebetrieb konstituierende Merkmal der Gewinnerzielungsabsicht fehlen mag, so muß die praktische Handhabung der Steuerpflicht den Betrieb gewerblicher Art auch so nehmen wie er ist. Das besagt selbstverständlich nicht, daß nicht auch bei Betrieben gewerblicher Art verdeckte Gewinnausschüttungen in Betracht kommen und sie sind ja in der Praxis durchaus geläufig, wie das unter b) dargestellte Entscheidungsmaterial zeigt. Dennoch bestehen auf Grund der Wesensverschiedenheit der Betriebe gewerblicher Art gegenüber Gewerbebetrieben Besonderheiten, die nicht mit der auf das Verhältnis zwischen Kapitalgesellschaften und Gesellschaften bezogenen Kategorie des Drittvergleichs zu erfassen sind. Wenn der Betrieb gewerblicher Art die verantwortungsvolle und sachgemäße Erfüllung seiner Aufgabe vor die Gewinnerzielung stellt, hat der Fiskus dies zu respektieren und darf den Betrieb nicht mittels des Schreckgespensts der verdeckten Gewinnausschüttung bei der Erfüllung seiner öffentlichen Aufgabe zur Erzielung von höheren Einnahmen anhalten. Solange der Betrieb gewerblicher Art mit Maßnahmen und Aufwendungen in Erfüllung seiner spezifischen Aufgabe handelt oder die Maßnahmen oder Aufwendungen der Erfüllung der Aufgabe des Betriebs dienen, sind sie bei dem Betrieb gewerblicher Art *betrieblich* veranlaßt und stellt sich nicht die Frage der verdeckten Gewinnausschüttung. Der Frage des Vorliegens einer verdeckten Gewinnausschüttung ist erst dann nachzugehen, wenn der Betrieb gewerblicher Art Aufwendungen macht, die mit der Erfüllung seiner spezifischen Aufgabe nichts zu tun haben und ihr auch nicht förderlich sind, wenn also die Trägerkörperschaft einen Vermögensvorteil erhält, der über den allgemeinen Vorteil hinausgeht, der in der Erfüllung der Aufgabe des Betriebs gewerblicher Art liegt.

bb) Die Übereinstimmung der derzeitigen Handhabung bei der Beurteilung verdeckter Gewinnausschüttungen mit der in Ziff. 4 a formulierten These

Die dargestellte Sicht des Tatbestandes der verdeckten Gewinnausschüttung bei Betrieben gewerblicher Art ermöglicht die systematische Erfassung der

Besteuerungspraxis bei Annahme oder Ablehnung einer verdeckten Gewinnausschüttung.

1. In den Fällen, in denen die Rechtsprechung in der Zuwendung des Betriebs gewerblicher Art an die Trägerkörperschaft eine verdeckte Gewinnausschüttung angenommen hat, ist es immer darum gegangen, daß der Empfänger Vermögensvorteile erhalten hat, die nicht auf die Erfüllung der speziellen Aufgabe des Betriebs gewerblicher Art beruhen; und umgekehrt handelte es sich bei dem Betrieb gewerblicher Art nicht um Aufwendungen, die gerade in Erfüllung seiner speziellen Aufgabe vorgenommen wurden oder deren Erfüllung fördern. Wenn Darlehenszinsen des Betriebs gewerblicher Art an die Trägerkörperschaft als verdeckte Gewinnausschüttungen gewertet werden, weil die Trägerkörperschaft den Betrieb nicht mit dem für die Erfüllung seiner Aufgaben erforderlichen angemessenen Eigen(widmungs)kapital ausgestattet hat, so erklärte sich dies daraus, daß die Zinsaufwendungen des Betriebs der Erfüllung seiner Aufgabe nicht förderlich sind, er diesen Aufwand nur im Interesse der Körperschaft getätigt hat, der es oblegen hätte, durch Zuverfügungstellen des angemessenen Eigenkapitals gerade diesen Aufwand zu verhindern.

Ähnlich ist es, wenn von der Besteuerungspraxis für überhöht gehaltene Konzessionsabgaben der Versorgungsbetriebe als verdeckte Gewinnausschüttungen qualifiziert werden. Die Zahlung einer überhöhten Konzessionsabgabe wird eben offensichtlich als den Betrieb nicht fördernd angesehen. Ebenso tätigt die Sparkasse mit Spenden, die als verdeckte Gewinnausschüttungen an den Gewährträger eingeordnet werden, Aufwendungen, die mit der spezifischen Aufgabe der Sparkasse nichts zu tun haben.

Den Fällen, in denen bei Aufwendungen eines Betriebs gewerblicher Art zugunsten der Trägerkörperschaft eine verdeckte Gewinnausschüttung angenommen wird, ist also gemein, daß es sich immer um Aufwendungen handelt, die mit der Erfüllung der eigentlichen Aufgabe des Betriebs gewerblicher Art nichts zu tun haben oder die Erfüllung gerade – durch überflüssige Zahlungen – zu beeinträchtigen geeignet sind.

2. Umgekehrt mißt die Besteuerungspraxis Maßnahmen und Aufwendungen eines Betriebs gewerblicher Art, die zwar im üblichen Wirtschaftsverkehr unüblich sein mögen, nicht mit der üblichen Lupenschärfe der verdeckten Gewinnausschüttung, wenn sie gerade in Erfüllung der öffentlichen Aufgabe dieses Betriebs gewerblicher Art gesehen oder der Erfüllung der Aufgabe förderlich sind. Dem Betrieb gewerblicher Art wird hier nicht mittels Annahme einer verdeckten Gewinnausschüttung indirekt vorgehalten, er hätte bei etwas höheren Preisen, oder wenn er diese oder jene Aufwendung unterlassen hätte, ein besseres Ergebnis erzielen können. Vielmehr wird respektiert, daß für den Betrieb gewerblicher Art die Erfüllung seiner öffentlichen Aufgabe vor der Gewinnerzielung steht.

Bemerkenswert ist in diesem Zusammenhang etwa die Regelung in Abschn. 32 Abs. 2 Nr. 3 KStR über verdeckte Gewinnausschüttungen bei verbilligten Sachleistungen von Versorgungsbetrieben an Abnehmer, die unmittelbar oder mittelbar am Grund- oder Stammkapital des Versorgungsbetriebs beteiligt sind. Zwar sind nach Satz 1 dieser Regelung auch hier die Grundsätze über die Abgrenzung der Betriebsausgaben von den verdeckten Gewinnausschüttungen anzuwenden. In Satz 2 heißt es dann aber kurzerhand:

Eine verdeckte Gewinnausschüttung ist nicht anzunehmen bei:

a) verbilligten Lieferungen von Elektrizität, Gas, Wasser und Wärme, bei denen auf die allgemeinen Tarifpreise ein Nachlaß von nicht mehr als 10 vom Hundert gewährt wird . . .;

b) unentgeltlichen oder verbilligten Wasserlieferungen für Feuerlöschzwecke, für Feuerlöschübungszwecke, für Zwecke der Straßenreinigung, für Zwecke der Reinigung von Abwasseranlagen und für öffentliche Zier- und Straßenbrunnen (auch Wasserkünste) sowie bei unentgeltlicher oder verbilligter Errichtung und Unterhaltung von Anlagen für Löschwasserversorgung und Feuerschutz durch ein Wasserwerk.

Diese Bestimmungen der KStR sind mit den üblichen auf das Verhältnis von Kapitalgesellschaften zu ihren Gesellschaftern bezogenen Kategorien der verdeckten Gewinnausschüttung nur schwer zu erfassen. Sie erklären sich letztlich daraus, daß der Wesensverschiedenheit der Betriebe gewerblicher Art gegenüber den Gewerbebetrieben Rechnung getragen wird.

Hält sich der Betrieb gewerblicher Art im Rahmen seiner öffentlichen Aufgabe, so ist selbst die Tatsache, daß der Betrieb ständig nur *Verluste* macht, kein Anknüpfungspunkt für die Annahme einer verdeckten Gewinnausschüttung. Anzuführen ist der – im Einvernehmen mit dem Bundesminister der Finanzen und den obersten Finanzbehörden der anderen Länder ergangene – Erlaß des Finanzministers Niedersachsen vom 29. 6. 1978.[124]

Dort wird ausgeführt, daß kommunale Verkehrsbetriebe, die mit Tarifen arbeiten, welche schon in ihrer Anlage nicht kostendeckend sind und dadurch zu Verlusten führen, keine verdeckten Gewinnausschüttungen an die Trägergemeinde vornehmen. Man kommt also nicht auf die Idee zu sagen: Die Tarife hätten höher sein können; wenn der Betrieb seine Leistungen den Bürgern zu billig anbiete, erfülle er damit Verpflichtungen, die an sich der Gemeinde obliegen usw. Der Betrieb wird vielmehr so genommen wie er ist, nämlich als Betrieb, der *seine* Aufgabe mit Verlusten erfüllt.

Auf besonderes Interesse unter dem Aspekt der verdeckten Gewinnausschüttung ist in der Besteuerungspraxis seit eh und je die *Zusammenfassung mehrerer Betriebe* gewerblicher Art derselben juristischen Person des öffentlichen Rechts in einem Betrieb oder die Zusammenfassung mehrerer Betriebe in einer Kapitalgesellschaft gestoßen. Diese Problematik spielt – nicht nur, aber insbesondere – im kommunalen Bereich eine Rolle. Fahren die Verkehrsbetriebe einer Gemeinde Verluste ein, erwirtschaftet aber etwa ein gemeindeeigenes Hotel Gewinne, so würde die steuerliche Anerkennung der Zusammenfassung beider Betriebe gewerblicher Art in einem Betrieb die Saldierung der Gewinne und Verluste ermöglichen. Ein solches Ergebnis kann nicht unbesehen hingenommen werden, wenn man bedenkt, daß der entschiedene Grund für die Steuerpflicht von Betrieben gewerblicher Art

124 Erl. v. 29. 6. 1978 – S 2742 – 1 – 31 2, DB 1978, 1377 = BB 1978, 1151.

der Grundsatz der Wettbewerbsneutralität des Steuerrechts ist. Von daher ist die Forderung naheliegend, verschiedene Betriebe gewerblicher Art ein und derselben Körperschaft, die vielleicht sogar auf isolierten Teilmärkten mit privaten Unternehmen konkurrieren, steuerlich getrennt zu beurteilen, damit die Gleichheit der Steuerbelastung im Bereich des jeweiligen Teilmarktes verwirklicht wird.[125] Diese Problematik hat die Rechtsprechung über die Jahrzehnte beschäftigt.[126]

Die Entwicklung ist mit mehreren Entscheidungen des BFH im Jahre 1967 zu ihrem bisherigen Abschluß gekommen.[127] Das Ergebnis dieser Rechtsprechung hat Eingang in Abschn. 5 Abs. 9 und 10 der KStR gefunden: Gegen die Zusammenfassung mehrerer *gleichartiger* Betriebe gewerblicher Art ist nichts einzuwenden. Im übrigen können Betriebe gewerblicher Art mit steuerlicher Wirkung nur zusammengefaßt werden, wenn zwischen diesen Betrieben „nach dem Gesamtbild der tatsächlichen Verhältnisse objektiv eine enge wechselseitige technisch-wirtschaftliche Verflechtung" besteht. Entsprechendes gilt für die Zusammenfassung von Betrieben gewerblicher Art einer juristischen Person des öffentlichen Rechts in einer Kapitalgesellschaft. Besteht zwischen den zusammengefaßten Betrieben nicht die geforderte wechselseitige technisch-wirtschaftliche Verflechtung, so ist der Tatbestand der verdeckten Gewinnausschüttung zu prüfen. Eine solche liegt vor, wenn Aufwendungen und Verluste übernommen werden, die sonst die juristische Person des öffentlichen Rechts tragen müßte.

Bei Vorliegen der geforderten Voraussetzung – Gleichartigkeit oder enge wechselseitige technisch-wirtschaftliche Verflechtung – ist es also möglich, daß bei einem Betrieb gewerblicher Art der Gewinnbereich den Verlustsektor durch steuerliche Saldierung sozusagen mitdurchfüttert.

d) Ergebnis

Auf den ersten Blick mag es bei Betrieben gewerblicher Art unter Umständen schwierig erscheinen abzugrenzen, ob eine Maßnahme der betrieblichen oder der gesellschaftlichen (Trägerkörperschafts-)Sphäre zuzuordnen ist. Denn Gegenstand der Betriebe gewerblicher Art ist vielfach die Durchführung von Aufgaben, deren Erfüllung „an sich" Sache der Trägerkörperschaft wäre. An diesen Umstand ist aber – selbst wenn der Betrieb gewerblicher Art Verluste macht – nicht der Verdacht einer verdeckten Gewinnausschüttung zu knüpfen. Wenn ein Betrieb gewerblicher Art nach dem Gesetz der Besteuerung unterworfen wird ohne Rücksicht auf die besondere Aufga-

---

125 Vgl. zur Problematik Pott, Die Führung von Verlustunternehmen als verdeckte Gewinnausschüttungen – Zur Ergebnissaldierung zwischen Gewinn- und Verlustunternehmen, StuW 1979, 321 ff.

126 Vgl. den Überblick über die Entwicklung der Rechtsprechung bei Herrmann/Heuer/Raupach, § 4 KStG Anm. 80.

127 Vg. BFH vom 16. 1. 1967 GrS 4/66 BStBl III 1967, 240; BFH vom 19. 5. 1967 III 50/61 BStBl III 1967, 510; BFH vom 12. 7. 1967 I 267/63 BStBl III 1967, 679.

benstellung und unabhängig davon, ob Gewinnerzielungsabsicht besteht oder nicht, so ist der Betrieb für die Besteuerung auch so zu nehmen, wie er ist. Es ist zu respektieren, wenn er die Erfüllung seiner Aufgabenstellung vor die Erzielung des bestmöglichen Betriebsergebnisses stellt. Solange der Betrieb gewerblicher Art, der von der Trägerkörperschaft mit ausreichendem Kapital ausgestattet ist und von ihr nicht mit zu hohen Abgaben belastet wird, mit Maßnahmen und Aufwendungen in Erfüllung seiner spezifischen Aufgabe handelt oder die Maßnahmen oder Aufwendungen der Erfüllung der Aufgabe des Betriebs dienen, sind sie bei dem Betrieb gewerblicher Art *betrieblich* veranlaßt und stellt sich nicht die Frage der verdeckten Gewinnausschüttung. Der Frage des Vorliegens einer verdeckten Gewinnausschüttung ist erst dann nachzugehen, wenn der Betrieb gewerblicher Art Aufwendungen macht, die mit der Erfüllung seiner spezifischen Aufgabe nichts zu tun haben und ihr auch nicht förderlich sind, wenn also die Trägerkörperschaft einen Vermögensvorteil erhält, der über den allgemeinen Vorteil hinausgeht, der in der Erfüllung der Aufgabe des Betriebs gewerblicher Art liegt.

II. Zuwendungen von Vermögensvorteilen zwischen Schwestergesellschaften[128]

Wendet eine Kapitalgesellschaft (T 1) ihrer Schwestergesellschaft (T 2) einen Vermögensvorteil zu, so liegt bei T 1 eine verdeckte Gewinnausschüttung zugunsten der Muttergesellschaft vor.

Beispiel: T 1 überträgt T 2 ein Wirtschaftsgut unentgeltlich oder zu einem unangemessen niedrigen Preis, oder sie überläßt ihr ein zinsloses Darlehen.

Der Gewinn von T 1 ist um den Differenzbetrag, den ein Dritter als Gegenleistung für die Leistung von T 1 gezahlt hätte, zu erhöhen.[129] Es handelt sich um eine verdeckte Gewinnausschüttung durch mittelbare Zuwendung.[130] Bis zu diesem Punkt war die Behandlung von verdeckten Gewinnausschüttungen durch Zuwendung an eine Schwestergesellschaft immer klar gewesen.

Was die Auswirkungen der von T 1 vorgenommenen verdeckten Gewinnausschüttung im Falle der *Unterpreislieferung* bei der Muttergesellschaft und bei der Schwestergesellschaft T 2 anbetrifft, so ist die vom BFH praktizierte Behandlung der Unterpreislieferung in der Literatur im allgemeinen nicht in Frage gestellt worden.

---

128 Zur Besteuerung verbundener Unternehmen vgl. grundsätzlich Flume, Verhandlungen des 49. DJT, Bd. II, 1972, Q 8 ff = Gesammelte Schriften, 1988, Bd. II, S. 762 ff. Zum Diskussionsstand der jüngsten Zeit vgl. J. Lang, JbFStR 1984/85, 515 ff; Nickol, BB 1986, 1688; Herzig, WPg 1986, 289 ff mit Nachweisen. Zu den Verrechnungspreisen zwischen verbundenen Unternehmen vgl. den Überblick über Schrifttum und Rechtsprechung bei H. Becker/Grazé, Beilage 15 zu DB Heft 26/1985.

129 BFH vom 9. 3. 1962 I 203/61 S BStBl III 1962, 338; BFH vom 3. 2. 1971 I R 51/66 BStBl II 1971, 408.

130 Vgl. oben § 19 I 2d.

Im Falle der *Unterpreislieferung* nimmt der BFH im Verhältnis zwischen der Muttergesellschaft und T 2 eine – mittelbare – verdeckte Einlage an. T 2 hat das von T 1 empfangene Wirtschaftsgut nicht mit den tatsächlichen Anschaffungskosten, sondern mit dem Teilwert anzusetzen. Die Differenz zwischen den tatsächlichen von T 2 aufgewendeten Anschaffungskosten und dem anzusetzenden Teilwert bleibt bei T 2 – als mittelbare verdeckte Einlage – steuerfrei. Der ausgewiesene Gewinn T 2 ist entsprechend zu kürzen.[131] Bei ihr entsteht in Höhe der verdeckten Einlage EK 04 (§ 30 Abs. 1 Nr. 3, Abs. 2 Nr. 4 KStG). Die Muttergesellschaft hat den Vorteil aus der von T 1 erhaltenen verdeckten Gewinnausschüttung auf dem Beteiligungskonto von T 2 zu aktivieren.

Ganz anders ist bislang der Fall der *Unterpreisleistung* behandelt worden. Der BFH hatte hier – da der Vorteil in nicht einlagefähigen Werten besteht[132] – keine mittelbare verdeckte Einlage im Verhältnis zwischen der Muttergesellschaft und T 2 angenommen. Der Gewinn von T 2 wird also nicht gekürzt und auch bei der Muttergesellschaft tritt keine Gewinnerhöhung durch Aktivierung des Vorteils aus der verdeckten Gewinnausschüttung auf dem Beteiligungskonto von T 2 ein.[133] Bei T 1 ging man auf Grund dieser Sicht davon aus, daß die verdeckte Gewinnausschüttung der Tarifbelastung mit 56% unterliege,[134] und die Muttergesellschaft ihrerseits keinen Körperschaftsteuer-Anrechnungsanspruch habe.

Diese Behandlung der Unterpreisleistung ist in den letzten Jahren Gegenstand intensiver Kritik von seiten des Schrifttums gewesen.[135] Da die Behandlung der Unterpreisleistung durch den BFH auf der Annahme basierte, daß Gegenstand einer verdeckten Einlage nur einlagefähige Güter sein können und Nutzungen und Leistungen nicht einlagefähig seien, hatte die Literatur nachdrücklich für die Anerkennung der Einlagefähigkeit von Nutzungen und Leistungen gefochten.

Der I. Senat des BFH hatte in einem Vorlagebeschluß[136] an den Großen Senat diese Vorstellungen aufgenommen und unter dem Gegenstand einer steuerlichen Einlage i. S. des § 4 Abs. 1 S. 3, § 6 a. F. KStG jeden geldwerten Vorteil verstanden. Der Große Senat ist dem nicht gefolgt. Vielmehr hat er daran festgehalten, daß Gegenstand einer Einlage nur bilanzierungsfähige Wirtschaftsgüter sein können.[137]

131 BFH vom 3. 2. 1971 aaO, (Anm. 129).
132 BFH vom 9. 3. 1962 aaO, (Anm. 129).
133 BFH vom 9. 3. 1962 aaO, (Anm. 129).
134 Vgl. BFH vom 20. 8. 1986 I R 41/82 BStBl II 1987, 65.
135 Vgl. den ausführlichen Schrifttumsnachweis in BFH vom 20. 8. 1986 aaO, (Anm. 134).
136 BFH vom 20. 8. 1986 aaO, (Anm. 134).
137 BFH vom 27. 10. 1987 GrS 2/86 BStBl II 1988, 348; vgl. dazu eingehend Groh, DB 1988, 514 ff, 571 ff; kritisch Brezing, AG 1988, 230 ff. Vgl. dazu näher oben § 8 I 2.

Nach dem Beschluß des Großen Senats sind Unterpreisleistungen zwischen Schwestergesellschaften nunmehr wie folgt zu behandeln:

Bei T 1 ist für die verdeckte Gewinnausschüttung an M die Ausschüttungsbelastung herzustellen, da bei ihr ein Vermögensabfluß zu verzeichnen ist. Bei M ist der dieser von T 1 zugewendete Vorteil steuerlich zu erfassen; der Vorteil ist ihrem Betriebsvermögen zugegangen, aber für Zwecke der Beteiligung an T 2 im Betrieb verbraucht worden. M hat wegen des Zugangs des Vorteils den Anrechnungsanspruch nach § 36 Abs. 2 Nr. 2 EStG, § 49 Abs. 1 KStG, und zugleich hat T 1 auf die verdeckte Gewinnausschüttung die Kapitalertragsteuer einzubehalten.[138] Das Ergebnis von T 2 ist nicht zu kürzen, da der ihr mittelbar von M zugewendete Zins- oder Gebrauchsvorteil nicht Gegenstand einer Einlage sein kann.

Anders können sich die Dinge freilich bei Nutzungsüberlassungen mit Auslandsberührung darstellen.[139]

Sitzt etwa die Muttergesellschaft im Ausland, dann hat sie nicht die Möglichkeit, die von T 1 auf die verdeckte Gewinnausschüttung zu zahlende Körperschaftsteuer anzurechnen. Die verdeckte Gewinnausschüttung ist dann mit der Ausschüttungsbelastung und 25 % Kapitalertragsteuer, also insgesamt mit 52 % belastet.

Nach dem Beschluß des Großen Senats bleibt es also dabei, daß Vorteilszuwendungen zwischen Schwesterngesellschaften unterschiedlich behandelt werden und belastet sind, je nachdem ob es sich um eine Unterpreislieferung oder um eine Unterpreisleistung handelt und je nachdem, wie die Ergebnissituation bei den beteiligten Gesellschaften ist.[140] Verbundene Unternehmen haben also einen sehr weiten Gestaltungsspielraum, durch Gewinnverlagerungen Gewinn in *der* Gesellschaft entstehen zu lassen, in der es gerade am besten paßt.

Mit seinem Vorlagebeschluß an den Großen Senat hatte der I. Senat letztlich in der Sache das Anliegen verfolgt, derartigem entgegenzuwirken. Daß der Ansatz bei herkömmlichem Verständnis des Einlagebegriffs des § 4 Abs. 1 S. 5 EStG nicht der geeignete Weg war, hat die Entscheidung des Großen Senats dargetan.

Der Große Senat hat sich aber offensichtlich nicht zu dem Kraftakt verstehen können, im Wege der Rechtsfortbildung ein allgemeines Institut der

---

138 Der Vorteil aus der verdeckten Gewinnausschüttung ist der Muttergesellschaft zugeflossen (vgl. inzwischen so auch BFH vom 23. 10. 1985 I R 248/81 BStBl II 1986, 178 ff).

139 Vgl. den Überblick über die Fallvariationen bei Groh, DB 1988, 574 f, auch für Nutzungsüberlassung unter Zwischengesellschaften i. S. des AStG; vgl. zu letzterem eingehend Bellstedt, DB 1988, 2273 ff.

140 Vgl. zur Besteuerung verbundener Unternehmen de lege ferenda den Vorschlag Flumes aaO, (Anm. 128), Q 18 ff bzw. S. 770 ff zur Einheitsbesteuerung für die Fälle der Eingliederung oder des Verbundes durch 100 %igen Anteilsbesitz mit Verlustübernahme durch das Mutterunternehmen.

Gewinnkorrektur bei verbundenen Unternehmen zu kreieren. Angesichts des Umstandes, daß verbundene Unternehmen immerhin eine wirtschaftliche Einheit darstellen und Gewinnkorrekturen letztlich nur eine Veränderung des Zeitpunktes der Besteuerung bewirken würden, war die Zurückhaltung des Großen Senats des BFH durchaus angebracht. Allerdings ist nicht zu verkennen, daß die Problematik von Gewinnverlagerungen im internationalen Konzern bleibt.[141]

§ 20
Die Organschaft[1]

I. Überblick

Bei der Organschaft geht es um den Tatbestand, daß eine rechtlich selbständige Kapitalgesellschaft in ein anderes Unternehmen wirtschaftlich, finanziell und organisatorisch eingegliedert ist. Die rechtlich selbständige Kapitalgesellschaft ist wirtschaftlich unselbständig und nur ein Organ des Unternehmens (Organträger), dem es – nach Art einer bloßen Geschäftsabteilung – untergeordnet ist und dessen wirtschaftlichen Zwecken es dient. Der wirtschaftlichen Einheit der rechtlich selbständigen Unternehmen des Organs und des Organträgers wird im Körperschaftsteuerrecht[2] Rechnung getragen, wenn zwischen beiden Unternehmen ein Gewinnabführungsvertrag im Sinne der §§ 291 ff AktG geschlossen worden ist: Das *Ergebnis* des Organs wird steuerlich bei dem Organträger erfaßt.

Das Institut der Organschaft ist von der Rechtsprechung des Reichsfinanzhofs entwickelt worden. Grundlage für die körperschaftsteuerliche Anerkennung war die Erwägung, daß das Einkommen letztlich ein wirtschaftli-

141 Vgl. dazu de lege lata und de lege ferenda Ebenroth/Fuhrmann, DB 1989, 1100 ff.

1 Schmidt/Steppert, Die Organschaft im Körperschaftsteuer-, Gewerbesteuer- und Umsatzsteuerrecht, 3. Aufl. 1978; Jurkat, Die Organschaft im Körperschaftsteuerrecht, 1975; Reuter, Die Besteuerung der verbundenen Unternehmen, 1970; vgl. i. ü. die Kommentierung bei Herrmann/Heuer/Raupach, §§ 14–19 KStG 1977, bei Felix/Streck, §§ 14–19 KStG und bei Dötsch/Eversberg/Jost/Witt, §§ 14–19 KStG. Die Verwaltungsauffassung zu einzelnen Streitfragen und Problemen ist in den KStR Abschn. 48–65 niedergelegt.

2 Zur Organschaft im *Gewerbesteuerrecht* vgl. unten § 21 II 7. Im *Umsatzsteuerrecht* wird das Organ nicht als selbständiger Unternehmer angesehen (vgl. § 2 Abs. 2 UStG), die Umsätze des Organs sind Umsätze des Organträgers. Vgl. zu der beschränkten Bedeutung der Organschaft im Umsatzsteuerrecht angesichts des Mehrwertsteuersystems Tipke/Lang, § 13 C 1.2, S. 543. Für andere Steuerarten, z. B. auch für die *Vermögensteuer*, bleibt der Sachverhalt „Organschaft" unbeachtet.

cher Begriff[3] sei und daß bei wirtschaftlicher Betrachtung das Organ, das sein Ergebnis für den Organträger zu erzielen und an ihn abzuführen verpflichtet ist, gar kein eigenes Einkommen habe, sondern sein Ergebnis unmittelbarer Gewinn des Organträgers sei.[4] Das Ergebnis des Organs wurde also dem Organträger zugerechnet. Das zuzurechnende Ergebnis des Organs war nach den Vorschriften des KStG zu berechnen. Gegenstand der Zurechnung an den Organträger war also nicht etwa der nach der Handelsbilanz ermittelte und an den Organträger abgeführte Betrag. Bei der Zurechnung des nach den Grundsätzen des KStG errechneten Gewinns des Organs war aber – zur Vermeidung der Doppelbesteuerung – von diesem der bereits an den Organträger abgeführte Gewinn in Abzug zu bringen.[5] Entsprechend war bei einem Verlust des Organs zu verfahren.

Nachdem die Rechtsprechung des Bundesfinanzhofs[6] in zunehmendem Maße sowohl in Einzelfragen als auch im Grundsätzlichen zu Unsicherheiten geführt und der Bundesfinanzhof schließlich sogar Bedenken gegen die weitere Anerkennung der Organschaft ohne ausdrückliche gesetzliche Grundlage geäußert hatte,[7] wurde die Organschaft schließlich durch das Steueränderungsgesetz 1969 in § 7a KStG a. F. geregelt.

Der Gesetzgeber des § 7a KStG a. F. hat sich im Grundsätzlichen dafür entschieden, zu der Praxis zurückzukehren, wie sie vor der neueren Rechtsprechung des BFH bestanden hatte, nämlich zu der oben skizzierten sog. Zurechnungstheorie des RFH.[8] Leider wird dem freilich bei der Anwendung und Auslegung der gesetzlichen Regelung nicht immer ausreichend Rechnung getragen. Vor allem wird die steuerliche Respektierung des Tatbestandes der Organschaft weitgehend nur noch als eine positivistische Entscheidung verstanden, und die materielle Grundlage für die Anerkennung der Organschaft durch den RFH gerät immer mehr in Vergessenheit.[9]

Eine der wesentlichen praktischen Auswirkungen der körperschaftsteuerlichen Organschaft bestand bislang – handelte es sich bei dem Organträger um ein Personenunternehmen – in der Ausschaltung der wirtschaftlichen Doppelbelastung des Organergebnisses mit Körperschaftsteuer und Einkommensteuer. Dieser Gesichtspunkt spielt – nachdem das Anrechnungsverfahren die Doppelbelastung beseitigt hat – keine Rolle mehr. Als wesent-

---

3 Vgl. dazu Keuk, StbJb 1973/74, 349 ff, 352.

4 Vgl. insbesondere Gutachten RFH vom 26. 7. 1932 I D 2/31, III D 2/32 RFHE 31, 297 und die Würdigung der Rechtsprechung des RFH bei Flume, StbJb 1958/59, 283 ff.

5 Vgl. RFH vom 22. 1. 1935 I A 401/32 StuW 1935 Nr. 170.

6 Vgl. die methodologischen Betrachtungen zur Rechtsprechung des Bundesfinanzhofs bei Flume, StbJb 1958/59, 283 ff.

7 Vgl. den Überblick bei Herrmann/Heuer/Raupach, vor § 14 KStG Anm. 4 ff.

8 Vgl. BT-Drs. 5/3017, Begründung zu § 7a, Allgemeiner Teil, S. 6 f.

9 Das wirkt sich in der h. M. zu einigen Einzelfragen (z. B. Zurechnung des Organeinkommens bei unterschiedlichem Wirtschaftsjahr von Organ und Organträger, vgl. dazu unter III 2) aus.

licher Vorteil der körperschaftsteuerlichen Organschaft bleibt, daß Gewinne und Verluste von rechtlich selbständigen Konzerngesellschaften, die im Organschaftsverband stehen, ausgeglichen werden. Daneben ist der folgende – durch eine Ungereimtheit des Anrechnungsverfahrens bedingte – Vorteil zu vermerken: Während sonst im Anrechnungsverfahren die Steuerfreiheit von steuerfreien Einnahmen durch die Ausschüttung verlorengeht, können durch die Einkommenszurechnung an den Organträger steuerfreie Einnahmen der Organschaft diesem zugute kommen.[10] Des weiteren wirkt sich – ist ein Personenunternehmen Organträger – die Organschaft dahin aus, daß auch der thesaurierte Gewinn und die nicht abziehbaren Aufwendungen der Kapitalgesellschaft nur mit den für die Besteuerung der Inhaber des Personenunternehmens maßgeblichen Steuersätzen besteuert werden,[11] während diese Beträge ohne das Vorliegen der Organschaft mit dem allgemeinen Körperschaftsteuersatz belastet wären.

II. Voraussetzungen der Organschaft

1. Organ und Organträger

Bei der *Organgesellschaft* muß es sich um eine Aktiengesellschaft, Kommanditgesellschaft auf Aktien (§ 14 KStG) oder um eine andere Kapitalgesellschaft (§ 17 KStG), also insbesondere um eine GmbH (vgl. § 1 Abs. 1 Nr. 1 KStG), mit Geschäftsleitung und Sitz im Inland handeln.[12] Die gesonderte Behandlung der anderen Kapitalgesellschaften in § 17 KStG erklärt sich daraus, daß der in § 14 Abs. 1 KStG erwähnte Gewinnabführungsvertrag im Sinne des § 291 AktG nur die Gewinnabführung seitens einer Aktiengesellschaft bzw. Kommanditgesellschaft auf Aktien regelt.

Als *Organträger* kommt jedes inländische gewerbliche Unternehmen in Betracht, gleichgültig, in welcher Rechtsform es geführt wird. Organträger können also sein: natürliche Personen, Personengesellschaften i. S. des § 15 Abs. 1 S. 1 Nr. 2 EStG, Kapitalgesellschaften und andere rechtsfähige oder nicht rechtsfähige Körperschaften, Personenvereinigungen oder Vermögensmassen i. S. des § 1 KStG.

Ist Organträger eine natürliche Person, so muß diese grundsätzlich unbeschränkt einkommensteuerpflichtig sein; ist Organträger eine Personengesellschaft,[13] eine Kapitalgesellschaft oder eine andere Körperschaft, Perso-

---

10 Vgl. oben § 18 I; Weber, DB 1976, 1786; L. Schmidt, GmbHR 1977, 20. Von besonderer Bedeutung ist dies, wenn die Untergesellschaft von der deutschen Steuer freigestellte Einkünfte hat. Vgl. dazu oben § 18 II 2c.

11 Vgl. L. Schmidt, GmbHR 1977, 10.

12 Eine GmbH & Co. KG kann nicht Organgesellschaft sein; vgl. BFH vom 7. 3. 1973 I R 119/71 BStBl II 1973, 562.

13 Zu den Besonderheiten bei Personengesellschaften als Organträger vgl. grundlegend Niemann, Die Organschaft zu einer Personengesellschaft und die Organ-

nenvereinigung oder Vermögensmasse i. S. des § 1 KStG, so muß diese grundsätzlich Geschäftsleitung und Sitz im Inland haben (vgl. § 14 Abs. 1 Nr. 3 KStG).[14]

Der Organträger muß ein *gewerbliches* Unternehmen betreiben. Was unter dem Begriff *gewerbliches* Unternehmen zu verstehen ist, sagt das Gesetz nicht und ist umstritten.[15] Zum einen wird vertreten, der Organträger müsse einen Gewerbebetrieb i. S. des § 2 GewStG führen.[16] Danach würde als Organträger auch ein Unternehmen in Frage kommen, das nur seiner Rechtsform wegen – z. B. als Kapitalgesellschaft – als Gewerbebetrieb behandelt wird. Nach einer anderen Auffassung ist für die Organträgerschaft erforderlich, daß ein Gewerbebetrieb i. S. des § 1 GewStDV (§ 15 Abs. 2 EStG n. F.), also eine ihrer Natur nach gewerbliche Tätigkeit, vorliegt.[17] U. E. ist dieser letzten Auffassung der Vorzug zu geben, denn der Organträger muß die Voraussetzungen für die *wirtschaftliche* Eingliederung der Organschaft bieten können.[18] Das aber ist nur möglich, wenn der Organträger selbst eine gewerbliche Tätigkeit ausübt.

In den Fällen, in denen das beherrschende Unternehmen sich nicht selbst am wirtschaftlichen Verkehr beteiligt, aber kraft seiner Rechtsform als Gewerbebetrieb anzusehen ist, kommen beide Auffassungen allerdings zu demselben Ergebnis. So ist die Organschaft zu einer nur *verwaltenden* Holding nach beiden Auffassungen nicht möglich: Entweder wird die verwaltende Holding von vornherein mangels gewerblicher Betätigung nicht als möglicher Organträger angesehen oder es mangelt – versteht man unter dem „gewerblichen Unternehmen" des Organträgers einen Gewerbebetrieb i. S. des § 2 GewStG – an dem Tatbestandsmerkmal der wirtschaftlichen Eingliederung.[19]

---

schaft zu mehreren Unternehmen, 1977; vgl. i. ü. Herrmann/Heuer/Raupach, § 14 KStG Anm. 161 ff; Schmidt/Steppert aaO, (Anm. 1), A II 9; Jurkat, JbFStR 1972/73, 230 ff; BFH vom 26. 10. 1972 I R 219/70 BStBl II 1973, 383. Bei der atypischen Gesellschaft ist zu beachten: Einen Gewinnabführungsvertrag i. S. des § 291 Abs. 1 AktG (§ 14 KStG) kann als Organträger nur der Inhaber des Handelsgeschäfts schließen (vgl. Döllerer, DStR 1985, 301). Für die finanzielle Eingliederung reicht es aber wie bei einer Außengesellschaft aus, wenn die Anteile an der Organgesellschaft dem atypisch still Beteiligten zustehen und dieser sie in den Dienst des Inhabers des Handelsgeschäfts gestellt hat, sie also Sonderbetriebsvermögen des Stillen sind.

14 Die Einzelheiten vgl. bei Schmidt/Steppert aaO, (Anm. 1), A II 2. 2; Herrmann/Heuer/Raupach, § 14 KStG Anm. 156.

15 Vgl. zum Meinungsstand Herrmann/Heuer/Raupach, § 14 KStG Anm. 39 f.

16 V. Wallis, AG 1969, 313; Hübl, DStZ/A 1972, 82; Jurkat, GmbHR 1972, 49; Felix/Streck, § 14 KStG Anm. 5.

17 BFH vom 17. 12. 1969 I 252/64 BStBl II 1970, 257; Birkholz, FR 1971, 545 f; Dornfeld/Telkamp, StuW 1971, 80.

18 Vgl. dazu unten II 2 c.

19 Zur Holding vgl. unten II 2 c.

Schließen sich mehrere gewerbliche Unternehmen zum Zwecke der einheitlichen Willensbildung bei einer Kapitalgesellschaft zu einer Gesellschaft bürgerlichen Rechts zusammen, so wird eine Organschaft zu der Gesellschaft bürgerlichen Rechts – obwohl diese selbst kein gewerbliches Unternehmen betreibt – anerkannt[20] (Mehrmütterorganschaft), wenn

1. jeder Gesellschafter der Gesellschaft bürgerlichen Rechts an der Organgesellschaft vom Beginn des Wirtschaftsjahres an ununterbrochen beteiligt ist und die Beteiligung aller Gesellschafter zusammen ihnen ununterbrochen die Mehrheit der Stimmrechte gewähren,
2. jeder Gesellschafter der Gesellschaft bürgerlichen Rechts ein gewerbliches Unternehmen unterhält und die Organgesellschaft jedes dieser Unternehmen wirtschaftlich fördert oder ergänzt.
3. durch die Gesellschaft bürgerlichen Rechts gewährleistet ist, daß der koordinierte Wille ihrer Gesellschafter in der Geschäftsführung der Organgesellschaft tatsächlich durchgeführt wird.

2. Finanzielle, organisatorische und wirtschaftliche Eingliederung[21]

Zum Tatbestand der Organschaft gehört die finanzielle, organisatorische und wirtschaftliche Eingliederung der Organgesellschaft in das Unternehmen des Organträgers. Die Eingliederung der Organgesellschaft muß „vom Beginn ihres Wirtschaftsjahres an ununterbrochen“[22] bestehen.

a) Die *finanzielle* Eingliederung setzt voraus, daß der Organträger[23] an der Organgesellschaft vom Beginn ihres Wirtschaftsjahres an ununterbrochen und unmittelbar in einem solchen Maße beteiligt ist, daß ihm die Mehrheit der Stimmrechte aus den Anteilen an der Organgesellschaft zusteht.[24] Eine mittelbare Beteiligung genügt, wenn jede der Beteiligungen, auf denen die

---

20 Vgl. KStR Abschn. 52 Abs. 6; Schmidt in Schmidt/Steppert, A II 9.31 (S. 73 ff); Jurkat aaO, (Anm. 1), Rdz. 200.

21 Zu Grundlagen, Theorien und Rechtsentwicklungen des mehrgliedrigen Organverbundes vgl. Stoll, Festschrift Egon Bauer, 1986, S. 323 ff.

22 Vgl. i. e. Herrmann/Heuer/Raupach, § 14 KStG Anm. 114; Schmidt/Steppert aaO, (Anm. 1), A II 6.

23 Zu dem Fall, daß Organträger eine Personengesellschaft ist, vgl. eingehend Niemann aaO, (Anm. 13), S. 46 ff. Zu Organschaftsverhältnissen bei Anteilsbesitz im Sonderbetriebsvermögen vgl. Jansen/Stübben, DB 1984, 1499; vgl. auch BFH vom 12. 1. 1977 I R 204/75 BStBl II 1977, 357; BFH vom 28. 4. 1983 IV R 152/80 BStBl II 1983, 690: Sind mehrere Gesellschafter beschränkt steuerpflichtig, so ist die finanzielle Eingliederung im Verhältnis zur Personengesellschaft selbst nur gegeben, wenn die Anteile an der Organgesellschaft zum Gesellschaftsvermögen der OHG oder KG gehören oder zumindest wirtschaftliches Eigentum der OHG oder KG gegeben ist.

24 Vgl. zu den Einzelheiten Schmidt/Steppert aaO, (Anm. 1), A II 13; Herrmann/Heuer/Raupach, § 14 KStG Anm. 116 ff.

mittelbare Beteiligung beruht, die Mehrheit der Stimmrechte gewährt (§ 14 Nr. 1 KStG).[25]

b) Das Erfordernis der *organisatorischen* Eingliederung soll sichern, daß die Beherrschungsmöglichkeit, die auf Grund der finanziellen Eingliederung rechtlich gegeben ist, in der laufenden Geschäftsführung der Organgesellschaft tatsächlich wirksam wird. Vom Gesetz unwiderleglich vermutet wird die organisatorische Eingliederung, wenn die Organschaft durch einen Beherrschungsvertrag i. S. des § 291 Abs. 1 AktG die Leitung ihres Unternehmens dem Unternehmen des Organträgers unterstellt oder wenn die Organgesellschaft eine nach den §§ 319 ff AktG eingegliederte Gesellschaft ist.

Durch einen *Beherrschungsvertrag* i. S. des § 291 AktG unterstellt eine Aktiengesellschaft oder eine Kommanditgesellschaft auf Aktien die Leitung ihrer Gesellschaft einem anderen Unternehmen. Es handelt sich um einen Unternehmensvertrag, der den besonderen Wirksamkeitsvoraussetzungen und Formvorschriften für Unternehmensverträge unterliegt (vgl. insbesondere §§ 293, 294 AktG). Besteht ein Beherrschungsvertrag, so ist das herrschende Unternehmen berechtigt, dem Vorstand der Gesellschaft hinsichtlich der Leitung der Gesellschaft Weisungen zu erteilen. Der Vorstand ist verpflichtet, den Weisungen des herrschenden Unternehmens zu folgen (§ 308 AktG).[26]

Die *Eingliederung* nach den §§ 319 ff AktG stellt die engste Zusammenfassung zweier – rechtlich noch selbständiger – Unternehmen dar. Die eingegliederte Gesellschaft bleibt zwar rechtlich selbständig; sie hat aber im Innenverhältnis zur eingliedernden Gesellschaft eine ähnliche Stellung wie eine Betriebsabteilung. Zu der Problematik, den Voraussetzungen und Folgen der Eingliederung im einzelnen ist auf das aktienrechtliche Schrifttum zu verweisen. Hier ist nur das Recht der Hauptgesellschaft hervorzuheben, dem Vorstand der eingegliederten Gesellschaft hinsichtlich der Leitung Weisungen zu erteilen.

Ist die organisatorische Eingliederung der Organgesellschaft nicht schon durch einen Beherrschungsvertrag oder durch die Eingliederung nach den §§ 319 ff AktG begründet, so muß auf andere Weise sichergestellt sein, daß sich der Wille des Organträgers in der Geschäftsführung der Organgesellschaft tatsächlich auch durchsetzen kann. Das ist z. B. der Fall, wenn in den geschäftsführenden Organen des Organträgers und der Organgesellschaft Personalunion besteht, und im übrigen, wenn die Organgesellschaft in rechtlich erzwingbarer Weise verpflichtet ist (z. B. durch einen entsprechenden Vertrag oder entsprechende Bestimmungen in der Satzung oder in dem Gesellschaftsvertrag der Organgesellschaft), den Weisungen des Organträgers zu folgen.[27]

---

25 Eine mittelbare Beteiligung liegt auch vor, wenn die Tochtergesellschaft eine Personengesellschaft ist, vgl. BFH vom 2. 11. 1977 I R 143/75 BStBl II 1978, 74. Zum Gesellschafterwechsel bei Personengesellschaften vgl. KStR Abschn. 52 Abs. 1, 3.

26 Zu den Einzelheiten vgl. Würdinger, S. 322 ff und die Kommentare zu §§ 308 ff AktG.

27 Vgl. Schmidt/Steppert aaO, (Anm. 1), A II 5. 1; Herrmann/Heuer/Raupach, § 14 KStG Anm. 138.

c) Schließlich muß die Organgesellschaft nach dem Gesamtbild der tatsächlichen Verhältnisse *wirtschaftlich* in das gewerbliche Unternehmen des Organträgers eingegliedert sein (§ 14 Abs. 1 Nr. 2 KStG).

Das Erfordernis der wirtschaftlichen Eingliederung war schon in der Zeit vor der gesetzlichen Regelung der Organschaft in der Literatur als überflüssig und als eines konkreten und praktizierbaren Sinngehalts entbehrend kritisiert worden.[28] Der Gesetzgeber hat jedoch an diesem Erfordernis festgehalten. Was unter der wirtschaftlichen Eingliederung zu verstehen sein soll, hat er allerdings nicht bestimmt. Es muß also insoweit auf das bisherige Verständnis dieses Begriffes zurückgegriffen werden.

Danach ist das Modell eines wirtschaftlich eingegliederten Betriebs die unselbständige Geschäftsabteilung oder Filiale. Es muß eine wirtschaftliche Verflechtung der beiden Unternehmen hinsichtlich ihrer Tätigkeit bestehen, die Organgesellschaft muß ganz oder überwiegend dem wirtschaftlichen Zweck des Unternehmens des Organträgers dienen.[29]

Das Erfordernis der wirtschaftlichen Eingliederung wird insbesondere praktisch bei der Frage, ob ein Organverhältnis zu einer Holding möglich ist. Diese Frage stellt sich u. E. aber auch schon und richtiger unter dem Gesichtspunkt, ob eine Holding überhaupt als Organträger (gewerblicher Unternehmen)[30] in Frage kommt.

Unter einer Holding versteht man einen Rechtsträger (natürliche Person, Personengesellschaft, Kapitalgesellschaft), der keinen eigenen Produktions- oder Handelsbetrieb unterhält, sondern nur eine oder mehrere Beteiligungen an anderen Unternehmen besitzt und bestimmte aus diesen Beteiligungen sich ergebende Möglichkeiten wahrnimmt. Man unterscheidet, je nachdem, ob die Holding sich auf das Halten der Beteiligungen und die Ausübung der damit verbundenen Gesellschafterrechte beschränkt oder darüber hinaus auch Einfluß auf die Geschäftspolitik der Beteiligungsgesellschaften nimmt, zwischen *verwaltender* Holding und *geschäftsleitender* Holding.

Da Voraussetzung für die Organschaft ist, daß der Organträger ein gewerbliches Unternehmen unterhalten muß, in das die Organgesellschaft wirtschaftlich eingegliedert ist, ist ein Organverhältnis zu einer nur *verwaltenden* Holding *nicht* möglich. Denn der Organträger entfaltet hier nicht selbst eine gewerbliche Tätigkeit.

---

28 Vgl. z. B. Thiel, StbJb 1966/67, 247 ff, 271 f; Kreile, FR 1968, 456 ff; Dornfeld, FR 1969, 349; Ranft, FR 1969, 331 ff; Telkamp, DB 1969, 669.

29 Vgl. i. e. Herrmann/Heuer/Raupach, § 14 KStG Anm. 133; Schmidt/Steppert aaO, (Anm. 1), A II 4; Dornfeld/Telkamp, StuW 1971, 67 ff; Hübl, DStZ/A 1972, 81 ff; BFH vom 21. 1. 1970 I R 90/67 BStBl II 1970, 348; vom 21. 6. 1972 I R 82/70 BStBl II 1972, 722; zu der Frage der wirtschaftlichen Eingliederung, wenn Organträger und Organgesellschaft ihr Unternehmen in verschiedenen Geschäftszweigen betreiben, vgl. BFH vom 21. 1. 1976 I R 21/74 BStBl II 1976, 389.

30 Vgl. dazu oben II 1.

Anders aber ist die Lage, wenn die Holding – auch nach außen erkennbar – die einheitliche Leitung im Konzern ausübt.[31]

Die Koordinierung der Geschäftsleitung verschiedener rechtlich selbständiger Gesellschaften wird als eine gewerbliche Betätigung angesehen;[32] bei einem Konzern ist nicht nur das einzelne Konzernunternehmen, sondern auch der Konzern selbst, der im Wirtschaftsleben als wirtschaftliche Einheit auftritt, Teilnehmer am allgemeinen wirtschaftlichen Verkehr. Die Organschaft zu einer *geschäftsleitenden* Holding ist also möglich.

Bei einer *Betriebsaufspaltung* in ein Besitzunternehmen und in eine Betriebskapitalgesellschaft ist eine Organschaft nicht möglich.[33] Es mangelt an der wirtschaftlichen Eingliederung der Betriebskapitalgesellschaft in ein gewerbliches Unternehmen. Denn das reine Besitzunternehmen entfaltet keine gewerbliche Tätigkeit.[34] Nur wenn das Besitzunternehmen eine eigene gewerbliche Tätigkeit i. S. des § 1 GewStDV (§ 15 Abs. 2 EStG n. F.) entfaltet[35] oder die einheitliche Konzernleitung gegenüber mehreren abhängigen Unternehmen ausübt, ist ein Organverhältnis möglich.

3. Der Gewinnabführungsvertrag

Zum Tatbestand der körperschaftsteuerlichen Organschaft gehört des weiteren, daß die Organgesellschaft sich durch einen Gewinnabführungsvertrag verpflichtet, ihren *ganzen*[36] Gewinn an den Organträger abzuführen. Der Gewinnabführungsvertrag muß zivilrechtlich wirksam sein,[37] er muß auf mindestens 5 Jahre abgeschlossen sein (§ 14 Nr. 4 S. 1 und § 17 KStG) und während dieser Zeit auch durchgeführt werden. Während die finanzielle, wirtschaftliche und organisatorische Eingliederung der Organschaft bereits

---

31 Vgl. dazu BFH vom 17. 12. 1969 I 252/64 BStBl II 1970, 257; vom 15. 4. 1970 I R 122/66 BStBl II 1970, 554; vom 31. 1. 1973 I R 166/71 BStBl II 1973, 420.

32 Da die gewerbliche Betätigung der geschäftsleitenden Holding in Hinsicht auf die Koordinierung der Geschäftsleitung verschiedener rechtlich selbständiger Gesellschaften angenommen wird, ist eine Organschaft nach dem BFH steuerrechtlich nicht möglich, wenn eine Muttergesellschaft ohne sonstige unternehmerische Betätigung nur *eine* Untergesellschaft beherrscht (BFH vom 15. 4. 1970 I R 122/66 BStBl II 1970 554; vgl. dagegen Dornfeld/Telkamp, StuW 1971, 75 ff; Rose, StbJb 1971/72, 216).

33 Nicht unstrittig. Vgl. zum Meinungsstand Herrmann/Heuer/Raupach, § 14 KStG Anm. 135; Felix/Streck, § 14 KStG Anm. 6.

34 Vgl. dazu und zu der gegenteiligen – u. E. unhaltbaren – gewerbesteuerrechtlichen Rechtsprechung i. e. Keuk, DB 1974, 205 ff.

35 BFH vom 18. 4. 1973 I R 120/70 BStBl II 1973, 740.

36 Ein Teilgewinnabführungsvertrag i. S. des § 292 Abs. 1 Nr. 2 AktG ist für die körperschaftsteuerliche Organschaft nicht ausreichend.

37 Ist ein Gewinnabführungsvertrag z. B. wegen Formmangels nichtig oder schwebend unwirksam, so ist § 14 KStG nicht anwendbar. Die Vorschrift des § 41 Abs. 1 AO greift hier nicht ein, weil nach § 14 KStG die bürgerlich-rechtliche Wirksamkeit Tatbestandsmerkmal ist.

vom Beginn des Wirtschaftsjahres der Organschaft an gegeben sein muß, für das das Einkommen der Organschaft erstmals bei dem Organträger erfaßt werden soll, genügt es, daß der Gewinnabführungsvertrag spätestens am Ende dieses Wirtschaftsjahres der Organgesellschaft wirksam wird.[38]

a) Wirksamkeitsvoraussetzungen des aktienrechtlichen Gewinnabführungsvertrages

Ist Organgesellschaft eine Aktiengesellschaft oder eine Kommanditgesellschaft auf Aktien, so muß ein Gewinnabführungsvertrag i. S. des § 291 Abs. 1 AktG vorliegen. Durch einen Gewinnabführungsvertrag wird die gesetzliche oder satzungsmäßige Ordnung der Gewinnverwendung grundlegend geändert.[39] Den Aktionären wird das mitgliedschaftsrechtliche Gewinnbeteiligungsrecht genommen. Der Hauptversammlung wird die Entscheidung über die Gewinnverwendung entzogen. Ein Beschluß über die Gewinnverwendung kann nicht mehr stattfinden, weil nämlich die Gewinnverwendung in der Durchführung des Gewinnabführungsvertrages schon erfolgt ist.

Bei dem Gewinnabführungsvertrag nach § 291 AktG handelt es sich um einen Unternehmensvertrag, der den Vorschriften der §§ 291 bis 307 AktG unterliegt.[40]

Die zivilrechtliche Wirksamkeit eines Gewinnabführungsvertrages nach § 291 AktG setzt voraus:

1. Schriftform (§ 293 Abs. 3 AktG).
2. Die Hauptversammlung der Gesellschaft (Organgesellschaft), die sich zur Gewinnabführung verpflichtet, muß mit der qualifizierten Mehrheit von mindestens ¾ des bei der Beschlußfassung vertretenen Grundkapitals dem Vertrag zustimmen. Die Satzung kann eine größere Kapitalmehrheit und weitere Erfordernisse bestimmen (§ 293 Abs. 1 AktG). Hat auch der andere Vertragsteil (Organträger) die Rechtsform einer Aktiengesellschaft oder Kommanditgesellschaft auf Aktien, so bedarf es zur Wirksamkeit des Gewinnabführungsvertrages weiterhin der Zustimmung der Hauptversammlung dieser Gesellschaft. Auch dieser Hauptversammlungsbeschluß muß mit der oben angeführten qualifizierten Mehrheit erfolgen (§ 293 Abs. 2 AktG).
3. Der Vorstand der Organgesellschaft hat den Gewinnabführungsvertrag zur Eintragung in das Handelsregister anzumelden (§ 294 Abs. 1 S. 1 AktG). Der Vertrag wird erst wirksam, wenn sein Bestehen in das Handelsregister eingetragen worden

---

38 Da der Eintragung nach § 294 Abs. 2 AktG konstitutive Bedeutung zukommt, muß der Gewinnabführungsvertrag vor Ablauf des Wirtschaftsjahres, für das er erstmals angewendet werden soll, im Handelsregister eingetragen worden sein. Auch eine etwaige zivilrechtlich vereinbarte Rückwirkung ist steuerlich nicht zu beachten (vgl. BFH vom 26. 1. 1987 I R 28/84 BStBl II 1988, 76).

39 Vgl. dazu Ballerstedt, DB 1956, 837.

40 Zum Gewinnabführungsvertrag vgl. i. e. Würdinger, S. 334 ff.

ist (§ 249 Abs. 2 AktG). Die Eintragung in das Handelsregister hat also konstitutive Wirkung.[41]

Handelt es sich bei der Organgesellschaft um eine nach den §§ 319 ff AktG *eingegliederte* Gesellschaft, so ist der Gewinnabführungsvertrag wirksam, wenn er schriftlich abgeschlossen ist. Der Zustimmung der Hauptversammlung der beiden Gesellschaften und der Eintragung in das Handelsregister bedarf es nicht (vgl. § 324 Abs. 2 AktG).

b) Der Gegenstand des aktienrechtlichen Gewinnabführungsvertrages

Für die Gewinnabführungsverpflichtung setzt § 301 AktG zwingend einen Höchstbetrag fest. Abgesehen von dieser Höchstgrenze besteht aktienrechtlich Vertragsfreiheit. Im übrigen können die Partner zivilrechtlich beliebige Vereinbarungen über den abzuführenden Gewinn treffen. Es ist allerdings zu beachten, daß für die körperschaftsteuerliche Organschaft ein Teilgewinnabführungsvertrag nach § 292 Abs. 1 Nr. 2 AktG nicht ausreichend ist, sondern die Verpflichtung zur Abführung des ganzen Gewinnes erforderlich ist. Sollen die Rechtsfolgen nach § 14 KStG Anwendung finden, so dürfen die Vertragspartner nicht – was aktienrechtlich zulässig ist – je nach Belieben und Interessenlage Gewinne durch Einstellung in die freien Rücklagen von der Gewinnabführung ausnehmen. Sie dürfen vielmehr Beträge aus dem Jahresüberschuß nur insoweit in freie Rücklagen einstellen, als dies bei vernünftiger kaufmännischer Beurteilung wirtschaftlich begründet ist (§ 14 Nr. 5 KStG).

Wird der von der Organgesellschaft abzuführende Gewinn durch die Bildung stiller Reserven beeinträchtigt, so ist dies allerdings körperschaftsteuerlich nicht schädlich, soweit sich die Bildung der stillen Reserven im Rahmen der aktienrechtlichen Bilanzierungsvorschriften hält. Denn Grundlage für die Feststellung des abzuführenden Gewinns ist die Handelsbilanz der Organgesellschaft.

Höchstgrenze für die Gewinnabführung ist der ohne Rücksicht auf die Gewinnabführung berechnete Jahresüberschuß,[42] vermindert um einen Verlustvortrag aus dem Vorjahre und um den Betrag, der nach § 300 AktG in die gesetzliche Rücklage zu stellen ist.

Ein Gewinnvortrag ist im Jahresüberschuß nicht enthalten, er darf also nicht abgeführt werden. Der Jahresüberschuß umfaßt auch nicht die Gewinne aus der Auflösung von Rücklagen. Die während der Vertragsdauer gebildeten Rücklagen dürfen allerdings nach § 301 S. 2 AktG wieder aufgelöst und als Gewinn abgeführt werden. Gewinne aus der Auflösung von Rücklagen dürfen also nur insoweit nicht abgeführt werden, als es sich um vorvertragliche Rücklagen handelt.

---

41 Vgl. Baumbach/Hueck, Aktiengesetz, 13. Aufl. 1968, § 294 AktG Anm. 1.

42 Zum Ausweis der Aufwendungen und Erträge aus Gewinnabführungsverträgen nach neuem Bilanzrecht vgl. § 277 Abs. 3 S. 2 HGB und Budde/Förschle in Beck'scher Bilanzkommentar, § 277 HGB Anm. 6 ff.

Das Verbot, vorvertragliche Rücklagen abzuführen, bezieht sich freilich nicht auch auf vorvertragliche stille Reserven. Die in den stillen Reserven eines Wirtschaftsguts enthaltenen Gewinne gehen erst bei ihrer Realisierung in den Jahresüberschuß ein. Gewinne aus der Auflösung stiller Reserven sind als Gewinne des laufenden Geschäftsjahres abführungspflichtig.

Besteht zwischen der Organgesellschaft und dem Organträger ein Gewinnabführungsvertrag nach § 291 Abs. 1 AktG, so ist der Organträger kraft Gesetzes zur *Verlustübernahme* verpflichtet. Nach § 302 AktG hat der Organträger jeden während der Vertragsdauer sonst entstehenden Jahresfehlbetrag auszugleichen, soweit dieser nicht dadurch ausgeglichen wird, daß den freien Rücklagen Beträge entnommen werden, die während der Vertragsdauer in sie eingestellt worden sind. Vorvertragliche Rücklagen und ein Gewinnvortrag sowie nachvertragliche gesetzliche Rücklagen, aus denen der Fehlbetrag gedeckt werden könnte, schränken die gesetzliche Verlustausgleichspflicht nicht ein.

Ist die Organgesellschaft eine nach den §§ 319 ff AktG *eingegliederte Gesellschaft,* so sind die §§ 298 bis 303 AktG nicht anzuwenden (§ 324 Abs. 2 S. 1 AktG). Höchstbetrag für die Gewinnabführung ist also nicht der Jahresüberschuß, sondern der Bilanzgewinn, der ohne die Gewinnabführung entstehen würde. Das bedeutet, daß eingegliederte Gesellschaften nicht wie andere Gesellschaften daran gehindert sind, einen etwaigen Gewinnvortrag oder etwaige freie Rücklagen aus der Zeit vor Abschluß des Gewinnabführungsvertrages abzuführen. Des weiteren hat die herrschende Gesellschaft gegenüber der eingegliederten Gesellschaft nur eine eingeschränkte Verlustübernahmeverpflichtung. Sie braucht lediglich den Bilanzverlust auszugleichen, der den Betrag der offenen, d. h. der gesetzlichen und der freien Rücklagen – gleichgültig, ob es sich um vorvertragliche oder nachvertragliche handelt –, übersteigt (§ 324 Abs. 3 AktG).

Die großzügigere Regelung für den Gewinnabführungsvertrag mit eingegliederten Gesellschaften ist dem Gesetzgeber deshalb möglich gewesen, weil die Hauptgesellschaft alle Aktien besitzt, ein Schutz anderer Aktionäre also nicht erforderlich ist und die Gläubiger der eingegliederten Gesellschaft durch die gesamtschuldnerische Schuldenhaftung der herrschenden Gesellschaft (§ 322 AktG) hinreichend gesichert sind.

c) Der Gewinnabführungsvertrag anderer Kapitalgesellschaften

§ 291 AktG regelt nur die Gewinnabführungsverpflichtung seitens einer Aktiengesellschaft und einer Kommanditgesellschaft auf Aktien. Die für andere Kapitalgesellschaften maßgebenden handelsrechtlichen Gesetze, insbesondere das GmbH-Gesetz, enthalten keine vergleichbaren Vorschriften. Es besteht aber kein Zweifel, daß sich auch diese Gesellschaften verpflichten können, ihren ganzen Gewinn an ein anderes Unternehmen abzuführen.[43]

43 Für die GmbH vgl. Emmerich/Sonnenschein, Konzernrecht, 3. Aufl. 1989, § 25 III, S. 393 ff; Baumbach/Hueck, GmbHG, Schlußanhang I Rz. 16.

Deshalb hat der Gesetzgeber in § 17 KStG für den Fall, daß sich eine Organgesellschaft in der Rechtsform der GmbH, der Kolonialgesellschaft oder der bergrechtlichen Gewerkschaft zur Abführung ihres ganzen Gewinns verpflichtet, die entsprechende Anwendung der auf Organschaften mit Organgesellschaften in der Rechtsform der Aktiengesellschaft und der Kommanditgesellschaft auf Aktien abgestellten Regelung der §§ 14–16 KStG vorgeschrieben. § 17 KStG stellt dazu folgende Voraussetzungen auf.[44]

1. der Vertrag muß in schriftlicher Form abgeschlossen sein,
2. die Gesellschafter müssen dem Vertrag mit einer Mehrheit von ¾ der abgegebenen Stimmen zugestimmt haben,
3. eine Verlustübernahme entsprechend den Vorschriften des § 302 AktG muß vereinbart sein,[45]
4. die Abführung von Erträgen aus der Auflösung von freien vorvertraglichen Rücklagen muß ausgeschlossen sein.

Voraussetzung ist auch für den Gewinnabführungsvertrag anderer Kapitalgesellschaften nach § 17 KStG, daß dieser zivilrechtlich wirksam ist.

Was die *zivilrechtliche Wirksamkeit* des Gewinnabführungsvertrags mit einer GmbH als Organgesellschaft anbetrifft, so war für diese nach dem über sechs Jahrzehnte geltenden Rechtszustand nicht die notarielle Beurkundung eines Gesellschafterbeschlusses bei der Organgesellschaft und nicht die Eintragung des Gewinnabführungsvertrages in das Handelsregister der Organgesellschaft-GmbH erforderlich. Mit diesem Rechtszustand hat der Beschluß des BGH vom 24. 10. 1988 gebrochen.[46] Danach setzt die Wirksamkeit eines Gewinnabführungsvertrages die Einhaltung der folgenden Förmlichkeiten voraus:

1. Notariell beurkundeter Zustimmungsbeschluß der beherrschten GmbH,
2. Eintragung des Unternehmensvertrages im Handelsregister der beherrschten GmbH.

Die ohne Beachtung der vom BGH neu statuierten Förmlichkeiten geschlossenen Altverträge sollen nach Vorstellung des BGH und der Literatur nichtig sein.[47]

---

44 Vgl. dazu näher Herrmann/Heuer/Raupach, § 17 KStG Anm. 47–51; Schmidt/Steppert aaO, (Anm. 1), A II 7. 5.

45 Zu beachten ist, daß § 302 AktG durch das Bilanzrichtliniengesetz neu gefaßt worden ist. Die bisherigen Ergebnisabführungsverträge mit einer GmbH sind an den geänderten Wortlaut anzupassen. Im Augenblick beanstandet die Finanzverwaltung eine unterbliebene Anpassung freilich noch nicht. Vgl. BdF vom 3. 6. 1987, BB 1987, 1235.

46 BGH vom 24. 10. 1988 II ZB 7/88 GmbHR 1989, 25 ff; vgl. die massive Kritik an dieser Entscheidung bei Flume, DB 1989, 665; ansonsten wird die Entscheidung allgemein begrüßt (vgl. die ersten ausführlichen Stellungnahmen bei Ulmer, BB 1989, 15 ff; Timm, GmbHR 1989, 11 ff).

47 BGH vom 14. 12. 1987 II ZR 170/87 NJW 1988, 1326.

Zum Teil wird – unter Berufung auf das „Familienheim"-Urteil des BGH die Anwendung der Grundsätze über die fehlerhafte Gesellschaft empfohlen.[48]

Die Annahme der Nichtigkeit der Altverträge ist nicht einzuordnen. Der bis zur Entscheidung des BGH geltende Rechtszustand wurde bestimmt durch die jahrzehntelange allgemeine Auffassung und Praxis der Unternehmen, der Registergerichte[49] und der Finanzverwaltung,[50] daß notarielle Beurkundung eines Zustimmungsbeschlusses und Eintragung des Gewinnabführungsvertrages in das Handelsregister nicht erforderlich seien.

Die Unternehmen, deren Anträge auf Eintragung des Vertrages abgelehnt worden sind oder die mit Rücksicht auf den Standpunkt der Registergerichte von der Stellung eines Antrages abgesehen haben, werden sich „auf den Arm genommen" vorkommen, wenn ihnen nunmehr eröffnet wird, ihre Verträge seien nicht rechtswirksam zustandegekommen, sie hätten von Anfang an in einem Unrechtszustand gelebt, ihr Verhältnis würde aber netterweise nach den für eine fehlerhafte Gesellschaft geltenden Regeln behandelt.

Wenn der BGH nunmehr etwas getan hat, was Sache des Gesetzgebers ist, nämlich im Wege „gesetzesgleich wirkender höchstrichterlicher Rechtsfortbildung"[51] Formvorschriften für einen bestimmten Rechtsgeschäftstyp statuiert hat,[52] so hat er – falls die Registergerichte dem BGH Gefolgschaft leisten sollten – das geltende Recht geändert. Die Behandlung der Altverträge erweist sich schlicht als ein Problem des intertemporalen Rechts.[53] Für Formvorschriften gilt: „tempus regit actum". Die Wirksamkeit eines Rechtsgeschäfts ist in Ansehung der Form nach dem zur Zeit der Vornahme des

48 Ulmer aaO, (Anm. 46); vgl. demgegenüber aber z. B. Timm, GmbHR 1989, 11 ff, 17.

49 Vgl. OLG Düsseldorf vom 20. 3. 1988 BB 1981, 1482; OLG Düsseldorf vom 3. 7. 1987 GmbHR 1988, 105; OLG Schleswig ZIP 1987, 1448 f, 1453 f; OLG Celle GmbHR 1988, 107; a. A. OLG Hamburg GmbHR 1988, 141.

50 Vgl. KStR Abschn. 64 Abs. 1: „Ist die Organgesellschaft eine Kapitalgesellschaft i. S. des § 17 KStG, z. B. eine GmbH, so bedarf der Gewinnabführungsvertrag zu seiner zivilrechtlichen Wirksamkeit keiner Eintragung in das Handelsregister". In diesem Satz der Körperschaftsteuerrichtlinie wird nicht der Anspruch einer eigenen zivilrechtlichen Stellungnahme erhoben, sondern lediglich der geltende Rechtszustand dargestellt.

51 Ulmer aaO, (Anm. 46).

52 Zu dem Legitimationsproblem vgl. Flume aaO, (Anm. 46).

53 Vgl. Theodosius II. (C 1,14,7): „Leges et constitutiones futuris certum est dare formam negotiis non ad facta praeterita revocari"; Savigny, System des heutigen Römischen Rechts, Bd. 8, 1849, § 388 S. 408; die Verfasser des BGB haben – im Gegensatz zu den vorausgegangenen Kodifikationen – davon abgesehen, eine entsprechende Bestimmung in das EG zum BGB aufzunehmen: „Dieser Satz (sc. daß ein Rechtsgeschäft in Ansehung der Geschäftsfähigkeit und der Form nach dem zur Zeit der Vornahme des Rechtsgeschäfts bestehenden Rechts zu beurteilen ist), ergibt sich aus den allgemeinen Grundsätzen von selbst und bedarf keiner besonderen Bestätigung" (Motive zum EG zu Art. 103 Mugdan I, S. 78).

Rechtsgeschäfts bestehenden Rechte zu beurteilen. Die Wirksamkeit der Altverträge wird also durch die BGH-Entscheidung nicht berührt.

Die Finanzverwaltung beanstandet die Altverträge ohnehin nicht.[54]

III. Die steuerlichen Folgen der Organschaft

Sind alle tatbestandlichen Voraussetzungen der Organschaft erfüllt, so ist „das Einkommen der Organgesellschaft dem Träger des Unternehmens (Organträger) zuzurechnen". Dies bedeutet nach der herrschenden Meinung: Das Einkommen der Organgesellschaft ist nach Maßgabe der Vorschriften des KStG selbständig und getrennt vom Einkommen des Organträgers zu ermitteln. Die Organgesellschaft bleibt nicht nur zivilrechtlich, sondern auch körperschaftsteuerrechtlich ein selbständiger Rechtsträger.[55] Im Regelfall ist die subjektive körperschaftsteuerpflichtige Organgesellschaft allerdings einkommenslos, weil ihr Einkommen dem Organträger zuzurechnen ist.[56]

Die getrennt ermittelten Einkommen von Organgesellschaft und Organträger sind zusammenzurechnen. Die Summe aus beiden Einkommen ist der Veranlagung des Organträgers zugrunde zu legen, nicht anders, als wenn der sich aus der Zusammenrechnung ergebende Betrag in vollem Umfange Einkommen des Organträgers wäre. Damit ist auch das Einkommen der Organgesellschaft bei dem Organträger der Steuerart und dem Tarif unterworfen, die für den Organträger selbst maßgebend sind.

Ist Organträger eine natürliche Person oder eine Personengesellschaft aus natürlichen Personen, so unterliegt das Einkommen der Organgesellschaft also nicht der Körperschaftsteuer, sondern der Einkommensteuer.

1. Die Ermittlung des Einkommens der Organgesellschaft

a) Allgemeines

Das Einkommen der Organgesellschaft ist nach den allgemeinen Vorschriften des Körperschaftsteuergesetzes zu ermitteln. Zu beachten ist allerdings das Folgende: Die Ausgangsgröße für die Ermittlung des Einkommens, nämlich der Handelsbilanzgewinn, beläuft sich – besteht ein Gewinnabführungsvertrag – immer auf Null, weil nämlich die Gewinnabführung seitens der Organgesellschaft und die Verlustübernahme seitens des Organträgers in die Gewinn- und Verlustrechnung der Organgesellschaft eingegangen sind (vgl. § 277 Abs. 3 S. 2 HGB). Man muß sich aber darüber im klaren sein, daß die Durchführung des Gewinnabführungsvertrages für die Organ-

---

54 Vgl. Schreiben des BdF vom 30. 12. 1988 DB 1989, 21.

55 Die Lage ist insofern im Körperschaftsteuerrecht anders als im Gewerbe- und Umsatzsteuerrecht, wo die Organgesellschaft als unselbständige Betriebstätte des Organträgers behandelt wird (zum Gewerbesteuerrecht vgl. unten § 21 II 7).

56 Nur wenn Ausgleichszahlungen geleistet werden, hat die Organgesellschaft eigenes Einkommen, vgl. dazu unten III 1 d.

gesellschaft die Verwendung ihres Gewinnes darstellt. In der Gewinn- und Verlustrechnung wird also materiell in Wirklichkeit nicht Aufwand, sondern das „Verteilbare" dargestellt.[57] Es wird hier der Gewinn ausgewiesen, über dessen Verwendung die Aktionäre zu beschließen haben, wenn ihnen nicht durch den Gewinnabführungsvertrag diese Zuständigkeit genommen wäre. Materiell handelt es sich bei dem von der Gesellschaft abzuführenden Gewinn um nichts anderes als den Handelsbilanzgewinn. Formalbilanzrechtlich ist es deswegen nicht der Handelsbilanzgewinn, weil nach der Ermittlung des materiellen – abzuführenden – Handelsbilanzgewinns durch eine Bilanz, die als „Vorbilanz" bezeichnet wird, eine weitere Bilanz aufgestellt wird, die nur den einen Sinn hat, den bilanzmäßigen Ausweis des materiellen Handelsbilanzgewinns als Bilanzgewinn zu verhindern.

Ist in der Gewinnabführung der Organgesellschaft an den Organträger also eine Gewinnausschüttung und damit zugleich eine Einkommensverteilung i. S. des § 8 Abs. 3 KStG zu sehen, so können die abgeführten Gewinne das dem Organträger zuzurechnende Einkommen der Organgesellschaft nicht vermindert und umgekehrt vom Organträger übernommene Verluste das Einkommen der Organgesellschaft nicht erhöht haben. Das Einkommen der Organgesellschaft ist also so zu ermitteln, als ob eine Gewinnabführung bzw. Verlustübernahme nicht stattgefunden hätte.

Zur Ermittlung des Einkommens der Organgesellschaft sind dem sich aus der Handelsbilanz ergebenden abzuführenden Gewinn die nicht abziehbaren Ausgaben der Organgesellschaft hinzuzurechnen. Umgekehrt ist der vom Organträger übernommene Verlust um diese Beträge zu vermindern.

Zu den nichtabziehbaren Ausgaben gehören insbesondere:[58]
- die Körperschaftsteuer auf ein bei der Organgesellschaft zu erfassendes Einkommen (das wird praktisch, wenn Ausgleichszahlungen an außenstehende Aktionäre geleistet werden),[59]
- die Vermögensteuer,
- Aufsichtsratsvergütungen,
- Spenden, die den Rahmen des § 9 Nr. 3 KStG übersteigen,
- Geschenke und sonstige Aufwendungen i. S. des § 4 Abs. 5 EStG,
- Ausgaben im Zusammenhang mit steuerfreien Einnahmen.

Die nicht abziehbaren Ausgaben der Organgesellschaft wurden vor der gesetzlichen Regelung der Organschaft vom Bundesfinanzhof als ihr eigenes Einkommen, das sie selbst zu versteuern hatte, angesehen.[60] Nach der gesetzlichen Neuregelung werden auch diese Einkommensteile dem Organträger zugerechnet. Sie stellen kein eigenes Einkommen der Organgesellschaft mehr dar.

In dem Einkommen der Organgesellschaft können auch Gewinne aus der

57 Vgl. dazu i. e. Keuk, DB 1970, 1758.
58 Vgl. zu den nichtabziehbaren Ausgaben i. e. oben § 16 V.
59 Vgl. dazu oben II 1.
60 Vgl. dazu die Kritik bei Flume, DB 1956, 455 ff, 458 f.

Realisierung vorvertraglicher stiller Reserven enthalten sein.[61] Auch verdeckte Gewinnausschüttungen der Organgesellschaft sind bei der Ermittlung ihres Einkommens zu berücksichtigen.[62] Die verdeckten Gewinnausschüttungen werden dem Organträger mithin ebenso wie der abgeführte Gewinn als Bestandteil des Organeinkommens zur Besteuerung zugerechnet.[63]

b) Vorvertragliche Verluste der Organgesellschaft

Bei der Ermittlung des dem Organträger zuzurechnenden Einkommens der Organgesellschaft ist § 10d EStG nicht anzuwenden (§ 15 Nr. 1 KStG). Nach Wirksamwerden des Gewinnabführungsvertrages kann in Hinsicht auf die Verlustübernahmeverpflichtung des Organträgers ein Verlust der Organgesellschaft nicht entstehen. Die Bestimmung des § 15 Nr. 1 KStG bezieht sich auf *vorvertragliche* Verluste der Organgesellschaft. Diese können das dem Organträger zuzurechnende Einkommen nicht mindern und wirken sich folglich bei dem Organträger steuerlich nicht aus. Der Verlustvortrag der Organgesellschaft geht also nach Ablauf der in § 10d EStG gesetzten Frist von 5 Jahren verloren.

Es ist auch nicht mehr – wie nach § 7a Abs. 2 Nr. 1 KStG a. F. – möglich, daß die Organgesellschaft die vorvertraglichen Verluste mit eigenem, von ihr zu versteuerndem Einkommen ausgleicht.

Diese Änderung beruht auf dem System des Anrechnungsverfahrens. Als eigenes Einkommen hat die Organgesellschaft etwaige Ausgleichszahlungen an Minderheitsgesellschafter zu versteuern. Da aber für die Ausgleichszahlungen in jedem Fall die Ausschüttungsbelastung mit 36% Körperschaftsteuer hergestellt werden muß, ist für einen Ausgleich des eigenen Einkommens mit einem vorvertraglichen Verlust kein Raum mehr.

Ist ein Gewinnabführungsvertrag mit einer Organgesellschaft beabsichtigt, die noch einen größeren Verlustabzug zur Verfügung hat, so kann es sich wegen des Abzugsverbots für vorvertragliche Verluste empfehlen, den Abschluß des Gewinnabführungsvertrages bis zum Verbrauch des Verlustabzugs aufzuschieben.

c) Schachteleinnahmen der Organgesellschaft

Im nationalen Bereich ist mit der Einführung des Anrechnungsverfahrens das körperschaftsteuerliche Schachtelprivileg (§ 9 KStG a. F.) entfallen. Damit konnte auch auf die allgemeine Vorschrift des § 7a Abs. 2 Nr. 2 KStG a. F. verzichtet werden, die das Schachtelprivileg bei der Organgesellschaft ausschloß, wenn der Organträger selbst das Schachtelprivileg nicht in An-

---

61 Vgl. KStR Abschnitt 57 Abs. 4.

62 Zur Lage vor der gesetzlichen Regelung der Organschaft vgl. Herrmann/Heuer/Raupach, § 7a KStG a. F. Anm. 66.

63 Vgl. dazu unten III 2a.

spruch nehmen konnte. Erforderlich war aber eine entsprechende Regelung für das internationale Schachtelprivileg: Nach § 15 Nr. 2 KStG ist bei der Ermittlung des Einkommens der Organgesellschaft das Schachtelprivileg auf Grund eines Doppelbesteuerungsabkommens nur anzuwenden, wenn der Organträger selbst zu dem begünstigten Personenkreis gehört. Andernfalls sind die auf die ausländische Schachtelbeteiligung entfallenden Gewinnanteile in dem dem Organträger zuzurechnenden Einkommen enthalten. Ist der Organträger also z. B. eine natürliche Person, so steht ihm das Schachtelprivileg nicht zu. Deshalb darf es auch nicht auf dem Weg über die Zurechnung des Einkommens der Organgesellschaft auf ihn durchschlagen.

Ist der Organträger eine Personengesellschaft, so ist das internationale Schachtelprivileg insoweit anzuwenden, als das zuzurechnende Einkommen auf einen Gesellschafter entfällt, der zu den begünstigten Steuerpflichtigen gehört (§ 15 Nr. 2 S. 2 KStG).

d) Ausgleichszahlungen an außenstehende Aktionäre

Durch den Gewinnabführungsvertrag wird den Gesellschaftern der Organgesellschaft das mitgliedschaftliche Gewinnbeteiligungsrecht genommen.[64] Wegen der Verpflichtung zur Abführung des ganzen Gewinns ist die Verteilung einer Dividende oder eines Gewinnanteils nicht mehr möglich. Beeinträchtigt sind die außenstehenden Aktionäre. In ihrem Interesse ordnet § 304 Abs. 1 S. 1 AktG an, daß ein Gewinnabführungsvertrag einen angemessenen Ausgleich für die außenstehenden Aktionäre durch eine auf die Aktiennennbeträge bezogene wiederkehrende Geldleistung (Ausgleichszahlung) vorsehen muß.[65] Man spricht insoweit auch von „Dividendengarantie“.

Die Ausgleichszahlungen können von der Organgesellschaft oder vom Organträger geleistet werden. Nach § 4 Abs. 5 Nr. 9 EStG scheiden die Ausgleichszahlungen bei der Gewinnermittlung aus, d. h. das Einkommen wird durch die Ausgleichszahlungen nicht vermindert.

Die Ausgleichszahlungen sind in jedem Fall, gleich ob sie von der Organgesellschaft oder von dem Organträger geleistet werden, als eigenes Einkommen der Organgesellschaft zu versteuern (§ 16 S. 2 KStG).

Zu dem von der Organgesellschaft selbst zu versteuernden Einkommen gehören aber nicht nur die Ausgleichszahlungen, sondern auch die darauf entfallende Ausschüttungsbelastung i. S. des § 27 KStG (§ 16 S. 1 KStG). § 16 KStG soll gewährleisten, daß die Ausgleichszahlungen wie Gewinnausschüttungen mit Körperschaftsteuer vorbelastet werden. Da Organträger auch ein der Einkommensteuer unterliegender Steuerpflichtiger sein kann, ist es geboten, die auf die Ausgleichszahlungen entfallende Körperschaftsteuer

64 Vgl. oben II 3.

65 Zu den Auswirkungen der Körperschaftsteuerreform auf die Ausgleichszahlungen vgl. Loos, BB 1976, 1425; Berger/Ruppert, BB 1976, 1265 ff.

einheitlich bei der Organgesellschaft zu erheben. Bemessungsgrundlage für die von der Organgesellschaft zu entrichtende Körperschaftsteuer ist also der Teil des Einkommens der Organgesellschaft, der sich aus dem Betrag der geleisteten Ausgleichszahlungen und der darauf entfallenden Ausschüttungsbelastung mit Körperschaftsteuer zusammensetzt.

Aus der Regelung des § 16 KStG folgt zugleich, daß steuerfreie Einnahmen der Organgesellschaft nunmehr voll dem Organträger zugeordnet werden und nicht mehr anteilig auf das von der Organgesellschaft selbst zu versteuernde und auf das dem Organträger zuzurechnende Einkommen aufzuteilen sind.[66]

2. Die steuerliche Behandlung beim Organträger

a) Zurechnung des Organeinkommens

Dem Organträger ist das Einkommen der Organgesellschaft – abgesehen von den Ausgleichszahlungen und der darauf entfallenden Körperschaftsteuerbelastung (§ 16 KStG) – steuerlich zuzurechnen. Zu beachten ist, daß in dem eigenen Gewinn des Organträgers schon der von der Organgesellschaft abgeführte Gewinn enthalten bzw. das eigene Ergebnis des Organträgers um einen übernommenen Verlust schon entsprechend geringer ist. Es ist klar – und darüber besteht auch allgemein Einigkeit –, daß die abgeführten Gewinne bei dem Organträger steuerlich nicht doppelt zu erfassen sind und die Verluste der Organgesellschaft sich bei dem Organträger nicht doppelt auswirken können.

Nach der herrschenden Meinung[67] soll man zur Vermeidung der doppelten Be- bzw. Entlastung folgendermaßen zu verfahren haben: Wie bei der Ermittlung des zuzurechnenden Organeinkommens der Gewinnabführungsvertrag außer Betracht bleibt, soll dies auch bei der Ermittlung des eigenen Einkommens des Organträgers geschehen. Der Gewinn des Organträgers soll also durch Gewinnabführung und Verlustübernahme nicht berührt werden.

U. E. ist gerade im Hinblick darauf, daß der Gesetzgeber des § 7 a KStG a. F. zu der sogenannten Zurechnungstheorie des RFH zurückkehren wollte, anders zu verfahren.[68] Das eigene Einkommen des Organträgers ist nach §§ 8 KStG, 5 EStG auf der Grundlage der modifizierten Handelsbilanz zu ermitteln. Das bedeutet, daß in das eigene Ergebnis des Organträgers die abgeführten Gewinne der Organgesellschaft bzw. die Aufwendungen zur Verlustabdeckung eingegangen sind. Diesem Einkommen des Organträgers ist das Einkommen der Organgesellschaft zuzurechnen, aber korrigiert um die Beträge, die schon in dem Einkommen des Organträgers enthalten sind.[69]

---

66 Vgl. Reg.Begründung BR-Drs. 700/73, S. 348.

67 Vgl. KStR Abschn. 57 Abs. 1 S. 2; Herrmann/Heuer/Raupach, § 14 KStG Anm. 62; Schmidt/Steppert aaO, (Anm. 1), A II 3.

68 Vgl. i. e. Keuk, StuW 1975, 65.

69 Vgl. so RFH vom 22. 1. 1935 I A 401/32 StuW 1935 Nr. 170, dessen sog. Zurechnungstheorie der Gesetzgeber des § 7 a KStG a. F. gerade folgen wollte.

Der praktische Unterschied zwischen der h. M. und der hier vertretenen Auffassung zeigt sich insbesondere bei der Frage, ob eine Rückstellung des Organträgers für künftige zu übernehmende Verluste der Organgesellschaft steuerlich anzuerkennen ist. Eine verbreitete Meinung in der Literatur[70] und der BFH,[71] die die Korrektur bei der Ermittlung des eigenen Einkommens des Organträgers vornehmen, lehnen dies ab, da § 7a KStG a. F. als „steuerliche Sonderregelung"[72] dem Grundsatz der Maßgeblichkeit der Handelsbilanz für die steuerliche Gewinnermittlung vorgehe.

Weder aus dem Wortlaut noch aus dem Sinn und Zweck des § 7a KStG a. F., jetzt § 14 KStG, ergibt sich aber, daß für die Ermittlung des eigenen Einkommens des Organträgers nicht von der modifizierten Handelsbilanz auszugehen wäre.[73]

b) Unterschiedliches Wirtschaftsjahr von Organgesellschaft und Organträger

Bei unterschiedlichem Wirtschaftsjahr von Organgesellschaft und Organträger soll nach der h. M. das Einkommen der Organgesellschaft dem Organträger für das *Kalenderjahr* (Veranlagungszeitraum) zuzurechnen sein, in dem die Organgesellschaft das Einkommen bezogen hat.[74]

Beispiel: Das Wirtschaftsjahr des Organträgers läuft vom 1. 7. 1986 bis zum 30. 6. 1987, das der Organgesellschaft vom 1. 10. 1986 bis zum 30. 9. 1987. Nach der h. M. ist das Einkommen der Organgesellschaft beim Organträger im Veranlagungszeitraum 1987 zuzurechnen.

U. E. ist der herrschenden Meinung nicht zu folgen. Vielmehr ist das Ergebnis der Organgesellschaft dem Organträger für das *Wirtschaftsjahr* zuzurechnen, in dem das Wirtschaftsjahr der Organgesellschaft endet.[75]

c) Teilwertabschreibung der Beteiligung an der Organgesellschaft

Der Organträger kann seine Beteiligung an der Organgesellschaft auf den niedrigeren Teilwert abschreiben, wenn die hierfür erforderlichen Voraussetzungen erfüllt sind. Eine Abschreibung auf den niedrigeren Teilwert ist aber nach der Auffassung der Verwaltung[76] und der Rechtsprechung[77] nicht

---

70 Für die h. M. Herrmann/Heuer/Raupach, § 14 KStG Anm. 100; Schmidt/Steppert aaO, (Anm 1), A III 7. 1 (S. 121 f). A. A. Rose, StbJb 1971/72, 183 ff, 219 f; Raupach/Clausen, BB 1974, 689 ff; Niemann, StbJb 1974/75, 259 ff, 301 ff; Keuk, StuW 1975, 61 ff; vgl. auch Storck, StuW 1976, 217 ff.

71 BFH vom 20. 6. 1974 I B 77/73 BB 1974, 1238 ff.

72 BFH aaO, (Anm. 71).

73 Vgl. i. e. Keuk, StuW 1975, 61 ff.

74 So Herrmann/Heuer/Raupach, § 14 KStG Anm. 63; Schmidt/Steppert aaO, (Anm. 1), A III 4. 3 (S. 105); Klempt/Winter, StBp. 1970, 49 ff, 54; Thiel, Steuerkongreßreport 1971, 179 ff, 194; Hübl, DStZ/A 1972, Tz. 29; FG München vom 26. 5. 1972 V 287/71 E EFG 1972 Nr. 546; FG Baden-Württemberg vom 27. 9. 1972 I b 1/72 EFG 1972 Nr. 645; a. A. Bruns, BB 1971, 1194; BB 1973, 281; Wündisch, DB 1971, 884; FR 1973, 29.

75 Vgl. i. e. Keuk, StuW 1975, 61 ff.

76 Vgl. KStR Abschn. 60 Abs. 1.

ohne weiteres schon deshalb berechtigt, weil die Organgesellschaft ständig mit Verlusten abschließt. Die Verlustübernahme durch den Organträger führt in der Regel dazu, daß bei der Organgesellschaft die Substanz erhalten bleibt. Der Substanzwert der Beteiligung erstarrt also infolge des Gewinnabführungsvertrages. Aus diesem Grunde ist nach dem BFH beim Organträger ein Buchansatz für die Beteiligung, der unter dem Substanzwert des Vermögens der Organgesellschaft liegt, grundsätzlich nicht zu rechtfertigen. Dem ist freilich entgegenzuhalten, daß der Teilwert einer Beteiligung nicht nur von dem Substanzwert des Vermögens der Untergesellschaft, sondern auch von dem – negativen – Ertragswert abhängig ist.

Löst die Organgesellschaft vorvertragliche unversteuerte stille Reserven auf, so wird dadurch der an den Organträger abzuführende Gewinn der Organgesellschaft erhöht. Die Abführung dieses Gewinns an den Organträger mindert das Vermögen der Organgesellschaft und damit zugleich den Wert der Beteiligung des Organträgers an der Organgesellschaft. Sinkt auf diese Weise der Teilwert der Organbeteiligung unter den Buchwert, so ist eine entsprechende Teilwertabschreibung gerechtfertigt.[78] Dabei sind jedoch die Einschränkungen des § 50c EStG zu beachten.

d) Steuerabzug und Steueranrechnung beim Organträger (§ 19 KStG)

Sind bei der Organgesellschaft die Voraussetzungen für die Anwendung besonderer Tarifvorschriften erfüllt, die einen Abzug von der Körperschaftsteuer vorsehen, so stellt sich die Frage, bei wem diese besonderen Tarifvorschriften anzuwenden sind, bei der Organgesellschaft oder beim Organträger oder anteilig bei beiden.

Beispiele: § 26 KStG; § 15 des 5. Vermögensbildungsgesetzes; §§ 16, 17 BerlinFG; § 32 Kohlegesetz.

§ 19 KStG sieht vor, daß diese besonderen Tarifvorschriften bei dem Organträger so anzuwenden sind, als wären die Voraussetzungen für ihre Anwendung bei ihm selbst erfüllt.[79]

Maßgebend war die Erwägung,[80] daß im Anrechnungsverfahren Steuerermäßigungen durch Abzug von der Steuer sich nur insoweit auswirken können, als die Besteuerung des thesaurierten Gewinns in Frage steht, daß die besonderen Tarifvorschriften aber ihre Bedeutung verlieren, soweit es um die Festsetzung der auf dem ausgeschütteten Gewinn lastenden Körperschaftsteuer geht. Da die Organgesellschaft als eigenes Ein-

---

77 BFH vom 12. 10. 1972 IV R 37/68 BStBl II 1973, 76; vgl. aber Jurkat, JbFStR 1972/73, 228 ff; Brezing, FR 1973, 72; Fichtelmann, Inf. 1973, 49 ff; Herrmann/Heuer/Raupach, § 14 KStG Anm. 91.

78 Dies wird jetzt offenbar auch von der Finanzverwaltung akzeptiert; vgl. KStR Abschn. 60 Abs. 2 i. V. mit EStR Abschn. 227d.

79 Ist die Steuerermäßigung der Höhe nach auf einen bestimmten Betrag begrenzt, so richtet sich nach KStR Abschn. 65 Abs. 1 dieser Höchstbetrag nach den steuerlichen Verhältnissen beim Organträger.

80 Vgl. Reg. Begründung BR-Drs. 700/73, S. 349.

kommen aber nur die Ausgleichszahlung hat, die den Gewinnausschüttungen gleichbehandelt werden soll, kann sich eine Steuerermäßigung von vornherein nur bei dem Organträger auswirken.

Voraussetzung für die Inanspruchnahme der Tarifvorschrift ist jedoch, daß der Organträger selbst zu den durch diese Vorschrift begünstigten Personen gehört, d. h. daß für die Steuer, welcher der Organträger unterliegt (Körperschaftsteuer oder Einkommensteuer), die gleichen oder entsprechende Vorschriften gelten. § 19 Abs. 1–4 KStG regelt im einzelnen sämtliche in Frage kommenden Fälle der Organträgerschaft.

In § 19 Abs. 5 KStG ist nunmehr gesetzlich geregelt, daß Steuerabzugsbeträge, um die die Erträge der Organgesellschaft gekürzt worden sind, stets auf die Steuer des Organträgers, bzw. wenn dieser eine Personengesellschaft ist, anteilig auf die Steuer der Gesellschaft angerechnet werden.

3. Die „verunglückte“ Gewinnabführung

Von einem „verunglückten“ Gewinnabführungsvertrag spricht man, wenn sich nach der Durchführung des Gewinnabführungsvertrages herausstellt, daß die Voraussetzungen der körperschaftsteuerlichen Organschaft nicht erfüllt sind und somit die Rechtsfolgen des § 14 KStG nicht eintreten können.

Beispiel: Es fehlt die wirtschaftliche Eingliederung der Organgesellschaft in das Unternehmen des Organträgers. Der Gewinnabführungsvertrag wird Mitte des Wirtschaftsjahres mit Wirkung vom Beginn desselben Wirtschaftsjahres an geschlossen. Liegen hier die Organschaftsvoraussetzungen nicht schon vom Beginn des Wirtschaftsjahres vor, so findet § 14 KStG für dieses Wirtschaftsjahr keine Anwendung.

Die Untergesellschaft hat ihr – bislang dem Mutterunternehmen nach § 14 KStG zugerechnetes – Einkommen selbst zu versteuern.[81] Die bereits auf der Grundlage des § 14 KStG durchgeführten Einkommensteuer- bzw. Körperschaftsteuerveranlagungen sind zu ändern. Bei der Untergesellschaft ist für die abgeführten Gewinne die Ausschüttungsbelastung herzustellen. Auf der anderen Seite erhält das Mutterunternehmen, an das der Gewinn abgeführt worden ist, die Körperschaftsteueranrechnung.

Das Anrechnungsverfahren führt hier zu derselben Problematik wie bei der verdeckten Gewinnausschüttung. Hat die Untergesellschaft an das Mutterunternehmen 1 000 abgeführt, so ist es ausgeschlossen, daß die Untergesellschaft darüber hinaus mit der Körperschaftsteuer von 9/16 (56,25 %) des Betrages von 1 000 belastet wird und das Mutterunternehmen zusätzlich zu dem abgeführten Betrag die Körperschaftsteueranrechnung erhält. Die Untergesellschaft ist auf Grund des Gewinnabführungsvertrages nur zur Abführung des Handelsbilanzgewinnes – und das bedeutet des Gewinns nach Steuern – verpflichtet. Stellt sich heraus, daß die Untergesellschaft wegen ei-

81 Zu der nach dem alten Körperschaftsteuerrecht sich ergebenden Frage, ob der ermäßigte Steuersatz für berücksichtigungsfähige Ausschüttungen i. S. des § 19 Abs. 3 KStG Anwendung findet, vgl. BFH vom 30. 1. 1974 I R 104/72 BStBl II 1974, 323 und dagegen Keuk, StuW 1974, 261 f mit weiteren Nachweisen.

ner nicht berücksichtigten Steuerschuld zu viel abgeführt hat, so besteht ein Rückforderungsanspruch.

Dem ist steuerlich Rechnung zu tragen, indem – wie bei der verdeckten Gewinnausschüttung – der auf Grund des Gewinnabführungsvertrages abgeführte Betrag von 1 000 in einem Barausschüttungsanteil von 640 und in einen Steueranteil von 360 zerlegt wird. Auch hier muß die Abwicklung nicht auf dem Umweg über die Erfüllung des Rückforderungsanspruchs der Untergesellschaft und über die Körperschaftsteuerzahlung der Untergesellschaft erfolgen (vgl. i. e. § 19 I 3 c).

4. Vorzeitige Beendigung und Nichtdurchführung des Gewinnabführungsvertrages[82]

Voraussetzung für die Rechtsfolge des § 14 KStG – Zurechnung des Einkommens der Organgesellschaft beim Organträger – ist, daß der Gewinnabführungsvertrag auf mindestens fünf Jahre abgeschlossen ist und während dieser Zeit auch durchgeführt wird (§ 14 Nr. 4 S. 1 KStG). Wird der Vertrag oder seine Durchführung vorzeitig beendet, so kann die Zurechnung des Organeinkommens an den Organträger nicht mehr erfolgen. Aber auch für die zurückliegende Zeit ist dieser Zurechnung der Boden entzogen. Die Organgesellschaft hat dann ihr – bislang dem Organträger nach § 14 KStG zugerechnetes – Einkommen selbst zu versteuern. Die bereits auf der Grundlage des § 14 KStG durchgeführten Einkommensteuer- bzw. Körperschaftsteuerveranlagungen sind zu ändern. I. e. gilt das zur verunglückten Gewinnabführung Ausgeführte.

Unschädlich ist nur eine vorzeitige Beendigung des Vertrages durch Kündigung, wenn ein wichtiger Grund die Kündigung rechtfertigt (§ 14 Nr. 4 S. 2 KStG).

IV. Die Gliederung des verwendbaren Eigenkapitals bei Organträger und Organgesellschaft[83]

Da sowohl der Organträger als auch die Organgesellschaft Körperschaftsteuersubjekte sind, muß für beide eine Gliederung ihres verwendbaren Eigenkapitals erfolgen.

Vermögensmehrungen, die bei der Organgesellschaft durch Gewinn entstanden sind, sind grundsätzlich wie eigene Vermögensmehrungen des Organträgers im verwendbaren Eigenkapital des Organträgers auszuweisen (§ 36 S. 1 KStG). Entsprechend sind Vermögensminderungen des Organs, wie z. B. nichtabzugsfähige Ausgaben oder ein steuerlicher Verlust, bei der Ermittlung des verwendbaren Eigenkapitals des Organträgers so zu berücksichtigen, wie wenn sie bei ihm selbst entstanden wären.

---

82 Vgl. die Einzelheiten bei Herrmann/Heuer/Raupach, § 14 KStG Anm. 208, 218.

83 Vgl. i. e. KStR Abschnitt 91.

Der Ausweis der Vermögensmehrungen der Organgesellschaft im verwendbaren Eigenkapital des Organträgers ist unabhängig davon, ob die Organgesellschaft diese Beträge voll an den Organträger abführt oder Teile zur Rücklagenbildung (§ 300 AktG; § 14 Nr. 5 KStG) verwendet. Denn die Zugänge zum verwendbaren Eigenkapital sind aus dem Einkommen abzuleiten, das Einkommen der Organgesellschaft wird aber – bis auf die Ausgleichszahlungen und die darauf entfallende Körperschaftsteuer – dem Organträger zugerechnet und ist daher bei ihm belastet.

Werden auch die Rücklagen der Organgesellschaft in das verwendbare Eigenkapital des Organträgers aufgenommen, so ergibt sich daraus zugleich die Notwendigkeit, in der Steuerbilanz des Organträgers einen korrespondierenden aktiven Ausgleichsposten in Höhe des der Rücklage entsprechenden Eigenkapitals aufzunehmen.[84]

Vermögensmehrungen bei der Organgesellschaft, die nicht mit dem dem Organträger zuzurechnenden Einkommen in Zusammenhang stehen, sind nicht in die Gliederung des verwendbaren Eigenkapitals des Organträgers aufzunehmen. Dies sind (vgl. § 36 KStG):

1. Ausgleichszahlungen und die darauf entfallende Körperschaftsteuer,
2. Einlagen, die die Anteilseigner der Organgesellschaft geleistet haben,
3. Vermögen, das durch Gesamtrechtsnachfolge auf die Organgesellschaft übergegangen ist.

Diese Beträge sind im verwendbaren Eigenkapital der Organgesellschaft zu erfassen.

Das von der Organgesellschaft zu versteuernde Einkommen, nämlich die Ausgleichszahlungen und die darauf entfallende Körperschaftsteuer, führt im Ergebnis nicht zu positiven Eigenkapitalteilen, da insoweit eine Verrechnung mit der entsprechenden Vermögensminderung auf Grund der Ausgleichszahlungen stattfindet.[85]

---

84 Um eine durch die Bildung eines aktiven Ausgleichspostens entstehende Abweichung zwischen dem in der Steuerbilanz des Organträgers ausgewiesenen Eigenkapital und dem Eigenkapital, das sich auf Grund des § 36 KStG ergibt, zu vermeiden, ist in Abschnitt 91 Abs. 2 KStR vorgesehen, daß der Unterschiedsbetrag zwischen der von der Organgesellschaft gebildeten Rücklage und dem besonderen Ausgleichsposten in der Gliederung des verwendbaren Eigenkapitals des Organträgers von dem Teilbetrag i. S. des § 30 Abs. 2 Nr. 2 KStG (EK 02) abzuziehen ist.
Wird die Rücklage aufgelöst und der Mehrgewinn abgeführt, so ist beim Organträger, soweit der an ihn abgeführte Mehrgewinn den aktiven Ausgleichsposten übersteigt, der Teilbetrag wieder entsprechend (EK 02) zu erhöhen. Vgl. dazu Krebs, DB 1979, 1525.

85 Nicht ausdrücklich im Gesetz geregelt und in den Körperschaftsteuerrichtlinien auch nicht angesprochen ist der Fall, daß die Ausgleichszahlungen der Organgesellschaft wegen eines Negativbestandes an EK 56 bzw. EK 50 mit der Folge der Körperschaftsteuererhöhung gegen EK 01–EK 03 verrechnet werden oder gemäß § 35 KStG als Negativbetrag in das EK 02 eingestellt werden müssen. Zu den Lösungsmöglichkeiten vgl. Dötsch/Eversberg/Jost/Witt, § 37 KStG Rz. 6 m. w. N.

Im übrigen ist in § 37 KStG klargestellt, daß die Vermögensmehrungen der Organgesellschaft, die der Organträger gemäß § 36 KStG in die Gliederung seines verwendbaren Eigenkapitals aufzunehmen hat, bei der Organgesellschaft grundsätzlich außer Ansatz bleiben. Werden diese Vermögensmehrungen jedoch nicht voll an den Organträger abgeführt, sondern zur Bildung von Rücklagen verwendet, so bleiben sie Eigenkapital der Organgesellschaft. Diese Beträge sind – obwohl sie auch in der Gliederung des Eigenkapitals des Organträgers erfaßt sind – im Eigenkapital der Organgesellschaft auszuweisen. Da diese beim Organträger versteuerten Beträge wirtschaftlich den Charakter einer Einlage haben, sind sie in den für die Einlagen der Anteilseigner vorgesehenen Teilbetrag (§ 30 Abs. 2 Nr. 4 KStG) des Eigenkapitals einzuordnen (§ 37 Abs. 2 S. 1 KStG). Auf diese Weise wird erreicht, daß eine spätere Abführung weder zur Steuerpflicht noch zu einer Steueranrechnung führt.[86]

Ist der abgeführte Gewinn höher als die dem Organträger zuzurechnenden Vermögensmehrungen, werden also Rücklagen abgeführt, so gilt nach § 37 Abs. 2 S. 2 KStG der in § 37 Abs. 2 S. 1 KStG bezeichnete Teilbetrag vor den übrigen Teilbeträgen als verwendet. Auf diese Weise wird sichergestellt, daß zuerst die während der Geltung des Gewinnabführungsvertrages und nach dem 1. 1. 1977 gebildeten Rücklagen als abgeführt und nicht als Altrücklagen gelten.

86 Vgl. dazu näher Weber, DB 1975, 1785 f.

4. Kapitel
Die Steuer nach dem Gewerbeertrag

§ 21

Einleitung

Die Gewerbesteuer belastet als Realsteuer das *Objekt* Gewerbebetrieb ohne Rücksicht darauf, wem der Gewerbebetrieb rechtlich zuzuordnen ist und wem die Erträge zufließen. Auf Grund des Charakters der Gewerbesteuer als einer Realsteuer erfolgt die Belastung einheitlich ohne Rücksicht auf die persönlichen Verhältnisse (Familienstand, außergewöhnliche Belastungen, Sonderausgaben, Vermögen usw.) und die wirtschaftliche Leistungsfähigkeit des Inhabers des Betriebes.

Die Gewerbesteuer wird auf der Grundlage der Kombination der zwei Besteuerungsgrundlagen Gewerbeertrag und Gewerbekapital ermittelt (§ 6 S. 1 GewStG). Eine Besteuerung nur nach dem Gewerbeertrag oder nur nach dem Gewerbekapital ist nicht möglich. Durch die Kombination der beiden Besteuerungsgrundlagen soll eine gewisse Krisenfestigkeit des Gewerbesteueraufkommens gesichert werden. Da die Gewerbesteuer der Idee nach zur Deckung der Lasten, die den Gemeinden durch die Existenz von Betrieben erwachsen, beitragen soll,[1] diese Lasten aber auch bei schlechter Ertragslage entstehen, ist mit dem Gewerbekapital[2] eine von der Ertragslage unabhängige Besteuerungsgrundlage zusätzlich gewählt.

Neben dem Gewerbeertrag und dem Gewerbekapital konnte früher[3] – mit Zustimmung der Landesregierung – die Lohnsumme als Besteuerungsgrundlage gewählt werden (§ 6 Abs. 1; §§ 23 ff GewStG a. F.).

Die Gewerbesteuer ist als solche seit Jahren Gegenstand massiver Kritik im Grundsätzlichen wie im Detail;[4] zum Teil wird sie für verfassungswidrig gehalten.[5] Die Hauptkritikpunkte sind mangelnde Wettbewerbsneutralität, Verstoß gegen das Leistungsfähigkeitsprinzip, Eingriff in die Substanz ausgerechnet bei ertragsschwachen Unternehmen. Bei den steuerpolitischen

1 Vgl. Popitz, Der künftige Finanzausgleich zwischen Reich, Ländern und Gemeinden, 1932, S. 114 f; Begründung zum Gewerbesteuergesetz 1936, RStBl 1937, 696.
2 Vgl. die Nachweise unten § 26 IV 1.
3 Zur Ermittlung des Gewerbekapitals vgl. unten § 26 IV.
4 Vgl. i. e. die Nachweise bei Tipke/Lang, § 12 Ziff. 8, S. 500 ff.
5 Wendt, DB 1987, 1257 ff; vgl. demgegenüber Flämig, JDStJG 1989, 33.

Forderungen von Wirtschaftsverbänden und Politikern nach Abschaffung oder Modifizierung tritt der Gesichtspunkt der im internationalen Vergleich zu hohen Gesamtsteuerbelastung der Unternehmen hinzu.

Reform- und Ersatzvorschläge zur Gewerbesteuer liegen en masse vor.[6] Nur führt bei der Realisierung die Finanzverfassung des Grundgesetzes zu besonderer Schwerfälligkeit. Zudem sehen die Gemeinden in der Abschaffung der Gewerbesteuer und des Hebesatzrechtes einen Eingriff in ihre Autonomie.

Auf Sympathie der Gemeinden ist die vom Wissenschaftlichen Beirat beim BMF vorgestellte Lösung „Wertschöpfungssteuer“[6a] gestoßen. Sie wird auch vom Sachverständigenrat und vom „Kronberger Kreis“[6b] favorisiert, allerdings von der Wirtschaft strikt abgelehnt. Die vorgesehene Kombination der Steuerbemessungsgrundlage aus Personalkosten, Zinsen, Mieten und Pachten und Gewinnen würde nach Darstellung des BDI dazu führen, daß der Anteil der ertragsunabhängigen Komponenten auf über 80 vom Hundert ansteigen würde. Sie bedeutet letztlich eine Verstärkung der unangebrachten ertragsunabhängigen Belastung, würde im übrigen wegen ihrer schwerpunktmäßigen Besteuerung von Löhnen, Gehältern und Lohnnebenkosten Rationalisierungsdruck im Personalbereich hervorrufen. Hinzu treten vor allem die Bedenken in Hinsicht auf den Europäischen Rechtskreis: Im Effekt stellt die Wertschöpfungssteuer eine umsatzsteuerähnliche Abgabe dar.

Eine Reihe anderer steuerpolitischer Vorschläge zur Gewerbesteuer geht von deren Beibehaltung, ganz oder teilweise, aus und ist darauf gerichtet, die Entlastung der Unternehmen durch gänzliche oder teilweise Anrechnung oder Abzug der Gewerbesteuerschuld bei anderen Steuerschulden zu realisieren.[7]

Alle Vorschläge, die von einer vollständigen oder beschränkten Beibehaltung der Gewerbesteuer in ihrer derzeitigen Form ausgehen, sind Verlegenheitslösungen. Einfacher wird das Ganze nicht werden.

Vor allem werden die unverständlichen Ungereimtheiten bleiben, insbesondere bei den Hinzurechnungen, bei der Abgrenzung: Gewerbetreibender oder nicht. Gerade hier ist die Kasuistik unüberschaubar und kaum genießbar: Der Fahrlehrer ist Freiberufler, also nicht gewerbesteuerpflichtig, der Kükensortierer, der Leichenredner sind Gewerbetreibende; der Versicherungsvertreter mit Einmann-Betrieb ist gewerbesteuerpflichtig, nicht aber der Wirtschaftsprüfer mit 20 Angestellten. Dabei dürfte es keine Frage sein, daß der Kükensortierer, Leichenredner, Versicherungsvertreter die Gemeinde nicht mehr belasten als Fahrlehrer und Wirtschaftsprüfer; eher gerade umgekehrt. Ein teleologischer Bezug zu der verursachten Gemeindebelastung ist in der kasuistischen Rechtsprechung nicht zu erkennen.

Eine in sich schlüssige und widerspruchsfreie Lösung des Gewerbesteuerproblems wird nur realisierbar sein, wenn sich – nicht zuletzt in Hinsicht auf

6 Vgl. den detaillierten Überblick bei Tipke/Lang aaO.

6a Gutachten zur Reform der Gemeindesteuern in der Bundesrepublik Deutschland, Schriftenreihe des BMF, Heft 31, Bonn 1982.

6b Vgl. Engels, WPg 1983, 665.

7 Zu dem Gewerbesteuerteilanrechnungsmodell, das bei dem enervierenden Koalitionspalaver Anfang 1987 um den Einkommensteuer-Spitzensatz in der „Großen“ Steuerreform eine Rolle gespielt hat, vgl. Scholz, Beilage 11 zu BB Heft 25/88.

die finanzverfassungsrechtliche Lage – zu diesem Zwecke eine „Große“ Koalition findet. Hier könnte man dann auch viel radikaler denken, etwa in Richtung Abschaffung der Gewerbesteuer,[8] dafür Gemeindesteuer in Gestalt einer Ergänzung der Einkommen- und Körperschaftsteuer mit der Bemessungsgrundlage Einkommensteuer- bzw. Körperschaftsteuerschuld und einem Hebesatzrecht der Gemeinden.[9]

I. Steuerschuldner und sachliche Steuerpflicht bei der Gewerbesteuer

Sachlich steuerpflichtig (Steuerobjekt) ist jeder stehende Gewerbebetrieb, soweit er im Inland betrieben wird (§ 2 Abs. 1 S. 1 GewStG). Bei der persönlichen Steuerpflicht im Gewerbesteuerrecht geht es nur um die Bezeichnung der Person, die die Gewerbesteuer, wie sie auf Grund der sachlichen Steuerpflicht des Gewerbebetriebes festgesetzt wird, zu entrichten hat. Im Gewerbesteuerrecht erschöpft sich also die persönliche Steuerpflicht in der Steuerschuldnerschaft. Im Gewerbesteuergesetz selbst ist denn auch von persönlicher Steuerpflicht gar nicht die Rede, sondern sogleich – ganz prägnant – von der Steuerschuldnerschaft.

1. Der Steuerschuldner der Gewerbesteuer

Steuerschuldner ist der Unternehmer. Als Unternehmer gilt der, für dessen Rechnung das Gewerbe betrieben wird (§ 5 Abs. 1 S. 2 GewStG). Für die Frage der Steuerschuldnerschaft ist also entscheidend, wem das Ergebnis des Gewerbebetriebes zuzurechnen ist und wer das unternehmerische Risiko trägt.[10] Unerheblich ist hingegen z. B., wer als Inhaber des Betriebes im Handelsregister eingetragen ist oder wem – wenn eine Genehmigung zur Ausübung des Gewerbes erforderlich ist – diese erteilt ist.

Wird ein Gewerbebetrieb treuhänderisch für einen Treugeber betrieben, so ist Unternehmer der Treugeber, nicht der Treuhänder, der zwar nach außen in eigenem Namen auftritt, im Verhältnis zum Treugeber das Gewerbe aber für dessen Rechnung und auf dessen Gefahr betreibt (vgl. auch § 39 Abs. 2 Nr. 1 AO).

---

8 Verfassungsrechtlich wird nicht die Existenz der Realsteuern garantiert, sondern nur die Ertragshoheit der Gemeinden für den Fall, daß sie fortbestehen, vgl. Wendt, BB 1987, 1677 ff; Maunz/Dürig, Kommentar zum Grundgesetz, Art. 106 Anm. 88; Schmidt-Bleibtreu/Klein, Kommentar zum Grundgesetz, Art. 106 Anm. 18; BVerfG vom 10. 6. 1969 2 BvR 480/61 BVerfGE 26, 172 ff, 184.

9 Der Gemeindeanteil an der Einkommensteuer nach Art. 106 Abs. 6 GG wäre entsprechend umzugestalten und die Einkommensteuer um dieses Volumen zu senken. Art. 106 Abs. 5 S. 3 GG gibt ohnehin schon eine Ermächtigung für ein Hebesatzrecht für den Gemeindeanteil an der Einkommensteuer.

10 Vgl. i. e. Lenski/Steinberg, § 5 GewStG Anm. 3; zur Person des Unternehmers bei Nutzungsrechten an Betriebsvermögen Glanegger/Güroff, § 5 GewStG Rz. 3.

Wird ein Gewerbebetrieb von einer Personengesellschaft geführt, so ist, da das Gewerbe auf Rechnung der Gesellschaft betrieben wird, die Gesellschaft als solche Unternehmerin und Steuerschuldnerin (§ 5 Abs. 1 S. 3 GewStG).[11] Die atypische stille Gesellschaft kann freilich, da es sich um eine Innengesellschaft handelt, nicht Steuerschuldnerin sein.[12] Die atypische stille Gesellschaft hat kein Vermögen, in das wegen der Gewerbesteuerschuld vollstreckt werden könnte. Steuerschuldner der Gewerbesteuer ist allein der Inhaber des Handelsgeschäfts.

Im Falle des *Unternehmerwechsels*[13] (§ 2 Abs. 5 GewStG) ist der bisherige Unternehmer bis zum Zeitpunkt des Überganges des Betriebs Steuerschuldner, von da an der neue Unternehmer (§ 5 Abs. 2 GewStG). Der neue Unternehmer haftet aber neben dem früheren Unternehmer nach § 75 AO für die Gewerbesteuer in dem letzten Jahr vor dem Unternehmerwechsel.

2. Die sachliche Steuerpflicht

Sachlich steuerpflichtig ist jeder stehende Gewerbebetrieb, soweit er im Inland[14] betrieben wird (§ 2 Abs. 1 S. 1 GewStG).[15]

Im *Inland* betrieben wird ein Gewerbebetrieb, soweit für ihn im Inland eine Betriebstätte[16] unterhalten wird (§ 2 Abs. 1 S. 3 GewStG). Hat ein Gewerbebetrieb sowohl inländische als auch ausländische Betriebstätten, unterliegen nur die inländischen der Gewerbesteuer.[17]

Liegen die Betriebstätten in mehreren Gemeinden oder erstreckt sich eine Betriebstätte über mehrere Gemeinden, so wird die Gewerbesteuer in jeder Gemeinde nach dem Teil des Steuermeßbetrages erhoben, der auf sie ent-

---

11 In der Fassung des Art. 10 Nr. 1 Steuerbereinigungsgesetz 1986. Auch vor der Neufassung des § 5 Abs. 1 S. 3 GewStG durch Art. 12 Nr. 2 EG zur AO vom 14. 12. 1976 galt u. E. nichts anderes. Vgl dazu i. e. und zum Meinungsstand 1. Aufl., § 21 I 1; Knobbe-Keuk, JbFStR 1975/76, 178 ff.

12 Vgl. dazu näher und überzeugend Döllerer, DStR 1985, 295 ff, 300; BFH vom 12. 11. 1985 VIII R 364/83 BStBl II 1986, 311; a. A. Lenski/Steinberg, § 2 GewStG Anm. 99.

13 Vgl. dazu unten § 21 I 2e.

14 Das folgt aus der ursprünglichen Rechtfertigung der Gewerbesteuer, daß die Betriebe zu den durch ihre Existenz verursachten social costs der Gemeinden beitragen sollen.

15 Führt eine natürliche Person mehrere Gewerbebetriebe, so ist weitgehend unklar, wie dem Inhaber die Betriebe zuzurechnen sind, ob als einheitlicher Gewerbebetrieb oder als Mehrheit von sachlich selbständigen Betrieben. Vgl. im einzelnen Glanegger/Güroff, § 2 GewStG Rz. 8 ff und die Rechtsprechungsnachweise bei Blümich, § 2 GewStG Rz. 44 sowie Schumacher, StuW 1987, 111 ff, der unter Berufung auf das Leistungsfähigkeitsprinzip für den einheitlichen Gewerbebetrieb plädiert.

16 Der Begriff der Betriebstätte ist in § 12 AO definiert. Vgl. auch die Erläuterungen in Abschn. 24 GewStR.

17 Zur Technik vgl. unten § 21 II 4d.

fällt (§ 4 Abs. 1 S. 2 GewStG). Dies geschieht durch „Zerlegung“ (vgl. i. e. §§ 28 ff GewStG).

a) Zum Begriff des Gewerbebetriebes

Unter Gewerbebetrieb ist ein gewerbliches Unternehmen i. S. des Einkommensteuerrechts zu verstehen (§ 2 Abs. 1 S. 2 GewStG). Es gilt also die Vorschrift des § 15 Abs. 2 EStG zur Bestimmung des Begriffs des Gewerbebetriebs[18] auch für die Gewerbesteuer.

Nicht der Gewerbesteuer unterliegen also insbesondere die Land- und Forstwirtschaft, die Ausübung eines freien Berufs und einer anderen selbständigen Tätigkeit im Sinne des § 18 EStG.[19] Daß die Bestimmungen des § 15 Abs. 2 EStG die Abgrenzung von gewerblicher und nichtgewerblicher Tätigkeit nicht immer mit der wünschenswerten Präzision ermöglichen, ist bekannt, aber nicht zu ändern. Man wird es in diesem Bereich immer mit einer kaum überschaubaren Kasuistik zu tun haben. Die Sammlung der Entscheidungen zu § 2 GewStG in der StRK bietet reiches Anschauungsmaterial. Im übrigen ist auf die Abschn. 8 ff GewStR zu verweisen, die sich eingehend mit den einzelnen Merkmalen des Begriffes des Gewerbebetriebes und insbesondere mit der Abgrenzung gegenüber Land- und Forstwirtschaft (Abschn. 13) und selbständiger Arbeit (Abschn. 14) befassen.

In den letzten Jahren hat in zunehmendem Maße die Abgrenzung des Gewerbebetriebes gegenüber der reinen Vermögensverwaltung eine Rolle gespielt. Nicht gewerbesteuerpflichtige Vermögensverwaltung liegt in der Regel vor, wenn Vermögen genutzt, zum Beispiel Kapitalvermögen verzinslich angelegt, unbewegliches Vermögen vermietet oder verpachtet wird (§ 14 S. 3 AO). Problematisch ist insbesondere die Frage, von wann an die Betätigung auf dem Immobiliensektor, d. h. Erwerb von Grundstücken, Errichtung von Gebäuden sowie deren Verwaltung und gelegentliche Veräußerung, den Rahmen der reinen Vermögensverwaltung überschreitet und sich als gewerbliche Betätigung darstellt.[20]

---

18 Vgl. dazu oben.

19 Von dem Grundgedanken der Gewerbesteuer her (vgl. oben) stellt sich durchaus die Frage, wieso eigentlich z. B. ein selbständiger Handelsvertreter, der allein arbeitet, gewerbesteuerpflichtig ist, nicht aber ein Freiberufler mit vielen Angestellten. Nach dem Beschluß des Bundesverfassungsgerichts vom 25. 10. 1977 I BvR 15/75 BVerfGE 46, 224 verstößt aber die Heranziehung der selbständigen Handelsvertreter zur Gewerbesteuer im Vergleich weder mit den im Angestelltenverhältnis beschäftigten Vertretern noch mit den freien Berufen gegen Art. 3 Abs. 1 GG.

20 Vgl. dazu Abschn. 15 GewStR; zur Abgrenzung nach der neueren Rechtsprechung Blümich, § 2 GewStG Rz. 411 ff; Glanegger/Güroff, § 2 GewStG Rz. 46 ff; Meyer-Scharenberg/Popp/Woring, § 2 GewStG Rz. 342 ff; exemplarisch BFH vom 9. 12. 1986 VIII R 317/82 BStBl II 1988, 244 mit Anmerkung L. Schmidt in FR 1987, 150: „Aller guten Dinge sind drei“.

Gewerbesteuerpflichtig ist nach der Rechtsprechung auch das *Besitzunternehmen* nach einer Betriebsaufspaltung.[21]

b) Die Steuerpflicht der Personengesellschaften

Die Tätigkeit der offenen Handelsgesellschaften, Kommanditgesellschaften und anderer Gesellschaften, bei denen die Gesellschafter als Unternehmer (Mitunternehmer) des Gewerbebetriebes anzusehen sind, gilt stets und *in vollem Umfang* als Gewerbebetrieb (§ 2 Abs. 2 S. 2 GewStG i. V. m. § 15 Abs. 3 Nr. 1 EStG).

Arbeitsgemeinschaften zwischen mehreren Unternehmen, deren alleiniger Zweck sich auf die Erfüllung eines einzigen Werkvertrages oder Werklieferungsvertrages beschränkt, sind grundsätzlich nicht gewerbesteuerpflichtig (vgl. i. e. § 2a GewStG).

Übt die Gesellschaft überhaupt eine gewerbliche Tätigkeit aus, so ist danach ihre gesamte Betätigung (auch z. B. die Land- und Forstwirtschaft) als Gewerbebetrieb anzusehen.[22]

Der Gesetzgeber hat anläßlich der Übernahme der Regelung des alten § 2 Abs. 2 Nr. 1 GewStG in das EStG (§ 15 Abs. 3 Nr. 1 EStG)[23] durch das Steuerbereinigungsgesetz 1986 leider keine Überlegungen angestellt, ob die Regelung überhaupt sinnvoll ist.[24] Diese Frage hätte sich gerade denjenigen aufdrängen müssen, die bei der Personengesellschaft immer an den „vergleichbaren Einzelunternehmer" denken. Bei diesem ist die steuerliche Trennung der gewerblichen Tätigkeit von seinen anderen Tätigkeitsbereichen selbstverständlich.

Für Personengesellschaften bleibt nur eine etwas umständliche Ausweichmöglichkeit: Die Gesellschafter können die nachteiligen Folgen der Belastung auch des nicht gewerblichen Teils ihrer Tätigkeit mit der Gewerbesteuer durch Gründung verschiedener Gesellschaften vermeiden. Dieser Tip ist den Steuerpflichtigen in einem Schreiben des BdF auch amtlicherseits erteilt worden.[25]

Sind an mehreren Personengesellschaften dieselben Gesellschafter in demselben Verhältnis beteiligt, so ist jede Personengesellschaft für sich selbständig gewerbesteuerlich zu beurteilen. Unterhält jede der mehreren Personengesellschaften einen Gewerbebetrieb, so ist jeder selbständig gewerbesteuerpflichtig.[26]

---

21 Zu dem von der Rechtsprechung entwickelten Tatbestand der Betriebsaufspaltung und zu den Rechtsfolgen vgl. i. e. unten § 22 VI.

22 In der Fassung des Steuerbereinigungsgesetzes 1986, insoweit hervorgegangen aus dem Entwurf eines Gesetzes zur vordringlichen Regelung von Fragen der Besteuerung von Personalgesellschaften, BR-Drs. 165/85.

23 Vgl. dazu kritisch Knobbe-Keuk, BB 1985, 947.

24 Vgl. die heftige Kritik an der Rechtsprechung bei Weber-Grellet, DStZ 1982, 228; Schmidt, § 15 EStG Anm. 43.

25 BdF vom 19. 10. 1984 BStBl I 1984, 588; vgl. auch Glanegger/Güroff, § 2 GewStG Rz. 173, die eine einschränkende Auslegung betreiben; dagegen Blümich, § 2 GewStG Rz. 603.

26 Die frühere Rechtsprechung zur gewerbesteuerlichen Unternehmenseinheit hat der BFH in dem Urteil vom 21. 2. 1980 I R 95/76 BStBl II 1980, 465 aufgegeben

Die Gewerbesteuerpflicht einer Personengesellschaft ist nach dem Gesetz allein davon abhängig, daß *ihre* Tätigkeit eine gewerbliche ist.[27] Dem hatte der große Senat des BFH in der Entscheidung vom 25. 6. 1984[28] durch *Aufgabe* der sogenannten *Geprägerechtsprechung* Rechnung getragen.

Die Geprägerechtsprechung[29] hatte angenommen, daß bei einer Personengesellschaft ohne Rücksicht auf die Art der Tätigkeit der Gesellschaft ein Gewerbebetrieb vorliege, wenn eine GmbH, die ihrerseits als Kapitalgesellschaft kraft Rechtsform gewerbesteuerpflichtig ist (§ 2 Abs. 2 Nr. 2 GewStG), als alleinige Komplementärin beteiligt ist und der Personengesellschaft somit das „Gepräge" gebe. Die Gewerbesteuerpflicht der GmbH u. Co. KG war also ohne Rücksicht auf die Art ihrer Tätigkeit damit begründet worden, daß einer ihrer Gesellschafter einen Gewerbebetrieb unterhalte.

Nach Aufgabe der Geprägerechtsprechung hatte der BFH leider nur kurze Zeit Gelegenheit, die Folgerungen zu ziehen.

Die Gewerbesteuerpflicht wurde konsequent verneint für eine GmbH & Co. KG, die Land- und Forstwirtschaft betreibt,[30] deren Gegenstand die Vermögensverwaltung ist,[31] die die beabsichtigte gewerbliche Tätigkeit noch nicht aufgenommen hat,[32] für eine Personengesellschaft, an der ausschließlich oder überwiegend Kapitalgesellschaften beteiligt sind und die nicht selbst eine gewerbliche Tätigkeit, sondern z. B. Vermögensverwaltung ausübt.[33–34]

Der Gesetzgeber hat die systematisch fundierte Entscheidung des Großen Senats durch Einfügung der Fiktion eines Gewerbebetriebes bei „gewerblich geprägten" Personengesellschaften in § 15 Abs. 3 Nr. 2 EStG konterkariert. Der im damaligen Regierungsentwurf[35] vorgesehenen Rückwirkung der gesetzlichen Verankerung der aufgegebenen Geprägerechtsprechung auch auf Erhebungszeiträume vor 1986 hat der Finanzausschuß des Deutschen Bundestages aus verfassungsrechtlichen Gründen[36] nicht zugestimmt.[37]

(im Anschluß an den Abschied des V. Senats – vgl. insbesondere BFH vom 23. 11. 1978 V R 29/73 BStBl II 1979, 352 – von der umsatzsteuerlichen Unternehmenseinheit).

27 Vgl. schon Knobbe-Keuk, JbFStR 1975/76, 178 ff.

28 BFH vom 25. 6. 1984 GrS 4/82 BStBl II 1984, 751; vgl. dazu oben § 9 II 1.

29 Vgl. dazu die 4. Auflage § 21 I 2b S. 454 ff und die Darstellung im Beschluß des Großen Senats aaO, (Anm. 28).

30 Einen solchen Fall betraf die erste Folgeentscheidung zu dem Beschluß des Großen Senats, nämlich BFH vom 17. 1. 1985 IV R 106/81 BStBl II 1985, 291.

31 BFH vom 7. 2. 1985 IV R 31/83 BStBl II 1985, 1052 m. Anm. Woerner, BB 1985, 1052; BFH vom 30. 4. 1985 VIII R 225/80 BStBl II 1985, 434.

32 BFH vom 26. 3. 1985 VIII R 260/81 BStBl II 1985, 433.

33–34 BFH vom 7. 2. 1985 IV R 31/83 BStBl II 1985, 372.

35 Entwurf eines Gesetzes zur vordringlichen Regelung von Fragen der Besteuerung von Personengesellschaften BR-Drs. 165/85. Der Gesetzentwurf ist in einem Statement, das Woerner auf der Wiesbadener Jahrestagung der Fachanwälte für Steuerrecht am 14. 5. 1985 (JbFStR 1985/86, 279) abgegeben hat, in „Entwurf eines Gesetzes zur vordringlichen Berichtigung und Verhütung unerwünschter BFH-Entscheidungen" umgetauft worden. Vgl. die Kritik an dem Entwurf bei Knobbe-Keuk, BB 1985, 820, 941 ff, 1903 ff; StbJb 1985/86, 167 ff mit DB 1985, 1152 ff.

36 Vgl. dazu eingehend Knobbe-Keuk, BB 1985, 1903 ff.

Zu der nach § 2 Abs. 1 S. 2 GewStG auch für das Gewerbesteuerrecht maßgeblichen Regelung der „gewerblich geprägten“ Personengesellschaften ist auf § 9 II zu verweisen.

Für *freiberuflich tätige* Gesellschaften hat die Rechtsprechung immer schon angenommen, daß insgesamt ein Gewerbebetrieb vorliege und damit die Gewerbesteuerpflicht bestehe, wenn eine *berufsfremde* Person an der Gesellschaft beteiligt ist.[38]

Beispiele: Einer der Partner einer Architektengemeinschaft stirbt, er wird von Berufsfremden beerbt. Oder: Es wird ein Berufsfremder zur Erledigung der kaufmännischen Aufgaben in die Architektengesellschaft aufgenommen.

Auch die Beteiligung einer GmbH war bislang für den BFH als eine die Gewerbesteuerpflicht der freiberuflich tätigen Gesellschaft begründende Beteiligung eines Berufsfremden anzusehen, selbst dann, wenn die GmbH selbst von der Geschäftsführung und Vertretung ausgeschlossen war und alle Gesellschafter und Geschäftsführer der GmbH ihrerseits Angehörige eines freien Berufs waren.[39]

Obwohl nach dem Beschluß des Großen Senats die Einkunftsart durch die Tätigkeit der Personengesellschaft als solcher bestimmt wird, steht der BFH[40] weiterhin auf dem Standpunkt, daß eine Personengesellschaft nur dann eine freiberufliche Tätigkeit entfalte, wenn *alle* Gesellschafter die Merkmale eines freien Berufes erfüllen.

U. E. sollte die Lage folgendermaßen beurteilt werden: Die Gesellschaft als solche bietet *nach außen* freiberufliche Leistungen i. S. des § 18 EStG an. Die Qualifizierung der Einkünfte als Einkünfte nach § 18 EStG setzt allerdings voraus, daß die freiberufliche Leistung „auf Grund eigener Fachkenntnisse leitend und eigenverantwortlich“ erbracht wird. Dieses Erfordernis können nur natürliche Personen erfüllen. Bei einer Personengesellschaft ist dieses Erfordernis aber erfüllt, wenn die Personen, mit deren Tätigkeit die Gesellschaft die freiberuflichen Leistungen erbringt und die die persönlichen Voraussetzungen erfüllen, in der Gesellschaft das „Sagen“ haben, sei es auf Grund ihrer Stimmrechte, sei es auf Grund besonderer gesellschaftsvertraglicher Bestimmungen. Ist dies der Fall, dann ist die Tätigkeit der Gesellschaft als freiberufliche zu qualifizieren und die Gesellschaft nicht gewerbesteuerpflichtig.[41]

---

37 Vgl. Bericht des Finanzausschusses BT-Drs. 10/4513; Kreile, DStZ 1986, 4 ff, 9.

38 Vgl. BFH vom 17. 1. 1980 IV R 115/76 BStBl II 1980, 336 mit Nachweisen.

39 Vgl. den Fall aus BFH vom 17. 1. 1980 IV R 115/76 BStBl II 1980, 336.

40 BFH vom 11. 6. 1985 VIII R 254/80 BStBl II 1985, 584, zustimmend Glanegger/Güroff, § 2 GewStG Rz. 100 ff. Dem VIII. Senat folgt der IV. Senat im Urteil vom 9. 10. 1986 IV R 235/84 BStBl II 1987, 124. Es ging um einen Steuerberater, der mit einem Berufsfremden eine Innengesellschaft eingegangen war und nach außen allein in Erscheinung trat. Der IV. Senat nahm insgesamt gewerbliche Einkünfte und die Gewerbesteuerpflicht an. Da die Innengesellschaft nicht Subjekt der Gewerbesteuer sein kann (vgl. oben) erklärte er den Steuerberater als Inhaber des „Gewerbebetriebs“ (!) für subjektiv gewerbesteuerpflichtig.

41 Auch der Berufsfremde ist nicht etwa für sich gewerbesteuerpflichtig, denn er selbst beteiligt sich nicht am allgemeinen wirtschaftlichen Verkehr; vgl. aber Felix, DStR 1985, 363 ff.

Obwohl auch bei der *Betriebsaufspaltung* die Tätigkeit der Besitzgesellschaft als solcher nicht gewerblich ist, sondern die Gewerblichkeit auf Grund des sogenannten „einheitlichen geschäftlichen Betätigungswillens", also auf Grund von in den Personen der Gesellschafter begründeten Merkmale, angenommen wird, hat der BFH[42] auch nach dem Beschluß des Großen Senats an der Gewerbesteuerpflicht des Besitzunternehmens festgehalten.

Übt die *Europäische Wirtschaftliche Interessenvereinigung (EWIV)* eine gewerbliche Tätigkeit aus, so ist sie gewerbesteuerpflichtig.[43]

c) Die Steuerpflicht der Kapitalgesellschaften usw.

Die Kapitalgesellschaften, Erwerbs- und Wirtschaftsgenossenschaften und Versicherungsvereine auf Gegenseitigkeit sind kraft ihrer Rechtsform gewerbesteuerpflichtig (§ 2 Abs. 2 Nr. 2 GewStG). Das bedeutet: Sie sind ohne Rücksicht auf die Art ihrer Betätigung gewerbesteuerpflichtig, auch dann, wenn sie keinen Gewerbebetrieb unterhalten.[44]

So ist z. B. eine Steuerberatungsgesellschaft, die ihrer Natur nach freiberufliche Leistungen erbringt, wenn sie in der Rechtsform der GmbH geführt wird, gewerbesteuerpflichtig. Ebenso ist gewerbesteuerpflichtig etwa eine Kapitalgesellschaft, die Land- und Forstwirtschaft betreibt oder sich mit reiner Vermögensverwaltung beschäftigt.

---

42 BFH vom 12. 11. 1985 VIII R 240/81 BStBl II 1986, 296 und ausführlich Glanegger/Güroff, § 2 GewStG Rz. 106 ff; Blümich, § 2 GewStG Rz. 450 ff. Vgl. zur Problematik des sogenannten Rechtsinstituts der Betriebsaufspaltung allgemein näher unten § 22 VI.

43 Zur EWIV vgl. oben § 9 II 2b. In dem Schreiben des BdF vom 15. 11. 1988 DB 1989, 354 f wird eine Änderung des Gewerbesteuergesetzes angekündigt, nach der die Tätigkeit der EWIV nicht als Gewerbebetrieb gelten soll. Es ist nicht verständlich, weshalb die EWIV, wenn sie eine gewerbliche Tätigkeit ausübt, nicht auch der Gewerbesteuer unterliegen soll. Gemeinschaftsrechtlich bestehen gegen die Gewerbesteuerpflicht einer gewerblich tätigen EWIV keine Bedenken. Art. 40 der VO (Amtsblatt EG Nr. L 199 vom 31. 7. 1985, 1 ff = BT-Drs. 11/352 S. 12), nach dem das Ergebnis der EWIV bei den Mitgliedern zu besteuern ist, hat nur die subjektive Steuerpflicht im Hinblick auf das Einkommen im Auge und soll klarstellen, daß die EWIV nicht körperschaftsteuerpflichtig sein soll.
In der Publizierung des BdF-Schreibens vom 15. 11. 1988, DStZ/E 1989, 91 f ist der letzte Satz, daß die Tätigkeit der EWIV nicht als Gewerbebetrieb gelten soll, weggelassen. Welchen Inhalt dann aber die angekündigte Gesetzesänderung haben soll, ist nicht ersichtlich. Denn die Gewerbesteuerpflicht einer gewerblich tätigen EWIV ergibt sich ohnehin aus dem Gesetz.

44 Verfassungsrechtliche Bedenken gegen diese Bestimmung bestehen nicht, vgl. BFH vom 20. 10. 1976 I R 148/74 BStBl II 1977, 10. Vgl. auch BFH vom 8. 6. 1977 I R 40/75 BStBl II 1977, 668 betr. die Heranziehung von Wirtschaftsprüfungs- und Steuerberatungsgesellschaften in Form der Kapitalgesellschaften zur Gewerbesteuer.

d) Die Steuerpflicht auf Grund eines wirtschaftlichen Geschäftsbetriebs

Als Gewerbebetrieb gilt auch die Tätigkeit sonstiger juristischer Personen des privaten Rechts und der nichtrechtsfähigen Vereine, soweit sie einen wirtschaftlichen Geschäftsbetrieb unterhalten (§ 2 Abs. 3 GewStG). Unter einem wirtschaftlichen Geschäftsbetrieb ist eine selbständige nachhaltige Tätigkeit zu verstehen, durch die Einnahmen oder andere wirtschaftliche Vorteile erzielt werden und die über den Rahmen einer Vermögensverwaltung hinausgeht. Die Absicht, Gewinn zu erzielen, ist nicht erforderlich (§ 14 S. 2 AO). Die Bestimmung des § 2 Abs. 3 GewStG ist insbesondere für gemeinnützige Vereine von Bedeutung. Denn deren Gewerbesteuerfreiheit (§ 3 Nr. 6 GewStG) ist ausgeschlossen, soweit ein wirtschaftlicher Geschäftsbetrieb unterhalten wird.

Beispiel: Ein gemeinnütziger Sportverein unterhält eine Vereinsgaststätte. Der Verein ist mit diesem wirtschaftlichen Geschäftsbetrieb gewerbesteuerpflichtig, weil er insoweit im Wettbewerb mit einer gleichartigen Tätigkeit anderer Gewerbetreibender steht.[45]

e) Beginn und Ende der Gewerbesteuerpflicht

Die Gewerbesteuerpflicht beginnt[46] bei Personenunternehmen in dem Zeitpunkt, in dem erstmals die Voraussetzungen erfüllt sind, die für die Annahme eines Gewerbebetriebes erforderlich sind. Bei den Kapitalgesellschaften, die kraft ihrer Rechtsform gewerbesteuerpflichtig sind, beginnt die Steuerpflicht spätestens[47] mit der Eintragung in das Handelsregister.

Die Gewerbesteuerpflicht erlischt bei Personenunternehmen mit der tatsächlichen Einstellung des Betriebes, bei Kapitalgesellschaften mit der Beendigung jeglicher Tätigkeit überhaupt.

Wird eine Personengesellschaft aufgelöst und liquidiert, so endet ihre Gewerbesteuerpflicht, sobald sie die werbende Tätigkeit eingestellt hat.[48] Kapitalgesellschaften hingegen bleiben auch während des Abwicklungszeitraums gewerbesteuerpflichtig.

Ein Gewerbebetrieb, der im Ganzen auf einen anderen Unternehmer übergeht, gilt als durch den bisherigen Unternehmer eingestellt und als durch den anderen Unternehmer neu gegründet, wenn er nicht mit einem bereits bestehenden Gewerbebetrieb vereinigt wird (§ 2 Abs. 5 GewStG). Diese Fik-

---

45 Vgl. Lenski/Steinberg, § 2 GewStG Anm. 129.

46 Vgl. die Einzelheiten in Abschn. 21 GewStR; Blümich, § 2 GewStG Rz. 775 ff; Glanegger/Güroff § 2 GewStG Rz. 216 ff.

47 Zum Beginn der Gewerbesteuerpflicht in einem früheren Zeitpunkt vgl. BFH vom 16. 2. 1977 I R 244/74 BStBl II 1977, 561.

48 Dies gilt auch für Geprägegesellschaften i. S. des § 15 Abs. 3 Nr. 2 EStG, dazu i. E. Blümich, § 2 GewStG Rz. 777.

tionen sind vor allem von Bedeutung für die Frage der Berücksichtigung des Gewerbeverlustes nach § 10a GewStG.[49]

II. Die Ermittlung des Gewerbeertrages

1. Zum Begriff des Gewerbeertrages

Das Gesetz gibt keine ausdrückliche Bestimmung des Begriffes Gewerbeertrag. Ganz pragmatisch wird vielmehr nur der Weg zur Ermittlung des Gewerbeertrages gewiesen: Ausgangsgröße ist der Gewinn aus dem Gewerbebetrieb, wie er sich nach den Vorschriften des EStG oder des KStG ergibt (§ 7 GewStG). Dieser Ausgangsgröße sind bestimmte Beträge hinzuzurechnen (§ 8 GewStG); die Summe des Gewinns und der Hinzurechnungen wird dann um die in § 9 GewStG aufgezählten Größen gekürzt. Was sich danach ergibt, ist der Gewerbeertrag.

Man kann danach zu dem Begriff des Gewerbeertrages allgemein folgendes feststellen: Der Ertrag eines Wirtschaftsgutes oder der wirtschaftlichen Einheit Gewerbebetrieb ist zwar insofern mit dem Einkommen verwandt, als er das wirtschaftliche Ergebnis eines in sich abgeschlossenen Zeitraumes zum Ausdruck bringt; er unterscheidet sich aber von dem Einkommen gerade darin, daß eine Beziehung zu der Person, der dieses wirtschaftliche Ergebnis zufließt, nicht besteht. Nicht die Leistungsfähigkeit einer Person, sondern das, was die wirtschaftliche Einheit Gewerbebetrieb abwirft, wenn sie losgelöst von den Beziehungen zu dem jeweiligen Rechtsträger betrachtet wird, soll durch die Steuer nach dem Gewerbeertrag erfaßt werden.

Für die objektive Ertragskraft des Gewerbebetriebes ist es insbesondere gleichgültig, ob der Unternehmer mit Eigen- oder Fremdkapital arbeitet, ob er mit eigenen oder fremden Wirtschaftsgütern wirtschaftet. Nimmt man als Ausgangsgröße für die Ermittlung des Gewerbeertrages den nach den Vorschriften des EStG bzw. des KStG ermittelten Gewinn aus dem Gewerbebetrieb, so muß der Tatsache Rechnung getragen werden, daß bei dem mit fremdem Kapital und fremden Wirtschaftsgütern arbeitenden Unternehmen der Gewinn um die Schuld-, Miet- und Pachtzinsen gemindert ist. Wie der Ausgleich für den mit eigenem Kapital und eigenen Wirtschaftsgütern arbeitenden Unternehmer herzustellen ist, ist dann eine Frage technischer Natur: Man kann entweder den Abzug der Schuld-, Miet- und Pachtzinsen ausschließen oder dem mit eigenem Kapital und mit eigenen Wirtschaftsgütern arbeitenden Betrieb einen entsprechenden (fingierten) Abzug gestatten. Die Hinzurechnungs- und Kürzungsvorschriften des Gewerbesteuergesetzes verfolgen das Ziel der Gleichstellung der mit eigenem und fremdem Kapital, mit eigenen und fremden Wirtschaftsgütern arbeitenden Betriebe bald auf die eine, bald auf die andere Weise.

---

49 Vgl. dazu i. e. unten II 5.

2. Die Ausgangsgröße „Gewinn aus dem Gewerbebetrieb“

Ausgangsgröße ist der Gewinn, der nach den Vorschriften des EStG und des KStG zu ermitteln ist (§ 7 GewStG). Die Ausgangsgröße kann auch negativ sein (Verlust aus Gewerbebetrieb). Dabei kommt es nicht auf den tatsächlich der Einkommensteuer- oder der Körperschaftsteuerveranlagung zugrunde gelegten Gewinn an.[49a] In der praktischen Durchführung der Gewerbesteuer ist es freilich regelmäßig so, daß die Ergebnisse der Einkommensteuer- bzw. Körperschaftsteuerveranlagung für die Gewerbesteuer übernommen werden.[49b] Die Ergebnisse dieser Veranlagungen sind für die Gewerbesteuer jedoch nicht bindend. Für die Gewerbesteuer ist der Gewinn selbständig zu ermitteln.

Die Gewerbesteuer erfaßt nur den Ertrag aus einem bestehenden Gewerbebetrieb, nicht hingegen Vorgänge vor Beginn und nach Beendigung eines Gewerbebetriebes. Gewinne aus der Veräußerung bzw. Aufgabe eines Betriebs oder eines Teilbetriebs im Sinne des § 16 EStG unterliegen nicht der Gewerbesteuer.[50] Umgekehrt mindern für die Gewerbesteuer auch Veräußerungsverluste nicht den gewerblichen Gewinn. Der Veräußerungsvorgang berührt nicht den Betrieb als solchen, sondern nur die Person des Inhabers. Es ist bei der Gewerbesteuer daher die Betriebsveräußerung gleichsam ein betriebsfremder Vorgang.[51]

Nach § 16 Abs. 1 Nr. 1 EStG gilt auch die Veräußerung der 100 %igen Beteiligung an einer Kapitalgesellschaft als Veräußerung eines Teilbetriebes. Die Einfügung dieser Fiktion in das EStG mit Wirkung vom 1. 1. 1965 zielte auf eine Milderung der Progression durch die Anwendung des ermäßigten Steuersatzes nach § 34 EStG. Mit dieser einkommensteuerrechtlichen Regelung sollte aber nicht auch die Gewerbesteuerfreiheit begründet werden. Die Veräußerung der 100 %igen Beteiligung an einer Kapitalgesellschaft kann einer Teilbetriebsveräußerung im Sinne der teilweisen Einstellung der gewerblichen Tätigkeit des veräußernden Unternehmens nicht gleichgestellt werden. Der Gewinn aus der Veräußerung der Beteiligung ist also Bestandteil des laufenden Gewinns des veräußernden Betriebs und als solcher Gegenstand der Steuer nach dem Gewerbeertrag.[52]

Wie die Veräußerung des ganzen Betriebes oder eines Teilbetriebes ist auch die Veräußerung des Anteiles an einer Personengesellschaft nach § 16 Abs. 1

49a Einzelheiten bei Glanegger/Güroff, § 7 GewStG Rz. 1.

49b Vgl. aber BFH vom 25. 10. 1984 IV R 165/82 BStBl II 1985, 212.

50 Dies gilt auch für eine im Rahmen der Aufgabe eines Gewerbebetriebs gezahlte Entschädigung (vgl. BFH vom 17. 12. 1975 I R 29/74 BStBl II 1976, 224). Auch bei einer GmbH & Co. KG, an der eine GmbH als einzige Komplementärin beteiligt ist, gehört der Aufgabegewinn nicht zum Gewerbeertrag, vgl. BFH vom 11. 3. 1982 IV R 25/79 BStBl II 1982, 707. BFH vom 29. 10. 1987 IV R 93/85 BStBl II 1988, 374: Ein bei Einbringung eines Betriebs in eine Personengesellschaft zu Buchwerten entstehender *Entnahmegewinn* unterliegt auch dann nicht der Gewerbesteuer, wenn der Entnahmegewinn nach dem Tarif zu versteuern ist.

51 Vgl. RFH vom 1. 12. 1937 VI 688/37 RStBl 1938, 356; ablehnend Blümich, § 7 GewStG Rz. 142 ff; differenzierend Glanegger/Güroff, § 7 GewStG Rz. 14 ff.

52 BFH vom 7. 12. 1971 VIII R 3/70 BStBl II 1972, 468; BFH vom 27. 10. 1977 IV R 60/74 BStBl II 1978, 100; kritisch Glanegger/Güroff, § 7 GewStG Rz. 55.

Nr. 2 EStG nicht steuerpflichtig. Der Vorgang betrifft nicht den Gewerbebetrieb der Personengesellschaft, sondern die Person des betreffenden Gesellschafters.

Der Veräußerungsgewinn des Gesellschafters bleibt auch gewerbesteuerfrei, wenn die Beteiligung an der Personengesellschaft zum Betriebsvermögen des Gesellschafters gehört hat.[53] Die Beteiligung an der Personengesellschaft wird für den Gesellschafter also wie ein Teilbetrieb behandelt.

Die Gewinne aus der Veräußerung einer wesentlichen Beteiligung an einer Kapitalgesellschaft unterliegen nur dann der Gewerbesteuer, wenn die Beteiligung zum Betriebsvermögen gehört. Wenn auch die Gewinne aus der Veräußerung einer wesentlichen Beteiligung des Privatvermögens nach § 17 EStG als gewerbliche Einkünfte der Einkommensteuer unterliegen, so stellt doch diese Beteiligung keinen Gewerbebetrieb dar, so daß bei der Veräußerung keine Gewerbesteuer anfällt.[53a]

Gehören einbringungsgeborene Anteile im Sinne des § 21 UmwStG zu einem Betriebsvermögen, so unterliegt der Veräußerungs- und Entnahmegewinn nicht der Gewerbesteuer, wenn die Veräußerung des Betriebs usw., durch dessen Sacheinlage die Anteile erworben wurden, damals nicht gewerbesteuerpflichtig gewesen wäre.[54]

Neben den Vorgängen der Betriebsveräußerung kann es auch weitere Fälle geben, in denen Einnahmen, die einkommensteuerlich zu den Einkünften aus Gewerbebetrieb gerechnet werden, dennoch nicht zum Gewerbeertrag gehören. Beispiel ist die Entschädigungsleistung, die ein Gewerbetreibender wegen Erwerbsminderung vom Schädiger oder dessen Haftpflichtversicherer erhält. Weil derartige Einnahmen nicht „unmittelbar ein Ertrag aus dem werbenden Betrieb, sondern die Folgen eines Körperschadens, den der Betriebsinhaber erlitten hat, sind", stellen sie für die Gewerbesteuer gleichsam einen betriebsfremden Vorgang dar und werden von der Rechtsprechung nicht der Gewerbeertragsteuer unterworfen.[55]

Gibt ein Handelsvertreter seinen Betrieb auf, so gehören Ausgleichszahlungen zu seinem laufenden Gewinn und damit zum Gewerbeertrag.[56]

3. Die Hinzurechnungen

Die meisten Hinzurechnungsvorschriften sind im Objektsteuercharakter der Gewerbesteuer begründet. Das gilt für die Nr. 1, 2, 3, 4, 7 des § 8 GewStG.

Hinzurechnungen kommen nur für solche Beträge in Betracht, die bei der Ermittlung des Gewinns nach den Vorschriften des EStG und des KStG abgezogen worden sind und deren Abzug für die Ermittlung des Gewerbeer-

---

53 BFH vom 25. 5. 1962 I 78/61 S BStBl III 1962, 438.

53a Lenski/Steinberg, § 7 GewStG Anm. 127.

54 BFH vom 29. 4. 1982 IV R 51/79 BStBl II 1982, 738 mit Nachweisen.

55 Vgl. BFH vom 20. 8. 1965 VI 154/65 U BStBl III 1966, 94; BFH vom 28. 8. 1968 I 252/65 BStBl II 1969, 8. Nach BGH vom 31. 1. 1979 NJW 1979, 915; BGH vom 10. 2. 1987 VI ZR 17/86 NJW 1987, 1814 ist die Ersparnis der Gewerbesteuer bei der Schadensersatzberechnung zu berücksichtigen. Vgl. dazu Knobbe-Keuk, Vorteilsausgleichung und Steuern in Festgabe zum 25jährigen Bestehen des Karlsruher Forums, Sonderheft Versicherungsrecht, 1983.

56 BFH vom 24. 11. 1982 I R 60/79 BStBl II 1983, 243; kritisch Glanegger/Güroff, § 7 GewStG Rz. 25; vgl. auch Blümich, § 7 GewStG Rz. 157.

trages wieder rückgängig gemacht werden soll, weil dies im Interesse der Feststellung des objektiven Gewerbeertrages geboten erscheint.

a) Dauerschuldzinsen (-entgelte)

Nach § 8 Nr. 1 GewStG sind dem gewerblichen Gewinn die bei seiner Ermittlung abgezogenen Zinsen (ab EZ 1990: Entgelte) für solche Schulden hinzuzurechnen, die wirtschaftlich mit der Gründung oder dem Erwerb des Betriebes (Teilbetriebes) oder eines Anteiles am Betrieb oder mit einer Erweiterung oder Verbesserung des Betriebes zusammenhängen oder der nicht nur vorübergehenden Verstärkung des Betriebskapitals dienen.[57] Zur Entlastung der Unternehmen werden ab Erhebungszeitraum 1983 nur noch 60 v. H., vom Erhebungszeitraum 1984 an nur noch 50 v. H. der Dauerschuldzinsen hinzugerechnet.[58]

Diese Regelung des Haushaltsbegleitgesetzes von 1983 ist der Öffentlichkeit mit dem Ziel einer Minderung der gewerbesteuerlichen Belastung der Unternehmen nahegebracht worden. So begrüßenswert die Absicht der gewerbesteuerlichen Entlastung der Unternehmen auch war, so ist die Art und Weise der Entlastung im Rahmen des bestehenden Systems der Gewerbesteuer allerdings völlig fehl am Platze. In der Sache bringt sie in einer Zeit, in der alle – und gerade auch die Politiker – die Verbesserung der Eigenkapitalausstattung der Unternehmen auf ihre Fahne geschrieben haben, eine weitere steuerliche Diskriminierung des Eigenkapitals.[59] Man hätte sich einen sinnvolleren Weg für die Minderung der gewerbesteuerlichen Belastung der Unternehmen gewünscht. Der unsystematische Weg ist – wie man hört – gewählt worden, um das gegenwärtige Gewerbesteuersystem ad absurdum zu führen!

Es können nur solche Dauerschuldentgelte hinzugerechnet werden, die bei der Ermittlung des Gewinns tatsächlich auch abgezogen worden sind. Dies ist auch von Bedeutung für solche Entgelte, die mit steuerfreien Einkünften in unmittelbarem wirtschaftlichen Zusammenhang stehen und nach § 3c EStG bei der Ermittlung des Gewinns nicht abgezogen werden dürfen. Sie sind deshalb bei der Feststellung des Gewerbeertrages dem Gewinn nicht hinzuzurechnen.

---

57 Die Verbindlichkeiten, die diesen Zinsen bzw. Entgelten entsprechen, sind nach § 12 Abs. 2 Nr. 1 GewStG für die Ermittlung des Gewerbekapitals dem Einheitswert des gewerblichen Betriebs hinzuzurechnen, soweit sie bei der Feststellung des Einheitswertes abgezogen worden sind. Zur gewerbesteuerlichen Behandlung der Lastenausgleichsabgaben vgl. § 212 LAG.

58 Haushaltsbegleitgesetz 1983, BGBl I 1982, 1857 = BStBl I 1982, 972.

59 Deshalb hat die Wirtschaftsrechtliche Abteilung des 54. Deutschen Juristentages 1984, deren Thema die Frage war: Welche Maßnahmen empfehlen sich, insbesondere im Gesellschafts- und Kapitalmarktrecht, um die Eigenkapitalausstattung der Unternehmen langfristig zu verbessern?, die Beseitigung dieser Änderung des Gewerbesteuergesetzes verlangt: Beschluß VI 2c, vgl. Verhandlungen des DJT, Sitzungsbericht, K 225 = DB 1984, 2187. Vgl. auch den Diskussionsbeitrag von Knobbe-Keuk in Sitzungsbericht S. K 144.

Ob eine *Dauerschuld*[60] vorliegt, ist Tatfrage. In Abschnitt 47 GewStR sind dazu eingehende Richtlinien aufgestellt, die sich im wesentlichen an die Rechtsprechung anschließen.[61]

Nach dem Charakter der Schuld unterscheidet man Dauerschulden, die der Verstärkung des dauernd dem Betrieb gewidmeten Kapitals dienen, von den zum laufenden Geschäftsverkehr gehörenden Schulden. Zu ersteren gehören insbesondere Hypothekenschulden, Bankdauerschulden, Anleihen und Obligationen. Allgemein geht man davon aus, daß Schulden mit einer Laufzeit von mehr als einem Jahr Dauerschulden sind.

Nach dem Urteil des BFH vom 30. 6. 1971[62] lösen auch Verbindlichkeiten mit einer kürzeren Laufzeit die Hinzurechnung aus, wenn sie mit der Gründung des Betriebes in wirtschaftlichem Zusammenhang stehen.

Den zum laufenden Geschäftsverkehr gehörenden Schulden sind insbesondere Warenschulden sowie Wechselschulden und Bankschulden, die zur Zahlung von Warenschulden oder Löhnen aufgenommen werden, zuzuordnen.[63] Auch Kontokorrentschulden sind im allgemeinen[64] laufende Schulden. Schulden, die zum laufenden Geschäftsverkehr gehören, können aber unter Berücksichtigung des zeitlichen Momentes Dauerschuldcharakter annehmen.[65]

Bis zum Steuerreformgesetz 1990 waren nach § 8 Nr. 1 GewStG nur *Zinsen* hinzuzurechnen, wobei der bürgerlichrechtliche Zinsbegriff zugrundegelegt wurde.[66] Auf Grund der Neufassung der Vorschrift sind nunmehr auch *gewinnabhängige* Vergütungen für die Überlassung des Gebrauchs von Kapital hinzuzurechnen. Auch die Finanzierung über partiarische Darlehen oder Genußkapital, das nicht in den Anwendungsbereich des § 8 Abs. 3 S. 2 KStG fällt,[67] unterliegt also jetzt der gewerbesteuerlichen Belastung.

---

60 Zu den Dauerschulden von Kreditinstituten vgl. die durch das Steuerreformgesetz 1990 neugefaßte Sonderregelung in § 19 GewStDV sowie Blümich, § 8 GewStG Rz. 70 ff.

61 Vgl. auch die eingehende Darstellung bei Lenski/Steinberg, § 8 Nr. 1 GewStG Anm. 5 ff; Glanegger/Güroff, § 8 Nr. 1 GewStG Rz. 5 ff; Blümich, § 8 GewStG Rz. 20 ff.

62 BFH vom 30. 6. 1971 I R 55/68 BStBl II 1971, 750 zustimmend Blümich, § 8 GewStG Rz. 34; Glanegger/Güroff, § 8 Nr. 1 GewStG Rz. 4; GewStR Abschn. 47 Abs. 4; Lenski/Steinberg, § 8 Nr. 1 GewStG Anm. 11; a. A. FG Berlin vom 16. 7. 1975 VI 58/75 EFG 1976 Nr. 24; Rose/Telkamp, StuW 1976, 135 ff.

63 Zum Factoring vgl. BFH vom 11. 12. 1986 IV R 185/83 BStBl II 1987, 443.

64 Vgl. näher Abschn. 47 Abs. 8 GewStR.

65 Abschn. 47 Abs. 7 GewStR; Blümich, § 8 GewStG Rz. 48 ff; kritisch Glanegger/Güroff, § 8 Nr. 1 GewStG Rz. 26.

66 Vgl. zur bisherigen Rechtslage auf Grund des Urteils des BFH vom 8. 5. 1984 I R 31/80 BStBl II 1984, 623 die 6. Auflage § 21 II 3 a S. 579 f.

67 Zu § 8 Abs. 3 S. 2 KStG vgl. oben § 16.

Auch in langfristigen *Kaufpreisraten* kann ein Zinsanteil enthalten sein, der nach § 8 Nr. 1 GewStG hinzuzurechnen ist.[68]

Kosten, die nur anläßlich des Entstehens der Dauerschulden anfallen (z. B. Geldbeschaffungskosten), sind nicht nach § 8 Nr. 1 GewStG hinzuzurechnen.

Auch die jährlichen Abschreibungen auf das Damnum werden von der Rechtsprechung[69] grundsätzlich nicht unter die Dauerschuldzinsen gefaßt. Dies gilt auch für das Disagio bei Anleihen.[70] Im Einzelfall – bei ungewöhnlich niedrigem Nominalzins und einem entsprechend hohen Damnum – kann das Damnum aber als zusätzlicher Zins angesehen werden.

Werden die Zinsen für ein langfristiges Darlehen unmittelbar von einem Dritten an den Kreditgeber gezahlt, so sind sie nicht als Dauerschuldzinsen bei dem Kreditnehmer hinzuzurechnen; denn sie sind bei der Ermittlung des Gewinns aus dem Gewerbebetrieb nach § 7 GewStG nicht abgezogen.[71]

b) Renten und dauernde Lasten

Nach § 8 Nr. 2 S. 1 GewStG sind Renten und dauernde Lasten, die wirtschaftlich mit der Gründung oder dem Erwerb des Betriebes oder Teilbetriebes oder eines Anteiles am Betrieb zusammenhängen, hinzuzurechnen.[72] Der Grund für die Hinzurechnung besteht darin, daß Renten und dauernde Lasten ähnlich wie die Zinsen auf Dauerschulden Entgelte für die Überlassung des im Gewerbebetrieb arbeitenden Kapitals darstellen.[73] Im Unterschied zu der Regelung über die Dauerschuldzinsen unterliegen aber Renten und dauernde Lasten, die erst *nach* der Gründung oder dem Erwerb des Betriebes, z. B. anläßlich der Erweiterung des Betriebes, entstehen, nicht der Hinzurechnung.[74]

---

68 BFH vom 25. 2. 1975 VIII R 19/70 BStBl II 1975, 647; vgl. dazu Keuk-Knobbe, StuW 1975, 351.

69 BFH vom 23. 2. 1966 VI 209/63 BStBl III 1966, 375; vom 23. 8. 1966 I 172/64 StRK GewStG § 8 Ziff. 1 R. 48; vom 4. 3. 1971 IV 318/65 BStBl II 1972, 16; dagegen Blümich, § 8 GewStG Rz. 61; Glanegger/Güroff, § 8 Nr. 1 GewStG Rz. 32.

70 BFH vom 29. 10. 1974 I R 21/73 BStBl II 1975, 113; ebenso jetzt Abschn. 48 Abs. 1 GewStR a. E.

71 Vgl. FG Münster vom 16. 3. 1973 VII 856/71 g EFG 1973 Nr. 229 und dazu Keuk, StuW 1975, 351 ff, dagegen wiederum Blümich, § 8 GewStG Rz. 66; vgl. auch BFH vom 4. 5. 1965 I 134/63 U BStBl III 1965, 417 für den Fall eines Zinszuschusses seitens eines Dritten, der unmittelbar an den Kreditgeber gezahlt wurde.

72 Bei der Ermittlung des Gewerbekapitals erfolgt die entsprechende Hinzurechnung zum Einheitswert des gewerblichen Betriebs nach § 12 Abs. 2 Nr. 1 GewStG.

73 Vgl. Lenski/Steinberg, § 8 Nr. 2 GewStG Anm. 1.

74 BFH vom 28. 10. 1987 I R 126/83 BStBl II 1988, 70 hält diesen Unterschied für verfassungsgemäß. In dem Urteil rechnet der BFH *Erbbauzinsen* nach § 8 Nr. 2 GewStG hinzu. Vgl. dazu kritisch L. Schmidt, FR 1988, 51; Meyer-Scharenberg/

Ein weiterer gravierender Unterschied zwischen der Regelung der Nr. 1 für Dauerschuldzinsen und der Nr. 2 für Renten und dauernde Lasten besteht darin, daß die Hinzurechnung von Renten und dauernden Lasten nicht erfolgt, wenn diese Beträge beim Empfänger zur Steuer nach dem Gewerbeertrag heranzuziehen sind (§ 8 Nr. 2 S. 2 GewStG). Die Hinzurechnung bei der Ermittlung des Gewerbeertrages des Verpflichteten ist also ausgeschlossen, wenn die Beträge in einem anderen gewerbesteuerpflichtigen Betrieb vereinnahmt werden.[75] Als Zweck dieser Einschränkung wird angegeben, eine doppelte Belastung der Renten und dauernden Lasten durch die Gewerbesteuer zu vermeiden.[76] Wieso allerdings die doppelte Belastung gerade bei den Renten und dauernden Lasten, nicht aber auch bei den Schuldzinsen vermieden werden soll, ist nicht plausibel.[77] Vor allem ist gegen die Einschränkung des § 8 Nr. 2 S. 2 GewStG und ähnliche Einschränkungen in § 8 Nr. 3 und 7 GewStG vorzubringen, daß sie den zur Zahlung Verpflichteten gewerbesteuerlich unterschiedlich belasten, je nachdem, ob die Zahlung in einen Gewerbebetrieb oder an einen Privatmann geht. Die Ertragskraft des Gewerbebetriebes, aus dem die Zahlungen zu erbringen sind, ist aber nicht entsprechend unterschiedlich.

Die recht uneinsichtige gesetzliche Regelung kann natürlich, wenn beim Erwerb eines Betriebes die Alternative: Begründung einer Dauerschuld oder einer Rente zur Diskussion steht und die Zahlungen an einen Gewerbebetrieb gehen werden, Anlaß sein, sich für die Begründung einer Rente zu entscheiden.[78]

Für die gewerbesteuerliche Hinzurechnung spielt die für das Einkommensteuerrecht wesentliche Unterscheidung zwischen Zeit- und Leibrente[79] keine Rolle. In erster Linie kommt es hier darauf an, ob es sich um betriebliche oder private Rentenzahlungen handelt. Denn die Hinzurechnung setzt den Abzug bei der Gewinnermittlung und damit die Minderung des Gewinns voraus, dieser aber ist nur bei betrieblichen Renten möglich.

Was die Minderung des Gewinns durch die Rentenzahlungen anbetrifft, so ist folgendes zu beachten: Erwirbt jemand einen Betrieb gegen eine Zeitrente, so ist in der Eröffnungsbilanz ein Passivposten in Höhe des Kapitalwertes der Rente auszuweisen. Ist eine Leibrente vereinbart, so ist dieser Passivposten nach versicherungsmathematischen Grundsätzen zu ermitteln. In den

---

Popp/Woring, § 8 Nr. 2 GewStG Rz. 29. Angesichts des Erbbaurechtsverhältnisses als eines Nutzungsverhältnisses liegt § 8 Nr. 7 GewStG näher.

75 Vgl. dazu näher Gast-de Haan, Festgabe Felix, 1989, S. 55 ff.

76 Vgl. z. B. Lenski/Steinberg, § 8 Nr. 2 GewStG Anm. 14.

77 Auch insoweit hat BFH vom 28. 10. 1987 aaO verfassungsrechtlich nichts zu beanstanden.

78 Vgl. so schon Klüber, DStBl 1937, 292; Blümich/Boyens, GewStG, 2. Aufl. 1938, § 8 Anm. 17; Meyer-Scharenberg/Popp/Woring, § 8 Nr. 2 GewStG Rz. 16.

79 Vgl. zur einkommensteuerlichen Behandlung der Renten Jansen/Wrede, Renten, Raten, Dauernde Lasten, 9. Aufl. 1986; Hermann/Heuer/Raupach, § 5 EStG Anm. 1335 ff.

folgenden Jahren vermindert sich der passivierte Kapitalwert der Renten infolge der laufenden Rentenzahlungen. Die Rentenzahlung mindert den Gewinn nur, soweit sie höher ist als die Verminderung des Passivpostens. Nur insoweit kommt die Hinzurechnung der Rentenzahlung nach § 8 Nr. 2 S. 1 GewStG in Frage.[80]

Früher hat die Rechtsprechung[81] gemäß § 8 Nr. 2 GewStG – und entsprechend nach § 12 Abs. 2 Nr. 1 GewStG bei der Ermittlung des Gewerbekapitals – auch Renten hinzugerechnet, welche auf Grund von *Pensionsverpflichtungen* geleistet werden, die beim Erwerb eines Betriebs übernommen worden sind.[82] Nachdem der I. Senat in dem Urteil vom 18. 7. 1973[83] schon entschieden hatte, daß dies aber nicht gelte, wenn der Betrieb unentgeltlich auf den neuen Inhaber übergegangen sei, hat der BFH[84] inzwischen vollends Abschied von der alten Rechtsprechung genommen: Pensionszahlungen an ehemalige Arbeitnehmer und Pensionsrückstellungen sind bei der Ermittlung des Gewerbeertrags nach § 8 Nr. 2 GewStG bzw. des Gewerbekapitals nach § 12 Abs. 2 Nr. 1 GewStG auch dann nicht hinzuzurechnen, wenn der Betrieb bzw. ein Anteil am Betrieb entgeltlich erworben wurde.

Für Umwandlungs- und Einbringungsvorgänge[85] bringen die Vorschriften des Umwandlungssteuergesetzes (vgl. §§ 18 Abs. 3, 19 S. 2, 23 Abs. 4, 24 Abs. 4) die ausdrückliche gesetzliche Regelung, daß die §§ 8 Nr. 2 und 12 Abs. 2 Nr. 1 GewStG auf übergegangene Renten und dauernde Lasten keine Anwendung finden.

c) Gewinnanteile des stillen Gesellschafters

Nach § 8 Nr. 3 GewStG sind die Gewinnanteile des stillen Gesellschafters, wenn sie beim Empfänger nicht zur Steuer nach dem Gewerbeertrag heranzuziehen sind, hinzuzurechnen. Zu der Beschränkung der Hinzurechnung auf den Fall, daß die Gewinnanteile nicht in einen Gewerbebetrieb gehen, ist auf das oben zu § 8 Nr. 2 Ausgeführte zu verweisen.

Handelsrechtlich spricht man von einer stillen Gesellschaft nur, wenn sich jemand an dem Handelsgewerbe eines Kaufmanns, sei es eines Einzelkaufmanns, sei es einer Handelsgesellschaft (OHG, KG, AG, GmbH) beteiligt (§ 335 HGB). Steuerrechtlich

---

80 Vgl. die Einzelheiten bei Lenski/Steinberg, § 8 Nr. 2 GewStG Anm. 18; Blümich, § 8 GewStG Rz. 110 ff.

81 BFH vom 4. 12. 1962 I 71/60 BStBl III 1963, 93.

82 Vgl. zu dieser Rechtsprechung die Kritik bei Keuk, StuW 1974, 359 ff; JbFStR 1975/76, 178 ff und in der 2. Aufl. § 21 II 3b S. 392 f.

83 BFH vom 18. 7. 1973 I R 250/270 BStBl II 1973, 787; vgl. ebenso BFH vom 10. 6. 1976 IV R 31/72 BStBl II 1976, 576: Keine Hinzurechnung von Erbbauzinsen, die auf einer schon bestehenden Verpflichtung beruhen, bei unentgeltlichem Erwerb.

84 BFH vom 18. 1. 1979 IV R 194/74 BStBl II 1979, 266. Der I. Senat hat der Aufgabe der alten Rechtsprechung zugestimmt; vgl. i. e. Glanegger/Güroff, § 8 Nr. 2 GewStG Rz. 7.

85 Der BFH hat auch für Einbringungsfälle vor dem UmwStG die Hinzurechnungen vorgenommen (vgl. BFH vom 16. 6. 1971 I R 48/70 BStBl II 1971, 718; vom 20. 3. 1974 I R 161/72 BStBl II 1974, 552 und dazu die Rechtsprechung bei Keuk, StuW 1974, 359 ff).

wird unter einer stillen Gesellschaft auch die Beteiligung an einem sonstigen Gewerbebetrieb oder an dem Gewerbebetrieb einer Gesellschaft bürgerlichen Rechts verstanden.

Unter § 8 Nr. 3 GewStG fallen nur die Gewinnanteile des typischen stillen Gesellschafters; denn zwischen dem Geschäftsinhaber und dem atypischen stillen Gesellschafter besteht eine Personengesellschaft i. S. des § 15 Abs. 1 S. 1 Nr. 2 EStG, deren Gewerbebetrieb nach § 2 Abs. 2 Nr. 1 GewStG der Gewerbesteuer unterliegt. Der Gewinnanteil des atypischen stillen Gesellschafters ist damit schon in der Ausgangsgröße, dem Gewinn aus dem Gewerbebetrieb der atypischen stillen Gesellschaft, enthalten.

Herrschende Meinung in der Literatur[86] und Rechtsprechung[87] fassen auch die Gewinnanteile, die von dem Gesellschafter einer Personengesellschaft an einen *Unterbeteiligten* gezahlt werden, unter § 8 Nr. 3 GewStG.

Dies beruht darauf, daß man bei dem von einer Personengesellschaft geführten Gewerbebetrieb als Ausgangsgröße nicht den Gewinn der Gesellschaft, sondern die Summe der einkommensteuerpflichtigen gewerblichen Einkünfte der Gesellschafter nimmt.[88] Diese Größe ist aber um die Sonderbetriebsausgaben des Gesellschafters und damit auch um die Zahlung des Gesellschafters an einen Unterbeteiligten gemindert. Damit ergibt sich dann für die h. M. die Notwendigkeit, die Gewinnanteile des Unterbeteiligten, die in dem Betrieb der Hauptgesellschaft erwirtschaftet sind, nach § 8 Nr. 3 GewStG hinzuzurechnen. U. E. ist der Gewinnanteil des Unterbeteiligten von vornherein in der Ausgangsgröße für die Ermittlung des Gewerbeertrages der Hauptgesellschaft enthalten.

Hinzuzurechnen nach § 8 Nr. 3 GewStG sind nur die *Gewinnanteile,* die an den stillen Gesellschafter gezahlt werden. Andere Vergütungen, die an den stillen Gesellschafter gezahlt werden, etwa Tätigkeitsvergütungen, können nicht hinzugerechnet werden.[88a]

d) Gewinnanteile persönlich haftender Gesellschafter einer KG a. A.

Gewinnanteile, die an persönlich haftende Gesellschafter einer KG a. A. auf ihre nicht auf das Grundkapital gemachten Einlagen oder als Vergütung (Tantiemen) für die Geschäftsführung verteilt worden sind, sind nach § 8 Nr. 4 GewStG hinzuzurechnen. Die Hinzurechnung setzt nach dem BFH[89] nicht voraus, daß die persönlich haftenden Gesellschafter Mitunternehmer sind.

Die Vorschrift des § 8 Nr. 4 GewStG korrespondiert mit der Vorschrift des § 9 Nr. 2 KStG, nach der der auf den Komplementär entfallende Gewinnanteil und die gewinnabhängige Vergütung (Tantieme) bei der Ermittlung des

86 Für diese Lenski/Steinberg, § 8 Nr. 3 GewStG Anm. 2b; Blümich, § 8 GewStG Rz. 122; Glanegger/Güroff, § 8 Nr. 3 GewStG Rz. 4.
87 BFH vom 8. 10. 1970 IV R 196/69 BStBl II 1971, 59.
88 Vgl. dazu i. e. unten II 6a.
88a Glanegger/Güroff, § 8 Nr. 3 GewStG Rz. 14.
89 BFH vom 8. 2. 1984 I R 11/80 BStBl II 1984, 381; a. A. Raupach, DStZ 1965, 25.

körperschaftsteuerpflichtigen Gewinns der KG a. A. abgezogen werden können.[90] Da die fraglichen Beträge aber Teil des Ertrags des von der KG a. A. geführten Gewerbebetriebs sind, sind sie gewerbesteuerlich der Ausgangsgröße, nämlich dem körperschaftsteuerpflichtigen Gewinn der KG a. A. wieder hinzuzurechnen.[91] Gewerbesteuerlich nicht hinzuzurechnen sind nach der gesetzlichen Regelung hingegen die feste Geschäftsführervergütung sowie die sonstigen Sondervergütungen, die nach § 15 Abs. 1 S. 1 Nr. 3 EStG bei dem Komplementär in der Einkunftsart Einkünfte aus Gewerbebetrieb zu erfassen sind.[92]

e) Miet- und Pachtzinsen

§ 8 Nr. 7 GewStG ist neben § 8 Nr. 1 GewStG die praktisch bedeutsamste Hinzurechnungsvorschrift. Durch sie soll – der Intention nach – die Gleichstellung der mit eigenen und der mit fremden Wirtschaftsgütern arbeitenden Betriebe herbeigeführt werden.[93] Die Vorschrift geht davon aus, daß die Benutzung der gemieteten oder gepachteten Wirtschaftsgüter den Gewerbeertrag des Betriebes erhöht. Hinzugerechnet werden soll aber nur die Hälfte der Miet- und Pachtzinsen, und zwar deshalb, weil man davon ausgeht, daß die Benutzung der Wirtschaftsgüter, wenn sie dem Mieter oder Pächter selbst gehören würden, bei ihm nur etwa zur Hälfte den Ertrag erhöhen würde, weil die andere Hälfte etwa für Abschreibungen, Instandsetzung usw. aufgewendet werden müßte.[94]

Die Hinzurechnung unterbleibt, wenn die Miet- oder Pachtzinsen beim Vermieter oder Verpächter zur Gewerbesteuer nach dem Gewerbeertrag heranzuziehen sind,[95] es sei denn, daß ein Betrieb oder ein Teilbetrieb ver-

---

90 Vgl. dazu näher oben § 16 III.

91 Zur Doppelbelastung des auf den persönlich haftenden Gesellschafter entfallenden Gewinnanteils kommt es nach BFH vom 23. 10. 1985 I R 235/81 BStBl II 1986, 72, wenn dieser selbst gewerbesteuerpflichtig ist und die Voraussetzungen der Kürzungsvorschrift des § 9 Nr. 2a GewStG nicht vorliegen; eine Kürzung nach § 9 Nr. 2 GewStG scheidet von vorneherein aus, weil der persönlich haftende Gesellschafter einer KG a. A. nicht Mitunternehmer ist. In dem Streitfall war eine GmbH persönlich haftende Gesellschafterin ohne Kapitalbeteiligung. Ob eine Kapitalgesellschaft persönlich haftende Gesellschafterin einer KG a. A. sein kann, ist zivilrechtlich umstritten (vgl. dazu Großkommentar AktG/Barz, § 278 AktG Anm. 9; Binz/Sorg, BB 1988, 2041 ff; Hennerkes/May, BB 1988, 2393 ff).

92 A. A. BFH vom 8. 2. 1984 aaO, (Anm. 89); Blümich, § 8 GewStG Rz. 143; Lenski/Steinberg, § 8 Nr. 4 GewStG Anm. 2.

93 Bei der Ermittlung des Gewerbekapitals sind die Werte dieser Wirtschaftsgüter nach § 12 Abs. 2 Nr. 2 dem Einheitswert hinzuzurechnen. Vgl. dazu unten § 26 IV.

94 Vgl. Glanegger/Güroff, § 8 Nr. 7 GewStG Rz. 1.

95 Damit sind insbesondere die Leasingraten – ist der Leasingnehmer nicht als wirtschaftlicher Eigentümer anzusehen – nicht hinzuzurechnen, wenn der Leasinggeber im Inland sitzt. Vgl. BFH vom 15. 7. 1983 I R 113/79 BStBl II 1989, 17 und

mietet oder verpachtet wird und der Jahresbetrag der Miet- oder Pachtzinsen 250 000 DM übersteigt. Diese Vorschrift soll verhindern, daß derselbe Betrag doppelt zur Gewerbesteuer herangezogen wird, einmal bei dem Zahlenden und sodann bei dem Empfänger. Gegen die Bestimmung sind die schon gegenüber den entsprechenden Regelungen der §§ 8 Nr. 2 und 3 vorgebrachten Einwände[96] zu wiederholen.

§ 8 Nr. 7 GewStG wird in dem Fall, daß der Gesellschafter einer Personengesellschaft diese Wirtschaftsgüter vermietet, nicht angewendet. Die h. M. geht davon aus, daß die von der Gesellschaft an den Gesellschafter gezahlten Miet- und Pachtzinsen schon in der Ausgangsgröße für die Ermittlung des Gewerbeertrages der Gesellschaft enthalten seien.[97]

Nach der Rechtsprechung fallen unter den Begriff der Miet- und Pachtzinsen nur die Leistungen auf Grund solcher Verträge, die ihrem wesentlichen wirtschaftlichen und rechtlichen Gehalt nach Miet- oder Pachtverträge i. S. des bürgerlichen Rechts sind.[98] Enthält ein Vertrag also wesentliche miet- bzw. pachtfremde Elemente, so kommt die Hinzurechnungsvorschrift des § 8 Nr. 7 GewStG nicht zur Anwendung. Zu diesem Ergebnis ist die Rechtsprechung vor allem bei der Beurteilung der Lizenzverträge,[99] die eine zeitlich befristete Überlassung von gewerblichen Schutzrechten zum Gegenstand haben, gekommen: Die Lizenzgebühren werden also nicht hinzugerechnet.[100] Im übrigen können immaterielle Wirtschaftsgüter (z. B. Gewerbeberechtigungen) durchaus Gegenstand eines Pachtvertrages sein. Sie werden aber vielfach nicht für sich verpachtet, sondern im Zusammenhang mit der Verpachtung von Räumen oder eines Betriebes. Die Hinzurechnung nach § 8 Nr. 7 GewStG wegen der Nutzung immaterieller Wirtschaftsgüter (insbesondere des Geschäftswerts) kommt in diesen Fällen nach der ständigen Rechtsprechung des BFH nur dann in Betracht, wenn die immateriellen Wirtschaftsgüter durch von der Raumpacht klar abgrenzbare Pachtzahlungen *konkretisiert* sind.[101] Die Hinzurechnung von Zahlungen für den Geschäftswert ist also durch entsprechende Gestaltung des Pachtvertrages zu vermeiden.

---

dazu W. Meilicke, Diskriminierung ausländischer Leasinggeber durch § 8 Nr. 7 GewStG, RIW 1985, 801.

96 Vgl. oben II 3b.

97 Vgl. dazu unten II 6a.

98 Erbbauzinsen rechnet der BFH nicht nach § 8 Nr. 7 GewStG, sondern nach § 8 Nr. 2 GewStG hinzu (BFH vom 28. 10. 1987 I R 126/83 BStBl II 1988, 70 = FR 1988, 49 ff mit kritischer Anm. von L. Schmidt).

99 Vgl. dazu i. e. Lenski/Steinberg, § 8 Nr. 7 GewStG Rz. 14; Glanegger/Güroff, § 8 Nr. 7 GewStG Rz. 23 „Lizenzverträge“.

100 BFH vom 17. 2. 1965 I 174/60 S BStBl III 1965, 230; vom 14. 2. 1973 I R 85/71 BStBl II 1973, 412.

101 Vgl. BFH vom 14. 8. 1974 I R 246/72 BStBl II 1975, 178; vom 30. 3. 1976 VIII R 169/72 BStBl II 1976, 463; BFH vom 10. 5. 1977 VIII R 254/77 BStBl II 1977, 667; i. e. Glanegger/Güroff, § 8 Nr. 7 GewStG Rz. 9.

Im Einzelfall stellt sich immer wieder die Aufgabe der Abgrenzung zwischen einem Miet- und Pachtvertrag und einem anderen Vertragstyp, z. B. einem Kaufvertrag. Die sogenannten Substanzausbeuteverträge, durch die der Abbau von Bodenschätzen gestattet wird, werden von der Rechtsprechung regelmäßig[102] nicht als Kaufverträge über die Bodensubstanz qualifiziert, sondern als Pachtverträge. Die steuerliche Qualifizierung der Substanzausbeuteverträge als Pachtverträge im Sinne des EStG und des GewStG führt in mehrfacher Hinsicht zu ungerechtfertigten Ergebnissen.

Dies gilt zum einen für den *Empfänger* der Ausbeutezinsen, wenn das Grundstück zu seinem Privatvermögen gehört. Hier widerspricht die Besteuerung der Ausbeutezinsen als Einkünfte aus Vermietung und Verpachtung dem Grundprinzip des Einkommensteuerrechts, daß Vermögensumschichtungen im privaten Bereich steuerlich irrelevant sind. Denn die Ausbeutezinsen werden in erster Linie für die ausgebeutete Substanz gezahlt. Es handelt sich um ein Entgelt für den Wertverzehr, den der Grundeigentümer durch die Ausbeute hat hinnehmen müssen.[103]

Gewerbesteuerlich werden die Substanzausbeuteverträge als *Pachtverträge über ein Ausbeuterecht* des Grundeigentümers behandelt.[104] Die Annahme eines Pachtvertrages über ein Ausbeuterecht ist einfach ein fiskalisch motivierter Trick. Sie ist vor dem Hintergrund zu sehen, daß bei einem Pachtvertrag über Grund und Boden die Hinzurechnungsvorschrift des § 8 Nr. 7 GewStG keine Anwendung finden würde.

Die Annahme eines Pachtvertrages über ein Ausbeuterecht des Grundeigentümers ist reichlich abwegig. Durch den Abschluß des Substanzausbeutevertrages verpachtet der Grundeigentümer nicht sein Ausbeuterecht, vielmehr räumt er dem Vertragspartner ein Ausbeuterecht ein; der Vertragspartner erwirbt ein eigenes Ausbeuterecht, er nutzt nicht ein fremdes Ausbeuterecht. Die Auffassung des BFH würde in ihrer Konsequenz dazu führen, daß es einen normalen Grundstückspachtvertrag überhaupt nicht mehr geben würde, sondern nur noch Pachtverträge über das Nutzungsrecht des Grundstückseigentümers!

f) Verlustanteil aus der Beteiligung an einer Personengesellschaft

Die Hinzurechnungsvorschrift des § 8 Nr. 8 GewStG ist in Kontakt mit der entsprechenden Kürzungsvorschrift des § 9 Nr. 2 GewStG zu sehen. Es geht um den Fall, daß die Beteiligung an einer Personengesellschaft zum Betriebsvermögen des Gesellschafters gehört. Nach der Vorstellung des Gesetzgebers beeinflußt der Gewinn- bzw. Verlustanteil am Ergebnis der Gesellschaft in diesem Fall die Ausgangsgröße für die Ermittlung des Ertrages des Gewerbebetriebes des Gesellschafters. Deshalb sollen diese Positionen

---

102 Unter besonderen Voraussetzungen kann auch ein Kaufvertrag vorliegen, nämlich dann, wenn einmalig eine genau festgelegte Menge der Bodensubstanz überlassen oder der Boden mitveräußert wird (BFH vom 12. 1. 1972 I R 220/69 BStBl II 1972, 433 mit weiteren Rechtsprechungsnachweisen).

103 Vgl. dazu näher Knobbe-Keuk, DB 1985, 144 ff.

104 Vgl. BFH vom 12. 1. 1972 aaO, (Anm. 102) und die dort zit. Rechtsprechung; Lenski/Steinberg, § 8 Nr. 7 GewStG Anm. 7.

durch die §§ 8 Nr. 8 und 9 Nr. 2 GewStG bei der Ermittlung des Gewerbeertrages des Gewerbebetriebes des Gesellschafters ausgeschieden werden.[105] Die Regelung geht auf das Preußische Gewerbesteuerrecht zurück. Nach der ständigen Rechtsprechung des Preuß. OVG durfte die Beteiligung eines Gewerbetreibenden an einer Personengesellschaft gewerbesteuerlich nicht in Ansatz gebracht werden. Der Grund hierfür lag in der Annahme, es könne der auf die Beteiligung entfallende Ertrag das Ergebnis nur einer einzigen gewerblichen Tätigkeit sein und würde als solcher bereits bei der Besteuerung der Personengesellschaft erfaßt.[106] Umgekehrt soll sich auch der negative Ertrag nur einmal, nämlich in der Gesellschaft, steuermindernd auswirken. Durch die Regelung der §§ 8 Nr. 8, 9 Nr. 2 GewStG soll also der Ertrag des Betriebes der Personengesellschaft nur bei dieser und nicht ein weiteres Mal beim Gesellschafter erfaßt werden.

Die Bestimmungen sind – seitdem nach der Einführung des einheitlichen Gewinnfeststellungsverfahrens durch das EStG 1925 dem Ausweis des Gesellschaftsanteils in der Bilanz des Gesellschafters grundsätzlich eine steuerliche Bedeutung nicht mehr zukommt[107] – gegenstandslos geworden.

g) Spenden

Nach der Absicht der Verfasser des Gewerbesteuergesetzes sollen bei der Ermittlung des Gewerbeertrages nur die Spenden für *wissenschaftliche Zwekke,* nicht aber Spenden auch für andere Zwecke abgezogen werden.

Das wird auf folgendem Weg erreicht:

(1) Bei den körperschaftsteuerpflichtigen Gewerbetreibenden mindern Spenden, die im Rahmen des § 9 Nr. 3 KStG geleistet werden, den körperschaftsteuerpflichtigen Gewinn und damit zugleich die Ausgangsgröße für die Ermittlung des Gewerbeertrages nch § 7 GewStG. Bei diesen Gewerbetreibenden müssen also die Spenden für andere als wissenschaftliche Zwecke der Ausgangsgröße wieder hinzugerechnet werden. Das besagt § 8 Nr. 9 GewStG.

(2) Bei den der Einkommensteuerpflicht unterliegenden Gewerbetreibenden haben die – nach § 10 b EStG als Sonderausgaben abzugsfähigen – Spenden den Gewinn und damit die Ausgangsgröße nach § 7 GewStG nicht gemindert. Um die Gleichstellung mit den der Körperschaftsteuer unterliegenden Gewerbetreibenden herbeizuführen, ordnet § 9 Nr. 5 GewStG an, daß die nach den Vorschriften des EStG bei der Ermittlung

105 Ebenso wird bei der Ermittlung des Gewerbekapitals des Gesellschafters der Anteil an der Personengesellschaft aus dem Einheitswert ausgeschieden (§ 12 Abs. 3 GewStG).

106 Vgl. OVG vom 17. 1. 1895 – Rep. VI G 36/93 – OVG St 3, 387; OVG vom 14. 10. 1897 – Rep. VI § 385/96 – OVG St 6, 387; OVG vom 4. 7. 1913 – VIII C 54/13 – OVG 64, 279.

107 Vgl. dazu oben § 10 III.

des Einkommens abgezogenen Ausgaben zur Förderung wissenschaftlicher Zwecke abzuziehen sind, soweit sie aus Mitteln des Gewerbebetriebes einer natürlichen Person oder Personengesellschaft entnommen sind.

h) Ausschüttungsbedingte Teilwertabschreibungen

Das Steuerreformgesetz 1990 bringt eine Hinzurechnungsvorschrift für ausschüttungsbedingte Teilwertabschreibungen.

Gewinnausschüttungen auf Anteile an einer inländischen Kapitalgesellschaft gehören bei der Muttergesellschaft auf Grund der Kürzungsvorschrift des § 9 Nr. 2a GewStG bei zumindest 10%iger Beteiligung nicht zum Gewerbeertrag. Nimmt die Muttergesellschaft wegen der Gewinnausschüttung eine Teilwertabschreibung vor, so soll nach der Vorstellung des Gesetzgebers die daraus folgende Gewinnminderung bei der Muttergesellschaft ebenso neutralisiert werden wie der Ertrag aus der Ausschüttung.[108] Entsprechend sind Gewinnminderungen, die aus der Veräußerung oder Entnahme des Anteils oder bei der Auflösung oder Liquidation entstanden und auf Gewinnausschüttungen zurückzuführen sind, bei der Muttergesellschaft hinzuzurechnen.[109] § 8 Nr. 10 GewStG gilt nur bei Gewinnausschüttungen, nicht auch bei Gewinnabführungen.

i) Zinsen auf Steuerschulden bei Kapitalgesellschaften (§ 8 Nr. 11 GewStG)

Bei körperschaftsteuerlichen Gewerbebetrieben sind die Nachforderungs-, Stundungs- und Aussetzungszinsen, die bei der Gewinnermittlung als Betriebsausgaben abgezogen worden sind (§ 10 Nr. 2 KStG), hinzuzurechnen. Die Vorschrift dient der Gleichstellung der körperschaftsteuerlichen Gewerbebetriebe mit den Personenunternehmen. Bei diesen sind die gesamten Zinsen keine Betriebsausgaben – sondern als Sonderausgaben nach § 10 Abs. 1 Nr. 5 EStG abzugsfähig – und damit Bestandteil der Ausgangsgröße nach § 7 GewStG.

4. Die Kürzungen

Während die Mehrzahl der Hinzurechnungsvorschriften in dem Objektsteuercharakter der Gewerbesteuer begründet ist (vgl. die Nr. 1, 2, 3, 4, 7 des § 8 GewStG), haben die Kürzungsvorschriften des § 9 GewStG weitgehend einen anderen Charakter, nämlich den von Befreiungsvorschriften: es soll erreicht werden, daß bestimmte Teile des Gewerbeertrages überhaupt nicht (z. B. Nr. 5, 6) oder nicht doppelt (z. B. Nr. 2, 2a, 4) der Gewerbesteuer unterliegen.

---

108 BT-Drs. 11/2157 S. 175.

109 Vgl. zu der Regelung kritisch Herzig/Hötzel, DB 1988, 2265.

a) Grundbesitz

Die Kürzungsvorschrift des § 9 Nr. 1 GewStG für den zum Betriebsvermögen gehörenden eigenen Grundbesitz wird heute allgemein damit erklärt, daß der Grundbesitz nicht mit beiden Realsteuern, sowohl der Grundsteuer als auch der Gewerbesteuer, belegt sein soll.[110] Die Vermeidung der Belastung des Grundbesitzes mit zwei Realsteuern ist sicher der Sinn der entsprechenden Kürzungsvorschrift des § 12 Abs. 3 Nr. 1 GewStG bei der Ermittlung des Gewerbekapitals. Hingegen war mit der bei der Ermittlung des Gewerbeertrages vorzunehmenden Kürzung nach § 9 Nr. 1 GewStG die Angleichung der Situation des mit eigenem Grundbesitz arbeitenden Betriebes an die des mit fremdem Grundbesitz arbeitenden Betriebes beabsichtigt. Der Betrieb mit fremdem Grundbesitz kann die Miet- und Pachtzahlungen voll abziehen. Der Betrieb mit eigenem Grundbesitz soll neben den auf den Grundbesitz entfallenden Betriebsausgaben einen Pauschalbetrag für die ungetrennt in dem allgemeinen Gewinn enthaltenen Erträge abziehen können. Dieser Pauschalbetrag beträgt z. Z. 1,2% des Einheitswerts des Grundbesitzes. Es liegt auf der Hand, daß auf diese Weise die Betriebe mit eigenem Grundbesitz und mit fremdem Grundbesitz nicht genau gleichgestellt werden; die Regelung des § 9 Nr. 1 GewStG ist aber jedenfalls von dieser Intention getragen.[111]

Anstelle der pauschalen Kürzung können *Wohnungsverwaltungsunternehmen* die Kürzung um den Teil des Gewerbeertrages vornehmen, der auf die Verwaltung und Nutzung des eigenen Grundbesitzes entfällt (§ 9 Nr. 1 S. 2 GewStG).

Diese Vergünstigung hatte ursprünglich nur für Kapitalgesellschaften bestanden, die ausschließlich eigenen Grundbesitz oder neben eigenem Grundbesitz noch eigenes Kapitalvermögen verwalteten. Es sollte damit der Tatsache Rechnung getragen werden, daß in diesem Fall ein Gewerbebetrieb in Wirklichkeit nicht vorliegt, die Kapitalgesellschaft vielmehr nur wegen ihrer Rechtsform gewerbesteuerpflichtig ist, andererseits aber natürliche Personen oder Personengesellschaften mit entsprechender Betätigung von vornherein nicht gewerbesteuerpflichtig sind. Nach dem Kriege erhielt die Vorschrift dann in mehreren Etappen die jetzige Fassung.[112]

Namhafte Kapitalgesellschaften, insbesondere institutionelle Anleger, haben ihren Grundbesitz erfolgsneutral auf eine vermögensverwaltende GmbH & Co. KG ausgegliedert. Die GmbH & Co. KG war nach der vom Großen Senat des BFH aufgegebenen Geprägerechtsprechung und ist nach der inzwischen in § 15 Abs. 3 Nr. 2 EStG in Verbindung mit § 2 Abs. 1 S. 2 GewStG verankerten Gepräge„theorie" gewerbesteuerpflichtig, kann aber die für Grundstücksunternehmen vorgesehene besondere Kürzung nach § 9 Nr. 1 S. 2 GewStG vornehmen; bei der Muttergesellschaft ist deren

---

110 Vgl. Lenski/Steinberg, § 9 Nr. 1 GewStG Anm. 1, 2; Rose, Die Ertragsteuern, 4 B 9.

111 Ebenso Glanegger/Güroff, § 9 Nr. 1 GewStG Rz. 1; verfassungsrechtliche Bedenken hat Blümich, § 9 GewStG Rz. 12.

112 Zur Rechtsentwicklung vgl. Blümich, § 9 GewStG Rz. 32 ff.

eigener Gewerbeertrag um den Anteil am Gewinn der GmbH & Co. KG nach § 9 Nr. 2 GewStG zu kürzen.[113]

Die Vergünstigung ist ausgeschlossen, wenn der Grundbesitz ganz oder zum Teil dem Gewerbebetrieb eines Gesellschafters oder Genossen oder dem Gewerbebetrieb einer Personengesellschaft, an der der Gesellschafter oder Genosse beteiligt ist,[114] dient (§ 9 Nr. 1 S. 5 GewStG). Diese Einschränkung soll verhüten, daß die Vergünstigung auch einem Unternehmen zuteil wird, das zwar nicht unmittelbar neben der Grundbesitzverwaltung ein Gewerbe betreibt und schon deshalb von der Vergünstigung ausgeschlossen ist, aber doch durch einen seiner Gesellschafter mit einem Gewerbebetrieb verknüpft ist.[115]

Dem Besitzunternehmen wird nach der Betriebsaufspaltung[116] trotz Vorliegens der Voraussetzungen des § 9 Nr. 1 S. 2 GewStG die Vergünstigung von der Rechtsprechung[117] versagt, weil das Besitzunternehmen nicht eine bloße Vermögensverwaltungstätigkeit ausübe.

Anders ist es hingegen, wenn es sich bei dem Besitzunternehmen um eine Kapitalgesellschaft handelt. Denn der Besitzkapitalgesellschaft können nach der Auffassung des BFH weder die von ihren Gesellschaftern gehaltenen Anteile an der Betriebs-GmbH noch die mit diesem Anteilsbesitz verbundene Beherrschungsfunktion zugerechnet werden, so daß sich, wenn nicht besondere vertragliche Vereinbarungen vorliegen, die Tätigkeit der Besitzkapitalgesellschaft auf bloße Vermietungstätigkeit beschränkt.[118]

b) Gewinnanteile aus der Beteiligung an einer Personengesellschaft

Sinn der Kürzungsvorschrift des § 9 Nr. 2 GewStG ist, den in dem Gewerbebetrieb einer Personengesellschaft erwirtschafteten Gewinn gewerbesteuerlich nicht doppelt zu erfassen. Im einzelnen ist auf die Ausführungen zu der entsprechenden Hinzurechnungsvorschrift des § 8 Nr. 8 GewStG zu verweisen.[119] Der Ertrag der Personengesellschaft wird also nur bei dieser und nicht noch ein weiteres Mal bei dem Gesellschafter, zu dessen Betriebsvermögen die Beteiligung an der Personengesellschaft gehört, erfaßt.

---

113 Vgl. unter diesem Aspekt zu der Regelung der „gewerblich geprägten" Personengesellschaft Knobbe-Keuk, StbJb 1985/86, 167 ff.

114 BFH vom 24. 9. 1969 I 206/64 BStBl II 1969, 738; vom 18. 12. 1974 I R 10/73 BStBl II 1975, 268.

115 Blümich, § 9 GewStG Rz. 94 ff; Glanegger/Güroff, § 9 Nr. 1 GewStG Rz. 33.

116 Vgl. dazu oben I 2 a.

117 BFH vom 29. 3. 1973 I R 174/72 BStBl II 1973, 686; vom 28. 6. 1973 IV R 97/72 BStBl II 1973, 688; vom 11. 12. 1974 I R 260/72 BStBl II 1975, 266; vgl. dazu Lenski/Steinberg, § 9 Nr. 1 GewStG Anm. 16e; Blümich, § 9 GewStG Rz. 50; Keuk, DB 1974, 210 Anm. 29.

118 BFH vom 1. 8. 1979 I R 111/78 BStBl II 1980, 77; zur Problematik der Vermietung Muttergesellschaft an Tochtergesellschaft Meyer-Scharenberg/Popp/Woring, § 9 Nr. 1 GewStG Rz. 39 m. w. N.

119 Vgl. oben II 3 f.

Die Kürzungsvorschrift des § 9 Nr. 2 GewStG bezieht sich dem Wortlaut nach nur auf den Gewinnanteil des Gesellschafters. Von der h. M. werden aber in der Ausgangsgröße für die Ermittlung des Gewerbeertrages der Gesellschaft auch die von der Gesellschaft an den Gesellschafter gezahlten Miet-, Pacht- und Darlehenszinsen einbezogen,[120] und zwar mit der letztlich aus der Zeit der Bilanzbündeltheorie stammenden Begründung, es handele sich auch insoweit um Teile des Gewinns der Gesellschaft. Solange man in dieser Weise verfährt, muß man konsequenterweise für den betreffenden Gesellschafter auch insoweit die Kürzungsvorschrift des § 9 Nr. 2 GewStG anwenden.[121] In diesem Sinne hat sich der RFH[122] geäußert.

Wie die § 9 Nr. 2 GewStG entsprechende Hinzurechnungsvorschrift des § 8 Nr. 8 GewStG stößt auch § 9 Nr. 2 GewStG ins Leere, weil dem Ausweis des Gesellschaftsanteils in der Bilanz des Gesellschafters grundsätzlich keine selbständige Bedeutung zukommt, sondern für den Gesellschafter die ihm zuzurechnenden Ergebnisanteile aus dem einheitlichen Gewinnfeststellungsverfahren der Gesellschaft zu übernehmen sind. Das gilt auch für die Sondervergütungen usw., da der BFH diese auch dann, wenn sie in einen eigenen Gewerbebetrieb des Gesellschafters gehen, in das einheitliche Gewinnfeststellungsverfahren der Gesellschaft einbezieht.[123]

c) Gewinne aus Anteilen an Kapitalgesellschaften

Die durch das Gewerbesteueränderungsgesetz 1963 eingeführte Kürzungsvorschrift des § 9 Nr. 2a GewStG bringt das gewerbesteuerliche „Schachtelprivileg".[124] Die Regelung soll die doppelte Belastung von Mutter- und Tochterunternehmen mit der Gewerbesteuer ausschließen. Bei dem Mutterunternehmen bleiben die Gewinne aus Anteilen an einer nicht steuerbefreiten inländischen Kapitalgesellschaft im Sinne des § 2 Abs. 2 Nr. 2 GewStG oder einer Kreditanstalt des öffentlichen Rechts, an der das Unternehmen zu Beginn des Erhebungszeitraums mindestens zu einem Zehntel am Grund- oder Stammkapital beteiligt ist, steuerfrei. Bei der Muttergesellschaft sind allerdings ausschüttungsbedingte Teilwertabschreibungen oder Gewinnminderungen durch Veräußerung oder Entnahme des Anteils oder

120 Vgl. dazu unten II 6a.

121 Vgl. dazu Knobbe-Keuk, JbFStR 1975/76, 178 ff; abwegig Blümich, § 9 GewStG Rz. 128, der die Sondervergütungen in die gewerbesteuerliche Bemessungsgrundlage der Gesellschaft einbeziehen, aber nicht beim Gesellschafter freistellen will, so daß eine effektive Doppelbelastung eintritt.

122 RFH vom 14. 11. 1938 VI 644/38 RStBl 1939, 159; ebenso Meyer-Scharenberg/Popp/Woring, § 9 Nr. 2 GewStG Rz. 8.

123 Vgl. dazu oben § 11 II 3.

124 Zur Bedeutung des § 9 Nr. 2a GewStG bis zur Einführung des Anrechnungsverfahrens vgl. 6. Aufl. § 21 II 4c.

bei Auflösung oder Herabsetzung des Kapitals nach § 8 Nr. 10 GewStG hinzuzurechnen.[125]

Soweit die Voraussetzungen des § 9 Nr. 2a GewStG nicht vorliegen, bleibt es bei der doppelten Belastung von Kapitalgesellschaft und Anteilseigner mit der Gewerbesteuer.

Infolge der Einführung des Anrechnungsverfahrens erhöht sich bei dem Anteilseigner die Bemessungsgrundlage für die Gewerbesteuer. Hat die Kapitalgesellschaft einen – auszuschüttenden – Gewinn vor Körperschaftsteuer von 100, so empfing der Anteilseigner als Gewinnausschüttung bis 1976 76,6 %[126] und dieser Betrag ging in die Bemessungsgrundlage für seine Gewerbesteuer ein. Nach der Einführung des Anrechnungsverfahrens ist der Gewinn des Anteilseigners um die Bruttodividende von 100 erhöht, und er hat auf 100 Gewerbesteuer zu zahlen. Die Erhöhung der Bemessungsgrundlage des Anteilseigners für die Gewerbesteuer ist u. E. durchaus gerechtfertigt, weil der Anteilseigner in der Tat eine höhere Gewinnausschüttung als früher erhält.[127]

d) Erträge aus ausländischen Betriebstätten

Der Gewerbesteuer unterliegt nach § 2 Abs. 1 S. 1 GewStG ein Gewerbebetrieb nur, *soweit* er im Inland betrieben wird. Schon aus dieser Bestimmung folgt, daß bei der Ermittlung des Gewerbeertrages von unbeschränkt steuerpflichtigen Unternehmen, bei denen der nach den Vorschriften des EStG bzw. des KStG ermittelte Gewinn auch das Ergebnis ausländischer Betriebstätten umfaßt, der Teil des Betriebsergebnisses, der auf die ausländische Betriebstätte entfällt, auszuscheiden ist. Diese Folgerung, die sich schon aus § 2 Abs. 1 S. 1 GewStG ergibt, ist in § 9 Nr. 3 GewStG noch einmal in der Form wiederholt, daß die Summe des Gewinns und der Hinzurechnungen um den Teil des Gewerbeertrages zu kürzen ist, der auf eine nicht im Inland gelegene Betriebstätte entfällt.[127a] Man hat aus dieser Regelung innerhalb der Kürzungsvorschriften geschlossen, daß unter dem „Teil des Gewerbeertrages" in § 9 Nr. 3 GewStG nur eine positive Rechnungsgröße zu verstehen, daß folglich ein in der ausländischen Betriebstätte entstandener Verlust nicht auszuscheiden ist. Der BFH[128] ist aber in mehreren eingehend begründeten Entscheidungen dieser Auffassung zu Recht entgegengetreten. Die Notwendigkeit, auch einen in einer ausländischen Betriebstätte entstehenden Verlust auszuscheiden, ergibt sich ohnehin aus § 2 Abs. 2 S. 1 GewStG.

---

125 Vgl. § 21 II 3 h.

126 Vgl. dazu oben § 14 I.

127 A. A. Müller-Dott, BB 1976, 1553, der die Einführung einer entsprechenden Kürzungsvorschrift vorgeschlagen hat.

127a Zur Abgrenzung: Leistung im Ausland/Betriebstätte im Ausland vgl. BFH vom 28. 3. 1985 IV R 80/82 BStBl II 1985, 405.

128 BFH vom 21. 4. 1971 I R 200/67 BStBl II 1971, 743; vom 10. 7. 1974 I R 248/71 BStBl II 1974, 752.

Im übrigen kann auch eine negative Größe – wie sich aus dem sonstigen Sprachgebrauch des Gewerbesteuergesetzes ergibt (vgl. z. B. nur die Begriffsbestimmung des Gewerbeertrages in § 7 GewStG und § 10a GewStG) – Gewerbeertrag oder Teil des Gewerbeertrages sein. Die Anwendung des § 9 Nr. 3 GewStG beinhaltet dann die Hinzurechnung der negativen Größe. Es bewährt sich also der Satz, daß minus mal minus plus ergibt.[128a]

Zu der Frage, wie der Teil des Gewerbeertrages, der auf die ausländische Betriebstätte entfällt, zu ermitteln ist, äußert sich das Gesetz nicht. Ergibt sich der Teil aus der Buchführung, so ist die Sache klar. Ist das nicht der Fall, muß geschätzt werden. Dabei kann die Zerlegungsvorschrift des § 29 GewStG sinngemäß angewendet werden.[129]

e) Erträge aus ausländischen Beteiligungen

Durch das Außensteuergesetz vom 8. 9. 1972 ist die Kürzungsvorschrift des § 9 Nr. 7 GewStG in das Gewerbesteuergesetz eingefügt worden.[130] Bis dahin erfaßte die Gewerbesteuer auch die von inländischen Unternehmen gehaltenen Beteiligungen an ausländischen Gesellschaften und die darauf entfallenden Erträge. Diese Lage ist grundlegend geändert worden. Das nationale Schachtelprivileg des § 9 Nr. 2a GewStG ist nunmehr auf Beteiligungen an ausländischen Tochtergesellschaften ausgedehnt. Die Summe des Gewinns und der Hinzurechnungen wird gekürzt um die Gewinne aus Anteilen an einer ausländischen Kapitalgesellschaft, an der das Unternehmen mindestens zu einem Zehntel beteiligt ist, und die ihre Bruttoerträge ausschließlich oder „fast ausschließlich“[130a] aus unter § 8 Abs. 1 Nr. 1–6 AStG fallenden, d. h. aus aktiven wirtschaftlichen Tätigkeiten und aus unter § 8 Abs. 2 AStG fallenden Beteiligungen bezieht.[131] Durch Satz 2 wird die Kürzung darüber hinaus auch für Fälle gewährt, in denen nicht die Tochtergesellschaft ihre Bruttoerträge ausschließlich oder fast ausschließlich aus einer in § 8 Abs. 1 Nr. 1–6 AStG genannten aktiven wirtschaftlichen Tätigkeit zieht, wohl aber eine „Enkelgesellschaft“, an der sie – mittelbar – zu einem Zehntel beteiligt ist.

f) Die Kürzungen nach § 9 Nr. 4, 5, 6 GewStG

§ 9 Nr. 4 GewStG will wie § 8 Nr. 7 GewStG die doppelte Erfassung der Miet- und Pachtzinsen – sowohl beim Zahlenden als auch beim Empfänger

---

128a Blümich, § 9 GewStG Rz. 168.

129 Vgl. Abschn. 62c Abs. 2 GewStR; sowie ausführlich Blümich, § 9 GewStG Rz. 170.

130 Neu gefaßt mit Wirkung ab EZ 1986; vgl. die entsprechende Kürzung beim Gewerbekapital in § 12 Abs. 3 Nr. 4 GewStG.

130a Zum Begriff Glanegger/Güroff, § 9 Nr. 7 GewStG Rz. 6.

131 Zu § 8 AStG vgl. i. e. die Kommentierung bei Flick/Wassermeyer/Becker, Kommentar zum AStG.

– verhindern. Im einzelnen ist auf die Ausführungen zu § 8 Nr. 7 GewStG zu verweisen. Soweit die Miet- und Pachtzinsen beim Zahlenden nach § 8 Nr. 7 GewStG hinzuzurechnen sind, erfolgt beim Empfänger die Kürzung nach § 9 Nr. 4 GewStG. Zu der Frage, ob beim Empfänger die Kürzung zu erfolgen hat, besteht eine Bindung an die tatsächliche Handhabung beim Zahlenden.[132]

Zu § 9 Nr. 5 GewStG wird auf die Ausführungen zu § 8 Nr. 9 GewStG verwiesen.

Nach § 9 Nr. 6 GewStG ist die Summe des Gewinns und der Hinzurechnungen zu kürzen um die Zinsen aus den in § 43 Abs. 1 Nr. 5 EStG bezeichneten festverzinslichen Wertpapieren, bei denen die Einkommensteuer (Körperschaftsteuer) durch Abzug vom Kapitalertrag erhoben worden ist. Die sogenannte Kuponsteuer soll also auch die Steuer nach dem Gewerbeertrag abdecken.

5. Der Gewerbeverlust

Der maßgebende Gewerbeertrag wird um die Fehlbeträge gekürzt, die sich bei der Ermittlung des maßgebenden Gewerbeertrages für die vorangegangenen Erhebungszeiträume ergeben haben (§ 10a S. 1 GewStG).[133] Ein Verlustrücktrag ist im Gewerbesteuergesetz aus Haushaltsgründen bislang nicht vorgesehen.[134]

Der Fehlbetrag = Gewerbeverlust = negativer Gewerbeertrag ist wegen der Hinzurechnungen nach § 8 und der Kürzungen nach § 9 GewStG nicht identisch mit dem Verlust, der nach § 10d EStG bei der Einkommensteuer bzw. Körperschaftsteuer abgezogen werden kann. Ein Gewinn führt also nicht zwangsläufig auch zu einem positiven Gewerbeertrag und ein Verlust nicht unbedingt auch zu einem Gewerbeverlust.

Ein Gewerbeverlust kann und muß in den folgenden Erhebungszeiträumen von dem maßgebenden Gewerbeertrag abgesetzt werden, sobald und soweit es möglich ist. Der Unternehmer hat kein Wahlrecht, ob er den Gewerbeverlust in dem Jahr, in dem er abgesetzt werden kann, auch wirklich absetzen oder für ein späteres Jahr verwahren will. Wie der nach § 10d EStG abzugsfähige Verlust ist auch der vortragsfähige Gewerbeverlust nach Wegfall der zeitlichen Begrenzung nunmehr gesondert festzustellen (§ 10a S. 2 GewStG).

---

132 BFH vom 12. 6. 1974 I R 229/72 BStBl II 1974, 584 und dazu Blümich, § 9 GewStG Rz. 177 f; anders noch BFH vom 18. 11. 1958 I 120/57 U BStBl III 1959, 274.

133 Die Begrenzung auf die *fünf* vorangegangenen Erhebungszeiträume ist mit dem Steuerreformgesetz 1990 entfallen.

134 Vgl. hiergegen Orth, Interperiodische Verlust-Kompensation im Gewerbesteuerrecht, 1980, S. 49 ff und 230 ff; Institut Finanzen und Steuern, Brief Nr. 279, 1988, S. 44 ff.

Der Gewerbeverlust ist übrigens abzuziehen sowie überhaupt ein positiver Gewerbeertrag vorhanden ist. Er ist also auch gegen den Teil des Gewerbeertrages zu verrechnen, der unter den Freibetrag[135] fällt und darum ohnehin nicht der Besteuerung unterliegt.[136]

Ein Gewerbeverlust kann nur bei dem Gewerbebetrieb geltend gemacht werden, in dem er entstanden ist (Erfordernis der sogenannten Unternehmensgleichheit).[137] Ein Unternehmer, der mehrere Gewerbebetriebe unterhält, kann also nicht die in dem einen Gewerbebetrieb in den Vorjahren entstandenen Verluste von dem Ertrag eines anderen Gewerbebetriebes abziehen. Ebensowenig kann der Unternehmer die Verluste eines aufgegebenen Betriebes bei dem neuen Betrieb abziehen. Das folgt aus dem Objektsteuercharakter der Gewerbesteuer.

Bei Kapitalgesellschaften kann es auf das Merkmal der Unternehmensgleichheit an sich nicht ankommen, weil die Kapitalgesellschaft immer nur einen Betrieb haben kann.[138] Gleichwohl hat der Gesetzgeber des Steuerreformgesetzes 1990 die Anwendung des § 8 Abs. 4 KStG, der den Verlustabzug beim Mantelkauf „ausschließt",[139] auf den Gewerbeverlust bestimmt (§ 10 a S. 4 GewStG).[139a]

Neben der Unternehmensidentität setzt der Verlustabzug auch die Unternehmeridentität voraus.

§ 10 a GewStG a. F. stellte auf den „Gewerbetreibenden" ab. Die entsprechenden Worte sind im Steuerbereinigungsgesetz 1986 gestrichen worden. Damit ist aber nicht auch die Voraussetzung der Unternehmeridentität entfallen.[140] Denn weiterhin bestimmt § 10 a S. 3 GewStG, daß im Falle des Unternehmerwechsels der neue Inhaber des Betriebes nicht die vor dem Unternehmerwechsel entstandenen Verluste abziehen kann.

Diese Regelung ist – in Hinsicht auf den Objektsteuercharakter der Gewerbesteuer – nicht als besonders glücklich anzusehen. Besonders mißlich ist, daß die Möglichkeit der Kürzung um die alten Gewerbeverluste auch in jedem Umwandlungsfall und auch im Falle der Gesamtrechtsnachfolge verloren geht.[141]

Geht der Betrieb auf einen Erben über, so ist das folgende – reichlich para-

---

135 Vgl. dazu unten III.

136 BFH vom 9. 1. 1958 IV 250/57 BStBl III 1958, 134; Blümich, § 10 a GewStG Rz. 56.

137 Vgl. BFH vom 28. 4. 1977 IV R 165/76 BStBl II 1977, 666; BFH vom 12. 1. 1983 IV R 177/80 BStBl II 1983, 425; BFH vom 19. 12. 1984 I R 165/80 BStBl II 1985, 403.

138 BFH vom 29. 10. 1986 I R 318–319/83 BStBl II 1987, 310; vgl. aber Glanegger/Güroff, § 10 a GewStG Rz. 10.

139 Zum Mantelkauf bei der Körperschaftsteuer vgl. § 16 VII 4.

139a Einzelheiten bei Blümich, § 10 a GewStG Rz. 73.

140 Zur Unternehmeridentität beim Wechsel der Gesellschafter von Personengesellschaften vgl. unten § 21 II 6 b, ee.

141 Vgl. z. B. RFH vom 26. 8. 1942 VI 236/42 RStBl 1942, 1024 für den Fall der Umwandlung einer AG in eine KG. Vgl. i. ü. Lenski/Steinberg, § 10 a GewStG Anm. 8 ff und Abschn. 68 Abs. 6 GewStR.

doxe Ergebnis zu verzeichnen: Bei der Einkommensteuer, die ganz auf die *Person* des Steuerpflichtigen bezogen ist, kann der Erbe nach dem BFH die vorausgegangenen Verluste des Erblassers nach § 10d EStG abziehen.[142] Bei der auf den *Betrieb* bezogenen Gewerbesteuer hingegen kann der Erbe, der den Betrieb fortführt, die Kürzung nach § 10a GewStG nicht vornehmen.[143]

Wird ein Einzelunternehmen in eine Personengesellschaft eingebracht, so handelt es sich streng genommen auch in diesem Fall um einen Fall des Unternehmerwechsels. Denn fortan wird das Unternehmen nicht mehr von dem Einzelgewerbetreibenden, sondern von der Personengesellschaft, von der Gesamthand betrieben. Nach Ansicht des BFH[144] und der Finanzverwaltung ist der Gewerbeverlust des früheren Einzelunternehmers bei der Personengesellschaft abzugsfähig, allerdings nur bis zu dem Betrag, der nach dem Gewinnverteilungsschlüssel auf den früheren Einzelunternehmer entfällt.[145] Wird umgekehrt der Betrieb einer Personengesellschaft von einem der Gesellschafter fortgeführt, so ist der Gewerbeverlust der Personengesellschaft nach den Gewerbesteuerrichtlinien insoweit und nur insoweit berücksichtigungsfähig, als er den „vor und nach der Umwandlung beteiligten Unternehmer tatsächlich belastet". Zu der Auswirkung des Wechsels von Personengesellschaften auf die Möglichkeit der Kürzung nach § 10a GewStG vgl. unten § 21 II 6b) ee).

6. Die Ermittlung des Gewerbeertrages der Personengesellschaft

a) Die Ausgangsgröße „Gewinn aus dem Gewerbebetrieb" nach der herrschenden Meinung

Ausgangsgröße für die Ermittlung des Gewerbeertrags einer Personengesellschaft ist nach der h. M. nicht der Gewinn der Gesellschaft, wie er sich auf Grund der nach §§ 5 ff EStG aufgestellten Gesellschaftsbilanz ergibt, sondern das Ergebnis der – aus der Gesellschaftsbilanz und Sonderbilanzen der Gesellschafter zusammengefaßten – Gesamtbilanz,[146] d. h. also die Summe der einkommensteuerpflichtigen Einkünfte der Gesellschafter.[147]

Für die *atypische stille Gesellschaft* sieht Döllerer[148] die Lage anders. Da es nach Dölle-

142 BFH vom 22. 6. 1962 VI 49/61 BStBl III 1962, 386. Vgl. dazu i. e. oben § 8 III.

143 Vgl. z. B. BFH vom 14. 1. 1965 IV 173/64 S BStBl III 1965, 115; vom 4. 2. 1966 VI 272/63 BStBl III 1966, 374; Lenski/Steinberg, § 10a GewStG Anm. 9; Blümich, § 10a GewStG Rz. 90 mit weiteren Nachweisen.

144 BFH vom 12. 1. 1978 IV R 26/73 BStBl II 1978, 348 ff.

145 Abschn. 68 Abs. 7 S. 5, 6 GewStR. Demgegenüber ließen die GewStR 1974 den vollen Verlustabzug bei der Personengesellschaft zu und trugen damit in begrüßenswerter Weise dem Objektsteuercharakter der Gewerbesteuer Rechnung.

146 Zur Gesamtbilanz vgl. oben § 11 V.

147 Für die h. M. Woerner, BB 1974, 592 ff; BB 1975, 645 ff; Döllerer, DStZ/A 1974, 211 ff und Blümich, § 7 GewStG Rz. 87, 88 mit Rechtsprechungsnachweisen.

148 Döllerer, DStR 1985, 295 ff, 300.

rer auch steuerlich keine Bilanz der atypischen stillen Gesellschaft geben soll, sondern nur eine solche des Geschäftsinhabers,[149] soll es nach Döllerer auch keinen Gewerbeertrag der atypischen stillen Gesellschaft geben, sondern nur einen solchen des Geschäftsinhabers. Der Ausgangsgröße des Geschäftsinhabers nach § 7 GewStG soll aber der Gewinnanteil des atypischen Stillen ähnlich wie nach § 8 Nr. 4 GewStG der Gewinnanteil des persönlich haftenden Gesellschafters einer Kommanditgesellschaft wieder hinzuzurechnen sein und im Ergebnis (auf welchem Wege?) auch die Sondervergütungen i. S. des § 15 Abs. 1 S. 1 Nr. 2 EStG.

Die Zugrundelegung des Ergebnisses der Gesamtbilanz als Ausgangsgröße i. S. des § 7 GewStG bedeutet: Der Anwendung der Hinzurechnungsvorschriften der §§ 8 Nr. 1 und 7 GewStG für die von der Gesellschaft an den Gesellschafter gezahlten Schuld-, Miet- und Pachtzinsen bedarf es nicht mehr, weil diese schon in der Ausgangsgröße nach § 7 GewStG enthalten sind.

Alle Sonderbetriebsausgaben eines Gesellschafters mindern die Ausgangsgröße, obwohl die Sonderbetriebsausgaben regelmäßig die Ertragskraft des von der Gesellschaft geführten Gewerbebetriebs in keiner Weise berühren. Das Honorar z. B., das ein Gesellschafter seinem Anwalt im Streit mit den Mitgesellschaftern oder einem Wirtschaftsprüfer für die Überprüfung der Bilanz der Gesellschaft zahlt, mindert zu Recht als Sonderbetriebsausgabe die einkommensteuerpflichtigen gewerblichen Einkünfte dieses Gesellschafters. Die Ertragskraft des Gewerbebetriebs der Gesellschaft wird durch diese Zahlung des Gesellschafters aber nicht berührt. Dennoch mindert sie nach der gängigen Auffassung den Gewerbeertrag der Gesellschaft.

Alle Sonderbetriebseinnahmen des Gesellschafters erhöhen den Gewerbeertrag der Gesellschaft. Dies gilt insbesondere auch für die Gewinne, die ein Gesellschafter anläßlich der Veräußerung oder Entnahme eines Wirtschaftsguts seines Sonderbetriebsvermögens, sei es Sonderbetriebsvermögen I, sei es Sonderbetriebsvermögen II, erzielt.[150]

Nach Auffassung des Bundesfinanzhofs sind auch die Ergebnisse von Ergänzungsbilanzen einzubeziehen.[150a]

b) Kritik und eigene Konzeption[151]

aa) Die „Einzelunternehmerideologie" ist im Gewerbesteuerrecht fehl am Platze

Es ist schon häufig genug dargelegt worden, daß die Auffassung der heute h. M. gegen den Wortlaut des § 7 GewStG und gegen Sinn und Zweck des Gewerbesteuergesetzes verstößt und den gegenüber der Einkommensteuer

---

149 Vgl. dazu oben § 9 II 4b.

150 BFH vom 6. 11. 1980 IV R 182/77 BStBl II 1981, 220 (Sonderbetriebsvermögen I); BFH vom 9. 4. 1981 IV R 178/80 BStBl II 1981, 621 (Sonderbetriebsvermögen II).

150a BFH vom 25. 4. 1986 IV R 83/83 BStBl II 1986, 350.

151 Vgl. dazu näher Knobbe-Keuk, StuW 1985, 382 ff.

besonderen Charakter der Gewerbesteuer vernachlässigt.[152] Der BFH hat leider die gewerbesteuerliche Sicht völlig an die einkommensteuerliche Ermittlung der Einkünfte der Gesellschafter aus Gewerbebetrieb angepaßt. Der BFH:[153]

Für „die Besteuerung dessen, was bei einer Personengesellschaft als Gewinn die Besteuerungsgrundlage der Gewerbesteuer bildet, (sind) keine anderen Grundsätze anzuwenden, als bei der Einkommensbesteuerung. Das bedeutet, daß gewerbesteuerlich der Gewerbebetrieb der Personengesellschaft grundsätzlich wie bei der Einkommensbesteuerung die *gesamte* Betätigung der Gesellschafter (Mitunternehmer) umfaßt".

Wenn man für das Einkommensteuerrecht, wo die Gesellschaft selbst nicht steuerpflichtig ist und der Gewinn unmittelbar bei den Gesellschaftern zu erfassen ist, vielleicht noch ein gewisses Verständnis oder Nachsehen für die Vorstellung aufbringen kann, die Besteuerung des Gesellschafters einer Personengesellschaft sei an der Besteuerung eines Einzelunternehmers auszurichten, so ist für diese „Einzelunternehmerideologie" im Gewerbesteuerrecht kaum Raum. Es interessiert für die Gewerbesteuer nicht, wie der einzelne Gesellschafter gestellt werden soll, und es geht nicht um den Ertrag der vermeintlich von den Gesellschaftern geführten Betriebe. Der Gewerbesteuer unterliegt der von der Personengesellschaft geführte Betrieb, und um den Ertrag dieses Betriebes geht es. Die Gewerbesteuer ist auf den Gewerbebetrieb als solchen bezogen, gleichgültig in welcher Rechtsform er betrieben wird und unabhängig davon, wem die Erträge zufließen und ohne Rücksicht auf die „dahinterstehenden" Personen.

Bemerkenswerterweise hat sogar der RFH, dessen Rechtsprechung in ganz besonderem Maße durch die Bilanzbündeltheorie geprägt war, dennoch zwischen der einkommensteuerlichen und der gewerbesteuerlichen Behandlung der Personengesellschaft sehr wohl zu unterscheiden gewußt.

„Das EStG sieht (die Personengesellschaften) nicht als selbständiges Steuersubjekt an, sondern behandelt die Teilhaberschaft an ihnen als selbständigen Gewerbebetrieb jedes einzelnen Gesellschafters. Der RFH hat deshalb wiederholt ausgesprochen, daß die einheitliche Bilanz der Gesellschaft einkommensteuerlich nur eine Zusammenfassung der an sich für jeden einzelnen Gesellschafter besonders aufzustellenden Bilanzen ist ... Bei der einheitlichen Gewinnfeststellung handelt es sich deshalb nicht etwa um die Feststellung des Gewinns oder Verlustes der Gesellschaft als solcher, sondern um die Feststellung der Summe der Gewinne und Verluste der an der Gesellschaft beteiligten Gesellschafter ... *Gewerbesteuerlich spielen dagegen die Gesellschafter einer Personengesellschaft keine Rolle, da der Gewerbesteuer der einheitliche Betrieb der Personengesellschaft unterliegt.* Hier kommt es also nicht darauf an, welchen Gewinn der einzelne Gesellschafter erzielt hat, sondern auf den laufenden Gewinn der Gesellschaft als solchen, wie er nach außen in Erscheinung tritt. Im Gegensatz zu dem Verfahren bei der einheitlichen Gewinnfeststellung ist also bei der Gewerbesteuer zu prü-

152 Vgl. schon Keuk, Die Besteuerung des Gewinns der Personengesellschaft und der Sondervergütungen der Gesellschafter, 1974, S. 37 = StuW 1974, 37; JbFStR 1975/76, 175 ff, 191 ff; Kruse in JDStJG 1979, 49.

153 BFH vom 9. 4. 1981 IV R 178/80 BStBl II 1981, 621. Zur Begründung des BFH vgl. kritisch Knobbe-Keuk, StuW 1985, 381 ff.

fen, ob die Vorgänge, die zu einem Gewinn oder Verlust geführt haben, die Gesellschaft als solche geschäftlich berühren."

So immerhin der RFH[154] im Jahre 1940. Und deshalb war für den RFH klar: „Tätigt ein Gesellschafter die Geschäfte im eigenen Namen, so berühren sie den Betrieb der Gesellschaft als solchen nicht. Eine Heranziehung der Gesellschaft zur Gewerbesteuer kommt deshalb insoweit nicht in Betracht."

Und entsprechend verfuhr der RFH[155] auch für die heute sogenannten Sonderbetriebsausgaben des Gesellschafters. Der RFH: Einkommensteuerrechtlich werden die einzelnen Gesellschafter als selbständige Unternehmen betrachtet. „Der Gewinn der Personengesellschaft ergibt sich deshalb aus der Zusammenrechnung der Einkünfte, die die einzelnen Gesellschafter aus der Gesellschaft beziehen und bei der Einkommensteuer jeder für sich zu versteuern hat. Demgegenüber werden die Personengesellschaften bei der Gewerbesteuer als subjektiv steuerpflichtig angesehen ... Da die Gesellschaft gewerbesteuerlich ein selbständiges Rechtssubjekt bildet, können bei der Ermittlung des Gewerbeertrags nur die Ausgaben berücksichtigt werden, die sie geschäftlich berühren, also nur ihre eigenen Betriebsausgaben, während die Betriebsausgaben ihres Gesellschafters – im Gegensatz zur einkommensteuerrechtlichen Behandlung – ihren Gewinn nicht schmälern dürfen."

Im Gegensatz zum RFH setzt sich der BFH mit seiner in das Gewerbesteuerrecht transponierten „Einzelunternehmerideologie" über die – wie es der RFH[156] formuliert hat – „grundsätzliche Verschiedenheit des Wesens der Einkommensteuer einerseits und Gewerbesteuer andererseits" hinweg. „Die an sich erstrebenswerte Einheitlichkeit des Steuerrechts findet eben ihre Grenze in dem besonderen Wesen und in den besonderen Zwecken der beiden Steuern."[157] Die Einkommensteuer erfaßt die wirtschaftliche Kraft der einzelnen Personen, die Gewerbesteuer den Ertrag des Unternehmens als solchem. Deshalb kann es für die Gewerbesteuer nicht auf die Summe der Einkünfte ankommen, mit der die Gesellschafter einkommensteuerpflichtig sind, sondern auf die Gewerbesteuer der Gesellschaft können nur solche Vorgänge von Einfluß sein, „die die Gesellschaft als solche geschäftlich berühren".[158]

bb) Ausgangsgröße: Der in der Gesellschaftsbilanz ausgewiesene Gewinn der Gesellschaft

U. E. ist also Ausgangsgröße i. S. des § 7 GewStG für die Ermittlung des Gewerbeertrags der Gesellschaft der Gewinn aus dem Gewerbebetrieb der Gesellschaft, wie er sich aus der nach den Grundsätzen der §§ 5 f EStG auf-

154 RFH vom 10. 1. 1940 VI 704/39 StuW 1940 Nr. 89.
155 RFH vom 6. 8. 1941 VI 251/41 StuW 1941 Nr. 452.
156 RFH vom 6. 8. 1941 aaO.
157 RFH vom 10. 1. 1940 aaO.
158 RFH vom 10. 1. 1940 aaO.

gestellten Gesellschaftsbilanz ergibt. Unbeachtlich bleiben also die Sonderbilanzen und die Ergänzungsbilanzen[159] der Gesellschafter.

cc) Sondervergütungen, andere Sonderbetriebseinnahmen und Sonderbetriebsausgaben des Gesellschafters[160]

Dieser Ausgangsgröße sind die an den Gesellschafter gezahlten Miet-, Pacht- und Darlehenszinsen nach den Vorschriften des § 8 GewStG hinzuzurechnen. Andere Sonderbetriebseinnahmen[161] des Gesellschafters, insbesondere auch Gewinne aus der Veräußerung oder Entnahme von Sonderbetriebsvermögen beeinflussen den Gewerbeertrag *der Gesellschaft* nicht. Ebensowenig wird der Gewerbeertrag der Gesellschaft durch Sonderbetriebsausgaben des Gesellschafters beeinflußt.

Es versteht sich, daß der Gewinn der Gesellschaft dann auch nicht mehr um die Gewinnanteile eines Unterbeteiligten gemindert ist. Es bedarf somit nicht mehr der Hinzurechnung nach § 8 Nr. 3 GewStG.

Bei den Sonderbetriebseinnahmen und Sonderbetriebsausgaben eines Gesellschafters handelt es sich per definitionem nicht um Dinge, „die die Gesellschaft als solche geschäftlich berühren".

dd) Die Hinzurechnung der Tätigkeitsvergütungen

Was die von der Gesellschaft an den Gesellschafter gezahlten Tätigkeitsvergütungen anbetrifft, so sind diese u. E. – anders als die Miet-, Pacht- und Darlehenszinsen – dem Gewinn der Gesellschaft hinzuzurechnen.[162] Sie sind also bei der Ermittlung des Gewerbeertrages der Gesellschaft nicht abzugsfähig.

Der für die Gewerbesteuer ausschlaggebende Gesichtspunkt ist dabei nicht, daß sie in § 15 Abs. 1 S. 1 Nr. 2 EStG erwähnt sind, sondern die folgende Überlegung:[163] Personenunternehmen und Unternehmen in der Rechtsform der Kapitalgesellschaft werden unterschiedlich belastet.[164] Bis zum StÄndG 1977 waren für Personenunternehmen die Steuermeßzahlen niedriger ausgestaltet: seitdem ist zwar die Steuermeßzahl für Personenunternehmen und Kapitalgesellschaften gleich (§ 11 Abs. 2 GewStG), den Personenunterneh-

159 Vgl. zur Frage des Einflusses des Gesellschafterwechsels auf den Gewerbeertrag der Gesellschaft unten § 21 II 6 b, ee.

160 Zur historischen Entwicklung der Einbeziehung der in § 15 Abs. 1 S. 1 Nr. 2 EStG genannten Sondervergütungen in die Ausgangsgröße nach § 7 GewStG vgl. Keuk aaO, StuW 1974, 37; Knobbe-Keuk, StuW 1985, 382.

161 Beispiele für Sonderbetriebseinnahmen, die nicht zu den Sondervergütungen i. S. des § 15 Abs. 1 S. 1 Nr. 2 EStG zählen, vgl. bei Knobbe-Keuk, StuW 1985, 386 f.

162 Kruse aaO, (Anm. 152), will sogar die Tätigkeitsvergütungen von der Hinzurechnung ausnehmen.

163 Vgl. i. e. Keuk, Besteuerung des Gewinns, S. 28 ff.

164 Vgl. dazu unten III 2.

men steht aber ein Freibetrag zu (§ 11 Abs. 1 S. 3 GewStG). Durch die günstigere Behandlung der Personenunternehmen wird dem Umstand Rechnung getragen, daß in dem Gewerbeertrag der Kapitalgesellschaft der Aufwand für die geschäftsführenden Personen nicht enthalten ist. Dem einzelnen Unternehmer hingegen ist es verwehrt, seinen Gewerbeertrag um den sogenannten Unternehmerlohn zu kürzen. Das soll durch die günstigere Behandlung ausgeglichen werden.[165]

Vgl. ausdrücklich BT-Drs. 8/3243 S. 8:
„Die Freibetragsregelung trägt . . . dem Umstand Rechnung, daß der Gewerbeertrag auch den sogenannten ‚Unternehmerlohn' mitumfaßt."

Die günstigere Behandlung gilt nicht nur für den Einzelgewerbebetrieb, sondern auch für den Gewerbebetrieb der Personengesellschaften. Es geht aber nicht an, daß die Gewerbebetriebe von Personengesellschaften beides haben, sowohl den Freibetrag als auch den Abzug der Geschäftsführergehälter, denn dann würde der von einem Einzelkaufmann und der von einer Personengesellschaft geführte Gewerbebetrieb wieder[166] unterschiedlich behandelt. Das aber verbietet sich für die Gewerbesteuer von vornherein. Solange der Einzelunternehmer den sogenannten Unternehmerlohn nicht abziehen kann, müssen deshalb bei Personengesellschaften die an Gesellschafter gezahlten Tätigkeitsvergütungen, die den Gewinn gemindert haben, wieder hinzugerechnet werden.[167]

Bei den von der Gesellschaft an den Gesellschafter gezahlten Tätigkeitsvergütungen besteht das Problem denn auch gar nicht in der Frage der Hinzurechnung, sondern in der erforderlichen Eingrenzung der hinzuzurechnenden Tätigkeitsvergütungen.

Bislang hat die Rechtsprechung und die h. M. in der Literatur unter einer „Tätigkeit im Dienste der Gesellschaft" *jedwede* Tätigkeit für die Gesellschaft verstanden, gleichgültig, ob die Tätigkeit ihre rechtliche Grundlage in dem Gesellschaftsverhältnis oder in einem ordinären schuldrechtlichen Vertrag hat, gleichgültig, ob es sich um leitende oder um eine untergeordnete Tätigkeit handelt, gleichgültig auch, in welchem Umfang der betreffende Gesellschafter an der Gesellschaft beteiligt ist.[168]

Die Auswirkungen dieser Rechtsprechung sind für das Einkommensteuerrecht nicht besonders gravierend, treten aber dafür mit um so größerer

165 Nicht zu folgen ist deshalb der Auffassung von Tipke, NJW 1980, 1083, 1084, die Freibetragsregelung des § 11 Abs. 1 S. 3 GewStG diskriminiere die Kapitalgesellschaften und sei nicht zu rechtfertigen. Vgl. dazu näher Knobbe-Keuk, Verhandlungen des 53. Deutschen Juristentages (1980), O 23; Blümich, § 11 GewStG Rz. 9 m. w. N.

166 So der Zustand nach der Rechtsprechung des Preuß. OVG. Vgl. dazu i. e. Keuk aaO, (Anm. 163), S. 29 ff.

167 Vgl. in diesem Sinne de lege ferenda Thiel, FR 1974, 337.

168 Zur Problematik der Eingrenzung des Begriffs der Tätigkeitsvergütungen und zum neuesten Stand der Rechtsprechung vgl. i. e. oben § 11 IV 3.

Deutlichkeit bei der Gewerbesteuer hervor. Denn auf diese Weise werden nach der Rechtsprechung Zahlungen der Gesellschaft, bei denen es sich in der Sache um Betriebskosten des von der Gesellschaft geführten Gewerbebetriebes handelt, zur Gewerbesteuer herangezogen. Die Ertragskraft eines Unternehmens, das die Löhne und Gehälter an Kommanditisten-Arbeitnehmer oder die ohnehin anfallenden Rechtsanwalts- und Steuerberaterhonorare an Gesellschafter zahlt, ist aber nicht größer als die eines Unternehmens, das derartige Zahlungen an fremde Personen leistet.

Uns erscheint es sachgerecht, die erforderliche Eingrenzung der Tätigkeitsvergütungen im Hinblick auf den sachlichen Grund vorzunehmen, der die Hinzurechnung der Tätigkeitsvergütungen bei der Gewerbesteuer gebietet: Es geht letztlich um die Nichtabzugsfähigkeit des sogenannten Unternehmerlohns.

Auf dieser Grundlage bleiben für die gewerbesteuerliche Hinzurechnung nur solche Vergütungen, die für die Geschäftsführung, für die Geschäftsleitung des Gesellschafters gezahlt werden. Dabei macht es keinen Unterschied, ob die Geschäftsführung von einem Komplementär wahrgenommen wird oder ob sie – wenn die an sich zur Geschäftsführung verpflichteten und berechtigten Gesellschafter nicht tätig sind – einem Kommanditisten übertragen ist, der nach außen als Prokurist oder als Generalbevollmächtigter in Erscheinung tritt.

ee) Gesellschafterwechsel und Gewerbeertrag

Nach den bisherigen Ausführungen versteht sich, daß der Gewerbeertrag der Gesellschaft nicht dadurch beeinflußt wird, daß in der Gesellschaft an Stelle des Gesellschafters X der Gesellschafter Y tritt. Nach der h. M. und Rechtsprechung ist die Lage allerdings grundsätzlich anders: Der Gesellschafterwechsel kann auf den Gewerbeertrag der Gesellschaft in mehrfacher Hinsicht von Einfluß sein.[169]

(1) Führt der neue Gesellschafter eine Ergänzungsbilanz, so gehen nach der herrschenden Auffassung auch die Veränderungen dieser Ergänzungsbilanz in den Gewerbeertrag der Gesellschaft ein.[170] So richtig es ist, daß für die Einkommensbesteuerung des neuen Gesellschafters die Ergänzungsbilanz

---

169 Früher wurde der Gewerbeertrag der Gesellschaft im Falle des Gesellschafterwechsels von der Rechtsprechung auch dadurch verfälscht, daß laufende Pensionszahlungen der Gesellschaft den Gewerbeertrag nach § 8 Nr. 2 GewStG (entsprechend Pensionsrückstellungen dem Gewerbekapital nach § 12 Abs. 2 Nr. 1 GewStG) insoweit hinzugerechnet wurden, als sie dem Anteil des neuen Gesellschafters zuzurechnen waren (vgl. die Kritik an dieser Rechtsprechung in der 2. Aufl. § 21 II 6e S. 411 f). Das ist nach der in dem Urteil des BFH vom 18. 1. 1979 IV R 194/74 BStBl II 1979, 266 vollzogenen Änderung der Rechtsprechung (vgl. dazu oben II 3b) glücklicherweise nicht mehr möglich.

170 Für die h. M. BFH vom 29. 11. 1960 I 73/59 U BStBl III 1961, 51; BFH vom 25. 4. 1986 IV R 83/83 BStBl II 1986, 350.

zu berücksichtigen ist, so wenig angebracht ist dies bei der Gewerbesteuer. Denn die Tatsache, daß der neue Gesellschafter für den Erwerb des Gesellschaftsanteils mehr oder weniger als den Nominalwert des Kapitalanteils aufgewendet hat, hebt oder beeinträchtigt die Ertragskraft des Gewerbebetriebs der Gesellschaft in keiner Weise.

(2) Beachtet man, daß trotz des Gesellschafterwechsels der Betrieb nach wie vor von demselben Unternehmer, nämlich von der Gesellschaft betrieben wird, so ergeben sich auch – gegenüber der bisherigen Praxis – für die Anwendung des § 10 a GewStG Konsequenzen.

Bislang hat der BFH nicht die Gesellschaft selbst als Unternehmerin des Gewerbebetriebes angesehen und deshalb den Vorgang des Gesellschafterwechsels zwangsläufig als einen – teilweisen – Unternehmerwechsel behandelt.[171] Damit führt der Gesellschafterwechsel nach dem BFH zur Einschränkung des Verlustabzugs, also zur Kürzung der alten Fehlbeträge, soweit der Verlust auf einen ausscheidenden Gesellschafter entfällt.[172] Zur Begründung hat der BFH angeführt, daß nur der den Gewerbeverlust solle geltend machen können, der durch ihn belastet sei.[173]

Überträgt der mit 50% an der Gesellschaft beteiligte B seine Mitgliedschaft auf C, so soll nach dem BFH wegen – anteiligen – Unternehmerwechsels die Kürzung des Gewerbeertrages nach § 10 a GewStG nur noch in Höhe von 50% der Fehlbeträge der vergangenen Jahre in Frage kommen, da nur der verbleibende Gesellschafter A betroffen sei. In Wirklichkeit kommt die Kürzung um 50% aber gar nicht nur dem Gesellschafter A zugute. Denn die Gewerbesteuer belastet nun einmal das Gesellschaftsvermögen. Sie beeinflußt die Höhe des auf A und C anteilig entfallenden Gewinns der Gesellschaft. Damit verteilt sich die Wirkung der Kürzung um 50% der alten Fehlbeträge gleichmäßig auf A und C.

Die Auffassung des BFH vermittelt dem verbleibenden Gesellschafter also einen geringeren Gewinnanteil, als er ohne den Gesellschafterwechsel hätte.[174] Diese Auswirkung belegt nur, daß gerade das Gebiet der Gewerbesteuer, die nun einmal das Gesellschaftsvermögen und nicht den einzelnen Ge-

---

171 Ist allerdings an der Personengesellschaft, die den Verlustvortrag geltend macht, eine andere Personengesellschaft beteiligt, so berührt ein Gesellschafterwechsel in der anderen Personengesellschaft nicht die für § 10 a GewStG vorausgesetzte Unternehmeridentität", vgl. BFH vom 13. 11. 1984 VIII R 312/82 BStBl II 1985, 334.

172 Vgl. insbesondere BFH vom 12. 1. 1978 IV R 26/73 BStBl II 1978, 348 und dazu die Kritik von Knobbe-Keuk, StuW 1978, 267 ff; zuvor schon BFH vom 4. 2. 1966 VI 272/63 BStBl III 1966, 374.

173 BFH vom 4. 2. 1966 aaO, (Anm. 172). Vgl. ebenso und deshalb der Rechtsprechung des BFH folgend Bethmann, StuW 1979, 340 ff.

174 Meyer-Arndt, Aktuelle Probleme der GmbH & Co. KG, 1967, S. 127 meint, der neu eintretende Partner sei in diesem Fall verpflichtet, der Gesellschaft diejenige Gewerbesteuer zu erstatten, die durch den Gesellschafterwechsel ausgelöst wird. Es ist aber nicht ersichtlich, worauf sich diese Verpflichtung gründen soll, wenn sie nicht eigens vereinbart ist. Zu den Möglichkeiten eines zivilrechtlichen Ausgleichs der Verschiebung der Gewerbesteuerbelastung vgl. unten § 21 II 6 c.

sellschafter belastet, für den Durchgriff durch die Gesellschaft auf den Gesellschafter wenig geeignet ist. Gewerbesteuerlich spielt der „Mitunternehmer“ überhaupt keine Rolle. Er kommt inzwischen auch im Gewerbesteuergesetz selbst nicht mehr vor. Die objektive Gewerbesteuerpflicht erfaßt den Gewerbebetrieb, und das ist ein gewerbliches *„Unternehmen“* i. S. des EStG (§ 2 Abs. 1 S. 2 GewStG). Steuerschuldner ist der *Unternehmer.* Ist die Tätigkeit einer Personengesellschaft ein Gewerbebetrieb, so ist die Gesellschaft Steuerschuldnerin, (§ 5 Abs. 1 S. 4 GewStG). Das Gewerbesteuergesetz sieht also die Personengesellschaft als gewerbesteuerliche Unternehmerin an.[175] Da die Gesellschaft selbst die Unternehmerin ist, wird durch einen Wechsel im Gesellschafterbestand die Möglichkeit des Verlustabzugs nach § 10 a GewStG nicht berührt.

c) Zivilrechtliche Korrektur der Auswirkungen der herrschenden Meinung

Die Tatsache, daß die h. M. als Ausgangsgröße für die Ermittlung des Gewerbeertrages nicht den Gewinn der Gesellschaft, sondern das Ergebnis des Bilanzenfaszikels „Gesamtbilanz“ nimmt, hat zur Folge, daß auch Vorgänge und Verhältnisse, die nicht die Gesellschaft, sondern nur einen einzelnen Gesellschafter betreffen, auf die Gewerbesteuerschuld der Gesellschaft von Einfluß sind. Dadurch können die anderen Gesellschafter mittelbar betroffen sein, wenn der ihnen zustehende Gewinnanteil auf diese Weise beeinflußt wird. Damit stellt sich die Frage nach den Möglichkeiten eines zivilrechtlichen Ausgleichs.

U. E. ist die Lage folgendermaßen zu sehen:[176] Es ist Abschied zu nehmen von der Vorstellung, daß für die Bemessung der den Gesellschaftern zustehenden Gewinnanteile der Gewinn der Gesellschaft, wie er sich nach Berücksichtigung der Gewerbesteuer ergibt, die geeignete Bemessungsgrundlage sei. Für die Gewinnverteilung kann nur eine solche Ausgangsgröße in Betracht kommen, die nicht auch durch die Verhältnisse einzelner Gesellschafter beeinflußt ist, und das ist der Gewinn der Gesellschaft vor Gewerbesteuer.

Die h. M. hat die Gewerbesteuer der Gesellschaft von einer auf die Ertragskraft ihres Betriebs bezogenen Steuer umfunktioniert in eine Steuer auf die Summe der einkommensteuerpflichtigen Einkünfte der Gesellschaft.

---

175 Im Schrifttum sowie in der Rechtsprechung der Untergerichte wird aus der Streichung der Worte „bei Gewerbetreibenden“ in § 10 a S. 1 GewStG durch das Steuerbereinigungsgesetz 1986 der Schluß gezogen, daß der BFH an seiner Rechtsprechung zum Gesellschafterwechsel nicht mehr festhalten könne (Institut Finanzen und Steuern, Brief Nr. 279, 1988, 30 ff; Blümich, § 10 a GewStG Rz. 81; Meyer-Scharenberg/Popp/Woring, § 10 a GewStG Rz. 16 ff; FG Baden-Württemberg vom 22. 9. 1986 I–V 14/85 EFG 1987, Nr. 138; a. A. Glanegger/Güroff, § 10 a GewStG Rz. 11). In der Tat hat der BFH seine bisherige Haltung auch auf diese – nunmehr gestrichenen – Worte gestützt. Nur hat die Streichung natürlich nicht etwa das Erfordernis der Unternehmeridentität beseitigt – wie § 19 a S. 2 GewStG zeigt. Entscheidend ist also nach wie vor die Frage, wer *Unternehmer* ist.

176 Vgl. dazu Knobbe-Keuk, StuW 1985, 381 ff.

Die Gewinnanteile stehen den Gesellschaftern brutto, d. h. vor Steuern, zu. Die Besteuerung des Gewinnanteils ist Sache des einzelnen Gesellschafters. Dies versteht sich für die Einkommensteuer ohnehin. Wenn man – wie der BFH es leider tut – aber der Gewerbesteuer den Charakter einer Steuer der Gesellschaft nimmt, sie an die Summe der einkommensteuerpflichtigen Einkünfte der Gesellschafter knüpft, die Gewerbesteuer also als Annex der Einkommensteuer der Gesellschafter erscheint, dann sollte klar sein, daß im Verhältnis der Gesellschafter untereinander jeder Gesellschafter nicht nur seine Einkommensteuer, sondern auch die seinen einkommensteuerlichen Einkünften zuzuordnende Gewerbesteuer zu tragen hat.

Als Ausgangsgröße für die Gewinnverteilung sollte deshalb der Gewinn der Gesellschaft *vor* Gewerbesteuer genommen werden. Aus dieser Größe sind nach dem Gewinn- und Verlustverteilungsschlüssel die sozusagen vorläufigen Gewinnanteile abzuleiten. Der vorläufige Gewinnanteil des einzelnen Gesellschafters ist dann um den ihm zuzurechnenden Teil des Gewerbesteueraufwands der Gesellschaft zu kürzen. Dem einzelnen Gesellschafter sind zuzuordnen die auf das Ergebnis der Gesellschaftsbilanz entfallende Gewerbesteuer entsprechend dem Gewinn- und Verlustverteilungsschlüssel sowie die auf seine Ergänzungs- und/oder Sonderbilanzen entfallende Gewerbesteuer. Durch den Abzug dieses Gesamtbetrages von dem vorläufigen Gewinnanteil ergibt sich der dem einzelnen Gesellschafter zivilrechtlich auf Grund der Gewinnverteilungsabrede zustehende endgültige Gewinnanteil.

Zur Veranschaulichung:

An der Gesellschaft sind A und B in gleichem Verhältnis beteiligt. B erzielt einen Gewinn durch die Veräußerung eines zu seinem Sonderbetriebsvermögen gehörenden Grundstücks von 1 000 000 DM. Der Gewerbesteueraufwand der Gesellschaft erhöhe sich dadurch um 200 000 DM.

1. Handelsbilanzgewinn der Gesellschaft *vor* Gewerbesteueraufwand	2 000 000		
2. Gewerbesteuer auf Gewerbeertrag nach Bilanz der Gesellschaft		300 000	
3. Gewerbesteuer auf Ergebnis der Sonderbilanz des B		200 000	
4. Insgesamt Gewerbesteueraufwand der Gesellschaft		500 000	
5. Es verbleibt Handelsbilanz			1 500 000
Gewinnverteilung:			
Gewinnanteil des A			
½ von Nr. 1	1 000 000		
½ von Nr. 2	– 150 000		
Gewinnanteil des A			850 000
Gewinnanteil des B			
½ von Nr. 1	1 000 000		
½ von Nr. 2	– 150 000		
Nr. 3	– 200 000		
Gewinnanteil			650 000

Würde man hingegen als Bemessungsgrundlage für die Gewinnverteilung den Handelsbilanzgewinn nach Gewerbesteuer nehmen, so würden sich die Gewinnanteile von A und B auf je 750 000 belaufen. A würde also von der Gesellschaft 100 000 weniger beziehen, weil B einen Veräußerungsgewinn in seinem Sonderbetriebsvermögen von 1 000 000 erzielt hat, der die Gesellschaft nichts angeht, für den sie nach Auffassung des BFH aber Gewerbesteuer zu zahlen hat!

Nach der hier vorgeschlagenen Auslegung der Gewinnverteilungsabrede geht der auf dem Ergebnis der Sonderbilanz eines Gesellschafters beruhende Mehraufwand zu Lasten des betreffenden Gesellschafters.

Mit diesem Verfahren ist sichergestellt, daß jeder Gesellschafter die auf seine Einkünfte entfallende Gewerbesteuer trägt und nicht die anderen Gesellschafter auf Grund von Tatsachen mit Gewerbesteuer belastet werden, die nicht Sache der Gesellschaft sind. Auch wenn es dem Zivilrecht gelingt, die Belastungsverschiebungen zwischen den Gesellschaftern zum Ausgleich zu bringen, so darf dies jedoch nicht den BFH zu der Annahme verleiten, seine gewerbesteuerliche Behandlung der Personengesellschaft werde dadurch erträglich oder gar richtig.

7. Die Organschaft[177]

a) Einführung

Die gewerbesteuerliche Organschaft ist in § 2 Abs. 2 S. 2 GewStG im Anschluß an die Bestimmung geregelt, daß Kapitalgesellschaften auf Grund ihrer Rechtsform per se gewerbesteuerpflichtig sind. Ist aber eine Kapitalgesellschaft in ein anderes inländisches Unternehmen in der Weise eingegliedert, daß die Voraussetzungen des § 14 KStG erfüllt sind, so gilt sie als Betriebstätte des anderen Unternehmens. Liegt also der Tatbestand der Organschaft[178] vor, so besteht keine Gewerbesteuerpflicht der Organgesellschaft kraft ihrer Rechtsform als Kapitalgesellschaft. Die juristische Person der Organgesellschaft wird als Unternehmer eliminiert. Weil im Fall der Organschaft das „Unternehmen" der Organgesellschaft in das herrschende Unternehmen eingegliedert ist, wird es dem herrschenden Unternehmen als ein Teil desselben unmittelbar zugerechnet.[179] Gewerbeertrag und Gewerbekapital der Organgesellschaft gehören zum Gewerbeertrag und Gewerbekapital des Organträgers.

Die gewerbesteuerliche Organschaft geht auf die Rechtsprechung des Preuß. OVG[180] zurück. Die Rechtsprechung des Preuß. OVG war bestimmt durch das Bemühen, die gewerbliche Betätigung außerpreußischer Unternehmungen durch Mittelspersonen in Preußen für die Preuß. Staatseinkom-

177 Flume, DB 1955, 486 ff; Schmidt in Schmidt/Steppert, Teil B (S. 173 ff); vgl. im übrigen die umfangreichen Nachweise bei Blümich, § 2 GewStG vor Rz. 671.

178 Vgl. dazu i. e. oben § 20 II.

179 Flume, DB 1955, 486.

180 Vgl. insbesondere OVG vom 18. 6. 1896 Rep. V 3/96 OVG St 5, 163 ff; OVG vom 25. 5. 1904 Rep. V A 82/03 OVG St 12, 268 ff.

mensteuer zu erfassen. Ansatzpunkt war die mangelnde Selbständigkeit der Mittelsperson, wenn diese „dem Willen und der beständigen Leitung des Unternehmens unterworfen und eben dadurch dessen Organ oder Gehilfe wird".[181] In diesem Fall war nicht von einem Gewerbebetrieb der Mittelsperson, sondern von einer Betriebstätte des außerpreußischen Unternehmens in Preußen auszugehen. Diese zunächst auf das Verhältnis von selbständigem Unternehmen und abhängigem Arbeitnehmer abgestellte Sicht wurde im Laufe der Entwicklung[182] auch auf juristische Personen übertragen: Die Annahme einer selbständigen gewerblichen Tätigkeit wurde nicht schon dadurch begründet, daß die Tätigkeit von einer juristischen Person ausgeübt wird. Auch eine juristische Person konnte danach „Angestellte" eines anderen Unternehmens, also unselbständig sein.

Die von der Rechtsprechung entwickelte Organlehre wurde in das Gewerbesteuergesetz 1936 übernommen.[183] Maßgeblich war die folgende Erwägung: Die einzelne Gemeinde könne in ihrer Eigenschaft als Steuergläubigerin geschädigt werden, wenn ein in ihrem Bereich befindliches Unternehmen in einem Organverhältnis zu einem in einer anderen Gemeinde befindlichen Unternehmen steht; denn der Organträger habe es in der Hand, Gewerbeertrag und Gewerbekapital so zu gestalten, daß die Gemeinde, in der sich der Organbetrieb befindet, bei getrennter Veranlagung entweder keine oder eine nicht angemessene Steuer erhalte.[184] Unter diesem Gesichtspunkt wird die gewerbesteuerliche Organschaft auch von dem BFH in ständiger Rechtsprechung gesehen: Die Organschaft im Gewerbesteuerrecht habe in erster Linie den Zweck, „die am Aufkommen der Gewerbesteuer beteiligten Gemeinden davor zu schützen, daß verbundene Unternehmen durch interne Maßnahmen ihren Gewinn willkürlich verlagern."[185] Aber auch ohne daß besondere Manipulationen vorliegen, geht es bei der organschaftlichen Unternehmenszusammenfassung darum, daß der Betrieb der Organgesellschaft nur als Teil der Unternehmenszusammenfassung, nicht aber selbständig für sich richtig erfaßt werden kann.[186]

---

181 OVG vom 25. 5. 1904 Rep V A 82/03 OVG St 12, 268 ff.

182 Vgl. dazu näher Flume, DB 1955, 485 ff.

183 Das GewStRG kannte eine dem § 2 Abs. 2 S. 2 GewStG entsprechende Bestimmung nicht. Damit wäre das Fortbestehen der gewerbesteuerlichen Organschaft zumindest fraglich gewesen (vgl. dazu Boyens, DStZ 1932, 369). Denn während nach den landesrechtlichen Regelungen eine Kapitalgesellschaft nicht per se gewerbesteuerpflichtig war, sondern nur dann, wenn sie einen selbständigen Gewerbebetrieb unterhielt, brachte das GewStG die Bestimmung, daß die Tätigkeit der Kapitalgesellschaft „stets und in vollem Umfang" als Gewerbe anzusehen sei.

184 Vgl. Begründung zum GewStG 1936, RStBl 1937, 693; RFH vom 12. 12. 1939 I 205/38 RStBl 1940, 29; Glanegger/Güroff, § 2 GewStG Rz. 191.

185 BFH vom 8. 1. 1963 I 237/61 BStBl III 1963, 188; vgl. des weiteren z. B. BFH vom 29. 5. 1968 I 198/65 BStBl II 1968, 807; vom 30. 7. 1969 I R 21/67 BStBl II 1969, 629.

186 Flume, DB 1955, 493.

Mehr beiläufig spielt in der Rechtsprechung des BFH auch die Vermeidung der doppelten gewerbesteuerlichen Erfassung der gleichen Beträge eine Rolle: Der durch die Organgesellschaft belasteten Gemeinde soll „unter Vermeidung der doppelten Erfassung der gleichen Beträge“ ein Anteil am einheitlichen Gewerbesteuermeßbetrag des Gesamtunternehmens gesichert werden.[187]

Im übrigen hat die gewerbesteuerliche Organschaft zur Konsequenz, daß positive und negative Gewerbeerträge sowie positive und negative Gewerbekapitalien von Organgesellschaft und Organträger saldiert werden.

b) Der Tatbestand der Organschaft

Voraussetzung für das Vorliegen der gewerbesteuerlichen Organschaft ist die finanzielle, organisatorische und wirtschaftliche Eingliederung der Organgesellschaft in ein anderes inländisches gewerbliches Unternehmen i. S. des § 14 KStG.[188] Als Organträger kommt – wie bei der körperschaftsteuerlichen Organschaft – jedes inländische gewerbliche Unternehmen in Frage, gleichgültig in welcher Rechtsform es geführt wird. Organgesellschaft kann nach dem Gesetzestext nur eine Kapitalgesellschaft, nicht auch eine Personengesellschaft[189] sein.

Hinsichtlich der Fragen, unter welchen Voraussetzungen eine Holdinggesellschaft und eine Gesellschaft bürgerlichen Rechts mit dem Zweck der einheitlichen Willensbildung gegenüber einer Kapitalgesellschaft als Organträger in Frage kommen, ist auf die Ausführungen in § 20 II 1 zu verweisen. Bei der Betriebsaufspaltung wird ein Organschaftsverhältnis in der Regel nicht anerkannt.[190]

Im Gegensatz zur körperschaftsteuerlichen Organschaft ist für die gewerbesteuerliche Organschaft das Vorliegen und die Durchführung eines Gewinnabführungsvertrages nicht erforderlich.

c) Die Rechtsfolgen der Organschaft

Nach § 2 Abs. 2 S. 2 GewStG *gilt* die Organgesellschaft als Betriebstätte des Organträgers. Über die Tragweite dieser Fiktion besteht keine letzte Klarheit.[190a] Die wesentlichen Konsequenzen sind aber nicht umstritten.

---

187 BFH vom 29. 5. 1968 aaO, (Anm. 185); vom 30. 7. 1969 aaO, (Anm. 185); BFH vom 9. 10. 1974 I R 246/72 BStBl II 1975, 179.

188 Vgl. dazu näher oben § 20 II 2. Zum Vergleich der gewerbesteuerlichen Organschaft mit dem Aktiengesetz vgl. Reuter, Festschrift v. Wallis, 1985, S. 425.

189 Gegen diese Regelung als willkürlich vgl. Höhnle, DB 1986, 1246 ff.

190 Vgl. zur Ausnahme der geschäftsleitenden Holding Abschn. 17 Abs. 7 GewStR; Meyer-Scharenberg/Popp/Woring, § 2 GewStG Rz. 669 ff.

190a Darstellung der „Einheits-“ und „Filial“-Theorie bei Meyer-Scharenberg/Popp/Woring, § 2 GewStG Rz. 673 ff.

Die Organgesellschaft ist nicht gewerbesteuerpflichtig. Besteuert wird nur der Organträger. Bei dem Organträger erfolgt aber keine einheitliche Ermittlung des Gewerbeertrages und Gewerbekapitals. Gewerbeertrag und Gewerbekapital von Organgesellschaft und Organträger werden vielmehr getrennt ermittelt.[191]

Aus der dann vorzunehmenden Zusammenrechnung der selbständig ermittelten Gewerbeerträge von Organträger und Organgesellschaft können sich doppelte steuerliche Belastungen, aber auch ungerechtfertigte Entlastungen ergeben. Die gebotenen Korrekturen haben ihre gesetzliche Grundlage in der Fiktion des § 2 Abs. 2 S. 2 GewStG, nach der die Organgesellschaft als Betriebstätte des Organträgers zu behandeln ist.

Hinzurechnungen nach § 8 GewStG und § 12 Abs. 2 GewStG sind schon bei der Ermittlung der Gewerbeerträge und Gewerbekapitalien von Organträger und Organgesellschaft insoweit nicht vorzunehmen, als die entsprechenden Beträge bereits in einem der Gewerbeerträge oder Gewerbekapitalien enthalten sind und die Hinzurechnungen daher zur doppelten Erfassung dieser Beträge im Organkreis führen würden.[191a]

Beispiel: Der Organträger hat der Organgesellschaft ein Darlehen gegeben, das bei der Organgesellschaft als Dauerschuld zu qualifizieren ist. Bei der Organgesellschaft erfolgt weder bei der Ermittlung des Gewerbeertrages die Hinzurechnung nach § 8 Nr. 1 GewStG noch bei der Ermittlung des Gewerbekapitals die Hinzurechnung nach § 12 Abs. 2 Nr. 1 GewStG, da die entsprechenden Beträge schon in dem Gewerbeertrag bzw. Gewerbekapital des Organträgers enthalten sind.

Bei der Ermittlung des Gewerbeertrages bzw. Gewerbekapitals der Organgesellschaft unterbleiben die Hinzurechnungen auch dann, wenn die Schuld gegenüber einer anderen Organgesellschaft desselben Organträgers besteht.[192] Denn die Forderung der Organgesellschaft A gegen die Organgesellschaft B und die Zinsen, die die Organgesellschaft A von der Organgesellschaft B empfangen hat, gehen auf Grund des Organverhältnisses zwischen dem Organträger und der Organgesellschaft A in den einheitlichen Gewerbesteuermeßbetrag des Organträgers ein. Sie würden also zweimal besteuert, wenn sie bei der Ermittlung des Gewerbeertrages und Gewerbekapitals der Organgesellschaft B hinzugerechnet würden.

Ist die Organgesellschaft z. B. als rechtsfähige Pensions- oder Unterstützungskasse von der Gewerbesteuerpflicht nach § 3 Nr. 9 GewStG freigestellt, so darf beim Organträger die Hinzurechnung einer Darlehensschuld gegenüber der Pensions- und Unterstützungskasse und der gezahlten Zinsen nicht unterbleiben.[193] Denn die Not-

191 Zum Wechsel des Organträgers vgl. BFH vom 16. 2. 1977 I R 183/74 BStBl II 1977, 560.

191a Glanegger/Güroff, § 2 GewStG Rz. 201.

192 BFH vom 23. 10. 1974 I R 182/72 BStBl II 1975, 46.

193 BFH vom 9. 10. 1974 I R 5/73 BStBl II 1975, 189; ebenso Müller, DStZ/A 1973, 169; Schmidt in Schmidt/Steppert, 2. Aufl., B III 2.9 (S. 160); Keuk, StuW 1975, 351 ff; a. A. Euler/Asseyer, FR 1972, 486; FR 1973, 208.

wendigkeit der Vermeidung einer doppelten Erfassung derselben Beträge im Organkreis besteht nicht. Im übrigen dürfte ein gewerbesteuerliches Organverhältnis von vornherein nicht bestehen, wenn einer der Partner von der Gewerbesteuer befreit ist.[194]

Hat die Organgesellschaft Verluste erlitten, so sind Teilwertabschreibungen des Organträgers auf die Beteiligung insoweit zu korrigieren, als sie betragsmäßig den Verlusten der Organgesellschaft entsprechen.[195]

Hingegen bleibt es bei der Teilwertabschreibung beim Organträger, die auf Grund der *Abführung von Gewinnen* geboten sind.[196] Die Teilwertabschreibung wird mit dem Organgewinn verrechnet.

Hat die Organgesellschaft vororganschaftliche Fehlbeträge im Sinne des § 10a GewStG, so sind diese bei der Ermittlung des Gewerbeertrages der Organgesellschaft abzuziehen.[197] Es ist aber nicht möglich, die vororganschaftlichen Verluste der Organgesellschaft, wenn die späteren positiven Gewerbeerträge der Organgesellschaft selbst nicht ausreichen, vom positiven Gewerbeertrag des Organträgers abzuziehen.[198]

Die getrennt ermittelten Gewerbeerträge und Gewerbekapitalien von Organträger und Organgesellschaft werden zusammengerechnet.[199] Die Summe wird bei dem Organträger zur Gewerbesteuer herangezogen. Dabei ist für die Ermittlung des Steuermeßbetrages nach dem Gewerbeertrag die für den Organträger maßgebliche Steuermeßzahl anzuwenden. Nur gegen den Organträger als Steuerschuldner ergehen Gewerbesteuermeßbescheid und Gewerbesteuerbescheid. Die Organgesellschaft haftet allerdings nach § 73 AO[200] für die Gewerbesteuerschuld des Organträgers.

Der gegen den Organträger festgesetzte einheitliche Gewerbesteuermeßbetrag wird gem. § 28 GewStG auf alle Gemeinden zerlegt, in denen der Organträger und die Organgesellschaft Betriebstätten haben.[201] Die betreffenden Gemeinden setzen dann unter Anwendung des jeweiligen Hebesatzes

194 Vgl. i. e. Keuk-Knobbe, StuW 1975, 351 ff.

195 Vgl. BFH vom 6. 11. 1985 I R 56/82 BStBl II 1986, 73; Nachweise zum Meinungsstand bei Blümich, § 2 GewStG Rz. 704.

196 Vgl. Pöllath/Wenzel, DB 1989, 797 ff mit umfangreichen Rechtsprechungsnachweisen; a. A. Erlaß des FinMin NRW vom 14. 3. 1989 DB 1989, 656; Pauka, DB 1988, 2227.

197 BFH vom 31. 1. 1956 I 254/55 U BStBl III 1956, 91; Abschn. 68 Abs. 8 S. 1 GewStR.

198 BFH vom 31. 1. 1956 aaO, (Anm. 197); Schmidt in Schmidt/Steppert, B III 2.4.3 (S 193).

199 Bei einem Rumpfwirtschaftsjahr der Organgesellschaft ist deren negativer Gewerbeertrag vor Übernahme durch den Organträger auf einen (negativen) Jahresbetrag umzurechnen. Vgl. BFH vom 26. 2. 1987 IV R 26/85 BStBl II 1987, 579.

200 Zur Problematik dieser Regelung vgl. Tipke/Kruse, § 73 AO.

201 Vgl. § 20 I.

die Gewerbesteuer fest. Das Vorliegen einer Organschaft führt nicht immer unbedingt auch zu einer geringeren steuerlichen Belastung als sie bestände, wenn auch die Organgesellschaft steuerpflichtig wäre. Zwar wirkt sich die Organschaft insofern vorteilhaft aus, als im Organkreis Doppelerfassungen derselben Beträge vermieden und positive und negative Ergebnisse saldiert werden. Das Bestehen einer Organschaft kann aber im Einzelfall je nach den Zerlegungs- und Hebesatzverhältnissen auch zu einer Mehrbelastung führen.[202]

III. Gewerbesteuertarif und -belastung

1. Der Weg der Ermittlung der Gewerbesteuerschuld[203]

Ist der Gewerbeertrag aus der Ausgangsgröße nach § 7 GewStG unter Berücksichtigung der Hinzurechnungen und Kürzungen nach §§ 8, 9 GewStG und der früheren Gewerbeverluste nach § 10 a GewStG ermittelt, so ist zunächst ein Steuermeßbetrag festzusetzen. Neben dem Steuermeßbetrag für den Gewerbeertrag wird ein Steuermeßbetrag für das Gewerbekapital ermittelt. Beide Steuermeßbeträge werden zu einem einheitlichen Gewerbesteuermeßbetrag zusammengezogen (§ 14 GewStG).

Durch die Festsetzung der Steuermeßbeträge wird jeweils die Ermittlung der Besteuerungsgrundlagen „Gewerbeertrag" und „Gewerbekapital" abgeschlossen. Auf der Grundlage des vom Finanzamt in dem Gewerbesteuermeßbescheid (vgl. § 184 AO) festgesetzten einheitlichen Steuermeßbetrages erlassen die Gemeindesteuerämter den Gewerbesteuerbescheid. Die Höhe der Gewerbesteuer ergibt sich durch Anwendung des gemeindlichen Hebesatzes auf den Gewerbesteuermeßbetrag (vgl. § 16 GewStG).

Die Hebesätze werden von der Gemeinde für ein Kalenderjahr oder mehrere Kalenderjahre festgesetzt (§ 16 Abs. 2 GewStG). Sie müssen für alle in der Gemeinde vorhandenen Unternehmen die gleichen sein (§ 16 Abs. 3 GewStG). Die Hebesätze betragen im Durchschnitt für das Jahr 1989 406 %, in größeren Städten liegen sie teilweise wesentlich höher.[204]

Die Ermittlung der Gewerbesteuerschuld läßt sich in einem Schaubild[205] wie folgt darstellen:

---

202 Vgl. das Beispiel bei Rose, Die Ertragsteuern, 5 B 5.

203 Vgl. die Darstellung bei Rose, Die Ertragsteuern, 4 C u. 4 D und Einzelheiten in den Kommentierungen zu §§ 14, 16, 28 ff GewStG; § 184 AO.

204 Z. B. München mit 450 %, Frankfurt mit 480 %, Hamburg mit 415 %; näheres in Institut Finanzen und Steuern, September 1989.

205 Vgl. Wacker, Lexikon der deutschen und internationalen Besteuerung, 2. Aufl. 1982, Stichwort „Gewerbesteuer".

Besteuerung nach dem Gewerbeertrag	Besteuerung nach dem Gewerbekapital
Ausgangsgröße: Gewinn aus Gewerbebetrieb nach § 7 GewStG	Ausgangsgröße: Einheitswert des gewerblichen Betriebes gem. BewG
+ Hinzurechnungen (§ 8 GewStG)	+ Hinzurechnungen (§ 12 GewStG)
– Kürzungen (§ 9 GewStG)	– Kürzungen (§ 12 GewStG)
Gewerbeertrag vor Verlustabzug	Gewerbekapital
– Gewerbeverlust (§ 10 a GewStG)	× Steuermeßzahl (§ 13 GewStG)
Gewerbeertrag x Steuermeßzahl (§ 11 GewStG)	
= Steuermeßbetrag nach dem Gewerbeertrag	= Steuermeßbetrag nach dem Gewerbekapital
Besteuerung nach dem Gewerbeertrag	Besteuerung nach dem Gewerbekapital

Addition beider Steuermeßbeträge
= Einheitl. Steuermeßbetrag gem. § 14 GewStG
× Hebesatz der Gemeinde

Gewerbesteuerschuld

Unterhält ein Gewerbebetrieb Betriebstätten in mehreren Gemeinden, so ist der einheitliche Steuermeßbetrag in die auf die einzelnen Gemeinden entfallenden Anteile zu zerlegen (§ 28 GewStG). Die Zerlegung wird vom Finanzamt durchgeführt, das einen Zerlegungsbescheid erhält. Zerlegungsmaßstab ist in den meisten Fällen das Verhältnis, in dem die Arbeitslöhne der einzelnen Betriebstätten zueinanderstehen (vgl. i. e. § 29 GewStG).

2. Der Steuermeßbetrag für den Gewerbeertrag

Der Steuermeßbetrag wird durch Anwendung eines Hundertsatzes (Steuermeßzahl) auf den Gewerbeertrag ermittelt (§ 11 Abs. 1 S. 2 GewStG). Die Steuermeßzahl beträgt für Personenunternehmen und für Kapitalgesellschaften einheitlich 5% (§ 11 Abs. 2 GewStG), bei Personenunternehmen ist der Gewerbeertrag jedoch zuvor um einen Freibetrag von 36 000 DM zu kürzen (§ 11 Abs. 1 S. 3 GewStG).

Diese Regelung gilt seit dem Steueränderungsgesetz 1977.[206] Bis dahin wurde die günstigere Behandlung der Personenunternehmen nicht durch einen Freibetrag hergestellt. Vielmehr galt für Personenunternehmen die Steuermeßzahl von 5% erst für den Teil des Gewerbeertrages, der 29 400 DM überstieg; für den Gewerbeertrag bis zu 29 400 DM waren die Steuermeßzahlen von 0–4% gestaffelt.[207]

Die günstigere Behandlung des Personenunternehmens gegenüber den Ka-

206 Vom 16. 8. 1977 BStBl I 1977, 442.
207 Vgl. dazu näher die 1. Auflage, § 21 III 2, S. 384.

pitalgesellschaften ist auf folgendes zurückzuführen: Die auf der Grundlage des EStG und des KStG ermittelten Gewerbeerträge weisen insofern eine unterschiedliche Struktur auf, als der nach dem KStG ermittelte Gewerbeertrag um die Bezüge der Vorstandsmitglieder, Geschäftsführer oder sonstigen Leiter des Betriebes gemindert ist, während bei dem Personenunternehmen der Aufwand des persönlichen Arbeitseinsatzes des Geschäftsinhabers, der „Unternehmerlohn", in der Bemessungsgrundlage enthalten ist. Wegen dieser unterschiedlichen Struktur des Ertrages, wegen der Nichtabzugsfähigkeit des „Unternehmerlohns" ist es erforderlich, die Personenunternehmen gegenüber den Kapitalgesellschaften – sei es auf dem einen, sei es auf dem anderen Wege – etwas günstiger zu behandeln.[208]

3. Die Gewerbesteuer als Betriebsausgabe

Beispiel für die Berechnung der Gewerbesteuer nach dem Gewerbeertrag:

Gewerbeertrag einer Kapitalgesellschaft beträgt – vor Berücksichtigung des Gewerbeertragsteueraufwandes – 100 000 DM.

Ermittlung des Steuermeßbetrages:

5% von 100 000 = 5 000 DM

Anwendung des Hebesatzes von z. B. 400% auf den Meßbetrag

400% von 5 000 = 20 000 DM

Die Gewerbesteuerschuld der Kapitalgesellschaft würde sich – bei Zugrundelegung des vorläufigen Gewerbeertrages – also auf 20 000 DM belaufen. Die effektive Belastung des Gewerbebetriebes mit der Gewerbesteuer ist freilich geringer. Denn die Gewerbesteuer ist eine durch den Betrieb veranlaßte Aufwendung und damit als Betriebsausgabe abzugsfähig.

Zu beachten ist, daß nicht die in dem betreffenden Jahr mehr oder minder zufällig gezahlten Beträge in die Bilanz einzustellen sind, sondern die für dieses Jahr entstehende Gewerbesteuerschuld. Bei der Berechnung der für das betreffende Jahr in die Bilanz einzustellenden Gewerbesteuerrückstellung stellt sich eine Rechenaufgabe; denn die Gewerbeertragsteuer z. B. des Jahres 1977 bestimmt sich nach dem Gewerbeertrag 1977. Bei der Ermittlung des Gewerbeertrages 1977 aber muß die zu errechnende Gewerbeertragsteuer schon berücksichtigt werden, weil sie bei der Ausgangsgröße Gewinn aus dem Gewerbebetrieb abzugsfähig ist.

Die Einkommensteuerrichtlinien tragen dem in Abschn. 22 Abs. 2 durch Anwendung der sogenannten 9/10-Methode[209] Rechnung:

---

208 Zur Entwicklung und zu den Vorläufern dieser Regelung vgl. im einzelnen Keuk, DB 1971, 793 f. Nicht zu folgen ist der Auffassung von Tipke, NJW 1980, 1083, 1084, die Freibetragsregelung diskriminiere die Kapitalgesellschaften. Vgl. dazu näher Knobbe-Keuk, Verhandlungen des 53. Deutschen Juristentags (1980), O 22 ff.

209 Vgl. dazu i. e. Eggesiecker, FR 1969, 139; Popp, DB 1975, 1616. Nach BFH vom 12. 4. 1984 IV R 112/81 BStBl II 1984, 554 führt auch Abschn. 22 Abs. 2 EStR –

Zur Errechnung der Gewerbesteuerrückstellung kann die Gewerbesteuer schätzungsweise mit neun Zehnteln des Betrages der Gewerbesteuer angesetzt werden, die sich ohne Berücksichtigung der Gewerbesteuer als Betriebsausgabe ergeben würde.

In obigem Beispiel wären also $\frac{9}{10}$ von 20 000 = 18 000 im Jahresabschluß als Gewerbeertragsteueraufwand einzusetzen. Damit kommt man freilich nur zu einem annähernd richtigen Ergebnis. Denn nach Abzug des so berechneten Gewerbesteueraufwandes ergibt sich ein Gewerbeertrag von 82 000. 400 % von 5 % von 80 000 sind aber 16 300 und nicht 18 000.

Die $\frac{9}{10}$-Methode führt nur bei einem Hebesatz von 222 % zu dem richtigen Ergebnis.[210]

Für genaue Berechnungen ist auf die Formel Roses[211] zu verweisen:

$$E = \frac{H}{2\,000 + H}(G + D)$$

Dabei steht E für den gesuchten Gewerbesteueraufwand, H für Hebesatz, G für die Ausgangsgröße Gewinn – jedoch vor Abzug des Gewerbesteueraufwandes, D für die Summe der Hinzurechnungen und Kürzungen (einschließlich des Verlustabzugs). Die Formel gilt für Gewerbetreibende, für die die Steuermeßzahl einheitlich 5 % beträgt.

---

wie andere allgemeine Verwaltungsanweisungen, die Schätzungen zum Inhalt haben – aus Gründen der Gleichbehandlung zu einer Selbstbindung der Verwaltung.

210 Rose, Die Ertragsteuern, 4 C 3.

211 Vgl. die Ableitung bei Rose aaO, (Anm. 210).

5. Kapitel
Gewinne aus der Veräußerung, Liquidation und rechtlichen Umstrukturierung des Betriebs

§ 22
Veräußerung und Aufgabe des Gewerbebetriebs[1]

I. Die Veräußerung des Gewerbebetriebs

1. Überblick

Gewinne, die bei der Veräußerung des ganzen Gewerbebetriebs oder eines Teilbetriebes erzielt werden, gehören nach § 16 Abs. 1 Nr. 1 EStG zu den Einkünften aus Gewerbebetrieb. Veräußerungsgewinn ist der Betrag, um den der Veräußerungspreis nach Abzug der Veräußerungskosten den Wert des Betriebsvermögens übersteigt (§ 16 Abs. 2 EStG). Der Veräußerungsgewinn ist durch den Freibetrag nach § 16 Abs. 4 EStG[2] und durch die Tarifvorschrift des § 34 EStG begünstigt.

Nach der Steuerkonterreform[3] gilt die Tarifermäßigung für außerordentliche Einkünfte bis zu 30 Millionen DM. Nach dem Steuerreformgesetz war eine wesentlich schärfere Einschränkung der Tarifermäßigung gegenüber dem alten Zustand vorgesehen (bis 2 Millionen Hälfte des durchschnittlichen Steuersatzes, für den darüber hinausgehenden Betrag bis 5 Millionen ⅔ des durchschnittlichen Steuersatzes).[3a]

Im allgemeinen mißt man § 16 EStG heute keine selbständige Bedeutung in dem Sinne bei, daß die Steuerpflicht des Veräußerungsgewinnes durch diese Vorschrift überhaupt erst begründet würde.[4] Man meint vielmehr, die Steuerpflicht ergebe sich ohnehin schon aus den §§ 15, 2 Abs. 2 Nr. 1 EStG, und sieht die Bedeutung des § 16 EStG lediglich darin, daß im Hinblick auf die Begünstigung des Veräußerungsgewinns eine Grenze zwischen dem laufenden Gewinn und dem Veräußerungsgewinn gezogen werden müsse. Die Be-

1 Vgl. i. e. die Kommentierung bei Herrmann/Heuer/Raupach, § 16 EStG; Schmidt, § 16 EStG; Herzig, BB 1985, 741 ff.

2 § 16 Abs. 4 EStG ist keine Tarifvorschrift, sondern enthält eine sachliche Steuerbefreiung (BFH vom 16. 12. 1975 VIII R 147/71 BStBl II 1976, 360).

3 Gesetz zur Änderung des Steuerreformgesetzes 1990 vom 30. 6. 1989 BStBl I 1989, 251 ff, 252.

3a Steuerreformgesetz vom 25. 7. 1988 BStBl I 1988, 224 ff, 233.

4 Vgl. die Nachweise bei Herrmann/Heuer/Raupach, § 16 EStG Anm. 4–5 mit Nachweisen.

steuerung des Veräußerungsgewinns auch ohne besondere Vorschrift ist freilich durchaus nicht so selbstverständlich, wie sie heute angenommen wird. Man muß sich nur an die Diskussion um die Einführung der dem § 16 EStG entsprechenden Vorschrift in das EStG 1925 erinnern[5] und daran, daß zuvor die Besteuerung des Veräußerungsgewinns gerade nicht für möglich gehalten wurde.

Bei der Vorschrift des § 16 EStG handelt es sich um einen besonderen gesetzlichen Gewinnrealisierungstatbestand: Mit dem Veräußerungsgewinn wird ein Gewinn der Besteuerung unterworfen, der sich nicht aus der Bilanz ergibt.[6] Der Grund liegt darin, daß sonst die in dem Betriebsvermögen liegenden stillen Reserven, die noch nicht realisierten Gewinne, der Besteuerung gänzlich entgehen würden. Denn bei dem Erwerber des Betriebes, der für seine steuerliche Gewinnermittlung nicht von den Buchwerten des Veräußerers, sondern von seinen Anschaffungskosten ausgeht, sind die bei dem Veräußerer gebildeten stillen Reserven nicht zu erfassen. In dem Veräußerungsgewinn nach § 16 EStG werden also die stillen Reserven des Betriebsvermögens und ein etwa entstandener Geschäftswert in dem letztmöglichen Zeitpunkt erfaßt.[7]

Die Tarifermäßigung für den Veräußerungsgewinn beruht auf der folgenden Erwägung: In dem Veräußerungsgewinn nach § 16 EStG werden die im Laufe vieler Jahre angesammelten stillen Reserven erfaßt; die zusammengeballte Aufdeckung der stillen Reserven in dem Jahre der Veräußerung des Gewerbebetriebes würde bei Anwendung des normalen Tarifs zu einer erheblichen Steuerschuld führen, insbesondere würden kleinere Gewerbetreibende, die nicht dem Spitzensteuersatz unterliegen, infolge der Progression des Tarifs hart getroffen. Zur Vermeidung derartiger Härten dienen die Tarifermäßigung und der Freibetrag für den Veräußerungsgewinn nach § 16 Abs. 4 EStG. Nach dem Gesetzeswortlaut ist die Begünstigung allerdings nicht davon abhängig, daß der Veräußerungsgewinn ohne ihr Eingreifen zu einer Progressionserhöhung führen würde.[8] Im übrigen ist nach Abschnitt 41 b Abs. 10 EStR 1987 auch die Inanspruchnahme der Reinvestitionsregelung des § 6 b EStG möglich. Allerdings ist zu beachten, daß der Gewinn aus einer späteren Auflösung einer anläßlich der Betriebsveräußerung gebildeten Rücklage nach § 6 b EStG nach Ansicht des BFH[9] auch dann *nicht* tarifbegünstigt ist, wenn die Rücklage den gesamten Betriebsveräußerungsgewinn neutralisiert hat.

5 Insoweit ist auf die Darstellung bei Strutz, Bd. 2, § 30 Anm. 1–3 zu verweisen.
6 Vgl. zu den Gewinnrealisierungstatbeständen i. e. oben §§ 6, 7.
7 Vgl. den Abdruck der Gesetzesbegründung bei Strutz aaO, (Anm. 5).
8 BFH vom 1. 2. 1989 VIII R 33/85 BStBl II 1989, 458.
9 BFH vom 4. 2. 1982 IV R 150/78 BStBl II 1982, 348 unter Berufung auf § 34 Abs. 1 S. 3 EStG.

2. Der Tatbestand der Veräußerung des Gewerbebetriebs

Eine Betriebsveräußerung liegt vor, wenn die wesentlichen Grundlagen des Betriebes,[10] also insbesondere auch „die Betriebsorganisation, die Kundschaft und die sonstigen immateriellen Werte des Unternehmens in der Weise auf einen anderen übergehen, daß der Betrieb als lebender Organismus des Wirtschaftslebens von dem anderen fortgeführt werden kann".[11] Veräußert der Steuerpflichtige die wesentlichen Grundlagen des Betriebes nicht an einen einzelnen, sondern an verschiedene Erwerber, so handelt es sich nicht um eine Veräußerung des ganzen Betriebes. Trotzdem kann auch in diesem Fall die Anwendung des Freibetrages nach § 16 Abs. 4 EStG und der Tarifermäßigung nach § 34 EStG in Frage kommen, nämlich dann, wenn die Voraussetzungen der Aufgabe des Gewerbebetriebes im Sinne des § 16 Abs. 3 EStG[12] vorliegen.

Der Veräußerung des ganzen Gewerbebetriebes steht die Veräußerung eines *Teilbetriebes* gleich. Unter einem Teilbetrieb ist nicht ein prozentualer Anteil am Betrieb zu verstehen.[13] Eine Teilbetriebsveräußerung liegt nach ständiger Rechtsprechung[14] vor, wenn ein organisch geschlossener, mit einer gewissen Selbständigkeit ausgestatteter Teil eines Gesamtbetriebs, der für sich allein lebensfähig ist, entgeltlich auf einen Erwerber übertragen wird. Es müssen die veräußerten Wirtschaftsgüter eine Untereinheit nach Art eines selbständigen Zweigbetriebs in dem Sinne bilden, daß sie als eigenes Unternehmen fortgeführt werden könnten.[15] Die §§ 16, 34 EStG sind auch auf im Aufbau befindliche Teilbetriebe anzuwenden, die ihre Tätigkeit noch nicht aufgenommen haben.[16] Als Veräußerung eines Teilbetriebes *gilt* seit dem Steueränderungsgesetz vom 14. 5. 1965 auch die Veräußerung der Beteiligung an einer Kapitalgesellschaft, wenn die Beteiligung das gesamte Nennkapital der Gesellschaft oder alle Kuxe der bergrechtlichen Gewerkschaft umfaßt.[17]

---

10 Zum Begriff der wesentlichen Betriebsgrundlagen vgl. Dötsch, Einkünfte aus Gewerbebetrieb nach Betriebsveräußerung und Betriebsaufgabe, 1987, S. 41 ff m. w. N.; BFH vom 9. 12. 1986 VIII 26/80 BStBl II 1987, 342 = DStR 1987, 266; Schmidt, § 16 EStG Anm. 10.

11 BFH vom 6. 2. 1962 I 197/61 BStBl III 1962, 190.

12 Vgl. dazu unten § 22 II 1.

13 Die Veräußerung des Bruchteils eines Einzelunternehmens ist also nicht tarifbegünstigt. Vgl. BFH vom 25. 11. 1980 VII R 32/77 BStBl II 1981, 419; BFH vom 26. 1. 1981 IV R 98/79 BStBl II 1981, 568.
Anders aber im Falle der Veräußerung des Bruchteils der Beteiligung an einer Personengesellschaft, vgl. BFH vom 27. 5. 1981 I R 123/77 BStBl II 1982, 211.

14 Für diese BFH vom 3. 10 1984 I R 119/81 BStBl II 1985, 245.

15 Beispiele bei Herrmann/Heuer/Raupach, § 16 EStG Anm. 110; vgl. ferner Tiedtke, FR 1988, 233 ff.

16 Vgl. BFH vom 1. 2. 1989 VIII R 33/85 BStBl II 1989, 458.

17 Zur Anwendung der §§ 16, 34 EStG auf andere Fälle, in denen gleichfalls sämtliche stille Reserven der Beteiligung aufgelöst werden, vgl. § 22 II 1 b Anm. 99, 100.

3. Veräußerungsgewinn und -verlust

Zur Ermittlung des Veräußerungsgewinns ist nach § 16 Abs. 2 EStG der um die Veräußerungskosten[18] gekürzte Veräußerungspreis dem nach § 4 Abs. 1 oder § 5 EStG für den Zeitpunkt der Veräußerung festgestellten Buchwert des Betriebsvermögens gegenüberzustellen.

Die Auflösung von steuerfreien Rücklagen erhöht den tarifbegünstigten Veräußerungsgewinn[19] und nicht etwa den laufenden Gewinn.

Ist das Betriebsvermögen negativ, so ist dieser Betrag dem Veräußerungspreis hinzuzurechnen. Veräußert der Steuerpflichtige sein überschuldetes Unternehmen in der Weise, daß der Erwerber Aktiva und Passiva übernimmt, ohne etwas zuzuzahlen,[20] so deckt sich – von den Veräußerungskosten abgesehen – der Veräußerungsgewinn mit der Höhe des negativen Kapitals. Er ist zu versteuern, obwohl dem Veräußerer Mittel zur Steuerzahlung nicht zugeflossen sind.[21] Hier muß gegebenenfalls durch Erlaß der Steuer geholfen werden.

Als *Veräußerungspreis* ist der gemeine Wert der Kaufpreisforderung (§§ 1, 9 BewG) anzusetzen.

Der BFH[21a] setzt bei der Übertragung des Betriebs auf eine vom bisherigen Betriebsinhaber und einem Dritten gegründete GmbH neben der Kaufpreisforderung den gemeinen Wert des *Geschäftswerts* als Aufgabeerlös nach § 16 Abs. 3 S. 1 u. 3 EStG an, auch wenn für den Geschäftswert nichts gezahlt ist. Das Urteil ist rechtlich nicht zu halten und wirtschaftlich unsinnig.[22]

Der Veräußerungsgewinn ist im Wirtschaftsjahr der Veräußerung zu versteuern.[23] Auf den Zufluß (§ 11 EStG) des Veräußerungspreises kommt es nicht an. Das gilt auch, wenn der Kaufpreis in Raten zu zahlen ist, vom Veräußerer also gestundet ist. Soweit dem Veräußerer die Mittel zur Steuerzahlung wegen der ratenweisen Tilgung der Kaufpreisforderung noch nicht zur

---

18 Das sind nur die Kosten des Veräußerungsgeschäfts, nicht aber etwaige andere nachteilige Auswirkungen. Vgl. BFH vom 27. 10. 1977 IV R 60/74 BStBl II 1978, 100; BFH vom 26. 3. 1987 IV R 20/84 BStBl II 1987, 561, 563.

19 Für die Rücklage nach § 6 b vgl. Abschnitt 41 b Abs. 10 S. 8 EStR 1987; für die Rücklage für Ersatzbeschaffung vgl. BFH vom 25. 6. 1975 I R 201/73 BStBl II 1975, 848; für die Preissteigerungsrücklage nach § 74 EStDV vgl. BFH vom 4. 6. 1973 IV R 133/71 BStBl II 1974, 27; für die Ausfuhrförderungsrücklage nach § 3 Ausfuhr Förd.Ges. vgl. BFH vom 12. 7. 1973 IV R 183/70 BStBl II 1974, 3.
Für die Rücklage nach § 6 b a.A. zu Unrecht Paus, FR 1984, 249.

20 Es handelt sich nicht etwa um einen Fall des § 7 Abs. 1 EStDV. Vgl. oben § 5 III 5 d und dazu näher Knobbe-Keuk, StuW 1978, 228.

21 BFH vom 24. 7. 1962 I 280/61 U BStBl III 1962, 418; Herrmann/Heuer/Raupach, § 16 EStG Anm. 171.

21a BFH vom 24. 3. 1987 I R 202/83 BStBl II 1987, 705.

22 Vgl. die eingehende Kritik bei Knobbe-Keuk, StbJb 1987/88, 138 ff.

23 Näher dazu Dötsch, Einkünfte aus Gewerbebetrieb nach Betriebsveräußerung und Betriebsaufgabe, 1987, S. 19 ff.

Verfügung stehen und ihm auch andere Mittel fehlen, muß gegebenenfalls durch Stundung geholfen werden.

Sind die *Kaufpreisraten verzinslich*, so gehören die Zinseinnahmen des Veräußerers nicht zum Veräußerungsgewinn, es handelt sich um Einkünfte aus Kapitalvermögen;[24] § 34 EStG ist also insoweit nicht anwendbar.

Sind die *Kaufpreisraten nicht verzinslich*, so wird – zumindest bei nicht ganz kurzfristigen Raten – in den einzelnen Raten neben der Tilgung der Forderung auch deren Verzinsung enthalten sein. Dann müssen die Raten in Tilgung und Zins aufgeteilt werden. Die Raten sind abzuzinsen. Als Veräußerungspreis im Sinne des § 16 Abs. 2 EStG ist nur der Barwert der Kaufpreisforderung anzusetzen,[25] der Unterschied zwischen dem Barwert der Kaufpreisforderung und der Summe der Raten stellt Zinsen und damit – nicht tarifbegünstigte – Einkünfte aus Kapitalvermögen dar.[26]

Längerfristig laufende Ratenzahlungen haben wie *Veräußerungsrenten* regelmäßig den Zweck, zugleich auch die Versorgung des Veräußerers sicherzustellen. Deshalb behandelt die Rechtsprechung – erstrecken sich die Zahlungen über mehr als 10 Jahre und bringt auch die sonstige Ausgestaltung des Vertrages eindeutig die Absicht des Veräußerers auf Versorgung zum Ausdruck[27] – die Einnahmen des Veräußerers nicht als Teil des Veräußerungspreises im Rahmen der Ermittlung des Veräußerungsgewinns im Sinne des § 16 EStG, sondern als laufende nachträgliche Einkünfte aus Gewerbebetrieb. Ein Grund für diese Rechtsprechung liegt in der Erwägung, daß in solchen Fällen die Steuer auf den Veräußerungsgewinn im Veräußerungsjahr ohnehin nicht gezahlt werden könnte.[28]

Wird also die Gegenleistung für den veräußerten Betrieb in Form von Rentenzahlungen oder in Form von Kaufpreisraten, die sich über einen längeren Zeitraum als 10 Jahre erstrecken, erbracht, so wird von der Besteuerung eines Veräußerungsgewinns nach §§ 16, 34 EStG im Veräußerungsjahr abgesehen. Vielmehr werden bei dem Veräußerer alle laufenden Zahlungen zunächst gegen den Buchwert des Betriebsvermögens verrechnet. Sobald die Summe der laufenden Zahlungen den Buchwert übersteigt, werden die Renten bzw. Raten im Jahre des Zuflusses in voller Höhe als laufende nachträgliche Einnahmen aus Gewerbebetrieb behandelt;[29] der ermäßigte Steuersatz nach § 34 EStG und die Freibetragsregelung des § 16 Abs. 4 EStG sind nicht

---

24 Dagegen handelt es sich um nachträgliche Einkünfte aus Gewerbebetrieb, wenn man die Kaufpreisforderung – entgegen der h. M. – auch nach der Betriebsveräußerung weiterhin zum Betriebsvermögen rechnet, so Dötsch aaO, (Anm. 23), S. 105 ff, 117.

25 BFH vom 29. 10. 1970 IV R 141/67 BStBl II 1971, 92.

26 Zur Berechnung vgl. i. e. Herrmann/Heuer/Raupach, § 16 EStG Anm. 200 ff; als Zinsfuß ist nach BFH vom 29. 10. 1970 aaO, (Anm. 25); BFH vom 20. 11. 1969 IV R 22/68 BStBl II 1970, 309 regelmäßig 5,5% anzusetzen.

27 BFH vom 12. 6. 1968 IV 254/62 BStBl II 1968, 653.

28 Vgl. auch Herrmann/Heuer/Raupach, § 16 EStG Anm. 212.

29 Näher dazu Dötsch aaO, (Anm. 23), S. 147 ff.

anzuwenden. Dem Veräußerer bleibt aber auch bei über 10 Jahre hinaus laufenden Kaufpreisraten die Möglichkeit, im Veräußerungsjahr nach §§ 16, 34 EStG zu verfahren. Entsprechendes gilt bei den Veräußerungs(leib)renten; als Veräußerungspreis ist dann der versicherungsmathematisch ermittelte Rentenbarwert anzusetzen.[30]

Der bestandskräftig festgestellte Veräußerungsgewinn wird nach der Rechtsprechung[31] und der herrschenden Meinung[32] in der Literatur nicht dadurch berührt, daß die *Kaufpreisforderung* später *uneinbringlich* wird. Man geht davon aus, daß die Kaufpreisforderung nach der Betriebsveräußerung zum Privatvermögen gehört und ihr Ausfall deshalb einen steuerlich unbeachtlichen Vorgang in der Privatsphäre darstelle. Danach kommt weder eine Änderung des Steuerbescheides nach § 175 Abs. 1 S. 1 Nr. 2 AO noch die spätere Berücksichtigung eines nachträglichen gewerblichen Verlustes in Frage.[33, 34]

Bei der Veräußerung kann sich auch ein *Veräußerungsverlust* ergeben, d. h. der Kaufpreis kann unter dem Buchwert des Betriebsvermögens im Veräußerungszeitpunkt liegen. Dieser Veräußerungsverlust ist bei der Ermittlung der Einkünfte aus Gewerbebetrieb von einem etwaigen laufenden Gewinn abzusetzen. Übersteigt der Verlust auch noch den laufenden Gewinn, so erfolgt der Verlustausgleich mit anderen Einkünften des Steuerpflichtigen im gleichen Veranlagungszeitraum.

Für den umgekehrten Fall, daß ein *Veräußerungsgewinn* erzielt worden ist, sich aber ein laufender Verlust aus Gewerbebetrieb ergeben hat, ist das folgende zu beachten: An sich müßten zunächst die Einkünfte aus Gewerbebetrieb insgesamt ermittelt werden und dazu der laufende Verlust und der Veräußerungsgewinn verrechnet werden. Es wird aber zugelassen, daß der laufende Verlust aus Gewerbebetrieb zunächst mit – dem normalen Tarif unterliegenden – positiven anderen Einkünften verrechnet wird.[35] Dies hat

---

30 A. A. Dötsch aaO, (Anm. 23), S. 105 ff.

31 BFH vom 24. 9. 1976 I R 41/75 BStBl II 1977, 127; BFH vom 28. 1. 1981 I R 234/78 BStBl II 1981, 464; BFH vom 26. 6. 1985 IV R 22/83 BFH/NV 1987, 24; a. A. FG Berlin vom 22. 1. 1986 II 531/82 EFG 1986 Nr. 506.

32 Für die h. M. Herrmann/Heuer/Raupach, § 16 EStG Anm. 193; Claßen, BB 1987, 380 ff; a. A. Schmidt, § 16 EStG Anm. 57 a.

33 Unbillige Härten sind nach h. M. durch Steuererlaß aus persönlichen Gründen zu beseitigen, vgl. BFH vom 24. 9. 1976 I R 41/75 BStBl II 1977, 127. Für die Berücksichtigung eines nachträglichen gewerblichen Verlustes Dötsch aaO, (Anm. 23), S. 105 ff.
Für die Berücksichtigung des Ausfallrisikos auch Theisen, DStR 1988, 403.

34 Zur Anwendung des § 175 Abs. 1 Nr. 2 AO in den Fällen der späteren Erhöhung oder Verminderung des Veräußerungsgewinns vgl. Dötsch aaO, (Anm. 23), S. 118 ff. Wird der Kaufpreis nachträglich durch Vereinbarung herabgesetzt, so verfährt auch der BFH nunmehr nach § 175 Abs. 1 S. 1 Nr. 2 AO (BFH vom 23. 6. 1988 IV R 84/86 BStBl II 1989, 41).

35 OFH vom 16. 4. 1947 VI 3/46 S StuW 1947 Nr. 6; EStR Abschn. 197 Abs. 1; vgl. i. e. Herrmann/Heuer/Raupach, § 34 EStG Anm. 20 c.

den Sinn, die Tarifermäßigung für den Veräußerungsgewinn möglichst zu erhalten.

Beispiel: Der Steuerpflichtige erzielt Gewinn nach § 16	400 000 DM
laufenden Verlust aus Gewerbebetrieb	100 000 DM
Überschuß aus Vermietung und Verpachtung	60 000 DM

Würde zunächst der Gewinn aus Gewerbebetrieb ermittelt, so würden sich 300 000 DM ergeben. Nur für diesen Betrag könnte der ermäßigte Steuersatz nach § 34 EStG in Anspruch genommen werden. 60 000 DM müßten nach dem normalen Tarif versteuert werden. Es kann aber folgendermaßen verfahren werden: Der laufende Verlust aus Gewerbebetrieb in Höhe von 100 000 DM wird zunächst mit den positiven Einkünften aus Vermietung und Verpachtung von 60 000 DM verrechnet und nur der verbleibende Verlustteil von 40 000 DM mit dem Veräußerungsgewinn. Der Steuerpflichtige hat dann 360 000 DM mit dem ermäßigten Steuersatz zu versteuern.

4. §§ 16 Abs. 1 EStG, 7 EStDV und teilweise unentgeltlicher Erwerb[36]

In § 16 Abs. 1 EStG ist der Fall der entgeltlichen Betriebsübertragung geregelt. Grundlage für die Behandlung der unentgeltlichen Betriebsübertragung ist § 7 EStDV: Bei dem Übertragenden tritt keine Gewinnrealisierung ein, der Erwerber führt die Buchwerte seines Vorgängers fort. Fraglich aber ist die Behandlung des Falles, daß zwar entgeltlich veräußert wird, der Preis aber unter dem wirklichen Wert liegt und die Beteiligten sich über die – teilweise – Unentgeltlichkeit einig sind.[37]

Nach der zu § 17 EStG ergangenen Entscheidung vom 17. 7. 1980[38] ist im Falle der „Gemischten Schenkung" die Anteilsübertragung nach dem Verhältnis der tatsächlichen Gegenleistung zum Verkehrswert der übertragenen Anteile in eine voll entgeltliche Veräußerung (im Sinne von § 17 Abs. 1 S. 1 und Abs. 2 S. 1 EStG) und in eine voll unentgeltliche (i. S. von § 17 Abs. 1 S. 4 und Abs. 2 S. 2 EStG) aufzuteilen. Kruse[39] tritt für die Übertragung der

---

36 Vgl. dazu Groh, StuW 1984, 217 ff; Autenrieth, StVj 1989, 82 ff.

37 Vielfach spricht man in diesem Zusammenhang auch von gemischter Schenkung. Einkommensteuerlich ist freilich die zivilrechtlich erforderliche Bereicherungsabsicht ohne Interesse. Einkommensteuerlich geht es nur um entgeltlich und unentgeltlich. Es ist freilich ein Irrtum anzunehmen, steuerlich komme es auf die subjektiven Vorstellungen der Beteiligten überhaupt nicht an, sondern es interessiere nur das objektive Mißverhältnis zwischen Leistung und Gegenleistung (so aber Kruse, JbFStR 1982/83, 176). Das objektive Mißverhältnis als solches rechtfertigt nicht die Annahme eines teilweise unentgeltlichen Vorgangs. Ob die Beteiligten ein teilweise unentgeltliches Geschäft oder ein voll entgeltliches Geschäft mit einem niedrigen Preis geschlossen haben, ist nach dem Geschäftswillen der Beteiligten zu bestimmen. Bei dessen Ermittlung spielt natürlich im Einzelfall, insbesondere bei Geschäften zwischen Familienangehörigen, das objektive Mißverhältnis eine Rolle (vgl. im einzelnen dazu oben § 5 III 5 c).

38 BFH vom 17. 7. 1980 IV R 15/76 BStBl II 1981, 11.

39 Kruse, JbFStR 1982/83, 179 f; vgl. auch Herrmann/Heuer/Raupach, § 6 EStG Anm. 420.

Grundsätze der zu § 17 EStG ergangenen Entscheidung auf §§ 16 Abs. 1 EStG, 7 EStDV ein – da konsequent. Dem ist nicht zu folgen.[40]

Zur Veranschaulichung folgender Fall: V überträgt S seinen Betrieb zum Buchwert, der wirkliche Wert liegt eindeutig wesentlich höher.

Die Aufteilung dieses Vorgangs in einen entgeltlichen und in einen unentgeltlichen Teil würde die – nicht einfache – Ermittlung des wirklichen Wertes des Betriebes voraussetzen. Hinsichtlich des entgeltlichen Teils würde bei V Gewinnrealisierung eintreten, S würde insoweit Anschaffungskosten haben und nur hinsichtlich des unentgeltlichen Teils die Buchwerte fortführen.

Diese Behandlung dürfte die Beteiligten überraschen. Ihnen wird nicht so recht einleuchten, wieso bei voll unentgeltlicher Übertragung die Buchwerte fortgeführt werden können, bei einer Übertragung zum Buchwert hingegen nicht.

U. E. ist die Aufteilung des Geschäfts in einen entgeltlichen und in einen unentgeltlichen Teil in den Fällen nicht erforderlich, in denen bei voll unentgeltlicher Übertragung der Erwerber die Buchwerte fortführen kann.[41]

Vielmehr sollte u. E. nach folgenden Grundsätzen verfahren werden:

Die Übertragung eines Betriebs gegen Entgelt, mag dieses mehr oder weniger unter dem wirklichen Wert liegen, unterfällt dem Tatbestand des § 16 Abs. 1 EStG. Ob ein Veräußerungsgewinn beim Übertragenden entsteht, richtet sich nach § 16 Abs. 2 EStG, also nach dem Ergebnis der Gegenüberstellung von Kapitalkonto und Entgelt. Dieser Sicht hat sich mittlerweile auch der BFH angeschlossen.[42]

Die Veräußerung zum Buchwert bleibt also beim Übertragenden erfolgsunwirksam. Der Erwerber setzt den Preis in Höhe des Buchwertes als Anschaffungskosten an. Stille Reserven entgehen nicht der Besteuerung. Daß sie nicht mehr beim Übertragenden, sondern beim Erwerber erfaßt werden, ist genauso wenig zu beanstanden wie in dem Fall, daß der Erwerber nicht einmal den Buchwert, sondern gar nichts zahlt.

Ein Veräußerungsgewinn des Übertragenden entsteht erst bei einem Entgelt über den Buchwert. Auch hier ist nicht zu fragen, ob das Entgelt vielleicht unter dem wirklichen Wert liegt. Der Veräußerungsgewinn entsteht in Höhe der Differenz zwischen Buchwert und tatsächlich geleistetem Entgelt. Obwohl nicht alle stillen Reserven aufgedeckt werden, kommt die Tarifermäßigung nach § 34 EStG[43] und die Freibetragsregelung des § 16 Abs. 4[44] zur Anwendung.

---

40 Vgl. im Ergebnis wie hier Habich, FR 1988, 16 ff.

41 Vgl. in der Sache ebenso Groh, StuW 1984, 217 ff, 223 f und Schmidt, § 16 EStG Anm. 7.

42 BFH vom 10. 7. 1986 IV R 12/81 BStBl II 1986, 811.

43 BFH aaO, (Anm. 42). Die Begründung des BFH leuchtet ein: Nur beim Veräußernden selbst verbleibende stille Reserven verhindern die Tarifermäßigung. Verbleiben dem Veräußerer keine stillen Reserven, so hat er sie „zusammengeballt“ aufgedeckt und damit ist der Grund für die Tarifermäßigung gegeben.

44 Zur Berechnung im einzelnen vgl. BFH aaO, (Anm. 42).

Liegt das Entgelt unter dem Buchwert des Betriebsvermögens, so ist die Frage, ob in Höhe der Differenz ein Veräußerungsverlust eingetreten ist. Das ist nicht der Fall, wenn die Differenz darauf beruht, daß der Übertragende dem Erwerber unentgeltlich etwas hat zuwenden wollen. Für diese Beurteilung ist dann in der Tat ein Blick auf den Verkehrswert erforderlich, allerdings auch nur ein Blick. Es bedarf nicht der genauen Ermittlung des Verkehrswertes, sondern es ist ausreichend die Feststellung, daß der Verkehrswert jedenfalls nicht unter dem Buchwert liegt.

Ist anzunehmen, daß die Differenz zwischen dem Buchwert und dem niedrigeren Entgelt auf einer privaten Zuwendung an den Erwerber beruht, so ist der Fall befriedigend bewältigt, wenn der Veräußerer keinen Veräußerungsverlust hat und der Erwerber das übernommene Betriebsvermögen mit den Buchwerten des Veräußerers ansetzt.[45]

Die vorgetragene Lösung hat gegenüber der Aufteilung der Betriebsveräußerung in einen entgeltlichen und in einen unentgeltlichen Teil den ungeheuren praktischen Vorzug, daß sie in den Fällen gemischter Schenkung nicht zu einer Ermittlung des wirklichen Wertes des Betriebes zwingt. Darüber hinaus wird diese Behandlung insbesondere im Falle der Übertragung zum Buchwert den wirtschaftlichen Gegebenheiten und den Intentionen der Beteiligten eher gerecht als die Annahme einer – teilweisen – Gewinnrealisierung auf Grund einer Aufteilung des Übertragungsgeschäfts in einen entgeltlichen und in einen unentgeltlichen Teil.

Nach den dargestellten Grundsätzen ist u. E. auch in dem Falle zu verfahren, daß ein Betrieb im Wege *vorweggenommener Erbfolge* übertragen wird und der Übernehmer Leistungsverpflichtungen gegenüber dem Übertragenden oder gegenüber Dritten, z. B. Geschwistern, übernimmt. Der BFH[46] be-

45 Dieser Ansatz ergibt sich aus seinen Anschaffungskosten und einer Einlage in Höhe der vom Veräußerer zugewendeten Differenz.

46 Vgl. BFH vom 26. 11. 1985 IX R 64/82 BStBl II 1986, 161 für Gleichstellungszahlungen, BFH vom 30. 10. 1984 IX R 2/84 BStBl II 1985, 610 für wiederkehrende Bezüge, BFH vom 15. 10. 1987 IV R 66/86 BStBl II 1988, 260 für vorbehaltene Nutzungsrechte an einzelnen Wirtschaftsgütern des Betriebes. A. A. dagegen die Rechtsprechung der Finanzgerichte, vgl. FG Düsseldorf vom 12. 12. 1983 II 314/83 L EFG 1984 Nr. 531 – rk; FG des Saarlandes vom 21. 9. 1984 I 35/83 EFG 1985 Nr. 140; vom 29. 10. 1986 I 255/85 EFG 1987 Nr. 63; vom 29. 10. 1986 I 208/85 EFG 1987 Nr. 64; FG Schleswig-Holstein vom 23. 10. 1986 II 215/82 EFG 1987 Nr. 65 – rk; FG Münster vom 18. 12. 1987 VI 3507/84 E EFG 1988 Nr. 185

Jüngst ist nun auch der IX. Senat des BFH auf die Richtung der Finanzgerichte eingeschwenkt. Im Vorlagebeschluß vom 7. 3. 1989 IX R 82/86, IX R 300/87, IX R 308/87 BStBl II 1989 wird die Auffassung vertreten, daß Gleichstellungszahlungen und wiederkehrende Bezüge anders als vorbehaltene Nutzungsrechte unabhängig von der zivilrechtlichen Qualifikation des Gesamtvorgangs als Auflagen- oder gemischte Schenkung einkommensteuerlich stets als Gegenleistung zu werten sind, so daß ein teilentgeltlicher Erwerb vorliegt.

Aus dem neueren Schrifttum vgl. Schmidt, § 16 EStG Anm. 6b; Groh, JDStJG

handelt diesen Fall bislang zu Unrecht als Schenkung unter einer Auflage und als voll unentgeltlichen Erwerb. Der Erwerber hat hier tatsächlich Anschaffungskosten für den Betrieb und deshalb liegt ein voll unentgeltlicher Erwerb nicht vor.[47]

5. Veräußerung des Betriebs nach Erbfall und Erbauseinandersetzung[48]

a) Gehört zum Nachlaß ein Betrieb, so führt der Erbe die Buchwerte des Erblassers fort (§ 7 Abs. 1 EStDV). Gleiches gilt bei einer Erbengemeinschaft. Die Erbengemeinschaft fällt unter den Tatbestand des § 15 Abs. 1 S. 1 Nr. 2 EStG.[49] Solange der Betrieb zum Nachlaß gehört, wird er auf Rechnung und Gefahr aller Miterben geführt; die Miterben sind Mitunternehmer des Betriebs.

Wird der Betrieb veräußert, so wird der Steuertatbestand des § 16 Abs. 1 EStG vom Erben bzw. von der Erbengemeinschaft verwirklicht und entsteht bei diesen – und nicht etwa beim Erblasser – der Veräußerungsgewinn.

Die Doppelbelastung mit Einkommensteuer und Erbschaftsteuer mildert § 35 EStG.[50]

b) Übernimmt bei der *Erbauseinandersetzung* ein Miterbe von der Erbengemeinschaft den Betrieb, so wird dieser Vorgang von der *bisherigen* Rechtsprechung grundsätzlich erfolgsneutral behandelt. Die Erbauseinandersetzung wird als Vorgang des Erbens gewertet, der sich in der privaten außerbetrieblichen Sphäre abspielt.[51] Ein Veräußerungsgewinn des „weichenden", mit anderen Nachlaßgegenständen oder mit Ausgleichszahlungen des Betriebsübernehmers abgefundenen Miterben soll deshalb nicht in Frage kommen, da die Miterben die ihnen bei der Auseinandersetzung zugeteilten Vermögenswerte – entgegen der zivilrechtlichen Lage – „unmittelbar vom Erblasser mit dinglicher Wirkung"[52] und damit *unentgeltlich* erhielten.

Obwohl sich die Erbauseinandersetzung nach dem BFH in der privaten

---

1987, 137 ff; Herzig/Förster, BB 1988, 450 ff; Seithel, Steuerberaterkongreßreport 1988, 227 ff.

47 Vgl. oben § 5 III 5 und die näheren Ausführungen bei Knobbe-Keuk, Festschrift Döllerer, 1988, S. 315 ff.

48 Zum Thema Erbfall und Erbauseinandersetzung vgl. i. e. Schmidt, § 16 EStG Anm. 120–133 m. w. N. zu Schrifttum und Rechtsprechung.
Aus der neueren Literatur vgl. insbes. Groh aaO, (Anm. 46); Wassermeyer, DStR 1986, 771 ff; Schmidt/Liebig, BB 1986, 2244 ff; Herzig, StbJb 1987/88, 231; FR 1988, 85 ff; Groh, StuW 1988, 210 ff.

49 Vgl. oben § 9 II 4 a aa).

50 Zur Problematik der Doppelbelastung mit Erbschaft- und Einkommensteuer vgl. Keuk, DB 1973, 634.

51 BFH vom 10. 12. 1975 I R 133/73 BStBl II 1976, 368; vgl. auch die Darstellung der Rechtsentwicklung in BFH vom 6. 2. 1987 III R 203/83 BStBl II 1987, 423. Vgl. aber den Vorlagebeschluß des VIII. Senats vom 18. 10. 1988 VIII R 172/85 BStBl II 1989, 549.

52 Z. B. BFH vom 29. 5. 1969 IV R 238/66 BStBl II 1969, 614.

Sphäre abspielt und danach die Vermächtnis-, Pflichtteils- und Ausgleichsverpflichtungen, die den den Betrieb bzw. Gesellschaftsanteil übernehmenden Erben treffen, privater Natur sind, qualifiziert der BFH in der Entscheidung vom 19. 5. 1983[53] die Zinsen, die der übernehmende Erbe für einen im Hinblick auf die an den anderen Miterben zu leistenden Ausgleichszahlungen aufgenommenen Kredit zu erbringen hat, als (Sonder)Betriebsausgaben.[54]

Die Beurteilung der Erbauseinandersetzung als privater Vorgang des Erbens und damit die erfolgsneutrale Behandlung setzen nach der Rechtsprechung jedoch voraus, daß der „weichende" Miterbe noch nicht Mitunternehmer hinsichtlich des zum Nachlaß gehördenen Gewerbebetriebs geworden ist. Wenn und sobald der Miterbe Mitunternehmer geworden ist, gilt also die Vorstellung, daß jeder Miterbe die ihm bei der Erbauseinandersetzung zugeteilten Wirtschaftsgüter unmittelbar vom Erblasser und damit unentgeltlich erhalten habe, nicht mehr. Die Erbauseinandersetzung wird dann von der Rechtsprechung als Veräußerungsvorgang im Sinne des § 16 EStG behandelt.

Ob im Einzelfall die Erbauseinandersetzung noch als privater unentgeltlicher Vorgang des Erbens oder als Veräußerungsvorgang zu werten ist, hängt nach der Rechtsprechung wesentlich von dem Zeitraum zwischen Erbfall und Auseinandersetzung ab. Allein die Fortführung des Betriebs durch die Erbengemeinschaft als solche soll noch nicht eine Mitunternehmerschaft zwischen den Miterben und die Qualifizierung der späteren Auseinandersetzung als Veräußerungsvorgang begründen. Erst wenn die Erbauseinandersetzung nicht innerhalb einer „angemessenen Frist" erfolgt und die Erbengemeinschaft über diese Frist hinaus den Betrieb fortführt, soll eine Mitunternehmerschaft anzunehmen sein. Über die Länge der Frist, innerhalb welcher die Auseinandersetzung zu erfolgen hat, damit sie noch als Vorgang des Erbens und somit als erfolgsneutral anerkannt werden kann, sind kaum konkrete Angaben zu machen. Als angemessene Fristen werden in der Literatur drei[55] oder sechs[56] Monate genannt. Die Rechtsprechung beurteilt die Angemessenheit nach den Umständen des Einzelfalls; so ist vom BFH z. B. der Zeitraum von einem Jahr,[57] vom FG Münster[58] der Zeitraum von 3 Jahren für unschädlich erachtet worden.[59]

53 BFH vom 19. 5. 1983 IV R 138/79 BStBl II 1983, 380. Vgl. dazu Tiedtke, FR 1984, 157. Dem BFH folgend FG Köln vom 29. 8. 1984 X 55/82 E EFG 1985 Nr. 82 (Revision eingelegt). Das FG Köln hat im Streitfall Zinsen für die Finanzierung von Abfindungszahlungen an weichende Erben als Werbungskosten bei den Einkünften aus Vermietung und Verpachtung anerkannt.

54 Vgl. auch schon BFH vom 14. 2. 1973 I R 131/70 BStBl II 1973, 395: Die Alleinerbin eines Einzelunternehmens hatte zur „Sicherstellung" des Pflichtteilsanspruchs ihrer Tochter dieser eine typische stille Beteiligung eingeräumt. Auch hier war die ursprünglich private Pflichtteilsschuld zu einer Betriebsschuld geworden, und die auf die typische stille Beteiligung entfallenden Gewinnanteile wurden als Betriebsausgaben anerkannt.

55 Z. B. Paulick, Anmerkung zu BFH vom 26. 7. 1963 VI 334/61 U BStBl III 1963, 480, in Loepelmann, BFH-Besprechungen 1963.

56 Z. B. Theis, Der Erbe im Einkommensteuerrecht, 1962, S. 34 f.

57 Z. B. BFH vom 26. 7. 1963 VI 334/61 U BStBl III 1963, 480.

58 FG Münster vom 3. 5. 1968 VI a 369/65 EFG 1968 Nr. 626.

59 Vgl. weitere Rechtsprechungsnachweise bei Herrmann/Heuer/Raupach, § 16 EStG Anm. 77.

Der bisherigen Rechtsprechung zur Erbauseinandersetzung liegt das Bestreben zugrunde, die Erbauseinandersetzung über Betriebsvermögen erfolgsneutral zu behandeln und einen Veräußerungsgewinn bei den weichenden Miterben zu verhindern. Dabei hat der BFH im Ergebnis bislang – ob bewußt oder unbewußt mag dahinstehen – den Interessen der weichenden Erben den Vorzug vor denen des Betriebsübernehmers gegeben: Die weichenden Erben realisieren die stillen Reserven, machen Kasse und versteuern nicht; die stillen Reserven und damit die Steuerbelastung bleibt bei dem Betriebsübernehmer hängen.

Inzwischen hat der IX. Senat[60] für den Erwerb von Privatvermögen durch einen Miterben Abschied von der – von Groh[61] als „zivilrechtlicher Nonsens" eingeordneten – Vorstellung der Sprungnachfolge genommen und klargestellt, daß der Miterbe den ihm bei der Auseinandersetzung übertragenen Vermögensgegenstand von der Miterbengemeinschaft erwirbt. Damit kann nunmehr auch die Frage gestellt werden, ob der Miterbe Anschaffungskosten hat.[62]

Für die Übernahme von Betriebsvermögen durch einen Miterben kann die Sicht keine andere sein.[63] Auch hier liegt ein Anschaffungsgeschäft zwischen der Miterbengemeinschaft und dem übernehmenden Miterben vor. Dies hat zur Konsequenz, daß der den Betrieb übernehmende Miterbe Anschaffungskosten haben und bei der Miterbengemeinschaft ein Veräußerungsgewinn entstehen kann.

Anschaffungskosten des Miterben liegen vor, soweit dieser für den Erwerb Aufwendungen aus seinem Eigenvermögen erbringt. Aus seinem Eigenvermögen aber werden Aufwendungen getätigt, wenn er weiter am Nachlaß beteiligt bleibt, also eine Anrechnung in Höhe seiner Erbquote nicht stattfindet.

Beispiel: Der Nachlaß, an dem A, B und C zu je ein Drittel beteiligt sind, hat einen Gesamtwert von 1800. A übernimmt den Betrieb mit dem Auseinandersetzungswert von 600 (Buchwert bei der Erbengemeinschaft gemäß § 7 Abs. 1 EStDV: 240). Er zahlt 400 Ausgleichszahlungen und bleibt am Rest des Nachlasses mit seiner Erbquote von ein Drittel beteiligt. A hat also für den Erwerb des Betriebes aus seinem Eigen-

60 BFH vom 9. 7. 1985 IX R 49/83 BStBl II 1985, 722; vgl. dazu BdF-Schreiben vom 31. 12. 1988 BStBl I 1988, 546.

61 Groh aaO, (Anm. 46), S. 142.

62 Liegen Anschaffungskosten vor und wird das Grundstück innerhalb der Zwei-Jahres-Frist des § 23 EStG veräußert, kommt die Besteuerung eines Spekulationsgewinns in Betracht, vgl. BFH vom 22. 9. 1987 IX R 15/84 BStBl II 1988, 250.

63 Im Grundsatz ebenso Vorlagebeschluß des VIII. Senats aaO, (Anm. 51); Groh, Herzig, Schmidt-Liebig, Wassermeyer aaO, (alle Anm. 46); Schmidt, § 16 EStG Anm. 124c (nicht aber für den Fall, daß der Miterbe aufgrund einer Teilungsanordnung von vornherein ab Erbfall den Betrieb auf eigene Rechnung fortführt); a. A. Schulze zur Wiesche, DB 1987, 1909; Ehlers/Kolzinger, DStZ 1987, 79 ff; Costede, StVJ 1989, 41.
Die hier vertretene Position ist näher ausgeführt bei Knobbe-Keuk aaO, (Anm. 47).

vermögen Aufwendungen von 400 erbracht. Insoweit liegen Anschaffungskosten und damit ein entgeltlicher Erwerb vor. Im übrigen hat er seinen „Anteil“ am Betrieb eingesetzt; insoweit ist sein Erwerb unentgeltlich. A führt für den unentgeltlichen Teil des Erwerbs (das ist ein Drittel) die Buchwerte der Erbengemeinschaft fort; für den entgeltlichen Teil des Erwerbs setzt er seine Anschaffungskosten an. In seiner Eröffnungsbilanz wird der Betrieb insgesamt mit 480 (ein Drittel Buchwert in Höhe von 80 zuzüglich 400 Anschaffungskosten) ausgewiesen.

Infolge der Übertragung des Betriebs auf A hat die Erbengemeinschaft den Tatbestand des § 16 Abs. 1 EStG verwirklicht.

Als Veräußerungspreis sind zum einen die Ausgleichszahlungen zugunsten der weichenden Miterben anzusetzen; zum anderen ist die Miterbengemeinschaft nicht mehr verpflichtet, dem übernehmenden Erben auf seinen Erbanteil einen Betrag zu zahlen, der wertmäßig seinem Anteil am Betriebsvermögen entspricht. In unserem Beispiel wären also als Veräußerungserlös 600 anzusetzen, nämlich 400 Ausgleichszahlungen des A an B und C und 200, weil A insoweit seinen Anteil am Nachlaß einsetzt. Hinsichtlich des auf A entfallenden Teils des Veräußerungserlöses tritt eine Gewinnrealisierung aber nicht ein, weil, soweit er seinen Anteil am Nachlaß einsetzt, sein Erwerb unentgeltlich ist und er insoweit die Buchwerte der Erbengemeinschaft nach § 7 Abs. 1 EStG fortführt. Damit verbleibt bei der Erbengemeinschaft ein Veräußerungsgewinn von 400 – ⅔ Buchwert von 240, der anteilig B und C zuzurechnen und von diesen unter Beachtung der §§ 16 Abs. 4, 34 EStG und unter Berücksichtigung der Steuerermäßigung nach § 35 EStG zu versteuern ist.

Die Beteiligten haben aber u. E. auch die Möglichkeit, die Überführung des Betriebs aus der Erbengemeinschaft auf den Miterben im ganzen erfolgsneutral zu behandeln, indem der übernehmende Miterbe die Buchwerte insgesamt fortführt. Dies ergibt eine teleologische Reduktion des Gewinnrealisierungstatbestandes, wie sie etwa der Möglichkeit der erfolgsneutralen Realteilung bei einer Personengesellschaft,[64] der Möglichkeit der erfolgsneutralen Überführung von Vermögensgegenständen des Gesellschaftsvermögens auf den Gesellschafter und vice versa[65] usw. bei Buchwertfortführung zugrunde liegt.

Die Beteiligten haben nur zu berücksichtigen, daß der Miterbe, der den Betrieb mit den alten Buchwerten fortführt, allein die gesamten stillen Reserven übernimmt. Es ist Sache der Miterben, untereinander gegebenenfalls für einen Ausgleich zu sorgen.[66]

c) Erfolgt die Auseinandersetzung in der Weise, daß ein Miterbe den Betrieb übernimmt, ein anderer Miterbe aber z. B. das Betriebsgrundstück erhält, so verwirklicht die Erbengemeinschaft, die vom Zeitpunkt des Erbfalls an den Betrieb als Mitunternehmergemeinschaft nach § 15 Abs. 1 S. 1 Nr. 2 EStG fortführt,[67] den *Entnahmetatbestand.* Die Zurechnung des Entnahmegewinns erfolgt an den Miterben, der den Entnahmegegenstand übernimmt.[68] Die Lage ist insoweit nicht anders als bei einer Personengesell-

64 Vgl. dazu § 22 IV.
65 Vgl. § 11 III.
66 Vgl. zur entsprechenden Problematik bei der Realisierung § 22 V.
67 Vgl. oben § 9 II.
68 Vgl. im Ergebnis ebenso BFH vom 7. 2. 1980 IV R 178/76 BStBl II 1980, 383.

schaft: Der bei der Gesellschaft entstandene Entnahmegewinn wird dem Beteiligten zugerechnet, den es angeht.[69]

Übernimmt der Miterbe den Gegenstand aus dem zum Nachlaß gehörenden Betrieb in einen eigenen Gewerbebetrieb, so kann auf die Besteuerung des Entnahmegewinns verzichtet werden, wenn er den Buchwert fortführt.[70]

Erfüllt der Alleinerbe oder die Miterbengemeinschaft die Forderung eines Vermächtnisnehmers auf Übereignung eines zum Betriebsvermögen gehörenden Gegenstandes oder wird ein auf Geld gerichteter Anspruch eines Vermächtnisnehmers, Pflichtteilsberechtigten, Erbersatzberechtigten mit einem Gegenstand des Betriebsvermögens abgelöst, so entsteht der Entnahmegewinn beim Alleinerben bzw. bei der Miterbengemeinschaft und nicht etwa bei dem Empfänger des Gegenstandes.[71]

d) Der Alleinerbe hat keine Anschaffungskosten für den Betrieb und die sonstigen zum Nachlaß gehörenden Gegenstände. Der Erwerb durch Universalsukzession stellt kein Anschaffungsgeschäft dar. Auch die Belastung mit den Erbfallschulden (Vermächtnissen, Pflichtteils-, Erbersatzansprüchen) führt nicht zu Anschaffungskosten der einzelnen Nachlaßgegenstände. Der Alleinerbe setzt für den Erwerb keine Eigenmittel ein. Erbfallschulden werden mit Mitteln des Nachlasses beglichen.

e) Auch soweit keine Anschaffungskosten vorliegen, bleibt die Frage, ob bei dem Erben die Erbfallschulden oder der zur Erfüllung aufgenommene Kredit und die darauf entfallenden Schuldzinsen bei der Einkünfteermittlung zu berücksichtigen sind. U. E. ist die Frage zu bejahen.[72] Immerhin ist der Erwerb der Einkunftsquelle untrennbar mit der Belastung durch Erbfallschulden verbunden. Gehört zum Nachlaß also ein Betrieb, so ist der zur Ablösung von Erbfallschulden aufgenommene Kredit anteilig Betriebsschuld und sind die Zinsen Betriebsausgaben. Dies gilt auch für die Erbfallschuld selbst, wenn diese von dem Inhaber des Pflichtteils-, Vermächtnis-, Erbersatzanspruchs verzinslich gestundet wird.[73]

---

69 Vgl. dazu oben § 10 II 2; siehe auch Schmidt, § 16 EStG Anm. 125; Herrmann/Heuer/Raupach, § 16 EStG Anm. 89; Littmann/Bitz/Meincke, § 16 EStG Anm. 119.

70 Vgl. zum Prinzip der Buchwertverknüpfung § 22 III 3, V.

71 Vgl. dazu Klemm, Beilage 19 zu DB Heft 37/1984, S. 6.

72 Ebenso Groh aaO, (Anm. 46), S. 156.

73 Vgl. die Nachweise zur Rechtsprechung – die bislang ohne Linie ist – bei Schmidt, § 16 EStG Anm. 121; Ehlers/Kreutzinger, DStZ 1987, 79 ff. Im übrigen eröffnet die Rechtsprechung z. Zt. allgemein hinreichende Möglichkeiten, Privatschulden in Erwerbsschulden umzuwandeln, die sich auch der Erbe zunutze machen kann. Vgl. dazu Wassermeyer, DStR 1986, 777 f.

II. Die Aufgabe des Gewerbebetriebs

1. Der Tatbestand der Aufgabe des Betriebs

a) Allgemeines

a) Als Veräußerung gilt auch die Aufgabe des Gewerbebetriebs (§ 16 Abs. 3 S. 1 EStG).[74] In dem Begriff des „Aufgebens“ liegt, daß es sich um einen in die Tat umgesetzten, sei es freiwilligen, sei es durch die Verhältnisse oder den Willen eines Dritten erzwungenen *Entschluß* des Steuerpflichtigen handeln muß, den Gewerbebetrieb nicht mehr fortzuführen.[75]

Zur Berechnung des Aufgabegewinns sind – soweit einzelne Wirtschaftsgüter des Betriebsvermögens veräußert werden – die Veräußerungspreise anzusetzen (§ 16 Abs. 3 S. 2 EStG). Soweit die Wirtschaftsgüter nicht veräußert und infolge der Betriebsaufgabe in das Privatvermögen des Steuerpflichtigen überführt werden, sind die gemeinen Werte im Zeitpunkt der Aufgabe des Betriebs anzusetzen (§ 16 Abs. 3 S. 3 EStG).[76]

Ein etwaiger originärer Geschäftswert geht durch die Betriebsaufgabe unter und wird steuerlich nicht erfaßt.[77] Dies gilt auch dann, wenn die Verpachtung des Gewerbebetriebes als Betriebsaufgabe behandelt wird[78] und ein Teil der Pachtzahlungen wirtschaftlich den den Geschäftswert begründenden Umständen (Kundenstamm, Firma, Absatzorganisationen) zuzuordnen ist.

Die Bewertungsbestimmung des § 16 Abs. 3 S. 3 EStG durchbricht das dem Einkommensteuerrecht zugrundeliegende Prinzip,[79] daß nur realisierte Gewinne der Besteuerung unterliegen. Insoweit handelt es sich wie bei der Entnahme auch bei der Betriebsaufgabe um einen gesetzlichen Ersatzgewinnrealisierungstatbestand.[80]

Der bei einer Betriebsaufgabe nach § 16 Abs. 3 EStG entstehende Gewinn ist durch die Tarifermäßigung des § 34 Abs. 2 Nr. 1 EStG und durch den Freibetrag nach § 16 Abs. 4 EStG begünstigt. Da durch diese Regelung die

---

74 Den Tatbestand der Aufgabe „eines Gesellschaftsanteils“ gibt es entgegen der Auffassung der Rechtsprechung nicht. Vgl. dazu § 23 I 1.

75 Vgl. Strutz, Bd. II, § 30 Anm. 44.

76 Näher zum Zeitpunkt der Aufgabe Dötsch aaO, (Anm. 23), S. 17 ff; Schmidt, § 16 EStG Anm. 48.

77 BFH vom 24. 3. 1987 I R 202/83 BStBl II 1987, 705 setzt freilich bei der Übertragung des Betriebs auf eine vom bisherigen Betriebsinhaber und einem Dritten gegründete GmbH neben der Kaufpreisforderung den gemeinen Wert des *Geschäftswerts* als Aufgabeerlös nach § 16 Abs. 3 S. 2 EStG an. Gegen das Urteil vgl. Knobbe-Keuk, StbJb 1987/88, 138 ff.

78 Vgl. dazu unten § 22 II 2.

79 Vgl. dazu Knobbe-Keuk, DStR 1985, 494 und oben § 7 I.

80 Sehr streitig; a. A. die h. M. Wie hier Dötsch aaO, (Anm. 23), S. 64 ff. Dort auch zum Stand der Meinungen. Zu Gestaltungen zur Vermeidung der Betriebsaufgabe vgl. Streck, FR 1988, 57 ff.

zeitlich zusammengeballte Aufdeckung stiller Reserven begünstigt werden soll, bedarf es der Abgrenzung der Betriebsaufgabe i. S. des § 16 Abs. 3 EStG von der allmählichen Betriebsabwicklung. Letztere führt zwar auch zu einer – sukzessiven – Aufdeckung der stillen Reserven, ist aber nicht begünstigt.

Eine Betriebsaufgabe i. S. des § 16 Abs. 3 EStG liegt vor, wenn der Steuerpflichtige die gewerbliche Tätigkeit einstellt, alle wesentlichen Betriebsgrundlagen in einem einheitlichen Vorgang entweder an mehrere Erwerber veräußert oder teils veräußert und teils in das Privatvermögen überführt oder aber insgesamt in das Privatvermögen überführt und dadurch der Betrieb als „selbständiger Organismus des Wirtschaftslebens" nicht weiterbesteht.[81] Von der allmählichen, nicht begünstigten Abwicklung, unterscheidet sich die Betriebsaufgabe i. S. des § 16 Abs. 3 EStG dadurch, daß alle wesentlichen Betriebsgrundlagen in einem wirtschaftlich einheitlichen Vorgang – also nicht nach und nach – veräußert oder ins Privatvermögen überführt werden. Die Beurteilung hängt insbesondere von der Zeitdauer des gesamten Aufgabevorganges ab; ein wirtschaftlich einheitlicher Vorgang liegt dann vor, wenn zwischen Beginn und Ende der Aufgabe nur ein „kurzer Zeitraum" liegt.[82]

Der Steuerpflichtige, der seinen Betrieb einstellen will, hat damit die *Wahl,* ob er sein unternehmerisches Engagement durch allmähliche schrittweise Betriebsabwicklung oder durch Betriebsaufgabe i. S. des § 16 Abs. 3 EStG beenden will.

Hat der Steuerpflichtige, der seinen Betrieb einstellt, freilich nicht die Absicht, wenigstens einen Teil der wesentlichen Betriebsgrundlagen in absehbarer Zeit zu veräußern, in das Privatvermögen zu überführen oder in einem anderen Gewerbebetrieb zu verwenden, so soll es sich nach dem BFH notwendigerweise um eine Betriebsaufgabe i. S. des § 16 Abs. 3 EStG handeln, die Wirtschaftsgüter sollen automatisch Privatvermögen geworden sein.[83]

U. E. ist dem nicht zu folgen.[84] Wie die Eigenschaft eines Wirtschaftsguts als Betriebsvermögen immer auf die Widmung des Steuerpflichtigen zurückzuführen ist – sei es, daß dieser das Wirtschaftsgut durch Einlage dem Betrieb zuführt oder daß er es mit Mitteln des Vertriebs angeschafft oder hergestellt hat[85] –, so kann es diese Eigenschaft auch nur aufgrund einer Maßnahme des Steuerpflichtigen wieder verlieren, also durch Überführung in das Privatvermögen, etwa durch eine tatsächliche Nutzungsänderung oder Entwidmungserklärung. Solange dies nicht geschieht, ist das Wirtschaftsgut nicht wieder Privatvermögen geworden.[86]

---

81 Vgl. Schmidt, § 16 EStG Anm. 30 mit Nachweisen aus der Rechtsprechung.

82 Vgl. dazu die Nachweise bei Schmidt, § 16 EStG Anm. 37.

83 BFH vom 19. 1. 1983 I R 84/79 BStBl II 1983, 412; BFH vom 27. 10. 1983 IV R 217/81 BStBl II 1984, 364.

84 Vgl. auch Felix, Steuerberaterkongreßreport 1980, 129 ff, 155, 162.

85 Vgl. Wassermeyer, JDStJG 1980, 315 ff, 323.

86 Vgl. auch Dötsch aaO, (Anm. 23), S. 48 ff.

Diese Sicht trägt dem dem Einkommensteuerrecht zugrundeliegenden Realisationsprinzip Rechnung.[87] Die Durchbrechung dieses Prinzips durch die gesetzlichen Ersatzgewinnrealisierungstatbestände Entnahme und Betriebsaufgabe hat ihren inneren Grund nur darin, daß diese Vorgänge auf dem Willen des Steuerpflichtigen beruhen. Gegen eine Besteuerung stiller Reserven auch ohne Realisierung, auch ohne daß liquide Mittel zur Verfügung stehen, ist dann – aber auch nur dann – nicht einzuwenden, wenn der Steuerpflichtige selbst die Ersatzrealisierung durch Entnahmehandlung oder Betriebsaufgabemaßnahme vornimmt.

Mit dem Tod des Unternehmers ist keine Aufgabe des Gewerbebetriebes und folglich keine Gewinnrealisierung verbunden. Der *Erbe* übernimmt den Betrieb mit den alten Buchwerten (§ 7 EStDV). Die Aufdeckung der stillen Reserven wird erst beim Erben versteuert,[88] nämlich dann, wenn dieser den ererbten Betrieb veräußert oder aufgibt oder wenn er die stillen Reserven im laufenden Geschäftsbetrieb realisiert.

Das gleiche gilt für den Fall, daß ein Gewerbebetrieb unentgeltlich übertragen wird.

Wird der Betrieb anläßlich der *Eröffnung des Konkursverfahrens* über das Vermögen des Steuerpflichtigen eingestellt und verwertet der Konkursverwalter nur die Bestände, so ist der Betrieb mit der Konkurseröffnung aufgegeben worden.[89]

Wie bei dem Entnahmetatbestand gilt es auch bei der Betriebsaufgabe der Gefahr zu begegnen, daß durch eine ausdehnende Auslegung oder eine analoge Anwendung der von der Rechtsprechung und der herrschenden Meinung im Grundsatz abgelehnte allgemeine Steuerentstrickungsgrundsatz

87 Gegen die Gleichstellung der Betriebsaufgabe mit der Betriebsveräußerung im EStG 1925 war immer eingewendet worden, daß der Steuerpflichtige für die anläßlich der Betriebseinstellung nicht veräußerten Wirtschaftsgüter keine Gegenleistung und also keine Mittel für die Steuerzahlung erhalte. Dem hatte der RFH (RFH vom 26. 11. 1931 VI A 1978/31 RStBl 1932, 624 f; RFH vom 9. 12. 1931 VI A 2239/30 RStBl 1932, 625 f) unter Berufung auf Enno Becker entgegengehalten, der Gesetzgeber sei davon ausgegangen, daß auch bei der Betriebsaufgabe „die wesentlichen Anlagewerte zu Geld gemacht" und nur geringfügige Objekte in das Privatvermögen überführt werden. Der Gesetzgeber – so der RFH – könne „unmöglich den Fall im Auge gehabt haben, daß wesentliche Teile des Betriebsvermögens, insbesondere die Geschäftsgrundstücke, vorläufig nicht veräußert werden"; wollte man § 30 EStG 1925 „auch auf solche Fälle anwenden, so würde dies dem Grundsatz des EStG: keine Versteuerung noch nicht realisierter Gewinne" widersprechen. Enno Becker legte denn auch den Betriebsaufgabetatbestand in Hinsicht auf das Realisationsprinzip einschränkend aus und nahm bei bloßer Einstellung der unternehmerischen Tätigkeit noch keine Betriebsaufgabe an. Wurden Gegenstände des Betriebsvermögens irgendwann nach der Einstellung des Betriebs veräußert, so waren es für Becker – konsequent – nachträgliche gewerbliche Einnahmen (vgl. Enno Becker, Kommentar zum EStG 1925, § 30 EStG Anm. 11; Die Grundlagen der Einkommensteuer, 1940, S. 207 ff, 233 ff mit Nachweisen).

88 Vgl. zu Erbfall und Erbauseinandersetzung i. e. Schmidt, § 16 EStG Anm. 120 ff und unten § 23 III.

89 RFH vom 20. 11. 1940 IV 330/40 RStBl 1941, 225.

durch die Hintertür Eingang in das Einkommensteuerrecht findet.[90] Der Ersatzrealisierungstatbestand der Betriebsaufgabe setzt – wie die Entnahme eine auf das betreffende Wirtschaftsgut bezogene Entnahmehandlung voraussetzt – einen in die Tat umgesetzten Entschluß des Steuerpflichtigen voraus, den Betrieb nicht mehr fortzuführen.[91]

Deshalb liegt eine Betriebsaufgabe insbesondere in den Fällen nicht vor, in denen der Steuerpflichtige seine bisherige Tätigkeit gar nicht einstellt, der Betrieb also als selbständiger Organismus des Wirtschaftslebens bestehen bleibt, sondern nur die steuerrechtliche Bewertung der Tätigkeit sich ändert.

Nach dem BFH liegt eine Aufgabe des Betriebs freilich vor, wenn der Unternehmer den Gewerbebetrieb zwar fortführt, den Ort der Leistung des Betriebs und seinen Wohnsitz aber in das Ausland verlegt.[92]

Nicht unter den Tatbestand der Betriebsaufgabe hat der BFH hingegen subsumiert den Fall des sogenannten Strukturwandels (Beispiel: Ein bisher als gewerblich behandelter Garten- oder Weinbaubetrieb wird infolge der Einschränkung des Zukaufs oder Erweiterung des Eigenanbaus zu einem land- und forstwirtschaftlichen Betrieb)[93] sowie den Fall der Umqualifizierung eines Betriebs in Liebhaberei.[94]

Hingegen soll nach dem BFH der Wegfall der tatbestandlichen Voraussetzungen einer Betriebsaufspaltung bei dem „Besitzunternehmen" eine Betriebsaufgabe darstellen.[95]

Nicht unter den Tatbestand der Betriebsaufgabe ist auch die Entstrickung durch Rechtsprechungsänderung zu fassen.[96]

Im einzelnen ist auf die Ausführungen oben unter § 7 IV und V zu verweisen; vgl. dort auch zu der Frage nach dem endgültigen Schicksal der stillen Reserven.

b) Teilbetriebsaufgabe

Den Tatbestand der Aufgabe eines *Teil*betriebs kennt das Gesetz nicht. Was die *Begründung der Steuerpflicht* anbetrifft, so ist ein besonderer Steuertatbestand auch nicht erforderlich. Werden anläßlich der Einstellung eines Teilbetriebs Wirtschaftsgüter veräußert oder in das Privatvermögen überführt, so ergibt sich die Steuerpflicht dieser Vorgänge ohnehin aus den §§ 4, 5 EStG. Bei den Wirtschaftsgütern, die nicht veräußert oder durch ausdrückliche Erklärung in das Privatvermögen überführt werden, ist nach dem BFH[97]

90 Vgl. dazu oben § 7 IV.

91 Vgl. dazu oben § 7 V 1.

92 BFH vom 28. 4. 1971 I R 55/66 BStBl II 1971, 630.

93 BFH vom 10. 2. 1972 I R 205/66 BStBl II 1972, 455; BFH vom 7. 10. 1974 GrS 1/73 BStBl II 1975, 168; BFH vom 9. 12. 1986 VIII R 26/80 BStBl II 1987, 342.

94 BFH vom 29. 10. 1981 IV R 138/78 BStBl II 1982, 381; BFH vom 6. 7. 1978 IV B 59/76 BStBl II 1978, 626.

95 BFH vom 13. 12. 1983 VIII R 90/81 BStBl II 1984, 477. Vgl. dazu auch § 22 VI 4 c.

96 Vgl. dazu oben § 7 V 3.

97 BFH vom 28. 10. 1964 IV 102/64 U BStBl III 1965, 88.

anzunehmen, daß sie im Rahmen des Restbetriebes gewerblich verwertet werden sollen. Sie bleiben also Betriebsvermögen.

Für die *Anwendung der Tarifvergünstigung* nach § 34 EStG stellt der BFH die Teilbetriebsaufgabe der Betriebsaufgabe des gesamten Betriebes gleich.[98]

Damit ist auch die Entnahme einer hundertprozentigen Beteiligung an einer Kapitalgesellschaft als Aufgabe eines Teilbetriebs mit dem ermäßigten Steuersatz zu besteuern.[99] Entsprechendes gilt für den Fall der Liquidation der Kapitalgesellschaft, die zum Untergang der 100%igen Beteiligung führt.[100]

2. Die Verpachtung des Gewerbebetriebs[101]

Der Verpächter eines Gewerbebetriebs übt nur dann eine gewerbliche Tätigkeit aus, wenn entweder die Verpachtung innerhalb eines vom Verpächter sonst noch unterhaltenen Gewerbebetriebs erfolgt (z. B. Verpachtung eines Teilbetriebs) oder die Tätigkeit des Verpächters über die bloße Nutzungsüberlassung des Betriebsvermögens an den Pächter hinausgeht.[102] Beschränkt sich aber die Tätigkeit des Verpächters auf die Nutzungsüberlassung und auf das Einnehmen der Pachtzinsen, so handelt es sich – mangels Teilnahme am allgemeinen wirtschaftlichen Verkehr – nicht mehr um eine gewerbliche Tätigkeit, der Verpächter betreibt kein Gewerbe mehr.

Damit unterfällt die Verpachtung des Gewerbebetriebs durch den bisherigen Betriebsinhaber dem Tatbestand der Aufgabe des Gewerbebetriebs nach § 16 Abs. 3 EStG. Davon sind die Verfasser des Gesetzes auch ausgegangen.[103] Nach der gesetzlichen Regelung sind die steuerlichen Konsequenzen die folgenden: Infolge der Betriebsaufgabe wird das gesamte bisherige Betriebsvermögen des Verpächters in das Privatvermögen überführt, der Ver-

98 BFH aaO, (Anm. 97). Werden also die wesentlichen Grundlagen des Teilbetriebs veräußert und/oder in das Privatvermögen überführt, so steht es der Anwendung des § 34 EStG nicht entgegen, wenn restliche Wirtschaftsgüter in den Hauptbetrieb ohne Aufdeckung stiller Reserven übergehen. Vgl. Einzelheiten zur Abgrenzung bei Herrmann/Heuer/Raupach, § 16 EStG Anm. 410.

99 Vgl. BFH vom 24. 6. 1982 IV R 151/79 BStBl II 1982, 751 für den Fall, daß eine Personengesellschaft ihre hundertprozentige Beteiligung an einer Kapitalgesellschaft auf ihre Gesellschafter überträgt. Zu der Frage, ob die Auflösung und Liquidation einer Kapitalgesellschaft, die zum Untergang der 100%igen Beteiligung an dieser Kapitalgesellschaft führen, als Veräußerung oder Aufgabe der untergegangenen 100%igen Beteiligung zu werten sind, vgl. Herrmann/Heuer/Raupach, § 16 EStG Anm. 126; Schmidt, § 16 EStG Anm. 28.

100 BFH vom 15. 9. 1988 IV R 75/87 FR 1989, 336 im Anschluß an die h. M.

101 Vgl. dazu Herrmann/Heuer/Raupach, § 15 EStG Anm. 13 d; Schmidt, § 16 EStG Anm. 140 ff.

102 Als Beispiel vgl. den Fall aus BFH vom 13. 7. 1967 VI R 185/66 BStBl III 1967, 674.

103 Vgl. den Abdruck der Gesetzesbegründung des EStG 1925 bei Strutz, Bd. 2, § 30 Anm. 2 und dazu Strutz selbst, § 30 Anm. 44.

pächter hat einen Aufgabegewinn in Höhe der Differenz zwischen dem Buchwert des Betriebsvermögens und den gemeinen Werten nach § 16 Abs. 3 EStG zu versteuern; in Zukunft hat der Verpächter Einkünfte aus Vermietung und Verpachtung.

Die Konsequenz der Besteuerung eines Aufgabegewinns anläßlich der Verpachtung ist aber von jeher als mißlich empfunden worden. Denn der Verpächter erhält bei der Betriebsaufgabe keine Gegenleistung, von der er einen Teil als Steuerzahlung abgeben könnte; unter Umständen wäre er gezwungen, Teile des verpachteten Betriebsvermögens zu veräußern, nur um die Steuer auf den Aufgabegewinn bezahlen zu können. Besonders unglücklich ist die Konsequenz der Besteuerung eines Aufgabegewinns, wenn die Verpachtung nur vorübergehend erfolgen soll und der Verpächter nach Beendigung der Pacht den Betrieb selbst wieder führen will.

Die Rechtsprechung war von Anfang an bemüht, die mißlichen steuerlichen Folgen der Verpachtung eines Gewebebetriebs zu verhindern. Der RFH hatte – zwecks Vermeidung der Besteuerung eines Aufgabegewinns – zunächst angenommen, die Einkünfte aus einem verpachteten Betrieb seien solche aus Gewerbebetrieb, der Betrieb sei also noch gar nicht aufgegeben.[104] Später änderte der RFH diese Rechtsprechung. Ursache war das inzwischen – 1936 – ergangene Reichsgewerbesteuergesetz, das die Gewerbesteuerpflicht an den Gewerbebetrieb i. S. des Einkommensteuerrechts knüpfte. Der RFH meinte, die Gewerbesteuerpflicht des Verpächters nicht anders verhindern zu können als durch die Qualifizierung der Einkünfte des Verpächters als solche aus Vermietung und Verpachtung. Der damit an sich verbundenen Folgerung der Aufgabe des Gewerbebetriebs entging er durch die Erfindung des „ruhenden Gewerbebetriebs“:[105] Die stillen Reserven des Betriebsvermögens wurden auf den Zeitpunkt der Verpachtung „eingefroren“ und waren in dieser Höhe erst bei ihrer tatsächlichen Realisierung zu versteuern.

Diese Rechtsprechung hat gut 25 Jahre gehalten, bis der Große Senat des Bundesfinanzhofs in der Entscheidung vom 13. 11. 1963[106] den Begriff des „ruhenden Gewerbebetriebes“ als „dem Gesetz fremd“ aufgegeben und neue Regeln für die Verpachtung eines Gewerbebetriebs aufgestellt hat. Diese Regeln sind freilich dem Gesetz genausowenig wie der Begriff des „ruhenden Gewerbebetriebs“ zu entnehmen. In der Sache hat der BFH aber durch die Kreierung eines Wahlrechts für den Verpächter zu einer Regelung gefunden, die den Interessen der Steuerpflichtigen entgegenkommt und auch von der Verwaltung[107] akzeptiert wird:

---

104 Vgl. z. B. RFH vom 9. 12. 1931 VI A 2239/30 RStBl 1932, 625; RFH vom 13. 12. 1933 VI A 1634/32 StuW 1934 Nr. 87.

105 RFH vom 24. 3. 1937 VI A 495/36 RStBl 1937, 939. Zu den Einzelheiten vgl. Herrmann/Heuer/Raupach, § 15 EStG Anm. 13 d [2].

106 BFH vom 13. 11. 1963 GrS 1/63 S BStBl III 1964, 124.

107 Vgl. den koordinierten Ländererlaß BStBl III 1965, 4 sowie Abschn. 139 Abs. 5 EStR 1987.

Der Verpächter eines Gewerbebetriebs kann wählen[108]

1. ob er den Vorgang der Verpachtung als Betriebsaufgabe i. S. des § 16 Abs. 3 EStG oder
2. ob er den Betrieb als fortbestehend behandelt sehen will.

Verfährt der Verpächter nach Nr. 1, so sind damit die Wirtschaftsgüter seines Betriebs in das Privatvermögen überführt; es erfolgt die Besteuerung des Aufgabegewinns nach §§ 16 Abs. 3, 34 EStG.[109] Der Verpächer hat fortan Einkünfte aus Vermietung und Verpachtung.

Wählt der Verpächter Nr. 2, so hat er weiterhin Einkünfte aus Gewerbebetrieb, die nach den Gewinnermittlungsvorschriften der §§ 4 ff EStG zu ermitteln sind. Folglich sind die in dem verpachteten Betriebsvermögen enthaltenen stillen Reserven erst dann zu versteuern, wenn die Wirtschaftsgüter veräußert oder durch Entnahme in das Privatvermögen überführt werden.

Wenn auch in der Alternative Nr. 2 die Einkünfte aus der Verpachtung des Gewerbebetriebs als Einkünfte aus Gewerbebetrieb behandelt werden, so ist damit allerdings nicht auch die Gewerbesteuerpflicht verbunden. Denn tatsächlich betreibt der Verpächter nun einmal keinen Gewerbebetrieb mehr. Die Einkünfte aus der Verpachtung werden einkommensteuerrechtlich zwar als Einkünfte aus Gewerbebetrieb behandelt, aber nur zu dem Zweck, die Besteuerung der stillen Reserven nach § 16 Abs. 3 EStG im Zeitpunkt der Verpachtung zu vermeiden.

Gibt der Steuerpflichtige bei der Verpachtung keine Erklärung darüber ab, ob er die Behandlung nach Nr. 1 oder Nr. 2 wünscht, so wird unterstellt, daß er sich für die 2. Alternative entschieden habe. Der Verpächter kann aber noch zu jedem beliebigen Zeitpunkt während der Pachtzeit erklären, daß er den Gewerbebetrieb aufgibt und die Wirtschaftsgüter des bisherigen Betriebsvermögens in das Privatvermögen überführt. Dann soll in diesem Zeitpunkt die Besteuerung nach den §§ 16 Abs. 3, 34 EStG erfolgen. Von diesem Zeitpunkt an hat der Verpächter dann Einkünfte aus Vermietung und Verpachtung.

Wird der verpachtete Betrieb auf einen Erwerber übertragen, soll nach herrschender Meinung das Wahlrecht auf den Erwerber übergehen.[110]

---

108 Die Wahl erfolgt durch Erklärung gegenüber dem Finanzamt. Der Betriebsaufgabegewinn ist auf den *Zeitpunkt* des Zugangs der Betriebsaufgabeerklärung zu ermitteln; vgl. BFH vom 27. 2. 1985 I R 235/80 BStBl II 1985, 456.

109 Bei der Ermittlung des Aufgabegewinns ist ein originärer Geschäftswert nicht anzusetzen. Vgl. BFH vom 14. 2. 1978 VIII R 158/73 BStBl II 1979, 99. Ebenso nunmehr BdF vom 15. 8. 1984 BStBl I 1984, 461.
Entsprechendes gilt nach FG Niedersachsen vom 2. 3. 1979 V (IV) 269/76 EFG 1979 Nr. 525 für den derivativen Geschäftswert.

110 Vgl. für den entgeltlichen Erwerb Abschn. 139 Abs. 5 S. 18 EStR 1987; für den unentgeltlichen Erwerb vgl. z. B. Herrmann/Heuer/Raupach, § 15 EStG Anm. 13 d [3]; Schmidt/Seeger, § 13 EStG Anm. 8 a.

Die dargestellten Grundsätze gelten nur für die Fälle echter Fremdverpachtung. Liegen bei einer Betriebsverpachtung zugleich die tatbestandlichen Voraussetzungen der Betriebsaufspaltung vor, so sind die für die Betriebsaufspaltung entwickelten Grundsätze[111] maßgeblich.[112]

III. Die Einbringung eines Betriebs in eine Personengesellschaft und in eine Kapitalgesellschaft[113]

1. Die Einbringung in eine Personengesellschaft

a) Überblick über die Regelung des § 24 UmwStG

Gibt der Gewerbetreibende seinen bisherigen Einzelbetrieb in der Form auf, daß er den Betrieb in eine – schon bestehende oder zu errichtende – Personengesellschaft einbringt und dafür einen Anteil an dem Gesellschaftsvermögen erhält, so bedarf es der Erfassung der stillen Reserven durch die Besteuerung eines Veräußerungs- bzw. Aufgabegewinns nach den §§ 16, 34 EStG nicht, wenn die Buchwerte des eingebrachten Betriebsvermögens von der Personengesellschaft fortgeführt werden und auf diese Weise die spätere Besteuerung sichergestellt ist. In dem Bemühen, die Einbringung eines Betriebs in eine Personengesellschaft durch den Zwang zur Auflösung stiller Reserven nicht unnötig zu erschweren, hat die Rechtsprechung diesen Vorgang schon früh als erfolgsneutral akzeptiert, wenn die Buchwerte von der Gesellschaft fortgeführt wurden.[114]

Das UmwStG 1969 hat in seinem § 22 (nunmehr § 24 UmwStG) die Grundzüge dieser Rechtsprechung kodifiziert. Das UmwStG gibt dem Einbringenden praktisch ein Wahlrecht, ob er den Einbringungsvorgang erfolgsneutral gestalten oder anläßlich der Einbringung die stillen Reserven seines Betriebsvermögens auflösen und versteuern will. Die steuerliche Behandlung hängt nämlich davon ab, wie das eingebrachte Betriebsvermögen in der Bilanz der Personengesellschaft einschließlich der Ergänzungsbilanzen der Gesellschafter angesetzt wird: Dieser Wert gilt für den Einbringenden als Veräußerungspreis i. S. des § 16 Abs. 2 EStG (§ 24 Abs. 3 S. 1 UmwStG).

Werden die eingebrachten Wirtschaftsgüter mit den Teilwerten angesetzt,[115]

---

111 Vgl. dazu unten § 22 VI.

112 Für die h. M. z. B. Schmidt, DStR 1979, 675.

113 Das folgende gilt auch für die Einbringung eines Anteils an einer Personengesellschaft sowie die Einbringung eines Teilbetriebes. Als Teilbetrieb gilt auch die 100%ige Beteiligung an einer Kapitalgesellschaft.

114 Vgl. z. B. RFH vom 9. 5. 1933 IV A 434/30 RStBl 1933, 999. Die Rechtsprechung hat diese Behandlung aber zusätzlich noch davon abhängig gemacht, daß der bisherige Einzelunternehmer an der Personengesellschaft zu mehr als der Hälfte beteiligt ist (vgl. RFH vom 17. 2. 1937 VI A 83/37 StuW 1937 Nr. 196).

115 Handelt es sich um geringwertige Wirtschaftsgüter, so kann die Gesellschaft, nachdem sie sie zum Teilwert angesetzt hat, von der Bewertungsfreiheit des § 6

so entsteht bei dem Einbringenden in Höhe der Differenz zwischen dem Buchwert seines Betriebsvermögens und den Teilwerten ein Veräußerungsgewinn nach den §§ 16, 34 EStG. Dieser Veräußerungsgewinn ist auch dann tarifbegünstigt, wenn der Einbringende die Einlage zum Teil für eigene Rechnung und zum Teil für Rechnung eines Mitgesellschafters macht, der ihm zum Ausgleich dafür einen Betrag in Geld zahlt.[116] Erfolgt bei der Personengesellschaft der Ansatz zu dem Buchwert, so entsteht bei dem Einbringenden kein Gewinn.

Die Personengesellschaft kann das eingebrachte Betriebsvermögen auch mit einem Wert ansetzen, der zwischen dem Buchwert und dem Teilwert liegt. Bei dem Einbringenden werden dann zum Teil die stillen Reserven aufgedeckt. In diesem Fall ist der Gewinn des Einbringenden allerdings nicht tarifbegünstigt, da nicht alle stillen Reserven des Betriebsvermögens aufgedeckt worden sind (vgl. § 24 Abs. 3 S. 2 UmwStG).

Durch die Regelung des § 24 UmwStG wird die erfolgsneutrale Gestaltung insbesondere folgender Vorgänge ermöglicht:

a) Einbringung eines Einzelunternehmens in eine neugegründete Personengesellschaft;

b) Einbringung eines Einzelunternehmens in eine bestehende Personengesellschaft;

c) Aufnahme weiterer Gesellschafter in eine bereits bestehende Gesellschaft;[117]

d) Zusammenschluß von mehreren Einzelunternehmen zu einer Personengesellschaft;

e) Verschmelzung von zwei Personengesellschaften;

f) Einbringung einer 100%igen Beteiligung an einer Kapitalgesellschaft (= Teilbetrieb) in eine Personengesellschaft.

Die h. M.[118] sieht auch in der Gründung einer atypischen stillen Gesellschaft einen

---

Abs. 2 EStG Gebrauch machen, vgl. BFH vom 29. 4. 1981 IV R 128–129/76 BStBl II 1982, 17.

Die Entscheidung ist folgerichtig und überzeugend.

In Kongruenz zu dieser Sachbehandlung und im Gegensatz zu ihrer früheren Auffassung lassen der BFH und die Verwaltung nunmehr die Anwendung des § 6 Abs. 2 EStG auch in dem Falle zu, daß ein Einzelunternehmer Wirtschaftsgüter aus dem Privatvermögen in das Betriebsvermögen einlegt; vgl. BFH vom 19. 1. 1984 IV R 224/80 BStBl II 1984, 312; Abschnitt 40 Abs. 6 EStR 1987; ebenso die h. L., vgl. etwa Herrmann/Heuer/Raupach, § 6 EStG Anm. 1258.

116 BFH vom 23. 6. 1981 VIII R 138/80 BStBl II 1982, 622; dem BFH folgend BdF vom 15. 10. 1982 BStBl I 1982, 806 unter Aufgabe der entgegenstehenden früheren Auffassung.

117 BFH vom 23. 5. 1985 IV R 210/83 BStBl II 1985, 695.

118 Für diese Widmann/Mayer, Band 4, Rz. 7801 m. w. N.; Schmidt, FR 1981, 425.

Fall des § 24 UmwStG. Döllerer[119] akzeptiert dies nur für den Fall, daß der atypische stille Gesellschafter einen Betrieb, Teilbetrieb oder Mitunternehmeranteil als Einlage in das Vermögen des Geschäftsinhabers leistet. Hingegen soll der Inhaber des Handelsgeschäfts nicht unter § 24 UmwStG fallen: Die Fortführung seiner alten Buchwerte in seiner Bilanz anläßlich der Gründung der stillen Gesellschaft sei ohnehin selbstverständlich und der Ansatz eines Zwischenwertes oder des Teilwerts wäre eine – unzulässige – Zuschreibung.

Nach den in § 24 UmwStG kodifizierten Grundsätzen ist auch im Falle der Einbringung *einzelner* aus einem Betriebsvermögen stammender *Wirtschaftsgüter* in eine Personengesellschaft gegen Gewährung von Gesellschaftsrechten zu verfahren: Die Beteiligten haben die Wahl, entweder den Buchwert fortzuführen oder das Wirtschaftsgut bis zur Grenze des Teilwerts zu bewerten. Für die Bemessung des Gewinns des Einbringenden ist die Bilanzierung bei der Gesellschaft maßgebend.[120]

b) Die bilanzielle Behandlung bei erfolgsneutraler Gestaltung des Einbringungsvorganges[121]

Sollen von der Personengesellschaft die Buchwerte des eingebrachten Betriebsvermögens fortgeführt und damit der Einbringungsvorgang erfolgsneutral gestaltet werden, so ergibt sich in der Regel die Notwendigkeit der Führung von Ergänzungsbilanzen[122] der Gesellschafter. Zur Verdeutlichung der Problematik soll das folgende Beispiel[123] dienen:

A unterhält ein Einzelunternehmen mit einem buchmäßigen Eigenkapital von 100 000 DM. In den Buchwerten sind stille Reserven von 200 000 DM enthalten. Die Schlußbilanz des A im Zeitpunkt der Einbringung sieht wie folgt aus:

Aktiva	100 000	Kapital	100 000

A bringt sein Einzelunternehmen in eine neue von ihm und B gebildete Personengesellschaft ein, B legt den dem Wert des eingebrachten Betriebsvermögens entsprechenden Betrag von 300 000 DM bar ein. A und B sollen an der Gesellschaft zu je 50% beteiligt sein; ihre Kapitalkonten sollen gleich hoch sein.

119 Döllerer, DStR 1985, 295 ff, 301; ebenso Schulze zur Wiesche, DB 1986, 1744 ff.

120 Vgl. BFH vom 15. 7. 1976 I R 17/74 BStBl II 1976, 748 mit Anmerkung Schmidt, FR 1976, 462; BFH vom 6. 11. 1985 I R 242/81 BStBl II 1986, 333; Keuk, StuW 1974, 181 ff; Knobbe-Keuk, StuW 1977, 68 ff; a. A. Reiss, StuW 1986, 232, 240.

121 Vgl. zum folgenden Loos, DB 1972, 403 ff; Söffing, DStZ/A 1972, 233 ff; Thiel, DB 1973, 935 ff, 983 ff; Martin, DB 1974, 201 ff.

122 Zu den Ergänzungsbilanzen vgl. unten § 23 I 3.

123 Aus dem Schreiben des BMF vom 20. 7. 1970 BStBl I 1970, 922 ff.

Es ergibt sich folgende Eröffnungsbilanz der Personengesellschaft:

Eingebrachtes Betriebsvermögen des A	100 000	KK A	200 000
Bareinlage des B	300 000	KK B	200 000
	400 000		400 000

Die Anschaffungskosten des B für seinen Gesellschaftsanteil belaufen sich in Hinsicht auf die Beteiligung an den stillen Reserven des eingebrachten Betriebsvermögens auf 100 000 DM mehr als der Buchwert seines Kapitalkontos ausmacht. Er weist deshalb das Mehrkapital von 100 000 DM in einer Ergänzungsbilanz aus.

Ergänzungsbilanz B

Mehrwert für Aktiva	100 000	Mehrkapital	100 000

Das von A eingebrachte Betriebsvermögen ist danach in der Bilanz der Personengesellschaft einschließlich der Ergänzungsbilanz des B mit insgesamt 200 000 DM ausgewiesen. Da es bislang bei A nur mit 100 000 DM angesetzt war, würde sich für A ein Veräußerungsgewinn in Höhe von 100 000 DM ergeben.

A kann diesen Veräußerungsgewinn dadurch neutralisieren, daß er seinerseits eine – negative – Ergänzungsbilanz aufstellt und in dieser dem in der Ergänzungsbilanz des B ausgewiesenen Mehrwert einen entsprechenden Minderwert gegenüberstellt.[124]

Negative Ergänzungsbilanz des A

Minderkapital	100 000	Minderwert für Aktiva	100 000

Das eingebrachte Betriebsvermögen ist nunmehr in der Bilanz der Personengesellschaft und in den Ergänzungsbilanzen ihrer Gesellschaft insgesamt mit 100 000 DM ausgewiesen. Da dieser Betrag nach § 24 Abs. 3 UmwStG als Veräußerungspreis des A für das eingebrachte Betriebsvermögen anzusetzen ist, entsteht für A kein Veräußerungsgewinn.

A und B können aber auch folgendermaßen verfahren: Das von A eingebrachte Betriebsvermögen wird in der Eröffnungsbilanz der Personengesellschaft nicht mit dem Buchwert von 100 000 DM, sondern mit dem Teilwert von 300 000 DM angesetzt und demgemäß werden die Kapitalkonten von A und B mit je 300 000 DM ausgewiesen. Für B entfällt dann eine Ergänzungsbilanz; A erstellt eine negative Ergänzungsbilanz mit einem Minderkapital von 200 000 DM. Auch auf diese Weise entsteht bei A kein Veräußerungsgewinn, denn in der Gesellschaftsbilanz einschließlich der Ergänzungsbilanzen der Gesellschafter ist das eingebrachte Betriebsvermögen insgesamt mit dem bisherigen Buchwert von 100 000 DM ausgewiesen.

Die Ergänzungsbilanzen der Gesellschafter sind fortzuführen[125] und für die künftige Besteuerung der Gesellschafter zu berücksichtigen. Gegenüber der

124 Gegen die negative Ergänzungsbilanz Thiel aaO, (Anm. 121).
125 Vgl. dazu Müller/Rebensburg DB 1987, 68 ff m. w. N.

Bilanz der Personengesellschaft ergibt sich also z. B. für den Gesellschafter B aus seiner (positiven) Ergänzungsbilanz ein erhöhtes Abschreibungsvolumen und für den Gesellschafter A aus seiner (negativen) Ergänzungsbilanz eine Minderung des Abschreibungsvolumens.

Noch nicht abschließend geklärt ist, ob ein Veräußerungsgewinn des einbringenden Gesellschafters auch dann durch Führung einer negativen Ergänzungsbilanz vermieden werden kann, wenn dieser für das eingebrachte Betriebsvermögen nicht nur den Anteil an der Gesellschaft, sondern von den anderen Gesellschaftern noch eine Zuzahlung erhält, die er in sein Privatvermögen übernimmt.[126] Nachdem der BFH in einem Einbringungsfall, in dem Gewinnverwirklichung gewählt worden war, derartige Ausgleichszahlungen als Teil des Gründungsvorganges angesehen und deshalb den ermäßigten Steuersatz nach § 34 EStG zugebilligt hat,[127] steht u. E. auch der erfolgsneutralen Behandlung der Einbringung mit Ausgleichszahlungen nichts mehr im Wege.

2. Die Einbringung in eine Kapitalgesellschaft

a) Die Grundlagen der steuerlichen Behandlung

Auch die steuerliche Behandlung der Einbringung eines Betriebs, Teilbetriebs oder Mitunternehmeranteils in eine Kapitalgesellschaft gegen Gewährung von Gesellschaftsrechten ist im Umwandlungssteuergesetz gesetzlich geregelt.[128] Dabei basiert auch hier die gesetzliche Regelung auf der früheren Praxis. Obwohl der Einbringungsvorgang unter den Tatbestand des § 16 EStG zu fassen ist, hatte die Rechtsprechung seit dem Urteil des RFH vom

---

126 Für die erfolgsneutrale Behandlung auch dieses Falles insbesondere Loos aaO, (Anm. 121); vgl. auch Martin aaO, (Anm. 121); a. A. Söffing aaO, (Anm. 121) und Schreiben des BdF vom 10. 9. 1973 BStBl I 1973, 638. Vgl. des weiteren Thiel aaO, (Anm. 121).

127 BFH vom 23. 6. 1981 VIII R 138/80 BStBl II 1982, 622; vgl. dazu oben bei Anm. 116.

128 Bringt eine Personengesellschaft ihren Betrieb in eine Kapitalgesellschaft ein, so ist die Frage, ob der Tatbestand des § 20 UmwStG auch erfüllt ist, wenn wesentliche im Sonderbetriebsvermögen der Gesellschafter stehende Betriebsgrundlagen zurückbehalten und nicht auf die Kapitalgesellschaft übertragen werden. Dies wird von der Verwaltungsauffassung (Schreiben des BdF vom 16. 6. 1978 BStBl I 1978, 235) und von einem Teil des Schrifttums (z. B. Widmann/Mayer, Band 3, Rz. 6800 und 6829) verneint. Demgegenüber stehen Herrmann/Heuer/Raupach (§ 20 UmwStG Anm. 36) und Jebens (DB 1983, 1513) zu Recht auf dem Standpunkt, daß die Voraussetzungen des § 20 UmwStG erfüllt sind, auch wenn wesentliche Betriebsgrundlagen, die Sonderbetriebsvermögen der Gesellschafter waren, bei den Gesellschaftern zurückbleiben. Eine andere Frage ist, ob hinsichtlich des Sonderbetriebsvermögens anläßlich des Einbringungsvorganges Gewinnrealisierung anzunehmen ist, wenn das Wirtschaftsgut fortan der Kapitalgesellschaft zur Nutzung überlassen wird. Der BFH (vom 28. 4. 1988 IV R 52/87 BStBl II 1988, 829) nimmt dies an (a. A. vgl. oben § 11 II 4 bei Anm. 54; Schulze zur Wiesche, GmbHR 1978, 213; Jebens, DB 1983, 1516).

9. 5. 1933[129] die Möglichkeit einer erfolgsneutralen Gestaltung des Vorgangs mit folgenden Erwägungen anerkannt:[130]

Der Gewerbetreibende, der sein Unternehmen in eine Kapitalgesellschaft gegen Gewährung von Anteilen an der Kapitalgesellschaft einbringe, führe schließlich nur sein durch den Betrieb des Einzelunternehmens eingegangenes Engagement in einer anderen Form fort. Die Einbringung selbst bewirke noch keine Realisierung eines etwaigen Veräußerungsgewinns; vielmehr handele es sich nur um die Vorbereitung der späteren Realisierung im Wege der Veräußerung der Anteile an der Kapitalgesellschaft. Die Gewinnverwirklichung trete als nachträglicher Gewinn aus Gewerbebetrieb i. S. des § 16 EStG erst dann in Erscheinung, wenn die Anteile an der Kapitalgesellschaft mit Gewinn oder Verlust veräußert würden.

Nach der Rechtsprechung konnte der Einbringende die stillen Reserven seines Betriebsvermögens auf die Anteile an der Kapitalgesellschaft übertragen. Auf diese Weise wurde die Besteuerung des Veräußerungsgewinns nach § 16 EStG auf den Zeitpunkt der Veräußerung der Anteile an der Kapitalgesellschaft hinausgeschoben. Voraussetzung für diese Behandlung war aber desweiteren, daß die Kapitalgesellschaft ihrerseits die bisherigen Buchwerte des eingebrachten Betriebsvermögens fortführte. Die Vertagung der Steuerzahlung für den Veräußerungsgewinn nach § 16 EStG war also mit dem Preis der zweimaligen steuerlichen Erfassung der stillen Reserven der Wirtschaftsgüter des ehemaligen Personenunternehmens verbunden.

Infolge der Fortführung der Buchwerte war die Kapitalgesellschaft in der Vornahme der AfA beschränkt, bei einer Veräußerung der Wirtschaftsgüter hatte sie die stillen Reserven zu versteuern. Der Einbringende seinerseits versteuerte die stillen Reserven noch ein weiteres Mal, nämlich bei der Veräußerung der Anteile an der Kapitalgesellschaft.

Diese Verdoppelung der stillen Reserven anläßlich des Einbringungsvorganges war in der Literatur immer schon als unbefriedigend bemängelt worden.[131] Der Gesetzgeber des Umwandlungssteuergesetzes 1969 aber hat diesen unbefriedigenden Zustand kodifiziert.[132]

Die Grundzüge der gesetzlichen Regelung sehen folgendermaßen aus:[133]

Wie bei der Regelung des § 24 UmwStG für die Einbringung eines Betriebes

---

129 RFH vom 9. 5. 1933 VI A 434/30 RStBl 1933, 999.

130 Vgl. BFH vom 29. 3. 1972 I R 43/69 BStBl II 1972, 537; dazu und mit weiteren Nachweisen vgl. Keuk, DB 1972, 1643 ff.

131 Vgl. Strobl/Kellmann, RIW/AWD 1967, 385, 388 ff mit weiteren Nachweisen.

132 Vgl. i. e. die Kritik an der gesetzlichen Regelung bei Keuk, DB 1972, 1643 ff und die Kritik an der Kritik bei Hübl, JbFStR 1973/74, 130 ff. Weiterhin kritisch zu der gesetzlichen Regelung Luckey, DB 1981, 389 ff auf der Grundlage seiner Arbeit „Die steuerliche Gewinnrealisierung bei Umwandlung von Unternehmen und Übertragung einzelner Wirtschaftsgüter", 1977; zu der Problematik vgl. desweiteren Widmann, JDStJG 1981, 173 ff.

133 Zu den Einzelheiten vgl. die Kommentierung der §§ 20 ff UmwStG bei Herrmann/Heuer/Raupach. Zur Besteuerung von stillen Reserven bei Beteiligung von beschränkt Steuerpflichtigen an Einbringungsvorgängen vgl. BdF vom 2. 8. 1984 BStBl I 1984, 461.

in eine Personengesellschaft hängt die steuerliche Behandlung von dem Wert ab, mit dem die Kapitalgesellschaft das eingebrachte Betriebsvermögen ansetzt. Dieser Wert gilt für den Einbringenden als Veräußerungspreis und als Anschaffungskosten der Gesellschaftsanteile (§ 20 Abs. 4 UmwStG). Die Kapitalgesellschaft darf das eingebrachte Betriebsvermögen mit seinem Buchwert oder mit einem höheren Wert – höchstens aber mit den Teilwerten der Wirtschaftsgüter – ansetzen (vgl. i. e. § 20 Abs. 2 UmwStG).

Erfolgt der Ansatz des eingebrachten Betriebsvermögens bei der Kapitalgesellschaft mit dem Buchwert, so entsteht bei dem Einbringenden anläßlich des Einbringungsvorgangs also kein Veräußerungsgewinn.

Nach § 21 Abs. 1 UmwStG gilt aber – werden die durch die Sacheinlage erworbenen Anteile an der Kapitalgesellschaft veräußert – der Betrag, um den der Veräußerungspreis nach Abzug der Veräußerungskosten die Anschaffungskosten (§ 20 Abs. 4 UmwStG) übersteigt, als Veräußerungsgewinn i. S. des § 16 EStG. Auf diese Weise ist also die von der Rechtsprechung erfundene Verdoppelung der stillen Reserven gesetzlich sanktioniert. Es werden in diesem Falle – über § 17 EStG[134] hinaus – auch Wertsteigerungen bei sich im Privatvermögen befindenden nicht wesentlichen Beteiligungen an einer Kapitalgesellschaft steuerlich erfaßt.

Allein auf Grund der Vorschrift des § 21 UmwStG sind die Anteile freilich nicht Betriebsvermögen i. S. der §§ 4, 5 EStG. Die Vorschrift des § 21 UmwStG „begründet" lediglich eine besondere Steuerpflicht und besondere Vergünstigungen für den Veräußerungsgewinn;[135] aus diesem Grunde kann bei ihrer Veräußerung eine Rücklage nach § 6b EStG nur dann gebildet werden, wenn die Anteile nach allgemeinen bilanzsteuerlichen Grundsätzen Betriebsvermögen waren.[136]

Gehören die einbringungsgeborenen Anteile zu einem Betriebsvermögen, so unterliegt der Gewinn aus ihrer Veräußerung oder Entnahme nicht der Gewerbesteuer, wenn die Veräußerung des Betriebs usw., durch dessen Sacheinlage die einbringungsgeborenen Anteile erworben wurden, damals beim Veräußernden nicht gewerbesteuerpflichtig gewesen wären.[137]

§ 21 Abs. 2 Nr. 1 UmwStG gibt dem Steuerpflichtigen die Möglichkeit, schon vor der Veräußerung der Anteile an der Kapitalgesellschaft für die Steuerzahlung auf einen „Veräußerungsgewinn" in Höhe der Differenz zwischen den Anschaffungskosten i. S. des § 20 Abs. 4 UmwStG und dem gemeinen Wert zu votieren und damit – falls es sich um eine im Privatvermögen liegende nicht wesentliche Beteiligung an einer Kapitalgesellschaft handelt – die nach dem allgemeinen Steuerrecht ohnehin bestehende Steuerfreiheit weiterer Wertsteigerungen der Anteile zu erkaufen.

Die Rechtsfolgen des § 21 Abs. 1 UmwStG treten auch dann ein, wenn der Anteilseigner beschränkt einkommensteuerpflichtig bzw. beschränkt körperschaftsteuerpflichtig wird oder das Besteuerungsrecht der Bundesrepublik Deutschland hinsichtlich des Gewinns aus der Veräußerung der Anteile durch ein Abkommen zur Vermeidung der

---

134 Vgl. dazu unten § 24.

135 BFH vom 19. 3. 1981 IV R 167/80 BStBl II 1981, 527.

136 BFH vom 19. 3. 1981 aaO, (Anm. 135).

137 BFH vom 29. 4. 1982 IV R 51/79 BStBl II 1982, 738 mit Nachweisen. Dem folgend BdF vom 24. 11. 1982 BStBl I 1982, 889.

Doppelbesteuerung ausgeschlossen wird oder die Kapitalgesellschaft, an der die Anteile bestehen, aufgelöst und abgewickelt wird oder das Kapital dieser Gesellschaft herabgesetzt und an die Anteilseigner zurück gezahlt wird, soweit die Rückzahlung nicht als Gewinnanteil gilt (§ 21 Abs. 2 Nr. 2–4 UmwStG). Durch diese Bestimmung soll die doppelte Erfassung der stillen Reserven durch die deutsche Besteuerung in jedem Fall gesichert werden.[138]

b) Kapitalerhöhung nach der Einbringung

Problematisch sind die Folgen einer Kapitalerhöhung nach der Einbringung.[139]

Der Wert der einbringungsgeborenen Anteile sinkt regelmäßig, wenn die Einzahlungen auf die neuen Anteile nicht voll dem Wert entsprechen, den das der Kapitalerhöhung entsprechende Kapital bisher repräsentierte, wenn also anläßlich der Kapitalerhöhung die stillen Reserven der einbringungsgeborenen Anteile auf die aus der Kapitalerhöhung stammenden neuen Anteile mitverteilt werden. Nach dem Gesetzestext treten die Rechtsfolgen des § 21 UmwStG (Besteuerung der stillen Reserven der Anteile in den dort geregelten Fällen) nur für die durch die Sacheinlage erworbenen Anteile (sog. einbringungsgeborene Anteile) ein, nicht aber für neue Anteile, die infolge einer späteren Kapitalerhöhung erworben werden.

Beläßt man es bei dieser gesetzlichen Regelung, so könnte bei der Veräußerung der neuen Anteile ein Gewinn steuerlich nur erfaßt werden, wenn die Voraussetzungen des § 17 EStG oder des § 23 EStG vorliegen. Ein Teil der stillen Reserven der einbringungsgeborenen Anteile würde damit der Besteuerung entgehen.

Angesichts dieser Situation stellt sich die Frage, ob etwa schon anläßlich der Kapitalerhöhung die auf die neuen Anteile übergehenden stillen Reserven nach § 21 Abs. 1 UmwStG zu besteuern sind und – wenn nein – ob dann nicht zumindest die neuen Anteile wie die einbringungsgeborenen Anteile selbst als steuerbefangen zu gelten haben und den Rechtsfolgen des § 21 UmwStG unterliegen.

Die Finanzverwaltung sieht die Lage folgendermaßen:

a) Bei der *nominellen Kapitalerhöhung*[140] geht die Finanzverwaltung offensichtlich davon aus, daß die Kapitalerhöhung nicht zu einer Gewinnrealisierung führt. Die neuen Anteile „gelten" jedoch „als Anteile, die durch

---

138 Für einen Fall aus der Zeit vor der Geltung des UmwStG hat der BFH die Auffassung vertreten, daß die in den Wirtschaftsgütern der Personengesellschaft ruhenden stillen Reserven jedenfalls insoweit aufgelöst werden, als sie auf Gesellschafter entfallen, die nur beschränkt steuerpflichtig sind, BFH vom 30. 4. 1975 I R 41/73 BStBl II 1975, 706.

139 Vgl. Einzelheiten bei Herrmann/Heuer/Raupach, § 21 UmwStG Anm. 51.

140 Vgl. das Beispiel 1 bei Herrmann/Heuer/Raupach aaO, (Anm. 139).

eine Sacheinlage i. S. von § 20 Abs. 1 UmwStG erworben sind".[141] Die nominelle Kapitalerhöhung wird also nicht als Veräußerungsgeschäft, sondern als Aufspaltung der alten Anteile gewertet.

b) Bei der *Kapitalerhöhung gegen Einlage* ist nach Auffassung der Finanzverwaltung, soweit stille Reserven der einbringungsgeborenen Anteile auf die neuen Anteile übergehen, „eine Gewinnrealisierung nach § 21 Abs. 1 UmwStG anzunehmen".[142] Die Besteuerung der auf die neuen Anteile übergehenden stillen Reserven anläßlich der Kapitalerhöhung wird danach allgemein verlangt, also nicht nur dann, wenn sonst – weil die Voraussetzungen des § 17 EStG nicht vorliegen – die stillen Reserven später nicht mehr erfaßt werden können.

Die Annahme einer Gewinnrealisierung ist nicht haltbar.[143] Von einer Veräußerung der einbringungsgeborenen Anteile, wie sie § 21 Abs. 1 UmwStG voraussetzt, kann keine Rede sein.[144]

---

141 BdF-Erlaß vom 16. 6. 1978 BStBl I 1978, 235 Rz. 67. Ebenso die h. M. in der Literatur, vgl. z. B. Glade, BB 1980, 145; Loos, Umwandlungs-Steuergesetz 1969, Rz. 1020c; Widmann/Mayer, Band 3, Rz. 7362 a. E.

142 BdF-Erlaß aaO, (Anm. 141), Rz. 66. Dabei macht es im Grundsatz keinen Unterschied, ob es sich um eine Bar- oder um eine Sacheinlage handelt. Nur die durch eine Sacheinlage i. S. des § 20 UmwStG erworbenen Anteile sind ausgenommen.

143 Ebenso die h. M. in der Literatur, vgl. z. B. Herrmann/Heuer/Raupach, § 21 UmwStG Anm. 51d m. w. N.

144 Auch auf einen allgemeinen Entstrickungsgrundsatz ist die Annahme der Gewinnrealisierung nicht zu stützen. Ein solcher existiert nicht (vgl. oben § 7 IV). Bei Herrmann/Heuer/Raupach, § 21 UmwStG Anm. 51 wird folgender Gedanke vorgetragen: § 21 UmwStG enthalte nur Vorschriften darüber, wann und wie die bei einer Sacheinlage i. S. des § 20 UmwStG an sich gebotene Besteuerung später durchzuführen sei. Der Verzicht auf die Besteuerung anläßlich der Sacheinlage selbst stehe auch nach der gesetzlichen Regelung allgemein unter dem Vorbehalt, daß die spätere Besteuerung der stillen Reserven weiter gesichert bleibt; die Vorschriften des § 21 UmwStG hätten insoweit lediglich deklaratorischen Charakter und folglich sei die Aufzählung in § 21 Abs. 2 UmwStG auch nicht als abschließend zu verstehen. M. a. W.: Der die Gewinnrealisierung auslösende Tatbestand liegt in der Sacheinlage selbst, und sobald infolge eines späteren Ereignisses wie der Kapitalerhöhung aus Einlagen die spätere Besteuerung nicht mehr gesichert ist, hat der Aufschub der Besteuerung ein Ende. U. E. ist – jedenfalls seitdem die Folgen der Sacheinlage im Gesetz detailliert geregelt sind – diese Argumentation nicht mehr möglich. Das Schicksal der Reserven des Betriebs, *deren* Besteuerung anläßlich der Sacheinlage zur Debatte steht, ist in § 20 UmwStG abschließend geregelt. Daneben steht als selbständige Regelungsmaterie die Begründung der Verdoppelung der stillen Reserven in § 21 UmwStG. Diese Verdoppelung hat der Gesetzgeber dadurch bewirkt, daß er in § 21 Abs. 1 UmwStG einen besonderen Gewinnrealisierungstatbestand der Veräußerung der einbringungsgeborenen Anteile statuiert und den Eintritt dieser Folgen auch für andere Vorgänge als den der Veräußerung angeordnet hat. Auch wenn die Rege-

Angesichts der Situation, daß die Verpflichtung von Gesellschaften mit beschränkter Haftung zur Erhöhung ihres Stammkapitals auf 50 000 DM nach der GmbH-Novelle[145] bei dieser Auffassung der Finanzverwaltung mit steuerlichen Konsequenzen verbunden ist, ist in der Literatur[146] folgender Weg vorgeschlagen worden:

Zuführung von nicht gebundenem Kapital an die Gesellschaft, Einstellung in eine freie Rücklage und anschließend Kapitalerhöhung aus Gesellschaftsmitteln. Auf diese Weise sollen dann die oben beschriebenen Folgen einer nominellen Kapitalerhöhung (keine Gewinnrealisierung bei der Kapitalerhöhung, Behandlung der neuen Anteile als einbringungsgeborene) eintreten.

Die Finanzverwaltung[147] ist bereit, bei den Kapitalerhöhungen in Hinsicht auf die GmbH-Novelle eine derartige Gestaltung zu akzeptieren, vorausgesetzt, daß „die im Einzelfall erforderlichen gesellschaftsrechtlichen Entscheidungen in handelsrechtlich zutreffender Weise zustande kommen".

Wenn die Finanzverwaltung auf diese Weise auch aus aktuellem Anlaß ihre Auffassung, daß die Kapitalerhöhung aus Einlagen zur Gewinnrealisierung führe, für die durch die GmbH-Novelle betroffenen Gesellschaften entschärft, so bleibt freilich festzuhalten, daß nach der gesetzlichen Lage dieser Umweg zur Vermeidung einer Gewinnrealisierung nicht erforderlich ist. Eine gesetzliche Grundlage für die Gewinnrealisierung besteht nicht, weil insbesondere der Tatbestand des § 21 Abs. 1 UmwStG nicht verwirklicht ist.

Man kann für die Kapitalerhöhung aus Einlagen nur die Frage stellen, ob auch in diesem Falle die neuen Anteile als einbringungsgeborene Anteile i. S. des § 21 UmwStG steuerverhaftet bleiben. Die Frage ist in der Literatur umstritten.[148] Die Annahme, daß auch die neuen Anteile bei einer Kapitalerhöhung aus Einlagen als einbringungsgeborene Anteile zu behandeln seien, liegt dann nahe, wenn man er-

---

lungen durch die Rechtsprechung vorgezeichnet waren, kann man die detaillierte Regelung des Gesetzes nun nicht einfach als deklaratorisch (ab)qualifizieren.

145 BGBl I 1980, 836.

146 Vgl. insbes. Maas, BB 1980, 1791; ebenso Herrmann/Heuer/Raupach, § 21 UmwStG Anm. 51.

147 BdF vom 17. 8. 1982 BB 1982, 1591.
Im übrigen tritt in folgenden Fällen die Gewinnrealisierung nicht ein:
1. Die Anteile, auf die stille Reserven im Namen einer Kapitalerhöhung gegen Einlagen übergehen, gehören zu einem inländischen gewerblichen Betriebsvermögen. Die steuerliche Erfassung der stillen Reserven ist hier sichergestellt. Hier kann auf Antrag von einer Gewinnrealisierung abgesehen werden (vgl. BdF vom 8. 3. 1984 BStBl I 1984, 223).
2. Es werden nicht neue GmbH-Anteile ausgegeben, sondern der Nominalbetrag der bestehenden Anteile wird entsprechend aufgestockt (vgl. dazu BdF vom 20. 10. 1986 BStBl I 1986, 505).

148 Dafür z. B. Loos aaO, (Anm. 141), Rz. 1020c; a. A. z. B. Herrmann/Heuer/Raupach, § 21 UmwStG Anm. 51.

stens meint, es müsse um jeden Preis verhindert werden, daß in einem vom Gesetz nicht geregelten Fall ein paar stille Reserven der Besteuerung entgehen und wenn man zweitens die Verdoppelung der stillen Reserven bei der Sacheinlage in eine Kapitalgesellschaft für eine sinnvolle Angelegenheit hält. Beides entspricht nicht unserer Meinung.

c) Die Umwandlung einer GmbH & Co. KG auf die Komplementär-GmbH

Die §§ 20 ff UmwStG bieten auch eine sichere Grundlage, auf der sich die Umwandlung einer GmbH & Co. KG auf die Komplementär-GmbH erfolgsneutral vollziehen kann.[149]

Sind alle Kommanditisten zugleich und in gleichem Verhältnis an der Komplementär-GmbH beteiligt, ist für die Umwandlung auch folgender Weg denkbar: Alle Kommanditisten scheiden unter Verzicht auf ihren Abfindungsanspruch aus der KG aus, ihre Anteile an der KG gehen im Wege der Anwachsung (§ 738 BGB; § 142 HGB) auf die Komplementär-GmbH über.[150] Im Ergebnis ist damit die GmbH & Co. KG auf die Komplementär-GmbH „umgewandelt". Die ertragsteuerlichen Auswirkungen dieses handelsrechtlich recht eleganten Weges sind jedoch abschließend noch nicht geklärt.[151]

Die Finanzverwaltung versteht das Ausscheiden der Kommanditisten ohne Abfindung als verdeckte Einlage und nimmt bei ihnen eine „Gewinnrealisierung" unter dem Gesichtspunkt der Betriebsveräußerung oder -aufgabe an.[152] U. E. bestehen keine Bedenken, auch diese Form der „Umwandlung" im Anschluß an den Grundgedanken der Rechtsprechung zur Einbringung in eine Kapitalgesellschaft erfolgsneutral zu behandeln.[153] Die steuerliche Erfassung der stillen Reserven des Vermögens der vormaligen KG ist weiterhin gewährleistet.

Die beiden Wege können unterschiedliche Folgen auslösen. Unterschiede ergeben sich insbesondere[154] bei der Grunderwerbsteuer. Bei Umwandlung im Wege der Anwachsung führt die Vereinigung aller Anteile der GmbH & Co. KG in der Hand der GmbH zur Grunderwerbsteuerpflicht nach § 1 Abs. 3 Nr. 4 GrEStG; Besteuerungsgrundlage ist in diesem Fall der Einheitswert. Bei Einbringung eines Betriebs in eine Kapitalgesellschaft bemißt sich die Grunderwerbsteuer hingegen regelmäßig nach dem Wert der Gegenleistung, das ist der anteilige Wert der aufgegebenen Beteiligungsrechte, der übernommenen Verbindlichkeiten und weiterer Abfindungen.[155]

---

149 Dabei werden die ursprünglichen GmbH-Anteile als solche i. S. des § 21 UmwStG behandelt. Vgl. BdF vom 20. 7. 1970 BStBl I 1970, 922 zu § 17 Ziff. 6 Abs. 3.

150 Vgl. dazu näher Hennerkes/Binz, Festschrift Meilicke, 1985, S. 31 ff.

151 Vgl. zum Stand der Meinungen: Seithel, GmbHR 1978, 65 ff.

152 OFD Düsseldorf vom 22. 6. 1988 WPg 1988, 626.

153 Vgl. ebenso Seithel aaO, (Anm. 151).

154 Auch bei der Gesellschaftsteuer bestehen Unterschiede; vgl. Kruse, GmbHR 1979, 280; Niedersächs. FinMin, BB 1979, 615; Glade, DB 1980, 469.

155 Vgl. BFH vom 16. 2. 1977 II R 89/74 BStBl II 1977, 671.

d) „Verschleierte" Sacheinlage

Die Regelung des § 20 UmwStG betrifft expressis verbis nur den Fall der Einbringung eines Betriebs, Teilbetriebs oder Mitunternehmeranteils gegen Gewährung von Gesellschaftsrechten. Umstritten sind die Fälle, in denen der Übertragende eine Kapitalgesellschaft im Wege der Bargründung errichtet oder eine Barkapitalerhöhung zeichnet und der Kapitalgesellschaft den Betrieb, Teilbetrieb oder Mitunternehmeranteil veräußert. Nach den Grundsätzen der Rechtsprechung zur verdeckten Einlage[156] ist dies nicht ohne Gewinnrealisierung möglich.

Ein Ausweg wäre die Anwendung des § 20 UmwStG auch auf diese Fälle der Gründung oder Kapitalerhöhung durch „verschleierte" Sacheinlagen. Dies wird von der Finanzverwaltung[157] abgelehnt. Demgegenüber hat das Finanzgericht Düsseldorf[158] § 20 UmwStG im Falle einer „verschleierten" Sachgründung entsprechend angewendet. Die Urteilsgründe sind überzeugend.

Das Umwandlungsteuergesetz verfolge das Ziel, den Unternehmern die Möglichkeit zu eröffnen, zu jeder Zeit ihrem Unternehmen die nach den bestehenden Verhältnissen optimale Rechtsform zu geben; ihm liege der bereits vom RFH entwickelte Gedanke zu Grunde, daß die Realisierung der stillen Reserven aufgeschoben bleiben kann, wenn das bisherige betriebliche Engagement in anderer Rechtsform fortgesetzt wird. Kurzum: der Normzweck des § 20 UmwStG rechtfertige die analoge Anwendung.

Steuerrechtlich ist dem Urteil des FG Düsseldorf nichts hinzuzufügen. Allerdings tritt zu dem steuerrechtlich wohlschmeckenden Ergebnis aus zivilrechtlicher Sicht ein bitterer unangenehmer Beigeschmack hinzu.

Die „Umwandlung" eines Personenunternehmens in der Weise, daß die GmbH im Wege der Bargründung errichtet oder bei einer bestehenden GmbH eine Barkapitalerhöhung gezeichnet und in zeitlichem Zusammenhang damit ein Kaufvertrag/Übernahmevertrag geschlossen wird, mag den Beteiligten angenehm und elegant erscheinen.

Hinter dieser Gestaltung steht das Bestreben, die mit einer Sachgründung bzw. Sachkapitalerhöhung verbundene Verzögerung der Eintragung der GmbH zu vermeiden. Insbesondere in den Fällen, in denen das Personenunternehmen von der GmbH zu den bisherigen Buchwerten übernommen werden soll, fehlt den Beteiligten das Verständnis für die Verzögerung, die Sachgründungsbericht und registerrechtliche Prüfung mit sich bringen. Daneben spielen auch gesellschaftsteuerliche Gründe eine Rolle.[159]

---

156 Vgl. dazu die Nachweise und Kritik oben § 5 VI 1, c, bb.

157 Vgl. dazu auch Uelner, JbFStR 1986/87, 203; Oppermann, DB 1989, 753.

158 FG Düsseldorf vom 19. 12. 1985 EFG 1986 Nr. 420 – rk (nicht revisibel).

159 Beim Erwerb von Gesellschafterrechten wird die Gesellschaftsteuer vom Wert der Gegenleistung berechnet (§ 8 S. 1 Nr. 1 KVStG). Bei der Bargründung ist Maßstab der Nennwert der Einlage, bei der Sachgründung der – wirkliche – Wert der übertragenen Vermögensgegenstände (vgl. etwa Brönner/Kamprad, KVStG, 4. Aufl. 1986, § 8 Anm. 3 ff).

Nur ist sie ganz gefährlich. Denn in Hinsicht auf die Rechtsprechung des BGH zu § 19 Abs. 5 GmbHG[160] ist die Bareinlage nicht erbracht. Der Fortbestand der Einlagepflicht des übertragenden GmbH-Gesellschafters ist eindeutig.[161] Es mag lange gutgehen. Aber spätestens im Falle des Konkurses der GmbH kommt das böse Erwachen.

Das Auge der Konkursverwalter von Kapitalgesellschaften ist auf die Betrachtung der Gründungs- und Kapitalerhöhungsvorgänge geschult, weil gerade hier eine gute Chance zur Vergrößerung der Masse besteht. Es ist nur dringend abzuraten, sich durch das steuerlich angenehme Urteil des FG Düsseldorf zu dieser Art der „Umwandlung" eines Personenunternehmens in eine Kapitalgesellschaft verleiten zu lassen. Der Berater, der dem Mandanten nicht den nach dem Gesetz gebotenen Weg der offenen Sacheinlage weist, macht sich schadensersatzpflichtig. Die Lektüre der Entscheidung BGH, DB 1959, 1028 wird empfohlen.

3. Das Prinzip der Buchwertverknüpfung

Die Besteuerung des bei der Veräußerung eines Gewerbebetriebs erzielten Gewinns nach § 16 EStG ist vor dem Hintergrund zu sehen, daß der Erwerber des Betriebs für seine steuerliche Gewinnermittlung von den aufgewendeten Anschaffungskosten ausgeht. Die Besteuerung des Veräußerungsgewinns ist nur deshalb erforderlich, weil die vom Veräußerer gebildeten stillen Reserven bei dem Erwerber, der nicht die Buchwerte seines Vormannes fortführt, steuerlich nicht mehr erfaßt werden können.

Auf dieser Grundlage ist es gerechtfertigt, in den Fällen der rechtlichen Umstrukturierung des Unternehmens von der Besteuerung abzusehen, wenn auch in Zukunft die Buchwerte fortgeführt werden und auf diese Weise die spätere Erfassung der stillen Reserven gesichert ist. Die stillen Reserven haften nicht an der Person des Betriebsinhabers, sondern an den Wirtschaftsgütern des Betriebsvermögens. Die Besteuerung der stillen Reserven wird zwar zeitlich hinausgeschoben, aber der Fiskus hat ohnehin keinen Anspruch darauf, daß die stillen Reserven eines Wirtschaftsguts in einem bestimmten Zeitpunkt aufgedeckt werden. Im übrigen kommt dem Fiskus das durch die

---

160 Vgl. BGH vom 10. 11. 1958 II ZR 3/57 BGHZ 28, 314 ff; Knobbe-Keuk, ZIP 1986, 885 ff. Zur Veranschaulichung vgl. auch den auf der Jahrestagung der Fachanwälte in Wiesbaden behandelten Fall A des 3. Generalthemas, JbFSt 1986/87, 189 ff; zu den praktisch ebenso bedeutsamen Fällen der Kapitalerhöhung durch „verschleierte" Sacheinlagen BGH vom 19. 4. 1982 II ZR 55/81 NJW 1982, 2444, 2446; OLG Hamburg vom 9. 10. 1987 11 U 125/87 DB 1988, 646; OLG Koblenz vom 28. 4. 1988 6 U 227/87 DB 1988, 1106.

161 Zu der – unklaren – Lage hinsichtlich des rechtlichen Schicksals des Übernahmegeschäfts vgl. Knobbe-Keuk aaO, (Anm. 160); vgl. dort auch zu der Frage, ob und in welcher Weise der Fehler bei der Gründung oder Kapitalerhöhung vor Konkurseröffnung noch korrigiert werden kann.
Vgl. grundsätzlich gegen die Unzulässigkeit der verschleierten Sacheinlage mit historischem und rechtsvergleichendem Hintergrund W. Meilicke, Die „verschleierte" Sacheinlage, 1989.

Buchwertfortführung verminderte Abschreibungsvolumen des neuen Betriebsinhabers zugute. Das Absehen von der Besteuerung eines Veräußerungsgewinns unter der Voraussetzung der Buchwertfortführung kann sich insgesamt für den Fiskus sogar auch als recht günstig erweisen, nämlich wenn die stillen Reserven bei dem neuen Betriebsinhaber laufend aufgedeckt und mit dem vollen Einkommensteuersatz sowie der Gewerbesteuer belegt werden, während auf den Veräußerungsgewinn nach § 16 EStG der ermäßigte Steuersatz nach § 34 EStG zur Anwendung käme und Gewerbesteuer nicht anfiele.

Das Prinzip der Buchwertverknüpfung ermöglicht so die erfolgsneutrale Gestaltung aller Vorgänge, durch die eine rechtliche Umstrukturierung des Betriebes und Betriebsvermögens erfolgt.[162] Die Regelungen der §§ 24 und 20 UmwStG zur Einbringung in eine Personen- oder in eine Kapitalgesellschaft sind als gesetzlich geregelte Anwendungsfälle dieses Prinzips zu verstehen. Deshalb hätte der Gesetzgeber des UmwStG auf die Verdoppelung der stillen Reserven durch § 21 Abs. 1 UmwStG durchaus verzichten können.

IV. Veräußerung und Aufgabe des Gewerbebetriebs einer Personengesellschaft i. S. des § 15 Abs. 1 S. 1 Nr. 2 EStG

Wird ein Gewerbebetrieb von einer Gesellschaft i. S. des § 15 Abs. 1 S. 1 Nr. 2 EStG geführt, so kommt ein Veräußerungs- bzw. Aufgabegewinn insbesondere bei der Liquidation der Gesellschaft und bei der Veräußerung eines Teilbetriebes der Gesellschaft in Frage. Veräußert die Gesellschaft den Betrieb oder gibt sie diesen auf, so wird der Steuertatbestand des § 16 Abs. 1 Nr. 1 bzw. des § 16 Abs. 3 EStG von der Gesellschaft verwirklicht. Der Vorgang ist nicht in der Weise zu werten, als würden alle Gesellschafter mit einem Schlage jeweils „ihren Gewerbebetrieb“ veräußern oder aufgeben.[163]

Ebensowenig wie der laufende Gewinn aus Gewerbebetrieb originär bei den Gesellschaftern entsteht, ist dies der Fall hinsichtlich des Gewinns aus der Veräußerung oder Aufgabe des Gewerbebetriebes der Gesellschaft. Vielmehr erzielt die Gesellschaft, die den Betrieb veräußert bzw. aufgibt, den Gewinn. Steuerlich erfaßt wird dieser Gewinn anteilig bei den Gesellschaftern. Der den Gesellschaftern nach § 16 Abs. 4 EStG zu gewährende Freibetrag bestimmt sich nach dem Anteil des einzelnen Gesellschafters am gesamten Veräußerungsgewinn.[164]

---

162 Vgl. dazu Widmann, JDStJG 1981, 161 ff; als weitere Fälle sind z. B. die Realteilung des Vermögens von Personengesellschaften (dazu unten § 22 V), der Unternehmerwechsel durch Schenkung oder Erbfall (dazu oben § 22 II 1); die Behandlung der Umwandlung und Verschmelzung von Kapitalgesellschaften (dazu unten § 25 II) zu nennen.

163 Vgl. dazu Keuk, Die Besteuerung des Gewinns, 1974, S. 16.

164 BFH vom 17. 4. 1980 IV R 58/78 BStBl II 1980, 721.

Da es die Gesellschaft ist, die den Steuertatbestand des § 16 Abs. 1 Nr. 1 bzw. des § 16 Abs. 3 EStG verwirklicht, ist auch allein nach den Verhältnissen der Gesellschaft zu beurteilen, ob tatsächlich eine Veräußerung bzw. Aufgabe des Gewerbebetriebes vorliegt und damit ein tarifbegünstigter Veräußerungs- bzw. Aufgabegewinn entstanden ist.[165] Abzulehnen ist daher die Auffassung des IV. Senats des Bundesfinanzhofs, daß einige Gesellschafter den Veräußerungsgewinn mit Investitionen im Eigenvermögen nach § 6b EStG neutralisieren und die übrigen Gesellschafter die §§ 16 IV, 34 EStG in Anspruch nehmen können.[166]

Verpachtet eine Gesellschaft ihren Gewerbebetrieb, so hat die Gesellschaft das in dem Beschluß des Großen Senats vom 13. 11. 1963[167] kreierte Wahlrecht auszuüben.[168] Der einzelne Gesellschafter ist also nicht zu fragen, ob er „seinen Gewerbebetrieb" aufgeben oder trotz der Verpachtung als fortbestehend behandelt sehen will. Bei dem Wahlrecht des Großen Senats geht es um die Frage, ob im Einzelfall tatsächlich die Konsequenzen der – erfolgten – Aufgabe des Gewerbebetriebes zu ziehen sind. Der einzelne Gesellschafter kann in seiner Person den Tatbestand der Aufgabe des Gewerbebetriebes aber gar nicht verwirklichen. Verpachtet die Gesellschaft ihren Gewerbebetrieb, so steht der Tatbestand der Aufgabe des Gewerbebetriebes nur bei der Gesellschaft in Frage, und daraus folgt mit Selbstverständlichkeit, daß ihr das Wahlrecht des Großen Senats zusteht.

Ob es zur Ausübung des Wahlrechts der Gesellschaft eines einstimmigen Gesellschafterbeschlusses bedarf oder ob die einfache oder auch eine qualifizierte Mehrheit der Gesellschafter entscheiden kann, ist eine gesellschaftsrechtliche Frage.[169]

Die gesetzliche Regelung des § 116 Abs. 2 HGB für Maßnahmen, die über den gewöhnlichen Geschäftsverkehr hinausgehen, sieht einen Beschluß sämtlicher Gesellschafter vor. § 116 Abs. 2 HGB ist aber als ius dispositivum durch den Gesellschaftsvertrag abdingbar.

165 Vgl. dazu i. e. mit Beispielen Keuk, Die Besteuerung des Gewinns, 1974, S. 17 f.

166 BFH vom 30. 3. 1989 IV R 81/87 BStBl II 1989, 558.

167 BFH vom 13. 11. 1963 GrS 1/63 S BStBl III 1964, 124. Vgl. dazu oben II 2.

168 Ebenso Littmann/Bitz/Meincke, § 15 EStG Anm. 144; Knoppe, BB 1973, 1252 ff m. w. N. zum Meinungsstand.

169 Vgl. in diesem Sinne auch Knoppe aaO, (Anm. 168), 1253 f.

V. Die Realteilung[170]

1. Die Grundlage der Gewinnrealisierung

Nach Auflösung einer Personenhandelsgesellschaft findet die Liquidation statt, *sofern nicht eine andere Art der Auseinandersetzung vereinbart ist* (§§ 131, 145, 161 Abs. 2 HGB). Eine „andere Art der Auseinandersetzung" ist die Naturalteilung,[171] in der steuerrechtlichen Terminologie die Realteilung des Gesellschaftsvermögens.

Beispiel: Eine OHG, an der A und B zu gleichen Anteilen beteiligt sind, betreibt zwei Kinos mit gleichem Wert. Bei der Auseinandersetzung übernimmt jeder Gesellschafter ein Kino.

Im Vordergrund der Diskussion um die steuerrechtliche Behandlung der Realteilung hat über die Jahre hinweg die Frage gestanden, ob und gegebenenfalls unter welchen Voraussetzungen diese Form der Auseinandersetzung erfolgsneutral, also ohne eine Gewinnrealisierung stattfinden könne. Dabei war man – in Anlehnung an die Bilanzbündeltheorievorstellungen – überwiegend davon ausgegangen, es gelte, über eine an sich eingetretene Gewinnrealisierung, die sich aus dem „Tausch der Miteigentumsanteile" an den Wirtschaftsgütern des Gesellschaftsvermögens zwischen den Gesellschaftern ergebe, hinwegzukommen.

Diese zivilrechtlich abwegige – und nach der Verabschiedung der Bilanzbündeltheorie auch steuerrechtlich der Grundlage entbehrende – Vorstellung über den Grund der Gewinnrealisierung hat der VIII. Senat des BFH in seinem Urteil vom 19. 1. 1982[172] endlich mit der gebotenen Eindeutigkeit verworfen.[173]

Wird das Gesellschaftsvermögen nach Auflösung der Gesellschaft real unter die Gesellschafter verteilt, so handelt es sich um einen Fall der Aufgabe des Gewerbebetriebs der Gesellschaft gemäß § 16 Abs. 3 EStG. Dieser Aufgabegewinn der Gesellschaft ist steuerlich – wie ein von der Gesellschaft erzielter Veräußerungsgewinn nach § 16 Abs. 1 EStG – anteilig bei den Gesellschaftern in deren Anteil am Aufgabegewinn zu erfassen.[174]

---

170 Vgl. zu den Grundlagen näher Keuk, DB 1972, 598 ff, 643 ff; StuW 1973, 76 ff; Döllerer, DStZ/A 1982, 267 ff.
Vgl. i. ü. die Kommentierungen bei Herrmann/Heuer/Raupach, § 16 EStG Anm. 365 ff; Schmidt, § 16 EStG Anm. 98 ff; Widmann/Mayer, Band 4, Rz. 8413 ff und die eingehende bilanzielle Behandlung bei Jacob/Gies, BB 1987, 2400 ff; vgl. desweiteren Glanegger, FR 1988, 29 ff; Strohm, DStR 1989, 483 ff. Zur Realteilung bei Gewinnermittlung nach § 4 Abs. 3 EStG vgl. Niedersächsisches FG vom 19. 4. 1984 EFG 1984 Nr. 631 – rk.

171 Hueck, Das Recht der offenen Handelsgesellschaft, 4. Aufl. 1971, S. 479 f.

172 BFH vom 19. 1. 1982 VIII R 21/77 BStBl II 1982, 456; vgl. auch die eingehende Analyse dieses Urteils bei Döllerer, DStZ/A 1982, 267 ff.

173 Vgl. gegen die Vorstellung des Tausches von „Miteigentumsanteilen" schon nachdrücklich Keuk, DB 1972, 598.

174 Vgl. oben § 22 IV und BFH vom 19. 1. 1982 aaO, (Anm. 172).

Aufgabegewinn der Gesellschaft ist der Unterschied zwischen dem Buchwert der Wirtschaftsgüter des Gesellschaftsvermögens und dem gemeinen Wert dieser Wirtschaftsgüter, abzüglich der Aufgabekosten (§ 16 Abs. 3 EStG). Während die Verteilung des Veräußerungsgewinns der aufgelösten Gesellschaft nach § 16 Abs. 1 Nr. 1 EStG auf die Gesellschafter sich nach dem Liquidationsschlüssel bestimmt, bringt § 16 Abs. 3 S. 4 EStG für den Aufgabegewinn im Falle der Realteilung einen anderen Schlüssel: Für jeden Gesellschafter ist der gemeine Wert der Wirtschaftsgüter anzusetzen, die er bei der Auseinandersetzung tatsächlich erhalten hat.

Zu Recht weist Döllerer[175] darauf hin, daß § 16 Abs. 3 S. 4 dem Verständnis der „Aufgabegewinne" der Gesellschafter als Anteile an einem einheitlichen Aufgabegewinn der Gesellschaft nicht entgegenstehe.

Aufgabegewinnanteil des Gesellschafters ist danach der Unterschied zwischen dem gemeinen Wert der ihm zugeteilten Wirtschaftsgüter und dem Buchwert seines Kapitalkontos (§ 16 Abs. 2 EStG). Häufig wird es freilich nicht gelingen, die Realteilung so durchzuführen, daß alle Gesellschafter genau den auf ihr Kapitalkonto entfallenden Anteil des realen Wertes des Gesellschaftsvermögens erhalten. Der Ausgleich erfolgt dann durch Gewährung von Geld- oder Sachwerten aus dem Privatvermögen des Gesellschafters, der mehr Gesellschaftsvermögen übernimmt als seinem Anteil entspricht (*Realteilung mit Spitzenausgleich*). Der Ausgleich erhöht dann den Aufgabegewinnanteil des empfangenden Gesellschafters und vermindert den Aufgabegewinnanteil des leistenden Gesellschafters.[176]

Für die Besteuerung des Aufgabegewinnanteils steht dem Gesellschafter der Freibetrag nach § 16 Abs. 4 und die Tarifermäßigung nach § 34 EStG zu.

Übernimmt der Gesellschafter die zugeteilten Wirtschaftsgüter in einen – bestehenden oder neueröffneten – Betrieb, so sind diese als *Einlage* mit den *Teilwerten* anzusetzen (§ 6 Abs. 1 Nr. 5, 6 EStG).

Übernimmt der Gesellschafter einen Teilbetrieb, so ist er auch hier nicht etwa zur Buchwertfortführung gemäß § 7 Abs. 1 EStDV gezwungen.[177] Es handelt sich *nicht* um eine *unentgeltliche* Übertragung, vielmehr werden die gesellschaftsrechtlichen Ansprüche des Gesellschafters erfüllt.

2. Die erfolgsneutrale Gestaltung des Grundfalles der Realteilung

Ist also auch bei einer Realteilung der gesetzliche Gewinnrealisierungstatbestand des § 16 Abs. 3 EStG erfüllt, so war doch in Rechtsprechung und Literatur schon immer das Bestreben zu verzeichnen, unter bestimmten Voraussetzungen den Beteiligten eine erfolgsneutrale Durchführung der Realtei-

---

175 Döllerer aaO, (Anm. 172), 268.

176 So auch BFH vom 19. 1. 1982 aaO, (Anm. 172); Herrmann/Heuer/Raupach, § 16 EStG Anm. 445.

177 Dies wird zu Recht vom BFH hervorgehoben; vgl. auch Döllerer aaO, (Anm. 172), 268.

lung zu ermöglichen.[178] Seit dem Urteil des BFH vom 10. 2. 1972[179] ist im Prinzip gesichert, daß die Beteiligten den Vorgang der Realteilung erfolgsneutral gestalten können. Entscheidende Voraussetzung ist, daß die Besteuerung der stillen Reserven sichergestellt bleibt.

Nach der Aufgabe der Bilanzbündeltheorievorstellungen stützt sich der BFH[180] nunmehr im wesentlichen auf eine analoge Anwendung der Regeln über die Einbringung eines Betriebes oder Teilbetriebes (§ 24 UmwStG) und zur Sacheinlage in Personengesellschaften. Die Grundlage sieht der BFH darin, daß die Grenze zwischen der Personenhandelsgesellschaft und den Gesellschaftern durchlässiger ist als zwischen der Kapitalgesellschaft und ihren Gesellschaftern. U. E. ist die Möglichkeit der erfolgsneutralen Behandlung der Realteilung als Anwendungsfall eines allgemeineren Prinzips zu begreifen, daß die rechtliche Umstrukturierung von Unternehmen kein geeigneter Anknüpfungspunkt für die Auferlegung von Steuerlasten ist und auf die Gewinnrealisierung aus diesem Anlaß unter den Voraussetzungen der Buchwertfortführung verzichtet werden kann.[181] Methodisch handelt es sich um eine teleologische Reduktion der zur Gewinnrealisierung führenden Bewertungsbestimmung des § 16 Abs. 3 EStG für die Betriebsaufgabe.[182]

Die spätere steuerliche Erfassung der stillen Reserven ist sichergestellt, wenn die Gesellschafter die aus dem Gesellschaftsvermögen übernommenen Wirtschaftsgüter in ihrem Betriebsvermögen mit den alten Buchwerten (der Gesellschaftsbilanzen) ansetzen und als Kapital nicht das alte Kapitalkonto fortführen, sondern das Kapital an die Buchwerte der Wirtschaftsgüter angleichen.[183]

Beispiel:

	Buchwert	stille Reserven	gemeiner Wert	
Teilbetrieb I	100	300	400	Kapitalkonto A 150
Teilbetrieb II	200	200	400	Kapitalkonto B 150
	300	500	800	300

A erhält Teilbetrieb I, B erhält Teilbetrieb II.

A setzt seinen Teilbetrieb mit 100 an und weist dementsprechend als Kapital 100 (statt bislang 150) aus, B setzt seinen Teilbetrieb mit 200 und das Kapital ebenfalls mit 200 an.

Die spätere steuerliche Erfassung der gesamten im Gesellschaftsvermögen vorhandenen stillen Reserven ist sichergestellt.

---

178 Zum Meinungsstand vor der Entscheidung des BFH vom 10. 2. 1972 IV 317/65 BStBl II 1972, 419 vgl. i. e. Keuk, DB 1972, 598 ff.

179 AaO, (Anm. 178).

180 BFH vom 19. 1. 1982 aaO, (Anm. 172); vgl. auch Schmidt, § 16 EStG Anm. 99d, der zusätzlich auf § 7 EStDV hinweist.

181 Vgl. oben § 22 III 3.

182 In diesem Sinne auch Herrmann/Heuer/Raupach, § 16 EStG Anm. 365.

183 Vgl. BFH vom 10. 2. 1972 aaO, (Anm. 178).

Allerdings hat dieses Verfahren der Anpassung der Kapitalkonten an die Buchwerte der Wirtschaftsgüter[184] zur Folge, daß für die Zukunft steuerlich der Gesellschafter im Vorteil ist, der die Wirtschaftsgüter mit den geringeren stillen Reserven übernimmt. Es verschiebt sich also auf diese Weise die künftige Steuerbelastung der ehemaligen Gesellschafter gegenüber der Lage, wie sie ohne die Trennung bestehen würde. Bei der Verschiebung der Steuerbelastung handelt es sich aber allein um ein Problem des internen Verhältnisses der Gesellschafter untereinander.[185] Die Gesellschafter haben es – wenn sie die Trennung erfolgsneutral gestalten wollen – in der Hand, die künftige steuerliche Mehrbelastung desjenigen, der das Mehr an stillen Reserven erhält, auszugleichen: Sie können diesem Umstand schon durch die Bewertung bei der Auseinandersetzung Rechnung tragen oder z. B. auch einen künftig erst fällig werdenden Steuerbelastungsausgleichsanspruch vereinbaren.

Die Realteilung kann also erfolgsneutral behandelt werden, wenn die ehemaligen Gesellschafter die Wirtschaftsgüter des Gesellschaftsvermögens in ihr Betriebsvermögen übernehmen, dort die alten Buchwerte fortführen und ihre Kapitalkonten entsprechend anpassen. Die Buchwertfortführung bei den ehemaligen Gesellschaftern eröffnet die Möglichkeit der erfolgsneutralen Behandlung der Realteilung, weil sie die spätere steuerliche Erfassung der stillen Reserven sichert.

Die Gesellschafter haben damit ein *Wahlrecht,* ob sie die Realteilung erfolgswirksam – d. h. entsprechend der Verwirklichung des Gewinnrealisierungstatbestandes des § 16 Abs. 3 EStG – oder erfolgsneutral durchführen wollen. Bislang hatte der BFH freilich nur Gelegenheit, dieses Wahlrecht in Fällen zuzubilligen, in denen die Gesellschafter jeweils Teilbetriebe übernommen hatten. Nicht anders wird man aber auf der Grundlage der Erwägungen der Rechtsprechung des BFH solche Realteilungen behandeln können,[186] bei denen der einzelne Gesellschafter allein mit den ihm zugewiesenen Wirtschaftsgütern keinen Betrieb führen kann – vorausgesetzt, daß die Wirtschaftsgüter überhaupt in ein Betriebsvermögen übernommen werden

---

184 Die Beseitigung der regelmäßig auftretenden Differenz zwischen den Buchwerten der übernommenen Wirtschaftsgüter und den Kapitalkonten wäre rechnerisch natürlich auch auf dem umgekehrten Wege der Anpassung, d. h. Auf- bzw. Abstockung der Buchwerte der Wirtschaftsgüter an die Kapitalkonten möglich. Ein derartiges Vorgehen wäre freilich in vielfacher Hinsicht bedenklich. Vgl. dazu i. e. Keuk aaO, (Anm. 178), 600 ff. Auch der BFH hat in seiner Entscheidung vom 10. 2. 1972 aaO, (Anm. 178) dem Weg über die Anpassung der Kapitalkonten an die fortzuführenden Buchwerte der Wirtschaftsgüter den Vorzug gegeben.

185 Vgl. i. e. Keuk aaO, (Anm. 178), 602 ff.

186 Ebenso Schmidt, § 16 EStG Anm. 100; Döllerer aaO, (Anm. 172), 269, vgl. dort auch weitere Nachweise; Märkle, Beilage 10 zu BB Heft 18/1984, S. 4.

und die spätere Erfassung der stillen Reserven durch die Buchwertfortführung sichergestellt ist.[187]

Noch nicht geklärt und vom BFH in seiner Entscheidung vom 19. 1. 1982[188] auch ausdrücklich offengelassen ist die Frage, ob die Beteiligten das *Wahlrecht* zwischen erfolgsneutraler und erfolgswirksamer Behandlung der Realteilung *unterschiedlich* ausüben können.

Würde sich in dem oben angeführten Beispiel A für die Besteuerung seines Aufgabegewinns nach § 16 Abs. 3 EStG entscheiden, B aber die Buchwerte der übernommenen Wirtschaftsgüter unter Angleichung seines Kapitalkontos fortführen wollen, so wäre die Besteuerung der stillen Reserven von insgeamt 500 nicht sichergestellt (es würden lediglich insgesamt 450 besteuert werden können, nämlich 250 in dem Aufgabegewinnanteil des A und 200 in Zukunft bei B). Wollte umgekehrt A die Buchwerte unter Anpassung des Kapitalkontos fortführen und B den Aufgabegewinn versteuern, so würden letztlich zuviel stille Reserven versteuert (nämlich in Zukunft 300 bei A und 250 in dem Aufgabegewinnanteil des B).

In der Entscheidung vom 19. 1. 1982 weist der BFH darauf hin, daß diese Konsequenzen vermieden werden können, wenn auch der Gesellschafter, der die Besteuerung des Aufgabegewinns nach § 16 Abs. 3 EStG wählt, bei dieser Gelegenheit sein Kapitalkonto an die Buchwerte der übernommenen Wirtschaftsgüter anpassen würde. Auf diese Weise wäre dafür gesorgt, daß weder zuviel noch zuwenig stille Reserven besteuert werden. Ob dieses Verfahren zulässig ist, läßt der BFH ausdrücklich dahinstehen. U. E. ist mit Döllerer[189] die Zulässigkeit auch dieses Verfahrens zu bejahen. Wenn keine Bedenken bestehen, bei Fortführung der Buchwerte durch alle Gesellschafter unter Anpassung der Kapitalkonten die Verschiebung der Steuerbelastung zwischen den Gesellschaftern hinzunehmen, so kann dies auch geschehen, wenn nur ein Teil der Gesellschafter die Buchwerte fortführt und der andere Teil die sofortige Gewinnrealisierung wählt.

Voraussetzung ist allerdings, daß die Beteiligten sich bei der Auseinandersetzung über dieses Verfahren einigen. Wenn derjenige, der seinen Aufgabegewinnanteil gemäß §§ 16, 34 EStG versteuern will, nicht zur Anpassung des Buchwerts seines Kapitalkontos an die Buchwerte der übernommenen Wirtschaftsgüter bereit ist, ist auch der andere gezwungen, bei der gesetzlich vorgesehenen Besteuerung des Aufgabegewinnanteils zu bleiben.

Das Wahlrecht der Gesellschafter ist in der steuerlichen Schlußbilanz und nicht etwa in deren Eröffnungsbilanzen auszuüben.[190] Denn die Ausübung des Wahlrechts hängt maßgeblich von den Vereinbarungen der Gesellschafter im Rahmen der Auseinandersetzung ab.

Die Werte, die in der Schlußbilanz der Gesellschaft angesetzt werden, sind dann – gegebenenfalls – für die Eröffnungsbilanz des Gesellschafters maß-

187 Die dargestellten Grundsätze gelten nicht nur für die Auflösung der Gesellschaft, sondern auch bei Ausscheiden eines Gesellschafters aus der Gesellschaft mit Sachwertabfindung. Vgl. dazu unten § 23 II 6.

188 AaO, (Anm. 172).

189 Döllerer aaO, (Anm. 172), 269.

190 BFH vom 19. 1. 1982 aaO, (Anm. 172); vgl. dazu näher Döllerer aaO, (Anm. 172), 269.

gebend. Insofern entspricht die Lage derjenigen, wie sie in dem umgekehrten Fall der Sacheinlage besteht.[191]

3. Die erfolgsneutrale Behandlung der Realteilung mit Spitzenausgleich

Es geht um den Fall, daß es nicht gelingt, die Realteilung so durchzuführen, daß alle Gesellschafter den auf ihr Kapitalkonto entfallenden Anteil des realen Werts des Gesellschaftsvermögens erhalten und der Ausgleich durch Leistung von Geld- oder Sachwerten aus dem Privatvermögen des Gesellschafters erfolgt, der mehr Werte des Gesellschaftsvermögens übernimmt als seinem Anteil entspricht. Ob auch dieser Fall erfolgsneutral behandelt werden kann, ist noch nicht abschließend geklärt.[192]

U. E. sind aber schon mit der Entscheidung des BFH vom 10. 2. 1972 die Weichen für die erfolgsneutrale Behandlung auch der Realteilung mit „Spitzenausgleich“ gestellt. Das Urteil vom 19. 1. 1982 weist ebenfalls in diese Richtung. Wird der erfolgsneutrale Vollzug des Grundfalles der Realteilung unter der Voraussetzung der Buchwertfortführung akzeptiert, dann kann für die Realteilung mit Spitzenausgleich nicht mehr anders entschieden werden, da ein sachlicher Grund für die unterschiedliche Behandlung nicht ersichtlich ist. Die steuerliche Behandlung der Trennung der Gesellschafter im Wege der Realteilung des Gesellschaftsvermögens kann nicht davon abhängig sein, ob das Gesellschaftsvermögen zufälligerweise so zusammengesetzt ist, daß es gelingt, ohne die Ausgleichszahlung aus dem Privatvermögen der Gesellschafter auszukommen. Zur Verdeutlichung seien zwei Fälle gegenübergestellt:

Fall 1: Bilanz der Gesellschaft vor Realteilung

A			P	
Teilungsmasse I	80 000	(120 000)	Kapitalkonto A	100 000
Teilungsmasse II	110 000	(110 000)	Kapitalkonto B	100 000
Forderung oder Kasse	10 000	(10 000)		
	200 000	(240 000)		200 000

A erhält bei der Trennung Teilungsmasse I; B erhält Teilungsmasse II sowie Forderungen oder Kasse. Über diesen Fall einer ganz ordinären Realteilung besteht nach dem Urteil des IV. Senats vom 10. 2. 1972[192a] nunmehr Klarheit. Hier wird bei Buchwertfortführung niemand behaupten wollen, B habe

191 Vgl. oben § 22 III 1.

192 Eine erfolgsneutrale Behandlung bejahen Widmann/Mayer, Band 4, Rz. 8451; Döllerer aaO, (Anm. 172), 271; Fellmeth, BB 1985, 2213; Wiesler, DB 1988, 2589 bei Spitzenausgleich bis zu 30 vom Hundert; für teilweise Gewinnrealisierung hingegen Abschn. 139 Abs. 8 S. 7 EStR 1987; Schmidt, § 16 EStG Anm. 101; Bordewin, DStZ 1985, 131; Märkle, Beilage 10 zu BB Heft 18/1984, S. 6 ff; tendenziell auch BFH vom 22. 9. 1987 aaO, (Anm. 62).

192a AaO, (Anm. 178).

in Höhe von 10 000 DM einen Gewinn realisiert, weil er auch Forderungen bzw. Geld in Höhe von 10 000 DM erhalten hat.

Fall 2: Bilanz der Gesellschaft vor Realteilung

A			P	
Teilungsmasse I	100 000	(140 000)	Kapitalkonto A	100 000
Teilungsmasse II	100 000	(100 000)	Kapitalkonto B	100 000
	200 000	(240 000)		200 000

A soll Teilungsmasse I erhalten, B Teilungsmasse II. Aber dabei würde A 20 000 DM zuviel, B 20 000 DM zuwenig erhalten, wenn man auf das Verhältnis ihrer Beteiligung an dem Gesellschaftsvermögen sieht. Geld oder Forderungen im Gesellschaftsvermögen sind nicht vorhanden, folglich gewährt A dem B den Ausgleich von 20 000 DM aus seinem Privatvermögen, im Endeffekt hat – wie es sich gehört – A dann 120 000 DM, B ebenfalls.

Wird dieser Fall dem ersten gegenübergestellt, so liegt der Unterschied nur darin, daß B das Geld einmal aus dem Gesellschaftsvermögen, das andere Mal aus dem Privatvermögen des anderen Gesellschafters erhält. Soll im zweiten Fall B Steuern zahlen, so würde B die Steuern allein aus dem Grunde bezahlen, daß in der Gesellschaftskasse nicht genügend Geld war. Dies ist kein Grund für die Erhebung von Steuern.

Hinzu kommt folgendes: Der Stein des Anstoßes, daß B im zweiten Fall Geld aus dem Privatvermögen des A erhält, ist leicht aus dem Wege zu schaffen. Es muß nur das für die Ausgleichszahlung an B benötigte Geld vor der Realteilung in das Gesellschaftsvermögen eingelegt werden. In dem Beispiel würde dies folgendermaßen aussehen: Es würde nicht nur der zum Ausgleich verpflichtete A 20 000 DM einlegen, sondern – damit das Verhältnis der Kapitalkonten nicht gestört wird – legt auch B vor der Realteilung 20 000 DM ein. Die Bilanz der Gesellschaft vor der Realteilung hätte dann folgendes Aussehen:

A			P	
Teilungsmasse I	100 000	(140 000)	Kapitalkonto A	120 000
Teilungsmasse II	100 000	(100 000)	Kapitalkonto B	120 000
Forderungen oder Kasse	40 000	(40 000)		
	240 000	(280 000)		240 000

Die Realteilung würde folgendermaßen vorgenommen: A erhält Teilungsmasse I, B Teilungsmasse II zuzüglich 40 000 aus Forderungen oder Kasse. Die Realteilung wäre in diesem zweiten Fall also auch ohne die beanstandete Ausgleichszahlung aus dem Privatvermögen des A durchführbar.

Damit wird deutlich genug, daß die erfolgsneutrale Behandlung der Realteilung nicht davon abhängig sein kann, ob das zu verteilende Gesellschaftsvermögen zufällig so zusammengesetzt ist, daß es gelingt, ohne eine Ausgleichszahlung auszukommen. Das ist der sachliche und entscheidende

Gesichtspunkt, der – wenn man die erfolgsneutrale Behandlung des Grundfalles der Realteilung unter der Voraussetzung der Buchwertfortführung akzeptiert – dazu zwingt, für die Realteilung mit Spitzenausgleich nicht anders zu entscheiden.

Den Gesellschaftern ist also auch für den Fall der Realteilung mit Ausgleichszahlungen aus dem Privatvermögen[193] eines der Gesellschafter das Wahlrecht zwischen erfolgsneutraler und erfolgswirksamer Abwicklung zu geben.[194] Die Gesellschafter haben nur zu beachten, daß sich infolge der Buchwertfortführung die künftige Steuerbelastung notwendigerweise um so mehr verschiebt, je höher die Ausgleichszahlungen sind.

Wenn die erfolgswirksame und erfolgsneutrale Behandlung der Realteilung als gleichwertig anzuerkennen sind, dann ist es müßig, sich den Kopf darüber zu zerbrechen, welches Ausmaß eine Ausgleichszahlung noch haben darf, damit nicht die erfolgsneutrale Behandlung gefährdet ist.[195] Es gibt keinen Gesichtspunkt, nach dem entschieden werden könnte, ob die Grenze von „weiß" zu „schwarz" überschritten ist, da es – wegen der Gleichwertigkeit beider Behandlungsarten – „schwarz" und „weiß" nicht gibt.

Das ist allerdings nicht eine Eigenart gerade der Realteilung mit Spitzenausgleich, sondern gilt in gleicher Weise, wenn Barzahlungen aus dem Gesellschaftsvermögen erfolgen oder einem Gesellschafter sonstige Wirtschaftsgüter ohne stille Reserven oder mit nur geringen stillen Reserven zugewiesen werden.

Die dargestellten Grundsätze gelten nicht nur für die Realteilung bei Auflösung der Gesellschaft, sondern auch bei Ausscheiden eines Gesellschafters unter Abfindung mit Wirtschaftsgütern des Gesellschaftsvermögens.[196]

193 Es muß sich nicht um Geldzahlungen, sondern kann sich auch um andere Leistungen aus dem Privatvermögen eines der Gesellschafter handeln. Vgl. den Fall des FG Baden-Württemberg – Stuttgart vom 31. 10. 1973 IV 46/72 EFG 1974 Nr. 63 und dazu Keuk, StuW 1974, 352.

194 Zu den für die Entscheidung der Gesellschafter maßgeblichen Gesichtspunkten vgl. i. e. Keuk, DB 1972, 646.

195 Bei Widmann/Mayer, Band 4, Rz. 8452, 8455 wird aber die Frage aufgeworfen, ob im Einzelfall ein Rechtsmißbrauch vorliegt (§ 42 AO). Vgl. auch Döllerer aaO, (Anm. 172), 271.

196 Vgl. dazu unten § 23 II 5, 6.

VI. Exkurs: Die Betriebsaufspaltung[197]

1. Einleitung

a) Häufig kommt es vor, daß ein Personenunternehmen fortan in der Rechtsform der Kapitalgesellschaft betrieben werden soll, der Unternehmer oder die Gesellschafter der Personengesellschaft aber davon absehen wollen, in die Kapitalgesellschaft auch das gesamte Anlagevermögen, insbesondere die Betriebsgrundstücke, einzubringen. Hier bietet sich die Form der Betriebsaufspaltung an. Das Unternehmen wird in zwei rechtlich selbständige Einheiten aufgespalten. Aus den vielfältigen in der Praxis gängigen Erscheinungsformen[198] der Betriebsaufspaltung sei exemplarisch die Aufgliederung eines Unternehmens in ein Besitzpersonenunternehmen und in eine Betriebskapitalgesellschaft in groben Umrissen dargestellt:[199] Die Träger des bisherigen – einheitlichen – Personenunternehmens gründen eine Kapitalgesellschaft, in der Regel eine GmbH. Gesellschafter dieser Betriebskapitalgesellschaft sind regelmäßig der bisherige Einzelunternehmer bzw. die Gesellschafter der Personengesellschaft, gegebenenfalls nebst Angehörigen. Die Beteiligungsverhältnisse sind in der Regel gleich oder ähnlich wie die in dem Personenunternehmen.

Die Betriebskapitalgesellschaft führt fortan den Betrieb. Das bisherige Personenunternehmen schließt mit der Betriebsgesellschaft einen Betriebspachtvertrag oder verpachtet dieser das Anlagevermögen oder wesentliche Teile des Anlagevermögens, insbesondere die Betriebsgrundstücke.[200] Das Umlaufvermögen wird der Betriebskapitalgesellschaft übertragen. Das bisherige Personenunternehmen ist auf diese Weise zu einem bloßen Besitzunternehmen geworden.

Der Fall, daß ein ursprünglich einheitliches Unternehmen in zwei rechtlich selbständige Unternehmen aufgeteilt wird, wird als *echte* Betriebsaufspal-

197 Schmidt, § 15 EStG Anm. 140 ff; Brandmüller, Die Betriebsaufspaltung nach Handels- und Steuerrecht, 5. Aufl. 1985; Fichtelmann, Betriebsaufspaltung im Steuerrecht, 6. Aufl. 1989; Knoppe, Betriebsverpachtung, Betriebsaufspaltung, 7. Aufl. 1985; Dehmer, Die Betriebsaufspaltung, 2. Aufl. 1987. Vgl. neben diesen Büchern insbesondere die instruktive Darstellung bei Schmidt, DStR 1979, 699 ff; Fichtelmann, GmbHR 1984, 344. Zur Kritik der Grundsätze der Rechtsprechung im grundsätzlichen vgl. Knobbe-Keuk, StbJb 1980/81, 336 ff u. die in Anm. 212 Zitierten.

198 Vgl. dazu näher die Darstellung in den in Anm. 197 genannten Büchern.

199 Zur Betriebsaufspaltung einer Kapitalgesellschaft unten § 25 IV; zur „mitunternehmerischen Betriebsaufspaltung" vgl. unten § 22 VI 5.

200 Dem Abschluß eines *Betriebs*pachtvertrages bei der Betriebsaufspaltung ist im Einzelfall der Vorzug vor der Vermietung einzelner wesentlicher Betriebsgrundlagen unter folgendem Gesichtspunkt zu geben: Entfällt z. B. eines Tages der „einheitliche geschäftliche Betätigungswille", so ist die Betriebsaufspaltung beendet, und es tritt – wenn nicht nunmehr die Grundsätze über die Betriebsverpachtung Anwendung finden können – gegebenenfalls zwangsweise Gewinnrealisierung ein (vgl. dazu unten § 22 VI 4c).

tung bezeichnet. Von *unechter* Betriebsaufspaltung spricht man, wenn z. B. Besitzgesellschaft und Betriebsgesellschaft nicht durch Aufspaltung eines einheitlichen Unternehmens entstanden sind, sondern von vornherein zwei getrennte „Unternehmen" bestanden haben. Sowohl für die echte als auch für die unechte Betriebsaufspaltung gelten die gleichen Grundsätze und Regeln.

Liegen die unter Ziff. 3 dargestellten Voraussetzungen einer Betriebsaufspaltung vor, so gelten die für diese entwickelten Regeln auch dann, wenn zwischen Besitzunternehmen und Betriebskapitalgesellschaft ein Betriebspachtvertrag abgeschlossen ist; die Regeln über die Betriebsverpachtung[201] sind dann nicht anwendbar.[202] Sie entfalten aber eine hilfreiche Wirkung, wenn die Betriebsaufspaltung plötzlich wegen Wegfall z. B. des einheitlichen geschäftlichen Betätigungswillens ihr Ende findet.[203]

Das „Rechtsinstitut"[204] der Betriebsaufspaltung hat sich außerhalb der unmittelbaren Gesetzesanwendung entwickelt. Sowohl Tatbestand als auch Rechtsfolgen dieses Instituts ergeben sich aus der Rechtsprechung, die im Laufe der Jahre detaillierte Regelungen aufgestellt hat, die freilich in jüngerer Zeit immer mehr an Kontur verlieren.

b) Die Betriebsaufspaltung erfreut sich bei Beratern und Unternehmen nach wie vor großer Beliebtheit.[205] Sie wird als optimale Rechtsform gerade auch bei Familienunternehmen gepriesen.[206] Bei einem von Jacobs/Brewi/Schubert[207] im Jahre 1978 angestellten steuerlichen Belastungsvergleich hat die Betriebsaufspaltung (bei Belastung mit Körperschaft-, Gewerbe-, Einkommen-, Kirchen-, Kapitalertrag-, Vermögen- und Grundsteuer: 100%) das Rennen vor der reinen GmbH (103%), der OHG/KG (108%) und der GmbH & Co. KG (108%) gemacht. Ein Belastungsvergleich aus dem Jahre 1988[207a] zeigt demgegenüber unter Berücksichtigung der gleichen Steuerarten einen knappen Sieg der reinen GmbH (100%) vor der Betriebsaufspaltung (102,29%), während die OHG (106,54%) und die GmbH & Co. KG (106,71%) auf den Plätzen drei und vier durch das Ziel gehen.

Wesentlicher Vorzug der Betriebsaufspaltung gegenüber den Personenunternehmen ist der gewerbesteuerliche Abzug der Geschäftsführergehälter und die Möglichkeit der Bildung von Pensionsrückstellungen mit steuerlicher Wirkung. Desweiteren ist das Kapital, das der Betriebs-GmbH in

201 Vgl. oben § 22 II 2.

202 Für die h. M. Schmidt, DStR 1979, 675.

203 Vgl. § 22 VI 4 a. E.

204 BFH vom 8. 11. 1971 GrS 2/71 BStBl II 1972, 63; Schmidt, DStR 1979, 699.

205 Vgl. z. B. Beinert, StbJb 1976/77, 221 ff; Hofbauer, DStR 1977, 331 u. 371; Wendt, Steuerberaterkongreßreport 1978, 219 ff; Fichtelmann aaO, (Anm. 197), S. XIV; Brandmüller, BB 1979, 465.

206 Mannhold, BB 1979, 1813.

207 Jacobs/Brewi/Schubert, Steueroptimale Rechtsform mittelständischer Unternehmen, 1978, S. 142.

207a Jacobs, Unternehmensbesteuerung und Rechtsform, 1988, S. 415.

Form von Gesellschafter-Darlehen zur Verfügung gestellt wird, aufgrund des Haushaltsbegleitgesetzes 1983 nur noch zur Hälfte gewerbesteuerlich belastet.[208] Bei Familienunternehmen kommt hinzu, daß bei der Betriebskapitalgesellschaft die Gewinnverteilung bislang nicht nach den Grundsätzen des Beschlusses des Großen Senats vom 29. 5. 1972[209] korrigiert wird. Die doppelte Vermögensteuerbelastung hinsichtlich des Vermögens der Betriebskapitalgesellschaft fällt demgegenüber kaum ins Gewicht, da die Betriebskapitalgesellschaft mit verhältnismäßig geringem Eigenkapital ausgestattet werden kann.[210]

Die Neigung, den Betrieb in Form einer Kapitalgesellschaft zu führen, ist etwas gedämpft worden, nachdem das Bilanzrichtliniengesetz die GmbH u. Co. KG nicht in die Publizität einbezogen hat.[211]

2. Die Betriebsaufspaltung – ein „Rechtsinstitut“?[212]

a) In Rechtsprechung[213] und Literatur[214] wird die Betriebsaufspaltung als ein „Rechtsinstitut“ bezeichnet. Ein solches gibt es nicht. Es gibt nur den wirtschaftlichen Sachverhalt Betriebsaufspaltung. Die Bezeichnung als „Rechtsinstitut“ soll nur der Behandlung des wirtschaftlichen Sachverhalts Betriebsaufspaltung nach den Grundsätzen der Rechtsprechung eine höhere Weihe verleihen und verdecken, daß sie der gesetzlichen Grundlage entbehrt. Auf Grund der nachfolgenden Darstellung des „Tatbestandes“ wird sich als Gesamtbild ergeben: Die beiden von der Rechtsprechung entwickelten Elemente des Tatbestandes, sowohl die Überlassung einer wesentlichen Betriebsgrundlage als auch der „einheitliche geschäftliche Betätigungswille“, sind schillernd und unklar. Die von der Rechtsprechung statuierten und in ihren Voraussetzungen wechselnden Rechtsfolgen sind fragwürdig. Zu Recht hat Groh[215] jüngst festgestellt: „Mißt man das Steuerrecht mit der El-

208 Vgl. § 21 II 3 a.

209 BFH vom 29. 5. 1972 GrS 4/71 BStBl II 1973, 5. Vgl. dazu oben § 12 II.

210 Zur Frage der Anwendung des § 32 a GmbHG auf die dem Besitzunternehmen gehörenden Vermögensgegenstände vgl. Knobbe-Keuk, BB 1984, 1 ff mit Nachweisen zum Meinungsstand. U. E. ist es ausgeschlossen, diese Vermögensgegenstände in die Konkursmasse der GmbH zu ziehen; dem folgend Ulmer, ZIP 1984, 172 f.

211 Vgl. dazu § 25 II 1 c.

212 Zur Kritik im grundsätzlichen vgl. Knobbe-Keuk, StbJb 1980/81, 336 ff; Roellecke, Festschrift Duden, 1977, S. 481 ff; Costede, StuW 1977, 208 ff, 216; Seithel, GmbHR 1979, 113 ff, 117; Crezelius, Steuerrechtliche Rechtsanwendung und allgemeine Rechtsordnung, 1983, S. 403 ff; Woerner, BB 1984, 1213; BB 1985; Barth, DB 1985, 510 ff; Flume, DB 1985, 1153 ff; Felix, DStZ 1984, 574; IdW, Seminar Personengesellschaften, 1984, S. 120; Meßmer, StuW 1988, 223 ff, 233; Groh, DB 1989, 748 ff.

213 Z. B. BFH vom 8. 11. 1971 GrS 2/71 BStBl II 1972, 63.

214 Z. B. Schmidt, DStR 1979, 699.

215 Groh aaO, (Anm. 212).

le herkömmlicher Rechtsanwendung, so kann die Erscheinung der Betriebsaufspaltung nur als *juristisches Ärgernis* bezeichnet werden." Die im folgenden aufgezeigten Fragezeichen bedeuten Rechtsunsicherheit.

Ein Gesetz kann man auslegen. Die Entscheidung über eine einschränkende oder erweiternde Auslegung eines gesetzlichen Tabestandes wird man insbesondere an dem gesetzgeberischen Ziel ausrichten. Das ist bei einem außerhalb des Gesetzes entwickelten Tatbestand naturgemäß nicht möglich. Das Vorliegen der Tatbestandsvoraussetzungen der Betriebsaufspaltung kann aber auch nicht an einer anderen allgemeinen Grundvorstellung gemessen werden. Dem Gesichtspunkt der Fortführung eines bisherigen Personenunternehmens über eine andere abgespaltene Gesellschaft kann seit der Gleichstellung und Gleichbehandlung der sogenannten unechten mit der echten Betriebsaufspaltung keine Bedeutung zugemessen werden. Entsprechendes gilt seit dem Beschluß des Großen Senats vom 8. 11. 1971[216] von der Vorstellung eines einheitlichen Betriebs.

Man fragt sich, woran der Richter seine Entscheidung z. B. über die Frage, ob im Einzelfall ein „einheitlicher geschäftlicher Betätigungswille" vorliegt, eigentlich orientiert. Er kann sich bei der Entscheidung über das Vorliegen des Tatbestandes nicht an den von der Rechtsprechung statuierten Rechtsfolgen des Tatbestandes orientieren, denn die beiden Hauptrechtsfolgen des Tatbestandes der Betriebsaufspaltung – zum einen: keine Gewinnrealisierung bei Begründung der echten Betriebsaufspaltung, zum anderen: Gewerbesteuerpflicht des Besitzunternehmens – sind gegenläufig.

Bei dieser Lage haftet jeder Entscheidung über das Vorliegen des Tatbestandes das Moment des Zufalls an. Ein Schutz vor Überraschungen ist jedenfalls noch weniger gewährleistet, als dies sonst schon bei der Gesetzesanwendung der Fall sein mag.

Liegen die tatbestandlichen Voraussetzungen des sogenannten Rechtsinstituts vor, soll es sich bei dem Besitz„unternehmen" um einen Gewerbebetrieb handeln. Diese Annahme hat mit dem, was man üblicherweise unter einem Gewerbetrieb versteht, schlechterdings nichts zu tun. In dem Besitz„unternehmen" werden regelmäßig überhaupt keine Aktivitäten entfaltet und erst recht keine gewerblichen: Es ist ein langfristiger Miet- oder Pachtvertrag abgeschlossen, und es werden die Mieten oder Pachtzinsen kassiert.

Es ist sicher in mannigfacher Hinsicht ein Unterschied, ob ein Fremder Grundstücke und Anlagevermögen an eine Betriebsgesellschaft vermietet oder ob dies von Personen oder einer Gesellschaft geschieht, die in der Betriebsgesellschaft das „Sagen" haben. Nur: Aus diesem Unterschied folgt für die Bewertung der Vermietungs- und Verpachtungstätigkeit genau das Gegenteil der Annahme des BFH. Die Inhaber des Besitzunternehmens müssen sich als solche – gerade wenn und weil sie ihre Pächterin, die Betriebsgesellschaft, beherrschen – noch weniger als Fremde um die ordnungsgemäße Durchführung und Abwicklung des Miet- oder Pachtverhältnisses kümmern. Die Tätigkeit des Besitzunternehmens bei der Betriebsaufspaltung ist also gerade von

216 BFH vom 8. 11. 1971 aaO, (Anm. 213).

noch geringerer Intensität als die eines fremden Verpächters von Grundstücken und Produktionsanlagen. Der „einheitliche geschäftliche Betätigungswille“ kann also die Vermietungs- und Verpachtungstätigkeit nicht zu einer gewerblichen „erhöhen“, sondern spricht neben den anderen bekannten Argumenten – insbesondere der fehlenden Teilnahme am allgemeinen wirtschaftlichen Verkehr – zusätzlich gegen die Annahme eines Gewerbebetriebs des Besitzunternehmens.

Besitz„unternehmen“ und Betriebsgesellschaft bleiben zwar als rechtlich selbständige Einheiten auch selbständig steuerpflichtig; in mancher Folgebeziehung bricht aber die Vorstellung durch, daß beide Einheiten von einem einheitlichen geschäftlichen Betätigungswillen getragen werden und letztlich eine wirtschaftliche Einheit darstellen. Schmidt[217] hat formuliert, als von einem „einheitlichen geschäftlichen Betätigungswillen“ getragene Unternehmen stünden die beiden Einheiten „einem (nicht nur wirtschaftlich, sondern) rechtlich einheitlichen Unternehmen in mancher Hinsicht näher als die Summe zweier einander fremder Unternehmen“. Die Rechtsfolgen der Betriebsaufspaltung im einzelnen können in der Tat nicht präziser als durch diese unverbindliche Formulierung auf einen gemeinsamen Nenner gebracht werden. Es geht hin und her. Das eine Mal wird die Konsequenz aus der rechtlichen Selbständigkeit gezogen, das andere Mal ist die Vorstellung der wirtschaftlichen Einheit maßgebend. Insgesamt besteht bei der Entscheidung der Detailfragen ein „Hü und Hott“ zwischen Einheit und Trennung von Besitz„unternehmen“ und Betriebsgesellschaft.[218]

Was die Rechtsfolge der *Gewerbesteuerpflicht* des Besitz„unternehmens“ anbetrifft, so hat die Rechtsprechung einen neuen Gewerbesteuertatbestand geschaffen. Roellecke[219] hat dargelegt, daß dies gegen das Gesetzmäßigkeitsprinzip verstoße. Das Bundesverfassungsgericht hat freilich in dem Beschluß vom 12. 3. 1985[220] erklärt, die Fortentwicklung der Rechtsprechung zur Betriebsaufspaltung verstoße nicht gegen Art. 20 GG.

b) Die Betriebsaufspaltung hatte sich schon nach dem ersten Weltkrieg verbreitet, und zwar vor dem Hintergrund des Einkommensteuertarifs. Wie in einem Urteil des RFH aus dem Jahre 1944[221] berichtet, ist der Gedanke der Betriebsaufspaltung auf einen früheren Rechtsanwalt in Sachsen zurückzuführen, der sich in den zwanziger Jahren der Erforschung von scheinbaren Lücken in den Steuergesetzen besonders widmete und dabei auch die Aufteilung des Betriebs als gutes Mittel zur Steuerersparnis anriet.

Der RFH hatte zunächst gegen die Betriebsaufspaltung nichts einzuwenden.[222, 223] 1936 hielt der damalige Staatssekretär im Reichsfinanzministeri-

217 Schmidt, DStR 1979, 706.

218 Vgl. i. e. Knobbe-Keuk, StbJb 1980/81, 350 ff und unten § 22 VI 4b.

219 Roellecke aaO, (Anm. 212).

220 BVerfG vom 12. 3. 1985 1 BvR 571/81 BVerfGE 69, 188.

221 RFH vom 16. 11. 1944 III 22/44 RStBl 1945, 34 ff, 37.

222, 223 RFH vom 3. 12. 1924 VI e A 188/24 RFHE 16, 15 f; RFH vom 15. 3. 1933 VI A 1638/33 StuW 1933 Nr. 484. Zur Entwicklung der Rechtsprechung vgl. näher Barth, DB 1968, 815 ff; Jurkat, JbFStR 1972/73, 253 ff.

um Reinhardt auf der Dritten Jahrestagung der Akademie für Deutsches Recht einen Vortrag zur „Beurteilung von Tatbeständen nach nationalsozialistischer Weltanschauung".[224] Unter vielem anderen postulierte er die These: „der elementarste Grundsatz des nationalsozialistischen Steuerrechts lasse es nicht zu, daß sich die Steuerpflichtigen mit Hilfe der Vertrags- und Gestaltungsfreiheit auf Kosten der Volksganzheit ganz oder teilweise ihren steuerlichen Pflichten entziehen".[225] Als ein Beispiel schilderte er die Betriebsaufspaltung:[226]

„Ein beliebtes Mittel der Steuerersparnis ist in der Vergangenheit auch die Bildung von Pachtgesellschaften gewesen. Einzelunternehmer bildeten eine ganz kleine GmbH, deren Gesellschafter sie selbst und ihre Familienmitglieder waren, und verpachteten ihren bisherigen Betrieb an die GmbH. Sie entnahmen in Form von Pachtzinsen und Gehalt die Beträge, die sie zur Bestreitung ihres Lebensunterhaltes brauchten. Die darüber hinausgehenden Gewinnbeträge wurden in der GmbH aufgespeichert und niemals ausgeschüttet. Der Vorteil lag darin, daß der hohe Steuertarif für Einzelunternehmer vermieden wurde und die Doppelbesteuerung wegen der völligen Beherrschung der GmbH durch die Familienmitglieder nicht eintrat. Außerdem wurde infolge der Abzüge der Pachtzinsen und der Gehälter an den geschäftsführenden Gesellschafter die Gewerbesteuer geschmälert. Es ist unlängst festgestellt worden, daß eine Firma auf diese Weise in einem Jahr nicht weniger als 2 Millionen Reichsmark Einkommenssteuer gespart hat. Soweit nicht diesem Treiben durch Erhöhung der Körperschaftsteuer, die unlängst erfolgt ist, ohnedies ein Ende bereitet worden ist, kann solche Steuerschmälerung künftig nicht mehr geduldet werden, weil sie dem Grundsatz der Gleichmäßigkeit der Besteuerung widerspricht und demgemäß nicht mit der nationalsozialistischen Weltanschauung in Einklang steht."

In der Folge änderte sich die Einstellung des RFH zur Betriebsaufspaltung. Wegen der zwischenzeitlich erfolgten Erhöhung der Körperschaftsteuer für die nicht genehmen „anonymen" Kapitalgesellschaften trat nunmehr die Gewerbesteuer in den Blickpunkt des Interesses. Die Gewerbesteuerfrage wurde zunächst unter dem Gesichtspunkt behandelt, ob die Zergliederung des Betriebs nach §§ 1 Abs. 3; 6 StAnpG unzulässig sei.[227] In dem Urteil vom 1. 7. 1942[228] hat der RFH dann – da evident ein Fall des § 6 StAnpG nicht vorlag – die Gewerbesteuerpflicht des Besitzunternehmens mit der Annahme begründet, Besitzunternehmen seien Gewerbebetriebe i. S. des § 2 Abs. 1 S. 2 GewStG, weil sie sich über die Betriebsgesellschaft am wirtschaftlichen Verkehr beteiligten. Die Rechtsprechung des BFH hat an dieses Urteil des RFH angeknüpft.[229]

---

224 Reinhardt, RStBl 1936, 1041 ff.

225 AaO, (Anm. 224), S. 1049.

226 AaO, (Anm. 224), S. 1051.

227 RFH vom 30. 11. 1939 III 37/38 RStBl 1940, 361; RFH vom 4. 12. 1940 VI 660/38 RStBl 1941, 26 = StuW 1941 Nr. 97; vgl. dazu die Anmerkung von Zitzlaff, StuW 1941 Sp. 265 ff.

228 RFH vom 1. 7. 1942 VI 96/42 RStBl 1942, 1081.

229 BFH vom 22. 1. 1954 III 232/51 BStBl III 1954, 91. Zur weiteren Entwicklung der Rechtsprechung des BFH vgl. die instruktive Darstellung bei Woerner, BB 1985, 1609.

c) In seiner Entscheidung vom 3. 12. 1924 zur Betriebsaufspaltung hat der RFH[230] ausgeführt:

„Der derzeitige Ausbau der Einkommen- und Körperschaftsteuer bringt es mit sich, daß die Beteiligten zu bestimmten Rechtsformen lediglich aus steuerlichen Gründen gedrängt werden und daß sie auch wegen der Steuer von einer zur anderen Rechtsform übergehen, ohne im inneren betriebswirtschaftlichen Aufbau ihres Unternehmens etwas zu ändern und auch nur ändern zu wollen. Das ist vom Standpunkt der Volkswirtschaft und damit letzten Endes auch vom Standpunkt des Steuerfiskus aus ein ungesunder Zustand. In der Beziehung haben die Ausführungen in der Rechtsbeschwerde ihren berechtigten Kern. Da diese unerwünschten Folgeerscheinungen indes ihren Grund im bestehenden Rechte . . . haben, lassen sie sich nur durch eine Änderung der Einkommensteuergesetzgebung beseitigen."

Der RFH ist damals noch ganz im Sinne der großartigen Ausführungen Hensels in der Bonner Festgabe für Zitelmann[231] verfahren:

„. . . es wird dem Richter in vielen Fällen wertvoller erscheinen, den Gesetzgeber auf die Mängel des Gesetzes durch Abweisung des Steueranpruchs hinzuweisen als durch dessen Bejahung die Rechtsunsicherheit zu verstärken und den Fehler zu sanktionieren."

Der Gesetzgeber hat es bislang nicht geschafft, zu einer wirklich rechtsformunabhängigen Unternehmensbesteuerung zu finden. Solange die Besteuerung vergleichbarer Unternehmen unterschiedlich ist, je nachdem ob das Unternehmen in der Rechtsform des Personenunternehmens oder der der Kapitalgesellschaft geführt wird, werden die Unternehmer und ihre Berater immer um die jeweils günstigste Gestaltung bemüht sein und bei diesem Bestreben sich auch die Kombination der steuerlichen Vorteile der beiden Rechtsformen – unter weitgehender Ausschaltung oder Reduzierung der jeweiligen Nachteile – zunutze machen. Angesichts der bisherigen Grundentscheidung des Gesetzgebers für eine rechtsformbezogene Unternehmensbesteuerung sind alle an der Rechtsanwendung Beteiligten auch an diese Grundentscheidung gebunden. Es besteht für niemanden die Legitimation, die Entscheidung des Gesetzgebers durch „Auslegung" einzelner Bestimmungen punktuell zu korrigieren. Hält der Unternehmer die Aufspaltung eines Unternehmens in mehrere rechtlich selbständige Gebilde aus mannigfachen – nicht nur steuerlichen! – Gründen für sinnvoll, so ist dies bei der Anwendung der Steuergesetze zu respektieren. Wenn man meint, der – wie auch immer gearteten – wirtschaftlichen Einheit mehrerer rechtlich selbständiger Gebilde auch steuerlich Rechnung tragen zu müssen, so ist dies eine Sache des Gesetzgebers. Wo der Gesetzgeber es für geboten gehalten hat, die wirtschaftliche Einheit mehrerer rechtlich selbständiger Gebilde steuerlich zu berücksichtigen, ist dies denn auch im Gesetz geregelt worden (vgl. den Organschaftstatbestand). Solange dies nicht auch in anderen Fällen geschieht, ist jedes rechtliche selbständige Gebilde auch steuerlich für sich zu beurteilen.

230 RFH vom 3. 12. 1924 VI e A 188/24 RFHE 16, 15 ff, 19.
231 Hensel, Bonner Festgabe für Zitelmann, 1923, S. 230.

Insbesondere aufgrund des Beschlusses des Großen Senats vom 25. 6. 1984[232] zur Aufgabe der Geprägerechtsprechung hatte die Finanzverwaltung Gefahr für das sogenannte Rechtsinstitut der Betriebsaufspaltung gewittert. Dieser Gefahr sollte durch eine gesetzliche „Klarstellung“ begegnet werden. In dem Entwurf eines Gesetzes zur vordringlichen Regelung von Fragen der Besteuerung von Personengesellschaften[233] war folgende Ergänzung des § 15 Abs. 2 EStG vorgesehen:

„Keine Vermögensverwaltung, sondern Beteiligung am allgemeinen wirtschaftlichen Verkehr im Sinne des Satzes 1 ist die Vermietung, Verpachtung oder sonstige Überlassung von Wirtschaftsgütern zur Nutzung im Rahmen der Betriebsaufspaltung.“

Die „Klarstellung“ sollte aus Gründen der Rechtssicherheit und zur Vermeidung von Steuerausfällen im Falle einer Rechtsprechungsänderung[234] geschehen. Die Berufung der Verfasser des Entwurfs zur Rechtfertigung der Festschreibung der Betriebsaufspaltung auf den Aspekt der Rechtssicherheit zeigt indessen nur, daß sie sich über die rechtliche Problematik des von der Rechtsprechung kreierten Instituts nicht im klaren sind oder zumindest sie nicht zur Kenntnis nehmen wollen. Die Betriebsaufspaltung ist nicht erst seit dem Beschluß des Großen Senats zur Aufgabe der Geprägerechtsprechung [235] im „Gerede“.[236] Die Fragwürdigkeit dieser Figur beruht insbesondere – aber nicht nur – auf der mangelnden Tatbestandsbestimmtheit. Die Entscheidungen aus der jüngsten Zeit zum einheitlichen geschäftlichen Betätigungswillen und die Reaktionen im Schrifttum und auch seitens der Finanzverwaltung belegen dies mit hinreichender Deutlichkeit.[237] Die mangelnde Tatbestandsbestimmtheit bei der Betriebsaufspaltung ist der Quell von Rechtsunsicherheit. Der Entscheidung über das Vorliegen des Tatbestandes haftet das Moment des Zufälligen an, ein Schutz vor Überraschung ist nicht sicher; die Steuerpflichtigen müssen, ohne daß sich die Nutzung der verpachteten Wirtschaftsgüter ändert, mit dem „Wechselbad“ von Gewerbebetrieb, Nichtgewerbebetrieb, Gewerbebetrieb leben.[238]

Bei dieser gegenwärtigen Lage mutet es gerade wie Hohn an, wenn man meint, durch die Aufnahme des Wortes „Betriebsaufspaltung“ in das Gesetz

---

232 BFH vom 25. 6. 1984 GrS 4/82 BStBl II 1984, 751 ff, 761.

233 BR-Drs. 165/85. Der Gesetzentwurf ist in einem Statement, das Woerner auf der Wiesbadener Jahrestagung der Fachanwälte für Steuerrecht am 14. 5. 1985 JbFStR 1985/86, 276 ff abgegeben hat, in „Entwurf eines Gesetzes zur vordringlichen Berichtigung und Verhütung unerwünschter BFH-Entscheidungen“ umgetauft worden.
Vgl. die Kritik dieses Entwurfs bei Knobbe-Keuk, BB 1985, 820, 941 ff; StbJb 1985/86, 167 f; Flume, DB 1985, 1152 ff.

234 Vgl. Finanznachrichten 11/85 vom 11. 4. 1985, S. 3 und Begründung des Entwurfs.

235 BFH aaO, (Anm. 232).

236 Vgl. die Nachweise bei den in Anm. 212 Zitierten.

237 Vgl. dazu unten § 22 VI 3b, cc.

238 Näher dazu unten § 22 VI 4c.

einen Beitrag zur Rechtssicherheit zu leisten. Durch eine *gesetzliche Vorschrift ohne Tatbestand* wird ganz im Gegenteil die Rechtsunsicherheit zu einer Dauereinrichtung.

Umgekehrt würde die Trennung von dem Gebilde der Betriebsaufspaltung nur der Rechtssicherheit dienen, denn es wüßte in Zukunft jeder, woran er ist. Die Verwaltung wäre dann zwar vor die Notwendigkeit der Beschäftigung mit der Übergangsproblematik gestellt. Die Sicherheit der Verwaltung vor derartigem ist aber nicht Gegenstand des Gutes „Rechtssicherheit".

Es ist nachdrücklich der – offensichtlich verbreiteten – Vorstellung entgegenzutreten, daß Rechtssicherheit durch das Festhalten an zwar überkommenen, aber systematisch nicht einzuordnenden Sätzen gewährleistet würde. Genau das Gegenteil ist der Fall. Gerade dann, wenn die Rechtsprechung zur Erstarrung verurteilt und gezwungen wird, an systemwidrigen Gebilden, die ein immer größeres Eigenleben außerhalb des Systems entfalten, festzuhalten, entsteht Rechtsunsicherheit.

Angesichts des Umstandes, daß die Rechtsprechung zum einheitlichen geschäftlichen Betätigungswillen in Bewegung gekommen ist, hätte der Gesetzgeber auch gar nicht gewußt, was er eigentlich regeln wird. Diese Einschätzung wird besonders verdeutlicht durch die Entscheidung des Bundesverfassungsgerichts vom 12. 3. 1985.[239] In dieser Entscheidung ist es als mit Art. 3 Abs. 1 GG in Verbindung mit Art. 6 Abs. 1 GG unvereinbar erklärt worden, bei der Beurteilung der personellen Verflechtung zwischen Besitz- und Betriebsunternehmen von der – wenn auch widerlegbaren – Vermutung auszugehen, Ehegatten verfolgten gleichgerichtete wirtschaftliche Interessen. Der Regierungsentwurf hatte vor Bekanntwerden dieser Entscheidung den Bundesrat passiert, hätte der Bundestag tatsächlich den Regierungsentwurf verabschiedet, so hätte er einen ganz anderen „Tatbestand" als den, mit dem sich der Bundesrat befaßt hatte, statuiert!

Die beabsichtigte gesetzliche Regelung der Betriebsaufspaltung durch eine *Vorschrift ohne Tatbestand* ist glücklicherweises nicht Gesetz geworden.

Zum einen ist der Finanzausschuß des Deutschen Bundestages zu der Überzeugung gekommen, daß in Hinsicht auf den Beschluß des Bundesverfassungsgerichts vom 12. 3. 1985[239] zur Zeit eine Definition der Betriebsaufspaltung kaum möglich sein dürfte.[240] Zum anderen hatten Finanzverwaltung und Finanzausschuß auf Grund des Urteils des BFH vom 25. 4. 1985[241] zur mitunternehmerischen Betriebsaufspaltung den Eindruck gewonnen, daß der BFH jedenfalls im Grundsatz an dem „Rechtsinstitut" der Betriebsaufspaltung festzuhalten gedenkt,[242] so daß ein vordringliches Bedürfnis für eine gesetzliche Festschreibung nicht mehr angenommen wurde.[243]

Die Verantwortung liegt nun wieder bei der Rechtsprechung. Dem BFH ist

---

239 BVerfG aaO, (Anm. 220).

240 Vgl. den Bericht bei Kreile, DStZ 1986, 10.

241 BFH vom 25. 4. 1985 IV R 36/82 BStBl II 1985, 622; vgl. dazu unten § 22 VI 5.

242 Diese Erwartung hat der BFH denn auch in dem Urteil vom 12. 11. 1985 VIII R 240/81 BStBl II 1986, 293, in dem der Fortbestand des „Rechtsinstituts" auch nach dem Beschluß des Großen Senats vom 25. 6. 1984 GrS 4/82 BStBl II 1984, 751 bestätigt wurde, nicht enttäuscht.

243 Kreile aaO, (Anm. 240).

die Chance geblieben, aus eigener Kraft den derzeitigen desolaten Zustand, das „diffuse Bild",[244] das seine Rechtsprechung bietet, zu korrigieren. Ob er sie nutzen und wie der österreichische Verwaltungsgerichtshof[245] den Weg zurück in die „Vor-Fritz-Reinhardt-Zeit" finden wird, bleibt abzuwarten. Der Schock nach der Reaktion des Gesetzgebers auf die systematisch fundierte Verabschiedung der Geprägerechtsprechung[246] sitzt wohl noch zu tief.[247]

In neuerer Zeit versucht die Rechtsprechung, den Mißhelligkeiten der Betriebsaufspaltung auf eine Weise zu begegnen, die nicht so leicht vom Gesetzgeber konterkariert werden kann: Sie stellt immer strengere Anforderungen an die personelle und sachliche Verflechtung von Besitz„unternehmen" und Betriebsgesellschaft und führt die Betriebsaufspaltung damit langsam aber sicher in die Selbstauflösung.[248]

Wie weiland Cato den Römischen Senat mit seinen „ceterum censeo" genervt hat, halte auch ich fest an meinem ceterum censeo institutionem separationis negotiorum esse delendam. Carthago ist gefallen.

3. Der von der Rechtsprechung formierte Tatbestand der Betriebsaufspaltung[249]

Damit die unten näher dargestellten Rechtsfolgen eintreten, müssen nach der Rechtsprechung gewisse Voraussetzungen in sachlicher und in personeller Hinsicht erfüllt sein.

Der Umgang mit den von der Rechtsprechung aufgestellten Voraussetzungen ist – wie unter 2. dargelegt – schwierig, weil die wesentlichen Rechtsfolgen der Betriebsaufspaltung – einerseits erfolgsneutrale Behandlung des Vorgangs selbst, andererseits Gewerbesteuerpflicht des Besitzunternehmens – gegenläufig sind und damit auch die Interessen der jeweils Beteiligten gegenläufig sein können. Wenn in dem einen Fall wegen der erfolgsneutralen Behandlung des Vorgangs Interesse an einer großzügigen Handhabung der Voraussetzungen bestehen mag, so sieht dies etwa im Fall der unechten Betriebsaufspaltung, wenn die Problematik der Aufdeckung stiller Reserven von vornherein nicht zur Debatte steht, wegen der Gewerbesteuerfrage ganz anders aus.

Weil ein gesetzgeberisches Ziel, an dem das Vorliegen der Tatbestandsvor-

---

244 Vgl. die eindrucksvolle Nachzeichnung dieses „diffusen Bildes" bei Woerner, BB 1985, 1609 ff.

245 ÖVerwGH vom 18. 6. 1979 ÖStZ 1980 B, 98 ff; ÖVerwGH vom 12. 3. 1980 ÖStZ 1980 B, 277 ff; ÖVerwGH vom 9. 3. 1982 ÖStZ 1982 B, 360.

246 Vgl. dazu oben § 9 II 2 d.

247 Vgl. die Andeutung bei Groh, DB 1987, 1006.

248 Vgl. dazu Groh aaO, (Anm. 212).

249 Vgl. i. e. die Rechtsprechungsnachweise bei Schmidt, § 15 EStG Anm. 143 ff. Zur neueren Rechtsprechung vgl. Döllerer, GmbHR 1986, 165 ff; Woerner, DStR 1986, 737 ff; Herzig/Keßler, DB 1986, 352; Wendt, StbJb 1986/87, 219 ff; Söffing, DStR 1988, 335; Groh aaO, (Anm. 212).

aussetzungen gemessen werden kann, fehlt, und weil auch die ursprüngliche Grundvorstellung eines wirtschaftlich einheitlichen Unternehmens aufgegeben worden ist, bestehen die Unsicherheiten und weiß man letztlich nicht, woran man sich bei der Feststellung der Tatbestandsvoraussetzungen auszurichten hat.[250] Es bleibt nur die Orientierung an der vorhandenen Rechtsprechungskasuistik.

a) Überlassung wesentlicher Betriebsgrundlagen

Das Besitzunternehmen muß der Betriebs-GmbH Wirtschaftsgüter zur Nutzung überlassen, die für diese eine der wesentlichen Betriebsgrundlagen sind;[251] die zur Nutzung überlassenen Wirtschaftsgüter müssen für die Betriebsgesellschaft wirtschaftliches Gewicht besitzen.[252]

Nicht erforderlich ist, daß die überlassenen Wirtschaftsgüter *die* alleinige wesentliche Betriebsgrundlage sind.[253] Einer Betriebsgesellschaft können daher mehrere Besitzunternehmen gegenüberstehen und umgekehrt.

Schon in dem Urteil des VIII. Senats vom 12. 11. 1985[254] wird gegenüber der bisherigen Rechtsprechung eine restriktive Tendenz deutlich.

Es müsse sich um Wirtschaftsgüter handeln, bei denen es aus der Sicht des Betriebsunternehmens einen *deutlichen* Unterschied macht, ob sie sich im Eigentum des Unternehmens befinden und für Betriebszwecke besonders hergerichtet oder von einem Fremden gemietet sind. Ein Grundstück sei dann keine wesentliche Betriebsgrundlage, wenn es für die Betriebsgesellschaft von geringer wirtschaftlicher Bedeutung ist. Die verwaschenen Formulierungsversuche zum „Tatbestands"merkmal sachliche Verflechtung sprechen für sich. Im übrigen ist nicht plausibel, weshalb die Annahme eines Gewerbebetriebs „in wertender Betrachtungsweise"[255] beim Besitzunternehmen davon abhängen soll, welche Bedeutung ein Wirtschaftsgut für die Betriebsgesellschaft hat! Hinzu kommt, daß angesichts der fast unbeschränkten Leasingmöglichkeiten für ein Betriebsunternehmen die Eigentumsverhältnisse an dem Anlagevermögen von untergeordneter Bedeutung sind.

Einen weiteren Schritt in Richtung „Selbstauflösung"[256] der Betriebsaufspal-

---

250 Die gegenläufigen Interessen des Steuerpflichtigen werden auch deutlich in dem Titel des Aufsatzes von Hennerkes/Binz/Sorg, BB 1984, 1995 ff „Die Betriebsaufspaltung im Zielkonflikt zwischen Gewerbesteuerfreiheit und Investitionszulage".

251 Z. B. BFH vom 21. 5. 1974 VIII R 57/70 BStBl II 1974, 613.

252 BFH vom 20. 9. 1973 IV R 41/69 BStBl II 1973, 689.

253 BFH vom 24. 11. 1978 III R 121/76 BStBl II 1979, 366; Brandmüller, BB 1979, 467. Für den BFH ist auch der freiberufliche Erfinder, der der von ihm beherrschten GmbH Patente zur Nutzung überläßt, Besitz„unternehmer" mit Einkünften aus Gewerbebetrieb (vgl. BFH vom 1. 6. 1978 IV R 152/73 BStBl II 1978, 545; BFH vom 26. 1. 1989 IV R 151/86 BStBl II 1989, 455).

254 BFH vom 12. 11. 1985 VIII R 342/82 BStBl II 1986, 299; vgl. demgegenüber aber Pollmann, DB 1988, 723.

255 Vgl. Schmidt, § 15 EStG Anm. 142.

256 Groh aaO, (Anm. 212), 752.

tung bringt das Urteil des VIII. Senats vom 25. 10. 88[257]: Ein Gebäude, das nicht „für die Bedürfnisse der Betriebsgesellschaft besonders gestaltet" worden ist, ist grundsätzlich nicht als wesentliche Betriebsgrundlage anzusehen.

b) Einheitlicher geschäftlicher Betätigungswille[258]

aa) Damit die ihrer Art nach rein vermögensverwaltende Tätigkeit des Besitzunternehmens als gewerbliche Tätigkeit eingeordnet werden kann, ist keine personelle Verflechtung zwischen Besitzunternehmen und Betriebsgesellschaft erforderlich. Seit dem Beschluß des Großen Senats vom 8. 11. 1971[259] ist entscheidend, „ob die hinter den beiden Unternehmen stehenden Personen einen einheitlichen geschäftlichen Betätigungswillen haben".

Der einheitliche geschäftliche Betätigungswille „tritt . . . am klarsten zutage, wenn an beiden Unternehmen dieselben Personen im gleichen Verhältnis beteiligt sind",[260] also im Fall der Beteiligungsidentität.

Beispiel: A und B sind Miteigentümer eines bebauten Grundstücks zu je ½. Sie verpachten das Grundstück an eine GmbH, an der sie zu je 50 % beteiligt sind.

Ein einheitlicher geschäftlicher Betätigungswille liegt nach dem Großen Senat aber auch dann vor, wenn „die Person oder die Personen, die das Unternehmen tatsächlich beherrschen, in der Lage sind, auch in der Betriebsgesellschaft ihren Willen durchzusetzen".[261]

Insbesondere diese Floskel des Großen Senats hat nur Unklarheiten und Unsicherheiten gebracht. Wie wenig hilfreich der Beschluß war, zeigen die widersprüchlichen Entscheidungen des I. und IV. Senats in den ersten Jahren danach.[262] Inzwischen hat sich der I. Senat von seiner Forderung nach einer 75%igen Mehrheit der das Besitzunternehmen beherrschenden Personen in der Betriebsgesellschaft gelöst und ist auf die Linie des IV. Senats eingeschwenkt.[263] Man kann nunmehr von folgender Lage ausgehen:

Die Rechtsprechung betrachtet die Personen, die sowohl an dem Besitzunternehmen als auch an der Betriebsgesellschaft beteiligt sind, unabhängig

---

257 BFH vom 25. 10. 1988 VIII R 339/82 FR 1989, 18.
Schmidt, FR 1989, 19 wertet das Urteil dahin, daß es „das nahe Ende der Betriebsaufspaltung, jedenfalls der unechten, wohl aber auch der echten" signalisiere. Zu dem aus dem Urteil folgenden neuen Problem vgl. Groh aaO, (Anm. 212).

258 Vgl. dazu die Kritik bei Knobbe-Keuk, StbJb 1980/81, 339 ff; desweiteren siehe die treffende Analyse des einheitlichen geschäftlichen Betätigungswillens aus gesellschaftsrechtlicher Sicht bei Sonnenschein, Festschrift Stimpel, 1985, S. 533 ff.

259 BFH vom 8. 11. 1971 GrS 2/71 BStBl II 1972, 63.

260 BFH aaO, (Anm. 259).

261 BFH aaO, (Anm. 259).

262 Vgl. die Analyse der Entscheidungen bei Keuk, DB 1974, 205 ff; Knobbe-Keuk, StuW 1975, 351 ff.

263 BFH vom 28. 11. 1979 I R 141/75 BStBl II 1980, 162 im Anschluß an BFH vom 11. 12. 1974 I R 260/72 BStBl II 1975, 266.

von einer unterschiedlichen Beteiligungshöhe als „eine durch gleichgerichtete Interessen geschlossene Personengruppe".[264] Beherrschungsidentität besteht grundsätzlich bereits dann und damit liegt zugleich der einheitliche geschäftliche Betätigungswille vor, wenn diese „geschlossene Personengruppe" sowohl am Besitzunternehmen[265] als auch an der Betriebsgesellschaft mit einfacher Mehrheit beteiligt ist.[266]

Beispiel:

	Besitzunternehmen	Betriebsgesellschaft
A	20%	50%
B	20%	25%
C	20%	25%
D	20%	–
E	20%	–

Die aus A, B und C bestehende „geschlossene Personengruppe" verfügt in beiden Gesellschaften über die einfache Mehrheit; damit liegt der „einheitliche geschäftliche Betätigungswille" vor.

Beispiel:

	Besitzunternehmen	Betriebsgesellschaft
A	100%	50%
B	–	50%

Kein „einheitlicher geschäftlicher Betätigungswille". Der das Besitzunternehmen beherrschende A beherrscht nicht auch die Betriebsgesellschaft.

Keine Beherrschungsidentität wird freilich angenommen, wenn die Beteiligungen der einzelnen Mitglieder der Gruppe am Besitzunternehmen und an der Betriebsgesellschaft extrem entgegengesetzt sind.[267]

264 Z. B. BFH vom 2. 8. 1972 IV 87/65 BStBl II 1972, 796.

265 Als Besitzunternehmen kommt nach Ansicht der Rechtsprechung auch eine Bruchteilsgemeinschaft in Frage, vgl. BFH vom 11. 11. 1982 IV R 117/80 BStBl II 1983, 299; hier zeigt der BFH Bekennermut und daß die Einwände ihn nicht interessieren. Ihm reicht es zur Begründung, auf eine Entscheidung aus 1972 zu verweisen. Wie man sich die Führung eines Gewerbebetriebes durch eine Miteigentümergemeinschaft vorzustellen haben soll, bleibt im Dunkeln. Desweiteren ist nicht ersichtlich, wie ein an der Betriebs-GmbH nicht beteiligter Miteigentümer die für die Mitunternehmerstellung geforderte Unternehmerinitiative soll entfalten können!

266 Die Annahme der Beherrschung des Betriebsunternehmens bei Mehrheit der Anteile ist gemünzt auf den Fall, daß es sich bei dem Betriebsunternehmen um eine Kapitalgesellschaft handelt. Ist das Betriebsunternehmen eine Personengesellschaft, kann die Sache anders aussehen (vgl. dazu etwa BFH vom 14. 1. 1982 IV R 77/79 BStBl II 1982, 476; BFH vom 10. 11. 1982 I R 178/77 BStBl II 1983, 136. Vgl. zur „mitunternehmerischen Betriebsaufspaltung" unten § 22 VI 5).

267 BFH vom 2. 8. 1972 IV 87/65 BStBl II 1972, 796.

Beispiel:

	Besitzunternehmen	Betriebsgesellschaft
A	90%	10%
B	10%	90%

A und B werden nicht als „geschlossene Personengruppe" betrachtet und folglich wird kein „einheitlicher geschäftlicher Betätigungswille" angenommen.

Beispiel:

	Besitzunternehmen	Betriebsgesellschaft
A	51%	49%
B	49%	51%

Ein solcher Fall ist bislang nicht entschieden. Die Beteiligungen von A und B sind zwar nicht „extrem entgegengesetzt". Dennoch kann man A und B wohl kaum zu einer „geschlossenen Personengruppe" zusammenfassen.

Im Einzelfall kann jedoch die auf Grund der Beteiligungen an beiden Gesellschaften angenommene „geschlossene Personengruppe" durch den konkreten Nachweis von ständigen Interessengegensätzen gesprengt werden.[268]

Den für die Betriebsaufspaltung maßgeblichen Einfluß auf das Betriebsunternehmen kann nach der Rechtsprechung auch eine mittelbare Beteiligung gewähren.[269]

bb) Das Abstellen auf die Beteiligungsverhältnisse in zwei Gesellschaften wirft naturgemäß die Frage auf, ob und unter welchen Voraussetzungen die Anteile von Ehegatten und minderjährigen Kindern eines Gesellschafters diesem für die Frage der Beherrschungsidentität zuzurechnen sind.

In der Vergangenheit haben Finanzverwaltung und weitgehend auch der BFH die Zusammenrechnung vorgenommen.[270] In der Literatur war gegen die Zusammenrechnung überwiegend Sturm gelaufen worden. Das Bundesverfassungsgericht hat es in seinem Beschluß vom 12. 3. 1985[271] als mit Art. 3 Abs. 1 GG in Verbindung mit Art. 6 Abs. 1 GG unvereinbar erklärt, „wenn bei der Beurteilung der personellen Verflechtung . . . von der – wenn auch widerlegbaren – Vermutung auszugehen ist, Ehegatten verfolgten gleichgerichtete wirtschaftliche Interessen."

Mit dieser Entscheidung des Bundesverfassungsgerichts hat das „Rechtsinstitut" der Betriebsaufspaltung eine ganz neue Qualität und Dimension erhalten. Es ist auf dem Weg, zu einer Figur für „Singles" zu werden, also für

268 Vgl. BFH vom 15. 5. 1975 IV R 89/73 BStBl II 1975, 781.

269 BFH vom 14. 8. 1974 IR 136/70 BStBl II 1975, 112; BFH vom 10. 11. 1982 aaO, (Anm. 266).

270 Vgl. zu der bisherigen Lage die 4. Aufl., § 22 VI 2 b S. 530 f.
Im Verfahren vor dem Bundesverfassungsgericht (Anm. 220) hat der BdF nachdrücklich für die Zusammenrechnung Position bezogen (vgl. aber die gegenteilige Auffassung von Bordewin, JbFStR 1984/85, 483).

271 BVerfG aaO, (Anm. 220).

solche Steuerpflichtigen, die weder Ehepartner noch sonstige Partner haben, denen sie trauen können.

Mit der Entscheidung des Bundesverfassungsgerichts ist auch der Zurechnung der Anteile minderjähriger Kinder zu denen des beteiligten Elternteils die Grundlage entzogen. Immerhin sind beide Eltern gesetzliche Vertreter.

Das Bundesverfassungsgericht hat allerdings einen Vorbehalt gemacht: Es sei von Verfassungs wegen nicht geboten, bei der Feststellung der engen personellen Verflechtung „die Tatsache der ehelichen Verbindung der Beteiligten völlig außer Betracht zu lassen"; so können es die konkreten Umstände des Einzelfalles durchaus rechtfertigen, Anteile der Ehefrau an einem Unternehmen denen des Ehemannes wie eigene Anteile zuzurechnen (oder umgekehrt). Wenn zusätzlich zur ehelichen Lebensgemeinschaft Beweiszeichen vorlägen, die für die Annahme einer personellen Verflechtung durch gleichgerichtete wirtschaftliche Interessen sprächen, so wäre der Einwand unbegründet, Verheiratete seien gegenüber Ledigen schlechter gestellt. Das Bundesverfassungsgericht sagt nicht, welche Fallgestaltungen es dabei im Auge hat.

Es wäre besser gewesen, wenn das Bundesverfassungsgericht auf diese Ausführungen verzichtet hätte. Für die Steuerpflichtigen hatten sie zunächst nur neues Rätselraten und Rechtsunsicherheit gebracht.

Inzwischen hat die Rechtsprechung des BFH[272] eine gewisse Klärung gebracht.

Nach der Rechtsprechung ist von folgendem Negativkatalog auszugehen:[273]

Keine zusätzlichen Beweisanzeichen für gleichgerichtete Interessen sind

- jahrelanges konfliktfreies Zusammenwirken der Eheleute innerhalb der Gesellschaft
- „Gepräge" der Betriebsgesellschaft durch den Ehegatten
- Geschäftsführung in dem Betriebsunternehmen
- die Mittel für die Beteiligung eines Ehegatten an der Betriebsgesellschaft stammen von dem anderen Ehegatten
- Erbeinsetzung des Ehegatten durch den anderen Ehegatten als Alleinerbe, gesetzlicher Güterstand der Zugewinngemeinschaft, beabsichtigte Alterssicherung des anderen Ehegatten.

Als zusätzliche Beweisanzeichen sollen Stimmrechtsbindungsverträge oder eine unwiderrufliche Stimmrechtsvollmacht[274] in Frage kommen.[275]

---

272 BFH vom 27. 11. 1985 I R 115/85 BStBl II 1986, 362; BFH vom 18. 2. 1986 VIII R 125/85 BStBl II 1986, 611.

273 Dem folgend BdF vom 18. 11. 1986 BStBl I 1986, 537.

274 Da eine Abspaltung des Stimmrechts von der Mitgliedschaft nicht möglich ist, ist auch eine unwiderrufliche Stimmrechtsvollmacht grundsätzlich nicht anzuerkennen. Nur dann ist gegen eine unwiderrufliche Stimmrechtsvollmacht nichts einzuwenden, wenn sie gerade dazu dient, dem eigentlichen Inhaber des Gesellschaftsanteils das Wort in der Gesellschaft zu ermöglichen, wenn also ein Treuhandverhältnis vorliegt (vgl. Flume, Allgemeiner Teil des bürgerlichen Rechts, Bd. I/2 – Die juristische Person, 1983, § 7 II mit weiteren Nachweisen).

In der jüngsten Rechtsprechung des BFH werden die Anteile von Eheleuten so gut wie nicht mehr zusammengerechnet[276]. Allein der IV. Senat verspürt noch eine gewisse Neigung.[277]

Die Entscheidung des Bundesverfassungsgerichts hat dazu geführt, daß in vielen Fällen, die bislang als Betriebsaufspaltung gehandelt worden sind, eine „Entstrickung " eingetreten ist. Im Einzelfall kann das Vermögen des Besitz„unternehmens" freilich unter einem anderen Aspekt auch weiterhin Betriebsvermögen sein.[278]

cc) Beim sogenannten „Wiesbadener Modell"

	Besitzunternehmen	Betriebsgesellschaft
Herr A	100 %	–
Frau A	–	100 %

liegt ein „einheitlicher geschäftlicher Betätigungswille" nicht vor.[279]

In dem Urteil vom 29. 7. 1976[280] hatte sich der IV. Senat für die Beherrschungsfrage freilich von dem Beteiligungsbesitz gelöst: „Die Fähigkeit der das Besitzunternehmen beherrschenden Personen, ihren geschäftlichen Betätigungswillen in der Betriebsgesellschaft durchzusetzen, erfordert nicht notwendig einen bestimmten Anteilsbesitz an der Betriebsgesellschaft; sie kann ausnahmsweise auch auf Grund einer durch die Besonderheiten des Einzelfalls bedingten *tatsächlichen Machtstellung* in der Betriebsgesellschaft gegeben sein". Diese Entscheidung[281] hat zu dem Schlagwort von der *„faktischen Betriebsaufspaltung"* geführt.

Ist die unwiderrufliche Stimmrechtsvollmacht privatrechtlich nicht anzuerkennen, so sind an sie auch keine steuerrechtlichen Folgen zu knüpfen. Denn Vereinbarungen zwischen Ehegatten müssen ernsthaft gemeint sein, und dies setzt nach der Rechtsprechung des BFH voraus, daß sie privatrechtlich in Ordnung sind.

275 Woerner, DStR 1986, 735 ff; BdF aaO; Schmidt, § 15 EStG Anm. 145 a.

276 Vgl. z. B. BFH vom 17. 3. 1987 VIII R 36/84 BStBl II 1987, 858.
Vgl. die eingehende Analyse der neueren Rechtsprechung bei Unvericht, DB 1989, 995 ff.

277 BFH vom 24. 7. 1986 IV R 98–99/85 BStBl II 1986, 913. Danach sollen die Anteile von Eheleuten zusammenzurechnen sein, wenn sie „durch die mehrere Unternehmen umfassende, planmäßige gemeinsame Gestaltung der wirtschaftlichen Verhältnisse den Beweis dafür liefern, daß sie aufgrund ihrer gleichgerichteten wirtschaftlichen Interessen zusätzlich zur ehelichen Lebensgemeinschaft eine Zweck- und Wirtschaftsgemeinschaft eingegangen sind." Man fragt sich, wie der IV. Senat den Fall wohl entschieden hätte, wenn es sich bei den Beteiligten nicht um Eheleute, sondern z. B. um Geschwister gehandelt hätte!?

278 Vgl. zur Übergangsproblematik i. e. BdF vom 28. 11. 1986 BStBl II 1986, 537; Schmidt, § 15 EStG Anm. 145 a.

279 BFH vom 30. 7. 1985 VIII R 263/81 BStBl II 1986, 359; BFH vom 9. 9. 1986 VIII R 198/94 BStBl II 1987, 28.

280 BFH vom 29. 7. 1976 IV R 145/72 BStBl II 1976, 750.

281 Kritisch zu der Entscheidung z. B. Seithel FR 1977, 168.

Neuerdings geht der BFH aber zur „faktischen Betriebsaufspaltung" wieder auf Distanz.[282]

In dem dem Urteil des BFH vom 26. 7. 1984[283] zugrundeliegenden Fall hatte der Kläger als bisheriger Einzelunternehmer das Anlagevermögen an eine GmbH verpachtet, deren Gesellschafter seine volljährigen, teilweise fachlich vorgebildeten Kinder waren. Obwohl der Kläger im Gesellschaftsvertrag der GmbH zum „ersten Geschäftsführer" bestellt und mit weitergehenden Befugnissen ausgestattet war,[284] als es ein Geschäftsführer nach den Vorschriften des GmbH-Gesetzes ist, hat der BFH hier einen einheitlichen geschäftlichen Betätigungswillen *nicht* angenommen, weil der Kläger die GmbH nicht auf Grund einer *gesellschaftsrechtlichen* Beteiligung beherrschte.[285]

In dem Urteil vom 12. 10. 1988 hat der X. Senat[286] das Schlagwort von der faktischen Betriebsaufspaltung zwar nicht völlig verabschiedet, die faktische Beherrschung aber so formuliert, daß kaum ein Fall vorstellbar ist, in dem diese vorliegen könnte.

Danach ist eine Betriebsaufspaltung auf Grund „faktischer Beherrschung nur gegeben, wenn der gesellschaftsrechtlich Beteiligte nach den Umständen des Einzelfalles darauf angewiesen ist, sich dem Willen eines anderen so unterzuordnen, daß er keinen eigenen geschäftlichen Willen entfalten kann". Auch bei (Ehe-)Frauen, die sich am Wirtschaftsleben beteiligen, sei davon auszugehen, daß dies selbständig und eigenverantwortlich geschieht.

dd) Zur allgemeinen Verunsicherung hat das „Einstimmigkeitsurteil" des I. Senats vom 9. 11. 1983[287] geführt.

Folgende (vereinfachte) Konstellation hat der Entscheidung zugrundegelegen:

An der Grundstücksgesellschaft bürgerlichen Rechts waren A zu ⅔ und D zu ⅓ beteiligt. Beschlüsse konnten nach dem Gesellschaftsvertrag nur einstimmig gefaßt werden (dieser vertraglichen Regelung hätte es nicht bedurft, da das Einstimmigkeitsprinzip schon von Gesetzes wegen gilt; vgl. § 709 Abs. 1 BGB). Die Grundstücke waren an zwei GmbHs, deren alleiniger Gesellschafter A war, vermietet. Die Grundstücksgesellschaft wehrte sich gegen die Inanspruchnahme mit der Gewerbesteuer.

Der BFH hat hier den einheitlichen geschäftlichen Betätigungswillen verneint, da A wegen des Einstimmigkeitsprinzips nicht in der Lage war, in der Gesellschaft bürgerlichen Rechts seinen Willen durchzusetzen.

Darüber hinaus hat der I. Senat noch einen weiteren Gesichtspunkt gegen den einheitlichen geschäftlichen Betätigungswillen angeführt: Es sei zu beachten, daß A in

---

282 Vgl. kritisch zur Beherrschungsidentität auf faktischer Grundlage Söffing, DStZ 1983, 442.

283 BFH vom 26. 7. 1984 IV R 11/81 BStBl II 1984, 714.

284 Zur gesellschaftsrechtlichen Problematik der Begründung von Rechten für Dritte in der Satzung einer GmbH vgl. Ulmer, Festschrift Werner, 1984, S. 911 ff.

285 In der Entscheidung vom 13. 12. 1984 VIII R 237/81 BStBl II 1985, 657 ist festgestellt, daß der einheitliche geschäftliche Betätigungswille der hinter beiden Unternehmen stehenden Pesonen nicht durch einen Testamentsvollstrecker ersetzt werden kann. Vgl. desweiteren BFH vom 9. 9. 1986 VIII R 198/84 BStBl II 1987, 28.

286 BFH vom 12. 10. 1988 X R 5/86 BStBl II 1989, 152 mit Anm. Schmidt, FR 1989, 82.

287 BFH vom 9. 11. 1983 I R 174/79 BStBl II 1984, 212.

der Besitzgesellschaft an der Ausübung seiner Stimmrechte gehindert sei, wenn ein Beschluß zugleich Interessen der Besitzgesellschaft und des Betriebsunternehmens berühre und diese Interessen kollidieren könnten; das aber sei praktisch in allen die Vermietung der Grundstücke an die Betriebsunternehmen betreffenden Fragen der Fall.[288]

Nach diesem Urteil ist der Tatbestand der Betriebsaufspaltung nur noch denkbar, wenn alle Gesellschafter an beiden Gesellschaften beteiligt sind; schon die geringste Minderheitsbeteiligung eines Dritten in einer der beiden Gesellschaften würde dem Tatbestand der Betriebsaufspaltung entgegenstehen. Dieser Befund hat Schmidt[289] zu der Feststellung veranlaßt, daß damit die Betriebsaufspaltung „in aller Stille, aber doch öffentlich hingerichtet sein dürfte". „Totgesagte leben manchmal doch länger"[290], so auch die Betriebsaufspaltung.

Inzwischen liegt ein weiteres Einstimmigkeitsurteil, nämlich des VIII. Senats[291] vor: Eine Bruchteilsgemeinschaft (Ehemann ⅔, Ehefrau ⅓), die einer GmbH, an der der Ehemann zu 100 % beteiligt war, das Grundstück vermietet, ist kein Besitz„unternehmen", wenn die Ehegatten vereinbart haben, über die Nutzung des ihnen gemeinsam gehörenden Grundbesitzes nur einvernehmlich zu entscheiden. Das Urteil ist von Schmidt[292] – nunmehr vorsichtiger als das erste Einstimmigkeitsurteil – als „Antibiotikum gegen Betriebsaufspaltung" kommentiert worden. Der BdF hat – wie schon zu dem ersten Einstimmigkeitsurteil – ein Nichtanwendungsschreiben verfaßt.[293]

ee) Ist das Besitz„unternehmen" eine GmbH, so spricht man von *„kapitalistischer"* Betriebsaufspaltung.

Der Sinn des Instituts der Betriebsaufspaltung, die Einkünfte beim Besitz„unternehmen" zu gewerblichen zu deklarieren, greift hier nicht. Denn die Besitz-GmbH hat per se Einkünfte aus Gewerbebetrieb (§ 8 Abs. 2 KStG). Wenn Finanzverwaltung und Rechtsprechung sich gleichwohl auch in dieser Konstellation mit dem einheitlichen geschäftlichen Betätigungswil-

288 Zum Stimmrechtsverbot vgl. auch die Entscheidung des VIII. Senats vom 12. 11. 1985 BFH R 240/81 BStBl II 1986, 296: Angesichts der Tatsache, daß die Frage des Stimmrechtsverbotes privatrechtlich nicht abschließend geklärt ist, soll es darauf ankommen, „wie die Gesellschafter einer Personengesellschaft oder die Teilhaber einer Gemeinschaft nach Bruchteilen die Frage des Stimmrechtsausschlusses tatsächlich handhaben". Für den IV. Senat steht ein Stimmrechtsausschluß dem einheitlichen geschäftlichen Betätigungswillen per se nicht entgegen (vgl. BFH vom 26. 1. 1989 IV R 151/86 BStBl II 1989, 455).

289 Schmidt, FR 1984, 122.

290 Weber-Grellet, DStR 1984, 619; zu der Entscheidung vgl. desweiteren Knobbe-Keuk, StbJb 1984/85, 92 ff u. 6. Aufl. § 22 VI, S. 672.

291 BFH vom 29. 10. 1987 VIII R 5/87 BStBl II 1989, 96.

292 Schmidt, FR 1988, 108.

293 BdF vom 23. 1. 1989 BStBl I 1989, 39. Das Urteil des VIII. Senats ist bemerkenswerterweise erst ein knappes Jahr nach der Veröffentlichung in anderen Zeitschriften im Bundessteuerblatt veröffentlicht worden, damit zeitgleich das Nichtanwendungsschreiben bekanntgegeben werden konnte.

len befassen, ist dies nur vor dem Hintergrund der Wahrung der Verbleibfristen beim Investitionszulagengesetz und bei den Steuervergünstigungsregelungen[294] zu sehen.

Nach dem Urteil des BFH vom 22. 10. 1986[295] liegt eine Betriebsaufspaltung zwischen einer Kapitalgesellschaft als Besitzgesellschaft und einem anderen Unternehmen als Betriebsgesellschaft nicht vor, wenn die Kapitalgesellschaft nicht zu mehr als 50 v. H. unmittelbar an dem anderen Unternehmen beteiligt ist, und zwar auch dann nicht, wenn an den beiden Gesellschaften dieselben Gesellschafter oder dieselbe Gesellschaft beteiligt sind.

4. Die von der Rechtsprechung statuierten Rechtsfolgen der Betriebsaufspaltung[296]

a) Begründung der Betriebsaufspaltung

Die entscheidende Frage bei der Begründung der Betriebsaufspaltung ist die Frage, ob dieser Vorgang erfolgsneutral möglich ist oder ob die Aufdeckung der stillen Reserven der bei dem zu spaltenden Unternehmen zurückbleibenden Wirtschaftsgüter des Anlagevermögens und der auf die Betriebsgesellschaft zum Buchwert übergehenden Wirtschaftsgüter erforderlich ist.

Die Übertragung einzelner Wirtschaftsgüter, insbesondere des Umlaufvermögens, zum Buchwert auf die GmbH kann zum einen mit der Sachgründung der GmbH gem. § 5 Abs. 4 GmbHG verbunden sein.[297] Dies ist der gesellschaftsrechtlich einwandfreie Weg. Vielfach ist es auch üblich, eine Bargründung der Betriebs-GmbH vorzunehmen und die Betriebs-GmbH sodann die Wirtschaftsgüter von dem Besitzunternehmen zum Buchwert kaufen zu lassen. Angesichts der Rechtsprechung zu § 19 Abs. 5 GmbHG[298] besteht die Gefahr der Annahme einer verschleierten Sachgründung mit der Konsequenz, daß Einlagen als nicht erbracht gelten.[299]

Im Ergebnis kann wohl – wenn letztlich auch abschließende Klarheit nicht besteht – weiterhin von der bisherigen Verwaltungspraxis der Buchwertübertragung ausgegangen werden.[300]

Die Buchwertverknüpfung bedeutet zugleich, daß auch die den übertragenen Wirt-

294 Vgl. dazu unten § 22 V 4 m. w. N.

295 BFH vom 22. 10. 1986 I R 180/82 BStBl II 1987, 117.

296 Vgl. dazu i. e. die Kritik bei Knobbe-Keuk, StbJb 1980/81, 345 ff.

297 Vgl. die Einzelheiten bei Dehmer aaO, (Anm. 212), Rz. 1380 ff.

298 Vgl. dazu Ulmer in: Hachenburg, Kommentar zum GmbH-Gesetz, 7. Aufl., § 5 Anm. 128 ff.

299 Vgl. dazu und zu der Problematik der „Reparatur" einer verschleierten Sachgründung Knobbe-Keuk, ZIP 1986, 885 ff.
Zur verschleierten Sachgründung bei AG und GmbH vgl. die Abhandlung von Bergmann, AG 1987, 57–88; W. Meilicke aaO, (Anm. 161); aus der neueren Rechtsprechung zur AG vgl. OLG Koblenz und OLG Hamburg aaO, (Anm. 160).

300 Vgl. Schmidt, DStR 1979, 706; Luckey, DB 1979, 997 ff; Schuhmann, StBp 1983, 16; Schmidt, § 15 EStG Anm. 150; ders., JbFStR 1982/83, 345; vgl. auch BdF vom 22. 1. 1985 BStBl I 1985, 97.

schaftsgütern zuzurechnenden steuerfreien Rücklagen, z. B. die nach § 6b EStG, von der Betriebsgesellschaft fortgeführt werden können.[301]

Die noch verbleibende Restunsicherheit ist freilich nur zu beseitigen, wenn dieses – von allen Seiten als wirtschaftlich vernünftig akzeptierte – Ergebnis auch systematisch zu begründen ist.

Endgültige Klarheit würde natürlich geschaffen, wenn der Gesetzgeber sich dazu aufraffen könnte, den Aufruf von Groh[302] zu befolgen, in den §§ 20 ff UmwStG die Gleichstellung der echten Betriebsaufspaltung mit der Einbringung des Unternehmens in eine Kapitalgesellschaft zu regeln.

Es ist nicht zu verkennen, daß es der Rechtsprechung mit der Erwägung, bei Vorliegen der sachlichen und persönlichen Voraussetzungen des von ihr geschaffenen Betriebsaufspaltungstatbestandes sei weiterhin eine gewerbliche Tätigkeit des Besitzunternehmens anzunehmen, u. a. auch darum ging, die Aufdeckung der stillen Reserven des Anlagevermögens zu vermeiden. Die Annahme einer gewerblichen Betätigung des Besitzunternehmens würde freilich noch nicht erklären – zumindest seitdem man Besitzunternehmen und Betriebsgesellschaft als zwei Unternehmen versteht[303] – warum hinsichtlich der auf die Betriebskapitalgesellschaft zum Buchwert übergehenden Wirtschaftsgüter nicht die sonst von der Rechtsprechung des BFH so sehr verteidigten Grundsätze über verdeckte Einlagen[304] Anwendung finden. Begründet man die erfolgsneutrale Behandlung der Begründung der Betriebsaufspaltung mit der Annahme einer gewerblichen Betätigung auf Grund des sogenannten einheitlichen geschäftlichen Betätigungswillens, so dürfte desweiteren wohl der Weg für eine Entscheidung der Inhaber des zu spaltenden Unternehmens zugunsten der – im Einzelfall vielleicht gerade erwünschten – Gewinnrealisierung anläßlich der Begründung der Betriebsaufspaltung versperrt sein.

Systematische Klarheit ist nur zu gewinnen, wenn man sich von der „Krükke“ der Annahme einer gewerblichen Betätigung des Besitz„unternehmens“ löst. Dann ist klar: der Tatbestand der Betriebsaufgabe ist verwirklicht, und es ergibt sich die Fragestellung, die aus anderen Konstellationen geläufig ist: Kann auch bei der Begründung der Betriebsaufspaltung eine teleologische Reduktion der für die Betriebsaufgabe vorgesehenen Bewertungsbestimmungen vorgenommen werden? Diese teleologische Reduktion geschieht im Falle der Realteilung, die letztlich auch eine Spaltung des Unternehmens – wenn auch in anderer Beziehung – bedeutet. Sie geschieht im Falle der Betriebsverpachtung – auch ohne daß es der „Krücke“ der Annahme einer gewerblichen Betätigung des Verpächters bedarf. Die Behandlung dieser Vorgänge trägt dem Umstand Rechnung, daß der Betriebsaufgabetatbestand nur ein Not- oder Auffangtatbestand ist und daß es nicht erforderlich ist,

301 Ebenso Brandmüller, BB 1979, 467.
302 Groh aaO, (Anm. 212), 752.
303 BFH vom 8. 11. 1971 GrS 2/71 BStBl II 1972, 63.
304 Vgl. dazu und dagegen oben § 5 VI 1c, bb.

aus der Verwirklichung des Tabestandes die Konsequenzen zu ziehen, wenn die (fiskalische) „Not"situation gar nicht besteht, weil es nicht die letzte Gelegenheit zur steuerlichen Erfassung der stillen Reserven ist.

Wenn man allgemein von der Möglichkeit der erfolgsneutralen Behandlung der Begründung der Betriebsaufspaltung ausgeht, so stellt sich auch dies in Wirklichkeit als eine teleologische Reduktion der Betriebsaufgabevorschriften dar. Dies wird durch die „Krücke" der Annahme einer gewerblichen Betätigung auf Grund des sogenannten einheitlichen geschäftlichen Betätigungswillens nur vernebelt. Die Voraussetzung für eine teleologische Reduktion des Betriebsaufgabetatbestandes ist denn auch nicht – wie auch der Hinweis auf die Verpachtung des Gewerbebetriebs zeigt – eine fortdauernde gewerbliche Betätigung, sondern entscheidend ist die weiter bestehende Möglichkeit der Erfassung der stillen Reserven. Dies ist gegeben, wenn man bei dem bzw. den Inhabern des zu spaltenden Unternehmens trotz der Betriebsaufgabe weiterhin Einkünfte aus Gewerbebetrieb annimmt – nicht anders als im Falle der Verpachtung des Betriebs. Daß fortan eine Gewerbesteuerpflicht des Besitz„unternehmens" nicht besteht, steht der teleologischen Reduktion des Gewinnrealisierungstatbestandes des § 16 EStG nicht entgegen; denn ein Gewinn nach § 16 EStG wäre ohnehin nicht gewerbesteuerpflichtig.

Die Inhaber des zu spaltenden Unternehmens sind – da der Betriebsaufgabetatbestand erfüllt ist – nicht gehindert, anläßlich der Begründung der Betriebsaufspaltung Gewinn zu realisieren.[305]

b) Die laufende Besteuerung

Ist der Tatbestand der Betriebsaufspaltung erfüllt, so liegen beim Besitzunternehmen Einkünfte aus Gewerbebetrieb und nicht etwa Einkünfte aus Vermietung und Verpachtung vor.[306] Dies gilt unabhängig davon, ob es sich um eine echte oder unechte Betriebsaufspaltung handelt. Ist diese Behandlung im Falle der echten Betriebsaufspaltung noch als Konsequenz der erfolgsneutralen Begründung der Betriebsaufspaltung verständlich, so ist sie bei der unechten Betriebsaufspaltung nicht einzuordnen.

Zu Recht prangert Groh[307] als Skandalon an, daß die unechte Betriebsaufspaltung ohne Wissen, ja ohne Zutun des Steuerpflichtigen begründet werden kann. *Beispiel:* A und B haben als Miteigentümer ein Grundstück an die X-GmbH vermietet, bei der später A die Kapitalmehrheit erwirbt. Aus der Bruchteilsgemeinschaft ist ein Besitz„unternehmen" geworden; B hat nunmehr ohne eigenes Zutun Einkünfte aus Gewerbebetrieb!

---

305 Schmidt, § 15 EStG Anm. 150 nimmt einen Zwang zur Buchwertfortführung an!

306 Die Qualifizierung als Gewerbebetrieb hat naturgemäß ihre zwei Seiten; vgl. etwa den Titel des Aufsatzes von Hennerkes/Binz/Sorg, BB 1984, 1995 ff: „Die Betriebsaufspaltung im Zielkonflikt zwischen Gewerbesteuerfreiheit und Investitionszulage".

307 Groh aaO, (Anm. 212), 750.

Auch der Nur-Besitzgesellschafter – der an der Betriebsgesellschaft nicht beteiligt ist und also zu dem „einheitlichen geschäftlichen Betätigungswillen" nichts beiträgt, hat nach der Rechtsprechung Einkünfte aus Gewerbebetrieb.[308] Für den BFH gilt die Devise: Mitgegangen – Mitgefangen.[309] Zum Betriebsvermögen des Besitzunternehmens gehören zum einen die nicht der Betriebsgesellschaft übertragenen Wirtschaftsgüter, zum anderen die nach der Begründung der Betriebsaufspaltung angeschafften und der Betriebsgesellschaft überlassenen Wirtschaftsgüter.

Nach dem BFH[310]ist auch gewillkürtes Betriebsvermögen beim Besitzunternehmen möglich. *Beispiel:* Anläßlich der Begründung der Betriebsaufspaltung hat der Unternehmer ein fremd vermietetes Grundstück als Betriebsvermögen zurückbehalten.

Das Besitzunternehmen ist zur Inanspruchnahme der Investitionszulage für Wirtschaftsgüter sowie für Ausbauten und Erweiterungen berechtigt, die es in Zusammenhang mit der Errichtung, Erweiterung, Umstellung usw. einer Betriebsstätte des Betriebsunternehmens angeschafft oder hergestellt und an die Betriebsgesellschaft vermietet oder verpachtet hat.[311] Desweiteren gehören nach der Rechtsprechung[312] zum notwendigen Betriebsvermögen des Besitzunternehmens bzw. zum Sonderbetriebsvermögen der Gesellschafter die Anteile an der Betriebsgesellschaft.[313]

Diese Rechtsprechung ist nicht überzeugend, weil die Anteile nicht unmittelbar dem „Betrieb" des Besitzunternehmens dienen. Nicht zu vertreten ist die Behandlung der Anteile als Betriebsvermögen insbesondere in dem Fall der unechten Betriebsaufspaltung; es ist nicht ersichtlich, auf welcher Grundlage die Anteile an einer Kapitalgesellschaft z. B. durch nachträglichen Grundstückserwerb der Gesellschafter und dessen Verpachtung an die Kapitalgesellschaft Betriebsvermögen werden sollen.

Nicht zum Betriebsvermögen des Besitzunternehmens gehören aber Anteile naher Angehöriger an der Betriebsgesellschaft, die nicht selbst am Besitzunternehmen beteiligt sind, auch wenn die Anteile bei der Feststellung des „einheitlichen geschäftlichen Betätigungswillens" in die Rechnung einbezogen werden.[314]

---

308 BFH vom 12. 11. 1985 VIII R 240/81 BStBl II 1986, 296; Schmidt, § 15 EStG Anm. 149 mit Nachweisen zu „Auswegkonstruktionen"; vgl. zur Problematik Knobbe-Keuk, StbJb 1980/81, 348.

309 Groh aaO, (Anm. 212), 750 stellt klar, daß dies kein Rechtsgrundsatz ist, sondern gegen den Grundsatz der Selbstbestimmung und damit gegen Art. 2 Abs. 1 GG verstößt.

310 BFH vom 23. 10. 1986 IV R 214/84 BStBl II 1987, 120.

311 BdF vom 5. 5. 1977 BStBl I 1977, 246 Tz. 104 für die Investitionszulagen; BdF vom 10. 11. 1978 BStBl I 1978, 451 Abschn. I Abs. 7 zum ZRFG.

312 Z. B. BFH vom 21. 5. 1974 VIII R 57/70 BStBl II 1974, 613 mit Nachweisen.

313 Für die Aktivierung der Gewinnansprüche wendet das FG Baden-Württemberg vom 17. 3. 1986 X-K 165/83 EFG 1986 Nr. 429 die Grundsätze der Rechtsprechung zur Aktivierung von Gewinnansprüchen bei Konzerngesellschaften (vgl. dazu oben § 4 III 4; § 5 VI 2) an.

314 Das ergibt sich schon aus BFH vom 2. 8. 1972 IV 87/65 BStBl II 1972, 796, 798 letzter Absatz.

Wie die Qualifizierung der Anteile der Besitzunternehmer an der Kapitalgesellschaft als Betriebsvermögen, so ist auch die Behandlung von Darlehen an die Betriebskapitalgesellschaften dubios. Fest steht nur, daß Darlehen nicht schon deshalb beim Besitzunternehmen zum Betriebsvermögen gehören, weil die Beteiligungen an der Betriebskapitalgesellschaft zum Betriebsvermögen gehören. Die Darlehensgewährung muß vielmehr betrieblich veranlaßt sein. Nach dem Urteil vom 7. 3. 1978[315] ist „in Fällen der Betriebsaufspaltung für die Frage der betrieblichen Veranlassung – vor allem dann, wenn die Darlehensgewährung nicht in Zusammenhang mit dem Vorgang der Betriebsaufspaltung, sondern erst zu einem späteren Zeitpunkt erfolgt – im allgemeinen darauf abzustellen, ob die Hingabe des Darlehens dazu dient, die Vermögens- und Ertragslage der Betriebsgesellschaft zu verbessern und damit den Wert der Beteiligung des Besitzunternehmens an der Betriebsgesellschaft zu erhalten oder zu erhöhen" oder „ob für die Darlehenshingabe lediglich private Erwägungen, z. B. der Wunsch nach einer günstigen Kapitalanlage maßgebend war". Trotz dieser wohlgesetzten Ausführungen bleibt für die Praxis natürlich die Unsicherheit.[316]

Die Betriebsvermögenseigenschaft der Anteile an der Betriebsgesellschaft und der dieser gewährten Darlehen ist überzeugend nicht zu begründen, weil das Besitzunternehmen selbst in Wirklichkeit keinen Gewerbebetrieb betreibt und auch die Grundvorstellung eines einheitlichen wirtschaftlichen Unternehmens aufgegeben worden ist.

Die Einordnung der Anteile an der Betriebsgesellschaft und der dieser gewährten Darlehen als Betriebsvermögen des Besitzunternehmens hat zur Konsequenz: Gewinnausschüttungen und Zinszahlungen gehören zu den gewerblichen Einkünften.

Die Gewinnausschüttungen der Betriebsgesellschaft sind bei dem Besitzunternehmen bilanziell grundsätzlich durch Aktivierung des Ausschüttungsanspruchs in dem Jahr, in dem der Anspruch entstanden ist, zu erfassen. Gegebenenfalls können aber auch die Grundsätze des BGH-Urteils[317] zur Bilanzierung von Gewinnansprüchen verbundener Unternehmen anwendbar sein.

Teilwertabschreibungen sind möglich. Andererseits kann hinsichtlich der Darlehen und Darlehenszinsen eine gewerbesteuerliche Doppelbelastung eintreten.[318]

Da Besitzunternehmen und Betriebsgesellschaft zwei rechtlich selbständige Unternehmen sind, bilanzieren sie unabhängig voneinander.[319] Allerdings

315 BFH vom 7. 3. 1978 VIII R 38/74 BStBl II 1978, 379.

316 Zum Umfang des Betriebsvermögens des Besitz„unternehmens" vgl. auch BFH vom 23. 7. 1981 IV R 103/78 BStBl II 1982, 60 mit weiteren Nachweisen.

317 BGH vom 3. 11. 1975 II ZR 67/73 BGHZ 65, 230. Vgl. zu dieser Entscheidung und den Konsequenzen i. e. oben §§ 4 III 4; 5 VI 2 und Knobbe-Keuk, AG 1979, 300 ff.

318 Vgl. dazu unten im Text.

319 Aus diesem Grunde liegt denn auch – wählt eine im Wege der Betriebsaufspaltung entstandene Betriebsgesellschaft ein vom Kalenderjahr abweichendes Wirt-

verlangt der IV. Senat für bestimmte Positionen eine korrespondierende Bilanzierung.

Hat das Besitzunternehmen der Betriebsgesellschaft Rohstoffe, Waren usw. mit der Maßgabe überlassen, daß die Betriebsgesellschaft über diese im eigenen Namen verfügen kann, aber bei Beendigung des Pachtverhältnisses Waren derselben Menge und Beschaffenheit zu leisten verpflichtet ist, so soll dieser Anspruch des Besitzunternehmens mit dem Betrag aktiviert werden, mit dem die Betriebsgesellschaft ihre Leistungsverpflichtung passiviert hat[320]. Da die Betriebsgesellschaft die Verpflichtung mit den jeweiligen Wiederbeschaffungskosten passiviert, werden durch eine kongruente Bilanzierung bei dem Besitzunternehmen nichtrealisierte Preissteigerungen ausgewiesen.

Ebenso soll eine Substanzerhaltungsrückstellung bei der Betriebsgesellschaft mit der Aktivierung eines Ersatzbeschaffungsanspruchs bei dem Besitzunternehmen korrespondieren müssen.[321]

Inzwischen ist der X. Senat[322] zu der Sicht des IV. Senats auf Distanz gegangen.

Der Rechtsprechung des IV. Senats zur korrespondierenden Bilanzierung ist nicht zu folgen.[323] Sowohl Besitz„unternehmen" als auch Betriebsunternehmen sind rechtlich selbständig und haben – wie auch jedes rechtlich selbständige Unternehmen im Konzernverbund – ihre eigene Bilanz allein nach den Grundsätzen ordnungsmäßiger Buchführung aufzustellen. Damit ist die Orientierung der Bilanzierung eines Unternehmens an der eines anderen nicht zu vereinbaren.

Aus der Annahme des Großen Senats, es handele sich bei dem Besitzunternehmen und bei der Betriebsgesellschaft um zwei auch steuerrechtlich selbständige Unternehmen, hat der BFH auch die Konsequenzen für die Anwendung der Tarifermäßigung nach § 4 Nr. 3 ErfVO gezogen: Der Gesellschafter-Erfinder kann auf angemessene Lizenzgebühren für die Überlassung einer Erfindung an eine Betriebs-GmbH die Tarifermäßigung beanspruchen, weil die Verwertung der Erfindung durch die Betriebsgesellschaft keine steuerschädliche Verwertung im *eigenen* Betrieb des Erfinders darstellt.[324] Auch für die Inanspruchnahme der Sonderabschreibungen nach

---

schaftsjahr – keine Umstellung des Wirtschaftsjahres vor, die nach § 4a Abs. 1 Nr. 2 S. 2 EStG des Einvernehmens mit dem Finanzamt bedarf, vgl. BFH vom 27. 9. 1979 IV R 89/76 BStBl II 1980, 94. Zu besonderen Bilanzierungsfragen vgl. Glade, GmbHR 1981, 268.

320 BFH vom 26. 6. 1975 IV R 59/73 BStBl II 1975, 700.

321 Z.B. BFH vom 21. 12. 1965 IV 228/64 S BStBl III 1966, 147.

322 BFH vom 8. 3. 1989 X R 9/86 BB 1989, 1246.

323 Kritisch zur Forderung des BFH nach einer korrespondierenden Bilanzierung vgl. z. B. Brandmüller aaO, (Anm. 197), S. 113 ff; Dehmer aaO, (Anm. 197), Rz. 599 ff mit weiteren Nachweisen und eingehend Woerner, Festschrift Döllerer, 1988, S. 741 ff.

324 BFH vom 24. 3. 1977 IV R 39/73 BStBl II 1977, 821. Zu den Einzelheiten vgl. Dehmer aaO, (Anm. 197), Rz. 984 ff. Andererseits hat der IV. Senat (BFH vom 1. 6. 1978 IV R 152/73 BStBl II 1978, 545; BFH vom 26. 1. 1989 IV R 151/86 BStBl II 1989, 455) keine Hemmungen, bei einem freien Erfinder, der seine Patente usw. einer von ihm beherrschten Kapitalgesellschaft als eine wesentliche Betriebsgrundlage überläßt, zur Begründung der Gewerbesteuerpflicht einen Ge-

§ 7 g EStG sind nicht etwa Einheitswert und Gewerbekapital von „Besitzunternehmen" und Betriebsgesellschaft zusammenzurechnen.[325]

Anders wird das Verhältnis von Besitzunternehmen und Betriebsgesellschaften offensichtlich in Zusammenhang mit den Investitionszulagen gesehen.

Nach der Verwaltungsauffassung[326] sind die Verbleibfristen gewahrt, wenn die vom Besitzunternehmen angeschafften Wirtschaftsgüter an die Betriebsgesellschaft verpachtet und in einer Betriebsstätte der Betriebsgesellschaft verwendet werden. Das Besitzunternehmen bleibt auch zur Inanspruchnahme von Investitionszulagen berechtigt für Investitionen, die von ihm in Zusammenhang mit der Errichtung, Erweiterung usw. einer Betriebsstätte des Betriebsunternehmens angeschafft oder hergestellt worden und an das Betriebsunternehmen verpachtet sind. U. E. ist diese Auffassung im Hinblick darauf, daß Besitz„unternehmen" und Betriebsunternehmen nach dem Beschluß des Großen Senats vom 8. 11. 1971 rechtlich und wirtschaftlich selbständige Unternehmen sind, äußerst problematisch.[327] Im übrigen ist auch kein Sinn darin zu sehen, daß Investitionszulagen auch für Investitionen gewährt werden, die gar nicht dem unternehmerischen Risiko ausgesetzt sind.

Wie das Verhältnis für die Frage der Zusammenrechnung von Besitzzeiten bei der Anwendung des § 6 b EStG zu beurteilen ist, ist bislang nicht geklärt.[328]

Das Besitzunternehmen ist nach der Rechtsprechung des BFH *gewerbesteuerpflichtig.*

Die Rechtsprechung hat damit einen neuen Steuertatbestand geschaffen: Der Gewerbebetrieb als gesetzliche Voraussetzung der Gewerbesteuerpflicht ist durch die Erfindung des „einheitlichen geschäftlichen Betätigungswillens" ersetzt.[329]

Wegen des Rekurses auf den „einheitlichen geschäftlichen Betätigungswillen" der hin-

---

werbebetrieb anzunehmen; vgl. dazu Ahmann, DStR 1988, 595 ff.
In diesem Zusammenhang zu beachten ist aber das Urteil BFH vom 23. 1. 1980 I R 33/77 BStBl II 1980, 356: Die Patente eines an beiden Gesellschaften beteiligten Gesellschafters gehören nicht zu seinem Sonderbetriebsvermögen bei der Besitzpersonengesellschaft, wenn er sie unmittelbar der Betriebsgesellschaft überläßt! Man hat dann in derartigen Fällen möglicherweise zwei Besitzunternehmen. Wegen der damit verbundenen Vervielfachung der Gewerbesteuerfreibeträge ist dieser Aspekt bei der Vertragsgestaltung im Auge zu halten.

325 FG Köln vom 15. 6. 1988 3 K 1253/88 EFG 1988 Nr. 556.

326 Vgl. BdF vom 10. 12. 1985 BStBl I, 1985, 683 (dort auch zur „umgekehrten" Betriebsaufspaltung unter III 5).
Aus dem Schrifttum vgl. Bordewin, BB 1985, 1844; Bullinger, Investitionszulagen bei Betriebsaufspaltung und Organschaft, BB 1985, 2152.

327 Offengelassen in BFH vom 22. 10. 1986 I R 180/82 BStBl II 1987, 117.

328 Vgl. hierzu Schmidt/Glanegger, § 6 b EStG Anm. 7 g; Blümich, § 6 b EStG Rz. 101; Herrmann/Heuer/Raupach, § 6 b EStG Anm. 300 „Betriebsaufspaltung" m. w. N.

329 Vgl. die grundsätzliche Kritik an der Rechtsprechung bei Knobbe-Keuk, DB 1974, 205 ff; StbJb 1980/81, 336 ff; Seithel, StbJb 1974/75, 115; aus verfassungsrechtlicher Sicht Roellecke aaO, (Anm. 212): Verstoß der Rechtsprechung gegen Art. 2 Abs. 1 GG. Vgl. i. ü. die in Anm. 212 zit. Grundsatzkritiker der Betriebsaufspaltung.

ter den beiden Unternehmen stehenden Personen ist natürlich auch nicht zu erklären, warum eigentlich auch die Gesellschafter des Besitzunternehmens, die an der Betriebsgesellschaft nicht beteiligt sind, durch die Gewerbesteuerpflicht des Besitzunternehmens betroffen werden.[330]

Man kann sich hier nicht mit der Feststellung beruhigen, die Gewerbesteuerpflicht sei eben der Preis dafür, daß die Begründung der Betriebsaufspaltung erfolgsneutral vollzogen werden könne. Denn die Gewerbesteuerpflicht besteht nach der Rechtsprechung auch dann, wenn anläßlich des Vorgangs der Aufspaltung gar nichts zu realisieren war sowie in den Fällen der unechten Betriebsaufspaltung, in denen sich ein Realisierungsproblem von vornherein gar nicht stellt. Im übrigen wäre die Rechtsprechung auch zu derartigen Saldierungen nicht legitimiert.

Die Annahme der Gewerbesteuerpflicht des Besitzunternehmens führt weitgehend überhaupt erst durch eine weitere recht fragwürdige Annahme zu Steuereinnahmen: Besitzunternehmen, die ausschließlich die Vermietung oder Verpachtung von Grundbesitz zum Gegenstand haben, wird die erweiterte Kürzung nach § 9 Nr. 1 S. 2 GewStG versagt.[331]

Hat das Besitzunternehmen der Betriebsgesellschaft Darlehen gewährt, so werden die Darlehenszinsen doppelt erfaßt, das gleiche gilt für die Darlehensbeträge bei der Gewerbekapitalsteuer. Die gewerbesteuerliche Doppelbelastung wird freilich vermieden, wenn man an Stelle von Darlehen typische stille Beteiligungen vereinbart (vgl. § 8 Nr. 3 GewStG).

Die gewerbesteuerliche Doppelbelastung der Darlehenszinsen und der Darlehensbeträge würde im übrigen auch nicht gelten, wenn zwischen dem Besitzunternehmen und der Betriebskapitalgesellschaft ein Organschaftsverhältnis nach § 2 Abs. 2 Nr. 2 S. 2 GewStG bestehen würde. In den typischen Betriebsaufspaltungsfällen wird aber das Vorliegen einer Organschaft vom BFH[332] nicht anerkannt, da es an der wirtschaftlichen Eingliederung der Betriebskapitalgesellschaft in ein gewerbliches Unternehmen fehle.[333] Organ-

---

330 Vgl. dazu näher Knobbe-Keuk, StbJb 1980/81, 348; vgl. auch oben bei Anm. 308.

331 BFH vom 29. 3. 1973 I R 174/72 BStBl II 1973, 686; BFH vom 28. 6. 1973 IV R 97/72 BStBl II 1973, 688; BFH vom 21. 1. 1988 IV R 100/85 BStBl II 1988, 456. Vgl. dagegen Keuk, DB 1974, 210 Anm. 29; Littmann, DStR 1973, 398.

332 BFH vom 18. 4. 1973 I R 120/70 BStBl II 1973, 740.

333 Es ist reichlich widersprüchlich, wenn die Rechtsprechung für die Begründung der Gewerbesteuerpflicht und für die Versagung der erweiterten Kürzung nach § 9 Nr. 1 S. 2 GewStG wegen des „einheitlichen geschäftlichen Betätigungswillens" nicht nur Verpachtung, sondern eine gewerbliche Betätigung annimmt, für die Frage der Organschaft dann aber nur auf das „Verpachtungsgeschäft" abstellt; vgl. dazu näher Knobbe-Keuk, StbJb 1980/81, 352. Wenn die gewerbesteuerliche Organschaft abgelehnt werden soll, dann ist dies nur möglich mit dem von Woerner, BB 1985, 1609 herausgestellten Aspekt, daß – weil Besitz„unternehmen" und Betriebsgesellschaft gleichgeordnet sind – von einer Eingliederung keine Rede sein kann.
Umsatzsteuerlich wird hingegen das Verhältnis Besitzunternehmen – Betriebskapitalgesellschaft als Organschaft gewertet! Vgl. die Nachweise bei Dehmer aaO, (Anm. 212), Rz. 884 ff.

schaft ist freilich möglich, wenn das Besitzunternehmen noch eine eigene gewerbliche Tätigkeit ausübt. Dazu würde nach den Holding-Bedingungen der Rechtsprechung[334] ausreichen, daß zwei Betriebskapitalgesellschaften ausgegliedert sind.[335]

c) Die Beendigung der Betriebsaufspaltung

Die tatbestandlichen Voraussetzungen der Betriebsaufspaltung können unversehens durch tatsächliche Veränderungen des Sachverhalts entfallen. Der Pachtvertrag kann gekündigt bzw. aufgehoben werden, oder es können nur noch Wirtschaftsgüter an die Betriebsgesellschaft verpachtet sein, die für diese keine wesentlichen Betriebsgrundlagen darstellen. Insbesondere kann dem sogenannten einheitlichen geschäftlichen Betätigungswillen durch tatsächliche Veränderungen, die mit dem „Unternehmen" als solchem nichts zu tun haben, plötzlich die Grundlage entzogen sein. Der Phantasie sind hier keinerlei Grenzen gesetzt.

Beispiele: Die Ehe des Gesellschafters, dem Anteile seines Ehegatten für die Beherrschungsidentität zugerechnet worden sind, wird geschieden; die Kinder, deren Anteile zugerechnet worden sind, werden volljährig; die Beherrschungsidentität entfällt, weil im Erbfall die Anteile an beiden Unternehmen einen unterschiedlichen Weg nehmen; in der bislang „geschlossenen Personengruppe" tritt ein erheblicher Interessengegensatz auf usw.

Sind die tatbestandlichen Voraussetzungen der Betriebsspaltung entfallen, so besteht fortan kein Gewerbebetrieb mehr. Die Besitz„unternehmer" beziehen Einkünfte aus Vermietung und Verpachtung sowie aus Kapitalvermögen. Die Gewerbesteuerpflicht entfällt.

In dem Urteil vom 13. 12. 1983[336] hat der VIII. Senat den Wegfall der tatbestandlichen Voraussetzungen einer Betriebsaufspaltung (in concreto Wegfall des einheitlichen geschäftlichen Betätigungswillens) unter den Betriebsaufgabetatbestand gezwängt. Es findet damit eine Zwangsrealisierung aller stillen Reserven des Besitz„unternehmens" (einschließlich derjenigen der Anteile an der Betriebsgesellschaft) statt. Ebenso hat der IV. Senat[337] in dem Urteil vom 15. 12. 1988 entschieden.

Für den Theoretiker, der die Rechtsprechung des BFH zur Betriebsaufspaltung seit Jahren im grundsätzlichen kritisch begleitet, sind diese Urteile geradezu ein „gefundenes Fressen". Mit dem *gesetzlichen* Ersatzrealisierungstatbestand der Betriebsaufgabe hat das Ganze nichts zu tun. Davon, daß die Besitzgesellschaft ihren Gewerbebetrieb – unterstellt einmal, es habe einer vorgelegen – aufgegeben hat, kann keine Rede sein. Die Besitzgesellschaft nutzt ihr Vermögen nicht anders als bislang. Die Ursache des Übels liegt

334 BFH vom 17. 12. 1969 I 252/64 BStBl II 1970, 257; BFH vom 15. 4. 1970 I R 122/66 BStBl II 1970, 554.

335 Vgl. Rose, Festschrift Barth, 1971, S. 302.

336 BFH vom 13. 12. 1983 VIII R 90/81 BStBl II 1984, 474.

337 BFH vom 15. 12. 1988 IV R 36/84 BStBl II 1989, 363.

darin, daß man auf den sogenannten einheitlichen geschäftlichen Betätigungswillen die Annahme eines Gewerbebetriebs gründet. Mit dem Wegfall des einheitlichen geschäftlichen Betätigungswillens ist dann natürlich auch der Gewerbebetrieb weggefallen. In ihrer schlüssigen, aber geradezu brutalen Konsequenz im Umgang mit dem einheitlichen geschäftlichen Betätigungswillen dokumentieren die Urteile, in welchem Maße die Annahme eines Gewerbebetriebs beim Besitz„unternehmen" auf Zufälligkeiten gegründet ist. Auf vielfältige Art und Weise kann es zu einem „Wechselbad" zwischen Gewerbebetrieb, Nichtgewerbebetrieb, Gewerbebetrieb usw. kommen. Zu Recht hat Woerner[338] angemerkt, daß das Ganze an die Überzeugungskraft der Betriebsaufspaltung überhaupt rühre, und das Urteil des IV. Senats war für Groh[339] der Anlaß für den Aufsatz „Die Betriebsaufspaltung in der Selbstauflösung".

U. E. ist – unterstellt einmal, das Besitzunternehmen stelle einen Gewerbebetrieb dar – die Zwangsrealisierung bei Wegfall des einheitlichen geschäftlichen Betätigungswillens gleichwohl nicht zwingend.[340] Wie die Beispiele des Strukturwandels und der Umqualifizierung eines Betriebs in Liebhaberei zeigen, gibt es Fälle, in denen – obwohl eine Betriebsaufgabe nicht vorliegt – fortan ein Gewerbebetrieb nicht mehr besteht und also in Zukunft entweder gar keine Einkünfte oder solche in einer anderen Einkunftsart entstehen. Dieser Befund besagt aber nicht, daß die Wirtschaftsgüter nunmehr automatisch Privatvermögen sind. Wie oben in § 7 V 3 im einzelnen dargestellt, bleiben die stillen Reserven der Wirtschaftsgüter weiter verhaftet und sind im Zeitpunkt ihrer Realisierung steuerlich zu erfassen, und zwar als nachträgliche gewerbliche Einnahmen; Entsprechendes gilt bei nachträglichen Verlusten.

Leider können die Steuerpflichtigen aber auf diese allen Interessen Rechnung tragende Sicht zur Zeit nicht bauen. Denn die Finanzverwaltung hat prompt für die Aufnahme der Grundsätze des Urteils des VIII. Senats vom 13. 12. 1983 in die EStR (Abschn. 139 Abs. 2 S. 15) gesorgt!

Allerdings wird in Baden-Württemberg den Steuerpflichtigen von der Finanzverwaltung aus Billigkeitsgründen die Möglichkeit eröffnet, die Verpachtung nach den Grundsätzen der Betriebsverpachtung als Gewerbebetrieb fortzuführen.[341]

Die Steuerpflichtigen müssen also überlegen, wie die mit dem Wegfall des einheitlichen geschäftlichen Betätigungswillens verbundene Zwangsrealisierung der stillen Reserven zu verhindern ist. Sie können – soweit dies tatsächlich möglich ist – etwa dafür Sorge tragen, daß die Besitzgesellschaft durch Aufnahme einer gewerblichen Tätigkeit sich in dem kritischen Zeit-

338 Woerner, BB 1984, 1213.

339 Groh aaO, (Anm. 212).

340 Vgl. in diesem Sinne auch Schmidt, § 15 EStG Anm. 148 m. w. N.

341 Vgl. Dehmer aaO, (Anm. 212), Rz. 1148. Auf diese Möglichkeit verweist der BFH in dem Urteil vom 15. 12. 1988 aaO, (Anm. 337).

punkt, z. B. des Eintritts der Volljährigkeit usw., als richtiger Gewerbebetrieb präsentiert. Problematischer wird die Sache, wenn die Beteiligten durch einen plötzlichen Erbfall überrascht werden und schon in diesem Zeitpunkt der einheitliche geschäftliche Betätigungswille wegfällt.

Es ist die Frage, ob die eingetretene Folge des Wegfalls des einheitlichen geschäftlichen Betätigungswillens, nämlich die sogenannte Betriebsaufgabe, durch Aufnahme einer gewerblichen Betätigung wieder beseitigt werden kann. U. E. sollte man den Beteiligten – wie man es auch sonst bei der Erbauseinandersetzung tut – einen angemessenen Zeitraum lassen, sich auf die neue Situation einzustellen.

Eine weitere Maßnahme zur Verhinderung der Zwangsrealisierung wäre – nach der Festschreibung der Geprägerechtsprechung in § 15 Abs. 3 Nr. 2 EStG – die rechtzeitige Installierung einer GmbH in das Besitzunternehmen, damit dieses als GmbH u. Co. KG fortgeführt wird.

Die Gewinnrealisierung tritt im übrigen dann nicht zwangsläufig ein, wenn die Begründung der Betriebsaufspaltung mit dem Abschluß eines Betriebspachtvertrages verbunden war. Die von der Rechtsprechung entwickelten Grundsätze über die Betriebsaufspaltung gelten zwar auch dann, wenn ein Betriebspachtvertrag geschlossen wird. Die Betriebsverpachtung soll ja bekanntlich ein gegenüber der Betriebsaufspaltung „subsidiäres" Institut sein.[342] Wird in einem solchen Fall aber die Betriebsaufspaltung wegen Wegfalls des einheitlichen geschäftlichen Betätigungswillens beendet, so entfaltet das daneben bestehende Betriebspachtverhältnis seine Wirkung, d. h. es gelten von nun an die Grundsätze über die Betriebsverpachtung. Damit kann das Besitzunternehmen weiterhin bei Einkünften aus Gewerbebetrieb bleiben, ohne auch der Gewerbesteuerpflicht unterworfen zu sein.[343]

5. Die „mitunternehmerische Betriebsaufspaltung"

Tatbestand und Rechtsfolgen des sogenannten Rechtsinstituts der Betriebsaufspaltung sind von der Rechtsprechung in Hinsicht auf eine Kapitalgesellschaft als Betriebsgesellschaft entwickelt worden. Nach der Rechtsprechung des BFH gelten diese Grundsätze aber auch für den Fall, daß das Betriebsunternehmen in Form der Personengesellschaft geführt wird.[344] Man spricht in diesem Fall von „mitunternehmerischer Betriebsaufspaltung".[345] Mitunternehmerschaft und Betriebsaufspaltung sind schon je für sich hinreichend mit Problemen befrachtet. Treffen beide zusammen, ist die Verwirrung vollkommen.

---

342 Vgl. oben Anm. 200.

343 Zu beachten ist, daß eine Betriebsverpachtung schon dann vorliegt, wenn neben dem Pachtzins für das überlassene Anlagevermögen auch ein laufendes Entgelt für die Zurverfügungstellung der geschäftlichen Beziehungen gezahlt wird.

344 So expressis verbis BFH vom 29. 7. 1976 IV R 145/72 BStBl II 1976, 750; BFH vom 1. 4. 1981 I R 160/80 BStBl II 1981, 738; BFH vom 10. 11. 1982 I R 178/77 BStBl II 1983, 136.

345 Vgl. z. B. Costede, StuW 1982, 22.

Hält man die Anwendung der Betriebsaufspaltungsgrundsätze auch im Verhältnis zu einem in der Form der Personengesellschaft geführten Betriebsunternehmen für möglich, so hat man sich damit ein neues „schönes" Problem geschaffen: Soweit am Besitzunternehmen beteiligte Personen Mitunternehmer der Betriebsgesellschaft sind, „kollidiert" dann nämlich die gesetzliche Regelung des § 15 Abs. 1 S. 1 Nr. 2 EStG mit den Grundsätzen der Betriebsaufspaltung. Die liebevoll erörterte Konkurrenzfrage[346] hat der IV. Senat in dem Urteil vom 25. 4. 1985[347] zu einem gewissen Abschluß gebracht. Der Leitsatz lautet

„Die Vorschriften des § 15 Abs. 1 Nr. 2 HS 2 EStG haben in dem Sinne Vorrang vor dem Rechtsinstitut der mitunternehmerischen Betriebsaufspaltung, daß die Rechtsfolgen einer Betriebsaufspaltung verdrängt werden, wenn wesentliche Betriebsgrundlagen unter den Voraussetzungen des § 15 Abs. 1 Nr. 2 HS 2 EStG zur Nutzung überlassen werden".

Woerner[348] hat dieses Urteil, in dem auch noch die „mitunternehmerische Betriebsaufspaltung" zu einem „Rechtsintitut" hochstilisiert worden ist, als eine „weitere Kuriosität im Gesamtbild des in sich in vieler Hinsicht fragwürdigen und unausgereiften ‚Rechtsinstituts' der Betriebsaufspaltung" eingeordnet.

In dem Streitfall hatte eine KG ihren Betrieb eingestellt und ihr Anlagevermögen an eine neu gegründete GmbH u. Co. KG mit gleichen Beteiligungsverhältnissen verpachtet und dieser auch ihr Umlaufvermögen zu Buchwerten übertragen. Die GmbH u. Co. KG führte den Betrieb fort. Der Streit ging um die doppelte gewerbesteuerliche Erfassung auf die der GmbH u. Co. KG gewährten Darlehen. Der IV. Senat hat auf der Grundlage seines Leitsatzes die doppelte Erfassung vermieden.

In der Behandlung der konkreten Streitfrage der gewerbesteuerlichen doppelten Erfassung der Darlehenszinsen ist dem IV. Senat im Ergebnis zuzustimmen. Unseres Erachtens von vornherein deshalb, weil die Besitzgesellschaft nicht gewerbesteuerpflichtig ist. Der Weg des IV. Senats ist dunkel und verschlungen.[349]

Als rechtliches Problem kann die Frage einer Konkurrenz zwischen dem „Rechtsinstitut" der „mitunternehmerischen Betriebsaufspaltung" und der gesetzlichen Vorschrift des § 15 Abs. 1 S. 1 Nr. 2 EStG nicht akzeptiert werden. Offensichtlich übt das sogenannte Rechtsinstitut und insbesondere die personelle Komponente seines Tatbestandes, der „einheitliche geschäftliche Betätigungswille", inzwischen eine derartige Faszination aus, daß man vor lauter Bäumen den Wald nicht mehr sieht.[350]

346 Vgl. die Nachweise in der 5. Aufl. § 22 VI 5, S. 624.

347 BFH vom 25. 4. 1985 IV R 36/82 BStBl II 1985, 622.

348 Woerner, BB 1985, 1898.

349 Vgl. näher Knobbe-Keuk, StbJb 1985/86, 172 ff.

350 Interessanterweise ist die These, daß die Betriebsaufspaltungsgrundsätze auch dann Anwendung finden, wenn das Betriebsunternehmen eine Personengesellschaft ist, expressis verbis vom BFH denn auch in Fällen aufgestellt worden, in denen die am „Besitzunternehmen" Beteiligten gar nicht Gesellschafter der Be-

Die vermeintlichen „Konkurrenzfälle“[351] lösen sich schlicht und zwanglos:

1. Ist der die Betriebspersonengesellschaft beherrschende Gesellschafter an einer Bruchteilsgemeinschaft beteiligt, die der Betriebspersonengesellschaft ein Grundstück oder sonstiges Anlagevermögen vermietet hat, so ist der Anteil *dieses* Gesellschafters an der Bruchteilsgemeinschaft *sein* Sonderbetriebsvermögen bei der Betriebspersonengesellschaft. Das gilt unabhängig von der Höhe des Anteils an der Bruchteilsgemeinschaft. Die Lage ist hier nicht anders als in dem Fall, in dem der die Betriebspersonengesellschaft beherrschende Gesellschafter Alleineigentümer des Grundstücks ist. Bislang ist noch niemand auf die Idee verfallen, ihn als „Besitzunternehmer“ anzusehen.

2. Ist der die Betriebspersonengesellschaft beherrschende Gesellschafter an einer Gesamthandsgemeinschaft beteiligt, die der Betriebspersonengesellschaft ein Grundstück oder sonstiges Anlagevermögen vermietet hat, so ist zu unterscheiden:

   a) Handelt es sich bei der Vermieterin um eine Mitunternehmergemeinschaft (insbesondere OHG oder KG), so gehört das Mietobjekt zum Betriebsvermögen der Vermieterin. Es ist nicht ersichtlich, wie man in diesem Fall hinsichtlich des „Anteils“ des Gesellschafters am Mietobjekt, der auch an der mietenden Gesellschaft beteiligt ist, auch nur in die Nähe des § 15 Abs. 1 S. 1 Nr. 2 EStG sollte geraten können. Denn einen „Anteil“ des Gesellschafters am Mietobjekt gibt es in diesem Fall auch *steuerlich nicht.* Vielmehr ist eben auch steuerlich der Gewinn der vermietenden Gesellschaft auf der Grundlage von deren Bilanz zu ermitteln. Das Mietobjekt ist ihr Betriebsvermögen und die Mieteinnahmen sind Bestandteil ihres Gewinns.

   Davon abgesehen ist unerfindlich, welchen Sinn es haben soll, eine gewerblich tätige Personengesellschaft als „Besitzunternehmen“ einzuordnen, damit sie in „wertender Betrachtungsweise“[352] einen Gewerbebetrieb führt.

   b) Handelt es sich bei der vermietenden Personengesellschaft hingegen nicht um eine Mitunternehmergemeinschaft, so ist die Lage anders. In diesem Falle wird nicht auf der Grundlage einer Bilanz der Vermieterin deren steuerlicher Gewinn ermittelt; die Ermittlung der steuerlichen Einkünfte der Vermieterin erfolgt vielmehr durch eine Einnahme-Überschußrechnung auf der Ebene der Gesellschaft.[352a] Dabei ist das Mietobjekt selbst auch hier Bestandteil des Vermögens der Gesell-

---

triebspersonengesellschaft waren. Vgl. BFH vom 29. 7. 1976 IV R 145/72 BStBl II 1976, 750; BFH vom 1. 4. 1981 I R 160/80 BStBl II 1981, 738; BFH vom 10. 11. 1982 I R 178/77 BStBl II 1983, 136.

351 Vgl. zu diesen auch Schmidt, § 15 EStG Anm. 146b; Märkle, BB 1985, 2104.

352 Schmidt, § 15 EStG Anm. 142.

352a BFH vom 5. 5. 1981 VIII B 26/80 BStBl II 1981, 574, 576; BFH vom 25. 6. 1984 GrS 4/82 BStBl II 1984, 751, 762; BFH vom 7. 10. 1986 IX R 167/83 BStBl II 1987, 322, 323; Groh, JbFSt 1983/84, 255, 258 f; Knobbe-Keuk, BB 1985, 473.

schaft; die Mieteinnahmen sind Bestandteil ihres Überschusses, der den Gesellschaftern steuerlich anteilig zuzurechnen ist.[352b] Für den Gesellschafter, der zugleich an der mietenden Personengesellschaft beteiligt ist, sind seine anteiligen Überschußeinkünfte Sondereinnahmen und ist sein Gesellschaftsanteil an der Vermieterin Sonderbetriebsvermögen im Rahmen der Beteiligung an der mietenden Gesellschaft. Seine Behandlung entspricht in diesem Fall der Behandlung bei gewerblicher Beteiligung an einer nichtgewerblichen Personengesellschaft.[352c]

c) Es kommt also – wenn eine Personengesellschaft an eine andere Personengesellschaft bei teilweiser oder völliger Gesellschafteridentität vermietet – darauf an, ob die vermietende Gesellschaft eine Mitunternehmergemeinschaft darstellt oder einkommensteuerlich als solche behandelt wird und damit die Einkünfte der Gesellschafter auf der Grundlage der Bilanz der Mitunternehmergemeinschaft ermittelt werden.

Ist die vermietende Gesellschaft aus einer Betriebsaufspaltung hervorgegangen, so haben ihre Gesellschafter – wenn nicht bei der Aufspaltung der Betriebsaufgabegewinn realisiert worden ist – weiterhin Einkünfte aus Gewerbebetrieb.[353]

Dann gehört ihr Mietobjekt auch weiterhin zu ihrem Betriebsvermögen, sind die Mieteinnahmen Bestandteil ihres Gewinns und die Frage des § 15 Abs. 1 S. 1 Nr. 2 EStG stellt sich nicht. Insofern verdient das Urteil des IV. Senats vom 19. 2. 1981[354] Beifall.

Mißlich ist nur, daß der IV. Senat formuliert hat, die Gewerblichkeit der Mieteinnahmen könne sich auch aus dem „rechtlichen Gesichtspunkt" der Betriebsaufspaltung ergeben. Entscheidend ist allein, daß eine Mitunternehmergemeinschaft, die den Betrieb selbst abspaltet in eine andere Personengesellschaft und anläßlich ihrer Betriebsaufgabe keinen Gewinn realisiert, weiterhin wie eine Gesellschaft mit gewerblichen Einkünften zu behandeln ist. Hat die vermietende Personengesellschaft aber anläßlich der Betriebsaufgabe Gewinn realisiert oder handelt es sich um einen Fall, den man schlagwortartig mit „unechter Betriebsaufspaltung" umschreibt, so ist nur der Gesellschaftsanteil des auch an der Betriebspersonengesellschaft beteiligten Gesellschafters (Sonder)betriebsvermögen dieses Gesellschafters.

d) Interessanterweise ist die These, daß die Betriebsaufspaltungsgrundsätze auch dann Anwendung finden, wenn das Betriebsunternehmen eine Personengesellschaft ist, expressis verbis vom BFH denn auch in Fällen aufgestellt worden, in denen die am „Besitzunternehmen" Betei-

352b BFH vom 5. 5. 1981 aaO, (Anm. 352 a); BFH vom 25. 6. 1984 aaO, (Anm. 352 a); Knobbe-Keuk aaO, (Anm. 352 a); Wollny, DStZ 1985, 107, 109.

352c Vgl. hierzu oben § 13 V.

353 Vgl. dazu oben § 22 VI 4 a.

354 BFH vom 19. 2. 1981 IV R 141/77 BStBl 1981, 433.

ligten gar nicht Gesellschafter der Betriebspersonengesellschaft waren.[355]

Somit hatte der BFH es also bislang gar nicht mit Fällen zu tun, in denen er davon ausging, daß an sich § 15 Abs. 1 S. 1 Nr. 2 EStG anwendbar sei, und sich deshalb für ihn gar nicht die Frage stellen konnte, ob § 15 Abs. 1 S. 1 Nr. 2 EStG etwa durch die Grundsätze über die Betriebsaufspaltung verdrängt werde.[356] Vielmehr hat die Annahme einer mitunternehmerischen Betriebsaufspaltung in den zitierten Entscheidungen im Effekt gerade die Wirkung, daß der an der Betriebspersonengesellschaft unmittelbar nicht beteiligte „Besitzunternehmer“ so behandelt wird, als sei er Gesellschafter der Betriebsgesellschaft und damit für ihn[357] Rechtsfolgen eintreten, die denen bei unmittelbarer Anwendung des § 15 Abs. 1 Nr. 2 EStG im Prinzip vergleichbar sind.

In allen Entscheidungen, in denen der BFH ausdrücklich hervorgehoben hat, daß die Grundsätze der Betriebsaufspaltung auch Anwendung finden, wenn das Betriebsunternehmen eine Personengesellschaft ist, hätte denn auch hinreichend Anlaß bestanden zu klären, ob nicht zwischen dem als „Besitzunternehmer“ eingestuften Vermieter und der Betriebspersonengesellschaft eine Innengesellschaft besteht und der Vermieter als Mitunternehmer des von der Betriebsgesellschaft geführten Unternehmens anzusehen ist. Denn zumindest die erforderliche „Unternehmerinitiative“ ist bei einer Person, der man attestiert, sie beherrsche das Betriebsunternehmen und könne in diesem ihren Willen durchsetzen, zweifellos nicht abzusprechen.

Offensichtlich übt aber das sogenannte Rechtsinstitut der Betriebsaufspaltung und insbesondere die personelle Komponente seines Tatbestandes, der „einheitliche geschäftliche Betätigungswille“ mit den vielfältigen Möglichkeiten zur Berechnung und Zusammenrechnung von Anteilen und von Stimmverhältnissen, inzwischen eine derartige Faszination auf den BFH aus, daß man vor lauter Bäumen den Wald nicht mehr sieht.

6. Appell an die Rechtsprechung

Es wäre ein wesentlicher Beitrag zur Rechtsvereinfachung und Rechtssicherheit, wenn der BFH die Kraft aufbringen würde, sich von dem sogenannten

355 Vgl. die oben (Anm. 344) zitierten Urteile.

356 Interessant ist im übrigen die Einschränkung für die vom BFH statuierte „Geltung“ der Grundsätze über die Betriebsaufspaltung im Falle einer Betriebspersonengesellschaft: „sofern der Inhaber des Besitzunternehmens nicht als Mitunternehmer des von der Betriebspersonengesellschaft betriebenen Unternehmens angesehen werden kann“ in BFH vom 10. 11. 1982 I R 178/77 BStBl II 1983, 136.

357 Leider nicht nur für *ihn.* Denn von der Anwendung der Betriebsaufspaltungsgrundsätze sind ja auch am Besitz„unternehmen“ beteiligte Dritte betroffen, die mit dem Betriebsunternehmen nichts im Sinn haben.

Rechtsinstitut der Betriebsaufspaltung und insbesondere von der Erfindung des „einheitlichen geschäftlichen Betätigungswillens" zu trennen.[358] Viele Verwicklungen, Unsicherheiten und Ungereimtheiten blieben uns erspart.

Daß es für eine erfolgsneutrale Begründung der Betriebsaufspaltung der „Krücke" der Annahme einer gewerblichen Betätigung des Besitz„unternehmens" mittels des einheitlichen geschäftlichen Betätigungswillens nicht bedarf, daß diese eher hinderlich ist, ist oben gezeigt worden.[359]

Der wirtschaftliche Sachverhalt „Betriebsaufspaltung" ist rechtlich bewältigt, wenn man eingesteht, daß das Besitz„unternehmen" keine gewerbliche Betätigung entfaltet, daß folglich bei der Begründung der Betriebsaufspaltung der Betriebsaufgabetatbestand verwirklicht ist, und wenn man die teleologische Reduktion der Betriebsaufgabevorschriften vornimmt oder gemäß dem Vorschlag von Groh[360] eine Bestimmung in das Umwandlungssteuergesetz aufnimmt, die die Begründung der Betriebsaufspaltung wie die Einbringung eines Personenunternehmens in eine Kapitalgesellschaft behandelt.

§ 23
Die Veräußerung des Anteils an einer Gesellschaft i. S. des § 15 Abs. 1 S. 1 Nr. 2 EStG[1]

I. Die Veräußerung an einen Dritten

1. Die Besteuerung des Veräußerers

Zu den Einkünften aus Gewerbebetrieb gehören auch Gewinne, die bei der Veräußerung des Anteiles[2] eines Gesellschafters, der als Unternehmer (Mitunternehmer) des Betriebes anzusehen ist, entstehen (§ 16 Abs. 1 Nr. 2

358 Vgl. in diesem Sinne auch Flume, DB 1985, 1153 f. Zur Kritik der Rechtsprechung zur Betriebsaufspaltung vgl. i. e. Knobbe-Keuk, StbJb 1980/81, 335 ff und oben § 22 VI 2.

359 Vgl. § 22 VI 4 a.

360 Groh aaO, (Anm. 212), 752. Groh zieht auch die Statuierung der Gewerbesteuerpflicht im Gewerbesteuergesetz in Erwägung. Dafür besteht u. E. kein Anlaß, wenn man bedenkt, daß ein Betriebsaufgabegewinn ohnehin nicht mit der Gewerbesteuerpflicht belegt wäre.

1 Die folgenden Ausführungen gelten auch für die Veräußerung des Anteiles eines persönlich haftenden Gesellschafters einer Kommanditgesellschaft auf Aktien (§ 16 Abs. 1 Nr. 3 EStG).

2 Auch die Veräußerung des Bruchteils eines Anteils fällt unter § 16 Abs. 1 Nr. 2 EStG und ist somit tarifbegünstigt nach § 34 EStG; vgl. BFH vom 27. 5. 1981 I R 123/77 BStBl II 1982, 211.

EStG).[3] Ein Gewinnrealisierungs- und Steuertatbestand „Betriebsaufgabe" des Gesellschaftsanteils existiert – entgegen der Auffassung der Rechtsprechung – nicht und ist auch nicht erforderlich.[4]

Veräußerungsgewinn ist der Betrag, um den der Veräußerungspreis nach Abzug der Veräußerungskosten den Buchwert des Anteiles am Betriebsvermögen, d. h. das Kapitalkonto, übersteigt. In dem Veräußerungsgewinn wird der auf den veräußernden Gesellschafter entfallende Anteil an den stillen Reserven der Wirtschaftsgüter des Gesellschaftsvermögens und gegebenenfalls an dem Geschäftswert des Betriebes der Gesellschaft steuerlich erfaßt.

Der Veräußerungsgewinn des Gesellschafters ist nach § 34 EStG tarifbegünstigt. Der Freibetrag nach § 16 Abs. 4 EStG kommt anteilig[5] zur Anwendung.[6]

Liegt der Veräußerungspreis unter dem Buchwert des veräußerten Anteiles, so entsteht ein steuerlich zu berücksichtigender *Veräußerungsverlust.*

Da nach der herrschenden Meinung auch die im Eigentum des Gesellschafters stehenden Wirtschaftsgüter, die dieser der Gesellschaft zur Nutzung überläßt, als Betriebsvermögen zu behandeln sind,[7] werden bei der Veräußerung des Gesellschaftsanteiles auch die in diesen Wirtschaftsgütern steckenden stillen Reserven aufgedeckt, da diese nunmehr in das Privatvermögen übergehen.[8] Das gilt selbst dann, wenn sich für den ehemaligen Gesellschafter hinsichtlich des fraglichen Wirtschaftsgutes nichts geändert hat, etwa

---

3 Für den teilweise unentgeltlichen Erwerb („gemischte Schenkung") gelten die oben § 22 I 4 zur teilweise unentgeltlichen Betriebsübertragung aufgestellten Grundsätze sinngemäß.

4 Vgl. dazu Keuk, StuW 1973, 79 f; Schön, BB 1988, 1866 ff. Aus der Rechtsprechung vgl. zuletzt BFH vom 15. 7. 1986 VIII R 154/85 BStBl II 1986, 896 sowie weitere Nachweise bei Schön aaO.

5 Nach BFH vom 17. 4. 1980 IV R 174/76 BStBl II 1980, 566 (ebenso BFH vom 17. 4. 1980 IV R 99/78 BStBl II 1980, 642) richtet sich die Höhe des anteiligen Freibetrages nach dem Verhältnis des tatsächlich erzielten Veräußerungsgewinns zum erzielbaren Gewinn aus der Veräußerung des ganzen Unternehmens.

6 Nach Auffassung des FG Düsseldorf vom 16. 10. 1984 I 528/79 EFG 1985, Nr. 286 ist der Gewinn aus der Veräußerung von Mitunternehmeranteilen nicht begünstigt, wenn die Gesellschaft kurz zuvor ihre wesentlichen Betriebsgrundlagen zu Buchwerten auf eine Schwestergesellschaft übertragen hat. Dem ist nicht zu folgen. Die wesentlichen Betriebsgrundlagen der Gesellschaft sind nicht identisch mit den wesentlichen Betriebsgrundlagen des Gesellschafters. Diese bestehen einzig in seinem Gesellschaftsanteil als solchem. Zweifelhaft ist allerdings, ob in dem entschiedenen Fall überhaupt eine gewinneutrale Verschiebung der Wirtschaftsgüter des Gesellschaftsvermögens auf die Schwestergesellschaft gerechtfertigt war. Vgl. dazu oben § 11 III 4.

7 Vgl. dazu oben § 11 I, II.

8 Vgl. dazu oben § 1 II 4.

wenn er das Wirtschaftsgut der Gesellschaft auch weiterhin zur Nutzung überläßt.[9]

Der Veräußerungsgewinn des Gesellschafters nach § 16 Abs. 1 Nr. 2 EStG erhöht sich nach der herrschenden Meinung also um die Differenz zwischen dem Buchwert und dem gemeinen Wert des Sonderbetriebsvermögens. Auch insoweit ist die Tarifermäßigung nach § 34 EStG anzuwenden.[10]

Der Gesellschafter hat aber auch die Möglichkeit, die Reinvestitionsregelung nach § 6b EStG in Anspruch zu nehmen.[11] Dies ergibt sich nicht unmittelbar aus dem Wortlaut des § 6b EStG, der als begünstigungsfähige Wirtschaftsgüter nicht Anteile an Personengesellschaften nennt. Insoweit ist § 6b EStG allerdings analog anzuwenden.[12]

2. Keine Auswirkungen bei der Gesellschaft

Für die Gesellschaft selbst bleibt die Veräußerung des Anteils eines Gesellschafters ohne Auswirkung. Die Gesellschaft führt in ihrer Bilanz die alten Buchwerte fort. Der Erwerber des Anteils tritt mit dem Buchwert des Kapitalkontos des Veräußerers an dessen Stelle.

3. Die steuerliche Behandlung des Erwerbers des Anteiles

a) Erwerb zu einem über dem Buchwert des übernommenen Kapitalkontos liegenden Preis

Hat der Veräußerer A seinen Anteil, der mit 20 000 zu Buche steht, an den Erwerber B für 30 000 veräußert, so beträgt das Kapitalkonto des neuen Gesellschafters B handelsrechtlich 20 000. Sein Gewinn- und Liquidationsanteil, sein Stimmrecht usw. richten sich nach diesem Kapitalkonto. Steuerrechtlich ist jedoch der Tatsache Rechnung zu tragen, daß die Anschaffungskosten des B für den Anteil sich auf 30 000 belaufen. Für die Besteuerung des B muß also von diesem Betrage ausgegangen werden.

Dies geschieht in der Form, daß für den Erwerber B eine Ergänzungsbilanz geführt wird.[13] Da das Kapital in Höhe von 20 000 bereits in der Gesellschaftsbilanz erscheint, ist auf der Passivseite nur der Mehraufwand in Höhe von 10 000 auszuweisen. Dieser Mehraufwand wird auf der Aktivseite

9 BFH vom 28. 4. 1988 IV R 52/87 BStBl II 1988, 829 nimmt Gewinnrealisierung beim Sonderbetriebsvermögen auch dann an, wenn die Gesellschaft nach § 20 UmwStG in eine GmbH gegen Gewährung von Gesellschaftsrechten umgewandelt wird. Vgl. dazu und dagegen oben § 11 II 4.

10 Vgl. BFH vom 18. 5. 1983 I R 5/82 BStBl II 1983, 771.

11 BFH vom 25. 7. 1979 I R 175/76 BStBl II 1980, 43.

12 Vgl. im einzelnen Schön, Gewinnübertragungen bei Personengesellschaften nach § 6b EStG, 1986, S. 63 ff.

13 Die Führung einer Ergänzungsbilanz des Erwerbers wird auch erforderlich, wenn bei dem Veräußerer ein Veräußerungsverlust eingetreten ist, wenn also die Anschaffungskosten des Erwerbers des Anteils unter dem Buchwert liegen.

der Ergänzungsbilanz auf diejenigen Wirtschaftsgüter des Gesellschaftsvermögens (Grundstücke, sonstiges Anlagevermögen, ggf. Geschäftswert) verteilt, deretwegen der Mehrpreis gezahlt worden ist.

Beispiel für eine Ergänzungsbilanz

Mehrwert Grundstück	3 000	Mehrwert des Kapitals	10 000
sonstiges Anlagevermögen	2 000		
Geschäftswert	5 000		
	10 000		10 000

Veräußert die Gesellschaft z. B. das Grundstück, so bleibt von dem auf den Erwerber B entfallenden Anteil ein Betrag in Höhe von 3 000 steuerfrei: Es wirken sich nunmehr seine höheren Anschaffungskosten aus. Zugleich ist damit berücksichtigt, daß die stillen Reserven des Grundstückes in dem Veräußerungsgewinn des A schon besteuert worden sind.

Die höheren Anschaffungskosten des Erwerbers B wirken sich aber nicht nur bei der Veräußerung der betreffenden Wirtschaftsgüter aus, sondern auch bei den Absetzungen für Abnutzung. Wenn z. B. auf das sonstige Anlagevermögen in der Gesellschaftsbilanz eine jährliche AfA von 10% erfolgt, so ist diese auch von dem in der Ergänzungsbilanz ausgewiesenen Mehrwert vorzunehmen. Die Berücksichtigung der AfA in der Ergänzungsbilanz des B führt wieder zu einer entsprechenden Verringerung seines steuerlich maßgebenden Gewinnanteils.

b) Erwerb zu einem unter dem Buchwert des übernommenen Kapitalkontos liegenden Preis

Beruht der geringe Erwerbspreis nicht etwa auf privaten Gründen, sondern auf dem gegenüber dem Kapitalkonto geringeren Wert des Gesellschaftsanteils, so hat der Erwerber eine negative Ergänzungsbilanz zu führen. In der Ergänzungsbilanz ist der Minderwert des Kapitals, soweit die in der Gesellschaftsbilanz ausgewiesenen Wirtschaftsgüter überbewertet sind, auf diese Wirtschaftsgüter zu verteilen.

Umstritten ist, wie die Differenz zwischen dem übernommenen Kapitalkonto und dem Erwerbspreis in der Ergänzungsbilanz des Erwerbers zu behandeln ist, wenn die Wirtschaftsgüter in der Gesellschaftsbilanz nicht überbewertet sind. Der BFH[14] ist der Meinung, die Zuordnung des Differenzbetrages zu einem „negativen Geschäftswert" komme nicht in Frage, vielmehr sei die Differenz auch in diesem Fall den Wirtschaftsgütern des Gesellschaftsvermögens zuzuordnen. U. E. ist dem BFH nicht zu folgen.

14 BFH vom 19. 2. 1981 IV R 41/78 BStBl II 1981, 730; ebenso Schmidt, § 16 EStG Anm. 92; krit. Mathiak, StuW 1982, 81 f.

Für den BFH kommt die Zuordnung des Differenzbetrags zu einem „negativen Firmenwert“ in der Ergänzungsbilanz schlicht aus dem Grunde nicht in Frage, weil das EStG den negativen Firmenwert nicht als bilanzierungsfähiges (passives) Wirtschaftsgut verstehe. Im übrigen würden – so der BFH –, wenn man einen negativen Geschäftswert passivieren würde, die Wirtschaftsgüter mit einem höheren Betrag als den Anschaffungskosten bewertet, und das sei eben nicht zulässig.

Bei dem letzten Gesichtspunkt handelt es sich um eine petitio principii. Die Erwägung setzt voraus, daß der Erwerber den Minderpreis ausschließlich in Hinsicht darauf bezahlt hat, daß die Wirtschaftsgüter des Gesellschaftsvermögens weniger wert sind als in der Gesellschaftsbilanz ausgewiesen. Dem ist aber regelmäßig nicht so. Der Kaufpreis für einen Gesellschaftsanteil wird eben wesentlich durch die Ertragslage beeinflußt. Dem wird bei einem Preis über dem Buchwert – wenn der Mehrpreis durch stille Reserven der einzelnen Wirtschaftsgüter des Betriebsvermögens nicht mehr zu erklären ist – durch den Ansatz eines Postens für den positiven Geschäftswert Rechnung getragen.

Entsprechend ist die Lage in dem umgekehrten Fall. U. E. ist eine Abstockung bei den Buchwerten der einzelnen Wirtschaftsgüter des Gesellschaftsvermögens nur bis zur Grenze der Teilwerte möglich. Darüber hinaus bleibt nichts anderes übrig, als einen negativen Geschäftswert einzusetzen. Dabei stört nicht, daß es sich bei dem negativen Geschäftswert nicht um ein Wirtschaftsgut handelt; der positive Geschäftswert paßt streng genommen auch nicht unter den Wirtschaftsbegriff.[15] Wichtig ist, daß man sich die Bedeutung der Institution Ergänzungsbilanz klar macht. Es handelt sich nicht um eine normale Bilanz; es werden in Wirklichkeit auch keine Wirtschaftsgüter bilanziert; sondern es geht einfach darum, die Differenz zwischen dem Kaufpreis für den Gesellschaftsanteil und dem übernommenen Kapitalkonto für die künftige steuerliche Gewinnermittlung des Erwerbers sachgerecht den einzelnen Wirtschaftsgütern des Gesellschaftsvermögens zuzuordnen. Sicher kann, wie der BFH formuliert, die erforderliche Abstockung der Buchwerte nicht dadurch vermieden werden, daß der Mehrbetrag – einfach ohne näheres Zusehen – als negativer Geschäftswert passiviert wird. Erforderlich und geboten ist die Abstockung aber nur bis zur Grenze der Teilwerte. Alles andere würde nur die steuerliche Gewinnermittlung des Erwerbers verfälschen.[15a]

Folgendes Beispiel verdeutlicht das: Der Erwerber hat – obwohl keines der Wirtschaftsgüter des Gesellschaftsvermögens überbewertet ist – einen um 1 000 geringeren Kaufpreis gezahlt. Da der BFH einen negativen Geschäftswert nicht ansetzen will, werden die 1 000 in der Ergänzungsbilanz des Erwerbers von den Warenvorräten abgesetzt. Der Gesellschaft gelingt es, die Waren zu dem in ihrer Bilanz angesetzten Buchwert zu veräußern. Wieso ist es gerechtfertigt, daß der Erwerber des Anteils nunmehr 1 000 versteuert? Er hat einfach keinen Gewinn gemacht.

c) Die Sanierungsrücklage nach § 6d EStG

Der Erwerber eines Anteils an einer Personengesellschaft kann nach § 6d Abs. 2 EStG eine Sanierungsrücklage in Höhe von 30% bzw. 40% der Anschaffungskosten bilden, sofern die Gesellschaft, an der er sich beteiligt,

15 Vgl. dazu oben § 4 IV 3b.

15a Ebenso Littmann/Bitz/Meincke, § 15 EStG Anm. 64.

einen gefährdeten Betrieb i. S. des § 6d EStG führt. Nach Uelner[16] und Seeger[17] soll diese Rücklage allerdings in der Bilanz der Gesellschaft, nicht in einer Bilanz des Gesellschafters ausgewiesen werden. Die Folge ist, daß dem Erwerber die Rücklage nie voll zugute kommt, sondern nur in dem Verhältnis, in dem seine Beteiligung zu den Kapitalanteilen seiner Mitgesellschafter steht. Erwirbt er für 1 000 000,– DM eine achtzigprozentige Beteiligung an einem kleineren Unternehmen, kommen ihm 80% der Rücklage zugute. Wenn er für denselben Betrag einen zwanzigprozentigen Anteil an einer größeren Personengesellschaft anschafft, so entfällt auf ihn nur ein Anteil von 20% an der in der Gesellschaftsbilanz gebildeten Rücklage. Die übrigen 80% begünstigen seine Mitgesellschafter, die für das Sanierungsgeschäft in keiner Weise Aufwendungen getätigt haben. Damit wird der Zweck des § 6d EStG, Unternehmer zum Erwerb gefährdeter Kapitalanlagen zu bewegen, erheblich behindert. Die Rücklage muß in vollem Umfang demjenigen zugute kommen, der Kapital zur Sanierung von Unternehmen einsetzt. Das ist der eintretende Gesellschafter. Daher muß die volle Rücklage in seine Sonderbilanz eingestellt werden.[18]

Dagegen spricht auch nicht, wie Uelner und Seeger meinen, daß dem Ansatz des Gesellschaftsanteils in der Steuerbilanz keine selbständige Bedeutung zukommen dürfe. Es geht nicht darum, den Anteil zu bilanzieren und aus dem Bilanzausweis bestimmte Rechtsfolgen zu ziehen. Die Rücklage richtet sich ausschließlich nach den tatsächlichen Anschaffungskosten der begünstigten Kapitalanlage. Diese Kosten fallen in der Person des Erwerbers an. Daher muß unabhängig von der dogmatischen Einordnung des Mitunternehmeranteils dem Erwerber die volle Vergünstigung des § 6d EStG zukommen.

II. Ausscheiden eines Gesellschafters[19]

Wird der Gesellschaftsanteil nicht an einen Dritten veräußert, sondern scheidet ein Gesellschafter gegen Abfindung aus dem Gesellschaftsvermögen aus der Gesellschaft aus, so wächst sein Anteil am Gesellschaftsvermögen den verbleibenden Gesellschaftern nach § 738 BGB zu. Auch dieser Vorgang wird steuerrechtlich wie eine Veräußerung des Gesellschaftsanteils behandelt, fällt also unter den Tatbestand des § 16 Abs. 1 Nr. 2 EStG.

Je nach der Höhe der Abfindung kann bei dem Ausscheidenden ein Veräußerungsgewinn oder -verlust entstehen. Zu beachten ist aber immer auch die Behandlung der verbleibenden Gesellschafter.

16 In Blümich, § 6d EStG Rz. 16.

17 Schmidt/Seeger, 5. Aufl., § 6d EStG Anm. 13; vgl. aber auch Schmidt/Glanegger, 7. Aufl., § 6d EStG Anm. 13.

18 Ähnlich Lademann/Söffing/Brockhoff, § 6d EStG Rz. 18; Herrmann/Heuer/Raupach, § 6d EStG Anm. 9.

19 Vgl. dazu auch Schmidt, DStZ/A 1974, 371 ff.

1. Abfindung über dem Buchwert des Kapitalkontos

a) Übersteigt die Abfindung den Buchwert des Kapitalkontos, so tritt insoweit die Steuerpflicht des *ausscheidenden Gesellschafters* nach § 16 Abs. 1 Nr. 2, § 34 EStG ein. In dem Veräußerungsgewinn versteuert der ausscheidende Gesellschafter seinen Anteil an den stillen Reserven des Gesellschaftsvermögens und ggf. an dem Geschäftswert. Unbenommen bleibt dem ausscheidenden Gesellschafter aber die Inanspruchnahme der Reinvestitionsregelung des § 6b EStG.

Ist im Gesellschaftsvertrag vorgesehen, daß beim *Tod eines Gesellschafters* die Gesellschaft unter den übrigen Gesellschaftern fortgesetzt wird und die Erben des Verstorbenen abzufinden sind, so ist rechtlich der verstorbene Gesellschafter ausgeschieden, und der Abfindungsanspruch gehört zu seinem Nachlaß. Ein etwaiger sich aus der Differenz zwischen dem Buchwert des Kapitalkontos und dem Abfindungsanspruch ergebender Veräußerungsgewinn ist beim Erblasser zu erfassen.[20]

Ist hingegen im Gesellschaftsvertrag bestimmt, daß die Gesellschaft mit den Erben eines Gesellschafters fortgeführt wird, die übrigen Gesellschafter aber das Ausscheiden der Erben beschließen können, so soll – wird dieser Beschluß gefaßt – der Abfindungsanspruch bei den Erben zu erfassen sein.[21]

Es macht danach also steuerrechtlich einen Unterschied, ob

1. die Erben von vornherein nicht Gesellschafter werden oder
2. die Erben zunächst Gesellschafter werden und sodann ausscheiden, weil die übrigen Gesellschafter oder sie selbst es wünschen.

In Fall 1 wird die Einkommensteuer auf den Veräußerungsgewinn aus dem Nachlaß gezahlt. Damit vermindert sich die Erbschaftsteuer. In Fall 2 zahlen die Erben die Erbschaftsteuer auf den Veräußerungsgewinn; der Nachlaß ist also nicht um die Einkommensteuer gemindert; die Einkommensteuer ermäßigt sich gemäß § 35 EStG. Ist der Einkommensteuersatz von Erblasser und Erben gleich hoch oder ist der der Erben niedriger, so ist es für die Erben günstiger, wenn Fall 2 eintritt.

b) Da der Vorgang des Ausscheidens eines Gesellschafters aus der Gesellschaft als Veräußerung nach § 16 Abs. 1 Nr. 2 EStG behandelt wird, übernehmen die *verbleibenden Gesellschafter,* denen der Anteil des ausgeschiedenen Gesellschafters zuwächst, die Rolle des Erwerbers. Sie erleiden also durch eine über dem Kapitalkonto des Ausscheidenden liegende Abfindung nicht etwa einen Verlust. Vielmehr ist die Abfindung als Anschaffungskosten für den Anteil des ausgeschiedenen Gesellschafters zu behandeln. Der über das Kapitalkonto des ausscheidenden Gesellschafters hinausgehende Abfindungsbetrag ist also zu aktivieren, und zwar auf den Konten, die entsprechende stille Reserven enthalten, jeweils in Höhe des Anteiles des aus-

20 Für die h. M. vgl. Herrmann/Heuer/Raupach, § 16 EStG Anm. 318.

21 BFH vom 21. 12. 1965 IV 4 16/62 U BStBl III 1966, 195; weitere Nachweise bei Herrmann/Heuer/Raupach, § 16 EStG Anm. 322, die danach unterscheiden wollen, ob als Zeitpunkt des Ausscheidens rückwirkend der Todestag festgesetzt wird.

scheidenden Gesellschafters an den stillen Reserven, und ggf. auch als Geschäftswert. In dieser Höhe sind die in den einzelnen Wirtschaftsgütern steckenden stillen Reserven schon realisiert und steuerlich erfaßt, nämlich in dem Veräußerungsgewinn des Ausscheidenden.

Die bilanzielle Behandlung bei der Gesellschaft kann man sich in der Weise verdeutlichen, daß bei Ausscheiden eines Gesellschafters praktisch die Ergänzungsbilanz, die ein dritter Erwerber führen würde, in die Gesellschaftsbilanz eingearbeitet wird. Für die Gesellschaft und damit zugleich für die verbleibenden Gesellschafter vollzieht sich also das Ausscheiden eines Gesellschafters erfolgsneutral.

Etwas anderes gilt, wenn dem ausgeschiedenen Gesellschafter der Mehrbetrag aus *privaten Gründen,* z. B. als Schenkung, zugewendet worden ist. Dann handelt es sich bei der Gesellschaft um eine Entnahme, andererseits entsteht bei dem Ausscheidenden kein Veräußerungsgewinn, ggf. aber Erbschaftsteuer.

Diese Behandlung des Ausscheidens eines Gesellschafters kann dazu führen, daß insgesamt eine Steuerermäßigung eintritt. Der Ausscheidende versteuert den auf ihn entfallenden Anteil an den Reserven des Gesellschaftsvermögens zu dem ermäßigten Steuersatz. Die Gesellschaft und damit die verbleibenden Gesellschafter gehen für die steuerliche Gewinnermittlung in Zukunft von den aufgestockten Buchwerten aus.

c) Besonderer Erwähnung bedarf der Fall des *„lästigen" Gesellschafters:* Einem Gesellschafter wird – nur um ihn zum Austritt aus der Gesellschaft zu bewegen – eine Abfindung über dem realen Wert seines Kapitalkontos (Buchwert zuzüglich Anteil an stillen Reserven und am Geschäftswert) gewährt. Bei der Gesellschaft ist dieser Mehrbetrag als Betriebsausgabe abzugsfähig, wenn er zu dem Zwecke aufgewendet worden ist, die wirtschaftliche Leistungsfähigkeit des Betriebes durch die Befreiung der Gesellschaft von dem „lästigen" Gesellschafter zu verbessern. Die Erörterung dieses Falles nimmt in der Literatur im allgemeinen breiten Raum ein,[22] praktisch wird die Abzugsfähigkeit des Mehrbetrages bei der Gesellschaft freilich nur sehr selten in Frage kommen. Als Beispiel aus der äußerst zurückhaltenden Rechtsprechung sei auf die Entscheidung des RFH vom 15. Juli 1942[23] verwiesen.

Auch wenn die höhere Abfindung von den Beteiligten als besondere Entschädigung für das Ausscheiden aus der Gesellschaft als solches deklariert wird, ist zunächst zu klären, ob sie nicht in Wirklichkeit doch die Beteiligung des Ausscheidenden an Werten des Betriebsvermögens und insbesondere an dem Geschäftswert des Unternehmens abgelten soll. Nur soweit die Abfindung tatsächlich „verlorenen" Aufwand darstellt, es also allein darum geht, eine bei Verbleiben des Gesellschafters drohende Beeinträchtigung der

---

22 Vgl. z. B. Herrmann/Heuer/Raupach, § 16 EStG Anm. 335 ff; Schmidt, § 16 EStG Anm. 88 c.

23 RFH vom 15. 7. 1942 IV 362/41 RStBl 1942, 900.

wirtschaftlichen Leistungsfähigkeit des Unternehmens abzuwehren, kann der Mehrbetrag als abzugsfähige Betriebsausgabe in Frage kommen. In einem solchen Fall liegen die Dinge letztlich nicht anders, als wenn ein Unternehmen eine Gesellschaftsbeteiligung um jeden Preis erworben hat und wegen der überhöhten Anschaffungskosten die Abschreibung auf den niedrigeren Teilwert vornehmen kann.[24]

2. Abfindung unter dem Buchwert des Kapitalkontos

a) Eine unter dem Kapitalkonto liegende Abfindung kann darauf beruhen, daß der ausscheidende Gesellschafter sich mit der geringeren Abfindung begnügt, weil er den verbleibenden Gesellschaftern aus privaten Gründen eine unentgeltliche Zuwendung machen will.

In diesem Falle entsteht bei dem ausscheidenden Gesellschafter nicht etwa ein Veräußerungsverlust. Denn der Ausscheidende hat über einen Teil der ihm zustehenden Abfindung in der Weise verfügt, daß er ihn den verbleibenden Gesellschaftern unentgeltlich zugewendet hat. Bei den verbleibenden Gesellschaftern ist dieser Vorgang als Einlage zu beurteilen, die Kapitalkonten sind entsprechend erfolgsneutral aufzustocken.

b) Eine unter dem Kapitalkonto liegende Abfindung kann ihre Ursache aber auch darin haben, daß der Wert des Gesellschaftsanteils des Ausscheidenden in Wirklichkeit geringer ist als der Buchwert seines Kapitalkontos. Das Gesellschaftsvermögen ist also bislang überbewertet gewesen.

In einem solchen Fall entsteht bei dem Ausscheidenden ein Veräußerungsverlust nach § 16 EStG. Bei der Gesellschaft führt die niedrigere Abfindung nicht zum Ausweis eines Gewinns. Vielmehr werden die Buchwerte der Wirtschaftsgüter, die bislang zu hoch bewertet worden sind, entsprechend herabgesetzt und ggf. ein negativer Geschäftswert[25] angesetzt. Insoweit wird die bisherige Überbewertung korrigiert. Der Erwerb des Gesellschaftsanteiles des Ausscheidenden durch die verbleibenden Gesellschafer im Wege der Anwachsung vollzieht sich damit ebenso erfolgsneutral wie der Erwerb des Anteiles durch einen Dritten. Die Ergänzungsbilanz, die ein Dritter bei

---

24 Auf dieser Grundlage ist auch der Fall zu beurteilen, daß nach dem Gesellschaftsvertrag ein ausgeschlossener Gesellschafter nur den Buchwert seiner Beteiligung verlangen kann, die Beteiligten sich aber zur Vermeidung einer gerichtlichen Auseinandersetzung über die Ausschließung auf eine höhere Abfindung einigen. Nach einer in der Literatur vertretenen Ansicht (vgl. z. B. Herrmann/Heuer/Raupach, § 16 EStG Anm. 340; Henninger, DStR 1958, 104) ist die Abfindung aufzuteilen, indem im Zweifel anzunehmen sein soll, daß der Ausscheidende sich mit dem Buchwert begnügt und nur für das Ausscheiden eine besondere Vergütung erhalten hat. U. E. aber kann die Gesellschaft den Betrag, der über das Kapitalkonto bis zum Teilwert geht, nicht als Betriebsausgabe abziehen. Auch in einem solchen Fall ist die Abfindung bis zur Höhe des Teilwerts als Anschaffungskosten der Beteiligung des Ausscheidenden anzusehen, sie ist nicht zu einem Teil „verlorener" Aufwand, dem Ausscheidenden ist es eben nur gelungen, den Preis hochzutreiben.

25 Vgl. aber BFH vom 19. 2. 1981 aaO, (Anm. 14) und dazu oben § 23 I 3b.

einem unter dem Kapitalkonto liegenden Anschaffungspreis führen müßte, wird auch hier gleich in die Gesellschaftsbilanz eingearbeitet.[26]

c) Es bleibt der Fall, daß eine unter dem Buchwert des Kapitalkontos liegende Abfindung weder auf privaten Gründen noch auf der bisherigen Überbewertung des Gesellschaftsvermögens, sondern auf irgendwelchen anderen Gründen beruht.

Als *Beispiel* sei der Fall aus der Entscheidung des BFH vom 30. 1. 1974[27] angeführt: Die Beteiligten hatten wegen erheblicher Unstimmigkeiten untereinander und mangels ordnungsmäßiger Buchführung auf die genaue Feststellung des Buchwertes des Kapitalkontos des ausscheidenden Gesellschafters verzichtet und sie durch eine Schätzung ersetzt. Später wurde in der Betriebsprüfung ein höherer Buchwert des Kapitalkontos festgestellt. Auf diese Weise war es dazu gekommen, daß die Abfindung des ausgeschiedenen Gesellschafters unter dem Buchwert des Kapitalkontos lag.

In derartigen Fällen entsteht bei dem Ausscheidenden ein Veräußerungsverlust. Problematisch war hingegen die Behandlung des Vorganges bei den verbleibenden Gesellschaftern.

Der BFH hatte – im Anschluß an die Rechtsprechung des RFH[28] – in dem Urteil vom 20. 3. 1962[29] angenommen, daß in derartigen Fällen bei den verbleibenden Gesellschaftern ein laufender Gewinn entstehe. Zur Begründung hatte er angeführt, daß es sich hier um einen im betrieblichen Bereich sich vollziehenden Vermögenszuwachs und nicht etwa um ein Anschaffungsgeschäft handele.

Diese Rechtsprechung haben der I.[30] und der IV.[31] Senat des BFH aufgegeben. Beide Senate gehen davon aus, daß bei den verbleibenden Gesellschaftern die Anwachsung des Anteiles des Ausscheidenden einkommensteuerrechtlich als Anschaffungsgeschäft zu werten sei. Als Konsequenz dieser Beurteilung ergibt sich, daß in Höhe des Minderbetrages die Buchwerte der einzelnen Wirtschaftsgüter entsprechend herabzusetzen sind, denn eine Bilanzierung über den tatsächlichen Anschaffungskosten ist unzulässig. Ein Gewinn der verbleibenden Gesellschafter entsteht nicht.

Der einkommensteuerrechtlichen Bewertung der Anwachsung des Gesellschaftsanteiles als Anschaffungsgeschäft ist zu folgen. Wenn das Ausscheiden eines Gesellschafters unter Abfindung aus dem Gesellschaftsvermögen als eine Veräußerung des Gesellschaftsanteiles nach § 16 Abs. 1 Nr. 2 EStG behandelt wird, so übernehmen die verbleibenden Gesellschafter zwangsläufig die Rolle des Erwerbers und sind auch als Erwerber zu behandeln. Bei der Abfindung handelt es sich damit um die Anschaffungskosten für den Anteil des ausscheidenden Gesellschafters.

---

26 Vgl. zu dem umgekehrten Fall der über dem Kapitalkonto liegenden Abfindung oben § 23 II 1 b.

27 BFH vom 30. 1. 1974 IV R 109/73 BStBl II 1974, 352.

28 Z. B. RFH vom 17. 9. 1941 VI 12/41 RStBl 1941, 842. Vgl. zu der Besonderheit des Falles: Keuk, ZGR 1973, 164 f.

29 BFH vom 20. 3. 1962 I 63/61 U BStBl III 1962, 233.

30 BFH vom 11. 7. 1973 I R 126/71 BStBl II 1974, 50; vgl. dazu Keuk, StuW 1974, 177 ff.

31 BFH vom 30. 1. 1974 IV R 109/73 BStBl II 1974, 352; vgl. dazu Keuk, StuW 1974, 350 ff.

3. Abfindung entspricht dem Buchwert des Kapitalkontos

Vielfach hat der ausscheidende Gesellschafter nach dem Gesellschaftsvertrag einen Abfindungsanspruch nur in Höhe des Buchwertes seines Kapitalkontos; er erhält also nicht auch eine Vergütung für seinen Anteil an den stillen Reserven und am Geschäftswert.

Bei dem Ausscheidenden entsteht kein Veräußerungsgewinn. Bei den verbleibenden Gesellschaftern vollzieht sich die Anwachsung des Anteils des Ausscheidenden erfolgsneutral.[32] In der Bilanz der Gesellschaft werden die Buchwerte unverändert fortgeführt. In der Bilanz tritt nur insofern eine Veränderung ein, als anstelle des Kapitalkontos des Ausscheidenden die Abfindungsverbindlichkeit tritt.

4. Ausscheiden mit negativem Kapitalkonto

Hier ist zu unterscheiden, ob es sich bei dem ausscheidenden Gesellschafter um einen Komplementär oder um einen Kommanditisten handelt. Der Komplementär ist bei seinem Ausscheiden regelmäßig zum Ausgleich des negativen Kapitalkontos verpflichtet, der Kommanditist aber nicht.

a) Ausscheiden des unbeschränkt haftenden Gesellschafters

Gleicht der Komplementär sein negatives Kapitalkonto aus, so entspricht dieser Vorgang dem Fall, daß der Gesellschafter bei positivem Kapitalkonto lediglich den Buchwert des Kapitalkontos als Abfindung erhält.[33] Bei dem Komplementär entsteht weder ein Veräußerungsgewinn noch ein Veräußerungsverlust.

Zahlt der Komplementär bei seinem Ausscheiden weniger als den Betrag des negativen Kapitalkontos oder erhält er sogar noch eine Abfindung, so wird dies regelmäßig darauf beruhen, daß der tatsächliche Wert des Kapitalkontos positiv ist, daß also im Gesellschaftsvermögen stille Reserven vorhanden sind und der Komplementär für seinen Anteil an diesen und ggf. an einem Geschäftswert abgefunden werden soll. Es entsteht dann bei dem Komplementär ein Veräußerungsgewinn nach §§ 16, 34 EStG; dieser Fall entspricht dem, daß der ausscheidende Gesellschafter bei positivem Kapitalkonto eine über dem Buchwert des Kapitalkontos liegende Abfindung erhält.[34]

Beispiel: Der Komplementär zahlt bei einem negativen Kapitalkonto von 20 000 zum Ausgleich nur 5000 an die Gesellschaft. Dies beruht darauf, daß in dem Gesellschaftsvermögen stille Reserven vorhanden sind, an denen der Komplementär in Höhe von 15 000 beteiligt ist. Bei dem Komplementär entsteht ein Veräußerungsgewinn in Höhe von 15 000. In der Bilanz der Gesellschaft ist der Vorgang dadurch erfolgsneutral

32 Zur Erbschaftsteuerpflicht wegen der stillen Reserven vgl. §§ 3 Abs. 1 Nr. 2 S. 2, 7 Abs. 7 ErbStG.
33 Vgl. oben § 23 II 3.
34 Vgl. oben § 23 II 1.

darzustellen, daß wegen der Aufdeckung eines Teils der stillen Reserven die Buchwerte der betreffenden Wirtschaftsgüter entsprechend aufgestockt werden.

Gleicht der zum Ausgleich verpflichtete Gesellschafter das negative Kapitalkonto nicht aus und sind stille Reserven und ein Geschäftswert nicht vorhanden, so müssen die verbleibenden Gesellschafter ihre eigenen Kapitalkonten um den Betrag des negativen Kapitalkontos des ausgeschiedenen Komplementärs entsprechend herabsetzen. Ist der Ausgleich aus privaten Gründen unterblieben, so bedeutet dies für die verbleibenden Gesellschafter keinen Verlust. Unterbleibt der Ausgleich, weil der ausgeschiedene Gesellschafter zum Ausgleich nicht in der Lage ist, so ist für die verbleibenden Gesellschafter ein steuerwirksamer Verlust eingetreten.

Fraglich ist, wie dieser Fall auf der Seite des Ausscheidenden zu behandeln ist. Der BFH[35] hat in dem Fall, daß die verbleibenden Gesellschafter wegen der Wertlosigkeit der Ausgleichsforderung auf den Ausgleich verzichtet hatten, bei dem Ausscheidenden einen Veräußerungsgewinn in Höhe des negativen Kapitalkontos angenommen.

Wegen der Zahlungsschwierigkeiten des ausscheidenden Komplementärs erhalten die verbleibenden Gesellschafter also nichts und erleiden einen Verlust. Nach dem BFH darf aber aus eben diesem Grunde der Fiskus von dem Ausgeschiedenen kassieren, und zwar auch noch bevorrechtigt gegenüber den anderen Gläubigern des Ausgeschiedenen (§ 61 Abs. 1 Nr. 2 KO). Der Entscheidung des BFH ist nicht zu folgen.[36]

b) Ausscheiden des Kommanditisten

Scheidet ein Kommanditist mit negativem Kapitalkonto aus der Gesellschaft aus, so mag zwar der Steuertatbestand des § 16 Abs. 1 Nr. 2 EStG erfüllt sein. Es fehlt jedoch an einem Veräußerungsgewinn des Kommanditisten in Höhe des negativen Kapitalkontos. Der Kommanditist ist nicht zum Ausgleich des negativen Kapitalkontos verpflichtet und wird folglich bei Ausscheiden ohne Ausgleichszahlung nicht von einer Ausgleichsverpflichtung befreit.

Wenn dennoch die Rechtsprechung des BFH auch bislang schon bei Ausscheiden des Kommanditisten mit negativem Kapitalkonto und bei Auflösung der Gesellschaft einen „Veräußerungsgewinn" des Kommanditisten in Höhe des negativen Kapitalkontos angenommen hat, so war dies nur der „Ausgleich" dafür, daß er die Zurechnung von laufenden Verlustanteilen an den Kommanditisten auch nach Erschöpfung seiner Einlage toleriert hatte.[37] Diese Rechtsprechung ist durch den Beschluß des Großen Senats vom 10. 11. 1980 sanktioniert worden.[38] Im übrigen existiert nunmehr eine besondere ge-

35 BFH vom 15. 12. 1966 IV 232/64 BStBl III 1967, 309, dem folgend Nieders. FG vom 19. 6. 1984 VII 49/79 EFG 1985 Nr. 75 – rk; ebenso Schmidt, § 16 EStG Anm. 85a m. w. N.

36 Vgl. i. e. Keuk, StbJb 1973/74, 349 ff.

37 Vgl. i. e. die 2. Auflage § 23 II 4b.

38 BFH vom 10. 11. 1980 GrS 1/79 BStBl II 1981, 164.

setzliche Regelung in § 52 Abs. 19 S. 4 u. 5 EStG. Zu den Fragen der „Nachversteuerung" bei „Wegfall" des negativen Kapitalkontos des Kommanditisten wird auf die Ausführungen oben in § 11 a II 2 b; VI verwiesen.

5. Abfindung des Ausscheidenden mit Sachwerten des Betriebsvermögens[39]

a) Übernahme in das Privatvermögen des Ausscheidenden

Für den ausscheidenden Gesellschafter macht es keinen Unterschied, ob seine Abfindungsforderung bar oder mit Wirtschaftsgütern des Betriebsvermögens erfüllt wird. Je nach der Höhe der Abfindungsforderung entsteht ein Veräußerungsgewinn nach §§ 16, 34 EStG oder auch ein Veräußerungsverlust.

Auf der Seite der verbleibenden Gesellschafter ist das Entstehen der Abfindungsverpflichtung vom Abfindungsvorgang selbst zu unterscheiden. Das Entstehen der Abfindungsverpflichtung führt bei den verbleibenden Gesellschaftern nicht zum Ausweis eines Verlustes. Vielmehr ist die Differenz zwischen dem schwindenden Kapitalkonto des ausscheidenden Gesellschafters und der Abfindungsverpflichtung auf die Wirtschaftsgüter, deren Buchansätze stille Reserven enthalten, zu verteilen und gegebenenfalls ein Geschäftswert anzusetzen.[40]

Beispiel:

Bilanz der Gesellschaft vor Ausscheiden

Grundstück	60	(90)	Kapitalkonto A	100	(120)
Sonstige			Kapitalkonto B	100	(120)
Wirtschaftsgüter	150	(180)	Kapitalkonto C	100	(120)
Kasse	90	(90)			
	300	(360)		300	(360)

C scheidet aus der Gesellschaft aus. Er soll zum realen Wert seines Kapitalkontos abgefunden werden, seine Abfindungsforderung beläuft sich also auf 120. Die Buchansätze des Grundstücks und der sonstigen Wirtschaftsgüter sind entsprechend aufzustocken:

Grundstück	70	(90)	Kapitalkonto A	100	(120)
Sonstige			Kapitalkonto B	100	(120)
Wirtschaftsgüter	160	(180)	Forderung C	120	(120)
Kasse	90	(90)			
	320	(360)		320	(360)

Die Abfindungsforderung des C wird nunmehr von der Gesellschaft durch Leistung des Grundstücks im Werte von 90 zuzüglich 30 in bar erfüllt. Nach der Erfüllung der Abfindungsforderung des C sieht die Bilanz der Gesellschaft folgendermaßen aus:

39 Vgl. dazu Schmidt, § 16 EStG Anm. 94 ff; Märkle, Beilage 10 zu BB Heft 18/1984, S. 8 ff; Hofbauer, WPg 1985, 97 ff, 134 ff.

40 Vgl. dazu oben § 23 II 1 b.

Sonstige Wirtschaftsgüter	160	(180)	Kapitalkonto A	100
Kasse	60	(60)	Kapitalkonto B	100
			Gewinn	20
	220	(240)		220

Bei der Gesellschaft ist also ein Gewinn von 20 entstanden, der bei A und B anteilig erfaßt wird.

In der Literatur[41] wird zum Teil die Auffassung vertreten, die Sachwertabfindung dürfe bei den verbleibenden Gesellschaftern nicht zur Gewinnrealisierung führen, die stillen Reserven gingen der Besteuerung nicht verloren, da es sich nur um eine Umschichtung von stillen Reserven im Betriebsvermögen der Gesellschaft handele. Für die gewinneutrale Behandlung bei den verbleibenden Gesellschaftern müßte man dann die Buchwerte der sonstigen im Betriebsvermögen verbleibenden Wirtschaftsgüter um 20 abstocken. Ein derartiges Verfahren – Übertragung der stillen Reserven eines Wirtschaftsgutes auf ein anderes – entbehrt aber der Grundlage.

Der Ausweis eines Gewinns kann nur vermieden werden, wenn die Voraussetzungen des § 6b EStG vorliegen.

Der Abfindungsvorgang, d. h. die Leistung des Grundstücks, ist nicht anders als die Erfüllung einer sonstigen Betriebsschuld zu werten. Werden zur Erfüllung einer betrieblichen Schuld Sachwerte des Betriebsvermögens hingegeben, so werden – nicht anders als bei der Veräußerung des betreffenden Wirtschaftsgutes – die stillen Reserven aufgedeckt. Ebenso bewirkt die Erfüllung der Abfindungsforderung durch Leistung eines Wirtschaftsgutes des Betriebsvermögens notwendigerweise die Aufdeckung der stillen Reserven, d. h. bei der Gesellschaft entsteht insoweit ein laufender Gewinn.[42]

Die Gesellschaft hat also, wenn der ausscheidende Gesellschafter mit Sachwerten abgefunden werden soll, die er in sein Privatvermögen übernimmt, bei der Auswahl der Wirtschaftsgüter darauf zu achten, daß nicht zu hohe stille Reserven aufgedeckt werden oder daß zumindest die Inanspruchnahme der Reinvestitionsvergünstigung nach § 6b EStG in Frage kommt.

Steht das dem Ausscheidenden geleistete Wirtschaftsgut mit einem höheren Ansatz zu Buche als es wert ist, so versteht sich, daß bei der Gesellschaft ein entsprechender Verlust entsteht – nicht anders als bei einer Veräußerung dieses Wirtschaftsgutes.

b) Übernahme in das Betriebsvermögen des Ausscheidenden

Übernimmt der ausgeschiedene Gesellschafter das Abfindungsgut in sein Betriebsvermögen, so gestattet man ihm teilweise, dieses mit dem alten Buchwert zu bilanzieren und als Veräußerungsgewinn nach § 16 Abs. 1

41 Vgl. Nachweise bei Herrmann/Heuer/Raupach, § 16 EStG Anm. 351 ff; vgl. desweiteren den Vorschlag von Littmann, DStR 1973, 598 ff und dazu Keuk, StuW 1974, 180.

42 Vgl. ebenso BFH vom 24. 5. 1973 IV R 64/70 BStBl II 1973, 655; Hofbauer, WPg 1985, 134 f; Schmidt, § 16 EStG Anm. 95; a. A. Blümich, § 16 EStG Rz. 154.

Nr. 2 EStG die Differenz zwischen seinem Kapitalkonto und dem Buchwert der Sachabfindung zuzüglich Barabfindung anzusetzen.[43] Diese Auffassung beruht auf der Überlegung, daß bei Fortführung des Buchwertes die stillen Reserven der Besteuerung nicht entgehen, daß es also in diesem Falle nicht erforderlich sei, die stillen Reserven des Abfindungsgutes anläßlich des Ausscheidens des Gesellschafters aufzudecken. Da der ausscheidende Gesellschafter nicht alle stillen Reserven aufdeckt, soll dann freilich auch die Anwendung der Tarifermäßigung nach § 34 EStG nicht in Frage kommen.

Dieser Auffassung ist nicht zu folgen. Denn bei einer derartigen Berechnung des Veräußerungsgewinns würde sich – bei gleich hoher Abfindung – je nach dem in der Gesellschaftsbilanz ausgewiesenen Wert des Abfindungsgutes ein Veräußerungsgewinn in ganz unterschiedlicher Höhe oder gar ein Veräußerungsverlust ergeben.[44]

Gesellschaftsbilanz

Aktiva			Passiva	
Grundstück	80	(100)	Kapitalkonto A	240
Sonstige Wirtschaftsgüter	200	(300)		
Geldkonten	200	(200)	Kapitalkonto B	240
	480	(600)		480

B scheidet aus der Gesellschaft aus und wird mit dem realen Wert seines Kapitalkontos (also mit 300) abgefunden, und zwar erhält er 200 in bar und das Grundstück mit einem realen Wert von 100. Sein Veräußerungsgewinn soll – wenn er das Grundstück nicht in sein Privatvermögen überführt – folgendermaßen zu berechnen sein: 200 Barzahlung + 80 Buchwert des Grundstücks – 240 Kapitalkonto, also Veräußerungsgewinn 40, der nicht dem Steuersatz nach § 34 EStG unterliegen würde. Das Bild ändert sich sofort, wenn die Buchwerte des Grundstückes und der sonstigen Wirtschaftsgüter unter Beibehaltung der realen Werte verschoben werden. Stehen das Grundstück mit 60 und die sonstigen Wirtschaftsgüter mit 220 zu Buch, so ergibt sich nach obiger Rechnung ein Veräußerungsgewinn von 20; ist der Buchwert des Grundstückes 20 und der der sonstigen Wirtschaftsgüter 260, so ergibt sich ein Veräußerungsverlust von 20.

Der grundsätzliche Fehler der obigen Ansicht liegt darin, daß der Tatbestand der Veräußerung des Gesellschaftsanteiles nach § 16 Abs. 1 Nr. 2 EStG auf seiten des ausscheidenden Gesellschafters und die Frage der Gewinnrealisierung bei der Gesellschaft hinsichtlich des Abfindungsgutes vermengt werden.

Der nach § 16 Abs. 1 Ziff. 2 EStG der Einkommensteuer unterliegende Gewinn aus der Veräußerung des Gesellschaftsanteils besteht in dem Unterschied zwischen dem Kapitalkonto und dem Veräußerungserlös, den der Gesellschafter für diesen Anteil erzielt, und Veräußerungserlös ist bei Ausscheiden eines Gesellschafters nun einmal der Betrag der Abfindungsforderung. Soweit die Abfindungsforderung das Kapitalkonto übersteigt, ist ein Veräußerungsgewinn nach § 16 Abs. 1 Ziff. 2 EStG entstanden, gleichgültig

43 Vgl. z. B. FG Münster vom 12. 9. 1968 I 1268/66 EFG 1969 Nr. 196.

44 Vgl. i. e. Keuk, DB 1972, 644.

ob die Abfindungsforderung durch die Leistung von Geld oder von Sachwerten erfüllt wird, gleichgültig ob der ausgeschiedene Gesellschafter die Sachwertabfindung in sein Privatvermögen oder in sein Betriebsvermögen übernimmt.

Zugleich werden bei der Gesellschaft die gesamten stillen Reserven des auf die Abfindungsforderung geleisteten Wirtschaftsguts aufgedeckt, soweit sie nicht schon in dem Veräußerungsgewinn des ausgeschiedenen Gesellschafters nach § 16 Abs. 1 Ziff. 2 EStG erfaßt sind. Insoweit ist auf das oben unter a) Ausgeführte zu verweisen. In dem Betriebsvermögen des ausgeschiedenen Gesellschafters ist das Wirtschaftsgut dann allerdings auch nicht mit dem alten Buchwert anzusetzen.

In dieser Weise ist – sieht man in dem Ausscheiden des Gesellschafters aus der Gesellschaft den Tatbestand des § 16 Abs. 1 Ziff. 2 EStG verwirklicht – die Abfindung mit Sachwerten zu behandeln. Eine weitere Frage ist allerdings, ob es notwendig ist, an den Austritt eines Gesellschafters aus der Gesellschaft überhaupt die Steuerpflicht wegen eines Veräußerungsgewinns zu knüpfen, ob nicht vielmehr auch eine erfolgsneutrale Behandlung dieses Vorganges möglich ist.

6. Wahlrecht zwischen erfolgswirksamer und erfolgsneutraler Behandlung des Ausscheidens eines Gesellschafters

In § 22 I 1, III 3 ist dargelegt worden, daß die Besteuerung eines Veräußerungsgewinns nach § 16 EStG in Zusammenhang damit zu sehen ist, daß der Erwerber des Betriebes für seine steuerliche Gewinnermittlung von den aufgewendeten Anschaffungskosten ausgeht. Die Besteuerung des Veräußerungsgewinns ist nur deshalb erforderlich, weil die vom Veräußerer gebildeten stillen Reserven bei dem Erwerber, der nicht die Buchwerte seines Vormannes fortführt, steuerlich nicht mehr erfaßt werden können.

Auf dieser Grundlage hatte sich ergeben, daß in einer Reihe von Fällen – bei der Einbringung eines Betriebes in eine Personengesellschaft[45] oder in eine Kapitalgesellschaft,[46] bei der Realteilung[47] des Vermögens einer Personengesellschaft – von der Besteuerung eines Veräußerungs- oder Aufgabegewinns nach § 16 EStG abgesehen wird, wenn die Buchwerte vom neuen Betriebsinhaber fortgeführt werden und auf diese Weise die steuerliche Erfassung der stillen Reserven gesichert bleibt. Die Beteiligten haben es also in der Hand, durch die Buchwertfortführung die genannten Vorgänge erfolgsneutral zu gestalten.

Das Prinzip der Buchwertfortführung kann auch für den Fall des Ausscheidens eines Gesellschafters nutzbar gemacht werden. Auch bei dem ausscheidenden Gesellschafter ist die Besteuerung eines Veräußerungsgewinns nach

45 Vgl. oben § 22 III 1.
46 Vgl. oben § 22 III 2.
47 Vgl. oben § 22 V.

§ 16 Abs. 1 Nr. 2 EStG nur deshalb erforderlich, damit nicht die stillen Reserven der Besteuerung entgehen. Sind aber die verbleibenden Gesellschafter bereit, alle Buchwerte fortzuführen und den Betrag, um den die Abfindungsleistung das Kapitalkonto des Ausscheidenden übersteigt, von ihrem Kapitalkonto abzusetzen, dann besteht u. E. wie bei der Auflösung einer Gesellschaft kein Hinderungsgrund für eine erfolgsneutrale Behandlung des Ausscheidens eines Gesellschafters. Der Ausscheidende würde dann keinen tarifbegünstigten Veräußerungsgewinn nach § 16 Abs. 1 Nr. 2 EStG versteuern, weil durch die Buchwertfortführung bei der Gesellschaft die Besteuerung der stillen Reserven gesichert ist. Auch vom fiskalischen Standpunkt her bestehen gegen dieses Verfahren keine durchgreifenden Bedenken, ganz im Gegenteil. Die erfolgsneutrale Behandlung des Ausscheidens eines Gesellschafters aus der Gesellschaft kann dem Fiskus nur entgegenkommen. Er erhält zwar nicht die Steuer auf den tarifbegünstigten Veräußerungsgewinn; dafür erhöht sich aber – wegen der Buchwertfortführung – auch bei den verbleibenden Gesellschaftern nicht das Abschreibungsvolumen. Bei späterer laufender Aufdeckung der stillen Reserven im Gesellschaftsvermögen kann die Steuer nach dem ordentlichen Tarif erhoben werden. Das Problem, daß sich durch eine solche Behandlung die Steuerbelastung unter den Gesellschaftern verschiebt, ist – wie bei der Realteilung – ein Problem allein des internen Verhältnisses der Gesellschafter untereinander, das von diesen zu lösen ist.

Wenn – wie bei der Realteilung – grundsätzlich auch die erfolgswirksame und die erfolgsneutrale Behandlung des Ausscheidens eines Gesellschafters als gleichwertig anerkannt werden, dann ist dies von praktischer Bedeutung insbesondere für die Fälle, in denen der ausscheidende Gesellschafter mit Sachwerten des Gesellschaftsvermögens, die er in ein eigenes Betriebsvermögen übernimmt, abgefunden wird. Die unter § 23 II 5. dargestellten Folgen der Sachwertabfindung können vermieden werden, wenn man den Beteiligten gestattet, auch den Vorgang des Ausscheidens eines Gesellschafters erfolgsneutral zu gestalten, indem alle Buchwerte fortgeführt werden.[48]

Es ist also nicht nur im Falle der Auflösung der Gesellschaft, sondern auch bei Ausscheiden eines Gesellschafters aus der Gesellschaft der Entscheidung der Gesellschafter selbst überlassen, wie sie ihre Trennung steuerlich gestalten wollen. Werden die Buchwerte der Wirtschaftsgüter des Gesellschaftsvermögens auch nach der Trennung fortgeführt, so ist die Trennung als erfolgsneutral zu akzeptieren, gleichgültig, ob nur Sachwerte aufgeteilt werden oder nicht, gleichgültig auch, ob größere oder geringere Barabfindungen aus dem Gesellschaftsvermögen oder aus dem Privatvermögen eines der Gesellschafter stammen. Die Gesellschafter haben nur zu bedenken, daß die erfolgsneutrale Gestaltung der Trennung dazu führen kann, daß die künftige Steuerbelastung sich zum Nachteil des einen und zum Vorteil des ande-

48 Ebenso Schmidt, § 16 EStG Anm. 96a; Herrmann/Heuer/Raupach, § 16 EStG Anm. 352; Märkle, Beilage 10 zu BB Heft 19/1984, S. 9.

ren verschiebt, und zwar insbesondere dann, wenn eine Barabfindung größeren Ausmaßes geleistet wird. Es wird sich von selbst ergeben, daß die Gesellschafter, wenn nur eine Barabfindung geleistet wird oder die Barabfindung ganz im Vordergrund steht, dazu neigen werden, den Vorgang der Trennung auf der Seite des Empfängers der Barabfindung bei Veräußerung des Anteils nach §§ 16 Abs. 1 Nr. 2, 34 EStG zu behandeln.

In diesem Fall ist allerdings nicht zu verhindern, daß durch eine ggf. zu der Barabfindung hinzutretende Sachwertabfindung die stillen Reserven des Abfindungsgutes insgesamt aufgedeckt werden.

Umgekehrt werden die Gesellschafter bei nur geringfügigem Barausgleich die Trennung selbst erfolgsneutral gestalten und sich wegen einer etwaigen Verschiebung der künftigen Steuerbelastung auseinandersetzen wollen.

§ 24
Die Veräußerung von Anteilen an einer Kapitalgesellschaft nach § 17 EStG[1]

1. Nach § 17 EStG gehört zu den Einkünften aus Gewerbebetrieb auch der Gewinn aus der Veräußerung von Anteilen an einer Kapitalgesellschaft, wenn der Veräußerer innerhalb der letzten fünf Jahre am Kapital der Gesellschaft wesentlich beteiligt war. In § 17 EStG geht es um Anteile an Kapitalgesellschaften, die zum *Privatvermögen* des Steuerpflichtigen gehören.

Soweit Anteile an Kapitalgesellschaften zu einem Betriebsvermögen des Steuerpflichtigen gehören, gilt § 17 EStG nicht. Veräußerungsgewinne werden hier im Rahmen des Betriebsvermögensvergleichs nach §§ 4, 5 EStG ohnehin erfaßt. Für Anteile, die anläßlich einer Sacheinlage in eine Kapitalgesellschaft erworben werden, gilt die Bestimmung des § 21 UmwStG.[2]

Ohne die Bestimmung des § 17 EStG wären solche Gewinne nur dann steuerpflichtig, wenn die Veräußerung ein Spekulationsgeschäft (§§ 22 Nr. 2, 23 Abs. 1 EStG) darstellen würde. Die Bestimmungen der §§ 23 Abs. 1 und 17 EStG stellen die einzigen Ausnahmen von dem dem Einkommensteuerrecht zugrunde liegenden Grundsatz dar, daß Wertsteigerungen im Privatvermögen einkommensteuerfrei bleiben.

Die Bestimmung des § 17 EStG führt dazu, daß der in der Kapitalgesellschaft thesaurierte Gewinn zweimal der Steuer unterliegt.

Die Regelung des § 17 EStG ist zusammen mit dem Steuertatbestand des § 16 EStG in das EStG 1925 eingeführt worden. Wegen der wirtschaftlichen Nähe von Kapitalge-

1 Zur wesentlichen Beteiligung i. S. des § 17 EStG vgl. Döllerer, StbJb 1981/82, 195 ff; Blümich, § 17 EStG Rz. 82 ff.

2 Vgl. oben § 22 III 2a, b.

sellschaften, bei denen sich die gesamten Anteile oder ein großer Teil aller Anteile in einer Hand oder in wenigen Händen befinden, zu Einzelbetrieben und Personengesellschaften, hat man die Veräußerung von solchen Anteilen der Veräußerung von Anteilen an Personengesellschaften gleichgestellt und also insoweit Einkünfte aus Gewerbebetrieb fingiert. Ein weiterer Grund für die Regelung war die Annahme, daß bei Umwandlung eines Personenunternehmens in eine Kapitalgesellschaft die stillen Reserven eines Personenunternehmens nicht in vollem Umfang aufgedeckt werden, daß die bisherigen Betriebsinhaber ihre Gewinne vielmehr erst realisieren, wenn sie die bei der Gründung erworbenen Anteile an der Kapitalgesellschaft veräußern.[3]

Die Verfassungsmäßigkeit der Regelung des § 17 EStG ist wiederholt angezweifelt worden, zum einen mit dem Hinweis darauf, daß das System des Einkommensteuerrechts wegen der Erfassung von Wertzuwachs im Privatvermögen durchbrochen werde, zum anderen unter Berufung auf Art. 3 GG, da nur bei den Inhabern wesentlicher Beteiligungen die Veräußerungsgewinne erfaßt würden. Das Bundesverfassungsgericht[4] hat aber § 17 EStG für verfassungsgemäß erklärt.

Der Veräußerer muß innerhalb der letzten fünf Jahre am Kapital der Gesellschaft *wesentlich beteiligt* gewesen sein. Eine wesentliche Beteiligung ist gegeben, wenn der Veräußerer an der Gesellschaft zu mehr als einem Viertel unmittelbar oder mittelbar[5] beteiligt war (§ 17 Abs. 1 S. 3 EStG).

Für die Anwendung der Vorschrift macht es also keinen Unterschied, ob die Beteiligung des Veräußerers an der Gesellschaft eine unmittelbare ist oder ob eine Beteiligung durch Vermittlung eines Treuhänders oder einer Kapitalgesellschaft vorliegt.

Gehört die Beteiligung an einer Kapitalgesellschaft zum Vermögen einer Gesamthandsgemeinschaft, so kommt als Veräußerer u. E. nur die Gesamthandsgemeinschaft in Frage. Die Voraussetzung der wesentlichen Beteiligung liegt damit vor, wenn die Gesamthandsgemeinschaft mit mehr als 25 % an der Kapitalgesellschaft beteiligt ist. Die h. M. in der Literatur[6] und der BFH[7] sehen die Lage allerdings anders: Sie rechnen die Beteiligung der Gesamthandsgemeinschaft den Gesamthändern entsprechend dem Beteiligungsverhältnis nach Bruchteilen (§ 39 Abs. 2 Nr. 2 AO) zu. Damit tritt z. B. keine Steuerpflicht ein, wenn eine bürgerlich-rechtliche Gesellschaft, an der zwei Gesellschafter je zur Hälfte beteiligt sind, ihre 26%ige Beteiligung an einer Kapitalgesellschaft veräußert.

Die Steuerpflicht tritt ein, wenn der Veräußerer zu irgendeinem beliebigen Zeitpunkt innerhalb der letzten fünf Jahre an der Kapitalgesellschaft wesentlich beteiligt gewesen ist. Die Fünfjahresfrist soll verhindern, daß die Besteuerung durch Teilveräußerungen verhindert wird.

Nach § 17 Abs. 1 S. 2 EStG sind Anteile an einer Kapitalgesellschaft Aktien, Anteile an einer GmbH, Kuxe, Genußscheine oder ähnliche Beteiligungen und Anwartschaf-

3 Vgl. den Abdruck der Gesetzesbegründung bei Strutz, Bd. II § 30 Anm. 2, S. 372.

4 BVerfG vom 7. 10. 1969 2 BvL 3/66 2, BvR 701/64 BVerfGE 27, 111; vgl. die Kritik an der Begründung bei Tipke, StuW 1971, 8 ff.

5 § 17 EStG umfaßt alle Formen mittelbarer Beteiligung, vgl. BFH vom 10. 2. 1982 I B 39/81 BStBl II 82, 392.

6 Z. B. Herrmann/Heuer/Raupach, § 17 EStG Anm. 135; Blümich, § 17 EStG Rz. 97; Uelner, StbJb 1975/76, 342 ff; Schmidt, § 17 EStG Anm. 15 e; wie hier dagegen Groh, JbFSt 1979/80, 209, 222.

7 BFH vom 7. 4. 1976 I R 75/73 BStBl II 1976, 557.

ten auf solche Beteiligungen. Unter *ähnliche Beteiligungen* faßt die h. M.[8] auch typische stille Beteiligungen und Darlehen eines Gesellschafters, sofern diese einkommen- und körperschaftsteuerlich wie verdecktes „Nennkapital“ behandelt werden.[9] Dem ist nicht zu folgen. § 17 Abs. 1 S. 3 EStG stellt für das Vorliegen einer wesentlichen Beteiligung auf den nominellen Anteil des Gesellschafters an dem in der Satzung festgelegten Kapital ab.[10] Die h. M. würde dazu führen, daß ein ständiger Wechsel zwischen wesentlichen und nicht wesentlichen Beteiligungen eintreten könnte!

Zur Ermittlung des Veräußerungsgewinns wird der Veräußerungspreis – nach Abzug der Veräußerungskosten – den Anschaffungskosten gegenübergestellt (§ 17 Abs. 2 S. 1 EStG).[11]

Da der Begriff der Anschaffungskosten im betrieblichen und privaten Bereich inhaltsgleich ist[12], ist insoweit auf die Darstellung zu den Anschaffungskosten bei der Bewertung von Gesellschaftsanteilen in § 5 VI 1 zu verweisen. Auch nachträglicher Gesellschafteraufwand (z. B. Zuschuß usw.) auf die Beteiligung kann die ursprünglichen Anschaffungskosten der Beteiligung erhöhen und damit den Veräußerungsgewinn nach § 17 EStG mindern, bzw. zu einem Veräußerungsverlust nach § 17 EStG führen oder ihn erhöhen. Bei Gesellschafterverlusten in Folge der Uneinbringlichkeit einer Forderung gegen die Gesellschaft (etwa auf Rückzahlung eines Darlehens oder auf Regreß wegen der Inanspruchnahme aus einer Bürgschaft für die Gesellschaft) liegen u. E. keine nachträglichen Anschaffungskosten der Beteiligung vor.[13] Derartige Vermögensverluste des Gesellschafters sind u. E. auf den Veräußerungsgewinn bzw. auf den Verlust nach § 17 EStG ohne Einfluß. Sie kommen allerdings als Werbungskosten bei den Einkünften aus Kapitalvermögen in Frage.[14]

Wird ein Gesellschafter erst dadurch wesentlich Beteiligter, daß die Gesellschaft eigene Anteile erwirbt und diese dann einzieht, so stellen die Aufwendungen der Gesellschaft für den Erwerb ihrer Anteile keine Anschaffungskosten des Gesellschafters dar und bleiben also bei der Berechnung des Veräußerungsgewinns bzw. -verlusts unberücksichtigt.[15]

Hat der Veräußerer den veräußerten Anteil unentgeltlich erworben, so sind als Anschaffungskosten des Anteils die Anschaffungskosten desjenigen

8 Herrmann/Heuer/Raupach, § 17 EStG Anm. 36; Blümich, § 17 EStG Rz. 74; Littmann/Bitz/Meincke, § 17 EStG Anm. 14; Schmidt, § 17 EStG Anm. 11; Buyer, DB 1987, 1959 ff, 1962.

9 Die Auffassung würde zu einschneidenden Folgerungen führen, wenn es dem Gesetzgeber eines Tages gelingen sollte, die Gesellschafterfremdfinanzierung (vgl. dazu oben § 17 III 4) zu regeln. Vgl. auch Herzig, DB 1988, Editorial Heft 29.

10 – Wfr –, DB 1988, 84.

11 Sind die Anschaffungskosten in Fremdwährung erbracht worden, sind Anschaffungskosten, Veräußerungserlös und -kosten jeweils im Zeitpunkt ihrer Entstehung in DM umzurechnen. Vgl. OFD Düsseldorf WPg 1989, 214.

12 Vgl. BFH vom 12. 2. 1980 VIII R 114/77 BStBl II 1980, 494.

13 Vgl. aber im Anschluß an Döllerer, StbJb 1981/82, 205 ff die gegenteilige Bemerkung in BFH vom 9. 8. 1983 VIII R 276/82 BStBl II 1983, 24 = FR 1984, 45 mit Anm. Schmidt und BFH vom 2. 10. 1984 VIII R 20/84 BStBl II 1985, 428; OFD Düsseldorf WPg 1989, 215 f. Gegen diese Auffassung vgl. oben § 5 VI 1 und eingehend Knobbe-Keuk, DStZ 1984, 335 ff = JbFStR 1984/85, 39 ff.

14 Vgl. dazu näher Knobbe-Keuk aaO, (Anm. 13).

15 So FG Münster vom 22. 12. 1983 VII 6300/81 EFG 1984 Nr. 380.

Rechtsvorgängers maßgebend, der den Anteil zuletzt entgeltlich erworben hatte (§ 17 Abs. 2 S. 2 EStG).[16] Der *Veräußerungspreis* wird wesentlich durch die offenen Rücklagen und die stillen Reserven der Gesellschaft bestimmt. Auf der Grundlage des neuen Körperschaftsteuerrechts kann der Veräußerer die Rücklagen und Reserven für die Bemessung des Kaufpreises „vor" Körperschaftsteuer bewerten.[17] Denn die Körperschaftsteuer als Vorauszahlung auf die Steuer des Anteilseigners wird demjenigen zugerechnet, der im Zeitpunkt der Ausschüttung der Rücklagen oder nach Aufdeckung der stillen Reserven Anteilseigner ist.

Für die Veräußerung seitens eines nicht anrechnungsberechtigten Anteilseigners ist allerdings die Vorschrift des § 50 c EStG[18] zu beachten. Sie soll verhindern, daß nicht anrechnungsberechtigte Anteilseigner versuchen, die auf den Rücklagen lastende Körperschaftsteuer in den Kaufpreis einzubeziehen, der Erwerber sich die Rücklagen alsbald nach dem Erwerb ausschütten läßt, den Körperschaftsteueranrechnungsanspruch erhält und zugleich wegen der Ausschüttung der Rücklagen eine Teilwertabschreibung der Beteiligung vornimmt. § 50 c EStG erkennt für einen Zeitraum von 10 Jahren die gewinnmindernde Wirkung einer Teilwertabschreibung oder eines Verlustes aus der Weiterveräußerung bzw. Entnahme der Anteile, die infolge der Ausschüttung erworbener Rücklagen entstanden sind, steuerlich nicht an.[19] § 50 c EStG setzt nicht voraus, daß der nicht anrechnungsberechtigte Veräußerer wesentlich beteiligt war, gilt aber nur für Erwerbe mit Anschaffungskosten von mehr als 100 000 DM im Veranlagungszeitraum und nicht bei Erwerben über die Börse (§ 50 c Abs. 8 EStG).

Handelt es sich bei der Veräußerung um einen *Tausch,* so kann von der Besteuerung eines Veräußerungsgewinns nach den Grundsätzen des Tauschgutachtens des BFH[20] abgesehen werden, wenn die hingegebene und die erlangte Beteiligung wirtschaftlich identisch ist. Die stillen Reserven der hingegebenen Beteiligung werden dann auf die eingetauschte übertragen.

Von der Besteuerung eines Veräußerungsgewinns beim Anteilstausch sieht die Rechtsprechung[21] allerdings nicht ab, wenn eine wesentliche Beteiligung gegen eine nicht wesentliche Beteiligung an einer anderen Kapitalgesellschaft getauscht wird. In diesem Fall ist die Übertragung der stillen Reserven der hingegebenen Beteiligung auf die eingetauschte nicht möglich, weil die Steuerpflicht nach § 17 EStG nicht die eingetauschte, nicht wesentliche Beteiligung erfaßt.

Keine Veräußerung stellt die *verdeckte Einlage* dar. Denn unter Veräußerung i. S. des § 17 Abs. 1 EStG ist die *entgeltliche* Übertragung der Beteili-

---

16 Zum früheren Rechtszustand vgl. Herrmann/Heuer/Raupach, 17. Aufl. 1975, § 17 EStG Anm. 14; Blümich, § 17 EStG Rz. 215.

17 Vgl. dazu näher Felix/Streck, BB 1976, 1309 ff; vgl. auch schon Thiel/Schaad, DB 1972, 497 ff.

18 § 50 c EStG ist durch das Gesetz zur Änderung des EStG, des KStG und anderer Gesetze vom 20. 8. 1980 (BStBl I 1980, 589) eingefügt worden und an die Stelle des zugleich aufgehobenen § 39 KStG (zu der Problematik dieser Bestimmung vgl. die Nachweise in der 2. Aufl. § 24 Anm. 6 a) getreten.

19 Zu näheren Einzelheiten der Vorschrift vgl. Söffing/Wrede, FR 1980, 397 ff und EStR Abschn. 227 d.

20 BFH vom 16. 12. 1958 I D 1/57 S BStBl III 1959, 30.

21 BFH vom 17. 10. 1974 IV R 223/72 BStBl II 1975, 58.

gung auf einen anderen Rechtsträger zu verstehen. Das Wesen der verdeckten Einlage aber besteht gerade darin, daß der Leistung des Gesellschafters keine Gegenleistung gegenübersteht.[22] Als Gegenleistung für die verdeckte Einlage ist auch nicht die Werterhöhung anzusehen, die die Beteiligung infolge der verdeckten Einlage erfahren mag; es handelt sich nicht um einen tauschähnlichen Vorgang.[23]

2. Der Veräußerung des Anteiles an einer Kapitalgesellschaft ist in § 17 Abs. 4 EStG die Kapitalrückzahlung anläßlich der Auflösung der Kapitalgesellschaft oder einer Kapitalherabsetzung gleichgestellt. Die Absätze 1–3 sind entsprechend anzuwenden, wenn eine Kapitalgesellschaft aufgelöst wird oder wenn ihr Kapital herabgesetzt und zurückgezahlt wird, soweit die Rückzahlung nicht als Gewinnanteil (Dividende) gilt.

Die Einschränkung „soweit die Rückzahlung nicht als Gewinnanteil gilt" hat den Sinn, die von der Kapitalgesellschaft erwirtschafteten Gewinne, soweit sie den Gesellschaftern zufließen, in vollem Umfang von der Körperschaftsteuer zu entlasten. Deshalb ist der Rückzahlungsbetrag in eine Kapitalrückzahlung i. e. S., die wie eine Anteilsveräußerung nach §§ 17, 34 EStG behandelt wird, und eine Auskehrung thesaurierter Gewinne, die bei den Einkünften aus Kapitalvermögen mit der Körperschaftsteueranrechnung zu versteuern ist, zu spalten.[24] Nach dem Urteil des VIII. Senats vom 27. 11. 1984[25] soll diese Spaltung – auf Grund grammatikalischer Auslegung des § 17 Abs. 4 S. 1 EStG – nur gelten für den Fall der Kapitalherabsetzung, nicht aber für den Fall der Auflösung der Kapitalgesellschaft.

In den Fällen der Auflösung und Kapitalherabsetzung ist als Veräußerungspreis der gemeine Wert des dem Steuerpflichtigen zugeteilten oder zurückgezahlten Vermögens der Kapitalgesellschaft anzusetzen, soweit es nicht nach § 20 Abs. 1 Nr. 1 oder 2 zu den Einnahmen aus Kapitalvermögen gehört. Stein des Anstoßes[26] dieser Regelung ist der Vorrang des § 20 EStG vor § 17 Abs. 4 EStG. Im Ergebnis werden durch sie

---

22 BFH vom 27. 7. 1988 I R 147/83 BStBl II 1989, 271 = FR 1989, 112 mit Anm. Schmidt.

23 BFH vom 27. 7. 1988 aaO, (Anm. 22). Die Konsequenzen für andere Probleme der verdeckten Einlage hat der BFH bislang nicht gezogen. Wenn es sich nicht um ein entgeltliches Geschäft und nicht um einen tauschähnlichen Vorgang handelt, ist nicht ersichtlich, worauf die Annahme einer Gewinnrealisierung hinsichtlich des eingelegten Gegenstandes beim Gesellschafter zu stützen sein soll (vgl. dazu oben § 5 VI b aa). Nachträglicher Aufwand auf die Beteiligung liegt vielmehr nur in Höhe des Buchwertes des eingelegten Gegenstandes vor. Wie bei Beteiligungen im Betriebsvermögen ist auch der nachträgliche Aufwand auf wesentliche Beteiligungen i. S. des § 17 EStG zu bestimmen, d. h. zu den Anschaffungskosten der wesentlichen Beteiligung treten die Anschaffungskosten, gegebenenfalls nach Abschreibung, des verdeckt eingelegten Vermögensgegenstandes. Vgl. ebenso Schmidt, § 17 EStG Anm. 19g.

24 Vgl. dazu näher Schmidt, § 17 EStG Anm. 30 mit weiteren Details; kritisch zu der Regelung Herzig, BB 1981, 109, 112.

25 BFH vom 27. 11. 1984 VIII R 73/82 BStBl II 1985, 296.

26 Vgl. die Auseinandersetzung mit dieser Vorschrift bei Herrmann/Heuer/Raupach, § 17 EStG Anm. 235 ff m. w. N.; Littmann/Bitz/Meincke, § 17 EStG Anm. 87 ff; Herzig, GmbHR 1987, 149.

die Vergünstigungen, die an die Verwirklichung des Tatbestandes nach § 17 EStG anknüpfen (§ 17 Abs. 3, § 34 EStG), torpediert. Denn Liquidationszahlungen, die aus verwendbarem Eigenkapital – mit Ausnahme von EK 04 – geleistet werden, sind als Einkünfte aus Kapitalvermögen zu versteuern. Im Rahmen des § 17 EStG aber kommt es regelmäßig zu einem Veräußerungsverlust, da den vollen Anschaffungskosten der untergehenden Anteile nur der Teil der Liquidationsraten gegenübergestellt wird, der aus dem Nennkapital und dem EK 04 bedient wird. Damit ist eine Anteilsveräußerung günstiger als die Liquidation.[27]

3. Der Gewinn aus der Veräußerung einer wesentlichen Beteiligung ist steuerfrei, wenn die innerhalb eines Veranlagungszeitraumes veräußerten Anteile 1 % des nominellen Kapitals der Gesellschaft nicht übersteigen. Desweiteren besteht eine dem § 16 Abs. 4 EStG angepaßte Freibetragsregelung (§ 17 Abs. 3 EStG). Wie der Veräußerungsgewinn nach § 16 EStG ist auch der nach § 17 EStG tarifbegünstigt (§ 34 Abs. 1, 2 Nr. 1 EStG).

Etwaige Veräußerungsverluste sind voll berücksichtigungsfähig.

Durch das Steueränderungsgesetz von 1965 ist das bis dahin bestehende Verbot des Verlustausgleichs gestrichen worden. Zumindest seit dem Einkommensteueränderungsgesetz vom 20. 4. 1976 besteht auch die bis dahin fragliche Möglichkeit des Verlustabzugs nach § 10 d EStG.[28]

Es ist freilich zu beachten, daß nicht jede Veräußerung unter den Anschaffungskosten auch zu einem steuerlich berücksichtigungsfähigen Verlust führt. Denn die Vereinbarung eines unangemessen niedrigen Preises kann ihre Ursache in den persönlichen oder gesellschaftsrechtlichen Beziehungen des Veräußerers zum Erwerber haben. Die Vereinbarung eines unter dem gemeinen Wert liegenden Veräußerungspreises führt nicht zu einem steuerlich berücksichtigungsfähigen Verlust, wenn es sich um eine gemischte Schenkung oder um eine verdeckte Einlage handelt.

Nach dem BFH ist im Falle der *gemischten Schenkung* die Anteilsübertragung nach dem Verhältnis der tatsächlichen Gegenleistung zum Verkehrswert der übertragenen Anteile in eine voll entgeltliche (Veräußerung i. S. von § 17 Abs. 1 S. 1 u. Abs. 2 S. 1 EStG) und in eine voll unentgeltliche Anteilsübertragung (i. S. von § 17 Abs. 1 S. 4 u. Abs. 2 S. 2 EStG) aufzuteilen.[29]

Überträgt der Gesellschafter einer Kapitalgesellschaft auf seine Gesellschaft eine im Privatvermögen gehaltene wesentliche Beteiligung an einer anderen Kapitalgesellschaft gegen einen unangemessen niedrigen Kaufpreis, so soll der Veräußerungstatbestand i. S. von § 17 Abs. 1 EStG nach dem Urteil vom 12. 2. 1980 nicht nur in Höhe des vereinbarten Kaufpreises, sondern auch in Höhe der verdeckten Einlage bei der

---

27 Die Anteilsveräußerung an einen Dritten zum Zwecke der Liquidation kann nach Schmidt, § 17 EStG Anm. 34 a Gestaltungsmißbrauch sein (a. A. Herzig, DB 1980, 1605 und die bei Schmidt Zit.).

28 Vorher anders etwa BFH vom 7. 3. 1974 VIII R 118/73 BStBl II 1974, 564.

29 BFH vom 17. 7. 1980 IV R 15/76 BStBl II 1981, 11; vgl. zu der Entscheidung Kruse, JbFStR 1982/83, 165 ff; Habich, FR 1988, 16 ff. Gegen die Übertragung dieser Grundsätze auf den Fall der Betriebsveräußerung nach § 16 EStG vgl. oben § 22 I 4.

erwerbenden Kapitalgesellschaft gegeben sein.[30] Diese Rechtsprechung dürfte durch das Urteil vom 27. 7. 1988[31] überholt sein. U. E. ist in einem solchen Fall nur der über die Anschaffungskosten hinausgehende Betrag als Veräußerungsgewinn nach § 17 EStG zu erfassen.

Veräußert ein wesentlich Beteiligter Anteile an der Kapitalgesellschaft innerhalb eines Zeitraums von 6 Monaten seit der Anschaffung, so ist sowohl der Steuertatbestand des § 17 EStG als auch der des § 23 EStG verwirklicht. Hier bedarf es der Entscheidung, nach welcher Bestimmung die Besteuerung zu erfolgen hat.

Insbesondere in zwei Punkten ergeben sich unterschiedliche Rechtsfolgen. Während der nach § 17 EStG zu versteuernde Gewinn mit dem ermäßigten Steuersatz nach § 34 EStG erfaßt wird, unterliegt der nach § 23 EStG zu versteuernde Gewinn dem normalen Tarif. Zum anderen können bei Anwendung des § 17 EStG etwaige Veräußerungsverluste im Wege des Verlustausgleichs und Verlustabzugs (§ 10d EStG) berücksichtigt werden, wohingegen dies im Rahmen des § 23 EStG nicht in Betracht kommt (§ 23 Abs. 4 EStG).

Nach h. M.[32] ist im Falle der Konkurrenz von § 17 EStG und § 23 EStG der Bestimmung des § 23 EStG der Vorrang einzuräumen. Dem ist zu folgen; denn würde man bei wesentlichen Beteiligungen die Besteuerung von Spekulationsgeschäften nach § 17 EStG vornehmen, so wären derartige Spekulationsgeschäfte gegenüber denen von nicht wesentlich Beteiligten begünstigt. Dies aber würde weder dem Sinne des § 23 EStG noch dem des § 17 EStG entsprechen.

---

30 BFH vom 12. 2. 1980 VIII R 114/77 BStBl II 1980, 494. Der BFH schließt also nicht nur die Möglichkeit, einen Verlust geltend zu machen, aus, sondern nimmt darüber hinaus eine Gewinnrealisierung an, indem er seine für den Fall der Zugehörigkeit einer Beteiligung zum Betriebsvermögen gebildeten Grundsätze über die Auswirkungen verdeckter Einlagen auf § 17 EStG überträgt. Zu den Einzelheiten und zur Kritik oben § 5 VI 1c, bb und Knobbe-Keuk, AG 1979, 293, 298 ff.

31 BFH aaO, (Anm. 22). Vgl. dazu oben bei Anm. 22 und 23.

32 Für diese BFH vom 6. 2. 1970 VI R 186/67 BStBl II 1970, 400; BFH vom 28. 2. 1974 VIII R 83/69 BStBl II 1974, 706; Blümich, § 17 EStG Rz. 34; Schmidt, § 17 EStG Anm. 6c; krit. Littmann/Bitz/Meincke, § 17 EStG Anm. 6; Stöcker, DStR 1986, 151 ff.

§ 25
Liquidation, Umwandlung, Verschmelzung, Realteilung von Kapitalgesellschaften

I. Die Besteuerung der aufgelösten und der in das Ausland abwandernden Kapitalgesellschaft (§§ 11, 12 KStG)

Die §§ 11 ff KStG sind – wie die Vorschriften des § 16 EStG – vor folgendem Hintergrund zu sehen: Nicht verwirklichte Gewinne eines Unternehmens sind in der Bilanz nicht auszuweisen und nicht zur Steuer heranzuziehen. Sie sind steuerlich erst dann zu erfassen, wenn sie realisiert werden. Durch die §§ 11 ff KStG ist sichergestellt, daß die bisher noch nicht versteuerten Gewinne einer Kapitalgesellschaft bei der letzten sich bietenden Gelegenheit, nämlich bei der Veranlagung für den letzten Zeitraum vor dem Wegfall der Steuerpflicht der Kapitalgesellschaft, der Steuer unterworfen werden.

1. Die Auflösung und Abwicklung einer Kapitalgesellschaft

Wird eine unbeschränkt steuerpflichtige Kapitalgesellschaft, eine unbeschränkt steuerpflichtige Erwerbs- oder Wirtschaftsgenossenschaft oder ein unbeschränkt steuerpflichtiger Versicherungsverein auf Gegenseitigkeit nach der Auflösung abgewickelt, so ist der im Zeitraum der Abwicklung erzielte Gewinn der Besteuerung zugrunde zu legen (§ 11 KStG).

Die Vorschrift gilt nicht nur, wenn ein Auflösungsbeschluß erfolgt ist, sondern auch in anderen Fällen der Auflösung (z. B. durch Zeitablauf oder durch eine Verfügung des Registergerichts). Auch wenn eine Abwicklung infolge der Eröffnung des Konkursverfahrens unterbleibt, gilt § 11 KStG (vgl. Abs. 7).

Der Abwicklungsgewinn wird im Prinzip nach den allgemeinen Grundsätzen über die Gewinnermittlung festgestellt. Es gelten einige Besonderheiten: Während der Abwicklung finden keine regelmäßigen jährlichen Veranlagungen mehr statt. Es wird grundsätzlich der gesamte Abwicklungszeitraum einheitlich erfaßt. Der Besteuerungszeitraum soll allerdings drei Jahre nicht übersteigen (§ 11 Abs. 1 S. 2 KStG).

Der Abwicklungsgewinn ist durch Vermögensvergleich zu ermitteln, und zwar ist das zur Verteilung kommende Vermögen (Abwicklungs-Endvermögen) dem Vermögen am Schluß des der Auflösung vorangegangenen Wirtschaftsjahres (Abwicklungs-Anfangsvermögen) gegenüberzustellen (§ 11 Abs. 2 KStG). Abwicklungs-Endvermögen ist das zur Verteilung kommende Vermögen, vermindert um die steuerfreien Vermögensmehrungen, die dem Steuerpflichtigen in dem Abwicklungszeitraum zugeflossen sind (§ 11 Abs. 3 KStG). § 11 Abs. 3 KStG bringt insofern nichts Neues; denn derartiges bleibt schon bei der normalen Gewinnermittlung außer Ansatz, Abwicklungs-Anfangsvermögen ist das Betriebsvermögen, das am Schluß des der Auflösung vorangegangenen Wirtschaftsjahres der Veranlagung zur Körperschaftsteuer zugrunde gelegt worden ist (§ 11 Abs. 4 KStG). Von selbst versteht sich die Bestimmung des § 11 Abs. 4 S. 3 KStG, daß das *Abwicklungs-Anfangsvermögen* um den Gewinn des vorangegangenen Wirtschaftsjahres zu kürzen ist, der im Abwicklungszeitraum ausgeschüttet worden ist. Diese Bestimmung dient nur der zutreffenden Ermittlung des Auflösungsgewinnes. Die Ausschüttung des Gewinns, der im Abwicklungs-Anfangsvermögen noch enthalten ist, führt zu einer Vermögensminderung, durch die der Auflösungsgewinn aber nicht gemindert werden darf. In dem Abwicklungsgewinn werden also insbesondere alle bislang gebildeten stillen Reserven steuerlich erfaßt.

Bei der Kapitalgesellschaft sind die Vorschriften der §§ 27 KStG über die Herstellung der Ausschüttungsbelastung von 36% entsprechend anzuwenden (§ 41 KStG). Bei den Anteilseignern gehören die Bezüge sowie die darauf lastende Körperschaftsteuer zu den Einkünften aus Kapitalvermögen nach § 20 Abs. 1 Nr. 2, 3 EStG. Der Zufluß dieser Bezüge begründet in gleicher Weise wie die Dividendenzahlung den Anrechnungsanspruch in Höhe von $^{9}/_{16}$ nach § 36 Nr. 3 EStG. Die Liquidation führt dann nicht zu einer Realisierung der gesamten gespeicherten Körperschaftsteuer, wenn die Kapitalgesellschaft nicht mehr hinreichend Vermögen hat, um entsprechend hohe Liquidationsausschüttungen vorzunehmen.[1]

Gehörte die Beteiligung zum Betriebsvermögen des Anteilseigners, so gilt Entsprechendes im Rahmen seiner Einkünfte aus Gewerbebetrieb (§ 20 Abs. 3 EStG). Betrug die Beteiligung an der Kapitalgesellschaft in einem solchen Fall 100%, so handelt es sich für den Anteilseigner um einen tarifbegünstigten Aufgabegewinn nach §§ 16 Abs. 3; 34 EStG.

2. Abwanderung in das Ausland

Verlegt eine unbeschränkt steuerpflichtige Körperschaft oder Vermögensmasse ihre Geschäftsleitung und ihren Sitz oder eines von beiden ins Ausland und scheidet sie dadurch aus der unbeschränkten Steuerpflicht aus, so ist § 11 KStG entsprechend anzuwenden; an die Stelle des zur Verteilung kommenden Vermögens tritt der gemeine Wert der Anteile (§ 12 Abs. 1 KStG). Das gleiche gilt, wenn die inländische Betriebsstätte einer beschränkt steuerpflichtigen Körperschaft, Personenvereinigung oder Vermögensmasse aufgelöst oder ins Ausland verlegt oder ihr Vermögen als Ganzes auf einen anderen übertragen wird (§ 12 Abs. 2 KStG). Durch diese Vorschriften wird verhindert, daß noch nicht realisierte Gewinne durch Abwanderung der deutschen Besteuerung entgehen.

---

1 Vgl. Herzig, BB 1979, 173; Felix/Streck, § 11 KStG Anm. 14; dort auch unter ABC zum „Leg-Ein-Hol-Zurück-Verfahren" als Ausweg m. w. N.

II. Der Vermögensübergang einer Kapitalgesellschaft im Wege der Gesamtrechtsnachfolge auf einen anderen Rechtsträger

Die Fälle, daß das Vermögen einer Kapitalgesellschaft, einer Erwerbs- oder Wirtschaftsgenossenschaft oder eines Versicherungsvereins auf Gegenseitigkeit durch *Gesamtrechtsnachfolge* auf einen anderen übergeht, haben im UmwStG eine besondere Regelung erfahren.[2] Mit der Körperschaftsteuerreform ist zugleich ein neues UmwStG in Kraft getreten. Das alte UmwStG von 1969 ging davon aus, daß die Umwandlungsvorgänge nach den allgemeinen steuerlichen Regeln der Doppelbelastung zum einen bei der untergehenden Kapitalgesellschaft und zum anderen bei dem Gesamtrechtsnachfolger unterlägen; ihm lag die Konzeption einer gemilderten Doppelbesteuerung zugrunde; die Bestimmungen waren nur auf Antrag anzuwenden.

Nunmehr gibt es nur noch eine Regelung für die steuerlichen Folgen der Umwandlungsvorgänge, die als zwingendes Recht – und zwar im UmwStG – ausgestaltet ist. Dabei unterscheidet das Gesetz zwischen dem Übergang des Vermögens auf eine Personengesellschaft oder natürliche Person und dem Übergang auf eine andere Kapitalgesellschaft.

1. Der Vermögensübergang auf eine Personengesellschaft oder natürliche Person

Die handelsrechtlichen Grundlagen der Umwandlung einer Kapitalgesellschaft auf eine Personengesellschaft ergeben sich aus dem handelsrechtlichen Umwandlungsgesetz von 1969. In steuerlicher Hinsicht sieht das UmwStG folgende Konzeption vor: Bei der Kapitalgesellschaft werden die stillen Reserven aufgelöst; der Gewinn wird aber nicht der Körperschaftsteuer unterworfen. Bei den Gesellschaftern der Personengesellschaft werden in Form des Übernahmegewinns die stillen Reserven in den schwindenden Anteilen an der umgewandelten Kapitalgesellschaft besteuert. Es besteht also nach geltendem Recht nicht die Möglichkeit, Wirtschaftsgüter zu Buchwerten von einer Kapitalgesellschaft auf eine Personengesellschaft oder natürliche Person zu übertragen[3].

---

2 Zu den von § 14 UmwStG erfaßten Fällen vgl. die tabellarische Übersicht bei Herrmann/Heuer/Raupach, § 14 UmwStG Anm. 7. Auch die Verschmelzung einer KG, einer KGaA, einer GmbH und einer bergrechtlichen Gewerkschaft mit einer *GmbH* als aufnehmende Gesellschaft sind seit dem 1. 1. 1981 möglich (Art. 7 der GmbH-Novelle, BGBl I 1980, 836).

3 Vgl. die Kritik bei Hofbauer, DStR 1977, 331 ff, 339; Herzig, GmbHR 1987, 144 mit dem Vorschlag einer Gesetzesänderung im Anschluß an Luckey, Steuerliche Gewinnrealisierung bei Umwandlung von Unternehmungen und Übertragung einzelner Wirtschaftsgüter, 1977, S. 375 und Widmann, JDStJG 1981, S. 170; Herzig, StuW 1988, 342 ff.

a) Der Gewinn der untergehenden Kapitalgesellschaft (Übertragungsgewinn)

Die im Betriebsvermögen der untergehenden Kapitalgesellschaft enthaltenen stillen Reserven werden aufgelöst. Dies ergibt sich aus § 3 UmwStG. Danach hat die untergehende Kapitalgesellschaft in der steuerlichen Schlußbilanz für das letzte Wirtschaftsjahr die nach den steuerlichen Vorschriften über die Gewinnermittlung auszuweisenden Wirtschaftsgüter mit dem Teilwert anzusetzen (§ 3 S. 1 UmwStG).

Wirtschaftsgüter, die nicht in ein Betriebsvermögen übergehen, sind – wie im Falle der Betriebsaufgabe nach § 16 EStG – mit den gemeinen Werten anzusetzen. Für die Bewertung von Pensionsrückstellungen gilt § 6 a EStG.

Das Schicksal der für Gesellschafter-Geschäftsführer gebildeten Pensionsrückstellungen ist das folgende: Auch wenn die bisherigen Geschäftsführer der Kapitalgesellschaft Geschäftsführer der Personengesellschaft werden, sind die Pensionsrückstellungen nicht aufzulösen.[4] Die bisher gebildeten Rückstellungen können also bestehen bleiben, weitere dürfen aber nicht gebildet werden.[5]

Den Buchgewinn, der sich auf diese Weise bei der untergehenden Kapitalgesellschaft ergibt, nennt das Gesetz *Übertragungsgewinn.* Der Übertragungsgewinn unterliegt nicht der Körperschaftsteuer (§ 4 UmwStG).

Der Übertragungsgewinn unterliegt aber insoweit der Körperschaftsteuer, als Steuerpflichtige an der Kapitalgesellschaft beteiligt waren, bei denen der anteilige Übernahmegewinn an der Personengesellschaft nicht der Einkommensteuer bzw. Körperschaftsteuer unterliegt (§ 13 Abs. 2 UmwStG).

Der laufende Gewinn des letzten Geschäftsjahres der untergehenden Kapitalgesellschaft unterliegt der Körperschaftsteuer nach den allgemeinen Grundsätzen.

b) Der Übernahmegewinn der Personengesellschaft

Die Personengesellschaft hat die auf sie übertragenen Wirtschaftsgüter mit dem in der steuerlichen Schlußbilanz der übertragenden Körperschaft enthaltenen Wert zu übernehmen (§ 5 Abs. 1 S. 1 UmwStG), d. h. sie hat die übernommenen Wirtschaftsgüter mit den Teilwerten anzusetzen. Andererseits sind die Anteile an der untergehenden Kapitalgesellschaft in ihrem Betriebsvermögen nicht mehr ausgewiesen. Die Differenz zwischen dem Buchwert der Anteile an der übertragenden Kapitalgesellschaft und dem Wert, mit dem die übergegangenen Wirtschaftsgüter anzusetzen sind, bezeichnet das Gesetz als Übernahmegewinn bzw. Übernahmeverlust (§ 5 Abs. 5 UmwStG).

§ 6 UmwStG regelt Sonderfälle der Ermittlung des Übernahmegewinns:

1. Hat die übernehmende Personengesellschaft Anteile an der übertragenden Körper-

---

4 Das ergab sich schon aus den Erwägungen des Urteils BFH vom 8. 1. 1975 I R 14/72 BStBl II 1975, 437. Nunmehr ausdrücklich auch für den Fall der Umwandlung BFH vom 22. 6. 1977 I R 8/75 BStBl II 1977, 237 (vgl. dazu Knobbe-Keuk, StuW 1978, 75 f).

5 Vgl. dazu näher oben § 11 IV 1. Zur Höhe vgl. Mitunternehmererlaß vom 20. 12. 1977 BStBl I 1978, 8 Tz. 85.

schaft nach dem steuerlichen Übertragungsstichtag angeschafft oder findet sie Anteilseigner ab, so ist ihr Gewinn so zu ermitteln, als hätte sie die Anteile an diesem Stichtag angeschafft. Es ist also der Anschaffungspreis für diese Anteile dem Buchwert der bereits vorhandenen Anteile zum Zeitpunkt des Bilanzstichtags hinzuzurechnen, unabhängig vom Zeitpunkt der Anschaffung.

2. Haben an dem steuerlichen Übertragungsstichtag Anteile an der übertragenden Kapitalgesellschaft zu dem Betriebsvermögen eines Gesellschafters gehört, so ist der Gewinn so zu ermitteln, als wären die Anteile an diesem Stichtag in das Betriebsvermögen der Personengesellschaft überführt worden, d. h. der Buchwert dieser Anteile ist zur Ermittlung des Übernahmegewinns dem Buchwert der Anteile der Personengesellschaft hinzuzurechnen.
3. Anteile an der übertragenden Kapitalgesellschaft, die an dem steuerlichen Übertragungsstichtag zu dem Privatvermögen eines Gesellschafters gehört haben, gelten für die Ermittlung des Übernahmegewinns als an diesem Stichtag in das Betriebsvermögen der Personengesellschaft eingelegt. Diese Anteile sind stets mit dem Teilwert zu bewerten. Insoweit entsteht also kein Übernahmegewinn. Jedoch bleibt auch insoweit die Umwandlung nicht ohne steuerliche Folgen. Nach § 9 UmwStG werden dem Gesellschafter der übernehmenden Personengesellschaft das auf seine Anteile an der übertragenden Kapitalgesellschaft entfallende verwendbare Eigenkapital und die anrechenbare Körperschaftsteuer als Einkünfte aus Kapitalvermögen zugerechnet.[6] Diese Regelung entspricht der Regelung in § 20 Abs. 1 Nr. 2 EStG für die Fälle der Liquidation einer Kapitalgesellschaft.[7]

Der Übernahmegewinn unterliegt bei den Gesellschaftern der Personengesellschaft voll der Besteuerung. Die Einkommensteuer bzw. Körperschaftsteuer der Gesellschafter erfährt nur insofern eine erhebliche Minderung, als die Körperschaftsteuer, die auf den Teilbeträgen des für die Ausschüttung verwendbaren Eigenkapitals der übertragenden Kapitalgesellschaft im Sinne des § 30 Abs. 1 Nr. 2 KStG lastet, auf die Einkommensteuer bzw. Körperschaftsteuer der Gesellschafter der übernehmenden Personengesellschaft anzurechnen ist (§ 12 UmwStG). Insoweit erhöht sich auch der Gewinn der übernehmenden Personengesellschaft (§ 5 Abs. 3 UmwStG).

Für die Fälle, in denen es trotz der Anrechnung der Körperschaftsteuer nach § 12 UmwStG zu einer Steuerzahlung der Anteilseigner kommen würde, sieht § 7 UmwStG die Möglichkeit einer zinslosen Stundung für einen Zeitraum von höchstens 10 Jahren seit Eintritt der ersten Fälligkeit gegen Sicherheitsleistung vor.

Die Anrechnung der Körperschaftsteuer nach § 12 UmwStG ist allerdings bei Anteilseignern ausgeschlossen, bei denen der anteilige Übernahmegewinn oder die Einkünfte im Sinne der §§ 9, 10, 11 Abs. 2 des UmwStG nicht der Einkommensteuer bzw. Körperschaftsteuer unterliegen (§ 13 Abs. 2 UmwStG).

Eine besondere Behandlung erfährt in § 8 UmwStG der Übernahmegewinn insoweit, als er dadurch entstanden ist, daß der Vermögensübergang zum Erlö-

6 Vgl. das Beispiel bei Schulze zur Wiesche, GmbHR 1976, 215.
7 Vgl. dazu oben § 17 II 3.

schen von Forderungen und Verbindlichkeiten zwischen der übertragenden Körperschaft und der Personengesellschaft (Konfusion) oder zur Auflösung von Rückstellungen führt. Die Personengesellschaft darf hier eine den steuerlichen Gewinn mindernde Rücklage bilden, die in den folgenden drei Wirtschaftsjahren mit mindestens je einem Drittel gewinnerhöhend aufzulösen ist.

Die Konfusion von Forderung und Verbindlichkeit infolge der Gesamtrechtsnachfolge führt nur dann zum Ausweis eines Gewinns der übernehmenden Personengesellschaft, wenn die Bilanzierung von Forderung und entsprechender Verbindlichkeit nicht bei beiden Partnern kongruent war, wenn also einer von beiden in seinem Bilanzansatz stille Reserven hatte.

Die Regelungen des § 8 Abs. 1–5 UmwStG über die Konfusion sollen sinngemäß gelten, wenn sich der Gewinn eines Gesellschafters der übernehmenden Personengesellschaft dadurch erhöht, daß eine Forderung oder Verbindlichkeit der übertragenden Körperschaft auf die Personengesellschaft übergeht oder daß infolge des Vermögensübergangs eine Rückstellung aufzulösen ist (§ 8 Abs. 6 UmwStG). In solchen Fällen erfolgt keine Konfusion, das Schuldverhältnis bleibt – nunmehr zwischen Personengesellschaft und Gesellschafter – bestehen. Die Annahme des Gesetzes, daß dennoch ein Gewinn entstehen könne, beruht auf der in der Gesetzesbegründung zu der entsprechenden Vorschrift des § 6 Abs. 5 UmwStG 1969 expressis verbis zum Ausdruck gebrachten Vorstellung, daß „derartige Schuldverhältnisse (zwischen Personengesellschaft und Gesellschafter) für die Besteuerung des Einkommens und des Vermögens grundsätzlich nicht anerkannt" werden, daß „auf die Personengesellschaft übergegangene Forderungen ... vielmehr als Entnahme durch den Gesellschafter und auf die Personengesellschaft übergegangene Verbindlichkeiten als Einlagen des Gesellschafters anzusehen" seien.[8] Diese Vorstellung ist nach der Abkehr der Rechtsprechung des BFH von der „Bilanzbündeltheorie" weitgehend überholt. Soweit die Forderung oder Verbindlichkeit gegenüber der Kapitalgesellschaft zu einem eigenen gewerblichen oder landwirtschaftlichen Betrieb gehörte,[9] bleibt sie auch – wenn sie nunmehr gegenüber der Personengesellschaft besteht – mit dem alten Ansatz in der Bilanz des Gesellschafters stehen. Ein „Übernahmegewinn" entsteht nicht.

Der *Übernahmeverlust* bleibt nach § 5 Abs. 4 UmwStG unberücksichtigt: Übersteigt der auf einen Gesellschafter der übernehmenden Personengesellschaft entfallende Übernahmeverlust die auf diesen Gesellschafter entfallende nach § 12 UmwStG anzurechnende Körperschaftsteuer, so bleibt der übersteigende Betrag bei der Ermittlung des Gewinns der Personengesellschaft und bei der Ermittlung des Einkommens des Gesellschafters unberücksichtigt.[10]

c) Zur „Umwandlung" der GmbH in die GmbH u. Co. KG

Die Publizitätsvorschriften des Bilanzrichtliniengesetzes sind für zahlreiche in der Rechtsform der GmbH geführte mittelständische Unternehmen und deren Berater Anlaß, Gestaltungen zur Vermeidung oder Verringerung der Publizität zu erwägen. Die von ihnen gewitterten Gefahren insbesondere

8 Vgl. Begründung zu § 6 UmwStG 1969 BT-Drs. V/3186.

9 Vgl. die ausführlichen Beispiele bei Herrmann/Heuer/Raupach, § 6 UmwStG 1969 Anm. 39 ff. Den dortigen Ergebnissen ist nicht zu folgen.

10 Vgl. kritisch zu dieser Regelung Fasold, BB 1976, 684 ff.

aus der Offenlegung der Gewinn- und Verlustrechnung und damit der Ertragslage sind nicht von der Hand zu weisen.[11]

Im Mittelpunkt der Erwägungen steht die Überführung des Unternehmens aus der GmbH in die Rechtsform der GmbH u. Co. KG, die zur Zeit nicht von den Publizitätsregelungen des Bilanzrichtliniengesetzes erfaßt wird.[12]

Steuerlich ist die Umwandlung einer Kapitalgesellschaft auf eine Personengesellschaft erfolgsneutral ohnehin nicht möglich (§§ 3 ff UmwStG).[13] Selbst wenn aber die §§ 3 ff UmwStG im Einzelfall nicht zu einer wesentlichen steuerlichen Belastung führen würden, ist freilich der direkte Weg von der Kapitalgesellschaft in die GmbH u. Co. KG zivilrechtlich durch § 1 Abs. 2 UmwG versperrt. Zur Umgehung des § 1 Abs. 2 UmwG sind mehrere Schleichwege in der Diskussion.[14]

Neben dem „Umwandlungsmodell" werden eine Reihe von weiteren Modellen angeboten: „Liquidationsmodell", „Verkaufsmodell", „Verpachtungsmodell", „Beteiligungsmodell"[15]. Wenn es nur[16] darum geht, das Unternehmen – aller Voraussicht nach vorübergehend für ein paar Jahre noch – vor den Gefahren der Publizität zu schützen, sollte man umständliche komplizierte, mit Kosten verbundene Aktionen vermeiden und allenfalls[17] den simpelsten Weg der Betriebsverpachtung an eine GmbH u. Co. KG wählen.

---

11 Vgl. z. B. anschaulich W. Meilicke, StbJb 1986/87, 255 ff; Pfleger, DStR 1987, 119 ff. Zu der verfassungsrechtlichen Problematik, ob die Publizität der Meßlatte des Grundrechts auf informationelle Selbstbestimmung (vgl. BVerfG vom 15. 12. 1983 1 BvR 209, 269, 362, 420, 440, 484/83 BVerfGE 65, 1) standhält, vgl. Friauf, GmbHR 1985, 245; Großfeld, NJW 1986, 955 ff, 960.

12 Vgl. aber den Richtlinienvorschlag der EG-Kommission vom 5. 5. 1986 ABl EG Nr. C 144 vom 11. 6. 86, S. 10.

13 Vgl. dazu oben § 25 II 1.

14 Vgl. die Behandlung von drei Schleichwegen in JbFStR 1986/87, 3. Generalthema: Schwerpunkte steuer- und gesellschaftsrechtlicher Praxis bei Einbringung, Umwandlung und Verschmelzung, S. 204 ff.

15 Vgl. die eingehende zivil- und steuerrechtliche Behandlung dieser „Modelle" bei Felix/Stahl, Beihefter zu DStR Heft 3/1986. Bei Widmann/Mayer, Band 1, Rz. 594 ff sind insgesamt 18 Wege dargestellt.
Zur Problematik des Gesellschafterwechsels infolge der Umwandlung einer GmbH in eine Personengesellschaft oder einen Gesellschafter als Einzelunternehmer vgl. Felix, BB 1987, 1265.

16 Die GmbH kann sich freilich auch aus anderen Gründen im Laufe der Zeit für das einzelne Unternehmen als nicht besonders günstig erweisen (z. B. mangelnde Ausgleichsmöglichkeit bei Verlusten, speziell bei Betriebsaufspaltungen, der Überschuldung, Behandlung steuerfreier Erträge), vgl. Felix/Stahl aaO, (Anm. 15), S. 1.

17 Abzuwägen ist selbstverständlich, daß die steuerlichen Vorzüge, deretwegen man die GmbH gewählt hatte, nicht mehr in Frage kommen. Die Vorteile des Abzugs der Geschäftsführergehälter bleiben bei der GmbH u. Co. KG nur erhalten, wenn der Geschäftsführer nicht Kommanditist wird (sondern z. B. seine Ehefrau), vorausgesetzt, der BFH sieht den Geschäftsführer nicht doch aus irgendwelchen Gründen wieder als Mitunternehmer an.

2. Der Vermögensübergang auf eine andere Kapitalgesellschaft

Durch die Regelungen des dritten Teiles des UmwStG (§§ 14–16) werden alle Fälle erfaßt, in denen das Vermögen einer Kapitalgesellschaft, einer Erwerbs- oder Wirtschaftsgenossenschaft oder eines Versicherungsvereins a. G. durch Gesamtrechtsnachfolge auf eine andere Körperschaft übergeht. Es geht um die Umwandlungs- und Verschmelzungsvorgänge, wie sie in den §§ 339 ff AktG und §§ 15, 23, 24 UmwG geregelt sind.

a) Der Übertragungsgewinn

Anders als für die Umwandlung einer Kapitalgesellschaft auf eine Personengesellschaft oder auf eine natürliche Person hat das UmwStG bei der Gesamtrechtsnachfolge einer anderen Kapitalgesellschaft ein *Wahlrecht* belassen (§ 14 UmwStG):

1. In der steuerlichen Schlußbilanz für das letzte Jahr der übertragenden Körperschaft sind die Wirtschaftsgüter insgesamt mit dem Wert der für die Übertragung gewährten Gegenleistung anzusetzen. Bei der Gegenleistung geht es um die für die Übernahme gewährten neuen Gesellschaftsrechte. Wird eine Gegenleistung nicht gewährt, so erfolgt der Ansatz mit den in § 3 UmwStG genannten Werten (also grundsätzlich mit dem Teilwert).
2. Auf Antrag kann es die übertragende Kapitalgesellschaft auch bei den bisherigen Buchwerten belassen, soweit
   a) sichergestellt ist, daß der sich sonst nach Alternative 1 ergebende Gewinn später bei der übernehmenden Körperschaft der Körperschaftsteuer unterliegt und
   b) eine Gegenleistung nicht gewährt wird oder in Gesellschaftsrechten besteht (§ 14 Abs. 2 UmwStG).

Beläßt es die übertragende Kapitalgesellschaft bei den Buchwerten, so entsteht kein Übertragungsgewinn. Der in Alternative 1 sich ergebende Übertragungsgewinn unterliegt der Tarifbelastung mit 56%. Anläßlich späterer Ausschüttungen der übernehmenden Kapitalgesellschaft kann jedoch die Ausschüttungsbelastung hergestellt werden (vgl. § 38 KStG).

b) Der Übernahmegewinn

Die übernehmende Kapitalgesellschaft setzt in ihrer Bilanz die übernommenen Wirtschaftsgüter mit den Werten an, die die übertragende Kapitalgesellschaft gemäß § 14 UmwStG in ihrer Schlußbilanz gewählt hat (§ 15 Abs. 1 UmwStG).

Soweit die übernehmende Kapitalgesellschaft an der übertragenden Kapitalgesellschaft beteiligt war, kann sich bei ihr ein Übernahmegewinn oder Übernahmeverlust im Sinne des § 5 Abs. 5 UmwStG ergeben. Dieser Übernahmegewinn bzw. -verlust bleibt aber nach § 15 Abs. 2 UmwStG für die

Gewinnermittlung der übernehmenden Kapitalgesellschaft grundsätzlich außer Ansatz. Auf diese Weise ist sichergestellt, daß der bei der übertragenden Kapitalgesellschaft unter Umständen ausgewiesene Übertragungsgewinn und ein sonstiger schon versteuerter Gewinn nicht ein weiteres Mal bei der übernehmenden Kapitalgesellschaft versteuert werden.

Beispiel: Die übertragende X-GmbH hat Stammkapital	200 000
offene Rücklagen	200 000
Eigenkapital	400 000
Buchwert der Beteiligung der übernehmenden Kapitalgesellschaft	200 000
Übernahmegewinn von	200 000
bleibt grundsätzlich außer Ansatz.	

Übersteigen allerdings die tatsächlichen Anschaffungskosten der Anteile an der übertragenden Körperschaft den Buchwert der Anteile, so ist der Unterschiedsbetrag dem Gewinn der übernehmenden Kapitalgesellschaft hinzuzurechnen (§ 15 Abs. 2 S. 2 UmwStG).

Beispiel: In vorstehendem Fall betrugen die tatsächlichen Anschaffungskosten der Beteiligung 300 000, die Beteiligung stand aber – z. B. wegen Inanspruchnahme von § 6b EStG – mit 200 000 zu Buche. Die Differenz von 100 000 hat die übernehmende Kapitalgesellschaft zu versteuern.

Die Hinzurechnung nach § 15 Abs. 2 S. 2 UmwStG darf jedoch den nach § 14 Abs. 1 ermittelten Wert des übernommenen Vermögens, vermindert um den Buchwert der Anteile, nicht übersteigen (§ 15 Abs. 2 S. 4 UmwStG).

3. Besteuerung der Gesellschafter der übertragenden Gesellschaft

Für den Fall der Verschmelzung nach §§ 339 ff regelt § 16 UmwStG die steuerliche Behandlung der Anteilseigner, die für ihre Anteile an der übertragenden Kapitalgesellschaft Anteile an der übernehmenden Kapitalgesellschaft erhalten. Gehörten die Anteile an der übertragenden Kapitalgesellschaft zu einem Betriebsvermögen des Gesellschafters, so setzt er die Anteile an der übernehmenden Kapitalgesellschaft mit dem Buchwert der alten Anteile an. Die Verschmelzung führt also bei dem Anteilseigner nicht zu einer Gewinnauswirkung; andererseits wird durch die Buchwertverknüpfung die spätere steuerliche Erfassung etwaiger stiller Reserven der ehemaligen Beteiligung an der übertragenden Kapitalgesellschaft sichergestellt.

Eine entsprechende Regelung – mit der Maßgabe, daß an die Stelle des Buchwertes die Anschaffungskosten treten – gilt für den Fall, daß es sich bei der Beteiligung an der übertragenden Gesellschaft um eine wesentliche Beteiligung im Sinne des § 17 EStG handelte: Die anläßlich der Verschmelzung erworbenen Anteile an der übernehmenden Kapitalgesellschaft gelten als Anteile im Sinne des § 17 EStG, auch wenn die neuen Anteile nicht mehr die üblichen Voraussetzungen einer wesentlichen Beteiligung erfüllen.[17a]

17a Vgl. Blümich, § 17 EStG Rz. 115 f.

Diese Regelungen des § 16 Abs. 1 und 2 UmwStG für den Fall der Verschmelzung gelten sinngemäß, wenn das Vermögen einer Kapitalgesellschaft nach den Vorschriften des Umwandlungsgesetzes auf den Hauptgesellschafter übertragen wird und der Hauptgesellschafter ausscheidenden Anteilseignern eigene Anteile gewährt (§ 16 Abs. 3 UmwStG).

4. Gewerbesteuerliche Auswirkungen (§§ 18, 19 UmwStG)

a) Vermögensübergang auf eine Personengesellschaft

Der Übertragungsgewinn, der in § 4 UmwStG von der Körperschaftsteuer freigestellt ist, unterliegt der Gewerbesteuer (vgl. § 18 Abs. 1 UmwStG). Die auf den Übertragungsgewinn entfallende Gewerbesteuer kann aber auf Antrag für einen Zeitraum von höchstens 10 Jahren gegen Sicherheitsleistung gestundet werden (§ 18 Abs. 4 UmwStG).

Der Übernahmegewinn der Personengesellschaft unterliegt ebenfalls der Gewerbesteuer. Der Übernahmegewinn ist allerdings für die Gewerbesteuer nicht zu erfassen, soweit er auf Anteile entfällt, die nach § 6 Abs. 3 UmwStG als in das Betriebsvermögen eingelegt gelten (§ 18 Abs. 2 S. 1 UmwStG). Der auf die anderen Anteile entfallende Übernahmegewinn ist mit einem Drittel anzusetzen (§ 18 Abs. 2 S. 2 UmwStG).

b) Vermögensübergang auf eine Kapitalgesellschaft

Hier gelten die für die Körperschaftsteuer bestehenden Vorschriften für §§ 14–17 UmwStG auch für die Gewerbesteuer (§ 19 S. 1 UmwStG).

c) Keine Anwendung der §§ 8 Nr. 2 und 12 Abs. 2 Nr. 1 GewStG

Bei der Ermittlung des Gewerbeertrages und Gewerbekapitals des übernehmenden Unternehmens sind die Hinzurechnungsvorschriften auf übergegangene Renten und dauernde Lasten nicht anzuwenden (§§ 18 Abs. 3, 19 S. 2 UmwStG).[18]

III. Die Realteilung (Spaltung) von Kapitalgesellschaften

Unter der Realteilung oder Spaltung einer Kapitalgesellschaft versteht man eine Transaktion, durch die das Vermögen einer Kapitalgesellschaft ganz oder teilweise auf eine oder mehrere Kapitalgesellschaften verteilt wird, an der bzw. an denen sich die Gesellschafter bzw. ehemaligen Gesellschafter der gespaltenen Kapitalgesellschaft beteiligen.

18 Vgl. dazu oben § 21 II 3b.

1. Die handelsrechtliche Ausgangslage[19]

Die Spaltung einer Kapitalgesellschaft in kleinere Einheiten ist im deutschen Gesellschaftsrecht bislang nicht geregelt. Es existiert kein besonderes Institut der Spaltung als Gegenstück zur Verschmelzung.[20] Eine Übertragung des Vermögens der zu spaltenden Gesellschaft auf Nachfolgegesellschaften im Wege der (Teil-)Gesamtrechtsnachfolge ist zur Zeit nicht möglich.[21]

Für die Durchführung der Spaltung einer Kapitalgesellschaft bieten sich zwei Grundmodelle an:

a) Die zu spaltende Kapitalgesellschaft bringt ihr Vermögen zum Teil in eine Kapitalgesellschaft I und zum Teil in eine Kapitalgesellschaft II gegen Gewährung von Gesellschaftsrechten ein. Die zu spaltende Kapitalgesellschaft wird liquidiert und ihr Vermögen (die Anteile an den Kapitalgesellschaften I und II) an ihre Gesellschafter ausgekehrt.

b) Die zu spaltende Kapitalgesellschaft soll bestehen bleiben. Sie bringt einen Teil ihres Vermögens in die Kapitalgesellschaft I gegen Gewährung von Gesellschaftsrechten ein. Die Gesellschaftsrechte an Kapitalgesellschaft I sollen an die Gesellschafter der zu spaltenden Kapitalgesellschaft gehen. Handelt es sich bei der zu spaltenden Gesellschaft um eine GmbH, so kann diese die erhaltenen Anteile an Kapitalgesellschaft I mit ihren Gesellschaftern gegen eigene Anteile tauschen. Hat die zu spaltende Kapitalgesellschaft die Rechtsform der AG, muß die Spaltung wegen des Verbots des Erwerbs eigener Anteile in der Weise vollzogen werden, daß die zu spaltende Gesellschaft eine Kapitalherabsetzung vornimmt und die daraus entstehenden Ansprüche der Gesellschafter mit den Anteilen an Kapitalgesellschaft I befriedigt.

2. Die Problematik der steuerlichen Gewinnrealisierung

Während die steuerlichen Folgen der Realteilung von Personengesellschaften inzwischen im Grundsatz geklärt sind und eine erfolgsneutrale Behand-

---

19 Aus der gesellschaftsrechtlichen Literatur vgl. insbesondere Kropff, Festschrift Gessler, 1971, S. 111 ff; Duden/Schilling, AG 1974, 202; Lutter, Festschrift Barz, 1974, S. 199; Teichmann, AG 1980, 85 ff.

20 Das französische Recht stellt hingegen das Institut der scission zur Verfügung, vgl. dazu die Nachweise bei Teichmann aaO, (Anm. 19).

21 Ein vom Bundesminister der Justiz vorgelegter Entwurf eines neuen Umwandlungsgesetzes befindet sich gegenwärtig in der vorparlamentarischen Diskussion. Er sieht u. a. auch die Möglichkeit der Spaltung von Kapitalgesellschaften und Personengesellschaften im Wege der Gesamtrechtsnachfolge vor.
Zur Spaltung von Aktiengesellschaften als gesetzgeberische Aufgabe vgl. Teichmann aaO, (Anm. 19). Die 6. Richtlinie des Rates der Europäischen Gemeinschaften vom 17. 12. 1982 betr. die Spaltung von Aktiengesellschaften (ABl. Nr. L 378/42 vom 31. 12. 1982) enthält Harmonisierungsbestimmungen für die Mitgliedstaaten, die eine Spaltung von Aktiengesellschaften durch Übertragung der Aktiva und Passiva ohne Liquidation gestatten.

lung möglich ist,[22] ist bislang nicht gesichert, daß auch die Realteilung einer Kapitalgesellschaft erfolgsneutral möglich ist. Im Umwandlungssteuergesetz ist dieser Fall bislang nicht geregelt.[23]

Zwar ist der erste Akt, nämlich die Einbringung eines Teils des Vermögens der zu spaltenden Gesellschaft in eine oder mehrere Nachfolgekapitalgesellschaften, nach § 20 UmwStG erfolgsneutral möglich, *wenn es sich um einen Teilbetrieb handelt.* Problematisch ist aber auch schon der erste Akt, wenn auf die Nachfolgekapitalgesellschaft Wirtschaftsgüter übertragen werden, ohne daß die Voraussetzungen eines Teilbetriebs vorliegen. Denn die erfolgsneutrale Einbringung einzelner Wirtschaftsgüter in eine Kapitalgesellschaft gegen Gewährung von Gesellschaftsrechten wird allgemein für unzulässig gehalten.[24]

Als Ausweg würde sich anbieten, die Nachfolgegesellschaft(en) als GmbH u. Co. KG zu formieren. Dann könnten die Grundsätze Anwendung finden, welche die Rechtsprechung für die Einbringung einzelner Wirtschaftsgüter in Personengesellschaften gegen Gewährung von Gesellschaftsrechten entwickelt hat.[25]

Ist der *erste Akt* jedenfalls bei Einbringung eines Teilbetriebs gemäß § 20 UmwStG *erfolgsneutral möglich,* so ergeben sich die Probleme bei den zur Vollendung der Realteilung notwendigen weiteren Akten. Ist das gesamte Vermögen der zu spaltenden Kapitalgesellschaft auf die Nachfolgegesellschaften übertragen und soll die zu spaltende Kapitalgesellschaft liquidiert werden in der Weise, daß die Anteile an den Nachfolgegesellschaften an die Gesellschafter ausgekehrt werden, so ergibt sich *ein Liquidationsgewinn in Höhe der Differenz zwischen dem Buchwert der durch die Einbringung in die Nachfolgegesellschaft erworbenen Anteile und deren gemeinem Wert (§ 11 KStG).* Auch bei den Gesellschaftern der gespaltenen Kapitalgesellschaft können sich wegen der Auskehrung der Anteile an den Nachfolgegesellschaften steuerliche Auswirkungen ergeben. Das gilt zum einen, wenn die Anteile zum Betriebsvermögen gehörten oder unter § 17 EStG fielen. Zum anderen ist § 20 Abs. 1 Nr. 2, 3 EStG zu beachten.

Auf der Seite der Gesellschafter der gespaltenen Gesellschaft könnte man allerdings die Frage stellen, ob nicht eine erfolgsneutrale Behandlung nach den Grundsätzen des Tauschgutachtens[26] möglich ist.

Entsprechendes gilt, wenn die gespaltene Kapitalgesellschaft bestehen bleiben soll und die Anteile an der Nachfolgegesellschaft im Rahmen einer Kapitalherabsetzung an die Gesellschafter gelangen. Erfolgt die Transaktion ohne Kapitalherabsetzung, sondern durch Tausch der bei der Einbringung erworbenen Anteile gegen eigene Anteile und durch die anschließende Ein-

22 Vgl. dazu oben § 22 V.

23 Das liegt letztlich daran, daß das deutsche Gesellschaftsrecht noch kein eigenständiges Institut der Spaltung von Kapitalgesellschaften kennt (vgl. oben § 25 III 1).

24 Bei dem einbringenden Unternehmen wird Gewinnrealisierung nach Tauschgrundsätzen angenommen. Vgl. dazu und dagegen oben § 5 VI 1 b.

25 Vgl. dazu oben § 11 III 3.

26 Vgl. oben § 5 III 1 c.

ziehung der eigenen Anteile[27], so führt der Tausch zur Gewinnrealisierung zumindest bei der aufgespaltenen Kapitalgesellschaft.

Mangels Funktionsgleichheit der erworbenen eigenen Anteile mit den hingegebenen würde auch nach den Grundsätzen des Tauschgutachtens eine Gewinnrealisierung erforderlich sein.

Eine erfolgsneutrale Abwicklung der Realteilung ist also nach der geltenden Gesetzeslage nicht möglich. Gleichwohl wird die wirtschaftliche Notwendigkeit einer insgesamt erfolgsneutralen Behandlung allgemein nicht verkannt. Wie in den übrigen Fällen der rechtlichen Umstrukturierung von Unternehmen ist auch dieser Vorgang kein geeigneter Anknüpfungspunkt für die Erhebung einer auf die wirtschaftliche Leistungsfähigkeit bezogenen Steuer. Insbesondere ist nicht einsichtig, daß zwar die Zusammenführung zweier Kapitalgesellschaften (Verschmelzung) erfolgsneutral möglich ist, der umgekehrte Vorgang der Spaltung aber zur Gewinnrealisierung führen soll. In Hinsicht darauf ist von Widmann[28] vorgeschlagen worden, die Vorschriften der §§ 14 ff UmwStG für die Verschmelzung auf die Spaltung entsprechend anzuwenden.[29] Die analoge Anwendung von Vorschriften eines Gesetzes wie des Umwandlungssteuergesetzes, das in kasuistischer Manier einzelne Fälle regelt, ist sicher nicht unproblematisch. Es ist nicht von vorneherein abwegig, sich auf den Standpunkt zu stellen, das Umwandlungssteuergesetz, das entgegen den allgemeinen Gewinnrealisierungstatbeständen ausnahmsweise für einige Fälle die Möglichkeit der erfolgsneutralen Gestaltung eröffne, enthalte eine abschließende Regelung. Andererseits hat der Gesetzgeber des Umwandlungssteuergesetzes weitgehend nur das kodifiziert, was zuvor die Rechtsprechung mittels teleologischer Reduktion der allgemeinen Gewinnrealisierungsvorschriften entwickelt hatte. Alle Einzelregelungen sind letztlich auf den gemeinsamen Grundgedanken zurückzuführen, der rechtlichen Umstrukturierung von Unternehmen oder Unternehmensteilen keine ertragsteuerlichen Steine in den Weg zu legen. Was die Realteilung von Personengesellschaften anbetrifft, so ist bislang auch niemand auf die Idee gekommen, aus der Regelung des umgekehrten Falles der Einbringung in eine Personengesellschaft in § 24 UmwStG die Folgerung zu ziehen, das Umwandlungssteuergesetz enthalte eine abschließende Regelung der Vorgänge, die erfolgsneutral möglich seien, und deshalb sei die erfolgsneutrale Gestaltung der Realteilung nicht möglich.

Nach Erlassen der Finanzverwaltung aus dem Jahre 1980[30] ist es möglich, im Fall der Ausgliederung von Betriebsteilen einer Genossenschaft und ihrer

---

27 Vgl. die Grundmodelle oben § 25 III 1.

28 Widmann/Mayer, Band, Rz. 6556.

29 Ebenso Hauber, JbFStR 1983/84, 413 ff; IDW, DB 1986, 991; Herzig, DB 1986, 1401 ff; GmbHR 1987, 140 ff, der aber zugleich auch den u. E. tragfähigeren Gedanken der teleologischen Reduktion der allgemeinen Gewinnrealisierungsvorschriften anführt; vgl. nochmals Herzig aaO, (Anm. 3); vgl. ferner die Diskussionsbeiträge in JbFStR 1983/84, 423 ff; a. A. Finkbeiner, DStZ 1985, 118.

30 FinMin. NRW vom 19. 2. 1980 (im Einvernehmen mit dem BdF und den obersten Finanzbehörden der anderen Länder), BB 1980, 355.

Übertragung auf eine andere Genossenschaft diese Realteilung in entsprechender Anwendung des § 14 Abs. 2 UmwStG ohne Realisierung der in dem übertragenen Betriebsvermögen enthaltenen stillen Reserven durchzuführen, sofern der auszugliedernde Betriebsteil einen Teilbetrieb darstelle, die spätere Erfassung der stillen Reserven bei der übernehmenden Genossenschaft sichergestellt sei und eine Gegenleistung nicht gewährt werde oder in Gesellschaftsrechten bestehe. Unter diesen Voraussetzungen dürfte die Finanzverwaltung auch gegen die Spaltung anderer Formen von Kapitalgesellschaften nichts einzuwenden haben.[31]

IV. Die Aufspaltung einer Kapitalgesellschaft in Besitz- und Betriebsunternehmen[32]

Eine Kapitalgesellschaft A will einen Produktionszweig ausgliedern und auf eine neue Gesellschaft B übertragen. Die Betriebsgrundstücke sollen bei der Kapitalgesellschaft A verbleiben.

Die erfolgsneutrale Übertragung der Wirtschaftsgüter auf die Gesellschaft B ist ohne weiteres möglich, wenn es sich bei dieser um eine GmbH u. Co. KG handelt und die Kapitalgesellschaft A die Anteile an dieser übernimmt. Der Gesellschafter einer Personengesellschaft kann – ohne daß die Voraussetzungen eines Teilbetriebs vorliegen müssen – auch einzelne Wirtschaftsgüter erfolgsneutral in die Personengesellschaft einbringen.[33] Problematisch ist hingegen, ob der Vorgang auch dann gewinneutral möglich ist, wenn es sich bei der Gesellschaft B um eine Kapitalgesellschaft handelt. Da wesentliche Betriebsgrundlagen bei der Kapitalgesellschaft A zurückbleiben, ist § 20 UmwStG (Einbringung eines Teilbetriebs in eine Kapitalgesellschaft gegen Gewährung von Gesellschaftsrechten) nicht anwendbar. Die erfolgsneutrale Einbringung einzelner Wirtschaftsgüter in eine Kapitalgesellschaft gegen Gewährung von Gesellschaftsrechten hält die herrschende Meinung hingegen nicht für zulässig, sondern nimmt Gewinnrealisierung nach den Tauschgrundsätzen an.[34] Für den Fall der Betriebsaufspaltung einer Kapitalgesellschaft wird zuweilen erwogen, die Praxis der gewinneutralen Behandlung der Betriebsaufspaltung eines Personenunternehmens[35] auch hier anzuwenden.[36] Sinnvoller ist u. E., von den Vorstellungen, daß bei Sacheinlagen eine Gewinnrealisierung nach Tauschgrundsätzen[37] eintrete und die Einbringung einzelner Wirtschaftsgüter in eine Kapitalgesellschaft gegen Gewährung von Gesellschaftsrechten nicht zulässig sei, Abschied zu nehmen – zumal die Beteiligten nur dazu getrieben werden, zunächst Wirtschaftsgüter in eine GmbH u. Co. KG einzubringen, die dann auf eine GmbH übergeleitet wird.

---

31 Vgl. auch Sarrazin, Diskussionsbeitrag in JbFStR 1983/84, 446 ff.
32 Zur Betriebsaufspaltung von Personenunternehmen vgl. oben § 22 VI.
33 Vgl. dazu oben § 11 III 3.
34 Vgl. dagegen oben § 5 VI 1 b.
35 Vgl. dazu oben § 22 VI 4 a.
36 Z. B. Schmidt, JbFStR 1982/83, 346; vgl. auch die Diskussion in JbFStR 1983/84, 423 ff.
37 Vgl. dazu oben § 5 VI 1 b.

6. Kapitel
Die Belastung des Betriebsvermögens mit den ertragsunabhängigen Steuern

§ 26
Vermögensteuer und Steuer nach dem Gewerbekapital[1]

I. Die Problematik der ertragsunabhängigen Steuern

Neben der Belastung des Unternehmens mit den ertragsabhängigen Steuern (Einkommen- bzw. Körperschaftsteuer und Steuer nach dem Gewerbeertrag) steht die Belastung mit den laufenden Substanzsteuern Vermögensteuer, Steuer nach dem Gewerbekapital und Grundsteuer. Die Problematik dieser Steuern besteht darin, daß sie unabhängig davon erhoben werden, ob der Besteuerungsgegenstand tatsächlich einen Ertrag abwirft. Die Substanzsteuerbelastung ist so gestaltet, daß sie weniger rentable Betriebe gegenüber gut rentierlichen Unternehmen benachteiligt. In Rezessionszeiten, in denen auch gesunde Unternehmen nur geringe Renditen abwerfen oder mit Verlusten arbeiten, führen die ertragsunabhängigen Steuern zu Eingriffen in die Substanz. Sie stehen den betriebswirtschaftlichen Zielsetzungen nach Erhaltung der Leistungs- und Wettbewerbsfähigkeit der Unternehmen und der volkswirtschaftlichen Zielsetzung des Wachstums hinderlich im Wege.[2] Zudem ist die Substanzsteuerbelastung in starkem Maße von der Rechtsform des Betriebs abhängig. Die sog. Große Steuerreform hat zu einer Änderung dieses Zustandes nicht beigetragen. Ganz im Gegenteil. Sie hat die Problematik der Substanzbesteuerung durch die Einführung des Abzugsverbotes der Vermögensteuer bei der Einkommensteuer und durch die Erhöhung der Einheitswerte des Grundvermögens noch verschärft.

In der aktuellen steuerpolitischen Diskussion um die von der Bundesregierung im Anschluß an die Große Steuerreform 1990 angekündigte Unternehmensteuerreform stehen die Forderungen der Spitzenverbände nach Redu-

1 Dazu, daß die Unternehmensbelastung mit ertragsunabhängigen Steuern nicht eine Spezialität des deutschen Steuersystems ist, vgl. Fischer, DB 1989, 389 ff.

2 Vgl. die Kritik z. B. bei Rose, FR 1975, 77 ff; Barth, DStR 1976, 299 ff. Zur Belastung gewerblicher Betriebe mit den laufenden Substanzsteuern nach der Körperschaftsteuerreform vgl. die betriebswirtschaftlichen Untersuchungen von Rose, FR 1977, 389 ff.

zierung der ertragsunabhängigen Steuerbelastung durch Abschaffung der Betriebsvermögensteuer und der Gewerbekapitalsteuer an erster Stelle.[3]

II. Vermögensteuer[4] und Betriebsvermögen

Die Vermögensteuer wird als laufende Steuer unmittelbar vom Vermögen der nach § 1 VStG unbeschränkt vermögensteuerpflichtigen natürlichen Personen, Körperschaften, Personenvereinigungen und Vermögensmassen erhoben. Beschränkt vermögensteuerpflichtige Personen, Körperschaften, Personenvereinigungen und Vermögensmassen (§ 2 VStG) sind mit dem Inlandsvermögen i. S. des § 121 BewG zur Vermögensteuer heranzuziehen.

Für unbeschränkt Steuerpflichtige ist Bemessungsgrundlage das steuerpflichtige Gesamtvermögen i. S. der §§ 114 bis 120 BewG (§ 4 Abs. 1 Nr. 1 VStG). Der Vermögensteuer unterliegen damit nur solche Vermögensgegenstände, die unter eine der vier Vermögensarten des BewG (Land- und forstwirtschaftliches Vermögen, Grundvermögen, Betriebsvermögen, Sonstiges Vermögen, vgl. § 18 BewG) zu fassen sind. Faktisch ist die Vermögensteuer vornehmlich eine Steuer, die das Betriebsvermögen trifft. Das Vermögensteueraufkommen beruht zu ca. 80 % auf der Besteuerung des Betriebsvermögens und der Anteile an Kapitalgesellschaften.[5]

Durch das Steuerentlastungsgesetz 1984 ist die vermögensteuerliche Belastung des Betriebsvermögens vermindert worden. Insbesondere ist ein Freibetrag von 125 000 DM beim Ansatz von Betriebsvermögen und für das 125 000 DM übersteigende Betriebsvermögen ein allgemeiner Abschlag von 25 % eingeführt worden. (§ 117 a BewG). Diese Maßnahmen sollen der rückläufigen Entwicklung der Eigenkapitalausstattung entgegenwirken und zu einer Verbesserung der wirtschaftlichen Rahmenbedingungen beitragen. Die vermögensteuerliche Bevorzugung des Betriebsvermögens wird in der Begründung des Entwurfs des Steuerentlastungsgesetzes damit gerechtfertigt, daß das Betriebsvermögen im Vergleich zu anderen Vermögensarten „stärker risikobehaftet“ sei.[6]

Der *Steuersatz* der Vermögensteuer ist proportional. Er beträgt z. Z. für natürliche Personen 0,5 %, für Körperschaften 0,6 % des zu versteuernden Vermögens (§ 10 Abs. 1 VStG). Die effektive Belastung mit der Vermögensteuer ist aber wegen der Nichtabzugsfähigkeit der Vermögensteuer bei der

3 Vgl. dazu Knobbe-Keuk, DB 1989, 1303 ff.

4 Zu den Grundzügen des VStG vgl. die Darstellungen bei Tipke/Lang, § 12 B, S. 451 ff; Rose, Die Substanzsteuern, Kap. 13.

5 Vgl. dazu die Darlegungen bei Flume, DB 1971, 400 ff (auf der Grundlage der Vermögensteuerstatistik von 1966); StuW 1980, 185 ff sowie die jüngsten Zahlen bei Gürsching/Stenger, Einf. VStG Rz. 22.2.

6 Zu § 117 a BewG vgl. die Nachweise bei Gürsching/Stenger § 117 a BewG Vor Rz. 1.

Einkommensteuer (§ 12 Nr. 3 EStG)[7] bzw. Körperschaftsteuer (§ 10 Nr. 2 KStG) höher. Da die Vermögensteuer aus versteuertem Einkommen zu entrichten ist, muß dem zu zahlenden Vermögensteuerbetrag die diesem zuzuordnende Einkommen- bzw. Körperschaftsteuer hinzugerechnet werden.

Vor Anwendung des Tarifs sind bei natürlichen Personen vom Gesamtvermögen die persönlichen *Freibeträge* nach § 6 VStG abzuziehen. Daneben enthält § 110 BewG Freibeträge und Freigrenzen für einige dort aufgezählte Vermögensgegenstände des sonstigen Vermögens. Von den unbeschränkt steuerpflichtigen Körperschaften, Personenvereinigungen und Vermögensmassen i. S. des § 1 Abs. 1 Nr. 2 VStG und von den beschränkt Vermögensteuerpflichtigen wird die Vermögensteuer nur erhoben, wenn das Gesamtvermögen mindestens 20 000 DM beträgt (§ 8 Abs. 1 VStG).

Die Vermögensteuer[8] nach dem VStG ist ihrer Tradition und der gesetzgeberischen Intention nach eine *nominelle* oder formelle Vermögensteuer – im Gegensatz zu einer effektiven oder materiellen Vermögensteuer.

Bei einer effektiven Vermögensteuer ist das Vermögen Steuerquelle, die Steuer greift hier von vornherein in die Substanz ein. Eine nominelle oder formelle Vermögensteuer hingegen ist eine solche, die zwar nach der Höhe des Vermögens bemessen wird, die aber in ihrer Höhe und sonstigen Gestaltung so eingerichtet ist, daß sie unter normalen Verhältnissen, insbesondere bei normaler Verzinsung des Vermögens, aus dessen Erträgen ohne Inanspruchnahme der Vermögenssubstanz entrichtet werden kann. Die nominelle Vermögensteuer ist ein Mittel zur Vorbelastung des sog. fundierten Einkommens.[9] Diesen Charakter als eine Art Ergänzungssteuer zur Einkommensteuer hat die Vermögensteuer nach dem VStG.[10] Dies wird nicht dadurch in Frage gestellt, daß seit jeher nach dem Gesetz auch ertraglose Vermögensgegenstände, z. B. Gold, Kunstgegenstände, der Vermögensteuer unterliegen.

Wenn auch die Vermögensteuer als nominelle Vermögensteuer konzipiert ist, so wird sie doch unabhängig davon erhoben, ob das Vermögen tatsächlich einen Ertrag abwirft oder nicht. Erbringt das Vermögen keinen oder nur geringen Ertrag, so muß zur Bestreitung der Vermögensteuerschuld die Vermögenssubstanz angegriffen werden. Für Betriebsvermögen wird der Eingriff noch durch die zusätzlich anfallende Steuer nach dem Gewerbekapital verstärkt.

Eine Verfassungsbeschwerde, die sich dagegen richtete, daß die Vermögensteuer in Kombination mit der Körperschaft- und Gewerbesteuer zu einer Gesamtbelastung

7 Der Abzug als Sonderausgabe wurde durch das am 1. 1. 1975 in Kraft getretene Einkommensteuerreformgesetz gestrichen.

8 Zur Frage der Rechtfertigung und Beibehaltung oder Abschaffung der Vermögensteuer vgl. die Erwägungen in Gutachten der Steuerreformkommission, VII Rdz. 54 ff; Flume, DB 1971, 400 ff; Raths, Bedeutung und Rechtfertigung der Vermögensteuer in historischer und heutiger Sicht, Zürich 1977; Schneider, Zur Rechtfertigung von Erbschaft- und Vermögensteuer, StuW 1979, 38 ff; Jacobi, FR 1987, 413 ff.

9 Vgl. dazu ausführlich Strutz, Zur Steuerreform, 1892, S. 28 ff; Neuordnung der direkten Staatssteuern in Preußen, 1912, S. 33 ff.

10 Vgl. Vogel, StuW 1971, 308 ff, 310 mit zahlreichen Nachweisen in Anm. 17.

des Ertrages von über 100 % und damit zu einem Eingriff in die Substanz führte, hat der Dreierausschuß des Bundesverfassungsgerichts nicht angenommen:[11] Für die verfassungsrechtliche Beurteilung einer steuergesetzlichen Regelung komme es entsprechend dem Wesen des Gesetzes als einer allgemeinen Regelung allein darauf an, wie sich das Gesetz generell auswirke; da die Vermögensteuer aber so konzipiert sei, daß sie unter normalen Umständen aus dem Ertrag aufgebracht werden könne, sei sie verfassungsrechtlich nicht zu beanstanden. Ungeachtet der verfassungsrechtlichen Problematik besteht aber im Interesse der Erhaltung und Stärkung unserer Wirtschaftsordnung die Notwendigkeit einer „Kappungs"-Regelung, durch die der Steuergesetzgeber die Steuerlast so zu begrenzen hätte, daß dem Inhaber eines an sich ertragswirksam angelegten Vermögens nach Abzug der kumulativen Ertrag- und Vermögensteuern ein gewisser Mindest-Nettoertrag verbleibt.

Für die Belastung des Betriebsvermögens fällt besonders ins Gewicht, daß das in Kapitalgesellschaften formierte Vermögen zweimal der Vermögensteuer unterliegt. Zum einen ist die Kapitalgesellschaft selbst mit ihrem Vermögen vermögensteuerpflichtig. Zum anderen unterliegen die Anteile an der Kapitalgesellschaft beim Anteilseigner der Vermögensteuer; entweder gehen sie, wenn sie zum Betriebsvermögen gehören, in den Einheitswert des gewerblichen Betriebes ein, oder sie werden als sonstiges Vermögen nach § 110 Abs. 1 Nr. 3 BewG erfaßt. Die Beseitigung der Doppelbelastung des in Kapitalgesellschaften formierten Vermögens ist in den letzten Jahren mit guten Gründen immer wieder gefordert worden, u. a. 1967 vom Wiss. Beirat beim BdF.[12] Die Große Steuerreformkommission[13] hat die Frage ausführlich diskutiert, sich aber nur zu dem Vorschlag einer teilweisen Befreiung des Anteilsbesitzes durchringen können. Der Gesetzgeber hat es bislang bei der vollen Doppelbelastung belassen und die Problematik nur noch verstärkt, indem er in dem EStG 1975 die Abzugsfähigkeit der Vermögensteuer auch bei der Einkommensteuer beseitigt hat.

III. Der Einheitswert des Betriebsvermögens

1. Die Bedeutung des Einheitswerts

Für das Betriebsvermögen ist ein Einheitswert festzustellen. Die Einheitsbewertung ist eine Bewertung, die einheitlich für mehrere Arten von Steuern durchgeführt wird. Einheitswertfeststellungen sind nach § 19 Abs. 1 BewG für inländische Betriebe der Land- und Forstwirtschaft, für inländische Grundstücke, inländische Betriebsgrundstücke, inländische gewerbliche Betriebe und inländische Mineralgewinnungsrechte vorgesehen. Die Feststel-

11 BVerfG vom 27. 10. 1975 1 BvR 82/73 StRK GG Art. 14 R. 79 = NJW 1976, 101 = DB 1975, 2209; vgl. dazu die kritischen Stellungnahmen von Selmer, StRK-Anm. GG Art. 14 R. 79; Friauf, StuW 1977, 59 ff; allg. zu dieser Problematik Kirchhof, VVDStRL 39 (1980), 213 ff.

12 Gutachten zur Reform der direkten Steuern vom 11. 2. 1967 S. 60 ff.

13 Gutachten der Steuerreformkommission VII Rz. 77 ff.

lung eines Einheitswertes erfolgt in einem von dem Steuerfestsetzungsverfahren getrennten gesonderten Feststellungsverfahren nach § 180 Abs. 1 Nr. 1 AO. Dieses endet mit dem Erlaß des Einheitswertbescheides, der ein sogenannter Grundlagenbescheid ist.[14]

Der Begriff des Einheitswerts selbst ist weder im BewG noch in der AO definiert. Bei dem Einheitswert handelt es sich um den nach den Vorschriften des ersten Abschnittes des zweiten Teils des BewG für die dort bezeichneten Bewertungsgegenstände *einheitlich* für mehrere Steuerarten und in einem gesonderten, von der Steuerfestsetzung unabhängigen Verfahren ermittelten Wert für wirtschaftliche *Einheiten.*[15] Es wird also zur Vermeidung von Bewertungsunterschieden, die bei getrennter Wertermittlung für die einzelnen Steuerarten unvermeidlich wären, aus Gründen der Rationalisierung unter Zugrundelegung einheitlicher Bewertungsgrundsätze für bestimmte wirtschaftliche Einheiten (Untereinheiten) ein für mehrere Steuerarten geltender Wert ermittelt. Der Einheitswert des gewerblichen Betriebes ist insbesondere für die Vermögensteuer und bei der Gewerbesteuer als Ausgangsgröße für die Ermittlung des Gewerbekapitals maßgeblich.

Für die Ermittlung der Einheitswerte der wirtschaftlichen Einheiten des Betriebsvermögens erfolgt in Zeitabständen von je drei Jahren eine *Hauptfeststellung* auf den Beginn des Kalenderjahres (§ 21 BewG). Zur Anpassung an veränderte Verhältnisse werden Einheitswerte unter bestimmten Voraussetzungen innerhalb des Hauptfeststellungszeitraumes *fortgeschrieben* (§ 22 BewG).[16] Entsteht zwischen zwei Hauptfeststellungszeitpunkten eine wirtschaftliche Einheit neu oder soll eine solche erstmals zur Steuer herangezogen werden oder ist für sie erstmals ein besonderer Einheitswert i. S. des § 91 Abs. 2 BewG anzugeben, so erfolgt eine *Nachfeststellung* (§ 23 BewG).

2. Die Vermögensaufstellung[17]

Der Einheitswert des gewerblichen Betriebs wird – entgegen dem Grundsatz des § 2 Abs. 1 S. 2 BewG – nicht durch unmittelbare Bewertung der wirtschaftlichen Einheit selbst ermittelt; es erfolgt also keine Gesamtbewertung. Vielmehr ist nach § 98 a BewG Gesamtwert des gewerblichen Betriebes die Summe der Werte, die für die zum gewerblichen Betrieb gehörenden Wirtschaftsgüter ermittelt sind (Rohbetriebsvermögen), vermindert um die Summe der Schulden des Betriebs und der sonstigen nach dem BewG zulässigen Abzüge. Das Ergebnis ist der Wert der wirtschaftlichen Einheit des gewerblichen Betriebes (vgl. Abschn. 42 Abs. 1 VStR). Damit stellt sich die Ein-

14 Vgl. zu der verfahrensmäßigen Bedeutung des Grundlagenbescheides Tipke/Lang, § 22 6, S. 676 ff; oben § 13.

15 Vgl. Rose, Die Substanzsteuern, 12 F 1 S. 49 f.

16 Vgl. dazu Tipke/Lang, § 12 A 7, S. 448; Rose, Die Substanzsteuern, 12 F 5 S. 52 ff.

17 Flohr, Steuerbilanz und Vermögensaufstellung der Einheitsbewertung, 1977.

heitsbewertung des gewerblichen Betriebes nach dem Willen des Gesetzgebers als Substanzbewertung dar.[18]

Für die Ermittlung des Einheitswertes des gewerblichen Betriebes ist eine besondere Aufstellung über die innerhalb des Gewerbebetriebes am Bewertungsstichtag (§ 106 BewG) vorhandenen Besitz- und Schuldposten zu fertigen. Diese Aufstellung wird als „Vermögensaufstellung" bezeichnet (vgl. Abschn. 4 VStR).

Die Vermögensaufstellung ist eine reine Stichtagsrechnung; sie hat keine Verbindung zu den Vermögensaufstellungen früherer oder späterer Zeitpunkte. Sie steht selbständig neben der Handelsbilanz und Steuerbilanz, die auf denselben Stichtag aufgestellt werden. Der Kreis der in die Vermögensaufstellung aufzunehmenden Positionen deckt sich nicht völlig mit den Positionen der Handels- und Steuerbilanz. Vor allem erfolgt grundsätzlich auch die Bewertung zur Ermittlung des Einheitswertes des Betriebsvermögens nach anderen Grundsätzen als die Bewertung zum Zwecke der Gewinnermittlung.

Dennoch ist die für die Gewinnermittlung maßgebliche Bilanz in der Praxis ein wichtiger Ausgangspunkt für die Vermögensaufstellung. Aus der Steuerbilanz wird unter Beachtung der besonderen bewertungsrechtlichen Bestimmungen die Vermögensaufstellung entwickelt.[19] Demgemäß wird das Schwergewicht der Darstellung auf der Hervorhebung der wesentlichen Unterschiede zwischen Bilanz und Vermögensaufstellung liegen.

Der vielfach erhobenen Forderung, aus Praktikabilitätsgründen für die Einheitsbewertung die Steuerbilanzwerte zu übernehmen,[20] ist der Gesetzgeber für die Pensionsverbindlichkeiten sowie für die in § 109 Abs. 4 BewG aufgeführten Fälle gefolgt.[21]

18 Vgl. dazu Rössler/Troll, § 98 a BewG Anm. 1 ff. Grundsätzlich anderer Auffassung ist Pelka, Die Bewertung von immateriellen Wirtschaftsgütern und von Rückstellungen im Rahmen der Einheitsbewertung des Betriebsvermögens, 1975; vgl. dazu 6. Aufl. § 26 Anm. 49.

19 Davon geht – wie § 106 Abs. 3 BewG belegt – auch der Gesetzgeber aus.

20 Die Forderung wird in der aktuellen steuerpolitischen Diskussion um die Reform der Unternehmensbesteuerung wiederholt (vgl. etwa Gattermann, BB 1989, 917 ff, 920). Ihre Realisierung würde in der Tat zu einer erheblichen Vereinfachung und Entlastung der mit der Steuerrechtsanwendung Befaßten beitragen. Auf der anderen Seite ist nicht zu verkennen, daß sie neue Ungerechtigkeiten schaffen würde, vor allem weil und solange der Gesetzgeber die Bilanz durch Steuervergünstigungen manipuliert.

21 Vgl. insbesondere zum Geschäftswert unten III 3 c.

3. Die Positionen der Vermögensaufstellung

a) Die persönliche Zurechnung des Betriebsvermögens

In die Vermögensaufstellung sind die Wirtschaftsgüter aufzunehmen, die dem Betriebsinhaber gehören, sowie die Schulden und Lasten, die ihn betreffen. Die persönliche Zurechnung richtet sich nach denselben Grundsätzen, die für die Aufnahme in die Bilanz maßgeblich sind; entscheidend ist die wirtschaftliche Vermögenszugehörigkeit.[22]

Problematisch ist die Behandlung der Wirtschaftsgüter, die dem Betrieb dienen, aber dem Ehegatten des Betriebsinhabers gehören. Nach § 26 Nr. 1 BewG wird die Zurechnung mehrerer Wirtschaftsgüter zu einer wirtschaftlichen Einheit nicht dadurch ausgeschlossen, daß die Wirtschaftsgüter zum Teil dem einen, zum Teil dem anderen Ehegatten gehören, wenn das Vermögen der Ehegatten zusammenzurechnen ist (§ 119 Abs. 1 BewG).[23] Der BFH[24] hat in ständiger Rechtsprechung daran festgehalten, daß diese Bestimmung nicht verfassungswidrig sei, da ihre Anwendung nicht zu einer Benachteiligung der Eheleute führe. Diese Feststellung ist allerdings – soweit es um die Gewerbekapitalsteuer geht – nicht zutreffend. Nur wenn es sich bei dem dem Ehegatten gehörenden Wirtschaftsgut um ein Grundstück handelt, wird die Zurechnung zum Einheitswert des Betriebsvermögens des Betriebsinhabers durch die Kürzungsvorschrift des § 12 Abs. 3 Nr. 1 GewStG wieder ausgeglichen. Im übrigen aber führt die Einbeziehung der dem Ehegatten gehörenden Wirtschaftsgüter in den Einheitswert des Betriebes bei der *Gewerbekapitalsteuer* durchaus zu einer Benachteiligung der Ehegatten. § 26 Nr. 1 BewG ist insoweit verfassungsrechtlich nicht haltbar.[25] Für den Fall, daß der Ehegatte dem Betriebsinhaber für den Betrieb ein Darlehen gewährt hat, hat der BFH[26] akzeptiert, daß das Darlehen des Ehegatten bei der Ermittlung des Einheitswertes nicht als Wirtschaftsgut anzusetzen, sondern als Betriebsschuld abzusetzen ist. Das gleiche gilt für eine typische stille Beteiligung des Ehegatten. Nach Abschn. 5 Abs. 2 S. 4 VStR sind Forderungen und Schulden gegenüber den Ehegatten des Betriebsinhabers weder bei der Einheitsbewertung des Betriebsvermögens noch bei der Ermittlung des Gesamtvermögens anzusetzen. Diese Auffassung entbehrt der gesetzlichen Grundlage und ist des weiteren wegen der Auswirkungen auf die Gewerbekapitalsteuer verfassungswidrig.[27]

---

22 Vgl. dazu i. e. oben § 4 III.

23 Zur Behandlung der Wirtschaftsgüter, die dem Ehegatten des Gesellschafters einer Personengesellschaft gehören vgl. unten III 6 a.

24 Vgl. BFH vom 29. 10. 1973 III R 40/73 BStBl II 1974, 79.

25 Vgl. auch Erörterung bei Rössler/Troll, § 26 BewG Anm. 3; Gürsching/Stenger, § 26 BewG Rz. 12 ff.

26 BFH vom 31. 10. 1969 III R 145/66 BStBl II 1970, 197; BFH vom 12. 11. 1971 III R 87/68 BStBl II 1972, 211.

27 Vgl. dazu § 26 IV.

b) Der sachliche Umfang des Betriebsvermögens

Was den sachlichen Umfang des Betriebsvermögens anbetrifft, so gelten für die Vermögensaufstellung im wesentlichen die für die Bilanz maßgeblichen Grundsätze. Das notwendige Betriebsvermögen gehört per se in die Vermögensaufstellung.

Wirtschaftsgüter, die nur teilweise dem Betrieb dienen, sind nach Abschn. 5 Abs. 3 S. 3 VStR zum Betriebsvermögen zu rechnen, wenn sie zu mehr als 50 % dem Betrieb dienen.

Ist ein Wirtschaftsgut, das weder notwendiges Betriebsvermögen noch notwendiges Privatvermögen ist, durch Aufnahme in die Bilanz dem Betrieb gewidmet worden, so ist es auch in der Vermögensaufstellung anzusetzen.

Kraft ausdrücklicher gesetzlicher Vorschriften gehören insbesondere die Wirtschaftsgüter, die nach den Vorschriften des VStG oder anderer Gesetze von der Vermögensteuer befreit sind (§ 101 Nr. 1 BewG), nicht zum Betriebsvermögen. Nähere Erläuterungen enthält Abschn. 24 VStR. Vor allem sind die in einem DBA von der deutschen Vermögensteuer freigestellten Wirtschaftsgüter nicht in die Vermögensaufstellung aufzunehmen, und zwar selbst dann nicht, wenn der andere Staat keine Vermögensteuer erhebt.[27a] Weitere Befreiungen sind in § 101 Nr. 2 und Nr. 3 BewG statuiert. Für das Betriebsvermögen von Kapitalgesellschaften ist die Befreiungsvorschrift in § 102 BewG für Schachtelbeteiligungen[28] von besonderer Bedeutung.

Verbindlichkeiten, die mit den nicht zum Betriebsvermögen gehörenden Wirtschaftsgütern in wirtschaftlichem Zusammenhang stehen, dürfen nicht als Betriebsschulden abgezogen werden (§ 103 Abs. 1 BewG).[29]

c) Immaterielle Wirtschaftsgüter[30]

Auf der Aktivseite der Vermögensaufstellung sind die dem Betrieb gewidmeten Wirtschaftsgüter[31] auszuweisen. Des weiteren ist der bei der steuerlichen Gewinnermittlung für Zölle und Verbrauchsteuern angesetzte Aufwand (§ 5 Abs. 3 EStG) zu berücksichtigen (§ 98 a S. 2 BewG).[32]

Einer der wesentlichen Unterschiede zwischen den in die Steuerbilanz und in die Vermögensaufstellung aufzunehmenden Posten besteht bei den immateriellen Wirtschaftsgütern. Für den Ansatz der immateriellen Wirtschaftsgüter in der Vermögensaufstellung kommt es nicht darauf an, ob sie

27a Abschn. 24 Abs. 3 VStR.

28 Vgl. dazu unten III 5.

29 Vgl. dazu unten III 5 c.

30 Vgl. dazu die kritische Bestandsaufnahme bei Hauter, StbJb 1980/81, 197 ff sowie die Darstellungen bei Gürsching/Stenger, § 95 BewG Rz. 60 ff, 129 ff; Rössler/Troll, § 95 BewG Rz. 20 ff.

31 Zum Begriff des Wirtschaftsgutes vgl. oben § 4 IV 2.

32 Vgl. dazu oben § 4.

in der Steuerbilanz zu aktivieren sind oder ob dort ein Aktivierungsverbot besteht.[33] Die für das Bilanzrecht wesentliche Unterscheidung zwischen originärem Entstehen und derivativem Erwerb der immateriellen Wirtschaftsgüter ist für die Vermögensaufstellung nicht maßgeblich. In der Vermögensaufstellung sind immaterielle Wirtschaftsgüter nicht nur anzusetzen, wenn sie entgeltlich erworben sind, sondern darüber hinaus auch dann, wenn die selbständige Bewertungsfähigkeit durch die allgemeine Verkehrsanschauung oder durch Aufwendungen anerkannt wird, die auf das Wirtschaftsgut gemacht worden sind.[34]

Aufwendungen, die zur Anerkennung eines selbständig bewertungsfähigen immateriellen Wirtschaftsgutes führen, können auch von einem anderen als dem Betriebsinhaber gemacht sein; insbesondere ist auch an Aufwendungen zu denken, die der Pächter durch Pachtzahlungen für die Nutzung eines immateriellen Wirtschaftsgutes macht.[35]

Die Feststellung, ob ein bewertungsfähiges Wirtschaftsgut vorliegt, bereitet im Einzelfall Schwierigkeiten. Auch im Bewertungsrecht gilt es, der Gefahr zu begegnen, daß immer und allein dann, wenn der Steuerpflichtige Aufwendungen, die Nutzen für eine längere Zeit versprechen, gemacht hat, ein Wirtschaftsgut angenommen wird. Dieser Gefahr erliegt der BFH leider immer wieder, wenn er z. B. „verbesserte Gebrauchsvorteile", „Nutzungsvorteile", die sich ein Mieter durch Aufwendungen auf die Mietsache (z. B. Aufwand für die Modernisierung einer Schaufensteranlage) verschafft, als immaterielle Wirtschaftsgüter behandelt.[36]

Zu beachten ist, daß kraft ausdrücklicher Bestimmung die eigenen Erfindungen und Urheberrechte sowie Originale urheberrechtlich geschützter Werke nicht zum Betriebsvermögen gehören (§ 101 Nr. 2 S. 1 BewG). Des weiteren sind Diensterfindungen nur in dem Umfang in der Vermögensaufstellung des Arbeitgebers anzusetzen, in dem sie von diesem in Lizenz vergeben oder in sonstiger Weise einem Dritten gegen Entgelt zur Ausnutzung überlassen werden (§ 101 Nr. 2 S. 2 BewG; vgl. dazu i. e. Abschn. 24 a VStR).

d) Der Geschäftswert

Für die bewertungsrechtliche Behandlung des Geschäftswertes ergab sich nach der Rechtsprechung bis zum Steuerbereinigungsgesetz 1986 der fol-

---

33 Vgl. zur bilanzrechtlichen Behandlung oben § 4 IV 3 a.

34 Der BFH hat seine diesbezügliche Rechtsprechung in den Urteilen vom 11. 11. 1983 III R 25/77 BStBl II 1984, 187; vom 9. 12. 1983 III R 6/76 BStBl II 1984, 190; und vom 9. 12. 1983 III R 40/79 BStBl II 1984, 193 erneut bekräftigt.

35 Vgl. für die h. M. Gürsching/Stenger, § 95 BewG Anm. 62.3.

36 Vgl. z. B. BFH vom 25. 5. 1984 III R 103/81 BStBl II 1984, 617; BFH vom 24. 8. 1984 III R 118/81 BStBl II 1984, 818; BFH vom 24. 8. 1984 III R 33/81 BStBl II 1985, 40; vgl. dazu kritisch Rohling, DB 1985, 1609 ff.

gende Stand:[37] Der Geschäftswert ist in der Vermögensaufstellung als Wirtschaftsgut anzusetzen, wenn er „realisiert" oder durch eine nach außen erkennbare Handlung „vergegenständlicht (konkretisiert)" ist. Dies wurde in jedem Fall für den derivativen Geschäftswert angenommen. Darüber hinaus wurde angenommen, daß der Geschäftswert auch durch Pachtaufwendungen eines Dritten konkretisiert werden könne. Die neuere Rechtsprechung des BFH[38] will den Geschäftswert bei Verpachtung aber nur dann angesetzt wissen, wenn der Geschäftswert im Pachtvertrag ausdrücklich als mitverpachtet aufgeführt wird und der auf ihn entfallende Pachtzins genau angegeben ist oder jedenfalls einwandfrei abgetrennt werden kann.[39] Diese Rechtsprechung war schon insofern unbefriedigend, als danach die Aufnahme des Geschäftswertes in die Vermögensaufstellung vom Formulierungs- und Gestaltungsgeschick der Beteiligten abhängig ist.[40]

Nach der Rechtsprechung kann auch das technische *Know-how* als Komponente des Geschäftswerts wie dieser durch Zahlung Dritter als geldwerte Realität in Erscheinung treten. Dabei führen allerdings Zahlungen, die im Rahmen eines Know-how-Vertrages für Dienstleistungen erbracht werden, nicht zur Konkretisierung eines immateriellen Wirtschaftsguts.[41]

Durch das Steuerbereinigungsgesetz 1986 hat der Geschäfts- und Firmenwert auch für das Bewertungsrecht eine gesetzliche Regelung gefunden.[42] § 101 Nr. 4 BewG legt fest, daß der Geschäfts- oder Firmenwert, soweit er nicht entgeltlich erworben worden ist, nicht zum Betriebsvermögen gehört. § 109 Abs. 4 BewG schreibt darüber hinaus für den derivativen Geschäfts- oder Firmenwert die Übernahme des Wertes aus der steuerlichen Gewinnermittlung in die Vermögensaufstellung vor. Damit ist einerseits „klargestellt", daß der derivative Geschäftswert in die Vermögensaufstellung gehört – eine in der Sache nicht überzeugende Entscheidung des Gesetzgebers,[43] da der Geschäftswert letztlich nur als Rechendifferenz zwischen Gesamtwert des Unternehmens und Einzelwert der Vermögensgegenstände[44] die künftigen Erträge widerspiegelt; andererseits kann der originäre Geschäftswert auch dann nicht mehr angesetzt werden, wenn er i. S. der frühe-

37 Zur Literatur vgl. die Darstellung bei Pelka aaO, (Anm. 18), S. 32 ff; vgl. des weiteren Hauter, StbJb 1980/81, 197 ff.

38 Vgl. z. B. BFH vom 6. 8. 1971 III R 9/71 BStBl II 1971, 677; BFH vom 5. 10. 1971 VIII R 19/68 BStBl II 1972, 62.

39 Vgl. auch die ähnliche Rechtsprechung zur Gewerbesteuer, die ebenfalls nur unter diesen Voraussetzungen beim Pächter den anteiligen Pachtzins zum Gewerbeertrag (§ 8 Nr. 7 GewStG) und zum Gewerbekapital (§ 12 Abs. 2 Nr. 2 GewStG) rechnen will (vgl. dazu oben § 21 II 3e).

40 Vgl. z. B. die Kritik bei Groh, FR 1973, 281.

41 Vgl. BFH vom 15. 7. 1987 II R 249/83 BStBl II 1987, 809 m. w. N.

42 Einzelheiten bei Halaczinsky, BB 1986, 848 ff.

43 Kritisch auch Rössler/Troll, § 95 BewG Rz. 40.

44 Vgl. schon Lion, StuW 1925, 745 f.

ren Rechtsprechung „konkretisiert" worden ist,[45] sei es durch Pachtzahlungen eines Betriebspächters,[46] sei es durch entgeltlichen Gesellschafterwechsel bei der Personengesellschaft.[47] Mit der Übernahme des Steuerbilanzwertes in die Vermögensaufstellung ist zugleich festgelegt, daß der Geschäftswert für Zwecke der Vermögensteuer und Gewerbekapitalsteuer abgeschrieben werden kann.

e) Rechnungsabgrenzungsposten[48]

In der Bilanz gebildete Rechnungsabgrenzungsposten sind nicht ohne weiteres in die Vermögensaufstellung zu übernehmen. Die Rechnungsabgrenzungsposten werden in der Bilanz für eine zutreffende Abgrenzung des Jahresgewinns benötigt. In der Vermögensaufstellung aber geht es darum, daß das Vermögen zu einem bestimmten Stichtag ausgewiesen wird. Die in der Bilanz gebildeten Rechnungsabgrenzungsposten müssen deshalb daraufhin überprüft werden, ob sie den Charakter eines Anspruchs oder einer Verbindlichkeit haben. Das ist der Fall, wenn bei einem gegenseitigen Vertrag die eine Partei ihre Leistung erbracht und noch den Anspruch auf die Gegenleistung hat.[49]

Beispiel: Der Unternehmer A zahlt im Dezember 1988 die Miete für die Monate Januar–März 1989 im voraus. In der Bilanz auf den 31. 12. 1988 ist ein transitorischer Aktivposten gebildet worden. Dieser ist in die Vermögensaufstellung zu übernehmen, da er den Anspruch des A gegen den Vermieter verkörpert. Umgekehrt hat der Vermieter, wenn er Unternehmer ist, eine entsprechende Verbindlichkeit in seine Vermögensaufstellung aufzunehmen.

Wird jedoch durch die Vorleistung, für die in der Bilanz ein Rechnungsabgrenzungsposten gebildet ist, ein Anspruch oder ein sonstiges Wirtschaftsgut nicht begründet, so ist in die Vermögensaufstellung ein entsprechender Wertansatz nicht zu übernehmen. Das gilt insbesondere für Rechnungsabgrenzungsposten, die für Vorauszahlungen auf betriebliche Steuern gebildet wurden, wenn der Steueranspruch erst im folgenden Wirtschaftsjahr entsteht. Der Steuerzahlung steht kein Anspruch auf eine Gegenleistung gegenüber (vgl. § 3 Abs. 1 AO).

Beispiel: Ein für vorausgezahlte Kfz-Steuer gebildeter Rechnungsabgrenzungsposten ist nicht in die Vermögensaufstellung zu übernehmen. Hingegen ist für vorausgezahlte Prämien auf Haftpflicht- und Kfz-Versicherung in die Vermögensaufstellung ein Wertansatz aufzunehmen,[50] denn hier besteht der Anspruch auf Versicherungsschutz.

---

45 Rössler/Troll, § 109 BewG Rz. 52; Gürsching/Stenger, § 101 BewG Rz. 2.

46 BFH vom 6. 8. 1971 III 9/71 BStBl II 1971, 677.

47 BFH vom 26. 11. 1971 III R 87/70 BStBl II 1972, 310. Halaczinsky, BB 1986, 848 ff.

48 Rudolph, Rückstellungen und Rechnungsabgrenzungen bei der Vermögensaufstellung, DB 1983, 576.

49 Abschn. 34 Abs. 2, 48 Abs. 1 VStR; Rössler/Troll, § 95 BewG Rz. 69 ff, § 103 BewG Rz. 63 a; kritisch Rudolph aaO, (Anm. 48).

50 Vgl. BFH vom 10. 7. 1970 III R 112/69 BStBl II 1970, 779.

Die unterschiedliche Behandlung von vorausgezahlter Kfz-Steuer und von vorausgezahlten Versicherungsprämien mag befremdend erscheinen, ist aber nach den dargestellten Grundsätzen konsequent.[50a]

f) Schulden, Rückstellungen, Rücklagen

Schulden sind nur abzugsfähig, wenn sie am Bewertungsstichtag bestanden haben. Die Fälligkeit ist nicht Voraussetzung für die Abzugsfähigkeit. Zu den Besonderheiten bei betrieblichen Steuerschulden ist auf Abschn. 37 VStR zu verweisen.[51]

Der Schuldner muß ernstlich mit der Geltendmachung der gegen ihn gerichteten Forderung zu rechnen haben. Deshalb werden grundsätzlich nur Schulden zum Abzug zugelassen, wenn eine rechtliche Verpflichtung besteht. Im Einzelfall kann aber auch ohne rechtliche Verpflichtung eine Schuld abzugsfähig sein, wenn mit ihrer Erfüllung z. B. auf Grund vieljähriger Übung zu rechnen ist. Andererseits kann aber auch bei einer wirksam begründeten Verbindlichkeit der Abzug ausgeschlossen sein, wenn die Verbindlichkeit keine ernstzunehmende wirtschaftliche Belastung darstellt.[52]

Nach Abschn. 11 Abs. 2 VStR soll bei einer Kapitalgesellschaft das von den Gesellschaftern zur Verfügung gestellte Fremdkapital, das bei der Körperschaftsteuer als verdecktes „Nennkapital" behandelt wird,[53] zum Betriebsvermögen der Kapitalgesellschaft gehören, so daß ein Abzug als Betriebsschuld nicht in Betracht kommt.

Zu den *Rückstellungen* kann als Grundsatz festgestellt werden, daß alle nach Ertragsteuerrecht i. V. m. § 249 HGB zulässigen Rückstellungen auch für die Einheitsbewertung zulässig sind, soweit nicht besondere bewertungsrechtliche Grundsätze entgegenstehen:[53a]

Rückstellungen[54] für am Bewertungsstichtag schon bestehende Schulden, bei denen nur die *Höhe nicht* genau *feststeht,* sind abzugsfähig. Die Höhe dieser Schulden ist, falls erforderlich, zu schätzen. Der in der Steuerbilanz ausgewiesene Rückstellungsbetrag kann dabei einen Anhalt geben.

Rückstellungen für Schulden, deren *Entstehung* vorläufig noch *ungewiß* ist, werden nach der Rechtsprechung wie aufschiebend bedingte Schulden und Lasten (§§ 6, 8 BewG) behandelt, diese Rückstellungen werden in der Ver-

---

50a Zum Wechseldiskont vgl. BFH vom 27. 3. 1985 II R 181/80 BStBl II 1985, 416.

51 Beim Abzug der Körperschaftsteuerschuld sind 56 % (ab 1990: 50 %) zugrunde zu legen, wenn im maßgebenden Feststellungszeitpunkt ein Beschluß über die Gewinnausschüttung noch nicht vorliegt (Stichtagsprinzip).

52 Vgl. dazu näher Rössler/Troll, § 103 BewG Anm. 15 mit Nachweisen; Abschn. 28 Abs. 1 und 2 VStR.

53 Vgl. BdF vom 16. 3. 1987 BStBl I 1987, 373; ausführlich Gürsching/Stenger, § 103 BewG Rz. 38 ff.

53a Gürsching/Stenger, § 103 BewG Rz. 117 f; Abschn. 28 Abs. 3 VStR.

54 Zu den Rückstellungen bei der Einheitsbewertung des Betriebsvermögens vgl. Knepper, BB 1983, 1208.

mögensaufstellung grundsätzlich nicht angesetzt.[55] Bei der Einheitsbewertung wird also – anders als in der Bilanz – die bloße Gefahr der Inanspruchnahme nicht berücksichtigt, interessiert nicht, ob die Belastung schon wirtschaftlich verursacht ist. Eine Rückstellung wird in die Vermögensaufstellung grundsätzlich nur dann übernommen, wenn am Stichtag eine echte Verbindlichkeit bereits entstanden ist.[56] Diese Lage ist vielfach als unbefriedigend empfunden worden.[57] Die Diskussionen haben anläßlich des Vermögensteuerreformgesetzes[58] immerhin zu dem neuen § 103 a BewG geführt, in dem Rückstellungen für Preisnachlässe und für Wechselhaftung ausdrücklich für abzugsfähig erklärt werden.

§ 103 a Bewertungsgesetz ist durch das Steuerreformgesetz 1990 um einen weiteren Satz ergänzt worden, nach dem Rückstellungen für die Verpflichtung zu einer Zuwendung anläßlich eines Dienstjubiläums nur abzugsfähig sind, soweit die versprochene Zuwendung dem Berechtigten für jeden Fall der vorzeitigen Beendigung des Dienstverhältnisses zusteht und die Zusage rechtsverbindlich in schriftlicher Form erteilt ist. Voraussetzung für den Abzug ist also eine Art „Unverfallbarkeit". Die ab 1993 nach § 5 Abs. 4 EStG in beschränktem Umfange ertragsteuerlich möglichen Jubiläumsrückstellungen sind danach bewertungsrechtlich nicht abzugsfähig.[59]

Pensionsverpflichtungen sind unter den gleichen Voraussetzungen, unter denen nach § 6 a EStG Rückstellungen gebildet werden können, abzugsfähig (§ 104 BewG).[60]

Die gesetzlichen oder freien *Rücklagen* sind keine abzugsfähigen Betriebsschulden. Ein Abzug kommt grundsätzlich auch nicht für die steuerfreien Rücklagen, wie z. B. für die Rücklage nach § 6 b EStG oder für die Rückla-

55 Vgl. BFH vom 27. 1. 1988 II R 234/85 BStBl II 1988, 415 m. w. N. (zur Rückstellung für Jahresabschlußkosten).

56 Zu Einzelfällen vgl. i. e. Rössler/Troll, § 103 BewG Anm. 23 ff; VStR Abschn. 28, 29; Gürsching/Stenger, § 103 BewG Anm. 49 ff. Zu den gewinnabhängigen Schulden und Lasten vgl. VStR Abschn. 31. Anders als in der Ertragsteuerbilanz ist auch für die Kosten der gesetzlichen Pflichtprüfung des Jahresabschlusses eine Rückstellung nicht möglich, vgl. BFH vom 25. 11. 1983 III R 25/82 BStBl II 1984, 51; vgl. dazu kritisch Knepper, FR 1985, 178.

57 Vgl. die Darstellung des Meinungsstandes bei Pelka aaO, (Anm. 18), S. 40 ff. Pelka selbst steht auf dem Standpunkt, daß die §§ 4 ff BewG bei der Einheitsbewertung des Betriebsvermögens nicht anwendbar seien und auch bedingte Rechte und Lasten, soweit sie den gemeinen Wert des Unternehmens beeinflussen, in der Vermögensaufstellung zu berücksichtigen seien. Vgl. auch Euler/Rzepka, Nichtberücksichtigung wirtschaftlicher Lasten bei der Vermögensteuer, BB 1979, 877; Moench, DStR 1981, 581; Mathiak StuW 1988, 296.

58 Zur Einführung des § 103 a BewG vgl. Begründung zum Entwurf eines 2. Steuerreformgesetzes, BR-Drs. 140/72.

59 Vgl. die massive Kritik bei Höfer/Reiners, BB 1988, 2064, die die Regelung für verfassungswidrig halten.

60 Zur Abzugsfähigkeit von Pensionsverpflichtungen vgl. näher gleichlautenden Erlaß der Obersten Finanzbehörden der Länder vom 30. 10. 1985 BStBl I 1985, 652.

ge für Ersatzbeschaffung in Frage. Im Einzelfall sind steuerfreie Rücklagen jedoch kraft ausdrücklicher gesetzlicher Vorschrift abzugsfähig.[61]

4. Die Bewertung der einzelnen Positionen

a) Der Grundsatz

Die Bewertung der einzelnen Wirtschaftsgüter erfolgt grundsätzlich mit dem Teilwert (§ 109 Abs. 1 BewG). Für die schwierige Aufgabe der Ermittlung des Teilwerts[62] der einzelnen Wirtschaftsgüter geben die VStR in den Abschnitten 51–52 a detaillierte Anhaltspunkte. Die Regelung der VStR ist im Prinzip auf die Ermittlung der Wiederbeschaffungskosten gerichtet.

Geringwertige Wirtschaftsgüter, deren Anschaffungs- oder Herstellungskosten im Jahre der Anschaffung oder Herstellung nach § 6 Abs. 2 EStG als Betriebsausgaben abgesetzt worden sind, können pauschal mit einem Betrag zum Ansatz kommen, der 40 % der Anschaffungs- oder Herstellungskosten aller in den letzten fünf Jahren vor dem Bewertungsstichtag insgesamt angeschafften oder hergestellten Gegenstände dieser Art umfaßt (Abschn. 52 Abs. 4 VStR).

b) Sonderregelungen

aa) Wirtschaftsgüter, für die ein eigener Einheitswert festzustellen ist, sind mit dem *Einheitswert* anzusetzen (§ 109 Abs. 2 S. 1 BewG).

Für *Betriebsgrundstücke* gilt also nicht der Grundsatz, daß die Bewertung der einzelnen zu einem Gewerbebetrieb gehörenden Wirtschaftsgüter mit dem Teilwert zu erfolgen hat. Sie sind nach § 99 Abs. 3 BewG wie Grundvermögen bzw. land- und forstwirtschaftliches Vermögen zu bewerten. Der Teilwert gilt des weiteren nicht für zum Betriebsvermögen gehörende Mineralgewinnungsrechte (§ 100 BewG). Auch für Mineralgewinnungsrechte wird ein Einheitswert festgestellt (vgl. § 19 Abs. 1 BewG). *Beteiligungen an Personengesellschaften* sind mit dem nach § 19 Abs. 3 Nr. 2 BewG festgestellten Anteil am Einheitswert anzusetzen.[63]

bb) *Kapitalforderungen, der für Zölle und Steuern angesetzte Aufwand, der Geschäfts- und Firmenwert* sowie *Rückstellungen für Preisnachlässe und für Wechselhaftung* sind mit den Werten anzusetzen, die sich nach den

---

61 Vgl. § 7 Abs. 2 EntwLStG (= § 7 Abs. 3 EntwHStG 1963). Die Rücklage ist auch dann abzugsfähig, wenn die Beteiligung auf Grund des Schachtelprivilegs oder von Doppelbesteuerungsabkommen auf der Aktivseite nicht anzusetzen ist. Vgl. BFH vom 13. 1. 1988 II R 243/85 BStBl II 1988, 571 in Abweichung von BFH vom 20. 10. 1983 IV R 175/79 BStBl II 1984, 221.

62 Zum Teilwert vgl. § 5 III 4.

63 Vgl. dazu unten III 6.

Grundsätzen über die steuerliche Gewinnermittlung ergeben (§ 109 Abs. 4 BewG).[64]

cc) Für *Wertpapiere* und *Anteile an Kapitalgesellschaften* kommt der Teilwert ebenfalls nicht in Betracht. Sie werden, auch wenn sie zum Betriebsvermögen gehören, nach § 11 BewG bewertet (§ 109 Abs. 3 BewG). Wertpapiere und Schuldbuchforderungen, die am Stichtag an einer deutschen Börse zum amtlichen Handel zugelassen sind, werden mit dem niedrigsten am Stichtag für sie im amtlichen Handel notierten Kurs angesetzt (§ 11 Abs. 1 BewG). Die Kurswerte sind den im Bundesanzeiger veröffentlichten Listen des Bundesministers der Finanzen zu entnehmen (§ 113 BewG). Für einen Steuerpflichtigen, der eine größere Anzahl von Anteilen an derselben Kapitalgesellschaft besitzt, wird die Beteiligung unter Umständen, z. B. wenn ihre Höhe ihm die Beherrschung der Gesellschaft ermöglicht, einen erheblich höheren Wert haben als die Summe der amtlichen Kurswerte. Hier kommt ein Zuschlag zu der Summe der Kurswerte in Betracht (Paketzuschlag). Maßgebend ist nach § 11 Abs. 3 BewG der gemeine Wert der gesamten Beteiligung. Die sogenannten nichtnotierten Anteile an Kapitalgesellschaften sind mit dem *gemeinen* Wert anzusetzen (§ 11 Abs. 2 BewG).

dd) Für Pensionsverbindlichkeiten sind die ertragsteuerlichen Werte (§ 6 a EStG) zu übernehmen (§ 104 Abs. 3 BewG).[64a]

c) Die Ermittlung des gemeinen Wertes von nichtnotierten Anteilen an Kapitalgesellschaften[65]

Der gemeine Wert wird durch den Preis bestimmt, der im gewöhnlichen Geschäftsverkehr nach der Beschaffenheit des Wirtschaftsgutes bei einer Veräußerung zu erzielen wäre (§ 9 Abs. 2 BewG).

Der gemeine Wert von nicht notierten Anteilen an Kapitalgesellschaften ist damit in erster Linie aus Verkäufen von Anteilen an der Kapitalgesellschaft abzuleiten.[65a] Oft ist dies jedoch nicht möglich, weil z. B. Verkäufe nicht stattgefunden haben oder seit einem Verkauf längere Zeit verstrichen ist oder weil der Kaufpreis unter gewöhnlichen Umständen oder nur mit Rücksicht auf persönliche Verhältnisse bemessen worden ist. Für den Fall, daß sich der gemeine Wert nicht aus Verkäufen ableiten läßt, die weniger als ein Jahr zurückliegen, ist er nach § 11 Abs. 2 S. 2 BewG unter Berücksichtigung des Vermögens und der Ertragsaussichten der Kapitalgesellschaft zu schätzen. Die Schätzung erfolgt nach dem sog. *Stuttgarter Verfahren*, das im einzelnen in den Abschnitten 76–90 VStR niedergelegt ist.

---

64 Zur vermögensteuerlichen Bewertung von Kapitalforderungen und Kapitalschulden vgl. auch Abschn. 44 VStR.

64a Einzelheiten bei Gürsching/Stenger, § 104 BewG Rz. 11 ff.

65 Vgl. dazu im einzelnen Troll, Bewertung der GmbH-, OHG- und KG-Anteile bei der Vermögensteuer, 5. Aufl. 1989, sowie die betriebswirtschaftliche Analyse bei Moxter, Grundsätze ordnungsmäßiger Unternehmensbewertung, 2. Aufl. 1983, S. 65 ff.

65a Abschn. 74 Abs. 3 VStR.

Die VStR gehen davon aus (vgl. Abschn. 79 Abs. 1), daß der gemeine Wert eines Anteils an einer Kapitalgesellschaft grundsätzlich durch das Vermögen der Kapitalgesellschaft bestimmt wird,[66] daß ein Käufer jedoch bereit sein wird, einen über dem Vermögenswert liegenden Kaufpreis zu zahlen, wenn sich diese Anlage besser rentiert als eine andere langfristige Kapitalanlage, daß er hingegen weniger zahlen wird, wenn die Erträge des Anteils vergleichsweise geringer sind. Demgemäß geht das „Stuttgarter Verfahren" folgendermaßen vor:[67] Zunächst wird das Betriebsvermögen der Kapitalgesellschaft mit seinem Einheitswert angesetzt. Diesem Betriebsvermögen werden die im Einheitswert nicht erfaßten Vermögensteile hinzugerechnet. Grundbesitz wird mit dem Verkehrswert, in Ermangelung eines solchen mit 280 % des Einheitswerts, mindestens aber mit dem in der Bilanz ausgewiesenen Wert angesetzt (VStR Abschn. 77 Abs. 3).[68] Von dem so ermittelten Vermögen der Kapitalgesellschaft ist ein Abschlag von 15 % zu machen (VStR Abschn. 77 Abs. 5). Durch diesen Abschlag wird der Tatsache Rechnung getragen, daß das Vermögen der Gesellschaft für den Anteilseigner nicht denselben Wert wie für das Unternehmen selbst hat.

Die Korrektur des so ermittelten Substanzwertes durch Berücksichtigung des Ertragswertes geschieht folgendermaßen: Auf Grund der Betriebsergebnisse der drei letzten Jahre wird ein Ertragshundertsatz ermittelt (vgl. i. e. Abschn. 78 VStR). Das Fünffache dieses Ertragshundertsatzes wird zu dem Substanzwert addiert. Als gemeiner Wert sind 70 % dieser Summe anzusetzen (vgl. i. e. Abschn. 79 VStR).

Dieses in groben Zügen skizzierte Verfahren gilt für die Ermittlung des gemeinen Wertes der Anteile von Gesellschaftern, die Einfluß auf die Geschäftsführung der Kapitalgesellschaft haben. Handelt es sich um Anteile, die keinen Einfluß auf die Geschäftsführung gewähren (vgl. zu den Voraussetzungen Abschn. 80 Abs. 1, 3 VStR),[69] so wird dies durch einen auf 25 % erhöhten Abschlag bei der Ermittlung des Vermögens der Kapitalgesellschaft und auch bei der Berechnung des Ertragshundertsatzes berücksichtigt (vgl. Abschn. 80 Abs. 2 VStR).

---

66 Zur Frage der Berücksichtigung der latenten Ertragsteuerbelastung bei der Anteilsbewertung nach dem Stuttgarter Verfahren vgl. BFH vom 20. 10. 1978 III R 31/76 BStBl II 1979, 34; BFH vom 2. 10. 1981 III R 27/77 BStBl II 1982, 8; BFH vom 28. 9. 1988 I R 31/86 BStBl II 1989, 85; Bauer, DB 1980, 323 ff, 370 ff.

67 Zu den Einzelheiten vgl. Abschn. 76 ff VStR und die Darstellung bei Troll aaO, (Anm. 65), S. 37 ff.

68 Zu der wertmäßigen Erfassung von Betriebsgrundstücken vgl. kritisch z. B. Bügler/Lang, DB 1975, 808 ff.

69 Nach Abschn. 80 Abs. 3 VStR a. F. waren für die Feststellung des Einflusses auf die Geschäftsführung „im allgemeinen auch die Anteile seines Ehegatten und seiner minderjährigen Kinder mit zu berücksichtigen". Dies ist nach der Entscheidung des Bundesverfassungsgerichts vom 12. 3. 1985 1 BvR 57/81 u. a. BStBl II 1985, 475 betr. die Zusammenrechnung bei der Betriebsaufspaltung nicht mehr zulässig; dementsprechend fordern Abschn. 80 Abs. 3 i. V. m. Abschn. 74 Abs. 4 VStR 1989 zusätzliche Beweisanzeichen für eine enge Wirtschaftsgemeinschaft (vgl. auch Irmler, BB 1987, 535).

Eine Reihe von Sonderfällen der Bewertung von nicht notierten Anteilen an Kapitalgesellschaften ist in den Abschnitten 81–89 VStR geregelt. So ist z. B. nach Abschn. 81 VStR bei der Bewertung der Anteile an einer Holdinggesellschaft grundsätzlich als gemeiner Wert der Vermögenswert, also ohne Berücksichtigung der Ertragsaussichten, anzusetzen.[70]

Die Ermittlung des gemeinen Wertes von nicht notierten Anteilen an Kapitalgesellschaften nach dem Stuttgarter Verfahren ist einer der umstrittensten Gegenstände des Bewertungsrechtes. Die Einwände gegen das Stuttgarter Verfahren sind Legion.[71] Sie treffen nicht nur seine Einzelbestandteile, sondern stellen auch das ganze Verfahren im Grundsatz in Frage. Es werden insbesondere unter dem Gesichtspunkt der Gleichmäßigkeit der Besteuerung massive verfassungsrechtliche Bedenken erhoben. Dazu tritt die Kritik aus betriebswirtschaftlicher Sicht. Auch unter dem Gesichtspunkt der Gesetzmäßigkeit werden gegen den de-facto-Normencharakter der Regelungen des Stuttgarter Verfahrens in den VStR verfassungsrechtliche Zweifel erhoben.[72] Andererseits kommt man, wenn alle rechtlichen und tatsächlichen Möglichkeiten bei der Anwendung des Stuttgarter Verfahrens angewendet werden, zu vertretbaren Ergebnissen. Eine geeignete andere Bewertungsmethode, mit der sich „bessere" – oder „richtigere" – Ergebnisse erzielen lassen, ist ohnehin nicht in Sicht.[73]

5. Das bewertungsrechtliche Schachtelprivileg

a) Das Schachtelprivileg für inländische Beteiligungen

Das bewertungsrechtliche Schachtelprivileg ist insbesondere in Hinsicht auf die Vermögensteuer zu sehen.[74] Dabei ist von der folgenden Gegebenheit auszugehen: Das in einer Kapitalgesellschaft formierte Vermögen ist doppelt mit der Vermögensteuer belastet. Zum einen hat die Kapitalgesellschaft

---

70 Den in der Literatur vorgetragenen Bedenken (vgl. z. B. Sauer, StbJb 1976/76, 288; Bierle, Die steuerliche Anteilsbewertung, 1974, S. 174) ist der BFH in der Entscheidung vom 3. 12. 1976 III R 98/74 BStBl II 1977, 235 nicht gefolgt.

71 Aus der umfangreichen Literatur vgl. insbesondere Groh, BB 1970, 744 ff; Maul, StuW 1974, 132 ff, 362 ff; Barth, Die Bewertung von Anteilen an Kapitalgesellschaften für Zwecke der Vermögensteuer, 1974; Bierle, Die steuerliche Anteilsbewertung, 1974; Sauer, StbJb 1975/76, 263 ff; Barth, BB 1976, 182; Moxter, DB 1976, 1585 ff; Vogel, Das Problem der steuerlichen Gleichbehandlung notierter und unnotierter Anteile im Bewertungsrecht, 1979; Troll, StbJb 1980/81, 255; Bauer, DB 1980, 320 ff, 370; Ziegeler, DB 1983, 791; Reimann, DB 1982, 2153; Müller-Dott, StbJb 1985/86, 311.

72 Vgl. dazu insbesondere Sauer, StbJb. 1975/76, 263 ff, 277 ff; AG 1977, 215 ff; Hemsteg, AG 1978, 232 ff; Sauer, AG 1978, 235 ff. Der BFH hebt allerdings hervor, daß das „Stuttgarter Verfahren" für ihn nur ein Hilfsmittel der Bewertung sei (vgl. BFH vom 7. 12. 1977 II R 164/72 BStBl II 1978, 323).

73 Vgl. dazu i. e. Kann, DB 1982, 2658.

74 Zur Behandlung der Beteiligungen bei der Gewerbekapitalsteuer vgl. unten IV 4 b.

selbst Vermögensteuer zu zahlen, zum anderen ist auch der Anteilseigner für die Anteile an der Kapitalgesellschaft zur Vermögensteuer heranzuziehen.[75] Das bewertungsrechtliche Schachtelprivileg soll nur verhindern, daß bei einer Verschachtelung von Kapitalgesellschaften aus dieser Doppelbelastung eine Drei- oder Mehrfachbelastung wird.

Beispiel: An der Untergesellschaft ist die Obergesellschaft zu 100 % beteiligt. Die Untergesellschaft zahlt für ihr Betriebsvermögen Vermögensteuer; ohne das Schachtelprivileg müßte die Obergesellschaft für das in den Anteilen an der Untergesellschaft repräsentierte Vermögen der Untergesellschaft wiederum Vermögensteuer zahlen und der Gesellschafter der Obergesellschaft für die Anteile an der Obergesellschaft noch einmal.

Um diese Drei- oder Mehrfachbelastung zu verhindern, bestimmt § 102 Abs. 1 BewG, daß bei der Ermittlung des Wertes des Betriebsvermögens der Obergesellschaft die Schachtelbeteiligung an der Untergesellschaft außer Betracht bleibt – und damit nicht der Vermögensteuer bei der Obergesellschaft unterliegt. Es bleibt bei der Doppelbelastung des Vermögens der Untergesellschaft (Vermögensteuer bei der Untergesellschaft und Vermögensteuer beim Gesellschafter der Obergesellschaft auf die Anteile an der Obergesellschaft).

Das Schachtelprivileg nach § 102 Abs. 1 BewG ist an folgende Voraussetzungen geknüpft:

aa) Begünstigt sind nur Beteiligungen einer *inländischen* Kapitalgesellschaft usw. an einer anderen *inländischen* Kapitalgesellschaft.[76]

bb) Die Obergesellschaft muß an der Untergesellschaft zu mindestens 10 %[77] beteiligt sein. Bei Beteiligungen von Kapitalgesellschaften an Kapitalgesellschaften unter 10 % tritt also die Mehrfachbelastung noch ein.

cc) Es muß sich um eine *unmittelbare* Beteiligung der Obergesellschaft handeln. Eine solche liegt bei Zwischenschaltung einer Personengesellschaft nicht vor.[78]

dd) Das Schachtelprivileg wird nur insoweit gewährt, als die betreffende Beteiligung „ununterbrochen seit mindestens zwölf Monaten vor dem maßgebenden Abschlußzeitpunkt" bestanden hat.[79]

75 Zur Problematik der Doppelbelastung bei der Vermögensteuer vgl. oben II.

76 Zum Schachtelprivileg, über die Grenze vgl. III 5b.

77 Die Grenze von 10 % ist durch das Steuerentlastungsgesetz 1984 eingeführt worden. Zu der Problematik der bis zum 31. 12. 1983 maßgeblichen 25 %-Grenze vgl. 4. Aufl., § 26 III 5 a, bb (S. 598) mit Nachweisen.

78 Vgl. dazu i. e. 2. Aufl., § 20 a II 2 sowie zuletzt BFH vom 2. 3. 1988 II R 153/85 BStBl II 1988, 573; BFH vom 15. 6. 1988 II R 224/84 BStBl II 1988, 761.

79 Vgl. dazu, insbesondere auch zum Fall der Veräußerung auf den Beginn oder das Ende eines Wirtschaftsjahres, näher die Erläuterungen in VStR Abschn. 25 Abs. 2. Zur Mindestbesitzdauer für das Schachtelprivileg gem. § 102 Abs. 2 BewG nach der Rückführung einer ausländischen Beteiligung gem. § 19 AStG: Escher, AWD 1979, 611.

b) Das Schachtelprivileg über die Grenze

Neben dem Schachtelprivileg des § 102 Abs. 1 BewG für Beteiligungen an inländischen Kapitalgesellschaften steht das Schachtelprivileg über die Grenze. Das Schachtelprivileg für Beteiligungen an ausländischen Kapitalgesellschaften kam ursprünglich nur nach einigen DBA in Betracht. Dieser Rechtszustand, nach dem die Höhe der Vermögensteuerbelastung der im Ausland investierenden Kapitalgesellschaft von dem Bestehen eines DBA abhängig war, brachte für deutsche Auslandsinvestitionen gewisse Wettbewerbsverzerrungen mit sich. Aus diesem Grunde wurde durch das Außensteuerreformgesetz von 1972 die Vorschrift des § 102 Abs. 2 BewG eingefügt. Danach kann das Schachtelprivileg unter bestimmten Voraussetzungen für Beteiligungen an ausländischen Tochtergesellschaften und partiell auch für mittelbare Beteiligungen an ausländischen Enkelgesellschaften auf Antrag auch bei Nichtvorliegen eines DBA gewährt werden.[80]

c) Der Schuldenabzug bei Schachtelbeteiligungen

Im wirtschaftlichen Ergebnis kommt das Schachtelprivileg nicht zur Geltung, wenn der Erwerb der Schachtelbeteiligung fremdfinanziert ist. Da die Schachtelbeteiligung nach § 102 Abs. 1 BewG nicht zum gewerblichen Betrieb gehört und Schulden nach § 103 BewG nur insoweit abgezogen werden dürfen, als sie mit der Gesamtheit oder mit einzelnen Teilen des gewerblichen Betriebes in wirtschaftlichem Zusammenhang stehen, sind nach der Auffassung der Rechtsprechung[81] und der Finanzverwaltung[82] Schulden in wirtschaftlichem Zusammenhang mit der Schachtelbeteiligung nicht abzugsfähig. Das gilt sowohl für ein in wirtschaftlichem Zusammenhang mit dem Erwerb der Schachtelbeteiligung aufgenommenes Darlehen als auch für die Resteinzahlungsverpflichtung auf eine Schachtelbeteiligung.[83]

Die Versagung des Schuldenabzugs führt dazu, daß bei fremdfinanzierten Schachtelbeteiligungen eine über die Doppelbelastung hinausgehende Mehrfachbesteuerung des Vermögens von Kapitalgesellschaften erfolgt. Dieses Ergebnis ist in der Literatur[84] zu Recht immer wieder kritisiert worden. Das Verbot des Schuldenabzugs widerspricht der Zielsetzung des Schachtelprivilegs, nämlich der Vermeidung der Mehrfachbesteuerung. Auch der BFH[85] sieht dies, will aber nicht gegen den Gesetzeswortlaut entscheiden.

---

80 Vgl. dazu näher Lempenau, BB 1972, 1045 ff; Heinze, StuW 1973, 17 ff; Reuter, DStR 1973, 327 ff; Müller, DStZ/A 1973, 252 ff; Manke, FR 1984, 84.

81 Z. B. BFH vom 28. 1. 1972 III R 4/71 BStBl II 1972, 416.

82 Abschn. 26 Abs. 3 S. 2 VStR.

83 Vgl. dazu BFH vom 19. 12. 1969 III R 21/67 BStBl II 1970, 201; Reuter/Euler, DStR 1970, 340; GmbHR 1972, 32.

84 Vgl. z. B. Reuter, BB 1964, 503 ff; Rose, GmbHR 1967, 105 ff; Franken, BB 1973, 1936; Kuhn, FR 1976, 337 ff; Bättenhausen, DB 1976, 2034 ff.

85 BFH vom 28. 1. 1972 aaO, (Anm. 81); BFH vom 18. 5. 1988 II R 1/85 BStBl II 1988, 822.

Angesichts dieser Lage muß man darauf achten, daß – soweit dies möglich ist – die Voraussetzungen für die Annahme eines unmittelbaren wirtschaftlichen Zusammenhanges zwischen dem Erwerb einer Schachtelbeteiligung und einer Schuldaufnahme gar nicht erst geschaffen werden. So wird ein unmittelbarer wirtschaftlicher Zusammenhang zwischen Schachtelbeteiligung und Schuld z. B. nicht angenommen, wenn die Obergesellschaft die Beteiligung zwar in bar bezahlt, jedoch zum Erwerb anderer Wirtschaftsgüter eine Schuld eingeht.[86] Auch nach Auffassung der Finanzverwaltung[87] sind nur solche Schulden als nichtabzugsfähig anzusehen, die *eindeutig* den außer Ansatz bleibenden Schachtelbeteiligungen zugeordnet werden können.

Auch hinsichtlich des Schachtelprivilegs, das für Beteiligungen an ausländischen Kapitalgesellschaften in Anspruch genommen wird, besteht die Problematik des Verbotes des Schuldenabzugs. Auch die Zielsetzung dieses Schachtelprivilegs, nämlich die Vermeidung des Wettbewerbsnachteils für deutsche Auslandsinvestitionen gegenüber der ausländischen Konkurrenz, wird durch die Versagung des Schuldenabzugs unterlaufen.[88]

Nach der früheren Rechtsprechung wurde der Schuldenabzug selbst in dem Fall versagt, daß die Schachtelbeteiligung keinen Wert mehr hat,[89] also ein Schuldenüberhang besteht. Diese Rechtsprechung hat der BFH mit Urteil vom 18. 5. 1988[90] aufgegeben: In wirtschaftlichem Zusammenhang mit einer Schachtelbeteiligung aufgenommene Schulden können insoweit abgezogen werden, als sie den Wert der Schachtelbeteiligung übersteigen. Damit steht der Steuerpflichtige auf Grund der Schachtelvergünstigung nicht mehr schlechter, als wenn es diese Vergünstigung nicht gäbe.

86 Vgl. Gürsching/Stenger, § 102 BewG Anm. 51 mit Nachweisen. Zu dem Problem der Zurechnung von Schulden zum steuerpflichtigen und zum steuerbefreiten Betriebsvermögen vgl. grundsätzlich Sauer, StuW 1977, 11 ff; Rössler/Troll, § 102 BewG Rz. 25.

87 Vgl. FinMin NRW vom 3. 11. 1977 BB 1977, 1642.

88 Eine nach § 7 EntwLStG gebildete steuerfreie Rücklage ist nach BFH vom 13. 1. 1988 II R 243/85 BStBl II 1988, 571 auch dann abzugsfähig, wenn die Beteiligung nicht zum gewerblichen Betrieb gehört (gegen BFH vom 20. 10. 1983 IV R 175/79 BStBl II 1984, 221).

89 BFH vom 19. 12. 1969 aaO, (Anm. 83).

90 BFH vom 18. 5. 1988 II R 1/85 BStBl II 1988, 822. Dem folgen die Vermögensteuerrichtlinien in Abschn. 26 Abs. 3. Bei Berechnung des Schuldenüberhangs kann die Schachtelbeteiligung nur dann mit einem unter dem Kaufpreis liegenden Wert angesetzt werden, wenn die wirtschaftliche Entwicklung der Schachtelgesellschaft dies rechtfertigt (vgl. BFH aaO).

6. Besonderheiten bei der Ermittlung und Zurechnung des Einheitswertes für Betriebe von Personengesellschaften[91]

Die Personengesellschaften als solche sind nicht vermögensteuerpflichtig. Das Vermögen von Personengesellschaften ist vielmehr anteilig bei den Gesellschaften zu erfassen. Die Personengesellschaften sind aber selbständig gewerbesteuerpflichtig.

Nach § 97 Abs. 1 Nr. 5 BewG besteht bewertungsrechtlich bei Personengesellschaften i. S. des § 15 Abs. 1 S. 1 Nr. 2 EStG ein einheitlicher gewerblicher Betrieb, für den ein Einheitswert festzustellen ist.[92] Die gesonderte Feststellung des Einheitswertes des gewerblichen Betriebes der Personengesellschaft erfolgt einheitlich gegenüber allen Gesellschaftern (§ 179 Abs. 2 S. 2 AO). In dem Feststellungsbescheid ist nach § 19 Abs. 3 Nr. 2 BewG in Verbindung mit § 39 Abs. 2 Nr. 2 AO zugleich die Verteilung des Einheitswertes auf die Gesellschafter nach dem Verhältnis ihrer Anteile vorzunehmen.

a) Der Umfang des Betriebsvermögens von Personengesellschaften

In die Vermögensaufstellung der Personengesellschaft sind *alle* Wirtschaftsgüter aufzunehmen, die der Gesellschaft gehören, und zwar auch dann, wenn sie nicht dem Betrieb der Gesellschaft dienen (vgl. § 97 Abs. 1 Nr. 5 BewG). Dies entspricht der zum Bilanzrecht vertretenen Auffassung, daß die Wirtschaftsgüter des Gesamthandsvermögens per se Betriebsvermögen sind.

Was die Wirtschaftsgüter anbetrifft, die zwar dem Betrieb der Gesellschaft dienen, aber im Eigentum eines Gesellschafters stehen, so ist in dem Steuerentlastungsgesetz 1984 (§ 97 Abs. 1 Nr. 5 S. 2 a. F.) die frühere gesetzwidrige[93] Praxis sanktioniert worden.[94] Die gesetzliche Formulierung[94a] hatte frei-

---

91 Vgl. kritisch zum derzeitigen Stand Halaczinsky, BB 1985, 1341; Marx, Der Einheitswert des gewerblichen Betriebsvermögens von Personengesellschaften, Universität Trier, Fachbereich IV (Schwerpunkt Finanzwissenschaft/Betriebswirtschaftliche Steuerlehre); Marx, DB 1987, 1385.

92 Für die atypische stille Gesellschaft sieht Döllerer (DStR 1985, 295 ff, 300 f) die Lage anders. Da es ein Betriebsvermögen der atypischen stillen Gesellschaft nicht geben soll, sondern nur ein solches des Geschäftsinhabers (vgl. dazu oben § 9 II 4b), soll es auch keinen Einheitswert des Gewerbebetriebs der atypischen stillen Gesellschaft und auch kein Gewerbekapital geben. Zum Umfang des Betriebsvermögens bei der atypischen GmbH und Still vgl. Hoffmann, DB 1984, 2379; dagegen Christoffel, DB 1985, 2429 und anschließende Replik von Hoffmann.

93 Vgl. dazu die 4. Aufl., § 26 III 6a (S. 601 ff).

94 Zu Recht hat Hauter, BB 1985, 646 f die Frage aufgeworfen, die sich der Gesetzgeber hätte stellen sollen, nämlich die Frage, wozu die bewertungsrechtliche Hinzurechnung der im Eigentum eines Gesellschafters stehenden Wirtschaftsgüter eigentlich gut ist.

lich nur das sogenannte Sonderbetriebsvermögen I[95] erfaßt, so daß die Einbeziehung auch des Sonderbetriebsvermögens II in den betrieblichen Einheitswert der Gesellschaft weiterhin ohne gesetzliche Grundlage geschah. Das Steuerreformgesetz 1990 hat nunmehr die gesetzliche Grundlage für die Einbeziehung auch des Sonderbetriebsvermögens II[96] geschaffen.

Nach der Darstellung der Begründung des Steuerreformgesetzes 1990[97] sollte durch die Regelung des Steuerentlastungsgesetzes 1984 allerdings die Behandlung sowohl des Sonderbetriebsvermögens I als auch die des Sonderbetriebsvermögens II „klarstellend“ geregelt werden. So „klarstellend“ war denn die Regelung nun doch nicht, denn inzwischen ist die Klarstellung ihrerseits „klargestellt worden“. Gehören die Wirtschaftsgüter, die nach § 97 Abs. 1 Nr. 5 S. 2 BewG in den Einheitswert der Gesellschaft einzubeziehen sind, zu einem eigenen Gewerbebetrieb des Gesellschafters, so stellt sich wie im Ertragsteuerrecht das Konkurrenzproblem. Im Ertragsteuerrecht gibt der BFH der Gewinnermittlung bei der Gesellschaft den Vorrang vor der eigenen Gewinnermittlung des Gesellschafters.[98] Dies ist zwar vom Ausgangspunkt des BFH her konsequent, bringt aber praktische Schwierigkeiten mit sich. Die vom BFH vertretene ertragsteuerliche Lösung des Konkurrenzproblems zwischen Betrieb der Gesellschaft und Einzelbetrieb des Gesellschafters hat das Steuerreformgesetz nunmehr allgemein für das Bewertungsrecht übernommen: Die Zuordnung des Sonderbetriebsvermögens zum Betrieb der Gesellschaft hat Vorrang vor der Zugehörigkeit des Sonderbetriebsvermögens zum Eigenbetrieb des Gesellschafters.[99]

Wie die Selbständigkeit der Personengesellschaft gegenüber den Gesellschaftern bei der Einbeziehung der Wirtschaftsgüter des Gesellschafters in den Einheitswert des Betriebes der Gesellschaft ignoriert wird, so ist dies auch bei der bewertungsrechtlichen Behandlung von Forderungen und Schulden zwischen Gesellschaft und Gesellschaftern der Fall: Forderungen der Gesellschaft gegen einen Gesellschafter sowie Verbindlichkeiten der Gesellschaft gegenüber den Gesellschaftern werden als Wirtschaftsgüter des Sonderbetriebsvermögens dem Einheitswert des Gesellschaftsvermögens zu-

---

94a Zur typographischen Gestaltung der Vorschrift vgl. die Analyse bei Raupach, StuW 1988, 242 ff.

95 Vgl. oben § 11 II 2a.

96 Zum Sonderbetriebsvermögen II gehören nach der Rechtsprechung des BFH insbesondere die Anteile der Kommanditisten an der Komplementär-GmbH (vgl. oben § 11 II 2b). Insoweit hat allerdings das Urteil des BFH vom 7. 12. 1984 III R 91/81 BStBl II 1985, 241 eine längst überfällige Änderung gegenüber dem bisherigen Zustand gebracht: Dem Betriebsvermögen einer GmbH u. Co. KG sind die Anteile der Kommanditisten an der geschäftsführenden Komplementär-GmbH nur noch dann hinzuzurechnen, wenn sich die GmbH auf die Geschäftsführung für die KG beschränkt oder wenn ein daneben bestehender eigener Geschäftsbetrieb von ganz untergeordneter Bedeutung ist.

97 BT-Drs. 11/2157 S. 186 f.

98 Zum Ertragsteuerrecht vgl. § 11 II 3.

99 Die bisherige Regelung des § 97 Abs. 1 Nr. 5 S. 2 2. Hs. BewG, daß die eigene Vermögensaufstellung des Gesellschafters Vorrang hat, wenn es sich bei diesem um eine Körperschaft handelt, ist aufgegeben worden.

gerechnet (vgl. VStR Abschn. 16 Abs. 1).[99a] Ausgenommen werden nur Fälle, in denen der Gesellschafter gleichzeitig Inhaber eines Gewerbebetriebes ist und mit der Gesellschaft in regelmäßigem Geschäftsverkehr steht, oder die Fälle der kurzfristigen Verauslagung von Geldbeträgen für oder durch die Gesellschaft (VStR Abschn. 16 Abs. 3).

Auch die von der Gesellschaft einem Gesellschafter-Geschäftsführer gegenüber eingegangene Pensionsverpflichtung wird nicht zum Abzug zugelassen. Das gilt nach einem Urteil des BFH vom 7. 12. 1984[100] auch für die Versorgungszusage gegenüber der Witwe eines Gesellschafter-Geschäftsführers, die ihrerseits nicht Gesellschafterin ist:[101] Die Rentenverpflichtung ist nicht als Betriebsschuld abzuziehen, sondern als Schuld der Privatsphäre der beteiligten Gesellschafter zuzuordnen; diese können entsprechend ihren Anteilen die Rentenverpflichtung bei ihrem Gesamtvermögen als Schuld berücksichtigen. In Anlehnung an die Rechtsprechung des BFH[102] zum Bilanzsteuerrecht akzeptieren die VStR (Abschn. 16 Abs. 1 S. 9, 10) aber, daß eine für einen Arbeitnehmer gebildete Pensionsrückstellung auch noch abgezogen werden kann, nachdem der Arbeitnehmer Gesellschafter geworden ist.

In den Einheitswert des Betriebes der Personengesellschaft werden grundsätzlich nicht nur die einem Gesellschafter, sondern – in Anlehnung an § 26 BewG – darüber hinaus auch noch die dem Ehegatten eines Gesellschafters gehörenden Wirtschaftsgüter einbezogen (vgl. Abschn. 15 Abs. 2 VStR). Diese Behandlung ist nicht zu rechtfertigen. Im einzelnen ist auf die unter Ziff. 3 a dargelegten Bedenken verweisen. Schuldverhältnisse zwischen der Gesellschaft und einem Ehegatten des Gesellschafters werden allerdings vom BFH respektiert.

Hat z. B. der Ehegatte eines Gesellschafters der Gesellschaft ein Darlehen gegeben, so kann die Gesellschaft die Darlehensverbindlichkeit als Betriebsschuld abziehen.[103] Das gleiche gilt für die typische stille Beteiligung des Gesellschafter-Ehegatten an der Gesellschaft.

Die VStR (Abschn. 5 Abs. 2 S. 3) sehen dies anders: Eine Forderung, die der Ehegatte eines Gesellschafters gegen die Gesellschaft hat, soll beim „Gesamthandseigentum“ als Schuldposten und beim Sonderbetriebsvermögen des Gesellschafters – zu dessen Vermögen die Forderung freilich gar nicht gehört! – als Besitzposten anzusehen sein. Diese der gesetzlichen Grundlage

99a Einzelheiten bei Gürsching/Stenger, § 97 BewG Rz. 55 ff.

100 BFH vom 7. 12. 1984 III R 82/79 BStBl II 1985, 239; vgl. zu dem Urteil Hauter, BB 1985, 646, der zu Recht darauf hinweist, daß hinsichtlich der bewertungsrechtlichen Behandlung von Pensionsanwartschaften noch viele Fragen offen sind.

101 Zur ertragsteuerlichen Lage vgl. oben § 11 IV 3 a.

102 BFH vom 8. 1. 1975 I R 142/72 BStBl II 1975, 437; vgl. dazu oben § 11 IV 1.

103 BFH vom 31. 10. 1969 III R 145/66 BStBl II 1970, 197; BFH vom 12. 11. 1971 III R 87/68 BStBl II 1972, 211.

entbehrende Auffassung führt zu einer unerhörten Diskriminierung der Ehe bei der Gewerbekapitalsteuer.[104]

b) Die Aufteilung des Einheitswerts auf die Gesellschafter

In der Einheitswertfeststellung für den gewerblichen Betrieb einer Personengesellschaft ist nach § 19 Abs. 3 Nr. 2 BewG eine anteilige Zurechnung des festgestellten Einheitswerts auf die Gesellschafter vorzunehmen. Der Anteil des einzelnen Gesellschafters am Einheitswert der Gesellschaft ist dessen Betriebsvermögen, das bei ihm ggf. zur Vermögensteuer heranzuziehen ist.

Vor der anteiligen Aufteilung des Einheitswerts sind zunächst die Wirtschaftsgüter, die zwar in dem Einheitswert des Betriebsvermögens enthalten sind, aber einem der Gesellschafter gehören, vorab diesem Gesellschafter zuzurechnen (Abschn. 18 Abs. 2 S. 1 VStR). Nur der danach verbleibende Einheitswert des Betriebsvermögens ist auf die Gesellschafter anteilig zu zerlegen (§ 39 Abs. 2 Nr. 2 AO).

Nach Abschn. 18 Abs. 3 VStR ist grundsätzlich der Aufteilungsmaßstab zugrunde zu legen, den die Gesellschafter übereinstimmend für richtig erachten, sofern dieser „wirtschaftlich vertretbar" ist. Das bisherige und insbesondere von Flume[105] kritisierte Verfahren der VStR a. F.[106] für den Fall, daß von den Gesellschaftern kein Maßstab für die Aufteilung angegeben wird, ist vom BFH in der Entscheidung vom 24. 6. 1981[107] verworfen worden. In Verarbeitung des Urteils haben die VStR in Abschn. 18 und 19 eine neue Regelung zur Aufteilung des Einheitswertes des Betriebsvermögens von Personengesellschaften gebracht.[108]

Den vermögensteuerlichen Freibetrag von 125 000 DM und den für das darüber hinausgehende Betriebsvermögen geltenden Abschlag von 25 % (§ 117 a BewG) kann – da nicht die Gesellschaft selbst vermögensteuerpflichtig ist – jeder Gesellschafter für sich in Anspruch nehmen.

IV. Die Steuer nach dem Gewerbekapital

1. Einleitung

Als Realsteuer belastet die Gewerbesteuer unmittelbar den Gewerbebetrieb.[109] Sie wird ihrer Tradition nach nicht nach der steuerlichen Leistungsfähigkeit des Betriebsinhabers, sondern nach dem Grundsatz von Leistung

104 Vgl. § 26 IV 3 a.
105 Flume, DB 1973, 13 ff.
106 Vgl. dazu die 3. Aufl., § 26 III 6 b (S. 528 f).
107 BFH vom 24. 6. 1981 III R 49/78 BStBl II 1982, 2.
108 Vgl. auch Ländererlaß vom 22. 11. 1983 BStBl I 1983, 503 und zu den dort dargestellten Aufteilungsmöglichkeiten Christoffel, DB 1985, 1108 f.
109 Vgl. zur Gewerbesteuer allgemein § 21 Einleitung.

und Gegenleistung (Äquivalenzprinzip) erhoben. Durch die Kombination der beiden Besteuerungsgrundlagen Gewerbeertrag[110] und Gewerbekapital soll eine gewisse Krisenfestigkeit des Gewerbesteueraufkommens gesichert werden. Wegen der Konjunkturempfindlichkeit des Gewerbeertrages ist mit dem Gewerbekapital eine von der Ertragslage unabhängige Besteuerungsgrundlage zusätzlich gewählt. Daß auf diese Weise bei Gewerbebetrieben, die mit Verlust arbeiten, die Steuer aus der Substanz entrichtet werden muß, wird vom Gesetzgeber bislang in Kauf genommen.[111]

2. Zum Begriff des Gewerbekapitals

Ebenso wie für den Gewerbeertrag hat das Gesetz für das Gewerbekapital auf eine Begriffsbestimmung verzichtet und sich damit begnügt, festzulegen, wie das Gewerbekapital zu ermitteln ist. Nach § 12 Abs. 1 GewStG gilt als Gewerbekapital der Einheitswert des gewerblichen Betriebes im Sinne des Bewertungsgesetzes mit den sich aus den Absätzen 2 bis 4 ergebenden Änderungen. Ausgangsgröße für die Ermittlung des Gewerbekapitals ist also der Einheitswert. Dieser ist durch Hinzurechnungen und Kürzungen zum Gewerbekapital umzugestalten. Die *Hinzurechnungen* haben den Sinn, das *gesamte* vom Betrieb genutzte Kapital zu erfassen ohne Rücksicht darauf, ob es zum Vermögen des Betriebsinhabers gehört oder nicht. Auf diese Weise wird dem Realsteuercharakter der Gewerbesteuer Rechnung getragen.[112] Die *Kürzungen* haben den Zweck, eine doppelte Belastung derselben Vermögensteile durch Realsteuern zu vermeiden. Deshalb werden durch die Kürzungen die Vermögensteile aus dem Gewerbekapital ausgeschieden, die bereits der Grundsteuer oder bei einem anderen Betrieb der Steuer nach dem Gewerbekapital unterliegen.

Der Einheitswert des gewerblichen Betriebes ist für die Ermittlung des Gewerbekapitals bindend. Der Einheitswert ist in dem Verfahren der gesonderten Feststellung nach §§ 179 ff AO ermittelt, und Feststellungsbescheide sind nach § 182 AO für die Folgebescheide maßgeblich. Der Einheitswert ist also unverändert für die Ermittlung des Gewerbekapitals zu übernehmen. Der Gewerbesteuermeßbescheid kann nicht mit der Begründung angefochten werden, daß der Einheitswert des gewerblichen Betriebes aus irgendwelchen Gründen unzutreffend festgestellt worden sei. Dieser Einwand kann

110 Zur Steuer nach dem Gewerbeertrag vgl. oben § 21. Vgl. dort auch allgemein zum Steuerschuldner und zur sachlichen Steuerpflicht bei der Gewerbesteuer (§ 21 I) sowie zum Gewerbesteuertarif (§ 21 III).

111 Vgl. Begründung zum Gewerbesteuergesetz 1936 aaO. Auch die Große Steuerreformkommission hat an dem Gewerbekapital als Bemessungsgrundlage festgehalten (vgl. Gutachten VIII Rdz. 215 ff). Zur aktuellen steuerpolitischen Diskussion vgl. Knobbe-Keuk, DB 1989, 1303 ff. Zur Reformdiskussion zur Gewerbesteuer vgl. § 21 mit Nachweisen.

112 Vgl. dazu oben § 21 I.

nur in dem gesonderten Feststellungsverfahren gegen den Einheitswertbescheid erhoben werden.[113]

Als Ausgangsgröße für die Ermittlung des Gewerbekapitals ist der Einheitswert maßgebend, der auf den letzten Feststellungszeitpunkt vor dem Ende des Erhebungszeitraumes lautet (§ 12 Abs. 5 GewStG).

3. Die Hinzurechnungen zum Einheitswert

a) Dauerschulden

Dem Einheitswert sind nach § 12 Abs. 2 Nr. 1 GewStG zur Hälfte die Verbindlichkeiten hinzuzurechnen, die den Entgelten i. S. des § 8 Nr. 1 GewStG entsprechen, soweit sie bei der Feststellung des Einheitswerts abgezogen worden sind und 50 000 DM übersteigen.

Nach Abschn. 5 Abs. 2 S. 4 VStR sind Schulden des Betriebsinhabers gegenüber dem Ehegatten bei der Einheitsbewertung des Betriebsvermögens nicht anzusetzen.[114] Diese Auffassung entbehrt ohnehin der gesetzlichen Grundlage. Darüber hinaus führt sie gewerbesteuerlich zu einer unerhörten – verfassungswidrigen – Diskriminierung der Ehe. Besteht die Betriebsschuld gegenüber einem Dritten, so unterliegt sie zur Hälfte der Gewerbekapitalsteuer; besteht die Betriebsschuld gegenüber dem Ehegatten wird sie voll mit der Gewerbekapitalsteuer belegt!! Entsprechendes gilt für den Fall (vgl. VStR Abschn. 5 Abs. 2 S. 3), daß bei einer Personengesellschaft eine Schuld gegenüber dem Ehegatten eines Gesellschafters besteht.

Der Begriff der Dauerschulden ist beim Gewerbekapital der gleiche wie beim Gewerbeertrag.[115] Dennoch können sich gewisse Unterschiede ergeben. So spielen bei der Ermittlung des Gewerbeertrags nur verzinsliche Dauerschulden eine Rolle. Bei der Ermittlung des Gewerbekapitals hingegen ist es gleichgültig, ob die Schulden verzinslich sind oder nicht,[116] wenn es sich nur um Dauerschulden handelt; denn beim Gewerbekapital kommt es darauf an, die Vermögenswerte zu erfassen, die dem Betrieb zur Verfügung stehen.

Für die Höhe der Dauerschulden, die dem Einheitswert hinzuzurechnen sind, ist der Stand in dem Zeitpunkt maßgebend, auf den der Einheitswert festgestellt worden ist. Danach besteht bei der Berücksichtigung der Dauerschulden der folgende Unterschied zwischen Gewerbeertrag und Gewerbekapital: Als Dauerschuldzinsen sind dem Gewinn aus Gewerbebetrieb diejenigen Beträge hinzuzurechnen, die im Bemessungszeitraum den Gewinn gemindert haben. Als Dauerschulden sind dem Einheitswert des Betriebs diejenigen Schulden hinzuzurechnen, die den Einheitswert gemindert haben und am Tage der maßgeblichen Einheitsbewertung als Dauerschulden anzuse-

113 Zu der Bindungswirkung i. e. und zu den Ausnahmen vgl. Lenski/Steinberg, § 12 GewStG Anm. 3 ff.

114 Vgl. § 26 III 3 a.

115 Vgl. dazu oben § 21 II 3 a.

116 Vgl. BFH vom 27. 6. 1957 IV 140/56 BStBl III 1957, 287; BFH vom 8. 3. 1984 I R 31/80 BStBl II 1984, 623.

hen waren.[117] Die Höhe der Dauerschulden mit wechselndem Bestand, insbesondere der Kontokorrentschulden, richtet sich für die Ermittlung des Gewerbekapitals nach dem Mindestbetrag der Schuld in der Zeit von einem Jahr vor und einem Jahr nach dem Stichtag, der für die Feststellung des Einheitswerts maßgebend ist (vgl. Abschn. 76 Abs. 4 GewStR). Bei der Ermittlung des Gewerbeertrages hingegen wird bei Kontokorrentschulden als Dauerschuld der Mindestbestand während des letzten Wirtschaftsjahres behandelt.[118]

b) Renten, dauernde Lasten und Einlagen des stillen Gesellschafters

Neben den Dauerschulden sind nach § 12 Abs. 2 Nr. 1 GewStG die Renten und dauernden Lasten i. S. des § 8 Nr. 3 GewStG und die den Gewinnanteilen i. S. des § 8 Nr. 3 GewStG entsprechenden Einlagen hinzuzurechnen. Insoweit ist i. e. auf die Ausführungen in § 21 II 3 b, c zu verweisen. Hervorzuheben ist nur, daß auch hier die Hinzurechnungspflicht nach § 12 Abs. 2 Nr. 1 i. V. mit § 8 Nr. 3 GewStG nur die Einlage des typischen stillen Gesellschafters ergreift, und dies auch nur dann, wenn die Einlage nicht schon zum Betriebsvermögen des still Beteiligten gehört. Im Falle des atypischen stillen Gesellschafters handelt es sich um eine Gesellschaft i. S. des § 15 Abs. 1 S. 1 Nr. 2 EStG; hier ist die Einlage des still Beteiligten schon in der Ausgangsgröße (Einheitswert des Betriebs der Gesellschaft) enthalten.

c) Fremde Wirtschaftsgüter

Wie die Hinzurechnungsvorschrift des § 12 Abs. 2 Nr. 1 GewStG, so hat die Vorschrift über die Hinzurechnung von fremden Wirtschaftsgütern den Zweck, zur Feststellung des objektiven Gewerbekapitals und damit zur gleichmäßigen gewerbesteuerlichen Belastung der Betriebe beizutragen.[119] Der Betrieb, dessen Inhaber das Betriebsvermögen gehört, soll gewerbesteuerlich nicht schlechter stehen als der Betrieb, dem Wirtschaftsgüter verpachtet oder sonstwie von Dritten überlassen sind. Deshalb sind dem Einheitswert des Betriebs nach § 12 Abs. 2 Nr. 2 GewStG die Werte (Teilwerte) der nicht in Grundbesitz bestehenden Wirtschaftsgüter, die dem Betrieb dienen, aber einem Dritten gehören, hinzuzurechnen.

§ 12 Abs. 2 Nr. 2 GewStG ist das Gegenstück zu § 8 Nr. 7 GewStG. Die Voraussetzungen für die Anwendung beider Vorschriften stimmen im wesentlichen überein. Dem Einheitswert sind jedoch die Werte der Wirtschaftsgüter in *voller* Höhe hinzuzurechnen. Im übrigen ist § 12 Abs. 2 Nr. 2 GewStG in Korrespondenz der Hinzurechnungsvorschrift des § 8 Nr. 7 GewStG in der Weise auszulegen, daß die Werte nur solcher Wirtschaftsgüter beim Gewerbekapital hinzuzurechnen sind, die auf Grund ei-

117 Vgl. das Beispiel in Abschn. 76 Abs. 2 GewStR.
118 Vgl. dazu i. e. Blümich, § 12 GewStG Rz. 67.
119 Für die h. M. vgl. Lenski/Steinberg, § 12 GewStG Anm. 32.

nes Vertragsverhältnisses überlassen worden sind, das sich seinem wesentlichen Inhalt nach als Miet- oder Pachtverhältnis i. S. des bürgerlichen Rechts darstellt. Deshalb findet § 12 Abs. 2 Nr. 2 GewStG z. B. bei entgeltlicher Nutzungsüberlassung gewerblicher Schutzrechte keine Anwendung.[120] Auch die unentgeltlich zur Nutzung überlassenen Wirtschaftsgüter sind nicht hinzuzurechnen.[121] Entsprechend der Regelung in § 8 Nr. 7 GewStG erfolgt die Hinzurechnung zum Einheitswert grundsätzlich nicht, wenn die Wirtschaftsgüter bei dem Vermieter oder Verpächter gewerbesteuerlich erfaßt werden – es sei denn, daß ein Betrieb oder Teilbetrieb vermietet oder verpachtet wird und die im Gewerbekapital des Vermieters oder Verpächters enthaltenen Werte der überlassenen Wirtschaftsgüter des Betriebes 2,5 Mio. DM übersteigen.[122]

In § 12 Abs. 2 Nr. 2 GewStG ist ausdrücklich statuiert, daß auch die Wirtschaftsgüter, die dem Betrieb dienen, aber im Eigentum eines *Mitunternehmers* stehen, hinzuzurechnen sind. Diese Regelung erklärt sich daraus,[123] daß nach dem RBewG 1935 diese Wirtschaftsgüter nicht mehr zum Betriebsvermögen der Gesellschaft gehörten und also auch in dem Einheitswert des Betriebes der Gesellschaft nicht enthalten sein sollten.[124] Nachdem sich die Rechtsprechung aber über die gesetzgeberische Absicht hinweggesetzt und die einem Gesellschafter gehörenden Wirtschaftsgüter schon in den Einheitswert des Betriebes der Personengesellschaft einbezogen hatte und nunmehr das Steuerentlastungsgesetz 1984 § 97 Abs. 1 Nr. 5 BewG dahingehend ergänzt hat, daß auch die dem Betrieb der Gesellschaft dienenden Wirtschaftsgüter des Gesellschafters zum Betriebsvermögen der Gesellschaft gehören,[125] hat die gewerbesteuerliche Hinzurechnungsvorschrift weitgehend ihre Daseinsberechtigung verloren. Die Bestimmung über die Hinzurechnung von betrieblich genutzten Wirtschaftsgütern des Gesellschafters hat praktische Bedeutung nur noch für die Fälle, in denen die Wirtschaftsgüter zwar zum Teil, aber nicht überwiegend von der Personengesellschaft genutzt werden. Denn die Wirtschaftsgüter eines Gesellschafters werden nur dann in den Einheitswert des Betriebs der Personengesellschaft einbezogen, wenn sie überwiegend dem Betrieb der Personengesellschaft gewidmet sind (vgl. Abschn. 15 Abs. 1 S. 10 VStR).

Für den wichtigsten Fall des bewertungsrechtlich hinzugerechneten Sonderbetriebsvermögens II,[126] nämlich für die Kommanditistenanteile an der Komplementär-GmbH bei der GmbH u. Co KG ist die gewerbesteuerliche Kürzungsvorschrift des § 12 Abs. 3 Nr. 2a GewG zu beachten.

---

120 BFH vom 17. 2. 1965 I 174/60 S BStBl III 1965, 230; vgl. auch BFH vom 9. 11. 1983 I R 188/79 BStBl II 1984, 149.

121 BFH vom 17. 10. 1979 I R 31/76 BStBl II 1980, 160.

122 Zur Problematik dieser Regelung vgl. oben § 21 II 3 b.

123 Vgl. dazu Blümich/Boyens, Kommentar zum GewStG, 2. Aufl. 1938, § 12 Anm. 7.

124 Vgl. dazu die 4. Aufl., § 26 III 6 a S. 601.

125 Vgl. dazu oben § 26 III 6 a.

126 Vgl. dazu oben § 26 III 6a.

4. Kürzungen

a) Betriebsgrundstücke

Die Summe des Einheitswerts und der Hinzurechnungen wird gekürzt um die Summe der Einheitswerte, mit denen die Betriebsgrundstücke in dem Einheitswert des gewerblichen Betriebes enthalten sind (§ 12 Abs. 3 Nr. 1 GewStG). Durch diese Kürzungsvorschrift soll erreicht werden, daß der Grundbesitz nur durch die Grundsteuer und nicht außerdem durch die Gewerbesteuer belastet ist. Die Kürzung erfolgt unabhängig davon, ob für die Betriebsgrundstücke tatsächlich Grundsteuer gezahlt wird oder nicht. Auch wenn der Grundbesitz grundsteuerfrei ist oder aus irgendwelchen anderen Gründen Grundsteuer nicht entrichtet wird, ist die Kürzung vorzunehmen.

Für *ausländische* Grundstücke ist, auch wenn sie zum Betriebsvermögen eines inländischen Gewerbebetriebs gehören, eine Kürzung nicht möglich. Da diese Grundstücke nicht der deutschen Grundsteuer unterliegen, trifft der Sinn der Kürzungsvorschrift nicht zu.[127]

b) Beteiligungen

Die Kürzungen um den Wert einer zum Gewerbekapital gehörenden Beteiligung an einer Gesellschaft i. S. des § 15 Abs. 1 S. 1 Nr. 2 EStG (§ 12 Abs. 3 Nr. 2 GewStG) und einer zum Gewerbekapital gehörenden Beteiligung an einer nicht steuerbefreiten inländischen Kapitalgesellschaft[128] (§ 12 Abs. 3 Nr. 2a GewStG) erfolgen aus den gleichen Gründen, die für die Kürzung der Anteile am Gewinn einer solchen Gesellschaft nach § 9 Nr. 2 und § 9 Nr. 2a GewStG maßgebend sind.[129] § 12 Abs. 3 Nr. 4 GewStG enthält die § 9 Nr. 7 GewStG entsprechende Vergünstigung für das Gewerbekapital bei der Beteiligung an ausländischen Tochter- und Enkelgesellschaften.[130]

---

127 Vgl. Lenski/Steinberg, § 12 GewStG Anm. 49.

128 Allerdings ist eine etwaige Verpflichtung zur Einzahlung der restlichen Stammeinlage durch Hinzurechnung zu berücksichtigen, sofern der GmbH-Anteil im Einheitswert des gewerblichen Betriebs „brutto", d. h. mit dem auf der Grundlage einer unterstellten Volleinzahlung des Stammkapitals ermittelten gemeinen Wert abzüglich der restlichen Einzahlungsverpflichtung enthalten ist (vgl. BFH vom 9. 5. 1985 IV R 50/83 BStBl II 1985, 678).

129 Vgl. dazu oben § 21 II 3 f; 4 b, c.

130 Nach der Entscheidung des IV. Senats vom 20. 10. 1983 IV R 175/79 BStBl II 1984, 221 ist in einem solchen Fall der Betrag, der wegen des Erwerbs der Beteiligung als Rücklage gemäß § 1 Abs. 1 Nr. 2 EntwLStG 1964 angesetzt worden ist und bei der Einheitsbewertung des Betriebs als Schuld abgezogen worden ist, bei der Festsetzung des Gewerbekapitals auch eines Personenunternehmens wieder hinzuzurechnen. Die Entscheidung des IV. Senats hat deshalb viel Beachtung gefunden, weil der IV. Senat zu diesem Ergebnis auf Grund einer – steuerverschärfenden – analogen Anwendung der für Kapitalgesellschaften (in Folge der Bestimmung des § 103 BewG) geltenden Regelung gefunden hat. Das Urteil ist freilich dadurch überholt worden, daß der BFH (vom 13. 11. 1988 II R 243/85

c) **Kürzungen nach § 12 Abs. 3 Nr. 3 GewStG**

Dieses Kürzungsrecht besteht nur für den Fall, daß ein ganzer Betrieb oder ein Teilbetrieb verpachtet worden ist und der Gesamtwert dieses Komplexes 2,5 Mio. DM übersteigt. Denn nur in diesem Fall besteht für den Betrieb, der von einem anderen Betrieb gemietet oder gepachtet hat, die Hinzurechnungspflicht nach § 12 Abs. 2 Nr. 2 GewStG.

5. Der Gewerbekapitalsteuertarif

Das auf volle 1000 DM nach unten abgerundete Gewerbekapital ist zunächst um einen Freibetrag von 120 000 DM zu kürzen (§ 13 Abs. 1 S. 3 GewStG). Dann ist für das Gewerbekapital zunächst ein Steuermeßbetrag festzusetzen. Dies geschieht durch Anwendung der Steuermeßzahl auf das – auf 1000 DM abgerundete – Gewerbekapital (§ 13 Abs. 1 GewStG). Die Steuermeßzahl für das Gewerbekapital beträgt 2 vom Tausend (§ 13 Abs. 2 GewStG). Die Steuermeßbeträge für den Gewerbeertrag und für das Gewerbekapital werden zu einem einheitlichen Steuermeßbetrag zusammengefaßt (§ 14 Abs. 1 GewStG). Der weitere Weg zur Ermittlung der Gewerbesteuerschuld ist oben § 21 III 1 dargestellt.

§ 27

Die Erbschaft- und Schenkungsteuer bei Erwerb eines Betriebs oder Gesellschaftsanteils[1]

I. Allgemeine Grundfragen

1. Erbschaftsteuer und Betriebsvermögen

Durch die Erhebung der Erbschaftsteuer beteiligt sich der Staat am Nachlaß einer Person; er nimmt aus Anlaß des Todesfalls einen Teil des Vermögens des Verstorbenen in Anspruch.[2] Darüber, ob[3] und in welchem Maße dies in-

BStBl II 1988, 751) mit Zustimmung des IV. Senats inzwischen entschieden hat, daß die Rücklage nach dem EntwLStG auch bei der Einheitsbewertung abzugsfähig ist, wenn die Beteiligung auf Grund des Schachtelprivilegs oder auf Grund von Doppelbesteuerungsabkommen auf der Aktivseite nicht anzusetzen ist.

1 Die allgemeinen Grundzüge des Erbschaftsteuerrechts vgl. bei Tipke/Lang, § 12 C, S. 457 ff.

2 Die Schenkungsteuer ist nur – soll die Erbschaftsteuer effektiv sein – die notwendige Ergänzung zur Besteuerung des Erwerbs von Todes wegen.

3 Über die Geschichte der Erbschaftsteuer siehe Schanz, FinArchiv 17, 1 ff. Zur rein finanzwissenschaftlichen und steuerrechtlichen Rechtfertigung der Erbschaftsteuer vgl. z. B. Schanz, Erbschaftsteuer, in Handwörterbuch des Steuer-

nerlich berechtigt ist, werden die Ansichten immer auseinandergehen.[4] Bei aller Diskussion um Redistribution und verfassungsrechtliche Grenzen sind aber in erster Linie die unterschiedlichen Auswirkungen der Erbschaftsbesteuerung auf das private Vermögen und auf das Betriebsvermögen zu bedenken. Es macht einen grundsätzlichen Unterschied, ob jemand Wertpapiere im Wert von 1 000 000 DM oder einen 1 000 000 DM werten Betrieb oder Gesellschaftsanteil erbt. Auch der Erwerber von privatem Vermögen wird zwar die Erbschaftsbesteuerung nicht gerade begrüßen, er steht mit seinem Erwerb steuerlich aber immer noch wesentlich günstiger als jemand, der auf eine verdiente Million Einkommensteuer zahlen muß. Vor allem aber betrifft die Erbschaftsbesteuerung des privaten Vermögens nur den Erwerber selbst. Hingegen bringt die Erbschaftsbesteuerung des Betriebsvermögens durch den Liquiditätsentzug eine erhebliche Gefährdung der Entwicklung und des Bestandes insbesondere der mittleren Unternehmen mit sich.[5] Will man die Einzelpersonen zugeordneten mittleren und größeren Unternehmen erhalten – und damit letztlich unsere auf diese gegründete Wirtschaftsordnung – und dem Konzentrationsprozeß entgegenwirken, so muß bei der Ausgestaltung der Erbschaftsteuer darauf geachtet werden, daß beim Tode des Unternehmers die Liquidität des Unternehmens, die ohnehin

---

rechts, 3. Aufl. 1909, Bd. 3, S. 1050; von Stein, Lehrbuch der Finanzwissenschaft, 3. Aufl. 1975, S. 527 und den Überblick bei Frank, Erbschaftsteuer und Unternehmung, 1969, S. 91 ff mit weiteren Nachweisen.

Für den Einsatz der Erbschaftsteuer als verteilungspolitisches Instrument z. B. Adolph Wagner, Finanzwissenschaft, 2. Teil, 1880, S. 476; Frank, Die soziale Steuerreform als die conditio sine qua non, wenn der sozialen Reform vorgebeugt werden soll, 1881, S. 90. Aus neuerer Zeit Wiss. Beirat beim BdF, Gutachten zur Reform der direkten Steuern (Einkommensteuer, Körperschaftsteuer, Vermögensteuer, Erbschaftsteuer), 1967; Haller, Die Steuern, 1964, § 19; Neumark, Grundsätze gerechter und ökonomisch rationaler Steuerpolitik, 1970, S. 213 f; vgl. ferner die vielen Äußerungen im politischen Bereich (z. B. den vom Hessischen Finanzminister 1971 vorgelegte Erbschaftsteuerentwurf; den Vorschlag der Steuerreformkommission beim Parteivorstand der SPD, Materialien zum Außerordentlichen Parteitag 1971, Steuerreform IV, 39; die Vorschläge des DGB zur Steuerreform 1972, in Aktuelle Dokumente Steuerreform, zusammengestellt von Kruse (Hrsg.), S. 186 ff).

Vgl. allgemein zur Problematik z. B. Antweiler, Erbschaftsteuer und soziale Reform, Kritische Betrachtungen anläßlich des Rignano-Plans, 1933; Kisker, Die Erbschaftsteuer als Mittel der Vermögensredistribution, 1963; Frank, Festschrift Barth, 1971, S. 195 ff.

4 Vgl. auf der einen Seite diejenigen, die die Erbschaftsteuer als Instrument der Umverteilung einsetzen wollen, und auf der anderen Seite die extreme Gegenposition von Leisner, Verfassungsrechtliche Grenzen der Erbschaftbesteuerung, 1970.

5 Vgl. zu der Problematik insbesondere Seitz, Die Bedeutung der Erbschaftsteuer für die Entwicklung mittelständischer Betriebe, 1966; Frank, Erbschaftsteuer und Unternehmung aaO, (Anm. 3); Barth, DB 1970, 2189; Frank, Festschrift Barth, 1971, S. 195 ff; Flume, DB 1971, 2428; StbJb 1971/72, 47 ff; Kreile, BB 1971, 185 ff, 187; vgl. auch Moench, StbJb 1982/83, 376.

schon durch güter- und erbrechtliche Abfindungsverpflichtungen strapaziert sein kann, nicht auch noch durch die Erbschaftsteuer zu sehr beeinträchtigt wird. In England hat man dieser Problematik schon im Jahre 1954 die notwendige Beachtung geschenkt, indem für den Erwerb von Betriebsvermögen und von Anteilen an personenbezogenen Kapitalgesellschaften ein um 45 % ermäßigter Erschaftsteuertarif eingeführt wurde.[6] Der deutsche Steuerreformgesetzgeber hat sich nur zu der Einführung der Bestimmung des § 28 ErbStG 1974 verstehen können: Danach ist die auf Betriebsvermögen entfallende Erbschaftsteuer auf Antrag bis zu 7 Jahren insoweit zu stunden, als dies zur Erhaltung des Betriebs notwendig ist. Dies ist nicht viel, zumal Stundungszinsen zu zahlen sind, die Stundung in der Regel nur gegen Sicherheitsleistung zu erfolgen hat und auf diese Weise die Kreditunterlage doch wieder geschmälert wird. Die Initiative des Unternehmers, für die bei seinem Tod anfallende Erbschaftsteuer Vorsorge zu treffen, haben die Steuerreformer durch die Beseitigung der Steuerfreiheit der sogenannten Erbschaftsteuerversicherung (§ 19 ErbStG a. F.)[7] behindert.

2. Schenkungen mit Vorbehalten

In Zeiten einer ständig wachsenden Steuerbelastung ist das Augenmerk der Steuerpflichtigen naturgemäß darauf gerichtet, durch entsprechende Gestaltung eine möglichst günstige steuerliche Behandlung des Vermögens und der Einkünfte aus diesem Vermögen zu erreichen. Dies erhofft man sich insbesondere durch die Verteilung des Vermögens auf die Familienmitglieder. Dabei spielt neben den einkommensteuerrechtlichen Überlegungen[8] auch der Blick auf die Erbschaftsteuer eine gewichtige Rolle. Durch vorweggenommene Schenkungen an die nächste Generation kann beim Erbfall sonst anfallende Erbschaftsteuer durchaus erspart werden – wenn mit den Schenkungen mindestens 10 Jahre vor dem Erbfall begonnen wird (§ 14 ErbStG). Die erbschaftsteuerlichen Freibeträge und die Anfangszone des progressiven Erbschaftsteuertarifs können mehrfach ausgenutzt werden. Vor allem vollzieht sich auch der weitere Wertzuwachs des schenkweise übertragenen Vermögensgegenstandes beim Bedachten erbschaftsteuerfrei.

Die mit der Übertragung von Vermögenswerten auf Familienmitglieder beabsichtigten steuerlichen Ziele werden freilich nur erreicht, wenn der Zuwendende sich des betreffenden Vermögenswertes zugunsten des Bedachten auch tatsächlich entäußert hat. So willkommen und erstrebt die steuerlichen Vorteile sind, so wenig aber ist der Zuwendende vielfach bereit, sich von dem zu übertragenden Vermögenswert schon völlig zu trennen. In einem solchen Fall verbindet der Zuwendende die Übertragung mit allerlei Vorbe-

6 Finance Act vom 30. 7. 1974, sec. 28 ff, Statutes 1954, S. 174 ff.

7 Vgl. gegen § 19 ErbStG a. F. schon Gutachten der Steuerreformkommission VII, 237 ff.

8 Zur einkommensteuerlichen Behandlung der Familienpersonengesellschaft vgl. oben § 12.

halten. Dabei ist ganz harmlos und auch sachgerecht der Nießbrauchsvorbehalt: Der Übertragende muß schließlich selbst versorgt sein, und deshalb entäußert er sich nur der Substanz. Aber immerhin trennt er sich – wenn keine weiteren Vorbehalte gemacht sind – von einem Vermögenswert, und insofern ist die Annahme einer Schenkung nicht infrage gestellt.[9] In vielen Fällen jedoch ist es dem Zuwendenden gerade besonders wichtig, daß er trotz der Übertragung des Vermögenswertes auf die Kinder weiterhin das „Sagen" behält. Dazu trifft er Vorsichtsmaßnahmen: Er läßt sich etwa durch den Empfänger der Zuwendung die Verfügungsermächtigung nach § 185 BGB einräumen oder eine unwiderrufliche Vollmacht zu Verwertungsgeschäften erteilen.[10] Ganz besonders deutlich wird der Mißmut und das „Murren" bei der Übertragung des Vermögenswertes, wenn der Zuwendende sich zusätzlich oder auch ohne die genannten Vorbehalte den jederzeitigen freien Widerruf der Schenkung bis zu seinem Tode oder einem sonstigen in ferner Zukunft liegenden Zeitpunkt vorbehält oder die Schenkung von einer auflösenden Wollensbedingung abhängig macht.

Insbesondere durch den Widerrufsvorbehalt oder durch die auflösende Wollensbedingung wird aber der der Übertragung zugrunde liegenden causa der Charakter als Schenkung genommen.[11] Denn sowohl eine Schenkung im Sinne des bürgerlichen Rechts als auch die freigebige Zuwendung im Sinne des Erbschaftsteuerrechts setzen eine endgültige materielle Bereicherung des Zuwendungsempfängers voraus; dazu reicht der nur formale Eigentums- oder sonstige Rechtsübergang nicht aus.

In der Schenkung mit freiem Widerrufsvorbehalt oder in der mit einer auflösenden Wollensbedingung versehenen Schenkung ist u. E.[12] ein erbschaft-

---

9 Vgl. so auch im Ergebnis BFH vom 22. 9. 1982 II R 61/80 BStBl II 83, 179.
Der Leitsatz der Entscheidung: „Bleibt der Schenker eines Grundstücks dessen ‚wirtschaftlicher' Eigentümer, so steht das der Ausführung der Zuwendung i. S. des § 9 Abs. 1 Nr. 2 ErbStG nicht entgegen", bedarf freilich der Kommentierung. Richtig ist zwar, daß § 39 Abs. 2 Nr. 1 AO auf die Erbschaftsteuer als eine Rechtsverkehrsteuer keine Anwendung findet und die ertragsteuerliche Behandlung erbschaftsteuerlich keine Bedeutung hat. Es kann freilich sein, daß in einem Fall, in dem das „wirtschaftliche Eigentum" beim „Schenker" geblieben ist, tatsächlich auch gar keine Schenkung mangels Bereicherung vorliegt (z. B. bei jederzeitigem Widerrufsvorbehalt; vgl. dazu weiter im Text).
Zur erbschaftsteuerlichen Behandlung der Schenkung unter Nießbrauchvorbehalt vgl. i. ü. unten § 27 V.

10 Vgl. etwa den Fall aus OLG Celle vom 20. 8. 1973 4 Ws 9/73 DNotZ 1974, 731 ff.

11 Vgl. dazu näher Knobbe-Keuk, Festschrift Flume, 1978, Bd. II, S. 149 ff.

12 Vgl. i. e. Knobbe-Keuk aaO, (Anm. 11); a. A. Böger/Jech, DStR 1970, 753; Friedhofen, DB 1972, 458; Westhoff, DB 1972, 809; Meincke/Michel, § 7 ErbStG Anm. 28. Eine steuerpflichtige Zuwendung wird hingegen verneint von Troll, Rechtzeitig schenken, 1970, S. 29. Der hier vertretenen Auffassung folgt das hessische Finanzgericht in seiner zur Einkommensteuer ergangenen Entscheidung vom 20. 10. 1982 EFG Nr. 317. Wie hier auch Moench, StbJb 1982/83, 375 ff, 397; Nolte, JbFStR 1980/81, 226 ff, 234; Kapp, § 29 ErbStG Anm. 30.

bzw. schenkungsteuerpflichtiger Vorgang noch nicht zu sehen. Die Steuerpflicht tritt vielmehr erst dann ein, wenn der Schwebezustand beendet wird und der Rechtserwerb bei dem Empfänger eine endgültige materielle Bereicherung bewirkt, also in dem Zeitpunkt, in dem der Widerruf oder der Eintritt der auflösenden Wollensbedingung nicht mehr möglich ist. Die Steuer ist dann nach dem in diesem Zeitpunkt maßgeblichen Wert und Tarif zu erheben.

Die gleiche Beurteilung ist geboten, wenn zwar nicht ein freies Widerrufsrecht vorbehalten ist, in dem Vertrag aber eine Anzahl von Widerrufsgründen enumerativ aufgezählt ist und aus dem Inhalt der Widerrufsgründe deutlich wird, daß die Zuwendung noch nicht zum Vermögen des Empfängers gehören soll. Das ist etwa der Fall, wenn sich der Zuwendende den Widerruf vorbehält für den Fall, daß der Zuwendungsempfänger ohne Zustimmung des Zuwendenden über den Gegenstand der Zuwendung verfügt, daß der Zuwendungsempfänger in Konkurs fällt, daß die Zwangsvollstreckung in das Vermögen des Zuwendungsempfängers vorgenommen wird.[13] Der Vorbehalt des Widerrufs für solche Fälle decouvriert besonders anschaulich die Absicht des Zuwendenden, daß er die Zuwendung als eine nur formale betrachtet und den Gegenstand weiterhin als seinem Vermögen zugehörig sehen will.

Wie bei der Schenkung mit freiem Widerrufsvorbehalt oder unter auflösender Wollensbedingung ist auch bei anderen Gestaltungen darauf zu achten, daß die Schenkung nicht „verunglückt".[14] Bei der Schenkung eines Geldbetrags ist die Gefahr einer verunglückten Schenkung vor allem dann gegeben, wenn der Zuwendungsempfänger den erhaltenen Betrag in Zusammenhang mit der Zuwendung dem Betrieb des Zuwendenden wieder als ungesichertes, langfristig unkündbares „Darlehen" zur Verfügung stellt.[15]

3. Die gemischte Schenkung und die Schenkung unter einer Auflage

Die gemischte Schenkung und die Schenkung unter einer Auflage wurden bislang folgendermaßen behandelt: Zunächst wurde unter Zugrundelegung der bürgerlich-rechtlichen Wertmaßstäbe geprüft, ob der Steuertatbestand des § 7 Abs. 1 Nr. 1 ErbStG erfüllt war. Überstieg der Wert des übertragenen Vermögens den Wert der Gegenleistung bzw. den Wert der Auflage, so stand damit lediglich fest, daß der Steuertatbestand des § 7 Abs. 1 Nr. 1 ErbStG verwirklicht war. Sodann war die Bewertung des steuerpflichtigen

13 Vgl. diesen Katalog z. B. bei Kapp, JbFStR 1970/71, 142.

14 Vgl. dazu i. e. Knobbe-Keuk aaO, (Anm. 11).

15 Vgl. BFH vom 16. 3. 1977 I R 213/74 BStBl II 1977, 414; dazu, daß in diesem Fall schon bürgerlich-rechtlich keine Schenkung des Geldbetrages vorliegt, vgl. Knobbe-Keuk aaO, (Anm. 11); ebenso BFH vom 10. 4. 1984 VIII R 134/81 BStBl II 1984, 705; Jauernig/Schlechtriem/Stürner/Teichmann/Vollkommer, Kommentar zum BGB, 4. Aufl. 1987, § 516 Anm. 4g; a. A. dagegen nunmehr BFH vom 20. 3. 1987 III R 197/83 BStBl II 1988, 603.

Erwerbs vorzunehmen. Dabei war der übertragene Vermögensgegenstand mit dem Steuerwert anzusetzen und von diesem der Wert der Gegenleistung bzw. Auflage abzusetzen. Es liegt auf der Hand, daß dieses Verfahren angesichts der niedrigen Grundbesitzeinheitswerte für die Steuerpflichtigen sehr vorteilhaft war.

Mit dieser von der Literatur fast einhellig gebilligten Praxis hat der BFH in dem Urteil vom 21. 10. 1981[16] gebrochen: Zur Feststellung der Verwirklichung des Steuertatbestandes des § 7 Abs. 1 Nr. 1 ErbStG, zur Feststellung also inwieweit der Empfänger durch die Zuwendung bereichert ist, wird die gemischte Schenkung in zwei Teile gespalten: Soweit sich die Zuwendung und die Gegenleistung wertmäßig decken, wird das Geschäft als entgeltliches betrachtet; schenkungsteuerrechtlich von Interesse ist nur der die Gegenleistung überschießende unentgeltliche Teil der Zuwendung.

Beispiel: Übertragung eines Grundstückes mit Einheitswert von 150 000 und Verkehrswert von 600 000 zum Preis von 150 000. Der Vorgang wird vom BFH nunmehr folgendermaßen beurteilt: „Gekauft" ist ¼ des Grundstücks; „geschenkt" sind ¾ des Grundstücks.

Der Schenkungsteil der gemischten Schenkung ist dann mit ¾ des Grundstückseinheitswertes anzusetzen. Ein Abzug einer Gegenleistung kommt dann naturgemäß nicht mehr in Betracht.

Das Urteil bringt für die Steuerpflichtigen eine Verschlechterung gegenüber der bisherigen Lage in den Fällen, in denen der Anspruch des Zuwendenden auf die Gegenleistung eine Kapitalforderung oder sonstige einmalige Leistung zum Gegenstand hat. Es bringt eine Verbesserung gegenüber der bisherigen Lage in den Fällen, in denen der Zuwendungsempfänger eine Rentenverpflichtung oder eine Verpflichtung zu einer sonstigen wiederkehrenden Leistung übernommen hat; die Vorschrift des § 25 ErbStG ist auf Grund dieser Entscheidung bei Schenkungen gegenstandslos geworden.

Dem Sturm der Entrüstung,[17] auf den dieses Urteil in der Literatur gestoßen ist, vermögen wir uns nicht anzuschließen. Logische Stringenz ist dem Urteil keineswegs abzusprechen. Die Entscheidung ist nur insofern noch nicht konsequent genug, als sie die Schenkung unter einer Auflage noch anders behandeln will. Denn für die Schenkung unter einer Auflage gilt in gleicher Weise, daß § 7 Abs. 1 Nr. 1 ErbStG nur die auf Kosten des Zuwendenden eintretende Bereicherung selbst der Besteuerung unterwirft.

Die Entscheidung widerspricht durchaus nicht der „Konzeption des Gesetzes, nach der Gegenleistung nicht das Zuwendungsobjekt verhindern, sondern als Abzugsposten die aus der Zuwendung folgende Bereicherung mindern".[18]

---

16 BFH vom 21. 10. 1981 II R 176/78 BStBl II 1982, 83; bestätigt in BFH vom 14. 7. 1982 II R 125/79 BStBl II 1982, 714.

17 Vgl. z. B. Kapp, Anm. StRK zu § 25 ErbStG 1974 R. 3; Felix, StRK § 25 ErbStG R 3, S. 3 ff; Moench, DStR 1982, 613; StbJb 1982/83, 401 ff; Meincke/Michel, § 7 ErbStG Anm. 20; Schild, DB 1983, 1063 ff. Verteidigt wird die Entscheidung von Hofmann, JbFStR 1982/83, 181 ff.

18 So z. B. Meincke/Michel aaO, (Anm. 17).

Eine solche Konzeption des Gesetzes besteht zwar für die Erwerbe von Todes wegen (vgl. § 10 Abs. 1 S. 2 ErbStG); bei Schenkungen unter Lebenden aber ist der steuerpflichtige Erwerb die Bereicherung (§ 10 Abs. 1 S. 1 ErbStG), die auf der Verwirklichung der Tatbestände des § 7 ErbStG beruht. Die Berufung auf die §§ 7 Abs. 3 und 25 ErbStG ist zur Stützung der gegenteiligen Auffassung reichlich dünn: Mit der einen Vorschrift, nämlich mit § 7 Abs. 3 ErbStG, kann man nichts und alles anfangen, man kann sie gerade auch als Beleg für die Notwendigkeit der Berücksichtigung einer geldwerten Leistung bei der Feststellung des Steuertatbestandes des § 7 Abs. 1 Nr. 1 ErbStG anführen. Die andere Vorschrift, nämlich § 25 ErbStG, wird allgemein für systematisch völlig verfehlt und erbschaftsteuerlichen Grundprinzipien widersprechend gehalten. Es wirkt zumindest komisch, ausgerechnet auf diese Vorschrift als Beleg für eine Konzeption des guten alten Erbschaftsteuergesetzes zu rekurrieren.

Über die Entscheidung des BFH würde sich denn auch niemand aufregen, wenn auch Grundstücke für die Schenkung- und Erbschaftsteuer mit dem Verkehrswert angesetzt würden.

Im Ergebnis bedeutet die Entscheidung eine unterschiedliche Behandlung der Erwerbe von Todes wegen und der Schenkungen. Es ist nicht zu verkennen, daß wirtschaftlich die gemischte Schenkung – wenn sie der vorweggenommenen Erbfolge dient – dem Erbanfall mit Vermächtnisverpflichtung vergleichbar sein mag; die vom Zuwendungsempfänger geschuldete Gegenleistung mag der Zuwendende gerade zum Ausgleich anderer potentieller Miterben vorgesehen haben.

In rechtlicher Hinsicht besteht freilich ein grundlegender Unterschied, und als Rechtsverkehrsteuer knüpft die Erbschaft- und Schenkungsteuer nun einmal an bestimmte Rechtsvorgänge an.

Die Entscheidung des BFH zwingt die Finanzämter zur Ermittlung der Verkehrswerte für Schenkungsteuerzwecke und damit zu Mehrarbeit. Der koordinierte Ländererlaß vom 10. 2. 1983,[19] der die Entscheidung des BFH im Grundsatz akzeptiert, ist darauf angelegt, diese Mehrarbeit in Grenzen zu halten. Nach dem Erlaß bestehen keine Bedenken, die Verkehrswerte von Einzelbetrieben, von Anteilen an Personengesellschaften, von nichtnotierten Anteilen an Kapitalgesellschaften nach den bewertungsrechtlichen Grundsätzen zu ermitteln. Im übrigen sollen in der Regel die in der Schenkungsteuererklärung angegebenen Verkehrswerte übernommen werden, beim Grundbesitz ist für den Zweifelsfall die Überprüfung der Angabe des Verkehrswertes durch die Bewertungsstelle vorgesehen.

Wichtig ist, daß der koordinierte Ländererlaß die gemischte Schenkung und die Schenkung unter einer Auflage gleichbehandelt. Das ist in Hinsicht auf den Tatbestand des § 7 Abs. 1 ErbStG nur konsequent.

4. Zusammentreffen von Erbschaftsteuer und Einkommensteuer

a) Die grundsätzliche Problematik

Erbschaftsteuerpflichtige Erwerbe können beim Erwerber im Jahr des Erwerbs oder in den Folgejahren zu Einkünften im Sinne des EStG führen. Sie

19 BStBl I 1983, 238.

sind dann sowohl mit der Erbschaftsteuer als auch mit der Einkommensteuer belastet. Dies ist zum einen der Fall, wenn der Erbe einen ererbten Gegenstand veräußert und der Veräußerungsgewinn einkommensteuerpflichtig ist (§§ 4, 5, 16, 17, 23 EStG). Der Erbe hat z. B. einen Betrieb erworben und diesen dann veräußert. Der Veräußerungsgewinn ist nach § 16 EStG einkommensteuerpflichtig. Bei der Erbschaftsteuer wird die auf den stillen Reserven lastende latente Einkommensteuer wegen des Stichtagsprinzips von der h. M. nicht berücksichtigt.

Von diesem Fall des Zusammentreffens von Einkommensteuer und Erbschaftsteuer hatte das Gesetz allerdings auch schon früher Notiz genommen: § 16 Abs. 5 EStG a. F.[20] ermöglichte es, die auf die stillen Reserven entfallende Erbschaftsteuer auf die für den Veräußerungsgewinn zu erhebende Einkommensteuer durch Erlaß oder Ermäßigung anzurechnen, wenn die Betriebsveräußerung innerhalb von 5 Jahren nach dem unentgeltlichen Erwerb stattgefunden hatte.

Zum anderen treffen Einkommensteuer und Erbschaftsteuer etwa dann zusammen, wenn der Erbe eine Forderung einzieht, deren Eingang beim Erblasser selbst noch Einkommensteuer ausgelöst hätte (z. B. rückständige Beträge an Arbeitslohn oder Mieten; bei Gewinnermittlung des Erblassers nach § 4 Abs. 3 Honorarforderungen selbständig Tätiger, Lizenzforderungen von Erfindern usw.).[21] Der Erbe hat hier für die Einziehung der Forderung Einkommensteuer nach § 24 Nr. 2 EStG zu zahlen. Zum anderen unterliegt der Forderungserwerb nach h. M. in voller Höhe der Erbschaftsteuer; die Berücksichtigung der anläßlich der Forderungseinziehung zu zahlenden Einkommensteuer bei der Erbschaftsteuer wird von der Rechtsprechung[22] abgelehnt, da die Einkommensteuerschuld zu dem für die Berechnung der Erbschaftsteuer maßgeblichen Stichtag, d. h. im Zeitpunkt des Erbfalls (§ 11 ErbStG), noch nicht entstanden ist. Dieses Ergebnis ist in der Literatur schon immer als unbefriedigend empfunden[23] und als gegen das erbschaftsteuerliche Bereicherungsprinzip verstoßend gerügt worden.

Das EStG 1975 hat an die Stelle des § 16 Abs. 5 EStG a. F. die Bestimmung des § 35 EStG gesetzt, die eine Milderung der Doppelbelastung auch für andere Fälle als den der Betriebsveräußerung bringen soll. Die Milderung be-

---

20 Bis zum Inkrafttreten des EStG 1975. Vgl. ebenso die auf § 16 Abs. 5 EStG a. F. verweisenden Bestimmungen der §§ 14 S. 2, 17 Abs. 3 S. 3, 18 Abs. 3 S. 2 EStG a. F.

21 Anders liegt es dagegen, wenn der Erblasser den Gewinn durch Bestandsvergleich (§§ 4 Abs. 1, 5 EStG) ermittelt hat. Hier ist z. B. eine Honorarforderung bereits beim Erblasser als Betriebseinnahme erfaßt worden, und die darauf entfallende Einkommensteuer führt von vornherein zu einer Schmälerung des Nachlasses.

22 Vgl. z. B. die besonders anschauliche Entscheidung RFH vom 24. 2. 1933 V e A 1066/31 StuW 1933 Nr. 493.

23 Vgl. insbesondere E. Becker, StuW 1930, 669 f; Mirre, DStZ 1930, 320; StuW 1933, 922; Zitzlaff, StuW 1941, 556; Kapp, Einleitung zum ErbStG Anm. 13 ff; FR 1970, 3; StbJb 1972/73, 424; Sigloch, JbFStR 1971/72, 237; Kröger, BB 1971, 647 ff; Keuk, DB 1973, 634 ff.

steht darin, daß in den Fällen, in denen im Veranlagungszeitraum oder in den vier vorangegangenen Veranlagungszeiträumen bei der Ermittlung des Einkommens Einkünfte berücksichtigt worden sind, die als Erwerb von Todes wegen der Erbschaftsteuer unterlegen haben, die auf diese Einkünfte anteilig entfallende und um sonstige Steuerermäßigungen gekürzte tarifliche Einkommensteuer auf Antrag ermäßigt wird.

Wenn auch die Regelung des § 35 EStG im Effekt einen Fortschritt gegenüber dem bisherigen Zustand bringt, so bleibt diese Lösung letztlich aber doch unbefriedigend, weil das Problem nicht als rechtliches Problem bewältigt ist, sondern in unsystematischer Weise die Zuflucht bei einer Billigkeitsregelung gesucht worden ist. Die Problematik besteht nicht in dem Zusammentreffen von Erbschaftsteuer und Einkommensteuer als solchem. Erbschaftsteuer und Einkommensteuer knüpfen nun einmal an ganz verschiedene Tatbestände an, und deshalb ist es nicht sachgerecht, wegen des Anfalls der einen Steuer auf die Erhebung der anderen zu verzichten oder die eine Steuer auf die andere anzurechnen. Anstößig ist allein, daß der Erbe auf einen Teil des Nachlasses, der ihm nicht verbleibt, nämlich auf die z. B. von der ererbten Honorarforderung gezahlte Einkommensteuer, Erbschaftsteuer soll bezahlen müssen und auf diese Weise gegen das Grundprinzip des Erbschaftsteuerrechts verstoßen wird. Wenn der Gesetzgeber das Problem systematisch hätte regeln wollen, so hätte er die Lösung nicht im Einkommensteuerrecht, sondern im Erbschaftsteuerrecht suchen müssen.[24]

Es geht darum, das Bereicherungsprinzip mit dem Stichtagsprinzip in Einklang zu bringen. Da die auf dem Erwerb lastende latente Einkommensteuer eine Last darstellt, die mit dem Erwerb in wirtschaftlichem Zusammenhang steht, gebietet das Bereicherungsprinzip die Berücksichtigung dieser Last bei der Ermittlung des steuerpflichtigen Erwerbs. Das Stichtagsprinzip verhindert allerdings den *sofortigen* Abzug. Der Ausschluß des sofortigen Abzugs ist auch insofern sachgerecht, als im Zeitpunkt des Erwerbs nicht nur die Höhe der künftigen Einkommensteuerbelastung des Erben nicht feststeht, sondern darüber hinaus auch ungewiß ist, ob und wann eine Einkommensteuerbelastung überhaupt entstehen wird. Die sachgerechte Regelung ist vielmehr, daß in dem Zeitpunkt, in dem feststeht, ob und in welcher Höhe der Erbe wegen des Erwerbs Einkommensteuer zu zahlen hat, die Erbschaftsteuerveranlagung berichtigt wird: Der Erbe zahlt nicht Erbschaftsteuer auf einen – nunmehr genau feststehenden – Vermögenswert, um den er gar nicht bereichert ist, und der Fiskus erhält im Endergebnis nur das, was er zu erhalten hat. Die Möglichkeit einer Berichtigung der Erbschaftsteuerveranlagung eröffnet § 6 Abs. 2 in Verbindung mit § 5 Abs. 2 BewG: Bei der auf dem Erwerb lastenden Einkommensteuer handelt es sich um eine aufschiebend bedingte Last,[25] bei Eintritt der Bedingung ist die Festsetzung der nicht laufend veranlagten Steuern zu berichtigen.

---

24 Vgl. ebenso Kapp aaO, (Anm. 23), Anm. 16.

25 Vgl. dazu näher Keuk, DB 1973, 634 ff, 636; BFH vom 5. 7. 1978 II R 64/73 BStBl II 1979, 23 läßt den Abzug latenter Ertragsteuern nicht zu.

b) Die Regelung des § 35 EStG

§ 35 EStG ist anwendbar, wenn bei der Ermittlung des Einkommens Einkünfte berücksichtigt sind, die im Veranlagungszeitraum oder in den vorangegangenen vier Veranlagungszeiträumen als Erwerb von Todes wegen der Erschaftsteuer unterlegen haben. Die Formulierung des Gesetzes ist insofern nicht korrekt, als Gegenstand der Erbschaftsteuer nicht „Einkünfte" sind. Gemeint ist, daß ein erbschaftsteuerpflichtiger Erwerb bei dem Erwerber zugleich zu einkommensteuerpflichtigen Einkünften führt. Das ist in den schon oben erwähnten zwei Grundkonstellationen[26] der Fall:

1. Geerbte Forderungen unterliegen nach dem Zuflußprinzip im Zeitpunkt des Eingangs beim Erwerber der Einkommensteuer.
2. Geerbte Vermögenswerte werden veräußert oder aus einem Betriebsvermögen entnommen und lösen auf den Veräußerungs- bzw. Entnahmegewinn Einkommensteuer aus.

§ 35 EStG bezieht sich schon seinem Wortlaut nach nur auf Einkünfte aus der Realisierung der Substanz des ererbten Vermögensgegenstandes, nicht dagegen auf Erträge des Vermögensgegenstandes.

Daher greift § 35 EStG auch dann nicht ein, wenn eine Leibrente bei der Erbschaftsteuer mit dem Kapitalwert, bei der Einkommensteuer aber mit dem Ertragswert erfaßt wird. § 35 EStG findet aber Anwendung, wenn die erworbenen wiederkehrenden Bezüge in voller Höhe der Einkommensteuer unterliegen und bei der Erbschaftsbesteuerung mit dem Kapitalwert erfaßt worden sind. Wird die Erbschaftsteuer in solchen Fällen aber nicht nach dem Kapitalwert bemessen, sondern gemäß § 23 ErbStG jährlich nach dem Jahreswert erhoben,[27] so daß die jährlichen Erbschaftsteuerzahlungen als Sonderausgaben bei der Einkommensteuer abzugsfähig sind, so findet die Vergünstigung des § 35 EStG keine Anwendung.

In der Literatur ist umstritten, ob die Anwendung des § 35 EStG voraussetzt, daß erbschaftsteuerpflichtiger Erwerber und einkommensteuerpflichtige Person identisch sind.[28] Der Wortlaut der Vorschrift ist insoweit offen. Nach der Absicht der Gesetzesverfasser dürfte jedoch die Identität der mit Erbschaftsteuer und Einkommensteuer belasteten Person vorausgesetzt sein.

Die Begünstigung des § 35 EStG besteht in einer Ermäßigung der – um sonstige Steuerermäßigungen gekürzten – tariflichen Einkommensteuer, die anteilig auf die mit Erbschaftsteuer belasteten Einkünfte entfällt. Die Ermäßigung erfolgt um den Hundertsatz, der sich aus dem Verhältnis der festge-

26 Vgl. die Aufzählung der einzelnen Anwendungsfälle bei Herrmann/Heuer/Raupach, § 35 EStG 1975 Anm. III 2 b.

27 Vgl. dazu unten § 27 V 2.

28 Vgl. für die Identität z. B. Klotz, DStZ/A 1974, 347 ff, 349; a. A. Troll, § 3 ErbStG Anm. 138; differenzierend Herrmann/Heuer/Raupach, § 35 EStG 1975 Anm. III 2 e.

setzten Erbschaftsteuer zum erbschaftsteuerpflichtigen Gesamterwerb ergibt.[29]

Nach der Fassung des § 35 EStG hängt die Vergünstigung nur davon ab, daß die Wirtschaftsgüter, die zu Einkünften im Sinne des EStG führen, überhaupt der Erbschaftsteuer unterlegen haben. Nicht erforderlich ist also z. B., daß die bei einem Veräußerungsgewinn nach § 16 EStG erfaßten stillen Reserven auch schon der Erbschaftsteuer unterlegen haben, es reicht vielmehr aus, daß der Erwerb des Betriebs – mit dem erbschaftsteuerlichen Wert – erbschaftsteuerpflichtig war.[30]

II. Die erbschaftsteuerliche Bewertung des Betriebsvermögens

1. Der für die Bewertung maßgebliche Zeitpunkt

Für den Bestand und die Bewertung von Betriebsvermögen sind grundsätzlich die Verhältnisse vom Zeitpunkt der Entstehung der Steuerschuld maßgebend (§ 12 Abs. 5 ErbStG). Das bedeutet: Bei Erwerben von Todes wegen kommt es grundsätzlich auf die Verhältnisse im Zeitpunkt des Erbfalls an (§ 9 Abs. 1 Nr. 1 ErbStG), bei Schenkungen unter Lebenden auf den Zeitpunkt der Ausführung der Zuwendung (§ 9 Abs. 1 Nr. 2 ErbStG). Der für die Vermögensteuer festgestellte Einheitswert des Betriebsvermögens ist also für die Erbschaft- und Schenkungsteuer nicht maßgebend. Eine Ausnahme besteht für Grundstücke und Mineralgewinnungsrechte, die innerhalb des Betriebsvermögens als selbständige Untereinheiten behandelt werden. Diese sind mit dem Einheitswert anzusetzen, der der Entstehung der Steuer vorangegangen ist oder mit ihr zusammenfällt (§ 12 Abs. 5, Abs. 2 ErbStG), sofern nicht unter den Voraussetzungen des § 12 Abs. 4 ErbStG auch für diese Untereinheiten eine eigene Stichtagsbewertung erfolgen muß.

Ist Gegenstand des steuerpflichtigen Erwerbs ein Betrieb der Land- und Forstwirtschaft, so ist dafür der *zuletzt festgestellte* Einheitswert anzusetzen (§ 12 Abs. 2 ErbStG in Verbindung mit § 20 BewG).

2. Die Wertermittlung

Die erbschaft- und schenkungsteuerliche Wertermittlung hat im wesentlichen nach den gleichen Grundsätzen zu erfolgen wie die Einheitsbewertung der gewerblichen Betriebe. Nach § 12 Abs. 5 S. 2 ErbStG sind die Vorschriften der §§ 95 bis 100, 103 bis 105, 108 und 109 Abs. 1 und 4 BewG entsprechend anzuwenden. Auf den erbschaftsteuerlich maßgebenden Bewertungs-

29 Vgl. i. e. die Berechnungsbeispiele in dem Einführungsschreiben des BdF v. 29. 11. 1974 BStBl I 1974, 946 Tz. 14.1; Abschnitt 213e EStR 1987; Troll, § 3 ErbStG Anm. 138(d); Herrmann/Heuer/Raupach, § 35 EStG 1975 Anm. IV 5.

30 Vgl. ebenso Herrmann/Heuer/Raupach, § 35 EStG 1975 Anm. III 2c; Troll, § 3 ErbStG Anm. 138(c); a. A. Klotz, DStZ/A 1974, 349.

stichtag muß also eine Vermögensaufstellung angefertigt werden. In dieser sind die Aktivwerte und Schulden grundsätzlich mit dem Teilwert anzusetzen.

Ausnahmen insbesondere:
Grundstücke und Mineralgewinnungsrechte sind mit ihrem letzten Einheitswert anzusetzen, Wertpapiere, Anteile und Genußscheine von Kapitalgesellschaften mit dem nach §§ 11, 12 BewG ermittelten Wert. Im einzelnen ist auf die Ausführungen zur Ermittlung des Einheitswerts des Betriebsvermögens oben in § 26 III zu verweisen.

In der Praxis geht man vielfach von der letzten Vermögensaufstellung und dem zuletzt für das Betriebsvermögen festgestellten Einheitswert aus und berücksichtigt lediglich die zwischenzeitlich eingetretenen Veränderungen durch Zu- und Abgänge, Zuschreibungen und Abschreibungen.

Nur ein derivativer *Geschäftswert* ist nach der gesetzlichen Vorschrift der §§ 101 Nr. 4, 109 Abs. 4 BewG in der Vermögensaufstellung als Wirtschaftsgut anzusetzen.[31] Der Ansatz des originären Geschäftswerts kam bisher nach der Rechtsprechung zwar grundsätzlich in Betracht, wenn er „realisiert" oder „konkretisiert" war. Praktisch aber war die Rechtsprechung bei dem Ansatz eines originären Geschäftswerts in der Vermögensaufstellung ganz zurückhaltend. Der Erbfall bzw. die Schenkung unter Lebenden jedenfalls ist kein Vorgang, durch den ein Geschäftswert „konkretisiert" oder „realisiert" wird. Dies gilt auch dann, wenn der Erblasser bei seinen Anordnungen oder die Beteiligten bei ihrer Auseinandersetzung einen Geschäftswert zugrunde gelegt haben.[32]

Die dem Betrieb gewidmeten *Wirtschaftsgüter des Ehegatten* des Betriebsinhabers, die für die vermögensteuerliche Bewertung nach der problematischen Vorschrift des § 26 Abs. 1 Nr. 1 BewG[33] dem Betriebsvermögen zugerechnet werden, sind in die erbschaftsteuerliche Vermögensaufstellung nicht aufzunehmen.

Wirtschaftsgüter, die bei der Einheitsbewertung außer Ansatz bleiben, weil sie nach §§ 101 und 102 BewG nicht zum Betriebsvermögen gehören, müssen bei der erbschaftsteuerlichen Stichtagbewertung erfaßt werden. Die §§ 101 und 102 BewG sind in § 12 Abs. 5 ErbStG von der entsprechenden Anwendung auf die Erbschaftsteuer ausgenommen. Von besonderer Bedeutung ist dies insbesondere für Schachtelbeteiligungen. Sie sind nach § 11 BewG zu bewerten.

Wertpapiere, die am Stichtag an einer deutschen Börse zum amtlichen Handel zugelassen sind, werden mit dem niedrigsten am Stichtag für sie im amtlichen Handel notierten Kurs angesetzt (§ 11 Abs. 1 BewG). Es kann aber ggf. gemäß § 11 Abs. 3

31 Zum Geschäftswert in der Vermögensaufstellung vgl. näher oben § 26 III 3 d.
32 Ebenso Troll, § 12 ErbStG Anm. 128.
33 Vgl. dazu oben § 26 III 3 a.

BewG ein Paketzuschlag infrage kommen. Nicht notierte Anteile an Kapitalgesellschaften sind mit dem gemeinen Wert anzusetzen (§ 11 Abs. 2 BewG).[34]

Eigene Erfindungen und Urheberrechte bleiben – gleichgültig, ob sie zum Betriebsvermögen oder zum Privatvermögen gehören – für die Vermögensteuer beim Inhaber und auch bei seinem Ehegatten und seinen Kindern generell außer Ansatz (vgl. §§ 101, 110 Abs. 1 Nr. 5 BewG). Eine solche Befreiungsvorschrift besteht für die Erbschaftsteuer nicht. Gehören sie zum Betriebsvermögen, so ist der Teilwert (§ 10 BewG), gehören sie zum Privatvermögen, der gemeine Wert (§ 9 BewG) maßgebend. In beiden Fällen erfolgt jedoch die Bewertung nach denselben Grundsätzen.[35]

Ausländischer Grundbesitz und ausländisches Betriebsvermögen werden nach § 31 BewG, d. h. nach den allgemeinen Bewertungsvorschriften, bewertet (§ 12 Abs. 6 ErbStG). Es ist also grundsätzlich der gemeine Wert (§ 9 BewG) maßgebend.

3. Die Aufteilung der erbschaftsteuerlichen Werte auf mehrere Berechtigte

Fällt das Vermögen des Erblassers an mehrere Erben, so hat jeder Erbe entsprechend seiner Erbquote einen Anteil an der Erbengemeinschaft erworben. Die Erbengemeinschaft ist eine Gesamthandsgemeinschaft. Erbschaftsteuerlich wird jedoch jeder Miterbe so behandelt, als ob er Bruchteilsberechtigter wäre; dabei bestimmt sich die Höhe des Bruchteils nach dem Anteil, zu dem er an dem Gesamthandsvermögen berechtigt ist (vgl. § 39 Abs. 2 Nr. 2 AO).

Bei den einzelnen Miterben wird erbschaftsteuerlich der Anteil am steuerlich bewerteten Nachlaßvermögen erfaßt. Für die Erbschaftsbesteuerung der Miterben kommt es grundsätzlich nicht darauf an, wie die Erbauseinandersetzung durchgeführt ist,[36] es ist also der Erbschaftsteuerveranlagung des einzelnen Miterben nicht etwa der steuerliche Wert der bei der Auseinandersetzung erhaltenen Gegenstände zugrunde zu legen.

Beispiel: A, B und C sind zu je ein Drittel Erben. Der Nachlaß besteht aus:

	Steuerwert	Verkehrswert
Grundstück	100	200
Betrieb	300	500
Kapitalvermögen	1100	1100
	1500	1800

Bei der Auseinandersetzung erhält A das Grundstück und 400 Kapitalvermögen; B den Betrieb und 100 Kapitalvermögen; C 600 Kapitalvermögen. Die Erbschaftsteuer bemißt sich nicht nach dem steuerlichen Wert der Gegenstände, die jeder Miterbe tatsächlich erhalten hat, B wird also nicht etwa in Höhe von 400 (Steuerwert des Be-

34 Vgl. zur Ermittlung des gemeinen Werts von nicht notierten Anteilen an Kapitalgesellschaften (Stuttgarter Verfahren) oben § 26 III 4 c.

35 Vgl. dazu i. e. Troll, § 12 ErbStG Anm. 23, 128.

36 H. M. seit RFH vom 26. 11. 1936 III e A 66/36 RStBl 1937, 6.

triebs und 100 Kapitalvermögen) und C nicht in Höhe von 600 zur Erbschaftsteuer herangezogen. Vielmehr wird der Erbschaftsteuerveranlagung *jedes* der Miterben ein Drittel des steuerlichen Werts des Nachlasses (also 500) zugrunde gelegt.

In gleicher Weise ist zu verfahren, wenn einer der Miterben aus dem Nachlaß wertmäßig mehr an Vermögensgegenständen übernimmt als seiner Erbquote entspricht und deshalb an die anderen eine Abfindung leistet; wenn also z. B. in dem Ausgangsfall im Nachlaß nur 200 an Kapitalvermögen vorhanden sind und der den Betrieb übernehmende B eine Abfindung von 200 leistet; jeder der drei Miterben hat hier ⅓ des Steuerwerts des Nachlasses von 600 zu versteuern.

Grundsätzlich anders ist die Lage, wenn ein Vermögenswert aus dem Nachlaß auf Grund eines *Vermächtnisses* übernommen wird. Zur Veranschaulichung sei der Ausgangsfall – bei gleichen Wertverhältnissen – dahin abgeändert, daß nur A und C zu je ½ Mitglieder der Erbengemeinschaft sind und B den Betrieb auf Grund eines Vermächtnisses erhält. B würde dann den Erwerb auf Grund des Vermächtnisses versteuern. Der Anspruch aus einem Vermächtnis wird in gleicher Weise bewertet wie der Gegenstand, auf dessen Übertragung er sich richtet.[37] B würde also mit dem Steuerwert des Betriebs von 300 zur Erbschaftsteuer herangezogen. Bei der Ermittlung des Steuerwerts des Nachlasses wäre die Verpflichtung aus dem Vermächtnis abzusetzen, und zwar wäre diese Verpflichtung ebenfalls mit dem Steuerwert des Vermächtnisgegenstandes zu bewerten.[38] Es verbliebe also ein Steuerwert des Nachlasses von 1200, der hälftig bei den Miterben A und C zu erfassen wäre. Die für das Vermächtnis dargestellten Grundsätze gelten auch für das *Vorausvermächtnis* zugunsten eines Miterben.[39]

Hat der Erblasser jemandem durch Vermächtnis das Recht eingeräumt, einen Nachlaßgegenstand zu einem bestimmten Preis zu übernehmen (sog. *Kaufrechtsvermächtnis)*, so ist bei dem Vermächtnisnehmer der Unterschied zwischen dem Steuerwert des Vermögensgegenstands und dem zu zahlenden Preis erbschaftsteuerpflichtig. Bei dem Erben ist die Vermächtnisverbindlichkeit gemäß § 10 Abs. 5 Nr. 2 ErbStG als Nachlaßverbindlichkeit abzuziehen, und zwar mit dem Steuerwert des zu übertragenden Gegenstands. Der vom Vermächtnisnehmer zu zahlende Kaufpreis ist dem Nachlaß wieder hinzuzurechnen, allerdings nur bis zur Höhe des Steuerwerts des betreffenden Gegenstandes.[40]

Erfolgt die Erbauseinandersetzung auf Grund einer *Teilungsanordnung* des Erblassers, so wird der Erbschaftsteuerveranlagung des einzelnen Miterben

37 Für die h. M. Troll, § 12 ErbStG Anm. 21; BFH vom 15. 6. 1966 II 32/63 BStBl III 1966, 507.

38 Vgl. Troll aaO, (Anm. 37).

39 Zur Abgrenzung des Vorausvermächtnisses von der Teilungsanordnung vgl. BGHZ 36, 115; Palandt/Edenhofer, BGB, 48. Aufl. 1989, § 2048 Anm. 4a mit Nachweisen.

40 BFH vom 24. 7. 1972 II R 35/70 BStBl II 1972, 886; Meincke/Michel, § 10 ErbStG Anm. 48.

ohne Rücksicht auf die erhaltenden Nachlaßgegenstände der seiner Erbquote entsprechende Anteil am steuerlichen Wert des Nachlasses zugrunde gelegt.[41]

Erschöpft sich die *Teilungsanordnung* freilich nicht in der wertmäßigen Aufteilung der Nachlaßgegenstände auf die Erben entsprechend den Erbteilen, sondern führt sie – z. B. auf Grund bestimmter Wertanrechnungsbestimmungen für einzelne Nachlaßgegenstände – bei den Miterben zu einem Erwerb, dessen Wert von dem der Erbquote erheblich abweicht, so sind die steuerlich zugrunde zu legenden Erbquoten gemäß dem nach den bürgerlich-rechtlichen Bewertungsmaßstäben ermittelten neuen Aufteilungsverhältnis zu bestimmen.[42]

III. Der Erwerb eines Gesellschaftsanteils

1. Erbschaftsteuer und Tod des Gesellschafters einer Personengesellschaft

Nach der gesetzlichen Regelung werden die OHG durch den Tod eines Gesellschafters (§ 131 Nr. 4 HGB) und die KG durch den Tod eines persönlich haftenden Gesellschafters (§ 161 Abs. 2 in Verbindung mit § 131 Nr. 4 HGB) aufgelöst. Ebenso wird im Zweifel die stille Gesellschaft durch den Tod des Inhabers des Geschäfts aufgelöst (§ 727 Abs. 1 BGB). Diese gesetzlichen Regelungen sind aber bei der überwiegenden Mehrzahl der Gesellschaften im Interesse der Weiterführung des Unternehmens durch den Gesellschaftsvertrag abbedungen. Der Fortbestand der Gesellschaft kann über den Tod eines Gesellschafters hinaus durch eine Vielzahl von Klauseln gesichert werden.[43] Im folgenden werden neben den erbschaftsteuerlichen Auswirkungen der Auflösung der Gesellschaft auch die Auswirkungen der praktisch häufigsten Klauseln (Fortsetzungsklausel, Nachfolgeklausel, Eintrittsklausel) dargestellt.

---

41 So nunmehr wieder der BFH im Urteil vom 10. 11. 1982 II R 85–86/78 BStBl II 1983, 329 unter Aufgabe der zwischendurch einmal in dem Urteil vom 16. 3. 1977 II R 11/69 BStBl II 1977, 640 vertretenen anderen Auffassung. U. E. hätte der BFH bei der im Urteil vom 16. 3. 1977 vertretenen Auffassung bleiben sollen. Die unterschiedliche Besteuerung des Erwerbs von Todes wegen, je nachdem, ob der Erwerb auf Grund eines Vermächtnisses oder auf Grund einer Teilungsanordnung erfolgt, ist nicht einsichtig. Vgl. gegen das Urteil vom 10. 11. 1982 Flume, DB 1983, 2271.

42 Vgl. i. e. die Beispiele bei Troll, § 3 ErbStG Anm. 29; a. A. RFH vom 21. 5. 1931 RStBl 31, 560 ff, der bei der Aufteilung des Nachlasses die Steuerwerte der auf Grund der Teilungsanordnung mit Wertanrechnungsklausel zugewiesenen Vermögensgegenstände zugrunde legt.

43 Vgl. dazu die Darstellung bei Westermann, Handbuch der Personengesellschaften I, Rz. 452 ff.

a) Die Auflösung der Gesellschaft

Wird die Gesellschaft durch den Tod des Gesellschafters aufgelöst, so wendet man wie in dem Fall, daß der Gesellschaftsanteil auf den/die Erben übergeht, § 12 Abs. 5 ErbStG an. Es soll also auch in diesem Fall für die Erbschaftsteuerveranlagung der Erben des verstorbenen Gesellschafters nach den oben[44] behandelten Grundsätzen auf den Stichtag der steuerliche Wert des Gesellschaftsvermögens zu ermitteln und auf die Gesellschafter aufzuteilen sein.[45] Die Erbschaftsteuer soll sich nach dem auf diese Weise ermittelten Wert des Gesellschaftsanteils bemessen. U. E. ist dieses Verfahren nicht sachgerecht. Denn die Ermittlung des Gesellschaftsvermögens nach § 12 Abs. 5 ErbStG erfolgt unter dem Vorzeichen, daß der Betrieb fortgeführt wird, und nicht unter Zerschlagungsgesichtspunkten. U. E. muß man sich im Falle der Auflösung der Gesellschaft von der Bewertung des Gesellschaftsanteils nach § 12 Abs. 5 ErbStG lösen. Denn auf die Erben geht ein Gesellschaftsanteil an einer werbenden Gesellschaft gar nicht über, die Erben erwerben vielmehr das Auseinandersetzungsguthaben, und nach diesem sollte die Erbschaftsteuer bemessen werden.

Wenn man – obwohl die Erben einen Anteil an einer werbenden Gesellschaft nicht erworben haben – dennoch die Bewertung nach § 12 Abs. 5 ErbStG vornimmt, so muß die Erbschaftsteuer aber jedenfalls in dem Fall, daß das Auseinandersetzungsguthaben weniger ausmacht als den nach § 12 Abs. 5 ErbStG ermittelten Wert des Gesellschaftsanteils, nach dem Auseinandersetzungsguthaben bemessen werden. Denn sonst würden die Erben über die angefallene Bereicherung hinaus mit der Erbschaftsteuer belastet.

b) Die Fortsetzungsklausel

Die Fortsetzungsklausel hat die Abrede zum Inhalt, daß die Gesellschaft den Tod eines Gesellschafters überdauern soll. Für den Fall des Todes eines Gesellschafters wird also das Gesellschaftsverhältnis auf die überlebenden Gesellschafter beschränkt. Der Gesellschaftsanteil des verstorbenen Gesellschafters wächst den verbleibenden Gesellschaftern an (§ 738 Abs. 1 BGB). Der oder die Erben erwerben einen Abfindungsanspruch, dessen Inhalt und Umfang regelmäßig vertraglich näher geregelt ist. In diesem Fall ist bei den Erben nicht der steuerliche Wert des Anteils des Erblassers, sondern der Wert der Abfindung anzusetzen. Liegt die Abfindung unter dem Wert, der sich als Auseinandersetzungsguthaben bei einer Auflösung der Gesellschaft für den Anteil ergeben würde, so kann es, wenn dem Erblasser früher einmal der Anteil geschenkt worden war, ggf. zu einer Berichtigung der früheren Erbschaft- und Schenkungsteuerveranlagung des Erblassers kommen (§ 7 Abs. 5 ErbStG).[46] Auf seiten der verbleibenden Gesellschafter kann der

44 Vgl. dazu oben § 27 II.
45 Vgl. z. B. Troll, § 12 ErbStG Anm. 138.
46 Vgl. dazu unten § 27 III 2b.

gesetzliche Steuertatbestand einer Schenkung auf den Todesfall nach § 3 Abs. 1 Nr. 2 S. 2 ErbStG verwirklicht sein.[47]

c) Die Nachfolgeklausel

aa) Was die zivilrechtliche Bedeutung und Wirkung der Nachfolgeklausel anbetrifft, so wird im folgenden von dem Stand ausgegangen, der sich nach der Rechtsprechung des BGH[48] ergibt. Die Nachfolgeklausel stellt den Gesellschaftsanteil vererblich. Sie führt zur Fortsetzung der Gesellschaft zwischen dem Nachfolger des verstorbenen Gesellschafters und den übrigen Gesellschaftern. Der BGH[49] und die h. M. in der Literatur ordnen die Nachfolge in den Gesellschaftsanteil, die der Gesellschaftsvertrag ermöglicht, als erbrechtlichen Vorgang ein.[50] Demgemäß ist eine Nachfolgeklausel mit dem Ziel, den Gesellschaftsanteil auf einen nicht als Erben in Betracht kommenden Dritten übergehen zu lassen, nicht möglich.[51]

Ist in der Nachfolgeklausel keine nähere Bestimmung über die Person des Nachfolgers getroffen, so geht der Gesellschaftsanteil anteilig auf die Erben entsprechend ihrer Erbquote – und nicht etwa auf die Erbengemeinschaft – über (Prinzip der Einzelrechtsnachfolge).[52] Ist in der Nachfolgeklausel einer von mehreren Erben zum Nachfolger bestimmt, so erwirbt der zum Nachfolger bestimmte Miterbe den Anteil des verstorbenen Gesellschafters unmittelbar im ganzen.[53] Er muß aber, wenn er im Verhältnis zu den anderen Miterben erbrechtlich gesehen auf diese Weise wertmäßig zu viel erhält, diesen Wertausgleich leisten;[54] durch letztwillige Verfügung kann der Wertausgleich näher geregelt oder auch ausgeschlossen werden. Im Ergebnis soll also dem Miterben, der auf Grund der Nachfolgeklausel den Gesellschaftsanteil erbt, wertmäßig nur das zufließen, das ihm entweder auf Grund letztwilliger Verfügung oder auf Grund gesetzlicher Erbfolge gebührt.

---

47 Vgl. dazu näher § 27 III 4.

48 Vgl. zuletzt BGH vom 10. 2. 1977 II ZR 120/75 BGHZ 68, 225 ff mit Nachweisen; vgl. auch die zustimmenden Anmerkungen von Ulmer, BB 1977, 805 ff; Wiedemann, JZ 1977, 689 ff; und die kritische Auseinandersetzung bei Flume, Allgemeiner Teil des Bürgerlichen Rechts I/1 – Die Personengesellschaft, § 18 VII.

49 BGH aaO, (Anm. 48).

50 A. A. insbesondere Flume aaO, (Anm. 48), § 18 II 2, der in der gesellschaftsvertraglichen Bestimmung eine durch den Tod des Gesellschafters bedingte Verfügung zugunsten Dritter gemäß § 328 BGB sieht.

51 Vgl. BGH aaO, (Anm. 48); der BGH hält zur Erreichung dieses Zieles die sog. Eintrittsklausel (vgl. dazu unten § 27 III 1 d) für das geeignete rechtsgeschäftliche Instrument.

52 BGH aaO, (Anm. 48) mit Nachweisen zum Meinungsstand in der Literatur.

53 BGH aaO, (Anm. 48) unter Aufgabe der im BGHZ 22, 186 ff, 195 vertretenen Ansicht.

54 In der Literatur und auch vom BGH wird die Ausgleichspflicht im allgemeinen bejaht. Vgl. dazu Ulmer, ZGR 1972, 324, 326 ff und die dort auf S. 324 Fußnoten 129, 131 Zitierten; Flume aaO, (Anm. 48), § 18 VI 2.

bb) Der erbschaftsteuerliche Wert des auf den bzw. die Nachfolger übergegangenen Gesellschaftsanteils ist in der Weise zu ermitteln, daß zunächst der Wert des Betriebsvermögens der Gesellschaft insgesamt nach den Grundsätzen des § 12 Abs. 5 ErbStG festgestellt wird; sodann ist der Stichtagswert des Gesellschaftsvermögens auf die Gesellschafter aufzuteilen (vgl. § 3 BewG). Hinsichtlich der Grundsätze, nach denen bei der Aufteilung des Wertes des Betriebsvermögens auf die Gesellschafter zu verfahren ist, ist auf die Ausführungen in § 26 III 6b zu verweisen.[55]

Die Feststellung des Wertes des Gesellschaftsvermögens und die Aufteilung auf die Gesellschafter für erbschaftsteuerliche Zwecke erfolgt nicht in einem besonderen Feststellungsverfahren, die Voraussetzungen einer gesonderten Feststellung von Besteuerungsgrundlagen nach § 180 AO liegen nicht vor. Der auf den Stichtag festgestellte Wert der Gesellschaftsanteile ist nur für die einzelne Erbschafts- bzw. Schenkungssteuerveranlagung von Bedeutung. Die Ermittlung des Wertes ist ein Teil des Veranlagungsverfahrens, und nur in diesem Verfahren und nicht auch in dem Einheitswertverfahren für das Vermögen der Personengesellschaft ist sie anfechtbar. Änderungen des Einheitswertbescheides der Personengesellschaft haben automatische Folgen für die Erbschaft- bzw. Schenkungsteuerveranlagung.

Ist der zum Nachfolger Berufene nicht Alleinerbe und gehört – neben dem Gesellschaftsanteil – zum Nachlaß weiteres Vermögen, so stellt sich die Frage, ob der steuerliche Wert des Gesellschaftsanteils nur bei der Erbschaftsteuerveranlagung des Nachfolger-Miterben zugrunde zu legen ist oder ob er sich auch auf die Erbschaftsteuerveranlagung der übrigen Miterben auswirkt. Nach der Entscheidung des BFH vom 10. 11. 1982[56] ist der Erwerb eines Gesellschaftsanteils auf Grund einer Nachfolgeklausel wie der Erwerb auf Grund einer Teilungsanordnung zu behandeln. Das bedeutet nach dem letzten Stand der schwankenden Rechtsprechung zur Teilungsanordnung,[57] daß der Erbschaftsbesteuerung des Gesellschafternachfolgers nicht der Steuerwert des Anteils zugrunde zu legen ist. Vielmehr ist für die Besteuerung aller Miterben von dem Wert des Nachlasses zuzüglich des Wertes des Gesellschaftsanteils auszugehen. Der Steuerwert des auf einen Miterben übergegangenen Gesellschaftsanteils wirkt sich also auf die Besteuerung aller Miterben aus.

Abgesehen davon, daß der gegenwärtige Stand der Rechtsprechung des BFH zur Behandlung der Teilungsanordnung nicht befriedigend und wohl nur durch das Bestreben zu erklären ist, auf das Verhältnis der Miterben untereinander nicht die Folgen der unterschiedlichen Bewertung der einzelnen Vermögensgegenstände durchschlagen zu lassen, ist die Übertragung dieser Grundsätze auf die qualifizierte Nachfolgeklausel nicht gerechtfertigt. Da die anderen Erben mit dem Gesellschaftsanteil nichts zu tun haben, darf sein Wert nicht auf ihre Besteuerung durchschlagen.[58]

---

55 Vgl. auch Troll, § 12 ErbStG Anm. 137, 138.

56 BFH vom 10. 11. 1982 II R 85–86/78 BStBl II 1983, 329.

57 Vgl. oben § 27 II 3 bei Anm. 41.

58 Vgl. i. e. die Ausführungen von Flume, DB 1983, 2272.

d) Die Eintrittsklausel[59]

aa) Unter der Eintrittsklausel ist die Vereinbarung im Gesellschaftsvertrag zu verstehen, die einer bestimmten Person das Recht einräumt, unter bestimmten Voraussetzungen, insbesondere im Falle des Todes eines Gesellschafters, in die Gesellschaft einzutreten. Die Eintrittsklausel hat regelmäßig die gleiche Funktion wie die Nachfolgeklausel: Es soll die Nachfolge für den Tod eines Gesellschafters geregelt werden. Bei dem Eintritt auf Grund einer Eintrittsklausel handelt es sich nicht um einen erbrechtlichen Vorgang; die Vereinbarung im Gesellschaftsvertrag stellt einen Vertrag zugunsten Dritter dar, der Eintretende erwirbt durch Rechtsgeschäfte unter Lebenden. Die Eintrittsklausel ermöglicht auch die Nachfolge eines Nichterben in den Gesellschaftsanteil des durch Tod ausgeschiedenen Gesellschafters.

Nach der h. M. in der Literatur bestehen bei der Eintrittsklausel Schwierigkeiten in der Frage, wie der Eintrittsberechtigte zu dem Kapitalanteil des verstorbenen Gesellschafters kommen kann.[60] Man geht davon aus, daß ohne eine nähere Regelung der Altgesellschafter mit dem Tode aus der Gesellschaft ausscheide, den Erben der Abfindungsanspruch zustehe, während der Eintrittsberechtigte in die Gesellschaft aufgenommen werde, ohne daß er den Kapitalanteil des verstorbenen Gesellschafters erhalte. Deshalb hält man – wenn der Eintrittsberechtigte nicht Alleinerbe werde und auf diese Weise zugleich den Abfindungsanspruch zur Bildung des Kapitalanteils zur Verfügung habe – eine nähere Regelung für erforderlich.

Demgegenüber bestehen die Schwierigkeiten nicht, wenn man der von Flume[61] vertretenen Wertung der Eintrittsklausel folgt. Flume geht zu Recht davon aus, daß die Eintrittsklausel – nicht anders als die Nachfolgeklausel – den Sinn habe, daß der Eintrittsberechtigte die Nachfolge in den Anteil des durch den Tod Ausgeschiedenen antrete. Auf dieser Grundlage hat dann die Eintrittsklausel notwendigerweise den weiteren Sinn, daß für den Fall des Eintritts der Abfindungsanspruch ausgeschlossen ist.[62]

Für die von der h. M. für notwendig gehaltene besondere Regelung des Abfindungsanspruchs werden insbesondere folgende Verfahren vorgeschlagen:[63]

1. Der durch Tod ausscheidende Gesellschafter weist den Abfindungsanspruch in einer letztwilligen Verfügung durch Vermächtnis oder Teilungsanordnung dem Eintrittsberechtigten zu.

2. Der Altgesellschafter und die übrigen Gesellschafter wenden durch Vertrag zugunsten des Eintrittsberechtigten diesem den späteren Abfindungsanspruch zu.

---

59 Vgl. die Darstellung des Standes der h. M. bei Westermann aaO, (Anm. 43), Rz. 545 ff; vgl. demgegenüber aber die von der h. M. abweichende Bewertung der Eintrittsklausel bei Flume aaO, (Anm. 48), § 18 II 3.

60 Vgl. dazu Westermann aaO, (Anm. 43), Rz. 555 ff; Ulmer, ZGR 1972, 195, 218 ff.

61 Flume aaO, (Anm. 48), § 18 II 3.

62 Vgl. zu den Konsequenzen i. e. Flume aaO, (Anm. 61).

63 Vgl. zu der Problematik der Gestaltungen i. e. Westermann aaO, (Anm. 43), Rz. 557 ff.

3. Im Gesellschaftsvertrag wird vereinbart, daß der Altgesellschafter entschädigungslos ausscheidet und die verbleibenden Gesellschafter verpflichtet werden, den ihnen angewachsenen Anteil auf den Eintrittsberechtigten zu übertragen.

Wenn man von dem Standpunkt der h. M. ausgeht und nicht den Abfindungsanspruch für den Fall des Eintritts im Anschluß an Flume schon als durch die Eintrittsklausel ausgeschlossen sieht, so ist für die Praxis nur das Verfahren Nr. 3 empfehlenswert. Bei dem Verfahren Nr. 1 wäre der Abfindungsanspruch – wenn er bestände – ggf. dem Zugriff der Nachlaßgläubiger ausgesetzt; Verfahren Nr. 2 ist insofern problematisch, als die Rechtsprechung des BGH[64] – im Gegensatz zu der h. M. in der Literatur[65] – die Anwendung der §§ 328 ff BGB auf Verfügungsgeschäfte ablehnt.

bb) Ist der *Eintrittsberechtigte Alleinerbe,* und macht er in unmittelbarem zeitlichen Zusammenhang von dem Eintrittsrecht Gebrauch, so rückt er in die Position des verstorbenen Gesellschafters ein. Der Erbschaftsbesteuerung ist der Steuerwert des Gesellschaftsanteils zugrunde zu legen.

Zuweilen kommen auch Eintrittsklauseln des Inhalts vor, daß der Eintrittsberechtigte erst von einem bestimmten Zeitpunkt an oder innerhalb einer auf viele Jahre nach dem Todesfall bemessenen Frist einzutreten berechtigt ist. Steht dem Eintrittsberechtigten in diesem Fall ein Abfindungsanspruch zu, so ist dieser anzusetzen. Unter Umständen kann dann aber anläßlich des Erbfalls bei den verbleibenden Gesellschaftern die Steuerpflicht nach § 3 Abs. 1 Nr. 2 S. 2 ErbStG eintreten, wenn nämlich der Steuerwert des Anteils des verstorbenen Gesellschafters den Abfindungsanspruch übersteigt.[66] Tritt der Eintrittsberechtigte dann eines späteren Tages in die Gesellschaft ein, so ist die Erbschaftsteuerveranlagung der übrigen Gesellschafter gemäß § 5 Abs. 2 BewG zu berichtigen. Denn ihr Erwerb nach § 3 Abs. 1 Nr. 2 S. 2 ErbStG war auflösend bedingt durch die Ausübung des Eintrittsrechts des Berechtigten.

Ist der Eintrittsberechtigte *nicht Alleinerbe,* so ist die Frage, in welcher Weise sich der Steuerwert des Gesellschaftsanteils auf die Besteuerung der Miterben auswirkt, nach den oben für die Nachfolgeklausel dargelegten Grundsätzen zu entscheiden. Das folgt aus der Tatsache, daß Nachfolge- und Eintrittsklausel für den Fall des Todes eines Gesellschafters dieselben Funktionen haben, nämlich die Ermöglichung der Nachfolge in den Gesellschaftsanteil des Verstorbenen.

---

64 Z. B. BGH vom 29. 1. 1964 V ZR 209/61 BGHZ 41, 95; BGH vom 16. 2. 1965 V ZR 264/62 JZ 1965, 361.

65 Vgl. für diese Larenz, Lehrbuch des Schuldrechts, Allgemeiner Teil, 14. Aufl. 1987, § 17 IV mit weiteren Nachweisen.

66 Zu der Problematik dieser Bestimmung vgl. unten § 27 III 4.

2. Schenkung des Anteils an einer Personengesellschaft

Schenkungen von Gesellschaftsbeteiligungen erfolgen vornehmlich zur vorweggenommenen Regelung der Erbfolge und allgemein aus den Gründen, die bei der Gründung von Familiengesellschaften eine Rolle spielen.[67] Auch in diesem Zusammenhang bedarf es zunächst der sorgfältigen Prüfung, ob dem „Beschenkten" überhaupt eine von dem Willen des Zuwendenden unabhängige Vermögensposition eingeräumt, ob also der Steuertatbestand der freigebigen Zuwendung tatsächlich erfüllt ist.[68]

a) Die Bewertung der Schenkung im Normalfall

Überträgt der Gesellschafter seinen Anteil oder einen Teil seines Anteils, so bemißt sich die Schenkungssteuer nach dem steuerlichen Wert des Anteils; es ist also – wie bei dem Übergang des Anteils im Falle des Todes[69] – auf den Stichtag der Wert des Gesellschaftsvermögens zu ermitteln und auf die Gesellschafter aufzuteilen.[70] Die Schenkungsteuer bemißt sich also nicht etwa nach dem Nennbetrag des Kapitalkontos.

Wird die Beteiligung an einer Personengesellschaft in der Weise eingeräumt, daß zunächst ein Kapitalbetrag geschenkt wird, der vom Bedachten als Einlage verwendet werden soll, so kann fraglich sein, ob Gegenstand der Schenkung der Geldbetrag oder der Gesellschaftsanteil ist. Was Gegenstand einer Schenkung ist, richtet sich nach bürgerlichem Recht.[71] Das Erfordernis der Bereicherung aus dem Vermögen des Schenkers setzt nicht voraus, daß der Gegenstand, um den der Beschenkte bereichert wird, sich vorher in derselben Gestalt in dem Vermögen des Schenkers befindet und wesensgleich übergeht.[72] Die Bereicherung aus dem Vermögen des Schenkers kann auch darin liegen, daß dieser dem Beschenkten mit seinen Mitteln einen Gegenstand von einem Dritten verschafft, ohne daß der Schenker selbst zunächst Eigentümer geworden zu sein braucht.[73] Nicht vorausgesetzt ist desweiteren, daß die Rechtsposition, um die der Beschenkte bereichert wird, zu den abtretbaren Vermögensrechten gehört. Es ist also durchaus möglich, daß auch ein Nichtgesellschafter dem Empfänger der Zuwendung die Betei-

---

67 Vgl. dazu oben § 12.

68 Vgl. dazu näher Knobbe-Keuk aaO, (Anm. 11), und oben § 27 I 2.

69 Vgl. oben § 27 III 1 c.

70 Zu dem Verfahren bei der Aufteilung vgl. Moench, StbJb 1982/83, 387 ff.

71 BFH vom 7. 4. 1976 II R 87–89/70 BStBl II 1976, 632 (vgl. zu der Entscheidung Petzoldt, DNotZ 1977, 457 ff). Der Begriff der „Schenkung i. S. des bürgerlichen Rechts" erscheint zwar in dem neuen ErbStG nicht mehr. Die Änderung ist aber nur redaktioneller Natur. In dem Grundtatbestand der freigebigen Zuwendung unter Lebenden (§ 7 Abs. 1 Nr. 1 ErbStG) sind die bisherigen beiden Tatbestände des § 3 ErbStG a. F.: „Schenkungen i. S. des bürgerlichen Rechts" und „andere freigebige Zuwendungen unter Lebenden" zusammengefaßt.

72 RG vom 19. 6. 1941 V 129/40 RGZ 167, 199 ff, 201.

73 BGH vom 29. 5. 1952 IV Z R 167/51 NJW 1952, 1171.

ligung an einer Personengesellschaft schenkt – vorausgesetzt, die übrigen Gesellschafter sind einverstanden.[74]

Ob nun bei der Zuwendung eines Geldbetrags zum Erwerb eines Gesellschaftsanteils der Geldbetrag mit einer Auflage oder der Gesellschaftsanteil selbst geschenkt ist , ist durch Auslegung des Vertrages zwischen dem Schenker und dem Beschenkten zu ermitteln.[75] Es schadet nicht, wenn die Beteiligten für das von ihnen übereinstimmend Gewollte eine falsche Bezeichnung gewählt haben.

Für die Vertragsgestaltung ist besonders wichtig, darauf zu achten, daß – soll der Beschenkte eine Beteiligung erwerben, deren Steuerwert niedriger ist als der zum Erwerb der Beteiligung erforderliche Geldbetrag – sichergestellt ist, daß die Beteiligung selbst als Gegenstand der Schenkung angesehen werden kann. In besonderem Maße gilt dies natürlich, wenn der Steuerwert des Anteils – etwa infolge der Einheitswerte der Betriebsgrundstücke – sogar negativ ist.

Wird an einem Betrieb eine atypische stille Beteiligung oder an einem Gesellschaftsanteil eine atypische Unterbeteiligung eingeräumt, so ist Ausgangsgröße für die Ermittlung des Wertes ebenfalls der auf den Stichtag festgestellte Wert des Betriebsvermögens. Anders ist es bei Einräumung einer typischen stillen Beteiligung oder einer typischen Unterbeteiligung. Hier hat der Empfänger keine Beteiligung am Betriebsvermögen, sondern lediglich eine Kapitalforderung erworben. Diese ist nach §§ 12 Abs. 1 ErbStG, 12 BewG mit dem Nennwert anzusetzen, es sei denn, besondere Umstände würden einen höheren oder geringeren Wert begründen.[76]

b) Die Schenkung einer Beteiligung mit Buchwertklausel (§ 7 Abs. 5 ErbStG)

Vor dem Inkrafttreten des Erbschaftsteuergesetzes 1974 wurde bei der erbschaftsteuerlichen Behandlung der Schenkung einer Beteiligung mit Buchwertklausel unterschieden: War im Gesellschaftsvertrag die Abfindung zum Nominalbetrag des Kapitalkontos nur für den Fall des Ausscheidens des Gesellschafters vereinbart, so hinderte dies nicht, als Erwerb den steuerlichen Wert des Gesellschaftsanteils (also unter Berücksichtigung der offenen und stillen Reserven) anzusetzen.[77] War hingegen der Abfindungsanspruch des Gesellschafters auch für den Fall der Auflösung der Gesellschaft auf den Nennbetrag des Kapitalkontos beschränkt, so wurde nur der Nennbetrag als steuerlicher Erwerb behandelt.[78] Gegenüber dieser Lage bringt § 7 Abs. 5 ErbStG eine Verschärfung: Es sollen nunmehr dem Beschenkten die anteiligen offenen und stillen Reserven auch dann als schenkungsteuerpflichtiger

74 Vgl. den Fall des BFH vom 7. 4. 1976 aaO, (Anm. 71).
75 RG aaO, (Anm. 72), S. 202.
76 Vgl. dazu näher Troll, § 12 ErbStG Anm. 64.
77 BFH vom 29. 1. 1959 III 71/58 U BStBl III 1959, 155.
78 BFH vom 25. 4. 1952 III 245/51 U BStBl III 1952, 176.

Erwerb zugerechnet werden, wenn er im Falle der Auflösung der Gesellschaft nur den Buchwert seines Kapitalkontos erhält.[79] Diese Bestimmung soll ein „Schlupfloch" stopfen; es soll verhindert werden, daß die offenen und stillen Reserven auf einem steuerlich nicht erfaßbaren Umweg – nämlich über die laufende Gewinnausschüttung – auf den Beschenkten übergehen.[80]

Damit besteht nunmehr eine Diskrepanz zwischen der erbschaftsteuerlichen Regelung und der einkommensteuerlichen Rechtsprechung zur sogenannten Angemessenheit der Gewinnverteilung. Bei derartigen Buchwertklauseln bezieht nämlich die einkommensteuerrechtliche Rechtsprechung die berüchtigten 15 % nicht auf den wirklichen Wert des Gesellschaftsanteils, sondern nur auf den Nominalwert des Kapitalkontos.[81] Erbschaftsteuerlich aber wird durch die Bestimmung des § 7 Abs. 5 ErbStG unterstellt, daß der neue Gesellschafter um mehr als den Nominalwert des Kapitalkontos bereichert sei!

Nach § 7 Abs. 5 ErbStG wird also die Buchwertklausel bei der Feststellung der Bereicherung nicht berücksichtigt. Die Schenkungsteuer bemißt sich zunächst nach dem Steuerwert der Beteiligung. Der den Buchwert übersteigende Betrag gilt als auflösend bedingt erworben. Das bedeutet: Hat der Beschenkte bis zu seinem Ausscheiden oder bis zur Liquidation der Gesellschaft nichts von den Reserven gesehen, so ist die Erbschaftsteuerveranlagung nach § 5 Abs. 2 BewG zu berichtigen.

Die Schwierigkeiten dieser Regelung liegen in der Durchführung der Berichtigung der Erbschaftsteuerveranlagung. Dazu gibt der Einführungserlaß zum Erbschaftsteuergesetz[82] folgende Erläuterung:

„Die Bedingung tritt ein, wenn beim Ausscheiden des Gesellschafters der Steuerwert seines Anteils über der Abfindung liegt. Der auflösend bedingte Teil seines Erwerbs entspricht dann dem Steuerwert des bei der Schenkung angesetzten Anteils abzüglich des Buchwerts im Zeitpunkt der Schenkung. Auf Antrag ist in diesem Fall die Steuer zu erstatten, die auf diesen Unterschiedsbetrag entfällt, höchstens jedoch die Steuer, die auf den Unterschiedsbetrag zwischen dem Buchwert und dem höheren Steuerwert vom Zeitpunkt des Ausscheidens entfällt. Auf die Identität zwischen den stillen Reserven vom Zeitpunkt des Ausscheidens des Beschenkten kommt es nicht an."

Beispiel:	Steuerwert bei Ausscheiden	1,1 Million
	Buchwert bei Ausscheiden	1,0 Million

Die Bedingung ist also eingetreten. Zu erstatten ist die Steuer für die Differenz zwischen Steuerwert und Buchwert im Zeitpunkt der Schenkung.

Steuerwert bei Schenkung	1,2 Million
Buchwert bei Schenkung	1,0 Million

79 Die h. M. (Troll, § 7 ErbStG Anm. 65 a; Kapp, § 7 ErbStG Anm. 184.1; Moench, § 7 ErbStG Anm. 23; Petzoldt, § 7 ErbStG Anm. 185) wendet § 7 Abs. 5 ErbStG auch dann an, wenn weniger als der Buchwert gezahlt werden soll. Dagegen Meincke/Michel, § 7 ErbStG Anm. 63.

80 Vgl. die Begründung des Reg.Entwurfs BT-Drs. VI/3418.

81 Vgl. dazu oben § 12 II.

82 BStBl I 1975, 42.

Nach dem Erlaß ist nun aber nicht etwa die Steuer auf 200 000, die Differenz zwischen Steuerwert und Buchwert im Zeitpunkt der Schenkung, zu erstatten, sondern höchstens die Steuer auf die Differenz im Zeitpunkt des Ausscheidens, also auf 100 000. Man geht offensichtlich davon aus, daß die weiteren 100 000 dem beschenkten Gesellschafter inzwischen als Gewinnanteil zugute gekommen sind. Das muß aber nicht sein. Der niedrigere Steuerwert im Zeitpunkt des Ausscheidens kann genausogut auch auf zwischenzeitlich eingetretenen Verlusten der Gesellschaft beruhen. Insoweit ist der in dem Erlaß vertretenen Auffassung nicht zu folgen.

Die Berichtigung der Erbschaftsteuerveranlagung des beschenkten Gesellschafters erfolgt auch noch, wenn er durch Tod aus der Gesellschaft ausgeschieden ist und die Gesellschaft nur von den verbleibenden Gesellschaftern fortgesetzt wird, die Erben also nur den Abfindungsanspruch in Höhe des Buchwerts erhalten. Dasselbe muß u. E. gelten, wenn der geschenkte Anteil auf den Erben übergegangen ist und der Erbe später ausscheidet.[83]

Beispiel: A erhält einen Gesellschaftsanteil geschenkt, im Gesellschaftsvertrag ist die Buchwertklausel vorgesehen. A stirbt, B erbt den Anteil. Dann scheidet B gegen Buchwertabfindung aus der Gesellschaft aus. Weder A noch B haben etwas von den stillen Reserven gesehen. U. E. ist auch in diesem Fall die Erbschaftsteuerveranlagung des A zu berichtigen.

In der Literatur ist nach Wegen gesucht worden, auf denen der Erbschaft- und Schenkungsteuer auf die stillen und offenen Reserven bei Beteiligungsschenkungen auch weiterhin ausgewichen werden kann. Für den Fall der Aufnahme von Familienangehörigen in die Gesellschaft hat Beinert[84] vorgeschlagen, die Aufnahme in der Weise zu vollziehen, daß nicht die Beteiligung, sondern der für die Einlage erforderliche Geldbetrag geschenkt wird. Die Aufgenommenen würden in diesem Falle die Beteiligung entgeltlich – mit den ihnen geschenkten Mitteln – erwerben, und auf entgeltliche Erwerbe findet § 7 Abs. 5 ErbStG keine Anwendung. Wenn auch für die Schenkungsteuer bei Schenkungen in Zusammenhang mit Beteiligungen zu unterscheiden ist, ob Gegenstand der Schenkung ein Geldbetrag oder der Gesellschaftsanteil selbst ist,[85] so wird man freilich abwarten müssen, ob die Rechtsprechung auch für die Anwendung des § 7 Abs. 5 ErbStG diese Unterscheidung machen wird. Denn Ziel der Gesetzesverfasser war, das Schlupfloch zu stopfen, daß die offenen und stillen Reserven auf einem nicht erfaßbaren Umweg auf den Beschenkten übergehen. Diese Problematik besteht durchaus auch bei der Schenkung des für den Erwerb der Beteiligung erforderlichen Geldbetrages. Auf der anderen Seite ist folgendes zu bedenken: § 7 Abs. 5 ErbStG formuliert immerhin: „Ist *Gegenstand der Schenkung* eine Beteiligung an einer Personengesellschaft..." Angesichts dieser Lage ist die Frage, ob es Sache der Rechtsprechung ist, dem Gesetzgeber, der bei der Stopfung des Schlupflochs wiederum ein Schlupfloch gelassen hat, zu Hilfe zu kommen. Wenn der Gesetzgeber in einer Situation,

83 Vgl. zu der Problematik Troll, § 7 ErbStG Anm. 65.
84 Beinert, StbJb 1974/75, 212.
85 Vgl. oben § 27 III 2a.

in der die Unterscheidung zwischen Schenkung der Beteiligung und Schenkung des erforderlichen Geldbetrages den Kundigen geläufig ist, nur von Schenkung der Beteiligung spricht, muß man ihn beim Wort nehmen. Die Erweiterung des gesetzlichen Steuertatbestandes durch die Rechtsprechung ist nicht zulässig.

§ 7 Abs. 5 ErbStG findet allerdings keine Anwendung, wenn vereinbart ist, daß der neu eintretende Gesellschafter erst an den nach seinem Eintritt gebildeten stillen Reserven beteiligt sein soll.[86] Hier ist es ausgeschlossen, bei der Ermittlung des Wertes des geschenkten Anteils die vorhandenen stillen Reserven zu berücksichtigen. Wenn man in der Terminologie des § 7 Abs. 5 ErbStG bleibt, kann man in diesem Falle sagen, die auflösende Bedingung ist schon – wegen des ausdrücklichen Ausschlusses an der Teilhabe der vorhandenen stillen Reserven – im Zeitpunkt des Erwerbs eingetreten.

c) Die Ausstattung des Anteils mit einer überhöhten Gewinnbeteiligung (§ 7 Abs. 6 ErbStG)[87]

Nach der durch das Erbschaftsteuerreformgesetz eingeführten Bestimmung des § 7 Abs. 6 ErbStG gilt – wird eine Beteiligung an einer Personengesellschaft mit einer Gewinnbeteiligung ausgestattet, die insbesondere der Kapitaleinlage, der Arbeits- oder der sonstigen Leistung des Gesellschafters nicht entspricht, oder die einem fremden Dritten nicht eingeräumt würde – das Übermaß an Gewinnbeteiligung als selbständige Schenkung, die mit dem Kapitalwert anzusetzen ist.

Die in § 7 Abs. 6 ErbStG geregelte Problematik ist nicht neu. Die Rechtsprechung hatte sich nie mit Gestaltungen der Art abgefunden, daß dem Beschenkten eine prozentual höhere Gewinnbeteiligung als seinem Anteil am Gesellschaftsvermögen entspricht, zustehen sollte. Der RFH[88] hatte in derartigen Fällen neben der Schenkung des Gesellschaftsanteils in der überhöhten Gewinnbeteiligung eine selbständige weitere Schenkung gesehen. Der BFH[89] war dieser Rechtsprechung nicht gefolgt. Er ging vielmehr von *einer* Schenkung aus, wertete aber die überhöhte Gewinnbeteiligung als einen werterhöhenden Umstand, der bei der Bewertung der Gesellschaftsbeteiligung zu berücksichtigen sei. Der Wert des geschenkten Gesellschaftsanteils bestimmte sich danach nicht nach dem anteiligen Einheitswert; der anteilige Einheitswert der Beteiligung des Schenkers, von der dieser einen Teil auf den Beschenkten übertrug, war vielmehr nach dem Verhältnis des gemeinen Werts des zurückbehaltenen Teils und des geschenkten Teils aufzuteilen.

Dem Gesetzgeber des Erbschaftsteuergesetzes war die Rechtsprechung des BFH wegen ihrer Abhängigkeit vom gemeinen Wert zu kompliziert. In der überhöhten Gewinnbeteiligung wird nunmehr – wie zu Zeiten des RFH – eine selbständige Schenkung gesehen.

---

86 Ebenso Schulze zur Wiesche, DStR 1974, 698 ff, 699.
87 Vgl. Crezelius, BB 1980, 1481; Moench, StbJb 1982/83, 393 ff.
88 RFH vom 19. 6. 1935 III e A 23/25 RStBl 1935, 1155.
89 Vgl. etwa BFH vom 25. 6. 1969 II 131/63 BStBl II 1969, 653.

Hinsichtlich der Frage, wann eine überhöhte Gewinnbeteiligung vorliegt, geht der Gesetzgeber[90] davon aus, daß § 7 Abs. 6 ErbStG „der ertragsteuerlichen Behandlung des Übermaßes an Gewinnbeteiligung (entspricht), das dort als Einkommensverwendung des Schenkers gilt".

In diesem Sinne verhält sich auch der Einführungserlaß: „Ist bei den Ertragsteuern eine Entscheidung über das Vorliegen und den Umfang eines überhöhten Gewinnanteils getroffen worden, so ist diese Entscheidung auch hier zu übernehmen."[90a]

Es ist aber fraglich, ob man die Grundsätze der ertragsteuerlichen Behandlung, also insbesondere die Grundsätze des Beschlusses des Großen Senats vom 29. 5. 1972,[91] auf § 7 Abs. 6 ErbStG übertragen kann.[92] Vielmehr ist § 7 Abs. 6 ErbStG aus sich heraus auszulegen. Dabei ist von Bedeutung, daß in § 7 Abs. 6 ErbStG immerhin auf einen fremden Dritten Bezug genommen ist. Ein fremder Dritter würde sich aber bei der Gewinnverteilungsvereinbarung durchaus nicht auf die Grundsätze des Beschlusses des Großen Senats mit der Begrenzung des Gewinnanteils auf 15 % einlassen, sondern regelmäßig nur mit einer Gewinnbeteiligung einverstanden sein, die – nach Berücksichtigung angemessener Vergütungen für Tätigkeit, Haftung usw. des Komplementärs – prozentual seiner Beteiligung an der Gesellschaft entspricht. Von hieraus ergibt sich, daß § 7 Abs. 6 ErbStG cum grano salis nur Anwendung finden kann, wenn der Gesellschaftsanteil – nach Berücksichtigung angemessener Vergütungen für sonstige Beiträge der übrigen Gesellschafter – mit einer prozentual höheren Gewinnbeteiligung ausgestattet ist als dem Verhältnis der Kapitalanteile entspricht. Nur in diesem Fall hatte im übrigen auch der RFH[93] in der überhöhten Gewinnbeteiligung eine selbständige Schenkung gesehen.

Steht fest, welcher Teil des Gewinns als überhöht anzusehen ist, so muß der Kapitalwert ermittelt werden. Völlig offen ist freilich, wie dies geschehen soll. Von Literatur und Verwaltung werden verschiedene Zahlen ausgeworfen: Schulze zur Wiesche[94] spricht sich – unter Hinweis auf die Bewertung von Anteilen nach dem Stuttgarter Verfahren – für das Dreifache des Jahreswertes des Gewinnübermaßes aus, der Einführungserlaß für das Fünffache.[95] Der Auffassung der Finanzverwaltung hat sich inzwischen die h. M. in der Literatur[96] mangels eindeutiger gesetzlicher Vorgaben aus pragmati-

---

90 BT-Drs. VI/3418; vgl. auch Troll, § 7 ErbStG Anm. 66.

90a BStBl I 1976, 145, 146.

91 Vgl. dazu oben § 12 II.

92 Vgl. auch Felix, Steuerkongreßreport 1974, 382; Beinert, StbJb 1974/75, 215 f. Dem Erlaß folgen hingegen z. B. Hofmann, DStZ/A 1979, 231; Moench, § 7 ErbStG Anm. 24.

93 RFH aaO, (Anm. 88).

94 Schulze zur Wiesche, DStR 1974, 700.

95 BStBl I 1975, 42.

96 Moench, § 7 ErbStG Anm. 215 f; Meincke/Michel, § 7 ErbStG Anm. 75; Kapp,

schen Gründen angeschlossen. Welche Zahl man letztlich auch greifen wird, klar ist nur, daß die Erbschaftsteuerbelastung der Anteilsschenkung und der Schenkung der überhöhten Gewinnbeteiligung zusammengerechnet höher sein kann als die Belastung, die bei Schenkung eines höheren, der Gewinnbeteiligung entsprechenden Anteils anfallen würde.[97] Deshalb sollte man jeweils überlegen, ob es nicht sinnvoller ist, anstelle der Einräumung einer überhöhten Gewinnbeteiligung jetzt oder später einen höheren Gesellschaftsanteil zu schenken.[98]

3. Erwerb des Anteils an einer Kapitalgesellschaft

Auch für die Erbschaft- und Schenkungsteuer richtet sich die Bewertung von Anteilen an Kapitalgesellschaften nach den allgemeinen Bewertungsvorschriften (§ 12 Abs. 1 ErbStG). Aktien, für die ein Kurs notiert wird, sind mit dem Kurswert anzusetzen (§ 11 Abs. 1 BewG).[99] Nicht notierte Anteile an Kapitalgesellschaften, also insbesondere auch Anteile an GmbHs, sind mit dem gemeinen Wert anzusetzen (§ 11 Abs. 2 BewG). Der gemeine Wert ist möglichst aus Verkäufen im gewöhnlichen Geschäftsverkehr abzuleiten.[100] Liegen keine geeigneten Verkäufe vor, so ist der gemeine Wert zu schätzen. Die Schätzung erfolgt nach dem sogenannten Stuttgarter Verfahren.[101] Zuständig für die Wertermittlung ist nicht das Erbschaftsteuerfinanzamt, sondern das Betriebsfinanzamt der Kapitalgesellschaft, um deren Anteile es sich handelt (vgl. i. e §§ 64 ff BewDV).[102]

4. Das Ausscheiden eines Gesellschafters mit einer unter dem Steuerwert des Anteils liegenden Abfindung (§§ 3 Abs. 1 Nr. 2 S. 2, 7 Abs. 7 ErbStG)

a) Die durch das Erbschaftsteuergesetz 1974 eingeführten Bestimmungen der §§ 3 Abs. 1 Nr. 2 S. 2 und 7 Abs. 7 bringen eine grundlegende Veränderung gegenüber der Lage, wie sie auf Grund der Rechtsprechung zuvor bestanden hatte. Sie sind von praktischer Bedeutung insbesondere für den Fall der Buchwertabfindungsklausel.

Nach dem bis zum 31. 12. 1974[103] geltenden Rechtszustand wurde die im Gesellschaftsvertrag einer Personengesellschaft vereinbarte Buchwertabfindungsklausel,

---

§ 7 ErbStG Anm. 190.7, der früher – vgl. 5. Aufl. 1977, § 7 Anm. 189.2 – das Vierfache für richtig hielt.

97 Vgl. Troll, DB 1970, 321; Herrmann/Langel, GmbHR 1974, 237 ff, 240; Felix, Steuerkongreßreport 1974, 383; Kapp, § 7 ErbStG Anm. 190.8.

98 Vgl. die Berechnungen bei Herrmann/Langel aaO, (Anm. 97).

99 Vgl. zu Einzelheiten Troll, § 12 ErbStG Anm. 34 ff.

100 Vgl. dazu oben § 26 III 4 c.

101 Vgl. dazu oben § 26 III 4 c.

102 Zu den verfahrensrechtlichen Einzelheiten der Bewertung anläßlich der Erbschaftsteuerveranlagung vgl. Troll, § 12 ErbStG Anm. 39.

103 § 3 Abs. 1 Nr. 2 S. 2 findet allerdings erst auf Erwerbe Anwendung, für welche die Steuer nach dem 31. 12. 1974 entstanden ist (§ 37 ErbStG).

derzufolge der Anteil eines verstorbenen Gesellschafters an den stillen und offenen Reserven der Gesellschaft auf die überlebenden Gesellschafter übergeht, nicht als Schenkung auf den Todesfall angesehen, sondern unter dem Gesichtspunkt einer Schenkung unter Lebenden geprüft; aufgrund der sogenannten „Wagnisrechtsprechung“ des BFH[104] war aber regelmäßig eine Schenkung unter Lebenden nicht anzunehmen.

Nunmehr gilt nach § 3 Abs. 1 Nr. 2 S. 2 ErbStG als Schenkung auf den Todesfall (und damit als Erwerb von Todes wegen) auch der auf einem Gesellschaftsvertrag beruhende Übergang des Anteils eines Gesellschafters bei dessen Tod auf die anderen Gesellschafter oder die Gesellschaft, soweit der Wert, der sich für seinen Anteil zur Zeit seines Todes nach § 12 ergibt, Abfindungsansprüche Dritter übersteigt. § 7 Abs. 7 ErbStG enthält die korrespondierende Bestimmung für den Fall des Ausscheidens eines Gesellschafters zu Lebzeiten.

Auch diese neuen Regelungen sollen nach der Absicht der Gesetzesverfasser „Schlupflöcher“ für die Ersparung oder Umgehung der Erbschaftsteuer schließen. In der Literatur[105] ist – auch schon während des Gesetzgebungsverfahrens – nachdrücklich darauf hingewiesen worden, daß der wirtschaftliche Gehalt der Buchwertabfindungsklausel nicht darin besteht, Vermögenswerte mißbräuchlich zu verschieben oder die verbleibenden Gesellschafter zu bereichern. Maßgebend für den Abschluß von Gesellschaftsverträgen mit Buchwertabfindungsklauseln ist vielmehr die Erwägung, die Liquidität des Unternehmens zu schonen, die Weiterführung des Unternehmens nicht anläßlich des Ausscheidens eines Gesellschafters durch die Aufdeckung der stillen Reserven zu gefährden. Der Gesetzgeber hat sich diesen Erwägungen aber verschlossen. Leider schränkt auch die Rechtsprechung des BGH die Zulässigkeit der Buchwertabfindungsklausel immer weiter ein.[106]

b) Die Bestimmungen der §§ 3 Abs. 1 Nr. 2 S. 2, 7 Abs. 7 ErbStG gelten für Anteile sowohl von Personen- als auch von Kapitalgesellschaften.

---

104 BFH vom 15. 5. 1953 III 65/51 S BStBl III 1953, 199.

105 Vgl. z. B. von Bockelberg, FR 1973, 487; Reinhardt, ZGR 1975, 381; Tillmann, Steuerkongreßreport 1975, 309 ff, 320; Kapp, § 3 ErbStG Anm. 243 ff.

106 Nach einem Urteil des BGH vom 24. 9. 1984 II ZR 256/83 NJW 1985, 192 ist die Buchwertklausel auch unter dem Gesichtspunkt der Kündigungserschwerung (§ 723 Abs. 3 BGB) zu beurteilen. Der BGH meint, eine solche Klausel sei unzulässig, „wenn sie auf Grund wirtschaftlich nachteiliger Folgen, insbesondere wegen eines erheblichen Mißverhältnisses zwischen Buchwert und wirtschaftlichem Wert die Freiheit des Gesellschafters, sich zu einer Kündigung zu entschließen, unvertretbar einengt“. Vgl. die Kritik von Flume aaO, (Anm. 48), § 12 IV; DB 1986, 629 und andererseits die Rechtfertigung bei Kellermann, StbJb 1986/87, 403 ff. In dem Urteil vom 9. 1. 1989 II ZR 83/88 BB 1989, 1073 hat der BGH die Abfindungsbeschränkung auf den halben Buchwert sogar in einem Fall als sittenwidrig angesehen, in dem die Beteiligung geschenkt war und der Beschenkte aus wichtigem Grunde ausgeschlossen worden war. Den Gedanken, daß der Beschenkte von vornherein nur die Stellung eines Gesellschafters minderen Rechts erworben habe (vgl. Flume aaO, [Anm. 48], S. 178 f), hat der BGH verworfen.

Bei Anteilen an Kapitalgesellschaften kann – je nach der gesellschaftsvertraglichen Regelung – ein steuerpflichtiger Erwerb der Kapitalgesellschaft wie ein solcher der übrigen Gesellschafter vorliegen. Wirtschaftlich sind zwar die übrigen Gesellschafter die endgültig „Bereicherten". Die gesetzliche Regelung hat aber den Fall des Übergangs des Anteils auf die Gesellschaft eigens hervorgehoben. Bei Anteilen an Kapitalgesellschaften muß folglich die gesellschaftsvertragliche Regelung auf jeden Fall dafür Sorge tragen, daß der Übergang des Anteils des ausgeschiedenen Gesellschafters auf die Kapitalgesellschaft selbst verhindert wird. Denn ein Erwerb der Kapitalgesellschaft ist in jedem Falle nach Steuerklasse IV zu versteuern, während ein Erwerb der anderen Gesellschafter – wenn es sich um Familienangehörige handelt – unter eine günstigere Steuerklasse fallen und zudem sich regelmäßig auf mehrere Erwerber verteilen würde. Soll also im Falle des Todes des Gesellschafters einer Kapitalgesellschaft der Übergang seines Anteils auf die Erben verhindert werden, sollte im Gesellschaftsvertrag geregelt sein, daß die anderen Gesellschafter berechtigt sind, den Anteil des Verstorbenen gegen Zahlung einer Abfindung an die Erben zu übernehmen.

Auch bei der GmbH und Co. KG muß darauf geachtet werden, daß im Falle des Ausscheidens eines Kommanditisten sein Anteil nicht etwa anteilig auf die GmbH übergeht.

Ist für den Fall des Todes eines Gesellschafters einer Kapitalgesellschaft im Gesellschaftsvertrag die Einziehung (Amortisation) des Geschäftsanteils vorgesehen, so wird man einen steuerpflichtigen Erwerb der Kapitalgesellschaft selbst nicht annehmen können. Da sich infolge der Einziehung des Geschäftsanteils aber die Beteiligungen der verbleibenden Gesellschafter nach dem Verhältnis ihrer Anteile ändern,[107] wird man von einem steuerpflichtigen Erwerb der verbleibenden Gesellschafter auszugehen haben.[108]

Bei den Kapitalgesellschaften ist also das dringendste Gebot, den Übergang der Beteiligung auf die Kapitalgesellschaft selbst zu vermeiden.

Auch die Anwendung des § 7 Abs. 7 ErbStG setzt das Vorliegen des Bereicherungswillens voraus.[109] Dieser wird vor allem fehlen, wenn die Abfindungsregelung im Rahmen eines Vergleiches erfolgt. Hat der Gesellschafter von vornherein die Stellung eines Gesellschafters minderen Rechts[110] (z. B. bei Aufnahme eines leitenden Angestellten als Gesellschafter für die Zeit seiner Tätigkeit; Schenkung einer Beteiligung mit jederzeitiger Kündigungsmöglichkeit zum Buchwert), so ist zu beachten, daß der Steuerwert der Be-

---

107 Baumbach/Hueck, Kommentar zum GmbHG, § 34 Anm. 17.

108 Knobbe-Keuk, StbJb 1978/79, 413 ff, 431; Meincke/Michel, § 7 ErbStG Anm. 81.

109 Vgl. ebenso Schulze-Osterloh, StuW 1977, 122; Meincke/Michel, § 7 ErbStG Anm. 82; Troll, § 7 ErbStG Anm. 67 a; a. A. Einführungserlaß, BStBl I 1975, 43 f; Kapp, § 7 ErbStG Anm. 194.

110 Vgl. dazu Flume aaO, (Anm. 48), § 12 III; dagegen BGH vom 9. 1. 1989 aaO, (Anm. 106).

teiligung gar nicht über dem Buchwert liegt,[111] so daß § 7 Abs. 7 ErbStG nicht eingreift.[112]

c) Im übrigen muß man damit leben, daß die Buchwertabfindungsklausel sowohl bei Personen- als auch bei Kapitalgesellschaften zur Erbschaftsteuer führt, wenn die Buchwertabfindung unter dem Steuerwert des Anteils des Ausscheidens liegt. Es wäre unangebracht, nunmehr panikartig – nur um die Verwirklichung der Steuertatbestände der §§ 3 Abs. 1 Nr. 2 S. 2, 7 Abs. 7 ErbStG vermeiden zu wollen – die Buchwertabfindung einfach durch eine Abfindung in Höhe des Steuerwerts zu ersetzen. Denn dann würde gerade das eintreten, was mit den bisherigen Buchwertklauseln verhindert werden sollte, nämlich die höhere Liquiditätsbelastung. Auf 100 % beläuft sich die Erbschaftsteuer immerhin noch nicht.

Wenn man die Erbschaftsteuer bei den verbleibenden Gesellschaftern vermeiden und also auf die Steuerwertabfindung gehen will, muß man auf jeden Fall nach einem Weg suchen, das Unternehmen zu schonen. Es bietet sich folgende Regelung an: Die *Höhe* der Abfindung bemißt sich nach dem Steuerwert der Beteiligung. Hinsichtlich der *Fälligkeit* des Abfindungsanspruchs aber unterscheidet man: Sofort fällig ist nur ein Betrag in Höhe des Buchwerts, der Rest wird sehr langfristig gestundet, vielleicht sogar bis zur Auflösung der Gesellschaft.[113] Man sollte nur auch eine steuerrechtlich akzeptable Verzinsung des Restbetrages vorsehen.[114]

Soweit bei den verbleibenden Gesellschaftern, denen der Anteil des ausgeschiedenen Gesellschafters angewachsen ist, nach §§ 3 Abs. 1 Nr. 2 S. 2, 7 Abs. 7 ErbStG Erbschaft- bzw. Schenkungsteuer anfällt, handelt es sich um zusätzliche Anschaffungskosten ihrer Beteiligung.

Besonderer Betrachtung in Hinsicht auf § 7 Abs. 7 ErbStG bedarf der Fall der „Umwandlung" einer GmbH & Co. KG auf die Komplementär-GmbH durch Anwachsung. Die Umwandlung einer GmbH & Co. KG in eine GmbH kann in der Weise vonstatten gehen, daß alle Kommanditisten aus der KG ausscheiden und alle Gesellschaftsbeteiligungen bei der GmbH, die das Unternehmen der KG fortführt, anwachsen.[115] Auch wenn die Kommanditisten eine Abfindung erhalten, die unter dem Steuerwert der Kommanditbeteiligung liegt, tritt keine Steuerpflicht der GmbH nach § 7 Abs. 7 ErbStG ein. Denn der Barabfindung der ausgeschiedenen Kommanditisten ist die Wertsteigerung ihrer Anteile an der GmbH hinzuzurechnen.

---

111 Flume, NJW 1979, 904.

112 Im Ergebnis ebenso Troll, § 7 ErbStG Anm. 67 a unter Hinweis auf den fehlenden Bereicherungswillen.

113 Vgl. z. B. Beinert, StbJb 1974/75, 209. Der BGH (vom 9. 1. 1989 II ZR 83/88 BB 1989, 1073) hält eine Regelung, die eine Auszahlung des Abfindungsguthabens in 15 gleichen Jahresraten vorsieht, allerdings für unwirksam.

114 Vgl. Knur, DNotZ 1974, 720.

115 Zur ertragsteuerlichen Behandlung vgl. oben § 22 III 2c und Seithel, GmbHR 1978, 65.

5. Die unterschiedliche Belastung des Erwerbs der Beteiligung an einer Kapitalgesellschaft und an einer Personengesellschaft[116]

Erbschaftsteuerlich ist der Erwerb einer Beteiligung an einer Kapitalgesellschaft gegenüber dem Erwerb eines Anteils an einer Personengesellschaft benachteiligt.[117] Dies beruht insbesondere auf der unterschiedlichen Bewertung der Anteile. Der der Erbschaftsteuer zugrunde zu legende Wert der Beteiligung an einer Personengesellschaft bemißt sich nach dem dem Gesellschafter zuzurechnenden Anteil am Steuerwert des Betriebsvermögens der Gesellschaft.[118] In diesem Fall ist regelmäßig ein Anteil am Geschäftswert nicht angesetzt; die Betriebsgrundstücke sind mit 140 % des Einheitswerts berücksichtigt. Demgegenüber sind auf den der Erbschaftsteuer zugrunde zu legenden Wert von Anteilen an Kapitalgesellschaften sowohl ein Geschäftswert als auch höhere Grundstückswerte von Einfluß. Denn Beteiligungen an Kapitalgesellschaften, die an der Börse notiert werden, sind mit dem Kurswert (§ 11 Abs. 1 BewG) anzusetzen. Bei der Ermittlung des gemeinen Werts von nicht notierten Anteilen nach dem Stuttgarter Verfahren[119] ist der Ertragswert zu berücksichtigen. Grundbesitz ist mit dem Verkehrswert anzusetzen, für dessen Ermittlung von 280 % des Einheitswerts auszugehen ist (vgl. Abschn. 77 Abs. 3 VStR).

Neben die aus der unterschiedlichen Bewertung folgende Benachteiligung des Erwerbs von Anteilen an Kapitalgesellschaften tritt die unterschiedliche Möglichkeit der Stundung der Erbschaftsteuer. Nach § 28 Abs. 1 ErbStG hat der Erwerber des Anteils an einer Personengesellschaft einen Anspruch auf Stundung bis zu 7 Jahren, soweit dies zur Erhaltung des Betriebs notwendig ist. § 28 Abs. 1 ErbStG gilt hingegen nicht für Erwerber von Anteilen an Kapitalgesellschaften, die zum Privatvermögen gehören.

IV. Zuwendungen der Gesellschaft an Gesellschafter und vice versa

1. Bei Zuwendungen von und an eine Kapitalgesellschaft ist Schenker und Erwerber die Kapitalgesellschaft. Die Erbschaftsteuer bemißt sich also nach Steuerklasse IV.

Die Frage, wer bei Zuwendungen von und an *Personengesellschaften* Schenker bzw. Erwerber ist, ist im Laufe der Jahrzehnte unterschiedlich entschieden worden. In dem Urteil vom 7. 12. 1988[120] hat der BFH seine bisherige Auffassung geändert und ist zu der ursprünglichen Auffassung des RFH zu-

116 Zu den bei der Wahl der Unternehmensform zu berücksichtigenden steuerlichen Gesichtspunkten vgl. Schlußkapitel.

117 Vgl. dazu Beinert, StbJb 1976/77, 224 ff.

118 Vgl. dazu oben § 27 III 1 c; 2 a.

119 Vgl. dazu oben § 26 III 4 c.

120 BFH vom 7. 12. 1988 II R 150/85 BStBl II 1989, 237.

rückgekehrt: Die Personengesellschaft selbst kann Schenkerin und Erwerberin sein. Die Schenkung der Gesellschaft ist also nicht mehr als (anteilige) Schenkung der Gesellschafter, die Zuwendung an die Gesellschaft nicht mehr als Zuwendung an die Gesellschafter zu verstehen.[120a] Damit ist nunmehr in derartigen Fällen Steuerklasse IV anzuwenden. Im übrigen ist die Personengesellschaft als solche damit auch Steuerschuldner (§ 20 Abs. 1 ErbStG).

2. Leistungen einer Personen- oder Kapitalgesellschaft an ihre Gesellschafter und umgekehrt, die im Gesellschaftsverhältnis ihre Grundlage haben und nach Maßgabe der Beteiligung der Gesellschafter an der Gesellschaft erfolgen, fallen nicht unter den Schenkungsteuertatbestand. Es handelt sich – wie der RFH[121] treffend formuliert hat – nur um „scheinbar unentgeltliche" Zuwendungen.

Der RFH: „... Denn wenn die Gesellschafter nach Maßgabe ihrer Beteiligung der Gesellschaft Vermögen zuführen oder von ihr erhalten, so ändert sich zwar das Vermögen der Gesellschaft, nicht aber das Vermögen der Gesellschafter. Bei freiwilligen Leistungen (Zuwendungen) der Gesellschafter an die Gesellschaft erhöht sich in gleichem Maße der Wert der Gesellschaftsrechte, so daß die Zuwendungen nicht auf Kosten der Gesellschafter gehen. Bei Entnahmen aus dem Gesellschaftsvermögen (Zuwendungen der Gesellschaft an die Gesellschafter) vermindert sich entsprechend der Wert der Gesellschaftsrechte, so daß die Gesellschafter nicht bereichert sind. Da eine Schenkung voraussetzt, daß der Bedachte durch die Schenkung auf Kosten des Zuwendenden bereichert wird, können gesellschaftliche Leistungen, wenn sie nach Maßgabe der Beteiligung am Gesellschaftsvermögen erbracht werden, begrifflich keine Schenkungen sein."

Eine Schenkung der Kapitalgesellschaft an die Gesellschafter liegt deshalb z. B. nicht vor, wenn in Zusammenhang mit einer Kapitalherabsetzung Kapital zurückgezahlt wird oder wenn auf Grund einer Kapitalerhöhung aus Gesellschaftsmitteln Gratisaktien ausgegeben werden. In diesen Fällen erhalten die Gesellschafter nichts, was sie nicht schon vorher in anderer Form besessen hätten.

Entsprechend verhält es sich, wenn alle Gesellschafter gemäß dem Beteiligungsverhältnis der Gesellschaft einen Zuschuß leisten oder eine sonstige Zuwendung machen. Die Zuwendung an die Gesellschaft hat – wie es das Reichsgericht[122] formuliert hat – „zur unmittelbaren und notwendigen Folge, daß dadurch auch der innere Wert der (Gesellschafts-)Rechte entsprechend gesteigert wird". In der Wertsteigerung der Gesellschaftsrechte liegt sozusagen ein „automatisches Entgelt".[123] Zuwendungen der Gesellschafter

---

120a So die frühere Auffassung des BFH, vgl. BFH vom 22. 6. 1960 II 256/57 U BStBl III 1960, 358.

121 RFH vom 21. 1. 1943 III e 38/41 RStBl 1943, 589; Mrozek, § 3 Abs. 1 Nr. 2 ErbStG 1925 R. 86.

122 RG vom 30. 11. 1904 Rep I 318/04 RGZ 59, 423, 425.

123 Kipp, Kommentar zum ErbStG 1925, 1927, § 3 Anm. 72.

an die Gesellschaft entsprechend ihrem Beteiligungsverhältnis stellen also keine Schenkung dar.[124]

Problematisch ist die schenkungsteuerliche Behandlung in dem Fall, daß nur einer der Gesellschafter der Gesellschaft eine freiwillige Zuwendung macht oder umgekehrt die Gesellschaft nur einem der Gesellschafter Vorteile zukommen läßt, wenn also die Zuwendungen nicht nach Maßgabe des Beteiligungsverhältnisses erfolgen.[125]

Wie im Gesellschaftsverhältnis begründete Leistungen einer Personen- oder Kapitalgesellschaft an ihre Gesellschafter und umgekehrt nicht unter den Schenkungsteuertatbestand fallen, ist dies auch bei Zuwendungen zwischen Schwesterpersonen- oder Schwesterkapitalgesellschaften nicht der Fall. Denn die Zuwendung einer Gesellschaft an ihre Schwestergesellschaft ist – wie im Ertragsteuerrecht – mittelbare Zuwendung an den Gesellschafter sowie zugleich eine mittelbare Zuwendung des Gesellschafters an die empfangende Gesellschaft.

V. Die Belastung des übergegangenen Vermögens mit einem Nutzungs- oder Rentenrecht

1. Die Besteuerung bei dem Erwerber des belasteten Vermögens

Vermögensübertragungen im Wege vorweggenommener Erbfolge[126] sind vielfach mit der Vereinbarung des Nießbrauchs oder eines anderen Nutzungsrechts oder eines Rentenrechts zugunsten des Zuwendenden und seines Ehegatten verbunden. Ebenso kann der Erbe mit entsprechenden Vermächtnissen belastet sein.

Nach dem bis zum 31. 12. 1973 geltenden Recht unterlag der Erwerber mit dem um den Kapitalwert des Nutzungsrechts gekürzten Steuerwert seines Erwerbs der Steuer.

Nach § 31 ErbStG a. F. konnte der Steuerpflichtige in diesem Fall allerdings auch verlangen, daß die Versteuerung bis zum Erlöschen des Nutzungsrechts ausgesetzt wurde; bei der späteren Versteuerung nach Erlöschen des Nutzungsrechts war dann allerdings ein Abzug der – ehemaligen – Belastung nicht mehr möglich. Von der Möglichkeit, nach § 31 ErbStG a. F. zu verfahren, ist in der Praxis – wegen des Nachteils der Nichtabzugsfähigkeit des Nießbrauchs – aber kaum Gebrauch gemacht worden.

Die frühere Lage war für die Steuerpflichtigen ohne Zweifel recht günstig. Der Abzug der Belastung mit dem Nutzungsrecht von dem Steuerwert – und das ist in der Regel der Einheitswert – führte häufig dazu, daß beim Erwerber eine Steuerpflicht

124 RFH aaO, (Anm. 121); RGZ aaO, (Anm. 122); Kipp aaO, (Anm. 123).

125 Vgl. zu diesen Fällen näher Knobbe-Keuk, StbJb 1978/79, 413 ff.

126 Bei Vermögensübertragungen mit Nießbrauchvorbehalt ist zunächst wiederum zu klären, ob der Übertragende sich des Vermögensgegenstands tatsächlich auch schon entäußert hat oder ob wegen weiterer Vorbehalte die Annahme einer Schenkung in Frage gestellt ist. Vgl. dazu oben I 2.

überhaupt nicht eintrat. Dem Gesetzgeber des Erbschaftsteuergesetzes 1974[127] war diese Behandlung des Erwerbers des mit einem Nutzungsrecht belasteten Vermögens ein Dorn im Auge, er hielt die erbschaftsteuerlichen Vorteile, die sich durch die Belastung des Erwerbs mit Nutzungsrechten erreichen ließen, für ungerechtfertigt und wollte sie durch den neuen § 25 ErbStG 1974 a. F. ausschließen. Der Abzug der Belastung mit dem Nutzungsrecht sollte beseitigt werden.

Die Absicht der Gesetzesverfasser, den Abzug der Belastung mit einem Nutzungsrecht oder mit einem Rentenrecht vom steuerpflichtigen Erwerb auszuschließen, ist in der Literatur heftig kritisiert worden und wird von einigen Autoren für verfassungswidrig gehalten.[128] Der Ausschluß des Abzugs von Belastungen ist mit dem Grundprinzip des Erbschaftsteuerrechts, nach dem beim Empfänger die Bereicherung erfaßt werden soll, nicht vereinbar.[129] Der Ausschluß führt sogar dazu, daß eine doppelte Besteuerung eingreift, zum einen beim Nutzungsberechtigten und zum anderen beim -verpflichteten.

Beispiel:[129a] A hinterläßt seinem Sohn B als Erben ein Mietwohngrundstück mit einem Einheitswert (einschließlich des Zuschlags von 40 %) von 150 000. Der Erwerb des B ist mit einem Rentenvermächtnis zugunsten seiner Schwester C belastet. Die Rente hat einen Kapitalwert von 80 000. Steuerpflichtig ist – läßt man die persönlichen Freibeträge außer Betracht – bei B ein Erwerb von 150 000 und bei C ein Erwerb von 80 000, insgesamt also 230 000, obwohl ein Vermögen von nur 150 000 vorhanden ist. Bei ein und demselben Erbfall würden also 80 000 doppelt besteuert.

Wenn sich nach dem bis zum 31. 12. 1973 geltenden Recht „Vorteile" ergeben haben, so war die Ursache dafür nicht, daß der Erwerber – wie es bei einer auf die Bereicherung des Erwerbers abgestellten Steuer selbstverständlich ist – die mit dem Erwerb verbundenen Lasten abziehen konnte, sondern dies lag an den – niedrigen – Einheitswerten der Grundstücke.[130]

Die ursprüngliche Regelung des § 25 ErbStG 1974 hatte zu Zweifeln Anlaß gegeben, ob die Gesetzesverfasser mit der Vorschrift des § 25 ErbStG den Ausschluß des Abzugs der Belastung mit einem Nutzungs- oder Rentenrecht überhaupt erreicht haben.[131]

Auch im übrigen war § 25 ErbStG 1974 keine gesetzgeberische Meisterleistung. In einer Reihe von Fragen hatte der Einführungserlaß zum Erbschaftsteuergesetz 1974[132] ungenaue oder zu weit gehende Formulierungen des Gesetzgebers korrigieren müssen.[133]

127 Vgl. BR-Drs. 140/72. Zur Entstehungsgeschichte des § 25 ErbStG 1974 vgl. Troll, § 25 a. F. ErbStG Anm. 1.

128 Z. B. Troll, 2. Aufl. 1975, § 25 ErbStG Anm. 1; Kapp, § 25 ErbStG Anm. 5; Petzoldt, BB 1975, 35 ff hinsichtlich der Nichtabzugsfähigkeit der Rentenbelastung.

129 A. A. BFH vom 25. 2. 1981 II R 114/78 BStBl II 1981, 411; BFH vom 27. 10. 1982 II R 42/77 BStBl II 1983, 45, die die Verfassungsmäßigkeit der Regelung ebenso bejahen wie BVerfG vom 15. 5. 1984 1 BvR 464/81, 1 BvR 605/81 und 1 BvR 427/82 BStBl II 1984, 608.

129a Nach Troll aaO, (Anm. 128).

130 Aus diesem Grunde war schon 1963 der § 16 BewG eingeführt worden, wonach Nutzungsrechte bei der Ermittlung des Kapitalwerts niemals einen höheren Jahreswert als 1/18 des Steuerwerts haben können.

131 Troll aaO, (Anm. 128); DB 1974, 1783; dem folgend Beinert, StbJb 1974/75, 222; a. A. Petzoldt; BB 1975, 35 ff.

132 BStBl I 1975, 42, 45.

133 Vgl. dazu näher die 2. Aufl., § 27 V 1.

§ 25 ErbStG 1974 a. F. ist durch das Gesetz zur Änderung und Vereinfachung des EStG und anderer Gesetze vom 18. 8. 1980[134] neu gefaßt worden. Nunmehr wird expressis verbis angeordnet, daß der Erwerb von Vermögen, dessen Nutzungen dem Schenker oder dem Ehegatten des Erblassers (Schenkers) zustehen oder das mit einer Rentenverpflichtung oder mit der Verpflichtung zu sonstigen wiederkehrenden Leistungen zugunsten dieser Personen belastet ist, ohne Berücksichtigung dieser Belastung besteuert wird. Die Steuer, die auf dem Kapitalwert dieser Belastungen entfällt, ist jedoch bis zu deren Erlöschen zinslos zu stunden[135] und kann auf Antrag des Erwerbers jederzeit mit ihrem Barwert nach § 12 Abs. 3 BewG abgelöst werden. Veräußert der Erwerber das belastete Vermögen vor dem Erlöschen der Belastung ganz oder teilweise, so endet insoweit die Stundung mit dem Zeitpunkt der Veräußerung (§ 25 Abs. 2 ErbStG n. F.).

Für die Beratung ist wichtig zu beachten, daß § 25 ErbStG keine Anwendung findet, wenn der Erwerber statt mit einem Nutzungs- oder Rentenrecht oder mit wiederkehrenden Bezügen mit einer in der Höhe und Fälligkeit festgelegten und in Raten zu tilgenden Kapitalforderung belastet wird. Die Kapitalforderung ist vom Erwerb an voll abzugsfähig. Hinsichtlich der Ratenzahlungen liegen wiederkehrende Leistungen nicht vor. Es ist also naheliegend, daß man das, was man wirtschaftlich mit einer Rente oder einem Nießbrauch erreichen wollte – soweit dies in Frage kommt –, als Abfindungsvermächtnis, das in jährlichen Teilbeträgen zu tilgen ist, gestaltet. In der Literatur[136] hält man § 25 ErbStG auch dann nicht für anwendbar, wenn der Erwerber mit einer Kapitalforderung belastet wird und dem Berechtigten die Option auf Umwandlung in eine Rente eingeräumt ist.

Bei allen Gestaltungen ist aber immer auch auf die einkommensteuerlichen Auswirkungen zu achten. Wenn man trotz allem eine Rente wählt und an der einkommensteuerlichen Berücksichtigung beim Rentenverpflichteten interessiert ist, so sollte man die Rente so gestalten, daß sie nicht nur mit dem Ertragsanteil, sondern in voller Höhe als Sonderausgabe abzugsfähig ist. Man muß also die Höhe der Rente z. B. nach einem Prozentsatz des Umsatzes des übertragenen Betriebs oder nach sonstigen schwankenden Merkmalen[137] bemessen. Dann liegt keine – nur mit dem Ertragsanteil zu berücksichtigende – Leibrente[138] vor, und die Rente ist in voller Höhe als Sonderausgabe nach § 10 Abs. 1 Nr. 1 a EStG abzugsfähig.

---

134 BStBl I 1980, 581.

135 Zu dem Wahlrecht des Erwerbers nach § 25 ErbStG 1974 a. F. vgl. die 2. Aufl., § 27 V 2.

136 Troll, § 25 ErbStG Anm. 2; Kapp, § 25 ErbStG Anm. 9; Knur, DNotZ 1974, 710 ff, 722; Beinert, StbJb 1974/75, 224; Petzoldt, BB 1975, 35 ff, 40.

137 Vgl. dazu Kapp, § 25 ErbStG Anm. 12.

138 Als Leibrenten werden nur solche (auf die Lebenszeit einer Person abgestellten) wiederkehrenden Bezüge angesehen, die auf „gleichmäßigen, zahlen- oder wertmäßig festgelegten Zuwendungen“ beruhen (vgl. Abschn. 167 Abs. 1 S. 2 EStR 1987).

Bei Schenkungen unter Lebenden stößt die Vorschrift des § 25 ErbStG seit dem Urteil des BFH vom 21. 10. 1981[139] zur Behandlung der gemischten Schenkung[140] ins Leere. § 25 ErbStG ist bei Schenkungen nicht mehr anzuwenden.[141]

2. Die Besteuerung beim Nutzungs- bzw. Rentenberechtigten

a) Bei dem unentgeltlichen Erwerber eines Nutzungs- bzw. Rentenrechts bemißt sich die Steuer nach dem Kapitalwert der Nutzungen bzw. der Renten.

Der *Kapitalwert von Nutzungen* ist nach den §§ 13 ff BewG zu ermitteln. Dabei kann der Jahreswert der Nutzungen nicht mehr als den achtzehnten Teil des Wertes betragen, der sich nach dem Bewertungsgesetz für das genutzte Wirtschaftsgut ergibt (§ 16 GewG).

Bei der Ermittlung des *Kapitalwerts von Renten* ist zwischen Leibrenten und Zeitrenten zu unterscheiden. Leibrenten sind Renten, deren Laufzeit auf die Lebensdauer einer Person abgestellt ist. Zur Berechnung des Kapitalwerts wird der – tatsächliche, nicht nach § 16 BewG begrenzte – Jahreswert der Rente mit dem aus Anlage 9 zum Bewertungsgesetz zu entnehmenden Vervielfältiger angesetzt (§ 14 Abs. 1 BewG). Eine etwaige Wertsicherungsklausel bleibt bei der Berechnung des Kapitalwerts unberücksichtigt.[142] Der Kapitalwert von Zeitrenten bemißt sich nach § 13 Abs. 1 BewG.

b) § 23 ErbStG gewährt dem Nutzungs- bzw. Rentenberechtigten das Recht, die Erbschaftsteuer statt vom Kapitalwert jährlich im voraus von dem Jahreswert zu entrichten. Die Steuer wird in diesem Fall nach dem Steuersatz erhoben, der sich nach § 19 ErbStG für den Kapitalwert (bzw. für den gesamten Erwerb einschließlich des Kapitalwerts) ergibt.

§ 23 ErbStG trägt der Tatsache Rechnung, daß der Nutzungs- oder Rentenberechtigte nur, wenn er eigenes sonstiges Vermögen hat, die Erbschaftsteuer auf den Kapitalwert aufbringen kann. Es wird dem Nutzungs- oder Rentenberechtigten also die Möglichkeit gegeben, die Erbschaftsteuer laufend aus den Nutzungen oder aus der Rente zu erbringen. Kommt ein Freibetrag in Frage, so wird die Erbschaftsteuer vom Jahreswert solange nicht erhoben, bis der Berechtigte Bezüge in Höhe des Freibetrages erhalten hat. Im übrigen sind die laufenden Erbschaftsteuerzahlungen bei der Einkommensteuer als Sonderausgaben (dauernde Last) abzugsfähig. Das Risiko eines Antrags nach § 23 ErbStG liegt allerdings darin, daß im Falle des § 23 ErbStG die

139 BFH vom 21. 10. 1981 II R 176/78 BStBl II 1982, 83; bestätigt in BFH vom 14. 7. 1982 II R 125/79 BStBl II 1982, 714.

140 Vgl. dazu näher oben § 27 I 3.

141 Vgl. koordinierter Ländererlaß vom 10. 2. 1983 BStBl I 1983, 238.

142 Vgl. für die GrESt BFH vom 14. 11. 1967 II R 27/67 BStBl II 1968, 45; FinMin. Baden-Württemberg vom 10. 9. 1971, DB 1971, 1942; FinMin. Niedersachsen vom 26. 10. 1971, BB 1971, 1400.

Erbschaftsteuer sich nach der wirklichen Lebensdauer – und nicht wie bei der Ermittlung des Kapitalwerts nach der wahrscheinlichen – bemißt. Werden die Nutzungen oder Renten länger als es der Wahrscheinlichkeitsberechnung entspricht, bezogen, so ist die Gesamtbelastung unter Umständen höher als bei sofortiger Versteuerung des Kapitalwerts.

Nach § 23 Abs. 2 ErbStG hat der Erwerber des Nutzungs- bzw. Rentenrechts jederzeit das Recht, die Jahressteuer zum jeweils nächsten Fälligkeitstermin mit ihrem Kapitalwert im Ablösungszeitpunkt abzulösen.

VI. Die güterrechtlichen Bestimmungen des Erbschaftsteuergesetzes

1. Vorbemerkung

Im Bereich des ehelichen Güterrechts hat das Erbschaftsteuergesetz 1974 einige grundlegende Änderungen gegenüber dem bis dahin geltenden Rechtszustand gebracht: Zum einen ist bei dem gesetzlichen Güterstand der Zugewinngemeinschaft der Zugewinnausgleich nach der erbrechtlichen Lösung neu geregelt, zum anderen ist für die Vereinbarung der Gütergemeinschaft der neue Steuertatbestand des § 7 Abs. 1 Nr. 4 ErbStG eingeführt worden. Der Güterstand der Gütergemeinschaft und ebenfalls der Güterstand der Zugewinngemeinschaft in seiner gesetzlichen Ausgestaltung sind freilich – ist Betriebsvermögen, sei es ein Einzelbetrieb, sei es die Beteiligung an einer Personengesellschaft, vorhanden – zur Regelung der vermögensrechtlichen Beziehungen der Eheleute denkbar ungeeignet. Im Interesse des Unternehmens ist nur dringend zu empfehlen, von vornherein den Güterstand der Gütertrennung durch Ehevertrag (§ 1408 BGB) zu vereinbaren oder – wenn die Eheleute an dem gesetzlichen Güterstand der Zugewinngemeinschaft im Prinzip festhalten wollen – zumindest das Betriebsvermögen von der Berechnung des Zugewinnausgleichs auszunehmen. Auch der Versorgungsausgleich kann durch Ehevertrag ausgeschlossen werden (§ 1408 Abs. 2 BGB). Ist dies geschehen, so tritt – wenn sich aus dem Ehevertrag nicht etwas anderes ergibt – Gütertrennung ein (§ 1414 BGB).

Häufig genug wird aber leider den güterrechtlichen Fragen nicht die im Interesse des Unternehmens gebotene Beachtung zuteil; allzu leicht versäumt es der Junior bei der Eheschließung, die güterrechtlichen Verhältnisse durch Ehevertrag zu regeln und lebt dann im gesetzlichen Güterstand der Zugewinngemeinschaft.

2. Die erbschaftsteuerliche Behandlung des Zugewinnausgleichs

a) Der güterrechtliche Zugewinnausgleich

Der Erwerb der Zugewinnausgleichsforderung nach § 1378 BGB ist erbschaftsteuerfrei (§ 5 Abs. 2 ErbStG). Dies gilt sowohl für die Beendigung des Güterstands der Zugewinngemeinschaft unter Lebenden (durch Scheidung, ehevertragliche Regelung), als auch für den Fall, daß beim Tod eines der Ehegatten der Überlebende nicht Erbe wird und gemäß § 1371 Abs. 2 BGB die Zugewinnausgleichsforderung nach § 1378 BGB hat. Die Erbschaftsteuerfreiheit der Zugewinnausgleichsforderung bedarf keiner besonderen Rechtfertigung. Der berechtigte Ehegatte erfährt auf diese Weise keine Bereicherung. Er erhält nur das, was ihm ohnehin zusteht, nämlich auf Grund des der Zugewinngemeinschaft zugrunde liegenden Gedankens, daß der beiderseitige Erwerb während der Ehe auf der vielgestaltigen Zusammenarbeit der Ehegatten beruht und daß deshalb jeder Ehegatte auch am Erwerb des anderen teilhaben soll.

b) Der erbrechtliche Zugewinnausgleich

aa) Einleitung

Für den Fall, daß der Zugewinnausgleich im Erbfall pauschaliert durch die Erhöhung des gesetzlichen Erbteils des überlebenden Ehegatten um ¼ vollzogen wird (§ 1371 Abs. 1 BGB), bringt das ErbStG 1974 eine grundlegende, ganz entscheidende Änderung. Früher blieb vom Erwerb des überlebenden Ehegatten ein Viertel des Nachlasses des verstorbenen Ehegatten erbschaftsteuerfrei (§ 6 Abs. 1 ErbStG a. F.).

Diese Bestimmung ist gefallen. Statt dessen sieht § 5 Abs. 1 ErbStG 1974 vor:

„Wird der Güterstand der Zugewinngemeinschaft (§ 1363 BGB) durch den Tod eines Ehegatten beendet und der Zugewinn nicht nach § 1371 Abs. 2 BGB ausgeglichen, so gilt beim überlebenden Ehegatten der Betrag, den er im Falle des § 1371 Abs. 2 BGB als Ausgleichsforderung geltend machen könnte, nicht als Erwerb im Sinne des § 3. Soweit der Nachlaß des Erblassers bei der Ermittlung des als Ausgleichsforderung steuerfreien Betrags mit einem höheren Wert als dem nach den steuerlichen Bewertungsgrundsätzen maßgebenden Wert angesetzt worden ist, gilt höchstens der dem Steuerwert des Nachlasses entsprechende Betrag nicht als Erwerb im Sinne des § 3."

Nach der Begründung des Gesetzes entspricht die neue Regelung dem „Leitziel der Steuerreform nach größerer Steuergerechtigkeit".[143]

Die bisherige Regelung wurde aus zwei Gründen für unbefriedigend erachtet: Zum einen wirke sich die Regelung des geltenden Rechts in allen Fällen, in denen der steuerfreie Betrag höher ist als die Ausgleichsforderung, die dem überlebenden Ehegatten bei güterrechtlicher Abwicklung der Zugewinngemeinschaft zustehen würde, wie ein echter Freibetrag aus, der bei großem Vermögen um ein Vielfaches höher sein könne

143 BR-Drs. 140/72, S. 63.

als der normale Ehegattenfreibetrag. Zum anderen werde durch die bisherige Regelung dem Gedanken, daß beim überlebenden Ehegatten sein Anspruch auf Ausgleich des Zugewinns erbschaftsteuerfrei bleiben soll, in den Fällen nicht ausreichend Rechnung getragen, in denen dem überlebenden Ehegatten im Falle einer güterrechtlichen Abwicklung eine über ein Viertel des reinen Nachlaßwerts hinausgehende Ausgleichsforderung zustehen würde; die Entscheidung des überlebenden Ehegatten zwischen der Verwirklichung des Zugewinnausgleichs nach § 1371 Abs. 1 BGB und der güterrechtlichen Abwicklung werde hier nicht selten durch erbschaftsteuerliche Überlegungen beeinflußt.

Diese Mängel will § 5 Abs. 1 ErbStG beseitigen. Die Begründung schließt mit der Erläuterung, daß damit „das Ausmaß der Vergünstigung nach Abs. 1 ... jetzt dem nach Absatz 2" entspreche.

Die Verwendung der Vokabel „Vergünstigung" ist in diesem Zusammenhang recht unpassend. Die Regelung des Abs. 2 stellt keine „Vergünstigung" dar, sondern ist eine bare Selbstverständlichkeit, und auch die bisherige Regelung des § 6 Abs. 1 ErbStG a. F. trug nur der – im Einzelfall für den überlebenden Ehegatten durchaus günstigen – bürgerlich-rechtlichen Regelung des Zugewinnausgleichs nach § 1371 Abs. 1 BGB Rechnung.

Im übrigen wird durch die Begründung des Entwurfs ein ganz falscher Eindruck hervorgerufen, nämlich der, als mache es in Zukunft erbschaftsteuerlich keinen Unterschied mehr, ob sich die Verwirklichung des Zugewinnausgleichs über § 1371 Abs. 1 BGB oder über die §§ 1371 Abs. 2, 1378 vollzieht. Aber das ist falsch: Es macht einen Unterschied.

bb) Die Beschränkung des § 5 Abs. 1 S. 2 ErbStG

Wird der Zugewinn durch die Ausgleichsforderung nach §§ 1378, 1371 Abs. 2 BGB ausgeglichen, so ist die Ausgleichsforderung des überlebenden Ehegatten in *voller* Höhe erbschaftsteuerfrei. Wird der Zugewinn hingegen nach § 1371 Abs. 1 BGB durch die Erhöhung des gesetzlichen Erbteils um ein Viertel ausgeglichen, so soll nicht etwa ein Betrag in Höhe der – fiktiven – Ausgleichsforderung im Sinne des § 1378 BGB erbschaftsteuerfrei sein, sondern „höchstens der dem Steuerwert des Nachlasses entsprechende Betrag".

Zur Verdeutlichung sei das Beispiel des Einführungserlasses zum ErbStG 1974[144] angeführt: Der Verkehrswert des Nachlasses des Ehemannes beträgt 2 000 000 DM, die – fiktive – Zugewinnausgleichsforderung der überlebenden Ehefrau nach §§ 1371 Abs. 2, 1378 BGB 700 000 DM. Der Steuerwert des Nachlasses beläuft sich auf 1 500 000 DM; der Unterschied gegenüber dem Verkehrswert beruht auf der niedrigeren Bewertung z. B. des Grundbesitzes oder von Anteilen an Personengesellschaften.

Würde der überlebende Ehegatte den Zugewinnausgleich über die güterrechtliche Lösung nach §§ 1371 Abs. 2, 1378 BGB verwirklichen, so bliebe die Forderung in Höhe von 700 000 DM erbschaftsteuerfrei (§ 5 Abs. 2 ErbStG). Tut er das nicht, sondern erfolgt die Abwicklung des Zugewinnausgleichs über § 1371 Abs. 1 BGB, so bleibt

---

144 BStBl I 1975, 42 f.

nach § 5 Abs. 1 ErbStG nicht etwa die fiktive Zugewinnausgleichsforderung von 700 000 DM steuerfrei, sondern entsprechend dem Verhältnis Steuerwert/Verkehrswert des Nachlasses bleibt steuerfrei nur der Betrag von 525 000 DM.

Auch in Zukunft werden sich damit die steuerlichen Erwägungen des überlebenden Ehegatten bei der Entscheidung zwischen der Abwicklung nach § 1371 Abs. 1 und der nach § 1371 Abs. 2 BGB durchaus nicht erledigen. Sie werden sich nur verschieben. Das in der Gesetzesbegründung zum Ausdruck gebrachte Ziel, die Entscheidung des überlebenden Ehegatten von erbschaftsteuerlichen Überlegungen freizuhalten, ist damit nicht erreicht.

Nicht erreicht ist desweiteren das Ziel größerer Steuergerechtigkeit. In dem o. a. Beispiel muß der überlebende Ehegatte die Differenz zwischen der fiktiven Ausgleichsforderung von 700 000 DM und dem am Steuerwert des Nachlasses orientierten Betrag von 525 000 DM versteuern – obwohl er in Höhe dieser Differenz nicht bereichert ist, sondern nur das erhält, was er ohnehin zu beanspruchen hat. Dieses Ergebnis und damit die Beschränkung der Steuerfreiheit auf den dem Steuerwert des Nachlasses entsprechenden Betrag ist u. E. nicht haltbar.[145]

Wenn man schon für den Fall der erbrechtlichen Abwicklung des Zugewinnausgleichs nicht an der alten Regelung festhalten, sondern die Steuerfreiheit an dem orientieren will, was dem überlebenden Ehegatten bei güterrechtlicher Lösung zustehen würde, so kommt nur die erbschaftsteuerliche Gleichbehandlung der beiden Formen des Zugewinnausgleichs in Frage. Die Schlechterstellung des überlebenden Ehegatten in § 5 Abs. 1 ErbStG ist willkürlich und mit dem Bereicherungsprinzip des Erbschaftsteuerrechts nicht vereinbar. Wenn man die Gesetzesbegründung, „das Ausmaß der Vergünstigung nach Abs. 1 (entspreche) jetzt dem nach Abs. 2", beim Wort nimmt, so bleibt nur der Schluß, daß die Beschränkung in § 5 Abs. 1 S. 2 ErbStG auf einem – der recht zahlreichen – Versehen des Erbschaftsteuergesetzgebers beruht.

cc) Mangelnde Praktikabilität der Regelung des § 5 Abs. 1 ErbStG

Mit der Änderung des Erbschaftsteuergesetzes hat der Steuergesetzgeber gerade den Zustand herbeigeführt, der nach der Intention der Verfasser des § 1371 Abs. 1 BGB vermieden werden sollte. Was sich, wenn der Zugewinnausgleich tatsächlich über § 1371 Abs. 1 BGB verwirklicht wird, nach bürgerlichem Recht erübrigt, wird nun für die Erbschaftbesteuerung erforderlich: Die Ermittlung der Ausgleichsforderung nach § 1378 mit allen ihren Unsicherheiten und den damit verbundenen Streitereien und Querelen.

Es müssen zunächst die beiden Anfangsvermögen der Ehegatten ermittelt werden. Man muß Jahre, unter Umständen Jahrzehnte, zurückschrauben. Es folgt die Problematik der Bewertung dieser beiden Anfangsvermögen, es sind die damaligen Verkehrswerte zu ermitteln. Auf die Vermutung des § 1377 Abs. 3 BGB, daß – falls von den Eheleuten kein Inventar über das Anfangsvermögen errichtet worden ist – das Endvermögen eines Ehegatten seinen Zugewinn darstellt, ist im Besteuerungs- und im

145 Vgl. gegen die Bestimmung auch z. B. Moench, § 5 ErbStG Anm. 36 ff; Litfin, BB 1974, 1390 ff; Boorberg, DB 1976, 312 ff; demgegenüber hält Bopp, DB 1975, 1000 ff die Beschränkung für sachgerecht.

finanzgerichtlichen Verfahren grundsätzlich nicht zurückzugreifen. Es ist Sache des Finanzamts bzw. des Finanzgerichts, die fiktive Ausgleichsforderung zu berechnen; der Steuerpflichtige ist dabei zur Mitwirkung verpflichtet.[146] Schließlich sind die beiden Endvermögen mit den derzeitigen Verkehrswerten anzusetzen. Hinzu kommt neuerdings ein weiterer zeitbedingter Gesichtspunkt: Nach der Entscheidung des BGH vom 14. 11. 1973[147] stellt die durch den Kaufkraftschwund des Geldes eingetretene, nur nominelle Wertsteigerung des Anfangsvermögens keinen Zugewinn im Sinne des § 1373 BGB dar. Die Ermittlung der Zugewinnausgleichsforderung wird dadurch nur weiter verkompliziert. Diese Verkomplizierung war selbst der Finanzverwaltung zuviel: Nach dem Einführungserlaß kann „von der Anwendung des BGH-Urteils für steuerliche Zwecke abgesehen werden".[148]

Mit den Schwierigkeiten der Ermittlungen insbesondere der Anfangsvermögen will der Einführungserlaß folgendermaßen fertigwerden: Es sollen „zur Überprüfung der vom überlebenden Ehegatten insoweit gemachten Angaben erforderlichenfalls die Steuerakten (Einkommensteuer- und Vermögensteuerakten) heranzuziehen (sein), um festzustellen, ob die Angaben den tatsächlichen Gegebenheiten entsprechen können". Aus den Einkommensteuer- und Vermögensteuerakten ergibt sich aber recht wenig für die Verkehrswerte der Vermögensgegenstände der Ehegatten.

dd) Ehevertragliche Fixierung des Zugewinnausgleichs

Soweit Eheleute mit relevanten Vermögen überhaupt am Güterstand der Zugewinngemeinschaft festhalten wollen, sollten sie überlegen, ob nicht zumindest eine ehevertragliche Fixierung der Zugewinnausgleichsforderung sinnvoll ist. Die Vorschriften der §§ 1373 ff über die Berechnung des Zugewinnausgleichs sind dispositiv. Die Eheleute haben es auf Grund der Vertragsfreiheit im ehelichen Güterrecht in der Hand, in vielfältiger Weise[149] in dieses Berechnungssystem einzugreifen.[150] In erbschaftsteuerlicher Hinsicht ist von Interesse, daß die Eheleute u. E. durch eine ehevertragliche Regelung auch erreichen können, daß es im Falle der erbrechtlichen Abwicklung des Zugewinnausgleichs im Effekt bei der früheren Regelung (Steuerfreiheit des Viertels) bleibt. Sie müßten dazu für den Fall der Beendigung der Zuge-

146 BFH vom 8. 2. 1984 II R 164/83 BStBl II 1984, 438.

147 BGH vom 14. 11. 1973 IV ZR 147/72 NJW 1974, 137.

148 BdF v. 20. 12. 1974 BStBl I 1975, 42, 43.

149 Sie können z. B. bestimmen, daß die Anfangs- und Endvermögen nicht mit den Verkehrswerten, sondern anders zu bewerten sind; sie können bestimmte Vermögensgegenstände bei der Berechnung des Zugewinnausgleichs ausnehmen; sie können die gesetzlich auf ½ festgelegte Quote, mit der jeder Ehegatte am Mehrgewinn des anderen teilnimmt, erhöhen oder ermäßigen; sie können die Quote für jeden Ehegatten verschieden festsetzen; sie können den Zugewinn für einen oder sogar für beide Ehegatten völlig ausschließen. Sie können den Ausschluß auch z. B. auf den Fall der Beendigung des Güterstandes durch Scheidung beschränken.

150 Vgl. dazu ausführlich Knur, DNotZ 1957, 459 ff, 467 ff und im übrigen Staudinger/Felgenträger, § 1408 Anm. 78 ff; Soergel/Gaul, Kommentar zum BGB, 12. Aufl. 1988, § 1408 Anm. 18; Palandt/Diederichsen aaO, (Anm. 39), § 1408 Anm. 4.

winngemeinschaft durch den Tod eines der Ehegatten sinngemäß die folgende Vereinbarung über die Zugewinnausgleichsforderung treffen.[151]

Die Höhe der Zugewinnausgleichsforderung beträgt – abweichend von § 1378 BGB – ¼ des Steuerwerts des Nachlasses des anderen Ehegatten. Erbschaftsteuerlich hat die hier vorgeschlagene ehevertragliche Fixierung der schuldrechtlichen Zugewinnausgleichsforderung zur Folge: Wird der Zugewinn durch Erhöhung des gesetzlichen Erbteils nach § 1371 Abs. 1 BGB ausgeglichen, so gilt nach § 5 Abs. 1 S. 1 ErbStG ein Betrag in Höhe von ¼ des Nachlasses nicht als Erwerb. Denn dieses ist der Betrag, den der überlebende Ehegatte „im Falle des § 1371 Abs. 2 BGB als Ausgleichsforderung geltend machen könnte".

Aus dem Einführungserlaß ergibt sich freilich, daß die Finanzverwaltung eine derartige ehevertragliche Vereinbarung nicht zu akzeptieren bereit ist. In den Erläuterungen zu § 5 ErbStG heißt es: „... ehevertragliche Vereinbarungen hinsichtlich der Berechnung der Ausgleichsforderung sind für das Finanzamt nicht bindend". Diese Auffassung ist mit dem Gesetz nicht vereinbar. Denn nach § 5 Abs. 1 ErbStG bleibt der Betrag steuerfrei, den der überlebende Ehegatte – wenn er die güterrechtliche Lösung verfolgen würde – fordern könnte. Zur Berechnung der – fiktiven – Ausgleichsforderung des überlebenden Ehegatten bedarf es aber der Berücksichtigung der ehevertraglichen Vereinbarung.

Mit der Beschränkung auf ¼ des Steuerwerts des Nachlasses ist – solange die Beschränkung in § 5 Abs. 1 S. 2 ErbStG Bestand hat – erbschaftsteuerlich nichts verschenkt. Im übrigen bringt das Abstellen auf den Steuerwert des Nachlasses den Vorteil, daß auch für den Fall, daß der überlebende Ehegatte nach §§ 1371 Abs. 2, 1378 BGB verfährt, die Bewertungsschwierigkeiten weitgehend ausgeräumt sind. Vor allem braucht auch der überlebende Ehegatte bei der Entscheidung zwischen § 1371 Abs. 1 und § 1371 Abs. 2 BGB nicht auf erbschaftsteuerliche Gegebenheiten Rücksicht zu nehmen.

Zu warnen ist allerdings davor, ehevertragliche Regelungen allein in Hinsicht auf das neue Erbschaftsteuerrecht zu treffen. In erster Linie muß sich die Entscheidung über den Inhalt einer ehevertraglichen Vereinbarung über die Zugewinnausgleichsforderung immer an einer Regelung ausrichten, die von den Eheleuten angesichts der jeweiligen Familien- und Vermögensverhältnisse auch akzeptiert werden kann.

3. Die Vereinbarung der Gütergemeinschaft

a) Nach dem bis zum 31. 12. 1973 geltenden Recht führte die Vereinbarung der Gütergemeinschaft regelmäßig nicht zu einem schenkungsteuerpflichtigen Erwerb eines der Ehegatten. Nur dann, wenn die Ordnung der familienrechtlichen Beziehungen ganz in den Hintergrund trat und in Wirklichkeit nur eine Schenkung oder vorweggenommene Erbfolge verdeckt werden soll-

151 Vgl. dazu näher Keuk, DB 1974, 982 f; Festschrift Bosch, 1976, S. 503 ff; vgl. auch Felix, Steuerkongreßreport 1974, 377; Schmitz, DB 1974, 2322; Litfin, BB 1975, 1213 ff. Vgl. zu der Problematik im übrigen Meincke/Michel, § 5 ErbStG Anm. 15 m. w. N., die nur auf den Fall des Todes bezogene Modifikationen der Zugewinnausgleichsforderung für unbeachtlich halten.

te, war die Vereinbarung der Gütergemeinschaft erbschaftsteuerlich relevant. Da aber der Nachweis, daß mit dem Abschluß des Ehevertrages in erster Linie nicht güterrechtliche Wirkungen herbeigeführt werden sollen, nur schwer zu führen ist, hat die Vereinbarung der Gütergemeinschaft bislang so gut wie keine erbschaftsteuerlichen Konsequenzen gehabt.[152] Durch den neuen Steuertatbestand des § 7 Abs. 1 Nr. 4 ErbStG ist dies geändert worden. Danach gilt die Bereicherung, die ein Ehegatte bei Vereinbarung der Gütergemeinschaft erfährt, als Schenkung unter Lebenden; auf das Vorliegen eines Bereicherungswillens der Beteiligten soll es nach der ausdrücklichen Absicht der Gesetzesverfasser und auch nach der gesetzlichen Formulierung nicht mehr ankommen.[153]

Gegen die neue Regelung des § 7 Abs. 1 Nr. 4 ErbStG sind – auch schon während des Gesetzgebungsverfahrens[154] – zu Recht Bedenken erhoben worden. Sie beschränkt die Vertragsfreiheit im ehelichen Güterrecht. Obwohl die Gütergemeinschaft nach dem bürgerlichen Recht den anderen Güterständen gleichwertig ist, legt das Erbschaftsteuerrecht der Vereinbarung der Gütergemeinschaft Steine in den Weg.

Nach der Gesetzesbegründung[155] soll die durch die Vereinbarung der Gütergemeinschaft vermittelte Bereicherung so „wie jede andere Bereicherung unter Ehegatten" der Besteuerung unterliegen. Dabei ist freilich zu beachten, daß Zuwendungen unter Ehegatten in der Regel zivilrechtlich keine Schenkungen sind[156] und auch steuerlich keineswegs jede andere Bereicherung unter Ehegatten zur Schenkungsteuer herangezogen wird. Insbesondere sind Zuwendungen an den Ehepartner, mit denen dieser in angemessenem Umfang an den Früchten des gemeinsamen Lebens beteiligt werden soll oder diesem ein Ausgleich für geleistete Mitarbeit geleistet werden soll, schenkungsteuerfrei.[157] Dies ist auch bei der Anwendung des § 7 Abs. 1 Nr. 4 ErbStG zu beachten.[158]

b) Soweit es für die Ehegatten überhaupt von Interesse ist, die Gütergemeinschaft zu vereinbaren, ist auf folgendes zu achten:[159]

Die Frage, ob eine Bereicherung des einen Ehegatten nach § 7 Abs. 1 Nr. 4 ErbStG vorliegt, die Frage also, ob der Schenkungsteuertatbestand verwirklicht ist, ist nicht nach den steuerrechtlichen Bewertungsmaßstäben zu beurteilen. Zur Verdeutlichung sei das folgende Beispiel angeführt:

---

152 Vgl. zur Entwicklung insbesondere Knur, Festschrift Barz, 1974, S. 475.

153 BT-Drs. VI/3418, S. 64; Petzoldt, § 7 ErbStG Anm. 116 m. w. N.

154 Vgl. insbesondere die Stellungnahme der Bundesnotarkammer vom 1. 12. 1971, abgedruckt bei Fetsch, Mitteilungen der Rheinischen Notarkammer 1973, 562.

155 AaO (Anm. 153).

156 BGH vom 24. 3. 1983 IX ZR 62/82 BGHZ 87, 145 ff.

157 BFH vom 28. 11. 1984 II R 133/83 BStBl II 1985, 159; Meincke/Michel, § 7 ErbStG Anm. 51.

158 Vgl. Knobbe-Keuk aaO, (Anm. 151); Meincke/Michel, § 7 ErbStG Anm. 51.

159 Vgl. Knobbe-Keuk aaO, (Anm. 151).

Ein Mann hat ein Grundstück mit einem Verkehrswert von 1 000 000 und mit einem Einheitswert von 150 000, die Frau hat ein Wertpapiervermögen von 1 000 000. Bei der Prüfung, ob eine Bereicherung im Sinne des § 7 Abs. 1 Nr. 4 ErbStG vorliegt, ist die Bereicherung nicht etwa in der Weise festzustellen, daß der Einheitswert des Grundstücks und der Verkehrswert der Aktien gegenübergestellt werden, so daß sich eine Bereicherung des Ehemannes von 425 000 ergäbe.

Vielmehr ist die Frage, ob eine Bereicherung im Sinne des Erbschaft- und Schenkungsteuerrechts dem Grunde nach vorliegt, gemäß der ständigen Rechtsprechung des RFH und BFH[160] nach allgemeinen, bürgerlich-rechtlichen Grundsätzen, also den Verkehrswerten festzustellen.[161] Dies ergibt sich auf Grund der Erwägung, daß die Beteiligten bei der Regelung ihrer vermögensrechtlichen Beziehungen nicht in steuerrechtlichen Werten denken, sondern die gemeinen Werte zugrunde legen.

Erst wenn sich nach bürgerlich-rechtlichen Bewertungsmaßstäben eine Bereicherung ergibt, ist zu ermitteln, welchen steuerlichen Wert die Bereicherung hat. Die Anwendung der Vorschriften des Bewertungsgesetzes kann dann allerdings dazu führen, daß trotz einer nach den allgemeinen Grundsätzen festgestellten Bereicherung kein von der Erbschaftsteuer erfaßbarer Wert mehr verbleibt.

Beispiel: Stehen sich z. B. Grundbesitz mit einem um 40 % erhöhten Einheitswert von 500 000 und einem Verkehrswert von 1 500 000 und Wertpapiere mit einem Verkehrswert von 1 000 000 gegenüber, so wird der Ehegatte, von dem die Wertpapiere stammen, nach bürgerlich-rechtlichen Maßstäben um 250 000 bereichert. Der Steuertatbestand des § 7 Abs. 1 Nr. 4 ErbStG ist also erfüllt. Nunmehr ist die Bereicherung steuerrechtlich zu bewerten. Es stehen sich 500 000 Einheitswert und 1 000 000 Wertpapiere gegenüber, d. h. bei dem Ehegatten, von dem die Wertpapiere stammen und bei dem die Bereicherung nach § 7 Abs. 1 Nr. 4 ErbStG vorliegt, ist wegen der steuerrechtlichen Bewertungsvorschriften die Bereicherung steuerlich nicht zu erfassen!

Bei der Feststellung, ob eine Bereicherung im Sinne des § 7 Abs. 1 Nr. 4 ErbStG vorliegt, ist desweiteren folgendes zu beachten: Die Vereinbarung der Gütergemeinschaft kann ihren Grund auch darin haben, daß der eine Ehegatte wegen seiner bisherigen Mitarbeit im Betrieb des anderen Ehegatten angemessen am Vermögen beteiligt werden soll. In solchen Fällen wird es vielfach an einer Bereicherung fehlen.[162]

Die Schwierigkeiten für die Praxis bestehen hier in der Bewertung der Mitwirkungsleistungen des einen Ehegatten. Leben die Ehegatten, die den Güterstand der Gütergemeinschaft vereinbaren wollen, bislang im Güterstand der Zugewinngemeinschaft, so dürfte es auch hier nur selten zur Feststellung einer Bereicherung eines der Ehegatten kommen. Denn hier schlägt immerhin die Zugewinnausgleichsforderung eines Ehegatten, die bei Beendigung der Zugewinngemeinschaft besteht, zu Buche.

---

160 Vgl. z. B. BFH vom 25. 9. 1953 III 229/52 U BStBl III 1953, 308; BFH vom 15. 6. 1956 III 156/54 U BStBl III 1956, 252.

161 Vgl. insbesondere Knur, Festschrift Barz, S. 475, 480 ff.

162 Vgl. oben bei Anm. 157 und 158.

Beispiel:[163] Der Ehemann hat den Betrieb und bislang einen Zugewinn von 1 000 000 erzielt. Die Frau hat keinen Zugewinn gemacht. Bei Beendigung des Güterstands der Zugewinngemeinschaft steht der Frau also eine Zugewinnausgleichsforderung in Höhe von 500 000 zu. Diese Zugewinnausgleichsforderung ist erbschaftsteuerfrei. Bei Vereinbarung der Gütergemeinschaft bringen dann beide Ehegatten je 500 000 in das Gesamtgut ein. Bei keinem der Ehegatten entsteht also durch die Vereinbarung der Gütergemeinschaft eine Bereicherung.

Ergibt sich auch unter Berücksichtigung aller vorgetragenen Gesichtspunkte infolge der Vereinbarung der Gütergemeinschaft bei einem Ehegatten eine Bereicherung, die über den Freibetrag von 250 000 DM für Ehegattenerwerbe (§ 16 Abs. 1 Nr. 1 ErbStG) hinausgeht, so ist an folgendes zu denken: Man sollte einen entsprechenden Teil des Vermögens des „reicheren" Ehegatten von der Gütergemeinschaft ausnehmen, indem man ihn ehevertraglich zu Vorbehaltsgut erklärt. Nach Ablauf von 10 Jahren kann dann der zum Vorbehaltsgut erklärte Vermögenswert unter erneuter Ausnutzung des Freibetrags von 250 000 DM in das Gesamtgut überführt werden.

In der Literatur wird sogar die Auffassung vertreten, daß in der späteren Überführung des Vorbehaltsguts in das Gesamtgut ein schenkungsteuerpflichtiger Vorgang nicht zu erblicken sei,[164] da es in § 7 Abs. 1 Nr. 4 ErbStG nur um die Bereicherung des Ehegatten bei *Vereinbarung* der Gütergemeinschaft gehe, nicht aber um die Änderung des Güterstands der Gütergemeinschaft. U. E. kommt aber, wenn das Vorbehaltsgut später in das Gesamtgut überführt wird, der allgemeine Tatbestand des § 7 Abs. 1 Nr. 1 ErbStG: „freigebige Zuwendung unter Lebenden" in Betracht.[165] Hier müßte dann allerdings auch der Bereicherungswille nachgewiesen werden. Um allen Diskussionen aus dem Wege zu gehen, wird es zweckmäßig sein, daß die Beteiligten mit der Überführung des zum Vorbehaltsgut erklärten Vermögenswerts in das Gesamtgut 10 Jahre warten und dann den Freibetrag von 250 000 DM von neuem ausnutzen.[166]

4. Übergang von der Zugewinngemeinschaft zur Gütertrennung

Vereinbaren Eheleute, die bislang im gesetzlichen Güterstand der Zugewinngemeinschaft gelebt haben, Gütertrennung, so hat der Ehegatte mit dem geringeren Zugewinn die Ausgleichsforderung nach § 1378 BGB. Vielfach kommt es in derartigen Fällen aber nicht zum Ausgleich des Zugewinns. Der Verzicht auf den Ausgleich stellt seinerseits eine schenkungsteuerpflichtige Zuwendung aber nur dann dar, wenn auch die bei jeder freigebigen Zuwendung erforderliche Bereicherungsabsicht vorliegt. Dies wird

163 Nach Troll, § 7 ErbStG Anm. 50.
164 Beinert, StbJb 1974/75, 194 f.
165 Vgl. in diesem Sinne auch Troll, § 7 ErbStG Anm. 50.
166 Vgl. Fetsch aaO, (Anm. 154); Klunzinger, DStR 1972, 683 f, 685; Felix, Steuerkongreßreport 1974, 379.

nach den Grundsätzen der Rechtsprechung[167] kaum anzunehmen sein, weil bei güterrechtlichen Vereinbarungen regelmäßig die Ordnung der familienrechtlichen Beziehungen im Vordergrund steht.[168] Die gesetzliche Fiktion einer Schenkung unter Lebenden – wie sie der Gesetzgeber für die Vereinbarung der Gütergemeinschaft in § 7 Abs. 1 Nr. 4 ErbStG gebracht hat – besteht für diesen Fall nicht.

167 Vgl. oben § 27 VI 3.
168 Ebenso Kapp, § 5 ErbStG Anm. 66.

Schluß
Zur Wahl der Unternehmensform

1. Die Anknüpfung der Unternehmensbesteuerung an die Rechtsform des Unternehmens ist die Ursache dafür, daß die vom Gesetz vorgesehene oder von der Rechtsprechung statuierte steuerliche Belastung von Unternehmen vergleichbarer Größenordnung und vergleichbarer Struktur bzw. der rechtlichen Träger dieser Unternehmen recht unterschiedlich ist.[1] Zwei solcher Unternehmen mögen in gleicher Weise erfolgreich geführt werden; die an die Rechtsform anknüpfende Besteuerung macht die gleichen Erfolge zu unterschiedlichen Erfolgen. Dies hat zur bekannten Konsequenz: Die steuerlichen Belastungsrechnungen sind eine der wichtigsten Entscheidungshilfen bei der Wahl der Unternehmensrechtsform.

Eines der Ziele der Körperschaftsteuerreform war, den Einfluß des Steuerrechts bei der Wahl der Unternehmensform zurückzudrängen, wenn nicht gar auszuschalten.[2] Dieses Ziel der Körperschaftsteuerreform ist sicher nicht erreicht. Es konnte auch nicht erreicht werden. Denn bei den Reformbemühungen hat man sich nicht der Aufgabe gestellt, eine grundlegende Neukonzeption der Unternehmensbesteuerung ernsthaft zu diskutieren,[3] geschweige sie ins Auge zu fassen. Es ging allein um die Abschaffung der wirtschaftlichen Doppelbelastung des in Kapitalgesellschaften erwirtschafteten Gewinns. Diese hat das Körperschaftsteuer-Anrechnungsverfahren gebracht. Nicht mehr, nicht weniger.

Hingegen haben sich die steuerlichen Überlegungen bei der Wahl der Unternehmensform durch die Einführung des Körperschaftsteuer-Anrechnungsverfahrens keineswegs erledigt.

Dieser Befund betrifft freilich nur Unternehmen solcher Größenordnung und Struktur, für die überhaupt die Alternative Personenunternehmen oder Kapitalgesellschaft besteht, also nicht die Publikumskapitalgesellschaften, auch nicht den „Tante-Emma-Laden“, vielmehr vornehmlich die mittelständischen Unternehmen und insbesondere die Familienunternehmen. Hier in diesem Bereich spielt sich die Rechnerei der Berater und der Steuerpflichtigen ab; hier suchen sie – mit und ohne Formeln – für ihren Fall bei den einzelnen Rechtsformen die größte „Reserve an steuerlichem Manipulationspo-

---

1 Vgl. die Kritik dieses Zustandes oben in der Einleitung S. 1 ff und Knobbe-Keuk in Verhandlungen des 53. DJT, Bd. II, 1980, O 9 ff; DB 1989, 1303 ff.

2 Vgl. RegBegr. des Körperschaftsteuer-Reformgesetzes, BT-Drs. VII/1470, S. 328.

3 Hinreichenden Anlaß hätten die Flumeschen Vorschläge in: DB 1971, 400 ff, 692 ff; StbJb 1971/72, 31 ff, 37 ff, 50 ff; StbJb 1973/74, 53 ff, 67 ff, geboten.

tential"[4] – wie Betriebswirte formulieren – zu ermitteln. Anleitung bieten viele dicke und dünne Bücher und sonstige Publikationen über die steueroptimale Unternehmensform, über Steuerplanung,[5] Steuerbelastung.[6] In dem instruktiven Büchlein von Jacobs/Brewi/Schubert[7] liefen die für ein mittelständisches Unternehmen in Betracht kommenden Rechtsformen im Jahre 1978 in folgender Reihenfolge über die Ziellinie: Platz 1 erreichte die Betriebsaufspaltung. Setzt man die Steuerbelastung der Betriebsaufspaltung mit 100 %, so folgten mit 103 % die GmbH und mit 108 % die OHG/KG und knapp dahinter die GmbH u. Co. KG. In einer weiteren Untersuchung von Jacobs[8] aus dem Jahre 1988 machte die reine GmbH mit einer Steuerbelastung von 100% knapp das Rennen vor der Betriebsaufspaltung mit 102,29%; auf den Plätzen drei und vier landeten die OHG/KG mit 106,54% und die GmbH u. Co. KG mit 106,71%. Die aus beiden Belastungsvergleichen ersichtliche starke Stellung der Betriebsaufspaltung in Besitzunternehmen und Betriebskapitalgesellschaft ist nicht zu bestreiten – freilich wohlgemerkt unter der Voraussetzung, daß die Betriebskapitalgesellschaft mit der dünnstmöglichen Eigenkapitaldecke ausgestattet wird.

Die Betriebsaufspaltung in dieser Form stößt auf das lebhafte Interesse der Steuerpflichtigen, weil der wesentliche Nachteil der reinen Kapitalgesellschaft, nämlich die vermögensteuerliche Doppelbelastung[9] des in Kapitalgesellschaften formierten Eigenkapitals auf ein Minimum reduziert werden kann und zugleich aber entscheidende steuerliche Vorteile der Kapitalgesellschaft in Anspruch genommen werden können.[10] Das Resultat ist dann: das Unternehmen wird von einem Träger betrieben, der über ein geringeres Eigenkapital verfügt als jede GmbH u. Co. KG; diese hat immerhin noch das Kommanditisten-Kapital.

---

4 Wurster, StuW 1980, 205.

5 Vgl. z. B. Wagner/Dirrigl, Die Steuerplanung der Unternehmung, 1980.

6 Jacobs/Brewi/Schubert, Steueroptimale Rechtsform mittelständischer Unternehmen, 1978; Jacobs, Unternehmensbesteuerung und Rechtsform, 1988; Tipke/Lang, § 16, S. 588 ff; Hennerkes/May, DB 1988, 439 ff, 537 ff.

7 AaO, (Anm. 6), S. 142.

8 AaO, (Anm. 6), S. 415.

9 Eine leichte Entlastung hat allerdings die Absenkung des VSt-Satzes von juristischen Personen von 0,7% auf 0,6% im StEntlG 1984 gebracht. Darauf dürfte das bessere Abschneiden der GmbH in der jüngeren Untersuchung zurückzuführen sein.

10 Hinsichtlich der Details der steuerlichen Behandlung des wirtschaftlichen Sachverhalts Betriebsaufspaltung durch Steuerrechtsprechung und -verwaltung bestehen allerdings eine ganze Reihe von Fragezeichen. Die gesetzliche Grundlage für manches liegt im Dunkeln, das Gesamtbild der Rechtsfolgen ist in sich widersprüchlich, damit verbunden ist eine empfindliche Beeinträchtigung der Rechtssicherheit (vgl. zu der Problematik oben § 22 VI und Knobbe-Keuk, StbJb 1980/81, 336 ff).

2. In steuerlicher Hinsicht sind für die Entscheidung zwischen Personen- und Kapitalgesellschaften vor allem folgende Gesichtspunkte zu berücksichtigen:[11]

a) Hinsichtlich des *ausgeschütteten Gewinns* ist durch das Anrechnungsverfahren die gleiche Tarifbelastung für die Gesellschafter von Personen- und von Kapitalgesellschaften hergestellt: Im Endeffekt unterliegt der Gewinn in jedem Fall dem individuellen Einkommensteuersatz des Gesellschafters; hinzu kommt gegebenenfalls die Kirchensteuer des Gesellschafters. Es bleibt freilich die Zeitdifferenz bei der Besteuerung (für die Ausschüttungen einer Kapitalgesellschaft kommt es auf den Zufluß beim Gesellschafter an; bei Personengesellschaften ist maßgeblich das Entstehen des Gewinns bei der Gesellschaft).

Zu bedenken ist auch, daß die Kapitalgesellschaft für Gewinne, deren Belastung mit inländischer Körperschaftsteuer unter 36 % gelegen hat – das sind insbesondere ausländische Gewinne mit Steuerbefreiung oder Steueranrechnung – bei Ausschüttung die Ausschüttungsbelastung durch „Nachversteuerung" herbeiführen muß.[12] Steuerbefreiungen und -ermäßigungen gehen also durch die Ausschüttung verloren.

Der *nicht ausgeschüttete Gewinn* sowie die *nicht abzugsfähigen Ausgaben* hingegen unterliegen bei der Kapitalgesellschaft ab dem 1. 1. 1990 dem Körperschaftsteuersatz von 50 %, während sich bei Personengesellschaften auch in diesem Fall die Besteuerung nach dem für jeden Gesellschafter geltenden Einkommensteuersatz – ggf. zuzüglich Kirchensteuer – richtet. Die Belastung bei der Kapitalgesellschaft ist also – unterliegt der Gesellschafter dem Einkommensteuerspitzensatz (ab 1. 1. 1990: 53 %) und zahlt er Kirchensteuer – insoweit etwas geringer als bei der Personengesellschaft.

Die Herunterführung der Belastung des thesaurierten Gewinns von 50 % auf einen niedrigeren Einkommensteuersatz der Gesellschafter läßt sich nur herstellen, wenn – in geeigneten Fällen – der Gewinn voll ausgeschüttet und reinvestiert wird.[13]

Verluste des Unternehmens können die Gesellschafter von Personengesellschaften mit ihren Einkünften aus anderen Quellen saldieren bzw. nach § 10 d EStG abziehen, die Gesellschafter von Kapitalgesellschaften hinge-

---

11 Da für die Rechtsformwahl unter steuerlichen Aspekten der Blick vornehmlich auf die laufende Steuerbelastung gerichtet ist, werden im Text auch nur die diese betreffenden Unterschiede hervorgehoben. Hinsichtlich der mannigfachen Unterschiede bei Gründung, Veräußerung, Beendigung des Betriebs, die letztlich aber für die Rechtsformwahl nicht ausschlaggebend sind, vgl. Tipke/Lang aaO, (Anm. 6).

12 Siehe dazu oben § 18 I, II 2 c. § 27 BerlinFG macht eine Berlin-bedingte Ausnahme und stellt sicher, daß die Berlinpräferenzen bei Ausschüttungen nicht verloren gehen.

13 Zum „Schütt-Aus-Hol-Zurück"-Verfahren vgl. oben § 17 V.

gen nicht.[14] Dieser für die Gesellschafter von Kapitalgesellschaften bestehende Nachteil kann freilich reduziert werden, wenn der GmbH-Gesellschafter sich zugleich als stiller Gesellschafter mit Verlustbeteiligung an der GmbH beteiligt. Auf diese Weise wird ein partieller Ausgleich der Unternehmensverluste mit anderen Gesellschaftereinkünften möglich.

Der bedeutsamste ertragsteuerliche Unterschied zwischen Personengesellschaft und Kapitalgesellschaft folgt aus der unterschiedlichen Gewinnermittlung für den Bereich der *Sondervergütungen,* die der Gesellschafter von seiner Gesellschaft erhält. Geschäftsführergehälter, Darlehens-, Mietzinsen an die Gesellschafter mindern den körperschaftsteuerlichen Gewinn, bei den Gesellschaftern stellen sie Einkünfte aus nichtselbständiger Arbeit, aus Vermietung und Verpachtung[15] oder aus Kapitalvermögen dar. Die Bildung von Pensionsrückstellungen für die Gesellschafter-Geschäftsführer ist nur bei der Kapitalgesellschaft mit steuerlicher Wirkung möglich, bei den Personengesellschaften sind die Beträge voll der Einkommensteuer zu unterwerfen.

Bei den Kapitalgesellschaften ist die Bemessungsgrundlage für die *Gewerbeertragsteuer* um die Gesellschafter-Geschäftsführergehälter gemindert, bei den Personengesellschaften hingegen nicht, für diese ist nur der Freibetrag nach § 11 Abs. 1 S. 3 GewStG von z. Z. insgesamt 36 000 DM zu berücksichtigen. Desweiteren mindert auch bei der Gewerbeertragsteuer die Bildung von Pensionsrückstellungen für die Gesellschafter-Geschäftsführer die Bemessungsgrundlage bei den Kapitalgesellschaften.

Die Möglichkeit der Bildung von Pensionsrückstellungen für den oder die Gesellschafter-Geschäftsführer und die Abzugsfähigkeit der Geschäftsführergehälter bei der Gewerbesteuer sind die entscheidenden steuerlichen Vorteile der Rechtsform der Kapitalgesellschaft gegenüber dem Personenunternehmen. Das Personenunternehmen wird in diesen Beziehungen gegenüber vergleichbaren Unternehmen in der Form der Kapitalgesellschaft diskriminiert. Sachlich ist dies – zumal nach der Änderung des Körperschaftsteuer-Systems – nicht zu rechtfertigen.[16] Eine weitere gewerbesteuerliche Benachteiligung haben die durch das Haushaltsbegleitgesetz 1983 eingeführten Änderungen zu den Dauerschulden und Dauerschuldzinsen gebracht. Gesellschafterdarlehen sind bei Kapitalgesellschaften nur noch zur Hälfte mit der Gewerbesteuer belastet, bei Personengesellschaften hingegen in voller Höhe.

Daß die vom Gesellschafter der Gesellschaft überlassenen Wirtschaftsgüter bei diesem Betriebsvermögen darstellen, wenn es sich um eine Personengesellschaft, nicht aber wenn es sich um eine Kapitalgesellschaft handelt, macht zwar einen Unterschied aus, der im Einzelfall durchaus von Bedeu-

---

14 Bei Personengesellschaften vervielfältigt sich i. ü. auch die 5-Millionen-Grenze für den Verlustrücktrag entsprechend der Gesellschafterzahl.

15 Es sei denn, es liegen die Voraussetzungen der Betriebsaufspaltung vor. Vgl. dazu oben § 22 VI.

16 Vgl. dazu oben § 14 und Knobbe-Keuk in Verhandlungen des 53. DJT aaO, (Anm. 1), O 21 ff.

tung sein kann, ist aber nicht als ausgesprochene Diskriminierung der Gesellschafter von Personengesellschaften zu vermerken. Die Qualifizierung eines Gegenstandes als Betriebsvermögen oder Privatvermögen hat durchaus ihre zwei Seiten.

Auf der einen Seite steht zwar die Steuerpflicht des Veräußerungs- oder Entnahmegewinns; dabei kann freilich ein Veräußerungsgewinn in den meisten Fällen durch Inanspruchnahme des § 6b EStG neutralisiert werden. Andererseits sind auch Wertverluste beim Betriebsvermögen steuerlich berücksichtigungsfähig; es können Investitionszulagen und andere auf den Betrieb bezogene Steuervergünstigungen in Anspruch genommen werden.

Eine weitere ertragsteuerliche Diskriminierung der Personengesellschaft beruht auf der Rechtsprechung des BFH, die sich bei Familiengesellschaften in Form der Personengesellschaften zu einer Korrektur der vertraglichen Gewinnverteilung legitimiert sieht,[17] während die bekannt-berüchtigte 15 %-Grenze bei Kapitalgesellschaften keine Rolle spielt.

b) Der entscheidende Nachteil der Kapitalgesellschaft gegenüber der Personengesellschaft liegt im Bereich der *Vermögensteuer.* Zunächst besteht ein unterschiedlicher Tarif für natürliche Personen und für Kapitalgesellschaften. Insbesondere aber fällt ins Gewicht, daß das in der Kapitalgesellschaft gebundene Eigenkapital der doppelten Belastung mit der Vermögensteuer unterliegt, zum einen bei der Kapitalgesellschaft selbst und zum anderen bei den Gesellschaftern in den Anteilen an der Kapitalgesellschaft. Diese doppelte Belastung schlägt gerade in ertragsschwachen Zeiten und angesichts der Nichtabzugsfähigkeit der Vermögensteuer bei der Körperschaftsteuer bzw. Einkommensteuer stark zu Buche.

Auf der Seite des Gesellschafters ist desweiteren auch die unterschiedliche Bewertung der Anteile an Kapitalgesellschaften und an Personengesellschaften zu beachten.[18]

Werden mittelständische Unternehmer wegen der Diskriminierung des Personenunternehmens bei der gewerbesteuerlichen Behandlung des Unternehmerlohns und der steuerlichen Behandlung der Pensionsrückstellungen für Gesellschafter-Geschäftsführer sowie in Zukunft noch verstärkt durch die angenehmeren Thesaurierungsbedingungen in die Form der Kapitalgesellschaft gedrängt, so werden sie bei der Ausgestaltung i. e. darauf achten, den vermögensteuerlichen Nachteil der Kapitalgesellschaft in Grenzen zu halten, indem sie die Kapitalgesellschaft mit möglichst wenig Eigenkapital ausstatten.

3. Mit der in diesem Schlußabschnitt vorgelegten Zustandsbeschreibung schließt sich der Kreis zu der in der Einleitung S. 1 ff erhobenen Forderung nach einer rechtsformunabhängigen Unternehmensbesteuerung.

---

17 Vgl. dazu oben § 12 II.

18 Dies ist nicht nur für die Vermögensteuer, sondern auch für die Erbschaftsteuer von Bedeutung.

Entscheidungsregister

Die jeweils rechte Spalte gibt die Fundstelle im Buch an.

I. Entscheidungen des Bundesverfassungsgerichts

14. 4. 1959	1 BvL 23/57, 34/57	BStBl I 1959, 204	§ 8 Anm. 63
10. 6. 1969	2 BvR 480/61	BVerfGE 26, 172	§ 21 Anm. 8
15. 7. 1969	1 BvR 457/66	BStBl II 1969, 718	§ 9 Anm. 6
7. 10. 1969	2 BvL 3/66 - 2 BvR 701/64	BStBl II 1970, 160	§ 24 Anm. 4
16. 12. 1970	1 BvR 210/68	BStBl II 1971, 381	§ 4 Anm. 59
10. 3. 1971	2 BvL 3/68	BVerfGE 30, 272	§ 9 Anm. 61, § 11 a Anm. 96
7. 11. 1972	1 BvR 338/68	BVerfGE 34, 103	§ 16 Anm. 70
27. 10. 1975	1 BvR 82/73	StRK GG Art. 14 R. 79	§ 26 Anm. 11
25. 10. 1977	1 BvR 15/75	BStBl II 1978, 125	§ 21 Anm. 19
11. 6. 1979	1 BvR 437/79	HFR 1979, 338	§ 12 Anm. 41
15. 12. 1983	1 BvR 209, 269, 362, 420, 440, 484/83	BVerfGE 65, 1	§ 25 Anm. 11
15. 5. 1984	1 BvR 464, 605/81 1 BvR 427/82	BStBl II 1984, 608	§ 27 Anm. 129
20. 11. 1984	1 BvR 1406/84	HFR 1985, 283	§ 12 Anm. 8
30. 1. 1985	1 BvR 279/83	NJW 1985, 1891	§ 9 Anm. 8, § 11 Anm. 9
12. 3. 1985	1 BvR 571/81 1 BvR 494/82 1 BvR 47/83	BStBl II 1985, 475	§ 7 Anm. 66, § 19 Anm. 27, § 22 Anm. 220, 239, 271, § 26 Anm. 69
14. 5. 1986	2 BvL 2/83	BStBl II 1986, 628	§ 9 Anm. 61, § 11 a Anm. 96

II. Finanzgerichtliche Entscheidungen

1. Entscheidungen des Preuß. Oberverwaltungsgerichts in Staatssteuersachen

17. 1. 1895	VI G 36/93	OVGSt 3,387	§ 21 Anm. 106
6. 6. 1896	V 8/96	OVGSt 5,139	§ 4 Anm. 47
18. 6. 1896	V 3/96	OVGSt 5,163	§ 21 Anm. 180
17. 10. 1896	VI 59/96	OVGSt 5,221	§ 4 Anm. 47

14. 10. 1897	VI G 385/96	OVGSt 6,387	§ 21 Anm. 106
21. 9. 1899	XII a 6/99	OVGSt 8,75	§ 10 Anm. 6
25. 5. 1904	V A 82/03	OVGSt 12,268	§ 21 Anm. 180, 181
10. 10. 1910	XI a 38/10	OVGSt 15,71	§ 9 Anm. 161
4. 7. 1913	VIII C 54/13	OVG 64,279	§ 21 Anm. 106
28. 3. 1914	V 2/14	OVGSt 16,365	§ 4 Anm. 47

2. Entscheidungen des Reichsfinanzhofes

30. 6. 1923	VI e A 50/23	RFHE 12,242	§ 19 Anm. 3
24. 9. 1924	VI e A 128/24	StuW 1924, 1449	§ 15 Anm. 15
29. 10. 1924	VI e A 186/24	RFHE 15,47	§ 19 Anm. 3, Einleitung Anm. 13
3. 12. 1924	VI e A 188/24	RFHE 16,15	§ 22 Anm. 222, 230
3. 2. 1926	VI A 163/25	RFHE 18,162	§ 9 Anm. 163
14. 12. 1926	VI A 575/26	RFHE 20,87 ff	§ 5 Anm. 90
30. 3. 1927	VI A 108/27	RStBl 1927, 161	§ 5 Anm. 21
30. 6. 1927	VI A 297/27	RStBl 1927, 197	§ 6 Anm. 55
6. 9. 1927	VI A 145/27	Mrozek EStG 1925 § 65 Abs. 1 Ziff. 2 R. 1	§ 13 Anm. 21
14. 12. 1927	IV A 802/27	RFHE 22,310	§ 5 Anm. 90
22. 12. 1927	IA 276/27	RStBl 1928, 49	§ 5 Anm. 342
27. 3. 1928	IA 470/27	RStBl 1928, 260	§ 2 Anm. 20, § 4 Anm. 103, 117
19. 12. 1928	VI A 1670/28	RStBl 1929, 139	§ 5 Anm. 292
5. 2. 1929	IA 394/27	RStBl 1929, 228	§ 6 Anm. 56
19. 12. 1929	VI A 1168/29	StuW 1930 Nr. 299	§ 10 Anm. 46
11. 2. 1930	IA 807/28	RStBl 1930, 153	§ 3 Anm. 89
2. 4. 1930	VI A 514/30	RStBl 1930, 313	§ 6 Anm. 77
4. 6. 1930	VI A 852/28	RFHE 27, 67	§ 13 Anm. 30
26. 11. 1930	VI A 682/29	RStBl 1931, 321	§ 5 Anm. 318
15. 1. 1931	VI A 2058/30	RStBl 1931, 267	§ 13 Anm. 43
14. 4. 1931	VI A 976/29	RStBl 1931, 504	§ 5 Anm. 49
21. 5. 1931	ID 1/30	RStBl 1931, 560	§ 27 Anm. 42
1. 7. 1931	VI A 2226/30	RStBl 1931, 877	§ 5 Anm. 151
29. 7. 1931	VI A 1265/29	RStBl 1931, 852	§ 5 Anm. 342
21. 10. 1931	VI A 2002/29	RStBl 1932, 305	§ 4 Anm. 120
22. 10. 1931	VI A 935/30	StuW 1932 Nr. 7	§ 6 Anm. 7
26. 11. 1931	VI A 1978/31	RStBl 1932, 624	§ 7 Anm. 15, § 22 Anm. 87
9. 12. 1931	VI A 2239/30	RStBl 1932, 625	§ 22 Anm. 87, 104
26. 7. 1932	ID 2/31/IIID 2/32	RFHE 31, 297	§ 20 Anm. 4
15. 2. 1933	VI A 558/31	RStBl 1933, 734	§ 6 Anm. 72
24. 2. 1933	V e A 1066/31	StuW 1933 Nr. 493	§ 27 Anm. 22
15. 3. 1933	VI A 1638/33	StuW 1933 Nr. 484	§ 22 Anm. 222

25. 4. 1933	VI A 1163/32	RStBl 1933, 955	§ 10 Anm. 81
9. 5. 1933	VI A 434/30	RStBl 1933, 999	§ 22 Anm. 114, 129
23. 5. 1933	VI A 422/33	RStBl 1933, 1078	§ 9 Anm. 166
11. 10. 1933	VI A 1796/31	StuW 1934 Nr. 92	§ 5 Anm. 58
13. 12. 1933	VI A 1634/32	StuW 1934 Nr. 87	§ 22 Anm. 104
20. 12. 1933	III A 200/32	RStBl 1934, 184	§ 4 Anm. 54
17. 4. 1934	IA 315/32	RStBl 1934, 773	§ 16 Anm. 49, 53
25. 4. 1934	VI A 909/33	RStBl 1934, 945	§ 5 Anm. 292
15. 5. 1934	IA 106/31	RStBl 1934, 835	§ 15 Anm. 16
19. 12. 1934	VI A 532/33	StuW 1935 Nr. 159	§ 5 Anm. 171
22. 1. 1935	IA 401/32	StuW 1935 Nr. 170	§ 20 Anm. 5, 69
30. 4. 1935	IA 27/35	RStBl 1935, 1001	§ 5 Anm. 292
19. 6. 1935	III e A 23/25	RStBl 1935, 1155	§ 27 Anm. 88, 93
28. 4. 1936	IA 138/35	RStBl 1936, 757	§ 2 Anm. 10
24. 6. 1936	VI A 192/36	StuW 1936 Nr. 358	§ 13 Anm. 23
28. 7. 1936	IA 216/35	RStBl 1936, 989	§ 3 Anm. 89
26. 11. 1936	III e A 66/36	RStBl 1937, 6	§ 27 Anm. 36
17. 2. 1937	VI A 83/37	StuW 1937 Nr. 196	§ 22 Anm. 114
24. 3. 1937	VI A 495/36	RStBl 1937, 939	§ 22 Anm. 105
1. 12. 1937	VI 688/37	RStBl 1938, 356	§ 21 Anm. 51
22. 6. 1938	VI 190/38	RStBl 1938, 860	§ 10 Anm. 75
28. 9. 1938	VI 389/38	RStBl 1938, 84	§ 5 Anm. 315
14. 11. 1938	VI 644/38	RStBl 1939, 159	§ 21 Anm. 121
1. 3. 1939	VI 125/39	RStBl 1939, 630	§ 5 Anm. 173
8. 3. 1939	VI 97/39	StuW 1939 Nr. 291	§ 5 Anm. 173
31. 10. 1939	I 77/37	RStBl 1940, 35	§ 16 Anm. 51
28. 11. 1939	I 394/39	RStBl 1940, 31	§ 5 Anm. 316
30. 11. 1939	III 37/38	RStBl 1940, 361	§ 22 Anm. 227
12. 12. 1939	I 205/38	RStBl 1940, 29	§ 21 Anm. 184
19. 12. 1939	I 54/39	RStBl 1940, 603	§ 3 Anm. 99
10. 1. 1940	VI 704/39	RStBl. 1940, 134	§ 11 Anm. 62, § 21 Anm. 154, 157, 158
20. 11. 1940	IV 330/40	RStBl 1941, 225	§ 22 Anm. 89
4. 12. 1940	VI 660/38	RStBl 1941, 26	§ 22 Anm. 227
6. 8. 1941	VI 251/41	StuW 1941 Nr. 452	§ 21 Anm. 155, 156
17. 9. 1941	VI 12/41	RStBl 1941, 842	§ 23 Anm. 28
1. 7. 1942	VI 96/42	RStBl 1942, 1081	§ 22 Anm. 228
15. 7. 1942	IV 362–63/41	RStBl. 1942, 900	§ 23 Anm. 23
26. 8. 1942	VI 236/42	RStBl. 1942, 1024	§ 21 Anm. 141
6. 1. 1943	VI D 1/42	RStBl 1943, 25 ff	§ 13 Anm. 50
21. 1. 1943	III e 38/41	RStBl 1943, 589	§ 27 Anm. 121
9. 3. 1944	III 81/43	Mrozek BewG 1934 54 Abs. 1 R. 73	§ 26 Anm. 87
3. 5. 1944	VI 11/44	RStBl 1944, 619	§ 6 Anm. 79, § 10 Anm. 6
16. 11. 1944	III 22/44	RStBl 1945, 34	§ 22 Anm. 221

3. Entscheidungen des Obersten Finanzgerichtshofes

16. 4. 1947	VI 3/46 S	StuW 1947 Nr. 6	§ 22 Anm. 35
11. 8. 1948	I 12/48	StRK KStG 51 R. 7	§ 15 Anm. 16
3. 6. 1949	I D 2/49 S	StuW 1949 Nr. 50	§ 5 Anm. 29

4. Entscheidungen des Bundesfinanzhofes

7. 8. 1951	I 38/51 U	BStBl III 1951, 190	§ 5 Anm. 294
22. 8. 1951	IV 246/50 S	BStBl III 1951, 181	§ 12 Anm. 5
29. 1. 1952	I 103/51 U	BStBl III 1952, 57	§ 3 Anm. 101
25. 4. 1952	III 245/51 U	BStBl III 1952, 176	§ 27 Anm. 78
16. 4. 1953	IV 119/52 S	BStBl III 1953, 192	§ 5 Anm. 180
15. 5. 1953	III 65/51 S	BStBl III 1953, 199	§ 27 Anm. 104
25. 9. 1953	III 229/52 U	BStBl III 1953, 308	§ 27 Anm. 160
5. 11. 1953	IV 38/53 U	BStBl III 1954, 4	§ 3 Anm. 103
22. 1. 1954	III 232/51	BStBl III 1954, 91	§ 22 Anm. 229
28. 1. 1954	IV 255/53 U	BStBl III 1954, 109	§ 4 Anm. 399
14. 6. 1955	I 154/54 U	BStBl III 1955, 221	§ 4 Anm. 399
9. 12. 1955	IV 442/54 U	BStBl III 1956, 67	§ 13 Anm. 3
31. 1. 1956	I 254/55 U	BStBl III 1956, 91	§ 21 Anm. 197, 198
29. 5. 1956	I 224/55 U	BStBl III 1956, 212	§ 4 Anm. 255
15. 6. 1956	III 156/54 U	BStBl III 1956, 252	§ 27 Anm. 160
3. 7. 1956	I 118/55 U	BStBl III 1956, 248	§ 4 Anm. 347
3. 7. 1956	I 344/55 U	BStBl III 1956, 250	§ 3 Anm. 99
17. 7. 1956	I 292/55 U	BStBl III 1956, 379	§ 5 Anm. 180
27. 11. 1956	I 260/56 U	BStBl III 1957, 35	§ 10 Anm. 73, 75
26. 2. 1957	I 196/56 U	BStBl III 1957, 160	§ 4 Anm. 140
27. 6. 1957	IV 140/56 U	BStBl III 1957, 287	§ 26 Anm. 116
10. 9. 1957	I 294/56 U	BStBl III 1957, 414	§ 13 Anm. 17
8. 10. 1957	I 86/57 U	BStBl III 1957, 442	§ 5 Anm. 178
9. 1. 1958	IV 250/57 U	BStBl III 1958, 134	§ 21 Anm. 136
14. 1. 1958	I 159/57 U	BStBl III 1958, 75	§ 10 Anm. 7
1. 4. 1958	I 171/57 U	BStBl III 1958, 285	§ 13 Anm. 40
15. 4. 1958	I 27/57 U	BStBl III 1958, 260	§ 4 Anm. 315
19. 8. 1958	I 78/58 U	BStBl III 1958, 486	§ 16 Anm. 76
18. 11. 1958	I 120/57 U	BStBl III 1959, 274	§ 21 Anm. 132
16. 12. 1958	I 286/56 S	BStBl III 1959, 77	§ 5 Anm. 317, 321
16. 12. 1958	I D 1/57 S	BStBl III 1959, 30	§ 5 Anm. 58, § 6 Anm. 93, § 24 Anm. 20
29. 1. 1959	III 71/58 U	BStBl III 1959, 155	§ 27 Anm. 77
1. 10. 1959	IV 141/58 U	BStBl III 1960, 23	§ 13 Anm. 16
22. 6. 1960	II 256/57 U	BStBl III 1960, 358	§ 27 Anm. 120 a
28. 6. 1960	I 85/60	StRK KStG § 7 S. 2 R. 1	§ 16 Anm. 51
11. 10. 1960	I 56/60 U	BStBl III 1961, 3	§ 3 Anm. 108

11. 10. 1960	I 229/59 U	BStBl III 1960, 509	§ 5 Anm. 336
18. 10. 1960	I 198/60 U	BStBl III 1960, 495	§ 4 Anm. 275
8. 11. 1960	I 131/59 S	BStBl III 1960, 513	§ 16 Anm. 14
15. 11. 1960	I 189/60 U	BStBl III 1961, 48	§ 4 Anm. 315
29. 11. 1960	I 137/59 U	BStBl III 1961, 154	§ 5 Anm. 56
29. 11. 1960	I 73/59 U	BStBl III 1961, 51	§ 21 Anm. 170
13. 1. 1961	III 301/59 S	BStBl III 1961, 122	§ 4 Anm. 54
9. 5. 1961	I 128/60 S	BStBl III 1961, 336	§ 4 Anm. 275, 344
16. 6. 1961	III 329/58 U	BStBl III 1961, 349	§ 13 Anm. 38
24. 8. 1961	IV 352/59 U	BStBl III 1962, 112	§ 19 Anm. 99
6. 2. 1962	I 197/61 S	BStBl III 1962, 190	§ 22 Anm. 11
9. 3. 1962	I 203/61 S	BStBl III 1962, 338	§ 19 Anm. 129, 132, 133
20. 3. 1962	I 63/61 S	BStBl III 1962, 233	§ 23 Anm. 29
10. 4. 1962	I 65/61 U	BStBl III 1962, 255	§ 19 Anm. 96
25. 5. 1962	I 78/61 S	BStBl III 1962, 438	§ 21 Anm. 53
22. 6. 1962	VI 49/61 S	BStBl III 1962, 386	§ 8 Anm. 90, § 16 Anm. 75, § 21 Anm. 142
24. 7. 1962	I 280/61 U	BStBl III 1962, 418	§ 22 Anm. 21
9. 10. 1962	I 167/62 U	BStBl III 1963, 7	§ 2 Anm. 19, § 4 Anm. 139
4. 12. 1962	I 71/60 S	BStBl III 1963, 93	§ 21 Anm. 81
8. 1. 1963	I 237/61 U	BStBl III 1963, 188	§ 21 Anm. 185
10. 1. 1963	IV 214/58 S	BStBl III 1963, 261	§ 7 Anm. 13
15. 1. 1963	I 259/61 S	BStBl III 1963, 250	§ 4 Anm. 87
17. 1. 1963	IV 335/59	BStBl III 1963, 257	§ 6 Anm. 8
25. 10. 1963	I 359/60 S	BStBl III 1964, 122	§ 6 Anm. 63
13. 11. 1963	GrS 1/63 S	BStBl III 1964, 124	§ 7 Anm. 72, § 22 Anm. 106, 167
21. 1. 1964	VII 76/61 S	BStBl III 1964, 226	§ 3 Anm. 73
12. 3. 1964	IV 415/62	DB 1964, 1012	§ 10 Anm. 46, 65
13. 3. 1964	VI 343/61 S	BStBl III 1964, 359	§ 11a Anm. 11
8. 4. 1964	VI 205/61 S	BStBl III 1964, 306	§ 16 Anm. 76, 77
22. 4. 1964	I 62/61 U	BStBl III 1964, 370	§ 6 Anm. 59
28. 10. 1964	IV 102/64 U	BStBl III 1965, 88	§ 22 Anm. 97, 98
14. 1. 1965	IV 173/64 S	BStBl III 1965, 115	§ 21 Anm. 143
17. 2. 1965	I 174/60 S	BStBl III 1965, 230	§ 21 Anm. 100, § 26 Anm. 120
19. 2. 1965	III 342/61 U	BStBl III 1965, 248	§ 5 Anm. 336
27. 4. 1965	I 324/62 S	BStBl III 1965, 409	§ 3 Anm. 85
4. 5. 1965	I 134/63 U	BStBl III 1965, 417	§ 21 Anm. 71
23. 7. 1965	VI 9/84	BStBl III 1965, 585	§ 8 Anm. 42
20. 8. 1965	VI 154/65 U	BStBl III 1966, 94	§ 21 Anm. 55
2. 11. 1965	I 51/61	BStBl III 1966, 61	§ 4 Anm. 370
2. 11. 1965	I 221/62 S	BStBl III 1966, 255	§ 19 Anm. 4
4. 11. 1965	IV 228/63 U	BStBl III 1966, 167	§ 5 Anm. 43
9. 11. 1965	I 264/62	BStBl III 1966, 383	§ 6 Anm. 71
29. 11. 1965	GrS 1/65 S	BStBl III 1966, 142	§ 3 Anm. 97

15. 12. 1965	I 193/62 S	BStBl III 1966, 202	§ 19 Anm. 43
21. 12. 1965	IV 416/62 U	BStBl III 1966, 195	§ 23 Anm. 21
21. 12. 1965	IV 228/64	BStBl III 1966, 147	§ 22 Anm. 321
4. 2. 1966	VI 272/63	BStBl III 1966, 374	§ 21 Anm. 172, 179
23. 2. 1966	VI 209/63	BStBl III 1966, 375	§ 21 Anm. 69
5. 5. 1966	IV 252/60	BStBl III 1966, 370	§ 5 Anm. 98
15. 6. 1966	II 32/63	BStBl III 1966, 507	§ 27 Anm. 37
22. 8. 1966	GrS 2/66	BStBl III 1966, 672	§ 5 Anm. 154
23. 8. 1966	I 172/64	BStBl III 1966, 375	§ 21 Anm. 69
25. 8. 1966	VI 307/65	BStBl III 1967, 69	§ 11 a Anm. 11
15. 12. 1966	IV 232/64	BStBl III 1967, 309	§ 23 Anm. 35
16. 1. 1967	GrS 4/66	BStBl III 1967, 240	§ 19 Anm. 127
16. 2. 1967	IV R 62/66	BStBl III 1967, 222	§ 11 Anm. 135
16. 3. 1967	IV 72/65	BStBl III 1967, 318	§ 7 Anm. 31
19. 5. 1967	III 50/61	BStBl III 1967, 510	§ 19 Anm. 127
22. 6. 1967	I 192/64	BStBl II 1968, 4	§ 3 Anm. 105
29. 6. 1967	IV 131/63	BStBl III 1967, 670	§ 4 Anm. 328, § 5 Anm. 287
12. 7. 1967	I 267/63	BStBl III 1967, 679	§ 19 Anm. 127
13. 7. 1967	VI R 185/66	BStBl III 1967, 674	§ 22 Anm. 102
13. 7. 1967	IV R 174/66	BStBl III 1967, 751	§ 7 Anm. 57
13. 7. 1967	IV 191/63	BStBl III 1967, 790	§ 13 Anm. 37
26. 7. 1967	I 138/65	BStBl III 1967, 733	§ 5 Anm. 234, § 16 Anm. 15
31. 7. 1967	I 219/63	BStBl II 1968, 22	§ 5 Anm. 46
28. 9. 1967	IV 291/65	BStBl III 1967, 763	§ 4 Anm. 85
31. 10. 1967	II 148/63	BStBl II 1968, 233	§ 5 Anm. 336
14. 11. 1967	II R 27/67	BStBl II 1968, 45	§ 27 Anm. 142
15. 11. 1967	IV R 139/67	BStBl II 1968, 152	§ 9 Anm. 155
15. 11. 1967	IV R 2/67	BStBl II 1968, 175	§ 9 Anm. 155
23. 11. 1967	IV 123/63	BStBl II 1968, 176	§ 5 Anm. 268, § 6 Anm. 5
20. 12. 1967	III 221/64	BStBl II 1968, 303	§ 4 Anm. 54
26. 1. 1968	VI R 129/66	BStBl II 1968, 369	§ 9 Anm. 155
21. 3. 1968	IV R 166/67	BStBl II 1968, 579	§ 9 Anm. 155
27. 3. 1968	I 224/64	BStBl II 1968, 520	§ 2 Anm. 19
4. 4. 1968	IV 210/61	BStBl II 1968, 411	§ 6 Anm. 17
15. 5. 1968	I R 158/63	BStBl II 1968, 629	§ 19 Anm. 123
24. 5. 1968	VI R 6/67	BStBl II 1968, 574	§ 5 Anm. 48
29. 5. 1968	I R 187/65	BStBl II 1968, 722	§ 16 Anm. 10
29. 5. 1968	I 198/65	BStBl II 1968, 807	§ 21 Anm. 185, 187
12. 6. 1968	IV 254/62	BStBl II 1968, 653	§ 22 Anm. 27
15. 7. 1968	GrS 2/67	BStBl II 1968, 666	§ 6 Anm. 69
16. 7. 1968	GrS 7/67	BStBl II 1969, 108	§ 4 Anm. 170, § 5 Anm. 71
1. 8. 1968	IV R 177/66	BStBl II 1968, 740	§ 10 Anm. 69
28. 8. 1968	III R 15/67	BStBl II 1969, 2	§ 5 Anm. 336
28. 8. 1968	I 252/65	BStBl II 1969, 8	§ 21 Anm. 55
27. 9. 1968	VI R 41/66	BStBl II 1969, 102	§ 6 Anm. 57
17. 10. 1968	IV 84/65	BStBl II 1969, 180	§ 4 Anm. 320

6. 11. 1968	I 64/65	BStBl II 1969, 35	§ 5 Anm. 75
22. 11. 1968	VI R 182/67	BStBl II 1969, 160	§ 5 Anm. 171
15. 1. 1969	I 18/65	BStBl II 1969, 310	§ 6 Anm. 78
3. 2. 1969	GrS 2/68	BStBl II 1969, 291	§ 2 Anm. 22, § 4 Anm. 391
14. 3. 1969	III R 108/67	BStBl. II 1969, 480	§ 10 Anm. 33
29. 5. 1969	IV R 238/66	BStBl II 1969, 614	§ 22 Anm. 52
25. 6. 1969	II 131/63	BStBl II 1969, 653	§ 27 Anm. 89
30. 7. 1969	I R 21/67	BStBl II 1969, 629	§ 21 Anm. 185, 187
18. 9. 1969	IV 338/64	BStBl II 1970, 43	§ 10 Anm. 32
24. 9. 1969	I 206/64	BStBl II 1969, 738	§ 21 Anm. 114
31. 10. 1969	III R 145/66	BStBl II 1970, 197	§ 26 Anm. 26, 103
5. 11. 1969	I R 60/67	BStBl II 1970, 149	§ 16 Anm. 79
20. 11. 1969	IV R 22/68	BStBl II 1970, 309	§ 22 Anm. 26
17. 12. 1969	I 252/64	BStBl II 1970, 257	§ 20 Anm. 17, 31, § 22 Anm. 334
19. 12. 1969	III R 21/67	BStBl II 1970, 201	§ 26 Anm. 83, 89
21. 1. 1970	I R 90/67	BStBl II 1970, 348	§ 20 Anm. 29
21. 1. 1970	I R 23/68	BStBl II 1970, 468	§ 19 Anm. 123
26. 1. 1970	IV R 144/66	BStBl II 1970, 264	§ 4 Anm. 49, 66, 74
6. 2. 1970	VI R 186/67	BStBl II 1970, 400	§ 24 Anm. 32
11. 3. 1970	I 91/65	BStBl II 1970, 588	§ 13 Anm. 19, 20
15. 4. 1970	I R 122/66	BStBl II 1970, 554	§ 20 Anm. 31, 32, § 22 Anm. 334
21. 5. 1970	IV R 131/68	BStBl II 1970, 740	§ 5 Anm. 336
10. 7. 1970	III R 112/69	BStBl II 1970, 779	§ 26 Anm. 50
16. 9. 1970	I R 184/67	BStBl II 1971, 85	§ 4 Anm. 368, § 6 Anm. 46
25. 9. 1970	VI R 122/67	BStBl II 1971, 53	§ 19 Anm. 92, 94
7. 10. 1970	I R 1/68	BStBl II 1971, 69	§ 5 Anm. 338
8. 10. 1970	IV R 196/69	BStBl II 1971, 59	§ 21 Anm. 87
8. 10. 1970	IV R 111/69	BStBl II 1971, 133	§ 4 Anm. 62
29. 10. 1970	IV R 141/67	BStBl II 1971, 92	§ 22 Anm. 25, 26
3. 12. 1970	IV R 216/67	BStBl II 1971, 323	§ 5 Anm. 38
3. 2. 1971	I R 51/66	BStBl II 1971, 408	§ 16 Anm. 13, § 19 Anm. 126, 129, 131
4. 3. 1971	IV 318/65	BStBl II 1971, 716	§ 21 Anm. 69
21. 4. 1971	I R 200/67	BStBl II 1971, 743	§ 21 Anm. 128
28. 4. 1971	I R 55/66	BStBl II 1971, 630	§ 7 Anm. 44, § 22 Anm. 92
16. 6. 1971	I R 48/70	BStBl II 1971, 718	§ 21 Anm. 85
30. 6. 1971	I R 55/68	BStBl II 1971, 750	§ 21 Anm. 62
22. 7. 1971	IV R 74/66	BStBl II 1971, 800	§ 5 Anm. 139
6. 8. 1971	III R 9/71	BStBl II 1971, 677	§ 26 Anm. 38, 46
24. 8. 1971	VIII R 17/66	BFHE 103, 416	§ 4 Anm. 105
5. 10. 1971	VIII R 19/68	BStBl II 1972, 62	§ 26 Anm. 38
8. 11. 1971	GrS 2/71	BStBl II 1972, 63	§ 22 Anm. 204, 213, 216, 259, 303
12. 11. 1971	III R 87/68	BStBl II 1972, 210	§ 26 Anm. 26, 103

26. 11. 1971	III R 87/70	BStBl II 1972, 310	§ 26 Anm. 47
7. 12. 1971	VIII R 3/70	BStBl II 1972, 468	§ 21 Anm. 52
8. 12. 1971	I R 80/70	BStBl II 1972, 292	§ 19 Anm. 79
15. 12. 1971	I R 5/69	BStBl II 1972, 438	§ 19 Anm. 29, 32
12. 1. 1972	I R 220/69	BStBl II 1972, 433	§ 21 Anm. 102, 104
28. 1. 1972	III R 4/71	BStBl II 1972, 416	§ 26 Anm. 81, 85
2. 2. 1972	I R 96/70	BStBl II 1972, 381	§ 5 Anm. 342, 348
10. 2. 1972	I R 205/66	BStBl II 1972, 455	§ 7 Anm. 41, 54, § 22 Anm. 93
10. 2. 1972	IV 317/65	BStBl II 1972, 419	§ 22 Anm. 178, 179, 183, 184, 192 a
11. 2. 1972	III R 129/70	BStBl II 1972, 448	§ 4 Anm. 54
23. 2. 1972	I R 159/68	BStBl II 1972, 530	§ 11 Anm. 125, 128
25. 2. 1972	VIII R 30/66	BStBl II 1972, 531	§ 6 Anm. 63
29. 3. 1972	I R 43/69	BStBl II 1972, 537	§ 22 Anm. 130
4. 5. 1972	IV 251/64	BStBl II 1972, 672	§ 13 Anm. 32, 35, 40
17. 5. 1972	I R 126/70	BStBl II 1972, 621	§ 8 Anm. 93
29. 5. 1972	GrS 4/71	BStBl II 1973, 5	§ 12 Anm. 35, § 22 Anm. 209
21. 6. 1972	I R 82/70	BStBl II 1972, 722	§ 20 Anm. 29
21. 6. 1972	I R 189/69	BStBl II 1972, 874	§ 3 Anm. 97, 100, § 5 Anm. 130
5. 7. 1972	I R 230/70	BStBl II 1972, 928	§ 9 Anm. 157, § 11 Anm. 26
24. 7. 1972	II R 35/70	BStBl II 1972, 886	§ 27 Anm. 40
25. 7. 1972	VIII R 59/68	BStBl II 1972, 918	§ 13 Anm. 48
2. 8. 1972	IV 87/65	BStBl II 1972, 796	§ 22 Anm. 264, 267, 314
17. 8. 1972	IV R 26/69	BStBl II 1972, 903	§ 7 Anm. 24
26. 8. 1972	I R 206/67	BStBl II 1972, 803	§ 13 Anm. 12
12. 10. 1972	IV R 37/68	BStBl II 1973, 76	§ 20 Anm. 77
26. 10. 1972	I R 219/70	BStBl II 1973, 383	§ 20 Anm. 13
19. 12. 1972	VIII R 124/69	BStBl II 1973, 295	§ 5 Anm. 74
21. 12. 1972	IV R 53/72	BStBl II 1973, 298	§ 10 Anm. 7, § 11 Anm. 135
21. 12. 1972	I R 70/70	BStBl II 1973, 449	§ 16 Anm. 4
10. 1. 1973	I R 114/71	BStBl II 1973, 238	§ 13 Anm. 14
10. 1. 1973	I R 119/70	BStBl II 1973, 322	§ 19 Anm. 17
31. 1. 1973	I R 166/71	BStBl II 1973, 420	§ 20 Anm. 31
1. 2. 1973	IV R 49/68	BStBl II 1973, 307	§ 12 Anm. 16
1. 2. 1973	IV R 61/72	BStBl II 1973, 309	§ 12 Anm. 22
14. 2. 1973	I R 85/71	BStBl II 1973, 412	§ 21 Anm. 100
14. 2. 1973	I R 131/70	BStBl II 1973, 395	§ 22 Anm. 54
21. 2. 1973	IV R 128/71	BStBl II 1973, 313	§ 7 Anm. 49
7. 3. 1973	I R 119/71	BStBl II 1973, 562	§ 20 Anm. 12
8. 3. 1973	IV R 77/72	BStBl II 1973, 398	§ 11 a Anm. 17
28. 3. 1973	I R 105/71	BStBl II 1974, 2	§ 5 Anm. 318, 323
29. 3. 1973	IV R 56/70	BStBl II 1973, 650	§ 12 Anm. 43, 46
29. 3. 1973	I R 174/72	BStBl II 1973, 686	§ 21 Anm. 117, § 22 Anm. 331

4. 4. 1973	I R 130/71	BStBl II 1973, 485	§ 3 Anm. 83, 85
4. 4. 1973	I R 159/71	BStBl II 1973, 628	§ 11 Anm. 42
11. 4. 1973	I R 172/72	BStBl II 1973, 568	§ 15 Anm. 11
18. 4. 1973	I R 120/70	BStBl II 1973, 740	§ 20 Anm. 35, § 22 Anm. 332
10. 5. 1973	I V R 74/67	BStBl II 1973, 630	§ 10 Anm. 34
18. 5. 1973	III R 73–75/72	BStBl II 1973, 676	§ 13 Anm. 32
23. 5. 1973	I R 121/71	BStBl II 1973, 746	§ 13 Anm. 40
24. 5. 1973	IV R 64/70	BStBl II 1973, 655	§ 13 Anm. 40, § 23 Anm. 42
4. 6. 1973	IV R 133/71	BStBl II 1974, 27	§ 22 Anm. 19
19. 6. 1973	I R 206/71	BStBl II 1973, 774	§ 5 Anm. 65
28. 6. 1973	IV R 97/72	BStBl II 1973, 688	§ 21 Anm. 117, § 22 Anm. 331
11. 7. 1973	I R 126/71	BStBl II 1974, 50	§ 23 Anm. 30
11. 7. 1973	I R 144/71	BStBl II 1973, 806	§ 17 Anm. 52
12. 7. 1973	IV R 183/70	BStBl II 1974, 3	§ 22 Anm. 19
18. 7. 1973	I R 250/70	BStBl II 1973, 787	§ 21 Anm. 83
29. 8. 1973	I R 26/71	BStBl II 1974, 62	§ 13 Anm. 6, 14
20. 9. 1973	IV R 41/69	BStBl II 1973, 869	§ 22 Anm. 252
27. 9. 1973	IV R 33/71	BStBl II 1974, 51	§ 12 Anm. 47
29. 10. 1973	III R 40/73	BStBl II 1974, 79	§ 26 Anm. 24
5. 11. 1973	GrS 3/72	BStBl II 1974, 414	§ 13 Anm. 10
26. 11. 1973	GrS 5/71	BStBl II 1974, 132	§ 4 Anm. 180, § 5 Anm. 155, 157
28. 11. 1973	I R 101/72	BStBl II 1974, 289	§ 12 Anm. 12
13. 12. 1973	I R 136/72	BStBl II 1974, 210	§ 5 Anm. 107
30. 1. 1974	I R 104/72	BStBl II 1974, 323	§ 20 Anm. 81
30. 1. 1974	IV R 109/73	BStBl II 1974, 352	§ 23 Anm. 27, 31
19. 2. 1974	VIII R 114/69	BStBl II 1974, 704	§ 5 Anm. 201
28. 2. 1974	VIII R 83/69	BStBl II 1974, 706	§ 24 Anm. 32
7. 3. 1974	VIII R 118/73	BStBl II 1974, 567	§ 24 Anm. 28
20. 3. 1974	I R 161/72	BStBl II 1974, 552	§ 21 Anm. 85
4. 4. 1974	I R 73/72	BStBl II 1974, 645	§ 20 Anm. 60, 61
2. 5. 1974	I R 194/72	BStBl II 1974, 585	§ 19 Anm. 30
21. 5. 1974	VIII R 57/70	BStBl II 1974, 613	§ 22 Anm. 251, 312
12. 6. 1974	I R 229/72	BStBl II 1974, 584	§ 21 Anm. 132
19. 6. 1974	I R 94/71	BStBl II 1974, 586	§ 19 Anm. 47, 123
20. 6. 1974	I R 112/72	BStBl II 1974, 694	§ 19 Anm. 27, 41
20. 6. 1974	I B 77/73	BB 1974, 1238	§ 20 Anm. 71, 72
26. 6. 1974	I R 206/67	BStBl II 1974, 676	§ 12 Anm. 44
3. 7. 1974	I R 107/72	BStBl II 1974, 695	§ 15 Anm. 3
4. 7. 1974	IV R 166/70	BStBl II 1974, 677	§ 11 Anm. 66
10. 7. 1974	I R 248/71	BStBl II 1974, 752	§ 21 Anm. 128
14. 8. 1974	I R 246/72	BStBl II 1975, 178	§ 21 Anm. 101
14. 8. 1974	I R 136/70	BStBl II 1975, 112	§ 22 Anm. 269
28. 8. 1974	I R 18/73	BStBl II 1975, 166	§ 5 Anm. 106, § 11 Anm. 80, 82, 94
19. 9. 1974	IV R 95/73	BStBl II 1975, 141	§ 12 Anm. 21

7. 10. 1974	GrS 1/73	BStBl II 1975, 168	§ 7 Anm. 18, 24, 45, 48, 56, § 11 Anm. 55, § 22 Anm. 93
9. 10. 1974	I R 5/73	BStBl II 1975, 179	§ 21 Anm. 187, 193
17. 10. 1974	IV R 223/72	BStBl II 1975, 58	§ 24 Anm. 21
23. 10. 1974	I R 182/72	BStBl II 1975, 46	§ 21 Anm. 192
29. 10. 1974	I R 21/73	BStBl II 1975, 113	§ 21 Anm. 70
31. 10. 1974	IV R 141/70	BStBl II 1975, 73	§ 10 Anm. 75, 76
28. 11. 1974	I R 232/72	BStBl II 1975, 498	§ 12 Anm. 6
11. 12. 1974	I R 260/72	BStBl II 1975, 266	§ 21 Anm. 117, § 22 Anm. 263
18. 12. 1974	I R 10/73	BStBl II 1975, 268	§ 21 Anm. 114
8. 1. 1975	I R 142/72	BStBl II 1975, 437	§ 9 Anm. 7, § 11 Anm. 4, 107, § 25 Anm. 4, § 26 Anm. 102
23. 1. 1975	IV R 166/71	BStBl II 1975, 381	§ 5 Anm. 345
29. 1. 1975	I R 135/70	BStBl II 1975, 553	§ 16 Anm. 25
7. 2. 1975	III R 41/74	BStBl II 1975, 495	§ 13 Anm. 41
19. 2. 1975	I R 28/73	BStBl II 1975, 480	§ 4 Anm. 353, 369
25. 2. 1975	VIII R 19/70	BStBl II 1975, 647	§ 5 Anm. 289, § 21 Anm. 68
26. 2. 1975	I R 72/73	BStBl II 1976, 13	§ 4 Anm. 112, 115, 117, 151, 312, § 5 Anm. 65, 267
26. 2. 1975	I R 184/73	BStBl II 1975, 443	§ 4 Anm. 181
26. 2. 1975	I R 32/73	BStBl II 1975, 443	§ 4 Anm. 108, 179
19. 3. 1975	I R 137/73	BStBl II 1975, 722	§ 19 Anm. 12, 69, 70
23. 4. 1975	I R 236/72	BStBl II 1975, 875	§ 5 Anm. 265, 266
23. 4. 1975	I R 234/74	BStBl II 1975, 603	§ 10 Anm. 58
24. 4. 1975	IV R 115/73	BStBl II 1975, 580	§ 7 Anm. 57, § 11 Anm. 57
30. 4. 1975	I R 111/73	BStBl II 1975, 582	§ 4 Anm. 16, 18
30. 4. 1975	I R 41/73	BStBl II 1975, 706	§ 22 Anm. 138
15. 5. 1975	IV R 138/70	BStBl II 1975, 692	§ 6 Anm. 78, 82
15. 5. 1975	IV R 89/73	BStBl II 1975, 781	§ 22 Anm. 268
22. 5. 1975	IV R 193/71	BStBl II 1975, 804	§ 10 Anm. 48
12. 6. 1975	IV R 10/72	BStBl II 1975, 853	§ 9 Anm. 186
18. 6. 1975	I R 24/73	BStBl II 1975, 809	§ 4 Anm. 119, 121
25. 6. 1975	I R 201/73	BStBl II 1975, 848	§ 6 Anm. 86, § 22 Anm. 19
26. 6. 1975	IV R 59/73	BStBl II 1975, 700	§ 22 Anm. 320
23. 7. 1975	I R 6/73	BStBl II 1976, 179	§ 4 Anm. 13, 21
23. 7. 1975	I R 165/73	BStBl II 1976, 73	§ 5 Anm. 257, § 10 Anm. 84, § 13 Anm. 67, § 18 Anm. 15

23. 7. 1975	I R 210/73	BStBl II 1976, 180	§ 3 Anm. 97, 100, § 5 Anm. 130, § 11 Anm. 37, 38
30. 7. 1975	I R 110/72	BStBl II 1976, 74	§ 19 Anm. 29
14. 8. 1975	IV R 30/71	BStBl II 1976, 88	§ 19 Anm. 70
15. 10. 1975	I R 16/73	BStBl II 1976, 188	§ 9 Anm. 157, § 11 Anm. 26, 28, 32
18. 11. 1975	VIII R 9/73	BStBl II 1976, 214	§ 5 Anm. 323
26. 11. 1975	I R 44/74	BStBl II 1976, 304	§ 13 Anm. 16
10. 12. 1975	I R 133/73	BStBl II 1976, 368	§ 22 Anm. 51
10. 12. 1975	I R 135/74	BStBl II 1976, 226	§ 16 Anm. 33, § 17 Anm. 36
16. 12. 1975	VIII R 147/71	BStBl II 1976, 360	§ 22 Anm. 2
16. 12. 1975	VIII R 3/74	BStBl II 1976, 246	§ 7 Anm. 39, 41, 59
17. 12. 1975	I R 29/74	BStBl II 1976, 224	§ 21 Anm. 50
21. 1. 1976	I R 21/74	BStBl II 1976, 389	§ 20 Anm. 29
28. 1. 1976	I R 84/74	BStBl II 1976, 744	§ 11 Anm. 68, 70
28. 1. 1976	I R 103/75	BStBl II 1976, 746	§ 11 Anm. 104
29. 1. 1976	IV R 97/74	BStBl II 1976, 332	§ 9 Anm. 106
29. 1. 1976	IV R 102/73	BStBl II 1976, 328	§ 12 Anm. 7, 22
29. 1. 1976	IV R 73/73	BStBl II 1976, 324	§ 12 Anm. 29
29. 1. 1976	IV R 42/73	BStBl II 1976, 372	§ 11 Anm. 111
18. 2. 1976	I R 116/75	BStBl II 1976, 480	§ 13 Anm. 50
11. 3. 1976	IV R 185/71	BStBl II 1976, 380	§ 4 Anm. 21
30. 3. 1976	VIII R 169/72	BStBl II 1976, 463	§ 21 Anm. 101
7. 4. 1976	I R 75/73	BStBl II 1976, 557	§ 24 Anm. 7
7. 4. 1976	II R 87–89/70	BStBl II 1976, 632	§ 27 Anm. 71, 74
13. 5. 1976	IV R 4/75	BStBl II 1976, 617	§ 11 Anm. 26
26. 5. 1976	I R 80/74	BStBl II 1976, 622	§ 4 Anm. 254, 371
2. 6. 1976	I R 136/74	BStBl II 1976, 668	§ 10 Anm. 5, 49
10. 6. 1976	IV R 31/72	BStBl II 1976, 576	§ 21 Anm. 83
23. 6. 1976	I R 178/74	BStBl II 1976, 678	§ 12 Anm. 6
15. 7. 1976	I R 17/74	BStBl II 1976, 748	§ 11 Anm. 76, 90, § 22 Anm. 120
21. 7. 1976	I R 223/74	BStBl II 1976, 734	§ 19 Anm. 29
29. 7. 1976	IV R 145/72	BStBl II 1976, 750	§ 22 Anm. 280, 344, 350
24. 9. 1976	I R 149/74	BStBl II 1977, 69	§ 11 Anm. 26
24. 9. 1976	I R 41/75	BStBl II 1977, 127	§ 22 Anm. 31
29. 9. 1976	I R 171/75	BStBl II 1977, 259	§ 10 Anm. 84, § 13 Anm. 67, § 18 Anm. 15
7. 10. 1976	IV R 50/72	BStBl II 1977, 201	§ 5 Anm. 346
13. 10. 1976	I R 79/74	BStBl II 1977, 540	§ 5 Anm. 94
20. 10. 1976	I R 148/74	BStBl II 1977, 10	§ 21 Anm. 44
21. 10. 1976	IV R 71/73	BStBl II 1977, 150	§ 11 Anm. 37
21. 10. 1976	IV R 210/72	BStBl II 1977, 145	§ 11 Anm. 70
21. 10. 1976	IV R 222/72	BStBl II 1977, 148	§ 3 Anm. 97, 100, § 5 Anm. 130
28. 10. 1976	IV R 76/72	BStBl II 1977, 73	§ 5 Anm. 340

3. 11. 1976	I R 98/75	BStBl II 1977, 172	§ 19 Anm. 31
25. 11. 1976	IV R 90/72	BStBl II 1977, 467	§ 19 Anm. 73
3. 12. 1976	III R 98/74	BStBl II 1977, 235	§ 26 Anm. 70
15. 12. 1976	I R 4/75	BStBl II 1977, 220	§ 19 Anm. 79
8. 1. 1977	I R 95/75	BStBl II 1977, 704	§ 19 Anm. 31
12. 1. 1977	I R 204/75	BStBl II 1977, 357	§ 20 Anm. 23
16. 2. 1977	I R 132/75	BStBl II 1977, 444	§ 19 Anm. 44
16. 2. 1977	I R 163/75	BStBl II 1977, 572	§ 19 Anm. 24
16. 2. 1977	I R 94/75	BStBl II 1977, 568	§ 19 Anm. 24
16. 2. 1977	I R 183/74	BStBl II 1977, 560	§ 21 Anm. 191
16. 2. 1977	I R 244/74	BStBl II 1977, 561	§ 21 Anm. 47
16. 2. 1977	II R 89/74	BStBl II 1977, 671	§ 22 Anm. 155
9. 3. 1977	I R 203/74	BStBl II 1977, 515	§ 5 Anm. 218, 225
16. 3. 1977	I R 213/74	BStBl II 1977, 414	§ 27 Anm. 15
16. 3. 1977	II R 11/69	BStBl II 1977, 640	§ 27 Anm. 41
24. 3. 1977	IV R 39/73	BStBl II 1977, 821	§ 22 Anm. 324
31. 3. 1977	IV R 54/72	BStBl II 1977, 415	§ 11 Anm. 70
31. 3. 1977	IV R 58/73	BStBl II 1977, 823	§ 11 Anm. 84
6. 4. 1977	I R 86/75	BStBl II 1977, 569	§ 19 Anm. 24
6. 4. 1977	I R 183–184/75	BStBl II 1977, 571	§ 19 Anm. 24
28. 4. 1977	IV R 165/76	BStBl II 1977, 666	§ 21 Anm. 197
4. 5. 1977	I R 11/75	BStBl II 1977, 679	§ 19 Anm. 24
10. 5. 1977	VIII R 254/77	BStBl II 1977, 667	§ 21 Anm. 101
24. 5. 1977	IV R 47/76	BStBl II 1977, 737	§ 13 Anm. 11
8. 6. 1977	I R 95/75	BStBl II 1977, 704	§ 19 Anm. 51, 53
8. 6. 1977	I R 40/75	BStBl II 1977, 668	§ 21 Anm. 44
22. 6. 1977	I R 8/75	BStBl II 1977, 237	§ 11 Anm. 109, § 25 Anm. 4
23. 6. 1977	IV R 17/73	BStBl II 1977, 825	§ 5 Anm. 137
13. 7. 1977	I R 217/75	BStBl II 1978, 6	§ 4 Anm. 173
3. 8. 1977	I R 41/76	BStBl II 1978, 53	§ 4 Anm. 21
12. 10. 1977	I R 248/74	BStBl II 1978, 191	§ 11 Anm. 80
27. 10. 1977	IV R 60/74	BStBl II 1978, 100	§ 21 Anm. 52, § 22 Anm. 14
2. 11. 1977	I R 143/75	BStBl II 1978, 74	§ 20 Anm. 25
16. 11. 1977	I R 212/75	BStBl II 1978, 103	§ 5 Anm. 347
21. 11. 1977	I R 20/76	BStBl II 1978, 346	§ 16 Anm. 68
7. 12. 1977	II R 164/72	BStBl II 1978, 323	§ 26 Anm. 72
12. 1. 1978	IV R 26/73	BStBl II 1978, 348	§ 21 Anm. 144, 172
19. 1. 1978	IV R 153/72	BStBl II 1978, 262	§ 5 Anm. 289
26. 1. 1978	IV R 160/73	BStBl II 1978, 299	§ 4 Anm. 40, § 11 Anm. 45
9. 2. 1978	IV R 201/74	BStBl II 1978, 370	§ 4 Anm. 85, 116
14. 2. 1978	VIII R 158/73	BStBl II 1979, 99	§ 22 Anm. 109
14. 2. 1978	VI R 170/76	BStBl II 1978, 342	§ 5 Anm. 137
21. 2. 1978	VIII R 148/73	BStBl II 1978, 345	§ 4 Anm. 178
7. 3. 1978	VIII R 38/74	BStBl II 1978, 379	§ 22 Anm. 315
30. 3. 1978	IV R 72/74	BStBl II 1978, 503	§ 13 Anm. 39
1. 6. 1978	IV R 152/73	BStBl II 1978, 545	§ 22 Anm. 324

12. 6. 1978	GrS 1/77	BStBl II 1978, 620	§ 5 Anm. 74, 77
5. 7. 1978	II R 64/73	BStBl II 1979, 23	§ 27 Anm. 25
6. 7. 1978	IV R 164/74	BStBl II 1978, 646	§ 11 Anm. 25
6. 7. 1978	IV B 59/76	BStBl II 1978, 626	§ 22 Anm. 94
10. 8. 1978	IV R 54/74	BStBl II 1979, 74	§ 4 Anm. 109, 137
12. 10. 1978	I R 149/75	BStBl II 1979, 192	§ 19 Anm. 121
20. 10. 1978	III R 31/76	BStBl II 1979, 34	§ 26 Anm. 66
31. 10. 1978	VIII R 182/75	BStBl II 1979, 399	§ 4 Anm. 173
15. 11. 1978	I R 2/76	BStBl II 1979, 299	§ 5 Anm. 89
23. 11. 1978	V R 29/73	BStBl II 1979, 352	§ 21 Anm. 26
24. 11. 1978	III R 121/76	BStBl II 1979, 366	§ 22 Anm. 253
30. 11. 1978	IV R 43/78	BStBl II 1979, 281	§ 5 Anm. 319
6. 12. 1978	I R 35/78	BStBl II 1979, 262	§ 4 Anm. 85
18. 1. 1979	IV R 194/74	BStBl II 1979, 266	§ 21 Anm. 84, 169
8. 2. 1979	IV R 163/76	BStBl II 1979, 405	§ 12 Anm. 22
5. 4. 1979	IV R 48/77	BStBl II 1979, 554	§ 11 Anm. 23, 58
6. 4. 1979	I R 39/76	BStBl II 1979, 687	§ 19 Anm. 36
26. 4. 1979	IV R 134/78	BStBl II 1979, 414	§ 11 a Anm. 18
3. 5. 1979	IV R 153/78	BStBl II 1979, 515	§ 12 Anm. 22
23. 5. 1979	I R 56/77	BStBl II 1979, 763	§ 11 Anm. 150–153
23. 5. 1979	I R 85/77	BStBl II 1979, 767	§ 11 Anm. 150
23. 5. 1979	I R 163/77	BStBl II 1979, 757	§ 11 Anm. 150
28. 5. 1979	I R 1/76	BStBl II 1979, 734	§ 4 Anm. 120, 122, 124
26. 6. 1979	VIII R 145/78	BStBl II 1979, 625	§ 4 Anm. 331
5. 7. 1979	IV R 27/76	BStBl II 1979, 670	§ 12 Anm. 22
18. 7. 1979	I R 38/76	BStBl II 1979, 673	§ 11 Anm. 113
18. 7. 1979	I R 199/75	BStBl II 1979, 750	§ 11 Anm. 17, 49
25. 7. 1979	I R 175/76	BStBl II 1980, 43	§ 23 Anm. 11
1. 8. 1979	I R 111/78	BStBl II 1980, 77	§ 21 Anm. 118
8. 8. 1979	I R 82/76	BStBl II 1979, 768	§ 12 Anm. 19
27. 9. 1979	IV R 89/76	BStBl II 1980, 94	§ 22 Anm. 319
11. 10. 1979	IV R 125/76	BStBl II 1980, 40	§ 11 Anm. 40
17. 10. 1979	I R 31/76	BStBl II 1980, 160	§ 26 Anm. 121
28. 11. 1979	I R 141/75	BStBl II 1980, 162	§ 22 Anm. 263
5. 12. 1979	I R 184/76	BStBl II 1980, 119	§ 11 Anm. 26, 37
13. 12. 1979	IV B 79/79	BStBl II 1980, 329	§ 13 Anm. 35
17. 1. 1980	IV R 115/76	BStBl II 1980, 336	§ 21 Anm. 38, 39
22. 1. 1980	VIII R 74/77	BStBl II 1980, 244	§ 8 Anm. 14
23. 1. 1980	I R 12/77	BStBl II 1980, 304	§ 19 Anm. 42
23. 1. 1980	I R 33/77	BStBl II 1980, 356	§ 22 Anm. 324
24. 1. 1980	IV R 156–157/78	BStBl II 1980, 271	§ 9 Anm. 100, § 11 Anm. 150, 154
30. 1. 1980	I R 89/79	BStBl II 1980, 327	§ 5 Anm. 99
7. 2. 1980	IV R 178/76	BStBl II 1980, 383	§ 22 Anm. 68
12. 2. 1980	VIII R 114/77	BStBl II 1980, 494	§ 5 Anm. 233, § 24 Anm. 30
21. 2. 1980	I R 95/76	BStBl II 1980, 465	§ 21 Anm. 26
26. 2. 1980	VIII R 80/77	BStBl II 1980, 687	§ 4 Anm. 143
20. 3. 1980	IV 53/76	BStBl II 1980, 634	§ 9 Anm. 145

20. 3. 1980	IV R 89/79	BStBl II 1980, 297	§ 4 Anm. 267
2. 4. 1980	I R 75/76	BStBl II 1980, 702	§ 4 Anm. 89, § 5 Anm. 254
17. 4. 1980	IV R 58/78	BStBl II 1980, 721	§ 22 Anm. 164
17. 4. 1980	IV R 174/76	BStBl II 1980, 566	§ 23 Anm. 5
17. 4. 1980	IV R 99/78	BStBl II 1980, 642	§ 23 Anm. 5
12. 6. 1980	IV R 40/77	BStBl II 1980, 723	§ 10 Anm. 54
18. 6. 1980	I R 72/76	BStBl II 1980, 741	§ 4 Anm. 227
18. 6. 1980	I R 77/77	BStBl II 1981, 39	§ 9 Anm. 44
26. 6. 1980	IV R 35/74	BStBl II 1980, 506	§ 4 Anm. 376
10. 7. 1980	IV R 136/77	BStBl II 1981, 84	§ 4 Anm. 63, § 10 Anm. 10, 22, 24, 64, § 11 Anm. 72, 74
17. 7. 1980	IV R 10/76	BStBl II 1981, 669	§ 4 Anm. 321
17. 7. 1980	IV R 15/76	BStBl II 1981, 11	§ 22 Anm. 38, § 24 Anm. 29
23. 7. 1980	I R 28/77	BStBl II 1981, 60	§ 4 Anm. 268, 270
23. 7. 1980	I R 30/78	BStBl II 1981, 63	§ 4 Anm. 270
6. 11. 1980	IV R 5/77	BStBl II 1981, 307	§ 11 Anm. 132
6. 11. 1980	IV R 182/77	BStBl II 1981, 220	§ 21 Anm. 150
10. 11. 1980	GrS 1/79	BStBl II 1981, 164	§ 4 Anm. 227, § 9 Anm. 11, § 10 Anm. 74, § 11 a Anm. 7, 20, 36, § 23 Anm. 38
25. 11. 1980	VII R 32/77	BStBl II 1981, 419	§ 22 Anm. 13
3. 12. 1980	I R 125/77	BStBl II 1981, 184	§ 4 Anm. 89, § 5 Anm. 254
11. 12. 1980	IV R 91/76	BStBl II 1981, 310	§ 9 Anm. 106
15. 1. 1981	IV R 76/77	BStBl II 1981, 314	§ 11 Anm. 131
26. 1. 1981	IV R 98/79	BStBl II 1981, 568	§ 22 Anm. 13
28. 1. 1981	IV R 111/77	BStBl II 1981, 430	§ 6 Anm. 108
28. 1. 1981	I R 234/78	BStBl II 1981, 464	§ 22 Anm. 31
19. 2. 1981	IV R 141/77	BStBl II 1981, 433	§ 11 Anm. 133, § 22 Anm. 354
19. 2. 1981	IV R 41/78	BStBl II 1981, 730	§ 4 Anm. 166, § 23 Anm. 14, 25
25. 2. 1981	II R 114/78	BStBl II 1981, 141	§ 27 Anm. 129
5. 3. 1981	IV R 94/78	BStBl II 1981, 658	§ 4 Anm. 353
19. 3. 1981	IV R 167/80	BStBl II 1981, 527	§ 22 Anm. 135, 136
1. 4. 1981	I R 160/80	BStBl II 1981, 738	§ 22 Anm. 344, 350
9. 4. 1981	IV R 178/80	BStBl II 1981, 621	§ 21 Anm. 153, 156
29. 4. 1981	IV R 131/78	BStBl II 1981, 663	§ 12 Anm. 30, 32
29. 4. 1981	IV R 128–129/76	BStBl II 1982, 17	§ 22 Anm. 115
5. 5. 1981	VIII B 26/80	BStBl II 1981, 574	§ 11 a Anm. 104, § 22 Anm. 352 a, 352 b
27. 5. 1981	I R 123/77	BStBl II 1982, 211	§ 22 Anm. 13, § 23 Anm. 2

27. 5. 1981	I R 122/79	BStBl II 1982, 192	§ 9 Anm. 100, § 11 Anm. 150, 154
23. 6. 1981	VIII R 138/80	BStBl II 1982, 622	§ 22 Anm. 116, 127
24. 6. 1981	III R 49/78	BStBl II 1982, 2	§ 26 Anm. 107
23. 7. 1981	IV R 103/78	BStBl II 1982, 60	§ 22 Anm. 316
2. 10. 1981	III R 27/77	BStBl II 1982, 8	§ 26 Anm. 66
14. 10. 1981	I R 34/80	BStBl II 1982, 119	§ 8 Anm. 53, 55, 59
15. 10. 1981	IV R 52/79	BStBl II 1982, 342	§ 12 Anm. 30, 32
21. 10. 1981	II R 176/78	BStBl II 1982, 83	§ 27 Anm. 139
28. 10. 1981	I R 25/79	BStBl II 1982, 186	§ 9 Anm. 203
29. 10. 1981	IV R 138/78	BStBl II 1982, 381	§ 7 Anm. 2, 45, 60, § 22 Anm. 94
11. 11. 1981	I R 157/79	BStBl II 1982, 748	§ 2 Anm. 14, § 4 Anm. 302, 305
25. 11. 1981	I R 54/77	BStBl II 1982, 189	§ 4 Anm. 159, § 5 Anm. 342
8. 12. 1981	VIII R 125/79	BStBl II 1982, 618	§ 7 Anm. 43
15. 12. 1981	VIII R 116/79	BStBl II 1982, 385	§ 5 Anm. 79
14. 1. 1982	IV R 77/79	BStBl II 1982, 476	§ 22 Anm. 266
19. 1. 1982	VIII R 21/77	BStBl II 1982, 456	§ 22 Anm. 172, 174, 176, 180, 188, 190
21. 1. 1982	IV R 146/78	BStBl II 1982, 506	§ 13 Anm. 40
28. 1. 1982	IV R 197/79	BStBl II 1982, 389	§ 9 Anm. 97, 168
4. 2. 1982	IV R 150/78	BStBl II 1982, 348	§ 22 Anm. 9
9. 2. 1982	VIII B 133/81	BStBl II 1982, 401	§ 14 Anm. 25
10. 2. 1982	I B 39/81	BStBl II 1982, 392	§ 24 Anm. 5
19. 2. 1982	VI R 31/78	BStBl II 1982, 467	§ 8 Anm. 45
11. 3. 1982	IV R 46/79	BStBl II 1982, 542	§ 10 Anm. 2
11. 3. 1982	IV R 25/79	BStBl II 1982, 707	§ 21 Anm. 50
17. 3. 1982	I R 144/78	BStBl II 1982, 545	§ 5 Anm. 310
18. 3. 1982	I R 127/78	BStBl II 1982, 546	§ 9 Anm. 209
24. 3. 1982	IV R 96/78	BStBl II 1982, 643	§ 4 Anm. 323
1. 4. 1982	IV R 2–3/79	BStBl II 1982, 620	§ 5 Anm. 345
28. 4. 1982	I R 51/76	BStBl II 1982, 612	§ 19 Anm. 42
28. 4. 1982	I R 89/77	BStBl II 1982, 556	§ 7 Anm. 43, § 8 Anm. 37
29. 4. 1982	IV R 51/79	BStBl II 1982, 738	§ 21 Anm. 54, § 22 Anm. 137
29. 4. 1982	IV R 177/78	BStBl II 1982, 591	§ 5 Anm. 40
26. 5. 1982	I R 163/78	BStBl II 1982, 693	§ 11 Anm. 81, 82
24. 6. 1982	IV R 151/79	BStBl II 1982, 751	§ 11 Anm. 86, § 22 Anm. 99
14. 7. 1982	II R 125/79	BStBl II 1982, 714	§ 27 Anm. 16, 139
20. 7. 1982	VIII R 143/77	BStBl II 1983, 196	§ 11 Anm. 142
21. 7. 1982	I R 56/78	BStBl II 1982, 761	§ 19 Anm. 34, 37
21. 7. 1982	I R 177/77	BStBl II 1982, 758	§ 5 Anm. 342
22. 7. 1982	IV R 111/79	BStBl II 1982, 655	§ 4 Anm. 311
29. 7. 1982	IV R 49/78	BStBl II 1982, 650	§ 5 Anm. 349
12. 8. 1982	IV R 43/79	BStBl II 1982, 652	§ 5 Anm. 342
12. 8. 1982	IV R 184/79	BStBl II 1982, 696	§ 4 Anm. 81, 311

25. 8. 1982	I R 130/78	BStBl II 1983, 38	§ 4 Anm. 144
1. 9. 1982	I R 44/78	BStBl II 1982, 783	§ 19 Anm. 115, 116
1. 9. 1982	I R 52/78	BStBl II 1983, 147	§ 19 Anm. 115, 119
22. 9. 1982	II R 61/80	BStBl II 1983, 179	§ 27 Anm. 9
7. 10. 1982	IV R 39/80	BStBl II 1983, 104	§ 4 Anm. 275, 353
27. 10. 1982	II R 42/77	BStBl II 1983, 45	§ 27 Anm. 129
10. 11. 1982	I R 135/80	BStBl II 1983, 173	§ 8 Anm. 52
10. 11. 1982	I R 178/77	BStBl II 1983, 136	§ 22 Anm. 266, 344, 350, 355, 356
10. 11. 1982	II R 85–86/78	BStBl II 1983, 329	§ 27 Anm. 41, 56
11. 11. 1982	IV R 117/80	BStBl II 1983, 299	§ 9 Anm. 146, § 22 Anm. 265
24. 11. 1982	I R 60/79	BStBl II 1983, 243	§ 21 Anm. 56
29. 11. 1982	GrS 1/81	BStBl II 1983, 272	§ 4 Anm. 42
1. 12. 1982	I R 101/79	BStBl II 1983, 150	§ 19 Anm. 121
1. 12. 1982	I R 69–70/80	BStBl II 1983, 152	§ 19 Anm. 123
14. 12. 1982	VIII R 53/81	BStBl II 1983, 303	§ 6 Anm. 22, 96
16. 12. 1982	VIII R 167/78	BStBl II 1983, 111	§ 4 Anm. 145
12. 1. 1983	IV R 177/80	BStBl II 1983, 425	§ 21 Anm. 137
19. 1. 1983	I R 84/79	BStBl II 1983, 412	§ 22 Anm. 83
20. 1. 1983	IV R 168/81	BStBl II 1983, 375	§ 4 Anm. 262, 266
20. 1. 1983	IV R 158/80	BStBl II 1983, 413	§ 6 Anm. 43
9. 2. 1983	I R 229/78	BStBl II 1983, 487	§ 19 Anm. 39
9. 3. 1983	I R 128/78	BStBl II 1983, 744	§ 19 Anm. 119
24. 3. 1983	IV R 76/80	BStBl II 1983, 770	§ 8 Anm. 60
24. 3. 1983	IV R 123/80	BStBl II 1983, 598	§ 11 Anm. 134
30. 3. 1983	I R 178/79	BStBl II 1983, 512	§ 8 Anm. 86
13. 4. 1983	I R 63/79	BStBl II 1983, 667	§ 5 Anm. 336
28. 4. 1983	IV R 152/80	BStBl II 1983, 690	§ 20 Anm. 23
3. 5. 1983	VIII R 100/81	BStBl II 1983, 572	§ 4 Anm. 258
5. 5. 1983	IV R 18/80	BStBl 1983, 559	§ 5 Anm. 47
18. 5. 1983	I R 5/82	BStBl II 1983, 771	§ 7 Anm. 57, § 11 Anm. 49, § 23 Anm. 10
19. 5. 1983	IV R 138/79	BStBl II 1983, 380	§ 22 Anm. 53
21. 6. 1983	VIII R 237/80	BStBl II 1983, 563	§ 9 Anm. 173
30. 6. 1983	IV 41/81	BStBl II 1984, 263	§ 4 Anm. 275
7. 7. 1983	IV R 209/80	BStBl II 1984, 53	§ 10 Anm. 55, 56, 57, 60
15. 7. 1983	I R 113/79	BStBl II 1984, 17	§ 21 Anm. 95
19. 7. 1983	VIII R 160/79	BStBl II 1984, 56	§ 4 Anm. 381, § 5 Anm. 301
9. 8. 1983	VIII R 276/82	BStBl II 1984, 24	§ 5 Anm. 230, § 16 Anm. 34, § 24 Anm. 13
20. 10. 1983	IV R 175/79	BStBl II 1984, 221	§ 7 Anm. 43, § 26 Anm. 61, 88, 130
20. 10. 1983	IV R 116/83	BStBl II 1984, 298	§ 8 Anm. 61, 64
27. 10. 1983	IV R 217/81	BStBl II 1984, 364	§ 22 Anm. 83

27. 10. 1983	IV R 143/80	BStBl II 1984, 35	§ 5 Anm. 56
9. 11. 1983	I R 174/79	BStBl II 1984, 212	§ 22 Anm. 287
9. 11. 1983	I R 188/79	BStBl II 1984, 149	§ 26 Anm. 120
10. 11. 1983	IV R 86/80	BStBl II 1984, 152	§ 9 Anm. 19, § 21 Anm. 19
11. 11. 1983	III R 25/77	BStBl II 1984, 187	§ 26 Anm. 34
21. 11. 1983	GrS 2/82	BStBl II 1984, 160	§ 8 Anm. 37, 45, 50
21. 11. 1983	GrS 3/82	BStBl II 1984, 166	§ 8 Anm. 37, 45, 50
22. 11. 1983	VIII R 133/82	DB 1984, 700 = BFHE 140, 69	§ 16 Anm. 13
22. 11. 1983	VIII R 14/81	BStBl II 1984, 472	§ 6 Anm. 65
23. 11. 1983	I R 216/78	BStBl II 1984, 277	§ 4 Anm. 245
24. 11. 1983	IV R 22/81	BStBl II 1984, 301	§ 4 Anm. 269, § 5 Anm. 301
24. 11. 1983	IV R 14/83	BStBl II 1984, 431	§ 11 Anm. 97
24. 11. 1983	I R 150/77	BStBl II 1984, 299	§ 4 Anm. 254, 371
25. 11. 1983	III R 25/82	BStBl II 1984, 51	§ 4 Anm. 269, § 26 Anm. 56
6. 12. 1983	VIII R 110/79	BStBl II 1984, 227	§ 3 Anm. 77, 79
9. 12. 1983	III R 40/79	BStBl II 1984, 193	§ 26 Anm. 34
9. 12. 1983	III R 6/76	BStBl II 1984, 190	§ 4 Anm. 134, § 26 Anm. 34
13. 12. 1983	VIII R 90/81	BStBl II 1984, 474	§ 7 Anm. 69, 73, § 22 Anm. 95, 336
19. 1. 1984	IV R 224/80	BStBl II 1984, 312	§ 5 Anm. 309, § 22 Anm. 115
25. 1. 1984	I R 183/81	BStBl II 1984, 422	§ 5 Anm. 214
25. 1. 1984	I R 7/80	BStBl II 1984, 344	§ 4 Anm. 385
26. 1. 1984	IV R 30/80	BStBl II 1984, 480	§ 4 Anm. 145
8. 2. 1984	I R 11/80	BStBl II 1984, 381	§ 21 Anm. 89, 92
8. 2. 1984	II R 164/83	BStBl II 1984, 438	§ 27 Anm. 146
8. 3. 1984	I R 31/80	BStBl II 1984, 623	§ 16 Anm. 61, § 21 Anm. 66, 116
14. 3. 1984	I R 223/80	BStBl II 1984, 496	§ 19 Anm. 114
27. 3. 1984	VIII R 69/80	BStBl II 1984, 717	§ 19 Anm. 20
5. 4. 1984	IV 96/82	BStBl II 1984, 552	§ 4 Anm. 311, 322
10. 4. 1984	VIII R 134/81	BStBl II 1984, 705	§ 27 Anm. 15
12. 4. 1984	IV R 137/80	BStBl II 1984, 489	§ 4 Anm. 145, § 5 Anm. 84
12. 4. 1984	IV R 112/81	BStBl II 1984, 554	§ 4 Anm. 85, § 21 Anm. 209
2. 5. 1984	VIII R 276/81	BStBl II 1984, 820	§ 9 Anm. 176
22. 5. 1984	VIII R 35/84	BStBl II 1985, 243	§ 11 Anm. 59, 163
23. 5. 1984	I R 294/81	BStBl II 1984, 673	§ 19 Anm. 20
23. 5. 1984	I R 204/80	BStBl II 1984, 672	§ 16 Anm. 72
23. 5. 1984	I R 266/81	BStBl II 1984, 723	§ 4 Anm. 90, § 19 Anm. 106, 107
25. 5. 1984	III R 103/81	BStBl II 1984, 617	§ 26 Anm. 36
29. 5. 1984	VIII R 177/78	BStBl II 1984, 659	§ 8 Anm. 52
30. 5. 1984	I R 146/81	BStBl II 1984, 845	§ 4 Anm. 78

25. 6. 1984	GrS 4/82	BStBl II 1984, 751	§ 7 Anm. 63, § 9 Anm. 10 f, 26 ff, 32 ff, 50, 88 ff, 104 ff, 120, 137, 169, 218, § 11 a Anm. 99, § 12 Anm. 23, § 13 Anm. 51, 52, § 15 Anm. 5, § 21 Anm. 28, 29, § 22 Anm. 232, 235, 242, 352 a, 352 b
12. 7. 1984	IV R 76/82	BStBl II 1984, 713	§ 4 Anm. 325, 328
17. 7. 1984	VIII R 69/84	BStBl II 1986, 48	§ 8 Anm. 68, 70
26. 7. 1984	IV R 11/81	BStBl II 1984, 714	§ 22 Anm. 283
1. 8. 1984	I R 88/80	BStBl II 1985, 44	§ 4 Anm. 263
24. 8. 1984	III R 118/81	BStBl II 1984, 818	§ 26 Anm. 36
24. 8. 1984	III R 33/81	BStBl II 1985, 50	§ 4 Anm. 184, § 26 Anm. 36
13. 9. 1984	IV R 101/82	BStBl II 1985, 49	§ 5 Anm. 85
18. 9. 1984	VIII R 342/85	BStBl II 1985, 92	§ 8 Anm. 48
2. 10. 1984	VIII R 36/83	BStBl II 1985, 320	§ 5 Anm. 230, 231, § 16 Anm. 34
2. 10. 1984	VIII R 20/84	BStBl II 1985, 428	§ 24 Anm. 13
3. 10. 1984	I R 119/81	BStBl II 1985, 245	§ 22 Anm. 14
11. 10. 1984	IV R 179/82	BStBl II 1985, 247	§ 13 Anm. 11
17. 10. 1984	I R 22/79	BStBl II 1985, 69	§ 19 Anm. 19
25. 10. 1984	IV R 165/82	BStBl II 1985, 212	§ 11 Anm. 97, § 21 Anm. 49 b
30. 10. 1984	IX R 2/84	BStBl II 1985, 610	§ 22 Anm. 46
13. 11. 1984	VIII R 312/82	BStBl II 1985, 334	§ 21 Anm. 171
27. 11. 1984	VIII R 73/82	BStBl II 1985, 296	§ 24 Anm. 25
28. 11. 1984	II R 133/83	BStBl II 1985, 159	§ 27 Anm. 157
7. 12. 1984	III R 91/81	BStBl II 1985, 241	§ 11 Anm. 33
7. 12. 1984	III R 35/79	BStBl II 1985, 236	§ 26 Anm. 96
7. 12. 1984	III R 82/79	BStBl II 1985, 239	§ 26 Anm. 100
11. 12. 1984	IX R 27/82	BStBl II 1985, 250	§ 6 Anm. 85, 108
13. 12. 1984	VIII R 237/81	BStBl II 1985, 657 = BB 1984, 853	§ 22 Anm. 285
13. 12. 1984	VIII R 249/80	BStBl II 1985, 289	§ 4 Anm. 132, 133, 146
19. 12. 1984	I R 165/80	BStBl II 1985, 403	§ 21 Anm. 137
15. 1. 1985	IX R 81/83	BStBl II 1985, 252	§ 5 Anm. 74
17. 1. 1985	IV R 106/81	BStBl II 1985, 291	§ 13 Anm. 58, § 21 Anm. 30
22. 1. 1985	VIII R 43/84	BStBl II 1986, 136	§ 11 a Anm. 21
22. 1. 1985	VIII R 37/84	BStBl II 1985, 501 = BB 1985, 1376	§ 6 Anm. 65, 66
22. 1. 1985	VIII R 303/81	BStBl II 1985, 363	§ 9 Anm. 108, 147, 211, 212

30. 1. 1985	I R 37/82	BStBl II 1985, 345	§ 19 Anm. 29, 107
31. 1. 1985	IV R 130/82	BStBl II 1985, 395	§ 7 Anm. 50
31. 1. 1985	IV R 149/82	BStBl II 1985, 365 = DB 1985, 1322	§ 6 Anm. 61
31. 1. 1985	IV R 104/82	BFH-NV 1986, 17	§ 9 Anm. 113, 134
7. 2. 1985	IV R 31/83	BStBl II 1985, 372	§ 13 Anm. 58, § 21 Anm. 31, 33
27. 2. 1985	I R 235/80	BStBl II 1985, 456	§ 22 Anm. 108
13. 3. 1985	I R 75/82	BStBl II 1985, 435	§ 19 Anm. 115
26. 3. 1985	IX R 110/82	BStBl II 1985, 519	§ 13 Anm. 29
26. 3. 1985	VIII R 260/81	BStBl II 1985, 433	§ 21 Anm. 32
27. 3. 1985	II R 181/80	BStBl II 1985, 416	§ 26 Anm. 50 a
28. 3. 1985	IV R 80/82	BStBl II 1985, 405	§ 21 Anm. 127 a
17. 4. 1985	I R 144/82	BStBl II 1988, 126	§ 5 Anm. 306
24. 4. 1985	I R 65/80	BStBl II 1986, 324	§ 2 Anm. 28, 40, 45, 51, § 6 Anm. 101
25. 4. 1985	IV R 36/82	BStBl II 1985, 622	§ 2 Anm. 51, § 22 Anm. 241, 347
25. 4. 1985	IV R 83/83	BStBl II 1986, 350	§ 10 Anm. 10
30. 4. 1985	VIII R 255/80	BStBl II 1985, 433	§ 21 Anm. 31
9. 5. 1985	IV R 50/83	BStBl II 1985, 678	§ 26 Anm. 128
23. 5. 1985	IV R 81/83	BFH-NV 1985, 31	§ 5 Anm. 345
23. 5. 1985	IV R 210/83	BStBl II 1985, 695	§ 22 Anm. 117
5. 6. 1985	I R 289/81	BStBl II 1985, 619	§ 4 Anm. 30
11. 6. 1985	VIII R 254/80	BStBl II 1985, 584	§ 9 Anm. 37, § 21 Anm. 40
11. 6. 1985	VIII R 252/80	BStBl II 1987, 33	§ 9 Anm. 94
14. 6. 1985	VI R 127/81	BStBl II 1986, 62	§ 19 Anm. 27
20. 6. 1985	IV R 86/83	BStBl II 1985, 654	§ 9 Anm. 41
26. 6. 1985	IV R 22/83	BFH/NV 1987, 24	§ 22 Anm. 31
27. 6. 1985	I B 23/85	BStBl II 1985, 605	§ 16 Anm. 72
9. 7. 1985	IX R 49/83	BStBl II 1985, 722	§ 5 Anm. 117, § 22 Anm. 60
18. 7. 1985	IV R 135/82	BStBl II 1985, 635	§ 19 Anm. 63
30. 7. 1985	VIII R 263/81	BStBl II 1986, 359	§ 22 Anm. 279
31. 7. 1985	VIII R 345/82	BStBl II 1986, 139	§ 11 Anm. 65
2. 9. 1985	IV B 51/85	BStBl II 1986, 10	§ 9 Anm. 111
10. 10. 1985	IV B 30/85	BStBl II 1986, 68	§ 10 Anm. 75
23. 10. 1985	VII R 187/82	BStBl II 1986, 156	§ 9 Anm. 77
23. 10. 1985	VII R 195/83	BStBl II 1986, 158	§ 9 Anm. 77
23. 10. 1985	I R 235/81	BStBl II 1986, 72	§ 21 Anm. 91
23. 10. 1985	I R 248/81	BStBl II 1986, 178	§ 19 Anm. 138
6. 11. 1985	I R 242/81	BStBl II 1986, 333	§ 10 Anm. 85, § 13 Anm. 68, § 22 Anm. 120
6. 11. 1985	I R 56/82	BStBl II 1986, 73	§ 21 Anm. 195
12. 11. 1985	VIII R 342/82	BStBl II 1986, 299	§ 22 Anm. 254

12. 11. 1985	VIII R 240/81	BStBl II 1986, 296	§ 9 Anm. 47, § 21 Anm. 42, § 22 Anm. 242, 288, 308
12. 11. 1985	VIII R 364/83	BStBl II 1986, 311	§ 9 Anm. 179, 186, 196, § 21 Anm. 12
12. 11. 1985	VIII R 286/81	BStBl II 1986, 55	§ 11 Anm. 35, 116
13. 11. 1985	VIII R 263/80	BFH-NV 1987, 237	§ 11 Anm. 150
14. 11. 1985	IV R 63/83	BStBl II 1986, 58	§ 11 Anm. 162, § 11 a Anm. 22, 47
14. 11. 1985	IV R 170/83	BStBl II 1986, 60	§ 5 Anm. 50
19. 11. 1985	VIII R 3/83	BStBl II 1986, 289	§ 9 Anm. 30
19. 11. 1985	VIII R 310/83	BStBl II 1986, 719	§ 21 Anm. 11
26. 11. 1985	IX R 64/82	BStBl II 1986, 161	§ 5 Anm. 115, § 22 Anm. 46
27. 11. 1985	I R 115/85	BStBl II 1986, 362	§ 22 Anm. 272
18. 12. 1985	I R 222/81	BStBl II 1986, 451	§ 17 Anm. 11
26. 1. 1986	VIII B 114/86	BStBl II 1987, 179	§ 14 Anm. 25
28. 1. 1986	VIII R 335/82	BStBl II 1986, 559	§ 9 Anm. 113
28. 1. 1986	VIII R 283/81	BFH-NV 1986, 524	§ 10 Anm. 54
18. 2. 1986	VIII R 125/85	BStBl II 1986, 611	§ 22 Anm. 272
25. 2. 1986	VIII R 134/80	BStBl II 1986, 788	§ 4 Anm. 351, § 5 Anm. 301
25. 2. 1986	VIII R 377/83	BStBl II 1986, 465	§ 4 Anm. 346, 368
4. 3. 1986	VIII R 188/84	BStBl II 1986, 373	§ 8 Anm. 48
24. 4. 1986	IV R 282/84	BStBl II 1986, 672	§ 6 Anm. 67
25. 4. 1986	IV R 83/83	BStBl II 1986, 350	§ 21 Anm. 150 a, § 21 Anm. 170
6. 5. 1986	VIII R 300/82	BStBl II 1986, 891	§ 9 Anm. 94, 113
6. 5. 1986	VIII R 160/85	BStBl II 1986, 838	§ 11 Anm. 44
21. 5. 1986	I R 190/81	BStBl II 1986, 815	§ 4 Anm. 89
21. 5. 1986	I R 199/84	BStBl II 1986, 794	§ 4 Anm. 89
28. 5. 1986	I R 102/83	BStBl II 1986, 762	§ 18 Anm. 16, 21
5. 6. 1986	IV R 53/82	BStBl II 1986, 798	§ 9 Anm. 113
5. 6. 1986	IV R 272/84	BStBl II 1986, 802	§ 9 Anm. 115
4. 7. 1986	IV R 12/81	BStBl II 1986, 811	§ 22 Anm. 42
10. 7. 1986	IV R 12/81	BStBl II 1986, 811	§ 9 Anm. 58, § 13 Anm. 26, § 22 Anm. 42
15. 7. 1986	VIII R 154/85	BStBl II 1986, 896	§ 23 Anm. 4
24. 7. 1986	IV R 103/83	BStBl II 1987, 54	§ 12 Anm. 39, 42
24. 7. 1986	IV R 98–99/85	BStBl II 1986, 913	§ 22 Anm. 277
24. 7. 1986	IV R 103/83	BStBl II 1987, 54	§ 12 Anm. 25
7. 8. 1986	IV R 137/83	BStBl II 1986, 910	§ 10 Anm. 29
14. 8. 1986	IV R 131/84	BStBl II 1987, 60	§ 9 Anm. 94
20. 8. 1986	I R 150/82	BStBl II 1987, 455	§ 16 Anm. 24, § 19 Anm. 74

20. 8. 1986	I R 41/82	BStBl II 1987, 65	§ 5 Anm. 244, § 8 Anm. 21, § 16 Anm. 18, § 19 Anm. 134, 135, 136
20. 8. 1986	I R 87/83	BStBl II 1987, 75	§ 19 Anm. 83, 89
9. 9. 1986	VIII R 198/84	BStBl II 1987, 28	§ 22 Anm. 279
9. 9. 1986	VIII R 159/85	BStBl II 1987, 257	§ 16 Anm. 12
11. 9. 1986	IV R 82/85	BStBl II 1987, 111	§ 9 Anm. 113
1. 10. 1986	I R 54/83	BStBl II 1987, 459	§ 19 Anm. 27, 29, 48
7. 10. 1986	IX R 167/83	BStBl II 1987, 322	§ 22 Anm. 352 a
7. 10. 1986	IX R 93/82	BStBl II 1987, 330	§ 5 Anm. 80
8. 10. 1986	I R 220/82	BStBl II 1987, 205	§ 8 Anm. 52
9. 10. 1986	IV R 235/84	BStBl II 1987, 125	§ 9 Anm. 37, § 21 Anm. 40
21. 10. 1986	VIII R 1/85	BStBl II 1987, 212	§ 8 Anm. 44
22. 10. 1986	I R 180/82	BStBl II 1987, 117	§ 22 Anm. 295, 327
23. 10. 1986	IV R 352/84	BStBl II 1988, 128	§ 10 Anm. 57
23. 10. 1986	IV R 214/84	BStBl II 1987, 120	§ 9 Anm. 21, § 22 Anm. 310
29. 10. 1986	I R 318–319/83	BStBl II 1987, 310	§ 16 Anm. 82, § 21 Anm. 138
29. 10. 1986	I R 202/82	BStBl II 1987, 308	§ 16 Anm. 82
4. 11. 1986	VIII R 82/85	BStBl II 1987, 336	§ 8 Anm. 69
4. 11. 1986	VIII R 322/83	BStBl II 1987, 333	§ 4 Anm. 362, § 5 Anm. 85
7. 11. 1986	IV R 7/83	BStBl II 1986, 176	§ 4 Anm. 156, § 5 Anm. 332
13. 11. 1986	IV R 322/84	BStBl II 1987, 121	§ 8 Anm. 56, 59
28. 11. 1986	III B 54/85	BStBl II 1987, 296	§ 8 Anm. 30
9. 12. 1986	VIII R 317/82	BStBl II 1988, 244 = FR 1987, 150	§ 9 Anm. 27, § 21 Anm. 20
9. 12. 1986	VIII R 26/80	BStBl II 1987, 342	§ 7 Anm. 34, § 22 Anm. 10, 93
11. 12. 1986	IV R 222/84	BStBl II 1987, 553	§ 9 Anm. 74
11. 12. 1986	IV R 185/83	BStBl II 1987, 443	§ 21 Anm. 63
26. 1. 1987	I R 28/84	BStBl II 1988, 76	§ 20 Anm. 38
4. 2. 1987	I R 58/86	HFR 1987, 235	§ 8 Anm. 48
4. 2. 1987	I R 252/82	FR 1987, 265	§ 17 Anm. 27
5. 2. 1987	IV R 81/84	BStBl II 1987, 845	§ 4 Anm. 141, 308, 377
5. 2. 1987	IV R 198/84	BB 1987, 1231	§ 8 Anm. 52
6. 2. 1987	III R 203/83	BStBl II 1987, 423	§ 11 Anm. 46, § 22 Anm. 51
11. 2. 1987	I R 43/83	BStBl II 1987, 463	§ 19 Anm. 7
11. 2. 1987	I R 177/83	BStBl II 1987, 461	§ 19 Anm. 40
26. 2. 1987	IV R 26/85	BStBl II 1987, 579	§ 21 Anm. 199
17. 3. 1987	VIII R 293/82	BStBl II 1987, 558	§ 10 Anm. 54, 57, 60
17. 3. 1987	VIII R 36/84	BStBl II 1987, 858	§ 22 Anm. 276

20. 3. 1987	III R 197/83	BStBl II 1988, 603	§ 27 Anm. 15, § 8 Anm. 71
24. 3. 1987	I R 202/83	BStBl II 1987, 705	§ 22 Anm. 21 a, 77, § 16 Anm. 24
26. 3. 1987	IV R 20/84	BStBl II 1987, 561	§ 22 Anm. 18
29. 4. 1987	I R 176/83	BStBl II 1987, 733	§ 19 Anm. 100, 105
13. 5. 1987	I B 179/86	BStBl II 1987, 777	§ 4 Anm. 137
19. 5. 1987	VIII B 104/85	BStBl II 1988, 5	§ 11 a Anm. 32, 53
19. 5. 1987	VIII R 327/83	BStBl II 1987, 848	§ 4 Anm. 264
10. 6. 1987	I R 301/83	BStBl II 1987, 816	§ 9 Anm. 35
10. 6. 1987	I R 149/83	BStBl II 1988, 25	§ 19 Anm. 39
30. 6. 1987	VIII R 353/82	BStBl II 1988, 418	§ 10 Anm. 5, 45, § 7 Anm. 51
1. 7. 1987	I R 197/83	BStBl II 1987, 865	§ 16 Anm. 6, § 19 Anm. 113
3. 7. 1987	III 7/86	BStBl II 1987, 1028	§ 4 Anm. 136
9. 7. 1987	IV R 25/85	BStBl II 1988, 246	§ 9 Anm. 142
15. 7. 1987	II R 249/83	BStBl II 1987, 809	§ 26 Anm. 41
26. 7. 1987	GrS 2/86	BStBl II 1988, 348	§ 5 Anm. 241, § 8 Anm. 6, 13
26. 8. 1987	I R 260/83	BStBl II 1988, 460	§ 19 Anm. 83
26. 8. 1987	I R 141/86	BStBl II 1988, 144	§ 18 Anm. 13
17. 9. 1987	III R 225/83	BStBl II 1988, 323	§ 5 Anm. 45
17. 9. 1987	III R 201–202/84	BStBl II 1988, 488	§ 5 Anm. 96, 174
22. 9. 1987	IX R 15/84	BStBl II 1988, 250	§ 22 Anm. 62, 192
3. 10. 1987	VIII R 156/84	BStBl II 1988, 252	§ 4 Anm. 328
6. 10. 1987	VIII R 137/84	BStBl II 1988, 679	§ 11 Anm. 51
8. 10. 1987	IV R 18/86	BStBl II 1988, 57	§ 4 Anm. 80, 367, 372, 381
15. 10. 1987	IV R 66/86	BStBl II 1988, 260	§ 22 Anm. 46
22. 10. 1987	IV R 17/84	BStBl II 1988, 62	§ 9 Anm. 114
26. 10. 1987	GrS 2/86	BStBl II 1988, 348	§ 16 Anm. 6, 19, 30, § 19 Anm. 6, 71, 72, 137
28. 10. 1987	I R 126/83	BStBl II 1988, 70	§ 21 Anm. 74, 77, 98
28. 10. 1987	I R 110/83	BStBl II 1988, 301	§ 19 Anm. 39
29. 10. 1987	IV R 93/85	BStBl II 1988, 374	§ 21 Anm. 50
29. 10. 1987	VIII R 5/87	BStBl II 1989, 96	§ 22 Anm. 291
10. 11. 1987	VIII R 53/84	BStBl II 1988, 186	§ 9 Anm. 207, § 13 Anm. 13
10. 11. 1987	VIII R 166/84	FR 1988, 248	§ 9 Anm. 102, § 12 Anm. 26
11. 11. 1987	I R 7/84	BStBl II 1988, 424	§ 4 Anm. 13, § 5 Anm. 34
17. 11. 1987	VIII R 348/82	BStBl II 1988, 430	§ 4 Anm. 223
26. 11. 1987	IV R 171/85	BStBl II 1988, 590	§ 7 Anm. 53
6. 12. 1987	VIII R 362/83	FR 1989, 368	§ 9 Anm. 114
11. 12. 1987	III R 188/81	BStBl II 1988, 493	§ 4 Anm. 173
16. 12. 1987	R 68/87	BStBl II 1988, 338	§ 4 Anm. 388

13. 1. 1988	II R 243/85	BStBl II 1988, 571	§ 26 Anm. 61, 88, 130
20. 1. 1988	I R 395/83	BStBl II 1989, 453	§ 4 Anm. 46
21. 1. 1988	IV R 100/85	BStBl II 1988, 456	§ 22 Anm. 331
27. 1. 1988	II R 234/85	BStBl II 1988, 415	§ 26 Anm. 55
10. 2. 1988	VIII R 352/82	BFH-NV 1988, 704	§ 5 Anm. 79
11. 2. 1988	IV R 191/85	BStBl II 1988, 661	§ 4 Anm. 350, 357, § 5 Anm. 301
12. 2. 1988	VI R 141/85	BStBl 1988, 764	§ 8 Anm. 9
2. 3. 1988	II R 153/85	BStBl II 1988, 573	§ 26 Anm. 78
2. 3. 1988	IV B 95/87	BStBl II 1988, 617	§ 11 a Anm. 98
2. 3. 1988	I R 103/86	BStBl II 1988, 786	§ 19 Anm. 46, 49
17. 3. 1988	IV R 188/85	BStBl II 1988, 632	§ 8 Anm. 57
22. 3. 1988	VIII R 298/64	BStBl II 1988, 880	§ 8 Anm. 62, 67
13. 4. 1988	I R 104/88	BStBl II 1988, 892	§ 5 Anm. 34
13. 4. 1988	I R 300/83	BStBl II 1988, 666	§ 11 Anm. 26
14. 4. 1988	IV R 225/85	BStBl II 1988, 670	§ 12 Anm. 50
14. 4. 1988	IV R 271/84	BStBl II 1988, 667	§ 7 Anm. 34
21. 4. 1988	IV R 80/86	BStBl II 1988, 883	§ 11 Anm. 112, 136
21. 4. 1988	IV R 47/85	BB 1988, 2298	§ 4 Anm. 328
22. 4. 1988	III R 54/83	BStBl II 1988, 901	§ 5 Anm. 37
28. 4. 1988	IV R 52/87	BStBl II 1988, 829	§ 11 Anm. 54, § 22 Anm. 128, § 23 Anm. 9
18. 5. 1988	II R 1/85	BStBl II 1988, 822	§ 26 Anm. 85, 90
25. 5. 1988	I R 10/84	BStBl II 1988, 720	§ 5 Anm. 306
7. 6. 1988	VIII R 296/82	BStBl II 1988, 886	§ 4 Anm. 389
14. 6. 1988	VIII R 387/83	BStBl II 1989, 187	§ 7 Anm. 34
15. 6. 1988	II R 224/84	BStBl II 1988, 761	§ 26 Anm. 78
23. 6. 1988	IV R 84/86	BStBl II 1989, 41	§ 22 Anm. 34
14. 7. 1988	IV R 78/75	BStBl II 1989, 189	§ 5 Anm. 44
27. 7. 1988	I R 133/84	BStBl II 1988, 999	§ 4 Anm. 383
27. 7. 1988	I R 147/83	BStBl II 1989, 271	§ 5 Anm. 236, § 6 Anm. 109, § 24 Anm. 13, 22, 31
27. 7. 1988	I R 104/84	BStBl II 1989, 274	§ 5 Anm. 246
3. 8. 1988	I R 157/84	BStBl II 1989, 21	§ 4 Anm. 41
2. 9. 1988	III R 38/84	BStBl II 1989, 160	§ 4 Anm. 136
8. 9. 1988	IV R 97/82	BStBl II 1989, 27	§ 4 Anm. 34
8. 9. 1988	IV R 66/87	BStBl II 1989, 27	§ 4 Anm. 34
13. 9. 1988	VIII R 236/81	BStBl II 1989, 21	§ 6 Anm. 13
15. 9. 1988	IV R 75/87	FR 1989, 336	§ 22 Anm. 100
28. 9. 1988	I R 31/86	BStBl II 1989, 85	§ 26 Anm. 66
11. 10. 1988	VIII R 328/83	FR 1989, 307	§ 12 Anm. 27
12. 10. 1988	X R 5/86	BStBl II 1989, 152	§ 22 Anm. 286
18. 10. 1988	VIII R 172/85	BStBl II 1989, 549	§ 22 Anm. 51
25. 10. 1988	VIII R 339/82	FR 1989, 18	§ 22 Anm. 257
12. 11. 1988	X R 2/86	BStBl II 1989, 354	§ 8 Anm. 52
22. 11. 1988	VIII R 62/85	BStBl II 1989, 359	§ 4 Anm. 223
24. 11. 1988	VIII B 90/87	BStBl II 1989, 145	§ 9 Anm. 187, § 13 Anm. 34, 42

30. 11. 1988	II R 237/83	DB 1989, 610	§ 5 Anm. 95, 142
30. 11. 1988	I R 114/84	FR 1989, 167	§ 5 Anm. 264
7. 12. 1988	II R 150/85	BStBl II 1989, 237	§ 27 Anm. 120
7. 12. 1988	I R 85/82	BStBl II 1989, 248	§ 19 Anm. 53
14. 12. 1988	I R 44/83	BStBl II 1989, 323	§ 4 Anm. 113
15. 12. 1988	IV R 29/86	BStBl II 1989, 500	§ 11 Anm. 95
15. 12. 1988	IV R 36/84	BStBl II 1989, 363	§ 22 Anm. 337, 341
15. 12. 1988	IV R 36/84	BStBl II 1989, 363	§ 7 Anm. 69
12. 1. 1989	IV R 67/87	FR 1989, 309	§ 9 Anm. 64
18. 1. 1989	X R 10/86	BStBl II 1989, 549	§ 4 Anm. 152
25. 1. 1989	X R 168/87	FR 1989, 327	§ 8 Anm. 57
26. 1. 1989	IV R 151/86	BStBl II 1989, 455	§ 22 Anm. 253, 288, 324
26. 1. 1989	IV R 300/84	BStBl II 1989, 411	§ 5 Anm. 66
1. 2. 1989	VIII R 33/85	BStBl II 1989, 458	§ 22 Anm. 25, 26
1. 2. 1989	I R 98/84	BStBl II 1989, 471	§ 19 Anm. 7, 120
1. 2. 1989	I R 73/85	BStBl II 1989, 522	§ 19 Anm. 21, 27
7. 3. 1989	IX R 82/86, 300/87, 308/87	BStBl II 1989	§ 22 Anm. 46
8. 3. 1989	X R 9/86	BB 1989, 1246	§ 4 Anm. 89, § 22 Anm. 322
30. 3. 1989	IV R 81/87	BStBl II 1989, 558	§ 10 Anm. 10, § 22 Anm. 166
1. 6. 1989	IV R 19/88	DStR 1989, 536	§ 11 a Anm. 53, 57

5. Entscheidungen der Finanzgerichte

a) FG Baden-Württemberg – Außensenate Stuttgart

26. 11. 1970	VI 79/70	EFG 1971 Nr. 64	§ 10 Anm. 21
31. 10. 1973	IV 46/72	EFG 1974 Nr. 63	§ 22 Anm. 193
19. 3. 1975	V 225/74	EFG 1975 Nr. 327	§ 11 Anm. 104
15. 10. 1986	I–V 12/85	EFG 1986 Nr. 260	§ 8 Anm. 97

b) FG Baden-Württemberg

27. 9. 1972	I b 1/72	EFG 1972 Nr. 645	§ 20 Anm. 63
20. 9. 1985	IX 160/80	EFG 1986 Nr. 134	§ 11 Anm. 117
17. 3. 1986	X–K 165/83	EFG 1986 Nr. 429	§ 22 Anm. 313
22. 9. 1986	I–IV 14/85	EFG 1987 Nr. 138	§ 21 Anm. 175
26. 8. 1987	XII K 590/85	EFG 1988 Nr. 524	§ 10 Anm. 26, § 11 Anm. 18
7. 7. 1988	VI K 289/87	BB 1989, 118	§ 4 Anm. 289

c) FG Berlin

16. 7. 1975	VI 58/75	EFG 1976 Nr. 24	§ 21 Anm. 62
15. 6. 1984	III 645/82	EFG 1985 Nr. 382	§ 6 Anm. 59, 68
22. 1. 1986	II 531/82	EFG 1986 Nr. 506	§ 22 Anm. 31

d) FG Bremen

30. 1. 1975	I 9/74	EFG 1975 Nr. 209	§ 11 Anm. 110
26. 10. 1984	I 128/82 K	EFG 1985 Nr. 139	§ 10 Anm. 18

e) FG Düsseldorf

20. 5. 1970	VII 90/68 E	EFG 1970 Nr. 490	§ 19 Anm. 45
6. 3. 1978	VII 447–452/75 Bew	EFG 1978 Nr. 446	§ 26 Anm. 93
15. 12. 1982	VI/X 136/77	DB 1983, 1687	§ 12 Anm. 40
12. 12. 1983	II 314/83 L	EFG 1984 Nr. 531	§ 22 Anm. 46
3. 4. 1984	III 585/78 F	EFG 1985 Nr. 134	§ 11 a Anm. 132
16. 10. 1984	I 528/79 F	EFG 1985 Nr. 286	§ 11 Anm. 93, § 23 Anm. 6
19. 12. 1985	VI/I 237/76 F, V	EFG 1986 Nr. 420	§ 22 Anm. 158
18. 6. 1986	VI 48/86 A (K, G)	EFG 1986 Nr. 651	§ 14 Anm. 25
9. 5. 1988	15 V 215/88 A (F)	EFG 1988 Nr. 683	§ 11 a Anm. 98
10. 8. 1988	6 K 168/88 KA (K, H [Ke])	EFG 1989 Nr. 95	§ 17 Anm. 45

f) FG Hamburg

30. 1. 1980	V 33/78	EFG 1980 Nr. 336	§ 8 Anm. 44
27. 3. 1985	I 292/81	EFG 1985 Nr. 673	§ 6 Anm. 68

g) Hessisches FG

20. 11. 1975	VII 91/75	EFG 1976 Nr. 207	§ 13 Anm. 18
20. 10. 1982	X 571/81	EFG 1983 Nr. 317	§ 27 Anm. 12

h) FG Köln

29. 8. 1984	X 55/82 E	EFG 1985 Nr. 82	§ 22 Anm. 53
29. 4. 1985	VIII K 337/84	EFG 1985 Nr. 386	§ 8 Anm. 48
27. 11. 1985	I K 33/85	EFG 1986 Nr. 201	§ 8 Anm. 97
15. 12. 1987	2 K 43, 44 und 330/82	EFG 1988 Nr. 331	§ 12 Anm. 45
13. 1. 1988	11 K 302/81	EFG 1988 Nr. 613	§ 11 a Anm. 53
15. 6. 1988	3 K 1253/88	EFG 1986 Nr. 556	§ 22 Anm. 325

i) FG München

17. 11. 1970	II 133/69	EFG 1971 Nr. 297	§ 13 Anm. 18
26. 5. 1972	V 287/71 E	EFG 1972 Nr. 546	§ 20 Anm. 63
17. 9. 1984	V (XIII) 53/826	EFG 1985 Nr. 154	§ 17 Anm. 14
22. 7. 1985	I 148/81 E	EFG 1986 Nr. 81	§ 9 Anm. 77

j) FG Münster

3. 5. 1968	VI a 369/65	EFG 1968 Nr. 626	§ 22 Anm. 58
12. 9. 1968	I 1268/66 F	EFG 1969 Nr. 196	§ 23 Anm. 43
27. 10. 1971	I 213/71 F	EFG 1972 Nr. 181	§ 6 Anm. 24
16. 3. 1973	VII 856/71 G	EFG 1973 Nr. 399	§ 21 Anm. 71
6. 6. 1977	I 234/76 E	EFG 1977 Nr. 581	§ 10 Anm. 20
22. 12. 1983	VII 6300/81 E	EFG 1984 Nr. 380	§ 24 Anm. 15
18. 12. 1987	VI 3507/84 E	EFG 1988 Nr. 185	§ 22 Anm. 46

k) Niedersächsisches FG

2. 3. 1979	V (IV) 269/76	EFG 1979 Nr. 525	§ 22 Anm. 109
3. 7. 1981	VI 563/79	EFG 1981 Nr. 170	§ 10 Anm. 87
19. 4. 1984	VI 408/83	EFG 1984 Nr. 631	§ 22 Anm. 170
19. 6. 1984	VII 49/79	EFG 1985 Nr. 75	§ 23 Anm. 35
12. 2. 1985	VIII 300/82	EFG 1985 Nr. 264	§ 8 Anm. 48

l) FG Nürnberg

18. 12. 1974	V 212/71	EFG 1975 Nr. 202	§ 11 Anm. 66
24. 10. 1975	III 150/72	EFG 1976 Nr. 58	§ 5 Anm. 337
1. 7. 1981	V 160/77	BB 1982, 225	§ 4 Anm. 274
28. 10. 1986	I 74/82	BB 1987, 520	§ 18 Anm. 27

m) FG Rheinland-Pfalz

7. 11. 1978	II 263–264/75	EFG 1979 Nr. 149	§ 5 Anm. 341
2. 3. 1982	2 K 51/80	EFG 1982 Nr. 663	§ 11 Anm. 63

n) FG des Saarlandes

21. 9. 1984	I 35/83	EFG 1985 Nr. 140	§ 22 Anm. 46
5. 10. 1984	I 128/83	EFG 1985 Nr. 76	§ 6 Anm. 61
29. 10. 1986	II 255/85	EFG 1987 Nr. 63	§ 22 Anm. 46
29. 10. 1986	II 208/85	EFG 1987 Nr. 64	§ 22 Anm. 46

o) FG Schleswig-Holstein

15. 3. 1983	V 11/83	EFG 1984 Nr. 17	§ 3 Anm. 79
23. 10. 1986	II 215/82	EFG 1987 Nr. 65	§ 22 Anm. 46

6. Entscheidungen des Österr. Verwaltungsgerichtshofes in Steuersachen

18. 6. 1979		ÖStZ 1980 B, 98	§ 22 Anm. 245
12. 3. 1980		ÖStZ 1980 B, 277	§ 22 Anm. 245
15. 4. 1980	(1661/79)	DB 1980, 2015	§ 11a Anm. 19, 38
9. 3. 1982	81/14/131	ÖStZ 1982 B, 360	§ 22 Anm. 245

7. Entscheidungen des Österr. Verfassungsgerichtshofes

11. 12. 1986		ÖStZ 1986, 87	§ 11 a Anm. 32

III. Entscheidungen anderer Gerichte

1. Entscheidungen des Reichsoberhandelsgerichtes

13. 4. 1871	Rep. 130/71	ROHG 2, 194	§ 5 Anm. 158
3. 12. 1873	Rep. 934/73	ROHG 12,15	§ 1 Anm. 10, § 3 Anm. 49

2. Entscheidungen des Reichsgerichtes in Zivilsachen

30. 11. 1904	Rep. I 318/04	RGZ 59,423	§ 27 Anm. 122
15. 10. 1909	II 717/08	RGZ 72,33	§ 3 Anm. 87
26. 11. 1912	Rep. II 359/12	RGZ 81, 17	§ 4 Anm. 215, 226
14. 3. 1919	Rep. II 393/18	RGZ 95, 147	§ 9 Anm. 115
9. 1. 1931	II 158/30	RGZ 131, 141	§ 3 Anm. 90
23. 1. 1931	II 250/30	RGZ 131,192	§ 3 Anm. 52
25. 1. 1939	II 94/38	RGZ 159, 321	§ 3 Anm. 91
19. 6. 1941	V 129/40	RGZ 167,199	§ 27 Anm. 72, 75

3. Entscheidungen des Bundesgerichtshofes in Zivilsachen

29. 5. 1952	IV ZR 167/51	NJW 1952, 1171	§ 27 Anm. 73
29. 10. 1952	II ZR 16/52	BGHZ 7, 378	§ 12 Anm. 18
30. 4. 1955	II ZR 202/53	BGHZ 17, 160	§ 12 Anm. 10
22. 11. 1956	II ZR 222/55	BGHZ 22, 186	§ 27 Anm. 53
28. 1. 1957	III ZR 155/55	NJW 1957, 672	§ 12 Anm. 11
10. 11. 1958	II ZR 3/57	BGHZ 28, 314	§ 22 Anm. 160
8. 11. 1961	V ZR 31/60	BGHZ 36, 115	§ 27 Anm. 39
3. 12. 1961	III ZR 72/51	BGHZ 4, 123	§ 4 Anm. 276
29. 1. 1964	V ZR 209/61	BGHZ 41, 95	§ 27 Anm. 64
16. 2. 1965	V ZR 264/62	JZ 1965, 361	§ 27 Anm. 64
11. 7. 1966	II ZR 134/65	NJW 1966, 2055	§ 4 Anm. 266
11. 7. 1968	II ZR 179/66	BGHZ 50, 316	§ 9 Anm. 205
27. 9. 1972	IV ZR 225/69	BGHZ 59, 236	§ 12 Anm. 17
14. 11. 1973	IV ZR 147/72	NJW 1974/137	§ 27 Anm. 147
18. 9. 1975	II ZB 6/74	BB 1975, 1452	§ 12 Anm. 22
3. 11. 1975	II ZR 67/73	BGHZ 65, 230	§ 4 Anm. 88, § 5 Anm. 248, 251, § 22 Anm. 317

22. 1. 1976	VII ZR 280/75	BGHZ 66, 48	§ 9 Anm. 198
27. 9. 1976	II ZR 162/75	BB 1976, 1528	§ 16 Anm. 40
10. 2. 1977	II ZR 120/75	BGHZ 68, 225	§ 27 Anm. 48, 49, 51, 52, 53
14. 3. 1977	II ZR 156/75	GmbHR 1978, 9	§ 5 Anm. 216
31. 10. 1978	KZR 5/77	NJW 1980, 183	§ 5 Anm. 224
8. 11. 1978	VIII ZR 190/77	BGHZ 72, 267	§ 9 Anm. 78
31. 1. 1979	VI ZR 4/77	NJW 1979, 915	§ 21 Anm. 55
30. 4. 1979	II ZR 137/78	BGHZ 74, 240	§ 9 Anm. 78
28. 4. 1980	II ZR 254/78	NJW 1980, 2254	§ 19 Anm. 27
19. 4. 1982	II ZR 55/81	NJW 1982, 2444	§ 22 Anm. 160
28. 6. 1982	II ZR 69/81	NJW 1983, 282	§ 14 Anm. 25
24. 3. 1983	IX ZR 62/82	BGHZ 87, 145	§ 27 Anm. 156
24. 9. 1984	II ZR 256/83	NJW 1985, 192	§ 27 Anm. 106
8. 10. 1984	II ZR 223/83	NJW 1985, 136	§ 9 Anm. 143
17. 12. 1984	II ZR 36/84	NJW 1985, 1079 = BB 1985, 372	§ 9 Anm. 188
28. 1. 1987	3 StR 373/86	NJW 1987, 1273	§ 8 Anm. 48
10. 2. 1987	VI ZR 17/86	NJW 1987, 1814	§ 21 Anm. 55
14. 12. 1987	II ZR 170/87	NJW 1988, 1326	§ 20 Anm. 47
24. 10. 1988	II ZB 7/88	GmbHR 1989, 25	§ 20 Anm. 46
9. 1. 1989	II ZR 83/88	BB 1989, 1073	§ 27 Anm. 106, 110, 113

4. Entscheidungen des Bayerischen Obersten Landesgerichtes

12. 2. 1974	BReg 1 Z 104/73	NJW 1974, 1142	§ 8 Anm. 74
5. 3. 1987	3 Z 29/87	AG 1988, 18	§ 3 Anm. 78
5. 11. 1987	BReg 3 Z 41/87	BB 1988, 34	§ 2 Anm. 6

5. Entscheidungen der Oberlandesgerichte

OLG Celle

20. 8. 1973	4 Ws 9/73	DNotZ 1974, 731	§ 27 Anm. 10
19. 10. 1987	1 W 26/87	GmbHR 1988, 107	§ 20 Anm. 49

OLG Düsseldorf

20. 3. 1980	6 U 143/79	BB 1981, 1482	§ 20 Anm. 49
3. 7. 1987	3 Wx 199/87	GmbHR 1988, 105	§ 20 Anm. 49

OLG Hamburg

15. 4. 1983	11 U/43/83	BB 1983, 1116	§ 16 Anm. 80
24. 7. 1987	11 U 182/86	GmbHR 1980, 141	§ 20 Anm. 49
9. 10. 1987	11 U 125/87	DB 1988, 646	§ 22 Anm. 160

OLG Hamm

22. 1. 1974	15 W 36/73	DB 1974, 424	§ 12 Anm. 15

OLG Koblenz

28. 4. 1988	6 U 227/87	DB 1988, 1106	§ 22 Anm. 160

OLG Schleswig

3. 4. 1987	1 U 71/85	ZIP 1987, 1448	§ 20 Anm. 49

6. Entscheidungen der Landgerichte

LG Bielefeld

25. 10. 1968	3 a I 193/68	NJW 1969, 753	§ 12 Anm. 14, 23

7. Entscheidungen des Bundesverwaltungsgerichtes

14. 12. 1987	7 B 240.87	BB 1988, 810	§ 4 Anm. 204

Stichwortverzeichnis

F

R

T

U

W

Z

Bitte beachten Sie die
nachfolgenden Verlagsanzeigen